진보당 형사사건기록 3

(제3심 공판기록)

경북대학교 아시아연구소 한국현대사사료 총서

진보당 형사사건기록 3

(제3심 공판기록)

초판 1쇄 발행 2023년 2월 20일

편저자 | 전현수
발행인 | 윤관백
발행처 | 선인

등 록 | 제5-77호(1998.11.4)
주 소 | 서울시 양천구 남부순환로 48길 1(신월동 163-1) 1층
전 화 | 02)718-6252 / 6257
팩 스 | 02)718-6253
E-mail | sunin72@chol.com

정가 78,000원

ISBN 979-11-6068-790-3 94900
ISBN 979-11-6068-787-3 (세트)

· 잘못된 책은 바꿔 드립니다.
· www.suninbook.com

경북대학교 아시아연구소
한국현대사사료 총서

진보당 형사사건기록 3

(제3심 공판기록)

전현수 편저

선인

■ 이 저서(사료집)는 2022년 대한민국 교육부와 한국연구재단의 지원을 받아 수행된 연구이다. (NRF-2022S1A5C2A02092181)

■ 이 사료집에 수록된 원본 기록은 국가기록원에 소장된 진보당 형사사건기록이다. 국가기록원은 경북대학교 아시아연구소 연구팀에 진보당 형사사건기록을 학술연구 목적으로 제공할 때 대법원 규칙에 따른 "판결서 등의 열람 및 복사를 위한 비실명 처리 기준"에 의거하여 사건관계인의 성명, 연락처 등 개인정보 사항을 비실명 처리하였다. 그런데 1999년 죽산 조봉암기념사업회가 『죽산 조봉암전집』 4권을 출간하면서 공소장, 1심 판결문, 변호인 변론 요지, 항소이유서, 상고이유서, 3심 판결문의 전체 혹은 일부를 수록하였는데, 이 과정에서 진보당사건관계인 모두의 개인정보가 거의 대부분 공개되었다. 연구팀은 국가기록원에서 제공받은 진보당 형사사건기록 중 공판기록의 출간을 준비하면서 연구자들과 독자들의 편의를 위해서 비실명 처리된 사건관계인의 성명 등 개인정보 사항을 『죽산 조봉암전집』 4권을 참고하여 복원하였다.

曺奉岩·梁明山에 死刑

金達鎬·尹吉重等15名은無罪

大法院서 進步黨事件判決

曺奉岩

梁明山

二十七日낮 十二時二十分 大法廷에서 열린 進步黨事件上告審言渡公判에서 裁判長 金世玩大法官는 原判決을 破棄하고 曺奉岩(六一·進步黨委員長)被告에게 間諜·間諜幇助·法令 第五號違反및 國家保安法(首魁就任協調宣傳)을 適用하여自判、死刑을 言渡하였다

한편이날 裁判長은 相被告 梁利涉(一名明山)씨의上告를 棄却함으로 原審判決대로死刑을言渡하고 相被告 金達鎬·尹吉重·朴己出等進步黨幹部十五名에 對하여는 全員無罪를 言渡하였다

約九十分間에걸쳐朗讀된 判決文을通하여裁判長은 (1)進步黨의綱領政策이 憲法에違背되지는 않고 (2)進步黨이 主唱한 所謂 平和統一論은 言論自由의 限界를 逸脫하지 아니했고 (3)北韓傀儡의 平和統一論과 內通한 證據가없으나 曺被告가 主動이되어 北韓傀儡와 密通野合할目的으로 創黨된進步黨은 自體性格에不拘하고 不法團體임을免치못한다고 宣言하고 北韓傀儡와 內通하는 情을 모르고 進步黨에 參劃한 朴己出·金達鎬·尹吉重·金基喆·李東華被告等十五名의 國家保安法違反事實은 認定할수없다고 밝혔다

이로써 同事件은 昨年一月十一日 事件發生以來 一年一個月十七日(四百十三日)만에 確定判決을 본것인데 裁判部는 金世玩 金甲洙(主任) 許진 白漢成 卞沃柱 大法官等 五名으로 構成되었으며 大檢吳制道檢事 關與로 辯護人團은 辛泰嶽 金鳳煥 田鳳德 韓根祖氏等이다

各被告에對한 判決內容은 다음과같다(一·二審三面參照)

▲曺奉岩=死刑 ▲梁利涉=〃 ▲全世龍=懲役二年 ▲李相斗=〃 ▲金正鶴=上告棄却(一年執行三年) ▲李東賢=上告棄却(一年)

◇無罪

▲尹吉重 ▲朴己出 ▲金達鎬 ▲金基喆 ▲李東華 ▲鄭太榮 ▲李明河 ▲權大福 ▲曺圭澤 ▲曺圭熙 ▲申昌均 ▲金炳暉 ▲權熙圭 ▲朴俊吉 ▲安慶得

조봉암·양명산에 사형(『경향신문』 1959.02.27)

進步黨事件 最終言渡公判

傍聽客몰려混亂

法廷까지옮겨開廷지연

진보당사건 최종심언도공판은 二十七일하오영시三十분부터 서울지방법원 대법정에서 김(金世玩)대법관주심으로 개정되었다

○…진보당사건 상고심 언도공판이 있을예정이던 二十七일 이른아침부터 수많은 방청객들이 몰려들어 법원三층에있는 대법원법정은 일대법석을이루었다

○…二十一명의 피고인들의 가족과 그친지들로보여지는 방청객외에 남녀학생들과 허술한차림의 노인들이 비좁은방청석에 꽉들어찼고…

○…이날상오十一시十五분 법원관계관이 법정정리상 이들 방청인들에게 밖으로 나가기를요청하자 이들은 제가끔『나는 아홉시부터 왔소』『꼭들어가게 해준다는 보장없이는나갈수없소』라는등의 소란한공기가 흘렀고신문사 카메라맨들의『후래쉬』는여기저기에서번쩍이었다

○…법정정리(廷吏)들이 방청인들의 난립으로인해 무기휴대 여부의 몸수색조차 하지못하였다는것이다 결국 이와같은혼란으로 인해 이날공판은 법정을 대법정으로일단옮겨 행하였다

◇進步黨事件日誌

▲一齊檢擧(九一·一·一一)▲第一審判決言渡(〃·七·二)▲法院構內모데事件(〃·七·五)▲擁當辯護人法廷侮辱事件(〃·十·一七)▲保釋被告法廷拘束(〃·十·二二)▲控訴審判決言渡(〃·十·二五)▲上告審判決言渡(九二·二·二七)

市內交通事故二件

二十六일 시내에서는 교통사고 二건이 발생하였다

〈進步黨事件公判經過〉

被告人	抗訴審	第一審
曺奉岩	死刑	懲役五年
梁明山	〃	〃
尹吉重	懲役三年	無罪
朴己出	〃	〃
金達鎬	〃	〃
金基哲	懲役二年	〃
李東華	〃	〃
鄭太榮	〃	〃
李明河	〃	〃
權大福	〃	〃
全世龍	〃	〃
李相斗	〃	〃
趙圭澤	懲二執猶三	〃
趙圭熙	〃	〃
申昌均	〃	〃
金炳輝	〃	〃
崔熙圭	〃	〃
朴俊吉	〃	〃
安慶得	〃	〃
金正鶴	抗訴棄却	懲一執猶三
李東賢	〃	懲役一年

진보당사건 최종언도공판(『경향신문』 1959.02.27)

進步黨事件大法院서自判

(曺奉岩)

(梁利涉)

曺奉岩 梁利涉 被告엔 死刑

「間諜」에 有罪、朴己出氏등 15名無罪

二十七일하오영시二十분 대법원법정에서는 김세완(金世玩) 대법관은 재판장으로 김갑수(金甲洙) 대법관 주심 허진(許瑨) 백한성(白漢成) 변옥주(卞沃柱) 등 대법관배석 오제도(吳制道) 검사관여 변호인단이 입회한가운데 진보당사건의 최종심언도공판이 개정되었는데 재판장은 『진보당의 정강정책은 하등 헌법에위배된점이없으며 평화통일론도 헌법(十三조)에보장한 언론자유의한계를 이탈한것이아니라』고 말하고 『조봉암(曺奉岩)을 제외한 각피고인들은 국가변란을목적으로 결사했다는사실이 일건기록을통하여 발견할수없으므로 ... 대법원이 직접판결을한다』라고 선언하고 각각다음과같이 자판(自判)하였다

▲사진=진보당사건 언도공판정 (上)과 모여든 방청객들

진보당사건, 대법원서 자판(自判)(『조선일보』 1959.02.27)

進步黨事件에大法院서最終判決

「平和統一論」等엔無罪

曺奉岩·梁明山에死刑

間諜및同幇助罪를適用

주목되던 「진보당사건」대법원의 최종판결공판은 二七일 밀려든방청객들로말미암은 법정혼란으로 예정보다늦게 오후열두시一五분에개정—즉각金世玩재판장의 판결문낭독으로들어가 판결이유설명이있은후 오후한시四五분 최종언도가있었는데 이날의대법원 판결에서는 원심을완전전복—「진보당」의「평화통일론」은 헌법에보장된 「언론자유」에저촉되지않는다고 규정하면서 「진보당」에관한 본질적인사건에는「무죄」를언도하였으나 曺奉岩피고에게는「간첩」및「간첩방조죄」를 적용하여 梁明山피고와 함께 「사형」을 언도하였다

上…판결문을낭독하는金大法官 下…몰려든 방청객

黨綱領等도不抵觸 判決理由

曺奉岩被告에 死刑判決理由

金正鶴等三名 上告棄却判決

來20日에첫公判 進步黨登錄取消의行訴

廿八日에 다시現場檢證 「迎乙盜票」公判, 두달만에再開

拳銃等凶器로 自己들集團에加入않는다 東大門깡패六

「自發的醵出」 議員警官餞別에 서울市警局長談

진보당사건에 대법원서 최종판결(『동아일보』 1959.02.27)

出監의기쁨보다判決에不滿

서울刑務所를나온進步黨事件被告들의表情

(사진은 出監하는進步黨事件被告들)

「曺被告再審곧請求」 金達鎬氏言明

『「아버지」와「兄님」부르며 반겨맞는 家族들』

再收監後四個月만에自由찾아

平均五對一의競爭

前期大學願書마감 人文系에越等높은應募率

短信

出감의 기쁨보다 판결에 불만(『동아일보』 1959.02.28)

FOE OF RHEE LOSES PLEA TO SAVE LIFE

Korean Supreme Tribunal Backs Death Sentence on Cho Bong Am

Special to The New York Times.

SEOUL, Korea, Feb. 27—The Supreme Court upheld today the death sentence imposed on Cho Bong Am, head of the outlawed Progressive party.

Cho, twice an unsuccessful candidate for the Presidency against Dr. Syngman Rhee, had been found guilty of espionage and of violation of the National Security Law.

The court also upheld the death sentence against Yang Myun San for espionage, as well as sentences against four other members of the Progressive party ranging from one to two years for concealing and destroying evidence However, fifteen other defendants were found not guilty of violation of the security law.

Cho was arrested in January, 1958, and was sentenced by the Seoul District Court to five years' imprisonment. On Government appeal to the Seoul Appellate Court, Cho was sentenced to death.

Shortly after Cho's arrest, the Progressive party was outlawed. The party brought an administrative suit aagingst the Government for outlawing the Progressives, and the case is pending before the Seoul Appellate Court.

In handing down the decision of South Korea's highest court, Justice Kim Se Wan said platforms of the Progressive party, including slogans for the peaceful unification of North and South Korea, were within the provisions of the constitutional guarantees of freedom of the press, speech, assemblage and association.

Justice Kim also rejected the prosecutor's assertion that the Progressive party had been organized "with intent to overthrow the Government." But he continued that Cho had been convicted for activities as an individual in making contact with the North Korean Communist regime and plotting to overthrow the South Korean Government.

The Progressive party was used as a cover-up for Cho's espionage activities, Justice Kim said.

Therefore the ones found not guilty today were those who joined the party without knowing Cho's Communist tie, the justice added.

Cho has the right to appeal to the Supreme Court for a new trial. However, such appeals are usually not successful.

Cho known as a reformed Communist, served as Minister of Agriculture and Forestry in President Rhee's first Cabinet in 1948.

Law Causes Controversy

The controversial National Security Law, which Dr. Rhee has backed as an anti-subversive measure, has been a cause of continuing political crisis since its passage last Dec. 24.

Its summary enactment has caused many South Koreans to feel that the Government can stifle the fundamental rights of freedom of speech, assembly and press.

A number of members of the opposition Democratic party have been arrested for holding public demonstrations against the security law in Seoul's main streets.

The New York Times
Published: February 28, 1959

한국 대법원이 조봉암의 사형 선고 판결을 확정했다는 외신 보도
(『The New York Times』 1959.02.28)

FOE OF RHEE LOSES PLEA TO SAVE LIFE; Korean Supreme Tribunal Backs Death Sentence on Cho Bong Am Law Causes Controversy(『The New York Times』 1959.02.28)

RHEE OPPONENT HANGED

Cho Bong Am Was Convicted of Aiding North Koreans

SEOUL, Korea, July 31 (AP) —Cho Bong Am, former Communist and unsuccessful candidate against President Syngman Rhee in 1952 and 1956, was hanged today for working for the North Korean Communists.

The Government announced that Cho's accomplice, Yang Myungsan, was hanged Wednesday.

Cho, 60-year-old former leader of the Progressive party, was acquitted in Seoul District Court of violating the national security and espionage laws. The Seoul Court of Appeals reversed the verdict. The Supreme Court upheld the conviction in February and yesterday rejected his petition for a retrial.

Yang confessed that he had worked as a liaison agent between the Communists and Cho.

The New York Times

Published: August 1, 1959

조봉암이 북한을 도운 혐의로 사형 선고를 받았다는 외신 보도(『The New York Times』 1959.10.01)

RHEE OPPONENT HANGED; Cho Bong Am Was Convicted of Aiding North Koreans (『The New York Times』 1959.10.01)

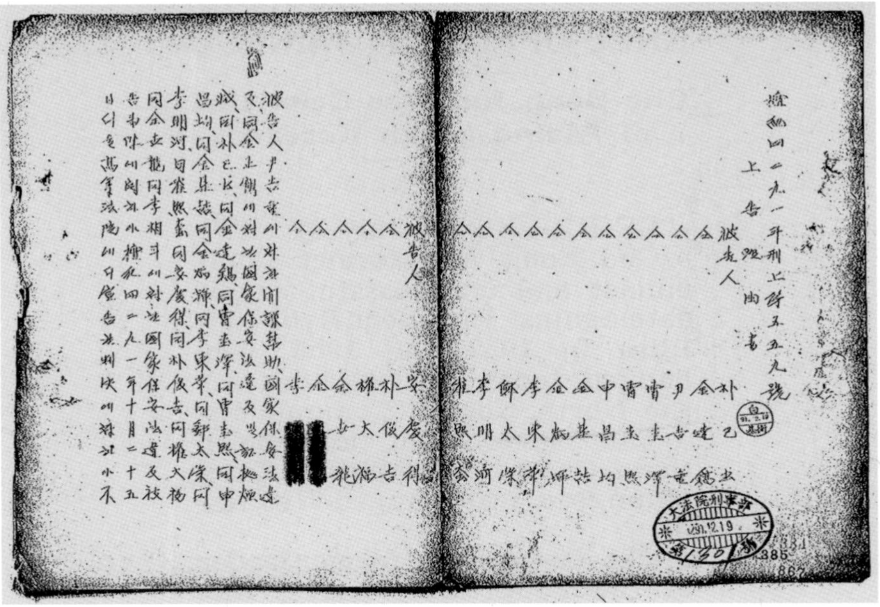
檀紀四二九一年刑上第五五九號
上告理由書

박기출 외 상고이유서

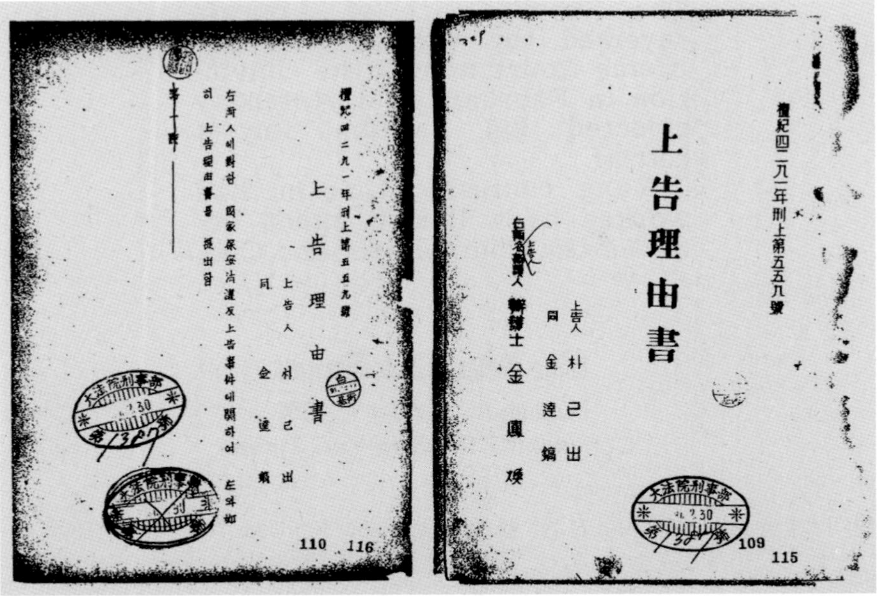
檀紀四二九一年刑上第五五九號

上告理由書

上告人 朴己出
同 金達鎬
右兩名辯護人 辯護士 金鳳煥

109 115

檀紀四二九一年刑上第五五九號

上告理由書

上告人 朴己出
同 金達鎬

右兩人에對한 國家保安法違反上告事件에關하여 左와如히 上告理由書를 提出함

第一點

110 116

박기출, 김달호 상고이유서

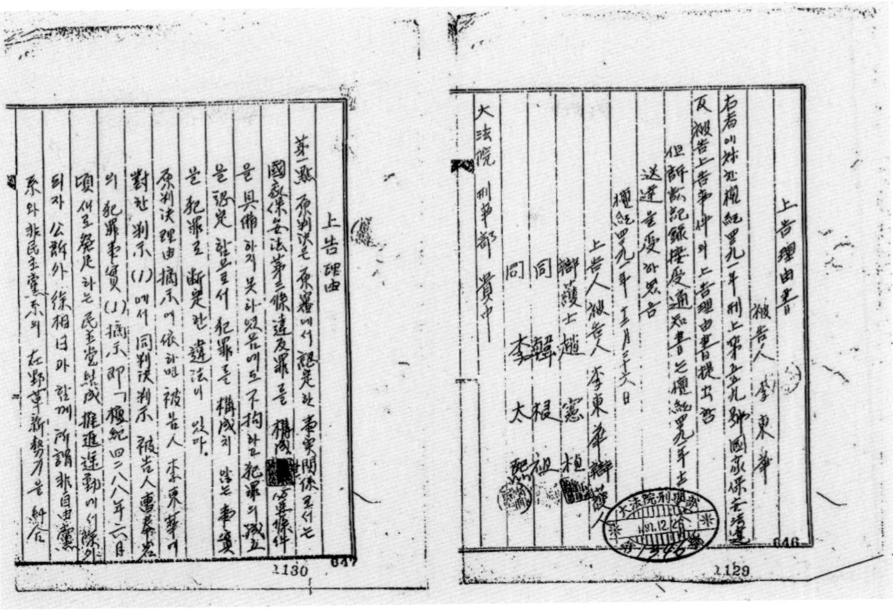

이동화 상고이유서

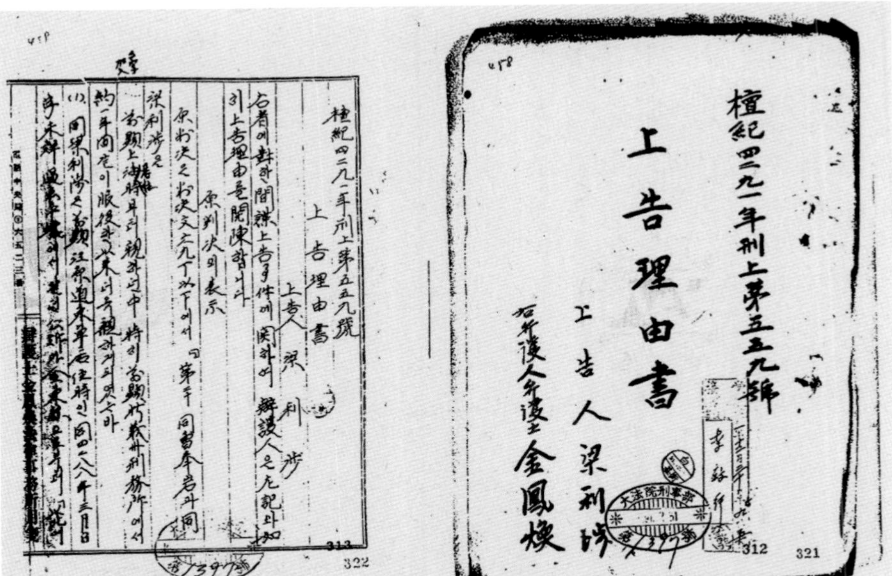

양이섭 상고이유서

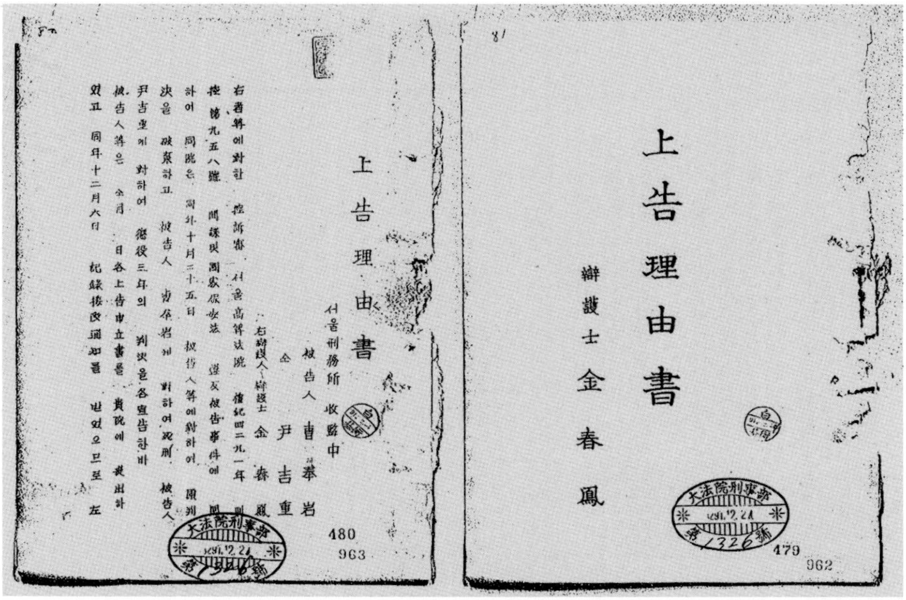

上告理由書

辯護士 金春鳳

479
962

上告理由書

서울刑務所 收監中
被告人 曺奉岩
仝 尹吉重
右辯護人 辯護士 金春鳳

右者等에 對한 控訴事件 서울高等法院 檀紀四二九一年 刑控第九五八號 間諜 및 國家保安法 違反 被告事件에 關하여 同院은 同年十月二十五日 被告人等에 對하여 原判決을 破棄하고 被告人 曺奉岩에게 對하여 死刑, 被告人 尹吉重에게 對하여 懲役三年의 判決을 各宣告한바 被告人等은 仝月 日 各上告申立書를 貴院에 提出하였고 同年十二月六日 記錄接受通知를 받았으므로 左

480
963

조봉암 상고이유서

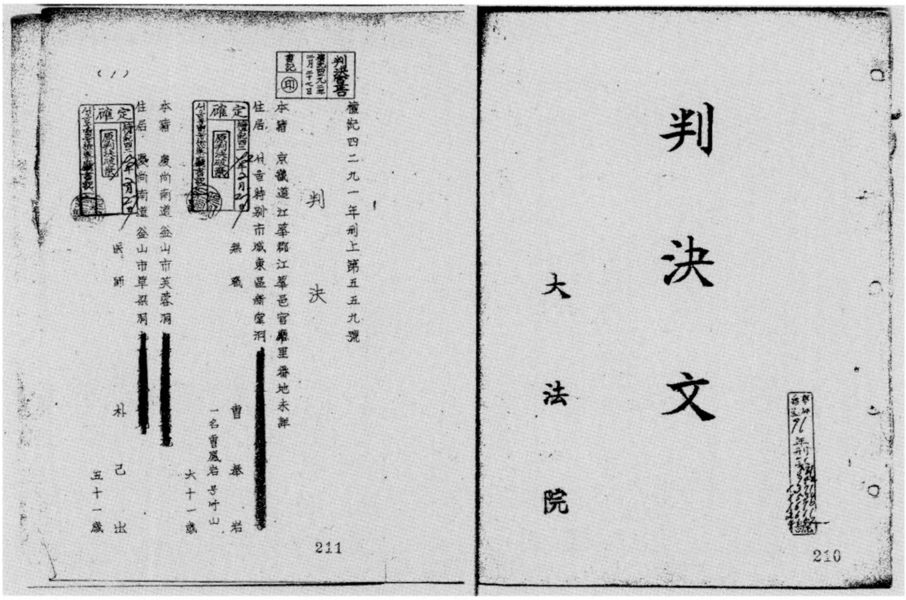

判決文

大法院

210

檀紀四二九一年刑上第五五九號

判決

本籍 京畿道江華郡江華邑官廳里番地未詳
住居 서울特別市城東區新堂洞 [redacted]
無職
曺奉岩
一名 曺鳳岩 号 竹山
六十一歲

本籍 慶尙南道釜山市芙蓉洞 [redacted]
住居 慶尙南道釜山市草梁洞 [redacted]
民籍
朴己出
五十一歲

211

제3심 판결문

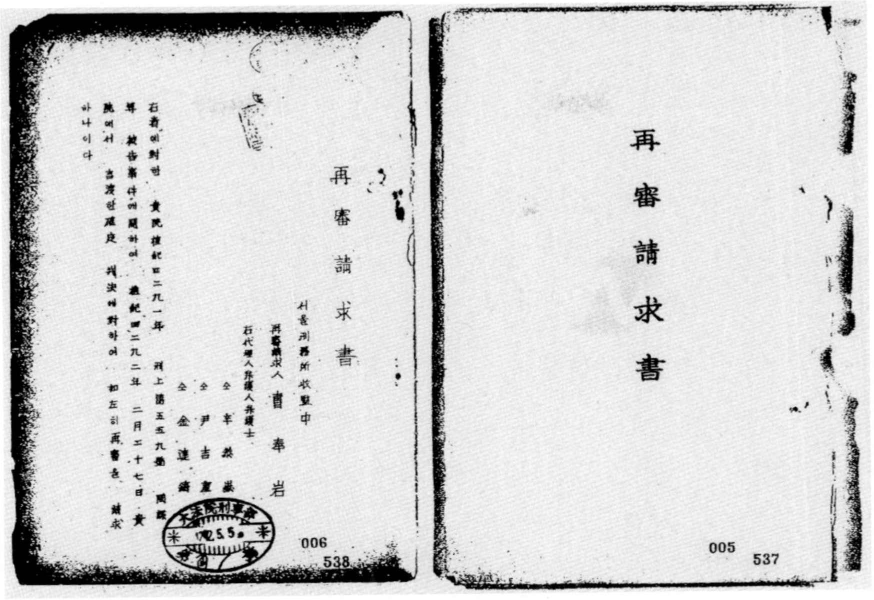
再審請求書

005 537

再審請求書

서울刑務所收監中
再審請求人 曺奉岩
右代理人弁護人弁護士
仝 辛泰嶽
仝 尹吉重
仝 金達鎬

右者에對한 貴院檀紀四二九一年 刑上第五五九號 間諜等 被告事件에關하여 檀紀四二九二年 二月二十七日 貴院에서 言渡한確定判決에對하여 如左히 再審을 請求하나이다

006 538

조봉암 재심청구서

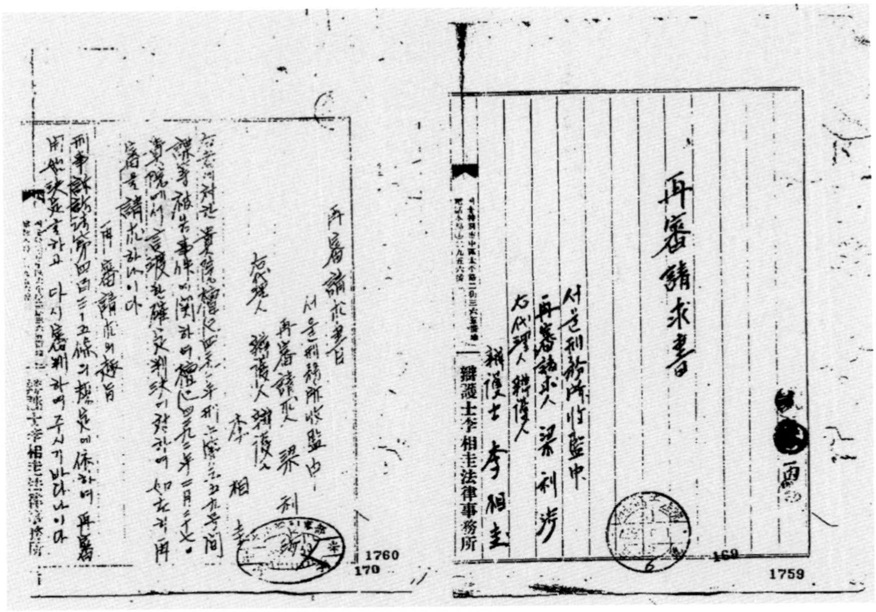
再審請求書

서울刑務所收監中
再審請求人 梁利涉
右代理人 辯護人
辯護士 李相圭

辯護士李相圭法律事務所

169 1759

再審請求書

서울刑務所收監中
再審請求人 梁利涉
右代理人 辯護人 辯護人 李相圭

右者에對한 貴院檀紀四二九一年 刑上第五五九號 間諜等被告事件에關하여 檀紀四二九二年二月二十七日 貴院에서 言渡한確定判決에對하여 如左히 再審을 請求하나이다

再審請求의趣旨

刑事訴訟法第四百二十五條의 規定에 依하여 再審開始決定을하고 다시 審判하여 주시기 바라나이다

辯護士李相圭法律事務所

1760 170

양이섭 재심청구서

▌간 행 사▐

전현수(경북대학교 사학과 교수)

경북대학교 아시아연구소는 한국연구재단의 지원을 받아 인문사회연구소지원사업(연구주제－한국 민주화운동 사료 DB 구축, 연구기간－2019~2025년)을 수행하고 있다. 2019년 9월 시작하여 2022년 8월 종료된 1단계 사업에서는 국가기록원에 소장된 진보당 형사사건기록을 연구대상으로 하여 필사문서의 탈초, 주요기록의 해제 및 주석, 인명사전 및 메타데이터 작성 작업을 수행하였다. 1단계 사업의 연구 결과(진보당 형사사건기록 DB)는 조만간 한국연구재단을 통해 학계와 일반 시민들에게 공개될 것이다.

진보당 형사사건기록은 서울특별시경찰국과 육군특무부대의 수사기록, 서울지방검찰청의 수사기록, 서울지방법원 · 서울고등법원 · 대법원의 공판기록으로 구성되어 있다. 수사기록에는 의견서, 피의자 및 증인 신문조서, 수사보고 등이 수록되어 있다. 검찰 수사기록에는 법원에 제출하는 공소장이 추가된다. 공판기록에는 공판조서와 판결문 등이 수록되어 있다. 약 15,000장에 달하는 진보당 형사사건기록은 진보당사건에 관한 최대 · 최고의 정보자료를 제공해주는 사료의 보고(寶庫)라고 할 수 있다.

지금까지 진보당사건에 대한 연구는 주로 운동 주체 측에서 생산된 문헌이나 구술증언 그리고 신문 · 잡지 기사에 의거하였다. 국가 수사 · 사법기관에서 생산된 방대한 분량의 형사사건기록은 진보당사건 연구에서 거의 활용되지 못하였다. 그것은 진보당 형사사건기록이 대부분 판독이 난해한 국한문 필사문서로 생산되어 연구자들의 접근이 극도로 제약되었기 때문이다. 이 연구는 진보당 형사사건기록의 가독성(可讀性)을 획기적으로 향상시켜 사료적 · 학문적 활용을 촉진할 수 있을 것이다.

경북대학교 아시아연구소는 진보당 형사사건기록의 DB 구축과 동시에 형사사건기록 중에서 사료적 가치가 높은 주요 기록의 인쇄 · 출간 작업도 추진해 왔다.

지난 3년간 연구소는 진보당사건 공판기록의 출간 준비 작업에 많은 노력을 기울였다. 연구팀에서 공판기록의 출간에 최우선적인 주의를 기울인 것은 공소장, 공판조서, 판결문 등으로 이루어진 공판기록이 진보당사건의 발생, 전개, 결말에 이르는 전체 과정에 대한 정보를 가장 풍부하고 체계적으로 전달해 주는 기록이라고 판단하였기 때문이다.

공판기록은 검찰의 공소장, 서울지방법원에서 생산된 제1심 공판조서(제1~21회)와 판결문, 서울고등법원에서 생산된 제2심 공판조서(제1~14회)와 판결문, 31건의 상고이유서와 대법원 판결문 및 재심청구 관련 기록으로 구성되어 있다. 공판조서에는 공소사실과 관련해서 재판관과 피고인 사이에 전개된 질의응답이 상세히 기록되어 있다. 재판관은 신문 과정에서 증거로 채택된 진보당의 선언, 강령, 강령 전문, 조봉암 등 진보당 관계자들이 작성한 각종 문헌들을 광범위하게 인용하고 있다. 피고인 신문조서 등 수사기록도 상세히 언급하고 있다. 공판조서에는 상당한 분량에 달하는 변호인들의 변론도 수록되어 있다. 제1심 공판조서에는 진보당사건에 대한 김춘봉, 신태악, 김봉환 변호사의 변론이, 제2심 공판조서에는 양이섭 간첩사건에 대한 김봉환 변호사의 변론과 이동화에 대한 조헌식 변호사의 변론이 포함되어 있다.

상고이유서에는 제2심 판결에 불복하는 진보당 관계자들과 변호인들의 상고이유가 때론 사실적으로 때론 법리적으로 개진되어 있다. 대부분의 진보당 관계자들은 제2심 판결을 사실적으로 반박하는 상고이유를 밝혔는데, 법률가인 김달호와 윤길중의 상고이유서는 대단히 법리적으로 작성되어 있다. 특히 이동화에 대한 조헌식, 한근조, 이태희 변호사의 상고이유서, 조봉암, 김기철, 조규희에 대한 신태악 변호사의 상고이유서, 양이섭에 대한 김봉환 변호사의 상고이유서가 법리적으로 가장 논리정연하다. 이동화는 자신이 어떻게 마르크스·레닌주의에서 사회적 민주주의(민주사회주의)로 사상적 전환을 이루었는지를 역사적으로 서술한 상고취의서를 제출하였는데, 이 글은 한국 사회민주주의 역사에 길이 남을만한 명문(名文)이다.

제1심, 제2심, 대법원 판결문은 모두 피고인의 인적 사항을 제시하고 유무죄와 형량을 선고한 뒤 각 피고인에 대해 유무죄의 이유를 밝히고 있다. 원본 문서를 보면 제1심 판결문이 99쪽, 제2심 판결문이 110쪽 분량인데, 제3심 판결문은 1,047쪽에

달하는 방대한 분량이다. 제3심 판결문의 판결 이유에는 피고인 등의 성행지능(性行知能)과 환경에 대한 개술(槪述), 범행의 동기와 수단, 결과 개술, 상고이유, 재판부의 상고이유에 대한 심안(審按), 조봉암과 양이섭의 약력, 공소사실에 대한 판시가 상세히 기술되어 있다. 특히 상고이유에서는 31건에 달하는 상고이유서가 거의 대부분 수록되어 있다.

공판기록은 모두 국한문 혼용의 기록인데, 공판조서는 법원 서기가 필사로 작성하였고, 판결문은 필경사가 등사원지에 철필로 글씨를 써서 등사기로 인쇄하였다. 1957~1958년 생산된 진보당 형사사건기록은 용어와 지명 표기, 맞춤법, 띄어쓰기 등이 현재와 상이하다. 필사 및 등사인쇄 과정에서 오기(誤記)도 많이 나타났다. 단어나 어구 및 문장이 누락된 경우도 많다. 일부 기록은 그 의미를 파악할 수 없거나, 비식별처리가 되어 있어 판독이 불가능하다. 이러한 사정을 고려하여 연구팀은 탈초 작업을 국한문 필사·등사 문서를 한글 활자 문서로 전환시키는 기술적인 작업에 국한시키지 않고 의미 파악이 곤란한 원본 기록을 정확히 독해해서 기록 텍스트의 정본을 확정하는 작업으로 확장시키지 않으면 안 되었다.

진보당사건의 핵심 인물인 조봉암은 3·1운동에 참여하여 독립운동의 세례를 받은 후 민족독립의 방편으로 마르크스·레닌주의를 수용하였다. 이후 소련을 모델로 하는 독립국가를 건설하기 위해 노력하였지만, 1930년대 후반부터 스탈린주의적 전체주의 체제에 회의를 느껴 사상적 전환을 고민하기 시작하였다. 그는 해방 이후 조선공산당이 친소사대주의로 기울자 공산당과 결별하고 중도좌파적인 제3의 길을 추구하였다. 그는 대한민국 정부 수립에 참여해서 제헌헌법을 기초하는데 일조하고, 농림부장관으로서 농지개혁을 추진하여 평등지권(平等地權)을 실현하였다. 1956년 대통령선거에서는 혁신정치, 수탈 없는 경제체제, 평화통일을 호소하여 무려 216만여 표를 얻는 성과를 이루었다. 이후 조봉암은 진보당을 창당하여 한국 사회를 사회적 민주주의의 길로 이끌고자 하였다. 그러나 조봉암과 진보당의 실험은 1959년 7월 31일 조봉암이 당시 집권세력에 의해 사형에 처해지면서 중단되었다.

정치적 민주주의, 사회경제적 민주주의, 민주적 평화통일을 강령으로 하는 조봉암과 진보당의 사회적 민주주의는 한국현대사의 발전 전망을 선취한 것으로서 오늘날에도 한국 사회가 여전히 추구해야 할 과제로 남아 있다. 조봉암과 진보당의 사회적 민주주의의 유산을 정확하게 이해하고 계승하였다면 한국의 사회운동이 1980년대 이후 수십 년간 마르크스·레닌주의, 스탈린주의, 주체사상이라는 전체주의에 경도되어 시행착오를 거듭하다 몰락하는 비극을 맞지는 않았을 것이다. 이 사료집은 진보당의 사회적 민주주의에 대한 이해를 진전시키는데 기여할 수 있을 것이다.

진보당 형사사건기록의 DB 구축과 공판기록의 출간 작업이 결실을 맺게 된 것은 인문사회연구소지원사업에 참여한 연구원들과 대학원생들이 오랜 기간 연구에 헌신적으로 노력해온 덕분이다. 2019년 9월 이후 현재까지 아래와 같이 연구책임자 1명, 공동연구원 5명, 전임연구원 6명, 대학원생 16명, 학부생 2명, 행정연구원 1명, 총 31명이 연구 활동에 참여하였다.

연구책임자 - 전현수 교수(경북대학교 사학과)
공동연구원 - 노진철 교수(경북대 사회학과), 이정태 교수(경북대 정치외교학과), 강우진 교수(경북대 정치외교학과), 홍성구 교수(경북대 역사교육과), 황태진 교수(경북대 사학과)
전임연구원 - 박보영 박사, 김현주 박사, 강인구 박사, 정계향 박사, 윤정원 박사, 김윤미 박사
연구보조원 - 김순규, 박진영, 최용석, 홍준석, 최하은, 어미선, 이윤경, 이승현, 박진호, 김현지, 김선경, 최준형, 야마다 후미토, 권정희, 최보람, 김남규, 최보규, 신정윤
행정연구원 - 이미선

진보당사건 공판기록의 출간 작업에는 전현수, 박보영, 정계향, 윤정원, 김윤미, 김남규, 권정희, 박진영, 최용석, 홍준석, 최하은, 이윤경이 참가하였다. 전현수는 출간 작업 전 과정을 기획·총괄하였다. 김남규와 권정희는 원본 기록의 탈초 작업을 수행하였다. 박보영, 정계향, 윤정원, 김윤미, 박진영은 탈초 결과를 검수하여 기록 텍스트 정본 확정에 기여하였다. 정계향, 윤정원, 박보영은 공판기록 1, 2, 3권의 해제 집필에 참여하였다. 최용석과 홍준석은 진보당사건 관계자 인명사전을 작성하고, 출간을 위해 사진, 원본 기록 및 신문 자료를 선별하였다. 교정쇄

1~3교의 교열 작업에는 정계향, 윤정원, 김윤미, 박진영, 최용석, 홍준석, 최하은, 이윤경이 참여하였다.

국가기록원 소장 진보당 형사사건기록을 연구와 출판에 활용할 수 있게 배려해 준 국가기록원 서비스정책과에 감사드린다. 특히 오랜 기간 연구팀의 자료조사 및 자문 요청에 성실하게 응해준 국가기록정보센터 총괄 나창호 연구관께 심심한 감사의 말씀을 올린다.

연구팀의 연구활동과 공판기록 출간에 성원을 보내주신 (사)죽산조봉암선생기념사업회 이모세 회장, 주대환 부회장, 유수현 사무총장께도 감사의 말씀을 올린다. 조봉암 선생 관련 사료집 출간에 각별한 관심과 성원을 보내주신 고(故) 조호정 여사께도 감사의 말씀을 올리며, 삼가 고인의 명복을 기원한다.

어려운 여건임에도 불구하고 수지타산을 고려하지 않고 이 사료집을 흔쾌히 출간해 준 도서출판 선인 윤관백 사장께 깊이 감사드린다. 오랜 시간 편집 작업을 총괄해 준 이경남 팀장과 편집부 여러 선생께도 감사드린다. 표지를 잘 만들어 준 김민정 선생께 감사드린다.

2023년 2월

❙ 축 사 ❙

이모세(죽산조봉암선생기념사업회 회장)

전현수 교수를 비롯한 경북대 아시아연구소 박사님들의 노고에 감사드립니다.

국가기록원이 소장하고 있는 진보당 형사사건기록을 포함하여 총 44권의 진보당 관련 기록에 쌓인 먼지를 털어내고, 많은 연구자들과 후대의 학자들이 읽을 수 있도록 만들어주신 데 대하여 깊이 고개 숙여 감사드립니다.

아마 기록들은 전문가가 아닌 일반인들은 읽을 수 없는 상태로 있었을 것입니다. 법원 서기들이 급히 손으로 쓴 흘림체 글씨와 국한문 혼용체, 그리고 오늘날과는 사뭇 다른 문법, 어법, 표현으로 되어 있었을 것입니다. 그런데 이런 기록을 일일이 전문가박사님들이 탈초(脫草)하고 그 속에 있는 오탈자까지 잡아내어 주셨습니다.

세월이 너무나 많이 흘렀습니다. 당시 12살의 소년이었던 저가 77세의 노인이 되었으니 무려 65년의 세월이 흘렀습니다. 그동안 억울함의 피눈물과 한숨과 탄식도 다 허공에 흩어지고, 사건이 전개된 세세한 내력은 다 잊히고 말았습니다.

세상 사람들은 불편한 진실에 대해서는 망각하고 싶어 합니다. 그저 자신의 프레임 속에 들어오는 단순한 그림으로 기억하려 합니다. 하지만 누군가는 실제 복잡한 세계로 들어가 보아야 합니다. 그래야만 재해석이 가능하고, 역사에 대한 깊은 이해가 가능할 것이라 생각합니다.

저의 선친 이명하 선생을 비롯한 조봉암의 동지들은 다 돌아가시고, 죽산의 따님 조호정 여사마저 작년에 돌아가시고, 이제 그 사건의 단편이라도 기억을 가진 분들이 몇 분 남지 않았습니다. 정말 아스라이 역사가 된 것입니다.

진보당사건은 이제야말로 냉정한 역사학자들의 연구 대상으로 넘어간 것이 아닌가 싶습니다. 그런 의미에서 이번 작업은 시의적절하다고 할 수도 있을 것입니다. 다시 한 번 수고하신 모든 분들의 노고에 감사드립니다.

2023년 2월

▎진보당 형사사건기록 제3심 공판기록 해제 ▎

박보영 · 전현수

『진보당 형사사건기록 – 제3심 공판기록』은 진보당사건 상고심 관련 기록을 정리한 것이다. 여기에는 검찰 측 상고이유서와 진보당 관계자의 상고이유(취의)서, 대법원 판결문, 조봉암과 양이섭 두 사람의 재심청구 관련 기록이 포함되어 있다. 상고이유서는 진보당 형사사건기록 제20권과 제21권에, 대법원 판결문은 제44권에 수록되어 있다. 재심청구 관련 기록은 제22권과 제42권에, 재심청구 기각 관련 기록은 제43권과 제44권에 수록되어 있다.

1958년 10월 25일 진보당사건 제2심 선고 공판에서 재판부는 조봉암과 양이섭에게 간첩 및 국가보안법 위반죄를 적용하여 사형을 선고하였다. 제1심에서 대부분 무죄로 방면된 진보당 간부들에 대해서도 간첩방조와 국가보안법 위반죄로 2년에서 3년의 형을 선고하였다. 제2심 판결은 국가보안법 위반에 대해서는 무죄를, 그 외 증거인멸, 범인은닉 및 법령위반에 대해서는 부분적으로 유죄를 선고한 제1심 판결을 완전히 뒤집는 것이었다. 진보당 관계자들은 모두 제2심 판결에 불복하여 상고를 제기하였다.

재판장 김세완(金世玩) 대법관, 주심 김갑수(金甲洙) 대법관, 배석 백한성(白漢成), 허진(許瑨), 변옥주(卞沃柱) 대법관으로 구성된 재판부는 상고이유서를 검토하며 심리에 착수하였다. 상고심인 제3심은 별도 공판 없이 상고 심리만 거쳐 판결하는데, 재판부는 1959년 2월 20일 검찰과 변호인단만 출석시켜 1차례 변론 공판을 개최하였다. 신태악 · 김봉환 · 김춘봉 변호사 등 14명의 변호인단과 검찰 사이에 치열한 논쟁이 벌어졌다. 검찰은 진보당의 노선이 공산주의 세력의 평화공세에 호응하고, 대한민국을 부정하는 등 국가보안법 위반이 엄중함에도 불구하고 진보당 간부들에 대한 제2심의 형량은 미흡하다고 주장하였다. 변호인단은 양이섭이 남측 기관의 승인 아래 남북을 내왕하였다는 사실이 제2심에서 무시되었던 점, 무죄 입증을 위해 요청한 보강증거가 채택되지 않은 재판절차 상의 위법에 대하여 문제를 제기하였다. 또한 공소사실에 대한 하등의 증거가 없으며, 제2심에서 번복되기까지 한 양이섭의 자백만을 증거로 인정한 것은 심리미진이자 법률위반의 판결이라고 주장하였다.[1)]

상고심 최종 선고 공판은 1959년 2월 27일 개정되었다. 주심 김갑수 대법관이 방대한 판결문을 낭독하였다. 주문은 "피고인 김정학, 양명산, 이동현을 제외한 다른 모든 피고인에 대한 원심판결을 파기"하고, "피고인 조봉암은 사형", "전세룡과 이상두를 각각 징역 2년에 처한다"는 것이었다.

진보당의 강령이나 정책, 평화통일론은 합법으로 판결되었다. 원심파기의 논지는 "단순한 평화통일에 대한 주장이나 논의는 북과의 관련이 인정되지 않는 한 처벌할 수 없고 이 이론은 진보당 강령정책에도 적용된다. 피고인들에 대한 국가보안법 공소사실은 죄가 되지 아니함에도 2심 판결이 북괴와의 관련을 알아보지 않은 채 처단한 것은 위법이므로 상고는 이유 있다"는 것이었다.

양이섭의 상고이유에 대해서는 특무대에서의 '허위 자백' 주장에 대한 동기와 합리성, 그리고 양이섭의 경력에 비추어 그 진위가 의심되고, 자백 이외의 보강증거가 필요하지만 그것은 범죄사실 전부가 아닌 일부에 대한 것으로도 충분하다고 해석할 수 있으므로 제2심 판결의 형량이 부당하다고 인정할 사유가 없다고 판결하였다.

조봉암에게는 간첩죄는 사형, 불법무기 소지죄는 징역형, 국가변란 단체 수괴 취임은 무기징역형이 각각 선고되었는데, 그중에서 가장 중한 간첩죄의 형이 최종 선고되었다. 진보당의 결성이 북의 지령에 호응한 것이고, 양이섭을 통해 전달받은 자금과 구치소에서의 통방사건에 비추어 볼 때 조봉암과 양이섭의 관계, 나아가 북측과의 밀통을 추측할 수 있으며, 결과적으로 국가를 변란할 목적으로 결성된 진보당은 불법단체임을 면할 수 없다고 판결하였다.

진보당의 정강정책, 평화통일의 이념적 지향이 원심파기, 즉 무죄로 선고됨과 동시에, 진보당의 결성은 북의 지령에 의해 국가변란을 목적으로 한 불법성이 있다는 모순된 판결이 한꺼번에 내려졌다. 조봉암이 양이섭에게 받은 자금이 북측과 연결되어 있다는 그 어떤 증거도 확증하지 못한 채, 양이섭이 이중 첩자가 아

1) 『조선일보』 1959년 2월 20일.

닌 일방의 간첩일 뿐이라는 억지 주장 위에 구치소에서의 비밀쪽지 사건이 결정적인 '증거'나 되는 양 간첩사건을 만들어낸 것이다.[2)]

조봉암은 대법원판결에 대하여 1959년 5월 5일 재심을 청구하였다. 재심청구는 1959년 7월 30일 '이유 없음'으로 기각되었다. 재판부는 대법관 김갑수(金甲洙), 대법관 배정현(裵廷鉉), 대법관 고재호(高在鎬), 대법관 변옥주(卞沃柱)였다. 재심이 기각된 바로 다음 날(7월 31일) 아침 조봉암의 사형이 집행되었다. 양이섭 또한 1959년 5월 30일 재심을 청구하였으나, 재심청구는 피고인 신문을 거쳐 7월 15일 기각되었다. 양이섭에 대해서는 조봉암보다 하루 빠른 7월 30일 사형이 집행되었다.

제2심 선고 직후 상고 신립(申立)부터 한 차례 변론 공판을 거쳐 최종 판결까지 약 4개월이 걸렸다. 그리고 재심청구로부터 기각결정과 형집행까지 약 5개월이 경과되었다. 상고심과 재심청구 재판은 매우 신속히 진행되었지만, 이 과정에서 방대한 기록이 생산되었다. 제3심 공판기록은 제1심과 제2심 공판에서 진행된 진보당 관계자들에 대한 심리와 공소사실에 대한 사실적, 법리적 다툼을 총괄하는 방대한 내용을 담고 있다. 원자료로 상고이유서와 대법원 판결문은 각각 1천여 쪽에 달하며, 재심청구 관련 기록도 200쪽이 넘는다.

제3심 공판기록은 대법원 판결문의 극히 일부만이 학계에 공개되어 있고, 그 대부분은 이번에 처음 공개되는 것이다. 진보당사건 관계자들의 상고이유서에는 공소사실에 대한 사실적, 법리적 비판만이 아니라, 운동 주체들이 한국사회의 발전의 길로 어떻게 사회적 민주주의의 길을 모색하게 되었는지 상세히 기술되어 있다. 이 점에서 상고이유서는 한국 사회민주주의 운동사에 길이 남을 역사적 문헌이라 하겠다. 대법원 판결문은 초보적인 삼단논법 같은 '기록재판'[3)]이 어떻게 통치자의 정적(政敵)을 간첩으로 몰아 제거하는 공안통치에 복무하였는가를 적나라하게 보여준다는 점에서 이 역시 역사적 문헌이라 하겠다.

---

2) 이영석, 『죽산 조봉암 그의 슬픈 삶과 죽음의 이야기』(서울: 원음출판사, 1983), 266~268쪽 참조.

3) 제2심과 제3심 및 재심청구 재판에서 주임 판사를 역임한 김갑수 대법관은 판사는 오직 '기록'으로 판단하며, 진보당사건 역시 기록에 의거한 판단이었다고 회고하였다. 김갑수, 『法窓三十年』(서울: 법정출판사, 1970), 206~220쪽 참조.

이 책에 수록된 문서의 주요 내용은 다음과 같다.

상고이유(취의)서

상고이유(취의)서는 대부분 1심과 2심 공판조서를 바탕으로 본인이 진술한 내용을 정리하는 양식이다. 편철상으로는 20권 385쪽부터 21권 404쪽까지 편철된 각 측, 각 인의 상고이유서와 동일한 내용을 대법원에서 인용하고 있다. 그 내용을 주요 진술별로 살펴보면 다음과 같다.

1. 상고이유서(검찰 측)

1958년 12월 13일 방재기 검사가 제출한 상고이유서다. 박기출 등 18명에 대한 1심 판결에 불복하는 이유를 개진하고 있다. 조봉암에 대한 사형 양형이 진보당 관계 피고인의 양형에 상대적으로 참작되어 객관적 양형이 이루어지지 않았다는 취지이다.

2. 상고취의서(박기출)

박기출은 검찰의 공소 내용에 포함된 조봉암의 평화통일 논문이나 김기철의 평화통일 선언문과 자신은 아무런 관련이 없다고 주장한다. 또한 진보당이 공산주의에 반대하고, 수정자본주의에 입각한 합법 정당이라는 점을 강조한다.

3. 상고취의서(이동화)

이동화는 공산주의를 극복 · 지양할 수 있는 새로운 사상으로서 민주적 사회주의 내지 사회적 민주주의라는 신념을 발전시키게 된 배경에 대해 설명한다. 그는 진보당의 강령 전문과 경제정책 전문을 6개 원칙, 즉 사회적 민주주의, 자본주의 수정의 원칙, 반공 · 친미의 원칙, 원자력 발전의 원칙, 계획적 경제건설의 원칙, 민주적 복지사회의 원칙에 의하여 작성하였다고 기술한다.

4. 상고이유서(김기철, 변호인 전봉덕)

김기철에 대한 변호인 전봉덕의 상고이유서이다. 전봉덕은 진보당이 국가변란을 목적으로 하는 집단이라는 규정은 정강정책 전문에서 지엽말단만을 적출하여 견강부회한 해석으로 사실과 증거에 의한 판결이라 볼 수 없다고 비판한다. 그는 평화통일론이 괴뢰 김일성의 주장이기 때문에 자구가 동일하다는 이유로 평화통일론 자체를 내통의 사실로 간주하고, 적법한 증거의 제시도 없이 불법화하는 것은 보편적 인류가치는 물론 우리 헌법에도 위배되는 판결이라고 반박한다.

5. 상고취의서(김기철)

김기철은 북진통일만이 애국적이고 효과적인 반공투쟁이라고 할 수 없으며, 통일 정책과 방안이 정부의 그것과 동일하지 않다고 해서 반역시하는 것은 독단에 불과하다고 비판한다. 평화통일 선언문은 북한의 위장평화 공세를 분쇄하기 위한 하나의 시론이지, 진보당 내의 의결을 거친 문건은 아니라고 강조한다.

6. 상고이유서(윤길중)

윤길중은 원심판결이 국가보안법 제1조의 법의(法意)를 오해하고 그 적용을 착오한 위법이 있다고 지적한다. 또한 원심은 심판의 청구가 없는 사실을 판결한 불법이 있고, 진보당의 강령정책을 견강부회로 왜곡 · 변조하여 중대한 사실의 오인이 있을 뿐만 아니라 그 오인한 사실 자체도 범죄 구성이 될 수 없음에도 불구하고 법률을 착오 적용한 불법이 있다고 주장한다.

7. 상고취의서(이명하)

이명하는 진보당은 합법정당이며, 중앙당의 조직부장인 자신이 지방 당부를 결성한 것은 당연한 책무라고 주장한다. 또한 김기철의 평화통일 선언문은 그 어떤 결의도 거치지 않은, 개인의 연구 자료일 뿐이며, 국론통일 행동협의체도 대한민국의 승리를 위한 반공애국지정의 발로이지 범의가 될 수 없다고 역설한다.

8. 상고이유서(이상두)

이상두는 경북대학에서 이동화 교수로부터 사회주의 교육을 받은 일이 없다고 반박한다. 그는 자신이 이동화 교수에게 쓴 서신에서 현 사회제도 혹은 정치 실정에 대해 불평불만을 나열하였을 뿐이지 대한민국의 변란을 목적으로 그 실행을 모의한 사실이 없다고 반박한다. 그럼에도 불구하고 국가보안법 위반죄를 적용한 것은 위법이라고 주장한다.

9. 상고취의서(최희규)

최희규는 경찰조서가 자신의 임의 진술이 아니며, 이미 작성된 각본 아래 위협과 강압으로 취조관이 임의 작성한 것이라고 폭로한다. 또한 자공서라는 것도 위협과 강압에 의한 형식적인 필기에 불과하다고 지적한다. 그는 강령정책에 명시되어 있는 것처럼 대한민국을 육성·강화하려는 목적을 추구하는 진보당에 대해서 국가변란 운운하는 것은 언어도단이라고 강조한다.

10. 상고이유서(조봉암, 윤길중, 변호인 김춘봉)

변호인 김춘봉은 조봉암과 윤길중이 국가보안법을 위반하였다는 공소사실은 정치적 문제와 형사 문제를 혼동한 것이며, 대한민국의 정치활동의 자유를 침범하여 정당의 정책을 범죄로 다스린 것이라고 비판한다. 또한 진보당이 국헌에 위배되는 불법 결사라는 증거가 없음에도 불구하고 양이섭의 진술만을 유일한 증거로 삼아 유죄를 인정하는 것은 명백한 위법이라고 주장한다.

11. 상고이유서(권대복)

권대복은 기왕에 승인받은 정강정책의 일부를 지적하여 국가변란죄를 적용해서 유죄판결을 내리는 것은 이율배반의 모순이라고 지적하며, 자신은 대한민국의 발전과 민주주의의 승리를 위해 진보당에 가입하여 정치운동을 전개한 것이라고 주장한다. 여명회가 사회주의 연구를 목적으로 하는 진보당의 특수조직을 위한 비밀 써클이라는 공소사실은 경찰 취조 시 가혹한 고문으로 조작한 것이라고 반박한다. 그는 여명회가 학술연구를 목적으로 하는 써클로서 정치성을 배제함은 물론 사실상 진보당과는 무관한 자치단체라고 주장한다.

12. 상고이유서(이동현)

전 서울형무소 간수부장 이동현은 조사과정에서 경찰관의 고문과 강요에 못이겨 조봉암에 대한 허위 자백을 하였다고 주장한다.

13. 상고이유서(김달호)

김달호는 공소사실에 나타난 6개의 위법 사항을 지적하며 본인의 무혐의와 진보당의 정당성을 변론한다. 그것은 첫째 간첩 박정호와 관련한 공소의 수리가 법령 위반이라는 점, 둘째 심리의 청구가 있는 사건을 판결하지 아니하거나 심리의 청구가 없는 사건을 판결한 점, 셋째 소송절차가 법령에 위반되어 판결에 영향을 미친 점, 넷째 중대한 사실의 오인이 있어 판결에 영향을 미친 점, 다섯째 진보당의 결당 및 5.15 정부통령선거운동 등 행위는 모두 적법행위로 판단되고 있는데 진보당의 결성이 범죄행위로 단죄되는 모순이 있는 점, 여섯째 헌법에 위반하거나 헌법의 해석에 착오가 있는 점이다. 이상과 같이 원심 판결이 헌법 위반이 되거나 그 해석에 착오가 있다는 것을 논증한다.

14. 상고취의서(김정학, 변호인 권재찬)

변호인 권재찬은 김정학의 범죄 혐의가 단지 동향인이자 인척 관계인 전세룡의 부탁으로 문서를 운반하고 보관한 단순 행위에 불과하며, 피고인이 범죄사실 및 범의를 일관되게 부인하고, 다른 입증이 없음에도 불구하고 원심에서 사실을 인정한 것은 채증법칙을 위반한 위법이 있다고 주장한다.

15. 상고이유서(조규택)

조규택은 진보당이 대한민국 정부 공보실에 합법적 정당으로 등록된 공인정당이며, 진보당의 정강정책도 국헌에 위배 되지 않는다고 주장한다. 그는 진보당에 국가보안법 위반죄를 적용하는 것은 불가능한 일이라고 반박한다.

16. 상고이유서(신창균)

신창균은 진보당이 합법정당이며, 당의 정강정책이 대한민국의 기본이념과 합치되고, 통일방안도 대한민국 헌법의 테두리 안에서 작성된 것이라고 주장한다. 그는 자신이 진보당 재정위원장에 취임하고, 일간신문을 경영하기 위해 정진사 발기인회 참가한 것이 하등 범죄가 되지 못한다고 강조한다.

17. 상고이유서(조규희)

조규희는 진보당의 강령정책에 나타나는 당의 성격과 그 본질을 요약해 본다면 철학적으로는 이상주의 내지 휴머니즘에, 경제적으로는 수정자본주의적 입장에, 정치적으로는 의회민주주의적 입장에 철저히 입각해 있다고 주장하면서 이것이 범죄행위가 될 수 없다고 강조한다.

18. 상고이유서(안경득)

안경득은 합법 정당의 합법적 정치운동이 국가변란으로 공소 제기되는 것은 민주사회에서 있을 수 없는 일이라고 비판한다. 그는 진보당의 경제정책은 사회주의를 지향하는 것이 아니라 자본주의의 변혁을 추구하고 있으며, 평화적 통일방안도 대한민국을 부인하거나 말살하기 위한 것이 아니라 여러 우방과 협조하여 유엔을 통해 민주적 평화적 조국통일을 이루기 위한 것이라고 주장한다.

19. 상고이유서(김병휘)

김병휘는 검찰 조사에서 통일방안 이외의 것은 심문받은 일이 없는데, 공판에서 진보당 통일문제연구위원회 부위원장 및 월간 잡지『중앙정치』편집위원 활동에 대해 유죄를 언도한 것은 공소사실 이외의 판정으로 형사소송법에 위배된다고 상고이유로 들고 있다.

20. 상고이유서(이동화, 변호인 조헌식, 한근조, 이태희)

변호인들은 이동화가 기초한 진보당의 강령정책이 헌법정신과 규정에 위배된다고 볼 수 없고, 국가보안법 위반죄를 구성할 필요조건도 구비하지 못하였으며, 이동화가 주장한 민주적, 평화적 통일방안은 북한 괴뢰집단의 평화통일방안에 야합한 것이 아니라고 상고이유를 개진한다. 변호인들은 또한 이동화가 이상두로부터 서신을 받음으로써 국가를 변란할 목적 사항의 실행을 협의하였다고 판시한 것은 범죄의 구성요건이 구비되지 않는 사실을 죄로 판정한 위법이 있다고 주장한다.

21. 상고이유서(이상두, 변호인 조헌식)

변호인 조헌식은 이상두가 열과 성으로써 반공투쟁에 힘써왔고, 좌익적 사상이나 국가를 변란할 불순한 생각을 포지한 적이 없다고 변론한다. 또한 이상두가 연루된 여명회는 사회과학 이론을 탐구하기 위한 단순한 독서회에 불과한 것으로 진보당의 비밀결사가 아니라고 주장한다.

22. 상고이유서(박준길)

박준길은 진보당 내 통일문제연구위원회에서 통일문제를 연구·토론하였다고 해서 위법이라고 간주하는 것은 합법 정당이 정치문제를 연구하기 위해 전문적인 연구기구를 설치하고 연구하는 행위를 형법으로 단죄하는 것이나 마찬가지로 민주국가에서는 있을 수 없는 일이라고 주장한다.

23. 상고이유서(이동현, 변호인 강순원)

변호인 강순원은 부채를 변제해 주겠다는 제안을 받고 양명산에게 조봉암의 부탁을 전달하였다는 이동현의 진술은 그 성립의 진정성과 임의성에서 채증법칙에 위배가 된다고 주장한다.

24. 상고이유서(정태영, 변호인 전봉덕)

변호인 전봉덕은 정태영의 소위 강평서 혹은 진정서는 정태영이 조봉암을 면회할 때 대화 재료로 적은 메모이며, 보통 사전이나 연감 또는 잡지에 있는 재료를 뽑아서 기억을 돕기 위해 기록한 것에 불과한 것으로서, 그것이 곧 그의 사상을 드러내는 것이 아니라고 변론한다.

25. 상고이유서(윤길중, 변호인 전봉덕)

변호인 전봉덕은 윤길중에 대한 판시가 진보당이 '북한 괴뢰에 부수한다'는 어떠한 증거도 제지하고 있지 못하며, 정강정책을 해석할 때 지엽말절을 적출하여 자의적인 해석을 가하고 있다고 비판한다. 그는 진보당을 국가변란을 목적하는 집단으로 규정한 판결은 명백히 위법이라고 주장한다. 변호인은 피고인이 대한민국 조직의 기본법령을 모두 기초한 건국의 공로자라는 사실을 고려해서 양형이 이루어져야 한다는 의견을 개진하다.

26. 상고취의서(전세룡, 변호인 신태악)

변호인 신태악은 전세룡에 대한 원심 판결이 피고인의 범의에 관하여 명확한 증거를 제시한 사실이 없으며, 증거에 의하지 않고 판시한 불법을 범한 것이 분명하므로 원판결은 파기되어야 한다고 주장한다.

27. 상고취의서(전세룡, 변호인 권재찬)

변호인 권재찬은 조직부 부간사인 전세룡이 진보당의 당헌·당규에 따라 합법적으로 당세 확장을 위해 세포를 조직한 사실을 비밀 써클 조직 및 조직원 포섭·선전 활동으로 인정한 것은 채증법칙에 위배가 된다고 비판한다.

28. 상고이유서(박기출, 김달호, 변호인 김봉환)

변호인 김봉환은 공소사실에 적시된 사회주의를 지향한다는 사상적 문제는 조봉암에 국한되는 것이지 박기출과 김달호에게는 아무런 관련이 없는 일이라고 비판한다. 또한 박기출의 「정견 초안」이나 김달호의 「한국통일에 평화적 방식이 있을 뿐이다」라는 원고는 합법 정당의 적법한 발전을 위한 견해이지 국가변란을 목적으로 하는 실천행위가 아니라고 주장한다.

29. 상고취의서(이명하, 변호인 권재찬)

변호인 권재찬은 이명하의 판결과 관련하여 합법적인 정당의 합법적인 활동이 법에 저촉된다고 한 것은 법 해석과 적용의 오류이며, 통일문제에 대하여 토의한 사실이 없음에도 불구하고 협의하였다 한 것은 사실 오인이고, 합법적인 정당에 공동행동을 제의한 사실이 법에 저촉된다고 한 것은 사실 오인과 법 적용 오류라고 비판한다.

30. 상고이유서(조봉암, 김기철, 조규희, 변호인 신태악)

변호인 신태악은 조봉암, 김기철, 조규희에 대한 상고이유를 다음과 같이 개진하였다. 공소의 수리, 소송절차가 법령에 위반되었다. 법원의 허가가 없이 제출

43. 양이섭 신문조서

양이섭에 대한 재판부의 신문 기록이다. 양이섭은 재심청구 사유, 수사기관의 불법 구속, 특무대의 조서 허위날조 등에 대해 간략히 답하였다.

44. 양이섭 재심청구 기각결정

양이섭의 재심청구에 대해 재판부는 1959년 7월 15일 기각을 결정하였다. 재판부는 사법경찰관이 그 직무에 관한 죄를 범한 것이 확정판결에 의해 증명된 바 없으며, 양이섭이 남북교역 시 반출한 물품목록, 반입한 물품목록, 반입물품 처분명세서, 처분대금명세서의 내용이 원판결에서 인정한 사실과 상치된다는 사유는 〈형사소송법〉 제420조 재심청구 사유에 해당하지 않는다고 하여 재심청구가 이유 없다고 결정하였다.

45. 조봉암 재심청구 기각결정

조봉암의 재심청구에 대해 재판부는 1959년 7월 30일 기각을 결정하였다. 재판부는 사법경찰관이 그 직무에 관한 죄를 범한 것이 확정판결에 의해 증명된 바 없으며, 새로운 반증 자료라는 것도 명백한 증거가 새로 발견된 경우라고 인정하기 어려우며, 2월 17일자 공소나 4월 7일자 공소는 모두 간첩 내지 간첩방조의 공소사실의 동일성이 인정된다고 하여 재심청구가 이유 없다고 결정하였다.

▎일러두기

1. 진보당 형사사건기록은 국한문 필사문서로 생산되어 판독이 어렵다.
   이 책에서는 가독성을 높이기 위해 다음과 같은 탈초·편집 원칙을 적용하였다.
   ① 국한문혼용의 원본 문서를 한글 문서로 정서(正書)하고 한자 병기를 최소화하였다.
   ② 인명, 지명, 단체명을 비롯하여 주요 한자어의 경우 초출(初出)에만 한자를 병기하였다. 다만, 동명이인, 동음이의어, 생소한 용어 등에 대해서는 독해를 돕기 위해 초출 외에도 한자를 병기하였다.
   ③ 원본 문서의 용어법과 문법을 가능한 한 그대로 보존하였기 때문에 오늘날의 맞춤법 기준안에 따르면 오자이거나 비문인 경우가 다수 있다.
   ④ 필사문서의 특성상 원본 문서에 오기(誤記)가 많다. 수정 사항에 대해서는 각주를 달아 설명하였다.
   ⑤ 원본 문서에는 없지만 적절한 곳에 쉼표를 넣고, 띄어쓰기를 하고, 내용 단위로 문단을 구분하였다.
   ⑥ 인물, 사건, 법률 용어 등에 대해서는 초출에 각주를 달아 설명하였다.
   ⑦ 인명을 표기할 때는 두음법칙을 적용하였다.
   ⑧ 원본 문서에서 연도는 모두 단기(檀紀)로 표기되어 있는데, '단기' 글자는 모두 삭제하고 괄호 안에 서기 연도를 함께 표기하였다.
   ⑨ 괄호가 이중으로 삽입될 때, 바깥쪽은 대괄호([ ])로 표기하였다.
   ⑩ 엽(頁), 정(丁)은 책이나 문서의 면(쪽)을 의미하는데, 본문에서 한자가 병기되지 않은 '엽'과 '정'은 모두 면(쪽)을 의미한다.
   ⑪ 원본 문서 중 판독이 불가능한 문자는 '□'로 표기하였다.
   ⑫ 각 문서의 출전은 모두 국가기록원 소장 진보당형사사건기록으로, 예를 들어 13권 23쪽이라는 표기는 진보당형사사건기록 13권 23쪽이라는 의미이다.
2. 진보당사건 관계자의 약력은 부록「진보당사건 관계자 인명사전」에 기술하였고, 그 외의 인물에 대해서는 가능한 범위 안에서 각주를 통해 간단한 약력을 기술하였다.
3. 그 외의 맞춤법과 외래어 표기는 국립국어원의 용례를 따랐다.
4. 직접인용은 큰따옴표(" ")로, 간접인용과 강조는 작은따옴표(' ')로 표기하였다.
5. 사진과 그림에는 저작권을 표시하였다.
6. 단행본과 정기간행물, 신문은 겹낫표(『 』)로, 문서는 홑낫표(「 」)로, 법령은 홑화살괄호(〈 〉)로 표기하였다.

▌차 례▌

제3심 공판기록

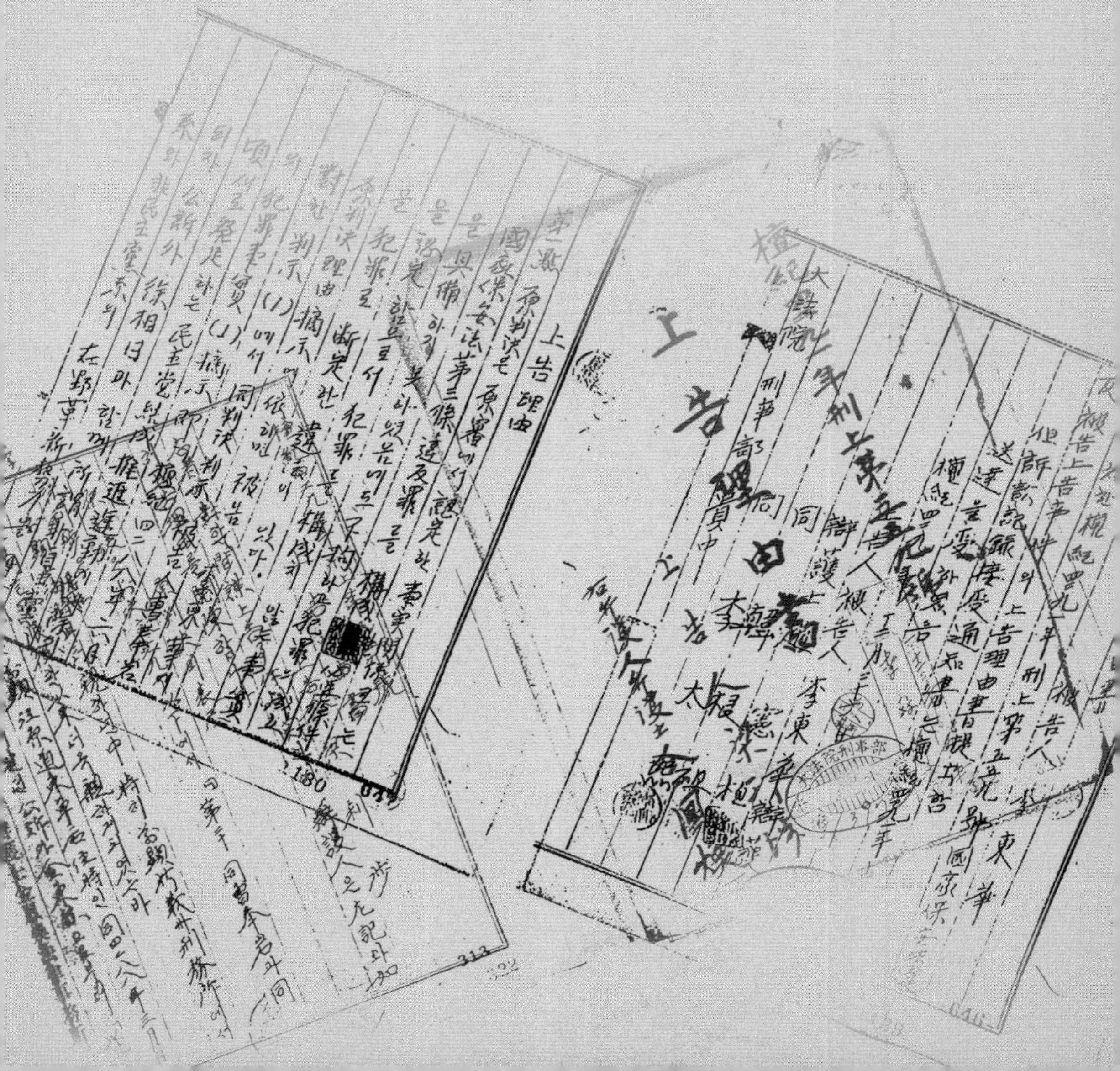

1 상고이유서 1958년 12월 13일

4291(1958)년 형상 제559호

상고이유서(上告理由書)[1]

피고인 박기출(朴己出) 동(同) 김달호(金達鎬) 동 윤길중(尹吉重) 동 조규택(曺圭澤) 동 조규희(曺圭熙) 동 신창균(申昌均) 동 김기철(金基喆) 동 김병휘(金炳輝) 동 이동화(李東華) 동 정태영(鄭太榮) 동 이명하(李明河) 동 최희규(崔熙奎) 동 안경득(安慶得) 동 박준길(朴俊吉) 동 권대복(權大福) 동 전세룡(全世龍) 동 김정학(金正鶴) 동 이상두(李相斗) 피고인 윤길중에 대한 간첩방조 〈국가보안법〉 위반, 동 김정학에 대한 〈국가보안법〉 위반 및 증거인멸, 동 박기출 동 김달호 동 조규택 동 조규희 동 신창균 동 김기철 동 김병휘 동 이동화 동 정태영 동 이명하 동 최희규 동 안경득 동 박준길 동 권대복 동 전세룡 동 이상두에 대한 〈국가보안법〉 위반 피고사건에 관하여 4291(1958)년 10월 25일 서울고등법원에서 선고한 판결에 대하여 불복 상고하였음으로 자이(玆以) 그 이유를 개진(開陳)함.

기(記)

피고인 등 연령에 대하여서는 제일 연소자인 이상두가 27세이고, 제여(齊餘)의 피고인 등은 그 이상의 연령자로서 소위 형벌 책임 연령이 만 14세를 훨씬 능가하여 사회에 대한 경험이 상당한 자들로서 형을 정함에 있어서 참작할 여지가 없고, 피고인 등의 성행(性行) 지능과 환경 개술(概述)하면

1) 검찰이 작성한 상고이유서이다.

피고인 박기출은 본적지인 경상남도 부산시(釜山市) 초량동(草梁洞) 2가 65번지에서 부산공립보통학교(釜山公立普通學校)를, 21세 시(時) 동래고보(東萊高普)를 각각 졸업한 후, 일본국 동경의학전문학교(東京醫學專門學校)에 입학하여 26세 시 동교(同校)를 졸업하고 귀국하여 부산시립병원 외과의사로 종사하다가, 4272(1939)년 10월경부터 일본국 구주대학(九州大學) 의학부 연구생으로 취학하여 4276(1943)년 3월 귀국하여 부산시 초량동 415번지에서 박외과의원을 자영 중, 8·15해방과 동시에 부산 건준(建準)[2] 후생부장(厚生部長)에 취임하고 동년(同年) 9월 초순경 미군정청(美軍政廳) 경상남도 보건 후생부장에 취임하였다가 동 4279(1946)년 5월경 사임하고, 동 4280(1947)년에 한글 전용촉진위(專用促進委) 경상남도 위원장, 민련(民聯)[3] 경상남도 위원장, 새한학회 이사장 등을 역임하고 전(前) 동소(同所)에서 박 외과의원을 운영 경영하면서 5·15정부통령선거 때 부통령 후보자로서 출마하였다가 사퇴한 자이고

피고인 김달호는 본적지인 경상북도 상주군(尙州郡) 상주읍(尙州邑) 서문리(西門里) 80번지에서 상주보통학교를 졸업하고 서울제이고보(서울第二高普)를 졸업한 후, 21세 시 일본 동경도(東京都) 소재 중앙대학(中央大學)[4] 법학부에 입학하여 22세 시 고등시험 사법과 시험에 합격하고, 23세 시 동교 2학년을 중퇴 귀국하여 대구지방법원 사법관 시보(試補)에 피임한 이래 광주지방법원 판사, 청주지방법원 판사 등을 역임하고, 29세 시 후일(後日)[5]하여 전시(前示) 중앙대학 법학부 제15연구실에서 3년간 영어와 독어를 공부하다가 32세 시 도만(渡滿)하여 만주국 봉천성(奉天省) 봉천시(奉天市)에서 율사(律士)를 등록 개업하고, 8·15해방 직후 동 봉천시 한국인조해위원회(韓國人調解委員會)[6] 위원장으로 취임하여 한·중국인 간의 분쟁조정에 종사 중 국부(國府)[7] 기관에 피검되었다가, 동 4280(1947)년 6월

---

2) 여운형의 조선건국동맹을 중심으로 조직된 '조선건국준비위원회'를 말한다.
3) '민족자주연맹'을 말한다.
4) 일본 도쿄에 있는 '주오대학'을 가리킨다.
5) '도일(渡日)'의 오기로 보인다.
6) '조해(調解)'는 중재, 조정을 의미한다.
7) '국부(國府)'는 국민정부(國民政府)의 준말이다.

초순경 천진(天津) 경유 선편(船便)으로 귀국하여, 동년 9월 일자 미상 서울지방검찰청 검사 직무대리로 취임하였다가 4281(1948)년 서울고등검찰청 차장검사 겸 변호사 고시위원(考試委員) 및 법전편찬위원을 취임하여 동년 9월경 사임한 후, 서울특별시 중구 을지로(乙支路) 1가 54번지에서 변호사 법률사무소를 개설하고 동 4287(1954)년 5월 경북 상주 갑구에서 제3대 민의원으로 당선된 자이고

피고인 윤길중은 일본국 동경부 소재 일본대학 법학과 재학 때인 23세 시 조선변호사 시험과 고등시험 행정과 및 동 사법과 시험에 합격한 후 24세 시 전시(前示) 대학을 졸업하고, 동년 12월 조선총독부 농림국 속관(屬官)에 취임한 이래 전남 강진군수(康津郡守)와 동 무안군수(務安郡守)를 역임하고, 동 4278(1945)년 1월 조선총독부 학무국 사무관으로 전임 근무하고, 8 · 15해방 후 군정청 문교부 교학과장에 취임하였다가 동년 12월경 반탁운동 관계로 사임하고, 동 4279(1946)년 6월경 고(故) 신익희(申翼熙)[8]와 함께 국민대학을 창립하고 그 재단이사 겸 법학교수로 종사하는 일방(一方), 입법의원 법제국 기초과장과 총무과장을 역임하고, 동 4281(1948)년 3월 제헌국회 헌법기초위원회 자문위원과 동 국회 법제조사국장 등을 역임하고, 우(又) 동 선거 때 강원도(江原道) 원주군(原州郡)에서 국회의원으로 당선되어 국회 법제사법분과위원장으로 선임되어, 제2대 대통령선거 때 그 입후자(立候者)[9]인 상(相) 피고인[10] 조봉암(曺奉岩)의 선거사무장으로 종사하고 서울특별시 중구 북창동(北倉洞)에서 변호사업에 종사하면서 5 · 15정부통령선거 때 대통령 입후자인 동 조봉암의 선거사무장으로 종사한 자이고

피고인 조규택은 본적지인 서울특별시 성북구 돈암동(敦岩洞) 산11번지의 81호에서 나, 14세 시 적여공립보통학교(赤余公立普通學校)를 졸업하고 해주고보(海州高普) 2년을 중퇴한 후 단국대학(檀國大學) 정치과를 졸업하고, 동 4281(1948)년

8) 신익희(1894~1956)는 대한민국 임시정부 외무부 차장, 미군정청 남조선과도입법의원 의장 겸 상임위원장, 대한민국 민의원 의장 등을 지냈다.

9) 입후보자(立候補者)가 바른 표현이다. 이하 각주는 생략한다.

10) '상(相) 피고인'은 두 명의 피고인 중 한 사람의 피고인에 대한 나머지 다른 피고인을 지칭할 때 사용된다.

12월경 서울 중앙방송국 방송과 서기로 취임 근무 중 동 4284(1951)년 10월경 주사로 승진하였다가 동 4288(1955)년 10월경 동직(同職)을 사임하고, 애국동지 후원회 및 3·1정신선양회 사업에 종사한 자이고

피고인 조규희는 본적지인 함경남도 북청군(北靑郡) 속후면(俗厚面) 오매리(梧梅里) 796번지에서 15세 시까지 한문 및 조도전강의록(早稻田講義錄)[11]을 자습하고, 23세 시 일본국 동경도 소재 중앙대학 법학과 2학년에 입학하였다가 입학절차 허위 사건으로 퇴학당하고, 24세 시 함남공업사(咸南工業社)에, 26세 시 함북 성진 일본 고주파중공업주식회사(高周波重工業株式會社)에, 28세 시 함남공업사에 각 취직 근무하고, 동 4278(1945)년 8월 14일 상경하여 서울특별시 소재 『신조선보(新朝鮮報)』를 위시하여, 『한성일보(漢城日報)』 정치부장, 동 편집부국장, 동 국장대리 및 전임 논설위원과 부산시 소재 항도신문사(港都新聞社) 편집국장 및 논설위원을 역임하고, 동 4286(1953)년 2월경 상경하여 『한성일보』 편집국장 겸 논설위원으로 종사 중, 재차 하부(下釜)하여 동 소재 한국매일신문사(韓國每日新聞社) 편집국장 및 논설위원으로 있다가, 동년 9월경 상경하여 신문, 잡지, 시사평론지의 투고를 하여오다가 자유신문사(自由新聞社) 편집국장으로 근무한 자이고

피고인 신창균은 대전제일공립보통학교(大田第一公立普通學校) 및 충북 영동공립보통학교(永同公立普通學校) 고등과 1년을 수료하고, 23세 시 충북공립사범학교(忠北公立師範學校) 제3년을 졸업한 후 충북 청주 청남학교(淸南學校) 교사에 취임된 이래 음성(陰城) 및 충주군(忠州郡) 엄정보통학교(嚴政普通學校) 등의 교사를 역임하고, 중국 광동성(廣東省) 중산시(中山市) 전력회사장(電力會社長)과 광동시 전력회사 부사장을 경(經)한 후, 동 4278(1945)년 6월 24일자 귀국하여 동년 12월경 인천시 금곡동(金谷洞) 소재 조선성냥주식회사 관리인으로 취임하고, 동 4279(1946)년 4월경 한독당(韓獨黨)[12]에 입당하여 중앙상임위원 겸 연락부장으로 취임 활동 중, 동 위원 조소앙(趙素昻), 조완구(趙琓九), 최석봉(崔錫鳳), 엄항

---

11) '와세다대학 통신 강의록'을 가리킨다.

12) '한국독립당'을 말한다.

섭(嚴恒燮)과 조일문(趙一文)과 함께 4281(1948)년 4월 19일 평양에서 개최된 소위 남북협상에 참가하기 위하여 동년 20일경 육로로 개성 경유 입북하여, 동 협상회의와 김구(金九), 김규식(金奎植), 김일성(金日成), 김두봉(金枓奉)으로 구성한 소위 4김회의에 참석하였다가, 동년 5월 월남하여 5·15정부통령선거 때 대통령 입후보자인 상(相) 피고인 조봉암의 재정 조달 및 경리사무를 담당한 자이고

피고인 김기철은 17세 시 함흥제일공립보통학교(咸興第一公立普通學校)를, 20세 시 경성전기학교(京城電氣學校)를, 23세 시 일본국 동경도 공전(工專) 상공부 전기공학과를 각각 졸업하고, 홍전사(弘電社) 조선지사에 취직한 후 25세 시 동사(同社) 흥남지부에 전임(轉任) 하였다가 27세 시 동사(同社)를 사임하고, 함흥시(咸興市)에서 박전사(博電社)를 자영(自營) 중 8·15해방으로 동사(同社)를 폐업하고, 건국후원함남청년회(建國後援咸南青年會) 기획부장 겸 함남협회(咸南協會) 조직부장으로 활동하다가, 4278(1945)년 12월 초순경 흥남인민비료공장(興南人民肥料工場) 중앙본부 조사계획부 총무국장으로 취임하고, 동 4279(1946)년 3월 5일경 월남하여 원세훈(元世勳)의 소개로 좌우합작위원회에 입회함과 동시에 민족자주연맹(民族自主聯盟) 교도 및 조사부장 민주한독당(民主韓獨黨)[13] 중앙상집위원 동 선전부장으로 종사 중, 동 4281(1948)년 4월 말경 평양 모란봉극장(牧丹峯劇場)에서 개최된 남북협상에 참가 차 민독당(民獨黨) 대표로 월북하였다가 월남하고, 6·25사변 당시 괴뢰 인위(人委)[14]의 산하단체로 등록한 전시(前示) 민족자주연맹을 위하여 활약하는 한편, 동 인위 위원장 이승엽(李承燁)의 지령으로 구성된 군사위원회에 괴뢰군(傀儡軍)을 위한 원호사업을 하고, 제2차 대통령선거 시 입후보자인 상(相) 피고인 조봉암의 선거사무소 사무차장 겸 선전부장으로 활동하고, 5·15정부통령선거 시 대통령 입후보자인 동 조봉암의 선전 및 재정책으로 활동하던 자이고

13) 민주한독당은 1947년 6월 결성된 정당으로 한국독립당 내에서 미소공동위원회 참여를 지지하는 권태석(權泰錫)을 필두로 한 '민주파'가 중심이 되었다.

14) 한국전쟁 당시 북한이 남한점령지 주민들을 전시 동원 체제 하에 편입시키기 위해 조직한 군·면·리 단위의 인민위원회를 말한다.

피고인 김병휘는 평안북도 용천군(龍川郡) 외상면(外上面) 정차동(停車洞) 113번지에서 박천공립보통학교(博川公立普通學校)를, 18세 시 신의주공립고등보통학교(新義州公立高等普通學校)를 각 졸업하고, 22세 시 일본국 동경도 소재 일본대학 법과에 입학하였다가 동교(同校) 2년을 중퇴하고, 4279(1946)년 4월경 월남하여 6개월간 UP통신사 기자로 근무하다가, 서울특별시 소재 홍익대학(弘益大學) 교수로 약 4년 근무하고, 9·28수복 후 대전시 소재 덕소철도학교(德沼鐵道學校) 및 중앙철도고등기술학교(中央鉄道高等技術學校) 부교장과 대전 가정보육기술학교(家政保育技術學校) 교장을 역임한 자이고,

피고인 이동화는 4254(1921)년 3월 평양시 소재 숭덕소학교(崇德小學校) 4년을, 동 4258(1925)년 3월 동소(同所) 소재 광성고보(光成高普) 4년을 각각 졸업하고, 동년 4월 일본국 웅본현립중학(熊本縣立中學)[15] 제제횡(濟濟黌) 4학년에 편입하여, 동 4259(1926)년 3월 동교(同校) 4년을 졸업하고, 동 4261(1928)년 일본국 산구현(山口縣) 산구고등학교(山口高等學校)[16] 문과(文科) 갑류(甲類)(2년)[17]을 졸업한 후, 동국(同國) 동경제국대학(東京帝國大學) 법학부 정치학과 3년을 졸업하고, 약 1년간 동교(同校) 정치학연구실에서 정치학을 연구하고, 동 4271(1938)년 1월부터 동 4274(1941)년 9월까지 서울특별시 소재 혜화전문학교[惠化專門學校, 현 동국대학(東國大學)] 사회과학 담당교수로 근무하고, 〈치안유지법〉 위반 사건으로 동년 9월부터 동 4275(1942)년 12월까지 서대문형무소에 구속되고, 동년 12월부터 동 4278(1945)년 4월까지 본적지에서 실부(實父)가 경영하는 주물공장(鑄物工場)과 농업에 조력하고, 동년 4월부터 서울특별시 소재 이화전문학교(梨花專門學校) 부속병원 사무장으로 활동 중, 8·15해방과 동시에 건국준비위원회(建國準備委員會) 서기국 위원에 취임하고, 고(故) 여운형(呂運亨) 및 이만규(李萬珪), 이상도(李相燾) 등과 제휴 활동하다가, 동년 9월 월북하여 동년 12월경 평양에서 조선공산

15) '구마모토 현립중학교'를 말한다.

16) '야마구치현 야마구치고등학교'를 말한다.

17) 3심의 상고이유서에는 갑류(3년)으로 기재되어 있으나, 1심의 공소장에는 갑류(2년)으로 되어 있어 기록상의 편차가 존재한다.

당(朝鮮共産黨)에 가입하여 동월 중순부터 동 4279(1946)년 5월 말경까지 『평양민보(平壤民報)』와 민주조선사(民主朝鮮社)의 주필을 역임하고, 동년 10월경부터 동 4280(1947)년 2월까지 조소문화협회(朝蘇文化協會)[18] 부위원장 겸 김일성대학(金日成大學) 강사로 종사하고, 동년 4월부터 동 4283(1950)년 5월 초순경까지 동 대학 법학부 외교사 전임 강사로 활동하다가, 국군 진주 때 월남하여 동년 11월 하순경 백인엽(白仁燁) 중장 처남 박용래(朴用來)의 소개로 정보국 제5과에 1년간 재직하고, 한국내외문제연구원장(韓國內外問題研究院長)을 거쳐 동 4287(1954)년 4월부터 성균관대학교(成均館大學校) 정치학과 교수로 종사하던 중, 동 4288(1956)년 7월 30일 서울지방법원에서 〈국가보안법〉 위반사건으로 형의 선고유예를 받은 사실이 있는 자이고

피고인 정태영은 20세 시 이리농업학교(裡里農業學校)를 졸업하고 서울문리과대학 이학부 수학과에 재학 중 6·25사변으로 인하여 중단하고, 4284(1951)년 5월경 전북 전시연합대학(戰時聯合大學)에 입학하였다가 동년 10월 학자난(學資難)으로 휴학하고, 동 4286(1953)년 7월부터 약 6개월간 동 전북 김제군(金提郡) 청하면(靑蝦面) 동문산리(東文山里) 소재 일심사(一心舍)(출판사)에 취직하는 동시에, 서울대학교 전(前) 동 학과에 복교(復校)하여 동 4289(1956)년 9월 30일 동교(同校)를 졸업하고, 동년 10월 4일부터 약 6개월간 이리여자상업학교 수학 강사로 근무하다가 동 4290(1957)년 4월 13일부터 서울특별시 소재 균명중학교(均明中學校) 교원으로 근무 중, 동년 5월 10일경 동양통신사(東洋通信社) 외신기자로 전직한 자이고

피고인 이명하는 함흥성경학교를 졸업한 후 일본국 조도전대학 강의록을 자습하는 한편 『동아일보(東亞日報)』, 『조선일보(朝鮮日報)』, 『기독교신문(基督敎新聞)』 등의 지국장을 역임하고, 4278(1945)년 9월경 본적지에서 조선청소년동맹(朝

18) 1945년 11월 11일 평양에서 설립된 조소문화협회는 소련군정 치하에서 북한과 소련과의 문화교류를 목적으로 한 단체로, 연구발표회, 강연회 개최를 비롯하여 소련의 학술·문학·예술에 관한 책을 번역하여 보급하는 등의 활동을 하였다.

鮮靑少年同盟)을 조직하여 그 위원장에 취임 활약하다가, 동월 하순 월남하여 동년 11월 서울에서 기독교청년회 전국연합회의 문화선전부장을 위시하여 민족자주연맹 중앙위원 및 지방조사부장, 통일독립촉진회(統一獨立促進會) 중앙상무위원 겸 선전부 차장, 경동기독교회(京東基督教會) 집사 등에 종사하고 6·25동란 때 서울에 잔류하여 민족자주연맹의 재건수습 공작을 하는 한편 인민군 원호사업(援護事業)에 종사할뿐더러, 정치보위부의 지령으로 기독교에 침투, 교인의 동태를 조사 중, 1·4후퇴 때 제주도(濟州島)로 피난하였다가 동 4288(1955)년 4월 상경하여 민우사계(民友社系)와 합작하여온 자이고

피고인 최희규는 일본국 동경도 소재 일본대학 척식과(拓殖科)를 졸업한 후, 동국(同國) 북해도(北海道) 제국대학 농학부(農學部) 농장에서 1년간 낙농을 연구하고 귀국하여 목장 등에서 근무하다가, 6·25사변 후 대한부흥건설단(大韓復興建設團) 산업국장, 동 서울특별시 단부 부단장, 동 단장 등을 역임한 자이요

피고인 안경득은 4278(1945)년 9월 18일 월남하여 연희대학(延禧大學)의 문과와 철학과를 졸업하고, 6·25사변 때 남하하여 약 3년간 부산시 소재 미(美) 육군 한국파견대 문관으로 종사한 자이고

피고인 박준길은 29세 시 도만(渡滿)하여 만주국 통화성(通化省) 휘남현(輝南縣)에서 제승공장(製繩工場)을 경영하다가, 8·15해방 후 귀국하여 전재동포구제회(戰災同胞救濟會) 후생협회(厚生協會) 후생부 차장, 한국군 유격사령부 의무처 차장, 국민방위군(國民防衛軍) 독립 제1사단 정보처(情報處) 4과장, 육군 제5군단 임시 문관 등을 역임한 자이고

피고인 권대복은 동 4283(1950)년 12월 하순경 서울특별시 순경에 취임하여 영등포경찰서 경무계 공보반에서 근무하다가 동 4284(1951)년 사직하고 동 4286(1953)년 4월 국학대학(國學大學) 정치학과에 입학하여 동 4290(1957)년 동 대학을 졸업한 자이고

피고인 전세룡은 18세 시 보성고등보통학교(普成高等普通學校) 3년을 수료하고 본적지에서 한문을 자득(自得)하면서 농업에 종사하다가, 국군 진주 때 명천고급인문중학교(明川高級人文中學校) 교원에 취임하고, 국군 후퇴 때 월남하여 강원도 횡성군(橫城郡) 주둔 방위군에 입대하였다가 경상북도 소재 공양고등공민학교(共陽高等公民學校) 교원에 취임하고, 4285(1952)년 10월경 부산에서 동향인인 공소(公訴) 외 김찬(金燦), 김안국(金安國) 등의 소개로 당시 동소(同所) 소재 상(相) 피고인 조봉암 집에 거주 중, 동 조봉암의 피검으로 상공일보사(商工日報社) 업무국장으로 취직 근무하다가, 동 4289(1956)년 3월 중순경 상경하여 동 조봉암의 주거인 서울특별시 성동구(城東區) 신당동(新堂洞) 353번지의 44호에 거주하던 자이고

피고인 김정학은 본적지에서 13세 시 보통학교를 졸업하고 농업에 종사하던 중 22세 시 왜정 당국으로부터 징용되어 일본국 명고옥(名古屋)[19] 소재 삼릉회사(三菱會社) 비행기공장 잡부(雜夫)로 종사하다가 동 4279(1946)년 9월 귀국하여 본적지에서 농업에 종사하는 일방(一方) 동 4279(1946)년 월일 미상 민청(民靑), 농맹(農盟), 조소문화협회 등에, 동 4280(1947)년 3월 노동당에 각 가입하고 동 4283(1950)년 3월 인민군에 가입하였다가 제대하고 동 국군 진주 시 국군 제2사단에 입대하였다가 국군 후퇴 시 미 수송선 편으로 월남하여 강원도 횡성 주둔 방위군에 입대하였다가 동 4284(1951)년 해산되고 동년 12월 부산시 소재 미군(美軍) 특무대에 입대하였다가 동 4289(1956)년 7월 제대한 자이고

피고인 이상두는 동 4289(1956)년 3월 경북대학교 법정대학 정치학과를 졸업하고 동년 4월 성균관대학교 대학원에 입학하여 익년 4월 동 대학원 1년을 수료하고 동경(同頃) 경북 계림대학(鷄林大學) 정치학 강사로 취임하였다가 동년 9월 경북대학교 법정대학 정치학 강사로 취임한 자이고

이상 진술한 피고인 등의 성행, 지능, 환경을 종합 고찰하여도 피고인 등이 생

19) '나고야'를 의미한다.

활난이나 혹은 불우한 환경에 처하여 있지 않음은 명백한 사실이고 범행의 동기와 수단 결과를 개술하면

피고인 김정학을 제외한 이여(爾餘) 피고인 등은 현 대한민국 정부에 대하여 극도의 불평불만을 포지(抱持)하여 오는 중 4288(1955)년 6월경 새로 발족하는 민주당 결성 추진 운동에서 상(相) 피고인 조봉암이가 제외되자 공소외 서상일(徐相日)과 함께 소위 비(非) 자유당계와 민주당계 즉 비(非) 보수당계의 재야 혁신운동을 규합하여 신정당을 조직할 것을 모색하던 중, 동년 9월 일자 미상 피고인 윤길중, 동 김기철 등의 입장으로 경기도(京畿道) 양주군(楊州郡) 소재 광릉(光陵)에서 공소외 서상일, 동 장건상(張建相) 등을 비롯한 20여 명과 회합하여 자유당계와 민주당계를 제외한 전(全) 야당계를 규합하여 대야당의 조직을 추진할 것을 합의하고, 서울특별시 종로구 청진동(淸進洞) 소재 대관원(大觀園)을 비롯하여 수 개 처에서 10여 차에 걸친 회합을 가진 끝에, 동년 1월 일자 미상 피고인 윤길중, 동 조규희, 동 신창균, 동 김기철, 동 김병휘, 동 이명하 등과 함께 가칭 진보당결당추진위원회를 조직하고 공소외 서상일, 동 김성숙(金成璹), 동 최익환(崔益煥), 동 조봉암 등과 함께 동 위원회 총무위원으로 취임하여, 혁신정치의 실현, 수탈 없는 경제체제의 확립, 남북의 평화통일 실현 등의 3대 구호를 목표로 동 결당을 추진하는 일방(一方),

피고인 조봉암은 5·15정부통령선거 때 동당(同黨) 공천(公薦) 대통령 입후보자로 출마하여 전시(前示) 3대 구호를 절규하면서 동 선거운동을 전개하고 동 4289(1956)년 10월경 동당 주도권 문제로 전시 서상일 일파와 메별(袂別)[20]한 후 상(相) 피고인 박기출 동 김달호 동 윤길중 동 조규택 동 조규희 동 신창균 동 김기철 동 김병휘 동 이명하 동 조규희 동 안경득 동 박준길 동 권대복 동 전세룡 등과 동 결당을 추진하여 오던 중 동년 11월 14일 마침내 서울특별시 중구 소재 시공관(市公館)에서 우(右)[21] 상 피고인 등을 위시로 800여 명과 함께 국헌을 위배

20) 작별하거나 헤어지는 것을 의미한다.

21) 원본 문서는 세로쓰기로 오른쪽에서 왼쪽으로 기록했기 때문에, 앞에 나온 단어나 구절을

하여 정부를 참칭(僭稱)하는 북한 괴뢰집단에 부수(附隨)하여 국가를 변란할 목적으로 '우리는 노동자 농민을 중심으로 하는 광범한 근로대중(피해대중)을 대표하는 주체적 선진적 정치적 집결체이며 변혁적 주체적 세력의 적극적 실천에 의하여 자본주의를 지양하고 착취 없는 복지사회를 건설하여야 한다'는 지(旨)의 혁신정치의 실현, '우리는 자유민주주의를 폐기 지양하고 주요 산업과 대기업의 국유 내지 국영을 위시로 급속한 경제건설 사회적 생산력의 제고(提高) 및 사회적 생산물의 공정배분을 완수하기 위하여 계획과 통제의 제 원칙을 실천하여야 한다'는 지(旨)의 수탈 없는 경제체제의 확립, '우리는 남북한에서 평화통일을 저해하는 요소를 견제하고 진보당 세력의 주도권 장악하에 피 흘리지 않는 평화적 방식으로 조국의 통일을 실현한다'는 지(旨)의 평화통일의 실현 등을 강령정책으로 하는 진보당을 조직하는 동시에

피고인 박기출, 동 김달호는 동당 부위원장에, 피고인 윤길중은 동당 간사장에, 동 조규희는 동당 중앙당 선전부 간사에, 동당 통일문제연구위원회 위원 피고인 조규택은 동당 중앙당 재정부 부간사에, 동 신창균은 동당 중앙당 재정위원장에, 동 김기철은 동당 중앙 통제위원회 부위원장, 동당 통일문제연구위원회 위원장, 경기도 당위원장에, 동 김병휘는 동당 중앙당 교양부 간사, 동당 통일문제연구위원회 부위원장, 동당 중앙위원에, 동 이동화는 민혁당(民革黨)[22] 정책위원으로서 진보당의 강령 기초문(起草文) 작성책에, 동 정태영은 동당 서울특별시부 당 상임위원에, 동 이명하는 동당 중앙위원, 동당 부간사장, 동당 조직부 간사, 동당 통일문제연구위원회 위원에, 동 최희규는 동당 상무부장, 동당 중앙위원, 동당 통일문제연구위원회 위원에, 동 안경득은 동당 서울특별시당 간사장에, 동 박준길은 동당 통일문제연구위원회 위원, 동당 중앙위원 재정 간사, 중구(中區) 을구(乙區) 당위원장에, 동 권대복은 동당 통일문제연구위원회 위원, 영등포 을구(乙區) 당위원장, 중앙위원 서울특별시 당부상임위원회 간사 등에, 동 전세룡은 동당 서울시당 상무위원, 성동구 갑구 당부위원장에 각각 취임한 자들로서

지칭할 때 우(右)를 사용하였다. 이하에서는 우(右)에 대한 설명을 생략한다.

22) '민주혁신당'의 약칭이다.

소위 피고인 등이 규정하는 바와 같이 보수집단, 부패된 관료군, 식민지적 매판자본가들이 친미적 사대주의 세력과 영합함으로써 지배층을 형성하고, 국민대중은 피해대중(被害大衆)으로서 착취당하고 있는 현 대한민국을, 변혁적 주체적 세력인, 환언하면 피해대중의 결합체인 진보당의 적극적 실천으로 옮김으로써, 즉 폭력에 의한 혁명성은 의회를 통한 근본적 본질적 변혁을 감행함으로써 전연(全然) 이질적인 사회주의 국가를 건설할 것을 지향하고, 북한 괴뢰가 주야를 불문하고 광대한 물자와 인명을 아낌없이 구사하여 무장 비무장의 막대한 간첩을 밀파(密派)하고 평화통일을 무형의 무기로 사용하나, 대공(對共) 군사력을 물심양면으로 약화시키고 국민 반공사상을 이완시키기 위하여 선전하고 있는 그것과 UN군 철수 조항만이 조금 다른 동일을 맞추어 볼 때 피고인 등에 대하여 양형을 경감할 사유가 없음이 명백한 바로써, 이는 양형에 대하여 재판관이 참작하여야 할 조건 즉 형죄의 사회적 책임 혹은 도의적 책임 그 어느 쪽에 있든 간에 국가사회의 기초를 파괴하는 여사(如斯)한 범죄에 대하여, 현 대한민국의 현상을 고려하면 그 형사적 책임이 실로 광대하다고 아니할 수 없을 것이다.

환언(換言)하면 원판결은 피고인 조봉암에 대한 형이, 사형 이상의 형을 진보당 관계 피고인 등의 양형에 있어서 상대적으로 참작함으로 인하여, 〈형법〉 제51조에 규정한 객관적 양형 조건에 위배 되는 양형을 하였음으로, 객관적 타당성을 잃음으로써 형의 양정이 공히 부당한 현저한 사유로 규정한 〈형법〉 제51조의 양형 조건을 위반하였음으로 파기(破棄)를 불면(不免)한 것이다.

4291(1958)년 12월 13일 서울고등검찰청

검사장 대리

검사 방재기(方在曔)

대법원 형사부 귀하

[출전 : 20권 385~400쪽]

2 상고취의서 1958년 12월 15일

4291(1958)년 12월 15일
대법원장 귀좌하(貴座下)

상고취의서(上告趣意書)

서울형무소 재감
〈국가보안법〉 피의자
상고인 박기출
4242(1909)년 4월 20일생
당 50세

혹한(酷寒)에 존체만안(尊體萬安)[23] 하시압고 공사(公私) 간 하시는 일에 발전 있아옴을 경하하나이다. 본인 등 소위 국가 민족을 위하야 정치에 관여하는 자가 그 부덕으로 말미암아 행정부의 불신을 초래케 하고 소위 진보당사건을 발생케 하야 국내외를 소란케 하였음을 지극히 부끄럽게 생각하나이다. 그러하오나 본인에 대한 검찰 당국의 공소사실은 악의적 목적의식에서 조작된 것이오며 그것이 사실무근지사임이 명백히 되자 국가에서 허가 등록한 정강정책을 왜곡 비난함으로써 범죄를 구성하고저 한 것이올시다. 그러한 고로 1심 공판에서 무죄판결이 있자 정부 기관지를 제외한 모든 언론기관은 그 판결을 지지하였고 국민 전체도 후련한 분위기에서 환영한 것이올시다. 연이(然而)나 고등법원에서 검찰 당국의 왜곡된 의견에 동조하자 국내 분위기는 침울하였고, 『경향신문』 급(及) 『조선

23) 존경하는 귀하의 몸이 만 가지로 편안함이라는 의미로써, 예전에 편지글에서 많이 사용하던 말이다.

일보』는 허가 등록된 정당의 정강정책이 형사책임의 대상이 될 수 있는가의 여부에 대하야 의의(疑義)를 던지고 있나이다. 본인은 준법이 민주국가에서는 유일한 애국 행동이라는 신념을 가지고 있나이다. 허나 불행히도 아국(我國)에서는 왕왕 권력기관에서 법을 무시하는 경향을 발견하는 것이올시다. 법을 무시하는 권력이 폭력이 된다 함은 다시 말할 필요도 없거니와 폭력화한 권력이 국가 기본을 위태롭게 하고 민주주의를 파괴할 것은 명백한 일이올시다.

본인에 관한 소위 진보당사건도 이러한 불행한 아국의 정치적 현상이라고 생각하며 국가 장래를 위하야 크게 슬퍼하는 바입니다. 다행히 아국에서는 법의 존엄 앞에 국민을 대표하는 사법부가 엄연히 독립하고 있음으로서 법질서를 확고케 하고 이 땅 민주적 발전의 향도(向導)를 하고 있는 것을 행복하게 생각하고 있나이다. 대법관님께서 공정하고 동정(同情) 있는 판단으로서 본인의 무죄함을 밝혀주신다면 그것은 본인의 행복에 그칠 것이 아니라 대한민국의 사법부의 존엄을 위하야 광명 있는 역사적 업적이 될 것을 확신하나이다. 다음에 기개조(幾個條)의 우견(愚見)을 기록하여 본인의 억울을 호소하오니 실례됨을 용납하시압고, 그 본의를 너그러히 소람(笑覽)하여 주시면 큰 행복이 되겠나이다.

[기일(其一)] 검찰 당국은 사실무근지사로서 공소를 제기하였나이다. 이 사실은 1심 공판에서 확인되었고 고등법원에서도 인정된 바이올시다.

1. 본인의 담당 검사 조인구(趙寅九) 씨는 다음 이유로서 본인을 불기소할 것을 언명하였고, 차(此)에 관한 추측이 당시의 일부 신문에도 보도되었나이다. (1) 조봉암 씨의 평화통일 논문에 관계가 없다. (2) 김기철 씨의 평화통일 사안(私案)에 관계가 없다. (3) 평소에 부산에 거주함으로서 진보당 사업에 직접 관여한 일이 없다. (4) 본 사건 발생 전 4290(1957)년 12월에 기(旣)히 진보당을 이탈하였다.
2. 검찰 당국은 담당 검사의 의견을 무시하고 사실무근한 일을 꾸며서 좌(左)와 여(如)히 공소하였나이다. 「전제 사항」 조봉암 씨가 대한민국을 변란할 목적으로서 북한 괴집과 동일한 평화통일안을 정강정책으로 하는 진보당을 결당하였다. (1) 대한민국을 변란할 목적으로 진보당을 조직하고 그 부위원

장에 취임하다. (2) 부산시 진보당 동구 을구(乙區) 당위원장에 취임하고 또 당비를 지출하였다. (3) 최고간부회의에서 김기철 씨의 평화통일 사안을 심의하다.

3. 이상 공소내용이 조작된 것임은 1심 공판에서 판명되었고 또 고등법원에서 기본적 문제에 있어서는 1심 판결을 확인하였나이다.

[기이(其二)] 검찰 당국은 그 공소사실이 허위임이 밝혀지자, 공소사실에 관계가 없고 더욱 국가에서 합법적이라고 허가 등록한 진보당의 정강정책 중, 그 정강 전문(前文)의 일부 구절을 적출 왜곡하여 진보당을 공산주의라고 비난하였고 고등법원은 차(此)에 동조하여 진보당의 정강정책이 국헌을 문란케 한다는 판단을 내렸으나 이러한 일은 〈형사소송법〉 상 위법적인 처사로 생각하나이다.

1. (1) 검사는 1심 급(及) 2심 공판의 논고에서 공산당의 역사를 설명하고 억지로 진보당 정강 전문 중의 어구에 연결시킴으로써 진보당을 공산당인 것 같이 주장하였나이다. 이것은 정당 간의 논쟁적 내용이지 법적 추구일 수는 없었나이다. (2) 고등법원은 공소사실과 관계가 없는 검사의 왜곡된 의견을 받아들여서 진보당의 정강정책이 국헌을 문란케 한다는 왜곡된 판단을 내렸나이다.
2. (1) 본인은 진보당의 정강정책에 관하야 그러한 문제로서 검사의 신문을 받은 일도 없고 또 고등법원에서도 심리를 받은 일이 없나이다. (2) 법적으로 수속된 공소사실과 관계가 없을 뿐 아니라 의범자(疑犯者)인 본인의 신문도, 심리도 받지 아니한 사건으로서 범죄를 추구함은 위법이올시다.

[기삼(其三)] 아국에서는 국가의 허가 없이는 정당 행동은 불가하는 것이올시다. 진보당 정강정책도 국가에서 합법적이라고 허가 등록한 것이오며, 본인의 부위원장 취임도 국가에 신청 허가된 것이올시다. 고로 당의 정강정책 급(及) 당간부 취임이 범죄일 수는 없나이다.

1. (1) 정강은 4288(1955)년 11월경까지 윤길중 씨, 서상일 씨에 의하야 기초된 것이올시다. (2) 정책은 4289(1956)년 6월경까지에 신도성(愼道晟) 씨에게 의하야 기초된 것이올시다. (3) 정강 전문 급(及) 경제정책 전문은 4289(1956)년

3월경까지 이동화 씨에 의하여 기초된 것이올시다. (4) 우(右) 정강정책 급(及) 기(其) 전문은 4289(1956)년 10월 11일 진보당의 창당대회에서 어구(語句) 수정을 조건으로 하고 통과. (5) 우 일체의 문건은 4289(1956)년 10월 말경 공보실에 제출하고 약 2개월에 긍(亘)하는 검토를 받고서 허가등록 됨. (6) 본인의 부위원장 취임도 우와 동시에 신청 허가된 것이올시다.

2. 이상과 같이 진보당 급(及) 그 역원(役員)의 정치행동은 국가의 허가하에 추진된 것이오니 불법일 수 없습니다.
3. 행위 당시에 합법적인 행위가 후일에 처벌 대상이 될 수 없다 함은 헌법이 명시하는 바이올시다.
4. 무리하게 고등법원의 판단이 억지로 강행되는 경우이라도 본인은 본 형사사건 발생 이전에 진보당을 탈당한 것이오니 본인에게는 그 형사책임이 있을 수 없나이다. 본인이 4290(1957)년 12월 당을 이탈한 것은 1심 공판정에서 확인되었고 그 판결문에도 기록되어 있나이다.

[기사(其四)] 진보당은 공산주의를 반대함을 당시(黨是)로 하고, 정치는 민주주의적, 경제는 수정자본주의적으로 하는 아국 헌법 정신에 입각한 정당이올시다.

1. 정당의 기본정신은 기(其) 정강에 요약되어 있나이다. 고로 정당의 제 문건은 정강 정신에서 벗어날 수 없습니다. 진보당 정강는 5개조로 되어있는데 그 요지는 다음과 같나이다.
   (1) 공산주의 반대.
   (2) 정치를 민주적으로 혁신.
   (3) 계획성 있는 경제체제로서 민족자본 육성.
   (4) 민주주의 승리에 의한 평화통일.
   (5) 교육의 기회균등.
2. 정책은 정강을 풀어서 설명한 것으로서 그것이 민주주의적 급(及) 수정자본주의적임은 물론이올시다. 1심 공판에서 신도성 씨는 그 발언에서 진보당 정책은 수정자본주의적으로 기초함을 언명하였나이다.
3. 정강정책에 부속문건으로서 전문이 첨부되어 있습니다(인쇄된 문건의 표지에 부(附) 정강 전문 경제정책 전문으로 되어 있음). 이 부속 문건의 어구해석에

의의(疑義)가 있을 때는 언제나 주(主) 문건인 정강 5개조에 의하야 설명될 것이올시다.

A. 정강 전문. 정강의 역사적 배경을 설명한 것인데 그 요지는 다음과 같나이다.

(1) 공산주의는 타도하여야 한다.

(2) 자본주의도 공로와 과오가 있다.

(3) 우리는 자본주의를 수정하여 민주적 복지사회를 건설한다.

(4) 자본주의 수정 내지 지양(止揚)은 평화적 민주적 방식 즉 의회를 통하야 달성한다.

B. 경제정책 전문. 수정자본주의의 이론적 배경을 논술한 부속문건이올시다.

4. 진보당의 제 문건은 그것이 혁신정당이고 동시에 야당인 까닭에 그 표현이 비판적이고 자극적이나 그 내용이 국헌 정신에 입각하고 있는 까닭에 국가에서 허가 등록된 것이올시다.

[기오(其五)] 정당은 법률을 제정하고 헌법을 수정하는 입법행위를 목표로 하고 있는 만큼 그 강령정책이 현행 법률과 동일하지 아니한 점이 있을 수 있는 것이올시다. 고로 허가 등록된 정당의 정강, 부속문건의 어구를 따져서 형사책임을 추구할 수 없다고 생각하나이다.

1. 아국(我國) 헌법의 기본은 주권재민의 대원칙하에 그 주권행위가 의회를 통하여 행사된다는 현대적 민주주의 체제라고 생각하나이다.
2. 정당은 이 민주정체에 있어서 불가결의 정치 단위이며 정당은 장래에 추진할 정강정책을 그 주권자인 국민에게 납득시켜서 그 지지하에 의석을 획득하는 것이올시다.
3. 이러한 경우 정당의 정강정책은 그 정당의 이념에 의하야 현행법의 개선을 목표로 하는 것이올시다. 예컨대 현행 대통령책임제를 내각책임제로 개정할 것을 주장할 수 있나이다.
4. 전술한 바와 같이 합법 정당인 진보당의 정강정책을 형사책임의 대상으로는 할 수 없는 것이올시다.

[기육(其六)] 검찰 당국은 관계 문건을 검토 판결함에 있어서 언제나 기(其) 보편적 이론적 결론을 고의로 무시하고 1단어 1구절을 적출하여서 목적의식적으로 왜곡된 판단을 내리고 있나이다. 고등법원에서 이러한 검찰 당국의 판단에 동조한 것은 참으로 유감된 일이올시다. 예컨대 성서 마태복음을 보건대 그중에 "(1) 나는 화평을 주러 온 것이 아니다. (2) 가난한 자는 복이 있도다. (3) 부자가 천당에 가는 것은 낙태(駱馱)[24]가 바늘구멍에 들어가는 것보다 어렵다"라는 구절이 있습니다. 만일에 검찰이나 고등법원 식으로 이것을 해석한다면 성서는 평화를 반대하고 폭력을 지지하며 무산계급을 지지하고 자본가를 반대하는 공산주의 서적이라고 할 것이올시다. 검찰 당국의 왜곡된 의견에 대하여 기개(幾個)의 견해를 기재하겠나이다.

1. 정당과 계급. 현대 정당은 원칙적으로 그 이익을 대표하는 계층 내지 계급에 기반을 두는 것이올시다. 그러나 한국에서는 아직 자본주의가 발전하지 못한 까닭에 자본계급과 무산계급의 구별이 발생하지 아니하고 이씨 왕조 이래의 특권계급과 국민대중으로 구별되는 봉건적 형태에 있습니다. 고로 진보당은 그 정당적 기반을 국민대중에게 둔 것이올시다. 강령 전문에 보면 "우리는 국민대중의 이익을 위한다"라는 구절이 있습니다. 아국의 국민대중은 그 8할이 농민이요, 잔여가 노동자, 중소공업자, 지식계급, 봉급생활자 등이온데, 이것은 선진국의 무산계급하고는 상위(相違)한 역사성을 가지고 있나이다. 아국 정당의 자처하는 계급 기반은 다음과 같나이다.

   자유당 — 노동자, 농민[이(李) 대통령께서는 민국당(民國黨)[25]을 특권당이라 하시고 자유당을 상놈당이라 하였음]

   민주당 — 보수적 국민대중

   진보당 — 국민대중

   노농당(勞農黨) — 노동자, 농민.

24) '낙타(駱駝)'의 오기이다.

25) 1949년 2월 한국민주당과 대한국민당의 합당으로 탄생한 정당으로, 자유당을 견제하는 야당으로서의 역할을 담당하였다. 1955년 9월 민주당으로 재출범하였다.

2. 자본주의 수정 급(及) 지양. 아국 헌법의 경제적 조항을 보건대 만민균등 경제를 지향하고 심지어는 자본이익을 노동자에게도 혜택이 있게 하자는 정신까지 삽입되어 있나이다. 유진오(俞鎭五) 씨는 한국 헌법의 경제적 정신을 사회적 민주주의라고 설명하고 있습니다. 고로 진보당에서 자본주의를 수정하여 주권자인 국민대중의 경제적 생활권을 보장하고 그들로 하여금 올바른 주권행사를 하도록 하자는 것이올시다. 국민이 빈곤에 의하야 그 주권자로서의 정당한 행사를 못함은 민주주의에의 반역이올시다. 진보당의 경제정책은 아국 헌법 정신에 입각한 것이올시다. 검사는 자유자본주의를 헌법과 동일시하고 있으나 이것은 오해라고 생각하나이다. 아국 각 정당의 경제이념은 다음과 같나이다.

민주당 — 자유자본주의

자유당 — 수정자본주의

진보당 — 수정자본주의

노농당 — 자본주의 급(及) 사회주의의 지양

통일사회당(統一社會黨) — 사회민주적

3. 중요기업의 국영. 현재 아국에 있어서는 중요기업은 국영 내지 반관반민(半官半民)으로 되어 있습니다. 헌법에도 중요기업은 국영으로 한다고 되어있습니다. 검사는 중요기업의 국영은 사유재산의 부인(否認)이라는 억칙을 감행하고 있습니다. 진보당에서는 민족자본의 육성을 정강으로 하고 있습니다.

4. 사회적 민주주의. 정강 전문에 사회적 민주주의라는 단어가 있는데 이것은 유진오 씨 이동화 씨 등의 창조어로서 수정자본주의와 동일한 의미라고 하나이다. 1심 공판에서 신도성 씨의 증언에 의하면 "4289(1956)년 자기가 정책을 초안(草案)할 때 사회적 민주주의가 무엇인가를 이동화 씨에게 질문하였더니 그것은 수정자본주의이라고 말하더라" 하고 있습니다. 또 이 어구가 사용된 문건 자체가 자본주의의 수정이라는 것이올시다. 그럼에도 불구하고 검사는 사회적 민주주의는 사회민주주의, 사회민주주의는 사회주의, 사회주의는 공산주의, 그러니 진보당은 공산주의이다는 식으로 사실을 왜곡하고 있습니다. 2차대전 후 각국 정당을 보건대 다음과 같나이다.

자유자본주의 — 미국 공화당

사회적 민주주의 — 미국 민주당, 영(英) 보수당(수정자본주의), 서독(西独) 아대나우[26] 수상

사회민주주의 — 서독 사민당(社民黨)

사회주의 — 영국, 단전(端典)[27] 등의 사회당

5. 검찰에서는 정강 전문에 산재하는 어구를 악의로 왜곡하고 있으나 동일한 내용을 민혁당에서는 정면으로 정강으로 채택하고 있습니다. 박정호(朴正鎬) 간첩사건[28] 때에 민혁당 간부가 관여한 일이 있는데 당시 검찰에서는 민혁당은 좋은 정당이라는 담어(談語)를 발표한 일이 있나이다. 이동화 씨가 기초한 동일한 문건이 진보당의 경우에는 죄가 되고 민혁당의 경우에는 보장을 받게 된다는 것은 법치국가에 있을 수 없는 일이올시다.

[기칠(其七)] 검찰 당국은 진보당의 평화통일에 관한 정강정책이 북한 괴집의 안(案)과 동일하다는 것을 왜곡 조작함으로서 본 사건을 야기케 한 것이올시다. 진보당의 평화통일 정강정책이 멸공적(滅共的) 평화통일 안(案)임은 천하가 아는 바이올시다. 다음에 진보당의 평화통일 정강정책을 요약하겠나이다.

1. 사전 준비로서 민주 우방과 협력하여 국방을 집단안전보장 형태로 강화한다.
2. 전제조건으로서 북한 괴집은 통일선거에서 제외한다.
3. 외교적으로는 UN을 통한다.
4. 국내적으로 제 민주세력이 연합하야 민주적 정치세력의 연맹체를 구성한다.
5. 구체안은 정부, 자유당, 민주당 등과 합의하야 거국적으로 작성한다.
6. 선거의 목표는 민주주의의 결정적 승리에 의한 대한민국의 발전강화에 있다.

이상은 진보당의 불변의 정책으로서 당 간부 기개인(幾個人)의 의견으로서 좌우되는 것이 아니올시다. 당의 정강정책은 상무위원회, 총무위원회, 중앙위원회

26) 독일의 정치인 콘라트 헤르만 요제프 아데나워(Konrad Hermann Joseph Adenauer, 1876~1967)를 말한다. 1949~1963년 독일연방공화국(서독)의 초대총리를 역임하였다.

27) 스웨덴의 한자표기로, '단전(端典)'과 '서전(瑞典)'으로 표기된다.

28) '박정호간첩사건(朴正鎬間諜事件)'을 말한다. 1953년 5월 남파 즉시 검찰에 위장자수하여 활동근거지를 확보하고 정계에 침투, 암약하던 귀순간첩 박정호의 사건을 가리킨다.

급(及) 전당대회를 통과함으로서만이 변경되는 것이올시다. 고로 조봉암 씨 논문 급(及) 김기철 씨 사안(私案) 등은 어데까지나 그분들의 사안이지 당의 정강정책과는 하등의 관계가 없나이다. 또 조봉암 씨가 다수 간첩과 접촉하였다 하나 설사 가정하야 그러한 사실이 있었다 하더라도 그것이 본인 등에게는 비밀리에 조(曺) 씨 개인의 간첩행위에 끝인 한[29] 진보당 급(及) 본인의 알 바가 아니며 또 형사책임이 있을 수 없나이다. 단 정치적 도의적 책임은 없을 수 없나이다.

[기팔(其八)] 본인에게는 담당 검사도 언명한 바 있고 1심 공판에서 명백한 바와 같이 추호도 범법사실이 없습니다. 본인에 대한 공소사실에 관하여 간단히 해명하겠나이다.

1. (1) 검사는 본인과 조봉암 씨가 사상적으로 공명하였다 하나 본인은 부산에 거주하는 관계상 조 씨와 개인적 접촉도 없고 또 특별히 사상적인 공명을 가진 일은 없나이다.
   (2) 검사는 5·15선거 당시 북한 괴집과 동일한 평화통일을 선전하였다 하나 사실은 반공(反共) 반협상적(反協商的) 평화통일안을 주장하였나이다.
   (3) 본인이 대한민국을 변란할 목적에서 진보당을 결성하였다 하나 본인은 진보당 결당 전후를 통하야 수하(誰何)하고도 하시(何時)에든지 하처(何處)에서라도 대한민국을 변란할 일을 모의한 일도 없고 그러한 일을 들은 일도 없나이다. 이상의 사실에 대하야 검사가 신문한 바도 없고 증거를 제시한 바도 없이 공소장에만 일방적으로 기재하고 고등법원에서도 심의를 받은 일이 없나이다.
   (4) 본인이 진보당 부위원장 취임한 것은 공선(公選)에 의하야 국가에 신청허가된 것이오니 범죄일 수는 없는 것이올시다.
2. (1) 부산시 동구 을구 당위원장에 취임한 것은 합법 정당의 말단 구사업(區事業)을 지도하는 것이니 범죄일 수는 없습니다. 또 구당원 포섭문제는 조직부장 김재봉(金在奉) 씨가 증언한 바와 같이 본인은 관계없고 조직부에서 하는 일이올시다. 그러나 이것도 범죄일 수는 없나이다.

---

29) 원문에는 '끝인 한'이라고 되어있으나 문맥상 '그친 한'이 타당하다.

(2) 합법 정당의 당비용을 당간부가 지불하는 것이 범죄일 수는 없나이다.

3. 검사는 4290(1957)년 11월 하순 진보당 최고간부회의에서 본인이 김기철 씨의 평화통일 사안을 심의하였다 하나 본인은 11월 하순에는 상경한 일이 없고 또 진보당에는 최고간부회의라는 것도 없나이다. 김기철 씨 사안의 유인물은 경찰에서 처음 본 것이올시다. 또 본인은 김기철 씨의 평화통일에 관한 의견과 상충되어서 그것을 반대하고 언쟁 끝에 4290(1957)년 11월 상순 진보당을 이탈한 것이올시다. 이상 공소사실이 사실무근함은 명백하나이다. 또 고등법원에서 당 정강을 말썽 삼는 무리(無理)가 감행된다고 가정하더라도 본사건 발생 이전에 당을 이탈한 본인에게는 기(其) 책임이 있을 수 없나이다.

[기구(其九)] 허가 등록된 정당의 정강정책의 수정 내지 폐기는 행정적 문제이지 형사 문제일 수는 없는 것이올시다.

1. 국가가 기(旣)히 등록 허가한 정당 그 정책 및 그 간부에 대하야 현재로서 시정할 점이 발견되었을 때에는 그것은 정부와 그 정당 간의 행정조치로 취급될 문제로서 생각하나이다. 이러한 행정적 조치 후에도 부당한 점이 존속할 경우에 비로소 형사 문제가 제기될 것으로 생각하나이다.
2. 진보당의 경우에도 필요하다면 정치적 내지 행정적 조치로서 당의 해산, 정강정책의 수정, 간부의 제명을 할 수 있다고 생각하며 이러한 의견은 1심 공판에서도 언급하였나이다.
3. 만일에 등록 허가된 정당의 정강정책을 행정부가 때에 따라서 임의로 왜곡해석하야 형사책임을 과(科)할 수 있다면 아국의 정당정치는 완전히 압사(压死)될 것이올시다. 이러한 검찰 당국의 처사야말로 국헌을 어지럽게 하는 결과를 가져올 것이올시다.

끝으로 본인의 우회(愚懷)와 정황을 말씀을 올리고 대법관님의 이해 있는 동정에 호소하고저 하나이다.

1. 본인은 종교인으로서 의사로서 평소에 인도적 생각에서 생각하여 왔고 대한의학협회 이사, 외과학회 간사, 경남의사회장, 경남체육회장, 부산대학교

평의원(評議員) 등 항상 민국의 발전에 노력하여 왔나이다.

1. 본인은 평소에 부산에 거주하였고 또 진보당 부위원장에는 하등의 직능이 없었고 심지어 당을 이탈한 관계도 있고 하는 등의 사정이 있었다 하나, 자주 정부 당국자와 접촉하여 상호의 이해를 깊이 하지 못하고 이러한 형사사건을 발생케 한데 대하야 정치적 도의적으로 깊이 책임을 느끼며 이 책임을 밝히기 위하야 일체의 정치 관계에서 후퇴하겠나이다.
1. 경찰은 불시에 진보당을 수색하였으나 1건의 범죄도 발견치 못하였나이다. 특히 김달호 씨, 윤길중 씨 등은 민국을 위하야 노력한 반공인사(反共人士)이올시다. 이러한 인사들을 억지로 보안법의 죄인으로 만든다 함은 국가적 손해인가 하나이다.
1. 본인은 당년 50세이올시다. 외과의사로서의 생명은 불과 수년이 남길 뿐이올시다. 본인은 개인이오나 외과의로서 기술은 국가와 민족의 것이올시다. 죄 없는 본인에게 외과의로서의 봉사의 길을 내려 주시압기를 복망(伏望)하나이다.
1. 본인에게는 70세가 넘는 편모(偏母)와 양처부모(兩妻父母)를 모시고 있나이다. 이분들은 내일을 모르나이다. 본인에게 불효의 죄를 면하게 하여 주시압소서.

4291(1958)년 12월 15일

우(右) 본인 서명 무인(拇印)함

박기출

우(右)는 본인의 무인에 상위 없음

서울형무소 간수 김한득

[출전 : 20권 402~419쪽]

3 상고취의서 1958년 12월 15일

4291(1958)년 12월 15일

상고취의서

서울형무소 재감
피고인 이동화

법률과 법적 절차에 밝지 못한 저는 간결하고 요령 있는 취의서를 쓸 수는 없겠습니다마는, 둔필에 채쭉질하면서 사실과 생각 그대로를 아무런 허식도 없이 가장 진실하게 써올려 현명하신 재판관 제위의 공정한 판단에 자(資)하고저 합니다. 본 취의서는 사상문제를 중심으로 하는 것이기 때문에 저는 먼저 저의 사상적 빽그라운드에 관하여 간단히 일언하고저 합니다. 저는 유소시(幼少時)에 기독교적 분위기 속에서 성장하였습니다. 저의 모친이 크리스챤이었고 특히 저의 가정교사인 숙형(叔兄) 박동화(朴東華) 씨는 독실한 기독교도이고 열렬한 애국자이었으며 또 당시에 선각자의 한 분이었습니다. 이러한 관계로 해서 어렸을 시절에 저는 기독교적 인도주의 사상과 아울러 애국적인 민족주의적 감정 내지 사상을 풍부히 고취 받었습니다. 이리하여 저는 청순하고 열렬한 민주주의적 애국소년이었던 것입니다. [제가 배운 숭덕보통(崇德普通)과 광성고보(光成高普)는 모두 기독교계의 학교입니다]

일본 산구고등학교(山口高等學校)에 입한 후도 저는 때때로 기독교회를 찾어갔었습니다. 어느 수요일 저녁 산구 시내에 있는 기독교회당에 들렸더니, 당시 경성 일본인기독청년회 총무이었던 모(某) 일본인이 설교를 하면서 일제의 조선총독 통치를 예찬하는 것이었습니다. 그때 저는 이 일본인 기독교도의 파렴치한 언동에 크게 분개하여 자리를 차고 물러나왔으며 이를 계기로 하여 저는 기독교와의 관계를 끊어버렸던 것입니다.

그 후 저는 점차로 사회사상과 사회문제에 대하여 관심을 가지게 되는 동시에, 무정부주의 관계의 서적을 비롯하여 맑스주의 계통의 서적 등을 읽기 시작하였었습니다. 동경제국대학 법학부 정치학과에 입학한 후에도 사회 · 정치사상과 정치 · 경제문제에 대한 강한 관심을 가지고 연구를 계속하였으며, 이 과정에서 제가 무정부주의를 거쳐 점차로 맑스주의에로 기울어지게 되었다는 것은 사실입니다. 우리 민족의 해방과 독립을 어떻게 해서 달성할 수 있을 것이냐의 문제가 언제나 저의 염두를 떠나지 않는 최고 지상의 문제이었음은 물론입니다. 그런데 일제 통치의 후기에 들어서부터는 우리 민족해방 전투에서 가장 헌신적이고 열성적인 투쟁을 하는 것처럼 나타난 것이 공산주의자들이었습니다. 사상적으로 맑스주의에 접근하고 있던 제가 마침내 공산주의에 대하여 동정적으로 변하지 않을 수 없었던 주요한 이유는 바로 여기에 있었던 것입니다.

대학 재학 중 저는 폐의 질환을 얻어 만 5개년간 병상에서 신음하였습니다. 요병(療病)을 하는 동안 저는 철학서적을 중심으로 어느 정도의 독서를 하였습니다. 이 기간 중 저는 다량의 서적을 읽는 대신에, 긴 시간의 여유를 가지고서 인생과 사회와 우주에 대하여 심사숙고 깊은 철학적 사색을 거듭할 수가 있었습니다. 이 때에 저는 단순 소박한 무신론적 유물론을 무비판적으로 받아드릴 수는 없었으며, 결국 이를 단호히 거부하지 않을 수 없었던 것입니다. 건강이 어느 정도 회복되었을 때 저는 동경(東京)으로 건너갔었습니다. 그 때에 저는 사회사상적으로는 의연히 맑스주의에로 기울어지고 있었습니다마는 그럼에도 불구하고 피지(彼地)에 남아있는 약 2년 동안 동중야(東中野)[30]에 거주하는 미인(美人)[31] 선교사 앤더슨 씨 댁에서 열리는 '빠이블 · 클래스'(성서연구반)에 매주 참석하였다는 것이 사실입니다. 어느 성탄절에 제가 서투른 영어로 주기도문의 1절을 인용

30) 도쿄의 나가노 지역을 가리킨다.

31) '미국인'을 의미한다.

하면서 하느님의 나라가 이 땅 위에 임하시도록 하기 위하여 즉 현실사회에서의 사회적 정의의 실현을 위하여 기독교는 정열적이고 헌신적인 노력을 계속하여야 한다는 점을 강조하는 크리스마스 축하 연설을 하고서 앤더손 목사의 찬사를 받았던 일을 기억하고 있습니다.

유학을 끝마친 후 저는 서울로 돌아와서 혜화전문학교에서 교편을 잡게 되었습니다. 그때에 저는 맑스주의자로서의 일면과 민족주의자로서의 일면을 아울러서 한 몸에 지니고 있었다고 말씀할 수가 있습니다. 서울에 자리 잡은 후 저는 민족주의 계통의 여러 선배 및 우인과 접촉하는 한편 좌익 측의 여러 우인과도 또한 접촉을 게을리하지 않았습니다. 일제의 기반(羈絆)으로부터의 해방이라는 우리 민족의 지상과제를 스스로의 최대관심사로 삼고 있던 저는, 민족주의자도 공산주의자도, 사상적 입장의 여하를 막론하고, 모두 다 반일 해방투쟁에 참가 협력해야 한다고 믿고 있었습니다. 이러한 신념하에 저는 일부의 민족주의 청년과 함께 박헌영 일파가 주도하는 반일지하조직에 관여하였으며, 이와 동시에 저는 순민족주의적인 반일지하단체인 건국동맹(建國同盟)에도 참가하였었습니다.

그리고 이러는 과정에서 제가 사상적으로 행동적으로 가장 친밀한 관계를 맺고 있던 정치적 계열이 바로 선배 여운형을 중심으로 하는 민주좌파적 정치집단이었던 것입니다. 우리 민족의 위대한 해방의 날 8·15를 가장 큰 기쁨과 감격으로서 맞이하자마자 저는 곧 지상에 나타나서 활동을 개시하는 건국동맹에 참가하였습니다. 이때에 저는 이 정치단체의 전도에 크게 촉망하는 한편 이 단체를 훌륭한 민주적인 혁신정당으로서 발전시켜나가는 일에 응분의 조력을 하려고 생각하였던 것입니다. 그 당시 박헌영파 또는 장안파(長安波)[32]에 가담하고 있던

32) 장안파 조선공산당(長安派 朝鮮共産黨)은 조선공산당 계승을 내세우며 1945년 8월 15일 결성된 공산주의 정치단체이다. 세칭 장안당, 장안공산당, 또는 결성 날짜를 지칭하여 15일당이라고도 부른다. 장안파라는 이름은 8월 15일 밤 '재건 혁명자 대회'라는 이름으로 조선공산당 재결성 모임이 이루어진 장소인 서울 종로의 장안빌딩에서 나왔다. 1928년 해산되었던 조선공산당의 재건을 공표하는 발빠른 행보를 보였으나, 이보다 늦게 결성된 재건파 조선공산당에게 주도권을 빼앗겨 조선공산당의 정통성은 결과적으로 재건파가 가져갔다.

좌익계의 우인들이 자기네 편으로 오도록 수차 저에게 권유하였음은 사실입니다마는, 저는 이에 응할 생각이 없었고 또 응하지 않았었습니다.

오래전부터 제가 맑스주의 편으로 기울어지고 있었음은 위에서 언급한 바와 같습니다마는 그 당시 저는 맹신적이고 열광적인 볼쉐뷔크[33]로 될 수 있기에는 저 자신이 너무도 인도주의적이고 너무도 자유애호적(自由愛好的)이고, 일언이폐지(一言而蔽之)[34]하면 너무도 인텔리적이라는 것을 넉넉히 자각하고 있었던 것입니다. 이미 위에서 일언한 바와 같이 과거에 있어 저는 공산주의자들과의 공동적 반일투쟁에 의하여 민족해방을 달성하여야 한다고 믿어왔던 것인데 8 · 15를 맞이한 후에 있어서도 저와 저의 동지들은 역시 공산주의자들과의 협력에 의하여 새로운 민주 한국을 건설할 수 있으리라고 착각, 오단(誤斷) 하였었습니다. 이러한 인식 착오의 주요 원인은 해방 직후에 있어 저희들이 제2차대전 중 긴밀화하였던 서방세계와 소베트[35] 블록 간의 협력관계가 종전 후에도 의연히 계속되리라고 오산하였다는 점에 있습니다. 여하튼 우리의 새로운 민주국가 건설이 공산세력과의 협력에 의하여 이룩될 수 있을 것처럼 생각하였다는 점에 몽양(夢陽) 여운형을 중심으로 하는 정치적 집단의 큰 정치적 과오가 있었음은 사실입니다.

8 · 15를 맞이한 그해[4278(1945)년] 9월 중순경 저는 어머님이 기다리고 계시던 평양에 잠간 다니려 내려갔었습니다. 그러나 친속(親屬)과 친구들의 강권 억류로 말미암아 다시 상경하지 못하고 거기에 머물러서 조만식(曺晩植) 선생을 사장으로 추대한 일간신문 『평양민보』의 주필로서 일하게 되었었습니다. 그리고 동년 12월에는 민보사의 주요 간부[조선민주당(朝鮮民主黨) 당수인 조(曺) 선생 제외]와 함께 조공[36](朝共)(북조선 분국)에 입당하였었습니다.

---

33) '볼셰비키'를 말한다.

34) 『논어』에 나오는 구절로, 한마디의 말로써 능히 그 전체를 대변한다는 의미이다.

35) '소비에트'를 말한다.

36) '조선공산당'의 약칭이다.

이리하여 저는 공산 치하에서 주요 간부의 일인으로서 일하기 시작하였었는데 신문사 주필로서 약 8개월, 조소문화협회 부위원장으로서 약 4개월 일을 한 후에 제2선으로 물러나서 대학강사로서 매주 수시(數時)의 강의를 담당하면서 지나왔던 것입니다. 여기에서 장황한 말씀을 드릴 여유는 없습니다마는 냉혹무비한 공산독재 하에서 사는 동안 저는 여러 가지를 보고 듣고 느끼고 체험하였었습니다. 제가 민보사 주필로 있을 무렵인 4279(1946)년 2월 제 부친은 지주라고 해서 약 반세기나 살아오신 촌락에서 쫓겨났었으며, 이와 관련하여 저 자신은 반동지주인 아버지를 옹호하였다고 해서 비판과 비난과 공격을 당하는 등 이것저것 불유쾌한 경험을 하였었음이 사실입니다.

물론 이러한 개인 생활상의 경험은 크게 중대시될 이유는 없을 것입니다마는, 문제는 북한 공산치하에서 광범한 국민 대중이 어떠한 생활 형편에 처해 있었느냐에 있습니다. 자유를 갈망하는 인텔리층의 정신적 고민이나 몰락하는 지주 내지 중산층의 생활상 불안에 대하여는 췌언(贅言)할 필요도 없으려니와 노동자 농민의 이름으로 행해지는 이 독재정치 하에서 다름 아닌 노동자, 농민, 대중이 막심한 생활상의 고통을 당하고 있는 것을 저는 직접 목격할 수가 있었던 것입니다. 그뿐 아니라 공산 두목들의 크레믈린에 대한 맹목적 신앙과 그들의 완전한 괴뢰적 성격, 그들의 협애한 계급주의적 편견과 과격무리한 계급적 정책, 공산간부들의 비민주적인 관료적 작풍(作風) 등등—이는 자유주의적 인도주의적 분위기 속에서 교육받고 성장한 자존심 강한 인텔리로서는 참고 견디기 어려운 것들이었습니다.

제가 공산주의와 사상적으로 다시 갈라지기 시작한 것은, 양대 진영 간의 냉전이 격화하기 시작하여 투루맨주의[37]가 선포된 무렵인 4280(1947)년 여름경부터가 아닌가 합니다. 수년에 긍(亘)한 공산치하에서의 체험과 사상적 고민을 거쳐서,

37) '트루먼주의(Truman Doctrine)'를 말한다. 1947년 미국의 트루먼 대통령이 의회에서 그리스, 터키에 대한 군사 원조를 요청할 때 선언한 외교 정책의 새로운 원칙으로, 자유주의 진영에 대한 공산주의 세력의 위협에 힘으로 대항한다는 의사를 명백히 하여 냉전(冷戰)을 공식화하였다.

저는 점차로 공산주의와의 사상적 결별을 하게 되었음이 사실입니다마는 저의 이러한 사상적 분리는 일양일간(一兩日間)에 간단히 이루어질 수는 없었습니다. 왜냐하면 이것은 단순히 공산주의를 거부 내지 포기함으로서 족할 수 있는 문제는 아니었고, 공산주의를 대체할 수 있고 이를 극복 지양할 수 있는 새로운 사상체계 내지 정치사상적 입장을 수립함과 아울러서 새로운 정치적 실천적 신념 및 정열을 배양, 포지하는 문제이었기 때문입니다.

수년에 걸쳐 고민과 사색을 거듭한 끝에 저는 마침내 공산주의와 대결하고 이를 능히 극복할 수 있을 새로운 정치적 사상적 입장에 도달할 수가 있었던 것인데 이를 일언(一言)으로써 요적(要的)하면 한국적인 민주적 혁신주의 내지 사회적 민주주의라고 불러질 수 있는 것이 즉 그것입니다. 제가 민주적 혁신주의라고 부르는 것은 요컨대 온갖 형태의 폭력과 독재를 거부 배제하고 오로지 평화적 민주적 방식에 의하여 점진적인 사회개혁을 수행함으로써 만인이 자유와 평등과 사람다운 생활을 누릴 수 있는 참다운 민주적 복지사회를 건설할 것을 최고 목표로 삼는 사회적 정치적 이념 내지 사상인 것입니다.

한국적인 사회적 민주주의는 한국적 특성을 갖고 있음은 물론이지마는 그러나 그것은 우리 한국의 고유물은 아니며 저 개인의 창조물도 아닙니다. 우리나라의 홍익인간의 사상과 일맥상통하는 이 사회적 민주주의는 본질적 원류적으로는 '훼비아니즘[38]', 노동당 '이데올로기'로서 결정되어 있는 영국의 민주적 혁신적 사상과 연결되는 것입니다. 우리의 사회적 민주주의는 명실상부한 가장 참다운 민주주의의 가장 완성된 최고 형태이라고 말씀할 수가 있습니다. 제2차 세계대전 이전에는 평화적 의회적 민주주의의 입장에 서서 폭력적 독재적인 쏘베트[39] 공산주의와 대립하는 독일 사회민주당(社會民主黨)을 중심으로 하는 사회민주주의와 영국 노동당을 중심으로 하는 영국적 사회주의의 양파가 서방세계의 사회주의를

38) '페이비어니즘(Fabianism)'을 이르는 것으로 1884년 영국 런던에서 결성된 사회주의단체인 페이비언협회(Fabian society)의 이념이다. 영국 사회 전반에 영향을 미쳤는데, 특히 복지국가의 성립에 기여하였고, 영국노동당의 정책형성의 기초가 되었다.

39) '소비에트'를 말한다.

대표하고 있었으며 이들 양파 세력을 중심으로 조직된 제2 국제당(國際党)이 쏘베트 공산주의의 제3 국제당과 견고히 대립하며 맹렬한 견원(犬猿)적 투쟁을 계속하고 있었다는 것은 우리의 주지하는 사실입니다.

독오적(獨墺的)[40] 사회민주주의와 영국적 사회주의의 양자가 다 같이 평화적 민주적 방식에 의한 점진적 사회개혁을 지향하고 있었음은 사실입니다마는, 제2차대전 이전에 있어서는 전자는 맑스주의와의 관련성을 완전히 단절하고 있지 못하였음에 반하여 처음부터 아무런 맑스주의와의 연계성을 갖고 있지 않는 영국적 사회주의는 이론적으로도 실천적으로도 시종일관 민주적 입장에 가장 충실할 수가 있었던 것입니다. 볼쉐뷔즘 및 나치즘의 폭력적 독재와 제2차대전의 참변을 치르고 난 후 구라파의 사회민주주의는 맑스주의와의 연계를 끊어버리고 철저히 민주화하여 사상적으로 영국적 사회주의에 완전히 접근하게 되었습니다.

이와 같이 철저히 민주화한 구라파 제국의 제 사회당과 영국 노동당이 중심이 되어 제2차대전 후 제2 국제당의 후신인 사회주의 인터내쉬날[41]이 조직되었는데, 이 사회주의 국제당은 폭력적 독재적인 쏘베트 공산주의와 대결하는 그들의 이데올로기적 입장을 민주적 사회주의라는 개념으로써 표시하고 있습니다. 종전 후 구라파에서는 사회민주주의라는 용어는 거의 통용되지 않고 있고, 엄밀을 기하는 의미에서는 민주적 사회주의, 일반적으로는 단순히 사회주의라는 용어가 보편적으로 사용되고 있으며, 저들이 사회주의라고 말할 때에는 이 개념은 당연히 공산주의와 대립하고 대결하는 개념인 민주적 사회주의를 의미하는 것으로 되어 있는 것입니다. 이와 같이 서방세계에서의 사회주의라는 개념은 공산주의와는 동일하지 않을 뿐 아니라 이와는 대립하고 또 대결하는 성격의 개념인 것입니다. 그리고 영국 사회주의자를 비롯하여 사회주의 국제당 계의 사람들은 그들의 민주적 사회주의를 민주주의의 완성된 최고 형태로서 규정하고 있습니다.

40) 독일과 오스트리아를 가리킨다.

41) '인터내셔널'을 말한다.

저들의 이러한 성격 규정이 이론적 타당성을 갖는 것이라고 한다면, 한국적인 특성을 지니면서 본질적으로 서구, 영국의 민주적 혁신사상과 연결되어 있는 우리의 사회적 민주주의는, 민주적 사회주의의 한국적 형태이라고 말씀할 수가 있습니다. 이미 통용되어 왔고 또 통용되고 있는 유사한 제 개념을 회피하고, 제가 특히 사회적 민주주의라는 새로운 용어를 사용하게 된 이유는 이러합니다.

첫째로 맑은 사회민주주의는 위에서 언급한 바와 같이, 적어도 제2차대전 이전에 있어서는, 맑스주의와의 연계를 완전히는 단절하고 있지 못하였고, 따라서 맑스주의적인 요소를 일부나마 보유하고 있는 것으로 추측될 수도 있었기 때문이며, 둘째로 우리의 사회적 민주주의는, 그것이 한국적인 특성을 지니고 있는 한에 있어서, 서구의 민주적 사회주의와는 다소의 차이점을 갖고 있을 뿐 아니라, 후진적인 우리나라에서는 사회주의라는 개념에 대한 정당한 인식이 아직도 일반화되고 있지 못한다는 사실을 고려하지 않을 수 없었기 때문입니다. 이를 요컨대 한국적 특수성의 제약하에서 나타난 우리의 사회적 민주주의는, 독오적 사회민주주의는 물론이고 영국적인 민주적 사회주의에 비해서도 일층 더 우파적인 성격을 띠는 것입니다. 원래 민주주의는 역사적 산물이며 그것은 역사의 변천과 시대의 진운을 따라 발전하여 왔습니다. 근대적 민주주의는 19세기에 대략 확립되었었는데 19세기 민주주의는 근대적 민주정치 제도를 수립함과 아울러 사람들의 자유 평등과 권리를 법률적으로 보장하여 줄 것을 역사적 임무로 하는 것이었습니다.

이와는 달리 20세기 민주주의는 모든 사람의 자유와 평등을 법률적 형식적인 의미에서뿐 아니라 경제적 실질적인 의미에서, 이를 환언하면 법률과 정치의 분야에서뿐 아니라 사회 · 경제 · 문화 등 제 부문에 걸쳐 구체적 실제적으로 보장하고 실현시켜야 할 임무를 지닌 것입니다. 이러한 의미에서 19세기 민주주의의 기본적 성격이 정치적 민주주의라는 개념으로써 표시될 수가 있다고 한다면, 20세기 민주주의의 성격적 특징은 그것이 사회적 경제적 내지 문화적 민주주의이라는 점에 존재하는 것입니다.

이와 같이 우리는 이론적 분석의 관점에서 민주주의를 몇 개의 민주주의로 나누어 볼 수가 없지 않습니다마는, 그러나 민주주의란 것은 그 본질상 하나의 통일적 개념이 아니면 아니 됩니다. 이리하여 우리는 20세기의 완성된 민주주의는 정치적 민주주의와 사회적 경제적 내지 문화적 제 민주주주의 유기적 통일체가 아니면 아니 된다는 것을 알 수가 있습니다. 그리고 우리의 사회적 민주주의는, 이를 제 민주주의의 이러한 유기적 통일체를 표시하는 하나의 종합적 통일개념에 불외(不外)하는 것입니다. 한국적인 특성을 지닌 우리의 사회적 민주주의는 완성된 20세기 민주주의의 한국적 형태인 것입니다. 상기한 바와 같은 성격을 갖는 한국적인 사회적 민주주의가 뚜렷이 진보적 입장에 서 있는 우리 대한민국 헌법 정신 및 원칙과 완전히 합치한다는 것은 조금도 의문의 여지가 없습니다.

우리 〈헌법〉의 기초자이고 헌법학의 대가인 유진오 씨는 그의 저서 『헌법해의』[42] 가운데서 대한민국 〈헌법〉은 정치적 민주주의의 원칙과 아울러 사회적 경제적 민주주의를 채택하고 있다고 명언하고 있습니다. 몸소 우리 〈헌법〉을 기초한 헌법학자 유 씨의 말을 신빙할 수 있을진대, 대한민국 〈헌법〉을 바로 사회적 민주주의 〈헌법〉이라고 일컬어도 결코 과칭(過稱)은 아닌 것입니다. 위에서 저는 사회적 민주주의란 것의 성격을 윤곽적 소묘적으로 약술하였습니다. 제가 일단 접근하였던 공산주의로부터 사상적 전환을 감행하게 되었을 때에 자유자본주의로 돌아갈 수는 없었고, 가장 진정한 민주주의인 사회적 민주주의에로 옮아서지 않을 수 없었습니다. 자유자본주의 시대는 이미 과거로 살아지고 있고 20세기 후반기의 인류 사회는 바야흐로 사회적 민주주의 시대에로 들어서고 있습니다.

영국 및 북구(北歐)[43] 제국(諸國)을 비롯하여 대영제국 제 자치령과 아·아(阿·亞) 블록[44] 신흥제국의 사회 정치적 동향 내지 진로를 일별함으로써 우리는 이

---

42) 유진오의 『헌법해의』 초판은 1949년 2월 15일에 발행되었고, 1952년 4월 20일에 증보판이 출간되었다. 이 책은 대한민국 헌법에 관한 해설이 담긴 최초의 헌법 주해서라고 할 수 있다.

43) 북유럽을 말한다.

44) 아프리카(阿)와 아시아(亞) 지역에 만들어진 새로운 움직임을 말한다. 1955년 4월 18~24일

점을 용이 명백히 확인할 수가 있습니다. 파씨즘 및 볼쉐뷔즘 즉 소베트 공산주의의 폭악무비한 폭력적 독재와 처참 무쌍한 제2차 세계대전을 치르고 난 후인 오늘에 있어서의 전 인류의 지성은, 그들의 뼈저린 체험을 통하여 참다운 사회적 민주주의만이, 평화적 민주적 방식에 의한 점진 사회개혁을 지향하는 민주적 혁신주의만이, 인류의 취할 바 유일 길이라는 것을 오득(悟得) 파악하면서 있는 것입니다. 이러한 역사적 사회적 정형(情形)하에서 공산주의로부터 사상 전환을 단행하는 지성과 양심과 시대적 감각을 갖는 인텔리가, 20세기 민주주의 즉 사회적 민주주의에로 옮아선다는 것은 가장 당연하고 또 불가피한 일이 아니면 아니됩니다.

작년 여름 국제적으로 알려져 있는 미국의 저명한 정치학자 스칼라피노 교수[45]가 우리나라에 들렸던 길에 저를 찾아주신 일이 있었습니다. 그때에 그와 저는 전후 2차에 걸친 장시간의 대담을 하였었습니다. 동 교수는 특히 저의 사상적 경력에 대한 강한 흥미를 표시하시는 것이었음으로, 저는 그에게 저의 사상적 편력, 진화과정에 대하여 비교적 상세히 기탄없는 설명을 하여 드렸었습니다. 그 자리에서 제가 공산주의와 공산세계를 버리게 된 경위를 이야기하면서 저는 그를 향하여 이렇게 말하였었습니다. 공산주의로부터 사상 전환을 감행할 때에 저는 자유자본주의로 돌아갈 수는 없었고, 사회적 민주주의 즉 국제적 통용어로는 민주적 사회주의에로 옮아서지 않을 수 없었다고. 그러니까 스칼라피노 교수는 이에 대하여 응답하기를 "당신의 경우는 결코 예외적이 아닙니다. 구라파 인텔리들의 경우가 당신과 꼭 마찬가지입니다"라고 하였었습니다.

동 교수 응답의 요지는 요컨대 제2차대전 직후 공산당으로 몰려들었던 수많은

인도네시아의 반둥에서 아프리카와 아시아 국가들이 몇 세기에 걸친 유럽의 지배를 종식시키기 위해 국제회의, 일명 반둥회의를 개최하였다. 이때 29개국이 참가하여 반제국주의의 기치 아래 민족독립, 인종평등, 세계평화, 주권존중, 우호협력 등을 내세운 평화 10원칙을 결의하였다.

45) 로버트 스칼라피노(Robert A. Scalapino, 1919~2011)를 말한다. 한국, 일본, 중국 등 아시아 지역 전문가로, 캘리포니아대학교 동아시아연구소 소장을 지냈다. 『한국공산주의운동사』, 『현대 일본 정당과 정치』, 『중국의 사회주의 혁명』 등의 저서를 남겼다.

구라파 인텔리들은 그 후 환멸을 느끼고서 대량적으로 공산당을 이탈하면서 있는데 이들 인텔리의 거의 전부는 자본주의적 입장에로 돌아가지 않고 민주적 사회주의에로 옮아서고 있다는 것입니다. 구라파 사정에 정통한 스칼라피노 교수의 말을 신청(信聽)하지 않을 수 없을진대, 양심적 인텔리 대중의 사회적 민주주의 즉 민주적 사회주의에로의 접근 내지 이행은 일부 소수의 특수적 예가 아니라 보편적인 국제적 현상이라는 것이 명백하다고 할 수가 있습니다. 위에서 약술한 바와 같은 성격을 갖는 사회적 민주주의는 온갖 형태의 폭력과 독재를 반대하면서 당연히 민주주의의 편에 서는 것입니다. 왜냐하면 사회적 민주주의는 그 자신 가장 진정한 민주주의이며 따라서 그에게 있어서는 민주주의의 옹호는 자신의 옹호를 의미하는 것이기 때문입니다. 그리고 사상적 전환을 감행한 저의 사회적 민주주의자로서의 정치적 입장 내지 거취는 사회적 민주주의의 상술과 같은 성격에 의하여 규정되지 않을 수 없는 것입니다.

폭악한 독재자 스탈린은 서구와 유고슬라비아에서 실추된 그의 위신을 회복하기 위하여 그의 북한 괴뢰들로 하여금 동족상잔의 처참한 6·25사변을 도발시켰었습니다마는 미국을 중심으로 하는 UN 제국의 신속 과감한 조치로 말미암아 그의 팽창주의적 야망은 분쇄되었었습니다. 4283(1950)년 가을 승리에 빛나는 UN군이 평양에 입성하였었는데 그때 저는 큰 기쁨으로써 평화와 민주의 이 우군을 맞이하였었습니다. 우리 국군과 UN군은 대한민국의 수호자인 동시에 한국의 민주주의 따라서 한국적인 사회적 민주주의 수호자가 아니면 아니되기 때문입니다. 파씨즘이나 볼쉐뷔즘의 일당 독재하에는 어떠한 민주주의도 민주세력도 존립할 수가 없습니다. 자각한 사회적 민주주의 주체적 실천적 관점에서 볼 때에는 문제는 아주 명백하다고 할 수 있습니다.

대한민국이 없이는 어떠한 유형의 민주주의도 이 강토에 존립할 수가 없을 것입니다. 이를 환언하면 우리나라가 민주공화국으로서 존속하고 건전한 민주적 발전을 계속할 경우에 있어서만, 우리의 한국적 사회적 민주주의는 존립 발전할 수가 있을 것입니다. 이를 논리적으로 따져본다면 대한민국의 건전한 발전은 그것이 곧 한국적인 사회적 민주주의 성장발전을 의미하여야 할 것이며, 한국적인 사회적 민주주의 성장발전은 그것이 곧 대한민국의 전진 발전을 상징하지 않을 수 없을 것입니다. 왜냐하면 우리의 사회적 민주주의는, 민주적 혁신주의로서의 일반적 성격과 아울러, 한국적인 특성과 사명을 지닌 가장 진정한 민주주의 이외의 아무것도 아니기 때문입니다. 이상과 같이 보아 올 때에는, 한국적인 사회적 민주주의와 사회적 민주주의자와 따라서 저 자신이 대한민국을 조국으로 삼고 미국을 비롯한 민주 제 우방과 긴밀히 제휴 협력하여 이를 공산세력의 침범으로부터 옹호하면서, 우리의 나라와 민족을 민주적 혁신의 방향으로 이끌어갈 역사적 임무를 지지 않을 수 없다는 것은 한국적 사회적 민주주의의 상술과 같은 성격 내지 입장으로부터 유출하는 당연한 논리적 결론의 일부인 것입니다.

UN군이 평양에 입성한 조금 후인 4283(1950)년 11월 중순경에 저는 비슷한 처지에 있던, 『노동신문(勞動新聞)』 편집국장을 지낸 일이 있는, 중학 동창 박용래(朴用来) 군과 함께 서울로 올라왔었습니다. 그때에 저는 약 5년간에 걸친 북한에서의 공산 독재정치에 관한 방대한 자료를 수집 정리하여 민주적 비판의 입장에서 하나의 가치 있는 이론적 저술을 하여 볼 계획을 가지고 있었습니다. 그때에 저는 여태까지 비밀 속에 묻혀있는 공산세계의 생생한 자료를 서방세계에 소개하면서 그 스탈린적 폭정의 실태를 폭로 규탄함이 의의 깊으리라고 생각하였을 뿐 아니라, 공산정치에 대한 이러한 비판적인 이론적 저술을 통하여 한국적인 사회적 민주주의의 이론체계를 수립하여 보려고 넌지시 기대하였던 것입니다. 이 계획의 추진을 위하여 관계 요로(要路)의 몇 분과도 절충하여 보았었지마는, 당시의 정세하에서 이러한 계획의 실현은 자못 곤란하다는 것을 곧 알게 되었었습니다.

그러므로 저는 이 계획을 단념하고 당시의 육군정보국장 백인엽 중장의 요청을 따라 중학 동창인 전기 박(朴) 군과 함께 육군본부에서 명예스러운 군복을 입고 복무하게 되었었습니다. 신설된 전략정보부 내에서 저는 대학교수, 신문인(新聞人)[46] 등의 10여 인의 인텔리들 및 수십 인의 우수한 우리 국군장교들과 함께

46) '언론인'을 말한다.

정치 · 경제 · 군사 등 제 부분에 걸친 광범한 자료를 이용하여 가치 있는 전략정보의 추출 이용에 협조하는 조사연구사업에 종사하였었으며 1년 4개월 동안 저는 여러분과 함께 애국적 열의를 가지고서 성심성의로 노력하였었습니다. 저는 한국의 민주주의를 수호하는 군대인 우리 국군에 대하여 큰 애정과 신뢰감과 존경심을 가지고 있음이 사실입니다. 그리고 군문(軍門)에서 서로 알게 되었고 또 서로 협력하였던 우리 국군의 성실 유능한 장교들은 저의 양심과 성실성과 애국애군의 진심을 조곰도 의심하지 않습니다. 군문을 물러난 이후에 있어서도 저는 기회 있을 때마다 언제나 즐겨서 우리 국군의 사업을 조력하여 왔습니다.

[국방대학(國防大學) 당국의 요청에 응하여 저는 재작년과 작년에 걸쳐 만 1년간 동 대학의 고문교수로서 충실히 복무한 후, 작년 가을 민주혁신당이 창립될 시 제가 동당 최고 간부의 1인으로서 이에 참가하지 않을 수 없게 된 결과로 동 대학을 사임하였었습니다. 재임 기간 중 저는 동 대학 재학 중인 우리 고급장교들로 하여금 올바른 민주적 비판에 입각한 투철한 반공의식과 참다운 민주적 애국정신을 함양시키기 위하여 성력(誠力)을 기울였던 것입니다.]

군에서의 복무를 끝마친 후, 저는 창립된 국립 경북대학교 정치학과 주임교수로 임명되어 만 1년간 사무적인 일까지를 도우면서 열성으로 일하였었습니다. 동 대학에 재임하는 동안 저는 대구 인텔리층에서 많은 지기(知己)를 심견(尋見)할 수 있었는데, 이것은 저로서 행복스러운 일이었습니다. 이 기간 중에 저는 사회적 민주주의의 입장에서 볼쉐뷔즘 정치를 비판하는 첫 논문을「스포츠와 정치」라는 제목하에, 소련의 스포츠 정책과 관련하여, 초(草)하였었습니다.(동 논문은 익년 가을 부산에서 잡지『사상계』에 게재되었음)

그리고 만 1년 후인 그 익년 봄 어느 날, 동 대학 정치학과 졸업생들이 저를 위하여 베풀은 송별회 석상에서 저는 젊은 인텔리들을 향하여, 오늘에 있어서의 정치적 사상적 노선은 두 갈래만이 아니고 세 갈래라는 것을, 자본주의와 공산주의의 두 갈래 길 이외에 민주적 혁신, 사회적 개량의 입장에 서는 또 한 갈래의 사회적 민주주의 노선이 있다는 것, 우익 보수분자들과 공산주의자들은 다 같이 길은 두 갈래뿐인 것처럼 주장하기를 좋아하지마는, 두 갈래가 아니라 완연(宛然)히 세 갈래의 길이 우리들 앞에 가로놓여 있음을 알아야 하며, 또 그러할 때에는 지성과 양심을 갖는 인텔리들은 노선 선택에 곤혹을 느끼지 않으리라는 것을 역설하였었습니다. 이 석별연(惜別宴) 석(席)에는 경북대 정치학과 교수 몇 분과 함께 저의 대학 동창이고 친우인 장철수(張澈壽) 군이 참열(參列)하고 있었는데 유일한 한국인 출신 외교관으로서 일제에 봉사한 오점을 갖고는 있었지마는 특출한 두뇌와 순정의 소유자였던 장(張) 군은 젊은이들을 위한 저의 계몽적 발언에 대하여 입에 익은 불어(佛語)로 '쎄싸! 쎄싸!'(옳은 말이요! 옳은 말이요!)하면서 동감과 동의를 표명하였던 것입니다.

4286(1953)년 5월경에 저는 임시수도 부산으로 옮아갔었습니다. 극작가 오영진(吳泳鎭), 박용래 등의 몇 우인이 연구소 설립계획을 실현하기 위하여 제가 그곳으로 올 것을 열심으로 요청하였기 때문이었습니다. 부산으로 옮아간 저는 미(美) 공보원(公報院)의 이해 깊은 지지와 원조하에 전기 제 우인과 함께 정치 경제에 관한 하나의 조사연구기관을 건립하게 되었었습니다.

동년 8·15 해방절을 기하여 정식으로 개설을 본 한국내외문제연구소(韓國內外問題研究所)가 바로 그것이었으며 저는 동 연구소장으로 취임하였던 것입니다. 연구소의 개설과 동시에 저는 미 공보원의 요청에 응하여 세계적으로 유명한 한스 켈젠[47] 교수의 저서 『볼쉐뷔즘 정치이론의 비판』을 번역하였었으며, 이에 대한 역자 서문을 초하였었습니다. 이 역자 서문 가운데서 저는 단순히 자본주의를 옹호하는 입장에서 볼쉐뷔즘 즉 소베트 공산주의를 비판할 시대는 이미 과거로 사라졌으며, 저자인 켈젠 교수는 참다운 민주주의 즉 민주적 사회주의의 입장에서 볼쉐뷔즘을 예리하게 비판하고 있다는 점, 역자인 저 자신은, '순수과학'을 주장하는 켈젠 교수의 방법론에 대하여는 의견을 달리하면서도, 본질적으로 이 저자와

47) '한스 켈젠(Hans Kelsen, 1881~1973)'을 말한다. 오스트리아의 법학자로 빈대학에서 교직을 맡고 있었는데 나치스의 박해를 피하여 국외로 탈출하여 미국 켈리포니아대학에서 교수를 역임하였다. 민주주의론, 국제법이론, 이데올로기비판 등에서도 예리한 분석능력을 발휘하고 세계의 학계에 상당한 영향을 끼쳤다.

상통하는 사상적 입장 즉 사회적 민주주의에 의거하고 있다는 점 등을 명백히 하였었습니다.

그리고 저는 이 역자 서문 초고를 미 공보원에 보내어, 그 적부(適否)와 이를 역서에 삽입할 문제에 대한 미국분들의 의견을 징(徵)하였었는데 그들은 주저 없이 찬의(贊意)를 표하여 주었었습니다. 그때에 저는 미국 우인들의 이해 깊고 아량 있는 민주적 태도로 인하여 큰 감명을 받았었음이 사실입니다. 이와 동시에 저는 유소시(幼少時)부터의 친미적 감정을 더욱 두텁게 하는 한편 한국의 민주주의 따라서 한국적인 사회적 민주주의는 미국을 중심으로 하는 UN 제 우방과의 긴밀한 제휴 협력에 의하여서만 자유발전의 길을 보장받을 수 있으리라는 저의 정치적 신념을 더욱 굳게 할 수가 있었던 것입니다. 확고하게 반공 친미적 입장에선 제가 한국의 참다운 민주적 발전에 조곰이라도[48] 이바지하는바 있고저 하여 보다 큰 용기와 신념을 가지고 분투하게 된 것은 이때부터의 일인 것입니다.

전기(前記) 연구소가 개설됨과 동시에 저희들은 미 공보원으로부터 공산 북한에 관한, 정치 · 경제 · 문화 · 군사 등 제 분야에 걸친, 일반적 기초조사와 아울러 몇 개의 특수제목에 관한 조사연구를 위촉 받았었습니다. 그 후 약 1년에 걸쳐 미국 기관은 평양출판(平壤出版)의 신문 잡지 등 정기 간행물 및 제종(諸種) 서적과 공산 세계에 관한 기타 제종의 출판물을 다량으로 계속 공급하여 주었으며, 저희들은 이들 제 자료를 이용하면서 맡겨진 전기 임무를 완수하기 위하여 노력하였으며, 또 훌륭히 이를 완수할 수가 있었던 것입니다. 저희들은 작성된 1만여 매의 원고를 미국 기관에 제공하였었으며 그것의 참고 가치를 충분히 인정하는 미국분들로부터 아낌없는 찬사를 받았었음이 사실입니다.

4287(1954)년 봄 한국 문제에 관한 제네바회의[49]가 열리던 무렵에는 저희들은

---

48) '조금이라도'를 말한다.

49) 1954년 4월 26일부터 7월 20일 사이에 스위스 제네바에서 열린 회담을 말한다. 1953년에 체결된 정전협정에 따라서 본 회의에서 다루어진 주요 안건 가운데 하나는 한국전쟁의 종결을 위한 평화협정 체결 및 한반도 통일문제 논의에 관한 것이었다. 한국, 북한, 미국,

미국분들의 요청에 응하여, 동 회의와 관련 있는 일부 자료와 함께 동 회의에 대한 전망을 중심 제목으로 하는 저 자신의 논문을 제공하였었으며 당시 일부의 미국 우인들은 이 논문의 논지와 전망이 타당 정확함을 경탄하였었음이 사실인 것입니다[같은 무렵에 저는 우리 정부 공보처의 요청에 응하여 동 회의와 관련된 일부 자료와 함께 동 회의를 전망하는 저 자신의 논문을 제공하였었는데, 이 논문은 동처(同處) 기관지 『정보』에 「소련의 대외정책과 제네바회의」라는 제목으로 게재되었었음]. 그 후에 있어서도 기회가 있을 때마다 저는 언제나 미국 기관들에 대하여 협조를 아끼지 않아왔음이 사실인데, 예컨대 미 공보원의 요청에 응하여 저는 전기 켈젠 교수의 저서 이외에 영국 학자 보토모어[50]의 저서 『현대사회의 제 계급』[기간(旣刊)]과 미국 학자 골롭의 저서 『현대의 '제 주의'』[51] 등을 번역하였었습니다. 이들은 모두 공산주의를 이론적으로 비판한 학술적인 또한 계몽적인 가치 큰 저술들입니다. 여기서 한마디 부언할 것을 허용받고 싶은 것은, 제가 그동안 발표하여 온 약 50편의 논문은 그 대부분이 볼쉐뷔즘 즉 소베트 공산주의를 이론적으로 반대하고 비판하는 내용의 것들이라는 사실입니다. 이와 같이 저는 뚜렷이 반공 친미적 입장에 서서 시종일관 우리나라의 참다운 민주적 발전을 기념하면서 성실한 노력을 계속하여 왔음이 사실인 것입니다.

4286(1953)년 여름 저는 임시수도 부산의 서울대학 임시교사 강당에서 「소련외교정책의 비판」이라는 제목하에 강연을 한 일이 있었습니다. 그때에 저는 소베트 외교의 기본적 제 원칙 내지 제 특징을 설명하면서, 부수적으로 양대 진영 간의

소련, 영국, 프랑스, 중화인민공화국 등에서 파견한 대표단이 한반도 통일문제를 토의하기 위한 회의에 참석하였다. 하지만 회의는 남북 양측의 기본 입장이 정면으로 대립하면서 결렬되었다. 제네바회담에서 거론된 '한반도 중립화 통일방안'은 이후 평양에서 조소앙을 비롯한 납북인사들로 구성된 '재북평화통일촉진협의회(在北平和統一促進協議會)'가 '중립화통일론'을, 서울에서 조봉암과 진보당이 '평화통일론'을 주장하는 배경이 되기도 하였다.

50) '톰 보토모어(Tom Bottomore, 1920~1992)'를 이른다. 영국의 사회학자로 마르크스적 관점에서 현대의 계급투쟁, 사회운동, 민족문제 등을 연구하였다. 『엘리트와 사회』, 『마르크스 사회학』, 『사회비판으로서 사회학』, 『현대자본주의론』 등의 저서를 남겼다.

51) Golob, Eugene Owen, 이동화 역, 『現代의 社會政治思想』(서울: 乙酉文化社, 1954).

새로운 세계전쟁은 불가피할 것으로 보이며 제3차대전이 발발할 경우에는 소베트 블럭은 군사적 패배를 면하지 못할 것이라고 명언하였었습니다. 그 자리에서 한 학생이 저를 향하여 다음과 같은 항의적인 질문을 하였던 것이 지금도 생생하게 저의 기억에 남아있습니다. 즉 그 학생 질문의 요지는 "당신은 제3차대전이 불가피하리라는 논단을 하셨는데 이러한 숙명론적인 태도는 옳지 않으며, 전 인류에게 큰 참화를 가져올 것이 틀림없는 새로운 대전을 회피할 수 있도록 온갖 노력을 기울여야 할 도덕적 의무를, 우리는 역사와 인류에 대해서 지고 있는 것이 아니겠느냐" 하는 것이었습니다. 그 학생은 인도주의적 입장에서 이와 같은 감명적인 질문을 하였던 것입니다.

위에서 일언한 바 있음과 같이, 해방 직후에 있어서는 저는 제2차대전 중에 맺어졌던 양대 진영 간의 협력관계는 전쟁 후도 상당히 장기간 유지될 것으로 보았었으며 그의 전후 부흥 및 재건을 위하여 미국을 중심으로 하는 서방세계의 협력과 원조를 절대 필요로 하는 소련은 이러한 협력과정에서 점차로 서구적 민주주의에로 접근하여 올 수도 있으리라는 막연한 기대를 가졌었습니다. 그러다가 1946~7년에 걸쳐 국제정세가 급격히 악화하고 양대 진영 간의 냉전이 급속히 격화함을 보고서는, 저는 역사과학 내지 외교사학적인 관점에서 새로운 세계대전은 불가피적이라는 일종의 이론적 신념을 가지게 되었던 것입니다. 서울대학에서 상기(上記) 강연이 있은 조곰 후인 어느 날 일본의 모 종합잡지를 뒤져보니까 거기에는 제3차 세계대전의 문제를 중심으로 하는 좌담회 속기록이 실려 있었습니다. 이 좌담회에는 저의 은사이시고 일본 외교사학계의 대 중진이신 가미카와 히코마츠(神川彦松)[52] 선생이 참석하셨었는데 가미카와 선생께서도 외교사학적 관점에서 새로운 세계대전의 불가피적임을 명백히 결론하고 계시었던 것입니다.

그러나 그 후, 특히 4287(1954)년 여름경부터, 선진제국의 국제적 여론은 가장

52) 일본 국제정치학의 창시자로 불리는 가미카와 히코마츠(神川彦松, 1889~1988)는 도쿄제국대학에서 국제정치를 전공하고, 1923년 동 대학의 교수가 되었다. 1956년 설립된 일본국제정치학회의 초대 회장으로 활동하며 국제정치사와 국제정치학 연구에 매진하였다.

참담할 새로운 대전을 회피하기 위한 의식적 노력을 뚜렷이 표시하게 되었었습니다. 영불(英佛) 등의 서구제국은 물론이고 미국의 유력한 언론기관들까지도 '공멸'을 피하기 위하여 '공존'을 하는 수밖에 없다는 것, 냉전은 바야흐로 '경쟁적 공존'이라는 새로운 단계로 들어서고 있다는 것을 강조하기 시작하였던 것입니다. 이러한 평화주의적인 국제여론을 자극환기한 주요 요인이 무서운 파괴력을 간직한 원자력, 원자무기의 놀랄만한 발전이었다는 것은, 용이히 이해될 수 있는 일입니다. [그 당시 아이젠하우어 대통령까지도 '경쟁적 공존'을 운위하고 있었음 한마디 부언한다면, 금년 여름경 미국 장로교연합회 총회가 결의 공표한 선언문도 '공존'(코엑지스텐스[53])가 아니면 '공멸'(코엑스팅숀[54])이라고 하면서, '공존' 이외에 다른 길이 없음을 역설하고 있었음.]

그리고 일개의 정치학도로서 국제정세의 추이에 대하여 언제나 세심한 주의를 게을리하지 않는 제가 국제여론의 이러한 움직임에 냉담 무관심할 수가 없었음은 물론입니다. 이리하여 저는 동년 만추 경에 국제정세에 관한 한 편의 논문을 초하였었으며, 이 논문 가운데서 저는 선진제국의 유력한 평론지 및 학자 등의 견해와 주장을 인용 내지 반영하면서 냉전에서의 새 단계 출현에 대응하는 우리의 새로운 각오와 분투 노력을 호소 촉구하였던 것입니다. [이 논문은 그 익년 초두 경 「소위 '공존'의 문제와 냉전의 새 단계」라는 제목으로 잡지 『사상계』에 게재되었었음.]

그 익년인 4288(1955)년 여름경 저는 서울대학 강당에서 국제정세에 대한 강연을 하게 되었었습니다. 이 강연 가운데서 냉전 이후의 국제정세 발전에 있어서의 몇 가지 특징과 아울러 스탈린적 팽창주의 정책의 실패를 지적한 후, 국제정세에 대한 향후 전망과 관련하여 원자력, 핵무기의 경이적 발전이라는 새로운 역사적 요인의 거대한 국제정치적 작용으로 말미암아, 불가피적으로 보였던 새로운 세계대전은 연기 · 회피되면서 있으며, 새로운 원자전쟁의 예상되는 참상 앞에 몸서리

53) 'coexistence'이다.

54) 'coextinction'이다.

치는 양심적 국제여론은 '공존'의 불가피함을 주장하는 방향으로 기우려지고 있다고 말하였던 것입니다. 당시 일부의 당국자가 저의 이러한 발언을 소위 '평화적 공존'의 '주장'이라고 곡해함으로써 이를 문제화하였었음은 세상이 주지하는 사실입니다.

그러나 이러한 강연 논지는 저 개인의 의견이라기보다는 선진제국의 유력한 평론가 및 학자 등의 견해 내지 주장이었던 것입니다. 정치학도의 눈에 냉정하게 간취(看取)된 새로운 국제여론의 추향(趨向)과 국제정세 전환의 맹아적 징후를 저는 소박하고 겸손한 어구로써 그대로 표현하여 보려고 하였을 뿐이었던 것입니다. 여하튼 처음에 외교사학적 관점에서 제3차 세계대전의 불가피성을 믿으려 하였던 제가, 뒤에는 역시 역사과학적, 외교사학적 관점에서 새로운 세계대전 회피의 현실적 가능성을 인정하게 되었음이 사실입니다.

처음에 저는 전쟁 원인으로서의 비합리적, 비이성적 계기만을 중시하는 입장에 섰던 것입니다마는, 뒤에는 저는 원자력의 발견이라는 새로운 역사적 계기['핵(核)적 균형'의 성립]와 아울러 인류의 지성 양심 및 도덕적 자각과 신(神)[신은 지고최고(至高最高)의 이성이라고 할 수 있음]의 뜻 등의 이성적 제 계기를 중시하지 않을 수 없게 되었기 때문입니다. 그러나 새로운 세계전쟁 발발 여부의 문제는 단순히 이론적으로 해결될 수 있는 문제는 아니고 결국 인류의 도덕적 정치적 실천과 역사의 전진 과정과 신의 섭리에 의하여 결정될 성질의 문제인 것입니다.

우리 한국은 물론 국제사회의 일원으로서 전 인류 사회와의 유기적 관련하에서 존재하고 있습니다. 한국의 민주적 발전 문제, 따라서 한국적인 사회적 민주주의의 성장발전 문제는 국제정세의 향후 발전 문제 연(延)하여는 새로운 세계전쟁의 발발 여부 문제와 관련되지 않을 수 없음은 물론입니다. 저는 물론 금후의 국제정세는 반드시 한국의 민주주의, 따라서 한국적 사회적 민주주의의 발전을 촉구하는 방향으로 진전하게 될 것을 이론적 신념적으로 전망하고 있었습니다마는, 이와 동시에 저는 제3차대전이 불가피적으로 발발하거나 또는 우선 원자력, 핵무기의 전쟁 조지적(阻止的)[55] 작용에 의하여 '장기적 공존'이 실현되거나 간에 그 어느 경우에 있어서도, 20세기 민주주의인 사회적 민주주의가 국내적으로도 국제적으로도 궁극적 승리를 보장받게 될 것이 틀림없다는 이론적 확신을 갖고 있는 것입니다.

몇 마디로써 이를 간단히 부연하여 보려고 합니다. 만일 새로운 세계대전이 일어난다면 공산블럭은 군사적 패배를 면할 수 없으리라고 저는 현재도, 부산에서 강연을 할 때와 마찬가지로, 보고 있습니다. 이 경우에 있어 승리가 서방 진영 편에 있으리라는 것은 확실합니다. 그리고 이 싸움이 서방적 민주주의와 동방적 전제(專制) 독재주의의 대결을 의미하는 한에 있어서 이 싸움에서의 승리가 서방적 민주주의의 승리를 의미하지 않을 수 없을 것은 명백합니다. 그러나 이 승리가 동시에 세계자본주의의 승리를 의미할 수는 없으리라는 것도 또한 명백하지 않으면 아니 됩니다.

왜냐하면 민주주의와 자본주의는 양자가 어떤 의미의 역사적 관련성을 갖고 있음은 사실이지마는 결코 동일물은 아니고 구별되어야 할 이질적 상이물(相異物)이며, 자유자본주의의 시대는 이미 과거로 살아지고[56] 있음에 반하여, 참다운 민주주의는 인간적 자유 평등의 실현과 보장을 위하여 영원한 생명력을 보지(保持)하지 않으면 안 될 것이기 때문입니다. 그뿐 아니라 새로운 원자전쟁에 있어서 공산블럭이 가장 큰 치명적 타격을 입게 될 것은 물론입니다마는, 서방제국도 거의 비슷한 재액(災厄)을 면하기 어려울 것이 틀림없는데 그러할 경우에 가장 곤란한 전후처리, 즉 전후의 복구 재건 사업을 어떠한 사회 정치적 방식에 의하여 수행될 수 있을 것이냐가 큰 문제로 되지 않을 수 없는 것입니다.

황량한 폐허로 화(化)한 양대 세계의 광대한 문화적 산업적 제 중심 지역의 복구, 재건, 굶주리고 추위에 떠는 십 수억 민중에의 생필품 제공 등 이러한 가장

55) 조지(阻止)는 〈형법〉 제136조 2항에 등장하는 법률 용어이다. 저지(沮止)를 의미하는 일본식 한자인데, 지금은 모두 저지로 쓰고 있다.

56) 원문에는 '살아지고'로 표기되어 있으나 문맥상 '사라지고'로 보는 것이 타당하다.

곤란한 전후적 제 과업은 낡은 자유자본주의적 방식에 의해서는 도저히 해결될 수 없고, 사회적 민주주의 즉 계획적 민주주의의 방식에 의거함으로써만 옳게 해결될 수 있을 것입니다. 이리하여 승리한 서방적 민주주의는 전후적 재건기에 있어 더욱더욱 그의 사회적 성격을 강화하지 않을 수 없을 것인바, 이는 요컨대 20세기 민주주의, 즉 사회적 민주주의의 궁극적 전반적 승리를 의미하는 것일 수밖에 없는 것입니다.

다음에 '장기적 공존'이 실현될 경우에 대하여 일언하려고 합니다. 이 경우에 있어서도 양대 진영은 서로 군사적 경계를 게을리하지는 않을 것이며, 상당히 장기간에 걸쳐 '무장평화'가 계속될 수밖에 없으리라고 생각됩니다마는 그러나 '장기적 공존'은 '경쟁적 공존'이 아닐 수 없고, '경쟁적 공존'이란 요컨대 정치 · 경제 · 사회 · 문화 등 제 분야에 걸친 평화적 경쟁을 의미할 수밖에 없는 것입니다.

이를 약언하면 이 평화적 경쟁은 양대 진영 외 어느 편이 이들 제 분야에 걸친 건설을 촉진 달성하여 광범한 그 주민 대중에게 자유 평등과 사람다운 생활을 보장하여 줄 수 있느냐의 경쟁, 이를 환언하면 그것은 인간적 자유의 참다운 실현이라는 최고 지상의 사회적 도덕적 이념의 실질적 구현을 에워싼 평화적 민주적 경쟁의 성격을 띠지 않을 수 없을 것입니다. 그리고 이러한 평화적 민주적 경쟁의 과정에서 서방 민주 진영은 그의 자본주의적 제 결점을 점차로 수정, 제거하면서 완성된 민주주의에로 더욱더욱 전진할 것이며, 공산 진영은 그의 폭력적 독재주의적 제 결함을 점차로 수정, 지양하면서 참다운 서방적 민주주의에로 접근하여 오지 않을 수 없을 것이 적어도 이론적으로는 넉넉히 예측될 수가 있는 것입니다.

현대 최대의 사학가로 지칭되는 영국의 토인비 교수는 '장기적 공존'의 제 조건 하에서는 현대 빙탄적(氷炭的) 상극상을 시현하고 있는 양대 세계는 점차로 '서로 닮아'(테이크 애프터 이취 어더)가지 않을 수 없으리라는 점을 명언하고 있는 것입니다. 저는 물론 완고한 자기 고집성을 갖고 있는 볼쉐뷔즘 즉 소베트 공산주의가 간단 용이히 자기 수정을 하게 되리라고는 생각하지 않습니다. 그러나 우주간의 삼라만상은 끊임없는 변화의 과정 속에 있는 것이며 볼쉐뷔즘은 인류 사회에 있어서의 한낱의 역사적 산물에 불과하는 것입니다. 볼쉐뷔즘 즉 소베트 공산주의가 아무리 강한 편집성(偏執性)을 갖고 있다고 할지라도 만일에 국내적 및 국제적인 환경적 제 조건에 의하여 강요된다고 한다면 그는 자기 수정 내지 변질을 부득이하게 될 수도 없지 않을 것입니다.

그리고 이와 같이 '장기적 공존'의 제 조건하에서 이와 같이 양대 세계가 '서로 닮아'가게 되리라고 한다면 이는 양대 세계가 참다운 민주주의인 사회적 민주주의의 노선에로 서로 점점 더 접근하게 되리라 함을 의미하지 않을 수 없는 것입니다. 그뿐만은 아닙니다. 사회적 민주주의가 서방 민주 세계에 속하는 것일 뿐 아니라 그것이 서구적 민주주의의 정통을 계승하는 것임은 재언을 요하지 않는 일입니다마는 정치사상적 내지 정치세력적으로 어떤 의미에서 세계는 이미 두 개가 아니라 세 개의 부분으로 나누어져 있다고 보아질 수 있고, 이 제3의 부분을 대표하는 이데올로기가 바로 사회적 민주주의 내지 민주적 사회주의이라고 말할 수가 있습니다. 그리고 이 사회적 민주주의의 정치세력은 영국 및 북구 제국(諸國)을 비롯하여 아세아 신흥제국과 일부의 영(英) 제국 자치령 등에서 이미 권력을 장악하고, 그 정치적 사상적 노선을 실천에 옮겨 왔을 뿐 아니라 이 참다운 민주주의 세력은 서구제국을 비롯한 전 세계 여러 나라에서 눈부신 성장을 하고 있으며 양대 세계의 '장기적 공존'이 실현될 경우 이들 사회적 민주주의 세력이 전 세계에 걸쳐 더욱더욱 장족적 발전을 하게 되리라 함은 명약관화한 일인 것입니다.

이리하여 일언이폐지하면 제3차대전이 불가피적으로 일어나거나, 그렇지 않고 '장기적 공존'이 실현되거나 그 어느 경우임을 막론하고 20세기 민주주의 즉 사회적 민주주의는 궁극에 있어 전 인류의 중층적 통일노선으로서 그 자신을 관철 실현하게 되리라 함이 저의 이론적 확신인 것입니다. 위에서 저는 저의 사상적 '빽그라운드'에 대하여 아무런 가식도 위장도 없이 진실 그대로를 말씀드렸습니다. 거짓 없는 이상의 진술을 통하여, 사회적 민주주의의 기본적 성격과 저 자신의 사상적 정치적 입장이 본질적으로 명확하게 이해될 수 있지 않을까 합니다. 저의 이하의 진술에 있어 중심적 위치를 차지하게 될 제가 기초한 강령 초안은, 상술과 같은 '빽그라운드'와 거기에 잠재하는 정치사상적 본질이 말하자면 전면에로 투사 결정된 것이라고 할 수가 있습니다.

그러므로 위에서 진술된 바에 의해서만도 이 강령 초안의 본질적 성격이 올바르게 추단될 수 있으리라고 저는 우고(愚考)하는 바입니다. 저는 성의의 있는 것을 다하여 이상과 같은 긴 진술을 하였습니다마는 사실인즉 강령 초안의 성격과 내용을 옳게 이해하기 위하여 그 '빽그라운드'에 관한 이렇듯 긴 설명이 필요할 리도 없습니다. 현대적 상식과 건전한 판단력을 갖는 사람으로서 사심 없이 이 강령 초안을 읽는다면 누구든지 그것의 참다운 민주적 성격 및 내용을 용이 명확히 인식할 수 있을 것입니다. '빽그라운드'에 관한 진술이 의외에도 너무 길어졌음으로 이하에 있어 강령 및 기타와 관련된 제 문제에 대하여는 가급적 간략하게 말씀하여 보려고 합니다.

4289(1956)년 2월경 어느 날 서상일 선생으로부터 좀 와달라는 연락을 받고 동 선생댁으로 찾아가니까 거기에는 주인인 서상일 선생 이외에 조봉암, 윤길중, 신도성, 고정훈, 주기형 등의 제씨(諸氏)가 모여있었습니다. 이야기를 들은즉 이것은 새로운 혁신정당의 강령, 발당(發黨) 선언문 등 기초의 건을 상의하기 위한 가칭 진보당추진위원회 관계자들의 모임이라는 것이었습니다. 저는 혁신적 신당운동에 참가하고 있지 않았고 이 추진위원회와 아무런 관련이 없었습니다마는, 좀 동석하여 '전문가'적 의견을 이야기해줄 것을 요청받았습니다. 강령[57] 작성과 관련된 주요한 제 문제가 논의되고 또 대체로 의견이 합치되었으며 한국적인 제 조건에 적합하면서 뚜렷이 혁신적이고 철저히 민주적인 논문체의 강령 초안을 작성할 것이 결정되는 동시에, 이 초안 작성을 이 분야의 '전문가'라고 할 저에게 위촉할 것이 전원일치로 합의되었던 것입니다.

---

57) 5개 항으로 이루어진 진보당 강령은 신도성이 작성하였다. 이동화는 강령의 이론적 기초가 되는 강령 전문(前文)과 선언문 및 경제정책 전문(前文)을 작성하였다. 여기서 강령이라고 언급한 것은 모두 강령 전문을 의미한다.

위에서 언급한 바와 같이 저는 이 혁신운동에 참가하고 있지 않았음이 사실이지마는 이와 같은 전원일치의 요청을 거부하기 어려웠을 뿐 아니라, 한국 최초의 혁신정당 강령을 기초한다는 것은 정치학도로서 명예스러운 일이라고 느껴졌기 때문에 저는 이를 수락하지 않을 수 없었습니다. 그리고 이와 동시에 강령, 선언문 등의 초안은 저 자신이 직접 이를 집필하기로 하되 이들 문안 작성의 일을 주로 서상일 선생과 당시 가칭 진보당추진위 기안부[58] 책임자였던 신도성 교수(당시 민의원)와 저의 3인이 협력, 진행하기로 되었던 것입니다. 그 후 수차의 독촉을 받은 후, 저는 동년 3월경에 저는 강령, 선언문 등 초안을 서상일 선생께로 보냈었으며 가칭 진보당추진위 관계자들에 의한 약간의 자구 수정(뒤에서 다시 언급될 터이지마는 제가 사용하였던 '민주적 통일'이라는 문구를 '평화적 통일'로 수정하였음은 그 현저한 일례임)이 있은 후 서상일 선생이 이들 초안을 프린트에 붙이셨었습니다.

그 후 가칭 진보당추진위는 조봉암 씨를 중심으로 하는 진보당계와 서상일 선생을 중심으로 하는 민주혁신당계의 양파로 분열됨에 이르렀으며, 이러한 분열이 있은 직후에 프린트 중이던 전기(前記) 강령 등 초안이 책자로 되어 나왔습니다. 양파로의 분열이 있은 후 진보당계의 분들은 그들만의 조기적(早期的) 단독 결당의 방침을 결정하는 동시에, 프린트 된 전기 강령 초안 등을 보내달라고 요구하였습니다. 이들 문안은 전기 추진위원회에서 양파가 공동으로 준비하였던 것임으로 진보당계의 분들이 이 초안들을 그들의 단독 발당을 위하여 이용하려고 하였음은 무리 없는 일이었던 것입니다. 분열이 있은 직후 감정적 마찰이 계속되고 있던 시기이었음으로 다소의 옥신각신이 있기는 하였지마는 결국 서상일 선생 자신이 프린트된 전기 책자를 단독 창당을 결행하는 진보당 측으로 보내주었었으며 진보당 분들은 아마도 여기에 근소한 자구 수정을 또 한 번 가한 후, 그들 자신의 강령, 선언문 등으로서 이를 채택하게 되었던 것입니다.

진보당이 제가 기초하였던 강령 초안 등을 그들 자신의 강령 등으로서 채택함에

58) '의안부'의 오기이다.

이른 경위는 약언하면 대체로 상술과 같습니다. 제가 강령 초안 등의 작성을 위촉받고 이 임무를 수행하였었음은 사실입니다마는, 저는 가칭 진보당 추진 운동에 참가하고 있지 않았으며, 더우기 양파로의 분열이 있은 후 진보당 단독 발당에 관여한 일이 없었다는 것은 진보당 분들 이외의 혁신운동 관계자들이 주지하는 바입니다. 단독 결당을 하게 된 진보당이 전기 강령 초안 등을 그들의 강령 등으로서 채택하였음은 오로지 그들 자신의 자발적 의사에 의한 것이었고, 저는 전연 관지(關知)하지 않는 바이었던 것입니다. [사실 저는 진보당 결당식이 있은 후, 비로서 입수된 동당 문헌을 통하여 제가 기초하였던 선언문 초안의 자구뿐 아니라 문체까지가 어느 정도 수정되었음을 알고 저의 훌륭한 문체가 파괴되었음을 분개하였던 일까지가 있는 것입니다.]

검사 공소장의 저에게 관한 제1항의 고발 내용이 아주 사실과 어그러진다는 것은 이상의 간단한 진술에 의하여 이미 명백하여졌으리라고 생각합니다. 특히 동항에서 '전기 평화통일 방안을 골자로 하는 강령 초안 등을 작성하여 운운'하고 공소장은 주장하고 있습니다마는, 이미 위에서 일언한 바와 같이 저는 '평화적 통일'이라는 문구조차도 사용한 일이 없고 초안 가운데서 통일문제에 간단히 언급하면서 저는 다만 '민주적 통일'의 조속한 실현을 위하여 노력을 계속하도록 간단히 호소함에 그쳤던 것이며, 진보당 강령 가운데에 '평화적 통일' 운운하고 다소 설명이 붙어있는 부분은 가칭 진보당추진위 관계자들 또는 진보당 분들에 의하여 가필(加筆) 수정되었던 것입니다. 이와 같은 사실과 경위는 경찰 취조 시와 검사 취조 시에 용이히 밝혀졌었습니다. (이 사실은 진보당 관계자가 모두 주지하고 있을 뿐 아니라 경찰이 가져간 강령 초안 원고 가운데에 이러한 수정의 자취가 엄연히 나타나 있음.)

그리고 제1심 공판에서 이 사실은 간단히 확인되었었고 제2심 공판에서도 그것은 자명의 사실로서 취급되면서, 재판장은 저를 향하여 "이 피고인은 '민주적 통일'을 운운하였고 '평화적 통일'이라는 문구조차도 사용한 일이 없다고 하는데, 양자의 차이점은 무엇인가" 하고 질문을 한 일까지 있었으며, 이에 대하여 저는 "'민주적 통일'은 폭이 넓은 개념으로서 그것은 '평화적 통일'을 의미할 수도 있지마는, 때와 경우에 따라서는 '무력 통일'을 의미할 수도 있습니다" 하는 요지의 답변을 하였던 것입니다. 그러했음에도 불구하고 제2심 판결문은 제가 강령 초안 가운데서 '평화적 통일'을 주장한 것 같이 말하고 있는데, 이는 상상하기 어려운 사실의 왜곡이며 실로 기괴천만한 일이라고 하지 않을 수 없는 것입니다.

공소장의 저에게 관한 부분 제2항에 대하여 간단히 일언한다면, 동항(同項)에서 문제로 되어 있는 『김일성선집(金日成選集)』 중의 책자는 이미 위에서 언급한 바와 같이 미국분들의 위촉을 받아 북한 관계의 조사연구를 하고 있을 무렵 미국 기관에 의하여 제공된 제 자료 중에 들어있었던 것인데, 저는 이를 인목(人目)이 미치지 않는 소장실 캐비레트[59] 속에 넣어두었었습니다. 공소장이 동 2항에서 주장하고 있는 것은 전연 사실무근입니다. 이와 관련하여 저는 종로경찰서 사찰계 형사가 매일같이 저의 연구소를 출입하고 있었다는 사실을 간단히 부언함에 그치려고 합니다.

다음에 공소장 제3항에 관하여 일언하기로 합니다. 제가 4285~6(1952~3)년 경북 대학교에 봉직하고 있을 때, 이상두 군은 동 대학교 법정대학 제1학년에 재학 중에 있었습니다. 그때 저는 제1학년의 정치학개론을 담당하고 매주 2시간의 강의를 하였으며, 이 군은 동 법정대학 제1학년 2백여 명 학생 중의 1인으로서 저의 강의에 참석하고 있었습니다. 그때 저는 이 군 등의 1학년 학생과는 개인적 접촉이 없었음이 사실입니다마는(그 후 성균관대학에서도 하급 학생들과는 접촉할 기회가 극히 적었음이 사실임), 이 군은 정치학과 학생 중에서 가장 성적이 우수하였던 관계로 해서 그의 이름과 얼굴을 잘 기억하게는 되었습니다. 약 1년간에 걸쳐 저는 동 대학 1년생들에게 정치학의 초보를 가르치기는 하였습니다마는, 그 기간에 저는 공산주의 문제를 포함하는 사회적 정치적 사상문제에 대하여 이론적 비판적인 이야기를 할 기회가 없었던 것으로 기억하고 있습니다. 또 이러한 이론적인 이야기를 해본다손 치더라도 기초적 지식을 갖고 있지 못하는 1년생들은 제대로 이를 알아듣지도 못한다는 것이 사실인 것입니다. 저는 언제나 확고한 반공적

59) '캐비닛(cabinet)'을 말한다.

민주적 신념을 가지고서 학생들을 지도하여 왔습니다마는 동 대학 제1학년 학생들에게 대한 한 저는 당시에 좋은 의미로나 나쁜 의미로나 이렇다 할 영향을 미칠 수 없었음이 사실이 아닌가 하고 생각되는 것입니다.

제가 대구를 떠난 후에는 이 군과는 상면할 기회가 없이 지나오다가(서신의 왕래도 없었던 것으로 기억함), 전기(前記)한 바 있음과 같이 근 4년 전 서울대학 강당에서 한 저의 연설이 말썽을 일으켜 제가 구금되어 검사 취조를 받고 있던 어느 날, 서울 왔던 이 군이 담당인 황진영(黃鎭永) 검사 방으로 저를 찾아왔던 일이 있는데, 문제로 된 이 군의 몇 통 편지는 이 일이 있은 조금 후쯤부터 수차에 걸쳐서 써 보낸 것이 아니었던가 하고 기억됩니다. (당시 이 군은 경북대학교에 재학 중이었음.) 이 군의 편지에는 조리에 맞지 않는 오해를 살 수 있을 과격한 어구가 들어있음은 사실입니다마는, 저는 이를 철없는 학생의 일종의 악의 없는 작희(作戱)로 밖에는 느끼지 않았던 것입니다. 만일에라도 이 군이 참으로 공산주의 사상을 품은 청년이라고 한다면, 이와 같은 철없고 경솔하다고 할 행동을 절대로 할 리가 없는 것입니다. 그러므로 저는 이 군의 이 편지를 중시하거나 특별시하지 않았으며, 이들은 다른 제자들의 수백 통 서신과 함께 저의 책상 빼 함(函) 속에 놓고서는 그대로, 경찰에서 문제화될 때까지는 그 내용까지도 거의 잊어버리고 있었던 것입니다. 사실 이 편지들의 문제화된 부분들은, 이를 일독하면 짐작할 수 있다시피, 그리고 이 군 자신이 공판정에서 명백히 진술한 바와 같이, 이 군이 그 자신의 생각을 기술한 것이 아니라 거의 모두가 외국학자들의 저서에서 인용한 것들인 것입니다.

이 군이 무슨 이유로 이러한, 악의는 없다 할지라도 오해를 살 수 있는, 일종의 작희를 하게 되었을까 하는 것을 생각하여 본다면, 첫째로 그 당시 제가 아무런 죄과 없이 구금 기소되었던 사실에 대하여 무언적인 항의를 하여 보고 싶은 일종의 잠재의식적 충동, 둘째로 이 군 자신이 이것저것을 많이 읽고, 또 배우고 있음을 자랑하고 싶은 일종의 자기과시적 의욕, 셋째로 제가 『사상계』 등의 언론기관을 통하여 열심으로 또 집요하게 민주적 평화적 방식에 의한 점진적 사회개혁을 주장하고 있었음으로, 이러한 저의 사상적 입장에 도전하는 듯한 태도를 보임으로써 이에 대한 저의 반응 여하를 알고 싶은 일종의 젊은이다운 호기심 등등의 심리적 제 계기가 종합적으로 작용한 결과가 아니었을까 하고 저는 우고하는 바입니다.

그 후 이 군은 경북대학교 정치학과를 졸업하고 성균관대학교 대학원 정치학과에 입학하게 되었는데, 그 당시 대구에서 친히 이 군을 지도하여 온 두 분의 정치학 교수, 즉 경북대학의 차기벽 선생과 대구대학 정치학과 주임인 양호민(梁好民) 선생은 이 군의 인품과 학력과 사상을 보장하면서 그를 성대 대학원에 추천하는 간곡한 서신을 저에게 보내왔던 것입니다. 철저히 반공적인 민주적 입장에 서 있는 이들 두 분 선생은 현재에 있어서도 이 군을 절대로 신뢰하고 또 사랑하고 있습니다. 이 군이 성대 대학원에 입학한 후에는 약 1년간에 걸쳐 제가 직접 그를 지도하였습니다. 성대 대학원에서 저는 강의내용과 관련하여 때때로 공산주의 이론의 주요 논점을 설명 비판한 후 학생들에게 이에 관한 자유토론을 허하여 왔으며 이 군 자신도 때때로 이러한 토론에 참가하였습니다마는 이 군이 한 번도 민주적 입장을 벗어나는 발언을 하여 좌경적 색채를 나타낸 일은 없었던 것을 저는 기억하고 있습니다.

성대 대학원을 수료한 이 군은 모교인 경북대학교 정치학과 강사로 임명되어 충실히 복무하여 왔으며, 그의 제 은사를 비롯한 동교의 교직원 여러분은 참으로 이 군을 신뢰하고 사랑하고 또 그 전도를 크게 촉망하고 있는 것입니다. 그뿐 아니라 이 군은 20대의 약관으로 최대의 지방신문인 『대구매일신문』의 논설위원으로서 성실히 봉공(奉公)하여 왔는데, 만일에 그가 조곰이라도 사상적으로 믿기 어려운 점을 갖고 있다고 한다면, 가장 건실한 이 카톨릭계 신문이 이 젊은이에게 그와 같이 명예스러운 중책을 맡겼을 리가 만무하다고 저는 생각하지 않을 수 없는 것입니다. 저는 이 군의 고결한 인품과 뛰어난 학재(學才)와 또 그의 건전한 민주적 사상을 굳게 믿고 의심하지 않는 바입니다.

이제는 다시 강령 초안과 관련된 문제에로 돌아가려고 합니다. 위에서 저는 강령 초안의 기초자인 저 자신이 평화적 통일문제와는 아무런 관련이 없다는 사실을 밝혔습니다마는, 여기서는 우선 이 사실과 관련된 그리고 강령의 성격 판정에도 자(資)할 수 있을 하나의 에피소드를 소개하여 보겠습니다. 금춘(今春) 2월경 어느 날 사건 관련자들의 기소가 결정되는 전일 저녁에 담당 검찰관인 조인구 검사는 서울형무소 구치과장실에서 저를 향하여 "이 사건은 평화적 통일문제를 중심으로 하여 처리될 것으로 생각하는데 당신은 이 문제와는 아무런 관련이 없다는 것이 밝혀졌고 또 다른 점은 별로 문제될 것이 없다고 생각되기 때문에 담당 검사인 나 자신은 당신을 기소할 이유는 없다고 봅니다. 물론 이에 대한 결정은 나 혼자서 하는 것은 아니기 때문에 단정적인 말을 하기는 어렵습니다마는, 여하튼 당신이 석방될 경우를 예상하면서 노파심을 가지고 금후 유의하여 주셨으면 하는 두 가지 점을 이야기해두고 싶습니다. 그 두 가지 점이란 요컨대 하나는 우리나라에서는 아직도 사회민주주의와 공산주의의 차이를 제대로 이해하지 못하는 경향이 있음으로, 금후에 있어 당신은 이 양자 간의 차이를 일층 명확히 하여 일반이 오해함이 없도록 노력하실 것, 둘째로 잡지 등에 논문을 발표하실 때이거나 젊은이들을 앞에 두고 이야기를 하실 때이거나를 막론하고 자금(自今)으로는 민족주의를 좀 더 강조하시도록 유념하여 주실 것, 이 두 가지를 부탁하여두고 싶습니다" 하고 말씀하였었으며, 저는 "고마우신 말씀 잘 알아들었습니다. 종래에도 저는 우리 후진(後進) 한국의 민족주의는 뚜렷이 진보적 성격을 띠고 있는 것으로 믿으면서 이를 중시하고 강조하여 왔음이 사실입니다마는, 자금(自今)으로는 기대하심에 어그러짐이 없도록 일층 더 노력할 생각입니다" 하고 답변을 하였던 것입니다. 그때에 서울형무소 구치과장이 동석 방청하고 있었음을 부언하고 싶습니다.

간단한 이 에피소드는, 본건 발생 당시에 있어 검찰 당국은 제가 기초한 강령 초안의 성격 및 내용을 따라서 '평화적 통일'과 관련된 부분을 논외로 한다면 진보당의 강령도 이를 문제 삼으려 하지 않았고 또 문제 삼고 있지 않았음을 증시(證示)하는 것입니다. 그때에 조(趙) 검사는 저희들이 주장하는 사회적 민주주의와 사회민주주의를 동일시하고 있었음이 명백합니다. 독오적인 사회민주주의와 영국적인 민주적 사회주의와 한국적인 사회적 민주주의 등 3자 간의 상이점(相異點)과 상동점(相同點)에 대하여는 본 취의서 일목열에서 대략 설명하였었읍니다마는, 요컨대 한국적인 사회적 민주주의는 낡은 사회민주주의가 다소나마 지니고 있던 맑스주의적인 비민주적 계기를 처음부터 전연 갖고 있지 않는 훨씬 더 완성된 민주주의인 것이며, 그것이 철저히 반공적 친미적이고 또 한국적 민족주의적 계기를 내포하고 있다는 점에서 우리의 사회적 민주주의는 전(前) 2자(二者) 비하여 훨씬 더 우파적인 것입니다.

그러나 조 검사가 이를 사회민주주의와 동일시하였음은 큰 오인이라고 할 수는 없을 것입니다. 그런데 제2심 공판에 제하여는 그는 이와 같은 그의 전언을 완전히 번복하고, 요컨대 사회적 민주주의는 공산주의와 동일하다는 얼토당토않은 주장을 하였던 것입니다. 그리고 이 어불성설적 주장은 요컨대 사회적 민주주의는 사회주의와 동일하고 사회주의는 공산주의와 동일하다고 하는 일종의 기괴한 등식에 입각하고 있었는데, 현실적 사실과 완전히 배치하는 이 허구적 등식은 얼마 전 평론가 강(姜) 모의 이름으로 『한국일보(韓國日報)』에 게재되었던 글의 요지를 표시하는 엉터리 등식과 완전히 동일한 것입니다.

서방적인 사회주의는 곧 민주적 사회주의이고 민주적 사회주의는 폭력적 독재적인 소베트 공산주의와 대립 대결하는 진정한 민주주의이라는 점을 저는 위에서 이미 설명한 바 있습니다마는, 공산주의자들은 이러한 서방적인 민주적 사회주의 개념을 거부하면서 볼쉐뷔즘 즉 소베트 공산주의만이 참다운 사회주의 즉 '과학적 사회주의'이라고 주장하고 있는 것인데, 아마도 공산당으로부터 전향한 일지반해(一知半解)[60]적인 전 열성당원이 아닌가 하고 추찰(推察)되는 평론가 강 모는 그의 무학(無學)과 서방세계의 민주적 정치이론에 대한 완전한 무지를 여실히 폭로하면서 사회민주주의와 사회주의를 구별하고 사회주의를 공산주의와 완전 동일시하는 편무지(便無知)하고 몰양심하게도 사회적 민주주의를 공산주의와 동일한 것이라고 주장하고 있었던 것입니다. 사회주의는 곧 공산주의이라고 하는 이러한 엉터리 주장이 성립될 수 있다고 한다면 서방 민주세계에는 그야말로 큰 변란이 일어나지 않을 수 없을 것입니다. 그러할 때에는 서방 제국의 사회당들(사회당의 완전한 명칭은 사회주의당임) 및 노동당들은 공산당들로 변해야 할

60) 하나쯤 알고 반쯤 깨달음이라는 뜻으로 아는 것이 적음을 의미한다.

것이며, 기독교 사회주의는 기독교 공산주의로 변하고(이렇게 되면 이로부터는 무신론적 유물론적 기독교라고 하는 일종의 기이한 개념이 파생하지 않을 수 없을 것임), 영국파 사회주의는 영국파 공산주의로 변해야 할 것입니다. 그리고 이번에 11월 선거에 임하면서 아이젠하우어 대통령은 민주당이 승리할 경우에는 미국은 사회주의화 하리라고 해명한 바가 있었는데, 아이크[61]의 이 해명의 의미는 민주당 집권의 경우 미국은 공산주의화 하게 되리라는 의미로 취해지지 않을 수 없을 것입니다. 명암을 불변(不辨)하고 동서를 혼동하는 이러한 정치적인 어불성설적 억설이야말로 서방 민주세계에 때아닌 파란을 야기할 수도 없지 않은 것입니다.

미국 및 UN과의 긴밀한 협조와 협력이 없이는 한국의 민주적 성장과 한국적 사회적 민주주의의 발전은 가기(可期)하기 어렵다는 신념을 처음부터 갖고 있는 저는, 제가 기초 강령 초안을 영어로 번역하여 이를 미 제8군 정치부를 비롯한 미국 계통 제 기관에 전달하였었으며, 이리함으로써 미국분들로 하여금 한국적인 민주적 혁신세력의 입장을 올바르게 인식시키려고 하였었습니다. 영역(英譯)된 강령 초안을 전달한 후 저는 수인(數人)의 미국 우인을 만나 이에 대한 그들의 의견을 들은 일이 있었는데, 그들은 모두 대체로 좋다, 무방하다 하는 그들의 소견을 말하는 동시에, 거기에 뚜렷이 나타나 있는 반공 친미적 입장에 대하여는 모두 다 절대적인 찬의를 표하였던 것입니다. 이것은 상기 강령 초안의 정당하고 뚜렷한 민주적 성격 및 내용을 방증하는 하나의 구체적 사실이라고 저는 믿습니다.

그 당시 가칭 진보당추진위원회 기안부[62]의 책임자이면서 서상일 선생 등과 함께 강령 초안 등 제 문장 준비의 임무를 지고 있던 신도성 교수는 그 자신의 이름으로 상기 강령 초안을 잡지 및 신문(『사상계』와 『중앙일보』)에 게재 발표한 일이 있었습니다. 이것은 한국에서의 가장 우수한 정치학자의 한 분이며 그의 과거와 현재를 통하여 꾸준히 반공적 민주적 입장을 견지하여 온 신(愼) 교수가 상기

61) '아이크'는 아이젠하워의 별칭이다.
62) '의안부'의 오기이다.

강령 초안의 참다운 민주적 성격 및 내용을 그의 학자적인 권위와 양심으로써 확인하고 증명하였음을 의미하지 않으면 아니 됩니다. 이리하여 상기 강령 초안의 참다운 민주적 애국적 성격에 대한 또 하나의 유력한 방증을 우리는 여기서 발견할 수가 있는 것입니다.

이상에서 저는 진보당 강령이라고 말하지 않고 강령 초안이란 어구를 집요하게 반복하여 왔습니다. 진보당 강령과 거의 내용을 같이 하는 민주혁신당 강령에 대해서는 저는 당연히 책임을 져야 할 동당 간부의 1인입니다마는 진보당과 아무런 관계도 없는 제가 동당 강령에 대하여 책임을 져야 한다는 것은 저의 천박한 사회적 정치적 상식으로서는 이해하기 어려운 동시에 동당 강령에 대하여 제가 책임 있는 발언을 하려는 것은 일종의 월권행위가 아닌가 하고 느껴지지 않을 수 없는 것입니다. 이 취의서 가운데서 제가 강령 초안이라고 부르는 것은 진보당 강령 전문과 동 경제정책 전문을 합한 것 즉 민혁당 강령에 해당하는 부분을 의미하는 것이고 진보당 강령정책, 규약 등을 수록한 책자 첫머리의 4개조(5개조) 강령은 저와는 아무런 관련이 없다는 사실을 밝혀두는 바입니다.

가장 참다운 민주주의에 입각하고 있는 전기 강령 초안은 사상적으로나 정치도덕적으로나 비의(非議)될 만한 아무런 점을 갖고 있지 않을 뿐 아니라, 도리어 찬양될 만한 제 장점을 갖고 있다고 저는 확신하고 있습니다. 물론 독자에 따라서는 이 초안 가운데서 약간 자극적인 듯한 강한 표현을 발견할 수도 있을런지 모르겠습니다마는, 원래 정치적 문서란 것은 약한 표현을 기피하고 강한 표현을 택하는 경향을 갖고 있습니다. 왜냐하면 사종(斯種)의 문서는 국민 대중의 이성에 뿐 아니라 보다 더 그들의 감정에 호소하지 않으면 안 되기 때문입니다. 선진적인 민주 제국諸國)에서도 정치적 성격을 띤 문서 내지 언론은 과장은 물론이고 때때로 허위까지를 포함하는 일이 거의 일반적 관례로 되어 있습니다. 저는 이 강령 초안 가운데서 혁신적 야당의 입장에서의 약간의 강한 표현을 썼을 수는 있습니다마는, 그러나 저는 거기에 어디까지나 역사적 현실적 사실과 이론적 진리에 끝까지 충실하려고 노력하였다는 것이 사실입니다. 그리고 이 초안의 이론적 내용은 그 전체로서 하나의 통일체를 이루고 있으며 따라서 그것이 전체적인 논리적 관련에서 일관적 통일적으로 이해되지 않으면 안 될 것은 물론입니다.

이제부터 강령의 내용에 관해서 다소 구체적 분설(分說)적인 말씀을 해야 할 순서로 되었습니다마는 이글이 이미 너무도 길어졌고 또 시간적 여유도 거의 진(盡)하고 있기 때문에 이론적인 긴 논의를 피하면서 가급적 간략한 설명을 첨가함에 그치려고 합니다. 저의 강령 초안이 통일적 개념으로서의 사회적 민주주의에 입각하고 있음은 재언을 요하지 않을 일입니다마는 저는 간명(簡明)을 기하기 위하여 이 초안을 구성하는 6개 원칙을 열거하면서 이들 각 원칙의 제 요점을 약술하여 보기로 합니다.

정치적 의회적 민주주의의 원칙

사회적 민주주의는 정치적 의회적 민주주의를 그의 구성요소로 하고 있을 뿐 아니라, 이를 그의 정치적 기초로 삼고 있습니다. 정치적 의회적 민주주의는 확립된 근대적 민주 정치제도에 입각하는 한편 주권재민의 원칙, 공개성의 원칙, 다수결의 원칙에 의거하여 국민을 대표하는 의회를 중심으로 민의와 여론을 따라서 행해지는 또 행해져야 하는 정치를 의미합니다. 그리고 이러한 의회정치는 정당제도 즉 복수적 정당제도에 의거하지 않을 수 없는데, 이 다수당 제도하에서는 국민 과반수의 지지를 받는 정당 내지 정당연합이 정권을 장악하게 되는 것이며, 이 경우에 국민의 압도적 다수를 점하는 근로 국민대중을 그의 사회적 기반으로 삼는 정당 즉 사회적 민주주의 정당이 결국 가장 유리한 지위를 점하게 되리라는 것은 명백한 일입니다.

기성의 보수정당들이 소수 특권계급을 주로 그의 사회적 기반으로 삼고 있음에 반하여, 사회적 민주주의 정당은 노동자, 농민, 근로인텔리, 중소상공업자 내지는 종교인 등을 그의 사회적 기반으로 삼고 있음은 사실입니다마는, 사회적 민주주의 정당은 소위 '프롤레타리아트'의 전위로 자처하면서 소위 '프로독재'와 '프로혁명'을 주장하고 또 실천하고 있는 공산당과는 전연 상이할 뿐 아니라, 이와는 견결(堅決)히 대립하여 그의 폭력과 독재를 철저히 거부, 배격하는 것입니다.

민주적 의회적 정치는 민의 즉 선거를 통하여 표시되는 국민의 총의를 따라서 정권의 교대가 평화적으로 행해짐을 특징으로 하는 것이며, 철저히 평화적 민주적 입장을 견지하는 사회적 민주주의 정당은 국민의 일부인 어느 특수계층에만 치우쳐 의뢰(依賴)할 수는 없고, 각계각층을 망라하는 절대다수 국민대중의 지지를 확보하도록 성심성의로 노력하지 않을 수 없는 것입니다.

그러므로 사회적 민주주의 정당은 '프롤레타리아트'의 전위로서 자처하는 공산당과 같은 그러한 계급적 정당은 절대로 아니고, 민주적 의미에 있어서의 가장 참다운 국민대중 정당인 것입니다. 그리고 평화적인 정권 교대를 특징으로 하는 의회적 민주주의는 그의 정책적 및 강령적 목표를 달성함에 있어 어디까지나 민주적 평화적 방식에 의거하려 하며 또 의거하고 있습니다. 의회적 민주주의의 본질로부터 유출하는 민주적 평화적 방식은 실로 사회적 민주주의의 본질적 계기를 이루는 것입니다.

이와 같이 사회적 민주주의가 의회적 민주주의의 절차를 따라 그의 정책적 강령적 목표인 사회계획을 꾀할 경우 그것이 필연 불가피적으로 일종의 점진주의(漸進主義)(프로그레씨비즘) 또는 서방적 사회주의에 대한 볼쉐뷔크들의 욕설적 비방적 어구를 그대로 차용한다면 '사회적 개량주의'로 되지 않을 수 없다는 것은 용이히 이해될 수 있는 일입니다. (서방세계의 모든 사회당들 및 노동당들의 예가 이를 실증하고도 남음이 있음.) 이리하여 사회적 민주주의 따라서 한국적인 사회적 민주주의 정당의 본질적 성격은 그가 민주적 평화적 방식에 의거하는 일종의 '점진주의', '사회적 개량주의'이라는 점에 있다고 말씀할 수 있는 것입니다.

자본주의 수정의 원칙

상술한 바와 같이 사회적 민주주의가 민주적 평화적 방식에 의한 점진적인 사회개혁을 목적하고 또 이를 실천하는 것이라고 한다면, 그에 의한 '자본주의의 수정과 변혁'이란 것은 요컨대 민주적 평화적 방식에 의한 자본주의의 수정 즉 점진적인 자본주의적 모순 내지 결점의 제거를 의미하는 수밖에 없을 것입니다. 이와 같이 민주적 평화적 방식에 의한 자본주의의 점진적인 수정이 불가피하다고 한다면, 현실적 의미에 있어 그것은 도저히 자본주의의 전체적 폐지를 의미할 수는 없고, 다만 자본주의적 제 주요 모순의 점차적 제거를 의미할 수가 있을 뿐입니다. 이리하여 민주적 평화적 방식을 끝까지 고수하는 사회적 민주주의 및 그 정당은 결국 자본주의의 테두리 안에서 이것의 주요 모순을 점진적으로 제거하면서 그 강령적 최고 목표인 민주적 복지사회 건설을 지향하여 나가지 않을 수 없는 것입니다.

제2차대전 후에 있어서의 서방 제국(諸國)의 노동당들 및 사회당들은 낡은 국유 만능주의적 사고를 수정하면서 자본주의의 테두리 안에서 민주적 복지사회를 건설하려는 현실적 정책을 채택하고 또 이를 실천하고 있는 것입니다. 이와 같은 입장에 설 경우에 이론적으로 가장 문제로 되는 것은 과연 민주적 평화적 방식에 의하여 상당 정도의 자본주의 수정이 실현될 수 있을 것이냐의 문제입니다. 이에 대하여 저는 강령 초안 가운데서 그것이 충분히 가능하다고 하는 타당한 이론적 해답을 주었는데, 요컨대 그것은 (1) 자본주의 세력 자체에 의한 자발적인 자본주의 수정의 노력, (2) 사회적 민주주의 세력의 이를 위한 주체적 적극적 노력, (3) 소베트 공산주의 세계가 서방세계에 주는 자극과 충격, 이들 3개 요인이 상관적 종합적으로 작용함으로써 능히 민주적 평화적 방식에 의한 자본주의 수정과 민주적 복지사회 건설을 가능하게 할 수 있음을 유력하게 논증한 것입니다.

검사 논고와 제2심 판결문은 사회적 민주세력의 '주체적 적극적 노력 운운'을 문제시하는 것 같이 보였습니다마는, 한편으로는 완고한 극우세력을 견제하고, 다른 편으로는 폭력적, 독재적인 공산세력을 배제하면서 민주적 평화적으로 새로운 복지사회를 건설하여야 할 역사적 임무를 지닌 사회적 민주주의 세력이 주체적, 적극적으로 행동하려고 하는 포부와 자신과 의욕을 갖고 있지 않는다면 그는 실로 유명무실한 허수아비 세력에 불과할 것이 아니겠습니까. 또 "자유민주주의[이것은 자유자본주의의 오식(誤植)인 것으로 기억함. 자유민주주의라는 것이 정치적 의회적 민주주의를 의미하는 한에 있어 사회적 민주주의에 충분히 내포되어 있음]의 폐기지양"이라는 어구가 문제화되었던 것 같습니다마는, 고전적 자유자본주의 시대는 이미 과거에 속한다는 것이 사실일 뿐 아니라, 이 어구는 결코 자본주의의 전체적 폐지를 의미하는 것이 아님은 물론입니다. '지양'(아우프헤에벤[63])이라는 헤겔 철학적 술어(術語)는 본래 "나쁜 것을 버리고 좋은 것, 새로운 것을 보존하면서 한 층 더 높은 계단에로 제고됨"을 의미하는 술어인데, '폐기'라는

63) 독일어 'Aufhebung'은 지양(止揚)으로 번역한다.

자구는 이 '지양'을 강조하는 의미에서 어조상 이를 부가하였을 뿐입니다. 강령 초안의 이 부분도 결코 자본주의의 전체적 폐지를 주장하고 있지 않는다는 것은 명백한 일입니다.

반공 친미의 원칙

한국적인 사회적 민주주의가 미국 및 UN과의 긴밀한 제휴 협력을 필요로 한다는 것은 제가 위에서 거듭 역설한 바입니다. 저는 우리 민족 전체가 그들의 심각 처참한 사회적, 정치적 체험을 통하여, 반공적, 친미적 사상 내지 신념에 도달한 것으로 믿고 있습니다. 여하튼 제가 한국 혁신세력 즉 한국적인 사회적 민주주의의 지도이론을 이렇듯 뚜렷한 반공 친미의 노선 위에 올려놓았다는 점에 대해서는 저는 이해 있고 뜻있는 분들의 당연한 감사를 기대할 수 있으리라고 생각합니다. 그럼에도 불구하고 검사 논고와 제2심 판결문이 이에 대하여는 일언의 언급도 없을 뿐 아니라, 이렇듯 뚜렷한 강령적 입장을 정반대로 곡해 왜곡하면서 백을 흑이라고 우겨대고 있는 것은 실로 기괴천만한 '정치적' 태도라고 하지 않을 수 없는 것입니다.

원자력 발전의 원칙

이것은 이론적으로도 실제적으로도 대단히 흥미 있는 문제입니다마는 지금 장황한 논의를 할 여유는 없습니다. 선진 제국(諸國)에서는 원자력의 동력화와 생산시설의 '오토메이슌[64]'화를 기축으로 하는 제2차 산업혁명이 이미 진행 중에 있는데, 이 제2차 산업혁명은 20세기 변혁의 다른 양개(兩個) 부분 즉 사회혁명(사회개혁) 및 민족혁명(민족해방)과 유기적 관련을 가지면서 가장 큰 이 역사적 변혁의 산업적, 경제적 토대를 이루는 것입니다. 저는 강령 초안 가운데서 이 새로운 산업혁명의 진전이 어느 정도 자연적으로 우리 인류 사회의 민주적 개혁을 촉진하리라는 것을 말하였습니다마는, 여기서 우리의 이론적 주의를 끌지 않을 수 없는 문제의 하나는 이 산업혁명의 진전을 따라서 사회적 계급 관계가 변화하고 또 이들 제 계급의 성격 특히 맑스주의적 공산주의가 신격화하여 온 소위

64) '오토메이션(automation)'을 뜻한다.

'프롤레타리아트'의 사회계급적 성격이 아주 일변(一變)하게 되리라는 점입니다.

이렇게 될 경우에는 신격화된 '프롤레타리아트'의 이름으로 폭력적인 혁명과 독재를 주장하여 온 소베트 공산주의는 이론적으로 무너지지 않을 수 없게 될 것입니다. 요컨대 제가 제2차 산업혁명을 중시한 이유의 하나는 이와 같이 그것이 폭력과 독재에 관한 볼쉐뷔즘의 이론을 타파하고 참다운 민주적 이론을 옹호하는 데 크게 도움이 될 수 있으리라고 생각하였다는 점에 있습니다. 그럼에도 불구하고 검사 논고가 강령 초안의 이 부분이 맑스주의적이라고 주장하고 있음은 실로 언어도단이라고 하지 않을 수 없습니다.

계획적 경제건설의 원칙

전시(戰時)는 물론이고 평시(平時)에 있어서도 서방세계의 선진 제국(諸國)에서는 적어도 부분적으로는 계획경제 원칙이 적용되고 있습니다. [그러므로 미국 경제까지를 '혼합경제'(「믹쓰드 에코노미」)라고 경제학자들은 부르고 있음.] 요컨대 사회적 민주주의 경제하에서는 계획경제의 원칙과 자유경제, 자유경쟁의 원칙이 병립 공존하게 되는 것입니다. (이 점 및 기타에 관하여 잡지 『현대』에 실린 졸고 '수정자본주의의 길'을 참고하여주시기 바람.) 주요 산업의 국유화를 원칙으로 하고 있음은 물론입니다마는, 이것은 물론 유상의 원칙하에서 행해질 일이며 결코 사유재산을 부인하는 의미를 갖는 것이 아닙니다. (영국 및 북구 제국에서 이미 주요 산업이 국유화되었을 뿐 아니라 제2차대전 후 직후 불란서에서는 타인 아닌 드골[65] 수상의 주재하에서 주요 산업이 국유화된 사실을 주의할 필요가 있음.) 그뿐 아니라 사회적 민주주의는 중·소상공업에 대하여는 정책적으로 이를 가급적 보호 육성하려고 하는 것입니다.

민주적 복지사회 실현의 원칙

위에서 반복 언급한 바와 같이 민주적 평화적 방식에 의하여 모든 국민대중이

65) '샤를 드골(Charles de Gaulle, 1890~1970)'은 프랑스의 레지스탕스 운동가, 군사 지도자이자 정치인, 작가이다. 1958년 6개월 동안 총리로 전권을 행사했고, 1959년 1월 프랑스 제18대 대통령으로 취임하였다.

자유와 평등과 사람다운 생활을 누릴 수 있는 참다운 복지사회를 실현하는 것이 최고의 강령적 목표로 되어 있는데, 이 역사적 과업은 자본주의의 테두리 안에서 수행될 수가 있다고 믿어지는 것입니다. (북구 제국의 예는 이를 실증하고 있음.)

강령 초안에 대한 설명은 불충분하나마 이로써 그치겠습니다마는, 한마디 부언하고 싶은 것은 이 초안은 어디까지나 대한민국에 충성을 다하는 입장에 서 있다는 점입니다. 어느 시대에나 소수의 집권자들은 그들 자신과 국가를 동일시하려는 경향이 있습니다. (주지하는 바와 같이 루이 14세는 '국가, 이는 곧 짐이니라'하고 말하였었음.) 그러나 우리는 현재의 집권당국과 민주공화국인 대한민국과를 엄격히 구별하지 않으면 아니 됩니다. 강령 초안 가운데서 20세기는 변혁의 세기이라고 말하였습니다. 실로 20세기 변혁은 우리의 안전(眼前)에서 바야흐로 진행하고 있습니다. 우리 한민족이 폭악한 일제의 기반(羈絆)을 벗어나 대한민국을 수립하고 고통스러우면서도 유쾌한 민주적 발전의 새길을 걷고 있다는 것, 아세아의 제 민족이 제국주의적 지배를 벗어나 각각 그들의 새로운 민족국가 건설에 매진하고 있다는 것, '암흑의 대륙' 아불리가(阿弗利加)[66]에도 이미 민족해방의 여명이 동트고 있다는 것, 이리하여 인류 평등과 사해동포의 이념은 급속히 현실화하고 있다는 것, 선진제국에서는 대규모의 사회보장제도 등의 실시에 의하여 이미 만인공락(萬人共樂)의 참다운 민주적 복지사회가 출현하면서 있다는 것, 그리고 제2차 산업혁명의 진전에 의하여 인류 전체가 육체적 노동의 고통에서 해방되고 대중적 기반 위에 선 참다운 정신문화가 찬연이 꽃피게 될 새로운 시대가 바야흐로 접근하고 있다는 것, 이는 모두 20세기 변혁의 뚜렷한 상징들인 것입니다. 물은 아래로 흘러가고 역사의 차륜은 앞으로 굴러가는 것입니다. 극우적인 보수주의의 입장에서 진행하고 있는 이 20세기 변혁을 저지할 수 있는 방법은 절대로 없습니다. 문제는 오직 어떻게 하면 가장 무리 없고 순조롭게 이 변혁을 촉진하여, 최소의 희생으로써 전 인류를 위한 최대의 성과를 초래할 수 있을 것이냐에만 있을 것입니다. 그리고 폭력적 독재적인 소베트 공산주의와 철저히 대립대결하면서, 민주적 평화적 방식에 의하여 참다운 복지사회를 실현하려 하고 또

66) '아프리카'의 음역어이다.

실현하면서 있는 사회적 민주주의야말로 이 문제의 해결을 위한 유일 최선의 길을 제공하는 것임을 저는 믿고 의심하지 않는 바입니다. 저는 신에게 기도하는 경건한 마음으로써 이 무문(蕪文)을 끝맺으려고 합니다. 아멘

입회 간수 고남주(高南柱)

피고인 이동화

우 본인의 무인임을 증명함

간수 고남주

대법원 형사부 귀중(貴中)

[출전 : 21권 32~107쪽]

4 상고이유서 1958년 12월 18일(추정)

4291(1958)년 형상(刑上) 제559호

상고이유서

피고(상고인) 김기철

우자(右者)에 대한 〈국가보안법〉 위반 사건에 관하여 좌(左)와 같이 상고이유를 개진함.

상고이유 제1점 판시를 보면 〈국가보안법〉 제1조에 해당시키기 위하여 진보당을 '국가변란을 목적으로 하는 집단'으로 규정하고, 평화적, 민주적, 전체적일지라도 국가변란 할 수 있는 것 같이 판시하고 있으나, 이는 국가변란의 법률적 의의를 무시한 판시라 할 것임. 변란은 목적 급(及) 행위의 불법을 전제로 하는 용어이며 불법으로 국가의 기본제도를 변경함을 기도하거나 이를 실행할 시(時)만 해당하는 것임.

상고이유 제2점 판시는 진보당의 정강정책이나 전문을 해석함에 있어 자구를 거두절미하고 지엽말절(枝葉末節)만 적출하여 견강부회(牽强附會)하여 자의적 해석을 가함에 급급한 나머지 그중에 있는 '혁신정치', '사회적 민주주의' 우(又)는 '계획경제' 등의 용어만 뜯어 가지고 곧 이는 사회주의다 그러므로 공산주의다 식으로 비약하고 있으므로, 법 논리와 사실의 인정을 무시하고 있으며 사실과 증거에 의하지 아니하고 논리 법칙을 위배하는 판결이라 할 것임.

상고이유 제3점 판시 사실 가운데는 기소도 되지 아니하고 공판정에서 심리된 바도 없음에도 불구하고 이를 적시(摘示) 원용(援用)하고 만연(漫然) 증거와 부합 운운 혹은 판시 사실과 부합 운운하여 증거채택이 불법일 뿐만 아니라 불고불리

(不告不理)의 원칙[67]에도 위반하는 판결을 하였음.

상고이유 제4점 판시를 보면 평화통일론은 괴뢰 김일성이의 주장이니 이와 동일한 주장이므로 내통한 것이다 하고 평화통일론 자체를, 내통의 사실과 증거를 제시함이 없이 불법화하고 있음. 법의 목적이 정의의 실현에 있고 평화의 유지에 있는 이상 평화통일론 자체를 불법화한다 함은 법과 질서에 대한 적대행위라 할 것임. 평화통일론은 국내법적으로도 합법적일 뿐 아니라 초국가적인 법의 기본원리에 합치하는 주장이며 보편인류적인 확인이며 인간 이성의 소산임. 금일의 평화론은 국내법적 평화론에서 초국가적 평화론에, 주권 존중의 평화론에서 주권 배제의 평화론으로 진보하고 있으며, 영국 이든[68] 수상의 세계의회론, 리브스[69]의 세계국가론, 헛친손[70]의 세계헌법론, 웰스[71]의 세계공동사회론 등은 이러한 이상을 표현하고 있는 것이며 구라파연방론(歐羅巴聯邦論)은 이론에서 실천으로 들어가는 방향에 있음. 전(全) 한국을 통일하는데 평화적으로 한다. 다시 말하면 합법적으로 한다는 주장이 한국에서는 허용되지 아니한다면 언론과 사상의 자유 나가서는 정책을 수립하고 정당을 조직하는 정치적 자유가 없다는 결론이 나오매 이는 숭고한 우리 헌법의 기본정신에 위배되는 판결이라 할 것임.

상고이유 제5점 기타는 피고인의 상고취지서(上告趣旨書)[72]를 원용함

---

67) 검사의 공소 제기가 없는 사건에 대하여는 법원이 심판할 수 없다는 형사소송 절차의 원칙을 말한다.

68) 영국의 정치인 '로버트 앤서니 이든(Robert Anthony Eden, 1897~1977)'을 말한다. 1951~1955년 외무장관, 1955~1957년 총리를 역임하였다.

69) 헝가리 출신의 정치철학자인 '에머리 리브스(Emery Reves, 1904~1981)'를 말한다. 세계의 정치지도자 및 유명인들과 교류하며 세계 연방주의가 전후 세계에 평화를 가져올 수 있다고 주장하였다. 저서로는 『국제기구론』 등이 있다.

70) 글래스고 대학의 도덕철학 교수인 '프랜시스 허치슨(Francis Hutcheson)'으로 보인다. 각주가 필요하다.

71) 영국의 소설가이자 문명비평가 '허버트 조지 웰스(Herbert George Wells, 1866~1946)'를 말한다. SF소설 『타임머신』(1895)의 작가로도 유명하다. 1903년 영국의 페이비언 협회에 가입해 활동하는 등 사회주의에 많은 관심을 가지고 있었고, 대표적 저서는 『세계문화사대계』(1920)가 있다. 세계를 공동사회로 인식한 웰스는 1차 세계대전 이후 세계정부의 필요성을 주장하기도 하였다.

72) 상고취의서와 상고취지서가 같은 의미로 쓰이고 있다.

4291(1958)년 12월　일[73]

변호인 변호사 전봉덕

대법원 형사부 귀하

[출전 : 20권 425~430쪽]

---

73) 원본 문서에서 변호인 전봉덕의 상고이유서 작성 날짜는 기재되어 있지 않지만, 김기철 본인이 작성한 상고취의서가 12월 18일에 작성된 것을 보면 본 상고이유서 역시 12월 18일 즈음에 작성된 것으로 보인다.

5 상고취의서 1958년 12월 18일

4291(1958)년 12월 일

상고취의서

서울형무소 재감(在監)
4291(1958)년 형상 제559호
상고인 김기철

존경하는 대법관 여러분

국내외의 정치적 정세가 다사다난한 차제(此際)에 조국의 민주발전을 위하여 진력하시고 계신 여러분에게 뜨거운 감사를 올립니다. 본 피고인(이하 본인이라 칭함)은 금반(今般)[74]의 진보당사건에 관한 서울고등법원의 판결에 대하여 상고취의서를 제출함에 있어서 우선 몇 가지 말씀을 올리겠습니다.

① 진보당사건의 소위 문제의 중심이라 것이 사회적 민주주의와 평화통일론이라는 2대 요소에 주점(主點)을 두고서 유죄판결을 내렸을 것으로 생각되는 바 이것에 관한 전반적인 법적 해석과 또한 사회적 민주주의 및 당 강령에 관한 사회과학적인 해석에 대하여서는 이를 전혀 본인들의 변호인 및 상(相) 피고인들의 상고취의서를 원용하기로 하고 본인은 본서에서 오직 평화통일에 관한 부분에 한하여 취급하고 주로 이에 대한 정치적 견해를 약술하는 것에 국한하렵니다.

② 상고취의서 작성에 필요불가결한 고등법원의 판결문이나 기타 자료가 전혀 수중에 없는 관계로 지극히 불충분한 내용이 될 것이라는 점을 미리 양해하여

74) 이하 한자가 병기되지 않은 금반은 모두 금반(今般, 이번)을 의미한다.

주시기를 바랍니다.

③ 현재 증거품으로 제시되어 있는 본인의 「제네바정치회담과 조국의 평화통일」이라는 논문과 가능한 중복을 피하면서 약술할려는 바이오니, 본인의 평화통일론에 관하여서는 제반 소송기록과 더불어 전기(前記) 논문을 참조하여 주시시를 바랍니다.

존경하는 대법관 여러분!

이제 평화통일 문제에 관하여 논술함에 있어서는 다음과 같은 순서에 따라서 요점만을 약술하겠습니다.

(1) 진보당의 평화통일 강령에 대하여

(2) 조봉암 씨의 「평화통일에의 길」이라는 논문에 대하여

(3) 본인의 「제네바회담과 조국의 평화통일」이라는 논문에 대하여

그리고 끝으로 약간의 결론을 말씀드리겠습니다.

(1) 진보당의 평화통일 강령에 대하여

주지하시는 바와 같이 당의 노선은 오로지 당의 강령정책에 의하여서만 좌우되는 것은 물론입니다. 그리고 진보당의 강령정책 등의 책정 또는 수정에 관한 결의권은 전당대회 또는 전당대회 폐회 중에는 중앙위원회만이 이 권한을 대행할 수 있다는 것으로 진보당 당헌에는 명문으로 규정되어 있습니다. 그런데 진보당의 강령정책에는 소위 문제의 평화통일에 대하여 여하(如何)히 규정되어 있는가, 본인으로 하여금 한마디로 요약하라고 하신다면 "민주주의의 압도적 승리하에 UN을 통하여 평화적으로 통일을 이룩할 것을 기한다"라고 기술되어 있을 따름입니다. 즉 민주주의를 신봉하는 정당으로서의 일반적이며 지극히 당연한 의욕이 표시되어 있을 뿐입니다. 환언하자면 평화통일에 대한 대원칙만을 제시하였을 뿐입니다. 그렀습니다. 민주주의의 압도적 승리! 이것만이 우리 진보당의 정치적 염원의 전부입니다. 그 이유는 명백한 것이니 즉 민주주의가 없는 곳에, 소위 사회적 민주주의니, 수정파 자본주의니, 혹은 민주사회주의니, 또는 진보적 민족주의니 하는 따위가 존재할 수 없다는 것은 너무나 명백한 사실이 아니겠습

니까. 다음에 'UN을 통하여'라는 조건에 대하여서는 오늘날의 국제적 정세와 조국의 국토통일이라는 문제 그리고 UN의 권위와 우리 민국 정부의 권위라는 것이 불가분의 관계에 놓여 있다는 명백한 사실을 인식한다면, 공산주의자 이외에는 쉽게 수긍될 수 있는 문제일 것입니다. 그렇다고 하여 주권국가인 우리나라의 입장을 우리들은 결코 경시할려는 것이 아니라 실제적 문제에 있어서 국토통일은 UN과 끝까지 보조를 맞추는 것이 결과적으로는 민국 정부에 유리할 것은 명백한 사실일 것입니다. 이상에서 말씀드린 바와 같이 진보당의 강령정책에 표시한 여하(如何)한 구절이든지 간에 그러한 통일문제의 대원칙 자체가 국법에 위반될 하등의 이유가 없는 것으로 본인은 확신하는 바입니다.

(2) 조봉암 씨의 「평화통일에의 길」이라는 논문에 대하여

진보당 위원장인 조 씨가 『중앙정치(中央政治)』 지(誌)에 기재한 논문을 가지고 여러 가지로 논란한 바 있었습니다. 그러나 우선 그 내용 자체는 차치하고 당 위원장이 기술한 논문이라고 하여 그것이 그대로 당 정책이 될 수 없는 것은 너무나 명백한 사실일 것입니다. 더구나 그 논문의 내용에 있어서도 본인은 그것을 "극히 조심성 있는 태도로서 국제연합 감시하의 통일 총선거를 지지한 것"이라고 보는 바입니다. 회고하건대 서울지방법원의 1심 당시의 검찰 측 태도로서는, UN 감시하의 총선거를 지지한다는 것 그 자체가 국법에 위반된다는 견해를 가지고 있는 듯이 보였습니다. 그러나 이 점에 관하여 금반 진보당사건 공판에서 증거문서로 여러 가지 제시되어있는 바와 같이 이미 여사한 UN 감시하의 통일 총선거를 지지한다는 성명서나 혹은 담화 등은 우리 정부의 대통령을 위시하여 여러 고관들이 수차에 걸쳐서 국내외에 표명한 사실이 있습니다. 회고하건대 민국정부의 여사한 통일 원칙의 지지표명, 이것은 일관되지 못하였습니다만은, 벌써 서기 1954년도 제네바 정치회담의 종결 전후부터 시작된 것으로 본인은 기억합니다. 이에 대한 일례를 말씀 올리면 주지하시는 바와 같이 제네바 정치회담의 중간 시기에 변(卞)[75] 장관께서 소위 14개조 통한원칙(統韓原則)[76]을 동 회담에 제시

75) 제3대 외무장관(1951~1955)을 역임한 변영태(卞榮泰, 1892~1969)를 가리킨다.

하였으며 다시금 동 회담의 최종회의 시에는 참전(參戰) 15개국 대표들과 더불어 공동으로 발표한 소위 16개국 공동선언서를 들 수 있는 것입니다. 즉 동 선언서의 골자로 되어 있는 통일문제에 관한 2대 원칙 선언 중에서 명백하게 UN 감시하의 통일선거를 지지한다는 우리 정부의 태도를 선언하였던 것입니다. 이 점에 관하여 특히 그 공동선언문 전문(全文)의 사본과 또한 그것이 발표되기까지의 이면(裏面) 사정에 관하여서는 본인의 이제로부터 본서(本書)에서 말씀 올릴 내용과도 유관하오니 본인의 전기(前記) 논문 (약 180항) 중의 '16개국 공동선언문' 항을 참조하여 주시기 바랍니다. 이상에서 말씀 올린 바와 같이 본인의 생각으로서는 전기(前記) 조 씨의 논문이 하등 국법에 위배되리라고 믿어지지를 않는 바입니다.

(3) 본인의 「제네바 정치회담과 조국의 평화통일」이라는 논문에 대하여

본인의 논문 중 특히 그 논문의 말미에 첨부되어 있는 통일선거 원칙에 관한 본인의 한 개의 시안(試案)에 대하여서는 1심 당시의 소송기록에 상세히 기록되어 있을 것으로 믿습니다. 그렇기에 본서에서는 그것과 중복을 피하면서 몇 가지 말씀을 올리겠습니다.

① 전기(前記) 논문은 본인이 위원장 직책을 맡아 보고 있는 당의 정책연구기관인 통일문제연구위원회에 연구논문으로 제출하고 이것을 연구위원들에게 회람시켰던 것입니다. 기후(其後) 그 논문 중에 인용한 각국 대표들의 통한결의서(統韓決意書) 사본과 함께 본인이 작성한 시안 즉 그 논문 말미에서 지적한 바와 같이, "당에서 앞으로 통일 선거원칙을 정식으로 기초하게 될 시에 참고자료의 일부로서 이를 당에 건의하고 싶다"라는 전제하에

76) 스위스 제네바 정치회담에 참여한 변영태 외무장관이 1954년 5월 22일에 제출한 '한국통일에 관한 14개 원칙안'을 가리킨다. 원칙안의 주요 내용은 ① 유엔 결의에 의한 UN 감시하 자유선거 실시, ② 이북 지역에서의 자유선거 실시와 대한민국 헌법 절차에 의한 이남 지역에서의 선거 실시, ③ 선거 실시 1개월 전 중공군 철수 ④ 통일한국의 대통령 선거, 대한민국 현 헌법의 개정문제, 군대 해산문제를 전 한국 입법부 결의에 위임, ⑤ UN에 의한 통일독립 민주 한국의 권위와 독립 보장 등이다.

그 논문의 일부분으로 되어 있는 초안(「북한당국의 평화공세에 대한 진보당의 선언문 초안」)을 함께 프린트하여 그 프린트에 명시한 바와 같이 「통일문제 연구자료」로서 연구위원들에 한하여 1부식 배부하였던 것입니다. 기후(其後) 동 위원회를 2, 3차 소집하여 전기 시안 및 기타 통일문제 전반에 걸쳐서 위원 상호간의 의견들을 교환하여 보았으나, 각인각색의 의견이 속출하고 아무런 결론도 얻지 못하였을 뿐더러 또한 이렇다 할 구체적인 제안이나 수정안도 제출된 것이 없었습니다. 그렇기에 본인의 동 시안도 연구위원회에서 자연히 그만 각하되어 버린 것입니다. 그런 고로 본인의 동 시안은 당과는 하등의 관련이 없다는 사실을 다시금 말씀 올립니다.

② 다음으로 본인의 동 시안에 관련시켜 가면서 검찰의 공소장이나 논고 등에는

(가) 통일정부를 수립하기 위하여 대한민국 정부를 해산한 연후에의 남북통일 총선거를 기도하고 운운

(나) 민국정부의 헌법 절차를 무시하거나 또는 전혀 그러한 합법적인 절차에 따르지 아니하고 모종의 비합법적인 방법으로 정부를 해칠 의도하에 운운

등의 전혀 터무니없는 방식으로 표현되어 있음을 산견(散見)할 수 있었습니다. 그러나 본인의 동 초안을 일견(一見)하시면 잘 이해되실 것으로 믿사오니 오히려 본인의 동 초안에는 선거의 자유 분위기 보장 문제 외에는 어떠한 기관이든지 민국정부의 권한을 침해하거나 또는 간섭하여서는 아니된다는 점을 명문(明文)으로 그리고 반복하여 규정하였던 것입니다. 따라서 통일과업이라는 이 민족적인 대사를 치루는 것은 전적으로 정부의 주도하에서 이루어질 것이며 또한 거부권의 보유, 그리고 통일선거와 관련되는 모든 헌법 기타 법적 조치는 당연히 정부에서 이를 취할 것을 전제로 하고 있는 것입니다.

③ 다음에 본인은 동 초안이 내포하고 있는 정치적 의도와 또는 그것을 기초하게 된 동기 등에 관하여 간략하게 말씀 올리겠습니다.

(가) 본인은 동 시안을 기초할 당시에 북한 집단의 위장 평화공세(그것이 명백한 위장공세라는 이유에 대하여는 본인의 전기 논문을 참조하여

주시기를 바람)가 상당한 정도로 남한 전역을 침식하고 있음에 대하여 우려하고 있었으며 여사한 공세를 정면으로 대항하여 싸우는 정치적 투쟁에 있어서는 보수세력은 전혀 무능하다는 것이 본인이 평소부터 가지고 있는 신념이였던 것입니다. 동시에 여사한 평화공세에 대한 정부 당국의 무관심한 태도와 무대책은, 장차 있을 수 있는 정치적 평화적인 통일 국면에 있어서 대중적인 인기를 잃을 것이며 나아가서는 민족진영에 크나큰 손상을 가져오게 할 것이라는 점을 지극히 또는 솔직히 말씀 올리면서 이 미칠 듯한 분노감에 사로잡혀 이를 우려하였던 것입니다.

(나) 통일문제는 두말할 필요도 없이 국제정세와 밀접한 관련성을 가지고 있는바 6·25사변에 참전한 우방 16개국의 통일정책은, 장차 'UN 감시하의 남북통일 선거안'에서 약간 형식적이나마 양보하는 감이 있는 소위 '적당한 UN 감시하의 남북통일 선거안'으로 지향할 것은 여러가지 동향이 엿보였던 것입니다. 그러한 결과로서는 북한 집단이나 또는 공산진영이 결국은 통일문제에 있어서는 여사한(이 적당한 UN 감시하라는 것을 북한 집단에 권고한 것은 제네바회의 시에 일부 서방측 국가들이 여러 번 발언한—공적 발언—사실이 있습니다) 세계적인 공론 앞에 굴복하여 '적당한 UN 감시안'이라는 것을 (혹자는 이것을 UN 테두리 안에서의 국제기구의 감시안이라고도 칭함) 승인하고 나아가서는 (이것이 무서운 사실입니다만은) 공산분자들이 전술을 돌변하여 (그들이 과거에는 무슨 소리를 짓거렸던 간에) '적당한 UN 감시하의 총선거안'이라는 것이 자기들의 주장인 듯이 재빠르게 그러한 안에 따라서 다시금 평화공세를 전개하게 될 것이라는 것은 명약관화(明若觀火)의 사실인 것입니다. 만약 이러한 결과가 될 것 같으면 우리 민족진영은 '평화에 대한 절호의 주도권 쟁탈시기'를 다시금 노치는 결과를 가져오게 되는 것입니다.

(다) 여게서 잠간(暫間)[77] 참고로, 전항에서 말씀 올린 소위 'UN 감시'와

77) '여기에서 잠깐'의 의미이다.

'적당한 UN 감시'라는 문제에 관하여 그 차이점을 말씀 올리겠습니다. 그것은 실제적 감시국가의 지명 권한이나 그들 감시단이 행사할 유효 적절한 감시 권한의 내용을 규정하여 주는 권한은, 전자의 경우나 후자의 경우에 있어서나 간에 이것은 UN에 있다는 점은 동일합니다. 단지 차이점은 전자의 경우에 있어서는 감시국가로서 한국전에 참전하였던 서방국가를 지명할 것을 의미하는 것이며 후자의 경우에 있어서는 전술한 바와 같이 UN의 권위하에서 업무를 시행하되 감시국으로서는 비참전국가(중립국)를 지명한다는 것으로 일반적인 양해(諒解)가 성립되어 있는 듯합니다.

(라) 여사한 정세와 전망하에서 진보당은 북한 집단의 평화공세에 대항하여 여하히 싸워야 할 것이냐, 또는 국민의 공론을 통하여 여하히 우리 당의 뜻하는 바를 정부 정책에 반영시킬 수 있을 것인가, 등의 이러한 점에 본인의 연구 중심이 있었던 것입니다. 그 결과로서는—본인 개인의 견해로서는—진보당은 그 강령정책에 표시된 통일에 관한 대원칙 제시만으로서는 부족하며, 적어도 북한 집단의 소위 '통한(統韓) 3원칙' [제네바회담 시(時)의 제안] 이상으로 구체적이며 또한 완전히 합리적인 통일원칙을 당적(黨的)으로 작성하고 이것을 선포하는 것이 여사한 정치 투쟁의 '첫출발'이 되는 것으로 본인은 생각하였던 것입니다.

이상에 열거한 것이 본인이 동 시안을 사적으로 기초하게 된 의도와 동기의 전부입니다. 연이(然而)나 여사한 본인의 정치적 의도가 어느 정도 그 초안에 잘 표시되었는가, 또한 그 내용에 대한 시비를 가리는 것은, 오로지 본인으로서는 세인(世人)의 공론이나 현명하신 여러분의 판단에 일임할 수밖에 없는 입장입니다. 현명하신 대법관 여러분! '민주주의의 승리'라는 것이 일종의 패배의식에 사로잡혀서 현실도피만을 일삼는 자에게 오리라고 기대하는 것은 어리석은 일이 아니겠습니까. 또한 한국통일에 관한 국내외의 정치적 동향이 여하히 변동하든지 간에 오직 북진통일만을 외치는 것이, 애국적이며 효과적인 반공투쟁이 되리라고 본인은 믿을 수가 없는 것입니다. 그것은 실제적 군비강화와 평화공세의 전개는 항시 병존하여야 하는 까닭입니다. 그리고 승리를 가져오게 하는 전술 즉 정책에는 여러 가지 방안이 성립될 수 있는 것이며 정부의 통일정책과 동일하지 아니하다는 것을 가지고 즉시 이것을 일종의 반역시하는 것은 지나친 독단이 아니겠습니까.

결론으로 말하자면 본인의 동 논문은 우리 정부의 일관성 내지 적극성 없는 통일정책으로 인한 일종의 국제적 고립에 대한 일개 국민으로서의 정치적 고뇌의 결정체였습니다. 동시에 그것은 본인이 당내에서 항상 역설한 바와 같이 진보당 위원장 이하의 간부 전원이 총출동하여 북한 집단의 위장평화 공세를 분쇄하는 선봉자적 역할을 담당하는 경우에 있어서의 이론적인 무장을 위한 한 개의 시론이었던 것입니다.

현명하신 대법관 여러분! 주지하시는 바와 같이 거(去) 4월 9일부로 참전 16개국들이 중공에 수교한 공동각서에 의할 것 같으면 미영을 포함한 저들 민주 우방제국(諸國)은 중공(中共)에 제안하기를 '한국통일 선거의 실제 감시를 그들 공산분자들이 요구하는 바와 같이 중립국(비참전국)이 하는 것은 좋으나 그것을 UN의 권위하(어떤 신문에는 주관하라고도 되어 있음)에서 시행한다는 원칙을 수락하겠느냐'라는 요지의 제안을 하고 있습니다. 기후(其後) 중공 회답각서에서는 이에 대한 명확한 답변을 회피하고 있으나 금추(今秋) UN총회 석상[거(去) 10월 초순경]에서 인도의 UN 대표 메논 씨는 여사한 16개국 제안, 즉 '국제기관의 감시안[일종의 전기(前記)한 바와 여(如)한 적당한 UN 감시안으로 사료됨]을 공산분자들이 수락할 용의가 있는 것으로 양해하는데 어찌하여 한국 문제가 진전되지 않느냐'라는 요지의 연설을 한 것으로 외전(外電)은 보도하고 있습니다.

여사히 저들 공산분자들은 대체로 본인이 예견하던 바와 같이 온갖 수단을 다하여 차기 국면에 대비하며 준비를 갖추고 있는 것으로 보입니다. 이러한 국면에 있어서, 해방 후 저들 적색 치하에서 정치범으로서 형무소 생활을 하고 월남 도주하여 줄곳[78] 그들의 전법을 주시하여 온 본인으로서는 참말로 참기 어렵습니다. 우리들 민족진영도 민주주의의 승리를 위하여 또한 (백보를 양보하여) 있을 수도 있는 평화적 통일에 대비하여 각당각파의 적은 이해관계를 떠나서 급속히 해결하여야 할 허다한 난(難) 사업이 있습니다. 최후에 웃는 자가 가장 잘 웃는

78) '줄곧'을 말한다.

자라는 격언과도 같이 아직도 시기는 늦지 않은 것입니다. 이러한 어려운 시기에 여사한 처지에 놓여 있는 본인으로서는 실로 단장지감(斷腸之感)[79]을 금치 못하는 바이올시다.

존경하는 대법관 여러분! 결론적으로 말씀 올리자면 금반의 소위 진보당사건이라는 것은 본인과 같이 법적으로는 전혀 문외한의 상식으로서는 그것이 합법적인 정당들 간의 정치적 또는 정책논쟁은 될지언정 형사적인 문제가 될 수는 없는 것으로 믿어지는 바입니다. '한국 지성의 씸볼'이신 여러분께서 현명하신 판결이 있으시기를 삼가 앙망하는 바입니다.

4291(1958)년 12월 18일
우(右) 상고인 김기철

우(右) 무인은 본인의 무인임을 증명함.
대법원 형사부 입회간수 이덕현
귀하

[출전 : 20권 431~445쪽]

79) 창자가 끊어지는 느낌을 말한다.

6 상고이유서 1958년 12월 18일

4291(1958)년 형상 제559호

상고이유서

피고인 윤길중
대법원 귀하

본적 강원도 원성군(原城郡) 문막면(文幕面) 문막리(文幕里) 25번지
주소 서울특별시 마포구(麻浦區) 아현동(阿峴洞) 495번지의 19
피고인(서울 서대문형무소 재감중)
윤길중(당 43세)

피고인에 대한 〈국가보안법〉 위반 등 피고사건에 관한 4291(1958)년 10월 25일 서울고등법원 형사 제2부 판결에 대하여 피고인은 적법한 상고를 제기하고 동년 12월 10일 동 소송기록 수리(受理) 통지서를 받았음으로 좌기(左記)와 같이 상고 이유를 제출한다.

기(記)

제1점 원심판결은 〈국가보안법〉 제1조의 법의(法意)를 오해하고 그 적용을 착오한 위법이 있다(〈형사소송법〉 제383조 제7호 후단(後段)의 사유).

즉 1. 원심판결은 〈국가보안법〉 제1조 중의 "국가변란의 목적"을 해석함에 있어 그 판결 이유에서 아래와 같이 설시(說示)하여 왈(曰) "피고인 윤길중, 동 이동

화 등과 변호인 신태악(辛泰嶽), 동 김춘봉(金春鳳), 동 임석무(林碩茂), 동 조헌식(趙憲植) 등은 당심(當審) 공정(公廷)에서, 진보당은 폭력적 혁명의 방법에 의하지 않고 평화적 민주적 선거의 방법으로 판시 강령정책을 실천하려는 결사이므로 〈국가보안법〉 제1조 소정의 불법결사에 해당하지 않는다고 주장하나, 동 법조(法條)의 규정은 결사의 목적을 달성하려는 방법이 폭력적 혁명의 방법이든 평화적 민주적 선거의 방법이든 가리지 않으므로 동 주장은 차(此)를 인용할 수 없고"라 하는바, 이러한 해석은 동조(同條)의 "국가변란의 목적"이라는 자구의 문리해석으로도 불가하며 〈형법〉 제91조의 "국헌을 문란할 목적"의 정의에 관한 유권해석의 취지에도 위반하며 나아가서 헌법과 민주주의 기본원칙에도 위반하는 망단(妄斷)이라 하지 않을 수 없다.

이제 그 논지를 순(順)을 따라 논증하건데

첫째로 "국가를 변란"한다는 변란(變亂)의 문의(文義)는 변할 변(變) 자와 어지러울 란(亂) 자가 결합된 숙어로서, 란(亂) 자가 표시하고 의미하는 바와 같이 폭력적 내지 비합법적을 현존질서를 변경시키는 것을 말한다는 것은, 조금이라도 문자를 이해하는 자면 능히 할 수 있는 것이다. 무릇 정치, 경제, 사회의 모든 현상은 마치 우주의 진리가 그렇드시 부단히 변하고 움직이고 진화하는 것인바, 변하고 개혁되고 진화하는 자체가 형사법률 문제인 것이 아니라, 변하고 개혁하는 방법에 있어, 기존 질서를 파괴하는 폭력적, 독재적, 비합법적 방법이 여기에 이른바 '란(亂)'자로 표시되어 비로소 〈형사법〉의 대상이 되는 것이다. 판시 이유에서 적시하는 바와 같이 이 폭력적, 독재적, 비합법적 방법이 아닌, 평화적, 민주적, 합법적 선거의 방식을 통한 것을 어찌 "국가변란"이란 용어의 범주에 포함시킬 수 있을 것인가. 이것은 민주적, 합법적인 것이 동시에 반국가적인 것이 될 수 있고, 합법적인 것이 동시에 비합법적인 것이 될 수 있다는 논리적 모순에 함입(陷入)한 것이라 아니할 수 없다. 이것은 아마 원심이 "국가변란의 목적"이라는 법의을 해석함에 있어 "국가변란"이란 기본 용어를 한각(閑却)[80]하고, 그 밑에 붙은 목적이란 용어에 치중한 나머지, 마치 "국가변란"과 "목적"을 각각 분리, 독립

---

80) 무심하게 내버려 둔다는 의미이다.

한 별개의 개념으로 파악하여, 마침내 "평화적, 민주적, 합법적"인 것이 동시에 "반국가적, 비민주적" 불법이 될 수 있다는 괴상한 논리에 빠진 것으로 사료된다.

둘째로 "국가변란의 목적"과 거의 동일한 용어로 표시된 "국헌문란의 목적"을 정의함에 있어, 〈형법〉 제91조는 분명히 규정하되 "1. 헌법 또는 법률의 정하는 절차에 의하지 아니하고 헌법 또는 법률의 기능을 소멸시키는 것, 2. 헌법에 의하여 설치된 국가기관을 강압에 의하여 전복 또는 그 권한 행사를 불가능하게 하는 것"이라 하여 유권적인 해석으로 그 폭력적, 비합법적인 방법을 지칭, 명시하고 있다. 물론 "국가변란의 목적"과 "국헌문란의 목적"과는 그 문구가 완전히 일치된 것은 아니나, 그 정신, 취지, 문의에 차이를 둘 하등의 이유가 없다. 하물며 내란죄와 〈국가보안법〉 위반죄와는 상당한 면에서 공동분야에 경합되고 있는 관계상, 신형법 제정 당시 〈국가보안법〉 폐지안이 제안되었으나 아직 이북 괴뢰 집단과 그 배경 조직인 공산당의 부단한 침투에 감(鑑)하여 괴집이나 괴집단체의 지령에서 움직이는 범죄만을 〈국가보안법〉으로 따로히 문의(問擬)하는 것이 적의(適宜)하다는 견지에서 부결되었을 뿐이었으니, 〈국가보안법〉 위반죄와 내란죄의 차이의 요점은 공산 괴집과의 연관 여부에 있는 것이지, "국가변란"이나 "국헌문란"이란 차이를 빙자하여 그 법의의 동일성을 저해할 수는 없다. 더욱이 본 피고인은 〈국가보안법〉 기초와 〈형법〉 제91조 기초에 직접 관여하였고, 그 입법 취지와 제정 경위에 있어 전자의 문구나 후자의 문구가 모다 동일한 의미의 폭력적, 비합법적인 것만을 지칭하는 것을 확언할 수 있다.

셋째로 서상(敍上)한 바와 같이 "국가변란"의 문의(文義)로나 〈형법〉 제91조의 취지로나 "국가변란"은 폭력적, 비합법적 정치수단을 의미하는 것이나, 만일 원심과 같이 그와 반대로 해석하여야 할 헌법적, 사회적 특별한 요청이 있는가 하는 점을 고찰할 때, 오히려 그와 같은 망단(妄斷)은 반민주적, 위헌적인 것이 되는 것을 지적하지 않을 수 없다. 왜냐하면 위에서도 말한 바와 같이 정치적, 경제적 제 현상은 부단히 변하고, 진(進)하는 것이 진리인 바 민주정체와 독재정체와의 구별의 제일 요점은 정치, 경제 현상의 변모, 진화가 민주적, 평화적, 합법적 방식에 의하여 순리로 되는 것인가. 그렇지 않으면, 폭력적, 비합법적, 독재적 방식에 의하여 역리(逆理)로 되는 것인가의 차이 여하에 달려 있는 것이며, 만일 평화적, 민주적, 합법적 방식에 의한 정권의 교체, 경제 사회 현상의 개혁을 허용하지 않는다면 그것은 벌서[81] 민주주의가 아니며, 따라서 민주적 헌법 체제는 질식, 파괴되는 것이라 하지 않을 수 없다. 생각이 이에 이르매 원심 판시 이유의 반민주적, 반헌법적인 점에 송연(悚然)하지[82] 않을 수 없다. 논자는 혹 말하기를 과연 "국가변란의 목적"을 내란죄의 그것과 같이 폭력적, 비합법적인 것에 국한한다면, 만일 이북 괴뢰집단이 평화적, 민주적 방법으로 하겠다고 들고 나온다면 처벌할 수 없지 않는냐고 강변할지 모른다. 그러나 괴집이나 공산당은 이미 국헌에 위배하여 무산계급의 독재정권을 수립하였고 6·25의 남침은 물론 볼세비키[83]의 본질이 폭력적, 독재적 혁명 전위부대임은 그들 자신이 자인하고, 세계사는 물론 우리나라 역사가 소소(昭昭)히 입증하는바 비록 전술로서 그자들이 평화적 방법을 선전한다 할지라도 그것은 위장된 것이 자명한 것이니, 그 위장한 것을 입증하면 논자가 말하는 것은 억설(抑說)[84]에 불과할 것이다. 다시 말하면 괴집이나 탈법하기를 위하여 위장 형태를 취하여 온다면, 그 위장을 양결(揚抉)하면 될 것이지, 그것이 두려워서 "국가변란"이란 법의 자체를 평화적, 민주적, 합법적 방식이거나 폭력적, 독재적, 비합법적 방법이거나를 막론한다는 괴상한 논리에 함입할 수 없다. 원심은 이러한 점을 몰각하고 차라리 진보당의 정강정책은 합법을 가장한 것이라고 억설이라도 붙이지 않고, 평화적, 민주적, 합법적 선거의 방식을 통한 정치 경제의 개혁을 주장하는 그것 자체가 "국가변란의 목적"이 된다 하였으니, 이것은 〈국가보안법〉의 법의를 오해하였을 뿐만 아니라 민주제도와 헌법을 몰이해한 위법(근본적)이라 하겠다.

2. 원심은 〈국가보안법〉 제1조에 "국헌을 위배하여 정부를 참칭하거나 그에 부수하여 국가를 변란할 목적 운운"한 규정 중 '그에 부수하여'라는 범죄구성 요건을

81) '벌써'를 말한다.
82) 송연하다는 매우 두려워하는 것을 의미한다.
83) '볼셰비키'를 말한다.
84) 원문에는 억설(抑說)이라고 되어 있으나, 억설(臆說)이 바른 표기이다.

무시 몰각하고 그 법의를 단지 수식사적(修飾詞的) 용어로 오해한 불법이 있다. 즉 동조(同條)의 처벌 대상은 첫째 국헌을 위반하여 정부를 참칭한 괴뢰정권을 그 전단(前段)에서 규정하고, 둘째 이 괴뢰정권에 부수하여 국가를 변란할 목적으로 결사 또는 단체를 조직한 공산당 및 그 산하단체를 그 후단에서 규정하였음은 조문(條文) 문리상 명백하다. 여기에 '그에 부수하여'라는 법문은 괴뢰정권에 부착추수(附着追隨)한다는 것을 입증하려며는 괴뢰정권과 표리일체로 부착한 공산당 그것임을 논증하여야 할 것이며 적어도 괴뢰정권의 지령 또는 협의하에 그 산하 조직으로 결사가 성립되었다는 것을 입증하지 아니하면 안 될 것이다. 그럼에도 불구하고 원심이 이 점에 관하여 하등의 입증이나 논리적 서술조차 없는 것을 보면 차(此)는 필시 동 법문을 국가변란에 대한 형용사적 수식으로 오해한 것이라 사료된다.

원심이 상(相) 피고인 조봉암과 소외(訴外) 간첩 박정호와 상통하여 괴집과 연결하였다는 동 피고인에 대한 기소 사실 (1)과 동 성명 미상의 자와 괴집의 김약수(金若水)[85]와 상통하였다는 지(旨)의 기소 사실 (2)와 본 피고인 등과 일본에서 귀국한 소위 간첩 정우갑(鄭禹甲)을 방조하였다는 기소 사실 (3)은 모다 증거가 없으므로 무죄라 판시한바, 그 이외에는 비록 개인일지라도 이북 괴뢰정권과 진보당과 관련성을 운위(云謂)하는 기소 사실도 없으며, 따라서 원심은 그 판결 이유에서 하등 진보당과 괴집과 관련이 있다는 점, 즉 '그에 부수하여'라는 법문에 상응하는 점의 입증이나 설시(說示)조차 없이, 만연(漫然)히 판시 사실 모두(冒頭)에 '그에 부수하여'라는 문구만 집어넣은 것은 동 법문을 오해하고 하등의 범죄 증명이 없이 유죄를 단정한 불법이라 아니할 수 없다.

제2점 원심은 1. 심판의 청구가 없는 사실을 판결한 불법이 있고(〈형사소송법〉

85) 김약수(金若水, 1890~1964)는 경상남도 기장군 출신으로 본명은 김두전(金枓全)이다. 일제강점기 사회주의 계열 독립운동가로 활동하였으며 8·15광복 후 한민당 조직에 가담하였다. 1946년 10월 탈당하여 민족자주연맹에서 좌우합작운동에 참여하였다가 대한민국 정부 수립 이후 제헌국회에 당선되어 국회의원으로 활동 중 국회프락치 사건으로 수감 중 한국전쟁이 발발하자 북한으로 월북하였다.

제383조 11호 사유), 2. 진보당의 강령정책을 견강부회로 왜곡 변조하여 중대한 사실의 오인이 있을 뿐만 아니라(동법 동조 15호 사유), 3. 그 오인한 사실 자체도 범죄 구성이 될 수 없음에도 불구하고 모순된 이유를 부(附) 하는 동시에 법률을 착오 적용한 불법이 있다(동법 동조 제7호 제12호 사유). 즉,

1. 원심은 본 피고인에게도 인용하는 상(相) 피고인 조봉암에게 대한 판시 사실(1) 중에서 "…동년 11월 10일 마침내 서울특별시 중구 소재 시공관에서 상(相) 피고인 등을 위시로 8백여 명과 함께 국헌에 위배하여 정부를 참칭하는 북한 괴뢰집단에 부수하여 국가를 변란할 목적으로, '우리는 노동자 농민을 중심으로 하는 광범한 근로대중(피해대중)을 대표하는 주체적 선진적 정치적 집결체이며 변혁적 주체세력의 적극적 실천에 의하여 자본주의를 지양하고 착취 없는 복지사회를 건설하여야 한다'는 지(旨)의 혁신정치의 실현, '우리는 자유민주주의를 폐기 지양하고 주요 산업과 대기업의 국유 내지 국영을 위시로 급속한 경제건설 사회적 생산력의 제고 및 사회적 생산물의 공정분배를 완수하기 위하여, 계획과 통제의 제 원칙을 실천하여야 한다'의 지(旨)의 수탈 없는 경제체제의 확립, '우리는 남북한에서 평화적 통일을 저해하는 요소를 견제하고, 진보당 세력의 주도권 장악하에 피 흘리지 않는 평화적 방식으로 조국의 통일을 실현한다'는 지(旨)의 평화통일의 실현 등을 강령정책으로 하는 진보당을 조직" 운운하였는바, 본시 기소장에는 상(相) 피고인 조봉암이 발표한 『중앙정치』 10월호 「평화통일의 길」이란 논문의 구절이 대한민국을 부인하고 이북 괴뢰가 주장하는 위장평화 공세에 호응하는 것이라는 요지가 기재되고 이 점으로 인하여 진보당을 범죄단체로 소추(訴追)하였을 뿐이고 혁신정치, 수탈 없는 경제체제, 남북의 평화통일이란 3대 구호는 다만 진보당 결당 과정에 상(相) 피고인 조봉암이 5·15선거시 대통령 입후보자로서의 선거구호로 주장되었다는 경로적(經路的) 서술이 있음에 불과하였다.

따라서 기소장에는 그 소추사실 (1)로서 진보당의 평화통일정책만을 문제 삼는 것이 그 문면상(文面上) 확연하며, 차점(此点)은 검사가 본 피고인 등 구속에 관한 적부심 조사에도 그와 같이 언명하였고, 또 제1심 당시 공소사실 진술에서도 역시 상기 평화통일문제만을 제기하였던 것이다. 그럼에도 불구하고 원심이 진

보당의 혁신정치에 관한 정책과 경제정책을 평화통일정책과 동렬(同列)의 위치에서 범죄사실로 판시한 것은 확실히 소추되지 않은 사건을 심판한 국법[86]이라 하지 않을 수 없다. 논자는 말하기를 기소장에서 전기(前記) 3대 구호가 진보당 결당 과정에서 선거 구호로 사용되어왔다는 서술이 있었으니 그것이 곧 기소된 사실이 아니냐고 억설을 할지 모르나, 전기(前記) 서술은 마치 범죄와 관계없는 피고인 등의 경력을 기소장에 서술한 것과 같이 한 개의 경로적 서술에 불과한 것으로, 차(此)는 범죄 정상(情狀)의 참고자료는 될지언정 독립한 소추 사실이 아님은 그 문리상 당연하다. 따라서 평화통일문제 이외의 혁신정치, 수탈 없는 경제체제에 관하여는 제1심 공히 본 피고인은 물론 진보당 적(籍)을 가진 상(相) 피고인 등에 대하여 하등 심의한 사실이 없고, 본 피고인에 대한 검찰 신문조서에도 하등 차점(此点)에 대한 신문 사실이 없다. 다만 강령 전문을 기초한 상(相) 피고인 이동화에게 전문 기초의 경로와 취지 심문이 있었을 뿐이니 진보당적을 가진 관계 피고인에 대한 심문, 변명의 기회도 주지 않고 유죄의 판결을 내린 불법이라 하지 않을 수 없다. 그러므로 원심은 다른 각항의 판시 사실은 항례(恒例)에 따라 기소 사실을 그대로 이기(移記)하였음에도 불구하고 전시(前示) (1)의 판시 사실만은 기소장에 전연 없는 새로운 문구를 나열 창작하고 있으니, 원심은 대체 무슨 이유로 여차(如此)하였는가. 안컨대 소추자가 제1심 판결 이후 『한국평론』이란 잡지에 판시 취지를 희구(希求)하는 듯한 발표가 있었고, 따라서 원심에서는 소추자의 내심(內心)이 기소 당시와 변하였는지 모르지만은, 기소 사실은 소추자의 주관적 의사나 사적 사주(使嗾)에 기초 되는 것이 아니고 기소장에 나타난 객관적 문리로서 판단하여야 함은 다언을 요하지 않는 것이니 후심(厚審)은 이 점을 오해하고 소추되지도 않고 심리도 되지 않은 사실을 판단한 것이라 하겠다.

2. 뿐만 아니라 진보당의 3대 구호와 강령정책을 진보당의 강령이나 정책 본문 자체대로 판정한 것이 아니고, 수천 어(語)에 달하는 방대한 강령정책 전문 중의 문구 중에서 혹은 거두절미하고 혹은 접두부미(接頭附尾)하여, 문자 그대로 견강부회하여 진보당의 강령정책의 취지를 변조하였다. 무릇 정당의 강령정책을 법

---

86) 원문에는 국법(國法)으로 표기되어 있으나 문맥상 위법(違法)이 타당하다.

체계에 비유하면 강령은 헌법적 위치에 있고, 정책은 법률적 위치에 있으며 강령 전문이나 정책 전문은 헌법이나 법률의 취지 설명 정도의 위치에 있는 것이니, 진보당의 강령정책은 어디까지나 진보당의 강령정책 본문에 의거하여야 할 것이고 전문은 참고자료에 불과한 것이라 하겠다. 이것은 마치 헌법 조문이나 법률 조문에 의거하지 않고 그 전문이나 제안 설명에만 의거하여 헌법이나 법률을 적용할 수 없는 것과 같이, 진보당의 강령정책 그 자체를 떠나서 그 전문 중의 문구를 장비(張飛) '가마' 타는 식으로 견강부회하여 변조 판시하였으니, 차(此)는 진보당의 강령정책의 판시가 아니라, 판시 3대 구호를 설명할 수 있는 진보당의 강령 자체를 [서울지검 4291(1958)년 압 제146호의 증 제2호] 여기에서 적시하면, 동 강령 제2항에서 "우리는 공산 독재는 물론 자본가와 부패분자의 독재도 이를 배격하고 진정한 민주주의 체제를 수립하여 책임 있는 혁신정치의 실현을 기한다" [구호(口號), 혁신정치에 대응]라 하고, 제3항에서 "우리는 생산분배의 합리적 계획으로 민족자본을 육성하고 동시에 농민 노동자 문화인 봉급생활자의 생활권을 확보하여 조국의 부흥번영을 기한다"(구호, 계획성 있는 경제체제에 대응)라 하였으며, 제4항에서 "우리는 밖으로는 민주 우방과 긴밀히 제휴하고, 안으로 민주세력의 대동단결을 추진하여 민주세력의 결정적 승리가 보장될 수 있는 남북의 평화적 통일을 기한다"(구호, 평화통일에 대응)라고 명시하였으니, 진보당의 헌장적(憲章的) 위치에 있는 강령 본문을 떠나서 또 진보당의 강령이 어데 있단 말인가. 만일 원심이 전시(前示) 강령을 강령대로 진보당의 노선으로 판시하고 그 자체가 국가를 변란하는 것이 된다고 궤변이라도 부쳤으면 형식적 체재는 갖추었을 것이나, 상술(上述)한 바와 같이 이 강령 자체를 떠나서 변조된 판시 사실은 본 피고인은 물론 진보당이 책임질 수 있는 형식조차 갖추지 못하였다고 할 수밖에 없다.

3. 이제 가사(假使)[87] 백보를 양보하여 판시 사실이 진보당의 강령정책 그것이라 할지라도 판시 사실의 어떠한 점이 첫째, 괴뢰 정권에 부수하였다는 것이며, 둘째, 국가를 변란하는 목적이 된다는지 하등의 지적이 없다.

판시 사실 혁신정치의 요지는, 근로대중이 주체세력이 되어야 한다는 점과 자

87) 가령(假令)의 다른 표현이다.

본주의를 지양하고 복지적 민주사회를 건설하여야 한다는 것인바, 만일 판시 이유대로 논지(論之)하면 자본주의를 신봉하지 않고 복지적 민주사회를 건설하여야 한다는 일체의 세력은 반헌법적이며 반국가적이 된다는 논리인 것이니, 차(此)는 일제 말기에 군국 팟쇼화한 독재적 사고방식의 잔재이거나, 그렇지 않으면 공산 독재의 공포적 여파에 의한 환각이라 하겠다. 영국은 물론 서전(瑞典)[88] 놀웨[89], 정말(丁抹)[90], 화란(和蘭)[91]을 위시하여 서독(西独), 이태리(伊太利) 지어(至於) 일본에서까지 사회주의 내지 사회민주주의, 또는 민주적 사회주의, 기타의 진보주의가 하등의 구애없이 건존(建存)할 뿐만 아니라 여하한 민주국가라도 평화적인 사회적 민주주의를 불법화하였다는 것을 듣지 못하였다. 따라서 자본주의를 신봉하지 않은 혁명세력을 반국가적 내지 반민주적 세력으로 규정하려고 하는 것은 민주주의 자체를 모독하는 것이며 엄연한 우리나라 민주헌법에 위배되는 것이라 하겠다.

둘째로 판시 사실 수탈 없는 경제체제의 요지는, 자유민주주의를 지양하고 주요 산업의 국영을 위시로 급속한 경제건설과 생산분배의 합리화를 위하여 계획과 통제의 제 원칙이 실천되어야 한다는 것인 바, 주요 산업의 국유화를 주장한다 하여 반국가적이 될 수 없으며, 계획과 통제의 원칙을 경제시책에서 적용한다 하여 국가변란이 될 수 없다. 하물며 우리 헌법은 그 제정 당시 〈헌법〉 제84조에서 교통, 체신, 전기, 수도, 가스, 기타 공공성을 띤 주요한 산업의 국유국영화를 규정하고 있었으니, 만일 판시 논지로 한다면 우리 헌법은 이미 그 제정 당시 반국가적이며 반민주적이었다는 해괴한 결론에 도달하여야 할 것이다.

셋째 판시 사실은 남북한에서 평화적 통일을 저해하는 요소를 견제하고 진보당 세력의 주도하에 평화적 통일을 기한다는 것인바, 정부가 주장하는 북한만의 UN 감시하 선거에 의한 통일일지라도 역시 평화적 통일의 하나이니, 이것이 실현되려면 남북한에서 이것을 반대하는 요소는 견제(결코 처벌이나 말살을 의미

88) '스웨덴'을 말한다.

89) '노르웨이'를 말한다.

90) '덴마크'를 말한다.

91) '네덜란드'를 말한다.

하는 것이 아님)되어야 할 것은, 문장 서술로 논리적 물리학적 결론이며, 또 진보당이 자기가 주도하여 통일이 되었으면 좋겠다는 주장은 정당으로서 또한 당연한 주장이어늘, 그 어느 점이 반국가적 변란 행위인지 도모지 알 수 없다. 서상(敍上)한 바와 같이 판결 사실은 진보당의 강령 그것이 아니지만, 판시 사실대로 하여도 국가변란과 괴집에 부수하였다는 범죄 구성은 될 수 없는 것이다.

제3점 원심판결은 증거에 의하지 않고 사실은 인정하고 판시 사실과 증거 이유가 동문서답 격으로 저어(齟齬)된 불법이 있다.(〈형사소송법〉 제383조 제12호)

즉 1. 전현(前賢) 판시 사실 (1)은 〈국가보안법〉 제1조 해당 사유라고 단죄한바, 동조(同條)의 구성요건인 첫째 괴뢰정권에 부수하였다는 점과 둘째 국가변란의 목적이 있었다는 점을 충족하는 사실의 적시는 되어있지 않을 뿐만 아니라, 원심은 그 증거 이유에서 만연히 "1. 당심(當審) 공정(公廷)에서 동 피고인 등과 상(相) 피고인 등의 차(此)에 부합하는 공술 기재, 원심 공정에서 이에 상응하는 각 피고인의 진술" 운운하였으나, 제1심과 원심 공정에서는 물론 경찰 검찰의 조서에 이르기까지 전 기록을 통하여 눈을 씻고 보아도 범죄 구성 요건인 괴뢰정권에 부수하였다는 점, 국가변란의 목적이 있었다는 점에 상부(相符)하는 진술은, 본 피고인은 물론 각 상(相) 피고인 등 아모도 없다.

또 원심은 증거이유에서 계속하여, 1. 원심 제14회 공판조서 중 증인 신도성과 동 고정훈(高貞勳)의 판시 진보당의 발당(發黨) 경위에 부합하는 공술 기재, (일) 동 피고인 등의 기(其) 성립의 진정을 인정하는 검사의 증인 손도심(孫道心)과 서상일에 대한 각 진술조서 중 판시 진보당의 발기 경위에 부합하는 공술 기재라 하였으나, 양 증인은 공판정에 나온 일도 없고 동 증언을 공판정에서 제1심, 원심, 공히 제시한 일도 없을 뿐 아니라, 손도심은 진보당 발기 경위에 관여한 자가 아니었으므로, 발기 경위에 관한 증언을 하였을 이유도 없다. 그것은 잠간 논외로 하고 진보당의 발기 경위를 백번 천번 기재하여도, 그 어느 부분이 괴집과 합작 부수하였다는 것이며, 그 어느 부분이 국가를 변란할 목적이었다는 것을 적시하지 않는 한, 〈국가보안법〉 제1조와는 하등 관계가 없는 동문서답 격의 증언이라 아니할 수 없다. 더구나 동 증인 등의 증언은 아모리 악의로 해석하여도, 진보당이 괴집에 부수하여 국가를 변란할 목적하에 발기되었다는 취지는 도저히 찾아볼 수 없다.

또 원심이 증거 이유에서 채택한 「우리 당의 경제정책」(동 압의 증 8호), 「한국 진보세력의 계급적 기반」(동 압호의 증 제38호) 등은 본 피고인이 관지(關知)하는 바 아니지만은, 아마도 동 논문 등은 상(相) 피고인 중에서 중앙정치사에 기고하였으나 게재되지 않은 원고로 인정되는바, 여사한 개인의 논문은 그 개인의 범정(犯情)의 자료로 함은 별(別) 문제로 하고, 어찌하여 진보당을 유죄로 하는 논거의 일부로 채택하였는지 알 수 없는 일이며 차(此)는 개인과 단체를 혼동한 채증법칙(採證法則)의 위반[92]이라 하겠다.

2. 본 피고인에 대한 판시 사실 (2)는 상(相) 피고인 조봉암에 대한 판시 사실 (5)에서 본 피고인과 연관 부분을 유죄로 한 바, 차(此)는 상(相) 피고인 조봉암이 『중앙정치』 10월호에 「평화통일의 길」이란 논문을 발표한 것은 사실이지만, 동 논문은 이미 세상에 공포되어있는 민주 우방의 안이나, 대한민국의 안이나, 괴집의 안 등을 열거 비판하고, 그중에 UN의 안인 「UN 감시하의 남북총선거안」이 무방할 것이라는 요지의 논설에 불과하다. 판시 중에서는 동 논문 중 "UN 감시하의 총선거안을 설명하는 과정에서 대한민국과 북한 괴뢰와 동등한 위치에서 선거하는 것이 불유쾌하지만 UN의 결의이니만큼 다시 한 번 하여도 통일을 하기 위하여는 참을 수밖에 없다"는 지(旨)의 설명문 중 '동등한 위치'라는 문구를 특히 끄집어내어, 이것이 대한민국을 해체하는 것이고 괴집을 동등한 정권으로 인정한다는 것으로 억설을 하는 것이나, 여기에 동등이라는 말은 선거함에 있어 동일한 여건 분위기에서 한다는 것뿐이니 판시 논지는 사실과 부합하지 않는 궤변이라 하겠다.

3. 더구나 원심은 〈국가보안법〉 제3조의 협의죄(協議罪)를 근본적으로 오해하고 있다. 즉 동조(同條)의 협의죄는 괴집이나 그에 부수한 공산 산하단체와의 협의를 말하는 것이며, 또 협의라는 용어가 의미하는 바와 같이 공동목표를 달성하기 위한 상호간의 의사의 합의를 말한다. 그럼에도 불구하고 원심은 이 협의라고

92) 채증법칙이란 증거의 채택에 관한 법칙을 말하는 것으로, 증거능력의 판단과 증거능력이 있는 증거의 가치에 대한 판단 즉 증명력에 관한 판단에 관한 법칙이다. 채증법칙 위배는 이와 같은 증거의 채택에 관한 법칙을 위배하였다는 것으로 사실을 오인하는 위법으로 이어지게 된다.

하는, 상호간의 의사의 합의라는 의미를 망각하고, 예(例)하면 상(相) 피고인 이상두가 상(相) 피고인 이동화에게 수년 전에 편지를 일방적으로 내고 그것을 받았다는 사실만을 적시하면서 곧 협의죄의 성립을 인정한 것과 같이, 본 피고인과 전기(前記) 상(相) 피고인 조봉암의 논문 관계도 다만 당(黨) 사무실에서 동 원고가 독시(讀示)된 일이 있다는 점만으로 협의죄로 인정한 듯하니 법문의 오해도 심한 것이라 하겠다.

제4점 원심판결은 〈형법〉 제16조 "자기의 행위가 법령에 의하여 죄가 되지 아니하는 것으로 오인한 행위는, 그 오인에 정당한 이유가 있는 때에 한하여 벌하지 아니한다"라는 규정에 위배한 불법이다. 제1점 내지 제3점에서 지적한 바와 같이 진보당의 강령정책을 국가변란의 목적으로 전제한 원심 판시 각항의 범죄사실은 모다 위법판결이거니와, 가사(假使) 백보천보를 양보하여 판시 사실이 이유 있고 서상(敍上) 상고이유가 모다 이유없다 가정하더라도, 원심판결은 〈형법〉 제16조에 위반하는 판결인 것이다. 왜냐하면 진보당을 결성한 본 피고인은 물론 진보당 관계 각 상(相) 피고인과 전(全) 진보당원이 누구도 진보당이 괴집에 부수하여 국가를 변란하는 〈국가보안법〉 제1조의 불법단체라고는 꿈에도 생각하지 못하였을 뿐 아니라, 오인이라면 그렇게 오인한 것에 정당한 이유가 있는 때문이다. 즉 진보당이 판시 1의 결당 경로를 거쳐 이미 판시 중 3대 구호 혁신정치, 계획성 있는 경제, 평화통일은 진보당추진위원회 당시 피고인 조봉암의 대통령 후보자 선거 구호로 수만 경찰 감시 관찰하에 공명하게 주장되어왔고, 이어 4289(1956)년 11월 10일 서울특별시 중구 소재 시공관에서 만천하 환시리(環視裏)에 진보당의 강령정책 동 전문 등의 채택과 함께 결당된 후, 관계문헌은 일체 첨부하여 정부 공보실에 제출되고, 4290(1957)년 3월 일자 미상 공보실은 정부를 대표하여 진보당을 합법적으로 등록하였던 것이다. 여기에 정당등록 행위의 성격은 정당의 합법성을 창설하는 형성 행위라고 할 수 없으나, 정부가 정당의 합법성을 확인하는 확인행위에 속한다고 해설하여야 할 것이다.

이와 같이 진보당의 공명한 결당 과정의 정치 행동을 정부가 시인 내지 묵인하여 왔고 정부기관인 공보실이 수개월의 심사를 거쳐서 그 합법성을 확인하였으니 이것은 곧 〈형법〉 제16조에서 "자기의 행위가 법령에 위반되지 아니한다고 오인한 것이 정당한 이유가 있는 때"라고 한 취지에 정면으로 부합하는 것이라 하겠다. 또한 원심판결은 〈헌법〉 제23조의 "모든 국민은 행위 시의 법률에 의하여 범죄를 구성하지 아니하는 행위에 대하여 소추를 받지 아니한다"는 취지와도 위반하는 것이니, 정부가 정당을 등록하여 합법성을 확인한 것이 〈헌법〉 제23조에서 법률이라 표시된 것에 부합되는 것은 물론 아니지마는, 정부를 위시하여 국가사회 일반이 진보당 결당 당시 이미 합법으로 공인한 것을, 하등 새로운 입법 조치가 있는 것이 아님에도 불구하고 처벌의 대상으로 한다는 것은, 확실히 동조(同條)의 입법 취지에 위배하는 것이다.

제5점 원심판결은 대법원 판례에 위반되고 있다(〈형사소송법〉 제383조 제2호 사유). 즉 원심은 본 피고인에 대한 판시 사실 (4)와의 관련 부분을 유죄로 인정한바, 동 사실의 요지는 진보당이 당세 확장을 목적으로 근민당(勤民黨) 재남잔류파(在南殘留派)인 공소외 김성숙(金星淑) 등과 혁신세력통일준비위원회를 결성하였다는 것이나, 동 사건의 관련자인 공소외 김성숙(金星淑), 양재소(楊在昭), 김일우(金一宇) 등은 별도로 기소되어, 이미 제1심, 제2심은 물론 4291(1958)년 12월 16일 대법원 판결로 무죄가 확립된바, 그와 표리일체가 된 동일 사건인 서상(敍上) 사실을 유죄로 판결한 것은 이 대법원 판례에 위반되며, 이타(爾他)의 진보당을 유죄로 한 전시(前示) 모든 원심판결은 또한 이 판례에 위배됨이 명백하다. 서상(敍上) 요컨대 원심은 민주주의의 기본 입각점의 몰이해와 더불어 〈국가보안법〉의 법의를 오해하여 하등의 증거 없이 본 피고인과 진보당을 유죄로 판결한 것이 명백하니, 1건 기록상 더 심의할 여지 없이 대법원은 의당 원심을 파기, 무죄를 자판(自判)하기 바란다.

4291(1958)년 12월 18일

우(右) 피고인 윤길중

우(右) 본인의 무인임을 증명함

대법원 귀하

[출전 : 20권 447~468쪽]

7 상고취의서 1958년 12월 21일

4291(1958)년 12월 일

상고취의서

서울형무소 재감
4291(1958)년 형상 제559
이명하

대법관 제현(諸賢)에게 신의 은혜와 축복이 있기를 기원합니다. 금반 진보당사건의 〈국가보안법〉 위반 피고 본인의 사건에 대하야, 좌기(左記)와 여(如)히 상고취의를 진술케 됨을 관용하시기를 바랍니다. 먼저 본인의 신분부터 간략하게 설명하려고 합니다. 본인은 유시(幼時)로부터 기독교를 신봉하야, 거금(距今) 30여년 일제 시(時)에는 기독교청년문화운동과 수산업에 종사하였고, 8·15해방 후에는 즉시 조선청년동맹(朝鮮青年同盟)을 조직하여야 민족사상 계몽운동을 전개하다가, 공산당의 강제 해산 명령을 받고 또한 신변이 위험하여져 기년(其年) 10월에 월남하야 기독교청년전국연합회(基督教青年全國聯合會)를 조직하야 교회 중심의 반공 활동을 하였고, 당시 회장인 김규식 박사(대한임시정부 부주석이며 현직 교회 장로)인 관계로 기후(其後) 그의 영도(領導)하는 민련에 참가한 일이 있을 뿐이며, 6·25사변에는 서울에서 구사일생하였고, 1·4후퇴 시에는 전 가족과 함께 남하하여 북에서 사대(四代)에 한 분인 형이 피살을 공산당에게 당하고 사경(死境)을 넘어 내려온 70 노부모와 함께 제주도로 피난하야, 4289(1956)년 복귀 시까지 4년간 제주도지사의 요청으로 도 구호위원(救護委員)과 피난민대표의 직에 있으면서, 당시 혼란 속에 있는 6만 반공 피난민을 위하여 심혈을 경주(傾注), 구호지도에 진력하였던 것입니다. 이는 당시 제주도지사, 대한적십자사 총재, 기독교

대표, 피난민 일동이 본인에게 표창 급(及) 감사장을 수여한 사실로도 증명되었음에도, 본인의 공소장 전문에는 전(全)히 사실무근의 조작기재를 한 것은 도의상 심히 유감으로 생각합니다.

1. 진보당 부간사장 겸 조직부장에 취임한 데 대하여

진보당은 대한민국 헌법에 의하야 합법적으로 결성된 정당이며 그 강령, 정강 정책, 당헌 등이 정부 공보실장을 통하야 승인, 등록된 공인된 정당임으로 실질적인 반공 구국운동과 정치적 혁신을 절감하야 조직운동에 참가하여 조곰도 불법한 일이 없었으며, 본인이 부간사장 겸 조직부장이 된 것은 당 간사인 윤길중 씨의 추천으로 중앙당 상무위원회 결의에 의하야 취임한 것입니다.

2. 지방당 조직에 대하여

본인은 중앙당 조직부장의 직책으로, 당연히 지방당부를 조직하여야 됨으로 지방당부 결성을 진행하되, 각 해당 지방 당국의 합법적인 수속 절차를 밟아 허가를 얻은 연후에 조직 결성한 것이며 조금도 불법적으로 한 사실이 없고, 또한 지방당부 결성시마다 정체불명의 폭도들이 무법적으로 살인강도적인 폭행을 하였을 때, 본인과 동지들은 자중 인내하여 불상사가 생긴 일이 없으며, 또한 지방당부 결성시마다 수십 명의 사찰경찰과 임석관(臨席官) 참석하에 결성하야 한 번도 위법된 일이 없으며, 진보당에는 공산당원이 없으며 또한 지금까지 경향(京鄕) 각지에서 진보당으로 인한 사건은 있은 일 없습니다.

3. 통일문제연구위원회에 대하여

진보당의 통일문제연구위원회는 4289(1956)년 11월 10일 중앙당 결성된 것으로, 기후(其後) 4290(1957)년 9월경 위원 개편 시 위원장인 김기철 씨의 요청에 의하여 본인도 그때 위원이 되었고, 2, 3차 당 사무실에서 회합한 회의에서 어떤 통일안을 결의한 일은 없으며, 또한 당의 결의기관은 상집(常執) 중집(中執) 전당대회가 있을 뿐이며, 김기철 씨의 연구논문은 어데까지든지 그 개인의 사안으로 위원들에게 연구자료로 배부하였던 것뿐이며, 본인은 그 사안에 대하야도 아모리 애국적 심정으로의 연구 사안이라 하더라도 타인의 오해와 모략이 될 일은 삼가자고 이의(異

議)를 한 일이 있을 뿐, 기외(其外) 전연 불법적인 행사를 한 일은 없습니다.

4. **국론통일행동협의체 구성에 대하여**

진보당의 평화통일 정책에 대하여 일부의 모해와 오해가 있음으로 이를 일소하고, 민주진영의 단결과 국론을 통일하야 공산당의 위장평화 공세를 분쇄하고, 반공 통일투쟁에 있어서 대한민국이 승리할 수 있도록 전 여야정당 사회단체가 일치단결하자고 호소한 국론통일행동협의체 구성의 제의를, 자유당, 민주당에 하였던 것인데 이는 진보당 간부회의에서 합의하야 당 위원장 명의로 하는데 본인도 찬동하였던 것입니다. 이는 그 제의(提議) 문면(文面)을 보면 본인 등의 진의와 반공 애국지정을 알 수 있음에도 불구하고, 이를 반대로 범의(犯意)로 생각한다면 이야말로 이적행위가 아닌가 하오며, 성서의 말씀과 같이 제 눈에 들보는 보지 못하고 형제의 눈에 없는 티를 찾아내려고 권력을 악용하야 선한 자의 청명한 눈을 상하려고 드는 것 같이 생각됩니다. 참으로 통탄을 금할 길이 없습니다.

이상과 같은 제 사실이 제1심(서울지법)에서 명백하게 공판에 심문 조사되어 무죄언도가 되었아오며, 본인은 진실로 〈국가보안법〉을 위반한 일도 없고, 위반하려고 생각하여 본 일도 없사옵니다. 현명하신 대법관님 여러분의 공명정대한 법으로 이를 밝혀주셔서, 이 나라를 위하야 애국지성을 다할 수 있도록 길을 열어주시기를 바랍니다. 원심의 부당한 판결에 대하야 자이(玆以) 상고취의서를 제출하오니 하람관용(下覽寬容)하시와 대법관님들의 명석한 선결(善決)을 빌어마지 않습니다.

4291(1958)년 12월 21일
우(右) 상고인 이명하

우(右) 무인임을 증명함.
입회간수 이승재
대법원 형사부 귀하

[출전 : 20권 469~474쪽]

8 상고이유서 1958년 12월 22일

상고이유서

형상 제559호
〈국가보안법〉 위반 피고사건에 대한 상고이유서를 별지와 같이 제출하나이다.
4291(1958)년 12월 22일
서울형무소 재감
상고인 이상두

본적 경북 안동군(安東郡) 일직면(一直面) 송리동(松里洞) 258
주소 경북 대구시 삼덕동 140의 1
현 서울형무소 재감 중
〈국가보안법〉 위반
피고인 이상두 (당 27세)

존경하는 대법관님께 삼가 진실을 말씀 올림으로써 상고취의서에 대(代)하고저 하는 바이며, 오로지 슬기로움과 관용의 미덕으로 경위를 가려주시고 자유와 희망을 주시옵기를 바라마지 않는 바입니다. 2심 공판에서는 본 피고인이 상(相) 피고인 이동화 교수의 지도하에 좌익적 사상을 포지하게 되었다고 판결하고 있습니다만, 그러나 본 피고인은 결단코 그렇지 않다는 것을 말씀드리고저 하는 바입니다.

먼저 상(相) 피고인 이동화 교수에 관해서 말씀 올리면 이 교수는 본 피고인이 경북대학교 법정대학에 재학 시 정치학과의 주임교수로 재직하였던 것이며 그리하여 1학년 때 1주일에 2시간씩 정치학 개론을 수강하였습니다. 그러나 이 교수는 불온한 내용의 강의를 한 적이 없는 것이며, 더욱이 이 교수는 자유를 찾아 북한 공산세계를 탈주하여 월남하였으며 이를 계기로 사상적인 면에서나 생활의 면에서 완전히 공산주의를 청산 극복하였음이 사실인 것입니다. 그것은 『사상계(思想界)』를 비롯한 여러 학술잡지에 공산주의의 이론적 제도적 및 실천적인 맹점을 신랄하게 분석 비판한 많은 논문을 발표하고 있는 사실만으로서도 충분히 알 수 있는 것입니다.

다음으로 본 피고인이 결코 좌익적 사상을 포지하고 있지 않았다는 것을 말씀드리고저 하는 바이며, 이를 위해서 먼저 본 피고인의 생활환경과 경력을 간단히 말씀하고저 합니다. 이는 대법관님께서도 잘 알고 계시다시피 한 사람의 사상 경향은 그 사람의 생활과 불가분리(不可分離)의 밀접한 관계가 있는 것이기 때문입니다.

본 피고인의 형은 지금 경찰 간부로 복무중이며, 그러기에 6·25사변 시 미처 피난하지 못한 본 피고인의 가족이 본적지인 경북 안동에서 갖은 핍박을 당하였던 것이며, 이로써 더욱더 공산주의를 의식적으로 혐오 반대하기에 이르렀던 것입니다. 그리고 본 피고인 또한 6·25사변 발발 후 경찰관으로 후방 치안 확보에 노력하였고, 또한 태백산지구, 고령지구, 기타 각지의 잔비(殘匪) 토벌 작전에 참가하여 반공전선에서 미력하나마 이바지해왔던 것입니다. 그 후 대구학생웅변연구회를 조직하여 국민회와 도(道) 학무과의 후원하에 반공사상의 선전과 상이군경 원호사업에 종사하였으며, 다시 유네스코 경북학생위원회의 책임을 맡아서 UN 정신의 함양보급과 반공사상의 앙양선전 등에 노력해왔던 것입니다. 그리고 경북대학 신문에 「반 스타린운동과 김일성의 경우」, 「스타린의 개인숭배를 가능케 한 원인과 조건에 대하여」 등등의 졸고(拙稿)를 발표하여, 공산주의에 대한 비판을 시도하였으며 폭력적이고, 독재적이며, 기계적이고, 획일적이며, 그리하여 편협하고, 인간의 존엄성을 무시 유린하는 공산주의에 반대해 왔던 것입니다. 약술한 바와 같이 본 피고인은 열과 성으로써 반공투쟁에 힘 바쳐왔던 것이 사실인 것이며, 그러기에 좌익적 사상을 포지하였거나 국가를 변란하려는 불순한 생각은 정말 가진 적이 없는 것입니다. 존경하는 대법관님 자기의 뼈를 묻을 사랑하는 조국과 한 핏줄을 타고 한 운명하에 살아나갈 내 민족을 위해 몸과 마음을 바쳐 헌신 노력하지는 못할망정, 어이 조국을 변란하고 민족을 해칠 행동을 감히 할 수 있겠으며 또한 반공을 위해 열성껏 애쓴 자가 어이 좌익적 사상을 가질 수 있겠습니까. 현명하옵신 대법관님께서 깊이 살펴주시옵기 간절히 바라는 바입니다.

본 피고인의 공소사실을 대별하면, 상(相) 피고인 이동화 교수에게 낸 편지와 그리고 학생 써클 여명회에 관한 것이라 하겠습니다. 먼저 편지에 관해서 말씀 올리고저 하옵니다. 여기에 대해서는 검사 신문 시와 1심 및 2심 공판 시에 진술한 바와 같으며, 이 편지는 모다 몇 년 전 본 피고인이 경북대학 재학 시에 낸 것입니다. 이 편지를 내게 된 동기는 훈도(薰陶)를 받은 스승에게 안부를 겸해서 학생으로서 공부하고 사색하는 가운데 모르는 사실과 석연치 못한 사실과 알고저 하는 바에 대하여 교시와 지도를 받기 위해서인 것이며, 교실에서 직접 답변할 것을 편지라는 형식을 통해서 문의한 것입니다. 그러기에 편지에선 독서한 책명과 내용을 소개하기도 하고, 독후감 등을 적기도 하였으며, 때로는 이 교수의 잡지 등에 발표한 논문에 대해서 찬사를 표하기도 하고, 졸렬한 소감과 반박을 하기도 하였으며, 이를 위해서 여러 학자들의 저서 중에서 이론과 학설을 인용하여 표현의 효과를 꾀하였던 것입니다.

이와 같이 하여 이만치 열심히 공부하고 있고, 진지하게 연구하고, 사색하고 있다는 것을 스승에게 알림으로써, 제자로서 스승에게 조금이라도 더 인정받고 사랑을 받고저 하는 마음에서 이 편지들을 쓰게 된 것입니다. 물론 그 표현에 있어서 자극적이고, 과격한 구절 등이 있는 것은 사실입니다만, 그러나 이것도 결단코 타의(他意)가 있어서가 아니라, 다만 학생시절에 가지는 까닭 없는 불평불만, 이유 없는 반발심, 정의감, 울분 등의 심리현상이 작용한 것이며 결코 어떤 목적의식하에 불순한 범의를 갖고 한 것이 아닙니다. 그러기에 서신에 대한 검열이 있는 줄 알면서도, 이에 개의함이 없이 무관심하게 편지를 할 수 있었던 것입니다. 만일 본 피고인이 정말로 불온한 사상을 소지하고 있었더라면, 결코 조금이라도 의혹을 살만한 내용의 편지는 애당초 내지를 않았을 것입니다. 불순한 사상을 소유한 자는 자기의 사상이 타인에게 규지(窺知)될까 두려워, 부단히 세심하고도 주도(周到)한 주의와 경계를 할 것이며, 자기의 본심과 정체를 위장하기에 급급할 것이라 생각됩니다.

그러나 본 피고인은 전연 불온한 사상을 가지지 않았으며 또한 어떤 범죄의식도 없었기에 아무 거리낌 없이 많은 편지를 낼 수 있었던 것입니다. 그리고 이 편지를 통해서 본 피고인이 스승인 이 교수를 선동하고 선전한 일은 전연 없는 것이니 왜냐하면 본 피고인은 교훈을 받는 제자인 것이며 스승을 선동할 이유도 능력도 이론도 없는 것이며 백보를 양보해서 설사 무슨 선동을 하였다 한들 여기에 좌우될 이 교수가 아닌 것입니다. 그리고 이동화 교수 역시 제자를 선동한 일이 없는 것이며 상호간에 어떤 협의 같은 것은 한 사실이 없는 것입니다. 이와 같은 사실을 대법관님께선 잘 살펴주시와 시비를 가려주시길 앙망하는 바입니다.

다음으로 여명회에 대해서 말씀드리고저 하나이다. 여명회는 순수한 학생 써클이었습니다. 학생 상호간의 토론과 연구발표로써 교양을 높일려는 연구회였으며 사회과학 일반에 걸친 이론을 연마하기 위한 단순한 독서회에 불과하였던 것입니다. 공소장에 기재된 바와 같은 진보당의 산하단체도 아니며 비밀결사도 아닌 것입니다. 경찰에서 여명회를 진보당의 산하단체라고 하는 데는 두 가지 이유에서인 것이니, 그 하나는 진보당원인 권대복 군이 회장이라는 것과 진보당 간부인 김달호 씨의 변호사 사무실에서 토론회를 가졌다는 이것인 것입니다. 그러나 여명회 회원 중 진보당원은 권대복 군뿐인 것이며, 그도 진보당원의 자격으로서가 아니라 국학대 학생의 자격으로써 이에 관여한 것이며 권(權) 군이 회장이 된 것은 회원의 대부분이 카도릭[93] 학생들이었고, 권 군이 한국카토릭학생회의 회장으로 있었기 때문인 것입니다.

그리고 김달호 변호사 사무실에 모이게 된 것은 권 군이 김달호 씨와 잘 아는 사이고, 그 사무실은 늘 비어있기에 적당한 장소를 구할 때까지 임시조치로 그곳에 모이게 되었던 것입니다. 그리고 여명회는 결코 비밀 써클이 아닌 것입니다.

---

93) 카톨릭을 말한다.

다만 등록되지 않았던 것은 학도호국단 단칙에 의하여, 호국단 이외의 여하한 학생단체도 등록하지 않기로 되어있기 때문인 것입니다. 향우회, 학우회 등의 허다한 학생단체가 등록하지 않은 것은 이 때문인 것입니다. 그리고 여명회는 결코 비밀적인 것이 아니라 공개적이었던 것입니다. 그것은 본 피고인이 대구에 내려가 있을 때, 여명회 주최로 신도성, 고승제 양 교수를 초빙하여, 학술강연회를 개최한다는 신문광고를 본 일이 있는 것이니, 이것으로 미루어보아도 여명회가 결코 불순한 비밀결사가 아니라는 것을 짐작하실 줄 믿습니다.

이제 본 피고인이 여명회에 관계한 경위를 간단히 말씀드리겠습니다. 4289(1956)년 동기(冬期) 방학이 되어 하구(下邱) 할려고 하고 있을 때, 연세대학 정외과 4년에 재학 중인 오경세(吳經世) 군이 방문하였길래 함께 시내에서 놀다가 오후 5시경 반도호텔 앞 화랑다방에 들렀드니, 권대복 군을 비롯한 여러 친우들이 차를 마시고 있기에 함께 잡담을 하다가 자리가 복잡하여 귀가코저 하였는데, 권대복 군이 2층이 비어있으니 올라가자고 하기에 함께 올라가 거기서 신문을 보고 하였는데, 거기에 「원자력의 평화적 이용」이란 논문이 게재되고 있었기에 이 문제를 중심으로 상호토론을 하게 되었던 것입니다. 그리하여 앞으로 우리들이 지적 수련을 위해 이런 모임을 정기적으로 가졌으면 좋겠다는 의견의 일치를 보아 순수한 학생연구회로서 여명회가 발족케 된 것입니다. 그러나 이것이 처음인 동시에 마지막 토론회였습니다.

그 후 본 피고는 학교를 수료하고 대구로 내려가서 본건 발생 시까지 그곳에 있었던 것입니다. 그때 학교를 졸업하고 군대에 입대 차 하구(下邱)한 오경세 군으로부터, 여명회는 회원의 개거(皆擧)가 졸업하고 입대하였기에 해산하고 말았다는 소식을 들었던 것입니다. 그리하여 본건 발생 후 경찰에 와서 공소사실과 같은 연구위원장이란 유령감투를 쓰게 된 것이며, 또 조봉암 씨의 평화통일론에 대한 강연을 들은 것으로 되고 여명회의 취지서를 작성한 양(樣)으로 되었습니다. 그러나 본 피고인은 여명회의 연구위원장 노릇한 적이 없고, 또 조봉암 씨의 평화통일론에 대한 강연을 들은 바 없으며 취지서를 쓴 사실이 없는 것입니다. 그것은 경찰에서 본 피고인이 여명회의 지도적 역할을 담당한 것으로 만들기 위하여, 연구위원장으로 꾸미고 진보당사건과 관련을 갖겠금 하고저 평화통일론을 결부시키고, 또 진보당의 강령에 사용된 문구를 삽입하여 취지서를 작성하겠금 하여 된 것이며, 이것은 모다 경찰의 조작임으로 분명히 말씀드리는 바입니다.

상술한 바와 같이 여명회는 진보당의 산하단체도 비밀 써클도 아닌 순수한 학술연구를 위한 독서회인 것이며, 국가를 변란할려는 목적하에 결사된 것이 아니라, 학생 상호간의 학문적 교양을 높이기 위한 목적하에 발족된 연구회이며, 또한 본 피고인이 여기서 지도적 임무에 종사한 사실이 없는 것입니다. 이상 말씀드린 바와 같이 본 피고인은 결코 불온한 사상을 포지하여 국가를 변란하려는 행위를 한 것이 아님을 말씀드리오니, 현명하신 대법관님께서는 깊이 살피시와 이 젊은이로 하여금 희망을 가지고 더욱더 국가 민족을 위해 기여할 수 있도록 기회를 주시옵고 자유의 길을 열어주시길 빌어마지 않습니다.

4291(1958)년 12월 22일

우(右) 상고인 이(李)

존인의 무인임을 증명함

대법원 형사부 귀중

[출전 : 20권 663~673쪽]

9 상고취의서 1957년 12월 22일

4291(1958)년 12월 22일

상고취의서

(진보당사건)
피고인 최희규
대법원 형사부 귀하

4291(1958)년 7월 2일 1심에서 무죄판결을 받았고 지난 10월 25일 2심에서 유죄의 판결이 있어서 상고신립[94]을 한 바 있는 본인의 〈국가보안법〉 위반 피고사건에 대하여 하기(下記)와 같이 상고이유를 제출하나이다.

1. **소위 사사오입 개헌 파동 후** 국회호헌동지회를 중심한 재야민주세력 대동단결운동이 일어났을 때에, 본 피고는 3·1정신선양회 중앙본부 청년부장과 대한부흥건설단 서울시단 부단장으로 재임하며 청년운동에 종사하여 오던 중, 전기(前記)한 정국의 움직임에 대하여 민주국가로서의 정당정치 발전을 생각하고 저윽히 기대하였던 터입니다. 불행히도 서상일, 장택상, 조봉암 씨 등은 제외되고 민주당 발족으로 낙착이 되매, 여사한 국내 정국에 또한 실망을 하였던 것도 사실입니다. 본 피고는 4288(1955)년 5월경 조봉암 씨를 방문하고 전기(前記)한 재야민주세력 대동단결운동이 결렬된 데 대한 유감의 뜻을 표하여 인사를 드리고 난 후, "조 선생께서는 금후 정국에 대하여 어떻게 대처하시겠느냐"는 질문을 하였드

94) '신립(申立)'은 개인이 국가나 공공단체에 어떤 사항을 청구하기 위하여 의사 표시하는 것을 의미한다.

니, "당분간 정국을 관망하겠다"는 말씀을 듣고 헤어진 바 있는데, 이것이 본 피고가 조봉암 씨를 알게 된 시초인 것입니다. 그 후 동년 10월 하순경 조봉암 씨로부터 인편을 통하여 "약수동(藥水洞)으로 이사를 하였는데 한번 들려 달라"는 전언을 받고 찾아가 만났드니, 조봉암 씨의 말씀이 "요지음 여러 사람들이 신당을 맨들려는 논의를 하고 있는데, 최(崔) 동지도 같이 하는 것이 어떻겠는지 생각해 보시오"라는 권고를 받고, 기후(其後) 동년 12월 하순경 시내 종로구 청진동 소재 대릉원(大陵園)에서 서상일, 조봉암, 윤길중, 신도성 씨 등 20여 명이 참집(參集)한 회합에 참석한 연후, 4289(1956)년 3월 하순경까지 진보당 추진위원 포섭 활동을 하였고 동년 3월 31일 시내 종로구 소재 중앙예식장(中央禮式場)에서 개최된 전국추진위원대표자대회(약 250명 참집)에 참석한 바 있으며, 그 연후 동년 5월 15일까지는 조봉암, 박기출 양씨(兩氏)의 정부통령 입후보 선거운동에 종사하였으며, 동 선거운동이 끝난 바루 직후부터는 민주혁신당 운동 때문에 진보당추진운동은 전연 침체 상태에 빠져버려서 아무런 활동을 하지 못하고 있다가, 동년 11월 10일 시내 시공관에서 전국대의원 약 800여명이 참집하여 개최된 결당대회에 대의원으로 참석하였던 것입니다.

2. 동년 11월 중순경 당사무실에서 개최된 제1차 상무위원회(30여 명 참석) 석상에서 부차장 선임 발표 시 본인이 당무부장으로 선임되었습니다.

3. 본래 결당 당시부터 당내에 설치되어 있는 통일문제연구위원회가 4290(1957)년 8월경 부서를 개편할 시 본인도 동 연구위원회 위원의 1인으로 임명된 사실이 있는바, 동년 9월경(일시 미상) 제1차로 소집된 동 연구위원회에서는 김기철 씨의 위원장 피임인사로서 별다른 토의를 한 바 없이 산회하였고, 역시 동월경(일시 미상) 제2차로 소집된 동 연구위원회에서 김기철 씨로부터 자기 사안이란 논문형식으로 작성한 통일문제에 관한 초안이 제시되고 간단한 설명 끝에 상호비판 연구하여 보자는 제의가 있었는데, 본인은 김기철 씨의 제안이 당헌과 당 정책에 위배 되는 것이라는 반대 의사를 말하고 퇴장한 사실이 있으며, 그 후는 회합 일자가 몇 번 경과하여도 위원들이 모이지 않아 회의가 성립되지 못하는 형편이었으며, 하루는 김기철 씨가 "에라 나두 모르겠다. 내가 혼자 하는 당인가, 모두 이

렇게들 성의가 없으니"하면서 불만을 토로하는 것을 제가 들은 바도 있는데, 그 후는 김기철 씨 자신도 당에 나오지 않은 날이 많았던 것이며, 김기철 씨의 통일 문제 사안에 관하여서는 전연 이상 논의한 바가 없는 것입니다. 본 사건에 관하여 경찰 조서는 본인의 임의진술이 아니며 이미 프린트로 작성되어 있는 각본 같은 것에 의하여 위협과 강압으로써 취조관이 임의 작성한 것입니다. 소위 자공서(自供書)라는 것도 상술한 바와 같이 작성하여 논 조서에 의하여 위협과 강압으로서 본인으로 하여금 형식적 필기를 시킨 것입니다.

고로 경찰 조서는 증거가 될 수 없음을 주장하는 바입니다. 진보당은 강령정책에 명시되어 있는 바와 같이 대한민국을 육성 강화하려는데 목적이 있는 것이지, 국가변란 운운은 언어도단인 것입니다. 1개년 이상의 공개된 준비기간을 거쳐 합법적 절차를 다 밟아서 결당하였고, 행정부의 심사를 거쳐 등록이 허가된 정당에서 활동한 것이 어찌하여 〈국가보안법〉에 위반된다는 것인지 도저히 이해할 수 없는 바입니다. 삼가 의당히 무죄함을 주장하는 바이오니 영명하신 판결이 있으시기 바라나이다.

4291(1957)년 12월 22일

피고인 최희규

대법원 형사부 귀하

[출전 : 20권 683~687쪽]

10 상고이유서 1958년 12월 23일

상고이유서

변호사 김춘봉

서울형무소 수감중
피고인 조봉암 동 윤길중
우(右) 변호인 변호사 김춘봉

우자(右者) 등에 대한 공소심 서울고등법원 4291(1958)년 형공 제958호 간첩 및 〈국가보안법〉 위반 피고사건에 관하여 동원(同院)은 동년 10월 25일 피고인 등에 대하여 원판결을 파기하고, 피고인 조봉암에 대하여 사형, 피고인 윤길중에 대하여 징역 3년의 판결을 각 선고한 바, 피고인 등은 동 월일 각 상고신립서(上告申立書)를 귀원(貴院)에 제출하였고 동년 12월 6일 기록접수통지를 받았으므로 좌(左)와 같이 상고이유를 개진하나이다.

1. 피고인 조봉암 및 윤길중의 〈국가보안법〉 위반의 점에 대하여

제1점 원심은 피고인 조봉암에 대한 판시 제(1)사실에 대하여는 〈국가보안법〉 제1조 1호 동 (2), (4), (5), (6) 사실에 대하여는 동법 제3조를, 피고인 윤길중에 대한 판시 제(1)사실에 대하여는 〈국가보안법〉 제1조 1호, 동 (2), (3)사실에 대하여는 동법 제3조를 각 적용하였으나, 이는 〈국가보안법〉의 법리를 오해하고 법령을 적용하였으며, 심리미진(審理未盡)[95] 이유불비(理由不備)[96]의 위법이 있다. 〈국

95) 법령의 해석 등에 필요한 심리를 다하고 선고를 했어야 하는데 이를 다 하지 않은 경우를

가보안법〉 제1조에는 분명히 국헌을 위배하여 정부를 참칭하거나, 이에 부수하여 국가를 변란할 목적으로 결사를 함을 처벌하기로 되어있는바, 동법에서 국헌을 위배하여 정부를 참칭한다 함은, 우리 대한민국이 엄연히 국제적 승인을 받고 유일한 합법적인 정부로 존재함에도 불구하고, 북한의 역도들이 소위 조선인민공화국을 참칭하고 있으니 이것을 지칭함이요, 이 괴뢰정부에 부수하여 그 배경 기초를 형성하고 있는 공산도당을, 그 후단(後段)에서 국가를 변란할 목적으로 구성된 집단으로 지목한 것이다. 즉 〈국가보안법〉의 목적은, 정부를 참칭한 북한의 소위 인민공화국과 그리고 이에 부수하여 그 배경 조직이 되는 공산집단을 처벌의 대상으로 한 것이며, 이에 국가를 변란할 목적이라 함은 국가기관을 폭력적 비합법적 방법으로 전복시킴을 의미한다는 것은, 동법의 취조로 보나 〈형법〉 제91조 내란죄의 규정에서 국헌을 문란할 목적이라는 법률적 정의로 미루어보아 명약관화한 것이다. 북한 괴뢰정권이나 그에 부수된 공산집단이 대한민국과 양립할 수 없는 폭력적 비합법적 존재라 함은, 〈국가보안법〉 제정 취지와 더불어 명확한 것으로 이러한 입법 목적과 국가변란의 취지를 이탈하여 합법적으로 등록된 진보당을 공산집단과 동일한 형태로 인정하여 범죄의 대상으로 취급할 수는 없는 것이고, 진보당이 괴뢰정권의 배경 조직으로 그에 부수하였다던가, 진보당이 폭력적 비합법적으로 대한민국 정부를 전복할 목적하에 조직되었다는 점을 심리 판단함이 없이, 막연히 진보당의 강령정책이나 진보당에 속하는 개인의 논문이 정부의 방침에 어긋난다는 사실만으로, 〈국가보안법〉의 범죄 구성 요건의 충족을 다루고 있는 형사 문제를 관련시킬 수는 없는 것이다.

피고인 조봉암 및 윤길중의 판시 제(1)사실은, 피고인 등이 국헌에 위배하여 정부를 참칭하는 북한 괴뢰집단에 부수하여 국가를 변란할 목적으로, (가) '우리는 노동자 농민을 중심으로 하는 광범한 근로대중(피해대중)을 대표하는 주체적 선진적 정치적 집결체이며 변혁적 주체적 세력의 적극적 실천에 의하여 자본주의

의미하는 법률용어이다.

96) 이유불비는 이유를 전혀 기재하지 않은 경우 또는 이유의 일부를 빠뜨리거나 이유의 어느 부분이 불명확한 경우 등이 있을 때를 의미하는 법률용어이다.

를 지양하고 착취 없는 복지사회를 건설하여야 한다'는 지(旨)의 혁신정치의 실현, (나) '우리는 자유민주주의를 폐기 지양하고 주요 산업과 대기업의 국유 내지 국영을 위시로 급속한 경제건설 사회적 생산력의 제고 및 사회적 생산물의 공정 분배를 완수하기 위하여 계획과 통제의 제 원칙을 실천하여야 한다'는 지(旨)의 수탈 없는 경제체제의 확립, (다) '우리는 남북한에서 평화통일을 저해하는 요소를 견제하고 진보당 세력의 주도권 장악하에 피 흘리지 않는 평화적 방식으로 조국의 통일을 실현한다'는 지(旨)의 평화통일의 실현 등을 강령정책으로 하는 진보당을 조직하였다는데 있는바(판결서 제30정 5행 말~동 31정 3행), 그렇다면 진보당의 강령정책이, 〈국가보안법〉 제1조가 요구하는바 괴뢰집단에 부수하였거나 국가변란의 목적에 비추워 무슨 음모를 하였다거나 어떠한 방법으로 국가변란의 실행행위를 하였다는 범죄 구성과 관련되는 구체적인 사실을 지적하여야 함에도 불구하고, 본 건에 있어서는 이러한 범죄 구성 요건과는 하등 관계없는 강령정책 문제만이 심리된 것은 정치적 문제와 형사 문제를 혼동한 것으로, 국민의 정치활동의 자유를 침탈하여 정당의 정책을 국민 자신의 지지 여부에 물어보지도 않고 범죄로 다스린 것이다.

진보당의 강령에는 분명히 혁신정치의 실현으로 "우리는 공산독재는 물론 자본가와 부패분자의 독재도 이를 배격하고 진정한 민주주의 체제를 확립하여 책임 있는 혁신정치의 실현을 기한다"[증 제2호(강령 2호) 15정 3행~동 4행], 수탈 없는 경제체제의 확립으로 "우리는 생산분배의 합리적 계획으로 민족자본의 육성과 농민 노동자 모든 문화인 및 봉급생활자의 생활권을 확보하여 조국의 번영을 기한다"[동 (강령 3호) 15정 5행~동 6행], 평화통일의 실현으로 "우리는 안으로 민주세력의 대동단결을 추진하고 밖으로 민주우방과 긴밀히 제휴하여 민주세력의 결정적 승리를 얻을 수 있는 평화적 방식에 의한 조국통일의 실현을 기한다"[동 (강령 4호) 15정 7행~동 9행]라고 되어 있음에도 불구하고, 원심은 그 판시 사실로서 강령 중 2, 3, 4호를 전기(前記) (가), (나), (다)와 같이 왜곡 판시하는 위법을 자행하고 있으며, 또한 진보당의 강령정책 자체가 괴뢰집단에 부수하여 국가를 변란할 목적이 있는 것으로 판단하였으나, 진보당은 전기(前記) 강령 외에 정책에 있어서도 "조국의 평화통일을 파괴한 책임은 6·25의 죄과를 범한 북한 공산집단에게 있다. 그들의 반성과 책임 규명은 평화통일의 선행조건이 아닐 수 없다"[증 제2호 (정책) 제61정 8행~동 10행]고 강조되어 있을 뿐만 아니라, 다시금 "우리는 조국의 평화통일방안이 결코 대한민국을 부인하거나 말살하는 데 있지 아니하고 도리혀 그것을 육성하고 혁신하고 진실로 민주화하는 데 있음을 확신한다"[동 (정책) 제62정 2행~동 3행]라고 하였고, "국제정세의 진운에 발맞추어 제 우방과 긴밀한 협조하에 UN을 통한 민주적이고 평화적인 조국통일의 구체적 방안을 책정하려는 것이다. 민주주의적 승리에 의한 조국의 평화적 통일 이것만이 우리의 유일한 길이다"[동 (정책) 제62정 5행~동 7행]라고 하였으며, 또한 동 강령 전문에는 "우리 당이 권력을 장악하게 될 때에는 우리는 우선 대한민국 헌법의 규정과 정신을 소생시켜 광범한 민중에게 민주주의적 제(諸) 자유를 보장하여 주려고 한다"[증 제2호 (강령 전문) 55정 2행~동 3행]라고 한바, 그 강령정책의 어느 구절이 대한민국을 부인하거나 변란할 목적이 있다는 것을 심리 판단함이 없이, 조봉암 피고의 「평화통일에의 길」이라는 논문을 지적하고 있는 것이다.

조봉암은 그 논문의 서두에서 말하기를 "진보당에서 남북통일의 민족적 과업을 수행하는 방안으로서 정치적 평화통일을 주장하여 온 이래로, 국민의 절대적인 지지를 받았으나, 일부에서는 고의로 이 주장을 곡해 또는 모략함으로써 그 실현을 방해하려고 하는 경향도 없지 않으므로, 이 문제에 대한 일부 인사의 오해를 푸는 동시에 우리들의 주장의 정당성을 해명하여 모든 국민의 지지를 얻음으로써, 조속한 시일 내에 우리들의 숙원인 민주주의 승리에 의한 남북통일의 성업을 이룩하는 데 기여하고저 한다"[증 제1호(『중앙정치』 10월호) 제46정 1단 1행~동 20행]라고 하였다. 이 논문의 주요 목적은 UN 결의와 '제네바 14개 조항'에 입각한 진보당의 정치적인 평화정책을 문헌에 의하여 학술적으로 고찰한 것으로, "진보당도 전쟁을 부인하는 것이 아니고 국가적, 민족적 요청으로 필요하다고 인정하는 때에는, 전쟁의 수단에 의하여야 한다"(동 4정 2단 28행~동 29행)고 하였으며, "예전 성현의 말씀과 같이 나라를 평화롭게 하는 데 있어서 간과(干戈)를 잡는다는 것은 만부득이한 경우에 최하책이라고 한 것과 마찬가지로, 할 수만 있다면 피를 흘리는 것을 피하고 평화적인 방법으로 해야 된다는 것은 인정과 도의일 뿐만 아니라 정치적인 상식이다"(동 14정 2단 2행~동 8행), "세계정세를 이해할 줄 알고 판단할 줄 아는 이는, 휴전협정 이후 1954년 제네바회담 때부터 우리나라를 통일함에 있어서는 정치적, 평화적 방법에 의할 수밖에 없다는 것을 알았을 것"이라고(동 14정 2단 19행~동 22행) 하였다. 그 구체적인 통일방안에 있어서는, "우리 대한민국은 대한민국의 입장에서 국가 민족의 백년대계를 위하여 우리가 더 자유롭고 행복스럽게 살기 위한 모든 방안을 연구하고 모색해 왔으며, 이 문제는 너무나도 중대한 문제이기 때문에 누구나 경솔히 말할 수 없으며, 정부 당국과 모든 정당 정파가 협의하고 정부를 지도하고 편달해서 최선의 안을 연구해야 한다"(동 14정 2단 24행~동 29행, 동 14정 3단 30행~동 37행)라 하였으며, 이어 "통일을 꼭 하여야 하나 민주주의가 승리할 수 있는 방법이래야 한다"(동 14정 2단 23행~동 25행)라고 하였다.

조(曺) 피고는 그의 논문에서 지적하기를, 우리 민족이 통일되어야 한다는 이유로써, "첫째, 우리 민족은 단일민족이라는 사실과 둘째, 농업중심지인 남한과 공업 중심지인 북한은 민족의 생존상 분리될 수 없다는 사실, 셋째, 미소(美蘇) 양대진영의 제1선으로써 한국의 평화는 전 세계 인류의 평화를 가져 온다는 것"을 강조하였으며(동 5정 1단 17행~동 3단 말행), 지금까지 통일이 되지 않고 있는 이유로서는 "8 · 15해방을 우리의 힘으로 쟁취하지 못하였다는 사실 그것이였으며(동 6정 1단 1행~동 30행), 통일을 성취할 수 있는 방법으로서는 우리 자신의 역량을 기름과 동시에, 통일을 위한 노력과 투쟁이 필요하다"고 하였다(동 6정 2단 18행~동 30행). 그리고 무력통일이 불가능하다는 절대적인 이유로서, 첫째, 자신의 군사력을 과신하고 불법 남침한 괴뢰집단의 예로서 반증하였고, 둘째, 한국의 평화적 통일을 위한 UN의 노력과 권위를 들었으며, 셋째, 한미상호방위협정(韓美相互防衛協定)[97]의 법적 효력을 설명하였고, 넷째, 무력적인 방법에 의한 한국의 통일은 곧 세계전쟁을 유발할 가능성이 있음을 지적한 다음(동 6정 3단 22행~동 8정 1단 31행), 지금까지 시도한 바 있는 몇 가지 통일방안을 설명함에 있어서,

97) 한미상호방위조약을 말한다. 1953년 8월 8일 서울에서 한국의 변영태 외무장관과 미국의 덜레스(John Foster Dulles) 국무장관에 의해서 가(假)조인된 후에 10월 1일 워싱턴에서 정식으로 조인되고, 1954년 11월 18일에 발효되었다.

첫째, UN 감시하의 북한만의 선거안, 둘째, 협상에 의한 연립정부안, 셋째, 중립화안, 넷째, 중립국 감시안, 다섯째, UN 감시하의 남북통일 총선거안 등이 있는 바, 이러한 여러 안 중에서 첫째 안은 우리 국회에서 결의된 안이고, 둘째 안은 이북 괴뢰측 안이며, 셋째, 넷째 안은 중립국측 안이고, 다섯째 안이 누누이 말해온 바와 같이 UN 총회에서 결의된 안이다. 그런즉 우리들 입장에서 볼 때에, 둘째, 넷째 안은 우리 대한민국과 이북 괴뢰를 동일 정부로 인정되는 데서부터 논의된 것이기 때문에, 우리 대한민국으로서는 전혀 상대할 수 없는 안인 것이고, 또 셋째 안도 지금 우리가 통일을 하기는 해야 하되 민주적 승리에 의한 통일을 염원하기 때문에 개념적 유희(遊戲)를 일삼을 수 없으니, 그 역시 문제 할 것이 못 된다.

그럼 첫째 안은 어떠한가. 물론 우리 대한민국으로서는 마땅히 UN에 향해서 싸울 수 있는 안이기도 하나, UN 감시하에서 대한민국이 수립되었고 UN의 승인을 얻어 합법적인 정부가 되었으니 이제는 UN의 권위를 세워 가지고 북한에도 선거를 시켜서 우리 국회에 남은 100석의 의석을 채우게만 하면 되는 것이다. 물론 당연한 논리이다. 그러나 이것은 한 개의 통일안으로서는 국제적으로 편협된 것이라 인정되어, UN 각국에서 적극적으로 추진하는 나라가 없기 때문에 실현성이 희박하지 않을까 생각되며, 또 나 개인의 생각으로는 북한만의 선거가 실시케 되었다고 가정할 때 현재 북한의 실정으로 보아서 완전한 자유 분위기가 조성될 수 없으리라고 볼 때, 선거 결과는 공산주의자 100명이 국회에 진출할 위험성이 있는 것이다. 그런 관점에서 볼 때에 북한만의 선거가 제일 좋은 것이라고 할 수 없는 것이고, 그보다는 차라리 진정한 민주적 환경을 만드러 놓고 선거하는 경우라면, 우리 대한민국 내에서는 물론이러니와 이북에서도 민주주의자의 다수가 민중의 지지를 받아서 당선케 될 것이므로, 그렇게 되는 것이 공산당원 100명을 국회에 갖다 놓는 것보다는 옳은 일일 것이며, 또 우리들이 승리할 수 있는 길이 아닌가고도 생각되는 것이다.

그러니 다섯째 안 즉 UN의 결의와 같이 우리 대한민국이 이북 괴뢰와 동등한 위치에 서서 동일한 시(時)에 선거가 실시한다는 것은 오불유쾌(吾不愉快) 하기는 하지만, 기왕에도 UN 감시하에서 몇 번씩이나 선거를 해왔으니 또 한 번 한다고 해서 그게 그렇게 나쁠 것도 없을 것 같다. 오히려 그렇게 되는 것이 북한에서만 맡겨서 하는 것보다는 더 좋은 결과를 초래하리라는 것도 고려되는 것이다. 나는 거듭 말하거니와 이것이 중대한 국가적인 외교문제이니만큼 현행 정부의 주장과 정면충돌이 되어서 조끔이라도 나라에 해를 끼칠 염려가 있을까 저어해서, 현행 정부에서 제기하고 있는 문제 이외의 구체적인 안은 공개하기를 사양하기로 하겠다. 이는 국민으로서의 도의요, 정치적인 상식이라고 믿기 때문이다. 그래서 나는 수삼 년 전부터 이 문제에 대하여 이 대통령을 비롯한 국내 모든 정치가들에게 구체적인 호소를 한 바 있었다.[졸저 「우리의 당면과업」을 참조(증제 호)][98] 즉 "우리 대한민국 안에 있어서의 모든 민주주의 진영 정치가들이, 이 통일문제에 대한 통일안의 계획을 요구하고, 또 그것이 실시되는 경우에는 강력한 연합전선을 구성해서 대공투쟁에 있어서의 승리를 도모하자는 것을 통절히 호소한 바가 있다. 이번에도 이 기회에 거듭 말하고자 하는 것은, 그야말로 공염불을 집어치우고 우리의 이 통일문제가 정치적으로 해결 되는 경우에 있어서의 민주주의의 승리를 보장하는 길로, 모든 정치인들의 생각이 돌아가기를 나는 다시 한번 간절한 마음으로 호소해 마지않는 바이다"(동 11정 1단 6행~동 12정 1단 27행)라고 한 바, 이 논문에 있어서 조(曺) 피고는 다섯 가지 통일안 중 UN의 통일안을 지지 설명함에 있어서, "다섯째 안, 즉 UN의 결의와 같이 우리 대한민국이 이북 괴뢰와 동등한 위치에 서서 동일한 시간에 선거가 실시된다는 것은 오불유쾌(吾不愉快)하기는 하지만…"(동 11정 2단 31행~동 34행) 운운으로 UN의 결의가 그렇다는 것이며, 조 피고는 단지 현 국제정세하에 통일을 조속히 하자면, 다섯 개 안 중 UN의 결의안이 다소 불유쾌하기는 하지만 가장 적합하지 않을가 하는 자기의 견해를 말하였을 뿐이며, 그것이 조 피고의 창안이 아니라는 것은 문면상 명백할뿐더러 이와 같은 사실은 자유, 민주 양당에 제의한 '국토통일 추진을 위한 행동통일체 구성에 관한 제의'(증 제12호)에 의하여도 의심의 여지 없으며,

조 피고는 이어 진보당의 평화통일방안에 대한 일부의 곡해에 대하여, 첫째,

---

[98] 원본 문서에는 몇 호인지 기재가 되어 있지 않다.

우리가 평화적 방법에 의한 통일을 해야겠다는 것이 이북 괴뢰들과 때를 같이 하고 있으니 이적행위가 된다는 문제이다. 그러나 이북 괴뢰들은 민족자주독립을 열렬히 주장하고 신탁통치를 반대하다가 모스크바의 지령이 내리니까 하룻밤 사이에 신탁통치를 지지한 바 있었고, 또 그들은 6·25사변 직전에 남북교역을 주장하고, 주요 인물의 교환을 주장하다가 6월 25일에는 야만적인 동족상쟁의 남침을 감행했던 것이다. 그 남침이 실패되자 또다시 그들은 모스크바의 지령을 받고, 이번에는 평화통일을 들고 나왔다. 그런즉 그들은 민족적인 이해도, 또는 사람으로서의 체면도, 아무것도 없는 것이다. 단순히 그들은 소련의 괴뢰일 뿐이다. 소련의 지시라면, 오늘 평화통일을 말하다가도 내일은 남침을 할 것이다. 그러니 그들이야 뭐라고 말하든지 우리로서는 하나도 개의할 바 못된다.

그러하거늘 평화통일이라는 문구상의 우연한 일치만을 가지고 남을 모함하려는 심리를 우리는 이해하기가 곤란하다. 저자들은 모스크바의 지령에 의해서, 저희들의 필요에 의해서, 평화통일을 떠드는 것이고, 우리는 우리대로 우리 민족의 절박한 요구와 국제적 정치정세에 당연한 귀추로서의 정치적 주장인 평화통일론을, 어째서 꼭 같이 보려고 하며 같지 않는 것을 같다고 고집하고 싶은가 말이다. 공산괴뢰가 먹는 '밥'을 '밥'이라고 한다면, 우리가 먹는 '밥'을 '밥'이라고 아니해야 한단 말인가. 공산괴뢰가 통일하기를 원한다고 떠들면, 우리는 통일을 원치 않는다고 해야겠단 말인가. 우리는 정치인 간에나, 정당 간에나, 정치적인 견해는 달리할 수도 있고, 따라서 정치적 주장이나 정책이 각각 다를 수도 있는 것이다. 그러니만치 평화통일론을 반대할 수도 있고, 무력통일론을 주장할 수도 있는 것이다. 그러나 남의 주장을 일부러 왜곡해서 아닌 것을 그렇다고 해서까지 상대편을 비난과 모략으로써 해치려고 하는 것은 아무리 생각해도 옳은 정치인의 태도는 아니다.

또 일부 논자는 특히 의정 단상에서까지, 평화적 방법에 의한 국토통일의 주장을 무슨 국시(國是)에 반하는 역적 행위라도 되는 것처럼 말하면서, 우리 대한민국에서 주장하는 북한만의 선거가 절대적으로 옳은 것이라고 강조한 사람이 있으니, 도대체 그는 북한만의 선거를 해서 통일한다는 방안이 무력에 의해서 통일하겠다는 방안인지, 평화적으로 통일하겠다는 안인지를 구별조차 못하는 사람 같다. 북한만의 선거를 실시하자는 것도 확실히 평화적 방법에 의한 통일방안이라는 것을 가르쳐 주어야 될 것 같다. 우리는 앞에서도 말한 바와 같이, 북한만을 UN 감시하에 선거해서 우리 대한민국 국회에 남은 의석을 채우게 하고, 그렇게 되는 것으로써 통일이 성취되는 것이라면 결코 반대하는 사람이 아니다. 그러나 그렇게 되는 경우에 있어서 그 선거의 결과가 공산당원 100명을 우리 국회에 들여놓을 수도 있다는 것을 상상조차 하지 못하면서 그러한 문제를 함부로 논의하는 사람들의 태도를 나는 섭섭하게 생각치 않을 수 없다. 일부 보수당에서 주장하는 바와 같이, 의연히 북진통일만이 유일한 길이라고 하는 사람이라면 몰라도, 그렇지 않고 단순히 북한만의 선거라든지 또는 제네바회의에서의 전체 주장 같은 것에 공명하는 이는, 그도 국토통일에 있어서의 평화적 방법론임을 깨달아야 한다는 것을 거듭 강조하고 싶다.

그런즉 그 구체적인 방안을 우리들이 여러 가지로 모안(模案)해서 우리 민족에게 가장 유리할 수 있는 안을 내서 그 실천을 위해 노력하고 투쟁하자는데야 재론할 여지가 없지 않은가. 또 일부 논자들은 평화통일론자가 국방을 무시하고 군의 사기를 저상(沮喪)[99]시키는 것이니 공산당과 일맥상통하는 것이기 때문에 이적행위가 되는 것이라고 떠드는 사람도 있다. 그러나 그것은 전혀 근거 없는 오해이며 단순한 정치상의 모략에 지나지 않은 말이다. 우리는 결코 국방을 소홀히 해야 한다는 것을 말한 적이 없을 뿐 아니라, 오히려 국방에 충실할 것을 기대하며 노력하고 있다. 모든 국민에게는 국민으로서의 당연한 의무인 병역에 당(当)할 것과 나라를 위하여 봉사하고 희생되기까지라도 주저해서는 안될 것이라는 것을 어느 누구에게도 뒤떨어지지 않게 강조해 왔다. 우리들은 그런 모략을 받을 리가 조금도 없다.

또 일부에서는 "진보당의 평화통일론은, 전면전쟁이 일어나서 전 민주진영이 공동 북진을 하는 경우가 있더라도 그것을 반대하는 것이냐"고 가상적인 질문을

99) 기운을 잃었음을 의미한다.

하는 이도 있는 듯하나, 그것은 도대체 말이 안된다. 민주진영이 선수를 써서 전쟁을 일으킬 리도 없거니와 또한 그래서는 안될 것이며, 더욱이 전 인류의 멸망을 예상하는 원자전쟁이 이 땅에서 일어나지 않도록 우리는 노력해야 한다는 것이다. 물론 국가민족에게 유익하고, 전 국민이 원하고, 또 인도와 정의에 입각하여 모든 민주진영 국가들이 침략자의 응징에 나서는 전쟁이라고 하면, 그 누가 반대할 자가 있을 것이냐. 우리는 그러한 경우라면 누구보다도 한걸음 앞서서 행동할 것이다. 또 일부 사람들은 이 평화통일론과는 달리 우리 진보당을 중상하고 모략하기 위해서, 우리 진보당이 주장하고 있는 '피해대중은 단결하라'는 표어를 가리켜 맑스[100]의 계급투쟁론이라 하며, 또 그것은 6·25사변 당시에 부역 행위를 한 가족을 가리켜 하는 말이라는 등의 터무니 없는 방담(放談)으로써 모략하는 자가 있는데, 참말 가소로운 일이라고 아니할 수 없다. 우리 진보당에서는 맑스주의를 생각하는 사람도 없고 또 그런 것을 주장하는 사람도 없다.

따라서 우리 진보당은 어떠한 계급정당이 아니고, 국민대중의 정당인 것을 거듭 밝혀왔던 것이다. 우리 진보당에서 피해대중이라 함은 "공산침략군에 의하여 민족의 다수가 생명 재산의 피해를 입었다는 것과 우리나라의 정치적 현실로 보아 일부 특권적인 특혜적인 몇몇 사람은 잘 살 수도 있고 거부(巨富)도 되어있지마는, 그러한 특권층 때문에 국민대중이 사실상으로 대중적인 수탈을 당하는 엄연한 현실에 입각해서, 그 대중적인 수탈을 당하는 국민대중을 가리켜 이르는 말이다"(증 제1호 『중앙정치』 10월호 12정 2단 30행~13정 3단 13행)라고, 진보당의 평화통일 정책이 UN 노선에 입각하였음을 밝힌 것이다.

또한 「제네바회담과 조국의 평화통일」이란 제목하의 김기철 피고의 논문도(증 제33호),

(1) 서론으로부터 시작하여,

100) 칼 마르크스(Karl Marx, 1818~1883)는 독일의 철학자, 경제학자, 공산주의 혁명가다. 마르크스의 정치사상과 철학사상은 그 이후의 사상사, 경제사, 정치사에 거대한 영향을 남겼으며, 그의 경제학 저술은 오늘날의 노동과 자본의 관계에 대한 이해 대부분의 기초를 놓았다.

(2) 중요 제안에 대한 검토라고 하고 (1정~24정), (가) 북한 집단의 3개조 제안 (35정~62정), (나) UN이 주장하는 1950년 10월 17일 UN총회 결의 (63정~68정), (다) 영국 대표의 5개조 원칙 제안 (68정~75정), (라) 한국의 14개조 제안 (76정~82정), (마) 소련 대표의 5개조 원칙 제안 (83정~91정), (바) 불국(佛國) 대표의 5개조 원칙 제안 (91정~95정), (사) 북한집단 대표의 6개조 제안 (95정~106정), (아) 참전 16개국 공동선언(107정~116정),

(3) 회담과 우리의 견해 (117정~120정), (A) 회담의 전반적 동향에 대한 비판 (121정~129정), (B) 중요 논쟁점에 대한 우리의 견해 (129정~131정), (가) 6·25사변 도발 책임의 소재 (131정~135정), (나) UN의 권위~와 집단안보군(集團安保軍) 그리고 민족자결원칙에 대하여 (135정~145정), (다) 통한(統韓) 선거 주관은 UN이냐, 전한위(全韓委)냐 (145정~155정), (라) UN 감시하의 북한만의 선거 주장 (156정~162정), (마) 선거 자유분위기 문제 162정~164정), (바) 평화보장은 UN이냐 강대국이냐 (174정~167정), (사) 외국군 철병 문제에 대하여 (167정~170정),

(4) '남북 평화통일 선거원칙에의 건의'라고 하고 '북한당국의 평화공세에 대한 진보당의 선언문 초안'의 순서로 구성되어 있는 것이다. (171정~184정).

강의의 형식으로 되어있는 동 논문은 그 서두에서 "1953년 7월 27일의 소위 휴전협정은 우리 민족의 치욕이며 세계의 비극"이라고 하였고, 1954년 5월 22일 제네바회담 시까지 국제회의에서 논의된 한국의 통일문제에 대하여 사적으로 고찰하였고(1정~32정), 서론에 이어 (2)에서 제네바회담에서 제기된 각국의 제안을 중심으로 찬부 양론을 소개하였으며(33정~116정), (3)에서는 동 회의에 관한 공산측의 무성의함을 공박하고, 그들은 평화통일의 의사도 없이 회담을 선전적 술책으로 이용하고 있다고 단정한 다음, 우리 대표가 여사한 공산 측의 허위발언을 근본적으로 봉쇄하지 못하였음으로 논란하였으며, 북한 집단의 위선적 행위는 민족에 대한 반역과 조국의 분할이라는 2중의 죄악을 범하는 소행이라고 하였고, 또한 김(金) 피고[101]는 동 논문에서 공산 측의 행위는 세계평화의 지주인 UN의 권

101) 김 피고는 '피고인 김기철'을 가리킨다.

위에 대한 전면적인 도전이라고 하고, 한국의 평화를 이룩하는 방법으로서는 공산 측의 여사한 도전행위를 철회하는 데 있다고 한 것이다. 따라서 우리의 견해를 확립하는 것은, 4면에서 진보당의 평화정책을 마치 북한 괴뢰와 통하고 있는 듯이 모략 중상하는 것을 분쇄하고, 북한 괴뢰의 평화공세에 대항하며 나아가서는 우리의 우위성을 개척하는 것이라고 결론을 지은 것이다.(117정~170정)

이와 같은 논문의 전 취지를 종합하여 볼 때에, 선언문 초안에 다소 우리의 신경을 자극하는 구절이 있다고 하여 그것이 곧 공산도당에 부수하였거나, 국가변란의 의사에서 행한 것이라고 할 수 없으며, 도리어 이 논문은 우리 민족에게 절실한 통일문제를 취급함에 있어서 많은 자료를 수집하고 심각하게 연구한 것으로, 어디에다 발표하여도 손색이 없을 정도로 학문적인 가치가 있는 것이다. 설혹 당 위원장이나 간부가 쓴 논문이 불법하다고 가정하더라도, 그것은 개인에 국한된 문제로 정치적인 영향이 당에 미침은 모르되 형사책임이 당 전체에 미칠 수 없다는 것은, 형사법학의 초보적인 원리인 것이며, 공개리에 추진되고 법의 엄격한 감시하에 결당이 되어 정부에 합법적으로 등록된 정당의 강령정책은, 그 당시에 이미 합헌적이라는 공인을 받은 것임으로, 불법화되기 이전의 공개된 사실을 〈국가보안법〉 제1조 위반으로 처벌할 수는 없는 것이다. 따라서 진보당은 폭력적인 방법에 의하지 않고 평화적 민주적 선거의 방법으로 강령정책을 실천하려는 결사임으로, 〈국가보안법〉 제1조 소정의 불법 결사가 아니라는 주장에 대하여, 원심은 "동 법조의 규정은 결사의 목적을 달성하려는 방법이 폭력적 혁명의 방법이든 평화적 민주적 선거의 방법이든 가리지 않는다"고 판시하였음은(판결서 99정 11행 100정 2행), 민주주의의 기초이념을 무시하고 〈국가보안법〉의 법리를 오해한 것이며, 당의 강령정책이나 당 간부 개인의 논문만으로 당을 불법 결사로 규정하고, 북한 괴뢰에 부수하여 국가를 변란할 목적이 있었다고 판시하였음은, 심리미진, 이유불비의 위법이 있다.

제2점 원심은 증거에 의하지 아니하고 사실을 인정한 위법이 있다. 피고인 조봉암 및 윤길중에 대한 판시 제(1) 사실은, 피고인 등이 국헌에 위배하여 정부를 참칭하는 북한 괴뢰집단에 부수하여 국가를 변란할 목적으로, (가) 혁신정치의 실현 (나) 수탈 없는 경제체제의 확립 (다) 평화통일의 실현 등을 강령정책으로 진보당을 조직하고, 피고인 조봉암은 수괴인 중앙당 위원장에, 피고인 윤길중은 동 간부에 각 취임하였다는 데 있는바, 제1점에서 이미 지적한 바와 여(如)히(8정 7행~12정 3행), 진보당의 강령 제2호에는 혁신정치의 실현으로 "우리는 공산독재는 물론 자본가와 부패분자의 독재도 이를 배격하고, 진정한 민주주의 체제를 확립하여 책임 있는 혁신정치의 실현을 기한다"(증 제2호 15정 3행~동 4행). 동 3호에는 수탈 없는 경제체제의 확립으로, "우리는 생산분배의 합리적 계획으로 민족자본의 육성과 농민, 노동자, 모든 문화인 및 봉급생활자의 생활권을 확보하여, 조국의 부흥번영을 기한다"(증 제2호 15정 5행~동 6행), 동 4호에는 평화통일의 실현으로, "우리는 안으로 민주세력의 대동단결을 추진하고 밖으로 민주우방과 긴밀히 제휴하여, 민주세력의 결정적 승리를 얻을 수 있는 평화적 방식에 의한 조국통일의 실현을 기한다"(증 제2호 15정 7행~동 9행)는데 있은즉, 동 강령 자체가 범죄가 될 수 없음은 물론인바 원심은, 동 판시내용에 전기(前記) 진보당의 강령을 왜곡 기재하여 사실을 그릇 판시하였을 뿐 아니라, '평화통일의 실현'을 제외한, '혁신정치의 실현', '수탈 없는 경제체제의 확립' 등은 검사가 심판을 구하지 아니한 사실을 판단한 위법이 있으며, 그중 문제의 통일방안에 있어서는 우리가 생각할 수 있는 것으로, UN 감시하의 북한만의 선거안, 제네바 14개 조항, UN 감시하의 남북 자유선거안 등인 것인바, 그 어느 것을 주장하든 간에 평화통일방안임에는 이론(異論)이 없을 것이나, 단지 그것을 실현하는 방법이 헌법과 법률의 절차에 의할 것이냐의 여부에 따라 국헌에 위배 되는 여부가 결정될 문제라고 할 것이며(형법 제91조 참조), 전기(前記) 제1점에서 이미 구체적으로 지적한 바와 여(如)히(12정 8행~34정 4행) 진보당의 평화통일방안이 여러 가지 방안 중 UN의 결의에 의거한 것이라는 것을 누누이 설명한바 있다.

진보당은 그 통일정책에서, "우리 자신이 대한민국의 정치권력을 획득해야 하며 그런 연후에 국제정세의 진운에 말맞추어 제 우방과의 긴밀한 협조하에 UN을 통한 민주적이고 평화적인 조국통일의 구체적 방안을 책정하려는 것이다"[증 제2호 (정책) 제62정 4행~동 6행]라고 한 바와 여(如)히, 진보당이 정치권력을 획득하지 않는 한 평화통일이란 원칙 문제 이외에 그 구체적인 방안이 있을 수 없는 것으로, 이러한 진보당의 추상적인 통일방안이 국가변란을 목적으로 하는 북한 괴뢰 집단의 위장 평화공세와 야합하였는가의 여부에 대하여는, 원래 진보당의 창당과정은 4288(1955)년 광릉(廣陵)[102]에서 조봉암, 서상일, 장건상 등 20여 명이 회합하여 신당 조직에 관한 대체적 협의가 있은 후, 동년 10월 24일 대관원 회합에서 신당조직의 3대 원칙을 수립함과 동시에 가칭 진보당발기준비위원회(進步黨發起準備委員會)를 결성하여, 동 발기준비에 대한 취지문 및 강령 초안 작성을 한 후 동년 12월 22일 동 조봉암 서상일 외 9명의 대표 명의로 가칭 진보당 발기 취지를 발표하였고,

4289(1956)년 1월 12일 다시 가칭 진보당준비주비추진위원회(進步黨準備籌備推進委員會)를 설치하고, 동년 3월 31일 가칭 진보당추진대표자회의(進步黨推進代表者會議)를 거처 동년 11월 10일 동 결성에 이르렀던바, 평화통일원칙 자체는 우(右) 대관원 회합 당시에 이미 (1) 혁신세력의 규합, (2) 계획성 있는 경제정책의 구현과 함께 민주주의 승리 하(下) 평화적 남북통일이란 신당조직 원칙이 세워졌으며, 우(右) 대관원 회합 후 윤길중 피고가 가칭 진보당발기준비주비위원회 의안부(議案部) 책임자로서 초안한 4개 항목의 강령 초안의 한 항목으로서, "우리는 안으로 민주세력의 대동단결을 추진하고, 밖으로 민주우방과 긴밀히 제휴하여 민주세력이 결정적 승리를 기할 수 있는 방식에 의한 조국통일의 실천을 기한다"는 방식으로 표현되었으며, 기후(其後)는 의안위원회에 의하여 평화적 통일이란 구절로 수정되었고, 그 후 그것이 기초가 되어서 가칭 진보당추진준비위원회 의안부 책임자 신도성에 의하여, 진보당 결당 시 동당 정책으로 채택된 것인바, 동 평화통일의 원칙은 그 최초부터 어느 개인의 주장에 의하여 채택된 것이 아니고, 서상일 등 그 당시의 회합 인원의 공통된 분위기 속에서 나온 원칙이란 사실을 인정할 수 있을 뿐만 아니라(1심 제8회 공판조서 중 윤길중의 진술 부분) (기록 제4307정 6행~4315정 11행)

102) '광릉' 지명의 한자어 표기는 원문에 광릉(廣陵)으로 표기된 부분도 있으나 광릉(光陵)이 올바른 표기이다. 광릉은 경기도 남양주시에 있다. 조선 세조와 그의 비 정희왕후 윤 씨의 능으로, 그 주변에 국립수목원이 조성되어 있다.

조서 중 증인 신도성의 증언 기재 부분(기록 제4635정 11행~동 466정 3행), 진보당의 선언, 강령정책(증 제2호)과 국토통일추진에 관한 제의(증 제12호) 및 피고인 김기철의 원고(증 제33호) 등의 전(全) 기재 내용 등에 의하면, 진보당의 통일방안이 북한 괴뢰집단이 주장하는 위장된 평화통일과는 판이하다는 것을 인정할 수 있을 뿐 외(外)라. 정책 중 진보당이 주장하는 평화통일의 구호는 민주세력이 결정적 승리를 얻을 수 있는 평화통일이며, 또한 조국의 평화적 통일을 파괴한 책임은 6·25의 죄과를 범한 북한 공산집단에게 있다고 단정하고, 조국의 평화적 통일방안이 결코 대한민국을 부인하거나 말살하는 데 있지 아니하고, 도리어 그것을 육성하고, 혁신하고, 진실로 민주화하는 데 있다고 하였고, 국제정세의 진운(進運)에 발맞추어 제 우방과의 긴밀한 협조하에 UN을 통한 민주적이고 평화적인 조국통일방안을 책정하고, 민주주의 승리에 의한 조국이 통일을 이룩한다(증 제2호 61정 1행~동 62정 7행)고 기재되어 있고,

또한 진보당이 북한 괴뢰와 야합하여 국가를 변란할 목적으로 평화통일을 정책으로 한 것이 아니라는 것은, 검찰 이래 원심에 이르기까지의 관계, 각 피고인 등의 진술과 증인 등의 진술에 의할지라도 명백하며, 원심 제2회 공판조서 중 피고인 전원의 진술 부분(5513정 4행~동 5514정 말행), 피고인 박기출의 진술 부분(동 5524정 이면 6행~5525정 7행), 피고인 김달호의 진술 부분(동 5534정 이면 1행~동 말행), 피고인 윤길중의 진술 부분(동 5541정 4행~5542정 6행, 동 5547정 3행~동 이면 8행), 피고인 조규택의 진술 부분(동 5548정 이면 1행~5550정 1행), 피고인 조규희의 진술 부분(동 5551정 이면 2행~5552정 7행), 피고인 신창균의 진술 부분(동 5555정 이면 8행~5557정 2행, 동 5558정 3행~ 동 10행), 피고인 김기철의 진술 부분(동 5561정 12행~5564정 9행, 동 5564정 이면 7행~5565정 2행), 피고인 김병휘의 진술 부분(동 5566정 12행~동 이면 5행, 동 5567정 이면 8행~동 5568정 5행) 및 상(相) 피고인 이동화의 진술 부분(5570정 이면 4행~동 5572정 8행), 동 이상두의 진술 부분(동 5588정 12행~5594정 5행) 또한 1심과 검찰에서의 피고인 등의 원심(原審) 진술과 부합되는 내용의 진술 등으로 충분히 차(此)를 인정할 수 있고,

원심에서 증거로 채택된 1심 제14회 공판조서 중 증인 신도성의 증언으로써, "4288(1955)년 6월경부터 제2의 야당을 만들자고, 윤길중, 김기철 양씨(兩氏) 집에 모인 일이 있고, 서상일 씨 댁에서도 모이고 하다가, 서(徐) 선생이 소풍 가자고 해서 광릉에 가서 회합한 일이 있는데, 그것이 광릉회합이라고 하는 것이 아닌가 지금 생각됩니다. 광릉에 참석하였을 적에 그 취지를 들으니 참석한 분들이 앞으로 정당운동을 전개하여 보자는 것이었고, 그리고 그 후 잠차(暫次) 태동하여 모인 것이 서상일 씨 댁에서인데, 그때 잡다(雜多) 정객이 모인 가운데서 나를 반대하는 분이 있다고 하는 말을 듣고 관여않고 있다가, 그 몇 달이 지난 뒤에 반대하는 분이 물러갔으니 다시 와서 같이 하자고 해서 그때부터 관계하기 시작한 것인데 그것이 추진준비위원회 때입니다. 추진준비위원회가 발족됨에 따라 윤길중 씨가 선전, 의안 책임을 보고, 좀 있다가 제가 의안부 책임자로 취임하였습니다. 그것이 참가의 시초입니다.

그리하여 4288(1955)년 12월 발기취지문을 발표하고 아울러 강령 초안도 발표한 일이 있습니다. 의안부 책임자는 당의 공식적 발표문서를 작성하는 것을 맡고 있는 것인데, 제가 취임하니 그간 정강정책이 될만한 많은 자료가 되어 있어서 그것을 토대로 하고 간부의 의견을 듣고 해서 제가 정책 면에 관한 것을 작성하고, 이동화 교수가 강령 전문이라는 것을 기초하였으며, 강령 초안으로 나와 있는 것이 4개 항목으로 되어있는데, 그중 평화적 방식에 의한 통일을 해야 한다는 것이 있습니다. 동 내용은 '민주주의의 승리를 보장하는 평화적 방식에 의한 통일의 실현을 기한다'라고 되어 있는 것을 기억합니다. 그 경위를 말씀드리자면 기존 양개(兩個) 보수당, 특히 민주당 정강에 없는 새로운 것이 있어야 한다는 말이 나와, 즉 혁신정당의 강령으로서 특수성을 나타내기 위해서 넣자고 하였고, 그때는 평화통일에 대하여 별로 이론을 가진 사람은 없으리만치 평화적으로 통일할 수밖에 없다는 의견이 지배적이었습니다. 증인이 의안 책임을 맡아보게 되어 증인 자신이 정책에 관한 초안을 작성하였으며, 조봉암 및 서상일 씨가 특히 평화통일에 대하여 주장한 바는 없습니다.

제가 참가했을 적에는 평화통일은 이미 채택하기로 거의 일치를 보고 있었는데, 의안부 책임자인 본인으로서는, 그 평화통일이란 평화 운운이 괴뢰의 선전적 효과를 줄 염려도 없지 않으니 평화통일은 정치적 통일이라고 하는 것이 이념상으로 정연하지나 않느냐고 제 주장을 말해봤지만, 그것은 학술적 논문식으로서는 통할 수 있을지 모르나 선거 강령에 활용할 때에 있어서는 좀 더 대중에게 효과적이고 알기 쉬운 것은 평화적 통일이라는 데서 쓰여지게 되었으며, 좌우간 그것이 공산당에 이롭게 악용될 염려가 있으니 차(此)를 회피하여 신중히 하지 않으면 안되겠다 해서, 민주주의의 승리를 보장하는 것을 첨가했습니다. 진보당의 정책으로서 통일문제를 취급, 초안 작성할 적에 평화통일은 누구의 주장에 의하였거나 또는 다른 공기가 흐른 것은 없었으며, 대체로 전체의 공기가 그러했지 누구의 주장이 특히 나온 일은 없습니다. 초고는 대개 제 머리에서 나온 것을 썼습니다. 증인이 진보당을 나온 것은 선거가 끝난 후 전체 사퇴할 적에 라고 기억되며 그것이 동년 6월 중순경이 아닌가 합니다.

증인이 진보당에서 탈퇴한 이유는, 서상일, 조봉암이 분열될 내용을 가지고 있어서 안될 것으로 보고 나왔으며, 제 사적 견해를 공개된 자리에서 말하기는 곤란하나 좀 말씀드리면, 그 당시 진보당이 장차 잘되어갈지는 몰랐지만 정부통령 선거에 있어서 자유·민주당에서는 물론 정부통령을 선택 입후보케 할 것이지만, 진보당에서도 혁신세력이 있다는 것을 알리기 위하여서라도 정부통령에 입후보해야 한다고 하였습니다. 당락은 고사하고 계몽과 선전적 효과가 있다는 데서 참가하기로 하여, 공천 전에 대통령에 서상일, 부통령에 조봉암 하자고 해서 그리될 뻔 했는데, 사정이 확 달라져서 뒤바뀌게 되니까 서상일 씨는 나는 안한다 하게 되어, 서상일 씨 대신에 박기출 씨를 부통령으로 공천했던 것입니다. 그래서 저는 그때 벌써 분열을 추단(推斷)했습니다. 그런 것이 선거전에 공개되면 창피하니 끝날 때까지 참고 내려오다가 그만두게 된 것이라고 할 수 있음으로, 저는 영도권(領導權) 문제로 결렬이 되었다고 봤습니다.

증인은 진보당의 정강정책을 봐서 결론적으로 남북의 평화통일방안으로서는 현 대한민국이 북한 괴뢰와 동등한 위치에서 양측을 일 대 일로 간주하여 각 해소시키고 운운하는 해석이 나올 수 없다고 보며, 인쇄된 책자대로 임의로 딴 해석은 불가능하고 다른 사람도 그렇게 해석하는데 이론이 없을 것입니다. 준비위원회 때에 간부 중에는 사회민주주의 방향을 지향해야 된다고 한 사람도 있었기는 했지만, 증인 자신은 지금 그 시기가 못 된다고 말하고 수정자본주의로써 만족할 수밖에 없다고 주장하여 그것이 채택된 것으로 기억하고 있으며, 진보당의 정책 가운데 통일문제에 있어서 우리는 조국의 평화통일방안이 결코 대한민국을 부인하거나 말살하는 데 있지 아니하고 도리어 그것을 육성하고 혁신하고 진실로 민주화 하는데 있음을 확신한다, 라고 하였는데 제가 쓴 그대로입니다"(4635정 11행~4655정 9행)라는 진술 및 동 고정훈의 이와 동일한 내용의 진술과(4686정 2행~4695정 8행) 기타 본건 전(全) 기록 및 증거물을 통하여 보아도

진보당이 북한 괴뢰집단에 부수하여 대한민국을 변란할 목적으로 조직된 결사임을 전제로 한 그 여(余)의 판시 사실 즉 피고인 조봉암에 대한 판시 제(2) 사실은, 4289(1956)년 12월 피고인 자택에서 동당 전북도당 간부인 김창을(金昌乙)의 소개로 정태영과 밀회한 후 동인을 동당 비밀당원으로 가입시키는 한편, 당을 위하여 투신 노력하겠다는 약속을 받고 4290(1957)년 5월경 동인으로부터 「실천적 제문제(諸問題)」라는 강평서라 하여 그 내용인즉,

① 당의 이념은 사회주의 실현에 있다.

② 인류의 역사는 계급투쟁의 역사이다. 국가는 피착취계급을 억압하기 위한 수단이다. 무계급사회에서는 국가는 필연적으로 소멸하고 인간은 더욱더욱 자유 천국에 가까워진다. 종국의 세계평화는 세계적화(世界赤化)에 있다.

③ 집권한 후 해결해야 할 문제는, 그 하나로서 노조(勞組) 협조의 조직강화 즉 우리의 정치적 기반은 노동조합과 협동조합에 두어야 한다. 그리고 노동계급이 충분히 성장치 못하고 있는 우리나라로서는 농민, 어민의 푸로레타리아적 성격 및 주목하면서 협동조합 강화에 특히 힘써야 한다.

④ 남북통일에 있어서 가능한 통일방법에 있어서는, 남북 군경해산, 국제감시하(주로 경비 치안 담당) 총선, 남북연립정부 수립, 그에 의한 총선 후 다시 내각 구성, 남북의회의 통합, 그에 의한 정부수립.

⑤ 당조직 강화와 확대책에 관하여는, 당원의 생계에 대한 당국의 압박으로부터 피하기 위하여, 그로 인하여 곧 생활의 직접적 위협을 받게 될 당원의

> 존재 및 가능한 테로[103] 행위를 피하기 위해 당은 이중조직을 가진다. 표면 활동을 자유롭게 할 수 있는 요소를 지닐 인사들을 많이 포섭한다. 그들의 교화는 점차적으로 행한다. 현재 소극적 투쟁기이나 점차 사회주의라는 말이 민주주의라는 말처럼 현 사회의 하나의 상식의 용어가 되면서부터는 점차 그 논점도 사회주의 이론의 핵심에 들어가야 한다. 진보당이 현재 이상의 대수난기가 있을 것으로 예상하고, 지하조직에 일층 힘써야 한다. 우리는 모든 활동에 있어서 가능한 장해를 고려하여 행동의 제1, 제2, 제3 등등 방안을 미리 세워 신속히 대처해야 한다. 당원명부는 당의 심장이다. 어느 때 어떠한 사태가 발생할지 모른다. 그 명부를 함부로 굴린다는 것이 말이 아니다. 당위원장 집에 양담배가 굴러다니는 것은 이유 여하를 막론하고 좋지 못한 일이다.

등 요지의 메모를 받어, 항시 차(此)를 소지 검토하므로써 동당 노선의 재료로 하여, 동당이 목적하는 국가변란이라는 실행 사실을 협의하였다는 점에 관하여, 정태영이 4290(1957)년 1월 중순경 동당 전남도당 조직책임자 김창을의 안내로, 서울특별시 성동구 신당동 소재 우(右) 조봉암 가(家)에 동인을 심방한 사실, 동인이 진보당에 입당하였다는 사실 및 동인으로부터 「실천적 제 문제」라는 서면을 받었다는 사실은 모다 피고인이 인정하는바, 이는 우(右) 정태영이 동당 위원장인 피고인에 대하여 당원으로서 어떠한 일을 하는 것이 좋겠느냐고 묻기에, 동인에 대하여 동인이 생각하는 것을 써오라고 하였던바, 동 「실천적 제 문제」를 써왔기에 한번 읽었으나, 좀 과격하기에 봉투 속에 넣어두었을 뿐 그 이상의 의미는 없다는 진술(수사기관 이래 일관된 진술)과 한편 동 정태영은 이에 대하여 4290(1957)년 1월 중순경 우(右) 조봉암을 심방한 사실, 동 「실천적 제 문제」라는 서면을 동 조봉암에게 수교(手交)한 사실은 인정하나 이는 우(右) 최초 심방시(尋訪時)에 양인 간에 진보당의 이념과 노선 이야기 및 시국에 관한 이야기 끝에, 동 정태영은 동 조봉암에게 당에 대한 의견을 더 개진하려 하였으나 동인이 바빠서 시간이 없었음으로 기(其) 익일 다시 심방케 되었든 바, 동 「실천적 제 문제」는

---

103) '테러'를 말한다.

동 의견 개진의 편의를 위하여 순서 없이 메모한 것에 불과한 바, 재차 방문시도 동 조봉암이 분주하여 동 의견을 말할 수 없었든바, 동 조봉암이 "써가지고 온 것이 있으면 두고 가라"고 하기에 차(此)를 두고 왔든 것에 불과하며, 그 내용에 있어서도 당시 생각난 바를 기재하였을 뿐 별다른 주장도 아니였으며, 기중 ④ 통일방안에 관하여서도 평소에 생각하여 오든 바를 메모하였을 뿐이라고 진술하여(수사기관 이래 일관된 진술), 타(他)에 국가변란의 목적 사항을 협의하였다는 하등의 증거가 없음으로 본 범죄사실은 결국 그 증명이 없고

피고인 조봉암에 대한 한 판시 제(4) 사실 및 동 윤길중에 대한 판시(2) 사실 중 (4)부분은, 4290(1957)년 9월 우(右) 진보당을 확대 시킬 목적으로 동당과 노선을 동일히 하는 근민당(勤民黨) 재남잔류파(在南殘留派)[104]인 김성숙(金星淑), 양재소, 김일우 등 10여 명과 합세할 것을 기도하고, 동월 20일 시내 종로2가 진보당 사무실에서 진보당측 대표로 피고인 조봉암, 상(相) 피고인 윤길중, 동 김달호, 동 이명하, 동 김기철, 동 조규희, 동 최희규 등과 근민당 대표로 우(右) 김성숙(金星淑), 양재소, 김일우 외 7명이 회합하여 통일주비위원회(統一籌備委員會)를 구성하는 동시에, 미구(未久)에 대회를 개최하여 결정하기로 합의하여서 동당의 목적 사항을 협의하였다는 데 있는바, 이는 진보당이 국가를 변란하는 불법 집단임을 전제로 하는 것이니 그 증명이 없음은 물론, 근민당 관계자인 전기 김성숙(金星淑), 양재소, 김일우 등은 4291(1958)년 12월 16일 귀원에서 무죄판결이 확정되었으므로[4291(1958)년 형상 제496호] 원심 판결은 그 이유 없는 것이고,

피고인 조봉암에 대한 판시 제(5) 사실 및 동 윤길중에 대한 판시(2) 사실 중 (5)부분은 피고인 등이 「평화통일의 길」이라는 논문을 발표함으로써, 동당의 목적 사항의 실행을 협의, 선전하였다는데 있는바, 이미 제1점에서 상세히 설명한

104) 근로인민당(勤勞人民黨, 약칭 근민당)은 1947년 5월 24일 여운형이 중심이 되어 결성한 정당이다. 그러나 1947년 7월 19일 여운형 사후, 구심점을 잃은 근로인민당은 더 이상 활동을 지속하기 어렵게 되었다. 남북지도자연석회의에 참석하기 위해 월북했던 이영, 백남운, 이여성 등과 같은 근로인민당 당원들은 평양에 잔류하였다. 반면에 남쪽에 잔류한 이들은 '근민당 재남잔류파'라고 불렀다. 이들 중 장건상, 김성숙 등은 1957년에는 '근로인민당'을 재건하려고 하였다는 혐의로 체포되기도 하였다.

바와 여(如)히(12정 8행~24정 4행) 동 논문의 문제점은 UN의 통일방안에 대한 피고인 조봉암 개인의 견해를 말하였을 뿐으로, 그것이 당의 정책이나 또는 당위원장으로서의 통일방안이라고 인정할 수 없음은 물론 그 논문 자체가 북한 괴뢰집단에 부수하여 국가변란의 목적에서 행하여졌다는 증거는 없는 것이며,

피고인 조봉암에 대한 판시(6) 사실 및 동 윤길중에 대한 판시(3) 사실은, 피고인 조봉암은 상(相) 피고인 김기철로부터 전기 제1점에서 지적한 바와 여(如)한(34정 4행~38정 10행) 통일방안을 제시 받어, 차(此)를 진보당 내 통일문제연구위원회에 회부하도록 지시하여 동 김기철로 하여금 동 안의 토의를 위하여 수차 동 위원회를 개최하게 하고, 다시 동년 11월 하순경 전시(前示) 당 사무실에서 상(相) 피고인 박기출, 동 김달호, 동 김기철, 동 조규희, 동 윤길중 등과 회합한 석상에서 동안이 동당의 노선에 입각한 평화통일의 구체적 방안으로서는 가장 적당하지만 이를 발표하면 제3세력이란 오해를 받을 염려가 있으니 그 발표만은 적당한 시간까지 보류하자고 하므로써, 동당의 목적한 사항의 실행을 협의하였다는 데 있는바, 전문 180매에 달하는 동 논문의 전(全) 취지에는 북한 괴뢰집단에 부수하여 국가를 변란할 목적이 있었다는 하등의 증거를 발견할 수 없는 것이다. 원심은 본건에 대한 증거로서 1심이래 각 피고인 등의 진술과 상(相) 피고인 이동화, 동 이상두의 진술, 증인 신도성, 동 고정훈 등의 증언 및 피고인 등에 대한 검찰 조서를 들고 있으나, 여상의 모든 진술을 삭삭히 들추어보아도 진보당이 북한 괴뢰집단에 부수하여 국가를 변란할 목적이 있었다는 증명은 물론 기타 모든 증거물을 검토하고 분해하여 보아도 진보당이 국헌에 위배 되는 불법 결사라는 증거는 없는 것인즉, 원심은 증거에 의하지 않고 사실을 인정하고, 채증법칙 위배의 위법이 있는 것이다.

제3점 원심은 공소를 제기치 아니한 사실에 대하여 판단한 위법이 있는 것이다. 〈형사소송법〉 제254조에는 공소 제기의 방식으로서 공소는 반드시 서면으로 제기하여야 하고(1항), 공소장에는 (1) 피고인의 특정, (2) 죄명, (3) 공소사실, (4) 적용법조 등을 기재하여야 하며(2항), 공소가 제기된 사건에 관하여 만약 검사가 공소장 변경의 필요를 느낄 경우에는, 법원의 허가를 얻어 공소장에 기재한 공소

사실 또는 적용법조의 추가 철회 또는 변경을 할 수 있음은 물론, 법원은 공소사실의 동일성을 해하지 아니하는 한도에서 이를 허가하도록 되어있는 것이다(〈형사소송법〉 제298조 1, 2항). 그럼으로 법률에 규정한 공소 제기 방식은 요식행위임에도 불구하고 본건에 있어서 검사가 제출한 공소장 중 피고인 조봉암에 대한 공소사실 (4)(공소장 38정 8행~동 12행) 무기 불법소지의 점은 범죄사실만 기재하였을 뿐으로 죄명 및 적용 법조의 기재가 없은 즉(동 1정 참조), 의당 〈형사소송법〉 제327조 2호의 규정에 의하여 공소기각의 판결이 있어야 할 것임에도 불구하고, 원심이 이를 판시(3) 사실로 유죄로 판단하였음은 공소를 제기치 아니한 사실에 대하여 판단한 위법이다.

2. 피고인 조봉암에 대한 간첩의 점에 대하여

제4점 원심은 법률을 그릇 적용한 위법이 있다. 본시 간첩이라는 개념은 적에게 통지하거나 교부할 목적으로 아국의 군사상의 기밀을 탐지하거나 군사상의 기밀에 관한 물건을 수집하는 행위를 말하고, 군사상의 기밀에 속하는 한, 적에게 알림으로서 아국에 불리한 일절의 사항을 포함할 것이나, 그 사실은 아직 적이 알지 못한 것에 한하는 것이라고 규정이 되어 왔으며, 이와 같이 군사간첩만을 간첩이라고 개념하는 것은 대개 어느 나라고 공통된 것이라고 하겠다. 이는 법률학 사전에 의할지라도 간첩은 "일방의 교전자(交战者)의 작전지대 내에서 타방의 교전자에 통지할 의사로 비밀히 또는 허위의 구실하에 정보를 수집하는 자"라고 하였고, 간첩죄라 함은 "간첩을 하는 것. 간첩을 방조하는 것, 급(及) 군사상의 기밀을 적국에 누설하는 행위"라고 한 것이다.

그렇다면 본건에 있어서 상(相) 피고인 양이섭(梁利涉)이가 북한을 왕래하면서 괴뢰집단으로부터 받은 지령 중 피고인 조봉암에게 전하였다는 말의 요지는

(1) 양이섭이가 조봉암을 접촉한 것이 동인이 북한을 왕래하기 시작하여 4회째(HID[105])선을 이용한 1회 시) 되는, 4289(1956)년 3월 중순경으로 당시 양이

105) 육군첩보부대(Headquarters of Intelligence Detachment, 약칭 HID)를 말한다.

섭이가 조봉암을 남산동 모 무허가 주점에서 상봉하여 하였다는 말은, ① 자기는 이북을 왕래하면서 상업을 하여 돈도 좀 벌었는데 북한에서 노동당(勞動黨) 중앙위원 겸 동 중앙당 정보위원회 부위원장인 박일영(朴日英)을 만났더니, 조봉암을 나쁘게 생각지 않고 있었으며 박헌영(朴憲永)이 조봉암을 출당시킨 것은 박의 과오였다 운운…, ② 북한과 조봉암은 합작하자고 하고 5·15총선에 출마하면 원조하겠다드라 운운… (기록 제3022정 2행~3024정 이면 9행)

(2) 동년 4월 초순경 두 번째 만났을 시에는, 평화통일을 구호로 삼았다는 것은 대단히 좋은 일이고 평화통일이라는 것은 북에서 말하는 것과 동일한 것이니 널리 선전하여 일반대중에게 주입시키도록 하고 운운…, 선거자금은 북에서 원조하겠다, 이번에 출마하여도 당선은 못되나 정치투쟁을 강화하는 것이라고 보아야 할 것이다, 운운… (기록 제3029정 7행~3031정 이면 9행)

(3) 동년 7월 중순경 네 번째 만났을 시에는, 이제는 선거도 끝났으니 창당을 빨리하라, 정당으로서 기관지가 필요하니 일간지 판권을 속히 얻도록 하고 평화통일노선을 적극 선전 추진토록하라, 운영자금은 전적으로 원조하겠다, 운운… (기록 제3036정 10행~3037정 11행)

(4) 동년 9월 중순경 다섯 번째 만났을 시에는, 창당을 빨리하라, 신문사 판권을 획득하라, 운영자금은 북에서 부담한다, 판권비로 500만 환을 전달한다는 말과 임춘추(林春秋)로부터 선물용으로 백삼 3근을 가져 왔다, 운운… (기록 제3046정 11행~3047정 2행)

(5) 동년 11월 말경 여섯 번째 만났을 시에는, ① 진보당 조직을 강화하여 평화통일을 선전하도록 하라, 신문사를 빨리 경영하도록 하라고 하고, 또 진보당 조직 상황을 알고 싶으니 그에 관한 문건을 보내라고 하였고, 또 자기들이 무전으로 도취한 바에 의하면 김종원(金宗元) 치안국장이 진보당의 동향을 엄중 감시하라는 취지의 무전문을 전국 경찰에 쳤으니 그 점을 주의하라고 하고, 신문사 판권 획득비 조로 500만 환을 주겠다, 운운…, ② "우리도 잘 있다. 우리의 사업도 잘 되어간다. 사업이 잘되기를 바란다. 앞으로 후원하겠다. 임(林)"이라는 편지를 전하였다 운운… (기록 제3050정 이면 4행~3053정 1행)

(6) 4290(1957)년 3월 중순경 일곱 번째 만났을 시에는, 신문사를 속히 운영하라, 문호를 개방하여 혁신세력 연합전선을 추진토록 하는 것이 좋을 것이다, 진보당의 조직을 확대강화하라는 등등… 미군철수의 주장을 하라는 등등… (기록 제3056정 이면 3행~3057정 말행)

(7) 동년 5월 하순경 여덟 번째 만났을 시에는, 경제적으로 많이 곤난(困難)을 당하고 있는 모양이니 2만 불을 전달한다, 평화통일론을 광범하게 선전하라, 야당연합운동을 계속 추진토록하라, 운운… (기록 제3060정 4행~3064정 이면 9행)

(8) 동년 9월 중순경 아홉 번째 만났을 시에는, 북한에서는 반미민족연합전선을 취할 것을 구호로 하고 있는데 남한에서도 하라, 진보당 조직을 확대 강화할 것이며 차기 총선거에 있어서 진보당의 대책이 수립되면 그 내용을 자세히 알려주면 적극적으로 응원해주겠다, 운운… (기록 제3067정 말행~3070정 이면 5행) 등의 내용으로, 그것도 1심까지의 양이섭의 진술과 여(如)히, 괴뢰집단에서 양이섭에게 지령한 것이 아니고 담화 정도였으므로, 양이섭은 그러한 말 중에서 조봉암에게 전한 것도 있고 못 전한 것도 있으며, 자기로서는 전하는 것을 강요받은 바도 없고, 또한 그러한 의무도 없었다는 것(양이섭의 수사기관 이래 1심까지의 일관된 진술).

이와 같은 양이섭의 행동에 대하여 조봉암은 처음에는 고개를 흔들면서 그렇지 않을듯이 태도를 취하였다, 운운… (기록 제3023정 7행~3024정 9행), 두 번째는 선거자금으로 약 2억 환 정도 있으면 충분하다고 하였고, 운운… (기록 제3031정 3행~동 6행), 네 번째는 『대동신문(大同新聞)』 판권을 얻을 수 있으나 5백만 환이 필요하며 그 운영비로는 2,000만 환이 소요된다고 운운… (기록 제3038정 1행~동 6행). 다섯 번째는 "백삼을 보내주어 감사하다. 사업이 잘 진행되고 있으며 앞으로 잘되어 나갈 것이니 많은 후원을 바란다"는 편지를 썼으며 운운… (기록 제3050정 1행~동 7행) 등의 말을 하였다고 하며, 조봉암은 양이섭에게 여섯 번째에 ① 진보당 중앙위원 명단, ② 동 상임위원회 명단, ③ 선언, 강령 등이 수록되어 있는 소책자, ④ 김종원 치안국장이 전국 경찰에 보낸 무전문 사본 등을 수교하더라는 것이고(기록 제3056정 3행~동 11행), 일곱 번째에 ① 진보당 지방간부 명단 1매, ② 대구시당 간부명단, ③『중앙정치』10월호, ④ 녹용(鹿茸)을 보내주어 감사하다, 탕약대 2만 환(2만 불을 말함)을 잘 받았다는 영수증, ⑤ 사업이 잘되니 앞으로 후원해달라는 편지, ⑥ 진보당의 조직 명단 1매와 파카 만년필 3본을 교부하더라는 것이다(기록 제3060정 4행~3067정 이면 8행).

이와 같은 양이섭의 1심까지의 진술에 대하여, 조봉암은 수사기관 이래 원심에 이르기까지 진술하기를, 양이섭이가 선거자금이 얼마나 드느냐고 묻기에 2억 환이면 충분할 것이라고 하였고(기록 제3031정 3행~동 6행), 정당을 하자면 신문이 필요하지 않느냐고 묻기에『대동신문』판권을 얻을 수 있는데 판권비 5백만 환 정도와 운영자금으로 2,000만 환가량 든다고 말한 사실이 있고(기록 제3038정 1행~동 6행), 진보당에 관한 것을 좀 알고 싶다고 함으로 널리 공표되고 당의 선전상 누구에게나 공개할 수 있는 ① 중앙위원 명단, ② 상임위원 명단, ③ 선언, 강령 등이 수록된 소책자, ④ 지방간부 명단, ⑤ 대구시당 간부 명단, ⑥『중앙정치』10월호 등을 양이섭에게 교부하였다는 것이다(기록 제3056정 3행~동 11행, 3060정 4행~3067정 이면 8행)

여사한 사실은 양이섭의 1심까지의 진술 그대로인 바, 그것을 전부 진실한 것으로 판정할 경우에 있어서도, 본건은 〈국가보안법〉 제3조 위반은 될지언정 간첩죄가 성립될 수는 없으며, 설혹 간첩죄의 개념을 확대하여 그 대상이 군사에만 국한되는 것이 아니고 정치, 경제 등 국가방위상 필요한 것으로 해석한다 할지라도, 양이섭이가 북한을 왕래하면서 조봉암에게 일방적으로 전한 것은 전부가 진보당에 국한된 것이었고, 조봉암이가 양이섭에게 수교하였다는 문건 역시 전부가 진보당에 관한 것일뿐더러, 그것도 전부가 신문 또는 인쇄물을 통하여 공표된 사실임을 알 수 있으며, 가사(假使) 그것이 비밀에 속한다 할지라도 집권당이면 또한 모르되 일개 야당의 조직에 관한 문서가 간첩죄의 대상이 될 수는 없는 것이다. 따라서 원심이 본건에 대하여 간첩죄를 적용하였음은, 심리미진이거나 법률을 그릇 적용한 위법이 있는 것이다.

제5점 원심은 채증법칙 위배의 위법이 있다. 우리 〈형사소송법〉 제310조에는

"피고인의 자백이 피고인에게 불이익한 유일한 증거인 때에는 이를 유죄의 증거로 하지 못한다"라고 규정되어 있는바, 이 규정의 취지는 〈형사소송법〉 제309조와 더불어 일반적으로 자백은 강제, 고문, 협박, 기만, 기타 부당한 간섭에 의한 공포와 불안하에 본인의 진의와 자유의사에 반하여 행하여지는 경우를 고려한 결과이며, 피고인에게 불이익한 증거가 본인의 자백인 경우에는 타(他)에 이를 보강할 증거를 필요로 한다는 것으로써, 만약에 자백이 피고인에게 불이익한 유일한 증거일 경우에는 유죄의 인정을 할 수 없으며, 이와 같은 규정은 죄 있는 자가 처벌을 면(免)하는 일이 있더라도 죄 없는 자가 처벌을 받는 것보다 사회복지상 타당하다는 근본사상과 자백의 편중과 자백 강요의 폐(弊)를 방지하며 기본적 인권을 보장하자는 데 있고, 영미법(英美法)의 증거 법규 중에도 "자백에는 보강증거가 있어야 하며 공범자의 증언에는 보강증거가 있어야 한다"고 규정되어 있다.

미국 헌법 제3조 제3항에는 "반역죄 같은 것은 자백이 있어도 2인 이상의 증인의 증언이 합치된 보강증거가 있어야 처벌할 수 있다"고 되어있으며, 또한 일본 헌법 제38조 제3항에는 "하인(何人)을 막론하고 자기에게 불이익한 유일의 증거가 본인의 자백인 경우에는 유죄가 되거나 또는 형벌을 가할 수 없다"고 규정하고, 동 형사소송법 제319조 2항에는 "피고인은 공판정에 있어서의 자백 여부를 불문하고 그 자백이 자기에게 불이익한 유일의 증거일 경우에는 유죄로 할 수 없다"라고 하여 자백의 증거 능력에 관하여 우리 〈형사소송법〉 제310조의 규정과 동일하게 규정되고 있는 것이다. 이 자백의 증거 능력에 대하여는 우리나라에는 아직 적절한 판례가 없는 것으로 알고 있으나, 우리 〈형사소송법〉 제310조와 동일한 취지인 일본 헌법 제38조 3항과 동 〈형사소송법〉 제319조에 대한 판례를 본다면, 먼저 〈신형사소송법〉 공포 이전의 〈헌법〉 제38조 3항에 대한 판례로서,

제1심의 공판정에 있어서의 피고인의 자백,

'판결 이유' 원판결은 그 사실 적시 제1의 (가)의 범죄사실 인정의 증거로서, 피고인의 제1심 공판정에 있어서의 자백만을 취하고 있음은 바로 그 소론(所論)과 여(如)하거니와, 〈헌법〉 제38조 제3항(형소 〈응급조치법〉 10조 3항과 동일)의 자백 가운데는 공판정에 있어서의 피고인의 자백은 이를 포함치 않는다고 해석하

는 것은 당(當) 재판소의 판례로 하는 것이다[소화23(1948)년 제168호 동년 7월 29일 대법정 판례]. 그러나 전기 판례는 그 하나의 이유로서, 더욱이 공판정의 자백은 재판소의 직접 심리에 기인하는 것이다. 따라서 재판소의 면전에서 행하는 자백은 피고인의 발언, 거동, 안색, 태도와 이것의 변화 등으로 그 진실 여부 또는 자발적이고 임의적인가 아닌가 하는 것은, 많은 경우에 있어서의 재판소가 다른 증거를 기다릴 것 없이 스스로 판단할 수 있는 것이기 때문이다. 그에 반하여 공판정 외의 자백은 그 자신 벌써 완결되어있는 자백임으로 과연 어떠한 상태와 사정하에서, 어떠한 동기로서, 어떻게 공술이 형성되었는가 하는 경로는 전혀 불명(不明)한 것이다.

공판정의 자백은 재판소의 면전에서 직접 순서적으로 공술이 전개되는 것이므로, 현행법하에 있어서 재판소는 그 심증을 얻을 때까지 여러 가지 관점에서 피고인을 샅샅이 충분히 신문할 수 있는 것이다. 그리고 만일 재판소가 심증을 얻지 못하면 자백은 증거 가치가 없고, 재판소가 심증을 얻을 때에야 비로서 자백은 증거로서 효력이 있는 것이다. 따라서 공판정에 있어서 피고인의 자백이 재판소의 자유 심증에 의해서 진실에 부합된다고 인정되었을 때에는, 공판정 외에 있어서 피고인의 자백과는 달리 따라 타(他)의 보강증거를 요하지 않고 범죄사실의 인정이 될 수 있다고 해석하는 것이 타당하다고 판시하고 있으므로, 우 판례에 보여주는 '공판정에 있어서의 피고인의 자백'이란, 그 자백을 단죄의 증거로 한 그 재판소의 공판정에 있어서의 자백을 지칭하는 것이며, 따라서 우(右) 재판소 이외의 재판소의 공판정에 있어서의 피고인의 자백은, 가령 그것이 제1심 재판소의 것이라 할지라도, 이것을 포함시킬 수 있다는 취지는 아니다. 그럼으로 소론(所論)의 제1심에 있어서의 피고인의 자백만으로 단죄의 증거로 한 원판결은, 바로 소론과 같이 〈헌법〉 제38조 제3항[급(及) 형소 〈응급조치법〉 제10조 제3항] 위반의 판결로서, 차(此) 점에 관한 논지는 이유 있다[물가통제령위반피고사건(物價統制令違反被告事件) 최고재(最高裁) 소화24(1949)년 4월 6일 대법정 판결 파기차려(破棄差戾)[106] 최고재판례집 3권 4호 445엽(頁)[107]].

---

106) 파기환송(破棄還送)을 의미한다.

107) '엽(葉)'은 종이 · 잎 따위를 세는 단위이다.

피고인의 자백만으로 유죄로 한 판결의 위법

'판결 이유' 원판결은, 판시 제1의 사실을 인정함에 있어서 '① 제1심 공판조서 중의 피고인의 공술 기재, ② 피고인에 대한 사법경찰관의 신문조서 중의 공술 기재'를 증거로서 취하고 있다. 당해 판결 재판소의 공판정에 있어서의 피고인의 자백은 〈헌법〉 제38조 3항의 소위 '본인의 자백'에 포함하지 않은 것은, 판례의 표시하는 바와 같다[소화23(1948)년 168호 동년 7월 29일 대법정 판례집 2권 9호 1014엽]. 그러나 제1심 공판정에 있어서의 피고인의 공술은 이것과는 달리 전기 본인의 자백에 포함하므로, 독립해서 완전한 증거 능력을 갖지 않으므로 유죄로 인정함에는 타(他)의 보강증거를 필요로 하는 것이다. 그러나 본건에 있어서는 이것과 사법경찰관에 대한 피고인의 공술 기재(이것도 보강증거를 요함)에 의해 유죄를 인정하고 있다. 여사히 서로 보강증거를 요하는 동일 피고인의 공술을 얼마 모아 보았자, 소전(所詮) 유죄를 인정할 수는 없는 것이다. 그럼으로 원판결에는 소론 위반이 있으니 논지는 결국 이유 있어 파기할 것이다[절도피고사건 최고재 소화25(1950)년 7월 12일 대법정판례(파기차려) 최고재판례집 4권 7호 1298엽].

다음 〈신형사소송법〉 제319조에 대한 판례로써 피고인의 자백만을 증거로 한 유죄판결의 위법

'판결 이유' 원판결에 거시(擧示)한 증거 중, 대분현(大分縣) 가격사정위원회 주사의 사정서는 단순히 문제의 수건의 규격이나 가격의 사정에 관한 것에 불과하며, 이것을 제외하고 원판결의 증거로 한 것은 피고인의 공판정에 있어서의 공술과 검찰 사무관에 대한 피고인의 공술을 취록한 서면의 기재뿐으로서, 결국 원판결은 피고인의 자백만을 유일한 증거로서 범죄사실을 인정한 것이라고 하지 않을 수 없다. 따라서 원판결은 〈형소법(刑訴法)〉 제319조 제2항에 위반하고 있다고 하는 소론 제4점은 이유가 있어 원판결은 파훼(破毁)를 불면한다[물가통제령위반피고사건 복강고재(福岡高裁)[108] 소화24(1949)년 6월 4일 판결(파훼) 고재특보(高裁特報) 1호 18엽]

108) 후쿠오카 고등재판소를 의미한다.

공범자의 자백은 유일한 증거로 보지 않는다.

'판결 이유' 소론과 같이 〈형사소송법〉 제319조 제2항에 의하면 자백의 증명력이 제한되어서 자백이 공판의 것인지 아닌지를 불문하고, 이것을 유일의 증거로 해서 범죄사실을 인정하는 것은 허용되지 않는 것으로, 그 자백에는 기소된 범죄사실에 따라 유죄라는 것을 자인하는 경우도 포함하는 것은 명문(明文)에 표시하는 것과 같다. 그러나 여기에서 말하는 자백에는 공범자의 자백도 포함하며, 공범자의 1인의 자백을 유일의 증거로 하여 타(他)의 공범자의 범죄사실을 인정함은 허용되지 않지마는, 공범자의 자백은 상호의 보강증거로는 될 수 있는 것이므로, 본인의 공판정에 있어서의 자백과 타(他) 공범자의 자백을 보강증거로 하여 타(他)의 공범자의 범죄사실을 인정함은 허용되지 않지마는, 공범자의 자백은 상호의 보강증거로는 될 수 있는 것이므로 본인의 공판정에 있어서의 자백과 타(他) 공범자의 자백을 보강증거로 하여 유죄의 인정을 하는 것은 무방하다[절도피고사건 복강고재 소화24(1949)년 6월 21일 판결(기각) 고재특보 1호 43엽].

공동 피고인의 공술만으로 유죄를 언도할 수는 없다.

'판결 이유' 원판결은 범죄사실로서, 제1로 원심 상(相) 피고인 강전소웅(岡田昭雄)의 절도사실을 인정하고, 제2로 피고인 이두천이가 강전소웅로부터 그 도품(盜品)을 매수한 장물고매(贓物故買)[109]의 사실을 인정한 후, 그 증거 이유로서 각종의 증거를 드러 이것 등을 종합해서 판시 사실을 인정한다고 하고 있는 것이다. 그러나 우 설명만으로는 여하한 증거에 의해, 여하한 사실을 인정한 것인지는 불명하지만, 기록에 따라 공판 수속의 경우와 증거의 내용을 검토하여 보면, 피고인은 종시(終始) 사실을 다투워 원판결은 소론과 같이, 원심 상(相) 피고인 강전소웅의 원심 공판정에 있어서의 공술 하나만으로, 피고인이 관계의 전기 장물 고매의 사실을 인정하고 있는 것을 알 수 있다. 그러나 공동심리를 받은 공동피고인의 공술은 각각 피고인의 공술인 성질을 가지고 있는 것으로써, 그것만으로는 완전한 독립의 증거 능력을 갖지 않는다. 말하자면 반증거 능력을 갖는 것에 불과한 것으로, 타(他)의 보강증거를 기다려, 비로서 완전한 독립의 증거 능력

---

109) 장물 취득을 의미한다.

을 구유(具有)하는 것이다. 이와 동일한 판례로서는 소화23(1948)년 제77호 동24(1949)년 5월 18일 대법정 판결 급(及) 소화24(1949)년 제167호 동년 7월 19일 대법정 판례 참조. 따라서 원판결의 채증법칙을 잘못하여 그 위법은 판결에 영향을 미치는 것이 분명하므로 파기를 면치 못한다[장물고매피고사건 대판고재(大阪高裁) 소화25(1950)년 4월 20일 형7부 판결(파기) 고재 10호 55엽].

이와 같은 자백에 관한 판례로 미루어 볼 때에, 결국 본건은 1심까지에 있어서의 상(相) 피고인 양이섭의 자백 하나만으로 양이섭 자신에 대한 유죄의 증거로 하였음은 물론 더욱이나 피고인 조봉암은 사실을 전부 부인하고 있음에도 불구하고, 공동 피고인인 양이섭의 진술을 유일한 증거로 피고인 조봉암에 대하여 유죄를 인정하였음은 명백한 위법행위인 것이다. 본건에 있어서 가장 중요시되는 소위 상(相) 피고인 양이섭이가 피고인 조봉암에게 전달하였다는 괴뢰집단의 지령 운운이 사실이라는 증거와 피고인 조봉암이 수령한 현금과 미불(美弗)이 괴뢰집단에서 보내온 것이라는 증거는 1심까지의 상(相) 피고인 양이섭의 진술 이외에 따로 없는 본건은, 상(相) 피고인 양이섭으로부터 돈을 받았다는 자체 또는 양이섭이가 미불을 교환한 사실이 있다는 것 자체가 범죄가 될 수 없는 것인즉, 이것이 괴뢰집단의 공작금이라는 증좌(證左)가 따로 없이, 상(相) 피고인의 자백만을 유일한 증거로 피고인 조봉암에 대한 범죄사실을 인정하였음은 〈형사소송법〉 제310조 위반이며, 더욱이나 상(相) 피고인 양이섭은 원심에 와서 사실을 부인하고 있는 바이므로, 〈형소법〉 제310조의 규정은 물론 전기 판례의 입장에서 볼 때에도 본건은 전연 증명이 없음에 귀(歸)할 것이다.

원심은 본건에 대한 증거로, 원심과 1심에 있어서의 피고인 조봉암 및 상(相) 피고인 양이섭의 진술과 상(相) 피고인 이동현(李東賢), 동 임신환(任信煥), 동 이정자(李貞子), 증인 김동혁(金東赫) 및 엄숙진(嚴淑鎭) 급(及) 동인 등에 대한 검사의 신문조서를 들고 있으나, 피고인 조봉암 및 상(相) 피고인 양이섭의 진술에 대하여는 이미 지적한 바와 여(如)하거니와, 상(相) 피고인 이동현, 동 임신환은 피고인 조봉암이가 본건으로 인하여 서울형무소에 구금된 이후 소위 외부와의 연락 관계에 관계되었을 뿐으로, 본건 피고인에 대한 간첩죄와는 하등의 관련이 없고, 증인 김동혁은 상(相) 피고인 양이섭이가 피고인 조봉암과 접촉하기 이전 미군 첩보선(諜報線)을 이용하여 북한을 왕래할 시(3회까지) 동행한 자일 뿐 본건과 전연 무관하며, 동 이정자는 양이섭의 요청에 의하여 단지 수차에 긍(亘)하여 미불을 교환하여 주고 수수료를 취득하였을 뿐으로 그 외 본건에 관련된 바 없으며(기록 5857정 이면 10행~동 5859정 이면 8행),

상(相) 피고인 양이섭의 행동에 대하여 가장 잘 알고 있는 HID 문관 엄숙진은 그 증언으로써, "증인은 과거 군 첩보기관에 종사한 사실이 있는데, 4282(1949)년 2월경부터 동 4288(1955)년 4월경까지에는 미대사관 계통의 정보원으로 채용되어 첩보공작에 복무한 사실이 있고, 동 4288(1955)년 7월 중순경부터 동 4290(1957)년 11월경까지는 한국 첩보기관인 육군 HID에서 첩보공작에 종사한 사실이 있습니다. 증인이 양이섭 피고인을 알게 된 동기는, 4284(1951)년 1월 중순경 대구에서 그 당시 본인이 복무하든 미대사관 대북첩보기[동신공사(同信公司)]에 정보원으로 있을 때인데, 동 기관의 한인 책임자인 전준(田畯)이라는 사람의 지시에 의하여 대구 시내 달성공원 앞에 거주하는 동인을 전준에게 데려다 준 사실이 있어서, 그 당시 처음 인사를 하여 알게 된 것입니다. 그런데 동인은 과거 평양에서 반공투쟁을 하다가 1·4후퇴 시 내려온 사람이라고 하는데, 중국어에 능통한 관계로 대(對)중국 정보공작을 한다고 불렀든 것이나, 미 고문관의 반대로 안된 일이 있는 것입니다. 그 이후 동인과 접촉관계는 동 4286(1953)년 하(夏)경 본인이 우(右) 정보기관의 강원도 속초에 있는 파견대에 출장 나가 복무할 적에 양이섭이가 거기 와서 어물상을 하고 있으므로, 동년 10월경까지 10여차 접촉이 있어서 친밀히 지낸 일이 있는데 한참 못 만나다가, 4288(1955)년 12월경 동인이 본가인 시내 종로구 관훈동(寬勳洞) 197의 28호로 찾아온 일이 있어서 다시 만나게 되었으며, 증인은 양이섭을 육군 HID선을 이용하여 남북교역을 하게끔 알선하여 준 사실이 있습니다.

그 전말은 4288(1955)년 12월경 본인 가(家)로 찾아와서 동인이 하는 말이, 이제까지 미 첩보기관에 손잡고 북한에 왕래하면서 남북교역을 수차 한 일이 있는데, 미인(美人)의 감시가 심해서 못하겠다고 하며, 자기는 이북에 있는 소련에서 나온 최현(崔賢) 대장을 강계(江界) 있을 적에 경제적으로 도와준 일이 있을 뿐 아니라, 연백(延白) 돌개포[110]에 있는 지명인사(知名人士)도 잘 알고 있으니 사상을 초월해서 여러 가지 도움을 얻어 큰 성과를 보일 수 있으며, 따라서 돈벌이도 좀 시켜달라고 부탁하기에 본인은 바로 기지(其旨)를 당시 육군 HID 인천 책임자이든 김일환(金一煥) 대령에게 말하였드니, 동인은 다시 동대(同隊) 대북 공작책임자인 서민(徐民)에게 말하라고 하여, 동인에게 또 기지(其旨)를 말하였든 바 첩자로서 성과를 기대할 수 있다는 데에서 해보자고 하여, 동 4289(1956)년 1월 하순경 동 서민이가 양이섭을 직접 심사한 다음 동인(同人)을 첩자로 하여 대북공작이 시작된 것입니다.

그 당시 인천 HID에 증인도 관계하고 있었던 것인데 증인은 양이섭에게 정보공작에 종사하는 일편(一便), 남북교역을 하도록 한 일은 있으나 얻은 이익 분배를 동업으로 하자고 언약한 사실은 없고, 첩보공작에 대한 연락 관계나 제가 하기로 한 것이지 양이섭이가 가져오는 물건에 탐이 나서 그러한 것은 아닙니다. 그것은 양이섭을 소개한 날로부터 마지막까지 그를 따라다니며 살펴봐야 할 것이기 때문이다. 말하기 곤란한 점도 있습니다마는 제 자신이 그를 소개한 사람이기 때문에 그에 관계하여 따라다니면서 행동에 대하여 감시하여야 하는 것입니다. 그래서 전후 9차에 긍(亘)하여 따라다녔습니다. 그 이유는 첩자조종은 가까운 사람이 해야 되기 때문에 인천 만석동(萬石洞) 부두에서 본인 서민, 양이섭, 선원 1명(성명 불상자)이 공작선에 동승하고, 약 2시간 만에 3·8접경[111] 납도(納島)[112]에 도착하여 소형 목선에다가 양이섭을 승선시켜 선원 1명과 같이 입북시키고, 본인과 서민은 공작선으로 귀환하고, 미리 귀환 일자를 약속하여 놓고 그 일자에 본인과 서민은 납도에서 기다리고 있다가 귀남하는 양이섭을 영접하여 따라다니

110) 연백군 호남면에 소재한 포구이다. 본래 연백군은 경기도에 속해 있었으나 6·25전쟁 중이던 1952년 북한이 행정구역을 개편하면서 연백군을 폐지했고, 연백군 호남면은 황해도 연안군으로 편입되었다. 1954년 10월에 황해도가 남·북도로 분도(分道) 됨에 따라서 황해남도에 속하게 되었다.

111) 38선 접경을 말한다.

112) 인천광역시 옹진군 덕적면 소재의 무인도이다.

는 것입니다. 양이섭의 이북 도착지점은 목적지는 연백 돌개포라는 데이며, 양이섭이가 입북할 적에 휴대하고 가는 물품은 일일이 검사하고 보내는데 제가 목격한 것은 빽 같은 데다가 약품 시계 작업복 등을 가지고 가는 것을 봤는데, 그것은 양이섭 자신이 시내에서 구입하며는 제가 인천 HID 서민에게 연락을 취하여 서민이가 찦차로 상경하여 물품을 적재하고 본인과 양이섭 3인이 동승, 인천에 도착하여 동대(同隊) 지정 숙소에서 1박하고 그 익일 오후 8시경 전술한 바와 여(如)한 경로로 월북하는 것인데 물건은 본인이 볼 때 검사를 심히 할 것 같으면 좋아하지 않을 것이니까 본인 모르는 사이에 적당히 검사해보고 합니다.

그리고 이북에서 가져오는 물품도 일일이 검사하는데 이북에서 가져온 물품은 대개 인삼, 해삼(海蔘), 사양[113] 등인데 양이섭 본인 자신은 모르는 사이에 검사하는 것입니다. 예를 들자면 거기에서 물품을 가지고 오면 곧 뒤져서 검사하는 것이 아니고, 짬짬히 변소에 가는 사이에 뒤져본다든가 또 의심되는 점이 많은 것 같으면 일부러 다른 사람으로 하여금 동인을 데리고 나가서 그 장소를 피하게 하여 하는 수도 있으니까 일정해 있지는 않습니다. 가져온 물품은 서민이가 맡아서 거래 처분하여 그 돈을 나에게 주면 내가 양이섭에게 주는 것이 보통 예입니다. 그래 가지고 이익 나는 돈은 공작선, 기름값 등을 제하고는 양이섭이가 가져가서 쓰는데, 어데다 어떻게 쓰는지는 모릅니다. 그동안 기름값 등이라 해서 제한 것이 6, 7백만 환 될 것이라고 생각되며 증인이 받어 쓴 금액이, 약 백여만 환 가량 된다고 생각됩니다. 다시 말하자면 양(梁)에게 주는 돈은 증인의 손을 거쳐서 가게 되는데, 양이섭이가 입북하여 물품을 가지고 나올 적에 물품목록을 작성해 받어가지고 나와서 서민에게 제시하고 하였는데, 몇 번인가 촉지(燭紙) 포장의 목침만 한 것 1개씩은 물품목록에는 기재되어 있지 않고, 서민댁에서 비밀히 해서 상경하여 그가 단독으로 처분하는 일이 있는 것인데, 그런 것은 제가 모르는 것입니다. 양이섭이가 그와 같은 물품을 가지고 다니는 외에 대북 내왕 시 가죽가방을 늘 가지고 다녔는데, 그 가죽가방에는 세면도구 등을 넣어 가지고 다니는 외에 무엇이 들어있는지 확인하지 않아서 다른 것은 모릅니다.

113) 원문에는 사양으로 표기되어 있지만, 사향(麝香)의 오기이다.

4289(1956)년 2월 하순경 제1차 내왕한 경로로 9차 모다 그런 순서에 의하여 다녔으며, HID의 사명은 이북에 내왕하면서 교역하는데 있는 것이 아니므로, 상대하여 이상하면 빼칠수도 있는 것이니까 교역만을 위주로 할 수는 없는 것입니다. 이북에 갔다오면 HID에 귀환보고서를 작성해 내는 것이니까, 자기가 대북첩보를 해 온 의무를 마쳐야 교역이란 것도 될 수 있고 첩보를 얻는 것이 목적이니까, 첩자가 큰 것을 얻어오면 의심의 여지없이 교역에 대한 감시를 안하는 경우도 있습니다. 양이섭이가 북한 괴뢰의 대남공작 기관과 상대하였으니, 대북 내왕시 괴뢰측에 남한의 기밀을 제공하고 남하시에는 대남첩보공작에 대한 지령을 받았을넌지도 모르겠습니다. 그러니까 양에 대하여 행동 일체에 대한 감시를 해왔습니다. 그래서 부당한 것이 있으면 압수 또는 검사하게 되는 것입니다. 감시는 언제 한다고 되어있는 것이 아닙니다. 혹 안 할 수도 있겠지마는, 예를 들어 말하자면 물품을 살 적에 뒤따라 다녔으면 어떻게 할 것입니까. 확실히 말하자면 모든 것을 그렇게 해야 하는 것입니다. 그런데 그런 것을 안할 경우 하든지 하는 것은 첩자를 다루는 여하에 있다고 생각합니다. 그리고 이북 삼육공사(三六公司)에서 물품을 가져올 적에는 거기에서 물품 및 회서(回書)를 받어오는 것입니다. 물품 판 돈은 그때그때마다 가져왔으며, 많이 가져오면 더 주고 적게 가져왔으면 적게 주는 것입니다. 양이섭에게 준 돈이 어떻게 쓰여지고 있는지를 HID에서 일체 감시가 있었으리라고 생각합니다. 첩자가 내왕시 책자 또는 잡지 같은 것은 자유로이 가지고 다닐 수 없으나, 첩보기관에서는 첩자를 이중첩자라는 관념하에서 다루는 것이니까, 하나의 더 큰 것을 얻기 위해서 적은 것을 알고도 눈감어 주는 수도 있는 것입니다. 증인은 양이섭이가 이북 공작금을 받어다가 조봉암에게 준 것을 알았다면 물론 잡아야 하겠으나, 자기가 이북 교역으로써 번 돈이라고 하면 별문제 없을 것입니다."라는 진술과(기록 4717정 3행~동 4736정 이면 11행),

그 외 증인 조호정(曺滬晶), 동 조규진(曺圭鎭), 동 이방원(李方元)은 피고인 조봉암의 지시로, 상(相) 피고인 양이섭으로부터 금전을 수령한 사실이 있을 뿐 본건 범죄사실과는 전연 관계가 없으며, 또한 증거물로 채택된 압수한 지편(紙片) 처장님이란 유언서 증거보전 기록, 수표 14매, 차변대체표(借辺對替票) 2통, 예금구좌원장 사본 2통 등을 종합 판단하여도, 상(相) 피고인 양이섭이가 괴뢰집단의 지령을 피고인 조봉암에게 전달하였다는 사실과 피고인 조봉암이가 수령한 현금과 미불이 괴뢰집단의 공작금이라는 증거가 없는 본건에 있어서, 원심이 전기한 관계인 등의 진술 및 본건 죄 구성 요건과 전연 관계없는 압수물만으로 사실을 인정하였음은 채증법칙에 위배된 위법이 있는 것이다. 따라서 원심 판결은 파기를 불면할 것이다.

4291(1958)년 12월 23일

우(右) 변호사 김춘봉

대법원 형사부 귀중

[출전 : 20권 479~600쪽]

아니라, 각 신문집회란 및 중앙방송국을 통하여 동회 주최 학술발표회 개최 사실을 대대적으로 선전한 사실이 있음은 너무나도 명확하건만, 동회를 일컬어 비밀써클 운운함은 부당하다고 사료됩니다. 그러나 불행히도 전술한 강사 두 분께서 시급한 사정에 의하여 정한 일시에 출석치 못하게 되었음으로, 학술발표회는 유회됨과 동시에 선전에 끝이고 말었던 것입니다. 그 후 대학을 졸업한 회원 대다수가 군에 입대한 고로, 회원 전체의 의사에 의하여 동회는 해산되고 말었습니다. 더욱이 동회는 우연한 기회에 발족은 되었으나, 취지서 회칙 및 일체의 서식이 작성되지 아니하였고, 다만 전술한 토론회 1회로서 끝을 맺고 말었다는 사실을 밝혀두는 바입니다.

1. 공소 제5사실

공소장에 소위 각 대학별로 여명회 세포책이 있는 것 같이 기재되어 있으나, 이것 역시 경찰에서 조작한 것임을 지적하는 것입니다. 동회는 어디까지나 양보다 질을 중요시하였던 것입니다. 공소장에는 동회 회원이 54인으로 개재되어 있으나, 사실은 15인 정도에 불과하며, 경찰 취조 시 본인의 수첩에 기재되어 있던 친구들의 방명록을, 강제에 의하여 그 직석(直席)에서 본인의 압수품에서 나온 용지에다가 기입케 하여 회원명부를 작성토록 하였기 때문에, 54인의 인수(人数)가 나온 것입니다. 특히나 예로서 말씀드린 것은 소위 서울의과대학 세포책이라고 기재되어 있는 한보상(韓輔相) 씨는 10년 전에 의대를 졸업하고 군의(軍醫) 육군 중령으로 복무타가 최근 제대되어 인천 방면에서 의원개업을 하고 있는 분으로서, 본인과 친하기 때문에 역시 수첩에다가 주소, 성명을 기입하여 두었는데, 이것을 소위 회원명부에 강제 기입토록 하였던 것이며, 이 이외에도 세포책이라고 기재되어 있는 사람 중에는 여명회라는 이름조차 모르는 사람이 많음을 말씀드리는 동시에, 세포책이라는 대명사까지도 순전히 경찰에서 지어낸 것임을 지적하는 바입니다. 만약 본인의 진술이 조금이라도 의심스런 점이 있으시다면 공소장에 나타난 사람들을 증인으로 신문하시면 사실이 명백히 드러날 것입니다.

1. 공소 제6사실

본인은 4290(1957)년 9월 초에 진보당 통일문제연구위원회 위원으로 선정되었으며, 동년 9월 초에 동위원회 위원 전원 참석리에 당 사무실에서 회의가 개최되었는데, 그때 위원장 김기철 피고의 신임 인사를 비롯하여, 부위원장 김병휘를 호선한 후, 각자 통일문제에 대한 연구자료 및 사견을 제출토록 하자는 내용으로 회의를 끝마쳤으며, 동년 9월 중순경 역시 당 사무실에서 제2차 동 위원회 회의가 개최되었는데, 그때에는 동 위원장 김기철 피고가 장문의 원고로 된 사안을 가져와서 낭독코자 하였으나, 너무도 장문인 고로 차후 요지를 프린트하여 1부식 분배한 후 연구토록 하자는 전(全) 위원의 일치된 의사에 의하여 회의가 끝난 바 있습니다. 그 후 본인은 개인 사업 관계로 근(近) 1개월간 당에 들린 일이 없기 때문에 일체 회의에 출석치 못하였습니다. 기후(其後) 동년 10월 중순경에 당에서 김기철 위원장을 만났기에, 기간(其間)에 진전 결과를 물어본즉 위원들이 출석치 않어서 수차에 걸쳐서 유회된 고로 진전별무(進展別無)하다는 경과 이야기를 들은바 있음은, 특히나 '북한당국에 대한 진보당의 선언문'이라는 김기철 위원장의 사안이 당내 최고간부회의에서 통과되었다고 지적한 공소사실은 절대 허위일뿐더러, 동당 내에는 최고간부회라는 기구가 없다는 것을 말씀드리는 동시에 그것은 다만 김기철 피고의 사안에 불과하다는 것을 부언코자 합니다.

끝으로 본인은 6·25사변이 발발된 즉시로 의용 경찰에 입대하여 공비토벌에 헌신하였으며, 또한 서울 수복과 동시에 해군해병대에 입대하여 멸공전에서 일격을 가한바 있을뿐더러, 군에서 제대된 후 학도호국단을 비롯하여 학생운동에 선봉에서 학생들에게 반공사상의 강화를 위하여 전 역량을 기울인 바 있는 것입니다. 더욱이 본인은 전통적인 천주교 신자로서 가톨릭 학생운동의 중진적인 입장에서 종교운동에 이바지하여 왔던 것입니다. 고로 본인은 어디까지나 반공을 생의 임무로 생각하고 있으며, 앞으로도 반공적인 입장에서 전 생애를 바치고자 하는 것입니다. 뿐만 아니라 본인의 친족 중에는 단 일인이라도 공산주의를 신봉하는 사람이 없는 순수한 반공적인 가정인 것입니다. 이러한 정상(情想) 가운데서 생장한 본인에게 공산주의자들이 받어야 할 〈국가보안법〉에 적용을 시켜 징역 2년에 실형을 언도한다는 것은 너무나도 가혹한 처사일뿐더러 부당한 선고라는 것을 서슴치 않고 말씀드리는 것입니다. 본인은 아무리 생각하여도 〈국가보안법〉에 적용될 범법행위를 한 바 없다는 것이 하나의 신념으로 되어있는 것이며, 어디까지나 애국적인 신념에서 우러나온 정치운동이였음을 주장하는 바입니다. 원하옵건대 민주주의에 기본과업인 준법정신에 의한 공정한 판결이 있으시기를 기원하옵고 두서없이 이로서 상고의 이유를 대(代)하나이다.

4291(1958)년 12월 23일
우(右) 상고인 권대복

우(右) 본인의 무인을 증명함
대법원 판사부 귀하
입회 간수 정동희(鄭東熙)

[출전 : 20권 605~615쪽]

12 상고이유서 1958년 12월 23일 추정

4291(1958)년 형상 제559호

상고이유서

본적지 평안북도 용천군 외상면 신용동(新龍洞) 249번지
현주소 서울특별시 서대문구 현저동(峴底洞) 101번지
현재 서울형무소 재감
피고인 이●●(李●●)[115)]
당 33세

국가안녕질서를 위하여 주야 공무다단(公務多端)하신데도 불구하시고 본 피고사건을 담당하여 주신 재판장님 이하 여러 대법관님에게 무한한 경의를 표시하는 바입니다. 금반 본 피고인에 대한 〈국가보안법〉 위반 제4조 수회죄(受賄罪)[116)] 및 〈형법〉 제129조 동 131조 동 155조 및 법령 5호 위반 피고사건에 관하여, 4291(1958)년 10월 25일 서울고등법원에서 판결한 사실에 대하여 불복이 유(有)하와 상고신립 중이든바, 금반 귀 법원으로부터 4291(1958)년 12월 10일 소송기록 수령 통지서 접수에 의하여 자이(玆以) 자초지종을 양심에 호소 앙고(仰告)하옵고, 법관님의 공명정대한 판단이 유하옵기를 원하오며 기(其) 이유를 여좌(如左) 제출하나이다.

1. 우(右)와 여(如)히 본 피고사건을 근본적으로 말을 드리면, 원심에서의 검찰

115) 원문에는 이름 부분이 지워져 있다. 상고이유서를 제출한 피고인은 이동현이다.
116) 뇌물을 받거나 요구 또는 약속한 때에 성립하는 범죄로, 수뢰죄(受賂罪)를 의미한다.

관이 제출한 본 피고인의 사건 조서를 보면 4291(1958)년 3월 20일경에 서울형무소 구치감 2사상(舍上), 사방 근무 중 동사(同舍) 15방에 수감 중인 (진보당 당수) 조봉암 피고인으로부터 이(李) 부장, 이 부장하고 불러서 사건에 관한 검찰 조서와 동일한 이야기를 하자, 본 피고인은 이 기회를 이용하여 자기는 140만 환이라는 (부채) 관계로 인하야 근심 중이라는 사유를 상호간에 주고받고 하자, 기후(其後) 얼마 있다가 조봉암 피고인이 이부장하고 불러서 자기(조 피고인을 말함)와 양 피고인 간에 관한 사건 관계를, 양 피고인에 전달하여 주며는 본 피고인에 대한 (부채) 관계는 접견금지가 해결 시(時)로 가족에게 연락하여서 청산하여 주겠다는 조건하에서, 본 피고인은 즉시 승낙한 연후에 동일 오후 6시 30분경에 양이섭 피고인이 수감되어 있는 동소 4사(舍) 하(下)3방으로 가서 감방을 드러다보고, "양 영감이 누구요" 라고 불러서, "영감이 조봉암이에게 준 돈이 이북에서 가저다 준 돈이요, 영감 개인 돈 준거요"라고 하니까, 양 피고인이 "내가 그런 거액에 돈이 있나요. 이북에서도 가저다 주고, 나도(자기) 준 것이지요"라는 말을 듣고난, 동년 3월 23일경에 재차 양 피고인에게 가서 "영감 잘 말하시오, 영감 개인 돈 주었다고 해야지, 이북에서 가져다 준 돈이라고 하면 큰일납니다"라고 말하였다는 사실.

1. **대저(大抵)로** 이러한 사실로써 본 피고인은 범죄행위 아닌 허무한 사실을 경찰관의 강요에 못이겨 조봉암 피고인과에 결부시켜서 허위로 자백을 하였든 것입니다. 그러면 자백한 동기에 대하여서 대저로 말씀드리면, 본 피고인이 형무소로부터 검사의 지시에 의해서 경찰에 가서 기(其) 경찰관의 무도한 행동은 오날 민주국가에서 인권옹호를 부르짓고 있는 이 마당에서 예상조차 할 수 없으리만큼 기(其) 무시한 (고문)이였습니다. 시시로 본 피고인을 수도로 끌고 가서 (물고문)을 한다고, 위협으로 (옷)도 전부 벗기고, 또 때로는 전기(고문)을 한다고 직원들더러 전기(고문)기를 가져오라는 등, 또 때로는 미국에서 사온 범행을 조사하는 사진기가 있는데 만일 네가 자백을 안 하면 최후적으로 그것을 사용하겠다고 하면서, 그것을 사용하게 되면 너는 병신으로써 최후에 길을 걷게 된다는 등으로써 (고문)을 하는 것이 주야 계속하여, 잠 한잠 재우지 않코서 고문하는 것을 3, 4일간이나 당하다가, 본 피고인이 무도한 (고문)에 (허리)를 상하자 기후(其後)

로는 을지로에 있는 문영회(文榮会) 내과에서 치료를 받아가며 취조를 당했든 것입니다. 기후(其後) 본 피고인은 견디다 못하여 최후로 생각한 후 검찰관의 공소장과 여(如)한 자백을 하였던 것입니다.

1. **그러면 지금부터** 본 피고인이 서울형무소에서 간수부장으로 근무할 당시 행한 사실을 근본적으로 진술하고저 합니다. 요컨대 본 피고인이 본 형무소에서 근무할 시 본 피고인과의 관계가 된 진보당사건이 발생하여 수감이 되었습니다. 수감된 후로도 본 피고인과 진보당사건 간에는 아무 사고가 없이 근무를 하여왔음은 사실임이며, 기간(其間)에는 본 피고인은 근무 시 시간이 지루하면 자연적으로 각 피고인들과 이야기하였든 것은 사실이며, 기중에는 조봉암 피고인과도 이야기하였던 것도 사실입니다. 비록 본 피고인분만이 아니라 각 직원들도 동일한 사실이라고 생각하는 바이며, 기(其) 경찰에서나 검찰에서 자백한 사실은 근무 시에 본 피고인이 각 피고인들과 이야기할 시에 들었던 것을 조작하여서 진술하였든 것은 사실입니다.

기(其) 어느 날 본 피고인이 근무 시에, 조봉암 피고인이 특무대[117]를 갔다오기에 본 피고인은 무심코 조봉암 피고인에게 사유 이야기를 물었드니, 조 피고인은 서음치 않고서 기(其)에 대한 사실을 본 피고인에게 이야기하여 주었습니다. 조 피고인이 하는 말이, 내가 전에부터 잘 아는 사람인데 특무대에 구속되었드라고 하면서, 기(其) 사람이 김(金) 사장(양 피고인을 말함)인데 특무대에서 기(其) 사람을 아느냐고 하기에, 자기가 잘 아는 사람이라고 하였드니, 기(其) 사람에게서 돈 받아 사용한 길이 있느냐고 하기에, 많이 받아 썼다고 하였다고 하면서 하는 말이, 기(其) 사람은 전에 자기에게 만주에서부터 물질적으로 도움을 많이 하여 주던 사람인데, 해방 후 기(其) 사람과 자기와 상호간에 소식을 모르든 차, 기(其) 김 사장을 6·25사변 전인가 후인가 서울 시내에서 서로 만나 상호간에 또다시

---

117) 육군의 대간첩 업무와 그에 따른 범죄 수사를 관장하던 부대이다. 1960년 육군방첩부대로 개칭하였다가, 1968년 육군보안사령부, 1977년 국군보안사령부, 1991년 국군기무사령부, 2018년 군사안보지원부를 거쳐서 2022년에 국군방첩사령부로 바뀌었다.

오고 가고 하는 중, 자기가 어느 때 기(其) 김 사장에게 지금 무슨 사업을 하느냐고 물었드니, 기(其) 김 사장이 토건업을 하고 있다고 하기에 자기는 그런 줄만 알고 김 사장더러 사업이 잘되며는 자기를 물질적으로 좀 도와달라고 하였드니, 기후(其後) 가끔 와서 돈을 주어서 많이 어디 썼다고 하면서, 또 기후(其後) 언젠가 자기 집에 와서 자기가 식사를 하고 있는데, 김 사장이 자기 만년필을 가지고서 책에다 끄적끄적 글을 쓰기에 만년필이 없는 줄 알고서 기후(其後) 시내에 나갔다가 신신(新新)[118](만년필부에) 둘러서 (팍카 만년필)를 1본을 사다 준 일이 있는데, 이번 특무대에서 자기더러 김 사장이 이북 간첩인데, 김 사장이 준 돈이 전부가 이북 김일성이가 보냈다고 하면서, 그리고 자기가 사준 만년필이 이북으로 보낸 것이라고 하며, 내가 1본을 사주었는데 그것이 3본이 되어서 이북에서 돈 보내주어서 감사하다는 뜻으로 사 보낸 것이라고 한다. 이런 허무한 소리가 어데 있느냐는 소리를 들으며, 본 피고인은 지루한 근무시간을 보냈든 것입니다.

1. **그리고 어느 날** 본 피고인은 아침에 출근을 하니까 양 피고인이 특무대에서 본 형무소로 이감이 되었다고 하면서, 양 피고인이 특무대에서 자살하려다 뜻을 이루지 못하고 형무소로 이감이 되었다고 하면서, 형무소에서는 양 피고인을 요시찰인물로써 관에서는 아침 조회시마다 상관으로부터 주의가 있는 것은 사실입니다. 기후(其後) 본 피고인은 어느 날 근무 중 순시차 동 4사(舍) 하를 들렀드니, 양 피고인 있는 감방에 수용인이 4, 5명이나 있기에 분간을 몰라본 피고인은 "양 영감이 누구요"라고 물었던 사실과 무의식중에 "영감이 가져온 돈이 북에서 가져온 돈이요"라고 물었드니, 양 피고인은 "북에서도 가져오고 내 개인 돈도 있지요"라고 대답한 것은 사실이고, 기후(其後) 본 피고인이 감방 감독 근무 차(3월 30일경) 양 피고인이 수용하고 있는 사방(舍房)을 들렀드니, 양 피고인이 고개를 숙이고 있기에, 본 피고인은 양 피고인더러 기도를 드리느냐고 미소를 띠우면서 말하였드니, 머리가 좀 아파서 그른다고 하면서 시찰구(視察口)로 나와서, "부장님 난 이 세상 살고 싶지 않다"고 하기에 본 피고인은 양 피고인에게 무슨 소리하느냐고 하면서, "죽긴 왜 죽느냐 어떻게든지 공판을 잘 받아서 나가야지 그런 생각은

118) 1955년 서울 종로2가 화신백화점 건너편에 건립된 신신백화점을 가리킨다.

조금도 하지 말라"고 타이른 사실이며, 기후(其後)에 순시 차 들렀드니(4월 2일) 양 피고가 묻기를 진보당사건 공판이 언제냐고 하기에 무의식중에 내일이라고 하였든 사실, 이러한 근무 중에 피고인과 이야기한 것을 동 양 피고인과 같이 수용하고 있든 밀정인(경찰관이였든 모양)이, 형무소 들어와보니 형무소 소칙이 엄한지라 밀정으로 형무소에 더 머물러 있기가 싫어진 나머지 전술과 동일한 사실에 내역을 검사에게 밀고하고 출감한 모양인 사실.

기후(其後) 본 피고인은 경찰관에 (고문) 당시에 형무소 근무할 시(時) 피고인과 이야기한 것을 본 사건과 관계도 없는 것을, 경찰관의 무도한 행동으로 인하야 생각한 나머지 기(其) (고문)을 일시적 피하기 위하야 경찰관과 상위(相違)하여 가면서 순차적으로 조서를 작성하였든 사실입니다. 예컨대 본 피고인이 그러한 경찰관의 조서와 동일한 사실을 각 피고인 간에 연락을 하라면 피고인을 감방내에다 세워 놓고서 연락하진 않을 것이고, 만일 연락할 목적으로 실행을 할라면 기(其) 당시 본 피고인에 직권으로 얼마든지 감방에서 불러내다가 단둘이 조용히 이야기할 수가 있었든 것입니다. 예컨대 형무관은 수용자에 대하여 교육자라는 입장에서 근무하고 있는 것이며, 형무관리로써 피고인 간에 이야기한 것이, 연락사실이 아닌 이상 범죄사실에 연결케 할 수는 없을 것입니다. 형무관리는 어데까지나 사회에서 일시적으로 범죄를 하여 영어의 몸이 된 자들을 보호와 교화를 시켜서, 사회에 나가서라도 재차 이러한 범행이 무(無)하도록 매일같이 주의와 아울러 책임을 지고 있는 것입니다. 요컨대 이러한 전술(前述)과 여(如)한 책임감에서 근무하고 있는 관리가 기(其) 검찰관의 공소사실과 여(如)한 것이 있었겠나에 대하여서는 상식적으로 판단하여 보아 알고도 남을 사실입니다. 대저로 이러한 사실이고 좌기(左記)와 여(如)한 본 피고인에 대한 입증 사실을 말씀드리기로 하겠습니다.

(1) 우(右) 본 피고인에 대한 채권자라는 입증자 김성도(金成道) 여사는 본 피고인과에는 하등에 관계가 없고, 본 피고인의 형님에 대한 채권자인 사실이며 경찰관이 허위로 입증을 만들은 사실.

(2) 이덕신(李德信)이가 입증한 사실은 본 피고인이 경찰에서 취조 당시 기(其) 경찰관에 강요로써 형무관리들이 조봉암 피고인에 대하여 연락하여주는 직

원을 알 수 있지 안느냐고 (고문)과 동시에 하기에, 본 피고인은 알 수 없다 하고 기(其) 피고인에 바로 (옆)방이 이덕신이가 있으니 기(其) 자에게 문의하여 보라고 하였드니, 경찰관이 이덕신이에게 갔다와서 본인에게 하는 말이, 당신에 관한 사실은 모른다고 하고 임신환(원심에서 출감자)에 관한 것은 1건 얻어왔다고 본 피고인에게 이야기한 사실. 본 피고인에 대한 입증은 경찰에서 조작한 것은 틀림없는 사실.

1. **그리고 요컨대** 본 피고인에 대한 법령 5호 위반에 대하여, 4285(1952)년도부터 본 건에 대한 권총을 소지한 사실은 본 피고인이 기(其) 당시부터 형무소장 문치연(文致然) 씨의 호위신분으로써 소지하였든 사실이며, 기(其) 무기로 말하면 기(其) 당시 용도주임(用度主任)으로 잇든 노갑용(盧甲竜) 간수장이 동 권총을 소장님에 허가를 얻어가지고서 타인에게서 사서 본 피고인에게 교부할 시(時), 본 피고인에게 주의를 하기를 이 무기는 형무소에 등록이 안 된 무기고 만일 이 무기로 인해서 사고가 발생하면 자기가 책임지는 것이니 각별히 주의하고, 만일 자네가 소장호위를 퇴직할 시에는 기(其) 무기를 자기에게 통해서 밧이야지[119] 본 피고인 자유로 형무소에 밧이거나 타인에게 주며는 절대로 안된다고 한 사실이고 그리고 본 피고인에 생각에는 이 사건에 무기는 절대로 불법이 안인데 대하여서 몇 가지 예를 드러보겠습니다.

(1) 본 사건에 무기는 정식으로 소속장(所屬長)에 무기소지허가증이 유(有)한 사실.

(2) 본 무기는 형무소의 무기인 사실.

(3) 본 무기에 대한 소지허가증을 발행하여 준 자가 전근 이후라도 당 형무소에서 정식으로 전 소속장에 발행한 무기소지허가증을 무효 공고가 있기 전에는 기(其) 증명서가 효력이 있다는 사실.

(4) 본 피고인이 소지하고 다닐 시 2, 3차에 걸처서 한미합동으로 미 MP, 한국 헌병, 경찰관, 병기감(兵器監)에서 조사를 할 시에도 기(其) 문(文) 소장이 발행하여 준 소지허가증으로 정식으로 통과한 사실.

119) '바쳐야지'를 말한다.

(5) 대한민국 현 정부에서 발표한 사실을 보면 형무관리로서 무기를 소지할 수 있는 사실.

대저적으로 이러한 예가 있는데도 불구하고 본 피고인이 사용한 무기가 불법이라 하여서 법률에 의하여 처벌을 밧는다면, 오날 현 사법경찰관들 소지허가 없이 소지한 자들은 전부가 법에 의하여 처벌을 받어야 할 것은 물론일 것이고, 기(其) 외 현 고관의 호위 순경들도 당국에의 허가 없이 소지한 자들도 전부가 맛당히 법에 의하여 처벌을 받어야 할 것입니다.

대저로 이러한 사실로써 약하고 다음 좌기(左記)와 여(如)히 종합을 하여서 예를 드러보겠습니다.

1. 전술(前述)과 여(如)히 본 피고인은 경찰관에의 (고문)에 못 이겨 공소장과 여(如)한 사실을 진술한 사실.
2. 기후(其後) 검찰에서 부인할 목적이였으나 서기에게서 협박으로 부인 못한 사실.
3. 기후(其後) 박 모모(某某) 변호사로부터 본 피고인을 접견 와서 절대적으로 공판정에 나가서 부인하지 말라. 자기가 검찰관에게서 말을 들었는데 부인하면 동정을 못 받는다고 하기에, 본 피고인은 변호사의 말을 전적으로 신임하고 양심을 속여 가며 원심에서 재판장님의 심리 시에 어느 정도 승인하다가, 아무리 생각하여도 본 피고인에 양심으로 그러한 진술을 할 수가 없어서 최후진술 시에 사실이 검찰관의 조서와 다르다는 것을 진술하는 도중 시간관계상 중지되었든 것입니다.
4. 그 후 고법(高法) 공판정에서 양 피고인이 진술하기를, 이동현 피고인은 아무 죄가 없는 사람이라고, 자기는 이 피고가 부장으로 근무 시 자기에게 와서 영감이라고 하면서 뭇는 말이 전부 자기에게 대하여 비웃는 말로 들려서 감정을 가진 나머지 이 피고인을 관직에서 면직시킬 의사로 자기도 검찰관에게 사실 아닌 사실을 고발하였다고 고법정(高法廷)에서 진술한 사실.

그러한 모든 사실로 보아서 본 피고인은 고법판결이 너무나 어굴한[120] 사실이라고 생각합니다. 요컨대 최후로 말씀을 드리고 싶은 것은 금반 본 피고인의 사고로 의하여, 전(全) 형무관리에게 근무에 지장을 얼마나 주고 있는 것을 본 피고인은 이 현실을 볼 때 본 피고인 자신이 스스로가 미안한 감을 늦기는 바입니다. 이 모든 사실에 사정을 보시와 금반 이 사건을 공명하고도 정확한 판단이 있기를 바라오면서 이만 필(筆)을 놓습니다.

4291(1958)년 12월 일[121]
서울형무소 재감
피고인 이동현

우(右) 무인은 본 피고인에 무인임을 증명함
입회 간수 고남주(高南柱)
대법원 판사부 귀하

[출전 : 20권 616~629쪽]

120) '억울한'을 의미한다.

121) 이동현의 상고이유서 원문에는 날짜가 기재되어 있지 않지만, 해당 문서의 첫 번째 장에 서울형무소 소장의 직인이 찍힌 날짜가 12월 23일인 것을 보면 그 무렵에 작성된 것으로 추정된다.

13 상고이유서 1958년 12월 23일

4291(1958)년 형상 제559호

상고이유서

〈국가보안법〉 위반 피고사건

피고인 상고인 김달호

우(右) 〈국가보안법〉 위반 상고사건에 관하여 상고인은 좌(左)와 같이 상고이유서를 제출함.

원심은 4291(1958)년 10월 25일 상고인에 대하여 김달호는 1·4후퇴 시 부산에서 상(相) 피고인 조봉암을 알게 된 이래 동인(同人)과 친교하여 오던 중,

(1) 가칭 진보당 발기추진 운동에 가담하여 오다가 4289(1956)년 11월 10일 서울특별시 중구 소재 시공관에서 상(相) 피고인 등을 위시로 8백여 명과 함께 국헌 위배하여 정부를 참칭하는 북한 괴뢰집단에 부수하여 국가를 변란할 목적으로, '우리는 노동자 농민을 중심으로 하는 광범한 근로대중(피해대중)을 대표하는 주체적 선진적 정치적 집결체이며 변혁적 주체적 세력의 적극적 실천에 의하여 자본주의를 지양하고 착취 없는 복지사회를 건설하여야 한다'는 혁신정치의 실현, '우리는 자유민주주의를 폐기 지양하고 주요 산업과 대기업의 국유 내지 국영을 위시로 급속한 경제건설 사회적 생산력의 제고 및 사회생산물의 공정 분배를 완수하기 위하여 계획과 통제의 제 원칙을 실천하여야 한다'는 지(旨)의 수탈 없는 경제체제의 확립, '우리는 남북한에서 평화통일을 저해하는 요소를 견제하고 진보당 세력의 주도권 장악하에 피 흘리지 않는 평화적 방식으로 조국의 통일을 실현하다'는 지(旨)의 평화통일의 실현 등을 강령정책으로 하자는 진보당을 조직

하는 동시에 그 간부인 동 중앙당 부위원장에 취임하고,

(2) 동 4290(1957)년 하절 전시(前示) 중앙당 사무실에서 상(相) 피고인 조봉암 동 윤길중 외 당원 약 60명이 회합한 석상에서 대한민국에서는 6·25사변 당시 북한 괴뢰가 먼저 침략해온 것이라고 하는데 모를 일이다. 평화적 방법으로 상대방의 동의를 얻어 합법 형식으로 통일을 하여야 한다는 등 지(旨)의 교양강의를 행하여서 동당의 목적한 사항의 실행을 협의 선동하다라고 사실을 판시하고

1. 원심 공정에 있어서의 상고인의 차(此)에 부합하는 진술
1. 제1심 공판조서 중 상고인의 차(此)에 부합하는 공술 기재
1. 제1심 제14 공판조서 중 증인 신도성과 동 고정훈의 판시 진보당의 발기 경위에 부합하는 공술 기재
1. 검사의 상고인에 대한 신문조서 중 차(此)에 부합하는 공술 기재
1. 검사의 증인 손도심과 동 서상일에 대한 진술조서 중 판시 진보당의 발기 경위에 부합하는 각 공술 기재
1. 압수한 선언, 강령정책, 당헌, 강령 전문, 경제정책 전문, 당 기구표 (서울지검 4291(1958)년 압 제146호의 증 제2호) 결당대회 문헌 (동 압호의 증 제3호) 및 진보당 문헌 (동 압호의 증 제48호) 중 판시 진보당에 강령정책에 부합하는 기재
1. 「한국 통일에는 평화적 방법만이 있을 뿐이다」(동 압호의 증 제32호)중에 부합하는 기재 등을 종합하여 차(此)를 인정할 수 있다고 증거 이유의 요지를 판시하고 법률 적용에 가서 〈국가보안법〉 제1조, 제3조 등을 적용하여 피고인 상고인에 대하여 징역 3년에 처한다고 언도하다.

상고인은 이에 앞서 4291(1958)년 1월 11일 야(夜) 서울특별시 성동구 신당동 340의 53호 자택에서 서울특별시 경찰국 경찰관리들로부터 영장의 제시없이 체포되어 동월 14일 야(夜)까지 동 시경 사찰과 분실이라 칭하는 남일사(南一社)에서 구금되었다가, 동 야(夜) 이후 서울 서대문경찰서 유치장에 유치되고 동월 24일 밤 이강(以降) 서울 서대문형무소에 구속되었다가 동년 7월 2일 서울지방법원에서 무죄의 언도와 아울러 애국적 행동을 하였다는 칭사(稱辭)를 듣고 동월 4일

보석되었든 바 검사 공소에 의하여 서울고등법원 김용진 부장의 심리를 받아오다가 동년 10월 22일 돌연 법정에서 도주의 우려가 있다는 이유로 보석 취소함으로 인하여 다시 동일(同日) 이후, 서울 서대문형무소에 구속되었음. 이제 우(右)의 6항에 긍하는 상고이유를 제시하오니 조속히 광정(匡正)하여 주시기 공망하나이다.

제1 원심 판결은 공소의 수리가 법령에 위반할 경우에 해당함(〈형소〉 384조 6호) 공소장에 기재된 상고인에 대한 기소 사실은 피고인 조봉암이 4289(1956)년 5월 6일 서울특별시 양동(陽洞) 소재 진보당추진위원회 사무실에서 북한 괴집 김일성이가 남파한 간첩 박정호 등과 밀회하고, 진보당 평화통일의 구체적 방안이 동 괴집의 주장과 동일함을 상통하고 그 후 진보당을 구성하였다는 전제하에 상고인의

(1) 전시(前示) 진보당 구성에 참가하여 그 간부에 취임
(2) 교육강좌 내용 중 2개 구절이 불법 운운
(3) 김기철 사안을 상의하는 때 참가하였다 운운으로 시현(示顯)되어 있는바, 안컨대 조봉암 피고인은 진보당 구성원 중에 1인에 불과함으로 동인(同人)의 전시(前示) 박정호 등과의 상통한 사실 유무가 상고인의 진보당 참가에 대하여 어떠한 형사법적 효과를 가져온다는 것인가.

그것은 상고인에 대하여는 무의미한 부풍운(浮風雲)에 불과하고, 또 공소장 제1항 기재에 즉하여 검토하건대 그것은 북한 괴집에 부수하여 국가를 변란할 목적으로 이루어졌다는 구체적 기재로 평가할 수 없음으로, 따라서 그 2항과 3항은 〈국가보안법〉 제3조 위반으로 평가될 수 없고 결국 본건 공소는 상고인에 대한 공소장 기재 사실이 진실이다 하더라도 범죄가 될 만한 사실이 포함되지 아니 하는 때에 해당하는 것으로, 〈형소법〉 제328조 4호 동 363조 1호에 의하여 원심은 상고인에 대한 본건 공소를 결정으로 기각하였음이 합법적이였는데도 불구하고, 우(右) 법령에 위반하여 공소의 수리를 하였음으로, 원심 판결은 이미 이 점이 있어 파훼를 면치 못함. 본건 공소의 수리를 합법적이라 하더라도 제2 원심 판결은 심판의 청구가 있는 사건을 판결하지 아니 하거나 심판의 청구가 없는 사건을 판

결할 때에 해당함.(〈형소〉 제383조 11호)

상고인에 대한 본건 공소는 조봉암 피고인이 전게(前揭)와 같이 4289(1956)년 5월 6일 전시(前示) 추진위원회 사무실에서 전시(前示) 박정호와 밀회하여, 진보당의 평화통일의 구체적 방안이 동 괴집의 주장과 동일함을 상통하여 간첩행위를 감행하는 동시에, 동 괴집의 지령하는 사실을 협의 내지 실로(実路)하는 소행으로 진보당을 결성하는데 참가했고 상고인도 동 진보당 구성에 참가하였음으로 그 행위가 〈국가보안법〉 제1조에 해당한다는 것인바 차(此)에 관하여 원심 판결장 101엽 4행, 107엽 최종행, 108엽 123행 기재에 의하면 우 괴집의 지령하는 사항을 협의 내지 실천하는 의미를 가진 진보당 구성에 대하여 형사소송법 제325조를 적용하여 무죄를 선언한 제1심 판결은 상당함으로, 원심도 동 법조를 적용하여 무죄를 선언한다는 이유를 명시하여 놓았음에도 불구하고,

그 판결주문에는 (1) 피고인 조봉암에 대한 박정호에 관련되었다고 운위(云謂)한 각 간첩행위의 점은 무죄로 하되, 전시(前示) 협의 실천이 된다는 〈국가보안법〉 제1조 위반이라고 본 상고인의 진보당 구성에 관한 공소가 무죄라는 주문이 없음으로, 차(此)는 원심이 상고인에 대하여 심판의 청구가 있는 사건을 판결하지 아니한 때 해당하는 것으로 사료하며, 또 진보당의 강령정책에 대하여는 본건 공소에서 배려된 바 없고, 그 강령정책 자체의 실현행위에 대하여는 심판의 청구가 없는대도 불구하고 이것을 〈국가보안법〉 제1조 위반으로 심판한 것은 역시 비법(非法)이라 아니할 수 없다.

상고인의 소견에 의하면 진보당의 정견(政見)은 우리나라의 진보적인 〈헌법〉에 의거하여 헌법 정치를 발전시켜 보자는 대에 귀착되는 것으로 인식하고 있는바, 진보당의 강령정책은 우리 〈헌법〉의 사회적 경제적인 민주주의에 기초를 두고, 이것과 일견 대립되는 정치적 민주주의를 한층 높은 단계에서 조화하여 —자유자본주의의 수정 지양— 소위 문화국가라고 할까, 민주적 사회적 복지국가라고 할까, 진보당헌 제2조 당(黨)의 목적에 기재되어있는 균형 있는 복지사회의 구현을 목적으로 하는 것으로

4290(1957)년 봄, 대통령 지휘하에 있는 정부(政府)인 공보실에서, 우 강령정책 기타에 대하여 상세히 엄중히 검토한 끝에 그것을 기초로 한 진보당의 결당이 적법행위라는 것을 확인하고, 마침내 등록을 필하고 용래(甭來) 공인된 혁신정당으로 국내외에서 상응한 처우를 받어왔음(예- 국가의 손으로 아편주사를 놓고 나서 그 주사 맞은 행위를 불법이라 할 수 없는 것임). 만약에 강령정책 표현 중에 잘못된 점이 있드라손 치더라도 이것은 개정(당헌 제10조 3항) 할 수 있을 뿐 아니라, 사면권(赦免權)을 가진 정부로서 일단 등록을 마쳐주었으면 이로 인하여 하자 치료의 효과조차 긍정하여야 될 경편(境便)이고, 또 그후 행정부나 입법부나 일체의 보수정당들도 진보당을 공인된 국내 유일의 합법적 혁신정당으로 인정하여 의심치 않았고,

제1심 판결 언도 시에 재판장은 상고인 등에 대하여 우리의 행동을 애국적이였다고 선언하고 국가를 위하여 계속하여 노력하여 달라고 요청까지 하는 것을 들은 바 있거늘, 엇지하여 또 무슨 까닭인지 유독 원심은 보석 중인 피고인들에 대하여, 여사한 국민의 상식이 놀내는 처사를 자행하고, 한거름[122] 더 나아가서 천만(千萬) 이외에도 진보당 결당 행위 자체인 합법적이고 심판 청구 외적 행위에 대하여, 전제적으로 심리조차 생략한 끝에 유죄를 언도함으로써 국가의 중대한 법률적 안전을 파괴하고, 사법부의 위신을 여지없이 땅에 떨어드리고 말았음. 사견에 의하면 검사가 장차 진보당의 강령정책에 의한 결당 행위를 처벌하기 위하여 공소를 제기할 수 있는 전제조건으로 다음과 같은 몇 개의 사항이 고려되어야 할 것임.

(1) 그 강령에 우리는 공산독재는 물론 자본가와 부패분자의 독재로, 이를 배격하고 진정한 민주주의 체제를 확립하여 책임 있는 혁신정치의 실리를 기한다(책임 있는 혁신정치의 실현). 강령3에 우리는 생산 분배의 합리적 계획으로 민족자본의 육성과 농민 노동자 모든 문화인 및 봉급생활자의 생활권을 확보하여 조국의 부흥 번영을 기한다(수탈 없는 경제체제의 확립). 강령4에 우리는 안으로 민

122) 원문 그대로 표기했으나 한걸음이 바른 표기이다.

주세력의 대동단결을 추진하고 밖으로 민주 우방과 긴밀히 제휴하여 민주세력이 결정적 승리를 어들 수 있는 평화적 방식에 의한 조국통일의 실현을 기한다(반공 민주적 평화통일의 완수)라고 당 공약이 명시되어있고,

그 정책에 가서 ① 통일문제, ② 외교국방 정책, ③ 정치형태, ④ 행정정책, ⑤ 경제정책—그중에 소위 귀속재산과 국영기업의 문제, 민족자본의 육성과 소위 자유기업의 문제, 외원(外援)과 외자도입 문제, 자본의 축적 및 동원의 문제, 농업의 문제, 협동조합 조직화의 문제, 관료주의의 문제, 대외무역의 문제, 우리 경제 발전의 파행성의 문제, 국가적 계획기관의 문제, 경제형태의 문제 등이 검토된 후에 (가)농업정책 (나)산업정책에 관한 구체적 공약이 성립되고, ⑥ 농업에 대하여, ⑦ 재정정책, ⑧ 사회정책, ⑨ 문교정책에 관하여 공개 명시하였고, 이것과 기타 당헌 선언문, 강령 전문 등의 일체가 판시 증 제2호에 기재되어 있는바,

이상을 엄중히 법적으로 분석하여 본다면 결국 〈헌법〉에 가서 대통령 중심제를 의원내각제로 개혁하자는 주장 외에는, 위선(爲先) 헌법상 이 채택된 경제적 사회적 문화적 후생적 민주주의[약(畧)하여 사회적 민주주의]에 기초하여 명시된 제 근본정책에 조응하는 구체적 입법을 책립(策立) 완비하여, 우 진보적 민주주의의 실현을 경제적 사회적으로 보장하자는데 그 목표가 있고, 통일문제에 가서는 〈헌법〉 제4조, 제6조, 제7조, 국제연합 헌장 제2조 제3항, 제4항, 〈헌법〉 전문 "항구적인 국제평화 유지에 노력하며"라는 평화주의의 선언과 한미공동방어조약과 UN의 통위원칙(統偉原則) 등에 의거하여, 대한민국을 육성 강화하고 국토인 신의주까지를 제공하고 민주화하자는데 이념을 두고 있는바

(2) 우와 여(如)한 주장자(主張者)를 처벌하기 위하여는, 위선(爲先) 헌법상의 전문 3항부터 기타 경제적 사회적 민주주의를 선언한 〈헌법〉 조문 전부와 또 그 조문의 근본 원칙에 따라 기왕 성립된 법령도 일체 폐지하고, 또 우 〈헌법〉 조문의 폐지는 개폐(改廢)할 수 없다는 헌법상의 특별규정을 만들고, 따로 이상 진보당 강령정책은 이후 금지 불법화한다는 형사법의 입법을 완료하고 그 공포 실시 후에,

(3) 비로서 우 형사법의 위배하여 또 그러한 결사를 만들 경우에 국가의 공소

권은 발동하는 것으로 사료되며, 또 그것은 우 형사법의 시행 후인 장래에 향하여 논의될 것이지 적법행위 때까지 소급(遡及)할 수 없음은 더 말할 나위도 없는 바, 여사한 경우를 상정하게 되면은 우리 〈헌법〉 제1조(정치적 및 경제적 사회민주주의)는 파괴되고, 따라서 〈헌법〉 제97조 제6항과 모순이 생기며 전제정치로 복귀 되고야 말 현상이 나타날 것이다… 실상 우리나라 농민만 하여도 인구의 7할 이상을 점하고 있는지라, 자유당 강령정책에는 그는 노동자 농민을 위하는 정당이고 착취를 반대한다고 명기되어있음.

오늘날 원심이 본건 공소의 구체적 기초 사실을 무시하고, 또 공소사실에 대하여 범죄의 일부와 전부의 관계에 결단코 설 수 없는 진보당의 합헌적 5개 행동강령 찬성행위를 비법적(非法的)으로 범죄시하는 태도는, 바로 우리 〈헌법〉 제정자 내지 헌법정치를 찬성 주장하는 국민들을 자기 취미에 맞지 아니하다고 또는 자기 반대파라고 하여 국가보안 위반자로 단죄하는 해석과 동일하며, 심히 전단적(專斷的)이고 압제적인 것이라 규정 아니 할 수 없으며, 상고인도 덕이 적으나 오늘날까지 우리 국법에 저촉하는 정치행동은 안할 줄 알고 적극적으로 애국애족하는 공작으로 공산당을 이기고 후진성을 탈피하고 빨리 훌륭한 국가를 만들어 보자는 염원에 불타고 있음.

제2 원심 판결은 소송절차가 법령에 위반되어 판결에 영향을 미칠 때에 해당함(〈형송법〉 제383조 13호). 원심은 상고인에 대하여 진보당 강령정책 그 각 전문 기타에 관하여 일언 신문한 바 없고, 증 제32호 속기록 내용, 제출된 상고인의 국회속기록 중 헌법정신을 강조한 발언 부분과 제출된 책자 『현대지(現代誌)』 중 통일문제 기타에 대한 유관 부분 제1심 때에 제출된 진정서 등에 관하여 그 내용의 요지를 상고인에게 고지한 바 없고, 따라서 피고인의 이익 되는 사실의 진술 기회를 주지 않고(〈형소〉 286조, 287조, 292조 위반),

합법적 소송절차를 무시하여 가면서 진실 발견의 의욕조차 포기하고, "전자(前者)의 현 서울지방법원장 임한경(林漢璟) 씨와 같이 괴집 동조자들에게 납치되어 가다가 생명을 도(賭)하고 탈출해 나온" 상고인에 대하여, 국보(國保) 위반이라는 판결은 국가와 민족과 민주주의와 정의를 위하여 통곡할 사(事) 아니고 무엇이랴, 상고인의 일체 정치행동이 우리 〈헌법〉과 그 정신절차에 따라서 행하여져야 한다는 행동원리가 상고인에 유관한 일체 증거 서류와 신문조서와 일심 공판조서와 원심 공판에서 소소히 구현되고 있지 않는가. 대한민국에서 상고인을 좌경(左傾)하였다느니 또는 괴뢰에 부수하는 행동을 하였다고 규정하는 소위 반공 애국자를 모함하야 결과적으로 괴뢰를 이롭게 하는 행위인 것이다.

제3 원심 판결은 중대한 사실의 오인이 있어 판결에 영향으로 미칠 때에 해당함(〈형소〉 383조 15호). 1건 기록과 상고인의 1심과 원심에서의 진술에서 명백히 된 것과 같이 상고인은 진보당의 결당 조직 구성에 참가한 바 없고 4289(1956)년 하추(夏秋)에 긍하여 국민을 도탄에서 건지고 보국안민(保國安民)하기 위하여는 우리 헌법 정치의 강력한 실현을 촉구하는 수밖에 없고, 그렇기 위해서는 동질이형(同質異形)의 자유 방임주의적 자유 자본주의를 신봉하는 양 보수정당에 대하여 혁신정당의 조속한 구성과 그 발전이 필요 불가결하다는 양심적 관점에서 독자적으로 당시 친교 있는 장택상 의원, 서상일, 신흥우, 조봉암 제씨(諸氏)를 졸댁(拙宅)에 모으고 수차에 긍하여 혁신정당의 결성을 종용 촉진시킨 바 있었으나 혹은 주도권 문제로 혹은 결당 시기에 관한 의견차 등으로 인하여 그 구성이 여의치 못하든 중 4289(1956) 11월 10일 책임 있는 혁신정치의 실현을 위시로 전시(前示) 행동강령 5개 원칙하에 판시 장소에서 수많은 경찰관, 언론인, 일반참관인 등 초만원(超滿員)을 이루고 질서정연히 공개 평온리에 그 결당대회가 개시 진행되고, 단상에는 책임 있는 혁신정치의 실현, 수탈 없는 경제체제의 확립, 민주적 평화통일의 완수의 3대 스로강[123]이 벽에 걸렸고,

먼저 장택상 의원이 진보당의 강령정책에 대하여 특히 그 수탈 없는 경제체제의 확립에 대하여 열렬한 축사를 토로하고, 자유당 이활(李活) 씨, 민주당 홍익표(洪翼杓) 씨로부터 축사서를 받고, 이러한 상황하에서 대회 대의원 800여 명이(전국각지에서 모였음) 위원장에 조봉암 피고인을 절대 다수표로 당선시키고, 조봉암의 당선 인사가 있었고, 부위원장 선출에 들어가서 박기출 피고인과 상고인이

123) '슬로건'을 말한다.

피선되었던바, 상고인은 뜻하지 않은 돌연 700여 표로 피선되었으나 단(但) 석상(席上)의 이유로 직각(直覺) 사퇴의 의사를 표시할라고 하였으나 우 진행되는 회의 중 그 기회를 얻지 못하였고, 그 후 우 취임 거절권 행사를 보류하여 오던 중,

4291(1958)년 1월 11일 전기(前記)와 같이 피검되고 동년 2월 중순경 공보실에서 진보당원들의 민의원 입후보를 방해하기 위하여 그 등록을 비법(非法), 취소할 것이라는 풍문을 듣자 날이 갈수록 헌법정치가 유린당하여감을 통탄하면서 그 취소 전인 동년 2월 중순경 이미 이당(離黨)의 뜻을 소속 국회에 대하여 표명하여 두었음. 법의 주장 권리행사를 보류하는 동시에 이당에 표시를 했던 바임.

전시(前示) 강령정책 소책자는 동 대회일에 처음 배부된 것으로 기억되며, 그 전문 등이 대회에서 어떠한 취급을 좇아 의결된 것인가 그 여부에 관하여 상고인은 상지(詳知)치 못하나, 그 각 전문이 본 강령정책에 필연 수반적 문서는 될 수 없고, 그 해설자의 일응의 이론적 해명에 불과하다고 사료하며, 물론 상고인의 강령정책의 해석권을 구속할 수 없음은 더 말할 나위도 없는 것으로 보는 것임. 타(他)에 우(右) 인정을 좌우할 하등의 증거 없음. 원심 판결은 차(此) 점에 관하여 판시와 여(如)히 중대한 사실을 오인하였다.

다음에 판시 제2항 강좌 내용에 대하여 일별(一瞥)하면, 우 증 제32호 '표지에 누락된 점이 많아 공개하기 어렵다'는 속기록이라고 부기되어있고, 2시간에 긍(亘)한 이약이인데[124] 1시간치도 속기가 못되었음. 기재내용에 의하면 한국 통일 문제에 대하여 차(此) 괴뢰는 6 · 25남침이라는 죄과로 인하여 평화통일을 주장할 자격 내지 권한이 없다. UN 내에서 〈헌법〉 제4조에 의거하여 우리가 먼저 북진했는지[당시는 한미공동방위조약 체결 전임으로 우리에게 북진의 권리가 합법적으로 형유(亨有)되어 있다고 해석됨], 이차(以此) 괴뢰가 먼저 남침했는지 논의가 있어서 여기에 대하여 상세한 것은 모를 일이다.

124) 원문대로 표기했으나, 문맥상 '이야기인데'가 적절한 표현이다.

그러나 상고인 생각으로는 이차(以此) 괴뢰가 먼저 남침해온 것으로 인정한다[이상을 가지고 원심은… 북한 괴뢰가 먼저 침략해온 것이라고 하는데 모를 일이다라고 오작(誤作) 판시하였음]. 우리는 한미공동방위조약의 존재와 UN 내의 통한결의(統韓決議) 원칙과 우리 〈헌법〉 제4조에 신의주까지를 우리 국토로 인정한 바에 좇아, 우리 헌법정신과 그 절차에 따라 국토를 평화적으로 민주화하자는데 목적이 있고 그 주체권과 주도권은 우리에게 있다. 괴뢰의 위장평화 공세는 우리 질서를 혼란하게 하는 것임으로 여기에 속아서는 아니 되고 남북협상도 단호히 배격해야 한다.

토인비 교수[125]는 독일이나 월남, 한국 등 제2차대전 이후 양단된 국토는 평화적으로 상대방의 동의로 통일되어야 한다고 하였는데, 우리는 합법적으로 반공 민주적 평화통일을 완수하여야 한다고 주장하고, 먼저 UN 내에서 미소 측이 여기에 관하여 동의되어야 할 것이라고 언급된 것이 인정되며, 또 경찰 진술 이래 제1심 원심 신문에서 합법 형식이라 함은 어떤 개인이나 사회단체나 괴뢰집단 같은 것을 상대하는 것이 아니라 UN에서 승인된 국가 상대를 상정하는바, 그것은 UN 내에서 미소가 상대방이 되고, UN에 대하여 대한민국의 상대방이 된다. 이것이 상대방의 동의를 합법적으로 성립시키는 과정이라는 점이 명백히 기재되어있는데도 불구하고(원심은 판시 제2항에서 '상대방의 동의'의 상대방을 모호한 것으로 판시하였음)

원심은 본항에 관하여 우 속기록과 유관 진문(陳問) 조서와 원심에서 되풀이하여 상세히 진술한 바와 상고인이 제1심 때에 재판장에게 제출한 진정서 내용과 제출 『현대지』 중 유관 부분을 읽었는지, 읽고 듣고도 고의적으로 무시했는지, 판시를 예지(例之)하면 상고인이 생리학상 사람이 밥을 아니 먹는다면은 살지 못한다고 주장한 것을, 그 명제 중에서 상고인이 사람은 밥을 아니 먹는다라고 주장하였다고, 그 판시를 어떻게 명경지수(明鏡止水)의 심경으로 한 법적인 정당한

125) 아널드 조지프 토인비(Arnold Joseph Toynbee, 1889~1975)는 영국의 역사가이다. 문명의 흥망성쇠를 분석한 『역사의 연구』 12권을 저술하였다.

인정이라고 할 수 있으리요. 중대한 사실 오인인 것이다.

상고인의 해(該) 강좌 목적은, 이북 괴뢰들의 위장평화 공세에 혹이나 국민이 속힐까 염려하여 경고하고, 또 김구, 김규식 씨 등의 협상 방식은 정치적으로 과오라고 비판하고, 우리는 대한민국 헌법정신과 절차와 UN 결의의 정신에 좇아서, 통일문제의 필연성과 가능성과 합법성을 같이 고려해야 한다는 점을 강조하는데 있었던바[그 당시 낭하(廊下)에서 누청(漏聽)하고 있던 경관들이 치안국에 그 내용을 보고하자 관계 관리들이 대단히 찬성한 사실이 있음], 이 합법적이고 애국적 행위라고 자위(自慰)되는 상고인의 주장이 오늘날 원심으로부터 왜곡되어 범죄로써 당하니, 상고인은 과문이고 덕이 부족하나, 일정한 시간과 장소의 환경 밑에서 합법적 생활을 영위함이 정의에 합(合)함이라고 자각 의식하는 관점이 서 있는 것이다. 비법성과 혁명의 논리는 상고인의 채용하지 않는 바이요. 상고인의 짧은 경력으로서 이 점은 증명되고 남는 것이다. 상고인의 애국적의 정치활동을 괴뢰에 부수하여 국가를 변란하는 것이라고 원심이 인정함을 도리어 민주공화국을 위한 소위라고 말할 수 없다.

다음에 우 증 제2호 진보당의 선언, 강령정책, 당헌부, 강령 전문, 경제 전문에 관하여 원심이 중대한 오해를 밝혀봅시다. 판시 제1 사실에서 지적된 강령정책의 내용은 원심이 우 책자의 어떤 구석에서 구절구절을 픽앞[126]하여 조립하였는지 우 소책(小冊)을 통람하여도 부합되지 않는 구절도 있고 심히 분명하지 않은바, 위선(爲先) 우 각 전문 등이 우 결당대회에서 심의 통과되었는지 그릇타면은 또 그 제3 담회(談會) 절차는 어떻게 처리되었는지 상지(詳知)할 수 없으나, 그 집필자의 사고방식 등에 관하여 검토하건데, 그는 이원론의 입장이고 종합법, 변증법의 관점에서 있으며, 사회개량가이고 이상론자인 동시에 괴집과 공산주의에 대하여는 철저한 반공 · 부공 · 배공 · 제공 · 축공주의(反共 · 否共 · 排共 · 制共 · 逐共主義)의 입장에 서 있는 것이 명백하며, 어디까지나 헌법 정치를 소생시켜 보자는 열의로써 안민보국(安民保國) 하되 세계 자본주의의 수정 및 변혁되어가는 전망

126) '픽업(pick up)'을 말한다.

하에서 우리들도 민주적 평화적 합법적으로 노력하여 민주적 사회적 복지국가를 건설하는 데 적극적으로 나서자.

여기에 있어서는 근로대중의 실천력을 지도하여 나가야만 된다는 논증인바 그 표현 방법 등에 있어서 수정되어야 할 것도 있고, 예지(例之)하면 그 69엽, 70엽, 77엽, 78엽, 79엽 등에 우익적 보수세력 운운하여 집필자 자신은 자기를 우익이라고 규정하는 전제하에서 입론(立論)한 것이 아닌가 의심이 드나, 그러나 필자의 동 논조에서 볼 때에 필자는 보수적 진보론자 혹은 진보적 보수론자로 보이고, 또 25엽에 세계자본주의의 자기수정적 경향과 노력을 과대 또는 과소평가함을 경고하고, 정당(正當)이 평가해야 된다는 방식에다가, 그 51엽에서 악랄한 공산도당에게 이용되는바, 있었든 호인적(好人的)인 중간파 제 세력도 우리 국민이 도탄에 빠지게 된 데에 대한 책임의 일부를 분담하지 않으면 안된다고 본 견해에다가, 필자가 심각한 이론적 실천적 반공주의자라는 점을 종합해 본다면은 우기(右記) 우익적이라는 말은 일부 극우적이라는 표현으로 수정되어야 그 문의(文意)가 성립되는 것으로 고찰되며, 그 외에 당헌에 가서 그 개정 절차에 관하여도 언급이 없는 것을 보더라도 또는 우 책자 중 누락, 오식도 있고 함으로 요컨대 우 책자는 그중 표현방식에 있어서 곳에 따라서는 수정하여서 읽어야 합리적이라는 것을 언급하여 두는 것임.

다음에 본건 전문 기타 강령정책 등 중에서 그 자체에서 과연 괴뢰에 부수하여 국가를 변란할 목적으로 내포하고 있는가의 여부에 관하여 안컨대 그 선언문 중 (8엽 5행부터 동 11행까지)의 해방 후 아름다운 이 강토에 이러듯 추악불미(醜惡不美)하며 부정불의한 정치적 사회적 상태를 출현시키고, 사랑하는 국민 대중을 이러듯 비참한 생활 형편에 빠트리고 통일을 열원(熱願)하는 모든 동포로 하여금 이러듯 절망과 비애 속에 허덕이게 한 것은 도대체 그 무슨 까닭이겠습니까.

첫째로는 온갖 파괴적 수단으로써 통일 자주 독립의 민주한국 건설을 극력 방해하여 오다가, 급기야 그들의 상전인 스타린의 명령을 따라 동족상잔적인 6·25의 참변을 일으킨 저 공산역도들의 침략 때문임은 물론입니다라고 선언되어 있고, 소위 공약된 5개 조목의 강령(15엽)에 대하여는 그 일부인 2, 3, 4엽에 관하여 기술한 바와 같고 강령 전문에 들어가면

(1) 자본주의의 공죄(功罪) 중(20엽 7행부터 동 9행까지) 우리는 후진 로시아[127]의 불미한 역사적 전통을 지니고 나타난 폭력적 독재적이고 또 팽창주의적 보루세비즘[128]을 단호 명확히 거부하고 배격하지 않을 수 없는 바이다라고 주장되었고, (2) 자본주의의 위기, (3) 자본주의의 수정과 변혁, (4) 후진 국가의 새로운 방향, (5) 제2의 산업혁명과 20세기적 사회변혁에서 세계 자본주의의 진로와 제2의 산업혁명에 관하여 일반 경제학자의 통설이 소개되었고, (6) 6·25사변의 교훈 중에 그 41엽 좌(左)로부터 2행서부터 43엽 2행까지, 또 44엽 5행서부터 동 6행까지, 또 47엽 1행부터 동 6행까지에서, 이북 괴뢰집단의 죄악상과 민족반역성을 통렬히 규탄한 다음, 우 사변의 교훈 중의 기본적인 것으로—국제평화의 기구 UN 및 우리의 위대한 맹방(盟邦)인 미국과의 긴밀한 제휴 협력하에 국제 공산주의의 무력적 협위(脅威)를 배제하면서 우리는 아름다운 이 강토에다 민주적 평화적으로 사회적 복지국가를 건설하지 않으면 안된다라고 그 강고한 확신을 피력하였고, (7) 현 한국 정부의 본질 다음에, (8) 당의 성격과 그 임무에 들어가서는 그 53엽 좌로부터 2행서부터 그 57엽 종(終)까지에서, 우리 당은 노동자 농민을 중심으로 진보적 근로인테리 중소상공업자 양심적 종교인 등의 광범한 근로대중의 정치적 집결체이며, 국민대중의 이익실현을 위해서 투쟁하며 모든 민중에게 자유와 평등과 사람다운 생활을 보장하여 줄 가장 진보적인 진정한 사회적 복지국가를 이 나라에 건설하는 것을 그의 역사적 임무로 삼고, 그러기 위하여 우리 당은 의회에서 절대다수를 점하는 민주적 방식에 의하여 정치권력을 수중에 장악하려고 한다. 권력을 장악하게 될 때에는 우리는 우선 대한민국 헌법의 규정과 정신을 소생시켜 광범한 민중에게 민주주의적 자유를 보장하여 주려고 한다.

우리는 계획적 민주주의의 실현 과정에 있어서나 그 후에 있어서나를 막론하

127) '러시아'를 말한다.

128) '볼셰비즘'을 말한다.

고, 민주주의 제 원칙에 충실할 것이며, 국내의 언론 자유, 반대당의 존재와 그 자유로운 비판을 즐겁게 용납하려고 한다. 우리는 현 정권의 국유 대기업체 불하 정책을 견결(堅決)히 반대한다. 우리는 국가투자에 의한 기간산업의 신속한 건설, 농업, 어업 중소상공업의 협동조합 조직화 등의 제 원칙을 실현하기 위하여 노력하려고 한다. 그리고 사(私) 자본을 공정히 보호하고 적절히 활용함으로써 사회 생산력 증진에 이바지할 수 있는 가능성을 인정하려고 한다. 우리는 미국으로부터의 경제원조를, 우리의 건설사업에 옳게 활용함으로써 민중의 생활을 급속히 개선시킴과 동시에 우리의 경제건설을 빠른 템포로써 촉진 달성할 수 있을 것이다. 양단된 우리 국토의 합일과 양분된 우리 민족의 통일은 우리 민족 전체의 가장 열렬한 염원이고 숙망(宿望)이다.

우리는 UN 및 미국을 비롯한 민주우방과의 긴밀한 원조하에 우리 민족의 열원(熱願) 남북통일을 민주적이고 평화적으로 실현할 수 있도록 노력할 것이며, 이 목적을 달성하기 위하여 우리 외교의 진용과 방법을 쇄신 개편하는 한편, 국내건설을 촉진 제고함으로써 국력을 배양 강화할 것이며, 이는 크레무린[129]의 새로운 경제적 공세에 대하여 가장 효과적인 방위책이 될 뿐 아니라, 실로 우리 조국의 민주적 통일을 쟁취하기 위한 가장 적확한 방법일 수 있는 것이다라고 국내외에 명백히 서언(誓言)함으로써 당이 계급당이 아니고, 국민대중당이라는 점 그 사회적 복지국가 건설을 역사적 임무로 한다는 점, 정권교체는 합법적이라야만 된다는 점, 우리 당을 대한민국 〈헌법〉이 규정한 정신을 제84조 이하의 경제질서에 찬성하면서 자유 우방과 제휴하여 경제건설 급(及) 남북통일을 완수하도록 협력할 것이며, 또한 이것은 크레므린의 새로운 경제적 공세에 대하여 가장 효과적 방위책이 될 것이라고 단언해 있음. 여사한 정견과 그 실천 행동을 괴뢰에 부수하여 국가를 변란할 목적을 내포한 것이라 오단(誤斷)한 원심이, 다시 반성하여 대한민국 〈헌법〉에 좇아 괴뢰를 해소시킬 강력부대가 바로 상고인 등이라는 점을 이해해 줄 날이 조속히 도달하기를 희망하는 바임.

129) '크렘린(Kremlin)'은 러시아어로 성벽, 성체를 의미하지만, 소비에트 연방 및 중앙 정부 지도자를 가리키는 말이기도 하다.

그 다음 진보당의 정책에 들어가서 (1) 통일문제에서(61엽, 62엽) 조국의 평화적 통일을 파괴한 책임은 6 · 25의 죄과를 범한 북한 공산집단에게 있다. 그들의 반성과 책임 규명은 평화통일의 전행(前行) 조건이 아닐 수 없다. 우리는 민주주의 승리에 의한 조국의 평화통일 이것만이 우리의 유일한 길이다. 그러므로 우리는 대한민국을 육성하고 혁신하고 민주화하자는데 목표를 두어야 한다라고 명시되었고, 그 다음 (2) 외교 국방정책, (3) 정치형태(63엽의 의원내각제 주장) 등, 그 (9) 문교정책(93엽)에 이르기까지, 구구절절이 애국적이고 또 당헌 제2조(99엽)에는 본당은 당의 정강정책 및 결의의 실천으로 조국의 통일과 균형 있는 복지국가의 구현을 목적으로 한다.

그 제10조(101엽) 전국대의원 대회의 직능 중에도 선언 강령정책 당헌의 결정 및 개정의 권한을 소속시키고 있는바, 돌이켜 그 경제정책(전문) '우리나라 경제 건설의 추진력을 위하여'를 일별(一瞥)하여 보건대, 그 65엽 이하에서 우리나라가 36년간이나 폭악한 일제의 강점하에 있음으로써, 우리의 산업발전은 균형적일 수는 없고 필연적으로 기형적 파행적이 아닐 수 없었던 점과 8 · 15해방 전 일제의 우리나라에 있어서의 국가자본과 개인 자본은 전체의 90% 이상으로 지배하고 한국의 자원과 노동력을 독점 수탈하였다는 점과 8 · 15해방 이후 우리 사회의 자유와 진보 대신에 억압과 혼란이, 건설과 번영 대신에 침체와 빈곤이 지배하게 된 이유를 해명하고, 새로운 20세기 민주주의의 근본적 문제에 언급한 다음 우리 민족의 역사적 위업을 성공적으로 완수하기 위한 필요조건으로, 우리의 애국적 자각적 내핍생활과 우방의 경제원조를 옳게 살려 우리 건설을 힘있게 추진하여야 하되 자립경제를 지향하여야 하고

72엽 (3)에 가서 우리 후진 한국에서는 건설사업의 노정(路程)을 극히 압축된 단기간 내에 주파하기 위하여 우리가 가진 특수조건과 특질에 적용하여야 하며, 방만 무계획하고, 문란 무질서한, 낡은 자유방임주의 방식을 거부할 것을 주장하면서, 영국의 저명한 정치학자 E.H.카 교수의 학설을 인용하면서, 낡은 자유민주주의 또는 개인적 민주주의를 폐기 지양하고, 사회적 평등적 계획적 민주주의를 실천하여야 하며, 그것은 다수인의 자유 평등의 실질적 구현을 위하는 것이며 계

획과 통제의 원칙에 입각하는 것인바, 계획과 통제를 자유에의 대립물로써 속단 오인하여서는 아니된다. 계획과 통제에 의하여서만, 자본주의에 있어서의 무정부 상태를 극복할 수 있고, 건설적 노력과 자원의 배합은 합리화할 수 있으며, 물질적 결핍상태의 조정을 공정화할 수 있는 것이다. 분배에 평등을 기하고 사회 생산적 필요를 우선적으로 충족하기 위한 통제와 경제건설을 합리적 효과적으로 수행하기 위한 계획은 인간적 자유의 부정이 않일 뿐 않이라, 그 경제적 조건을 마련했음으로써 자유의 실질적 구현을 촉진 달성하는 데 필요불가결의 수단이며 방법인 것이다.

우리 한국을 비롯한 후진 제국(諸國)의 경제건설에 있어서의 기본적 문제는 산업혁명을 시급히 수행하고 사회생산력을 전반적으로 급속히 제고하는데 있다. 이렇게 하기 위하여는 낡은 자유민주주의 = 자유자본주의적 방식은 무력하고 무효(無効)할 뿐 아니라 도리어 유해하다. 그러므로 우리는 폭력적 독재적인 볼셰비즘적 방식과 아울러 행위 자유민주주의적 방식을 단호히 거부 배격하여야 하는 동시에, 우리의 새로운 건설에 있어서는 대중적이고 과학적인 사회적 민주주의 = 계획적 민주주의의 방식과 원칙에 의거하지 않으면 아니되는 것이다.

우리 당은 이상과 같은 사상적 입장을 견지하고, 광범한 근로대중과 긴밀히 협력하면서, 우리 민족에게 부과된 역사적 대과업을 완수하려고 하며, 아름다운 이 강토에 진정한 사회적 복지국가를 건설하기 위하여 과감한 투쟁과 줄기찬 노력을 끊임없이 계속하려고 한다. 그러면 역사의 단계에 있어서의 우리의 민족적 대과업이란 —좀 더 구체적으로는— 무엇을 의미하는 것이겠는가. 하나는 양단된 우리의 국토를 통일하는 일이며, 또 하나는 우리 경제의 부흥과 건설을 대대적으로 촉진 달성하면서 후진적인 이 나라를 선진적인 사회적 민주국가에로 전환시키는 일이다.

그리고 이들 양자는 상호 관련적이여서, 국토의 통일 없이는 우리의 경제건설 추진이 상당히 곤란할 것은 사실이지만, 대한민국의 경제건설이 신속히 촉진 달성되고, 이와 병행하여 정치 · 문화 · 군사 등 제 부분의 건설이 빨리 추진되어,

이를 제 부분에 걸친 우리의 종합적 역량이 크게 배양 강화됨이 없이는 우리 국토의 민주적 통일이 좀처럼 실현되기 어려울 것도 또한 사실이 아닐 수 없다. 이리하여 우리는, 우리 한국의 경제적 건설을 대대적으로 추진 달성하는 일이야말로 오늘에 있어서의 우리 민족적 과업의 핵심이며, 우리 국토의 민주적 통일을 위한 기본적 요건임을 알 수 있는 것이다라고 명백히 기재(이상 76엽 9행까지) 되어 있다.

이상은 합법 애국적이고 애족적이며 수준 높은 과학적 반공(멸공, 타공, 압공)의 이론 전개로 사료하며, 이 책자를 많이 인쇄하여 정부로 하여금 이북 땅에다가 살포했으면 기간(其間) 괴뢰집단에 동조하든 자들까지도 많이 우리 대한에 귀순할 자가 생길 것은 물론, 괴집 내부를 변란시키고 와해시키는 데 큰 효과가 있으리라고 믿는 바임. 원심이 이 주장을 탄압할 책임은 중대한 것으로 취급해야 할 것이다. 제출되어있는 대구일보지(大邱日報紙) 등재의 그 정당의 경제정책의 강연회 내용 소개 보도 중 상고인이 거년(去年) 추(秋) 대구대학에서 케인즈 경제학파의 이론을 크게 발전시킨 영국의 어사루이스 교수[130] 또 미국의 와그나넉씨[131] 교수 등이 다 같이 자유세계에 있어서의 20세기 후반기의 최고 최대의 정치철학적 과제는, 정치적 자유를 보장하면서 경제의 계획화, 통제화로 국민들의 생활을 향상시키는 데 있는 것인바, 이는 선진자본주의 국가에나 후진개발 국가에나 간에 공통된 과업이라는 견해 발표를 소개하여 둔 바 있었는데, 이 점에 있어서 상고인과 동견(同見)이고 반대하기 어려운 탁견(卓見)이라 아니할 수 없음.

제4 원심 판결은 그 이유에 모순이 있는 때에 해당함(〈형소〉 383조 12호). 원심

---

130) 윌리엄 아서 루이스 경(Sir William Arthur Lewis, 1915~1991)을 말한다. 런던 정치경제대학교에서 수학하고 1938년부터 동 대학에서 교편을 잡았다. 1958년부터 UN의 가나 경제 고문으로 파견되었고, 1979년 노벨 경제학상을 받았다.

131) 로버트 퍼디낸드 와그너(Robert Ferdinand Wagner, 1877~1953)를 말한다. 독일계 미국인 정치인으로서 1927년부터 1949년까지 뉴욕주 연방 상원을 지냈다. 근로자와 일반 시민을 위한 정치적 옹호자였던 와그너는 1935년 전국노동관계법, 1935년 사회보장법, 1937년 주택법 등 세 가지 주요 법률을 후원하였다. 특히 1935년 7월 제정된 전국노동관계법은 법안 제안자인 와그너의 이름을 따 와그너법으로 불린다.

판결문 30엽 4행 이강(以降)에 "등(等)과 동 결당을 추진하여 오던 중 동년 11월 10일 마침내 서울특별시 중구 소재 시공관에서, 우 상(相) 피고인 등을 위시로 800여 명과 함께, 국헌에 위배하여 정부를 참칭하는 북한 괴집에 부수하여 국가를 변란할 목적으로 혁신정치의 실현, 수탈 없는 경제체제의 확립. 평화통일의 실현 등을 강령정책으로 하는 진보당을 조직하는 동시에, 동 39엽 6행에 그 간부인 동 중앙당 부위원장에 취임하고"라고 기재되어있는바,

(1) 동 29엽 8행부터 "동년 11월 일자 미상 상(相) 피고 조봉암 등이 가칭 진보당발기추진위원회를 조직하고, 공소외 서상일, 동 김성숙(金成璹), 동 최익환 등과 함께 동 위원회 총무위원으로 취임하여, 혁신정당의 구현, 수탈 없는 경제체제의 확립, 남북의 평화통일 실현 등 3대 구호를 목표로, 동 결당을 추진하는 일방, 5·15정부통령선거 때 동당 공천 대통령 입후보자로 출마하여, 전시(前示) 3대 구호를 절규하면서, 동 선거운동을 전개하고(— 그 후 국회에서 이 박사 표와 조 씨 표가 계산되어 당선발표가 있었음 —)"라고 판시된 것을 보면, 이 행위는 모다 적법행위로 판단되고 있는데, 우 추진위원회 조직인 적법행위가 동년 11월 10일 마침내 돌연히 범죄행위로 화(化)하는 과정에 관하여 판시 이유는 모순일 뿐 아니라 우 각 조직행위 간의 법적 평가에 대하여 불명, 모순이 있다.

(2) 동년 11월 10일 마침내 800여 명이 동시에 돌연히 국가변란 목적을 각 개인이 구체적으로 결의하였다는 뜻인바 차(此)는 사회 경험상 불능에 속하는 것으로 또한 모순이다.

(3) 판결문 46엽 제10 이동화에 대한 판시 (1)을 읽으면, 진보당 강령정책 자체가 〈국가보안법〉 제1조 소정의 목적을 가진 것으로 평가되어 있는바, 그렇다면은 우(右) 각 구성 행위를 전기(前記) 국가변란 목적을 가진 조직 운운으로 규정 판시되어야 옳지 아니한가

(4) 판결문 99엽 10행부터 100엽 2행까지를 읽어보면, 진보당의 목적 달성 방법은 평화적 민주적 방식이나, 그러나 그 구성의 목적이 폭력적이라고 본 것 같은데, 그러면 사회적 경제적 민주주의의 실현을 기도한 우리 〈헌법〉 제정자들을 우 〈국가보안법〉 제1조 위반으로 규정하는 모순에 빠지지 않은가

(5) 괴집의 평화공세가 위장이 아니라는 관찰의 모순에 빠져있고

(6) 교양 강의에서는 괴집을 민족 반역적 침략자로 규정했는데, 이것이 진보당의 목적 사항의 실행을 협의 선동한 것이라고 판시된 이상 어찌하여 진보당을 괴집 부수의 변란 결사라고 규정할 수 있는가. 소위 이중모순에 빠진 판시라 아니할 수 없음

(7) 증거설명에 가서 판시 사실은 "피고인의 차(此)에 부합하는 공술이나, 이에 부합하는 공술 기재니 부합하는 기재니를 종합하여 차(此)를 인정할 수 있고"라고 되어 있는바, 부합이라는 어의(語意)는 반대라는 경우에도 사용하는 것인지, 원심 판결의 표현은 이해하기 어렵고, 피선(被選)과 취임을 혼동하고 있고, 반공단체와 부공(附共)단체 내지 용공단체를 법적으로 혼동하는 모순에 빠져 있고, 뿐만 아니라 근본적으로 우리 민주공화국 〈헌법〉을 전제군주제의 〈헌법〉과 혼동하는 모순에 빠져있지 않는가 의심되는 바임.

제5 원심판결은 〈헌법〉에 위반하거나 〈헌법〉의 해석에 착오가 있는 때에 해당함(〈형소〉 383조 1항). 원심 판결은 책임 있는 혁신정치의 실현, 수탈 없는 경제체제의 확립, 평화통일의 실현의 각 판시내용 요지 조립에 있어서, 상당한 그 합목적적 노력이 경주되었던 것으로 보이나 판시 제시에 의해서도 범죄구성은 할 수 없고 실패한 것이며, 그와 같은 평가 판단은 완전히 〈헌법〉 위반 또는 〈헌법〉의 해석 착오로 귀착될 것이다.

(1) 우리 〈헌법〉은 유사 이래 처음 우리가 가지게 된 것이며 주권재민의 진보적인 민주공화국 〈헌법〉으로, 정치적 민주주의와 경제적 사회적 민주주의를 겸하여 채택하고 있으며, 〈헌법〉 전문 3단, 〈헌법〉 제5조, 제15조 2항, 제84조 후단 등은 차(此)를 명시하고 있음

(2) 우리 〈헌법〉은 평화주의를 선언하고 있으며, 〈헌법〉 전문과 제6조는 차(此)를 명시하는 것으로 이는 곳 국제연합의 정신과 부합한다.

(3) 근로자의 단결권이라 함은 노동조합, 농민조합, 계급정당인 무산정당 등의 결성의 자유를 포함하는 것으로, 〈헌법〉 제18조가 차(此)를 명시하였으며 〈헌법〉 제13조 결사 등 자유가 규정되어 있음에도 불구하고, 특히 우 18조에 근로자의 여러 권리를 명백히 하여 그 진보적 경향을 명시하고 있는 것임

(4) 〈헌법〉 제84조 이하 경제질서에 관한 규정은 진보당의 경제정책과 합치한다
(5) 〈헌법〉 제98조 6항에 〈헌법〉 제1조 민주공화국, 제2조 국민주권의 원리, 제7조의 2, 국민투표의 규정은 개폐할 수 없다
(6) 〈헌법〉 제39조 1항에 가서 국회의원과 정부는 법률안을 제출할 수 있다
(7) 공무원은 주권을 가진 국민의 수임자이며 언제든지 국민에 대하여 책임을 진다라는 〈헌법〉 제27조의 정신에 의거하여, 정치형태가 내각책임제로 진보 변변(変變)되어 나가야 옳을 것이다.

이상과 같은 헌법정신하에 서서, 진보당의 본질을 전기(前記) 강령정책 등 기재의 책자(증 제2호) 내용과 그 정신에 의하여 요약하여 보면 그것은 광범한 근로대중과 제휴해 가지고, 경제적 사회적 민주주의를 실현하기 위하여 공명선거를 통하여 정권을 장악한 다음 정치형식을 의원내각제로 개정하고. 한국의 경제적인 건설을 대대적으로 추진 달성하여 경제적 사회적 민주주의를 실현하고 우리의 정치 · 문화 · 군사 등 종합적 역량이 크게 배양 강화된 후 우리 국토의 민주적 통일을 완수하기 위하여 자유 우방과 합력(合力)해서 UN을 통하여 평화통일의 방안을 책정하고 신의주까지 민주화하자.

그리고 우리는 나아가서 20세기 후반기에 변혁기에 처하여, 원자력의 동력화와 산업의 오토메이숀화를 기초로 하는 제2의 산업혁명이 촉진되면서, 자유세계의 경제적 민주화 실천에 공헌하는 이념을 가지자. 폭력적 독재주의인 공산주의는 따라서 본질적인 자기 변혁을 하여 망할 것이고, 인류는 자유평등의 민주적 복지사회건설을 수행할 것이다라는 전망을 가지는 것인바, 원심 판결은 책임 있는 경제적 사회적 민주주의 실현에 반대하고 민주복지사회 건설이란 사회 개량의 이상에도 반대하고, 국토의 반공민주적 평화통일의 실현에도 반대하고 따라서 근로대중을 지도하는 사회적 경제적 민주주의 실현의 국민적 국민운동의 실천에도 반대한다는 견해가 우리 사회적인 민주공화국 주권재민의 평화헌법에 위반되거나 〈헌법〉의 해석에 착오가 있는 것에 해당함은 명백한 사실이고, 동시에 그 재판이 전기(前記)한 바와 같이 〈헌법〉 제22조 제77조에 위반하여 그 형식이 꾸며졌다는 점도 또한 명백하여 졌다고 사료함.

원심 판결이 〈헌법〉 위반이 되거나 그 해석에 착오가 있다는 것을, 학자의 저서를 통하여 객관적으로 명시하기 위하여 참고될 부분을 좌(左)에 전기(轉記)하여 보기로 함. 신고(新稿) 『헌법 해의(解義)』 유진오 저 42엽에 〈헌법〉 전문 제3단은 우리들의 건설하려는 민주주의 제 제도의 내용을 설명한 것이니, 첫째, (정치 경제 사회 문화의 모든 영역에 있어서)라고 하면 우리들이 건설한 민주주의가 미치는 범위를 말한 것이고, 둘째, 각인의 기회를 균등히 하고 능력을 최고도로 발휘케 하며 각인의 책임과 의무를 완수케 하며라 함은, 우리나라 민주주의의 내용을 말한 것이다. 민주주의, 즉 각인의 자유를 정치적으로 확보하는 것만을 의미하는 것으로 생각하는 것이 보통이었지만, 대한민국에 있어서는 경제 · 사회 · 문화의 제 영역에 있어서도 또한 각인의 자유를 확보하려는 것이다.

그러나 각 개인의 자유를 확보하려는 것은 과거에 있어서와 같이 자유방임주의를 취한다는 의미가 아님을 물론이다. 자유방임주의 체제하에서는 우승열패로 경제적 사회적 문화적 약자는 도리어 자유를 확보치 못하는 것이 상례이며, 그것이 또 정치적 민주주의의 치명적 결함에 있음으로 자유방임주의를 취하지 않고, 각인의 기회를 균등히 하는 제도를 취하는 것이다. 이것은 〈헌법〉 제5조에서, 대한민국은 각인의 자유 평등과 창의를 존중하고 보장하지만, 공공복리의 향상을 위하여 필요한 때에는 이를 보호하고 조정하는 의무를 가진다한 규정 및 제84조에서 우리나라 경제질서는 모든 국민에게 생활의 기본적 수요를 충족시킴을 기본으로 삼는다고 한 규정과 조응하여, 우리나라가 정치적 민주주의와 함께 경제적 사회민주주의를 입국(立國)의 기본으로 채택하였음을 명시한 것이다.

그러나 우리나라 각인의 기회를 균등히 하여도 각인의 능력을 최고도로 발휘시키지 못한다면 그 사회는 도리어 정체되고 말 것임으로 우리는 각인에게 기계적 평등을 강요하는 우(遇)를 취하지 않고 타인의 자유를 침해하는 정도에 이르지 않는 한 각인의 능력을 최고도로 발휘시키는 합리적 제도를 취하려 하는 것이다. '각인의 책임과 의무를 완수케'한다는 말은 운운 — 동저(同著) 51엽에 〈헌법〉 제5조 대한민국은 정치 · 경제 · 사회 · 문화의 모든 영역에 있어서 각인의 자유 평등과 창의를 존중하고 보장하여 공공복리의 향상을 위하여 이를 보호하고 조정하는 의무를 진다.

본 조(條)는 우리나라 기본성격을 정한 중요한 규정인데, 본 조는 정치적 민주주의와 경제적 민주주의의 조화를 기도한 것으로써 외국 〈헌법〉에 유례가 없는 규정이라 할 것이다. 그 52엽에 둘째 본 조 후단(後段)은 전단(前段)이 정치적 민주주의를 채택할 것을 선명(宣明)한데 대하여, 경제적 사회적 민주주의를 우리나라에서 함께 채택한 것을 선언한 것인데 운운… 자본주의의 폐혜가 노골적으로 발현된 현대에 있어서는, 국민에게 형식적 또는 법률적으로 자유와 평등을 부여하고 그의 창의를 존중함으로써만 국민 전체의 건전한 발달과 행복은 바랄 수 없음으로, 본 조 후단은 공공복리의 향상을 위하여 필요할 때에는… 적극적으로 국가권력을 가지고 그를 보호하고 조정할 의무가 있는 것을 규정한 것이다. 이 규정에 의하여, 우리나라는 경제적 약자를 될 수 있는 대로 보호하고, 경제적 강자의 지나친 자유가 국민의 경제생활에 악영향을 줄 때에는 그를 제한, 간섭 또는 금지함으로써, 균등의 원칙을 유지할 의무가 있는 것이다. 본 조 후단의 대원칙은 〈헌법〉의 각처에 구체적으로 규정되어 있음으로(제15조 제28조 2항, 제84조에서 제88조), 상세는 각각 그 조문을 설명한 곳을 참조하기를 바란다.

동저 52엽 〈헌법〉 6조에 대한 평화주의의 설명 참조, 동저 60엽 10행에 20세기에 들어와서는 국가는 행정국가 경제국가 사회국가 복리국가 문화국가가 되었다고, 학자들은 말하고 있는 것이다(제28조의 설명 참조). 동저 84엽 11행에 〈헌법〉 제18조 제2항은 근로자의 이익분배 균점권을 규정하였는데, 본항은 헌법기초위원회에서 작성한 안에는 없었던 것을 국가 본회의에서 신설한 것으로써, 다른 나라 〈헌법〉에서 유례를 볼 수 없는 독특한 규정이다. 자본주의 경제는 근로자는 노임을 받고 기업가는 이윤(이익)을 받는 것을 기본구조로 삼고 있는 것인데, 본항은 근로자가 기업이윤에 일부를 취득할 수 있는 것을 규정하였음으로, 이 규정에 의하여 우리나라 경제체제는 성격상의 수정을 받았다고 할 수 있는 것이다. 이러한 규정을 〈헌법〉 속에 두게 된 것은 우리나라 〈헌법〉이 경제적 민주주의를 지향하고 있기 때문이면 말할 것도 없다.

동저 112엽 이하 우리나라의 정치형태 설명란에서 정부형태가 의원내각제로 변혁되어야 한다는 이유가 명백히 되어 있고, 그 116엽 4행, 5행에 가서 개헌 후의 정부 형태의 골자는 대통령 민선제와 국회의 국무원 결의라 할 수 있는데, 이것은 개정 전의 제도에 비하여 대변혁임에는 틀림없으나 운운[우 개헌은 4285(1952)년 7월의 헌법개정을 지칭하는 것임].

동저 253엽 제6장 경제총설 참조. 그 254엽 7행부터 동 13행까지의 즉 우리나라 경제문제에 있어서 개인주의적 자본주의 국가체제에 편향함을 회피하고, 사회주의적 균등경제의 원리를 아울러 채택함으로써, 개인주의적 자본주의의 장점인 각인의 자유와 평등 및 창의의 가치를 존중하는 한편, 모든 국민에게 인간다운 생활을 확보케 하고 그들의 균등생활을 보장하려는 사회주의적 균등경제 원리를 또한 존중하여 말하자면, 정치적 민주주의와 경제적 사회적 민주주의라는 일견 대립되는 두 주의를 한층 높은 단계에서 조화하고 융합하려는 새로운 국가형태를 실현함을 목표로 삼고있는 것이다. 이것은 〈헌법〉 전문과 제5조를 설명할 때에 이미 언급한 바인대, 본 장에서는 그것을 구체화하여, 우리나라가 채용하고 있는 경제적 사회적 민주주의의 제 제도를 선명(宣明)한 것이다.

동저 256엽 제84조, 우리나라의 경제질서의 대원칙을 선명하였는대(독일 〈와이마르 헌법〉[132] 제151조, 유고스라비아 구(旧) 〈헌법〉 제26조, 에스토니아 〈헌법〉 제25조, 일본 신헌법 25조[133] ＝ 모든 국민은 건강하고 문명적인 최저한도의 생활을 영위하는 권리가 있다. 국가는 모든 생활부면에 있어서 사회복지, 사회보장 및 공중위생의 향상과 증진에 노력하지 않으면 아니된다. 동 제29조 2항 재산권의 내용은 공공복리에 적합하도록 법률로써 정한다. 동 3항 사유재산은 정당한

132) 바이마르 헌법은 1918년 11월 독일 혁명 이후 이듬해 8월에 만들어진 것으로, 이를 바탕으로 의회민주주의적인 바이마르 공화국이 탄생하였다. 바이마르 헌법 제151조는 “경제생활의 질서는 만인의 인간다운 생활의 보장을 목적으로 하는 정의의 원칙에 합당해야 한다”라고 명기하고 있다.

133) 1946년 11월 3일 공포된 헌법으로, 제25조는 “① 모든 국민은 건강하고 문화적인 최저수준의 생활을 영위할 권리를 가진다. ② 국가는 모든 생활 부문에서사회 복지, 사회 보장 및 공중위생의 향상 및 증진을 위하여 노력하여야 한다”라고 되어 있다.

보상을 지급하여서, 공공을 위하여 이를 사용할 수 있다 등과 비교 운운. 동저 258엽 제85조의 국유, 동저 264엽 제87조의 공공성을 가진 중요 기업체에 대한 국영 또는 공영 원칙의 설명 참조. 동저 267엽 제88조. 동 268엽 제89조 설명 참조. 『신고(新稿)헌법』 박일경(朴一慶) 저 59엽, (4) 입헌주의의 발달과 변모 중 동 62엽 (C) 법치주의의 변모. 동 63엽 (D) 국민의 평등의 변모 참조.

동저 75엽, 76엽, 헌법개정의 한계와 동 83엽 (5) 개정의 한계성 참조. 동 107엽 2행부터 이에 반하여 자본주의의 모순과 폐해를 극복하고 운운. 이리하여 '야경국가에서 문화국가'라는 일반적 경향에 따라, 기본권 중에서의 중점도 자유권(자유권적 기본권)에서 수익권(생존권적 기본권에)으로 이동하고 있는 것이다 운운. 동저 130엽 ② 양심의 자유 중 사회개량 인류애 등에 관한 양심의 자유 참조. 동저 134엽 ② 재산권의 제한 및 의무성에 관한 참조. 동저 135엽 (8) 근로자의 여러 자유권 설명에서 동 136엽 ① 연혁 동 137엽 ② 단결권 단체교섭권 단체행동의 자유 참조. 그 중 단결권이라 함은 노동조합, 농민조합, 무산정당 등의 결성의 자유를 말하며, 단결 행동의 자유는 집회 시위 등의 자유 외에 파업의 자유도 포함한다. 운운 참조. 동저 329엽 (2) 정당한 법에 의한 그리고 독립적 입장에선 재판에 관한 설명 참조.

동저 347엽 제9장 경제 (1) 자본주의의 융성 동 348엽, (2) 자본주의의 결함 제1로 사회적으로는 근로계급과 자본가계급, 무산계와 유산계급의 심각, 예민한 계급대립을 초래하게 되었다. 생산수단을 독점하고 부익부를 지향하는 유산자본계급과 자기 노동을 상품으로 제공하는 이외에는 생존의 방도가 없는 근로무산계급의 대립은 우심(尤甚)하여 가고, 자본가에 의한 근로자의 착취와 이에 대항하는 근로무산계급의 투쟁은 사회를 분열의 위기에 처하게 하였다. 그리고 이르는바 국민의 자유와 평등은 적어도 경제에 관한 한 명목상 법상의 그것에 그치게 되고, 그는 실지에 있어서는 자본가의 착취의 자유 및 빈부의 불평등을 의미하게끔 되었다. 제2로 경제적으로 자본주의는 그 불가피한 결과로, 실업 독점 공황의 악 현상을 나타내게 되었다 운운. 동 350엽 (3) 자본주의의 수정 보강 총론 동 351엽 이하 우리나라 〈헌법〉의 제 규정, 동 354엽까지 참조. 동저 354엽 11행 이하에 그리고 구(旧) 〈헌법〉이 이와 같이 천연자원의 사유 금지, 천연자원 이용 사업 및 중요 공기업의 원칙적 국공영화(國公營化)를 규정한 것은 이들 천연자원 또는 중요기업이 국민 기 개인의 독점소유 독점기업화하면, 그들 소수의 사적 이익을 위하여 국가 전체 내지 국민대중의 경제이익이 훼손된다는 우려에서 유래한 것이다, 운운. 이상 제시한 이유에서 원심판결은 파훼를 면치 못할 것이 명백하다고 사료함.

4291(1958)년 12월 23일
우(右) 상고인 김달호
변호인 변호사 임석무
변호사 유춘산(劉春産)

대법원 형사부 귀중

[출전 : 21권 181~222쪽]

14 상고취의서 1958년 12월 24일

4291(1958)년 형상 제559호

상고취의서

피고인 김정학
우(右) 변호인 변호사 권재찬(權載瓚)

우자(右者)에 대한 〈국가보안법〉 위반 피고사건에 관하여 우기(右記)와 같이 상고 취의를 제출합니다.

상고의 이유

원심 판결 이유 중 "피고인 김정학은 4291(1958)년 1월 13일 오전 10시경 동향인이며 이성(異性) 6촌인 상(相) 피고인 전세룡이가 피고인 가(家)에 내방하여, 전시(前示) 조봉암이가 진보당 관계로 피검되었으니 자기도 동인 가(家)에 있으면 체포될 것 같아서 피신하려 왔으니 당분간 은신시켜달라는 부탁을 받고, 동일부터 동월 16일까지 피고인 가(家)에 은닉하는 일방, 동월 14일 오전 8시경 동 전세룡으로부터 진보당 관계 비밀문건을 행리(行李)[134]에 넣어서 전시(前示) 김영범(金泳範) 가(家)에 보관시켰으니 찾아다 달라는 부탁과 차(此) 사실을 절대로 비밀히 하여 달라는 부탁을 받고, 즉시 동 김영범 가(家)에 이르러 동인에게 차지(此旨)를 고하여, 동인으로부터 전기 문건 일체를 인수하여 동일 오후 6시경 동 전세룡에게 운반 전달한 후, 동월 15일 오전 8시경 피고인 가(家)에서 동 전세룡

134) 길을 가는데 필요한 여러 물건이나 차림, 짐 등을 통칭하는 말이다.

의 의뢰에 의하여 전시(前示) 비밀문건을 3개로 개장(改裝)하여 그 1개는 피고인 가전(家前) 공장 보이라,[135] 굴뚝에, 2개는 동가(同家) 천정 속에 각 은닉하여서, 전시(前示) 조봉암을 비롯한 진보당 관계 상(相) 피고인 등에 대한 〈국가보안법〉 위반 형사사건에 관한 증거를 은닉하는 동시에 동 형사사건의 피의자인 동 전세룡을 은닉하고"라 하였으나

원래 피고인과 상(相) 피고인 전세룡과는 동향인이며 외사촌이라는 연척관계(緣戚關係)에 있을 뿐 아니라, 본 피고인은 빈한한 가정에서 출생하여 상(相) 피고인 전세룡 가(家)에서 동 피고인과 함께 성장하였든 것임. 따라서 본 피고인은 전혀 정(情)을 부지(不知)하고 상(相) 피고인 전세룡의 내방을 환영하였으며 행리 운반 등 심부름은 하였으나 전부터 상(相) 피고인 전세룡이 독서가인 줄 잘 아는 본 피고인으로서는 동 행리 내에 진보당 관계 비밀문건이 들어있다는 사실은 알 수 없었고, 다만 동 상(相) 피고인의 소지책이 다수인지만 알고 있었으며 또한 동 서책의 보관처를 물색하였으나 원래 집이 협소한 판자집인 관계로 장치할 곳이 없어서 보이라, 굴뚝 등에 보관하여 두었든 것임. 피고인은 검찰청 조사 이래 일관하여 범죄사실 및 범의(犯意)를 부인하였고, 원심에서도 가장 유일한 거증(擧證)인 현장검증 신청을 하였으나, 동심에서 차(此)를 각하하고 타(他)에 입증이 없음에도 불구하고 원심에서 사실을 인정하였음은 채증법칙을 위반하여 사실인정에 오류를 범한 위법이 있다 할 것임. 그러므로 원심은 파기를 면치 못할 것임.

4291(1958)년 12월 24일

우(右) 피고인 변호인 변호사 권재찬

대법원 귀중

[출전 : 20권 601~604쪽]

135) '보일러'를 말한다.

15 상고이유서 1958년 12월 24일

상고이유서

피고인 조규택

우자(右者)에 대한 공소심 서울고등법원 4291(1958)년 형공 제598호 간첩 및 〈국가보안법〉 위반 건에 관하여 동 법원 동년 10월 25일 피고인에 대하여 원판결을 파기하고 피고인 조규택에 대하여 징역 2년에 집행유예 3년의 판결을 선고한 바 피고인은 동원 27일 상고신립서를 귀원에 제출하였고 동년 12월 6일 기록접수 통지를 받았으므로 좌기(左記)와 여(如)히 상고이유를 개진하나이다.

기(記)

제1점 진보당은 공개리에 추진되고 당국의 엄격한 감시하에 결당되어 대한민국 정부공보실에 합법적 정당으로 등록된 공인 정당인 것입니다. 고로 동 정강정책은 합법적이라고 공인을 받은 것이며, 결당 과정의 모든 주장은 합법적으로 인정을 받은 것입니다. 그러므로 동 정강정책 자체가 불법이 될 수 없는 동시에 여사한 일은 헌법이 보장한 국민의 기본 권리를 침해한 것이며, 민주주의 정치사회에 있어서 정당의 불법화란 민주주의의 초보적 원리를 무시한 처사인 것입니다. 더욱이 문제가 되어있는 통일정책에는, "안으로 민주세력의 대동단결을 추진하고 밖으로 민주우방과 긴밀히 제휴하여 민주세력의 결정적 승리를 얻을 수 있는 평화적 방법에 의한 통일을 기한다"하였으며, 기(其) 정책에서 북한 괴뢰의 위장평화 공세의 허위모략성을 지적하고, 기(其) 죄악상을 통절이 비난하여, "조국의 평화통일을 파괴한 책임은 6·25의 죄과를 범한 북한 괴뢰집단에 있다. 그들의 반성과 책임규명은 평화통일의 선행조건이 아닐 수 없다"고 분명히 강조하였으며, 다시금 "우리의 조국통일방안은 결코 대한민국을 부인하거나 말살하는데 있지 않이하고, 도리어 그것을 보호육성하고 혁신하여 진실로 민주화하는데 있음을 확신한다"라고 하였으며, 더욱이 기(其) 결론에서 "국제정세의 진운에 발맞우워[136] 제 우방과 긴밀한 협조하에 UN을 통한 민주적이고 평화적인 조국통일의 구체적 방안을 책정하려는 것이다. 민주주의의 승리에 의한 조국의 평화통일 이것만이 우리의 유일한 길이다"라 하였으니 진보당의 정강정책은 국헌에 위반되지 아니하며 결코 〈국가보안법〉 위반으로 취급될 수 없다고 사료합니다.

제2점 여사한 합법 정당에 재정부 부간사에 피임되어, 정당한 절차에 의하여 경상비(經常費)를 조달한 것이 범죄가 될 수 없으며, 동 경상비의 조달은 당의 결의기관인 중앙당무위원회의 결의를 득하야 간사회의 결의를 거처 시행한 당사업이 범죄가 될 수 없다고 사료합니다.

제3점 상(相) 피고인 조봉암, 박기출, 김달호, 윤길중 등의 상고이유서를 원용하기로 하겠습니다.

4291(1958)년 12월 24일
우(右) 피고인 조규택

대법원 형사부 귀하

[출전 : 20권 630~633쪽]

136) '발맞추어'를 의미한다.

16 상고이유서 1958년 12월 24일

상고이유서

피고인 신창균

우자(右者)에 대한 공소심 서울고등법원 4291(1958)년 형공 제958호 간첩 및 〈국가보안법〉 위반 피고사건에 관하여 동 법원 동년 10월 25일 피고인에 대하여 원판결을 파기하고 피고인 신창균에 대하여 징역 2년에 집행유예 3년의 판결을 선언한 바 피고인은 동월(同月) 상고신립서를 귀원에 제출하였고 동년 12월 6일 기록 접수 통지를 받았으므로 좌기(左記)와 여(如)히 상고이유를 개진하나이다.

기(記)

제1점 진보당은 4290(1957)년 2월 9일부로 우리 정부 공보실에 등록된 합법 정당이요, 당의 강령정책 등이 대한민국의 기본이념과 합치되고 통일방안이 민주주의의 결정적 승리를 전제조건으로 되어 있는 만치, 동당 발기추진위원회 또는 동 위원회가 공천한 정부통령 입후보한 것과 동당의 활동은 대한민국 헌법 테두리 안에서 이루워진 합법운동이라고 확신하므로 하등 범죄가 구성되지 못할 것임.

제2점 5 · 15정부통령선거[137] 당시에 피고인이 재정을 취급한 것이 하등 범죄가 될 수 없으며, 해방 후 제반 악조건하에서 수차 기업에 실패한 피고인은 재정적

137) 1956년 5월 15일 실시된 선거에서 이승만 대통령이 재선을 했고, 장면이 부통령에 당선되었다.

신용이 추락되어서 당시 재정 조달이 전연 불가능하였고, 선거추진위원장 서상일 씨가 공적으로 조달 입금한 800만 환 중 500만 환은 서 씨가 직접 지불하였으며, 피고인은 서 씨로부터 300만 환을 받어서 지출한 것임으로 5 · 15부통령 선거 당시 피고인 취급한 금액과 수지(收支) 내용을 밝히는 것임.

제3점 피고인이 진보당의 재정위원장에 피임된 것이 범죄사실이라고 할 수 없으며, 상기와 여(如)히 재정적 곤궁에 부닥치여 거류지인 대전 시내에서 기거하였고, 결당 후 약 4차 정도 상경하였으며 제1차 재정위원회에서 당비징수금액을 결정하였으나, 그 결의조차 피고인 장기간 상경치 못하여 실현치 못하였음.

제4점 일간신문을 경영키 위한 정진사(正進社) 발기인회 참가한 것이 하등 범죄가 되지 못함은 물론이며, 피고인은 해회(該會)의 간부도 아니요. 역시 대전에 장기 기거하였으므로 정진사에 대하여 전연 협력하지 못하였음.

제5점 상(相) 피고인 조봉암, 박기출, 김달호, 윤길중 등의 상고이유서를 원용함.

4291(1958)년 12월 24일
우(右) 피고인 신창균

대법원 형사부 귀하

[출전 : 20권 634~637쪽]

17 상고이유서 1958년 12월 24일

상고이유서

피고인 조규희

우자(右者)에 대한 공소심 서울고등법원 4291(1958)년 형공 제958호 간첩 및 〈국가보안법〉 위반 피고 사건에 관하여 동 법원은 동년 10월 25일 피고인에 대하여 원판결을 파기하고 피고인 조규희에 대하여 징역 2년에 집행유예 3년의 판결을 선고한 바

피고인은 동년 동월일 상고신립서를 귀원에 제출하였고 동년 12월 6일 기록접수통지를 받었음으로 좌(左)와 같이 상고이유를 개진하나이다.

기(記)

제1점 진보당 가입 활동에 대하여

공소심 판결 중 본인에 관한 제1항에 의하면, 본인이 "① 가칭 진보당의 발기추진에 가입 활동하다가 동 적시 진보당이 조직되는 동시에, 동 중앙당 선전간사에 취임하여서 지도적 임무에 종사하고"로 되어있고, 상(相) 피고인 조봉암의 피의사실 (1)에서도 "동년[4288(1955)년] 11월 상(相) 피고인 윤길중, 동 조규희 등과 함께 가칭 진보당발기추진위원회를 조직하고"로 되어있고, 또 상(相) 피고인 윤길중의 피의사실 ①항에서도 "4288(1955)년 6월경부터 상(相) 피고인 김기철, 동 조규희 등과 함께 동 조봉암을 당수로 하여 진보당의 조직을 획책(劃策) 추진하여 오다가 동 적시 진보당을 조직하는"으로 되어 있다. 이는 진보당이 국헌에 위배하여, 정부를 참칭하는 북한 괴뢰집단에 부수하여 국가를 변란할 목적으로 발기추진

내지 조직되었다는 단정인 동시에, 본인이 발기추진과정에서부터 가입 활동했고, 결당과 동시에 선전간사라는 지도적 임무에 종사한 것으로 단정하여 본인을 유죄(징역 2년에 집행유예 3년)로 판결한 거점을 삼은 것으로 해석된다.

가사(假使), 공소심 판결이 적시하는 이론과 같이 조직의 발기추진—즉 출발동기부터가 국가변란을 목적하였다는 견지에서 논한다고 할지라도, 본인의 입당시기에 대하여는 완전히 사실과 상위되는 점이 적시되고 있는 것이다. 왜냐하면 본인이 입당한 것은 4288(1955)년 6월이나 동년 11월의 발기추진위원회 결성 당시 그 어느 때도 아니었고, 4289(1956)년 11월 10일 시공관에서 거행된 진보당 결당대회 이후의 일이었다. 본인은 그 시기 전후에 『자유신문(自由新聞)』 편집국장으로 재임했었고, 진보당에 입당한 것은 4289(1956)년 11월 13일이었었다. 이는 경찰, 검찰, 원심, 공소심 등 각급의 인정신문에서 시종일관한 본인의 진술이었거니와 발기추진으로부터 결당에 이르기까지의 과정 사실에 대하여 일일이 본인을 관련시킨 것은 분명히 착오인 것으로 추측된다.

제2점 진보당 선전 활동에 대하여

동 제2항에 의하면, 본인이 "② 4290(1957)년 3월 서울특별시 중구 소재 시공관에서, 또 동년 8월 광주시 소재 전남대학에서 각각 '우리 당의 정책을 말한다'는 제목으로 강연을 개최하여 추상적으로 전기(前記) 평화통일론을 주장하여서 동당의 목적한 사항의 실행을 협의 선전하고"로 되어있다. 본인은 동 판결이 적시한 바와 같이 시공관 또는 전남대학에서 정치 강연을 한 것만은 사실이며, 이는 선전간사인 본인의 직무수행이었었다. 그러나 시공관에서의 강연은 정치대학 주최의 자유·민주·진보 등 '3당 합동강연회'였었고 전남대학에서의 강연 역시 전남대학 주최의 '3당 합동강연회'였던 것으로 진보당이 주최했거나 단독으로 개최한 행사조차도 아니였다. 다만 본인은 합법 정당의 대변인으로서 그와 같은 합법 집회의 초청에 응했을 뿐이었다.

제3점 통일문제연구위원회에 관하여

동 3항에 의하면 "③ 통일문제 연구위원에 취임한 후 동 적시 사항을 결의하여서 동당의 목적한 사항의 실행을 협의하고"로 되어있다. 차항(此項)에 대하여는

'공소심 판결 무죄부분'에서 "동 3 공소사실에 대하여는, 동 박기출, 동 김달호, 동 윤길중, 동 조규희, 동 김병휘 등이 시종일관하여, 동 회합은 정식 회의가 아니었을 뿐 아니라 자기들은 동 토의에 관여한 바도 없다는 지(旨)로서 각자의 관여 사실을 부인하고, (중략) 타(他)에 동 각 공소사실을 인정함에 족한 증거가 없음으로 결국 동 각 공소사실은 범죄의 증명이 없음에 귀착되며, 따라서 원판결이 동문(同文) 공소사실에 대하여 〈형사소송법〉 제325조를 적용하여 무죄를 선언하였음은 상당하며"하는 판결을 내리었으니만치, 여기에서 다시 논급하지 않는다.

제4점 진보당의 정강정책에 대하여

상기 3항이 본인에 관한 피의(被疑) 또는 유죄판결 부분인데, 결론적으로 말하면 '진보당은 출발 동기부터가 반 국헌적 불법 정당이고, 이 불법조직의 선전간사에 취임'한 것이 바로 범죄사실이라는 판정인 것으로 해석된다. 그럼으로 본인이 스스로 무죄임을 밝히기 위해서는 본인이 진보당에 가입하기 이전의 시기인 발기추진과정과 진보당 정강정책의 공개하에서 진보당이 정식 결성된 과정과 정부에서 진보당을 합법 정당으로 인정한 과정까지도 소급 논제(論提)하지 않을 수 없고, 끝으로 이와 같은 합법 정당에 본인이 가입하여 선전간사로 취임하게 되었던 경위를 진술하고저 한다.

4288(1955)년 6월경 국민적인 기대와 열망을 지니고 출발하였던 전(全) 재야세력 규합체로서의 신당운동은 근 반 년동안이나 강력히 추진되어오던 끝에 민주국민당(民主國民黨) 일부 간부들의 편파(偏頗) 배타적인 행동으로 말미암아 급기야 좌절되고 말았던 것이니, 이때부터 혁신적인 참신한 정치조직의 출현을 요망하는 사회적 여론과 기운이 양성되었었고 이에 따라서 민주국민당의 중심간부였던 서상일, 신도성 등 제 인사와 조봉암, 윤길중 등 자유당이나 민주당이 아닌 인사들의 새로운 혁신정당 운동이 추진되기 시작했던 것이다.

이리하여 신도성 씨 등이 기초한 '1. 혁신정치의 구현, 2. 수탈 없는 경제체제의 확립, 3. 남북의 평화통일 실현' 등의 3대 구호 밑에 결당이 추진되었던 것인데, 5·15정부통령선거에 대한 진보당추진위원회의 정부통령 입후보자 공천을 계기로 해서 당의 주도권 문제에 불만을 품었던 서상일 등 일부 소수인사들은, 진보당과 꼭같은 정당 정책을 내어 걸고 가칭 민주혁신당(결당 시에도 진보당 정강정책을 그대로 채택하여 현재도 사용하고 있음)을 추진하면서 결국 진보당과 결별하고 말았지만, 그러나 진보당추진운동은 도리혀 급속도로 추진되어 4289(1956)년 11월 10일 시공관에서 850여 명의 지방대표자와 자유·민주 양당 대표와 국회주권옹호투쟁위원회(國會主權擁護鬪爭委員會) 대표 장택상 의원 등을 비롯한 각계각층의 인사 및 수천 명의 방청객의 참집한 가운데 결당대회를 성대히 거행했었고, 정부에서도 진보당의 결성이 합법적이고, 진보당 강령정책이 합헌법적이라는 판정 밑에 합법 정당으로 정식 공인했던 것이며, 본인도 진보당 중견당원들의 권유에 따라 동년 11월 13일자로 진보당에 가입하였던 것이다.

상(相) 피고인 조봉암의 피의사실 (1)항 중에서 "국헌에 위배하여 정부를 참칭하는 북한 괴뢰집단에 부수하여 국가를 변란할 목적으로, '우리는 노동자 농민을 중심으로 하는 광범한 근로대중(피해대중)을 대표하는 주체적 선진적 정치적 집합체이며 변혁적 주체적 세력의 적극적 실천에 의하여 자본주의를 지양하고 착취 없는 복지사회를 건설하여야 한다'는 지(旨)의 혁신정치의 실현, '우리는 자유민주주의를 폐기 지양하고 주요 산업과 대기업의 국유 내지 국영을 위시로 급속한 경제건설 사회적 생산력의 제고 및 사회적 생산물의 공정분배를 완수하기 위하여 계획과 통제의 제 원칙을 실천하여야 한다'는 지(旨)의 수탈 없는 경제체제의 확립, '우리는 남북한에서 평화통일을 저해하는 요소를 견제하고 진보적 세력의 주도권 장악하에 피 흘리지 않는 평화적 방식으로 조국의 통일을 실현한다'는 지(旨)의 평화통일의 실현 등을 강령정책으로 하는 진보당을 조직"하였다고 적시되어있으나, 진보당의 정강정책을 엄밀히 검토해보면 판시와 같은 3개의 연속 표현 구절이 그대로 없는 것이니, 동 판시 3구절은 정강정책의 방대한 책자 중 여기저기에서 한 문자씩 따다가 문장을 엮은 것으로 보여진다.

첫째 항인 당의 성격과 임무에 대하여 ═══ 진보당의 강령 전문 (8)항에 의하면 "우리당은 노동자 농민을 중심으로 진보적 근로인테리, 중소상공업자, 양심적 종교인 등의 광범한 근로대중의 정치적 집합체이며, 국민대중의 이익실현을 위하여 투쟁하는 진보적 대중정당이다"라고 하여 심지어 보수정당에서까지 인용하는 보편적인 문구를 사용했고, 진정한 사회적 복지국가를 건설하기 위해서는 "정치적 변혁이 없이는 우리의 역사적 임무는 달성될 수가 없다. 우리는 이 변혁을 폭력적 방법에 의해서가 아니라 민주적 평화적 방법에 의하여, 의회에서의 절대다수를 점함으로써 수행하려고 한다" 했으며, 동 정책 (3)항에는 "진실로 법이 준수되고 만인의 자유와 권리가 보장되며, 집권자가 국민의 대표기관인 입법부에 대하여 책임지는 의원내각제를 확립할 것을 주장한다"고 선언하고 있는 것이다. 이는 진정한 대중정당으로서, 철저한 민주주의 정치체제를 그 기본 강령으로 삼고 있었다는 것을 의미한다.

둘째 항인 경제체제에 대하여 ══ 동 강령 전문 (8)항에 의하면 "후진국가 경제건설에 있어서의 기본적 문제는 산업혁명을 시급히 수행하고, 사회생산력을 전반적으로 제고하는데 있다. 이러기 위해서 낡은 자유자본주의적 방식은 무력하고 무효할 뿐 아니라 도리어 유해하다"고 규정하여, 대한민국 〈헌법〉이 규정하고 있고, 또 영미(英美) 등 선진국가에서 실행하고 있는 '수정자본주의적 제 원칙'을 적극 찬동하는 동시에, "폭력적 독재적인 볼쉐뷔즘적 방식은 단호히 배격한다"고 거듭 강조하고 있는 것이다. 그리고 동 산업정책에서는 "① 현재 국유화되어있는 대(大)산업시설을 계속 국유화하며, 기간산업의 신설확충을 위한 국가의 재정 투자를 확대한다. ② 개인자본의 소유권을 완전 보장하며, 기간산업을 포함한 모든 기업에의 사적 투자의 증대를 장려한다"고 주장하고 있는 것이다. 이는 어디까지나 합헌법적인 경제정책이었던 것이 사실이다.

셋째 항인 통일정책에 대하여 ══ 동 강령 4항에는 "우리는 안으로 민주세력의 대동단결을 추진하고 밖으로 민주우방과 긴밀히 제휴하여, 민주세력이 결정적 승리를 얻을 수 있는 평화적 방법에 의한 조국통일의 실현을 기한다"고 선언했고 동 강령 전문 (8)항 중에는 "국내건설을 촉진 제고함으로써 국력을 배양 강화할 것인바 이는 크레므린의 새로운 경제적 공세에 대하여 가장 효과적인 방위책이 될 뿐 아니라 실로 우리 조국의 민주적 통일을 쟁취하기 위한 가장 적확한 방법일 수도 있는 것이다"라고 호소하였고, 동 정책 (1)항에는 "조국의 평화적 통일을 파괴한 책임은 6·25의 죄과를 범한 북한 공산집단에게 있다. 그들의 반성과 책임 규명은 평화통일의 선행조건이 아닐 수 없다. (중략) 우리는 조국의 평화적 통일방안이 결코 대한민국을 부인하거나 말살하려는 데 있지 아니하고, 도리어 그것을 육성하고, 혁신하고, 진실로 민주화하는 데 있음을 확신한다"라고 명시하여, 반공, 민주, 평화통일 정책을 명명백백히 책정하고 있는 것이다. 이는 당시 정부의 대외적 통일정책과 본질적으로 동일한 것이었었다.

결론적으로 진보당의 강령정책에 의한 당의 성격과 그 본질을 간명하게 요약해 본다면, 철학적으로는 이상주의 내지 휴매니즘에, 경제적으로는 수정자본주의적 입장에, 정치적으로는 의회민주주의적 입장에, 명백 철저히 입각하고 있었던 것이다. 상기한 바와 같이 정당으로서의 제반 조건을 구비했던 반공 합법 정당인 진보당에 본인이 가입했던 것이니 결코 이것이 범죄행위가 될 수 없을 것으로 사료한다.

4291(1958)년 12월 24일
우(右) 피고인 조규희

대법원 형사부 귀중

[출전 : 21권 2~14쪽]

18 상고이유서 1958년 12월 25일

상고이유서

피고인 안경득

우자(右者)에 관한 공소심 서울고등법원 4291(1958)년 10월 25일 형공 제958호 〈국가보안법〉 위반 피고사건에 관하여 원심을 파기하고 징역 2년 집행유예 3년의 판결을 동 법원은 선고한 바 피고인은 상고신립서를 법원에 제출하였고 동년 12월 6일 기록 접수 통지를 받았으므로 좌기(左記)와 여(如)히 상고이유를 개진하나이다.

기(記)

1. 본인에 대한 검찰 공소의 소위 범죄사실 (1)에 있어서 서상일 씨의 추천으로 진보당 운동에 가담하여 시당 간부에 종사한 사실에 대하여는 그를 인정하나, 대한민국을 변란할 목적 운운함에 있어서는 전연 사실무근한 것으로 이 항목은 무죄에 속하여야 할 부분이니, 그 이유로서는 창당 당시의 환경 및 입당 동기와 본인의 금일에 이르기까지의 투쟁 경로와 인생관이 그러한 용공(容共), 협공적(協共的) 행위에 가담한다는 것은 꿈에도 있을 수 없다는 것을 웅변으로 입증하고 있으며, 그 외 많은 동포와 인사들이 공인하는 사실이니, 즉 해방과 더불어 공산분자들에게 추방(학생출옥동맹 대표로 있었으나 기독교인이요 반공사상의 소유자라 하여)당하여, 전 외무부 차관 고창일(高昌一) 씨의 소개로 월남하여 장택상(張澤相) 씨를 방문하여 그의 추천으로 반공과 건국사업에 정열을 바쳐 싸워 왔든 것인데(국민대회준비위원회 함남위원, 반탁전국투쟁위원회 선전위원, 연희대

학교 학생위원회 최고위원, 학도호국단 중앙본부 선전부 간사, 이북학생총연맹 부위원장 및 지도위원장, 함남학생위원장, 관북기독학생회 부위원장, 한국학생협회 회장 등의 반공 및 건국운동에 종사), 그 후 일보 전진하여 우리가 세운 대한민국을 공산 침입으로부터 방위하며 남북통일을 이루고 그를 육성 발전시켜 자유, 평등, 평화 속에서 민주주의의 혜택으로 신생(新生)의 호흡을 하는 반공민주국가 건설에 정치인으로 이바지할 것을 결심하고 정당 선택에 그 뜻을 갖고 있었는데, 때마침 민주당의 창당과 함께 혁신정당이 출현한다는 소리가 정계에 높이 떠돌고 있었든 것입니다.

정계의 공기에 호응되어 현 민의원 정헌주(鄭憲柱) 씨의 소개로 서상일 씨를 상면(相面)하여 오던 중, 그가 조직하는 혁신운동에 자연이 가담하게 되어 많은 인사들과 함께 대한민국의 참된 민주화와 발전을 위한 혁신정치를 위한 여러 가지 준비를 거듭하던 중, 그것이 발전되어 약 1년 후 진보당으로 결당되어 공보처에 등록하고 합법적 정치운동을 하여 온 것인데, 이것이 어찌 국가를 변란할 목적으로 조직 또는 활동한 사실이라고 볼 수 있는지, 만일 이상의 사실 외에 검찰이 주장하는 바와 같은 어마어마한 범죄사실이 있다면 검찰은 그 점에 대하여 구체적으로 어대서, 언제, 누구누구가, 무엇을, 어떻게, 협의 또는 행동하였다는 입증자료를 제시하여야 함에도 불구하고, 그것이 없음으로 미루어 볼 때, 이는 단연코 정치적 감정 처사이니 독재사회 아닌 민주사법사회에 있어서는 단연코 무죄인 것입니다.

가령 백보를 양보하여 정부당국이나 국민대중이 그동안 진보당이 불법적인데서 출발한 것을 모르고 금일에 발견하였다 하더라도, 본인이 그 정(情)을 알고 가담하였다는 입증자료가 없는 한, 단순히 그 당의 간부였다는 것으로만 유죄 단정코저 함은 헌법정신과 형사소송법에 위반되는 처사라 아니할 수 없는 것이며, 수다(數多)한 사찰을 공연히 가지고도 금일에야 그 사실을 발견하였다면, 공사로 사찰 능력 없는 국민 우리가 당 간부라 하여 반듯이 그 정(情)을 알고 있었다고 단정함은 지극히 부당하며 위험한 독선이라고 아니할 수 없는 것인데, 더욱이 본건은 진보당 자체의 불법성과 본인이 그 정(情)을 사전에 아렀다는 데 대한 아무런 입증자료도 전 공판기록을 통 찾어 볼 수 없으니, 이것 또한 무죄인 것은 너무나 당연한 사실이라고 확신합니다.

2. 본인에 대한 검찰공소의 소위 범죄사실 (2)는 전연 사실무근이며 무죄인 것이니 그 이유로는, 4290(1957)년 9월 상순에 김기철 씨로부터 연락받고 처음으로 참석하였으나 부서 개편 후 첫 모임이니 상호 인사교환 정도로 끝마치고, 그 후 약 10여 일 있다 인편으로 김기철 씨의 통일 사안을 받었으나, 일신상 사정[신병(身病), 가사(家事), 교회(敎會)]으로 12월 성탄행사 맞이까지 당에 자주 나가지 못하여, 그 사안이 연구위원회에서 수차 검토하였느니, 또는 최고간부회의에 회부를 결의하였느니 운운한 사실에 관하여 전연 모를 뿐 아니라 전연 관여하지 않았다는 것이 이미 경찰 검찰에서 긍정(조사기록에 없음) 되고 있으며, 공판에서 상(相) 피고인들의 증언으로 명백하여져 있을 뿐 아니라, 1심, 2심 공판에서 무죄의 언도를 받었으니 영원히 무죄임은 당연합니다. 이상 본인에 대한 검찰공소의 범죄사실 (1), (2)는 전부 사실과는 상위 되는 또는 무근된 것이메, 고등법원 판결은 실로 이해하기 어려운 부당한 처사라 아니할 수 없어 이에 불복하며 그 상고이유를 밝히는 바입니다.

상(相) 피고인과 변호인들의 상고이유를 함께 전적으로 원용하며, 이어 일반적인 이유 몇을 더 진술코저 하는 바입니다. 근 1년간이나 공개적으로 준비되어 왔고 정부의 집회 허가를 얻어 그 감독하에 시공관에서 자유 · 민주 양당을 비롯한 국민 다수의 성원을 받어가면서 결성되어 공보처에 합법적 등록으로 공인 받은 정당이, 인제 새삼스러이 구체적 범죄사실에 대한 입증자료 없이 불법 정당이니 또는 이에 가담한 간부니 무조건 정(情)을 알고 하는 죄를 강압적으로 적용시키코저 함은 부당한 일입니다. 원래 정당사회단체를 등록하며 공인한다는 것은 정부가 국민에게 그를 추천 또는 소개하는 결과적 행위이니, 국민은 안심하고 정당선택의 자유의사에 의하여 이에 가담하게 되는 것입니다. 여기에 정당 등록의 의의가 있는 것입니다. 그러니 본건은 국민 앞에 추천하며 소개한 공인 정당을 일시에 범죄 입증 자료 없이 일방적, 비약적 독선으로 처벌하게 되면 국민은 어찌 안심하고 정치활동을 할 수 있는 것인지, 심히 유감되는 현상이라 볼 수 있음에 이를 가르켜 약주고 병주는 격이라 할지 상수요지(上樹撓之)라 하는 것입니다. 구체적 범죄사실의 입증 자료 없이 한 단체의 성격을 판정코저 할려면, 그 단체의 정강정책을 상대로 하여야 함은 극히 상식적인 견해라고 보아 고등법원에서 문제가 된 당의 성격과 통일문제에 대하여 본인이 보는 진보당 정강정책을 통한 견해를 다음과 같이 간략히 말하는 바입니다.

(1) 당 노선에 대하여 경제정책에 있어서, 사회주의를 지향한다는 하등의 증좌도 없으며, 타(他)에 이를 인정할 자료도 없으며, 도리혀 당 강령 전문에 있는 자본주의의 수정과 변개(變改)의 항목에 분명히 있기를, 자본주의의 변혁은 폭력적, 독재적인 것이 아니라 평화적, 민주적 방식에 의하여 수행되어 가고 있다고 말하며, 또한 당에서 말하는 사회적 민주주의는 아국 〈헌법〉 전문에서 기도한 바, 경제의 균등성이나 또는 동 헌법 경제조항에서 기도한 바, 전 국민에 대한 기본적 수요의 충족성 등에 비추어보더라도, 그 자체가 필연적으로 강압 수단을 수행한다든가 또는 기타 동 실현이 헌법 절차 또는 법률이 정한 바 절차를 무시할 것이라고 볼 수 없으며, 이는 또한 하등의 국가변란을 목적으로 만드러짐이 아니임을 말하고 있습니다.

(2) 통일문제에 대하여, 원래 평화통일의 주장이 국헌에 위반된다고 하는 것은, 북한 괴뢰가 대한민국을 변란하기 위하여 책정한 평화통일방안을 토대한 구호를 그 정(情)을 알면서 호응하며 야합하여 주장하는 경우와 그 구체적인 방안이 북한 괴뢰와 동일하여 그들의 목적수행의 대상인 대한민국 변란을 가져올 우려가 있는 경우에 해당하는 것인데, 진보당의 통일정책에는 분명히 이와는 달리 또는 반대하고 있는 것이니, 즉 통일 정책에 기록되기를 "우리는 통일을 원한다. 그러나 조국의 평화적 통일을 파괴한 책임은 6·25 죄과를 범한 북한 괴뢰에게 있음을 지적하고 그들의 반성과 책임규명이 평화통일의 선행조건이 아닐 수 없다." 또는 "조국의 평화적 통일방안이 결코 대한민국을 부인하거나 말살하는 데 있지 아니하고 도리혀 그것을 육성하며 민주화하여 국제정세의 진운에 발맞추어 제우방과의 긴밀한 협조하에 UN을 통한 민주적이며 평화적 조국통일의 구체적 방안으로 책정하는 것"이라고 되어있으니, 그 어느 점이 북한 괴뢰와 동일한 것이

며 국가변란을 목적한 것인지 검찰의 입증은 분명치 않은 것입니다. 더욱이 주의 깊게 상기하여야 할 것은, 4290(1957)년 12월경 자유·민주 양당을 비롯한 각 정당에게 대한민국의 승리를 위한 통일방안에 관한 국론통일 협의를 위한 제안을 하였다 하는 것만으로도 그 사상적 기점을 알 수 있는 것이며, 이상 그 당헌과 사실을 미루어볼 때 진보당의 구체적 방안이 있을 수 없다는 것과 사실상 없었다는 뚜렷한 사실을 발견하게 되는 것이며, 있었다면 그것은 사안이거나 또는 당헌에 위배되는 당과 관계없는 행위입니다.

4291(1958)년 12월 25일

우(右) 안경득

대법원 형사부 귀중

[출전 : 20권 638~645쪽]

19 상고이유서 1958년 12월 26일(법원접수)

91(1958)년도 형상 제559호

상고이유서

주소 서울특별시 영등포구 흑석동(黑石洞) 산(山) 84의 38
피고인 김병휘

〈국가보안법〉 위반 피고사건 (진보당)에 대하여 상고하온 바 그 이유를 좌기(左記)와 같이 개진하나이다.

(1) 진보당이 조직됨과 동시에 중앙당부 교양간사에 취임, 4290(1957)년 9월에는 동당 통일문제연구위원회 부위원장에 취임함으로써 지도적 임무에 종사하고,
(2) 월간 잡지『중앙정치』판권을 상(相) 피고인 조봉암의 의뢰에 의하여, 소외(訴外) 김석봉(金夕峯)으로부터 대금 18만 환을 지불하여 차(此)를 구득(購得)하여 동지(同誌) 편집위원에 취임함으로써 실행을 협의 선전한 것,

이상 2개 사실에 대하여 서울고법 형사 제2부[재판장 김용진(金容晋)]는 유죄로 인정, 〈국가보안법〉 제1조 2항, 제3조를 적용하여 징역 2년 집행유예 3년의 판결을 내렸사오나

① 진보당 조직은 비밀리에 결당된 것이 아니고, 강령정책을 명시하여 이에 대한 합법적 절차를 거쳐 공보실에 정식 등록을 필한 터이오며, 더욱이 발족 당시와 본건 발생 시에 정책 강령에 하등의 변동이 없음에도 불구하고, 진보당에 지정(知情) 가입하여 지도적 임무에 종사하였다 함은 승복키 곤란하오며, 만일 발족 당시에 정부 담당 부서인 공보실에서 불법이라 인정하였다면

입당할 리 만무하였을 것입니다.

② 월간 잡지 『중앙정치』 관계에 있어 해(該) 판권을 구득, 동 편집위원직에 취임. 이를 담당한 것은 사실이오나 동일 판결에 있어서 『중앙정치』 관계는 무죄 부분에 속하는데 소생 관계만 유죄로 단정됨은 법리상 동일성과 통일성을 파괴하는 것이니, 차역(此亦) 승복키 곤란하오며,

③ 검찰 조서에 있어 소생은 통일방안 이외의 것은 신문 받은 일이 전무한 바, 전기(前記) 사실들을 재판소에서 강인 부가하여 유죄라 함은 검사공소사실 이외의 판정임으로 형사소송법에 위배 되는 것으로 사료하옵니다.

④ 이상 상신하온 이외 상(相) 피고인 또는 상(相) 소송대리인들의 상고이유 중 소생에게 관련된 것과 소생에게 유리한 것은 전부 원용하는 바이오며 공명정대하고 관대하신 처분을 앙망하나이다.[138]

[출전 : 20권 688~691쪽]

138) 상고이유서의 마지막에는 보통 작성 날짜와 피고인의 이름을 기재하지만, 이 문서의 경우 작성날짜로 피고인 김병휘의 이름이 없다. 다만 이 상고이유서가 대법원에 접수된 날짜가 1958년 12월 26일인 것을 보아 실제 작성날짜는 그 이전으로 추정된다.

20 상고이유서 1958년 12월 26일

상고이유서

피고인 이동화

우자(右者)에 대한 4291(1958)년 형상 제559호 〈국가보안법〉 위반 피고상고사건의 상고이유서 제출함. 단 소송기록처 통지서는 4291년 12월 26일

송달을 수(受) 하였음.

4291(1958)년 12월 26일

상고인 피고인 이동화

변호인 변호사 조헌식

동 한근조(韓根祖)

동 이태희(李太熙)

대법원 형사부 귀중

상고이유

제1점 원판결은 원심에서 인정한 사실관계로서는 〈국가보안법〉 제3조 위반죄를 구성할 필요조건을 구비하지 못하였음에도 불구하고 범죄의 성립을 인정함으로서, 범죄를 구성치 않는 사실을 범죄로 단정한 위법이 있다. 원판결 이유 적시에 의하면, 피고인 이동화에 대한 판시 (1)에서 동 판결 판시, 피고인 조봉암의 범죄사실 (1) 적시 즉 4288(1955)년 6월경 새로 발족하는 민주당결성추진운동에서 제외되자, 공소외 서상일과 함께 소위 비자유당계와 비민주당계의 재야 혁신세력을 규합하여 신정당을 조직할 것을 모색하던 중, 동년 9월 일자 미상 상(相) 피고인

윤길중, 동 김기철 등의 주동으로 경기도 양주군 소재 광릉에서 공소외 서상일, 장건상 등을 비롯한 20여 명과 회합하여 대야당을 추진할 것을 합의하고, 서울특별시 종로구 관철동(貫鉄洞) 소재 대관원을 비롯하여 수개 처에서 10여 차에 긍(亘)하여 회합을 거듭한 끝에, 동년 11월 일자 미상 상(相) 피고인 윤길중, 동 조규희, 동 신창균, 동 김기철, 동 김병휘, 동 이명하 등과 함께 가칭 진보당발기추진위원회를 조직하고, 공소외 서상일, 동 김성숙(金成璹), 동 최익환 등과 함께 동 위원회 총무위원으로 취임하여 혁신정치의 구현, 수탈 없는 경제체제의 확립, 남북의 평화통일 실현 등의 3대 구호를 목표로 동 결당을 추진하는 일방, 5·15정부통령선거 시 동당 공천 대통령 입후보자로 출마하여, 전시(前示) 3대 구호를 절규하면서 동 선거운동을 전개하고, 동 4289(1956)년 10월경 동당 주도권 문제로 전시(前示) 서상일 일파와 결별한 후, 상(相) 피고인 박기출, 동 김달호, 동 윤길중, 동 조규택, 동 신창균, 동 김기철, 동 김병휘, 동 이명하, 동 최희규, 동 안경득, 동 박준길, 동 권대복, 동 전세룡과 동 결당을 추진하여 오든 중,

"동년 11월 10일 마츰내 서울특별시 중구 소재 시공관에서 우 상고인 등을 위시로 8백여 명과 함께 국헌에 위배하여 정부를 참칭하는 북한 괴뢰집단에 부수(附隨)하여 국가를 변란할 목적으로, '우리는 노동자 농민을 중심으로 하는 광범한 근로대중을 대표하는 주체적 선진적 정치적 결합체이며, 변혁적 주체적 세력의 적극적 실천에 의하여 자본주의를 지양하고 착취 없는 복지사회를 건설하여야 한다'는 지(旨)의 혁신정치의 실현, '우리는 자유민주주의를 폐기 지양하고, 주요 산업과 대기업의 국유 내지 국영을 위시로 급속한 경제건설 사회적 생산력의 제고 및 사회적 생산물의 공정분배를 완수하기 위하여 계획과 통제의 제 원칙을 실천하여야 한다'는 지(旨)의 수탈 없는 경제체제의 확립, '우리는 남북한에서 평화통일을 저해하는 요소를 견제하고, 진보세력의 주도권 장악하에 피 흘리지 않은 평화적 방식으로 조국의 통일을 실현한다'는 지(旨)의 평화통일의 실현 등을 정강정책으로 하는 진보당을 조직하는 동시에 운운"을 인용하고

피고인 이동화는 4288(1955)년 11월경 전시(前示) 조봉암파와 공소외 서상일파가 합세하여 가칭 진보당발기추진위원회를 구성할 무렵부터 그에 참가하여 노력

하여 오든 중, 동 조봉암, 동 윤길중 등의 의뢰로 동 적시 혁신정치의 실현, 수탈 없는 경제체제의 확립, 평화통일의 실현 등을 골자로 하는 강령과 정책을 발기하여, 동 조봉암을 비롯한 진보당 관계 상(相) 피고인 등으로 하여금 차(此)를 동당의 강령 전문과 경제 정책 전문으로 하여 동 적시 진보당을 결당케 하여서 동당의 목적한 사항의 실행을 협의하였다고 인정하여 〈국가보안법〉 제3조 위반에 의율(擬律)[139]하였는바

(1) 피고인 이동화의 강령정책 초안 자체가 국헌에 위배 우(又)는 국가를 변란하는 내용의 것이라고 인정하려면 헌법의 해석 등 그 이유의 명시가 있어야 함에도 불구하고, 막연히 혁신정치의 실현, 수탈 없는 경제체제의 확립, 평화통일의 실현의 주장을 지목하여 〈국가보안법〉 위반에 의율한 것은 이유의 불비(不備)라고 아니할 수 없다.

대한민국 〈헌법〉은 그 전문을 위시하여 동법 제5조, 제15조, 제28조 2항, 제84조, 제88조에서 경제문제에 있어서 개인주의적 자본주의 국가체제에 편향함을 회피하고 사회주의적 균등경제의 원리를 아울러 채택함으로서 개인주의적 자본주의의 장점인 각인의 자유, 평등 및 창의의 가치를 존중하는 한편, 모든 국민에게 인간다운 생활을 확보케 하고, 그들의 균등생활을 보장하려는 사회주의적 균등경제의 원리를 또한 존중하여, 말하자면 정치적 민주주의와 경제적, 사회적 민주주의라는 일견 대립되는 두 주의를 한층 높은 단계에서 조화하고 융합하려는 새로운 국가형태를 실현함을 목표로 삼었음이 분명한, 현대적 〈헌법〉이라 할 것인데 [유진오 저, 『헌법해의(憲法解義)』 서론 제7항, 본론 전문 중 제40항, 동 42항, 제1장 총강 중 제5조 설명에서 편 51항, 제52항, 제6장 경제총설 중에서 제254항, 제84조 설명 전문, 제257항 ; 박일경(朴一慶) 저, 『헌법』 제5절 대한민국헌법3 제66항 등 참조], 중 제2호 진보당의 선언, 강령, 정책, 당헌에 의하면 사회적 민주주의 이념에 입각하여 정치를 혁신하고 경제체제를 수립하여 대중적 복지사회를 건설하자는 것이고, 또 사회적 민주주의의 내용은 자본주의의 변혁은 폭력적 독재주의인 볼세비즘의 경우와는 반대로, 민주적 평화적 방식에 의하여 달성하여야 한

139) 법원에서 법규를 구체적인 사건에 적용하는 일을 말한다.

다는 것인 즉(증 제2호 25항, 진보당 강령 전문 3항, '자본주의의 수정과 변혁'), 〈헌법〉 전문에서 기도하는바 '경제의 균등성'이나 또는 동 〈헌법〉 경제 조항에서 기도하는바 '국민에 대한 생활의 기본적 수요에 대한 충족성'이나, '균형 있는 국민경제 발전성' 등 헌법정신에 일치하도록 현 정치 내지 경제체제를 혁신하자는 것이다.

더구나 증 제2호 제54항 급(及) 55항 (8) 당의 성격과 임무의 항목에서 진보당은, "노동자 농민을 중심으로 하는 광범한 근로민중의 집결체인 우리 당은, 모든 민중에게 자유와 평등과 사람다운 생활을 보장하여 줄 가장 진보적인 진정한 사회적 복지국가를 이 나라에 건설하는 것을 그의 역사적 임무로 삼고 있으며, 또 그러기 위하여 우리 당은 정치권력을 우리 수중에 장악하고 이를 안정화시키려고 한다. 이러한 정치적 변혁이 없이는 우리의 역사적 임무는 달성될 수가 없다. 우리는 이 변혁을 폭력적 방식에 의해가 아니라, 민주적, 평화적 방식에 의하여 의회에서 절대다수를 점함으로서 수행하려고 한다. 8 · 15해방은—위에서 언급한 바와 같이 근대적 민주주의 혁명의 성격을 띠는 것이며, 대한민국의 수립과 동시에 제정된 대한민국 〈헌법〉은 근대 민주주의적 제 자유에 관한 규정뿐만 아니라 수정자본주의적 제 규정까지를 포함하고 있다. (중략) 우리 당이 권력을 장악할 때에는 우리는 우선 대한민국 〈헌법〉의 규정과 정신을 소생시켜 광범한 민중에게 민주주의적 제 자유를 보장하여 주려고 한다. 우리는 계획적 민주주의의 실현 과정에 있어서나 그 후에 있어서 나를 막론하고 끝까지 민주주의적 제 원칙에서 충실하려고 한다. 우리는 국민의 언론 자유, 반대당의 존재와 그의 자유로운 비판을 즐겁게 용납하려고 한다. 그리고 정권의 교체와 이동은 어데까지나 자유로히 표명된 국민의 총의에 의하여 결정되지 않으면 않될 것을 명언(明言)하는 바이다"라고 공언하고 있는 것이다.

증 제2호 진보당의 선언, 강령, 정책, 당헌에 표시된 주장을 종합고찰하건대, 그것이 대한민국 헌법정신과 규정에 위배된다고 인정할 수 없을 뿐만 아니라, 설혹 백보를 양보하여 그 중 대한민국 〈헌법〉의 개정 없이 현실 불가능한 부분이 있다 할지라도, 그 자체가 필연적으로 민주공화체나(〈헌법〉 제1조), 주권재민을

(〈헌법〉 제2조) 부인하고, 국가기관에 대한 강압수단을 수반한다든가 기타 동 실현에 〈헌법〉 또는 법률에 정한 절차에 의하여 할 수 없다고 볼 수 없는 한(〈형법〉 제91조, 〈헌법〉 제98조 말항 참조), 국가를 변란한다고 볼 수 없는 것이다. 그럼으로 원심 판결이 인정한 혁신정치의 실현, 수탈 없는 경제체제의 확립을 정강정책으로 한 사실이 〈국가보안법〉 위반죄를 구성할 필요조건을 구비하지 못하였음에도 불구하고, 차(此)를 범죄로 인정한 원판결은 위법임을 면치 못할 것이다.

(2) 원래 추상적인 평화통일의 주장이 국헌에 위배한다는 것은, 북한 괴뢰집단이 대한민국을 변란하기 위하여 책정한 평화통일방안을 토대로 한 평화통일의 구호를, 그 정(情)을 알면서 이에 야합하여 주장하는 경우에 해당될 것이며, 또 구체적 통일방안 자체가 동 방안에 따르는 법률절차를 경유함을 전제로 할 것임으로, 결국 동 방안의 실현이 〈헌법〉 또는 법률 소정의 절차를 취하여 수행할 수 있느냐의 여부(〈형법〉 제91조 참조)에 의하여 결정할 문제인 것이다. 본건에 있어서 피고인 이동화는 진보당의 구체적 통일방안을 결정하였느냐의 여부 내지 그 내용 여하는 하등 관지(關知)할 바가 아니고 피고인이 기초한 진보당의 강령정책 초안 중의 추상적인 평화통일방안이 북한 괴뢰집단과 야합하여 대한민국을 변란할 목적으로 작성한 여부가 문제될 것인 바, 피고인 이동화가 기안한 진보당의 통일문제 항목(증 제2호 제61항, 62항)에는 "더우기 우리 민족은 이미 6·25의 참변으로 인하여 수백만의 생령(生靈)을 희생시켰고, 국토는 폐허로 되었으며 민생은 거의 파멸에 임하게 되었다. 우리는 이 이상 더 동족상쟁(同族相爭)의 피를 흘릴 수는 없다. 평화를 갈망하는 마음에 있어 누구에게도 지지 않은 우리는 오직 피흘리지 않은 통일만을 희구한다. (중략) 조국의 평화통일을 파괴한 책임은 6·25의 죄과를 범한 북한 공산집단에게 있다. 그들의 반성과 책임규명은 조국통일을 위한 선행조건이 아닐 수 없다. (중략) 그렇기 때문에 우리는 우리 자신이 대한민국의 정치권력을 획득하여야 하며, 그런 후에 국제정세의 진운과 발맞추고 제 우방과의 긴밀한 협력하에 UN을 통한 민주적이고 평화적인 조국통일의 구체적 방안을 책정하려는 것이다. 민주주의의 승리에 의한 조국의 평화적 통일 이것만이 우리의 유일의 길이다"라고 하여, 통일의 선행조건으로서 북한 괴뢰집단의 책임규명을 절규하였고, 또 피고인 이동화가 정책위원장으로 소속하여 동인(同

人)이 기초한 민주혁신당(民主革新黨)의 통일방안(증 제44호 47항)에는 "국토통일을 성취하는 방법으로서, UN 감시하 자유총선거를 통하여 할 것을 우리는 지지한다. 그러나 이러한 방식의 채택은 국제적 합의에서만 이루워 질 수 있는 것임으로 그에 필요한 국제적 분위기를 조성하기 위하여 우리는 최선을 다할 각오이다. 그리고 북한에서 자유선거가 실시되려면 다음과 같이 제 조건이 전제되어야 함으로 우리는 그것의 관철을 기필(期必)한다.

(1) 북한 동포들이 남한에서와 꼭 같이 언론, 출판, 결사, 집회 자유 등 제 권리를 완전 보장받아야 한다.
(2) 남한 제 정당을 포함한 일체의 합법적 정당이 북한에서도 자유로 입후보할 수 있고, 자유로 여행할 수 있고, 자유로 선거운동을 할 수 있으며, 또한 신분의 완전보장을 받어야 한다.
(3) UN이 규정하는 한국전쟁 도발 책임자는 통일정권에 참가할 수 없다.
(4) 자유총선거의 실시를 공포함과 동시에 북한의 치안은 UN군이 담당하여야 한다.

한편 통일을 성취하는 민족적 주체성을 확립하기 위하여 우리는 다음과 같이 행동할 것이다. ① 대한민국의 민주주의적 발전을 정치, 경제, 사회, 문화 등 각 분야에서 안정화하여 대한민국이 통일을 위한 자력적 존재가 되게 한다. ② 북한 괴뢰들이 현재 선전하고 있는 것과 같은 협상론의 허구성, 기만성을 폭로 배격하고 남북한에서의 외세 의존적 사대주의적 정치세력의 준동을 봉쇄제거한다"라고 하여 북한 괴뢰집단의 통일정권 참가를 거부하고, 또 동 협상론의 허구성, 기만성을 폭로배격할 것을 명백히 한 바 있는데, 즉 피고인 이동화가 주장한 민주적 내지 평화적인 국토통일방안이 북한 괴뢰집단이 대한민국을 변란하기 위하여 책정한 평화통일방안을 토대로 한 평화통일의 구호를 그 정(情)을 알면서 이에 야합하여 주장한 것이 아님이 명백하다.

원판결이 유죄의 증거로 인용한

1. 원심 공판조서 중 동 피고인과 상(相) 피고인 조봉암, 동 윤길중, 동 권대복 등의 각 공술 기재

2. 제1심 공판조서 중 동 피고인과 상(相) 피고인 조봉암 동 윤길중 동 권대복 등의 각 공술 기재
3. 동인 등이 성립의 직정(直正)을 인정하는 검사의 동인 등에 대한 피의자 신문조서 중 각 공술 기재를 갖이고,

피고인 이동화가 정(情)을 알면서 북한 괴뢰집단과 야합하여 우(又)는 진보당이 북한 괴뢰집단에 부수하여 국가를 변란할 목적으로 결성되는 집단이라는 정(情)을 지실(知悉)하였다는 증좌가 없은 즉, 원판결은 이 점에 관하여 피고인 이동화의 범의 유무와 또 진보당이 북한 괴뢰집단에 부수하여 국가를 변란할 목적으로 결성되는 집단이라는 사실(설혹 그렇다 할지라도)을 인식한 여부의 사실과 증거에 의한 심리판단 없이, 만연(漫然) 피고인을 〈국가보안법〉 위반에 문의(問擬)한 결과가 되어 이유 불비(不備) 내지 심리부진의 위법이라고 아니할 수 없다.

제2점 원판결은 피고인이 과거 경북대학교 법정대학 정치과 교수 당시 피고인의 영향으로 좌익사상을 포지하는 대구시 삼덕동(三德洞) 140번지의 1호 거주인 상(相) 피고인 이상두로부터 (가) 4289(1956)년 1월 24일자, (나) 동년 3월 10일자, (다) 동년 8월 22일자, (라) 동년 9월 9일자, (마) 동년 12월 24일자, 각 발신이 대한민국을 변란할 것을 선동하는 우(又)는 반국가사상을 고취하는 내용의 증 제45호의 1 내지 5의 서신을 각 기경(其頃) 받어보고, 자기 책장에 보존하여서 국헌에 위배하여 국가를 변란할 것을 목적으로 하는 사항의 실행을 협의하였다고 판시하였다.

1. 원판결은 '상(相) 피고인 이상두는 피고 이동화가 과거 경북대학교 법정대학 정치과 교수 당시 피고인의 영향으로 좌익사상 포지' 운운 판시하였으나, 원심 판결이 증거로 인용한 제1심 제8회 공판조서(기록 4290정), 상(相) 피고인 이상두의 공술에 의하면 "답. 경북대학에서 사회주의 교육을 이동화 교수로부터 받은 일이 없습니다. 정치학과 1학년 재학 당시 동 교수로부터 정치학 개론만 배웠는데 사회주의를 신봉할 만큼 교양을 받었다는 것은 말이 안됩니다" 운운, "답. 1학년 때 1주일에 한 두 시간 밖에는 배운 일이 없고, 사적으로는 별로 접촉한 일이 없습니다. 연이(然而) 이 교수의 학문 높은 점에 숭배하는 마음이 있었던 것은 사실입

니다"라고 하여 피고인 이동화의 영향으로 좌익사상을 포지하게 되었다는 사실을 부인하였는바, 원심이 인용한 기타 제 증거에 의하여도 판시 사실을 증명할 만한 증좌가 없은 즉 원판결은 증거에 의하지 않고 사실을 인정한 위법이 있고,

2. 협의의 언어학적 의의는 2인 이상이 협동 토의함을 의미하는 것이고, 법률적 특히 국가보안법적 개념은 국가를 변란할 목적사항의 실행을 구체적으로 상통 모의하는 경우를 의미하는 것인데, 첫째 본건에 있어서의 피고인 이동화에 대한 상(相) 피고인 이상두의 서신내용이 일시적인 흥분 충격으로 인한 감정의 발로로서, 현재 사회제도 혹은 정치실정에 대한 불만 불평을 나열하였을 뿐 구체적으로 대한민국을 변란할 목적의 실행을 모의한 내용이 없으며, 이러한 서신의 왕복은 우리 사회생활에 있어서 특히 사상이 확고하지 못한 청년 계층에 있어서 종종 발견할 수 있는 사례로서, 〈국가보안법〉이 지칭하는 협의의 요건을 구비하였다고 할 수 없으며, 둘째 설혹 그 서신의 내용이 협의의 요건을 구성한다 할지라도, 피고인 이동화가 그 서신을 받고 모의상통한 사실이 없는 본건에 있어서, 피고인 이동화를 협의죄로서 문의(問擬)할 수 없는 것이다. 그러므로 원판결이 피고인 이동화가 상(相) 피고인 이상두로부터 등등의 서신을 받음으로서 국가를 변란할 목적사항의 실행을 협의하였다고 판시한 것은, 결국 범죄의 구성 요건이 구비되지 않는 사실을 죄로 판정한 위법이 있다.

이상

[출전 : 20권 646~662쪽]

21 상고이유서 1958년 12월 26일

상고이유서

피고인 이상두

우자(右者)에 대한 4291(1958)년 형상 제559호 〈국가보안법〉 위반 피고 상고 사건의 상고이유서 제출함

단 형소기록(刑訴記錄) 접수통지서는 4291(1958)년 12월 6일 송달을 수하였음.

4291(1958)년 12월 26일

상고인 피고인 이(李)

변호인 변호사 조헌식

대법원 형사부 귀중

제1점 원판결은 피고인 이상두는 경북대학교 법정대학 정치학과 재학 시부터 당시 동 대학 정치과 교수이던 상(相) 피고인 이동화의 영향을 받어 좌익사상을 포지하여 오던 중, 사회주의를 실현하려면 우선 현 대한민국이 붕괴되어야 한다는 신념하에, 동 이동화에게 동 이동화 범죄사실 (2)의 (가) 내지 (마) 적시의 각 서신을 발송하여서 그 목적한 사항의 실행을 협의 선동하였다고 판시하였는데,

(1) '상(相) 피고인 이동화의 영향을 받어 좌익사상을 포지하여 오던 중, 사회주의를 실현하려면 우선 현 대한민국이 붕괴되어야 한다는 신념하' 운운에 대하여 피고인은, 이를 전연 부인하였고[제1심 제8회 공판조서 중 기록 4290정 (답) 저는 사회주의 실현을 위한 이념을 갖어 본바 전연 없고 운운의 공술, 동 (답) 경북대학에서 사회주의 교육을 이동화 교수로부터 받은 일이 없습니다. 운운의 공술], 원판결이 인용한 전(全) 증거를 가지고도 이를 인정할 자료가 없은 즉 증거에 의하지 아니하고 사실을 인정한 위법이 있다고 아니할 수 없다

(2) 피고인이 발송한 상(相) 피고인 이동화 범죄사실 (2)의 (가)서신에 관하여, 피고인은 당시 이동화가 잡지 『사상계』에 「정치학을 공부하는 학생에게」라는 제목하에, 정치에 관한 평화적, 민주적 방식을 주장하는 내용의 논문을 읽고, 피고인은 배우는 입장에서 오른쪽으로 가라면 왼쪽으로 가보는 것과 같이 반대하여 보느라고, 편지 중 일본국의 이노키 마사미치(猪木正道)[140]가 쓴 『정치의 변동론』 중에서 동 구절을 인용하여 본 것이며[기록 264정 표면 9행 지(至)[141] 265정 이면 6행, 검사의 피의자 신문조서 제1번 제8면 공판조서 기록 4290정 이하], 동 (나)서신에 관하여, 이것도 서울지방검찰청에서 당시 구속 중의 동 이동화를 면회한 후 덕수궁 연못에 간 일이 있는바 동소에서 느낀 바를 수필로 쓴 데 불과하며(기록 266정 이면 4행 지 267정 표면 3행, 검사의 피의자 신문조서 제1번 제8면 공판조서 기록 4290정 이하), 동 (다)서신에 관하여 그것은 다른 용건 끝에, 과거 상이군인이 죄인시 취급을 당하는 것을 목도하고 심각한 충격을 받은 바 있었는데 그 관계로 그러한 구절을 첨가하였을 뿐이며(기록 268정 표면 5행 지 269정 이면 1행, 동 피의자 신문조서 제1번 제8면 공판조서 기록 4290정 이하), 동 (라)서신에 관하여 그것은 피고인이 현 사회의 불평등한데 대하여 옳지 못한 것을 느끼고 평등하여야 한다는 것과 또 당시 경북대학장이던 박관수(朴寬洙)[142]는 일제 시에는 친일파로 알려져 있었는데, 8 · 15해방이 되자 누구보다도 일본을 욕하는 것을 보고 교육가로서 그렇게 180도로 돌 수 있을까고 하여 「전향자의 히스테리」라 제(題)하여 글을 써볼까 하였다는 것과 그 후반은 일본국 가가와 도요히코(賀川豊彦)[143] 저(著)의 『사선을 넘어서』라는 책자 중에서 인용한 것이며(기록 26정 이면 7행 지 270정 이면 1행, 동 피의자 신문조서 제1번 제8면 공판조서 4290정 이하),

140) 일본의 정치학자 이노키 마사미치(猪木正道, 1914~2012)는, 교토대학 명예교수, 제3대 방위대학교 교장, 재단법인 평화 · 안전보장연구소 고문 등을 역임하였다. 1953년 『정치 변동론』을 출간하였다.

141) '지(至)'는 '~까지'를 의미한다.

142) 박관수(朴寬洙, 1897~1980)는 일제강점기 조선총독부 학무국 시학관, 경기공립고등여학교 교장 등을 역임한 교육자이자 친일반민족행위자이다. 1952년 이후 경북대학교 교수, 학장을 역임하였다.

143) '가가와 도요히코(賀川豊彦, 1888~1960)'를 말한다. 그는 일본의 기독교 사회주의자로 20세기 성인으로 추앙받은 사람이다. 자전적 소설 『사선(死線)을 넘어』의 출간으로 유명해졌다.

동 (마)서신에 관하여 그것은 피고인이 4289(1956)년 세모(歲暮)에 동년 1년을 회고하여 느낀 바를 종합적으로 써서 보내는 내용 끝에 독일의 칼 슈밑트[144]의 말과 일본인 야나이하라 타다오(矢內原忠雄)[145]의 『기독교와 맑스주의』라는 책자에서 별 의미 없이 전단에 인용하였던 것이며, 후반은 일본인 가와카미 하지메(河上肇)[146]의 대학교수를 지내고 50이 넘어서 일개 평당원으로 가입한 인간으로서의 겸손한 점에 끌려서 쓴 것이다(기록 270정 이면 8행 지 271정 이면 1행, 동 피의자 신문조서 제1번 제8면 공판조서 4290정 이하)라고 변소(辯疎)함과 같이 일시적인 흥분충돌의 발로로서 현 사회제도 혹은 정치실정에 대한 불만불평을 나열하였을 뿐이고, 구체적으로 대한민국을 변란할 목적 사항의 실행 을 모의한 내용이 없으며 이러한 서신의 왕복은 우리의 사회생활에 있어서 종종 발견할 수 있는 사례로서 〈국가보안법〉이 지칭하는 협의 선전 선동이라고 인정할 만한 별단의 사유가 없음에도 불구하고, 차(此)를 〈국가보안법〉 위반죄에 문의한 원판결은 결국 범죄의 구성요건이 구비되지 않은 사실을 죄로 단정한 위법이 있다.

제2점 원판결은 피고인 이상두가 4290(1957)년 상순경 상(相) 피고인 권대복 등과 진보당 산하 특수 제2선 조직체인 여명회를 조직하는 동시에, 동회 연구위원회 위원장에 취임하여서 지도적 임무에 종사하고 또 동년 2월 하순경 전시(진보당) 중앙당 사무실에서 권대복 외 11인과 회합하여 전시(前示) 조봉암으로부터 국제정세란 제목으로 진보당의 평화통일 노선 등에 관한 교양을 받으므로 동당의 목적한 사항의 실행을 협의하고, 또 동년 3월 중순경 "학생 청년들은 부패한 현 대한민국의 정부 실정을 혁신하고 사회민주주의를 실현할 책임이 있으니 뜻있는 학생은 여명회로 모히라"는 지(旨)의 전시(前示) 여명회의 취지서를 기안하여,

---

144) 카를 슈미트(Carl Schmitt, 1888~1985)는 나치에 협력한 독일의 법학자이자 정치학자이다.

145) 야나이하라 다다오(矢內原忠雄, 1893~1961)는 일본의 경제학자 · 식민정책 학자이다. 우치무라 간조(內村鑑三)와 함께 일본의 무교회파 기독교 지도자로도 알려져 있다. 전후 1951~1957년 도쿄대학 총장을 역임하였다.

146) 가와카미 하지메(河上肇, 1879~1946)는 일본 마르크스주의 경제학의 선구자로 손꼽힌다. 교토대학 교수를 역임하였다. 그가 쓴 『가난 이야기』(1917), 『경제학 대강』(1928), 『자본론 입문』(1932) 등은 일제강점기 조선 지식인들의 필독서였다.

전시(前示) 권대복에게 제공하여서 동당의 목적한 사항의 실행을 협의하였다고 판시하였으나

원심(原審)이 인용한 원심공판에서의 피고인과 상(相) 피고인 이동화, 동 조봉암, 동 윤길중, 동 권대복, 등의 각 공술, 제1심 공판에서의 피고인과 상(相) 피고인 이동화, 동 조봉암, 동 윤길중, 동 권대복 등의 각 공술 기재, 우(右) 동인 등이 기(基) 성립과 내용의 진술을 인정하는 검사의 동인 등에 대한 각 피의자 신문조서의 동인 등의 공술 기재의 전부를 가지고도, 전시(前示) 여명회가 진보당 산하 특수 제2선 조직체라거나, 피고인 이상두가 진보당 중앙당 사무실에서 조봉암으로부터 교양을 받었다는 사실이나, 또 피고인 이상두가 여명회 취지서를 작성하여 전시(前示) 권대복에게 제시하였다는 사실 등을 증명할 자료를 발견할 수 없다.

도리어 검사의 피의자 이상두 신문조서(기록279정 이면 10행 지 280정 표면 10행)
"(문) 동 여명회 위원장인 권대복은 진보당 사회부 부간사로서 동 여명회를 동당 산하 제2선 조직체로 만들었다는데 여하
(답) 그런 사실은 모르며 권대복은 다만 국학대 학생이라고만 하였습니다
(문) 동 위원장이 전기(前記) 권대복인 만큼 어떤 정치적인 색채가 개재되어 있었다고 생각되는데 여하
(답) 그렇게도 볼 수 있지만은 사실상은 그렇지 않었습니다."의 기재

동 조서(기록281정 표면 5행 지 282행 표면 2행)
"(문) 피의자는 동년 2월 하순 진보당 중앙당 사무실에서 권대복 외 12명이 회합하여 조봉암으로부터 '국내외 정세에 대하여' 라는 제목으로, 평화통일 노선 평화적 공존 등에 관하여 교양을 받은 사실이 있다는데 여하
(답) 그런 사실이 없습니다
(문) 동년 3월 중순경 피의자 하숙에서 여명회 취지서를 작성하여 권대복에게 제공하였다는데 그런가
(답) 전연 그런 사실이 없습니다.
(문) 현재 민국정부는 부패되어 있다. 이러한 부패된 현실정을 혁신하고 사회

민주주의 실현을 위한 책임은 학생청년에게 있으니 뜻있는 학생들은 여명회에 모히라는 내용을 시험지 1매에다 작성하여 권대복에게 제공한 것이 아닌가

(답) 그런 사실은 없습니다."의 기재

동 피의자 권대복 신문조서(기록 1144정 이면 1행 지 동 10행)

"(문) 동 여명회라는 것은 진보당의 제2선인 특수조직이라는데 그런가

(답) 진보당 사회부 간사인 안준표가 어떤 의도로써 그러한 써클을 만들게 하였는지 알 수 없으나 본인은 전기(前記)와 여(如)히 사회주의 이론을 연구하는 써클로 밖에 볼 수 없습니다."

동 조서(기록 1145정 이면 1행 지 1146정 표면 3행)

"(문) 동년 1월 17일 각 대학별로 이와 같은 여명회 세포를 조직한 바 있다는데 여하

(답) 학교별로 여명회를 조직하여 세포책을 둔 사실은 없으며, 다만 본인이 여명회 명단을 주었드니 취조경관이 동 회원 소속 교명을 물어서 책임자라고 한 것이지, 사실에 있어서 각 학교별로 여명회 세포를 조직한 사실이 없습니다."의 기재 등과

제1심 제8회 공판조서 중 피고인 이상두의 공술(기록 4300정 내지 4305정), 각회 공판조서 중 상(相) 피고인 권대복의 공술 기재, 급(及) 원심 제2회 공판조서(기록 5587정 지 5594정), 동 제3회 공판조서(기록 5623 지 5626정) 중 피고인 이상두의 공술과 원심 각회 공판조서 중 상(相) 피고인 권대복의 각 공술에 의하면 여명회는 진보당 산하 특수 제2선 조직체가 아니고 단순한 학술연구단체인 것이 분명하며, 또 피고인 이상두가 진보당 중앙당 사무실에서 조봉암으로부터 교양을 받은 일도 없고, 여명회 취지서를 작성하여 상(相) 피고인 권대복에게 제공한 사실 없음이 분명하다 할 것이니, 원판결은 증거에 의하지 않고 만연히 범죄사실을 인정한 위법이 있다고 아니할 수 없다.

원판결은 파훼(破毁)를 면치 못할 것이다.

[출전 : 20권 674~682쪽]

상고이유서

피고인 박준길

우자(右者)에 대한 공소심 서울고등법원 4291년 형공 제772호 〈국가보안법〉 위반사건에 관하여 동 법원 동년 10월 25일 피고인에 대하여 원판결을 파기하고 피고인 박준길에 대하여 징역 2년에 집행유예 3년에 판결을 선언한 바 피고인은 동월 30일 상고신립서를 귀원에 제출하였고 동년 12월 9일 기록접수통지서를 받었으므로 좌기(左記)와 같이 상고이유를 개진하나이다.

기(記)

제1점 4299(1966)년[147] 5 · 15정부통령선거 당시 대통령 입후보자 조봉암의 선거운동 행위 그 자체가 불법이냐 합법이냐는 차치하고, 동 선거운동 행위 일체를 실천하지 못하였음은 1심 공정 진술(기록 제 장),[148] 2심 공정 진술(기록 제 장)에 분명히 진술되었을 뿐 아니라, 사실상 기(其) 당시의 충북지구 선거운동은 불가능하였던 것입니다. 그 이유는 본 피고인이 단독으로 선거운동차 당지(当地)(청주시 남문로 1가)에 도착하는 즉일 밤 12시경, 정체불명의 무기소지 5인조 괴한에게 피습되어 선전물 전부는 탈취당하고, 본 피고인은 두부파열상과 전신타박상

147) 4289(1956)년의 오기이다.

148) 공정 진술 뒤의 기록 부분이 비워져 있는 것은 원문 그대로 표기한 것이다. 이러한 표기 방식은 뒷부분에도 동일하게 등장한다.

으로 인하여 입원하였던 사실은 당시의 중앙 일간신문에도 보도되었을 뿐 아니라, 당지 청주경찰서에서도 입증되는 바이니 선거운동이 실천되지 못하였음은 명약관화한 것입니다.

제2점 합법 정당의 운영책으로서 합법적인 사무절차를 경(經)하야 각급 간부들로부터 염출(捻出)되는 경상비 처리 실무 취급을 범죄시하였으나, 기(其) 실무 취급 행위가 불법이 아닐 뿐 아니라 기(其) 실무취급조차 본 피고인이 한 것이 아니고, 상(相) 피고인 재정부 부간사 조규택이가 전임(全任)에 당하였다는 것은 1심 공정 조규택 진술(기록 제 장)에서, 2심 공정에서도 역시 일관된 주장으로 사실대로 진술되었음에도 불구하고, 본 피고인에게 이중으로 죄과의 1항으로 간주하였으니, 이것은 마치 진보당 내에 경상비를 맡은 경리 관계가 두줄거리로 되어있는 것처럼 되었으나 여사한 사실은 전연 있을 수 없는 것이며, 기실 본 피고인은 재정부 간사라는 직책은 가졌으면서도, 주거지가 대전시인 관계상 또는 기타 사업에 분망(奔忙)되었으므로 실질적으로 기(其) 사무에 당(當)하지 못하였음은 1, 2심 공정에서 명료히 되었던 것입니다.

제3점 4290(1957)년 9월경 진보당 내에 설치되어있는 통일문제연구위원회 위원에 피임되어 해(該) 위원회에서 통일문제를 연구 토론하였다는 것이 위법이라고 2심에서는 판시하였으나, 민주국가에 있어서 합법 정당이 정치문제를 연구하였다든가 또는 국토를 양단한 현금에 있어서 우리 국토를 통일하기 위하야 전문적인 연구기구를 설치하고 연구하는 행위를 하였다고 하여 〈형법〉으로써 치죄(治罪)하려함은 건전한 민주국가에서는 있을 수 없는 처사라고 사료합니다. 본 연구위원회는 자체(字體) 그대로 연구 또는 검토 정도로 끝이는 것이며 결의기관도, 집행기관도 아닌 것입니다.

동 위원회에 제출하여 연구 검토해 보려던 김기철의 통일방안이라는 것은 어디까지나 김기철 개인의 사안인 것이며, 검토의 대상에도 이르지 못하였다는 것은 1건 기록에 의하여 명료한 것입니다. 더욱이나 본 피고인 해(該) 통일방안을 보지도 못하였고 검토도 하지 못하였다는 것은, 1, 2심 공정 진술(기록 제 장)에도 명료히 되어 있습니다. 이상의 3개 점을 들어서 2심판결이 확호(確乎)한 사실과 증거에 의하지 않고, 다만 어느 목적점에로 결합시키기 위하여 부당히 인정한 판결이라고 지적하면서, 다만 본 피고인이 진보당의 간부이었다는 사실 외에 진보당이 과연 불법 정당이며 이북 괴뢰집단에 부수되는 정당이냐 아니냐 또는 국가를 변란할 목적의식이 있었느냐 없었느냐에 대한 이유는, 상(相) 피고인 조봉암, 박기출, 김달호, 윤길중 각 피고인의 상고이유서를 원용하나이다.

4291(1958)년 12월 27일

우(右) 피고인 박준길

대법원 형사부 귀하

[출전 : 21권 26~29쪽]

23 상고이유서 1958년 12월 28일

상고이유서

서울형무소 수감 중

피고인 이동현

우(右) 변호인 변호사 강순원(姜淳元)

우자(右者)에 대한 공소심 서울고등법원 4291(1958)년 형공 제958호 뇌물약속(賂物約束) 법령 제 5호 위반 등 피고사건에 관하여 공소 기각 판결을 선언한바 피고인은 동월 0일 상고신립서를 통지를 받았으므로 좌(左)와 같이 상고이유를 개진하나이다.

1. 피고인에 대한 제1심 판결 중

유죄 판결부분의 제1 사실 피고인 이동현은 4283(1950)년 3월 20일 서울형무소 간수로 임명되었고, 4285(1952)년 1월경 동 간수부장으로 승진하였으며, 4291(1958)년 1월경부터 동 형무소 구치과 계호계(戒護係)에 근무하여 오던 자인 바, 4291(1958)년 3월 23일 오후 6시 30분경 우 형무소 구치과 2사 간수 근무 중 동 2사 상 함방(檻房)에 구금 중인 간첩 및 〈국가보안법〉 위반 피고인 조봉암으로부터 양명산(梁明山)(양이섭을 지칭함)에게 가서, 자기가 나에게 준 돈이 북에서 가져온 공작금이 아니고 사재를 준 것이라고 말하여 달라고 전언의 청탁을 받었든바, 당시 동 조봉암은 피고인이 부채 관계로 고민 중임을 알고, 동 전언을 하여주면 접견금지 해제가 되는 대로 동 부채를 변제하여 줄 것을 제의하자 피고인은 이에 응낙함으로서 그 직무에 관하여 뇌물을 약속한 후, 동년 오후 6시 40분경 동 형무소 4사 하 3방에 가서 동소(同所)에 수감 중인 양명산에 대하여 동지(同旨) 전달함으로서 직무상 부정한 행위를 하고 운운의 점에 대하여 우 사실을 인정한

제1심 판결의 증거로는

첫째, 제1심 공판조서 중 피고인의 판시 사실에 부합되는 진술 기재, 둘째, 사법 경찰관 작성의 증인 이덕신, 동 조봉암, 동 김성도에 대한 진술조서 중 판시 사실에 부합되는 진술 기재, 셋째로 검사 작성의 피의자 신문조서 중 판시 사실에 부합되는 진술 기재인 등인바 서상 제 증거의 증거능력을 예의(銳意) 심안(審按)하건데,

피고인은 제2심의 사실 심리에서 전시(前示) 공소사실을 전부 부인하고 있으며, 증인 이덕신은 상(相) 피고인 조봉암이가 수감 되어 있는 서울형무소 2사 상 감방 옆 감방에 수감 중에 있으며 사형판결이 확정되어 그 집행을 기다리고 있는 신분의 자로서 정상적인 심리상태에서 진술한 것으로 볼 수 있으며, 더욱이 사법경찰관 작성의 진술조서는 공판정에서 그 성립의 진정성과 임의성이 인정되어야 비로서 증거능력이 발생하는 것으로, 제1심은 이 점을 도외시하고 사실인정의 증거로 공(供)한 것으로서 채증법칙에 위배가 있다할 것이다. 또한 동 조봉암 동 김성도의 진술조서 역시 그 진정성과 임의성이 인정되지 못하였고,

제2심에서 동 조봉암은 그의 진술조서의 성립을 부인하고 있으며 동 김성도는 피고인 이동현의 가형(家兄)인 공소외 이동희(李東熙)의 채권자로서, 그가 수감 중인 상(相) 피고인 조봉암과 피고인 간의 전시(前示) 공소사실과 여(如)한 뇌물약속을 하고 전언(傳言)의 청탁을 하는 것을 들을 수 있었으리라고는 신빙할 수 없는 것으로, 본건 피해사건에 대하여 하등의 증거방법으로 공여될 수 없는 것으로 이상 증인의 진술로서 제1일 사실을 인정한 것은 명백히 채증법칙의 위배가 있는 것으로 위법인 판결인 것이다.

2. 제1심에서 유죄 판결을 한 제2 사실

피고인은 4286(1953)년 5월경부터 당국의 허가 없이 미제 45구경 권총 1정 및 동 실탄 46발을 소지하다 운운의 점에 대하여, 차(此) 사실을 심안하건데 4289(1956)년 5월경 서울형무소가 수복되어 피고인은 당시 동 형무소 소장이었던 문(文)모(현 대전형무소장)의 호위로 근무하게 되어, 당시 동 형무소 용도계장이었던

공소외 노갑용이가 동 형무소 공금으로 구입하여 소장 호위용으로 피고인에게 휴대하게 하였던 것으로, 당시 소정 절차에 의하여 동 형무소장 명의로 발행된 무기 휴대증을 소지하고 동 권총을 휴대하였던 것으로, 기후(其後) 2, 3차 내무부 치안국에서 전국적으로 실시한 일제 무기검시에서도 적법 휴대로 인정되어,

4290(1957)년 11월경 전기(前記) 문 소장이 대전형무소로 전출될 때까지 휴대하였던 것으로 하등 위법성을 인정할만한 근거가 없는 것이다. 다만 문 소장 전출 후 피고인이 본건 피고사건 발생 시까지 자가에 보관한 것은 피고인이 호위근무에서 떠나서 곳 동 형무소 무기 담관에게 반납하였든 바, 전시(前示) 용도계장이였던 노갑용과 해(該) 무기의 처리방안을 문의한 후 수납하겠다고 일시 보관하여 달라고 하여 보관하고 있었을 뿐이다. 그렇다면 이 제2 사실은 법령 제5호에 규정된 무기불법소지의 범위에는 포함되지 않는 것으로, 하등 위법성을 인정할 아무런 근거가 없는 것임에도 불구하고 제1심은 차(此) 점을 간과한 판결로서 이는 분명히 법률 적용을 잘못하였거나 불연(不然)이면 심리 미진에서 온 위법인 판결로서 원판은 파기를 면치 못할 것이다.

4291(1958)년 12월 28일

우(右) 변호인 변호사 강순원

대법원 형사부 귀중

[출전 : 21권 174~180쪽]

24 상고이유서 1958년 12월 29일(접수)

4291(1958)년 형상 제559호

상고이유서

피고인(상고인) 정태영

우자(右者)에 대한 〈국가보안법〉 위반사건에 관하여 좌(左)와 같이 상고이유를 개진함

상고이유 제1점 판시에 의하면, 〈국가보안법〉 제1조에 해당시키기 위하여 진보당을 '국가변란을 목적으로 하는 집단'으로 규정하고, 평화적 민주적인 방법일지라도 국가를 변란할 수 있는 것 같이 판시하고 있으나, 이는 국가변란의 어의(語意) 내지 법률적 의의를 무시한 판결임. 변란은 목적 급(及) 행위의 불법을 전제로 하는 용어이며, 불법적으로 국가의 기본제도를 변경할 것을 기도하거나 이를 실행하지 아니하는 한 이에 해당할 수 없으며, 더구나 평화적 민주적 방식은 법의 이념과 국가제도에 합치하는 것이므로 진보당을 국가변란을 목적하는 집단으로 규정한 판결은 명백히 위법이라 할 것임.

상고이유 제2점 판시에 의하면, 진보당의 정강정책이나 전문을 해석함에 있어 자구를 거두절미하고 지엽말절을 적출하여 견강부회하여 자의적인 해석을 가함에 급급한 나머지, '혁신정치' '사회적 민주주의' 우(又)는 '계획경제' 등의 용어만 추출하여 곧 이는 '사회주의'다. 그러므로 '공산주의'다 식으로 비약하고, 또는 '평화적 통일' '남북총선거'는 남북한의 동등시다, 그러므로 북한의 주권을 시인하는 것이다의 식으로 비약하여 주장, 취지 전체에 'UN 감시', '괴뢰집단'이라는 기본사

상이나 '대한민국 헌법 절차'라는 합법사상이 표현되어 있어도 이것을 고의로 묵살하고 독단적 해석을 가하고 있음은 분명히 판시가 논리의 법칙에 위반하고 있으며, 사실의 인정은 증거에 의한다는 증거채택의 원칙에도 위반하고 있음.

상고이유 제3점 판시 사실 가운데는 기소도 되지 아니하고 심리도 되지 아니한 것이 유(有)한 바, 이러한 사실을 제시, 원용하고, 만연 증거에 부합 운운 우(又)는 판시 사실에 부합 운운하여 증거채택의 불법을 감행하고 있는바, 이는 불고불리의 원칙의 위배와 심리부진의 비난을 불면할 것임.

상고이유 제4점 판시에 의하면, 평화통일론은 북한 괴뢰의 주장이며 진보당도 평화통일을 주장하고 있으므로 이와 동일한 주장이니 북한 괴뢰와 내통한 것이라고 단정하고, 평화통일론 자체를 내통의 사실과 증거를 제시함이 없이 불법화하고 범죄시하고 있음. 법의 목적이 정의의 실현에 있고 평화의 유지에 있는 이상, 평화통일론 자체를 불법화함은 법과 질서에 대한 적대적 주장이라 할 것임. 평화는 인류가 추구하는 최고선이며, 이에 입각한 평화통일론은 국내법적으로 합법적일 뿐만 아니라 초국가적, 초시대적인 법의 이념에 합치하는 주장이며, 보편인류적인 확신이며 인간 이성의 소산임. 세계 금일의 평화론은, 국내법적 평화론에서 초국가적 평화론에, 주권존중의 평화론에서 주권배제의 평화론으로 진보하고 있으며 영국의 이든 수상의 '세계의회론', 리브스의 '세계국가론', 홋친손의 '세계법이론', 웰스의 '세계공동사회론' 등은 이러한 이상을 표현하고 있으며 '구라파연방론'은 이론에서 실천으로 들어가는 방향에 있음. 전(全) 한국을 통일함에 있어 평화적으로 한다는 것, 다시 말하면 합법적으로 하여야 한다는 사상이나 주장이 한국 내에 허용되지 아니한다면, 언론과 사상의 자유, 나가서는 정책을 수립하고 정당을 조직하는 정치적 자유가 없다는 결론이 나올 것임으로 이는 숭고한 민주주의적이며 평화주의적인 대한민국 〈헌법〉의 기본정신에 위배하는 판결이라 할 것임.

상고이유 제5점 판시된 소위 강평서는, 피고인이 상(相) 피고인 조봉암을 면회할 때 대화 재료로 메모를 적은 것이며, 보통 사전이나 연감(年鑑) 또는 잡지에 있는 재료를 뽑아서 기억을 돕기 위하여 적은 것에 불과한 것이며, 피고인이 포지하고 있는 사상을 표시함이 아님. 공산주의 소련식 자본주의, 미국식 자본주의 등을 참고서에서 적기(摘記)한 것임으로, 그것만 가지고 피고인의 사상을 단정함은 속단이며, 일반 국민의 연구의 자유를 침범하는 것이라고 사료되는 바입니다. 우와 여(如)한 이유로 인하여 원심판결은 파훼를 불면할 것임으로 갱(更)히 무죄 판결을 구하는 바임.

4291(1958)년 12월 일[149]

피고인 변호인 변호사 전봉덕

[출전 : 21권 16~19쪽]

149) 원문에 작성월까지만 기재되어 있고 일자는 비워져 있으나, 본 상고이유서가 대법원에 접수된 것은 1958년 12월 29일이다.

25 상고이유서 1958년 12월 29일(접수)

4289년 형상 제559호

상고이유서

피고인(상고인) 윤길중

우자(右者)에 대한 〈국가보안법〉 위반사건에 관하여 좌(左)와 같이 상고이유로 개진함

상고이유 제1점 판시에 의하면, 〈국가보안법〉 제1조에 해당시키기 위하여, 진보당을 '국가변란을 목적으로 하는 집단'으로 규정하고 평화적 민주적인 방법일지라도 국가를 변란할 수 있는 것 같이 판시하고 있으나, 이는 국가변란의 어의 내지 법률적 의의를 무시한 판결임. 국가변란은 〈형법〉 제91조의 '국헌문란'과 동일 취지의 용어로, 변란은 목적 급(及) 행위의 불법을 전제로 하는 것이며, 불법적으로 국가의 기본제도를 변경할 것을 기도하거나 이를 실행하지 아니하는 한 이에 해당할 수 없으며, 더구나 평화적 민주적 방식은 법의 이념과 국가제도에 합치하는 것임으로 진보당을 국가변란을 목적하는 집단으로 규정한 판결은 명백히 위법이라 할 것임.

상고이유 제2점 판시는, '북한 괴뢰에 부수하여'라 하고 진보당을 만연 그 부수집단으로 규정하고 있으나, 부수라 함에는 북한 괴뢰집단에 부화추수(附和追隨)[150]하는 의사와 부화추수의 사실이 있어야 할 것이며, 이에 대한 입증이 필요

150) 줏대 없이 남의 의견을 뒤좇아 따르는 것을 가리키는 말이다.

함에 불구하고 기소관(起訴官)도 이에 대한 증거제시가 없었고, 원심공판에서도 이에 대한 심리가 전무하였음으로, 원심이 만연 부수 운운하였음은 사실의 인정은 증거에 의한다는 형사소송의 대원칙을 위반한 것임.

상고이유 제3점 판시에 의하면, 진보당의 정강정책이나 전문을 해석함에 있어 자구를 거두절미하고 지엽말절을 적출하여 견강부회하여 자의적인 해석을 가함에 급급한 나머지, '혁신정치', '사회적 민주주의' 우(又)는 '계획경제', '수탈 없는 경제체제' 등의 용어만 추출하여 곧 이는 '사회주의'다, 그러므로 '공산주의'다, 식으로 비약하고 또는 '평화적 통일', '남북총선거'는 '남북한의 동등시'다, 그러므로 '북한의 주권을 시인하는 것이다'의 식으로 비약하여 주장 취지 전체에 'UN 감시', '괴뢰집단'이라는 기본사상이나 '대한민국 헌법 절차'라는 합법 사상이 표현되어 있어도, 이것을 고의로 묵살하고 사실에 의한 입증 없이 독단적 해석을 가하고 있음은 분명히 판시가 논리의 법칙에 위반하고 있으며, 사실의 인정은 증거에 의한다는 증거채택의 원칙에도 위반하고 있음.

상고이유 제4점 판시 사실 가운데는 기소도 되지 아니하고 심리도 되지 아니한 것이 유(有)함. 기소장에는 진보당의 평화통일론만을 북한 괴뢰집단에 부수 혹은 내통한 것으로 되어있는데, 판시는 북한 괴뢰집단에 부수하여 국가를 변란할 목적으로 자본주의를 지양하고 복지사회를 건설한다는 '혁신정치의 실현'과 주요 산업과 대기업의 국유 내지 국영에 의한 경제건설계획과 통제를 실천하는 '수탈 없는 경제체제의 확립' 등을 하려 하였다고 하고 있음은 명백히 불고불리의 원칙에 위배하고 있는 것이며, 그 증거 이유에 있어서도 만연히 각 피고인들의 차(此)에 부합하는 공술 운운하여 증거채택의 불법을 범하고 있으며, 동시에 심리부진의 비난을 불면하고 있음.

상고이유 제5점 판시에 의하면, 평화통일론은 북한 괴뢰의 주장이며 진보당도 평화통일을 주장하고 있으므로 이와 동일한 주장이니 북한 괴뢰와 내통한 것이라고 단정하고, 평화통일론 자체를 내통의 사실과 증거를 제시함이 없이 불법화하고 범죄시하고 있음. 법의 목적이 정의의 실현에 있고 평화의 유지에 있는 이상 평화통일론 자체를 불법화함은 법과 질서에 대한 적대적 주장이라 할 것임. 평화는 인류가 추구하는 최고선이며 이에 입각한 평화통일론은 국내법적으로 합법적일 뿐만 아니라, 초국가적 초시대적인 법의 이념에 합치하는 주장이며 보편인류적인 확신이며 인간 이성의 소산임. 세계 금일의 평화론은 국내법적 평화론에서 초국가적 평화론에, 주권존중의 평화론에서 주권배제의 평화론으로 진보하고 있으며, 영국의 이든 수상의 '세계의회론', 리브스의 '세계국가론', 홋친손의 '세계법이론', 웰스의 '세계공동사회론' 등은 이러한 이상을 표현한 것이며, '구라파연방론'은 이론에서 실천으로 들어가는 방향에 있음. 전 한국을 통일함에 있어 '평화적으로 한다는 것' 다시 말하면 합법적으로 하여야 한다는 사상이나 주장이 한국내에 허용되지 아니한다면, 언론과 사상의 자유 나가서는 정책을 수립하고 정당을 조직하는 정치적 자유가 없다는 결론이 나올 것으로, 이는 숭고한 민주주의적이며 평화주의적인 대한민국 〈헌법〉의 기본정신에 위배하는 판결이라 할 것임.

상고이유 제6점 고학역행(苦學力行)하고 근면독실(勤勉篤實)하여 일제시대에 조선변호사시험과 일본고등문관시험 사법과와 행정과에 합격하여 이래 건실한 공무원 생활을 하여 온건독실(穩健篤實)하며 해방 후는 국회 법률조사국장으로 〈대한민국헌법〉, 〈정부조직법〉, 〈국회법〉, 〈국회의원선거법〉, 〈지방자치법〉, 〈형법〉, 〈국가보안법〉 등 대한민국 조직의 기본법령을 모두 기초한 건국의 공로자이며 법률학에 대한 깊은 조예와 원숙한 인격으로 제2대 국회의 법제사법위원장으로 역임하여 한국법령 기초 및 정비에 허다한 공헌이 유한 점을 보아, 과거의 공로나 사상을 검토함이 없이 상(相) 피고인들과 동일하게 3년 형으로 처벌하였음은 원심의 양형에 있어 부적당함을 불면할 것임.

상고이유 제7점 기여(其餘)의 이유는 피고인 자신의 상고이유서를 원용함. 이상 상고이유를 개진하오니 원심 판결을 파훼하고 갱히 무죄의 자판(自判)을 구함.

4291(1958)년 12월 일[151]

151) 원문에 작성월까지만 기재되어 있고 일자는 비워져 있으나, 본 상고이유서가 대법원에 접수된 것은 1958년 12월 29일이다.

피고인 변호인 변호사 전봉덕

대법원 귀하

[출전 : 21권 20~24쪽]

26 상고취의서 1958년 12월 29일

4291(1958)년 형상 제559호

상고취의서

피고인 전세룡

우(右) 피고인 〈국가보안법〉 위반 상고사건에 관하여 피고인 변호인은 상고취의서를 제출하기 여좌함.

제1점 원심판결은 기록에 의하지 않고 판결한 불법을 범한 것으로 이 점에서 파기를 미면할 것이다. 피고인의 범죄사실이라고 하여 원심에서 적시한 (1)은 결국 진보당의 조직이 〈국가보안법〉 위반의 대상이 되느냐, 안되느냐에 따라서 유죄냐 무죄냐가 결정될 문제이다. 진보당은 결코 원심 판시와 여히 국헌에 위배하여 정부를 참칭하는 북한 괴뢰집단에 부수하여 국가를 변란할 목적으로 조직된 집단은 아니다. 이 점에 관한 원판결의 부당성에 대하여는 상(相) 피고인 조봉암의 상고이유서 제1, 2, 3점의 기재 내용을 원용하는 바이며, 기(其) 이하 (2) 내지 (12)의 판시 사실은, 우 진보당의 성격에 관한 오해가 풀리는 날 동시에 그 불법성이 빙해(氷解)되고 말 것이나, 피고인으로서는 추호도 반국가적 행위에 대한 범의가 없은 것은 동 피고인의 원심공판정에서의 진술 즉 피고인은 원심에서 대개 공소장 기재사실에 대하여 그러한 사실이 있는 것은 인정하면서도, 시종일관 "진보당은 반공적이며 사회적 민주주의를 지향하는 정당이 틀림없으며 국가를 변란할 목적으로 결성한 정당이 않입니다"라고 답(기록 제595장)하였고, 또 "그것이 법에 저촉되는 것으로는 생각하지 않습니다"라고 답한 점 등으로 볼지라도 가히 알 일이다.

그러함에 불구하고 원심은 피고인에 대하여 최중(最重)한 판시 중앙당에서의 지도적 임무 종사죄의 형에 경합 가중한 형기범위 내에서 징역 2년에 처한다고 판결하였다. 그러나 원심은 피고인의 범의에 관하여 명확한 증거를 제시한 것이 없다. 원판결에서 〈국가보안법〉 위반의 점에 관하여 상(相) 피고인 조봉암 이하 각 피고인 등의 각 판시 사실에 대하여 도거리[152]로 거시한 증거 중에는 하나도 피고인에 대한 판시 사실을 직접 입증할 자료는 없다. 결국 피고인에 대한 〈국가보안법〉 위반의 점에 관한 판결은, 증거에 의하지 않고 판시한 불법을 범한 것이 분명하므로 원판결은 이 점에 있어서 파기를 미면할 것이다.

제2점 원판결에는 증거로 할 수 없는 것을 증거로 하여 사실을 판단한 불법이 있어서 판결에 영향 됨이 크다고 할 것으로 결국 파기하여야 할 것이다. 피고인에 대한 판시 (13)과 (14)의 사실을 입증하기 위하여 거시한 증거 중에는, "동 피고인 등이 기 성립과 내용의 진정을 인정하는 사법경찰관 작성의 동인 등에 대한 각 피의자 신문조서에 차(此)에 부합하는 공술 기재"라는 것이 있는데, 우 사법경찰관 작성의 조서에 관하여 원심에서 각 피고인 등이 일치하여 기 내용을 부인(기록 5710장 이면)한 것은 1건 기록에 의하여 명백한데, 원심은 덮어놓고 피고인 등이 기 성립과 내용의 진정을 인정한 것 같이 판시하고, 그리하여 이것을 증거로 하였으니 이것은 〈형사소송법〉 제312조 단서(但書)의 위반이므로, 따라서 원판결에는 증거로 할 수 없는 것을 증거로 하여 사실을 판단한 불법이 있다고 할 것이다.

4291(1958)년 12월 29일
우(右) 피고인 변호인 변호사 신태악

대법원 형사부 귀중

[출전 : 21권 306~307쪽]

152) 따로따로 나누지 않고 한데 합쳐서 몰아치는 일을 말한다.

27 상고취의서 1958년 12월 30일

4291(1958)년 형상 제559호

상고취의서

피고인 전세룡
우(右) 변호인 변호사 권재찬

우자(右者)에 대한 〈국가보안법〉 위반 등 피고사건에 관하여 좌기(左記)와 같이 상고취의서를 제출함

상고의 이유

원심판결 이유 중
제1. (1), (2), (3)에 관하여 상(相) 피고인 이명하의 상고취의서 제1을 전부 원용하고, (4)에 관하여서는 상(相) 피고인 정태영의 범죄사실 중 (3)과 동 조봉암 범죄사실 중 (2)에 나타난 바와 여(如)히 공소외 김창을(金昌乙)의 소개로 상(相) 피고인 등이 알게 되었고 소위 「강평서(講評書)」란 것도 직접 수교(手交)된 것임이 1건 기록에서 명백한 것임. 차(此)를 본 피고인의 범죄사실로 인정하였음은 사실인정의 오류이고

제2. (5) 내지 (12)에 관해서는 원심에서 인정한 바와 같이 비밀 써클을 조직 동 조직원을 포섭 선전 협의 등등을 행한 것이 아니고, 진보당의 당헌 당규에 의하여 합법적으로 당세 확장을 위하여 세포를 조직하고 동당의 당헌 당규를 설명하고 일반교양 문제를 설명하다가 출석성적이 불량하므로 중지한 것임은 1건 기록

에 비추어 분명하고, 본 피고인 급 상(相) 피고인 정태영의 진술 역시 검찰청 이래 원심에서 인정한 범죄사실 급 범의(犯意)를 일관해서 부인하고 또 기외 확정이 없음에도 불구하고 이를 인정하였음은 명백히 사실인정에 착오가 있고 채증법칙에 위배가 있다할 것임.

제3. (13)에 대하여서는 동당 당규에 당의 중요문건은 조직부가 책임 보관키로 되어있는바, 그 당시 조직간사인 상(相) 피고인 이명하는 부산 방면으로 출타하였으므로, 동당 조직부 부간사인 본 피고인이 책임지고 보관하였음에 불과한 것임. 이를 원심에서 증거 은닉이라 하였음은 사실인정의 착오라 않을 수 없음.

제4. (14)에 관해서는 원심은 증거 은닉 인멸을 인정하였으나 동심(同審)에서 상(相) 피고인 김정학 가(家)의 현장검증을 신청하였음을 각하한 것은, 유일한 거증(擧証)의 길을 막은 채증법칙 위반이며 심리의 미진이라 아니할 수 없음.

4291(1958)년 12월 30일

우(右) 피고인 변호인 변호사 권재찬

대법원 귀중

[출전 : 21권 226~230쪽]

28 상고이유서 1958년 12월 30일

4291(1958)년 12월 30일

상고이유서

상고인 박기출 동 김달호
우(右) 상고 변호인 변호사 김봉환

우(右) 양인(兩人)에 대한 〈국가보안법〉 위반 상고사건에 관하여 좌(左)와 같이 상고이유서를 제출함.

제1점 원판결이 진보당의 조직 및 간부 취임 사실을 〈국가보안법〉 제1조로 처단함은 현대 정당의 성질, 목적, 기능 등에 대한 초보적 해석을 오단(誤斷)하여, 국민의 기본권인 언론의 자유와 결사 및 정치 활동의 자유에 대한 〈헌법〉 해결을 착오한 것이다. 원판결 이유는 "동년 11월 10일 마침내 서울특별시 중구 소재 시공관에서 우(右) 상(相) 피고인 등을 위시로 800여 명과 함께, '혁신정치의 구현', '수탈 없는 경제체제의 확립', '평화통일의 실현' 등을 강령정책으로 하는 진보당을 조직하는 동시에, [양(兩) 상고인은] 동 중앙당 부위원장에 취임하고"(판결문 30회 4행 내지 31면 3행, 동 38면 6, 7행, 동 39면 5, 6행)라 판시하였다.

정당의 성질, 목적, 기능 등에 관하여 논급컨대 "정당이란 선거 급(及) 의회를 통하여 정권을 획득하기 위해서 일정한 강령정책을 자유로히 결합된 인간의 지속적 단체이며,

(1) 의식적 목적적으로 일정한 강령정책과 조직으로써 정치투쟁의 실행을 위하여 조직되는 단체이고,

(2) 정당은 전체의 공공 이익에 대한 견해를 표명하고, 그 존재는 공연하며, 그 행동은 언론집회 결사 등의 자유를 전제로 하여 선거민의 지지를 획득코저 하는 것으로, 그 조직과 성격은 민주적, 대중적이고 당연히 타(他) 정당의 존재를 예상하는 관용성을 가지는 것이며,

(3) 정당은 사실상 그 조직과 목적과 주장이 부분적 내지 계급적 이익을 대변하는 것이기는 하나, 민주정치에 있어서 국민 다수의 지지를 득하여 정권의 획득을 목적으로 하는 한 반드시 국민 전체의 이익에 합치된다는 제약을 받음으로, 부분적 계급적 이익을 전체적 이익으로 통합하는 것을 본질로 하며, 동시에 국민적 정당이라 할 수 있고,

(4) 사회가 자본주의의 공통한 지반에 안정되었을 시대는 사상적, 인적, 정책적 차이가 정당의 요인이었으나, 역사가 변천한 현대에 있어서는 점차 계급적 성격을 강화하여 자본가, 지주를 기반으로 하는 보수정당과 노동조합과 농민조합을 기반으로 하는 혁신정당의 대립이란 경향으로 흐르고, 그 중간에 중소기업가, 소지주, 소작농민, 일반시민, 기술자, 경영자, 사무원, 지식계급 등 광범한 중간계급의 정당이 존재할 수 있고, 이 중간 정당은 보수혁신 양세력의 성질과 정책에 따라 각 기일(其一) 지지하는 것이며,

(5) 현대 민주정치는 정당정치의 형태를 취하고, 국민대중을 조직화하고, 여론에 일정한 방향을 주고, 대중을 계발, 지도하고 정부를 비판하고, 정책을 준비하고, 선거에 있어 후보자를 공천하고, 선거운동을 조직하고, 국민 의사의 구체적 현실화의 기능을 가지는 것이며,

(6) 공산당 또는 일국 일당의 독재 정당은 의회정치를 부인하고, 타(他) 정당의 존재를 부인하고, 언론집회 결사의 자유를 부인하고, 독점권력으로써 국민을 지배하고 그 본질상 폭력혁명에 의한 정권 획득을 목적으로 하는 것임으로, 본래의 정당 범주에 속하지 않는다[동경대학교수 야베 데이지(矢部貞治)[153] 저, 경초전서(勁草全書)『정치학 정당론』, 동서(同書) 38면 내지 45면

153) 일본의 정치학자이자 평론가인 야베 데이지(矢部貞治, 1902~1967)는 도쿄제국대학 법학부 교수, 타쿠쇼쿠 대학 총장 등을 역임하였다. 전후(戰後) 많은 정치학자들이 야베 데이지의 '공동체적 민주정'론의 영향을 받았다.

참조]는 정당의 초보적 견해는 정치학자의 공인하는 바이다.

본건 진보당은 판시와 여(如)히 4291(1958)년 11월 10일, 시공관에서 각 정당 대표, 내외 인사, 언론인, 경관 입회하에, 전국대의원 800여 명이 참집하여, 합법 공연(公然) 평온리에, 당 강령정책 당헌 등을 의결하고, 각 간부를 선거하여 조직되었으며, 결당 문헌은 공개되고 공보실의 엄중한 심사를 필한 후 등록되었으며, 그 간 각급 지방당부를 조직하고 공연 합법적으로 정치활동을 하여 왔음은 공지(公知)의 사실이며,

진보당 강령 전문 팔(八), 당(黨)의 성격과 임무에는 "우리 당은 노동자, 농민을 중심으로 진보적 근로인테리, 중소상공업자, 양심적 종교인 등의 광범한 노동대중의 정치적 집결체이며, 국민대중의 이익 실현을 위해서 투쟁하는 것이며, …우리 당은 모든 민중에게 자유와 평등과 사람다운 생활을 보장하여 줄 가장 진보적인 진정한 사회적 복지국가를 이 나라에 건설하는 것을 역사적 임무로 삼고 있으며, 그러기 위하여 우리 당은 정치권력을 우리 수중에 장악하고 이를 안정시키려고 한다. 정치적 변혁… 은 폭력적 방식에 의해서가 아니라 민주적 평화적 방식에 의하여 의회에서의 절대 다수를 점함으로써 수행하려고 한다… 대한민국 〈헌법〉의 성격은 근대민주주의적 제 자유에 관한 규정뿐만 아니라 수정자본주의적 제 규정까지를 포함하고 있는 〈헌법〉이다… 그럼에도 불구하고… 우리나라에서는 민주주의의 이름 밑에 일종의 반(半) 전제적 독재정치가 행해짐에… 우리 당이 권력을 장악하게 되는 날에는… 대한민국 〈헌법〉의 규정과 정신을 소생시켜 광범한 민중에게 제 자유를 보장해 주려고 한다… 우리는 국내의 언론 자유, 반대당의 자유와 그의 자유로운 비판을 용납하려고 한다. 그리고 정권의 교체와 이동은 어디까지나 자유로히 표명된 국민의 총의에 의하여 결정되지 않으면 안될 것을 명언한다. 우리 당이 정권을 획득하고 그 정책을 실현하기 위해서는 우리 당의 정책을 주도하고, 열성적인 계몽 선전 공작을 통하여 광범한 국민대중에게 이해시키고, 그들로 하여금 우리 당과 정책을 적극 지지하도록 하게끔 하지 않으면 안된다"(증 제2호 53면 이하 56면), 진보당 강령 이(二), "우리는 공산독재는 물론 자본가와 부패분자의 독재도 이를 배격하고 진정한 민주주의 체제를 확립하

여 책임 있는 혁신정치의 실현을 기한다"(증 제2호 15면), 진보당 정책 삼(三) "정치형태에는 집권자가 국민의 대표기관인 입법부에 대하여 책임지는 의원내각제를 확립할 것을 주장한다"(증 제2호 63, 64면)는 등이 명기되어 있음으로 상술한 현대 민주정치하에 있어서의 진보당의 성격은 노동자, 농민뿐 아니라 지식계급, 중소상공업자, 종교인 등 광범한 국민대중의 이익 실현을 위한 중간적 혁신정당[피고인들이 이구동성으로 운위(云謂)하는 사회당 우파]에 속하는 것이다.

따라서 진보당이 평화적 민주적 방법으로 정강정책을 구현하여 국민대중의 지지를 얻어서 국회의석 다수 획득을 기하고, 또는 야당으로서 집권당에 견해를 반영하여 정책을 구현함을 목적으로 하며 그 기능의 본질상 〈헌법〉 또는 법률의 개폐수정을 요구하는 정치 활동의 자유를 가지고, 제헌 권력의 창설, 통치 권력의 형성에 참획(參劃)[154]하는 것인바, 어떤 정당이든 〈헌법〉 제98조 6항에 규정한 바와 같이 동법 제1조 민주공화체와 동법 제2조 주권재민의 규정만은 헌법제정권력의 변동을 초래함으로, 차(此)의 개정은 주장할 수 없을 것이나 대한민국의 주권의 제약 또는 영토의 변경을 가져올 국가 안위에 관한 중대 사항 열거한다면, "이승만 대통령을 군주로 하되 주권은 국민을 대신하는 국회에 있다" 또는 "함경북도를 국제연합 관리로 하여 김일성 도당 및 공산당원 전부를 차지에 몰아내기로 하고 통일하자"는 정강정책일지라도 정당은 그 본질상 주장할 수 있는 자유를 〈헌법〉 제7조의 이(二)의 해석상 보장받고 있겠거늘, 원심이 여사한 정당의 성질 목적 기능 등에 대한 정치학의 초보적 지식조차 모르고서 진보당의 정강정책의 편언척구(片言隻句)[155]를 결의, 조립하여, 차(此)가 괴집에 부수하여 국가변란을 목적으로 조직된 것이니, 〈국가보안법〉 위반이라고 처단함은 국민의 기본권인 〈헌법〉 제13조 언론의 자유와 결사의 자유 및 〈헌법〉 제5조 정치활동의 자유에 대한 해석을 착오한 헌법위반이라 아니할 수 없다.

제2점 원판결은 심판의 청구가 없는 사건을 판결한 위법이 있다. 공소사실은

154) 계획에 참여하는 것을 의미한다.

155) 몇 마디 안되는 짧은 말을 의미한다.

범죄의 시일 장소와 방법을 명시하여 사실을 특정할 수 있도록 하여야 함은 〈형사소송법〉 제254조의 요구이며, 차(此) 소인(訴因)의 특정은 심판의 범위를 특정하고 공격 방어의 한계를 형성하는바, 4291(1958)년 2월 17일자 본건 공소장에 의하면 조봉암 외 9명에 대한 인정사항을 기재한 후, "위선 북한 괴뢰집단이 서기 1954년 4월 24일 소련의 지령에 의하여 남북한의 통일방안을 제시한 것을 보면, 조선 국회의 자유총선거를 준비 실시하여 남북조선간의 경제 및 문화 접근에 대한 조치를 취하기 위하여, 조선민주주의인민공화국 최고인민회의와 대한민국 국회에 의하여 각각 선출된 남북조선대표로써 전조선위원회(全朝鮮委員會)를 조직할 것, 전조선위원회의 당면과업 중 하나는 총선거법 초안을 준비하는 것임을 예견할 것, 전조선위원회는 조선민주주의인민공화국과 대한민국 간의 경제 및 문화교류 즉 통상, 재정, 회계, 운수, 경계선 관계 주민의 통행 및 서신 자유, 과학문화교류 및 기타 관계를 설정하여 그를 발전시킬 대책들을 즉시 취할 것, 전조선위원회가 전조선 선거법에 따라 외세를 배격하고 자유스러운 조건 밑에서 총선거를 실시함에 도움을 주기 위하여 중립국감시위원단을 조직하고, 이 중립국감시위원단은 총선거를 감독할 것, 등을 골자로 하는 것으로서, 그는 대한민국을 유일한 합법적 정부로 인정한 UN의 권위를 무시하고, 대한민국을 동 괴뢰와 동등한 위치에 두고 취급한 끝에 대한민국 해산의 방법으로 위장적인 동 괴뢰의 퇴거를 내세우면서 일방 총선거를 구실로 남북한의 왕래를 자유로히 하야 공산세력의 남침화를 노리고, 일방 평화란 그의 독점물인 양 선전하여 6·25사변의 책임을 전가시키는 현혹적인 효과를 국민에게 주도코저 하는데, 그 목적이 있는 한갓 흉계에 지나지 아니함이 지극히 명백하다 할 것이다[이하 괴집 '수부(壽府)[156]통일방안'이라 약칭함]"(공소장 18 내지 20면)고 북한 괴뢰집단의 통일방안을 설명한 후,

"제1 피고인 조봉암은, (1) 일찍이 강화군청 운운하여 3·1운동 가담 사실, 공산당 가담 사실, 8·15해방 후 공산당에서 출당한 사실, 5·10선거에 당선되고 초대 농림부 장관, 제2대 국회부의장 등을 거쳐 제3대 국회 불출마로 정치 활동의 재

156) 스위스 제네바를 가리킨다.

기회 포착을 규시(窺視)하여 오던 중, 4288(1955)년 6월 소위 비자유당, 비민주당의 재야혁신세력을 총 규합하여 새로운 정당을 조직할 것을 모색하고… 소위 광릉회합… 대관원을 비롯한 10여 차 회합 끝에… 진보당결당추진위원회를 조직하고… 동당을 추진키로 하였는바"(동 공소장 21면 내지 27면 7행), 원래 피고인은 사회주의를 지향하는 일방, 남북의 평화통일방안으로서는 현 대한민국이 북한 괴뢰와 동등한 위치에 서서 양측을 일대일로 간주하여 각 해소시키고 통일정권을 수립하기 위한 남북자유총선거, 환언하면 전기(前記) 북한 괴뢰 제안과 동일한 내용의 방안을 남한에서 주장함으로써 그를 반대하는 대한민국을 동 괴뢰와 호응하여 전복시켜야 한다는 철칙하에, 앞으로 결당될 진보당도 동 원칙하에 이루어질 것을 추진하고, 4289(1956)년 5 · 15정부통령선거 당시 대통령으로 입후보하여… 전기(前記) 취지의 평화통일을 선전하여 오던 중 ① 4289(1956)년 5월 6일… 대남간첩 박정호와 밀회하고… 동당의 평화통일이 기실 구체적 방안으로서는 북한 괴뢰의 주장과 동일함을 상통하고, ② 동년 6월 북한 괴집 산하 조국통일구국투쟁위원회(祖國統一救國鬪爭委員會) 김약수에게 밀사를 파송하여… 북로당에 영합이 되어 앞으로 대한민국을 전복시키기 위하여 북한 괴뢰와 동일 내용의 평화통일을 강조하라는 지령을… 받고, ③ … 동년 11월 10일… 상(相) 피고인 전원 및 800여 명이… 시공관에 회합하여 전기(前記) 내용의 평화통일을 정강정책으로 하는 진보당의 결당을 봄으로써, 대한민국을 변란할 목적 하의 결사를 조직함과 동시, 중앙당 위원장에 취임 운운… (동 공소장 27면 7행 이하 31면)하고,

제2 피고인 박기출은 (1) … 4289(1956)년 3월… 동당 공천 부통령 후보로 출마하여 전국 주요 도시를 순회하면서… 전기(前記) 방안을 내포하는 남북평화통일이라는 구호를 강조하여 오다가, 동년 11월 10일 전기(前記) 대한민국을 변란할 목적하에 동당을 조직함과 동시 동당 부위원장에 취임 (동 공소장 51, 52면)

제3 피고인 김달호는 (1) 4289(1956)년 11월 10일 조봉암과 함께 전기(前記) 진보당을 조직하여 동당 부위원장에 취임(동 공소장 53면 말 2행)하였다는 공소사실인바, 사회주의를 지향한다는 것은 조봉암 개인에 국한되고, 박기출, 김달호 양 상고인은 공소사실 중 전혀 무관할 뿐 아니라, 괴집 간첩 박정호 또는 북한에 밀

사를 파견하여 괴집과 야합하였다는 점 역시 조봉암 개인에 국한되고, 양 상고인에게는 무관하며, 4289(1956)년 11월 10일 시공관에서 괴집 평화통일안과 동일한 평화통일을 정강정책으로 하는 진보당의 결당을 봄으로써 대한민국을 변란할 목적하의 결사를 조직하였다는 것이니, "진보당의 정강정책 중의 통일방안만이 국가변란을 목적으로 하였다"는 소인(訴因)이며 결코 타(他) 정강정책에 대한 공소사실이 아님은 문언상 자명할 뿐이니라 1건 기록상 본건 공소사실을 추가 보충 또는 병합한 사실이 전무하다.

그럼에도 불구하고 원판결은 "동년 11월 10일 마침내… 시공관에서 우(右) 상고인과 함께 국헌을 위배하여 정부를 참칭하는 북한 괴뢰집단에 부수하여 국가를 변란할 목적으로, '우리는 노동자 농민을 중심으로 하는 광범한 노동대중(피해대중)을 대표하는 주체적 선진적 정치적 집결체이며 변혁적 주체적 세력의 적극적 실천에 의하여 자본주의를 지양하고 착취 없는 복지사회를 건설하여야 한다'는 지(旨)의 혁신정치의 실현, '우리는 자유민주주의를 폐기 지양하고 주요 산업과 대기업의 국유 내지 국영을 위시로 급속한 경제건설 사회적 생산력의 제고 및 사회적 생산물의 공정분배를 완수하기 위하여 계획과 통제의 제 원칙을 실천하여야 한다'는 지(旨)의 수탈 없는 경제체제의 확립… 등을 강령정책으로 하는 진보당을 조직하여… 양(兩) 상고인은 전시(前示) 조봉암 범죄사실 (1) 적시와 같이 진보당을 조직하는 동시에 그 간부인 동 중앙당 부위원장에 각 취임하고"(판결문 30면 4행 이하 31면 3행, 동 38면 6, 7행, 동 39면 5, 6행)라고 판시하였는바, 차(此)는 괴집과 동일한 평화통일을 정강정책으로 하는 진보당을 조직하였다는 특정 소인(訴因)의 동일성을 해하고, 심판의 범위를 유월(踰越)하여 검사가 청구하지 않는 사실을 판결한 위법을 면치 못할 것이다.

제3점 원판결이 진보당의 강령정책을 국헌에 위배하여 괴집에 부수하여 국가변란 목적이 있다고 판시함은 판단유탈, 이유불비 또는 모순과 중대한 사실오인의 위법이 있다. 이하 동 강령정책에 대하여, 1. 혁신정치와 경제체제, 2. 평화통일문제, 3. 괴집 부수의 국가변란 목적, 4. 박기출 공소사실(2), 5. 김달호 공소사실(2)의 순서로 나누어 이유를 거시하겠다.

1. 혁신정치와 경제체제

원판결은, "'우리는 노동자 농민을 중심으로 하는 광범한 노동대중(피해대중)을 대표하는 주체적 선진적 정치집결체이며 변혁적 주체적 세력의 적극적 실천에 의하여 자본주의를 지양하고 착취 없는 복지사회를 건설하여야 한다'는 지(旨)의 혁신정치의 실현, '우리는 자유민주주의를 폐기 지양하고 주요 산업과 대기업의 국유 내지 국영을 위시로 급속한 경제건설 사회적 생산력의 제고 및 사회적 생산물의 공정분배를 완수하기 위하여 계획과 통제의 제 원칙을 실천하여야 한다'는 지(旨)의 수탈 없는 경제체제의 확립, … 평화통일의 실현 등을 강령정책으로 하는 진보당을 조직하고, [양(兩) 상고인]은 간부인 중앙당 부위원장에 취임하고"(판결문 30면 5행 이하 31면 3행), "피고인 윤길중… 은 당(當) 공정(公廷)에서 진보당은 폭력적 혁명의 방법에 의하지 아니하고, 평화적 민주적 선거의 방법으로 판시 강령정책을 실천하려는 결사임으로, 〈국가보안법〉 제1조 소정의 불법결사에 해당하지 않는다고 주장하나, 동 법조의 규정은 결사의 목적을 달성하려는 방법이 폭력적 혁명의 방법이든, 평화적 민주적 선거의 방법이든 가리지 않음으로 동 주장은 이를 인용할 수 없다"(판결문 99면 3행 이하 100면 2행)고, 판시하였다.

원판결은, 진보당이 폭력적 혁명방법에 의하지 아니하고 평화적 민주적인 방법으로 강령정책을 실천하려는 결사란 점은 긍인(肯認)하고, 다만 진보당의 목적이 국헌을 위배하여 괴집에 부수하여 국가변란을 목적으로 결사한 것인가에 있는바, 상기 판시의 혁신정치의 구현 및 수탈 없는 경제체제의 확립 등 이자(二者)의 요소를 분석하면, 첫째 노동자, 농민을 중심으로 하는 광범한 노동대중을 대표하는 변혁적 주체적 선진적 집결체란 것을 계급정당이라고 보고, 둘째 자유민주주의를 폐기 지양하고 주요 산업과 대기업의 국유 내지 국영으로 하고, 계획과 통제를 실천한다는 구절을 사유재산제도의 부인이라 낡은 19세기적 자유자본주의 시대사상으로 사회변천의 역사를 무시하고 판결한 감이 있다.

(첫째) 진보당 강령 전문에는, 현 인류 사회를 자본주의의 자기 수정적 경향 즉 자본주의 세력 자신의 자발적 의사에 기인한 것이 아니고, 사회적 정치적 및 경

제적 제 원인으로 근로계급의 치열한 요구에 조금씩 양보하는 자본주의 자기수정 세력과 근로대중의 변혁적 주체적 정치적 집결체인 사회적 민주주의 세력과 폭력적 독재적 소련 공산세력으로 3분하고(증 제2호 24면 말 1행 이하 25면 말 1행)

① 소련 공산세력 반대에 관하여, "소비에트 공산주의 즉 볼쉐뷔즘은 후진적 전제주의적 로시아의 특수한 역사적 사회적 조건하에서 발생, 발전한 특이한 정치적 일현상이며… 세계적인 보편타당성을 가질 수 없고… 폭력적 독재적이고 팽창주의적인 볼쉐뷔즘을 명확히 거부, 배격한다"(증2호 20면 1행 이하 9행) 하고, "제2차대전에서 파시스트 동맹의 독 · 이 · 일(獨 · 伊 · 日) 3국은 완전히 패퇴하고… 소련은… 동구 제국(諸國)을 무력으로 점령 지배하여… 소비에트 세력은 급격히 확대되고… 적극적 팽창정책으로 전환하여… 동서 양진영간에 가열한 냉전이 초래되었다… 소비에트 공산주의자들은 중앙집권적 조직 원칙하에… 각국의 공산당과 그 지배하의 노동조합 등은 콤민포름[157]의 엄격한 지시 명령에 유유복종한다… 소련과 그의 위성 제국(諸國)은… 공산당 간부 소수의 독재가 실시되고… 국가권력은 절대화되는 반면 인간의 개성과 자유는 전적으로 무시되고 있다. 일시적 과도적인 것으로 주장되었든 엄혹, 무비(無比)한 이 독재기간이 장기화하고 있는 사실을 볼 때, 민주주의를 배반하고 인간의 자유와 존엄성을 무시, 유린하는 소비에트 공산주의는, 진정한 사회적 민주주의와 상용할 수 없는 성질의 것이다"[동호(同號) 23면 5행 이하 24면 8행]하여 사회적 민주주의를 모방 하는 진보당이 공산독재를 반대함과 동시에

② 자본주의 수정세력에 관하여, "20세기 초두(初頭) 이후 세계자본주의는 독점자본주의로 이행되어… 어느 정도의 조직성은 1930년대 초의 대경제공황을 거쳐

157) 코민포름(Cominform)은 공산당－노동자당 정보기구(Information Bureau of the Communist and Workers' Parties)의 약칭이다. 1947년 10월 5일, 폴란드에서 소련 등 동구권의 공산주의 9개국이 참가하여 창설한 공산당의 국제 조직이다. 미국을 중심으로 한 서유럽의 반공 제국주의 체제와 투쟁할 것을 선언하고 공산주의 운동의 통일, 경험 · 정보 교환, 활동의 조정을 위하여 코민포름을 설치하였다. 1956년 4월 코민포름이 해산할 때까지 동구권의 공산당을 통일적으로 지도하였으며, 전 세계 각국의 공산당 설립 및 공산주의 혁명에 큰 영향을 주었다.

현저화하고, 특히 제2차대전 이후에 있어… 보편적 성격을 띠게 되었다… 영국은 남아전쟁(南阿戰爭) 후의 대중적 실업문제를 해결하기 위하여, 1906년 대규모적인 사회정책을 실시하고… 1920년 1차대전 후와… 1930년대 대공황에… 수정자본주의 경향은 더욱 강화되고 … 제2차대전 후 단독으로 정권을 장악한 노동당은… 대규모적인 사회주의 정책의 실시에 착수하여… 사회적 민주주의에 의한 자유자본주의의 지양과 자유자본주의적 야경국가[158]에서 사회주의적 복지국가에로의 민주적 평화적 전화(轉化)가 결정적으로 수행되었다. 다음 미국은 1933년 대경제공황의 대불황에서 미국의 산업을 구출하고 국민생활을 유지 향상시키기 위하여 뉴딜 정책을 실시하였다… 제2차대전 후 트루만 대통령은…이를 민주당 정부의 정책원리로 하였다. 아이젠하워대통령은 수리개발 주택 및 학교, 의학후생 시설의 개선, □□□ 보장적 제조치를 요구하여… 기본적인 국내정책은 연방간섭에 의한 새로운 복지국가의 건설에로 횡진(憑進)하고… 자본주의의 수정적 변혁이 수행되었다"(동호 24면 10행 이하 24면 3행, 36면 말행 이하 30면 5행) 하여, 영미 양국의 자본주의 수정경향을 논한 다음 영국 노동당 집권하의 대규모적인 사회정책 실시과정을 사회적 민주주의에 의한 자유자본주의의 지양, 사회복지국가로의 평화적 전화로 규정하였으며,

③ 사회적 민주주의에 관하여 "서전, 화란, 정말 및 분란사(芬蘭寺)[159] 북구 제국에서는 제2차대전 이후 사회민주당[낙성(諾成)[160]은 노동당]이 단독으로 또는 농민당과 병립으로 정권을 장악하고서, 대체로 동일한 사회주의적 복지국가의 건설을 하고… 사회보장제도가 크게 발전하고… 국민생활이 안정화되어… 견실히 향상하고 있다"(동호 30면 7행 이하 11행) 하고,

"제2차대전을 계기로 제국주의적 식민지로부터 해방된… 아·아(亞·阿) 독립

---

158) 국가는 시장에 대한 개입을 최소화하고 국방과 외교, 치안 등의 질서 유지 임무만 맡아야 한다는 자본주의의 초기 국가 형태를 의미한다.

159) 분란(芬蘭)은 '핀란드'를 말하지만, 원문에는 '분란사(芬蘭寺)'로 표기되어 있고 이는 불란서 즉 프랑스를 가리키는 것으로 보인다.

160) '낙성'은 당사자 간의 합의를 말한다.

국 등은… 완전한 민족적 자주독립과 식민주의의 철저한 극복을 위해서 투쟁하는 한편 정치 · 경제 · 문화 등 제 부문에 걸친 자신의 국내건설 촉진을 위하여… 대내적으로 경제건설에 주력하면서 비독재적인 민주주의적 방식에 의거하여, 새로운 복지국가의 건설을 지향하고… 사회적 민주주의의 노선을 걷고 있는 것이 역사의 현단계이다"(동호 30면 말 1행 이하 32면 11행)라 하여,

이상의 구별로 보아서 진보당이 소위 "노동자, 농민을 중심으로 진보적 노동 지식인, 중소상공업자, 양심적 종교인 등의 광범한 노동대중의 정치적 집결체"(동호 53면 말 2행) (판결문 중 피해대중이란 어구는 5 · 15대통령선거 시의 구호에 불과하고, '못 살겠다 갈아보자'는 민주당 구호와 같음)는 영국의 노동당 또는 북구의 사회민주당과 성격이 동일함을 규지(窺知)할 수 있으며, 여사한 정치적 집결체가 주동이 되어 정권을 획득하고, 그 실천에 의해서 민주적 평화적 방식으로 국민대중의 이익을 위하여, 실질적 자유와 평등을 위하여 자유 · 자본주의의 지양(자본주의의 제 모순과 제 결함을 제거 지양 - 동호 19면 5행), 민주적 복지사회를 건설한다는 것에 불과한 것이며, 아국 현 자유당 역(亦) 강령 이(二)에서 "우리는 독점 경제 패자들의 억압과 착취를 물리치고, 노동자, 농민, 소시민, 양심적 기업가, 급(及) 기술 있는 자의 권익을 도모하여, 빈부등차의 원인과 그 습성을 거부하고 호상호제의 주의로써 국민생활의 향상과 안정감을 기한다"고 하였으니, 이 점 자유당 역(亦) 계급당이라 할 수 있다.

(둘째) 자유민주주의를 폐기, 지양하고, 주요 산업과 대기업의 국유 내지 국영을 하여 계획과 통제를 하는 것이 사유재산제도의 부인 즉 국헌 위배라 판단한 모양이나, 우리 〈헌법〉에 본래의 자본주의 즉 경제적 활동의 방임적 자유와 소유권의 절대성을 묵수(墨守)하고, 국가의 주요 산업 및 대기업의 국유화를 반대하는 조문은 전무할 뿐 아니라, 우리 〈헌법〉의 기본정신이 정치적 민주주의와 경제적 사회적 민주주의의 성문상 조화, 조정을 기도하고 있음은, 헌법학자가 공인하는 바이며, 〈헌법〉 전문에서 "국민생활의 균등한 향상을 기하고", 동법 제5조 "공공복리의 향상을 위하여 이를 보호 조정한다", 동법 제15조 2항은 "재산권의 행사는 공공복리에 적합하도록", 국민의 수익권에 관하여 〈헌법〉 16조의 교육을 받을

권리, 동 17조의 근로권, 동 18조의 근로자의 단결 단체교섭 및 이익분배 균점(均霑)권, 동 19조의 노령 폐질자 등의 보호를 받을 권리, 동 20조의 혼인의 순결과 가족의 건강을 보호받을 권리 등을 규정하고

특히 제6장에 경제조항을 신설하여, "대한민국의 경제 질서는 모든 국민에게 생활의 기본적 요소를 충족할 수 있게 하는 사회정의의 실현과 균형있는 국민경제의 발전을 기함을 기본으로 삼는다. 각인의 경제상 자유는 이 한도 내에서 보장한다"고 규정하여 자유방임 자본주의 즉 소유권의 신성불가침 및 경제생활의 방임적 자유를 폐기지양하고, 사회정의의 실현과 균형 있는 국민경제의 발전을 위해서는 국가가 적극적으로 간섭하는 사회국가, 경제국가, 복지국가의 원칙을 천명하였다.

현행 〈헌법〉은 4287(1954)년 11월 제6장 경제조항 제85조 이하에서 자유기업경제로 후퇴하는 개정을 하였으니, 개정 전의 조문을 열거한다면, 제85조 "광물 기타 중요한 지하자원 수산자원 수력과 경제상 이용할 수 있는 자연은 국유로 한다", 제 87조 "중요한 운수 통신 금융 보험 전기 수리 수도 까스 및 공공성을 가진 기업은 국영 또는 공영으로 한다", "대외무역은 국가의 통제하에 둔다", 제88조 "국방상 또는 국민생활상 긴절한 필요에 의하여 사영 기업을 국유 또는 공유로 이전하거나 또는 경영을 통제 관리함은 법률의 정하는 바에 의하여 행한다"고 주요 산업과 공공성이 있는 대기업의 국유 내지 국영을 위시로 통제와 계획의 제 원칙을 규정하고 있었든바,

진보당은 강령 전문에서, "대한민국 수립과 동시에 제정된 대한민국 〈헌법〉은 근대 민주주의적 제 자유에 관한 규정뿐 아니라, 수정자본주의적 제 규정까지를 포함하고 있는 〈헌법〉이다… 우리 당이 권력을 장악하게 될 때에는 우선 대한민국 〈헌법〉의 규정과 정신을 소생시켜 광범한 민중에게 민주주의적 제 자유를 보장하여 준다… 현 정권의 국유 대기업체 불하정책을 반대한다… 사(私) 자본을 적정히 보호하고 적절히 활용함으로써 사회적 생산력 증진에 이바지하게 한다… 후진국 경제건설에 있어 기본적 문제는 산업혁명을 시급히 수행하고 사회생산력을

전반적으로 제고하는데 있다. 그러기 위해서는 ① 낡은 자유자본주의적 방식은 무력하고 무효하고 유해하다. ② 폭력적 독재적인 볼세뷔즘적 방식을 단호히 배격한다. ③ 우리는 새로운 건설에 있어 대중적이고 과학적인 계획적 민주주의 방식에 의거할 것이다"(증 제2호 54면 9행 이하 56면 말 3행) 하고

경제정책 전문에서 "폭악무자비한 볼쉐뷔즘적식 방식을 단호 배제함과 동시, 방만, 무계획하고, 문란, 무질서한 낡은 자유방임적 방식도 거부한다… 제종(諸種)의 자본주의적 폐해(궁핍, 실업, 극단적 빈부의 차, 자원의 불공평하고 불합리한 사용 등)를… 국가의 적극적 기능에 의하여 방지 제거하여야 한다… 우리는 낡은 자유민주주의(자유방임주의를 지칭함) 또는 개인적 민주주의를 폐기 지양하고 … 사회적 민주주의로 옮아야 한다… 사회적 민주주의는… 모든 사람의 자유와 평등의 실질적 구현을 위한 평등적 민주주의고… 자본주의 경제의 모순과 무정부성을 극복 지양하고, 경제건설을 촉진 달성하기 위한 계획적 민주주의이다… 계획은 인간적 자유의 부정이 아니라… 자유의 실질적 구현을 촉진 달성하는 수단 방법이다"(증 2호 73면 이하 74면), "우리는 교통 체신 운수 은행 등의 주요한 제 산업부문과 거대한 제 기업체의 국유화를 주장한다… 그러나 중소산업에 대하여는 적절한 국가적 지도와 원조를 부여하여 이를 보호 육성한다"(증 제2호 29면 7행 이하 11행)

다시 강령 전문에는, 원자력 산업혁명이 초래할 장래를 투시하고, "원자 에네루기[161]의 동력화는 원자력 산업의 위험성, 기술성, 복잡성, 시설의 대규모성, 비밀 보지(保持)의 필요성 등등으로, 국유화 내지 사회화될 필요가 있게 되고, 노동의 기계화와 오트매이슌 화(化)는 노동력 수요의 감퇴, 대중적 실업의 문제를 야기하여, 대규모적 사회보장제가 실시될 것이고… 또 사회적 생산력을 공전(空前)적으로 제고하여, 광범한 물자적 생활 조건의 근본적 개선과 참다운 복지사회 건설이 초래되어, 제2의 산업혁명이 완수되고… 원자력의 무서운 파괴력과 위험성은… 새로운 대전(大戰)을 방지하고, 국제적 분쟁은 절충과 타협에 의한 민주적

161) 에너지의 일본식 표현이다.

합리적 방식에 의하여 해결되며, 항구적 인류평화를 보장케 되고… 새로운 산업혁명은 자본주의의 변혁 지양뿐 아니라, 볼세뷔즘의 변혁 지양 즉 폭력적 독재주의와 팽창주의를 포기하고 자기 변혁을 부득이 하게 될 것이다"(증 제2호 37면 이하 39면)고, 20세기 변혁을 예견하고 "광범한 노동대중을 사회적 기반으로 하는 진보적 지도적 세력이 20세기 변혁의 실천적 주체라"(증 제2호 40면)하고, "강령1, 우리는 원자력 혁명에 제래(齊來)할 새로운 시대의 출현에 대응하여 사상과 제도의 선험적 창도(唱導)로서 세계평화와 인류복지의 달성을 기한다"(증 제2호 19면)라 하고 있는바, 차(此) 강령정책이 현행 〈헌법〉의 민주공화체나 주권재민을 부인하거나 국가기관에 대한 강압적 수단으로 또는 〈헌법〉과 법률절차를 떠나서, 동 강령정책을 실현한다고 할 수 없을 진데, 원판결은 경험칙에 반하여 진보당의 전시(前示) 강령정책의 여하한 부분이 어떠한 원유(原由)로 괴집에 부수되고, 국가를 변란할 목적으로 조직되었다는 합리적 과학적 추리 경위를 명시하지 아니함은 판단을 유탈하여, 이유에 모순이 있거나 판결에 영향을 미칠 중대한 사실을 오인한 위법이 있다고 아니할 수 없다.

2. 평화통일문제

원판결은, "4289(1956)년 11월 10일… 시공관에서 우 상(相) 피고인 등을 위시로… 국헌을 위배하여… 국가를 변란할 목적으로… 혁신정치의 실현… 수탈 없는 경제체제의 확립, '우리는 남북한에서 평화통일을 저해하는 요소를 견제하고 진보당 세력의 주도권 장악하에 피 흘리지 않는 평화적 방식으로 조국의 통일을 실현한다'는 지(旨)의 평화통일의 실현 등을 강령정책으로 하는 진보당을 조직하는 동시, 양(兩) 상고인은 각 간부인 중앙당 부위원장에 취임하였다"(판결문 30면 4행 이하 31면 3행, 동 38면 6, 7행, 동 39면 5, 6행)고 판시하였다.

원판결 이유를 몇 가지 분석하면 다음과 같다 (1) 진보당을 결사한 4289(1956)년 11월 10일을 기수(旣遂) 시기로 보았다. (2) 공소장 기재는 "진보당 결당 전에 조봉암 피고인이 괴집과 야합하여 북한 괴집의 '수부통일방안'과 동일한 내용을 강령정책으로 하였다"(공소장 18면 말 4행 이하 20면, 27면 말 5행 이하 31면 말 2행, 52면 1행 이하 5행, 53면 말 4행 이하 54면 1행)는 요지인바, 원판결은 동 판결문

100면 이하 108면 1행까지에서 차(此) 점에 대하여

본건 공소사실 중 1. 피고인 조봉암은,

(1) "4289(1956)년 5월 6일… 간첩 박정호와 밀회하여… 동당의 평화통일의 구체적 방안이 동 괴집의 주장과 동일함을 상통한 점은 동 조봉암이 시종일관하여 자기는 당시 신변위험으로 은신하여 동 사무실에 나간 일이 없다… 증인 박정호는… 조봉암을 만난 바 없고 동인(同人)을 알지 못한다고 진술하였음으로 동 공소사실을 인정할 수 없고"라 판시하고

(2) "동년 6월 초순… 괴집의 동태와 동 괴집과의 야합방법을 검토키 위하여 성명불상 밀사를… 김약수에게 파견… 북로당에 영합되어 앞으로 대한민국을 전복하기 위하여 동 괴집과 진보당이 결합한 후… 월남… 조 피고인에게 전달한 점에 대하여, 조봉암이가 종시일관하여 차(此)를 부인할 뿐만이 아니라… 조복재(趙福在)의 진술기재는 전문(傳聞) 증언의 기재만으로써 동 공소사실을 인정하기 난(難)하고"라고 판시하여, 결당 전에 평화통일방안이 괴집과 야합하였다는 공소사실은 결국 무에 귀(歸)하고, 4291(1958)년 2월 7일 일자 양(兩) 상고인에 대한 검사의 공소장은 일건 기록을 통하여 추가변경 된 사실이 전무함으로 양 상고인에 대한 공소사실 중 조봉암 피고인의 괴집과의 야합 운운, 공소사실은 무죄에 귀착한 것이다.

(3) 다음 원판결이 증거로 인용한 진보당의 발기 경위에 관한 신도성, 고정훈의 1심 제14회 공판조서 중 증언 기재부분과 제8회 공판조서 중 윤길중의 진술 기재부분을 종합하여 보면, 평화통일 원칙은 4288(1955)년 10월 24일 대관원 회합 당시에 혁신세력의 규합과 정치의 혁신, 계획성 있는 경제정책의 구현과 함께 민주주의 승리 하의 평화적 남북통일의 3대 원칙의 하나로 내세웠으며, 우(右) 대관원 회합 후 윤길중이 가칭 진보당발기준비위원회 의안부 책임자로서 초안한 4개 항목의 강령 초안에서, 그 항목으로 "우리는 안으로 민주세력의 대동단결을 추진하고 밖으로 민주 우방과 긴밀히 제휴하여 민주세력의 결정적 승리를 기할 수 있는 방식에 의한 조국통일의 관철을 기(期)한다"고 표현되었으며, 그 후 의안부 위원

회에서 평화통일이란 구절로 수정되었고, 그 후 그것이 기초가 되어, 가칭 진보당추진준비위원회 의안부 책임자인 신도성에 의하여 진보당 정책 통일문제가 초안되고, 여사한 강령 초안과 취지문을 동년 12월 22일 조봉암 서상일 외 9명의 대표 명의로 가칭 진보당 발기 취지를 발표했고, 4289(1956)년 3월 31일 가칭 진보당추진대표자회의를 거쳐 동년 11월 10일 본건 진보당 결당 시 당 강령정책으로 채택된 것인바, 평화통일 원칙은 최초부터 어느 개인의 주장에 의하여 채택된 것이 아니고, 서상일 등 그 당시의 회합 인원의 공통된 분위기에서 나온 원칙이라는 것을 찰지(察知)할 수 있으며, 조봉암 개인의 주장이나 고집이 한 번도 없었다는 것은 증명하고도 남음이 있는바, 결국 진보당 발기 경위에 있어 괴집과 야합하여 괴집과 동일한 평화통일안을 주장하였다 함은 결국 그 증명이 없다.

(4) 그럼으로 원판결은 진보당이 결당 시에 있어 괴집과 야합하고, 괴집 방안과 동일한 평화통일을 주장하였다는 공소사실을 무죄로 한 바, 과연 진보당의 강령정책 중에 표현된 평화통일 언구(言句)가 판시내용과 같이 괴집에 부수하고 국가변란 목적으로 주장되었느냐의 문제에 귀착할 것이다.

진보당의 정책 (1) 통일문제 중 제2호 61, 62면에 의하면, "조국의 평화적 통일을 파괴한 책임은 6·25의 죄과를 범한 북한 공산집단에 있다. 그들의 반성과 책임규명은 평화통일의 선행조건이다" 하고, 평화통일의 선행조건으로서 괴집의 책임규명이 있어야 함을 규정하고, 다음 동 정책은 이어, "오늘날 무력통일론은 불가능하고 불필요하다. 평화통일에의 길은 오직 남북한에서 평화통일을 저해하고 있는 요소를 견제하고, 민주주의적 진보세력이 주도권을 장악하는 것 뿐이다… 우리 자신이… 정치권력을 장악한… 연후에 국제 정세의 진운에 발맞추어 제 우방과 긴밀한 협조하에 UN을 통한 민주적이고 평화적인 조국통일의 구체적 방안을 책정하려는 것이다"라 하여,

① 여기에 남북한에서 평화통일을 견제하는 요소라는 것은, 조봉암 피고인이 『중앙정치』 논문에서, "진실로 통일을 원치 않는 세력의 일부를 설명하여 그것은 이북에 있는 김일성 부류나 또 남한에 있는 탐관오리 일부 특권층 등을 말합니다. 그들은 현재의 독재정권의 연장책과 현재의 위치 등만 생각하느라고 통일은

원치 않고 있습니다"(기록 3893정)라 진술했고,

② 진보세력의 주도권 장악과 정치권력 획득이란 광범한 근로대중을 기반으로 하는 정치적 집결체인 진보당이 집권한다는 뜻이며,

③ 당 정책상 평화통일의 구체적 방안은 진보당이 정권을 획득한 연후에 책정한다고 규정하고 있다,

④ 또 동 정책에는 "우리는 조국의 평화적 통일방안이 결코 대한민국을 부인하거나 말살하는 데 있지 아니하고 도리어 그것을 육성하고 혁신하고 진실로 민주화하는 데 있다… 민주주의 승리에 의한 조국의 평화적 통일 이것만이 유일의 길이다"하여, 진보당의 평화통일안이 대한민국의 육성, 혁신, 민주화에 목적이 있고 결코 그를 부인, 말살함이 아니라는 것을 명문으로 규정하였다.

강령4, "우리는 안으로 민주세력의 대동단결을 추진하고 밖으로는 민주우방과 긴밀히 제휴하여 민주세력이 결정적 승리를 얻을 수 있는 평화적 방식에 의한 조국통일을 기한다"(증2호 15면)라 하여

① 밖으로 민주 우방과의 제휴에 관하여, 외교 국방정책에서 "한국의 방위는 결코 한국의 과제일 수 없다. 이것은 자유세계 전체의 책임이며 대한민국은 국제적 집단안전보장 테두리 안에서만 능히 존립할 수 있다"(증제2호 62면)하여, 한국이 자유 진영의 집단안전보장이 있어야 된다고 주장하고,

② 안으로 민주세력의 대동단결을 추진하기 위하여, 진보당 4290(1957)년 11월 20일 국내 자유당 민주당 대표에 대하여, 증 제12호 "국토통일 추진을 위한 행동통일체 구성에 관한 제안"을 하고, 그 내용에서 "종전과 달리 자유당이 북한만의 선거를, 민주당은 남북총선거를 각 UN 감시하에 자유선거를 한다는 원칙이 동일한 이상, 민족 지상 과업인 통일문제에 관해서는 초당파적으로 행동통일체를 구성하고, 구체적 방안을 책정하여 국론을 통일하고, 우리가 평화통일의 주도권을 장악하고 대공투쟁을 활발히 전개하자고 제창하고, 종래 진보당의 평화통일이란 구호까지 고쳐도 가(可)하며, 여사한 평화통일은 자유당, 민주당이 선도적 역할을 한다면 더욱 효과적이라"고 국내 민주세력의 대동단결을 호소한 바 있고,

③ 끝으로 강령은 민주세력이 결정적 승리를 얻을 수 있을 때 평화적 통일을 한다고 규정하고 있다. 강령 전문 (8), 당의 성격과 임무 말미에는 "우리는 UN 및

미국을 비롯한 민주 우방과 긴밀한 협조하에 우리 민족의 숙원인 남북통일을 민주적이고 평화적으로 실현할 수 있도록 노력하겠다"(증2호 57면)고 규정하고, 동 전문에는 (6) 6·25사변의 교훈이란 일장(一章)을 특설하여(증 제2호 41이하 48면), 북한 공산당의 괴집성과 민족반역성을 통박(痛駁)하고, 그 교훈으로 한민족은 폭력적 독재적 팽창주의적인 소베트 공산주의를 반대 거부하고, UN 및 미국과의 긴밀한 제휴협력을 강조하고 있다.

상기(上記)한 진보당 정책 통일문제 란에는, 진보당이 집권 연후에 평화통일의 구체적 방안을 책립하며, 집권 전에는 구체안을 책립할 수 없음을 규정하고(증 2호 62면 4, 5, 6행), 동당 당헌 제10조 3호에는 선언, 강령, 정책, 당헌의 결정 및 개정은 전국대의원회의 직능에 속하고, 동 제11조에는 전국대의원대회 개회 중에는 중앙위원회가 그 직능을 대행한다(증2호 101, 102면)는 규정이 있는바, 1건 기록상 결당 당시의 통일방안을 개정한 바 전무하며, 진보당 결당 후 본건으로 인하여 노출된(증 및 증 제1호) 『중앙정치』 10월호 「평화통일에의 길」 조봉암 논문 및 증 제11호 「북한당국의 평화공세에 대한 진보당의 선언문」 소위 김기철 방안에 관해서는, 원판결이 이자(二者) 공히 관여한 자만을 유죄로 한 형적으로 보아 차등(此等)이 진보당의 평화통일의 구체적 방안이 아님을 판시한 것임은 명확한 바, 양 상고인의 관련 사실이 되지 못함으로 그 내용의 합법성에 관한 논급은 생략한다.

상술한 진보당의 당헌과 강령정책, 강령 전문 중 통일문제에 관해서는 대한민국을 육성 발전시키고 민주세력의 결정적 승리를 얻을 수 있는 통일방안이며, 또 구체적 방안은 진보당 집권 후 책정한다 함은, 증 제2호의 기재 내용에 의하여 명백한바 차(此) 주장이 괴집에 부수한다 함은, 북한 괴뢰집단이 대한민국을 변란하기 위하여 책정한 평화통일방안을 그 정(情)을 알면서 이에 야합하여 주장할 때에 해당함은 자명한데 불구하고, 원판결이 괴뢰에 부수하여 민국을 변란할 목적으로 결사했느냐의 점에 대해서는 하등의 설시 없이 편견 곡단(曲斷)으로 만연, '괴집부수 국가변란'이라 판시하였음은 판단을 유탈(遺脫)하거나 이유 불비 모순 및 판결에 영향을 미칠 중대한 사실의 오인을 한 위법이 있다.

3. 국헌위배 및 국가변란의 목적

〈국가보안법〉 제1조는 "국헌을 위배하여 정부를 잠칭하거나 그에 부수하여 국가를 변란할 목적으로 결사 또는 집단을 구성한 자"라 규정하였다. 형사법학상 목적범(目的犯)에 관하여는 단순한 범죄사실의 인식 뿐 아니라, 나아가 그 범죄사실의 구현을 적극적으로 기도, 의욕함을 요하고 소위 미필(未必)의 고의 또는 인식 있는 과실은 목적범에서 배척(排斥)되는 것이다.

피고인 등은 "4289(1956)년 11월 10일 진보당을 결성하고 피고인이 동 부서 지위에 취임한 것은 사실이고, 김달호는 피선(被選)하고 미취임 또한 이동화가 동당 강령 및 경제정책 전문을 초안한 사실 등은 유(有)하나, 피고인 등이 국가를 변란할 목적으로 대한민국을 부인하고 북한 괴뢰집단과 동등한 위치에서 통일정권을 수립할 것을 강령정책으로 진보당을 결성한 것이 아니라 동당은 어디까지나 대한민국을 육성 발전시키고 현실에 적합한 평화적 통일을 성취시키는 것을 정강정책으로 결성한 정당인 것입니다.", "진보당은 통일을 평화적으로 하여야 한다는 원칙은 내세웠으나 그것은 괴뢰집단의 의장(擬裝)적인 것과 같은 것이 아니며 또한 구체적인 통일방안은 당으로서 결의한 바가 없습니다. 동 구체적인 통일방안은 일 개인이나 정당에서 주장할 것이 아니라, 거족적인 민의에 의하여 결정하여야 할 것이라고 생각합니다.", 진보당의 결당 동기는 "폭력적인 공산독재를 배격하는 동시에 대한민국 수립 이후 오랫동안 실정을 계속하여온 특권 관료적 매판자본주의적 부패한 정치세력과 극우적인 보수정당을 제외한 국내의 혁신적 진보적인 민주주의 즉 사회적 민주주의 세력을 총집결하여 결성한 것입니다." 괴집 '수부통일방안'은 "위장적인 것이며 진보당이 주장하는 원칙(평화통일)과는 판이합니다."(기록 5513정 이하 5517정)

박기출 피고인은 "진보당은 혁신정치를 이념으로 하는 반공적인 정당인데도 불구하고 국가변란을 목적으로 조직하였다는 누명을 씨운 것은 민족적 차별이라 아니할 수 없습니다"(증거 5525정), 김달호 피고인은 "대한민국은 민주공화국이다라고 우리 〈헌법〉 제1조에 규정한바 이것은 국회 내에 대립되는 2대 정당이 성립되어야 그 성과를 발휘할 수 있다고 보는데 현 국회는 자유 민주 양당 정치세력의 포진이 있으나 그것은 모다[162] 보수세력이므로 기형적이라 아니할 수 없으며, 전형적인 민주정치를 표현 시킬려면 보수당 대 혁신당이 상호대립하여 조화하여야만 〈헌법〉에 순응할 것이라 생각되는바, 3대 국회 시에 사사오입으로 〈헌법〉을 개정한 이래 더욱 여론이 혁신적인 정당의 구성을 요망하였든 것은 부인못할 사실이었습니다. 그리하여 조봉암, 서상일, 장택상 제 선생이 회합하여 금일의 진보당 결성을 추진시키게 된 것인데, 동당 결성 시 피고인은 부위원장에 당선된 것이며 합법적인 반공 혁신정당으로 진보당이 발족을 보게 된 것이며, 동당이 국가를 변란할 목적하에 조직되었다는 것은 낭설이며 근거 없는 사실입니다. 동당 결성식에 자유 민주 양당 대표와 장택상 씨 등이 축사를 하여 우리 대한민국을 위하여 경사스러운 일이라고 한 것입니다." 또 "진보당의 통일정책은 대한민국 〈헌법〉 조문에 기초를 두고 공산당에 대항할 시에는 보수 혁신세력이 총 단결하여, 국회를 통하여 평화적으로 통일을 성취시키려 하는 것이 그 내용이며, 결코 한국을 부인한다거나 괴뢰와 동등한 위치 등은 일고(一考)한 사실이 없습니다."(기록 5532~5535정)

윤길중 피고인은 진보당 등록에 관하여, "진보당의 등록을 하게 된 경위를 말씀드리면, 4289(1956)년 11월 10일 진보당 결당대회가 관헌의 입회와 전국 정치인이 모인 자리에서 공개적으로 개회된 것이며, 공보실에 등록 신청을 하였더니, 공보실에서는 얼핏 등록승인을 하지 않고 차일피일하며 2개월이나 끌어 왔음으로, 본 피고인이 진보당을 대표하여 공보실장에게 그 이유를 문(問)한 즉, 동 실장은 말하기를 진보당의 정강정책에 대하여 합법성 유무를 각 방면에서 검토 중에 있으므로 동 검토가 종료되여야 승인이 된다고 하는 등의, 엄격한 심사를 경(經)하여 등록이 된 것인데, 본건이 발생되자 동 정강이 위법이라 하여 취소한 것은 납득할 수 없습니다"(기록 5686~5687정)하고

결당 후 4291(1958)년 1월 12일 본건 발생 시까지, 진보당이 각급(各級) 당부를 조직하고 각종 정치적 활동을 하고 왔음은 공지의 사실이며, 전 피고인 등은 경찰

162) '모두'를 말한다.

이래 원심에 이르기까지 일관하여 진보당은 국가 변란 목적으로 조직된 것이 아니며, 강령정책의 혁신정치의 구현, 수탈 없는 경제체제의 확립, 평화통일 등은 대한민국의 육성발전과 국민대중의 실질적 자유평화 등을 도모하였다고 각기 주장하고 있음은 기록상 소연(昭然)한바, 원판결이 거시한 전 피고인의 원심 공판조서와 1심 공판조서 및 검사의 피의자 신문조서 중의 공술을 종합하거나 증 제2호, 동 36호, 동 38호, 동 32호 등 기재 내용을 아무리 정사(精查)하여도, 진보당의 결당이 국헌에 위배하여 괴집에 부수하여 국가변란 목적을 의욕 기도하고 결성하였다는 증거가 없는바, 결국 판결은 허무의 증거를 단죄의 자료로 공(供)하여 증거불충분 내지 판단 유탈이 있어 이유불비의 위법이 있다 할 것이다.

4. 박기출 피고인의 판시 사실

원판결은 "제2 동 박기출은 (1) … 진보당을 조직하는 동시 그 간부에 취임하고"라 판시하고, 증거로서 5 · 15부통령선거 당시 피고인 자필의 「정견 초안」을 증 제36호로 동 피고인의 미발표원고 「한국 진보세력의 계급적 기반」을 증 제38호로 하여, 국가변란 목적의 인정 자료로 한바, 동 36호 정견 초안 9정 5에는, 진보당은 무엇을 할 것인가. 평화통일 과업 촉진에 있다. 비공산 비협상이란 항목을 명기하고 있으며, 증 제38호 원고의 내용은 "우리 한국에서는 선진국가와 같이 계급구별을 하는 것이 아니고 국민대중으로 한다는 것이며 계급이란 말은 봉건시대에는 있으나 현대에는 특권층과 비특권층이 있을 뿐"(기록 5697정 이면)이라 하여 그 내용이 국가변란을 목적한 것이 아니다.

동 피고인에 대한 판시(2)는, 부산시 동구 을구당 위원장에 취임하여… 동구(同區) 당원을 동원하여 김재봉 외 100명의 당원과 정경학(鄭京學) 외 68명의 비밀당원(익명) 요구자를 포섭한 사실에 대하여, 피고인의 검사정(檢事廷) 이래 원심까지의 공술 기재를 증거로 하였는바, "동구(同區) 당간부들이 당원을 입당시킨 것은 사실이나 동 조직사무는 피고인이 직접 한 것이 아니며, 68명의 비밀당원 운운하는 것은 동 명부를 일반에게 공개함을 금하기 위하여 표지에 밀인(密印)을 비인(秘印)으로 압날(押捺)한 것으로 추측한다"(기록 5525정) 하고, 원심 김재봉 증인이 역시 동지(同旨)의 공술을 하고 있으나(기록 5854~5855), 증 제2호 진보당헌에는 비밀당원제가 없고, 증 제37호 당원명부 내용을 보아도 직업란에 형사 김종철(金鍾鉄) 1명뿐이고, 그 외는 직공, 학생 등이라 익명할 필요도 없는 자이며 비밀당원 68명을 입당시켰다는 사실은 오인이며

동 (3) "당비와 중앙당 사무실 설비비… 를 제공한 것은 사실이나 이상 박기출 피고인에 대한 (2), (3) 판시 사실은 진보당이 괴집에 부수하여 국가변란 목적으로 조직되었다는 것을 전제로 하는 것인바, 상술 상고이유 제1, 2점 및 제3점 및 1, 2, 3과 여(如)히 진보당은 합법적 정당임이 명확할 뿐 아니라, 4291(1958)년 2월 공보실이 진보당 등록 취소 전의 합법적 정당 활동에 속하는 것으로 국가변란의 목적 내지 인식이 없음으로, 판시 (2), (3)사실은 결국 판결에 영향을 미칠 중대한 사실을 오인한 것이다.

5. 김달호 피고인의 판시 사실

원판결은 제3 동 김달호는 (2) 4290(1957)년 하절… 중앙당 사무실에서… 당원 약60명이 회합한 석상에서 ① 대한민국에서는 6·25사변 당시 괴뢰가 먼저 침략해 온 것이라 하는 데 모를 일이다. ② 평화적 방법으로 상대방의 동의를 얻어 합법적 형식으로 통일하여야 한다. 등 지(旨)의 교양강의를 함으로써" 운운, 판시(판결문 39면)하고, 증거로서 "한국통일에는 평화적 방법이 있을 뿐이다"라는 속기 원고를 증 32호로 하여 우 사실을 인정하였다. 증 제32호의 표지에는 "누락오기가 많음으로 발표금지"한다는 지(旨) 피고인 자필 기입이 있고 동 증 44, 45면에는

① "과거 6·25를 돌이켜 생각할 때, 당시 괴뢰들은 대한민국이 먼저 침략할랴 했기 때문에 남침을 개시하였다고 하고, 대한민국에서는 괴뢰들이 먼저 침략해온 것이라고 합니다. 거기에 대해서는 상세한 것은 모르겠습니다마는 '제 소견에는 공산괴뢰가 먼저 아닌가 생각합니다'"라 기재되어 피고인 생각으로는 공산괴뢰가 먼저 남침한 것이라 생각한다는 점이 명기되어 있고, 동 증은 다음에

② "당시 괴집은 중국 장개석(蔣介石)[163] 정권과 같이 한국 정부를 부산까지 축

[163] 장제스(蔣介石, 1887~1975)는 중화민국의 정치·군사 지도자이자, 중화민국 국민정부의 제2, 4대 총통이다.

출하고 그 기정사실을 이용해서 국제문제를 처리하려 했으나, UN군의 참가를 오산했을 뿐 아니라 괴집이 부산까지 점령하였다면 필시 우리 머리 위에 원자탄 세례를 받었을 것이다. 그러니 우리가 지금 신의주(新義州)까지 점령하여 그 기정사실을 국제문제에 이용하려 해도 반드시 승리가 온다고 누가 보장하겠는가. 소·중공(蘇·中共)등이 원자 세례 않으리라고 누가 단정하겠는가. 미소 양대 진(陣)들의 냉전열전(冷戰熱戰) 시도장(試圖場)인 한국의 현실은, 옛날 제국들이 전쟁 수단으로 국내를 통일하는 그러한 방식과 현저하게 달라졌으니 반드시 상대방의 동의를 얻어 즉 평화적으로 통일해야 한다" 하고,

상대방의 동의에 관하여 동 증48~54정, 73~75정을 보면 영국 역사학자 토인비 교수가 "현대 원자시대에서 서독, 월남, 한국 등에는 반드시 상대방의 동의로서 통일해야한다"는 설을 인용하고, 김 피고인 의견으로서는 "그 동의 얻는 과정에 있어서 어느 과정을 밟든지 국제 국내문제를 관련해서 적용해야 하고, 1. (동 증 52면) 과학적이고 현실적 문제인 상대방의 동의는 항상 UN과 결부시켜 생각하고 있는 것이다"(동 증 54면)라 하고, 결론으로 "원자력 시대에 있어서는 전쟁을 할 수 없기 때문에 평화적인 방법으로 상대방의 동의를 합법 형식으로 구하며 통일해야 할 것이며"(동 증 80면)하고, 상대방의 동의는 국제 국내문제와 관련해서 항상 UN과 결부시켜 생각해야 하며, 또 합법 형식으로 동의를 얻어야 한다고 강조하고, 상대방의 합법적 동의는 경찰, 검찰 1심을 통하여 일관해서, "전쟁 통일은 반(反) 동의에 입각한 것이고 평화통일은 전부 동의를 말하는 것인데, 그것은 어디까지나 합법 형식을 취해야 하며 공산당 정권은 불법한 짓을 하고 있기 때문에 북한 괴뢰의 동의는 있을 수 없다고 생각하니, 그러면 평화통일에 대한 상대방의 동의는 괴뢰나 어떤 개인하고는 이루어질 수 없고 합법적 상대방은 UN에서 승인을 받은 우리 대한민국이 있고 UN에서 볼 때 승인이 되어있는 소련을… 말합니다."

"제가 강의하기를 2시간 동안 했는데, 속기록은 30분 동안 한 것 밖에 되지 않을 정도로 누락도 많고 틀리는 점도 있는데 그때도 그 말을 했을 것입니다. 여하간 통일문제는 합법적으로 해라한 것입니다"(기록 4000~4001정)하여, 상대방이 괴

집이 아니라는 점을 명백히 하고 동 증에는 기외(其外) 협상반대 전쟁반대 괴집의 위장 평화공세에 대한 주도권을 한국이 찾자는 등이 논급되어 있다. 증 제80호 『국회속기록』 중 김달호 발언 부분(16~18면)에는 "평화통일이 김일성의 독점물 같이 생각하나… 괴집… 대한민국을 불법적으로 침략… 역사적 침범사실로 인해서 국내외에 대하여 평화를 주장할 권리가 없 … 평화적 주도권이 없다… 우리는… 공산당을 싫어하는 애국적 인민과 이북 괴집하에서 신음하는 피해대중에… 신의주까지를 민주화하자는 목적으로 평화통일을 주창하고… 김일성은 민족끼리 해결하자고 남북협상 방식을 주장하나… 우리는 훌륭한 〈헌법〉이 있고… 우리나라 건립의 지주인 UN하고 모든 것을 협의해서 결정해 나가야 한다는 것을 현실적 의무로 생각한다" 하고,

증 제79호 『잡지 현대』(42~44, 49~51)(55~59면)에는 한국이 평화통일의 주도권을 가져야 하며 대한민국 헌법정신에 따라서 반공민주 평화통일을 하여야 한다고 강조하고, 증 제82호 『영남일보』, 동 83호 『대구일보』에는, 피고인이 각 괴집의 불법 남침과 산업 재건을 역설하고 있는바, 판시(2) 사실은 서상(敍上)의 증거에 의하지 아니하고 또 보지도 아니하고 독단으로 증거 없이 사실을 인정한 위법이 있다.

제4점 상술 제이유가 없다고 가정할지라도 원판결은 양형이 심히 부당하다.

① 박기출 피고인은 일본국 구주대학 의학부에서 의학박사의 학위를 받고 부산에서 외과의에 종사하고, 해방 후 미군정청 경상남도 보건위생부장 기타 공사단체에 관여하여, 5 · 15선거 당시 부통령으로 출마한 자이고, 김달호 피고인은 중앙대학 재학 중 고등고시 사법과에 합격하여, 해방 전 광주 청주 판사를 역임하고, 도만(渡滿)하여서 봉천에서 율사(律士)로 등록 개업하다가, 해방 후 귀국하여 서울고등검찰청 차장검사, 변호사고시위원, 법전편찬위원을 역임한 후, 서울에서 변호사 개업을 하고, 제3대 민의원으로 당선된 자인 바, 양(兩) 피고인의 연령, 지능, 경력, 환경 등에서 과거 국법에 위반한 사실이 전무하고, 또한 정치에 관여한 것은 과거 3, 4년 내외에 불과하며, 그 행상(行狀)에 추호도 좌익중간 노선을 지향한바 전무한 자일뿐 아니라

② 아국에 있어 보수당에 대립되는 혁신당의 출현을, 아국 〈헌법〉에 규정한 사회적 경제적 민주주의를 실현하여, 국민 대중의 실질적 자유평등을 누리게 하자는 애국애족의 정성에서 박기출은 4289(1956)년 3월 31일 가칭 진보당추진대표회의에 참가하였다가 부통령 후보지명을 받고 선거운동을 하다가 사퇴하고, 그 후 거주가 부산이라 별로 창당 과정에 관여한 바 없었고, 김달호는 혁신당의 필요를 느껴 조봉암, 서상일, 신흥우(申興雨), 윤치영, 장택상 등에게 같이 참가할 것을 권유했으나, 직접 창당 과정에 참가한바 없다(3852정). 우 양(兩) 피고인은 4289(1956)년 11월 10일 결당대회에서 각 부위원장에 취임했을 뿐 그 후도 당무(黨務) 중추에 종사한 사실이 없고

③ 진보당이 공보실의 등록 취소이유는 간부 중 부정행위 운운으로 불법화된다는 것을 전용(傳用)하고 비법적인 불법화일지라도 당적을 유지할 수 없다는 견지에서, 4291(1958)년 2월 초순경 탈당을 하였으며(기록에 첨부되어있음)

④ 도시(都是) 4289(1956)년 1월 공개리에 결당을 하고, 공보실 등록으로 합법혁신당으로 아국에 등장되어 기후 2년간 합법적 정치활동을 전개한 것은 공지(公知)의 사실인바, 원판결은 피고인 등이 민국의 육성발전을 위한 애국애족의 정성과는 정반대로 당 강령정책 구절 중의 언구가 위법, 운운하여 과거에 소급하여 괴집 부수의 국가변란단체로 인정함은 국민의 법적 안정성을 전적으로 파괴하는 것이니 피고인 등에게 3년이란 실형을 언도함은 그 양형이 심히 가혹 부당하다.

상기(上記)와 같이 상고이유서를 제출함.
우(右) 양(兩) 상고변호인 변호사 김봉환
대법원 형사부 귀중

[출전 : 21권 109~172쪽]

29 상고취의서 1958년 12월 30일

4291(1958)년 형상 제559호

상고취의서

피고인 이명하

우자(右者)에 대한 〈국가보안법〉 위반 등 피고사건에 관하여 좌기(左記)와 같이 상고취의서를 제출함

원심 판결 이유 중

제1. (1) 급 (2)에 관하여서 결당 당시에 공보실에 합법적으로 등록까지 필 하였으며, 또 당국에 합법적으로 집회 허가를 내어 지부당을 조직하여서 합법적인 정당이 합법적인 활동을 한 것에 불과함에도 불구하고, 차(此) 정당의 합법성 취소하기도 전의 합법적 활동이 법에 저촉된다 함은 법해석의 오류와 적용을 심히 그르쳤음.

제2. (3)의 점에 관하여서는 1건 기록을 통람(通覽)하여도, 본 피고인은 각 시도당 조직관계로 지방을 다니므로 통일문제연구위원으로 취임은 하였으나 동 문제에 관하여 토의한 적이 전무함에도 불구하고 협의하였다 함은 사실오인이며 법 적용에 조루(粗漏)가 있다.

제3. (4)의 점에 관하여 제1에서 논한 바와 여(如)히 합법적인 정당이 정당으로서 당책(黨策)을 논의하고, 타(他) 정당에 제의하였음에 불과한 행동이 법에 저촉된다함은 사실오인과 법 적용이 잘못되었음.

제4. 이상 제1, 제2, 제3에 관하여 상(相) 피고인 조봉암, 동 김달호, 동 박기출, 동 윤길중, 동 김기철 등의 변호인이 제출한 상고취의서 중 본 피고인과 관련되는 점은 각각 원용함.

4291(1958)년 12월 30일

우(右) 피고인 변호인 변호사 권재찬

대법원 귀중

[출전 : 21권 231~233쪽]

30 상고이유서 1958년 12월 30일

4291(1958)년 형상 第559호

상고이유서

피고인 조봉암, 동 김기철, 동 조규희

우자(右者)에 대한 간첩 및 〈국가보안법〉 위반 등 상고사건에 관하여 우(右) 상고인 등 변호인은 상고이유서를 제출하기 여좌(如左)함

4291(1958)년 12월 30일
우(右) 피고인 등 변호인 변호사 신태악
대법원 형사부 귀중

제1점. 본건 피고사건은 공소의 수리 또는 소송절차가 법령에 위반된 것으로서, 이를 간과한 원심 판결은 물론 제1심 판결까지 파기하여야 할 것이다.

1건 기록에 의하면 피고인 조봉암을 위시한 대부분의 피고인 등에 대한 공소는 4291(1958)년 2월 8일자, 동년 2월 17일자, 동년 4월 7일자[접수는 4월 8일 기록 3958장(張)] 및 동년 6월 13일자(기록 819장)로, 각각 4차에 긍하여 공소장을 제출한 것이 분명한 바, 따라서 우 2월 8일자의 제1차 공소장 이외의 공소장은 그 성질상 이를 추가 고소장이라고 할 것은 물론이다. 우 2월 17일자 제2차 공소장의 기재를 볼지라도, 검사는 "우자(右者)에 대한 좌기(左記) 범죄사실을 추가공소함"이라고 하였으니 기(其) 이후의 각 공소장도 역시 동일할 것은 재론할 필요도 없는 일이다. 과연 그렇다면 여사한 추가공소장은, 검사가 법원의 허가를 수하여

제출하여야 함은 〈형사소송법〉 제298조에 규정되어있는 바와 같다.

그런데 1건 기록에 편철 되어 있는 각 공소장을 보면, 우 6월 13일자 최종공소장(기록 제4819장) 상란(上欄)에는 "재판장 허가 ㉥(印)"이라는 기재가 있는 점으로 보아 이것은 합법적 절차를 이천(履踐)한 것이라고 할 수 있으나, 그 외의 각 추가공소장에는 여사한 법원의 허가 절차를 취하였다는 흔적조차 찾아볼 수 없다. 그리하여 본 변호인은 원심 변론 시에 이 점을 지적하여 재판소의 판단을 촉구한 일이 있는 것은 원심 제10회 공판조서(기록 제6101장)의 기재에 의하여 분명한데, 원심을 이를 무시 간과하여 하등 언급조차 한 일이 없다. 원래 〈형사소송법〉 제298조의 규정은 난소(乱訴)를 방지하자는데 있는 것이니, 자신 없는 공소를 제기하여 놓고 그것을 유지하기 위하여, 공소사실 또는 적용법조를 몇 번이고 추가 수회(數回) 또는 변경하는 것을 제한하기 위하여 설(設)한 조문이다. 그러므로 검사의 추가공소에 대하여는 법원은 공소사실의 동일성을 해하지 아니하는 한도에서 허가하여야 하며(동조 제2항), 또 그것에 피고인의 불이익을 증가할 염려가 있다고 인정할 때에는 피고인으로 하여금 필요한 방어의 준비를 하게 하는 기회를 줄 수 있도록 하였다(동조 제3항).

이와 같이 〈형사소송법〉상 공소 제기의 절차에 있어서 엄격히 제한한 추가공소 제기의 절차가 법률의 규정에 위반되었을 경우에는 이것은 무효라고 아니할 수 없으니, 다시 말하면 법원의 허가가 없이 제출된 우 2월 17일자, 우(又)는 4월 7일자의 각 추가공소장은 무효인 것이라고 인정하지 아니할 수 없다. 더욱 우 4월 7일자 추가공소장은 제1심 공판 진행 중(제1회 공판기일이 3월 13일 이었음)에 돌연 여사한 추가공소장이 제출되었고, 그에 대하여 법원에서는 허가 여부에 관한 절차를 이천함이 없이, 제9회 공소 시(5월 15일)에 비로소 상(相) 피고인 양이섭에 대한 간첩피고사건과 병합 심리할 것을 결정하였을 뿐이다.(기록 4339장 내지 4349장)

피고인 조봉암에 대한 우 2월 8일자 및 2월 17일자의 각 공소장에도 간첩에 관한 공소사실이 없는 바는 아니나, 동 공소장에 의하여 기소된 간첩행위라는 것은

① 4289(1956)년 5월 9일 북한 괴집의 김일성으로부터 남파된 간첩 박정호와 밀회하여, 평화통일의 구체적 방안이 동 괴집의 주장과 동일함을 상통하였다는 것이요, ② 밀사를 이북 김약수에게 파견하여 동 괴집의 지령하는 사항을 협의 내지 실천하였다는 것이며, ③ 일본에서 온 간첩 정우갑과 밀회하여 동인(同人)의 간첩행위의 수행을 방조하였다는 것이었다. 그런데 우 ①의 박정호는 조봉암과 일면식도 없는 사이라는 것이 심리를 통하여 밝혀졌고, 또 ②는 전문(傳聞)에 불과한 것이며, ③의 정우갑은 별건(別件) 심리에 의하여 간첩 아님이 판명되었다. 일이 이렇게 되자 새로 상(相) 피고인 양이섭 사건이 발생하였는데, 양이섭과 조봉암은 수십 년 전 상해 시대부터 간친(懇親)한 사이며 조는 양으로부터 상당한 금전상의 원조를 수하였고, 양은 이북 왕래한 일이 있는 것이 사실이니, 이 점으로 보아 양은 간첩으로 가장 근리(近理)한 피의적격자(被疑適格者)로 등장하게 된 셈이다.

그러나 형사소송법상으로 이를 보면 우기(右記) ① 내지 ③의 간첩사건과 이에 새로 제기된 양이섭 피고사건과는 하등의 관련도 없는 전혀 별개의 사건이다. 관계자도 다를 뿐 아니라 내용도 전연 다르다. 이 양개 사건 사이에는 전연 동일성이 없다. 〈형사소송법〉 제298조 제2항의 소위 "공소사실의 동일성"이라는 것은 죄명의 동일만을 의미하는 것이 아니다. 그러므로 전기 4월 7일자 추가공소 사실은, 기(其) 이전의 공소사실의 추가로써 이를 제기할 성질의 것이 아니다. 따라서 검사로부터 여사한 추가공소가 있을 경우일지라도, 그에 동일성이 결여되면 법원은 이를 허가하여서는 안된다. 법원이 만약 이를 허가한다면 그 허가 자체가 불법이기 때문이다.

서상(叙上)한 바와 여(如)히 우 2월 17일자의 각 추가공소장에 대하여는 법원의 허가가 없을 뿐 아니라, 더욱 4월 7일자 추가공소 사실은 별소(別訴)로 공소를 제기하여 차(此)를 법원에서 병합심리한다면 몰라도 추가공소로서는 이를 제기할 수 없고, 또 법원에서도 이를 허가할 수도 없는 성질의 것이다. 그러므로 시등(是等) 공소사실에 대하여는 〈형사소송법〉 제327조에 의하여 공소 기각의 판결을 선고하여야 할 것이다. 그러함에도 불구하고 제1심 또는 원심은 이 점에 관하여 하등 언급조차 함이 없이, 만연(漫然)히 상(相) 피고 양이섭 피고사건과 병합심리를 선(宣)하고 사실 심리를 계속하였으니, 이것은 법률을 오해하여 공소의 수리 또는 소송절차가 법령에 위반된 것을 간과한 것으로, 원심 판결은 물론 제1심 판결까지 피기하여야 할 것이다.

이에 다시 계속하여 일언할 것은, 피고인 김기철과 동 신창균에 대한 4291(1958)년 4월 7일자 추가공소장(기록 제3956호)에 의한 공소도, 공소기각의 판결을 선고하여야 하였을 것이다. 이 또한 전 동양(同樣) 동년 4월 17일자 제5회 공판 시에(기록 제4063장) 차(此)를 병합심리할 것을 결정한 일이 있으나, 재판장의 허가 절차를 취한 일이 없다. 그러함에도 불구하고 원심은 이를 간과하여 하등의 판단도 하지 않았으니, 이 점만으로도 원판결은 파기를 미면(未免)할 것이다.

제2점. 원심 판결은 증거에 의하지 않고 사실을 인정한 불법이 있는 것으로 결국 파기를 미면(未免)할 것이다.

원심은 피고인 조봉암의 범죄사실로서, 첫째, 전략(前略) "4289(1956)년 10월경 동당 주도권 문제로 전시(前示) 서상일 파와 메별한 후, 상(相) 피고인 박기출, 동 김달호, 동 윤길중, 동 조규택, 동 조규희, 동 신창균, 동 김기철, 동 김병휘, 동 이명하, 동 최희규, 동 안경득, 동 박준길, 동 권대복, 동 전세룡 등과 동 결당을 추진하여 오던 중, 동년 11월 10일 마침내 서울특별시 중구 소재 시공관에서 우 상(相) 피고인 등을 위시로 800여 명과 함께 국헌에 위배하여 정부를 참칭하는 북한 괴뢰집단에 부수하여, 국가를 변란 하는 목적으로[중략 정강정책에 관하여는 별도 일점(一點)을 설(設)하여 논급하였음] 등을 정강정책으로 하는 진보당을 조직하는 동시에, 그 수괴(首魁)인 중앙당 위원장에 취임하고"라고 판시하였다.

이 판시 사실은 우기(右記) 각 피고인 등에게 대개 공통되는 범죄사실로 되어 있다. 이것을 요약하면 진보당 조직에 있어서, 첫째, '북한 괴뢰집단에 부수할 의사의 유무', 둘째 '국가를 변란할 목적'의 유무가 문제인 것이다. 그러한 의사와 그러한 목적이 있었다고 하면, 그것은 〈국가보안법〉 위반으로 문죄(問罪)하여야 할 것은 재론할 필요도 없는 일일 것이나, 각 피고인들은 우 판시와 동일한 취지의 검사의 공소사실에 대하여 자초지종, 철두철미 이를 부인하여 온 것은 1건 기록에 의하여 명료하다. 그런데 원심은 우 각 피고인 등에 대한 각 판시 〈국가보안법〉 위반의 점에 관한 증거로서

(1) 원심 공정(公廷)에 있어서의 동 피고인 등과 상(相) 피고인 이동화와 동 이상두 등의 차(此)에 부합하는 각 진술

(2) 제1심 각회 공판조서 중 동 피고인 등과 상(相) 피고인 이동화와 동 이상두의 차(此)에 부합하는 각 공술 기재

(3) 제1심 14회 공판조서 중 증인 신도성과 동 고정훈의 판시 진보당의 발기 경위에 부합하는 각 공술 기재

(4) 동 피고인 등과 상(相) 피고인 이동화 동 이상두 등이 성립의 진정을 인정하는 검사의 동인(同人) 등에 대한 각 피의자 신문조서 중 차(此)에 부합하는 각 공술 기재

(5) 동 피고인 등이 기(其) 성립 진정을 인정하는 검사 증인 손도심과 서상일에 대한 각 진술조서 중 판시 진보당의 발기 경위에 부합하는 각 공술 기재

(6) ① 압수한 선언, 강령정책, 당헌, 강령 전문, 경제정책 전문, 당 기구표 (서울지검 4291(1958)년 압 제146호의 증 제2호), ② 결당대회 문헌(동 압호의 증 제3호) 및 ③ 진보당 문헌(동 압호의 증 제48호) 중 판시 진보당의 강령정책에 부합하는 기재

(7) ① 압수한 월간 『중앙정치』지 10월호(동 압호의 증 제1호), ② 우리당의 경제정책(동 압호의 증 제8호), ③ 통일문제 연구자료(북한 당국의 평화공세에 대한 진보당의 선언문)(동 압호의 증 제11호), ④ 국토통일 추진을 위한 행동통일체 구성에 관한 제의(동 압호의 증 제12호), ⑤ 메모(특수별당부 조직준칙)(동 압호의 증 제24호), ⑥ 참고 원고(실천적 제 문제) (동 압호의 증 25호), ⑦ 정견(政見) 초안(동압호의 증 제36호), ⑧ 한국 진보세력의 계급적 기반(동 압호의 증 제38호), ⑨ 한국통일에는 평화적 수법만이 있을 뿐이다(동 압호의 증 제32호), ⑩ 혁신정치론(동 압호의 증 제32호), ⑪ 정치문제(동 압호의 증43호), ⑫ 여명회 명부 3매(동청(同廳) 동년 압 제258호의 증 제8호) 등 중 차(此)에 부합하는 기재 등등을 거시하였다.

그러나 우(右) 거시의 각 증거 등에 대하여 어떠한 악의적인 면목으로 이것을 검토한다고 할지라도, 진보당 조직자들에게 북한 괴뢰집단에 부수할 의사가 있었다거나 국가를 변란할 목적이 있었다는 판시 사실에 부합되는 구절은 추호도 발견할 수 없다. 우기(右記) (1), (2), (4)의 각 공술 기재는 모다 피고인 자신들의 공술을 기재한 것으로서, 본건 피고인 중에는 한 사람이라도 자(自) 검찰 이래 그러한 공술을 한 일은 없다. 또 (6)과 (7)에 열거한 문서에도 그에 부합하는 문구는 전연 없다. 다만 (5)의 증인 손도심과 서상일의 증언 중에 다소 불투명한 어구가 있으나 그렇다고 하여, 그 증언 중에도 피고인들이 북한 괴뢰집단에 부수할 의사가 있었다든지 국가를 변란할 목적이 있었다든지 하는 점에 대하여는 추호도 언급한 일이 없다.

증인 손도심은 자유당의 간부로서 자초지종 악의에 찬 증언을 하였으나 차마 판시 사실에 부합하는 의미의 증언까지는 하지 못하였고, 증인 서상일의 증언 중에 분열의 동기에 관하여 '이념의 차' 운운한 것이 있으나, 이것도 당시의 선전 책임자이었던 원심이 채택한 증인 고정훈의 증언에 의하면, "그 당시 서상일 씨는 민혁당 간사장의 입장에서 민혁당의 공기를 반영해서 말했을 뿐이라고 생각합니다"(기록 제4707장)라고 하여, 반대당의 입장에서의 공격에 불과한 것임을 밝혔다. 그리고 우기(右記) (3)의 증인 신도성, 동 고정훈의 공술은 원심 판시 사실에 부합하는 부분은 추호도 없을 뿐 아니라, 도리어 피고인 등에게 유리한 증언이라 할 것이다. 과연 그렇다면 원심은 "국헌에 위배하여 정부를 참칭(僭稱)하는 북한 괴뢰집단에 부수하여 국가를 변란할 목적으로" 운운한 판시 사실에 관하여는, 결국 증거에 의하지 않고 사실을 인정한 불법이 있는 것으로 이 점만으로도 원판결은 파기를 미면(未免)할 것이다.

제3점 원심 판결은 법률문제의 한계를 초월하여 정치인 우(又)는 정당의 정치적 의견을 법률규범의 문제로 오인하고, 또 국제성을 띤 정치문제를 내국적인 법률제재의 대상으로 오해하는 근본적 오류에서 출발하였을 뿐 아니라, 어떤 예정적인 결론을 위하여 고의로 사물을 왜곡 해석한 불법을 범한 것으로 결국 파기를 미면(未免)할 것이다.

정당의 성격은 공표된 강령정책에 규정지을 수밖에 없는 것이다. 그런데 원심에서 진보당의 강령정책(즉 3대 구호)이라고 적시한 것은

(가) '우리는 노동자 농민을 중심으로 하는 광범한 근로대중(피해대중)을 대표하는 주체적 선진적 정치적 집결체이며 변혁적 주체적 세력의 적극적 실천에 의하여 자본주의를 지양하고 착취 없는 복지사회를 건설하여야 한다'는 지(旨)의 혁신정치의 실현

(나) '우리는 자유민주주의를 폐기 지양하고 주요 산업과 대기업의 국유 내지 국영을 위시로 급속한 경제건설 사회적 생산력의 제고 및 사회적 생산물의 공정분배를 완수하기 위하여 계획과 통제의 제 원칙을 실천하여야 한다'는 지(旨)의 수탈 없는 경제체제의 확립

(다) '우리는 남북한에서 평화통일을 저해하는 요소를 견제하고 진보세력의 주도권 장악하에 피 흘리지 않는 평화적 방식으로 조국의 통일을 실현한다'는 지(旨)의 평화통일의 실현

이라는 것인데, 여사한 강령정책이 과연 현행법상 불법적인 것이며, 또 국가변란의 목적으로 내포한 것이라고 인정할 수 있을까 하는 것이 문제일 것이다.

원래 정당의 정강이란 것은 그 정당이 목표로 하는 일종의 이상으로, 추상적으로 표현하는 것이다. 이상이기 때문에 구체적이 될 수 없다. 그리고 그것이 정치문제이기 때문에 시행 법률로써 가부 논단할 수는 없는 것이다. 정치와 법률은 그 범위와 한계가 서로 다르다. 정치를 동적(動的)이라고 한다면 법률은 정적(靜的)이다. 그러므로 정치는 항상 새로운 상태의 창조를 향하여 동(動)하고 있지마는 법률은 그럴 수가 없다.

따라서 정당의 정치적 의견에는 한계가 있을 수 없지마는 법률적 견해에는 항상 일정한 한계가 있다. 다만 각이(各異)한 정치인, 우(又)는 정당의 정치적 의견을 실현시키는 데 있어서 그 수단 방법이 당시의 법률질서에 위배될 때에는, 그것은 허용할 수 없는 일이다. 그러므로 민주주의 국가에서 있어서는 발언 표결의 자유가 보장되는 국회에서의 의결, 우(又)는 법률 제정에 의하여 현안의 제 문제를 해결하여나가는 것이다. 정치인이나 정당에서 자기가 정치 의견만을 고집하고

그 실현을 위하여 국회의 의결을 경(經)하지 않고, 폭력 우(又)는 기타의 방법을 택한다고 할 것 같으면, 그것은 혁명이요, 폭도요, 반역이다. 그에 반하여 어떠한 정치적 의견일지라도 국회의 결의를 경(經)하여 그 실현을 도모한다면, 그것은 합법적이요, 반국가행위는 되지 않는 것이다.

불란서(佛蘭西) 제4공화국 국회가 스스로 국회로의 직능을 정지하고, 전권을 드골 장군에게 일임하는 결의를 행하고, 그에 기(基)하여 드골이 국민투표를 경(經)하여 〈헌법〉과 또 〈선거법〉을 제정하고 총선거를 단행하여 신(新) 국회를 조직하는 등등의 정치적 행사에 대하여, 세계의 누구나 그것을 혁명이라고 규정하는 사람이 없는 유일한 이유는, 그것이 국회의 의결을 경(經)하였다는 사실에 기인하는 것이다. 그러므로 어떠한 정치적 의견의 합법, 우(又)는 비합법성 문제는 그 당시의 정치상태 우(又)는 법률질서에 부합하느냐, 않느냐의 문제인 것이 아니라 그 정치 의견의 그 실현 방법에 관하여 어떠한 태도를 가지고 있느냐의 문제이다.

민주국가에 있어서는 어떠한 경우일지라도, 그것이 의회주의에 입각한 것인 이상 그것은 합법적이라고 하여야 할 것이다. 어떤 정치적 의견의 발표가 그 당시의 정치상태 우(又)는 법률질서에 부합하지 않는 경우에는, 그것은 언론 자유의 한계의 문제는 될지언정 그 본질상의 합법 우(又)는 비합법성 문제로 논단할 수는 없는 것이다. 왜 그러냐 하면, 일례로 개헌문제만 보더라도 현행 〈헌법〉의 조항을 무시하고 그것을 개정하겠다고 주장하는 것은 그 당시의 헌법규정을 침범하는 것으로 도저히 용허(容許)할 수 없는 일이나, 개헌을 주장하였다고 하여 그것이 〈국가보안법〉 위반의 대상이 되지 않는 것은 모든 것이 '국회의 의결'을 전제하였기 때문인 것이다.

다시 나아가 어떤 정치적 의견에 있어서, 국제관계 우(又)는 국제성을 띤 문제에 관한 발표가 당시의 국제기구 우(又)는 국제관계의 현상에 부합되지 않는 경우일지라도, 그것이 직접 국내법에 저촉되지 않는 한 그에 국내법을 적용하여 논죄할 수는 없는 것이다. 여사한 국제성을 띤 제 문제는 국내법의 범주에 속하는 것이 아니기 때문이다. 그런데 본건에 있어서 각 피고인 등의 각 판시 〈국가보안법〉 위반의 점에 관한 부분을 보면 진보당 조직 관계 이외에 통일안 작성, 기타 여러 가지 사실을 열거하였지마는 그것이 모다 동당의 목적한 사항의 실행을 협의한 것으로 되어있어서, 결국 진보당 조직이 불법이란 것이며, 따라서 진보당이 불법단체란 말이요, 또 그것은 진보당의 강령정책이 불법적이라는데 귀착되고 마는 것이다.

과연 그렇다면 전술한 진보당의 강령이라고 적시된 (가) 혁신정치의 실현, (나) 수탈 없는 경제체제의 확립, (다) 평화통일의 실현이라는 것이 그 본질에 있어서 불법적인 것으로 그에 국가변란의 목적이 내포되어 있다고 인정할 수 있을까의 여부에 관하여 연구 검토하여 보아야 할 일이다. 우 (가)와 (나)는 정치와 경제에 관한 것으로서 순연(純然)한 국내문제이지마는, (다)는 그 본질상 국내문제이면서도 목하(目下) 실정에 있어서는 일종의 국제성을 띈 문제로서, 순연한 국내문제와는 그 형편을 달리하는 문제이다.

이하 우기(右記) 강령에 관하여 약간의 검토를 시(試)하여 보면

일(一) 진보당의 성격문제

원심 판결에서 판시한 우기 강령 (가) 급(及) (나)의 취지로 설시(說示)한, 우리는 노동자 농민을 중심으로 하는… 운운이나, 우리는 자유민주주의를 폐기 지양하고… 운운은, 진정한 진보당의 강령[서울지검 4291(1958)년 압제146호의 증 제2호 참조]과는 그 문구가 판이한 것으로서 원심에서 창작한 것이다. '혁신정치의 실현', '수탈 없는 경제체제의 확립' 또는 '평화통일의 실현'이라는 것은 선거 시의 선거표어로 사용한 것에 불과하며, 그 강령(우 증 제2호 책자의 15엽)에서는

기(其) 2에 "우리는 공산독재는 물론 자본가와 부패분자의 독재도 이를 배격하고 진정한 민주주의 체제를 확립하여 책임 있는 혁신정치의 실현을 기한다"라고 하였고, 기(其) 3에 "우리는 생산분배의 합리적 계획으로 민족자본의 육성과 농민 노동자 모든 문화인 및 봉급생활자의 생활권을 확보하여 조국의 부흥 번영을 기

한다"라고 표현되어 있다. 이에서 어떠한 불법성을 발견할 수 있을까. 여사한 정치 우(又)는 경제관계의 강령에 관하여, 이것을 불법 우(又)는 불합당하다고 논단하는데 있어서는, 검사의 논고문에도 나타나 있는 바와 여(如)히 대한민국을 헌법상 자유주의적 민주주의, 개인주의적 자본주의에 입각한 국가라고 전제하여놓고, 그런데 진보당은 이것을 부인하고 사회적 민주주의를 주장하고 대중적인 복지사회의 건설을 기도하는 것이니 그것이 불법이란 것이다. 실로 논평할 가치조차 없는 논법이다.

그러나 원심 판결도 여사한 논거를 전제로 한 판결인 것이 분명하며 또 그 판단이 권력이 부수하는 유권적인 것이니, 이것을 일소(一笑)에 부(附)하여 간과할 수도 없는 일이다. 여사한 견해는 민주주의, 자본주의 또는 수정자본주의 또는 사회주의, 공산주의, 사회민주주의 내지 사회적 민주주의를 혼동하고, 우리 〈헌법〉을 순연한 자유주의적인 민주주의 또는 순수한 개인주의적 자본주의에 입각한 것으로 오해하는데 기인한 것이다. 우리 〈헌법〉은 결코 그런 것이 아니다.

이 점에 관하여 우리 〈헌법〉의 초안 작성자인 유진오 교수도, 기(其) 저 『헌법해의』에서 "즉 우리나라는 경제문제에 있어서 개인주의적 자본주의국가의 체제를 폐기하고, 사회주의적 균등의 원리를 채택하기는 하였으나, 일면 개인주의적 자본주의의 장점인 각인의 자유와 평등 및 창의의 가치를 존중하여, 정치적 민주주의와 경제적 사회적 민주주의라는 일견 대립되는 두 주의가 한층 높은 단계에서 조화되고 융합되는 새로운 국가형태를 실현함을 목표로 삼고 있는 것이다. 이것은 〈헌법〉 전문과 제5조를 설명할 때에 이미 언급한 바인데, 본 장에서는 그것을 구체화하여 우리나라가 채용하고 있는 경제적 사회적 민주주의의 제 원리를 선명한 것이다"[동저 4285(1952)년 4월 20일 간행 제177엽]라고 하였고

또 〈헌법〉 전문을 설명하는 가운데, 우리나라 〈헌법〉의 특색에 관하여 "전술한 것과 같이 전문은 먼저 국민의 자유평등을 될 수 있는 대로 보장하고 존중하는 정치적 민주주의 제도를 우리나라에 수립할 것을 선명하였으나, 형식적인 정치적 민주주의만으로는 국민에게 인간다운 생활을 보장할 수 없으므로, 전문은 다시

국민생활의 균등한 향상을 기(期)하고 국민의 실질적 자유평등을 확보하기 위하여 우리나라에서 경제적 사회적 민주주의를 정치적 민주주의와 함께 채택할 것을 선명하였다"(동 저서 17엽)라고 논증하였다.

이와 같이 사유가 명명백백함에 불구하고 본건 공소의 이론적 근거를 구책(構策)하기 위하여 우리의 〈헌법〉 조항까지 왜곡 해석하는 검찰적 견해에 대하여, 법원까지 이에 추종한다는 것은 실로 일대 유감사(遺憾事)라 아니할 수 없다. 더욱 진보당 강령을 보면 스사로[164] '사회적 민주주의적 정당'이라고 자처[전기(前記) 중 제2호의 10엽에]하여, 외국의 사회민주주의 정당이나 공산당과 상이함을 밝혔고, 또 제1차 대전이후 서방제국에 있어서의 자본주의의 수정뿐 아니라 실로 자본주의의 변혁을 촉진 수행하였으며 또 하고 있다.

그리고 이러한 자본주의 변혁은… 폭력적 독재주의인 볼셰비즘의 경우와는 반대로… 민주적 평화적 방식에 의하여 수행되고 있다. 참다운 사회적 민주주의에 끝까지 충실하면서, 인류 사회의 위대한 20세기 변혁을 민주적 평화적으로 달성하려고 하는 우리는, 특히 이 점을 중시하고 강조하지 않을 수 없는 바이다"(동호 중26엽) 또 "우리는 후진 로시아의 불미한 역사적 전통을 지니고 나타난, 폭력적 독재적이고 또 팽창주의적인 볼세뷔즘을 단호 명확히 거부하고 배격하지 않을 수 없는 바이다"(동 20엽). 또 "우리는 이 변혁을 폭력적 방식에 의해서가 아니라 민주적 평화적 방식에 의하여… 의회에서의 절대다수를 점함으로써… 수행하려고 한다"(동 54엽)라고 하여 진보당은 수정자본주의를 지향하고 의회주의에 충실할 것을 선명하였다.

그리고 또 6·25사변의 교훈을 논하여, "국제평화의 기구 UN 및 우리의 위대한 맹방(盟邦)인 미국과의 긴밀한 제휴 협력하에, 국제 공산주의의 무력적 협위(脅威)를 배재하면서 우리는 아름다운 이 강토에다 민주적 평화적으로 사회적 복지국가를 건설하지 않으면 안된다"(동 47엽)고 하였고, 또 공산당에 대하여 크레믈

164) '스스로'를 말한다.

린의 명령에 유유맹종(唯唯盲從)하는 한국의 공산도당은 미군정의 자유주의적 관용성과 천진난만성을 이용하여 신생 한국의 내부적 혼란을 크게 격화하려 하였다. "로시아 한국인들을 중심으로 하는 이들 공산 역도(逆徒)는 음모, 테로, 공갈, 기만 등의 온갖 파괴적 수단으로써 자주독립통일의 민주한국 건설을 적극 방해하여 오다가, 드디어는 그들의 상전인 크레믈린의 명령에 따라 죄악적인 동족상잔적 침략전쟁을 일으키어 우리 민족 전체를 처참무비한 비경(悲境)에 빠트리고 말았다. 이리하여 8·15해방 이후 우리의 기대와는 반대로, 우리 사회에는 자유와 질서와 안전 대신에 억압과 혼란과 폭력이, 건설과 진보와 번영 대신에 무능과 침체와 빈곤이 지배하게 되었다"(동 50엽)라고 갈파(喝破)하였다.

이에 대하여 검사는, 이것은 반공을 위장함에 불과하며 기(其) 실은 진보당이 공산당과 같이 혁명이론에 입각한 것으로 북한 괴집의 선전을 담당한 것이라고 논고하더니, 원심이 또한 여사한 견해를 답습하여 모든 것을 판단한 것이 분명하다. 왜 그러냐 하면, 그렇지 않으면 판시와 여(如)한 결론이 나올 수가 없기 때문이다. 이야말로 언어도단이요 어불성설이다. 판단에 증거의 유무가 문제인 것이 아니라 근본적으로 논거를 망실한 엉터리 논법이다. 상술한 바에 의하여 분명한 것 같이, 원심 판결에서 적시한 전기(前記) 강령의 (1) 급(及) (2)에 국가를 변란할 목적이 내재한 것이라고 할 수 없을 뿐 아니라, 진보당의 성격은 서구의 사회민주주의나 내지 공산주의를 배격하고 순쇄(純碎)[165]한 의미의 사회주의도 아닌 수정자본주의를 지향하는 소위 '사회적 민주주의적'인 정당인 것은 재론할 필요도 없는 일이다.

이 점에 관하여 원심이 증거로 채택한 증인 신도성의 공술을 보면, "증인은 진보당의 정치노선이 정강정책 면으로 보아 어디에 속한다고 보는가"라는 문(問)에 대하여, "준비위원회 때에 간부 내에는 사회민주주의 방향을 지향하여야 된다고 한 사람도 있기는 했지만, 제 자신은 지금 그 시기가 못 된다고 말하고, 수정자본주의로써 만족할 수밖에는 없다고 주장하여 그것이 채택된 것으로 기억하고 있

165) 문맥상 '순수'의 오기로 보인다.

습니다"라고 답(기록 제4652장 이면)하였고, 또 원심이 증거로 채택한 증인 고정훈의 공술을 보면, "특히 절실히 느낀 점은 여하(如何)"라는 문(問)에 대하여 "일반 국민이 진보당 정강정책을 읽었을 때 약간 동적(動的)이라고 느꼈을 일면이 없지 않다고 봅니다. 그러나 외국의 사회당이나 사회민주당의 정강정책과 비교하면 동당 정강정책을 오히려 은건(隱健)하고 한국 현실을 잘 참작한 것으로 보이는 것입니다" 또 "그렇다면 정강정책에 국한해서 특히 미비하다고 생각해본 점은 없는가"라는 문(問)에 대하여 "정강정책 만을 따로 떼서 학술적으로 본다면 미비한 점이 있다고 생각해 본 일이 없습니다"라고 답(기록 제4692장 이면~4694장)한 점으로 보아, 원심 판시 사실은 증거에 부합치 않으며 따라서 진보당은 판시와 여(如)한 성격의 정당이 아님을 단정할 수 있을 것이다.

이(二) 평화통일론의 문제

다음 원심 판결 판시의 전기(前記) 강령 (다)의 취지라고 설시(說示)한 "우리는 남북한에서 평화통일을 저해하는 요소를 견제하고 진보당 세력의 주도권 장악하에 피를 흘리지 않는 평화적 방식으로 조국의 통일을 실현한다"라는 점에 관하여 강령(우 증 제2호 책자의 15엽)에서는 기(其) 사(四)에 "우리는 안으로 민주세력의 대동단결을 추진하고, 밖으로 민주우방과 긴밀히 제휴하여, 민주세력이 결정적 승리를 얻을 수 있는 평화적 방식에 의한 조국통일의 실현을 기한다"라고 표시되어있다. 이것은 "평화적 방식에 의한 조국통일의 실현을 기(期)"하되 무모 우(又)는 무계획적인 평화통일만을 주장하고 추진하여, 공산도배(共産徒輩)에게 승극(乘隙)할 기회를 줌이 없이 "민주세력이 결정적 승리를 얻을 수 있"도록 "안으로 민주세력의 대동단결을 추진식혀켜야[166] 하겠다"는 취지이다.

원심은 이에 전기(前記) 강령 (가), (나)와 공히 국가를 변란할 목적이 내재하다고 판시하였다. 그뿐 아니라 원심은 다시 나아가, 판결문 제1의 (5)와 (6)에서 월간잡지 『중앙정치』에 게재한 「평화통일에의 길」이라는 피고인 조봉암의 논문과 진보당 통일문제연구위원회 위원장 김기철이 작성한 「남북통일의 구체적 방안」

166) '추진시켰어야'를 말한다.

이란 것을 들어서, '동당의 목적한 사실의 실행을 협의 우(又)는 선전'하였다고 판시하였다. 우 (5)는 "대한민국을 북한 괴뢰와 동등한 위치에서 해체할 것을 전제로 하는 남북총선거에 의한 통일정권수립안을 역설한 다음, 그 구체적 방안의 발표는 현행 정부와의 정면충돌을 피하기 위하여 사양한다"고 하였으니 그것이 위법이란 것이며, (6)은 여사한 통일안을 작성하여 간부들이 회합 토의한 그 자체가 위법이란 것이다.

그러나 피고인 등은 대한민국을 북한 괴뢰와 동등한 위치에서 해체할 것을 주장한 일이 없음은 1건 기록에 의하여 명료하다. 생각컨대 원래 '평화적 해결방안'이란 것은 그 상대방의 존재와 그와의 합의를 전제로 하는 것이니, 상대방의 존재를 인정하는 점에서 상대방을 동등한 위치에서 일대일로 대우한다고 추론할 수도 있는 일이나, 북한 괴집의 존재는 우리의 승인에 의하여 존재하는 것이 아니라, 우리의 승인 여부에 불구하고 사실상 존재하니 실로 딱한 일이며, 그것이 실존한 것이 사실인 이상 우리가 그들을 혼자서 마음속으로만 무시하여 버린다고 해서 그들의 존재가 없어지는 것이 아닌 이상, 우리는 실력으로써 이를 말살하여 버리는 것이 상지상책(上之上策)일 것은 물론이지마는, 이것이 국내적 우(又)는 국제적인 여러가지 이유에 의하여 불가능한 금일(今日)에 있어서, 우리가 진정으로 남북통일을 기도하랴고 할 것 같으면 어떠한 통일에 관한 합의를 모색하여야 되지 않겠는가, 하는 것이 진보당 관계자들의 애국적 충성심에서 울어나오는[167] 사고이다.

그런데 진보당으로서는 어데서나 북한 괴뢰와 대한민국을 동등시하는 것 같은 용어조차 사용한 일이 없었고, 다시 우기(右記) 피고인 조봉암의 논문 가운데 "그러니 다섯째 안 즉 UN의 결의와 같이 대한민국이 이북 괴뢰와 동등한 위치에 서서 동일한 시간에 선거가 실시된다는 것은 좀 불유쾌하기는 하지마는, 기왕에도 UN 감시하에서 몇 번씩이나 선거를 해왔으니 또 한 번 한다고 해서 그게 그렇게 나쁠 것도 없을 것 같다"(압 제146호의 증 제1호 『중앙정치』 10월호 11엽 말미

167) '우러나오는'을 말한다.

4행)고 한 구절을 들어서 문제 삼고 있으나, 이에 소위 '동등한 위치'라는 것은 조 피고인의 독창적인 의견을 주장한 것이 아니라 UN 결의의 취지가 그러하니, 그 결의대로 또 한번 하는 것도 무방하지 않을까 하는 의견을 서술한 데 불과한 것이다.

더욱 그 문의(文意)로 보아, 동등한 위치에 서서 동일한 시간에 선거하는 것은 원칙적으로는 부당함을 전제로 한 취지이며, 또 그렇게 하여야 한다고 고집한 것도 아닌데 검사는 조 피고가 이북 괴집의 지령에 의하여 진보당 조직 당시부터 이것을 선창(先唱)하여 고집하였다고 주장하여, 제1심에서 증인 신도성을 환문(喚問)한 일이 있는데, 선서한 동 증인은 "진보당의 정책으로서 통일문제를 취급 초안 작성할 적에 평화통일은 누구의 주장에 의하였거나 또는 다른 공기가 흐른 것은 없었는가"라는 재판장의 문(問)에 대하여 "대체로 전체의 공기가 그러했지 누구의 주장이 특히 나온 일은 없습니다. 초고는 대개 제 머리에서 나온 것을 썼습니다"(기록 제4664장 이면으로부터 4665장 전면)라고 답하여, 이것이 조 피고인의 주장이 아님을 입증하였다.

그뿐 아니라 동 증인은 다시 "증인은 진보당의 정강정책을 보아서, 결론으로 남북의 평화통일방안으로서는 현 대한민국이 북한 괴뢰와 동등한 위치에서 양측을 일대일로 간주하여 각 해소시키고 운운하는 해석이 나올 수 있다고 보는가"라는 문(問)에 대하여 "제가 사퇴 후 정강정책 면에 변경이 있었으면 모르나 인쇄된 책자대로이니까 불가능하다고 압니다"라고 답하고, 다시 "다른 사람도 그렇게 해석할 수 있는가"라는 문(問)에 대하여 "이론이 없을 것입니다"라고 답(기록 제4651장)하였다.

그런데 원심은 그 판결에 동 증인의 공술 부분을 증거로 채용하였으니 괴상한 일이다. 동 증언은 판시 사실을 입증하는 자료인 것이 아니라, 그와 반대로 진보당의 정강정책에 나타나는 남북평화통일안이란 것이, 이북 괴집을 대한민국과 동등시한다거나 일대일로 각 해소하겠다는 주장이 아님을 입증하기에 가장 적호(適好)의 자료인 것이다. 또 피고인 조봉암은 우기 논문에서 "나는 이 UN의 결의만을 유일한 것이라고 믿기 때문에, 우리 정부에서 내놓고 있는 안을 반대하려는 의사는 없다. 그러나 통일은 꼭 해야 되겠으니 통일을 하되 민주주의 승리 — 민주진영의 승리를 토대로 해서 생각할 때에 현재 있는 안만을 유일한 것이라고 해서 고집하고 논의할 것이 아니라, 모든 안을 다 연구해본다면 더 진보된 더 구체적인 좋은 안을 발견할 수도 있지 않겠는가 하는 것을 생각하는 사람입니다"(우증 제1호의 14항 말미)라고 한 말로 본다든지,

동지(同誌)에 게재된 3대 정당 합동좌담회에서의 상(相) 피고인 윤길중의 말 가운데 "평화통일안은 괴집 안과 다르다"고 분명히 규정지은 뒤에, "요(要)는 어디에 중점을 두느냐 하는데 있을 겁니다. 진보당이 평화통일을 주장한다고 해서 무력을 전적으로 부인하는 것은 아니니까요"(동 제24엽 하단 중부)한 점으로 보아 피고인 등의 진의를 촌도(忖度)하기 넉넉할 것이며, 더욱 진보당에서 우당인 자유당, 민주당에 대하여 「국토통일추진을 위한 행동통일체 구성에 관한 제의」(전 압호의 증 제12호)를 보면, 피고인 등이 남북통일문제는 전 민족적인 가장 중차대한 문제이니 일당 일파의 의견만을 고집할 것이 아니라, 각당 각파가 대동하여 국론을 통일할 절실한 필요를 통감하여 행동통일체 구성을 제의한 것이니, 진보당에서도 자기들의 의견만을 고집할 의사가 없었고, 또 구체적 방안에 관하여는 자당(自党)만으로써 결정하여 이것을 정쟁 도구화하여서는 안되겠다는 취지였던 것이 분명하다.

진보당의 통일문제연구위원회에서 「통일문제 연구자료」(전 압호의 증 제11호)로 작성하였다는 「북한 당국의 평화공세에 대한 진보당의 선언문」이란 것도, 그것이 당의(党議)로서 결정된 것이 아니라, 위원장인 피고인 김기철 개인이 작성하여 회의에 부(附)하려고 하다가 몇몇 사람의 반대에 봉착하여 정식으로 회의에 상정도 못한 시안이였음은 1건 기록에 의하여 분명한 바어니와 그 문안 그대로를 자료로 하여 이것을 검토한다고 할지라도, 그에서 어떠한 불법성을 발견할 수 있는지 의문이다. 원래 남북통일문제는 우리 대한민국적 입장에서, 또 그 입장만으로 고집하는 견지에서 본다면 '북진토벌'만이 있을 뿐이다. 극단으로 말한다면 '통일' 운운하는 용어부터 불온한 것이라고 할 수 있다. 왜 그러냐 하면 통일이란

용어 가운데는 양분 즉 분열되었음을 전제한 것이요. 양분하였다는 말 가운데는 일대일이라는 의미가 내포되었기 때문이다.

여사한 논법으로 이를 본다면, 우리 정부의 대표 변(卞) 외무장관이 제네바 회의에 제출한 소위 「14개조」라는 것도 불법이요, 민국에 대한 반역이라고 아니할 수 없다. 기(其) 1에는 "통일되고 독립된 민주적 한국을 건설하기 위하여, 이에 관한 종전의 UN 결의에 따라서 UN의 관리하에 자유 선거를 시행한다"라고 하였고, 기(其) 9에는 "전(全)한국의회는 선거 직후 서울에서 개회한다", 또 기(其) 10에는 "다음의 제 문제는 특히 전한국의회가 결정할 과제로 한다. (a) 통일한국의 대통령을 새로 선거하는 여부, (b) 대한민국의 현행 헌법의 수정, (c) 군대의 해", 기(其) 11에는 "대한민국의 현행헌법은 전한국의회에 의해서 수정되지 않는 한 효력을 보유한다"라고 하여 자유선거를 시인하고, 우리 국회 이외에 전한국의회의 존재를 인정하고, 그 전한국의회에서는 우리 민국의 종래의 대통령 이외에 통일한국의 대통령을 새로 선거하는 등등의 사(事)를 시인하였으니 이것이 민국에 대한 반역이 아니고 무엇이랴

그러나 이것이 정부 대표에 의하여 국제적 회의에 제출한 것이니, 내국적인 불법 운운으로 이를 논단할 수 없을 것은 물론이거니와, 원래 여사한 국제성을 띤 정치문제에 관한 시안이란 것은 제재 법규의 대상이 되는 것이 아니다. 왜 그러냐 하면, 그것은 일종의 시안으로서 그것이 국제회의에서의 합의를 보았다고 할지라도 내국에서는 다시 헌법상의 일정한 절차를 경(經)하여 인준되어 합법화하여야 하기 때문이다. 이제 피고인 김기철이 작성한 「북한당국의 평화공세에 대한 진보당의 선언문 초안」이란 것을 보면, "오늘날 한민족의 최대과업은 자유 선거실시에 의한 조국의 평화통일 회복에 있으며, 우리 당은 8 · 15해방 이후 지금까지의 북한 당국의 통일문제에 관한 행동과 역정을 검토하고, 한국 문제에 관한 종전의 국제연합 결의와 1954년도 제네바 정치회담 성과를 명심하면서, 평화적 남북통일을 호소하고 있는 북한당국이 그 기본적 출발점에 있어서 국제연합의 기본적 권위에 도전하고, 6 · 25사변의 책임소재를 운위함은 평화통일에 유해하며 분열 상태의 장구화를 초래할 우려가 있다는 사실에 유의하면서" 운운[검사의

4291(1958)년 2월 17일자 추가공소장 43항]한 것이라던지

기(其) 1에는 "통일되고 독립된 민주적 한국의 국회 형성을 위하여 자유 선거를 시행한다" 또 기(其) 13에 "모든 외국군의 철수는 통일 선거가 합의되면 비례 원칙에 따라 선거 실시 이전부터 개시하되, UN군의 완전 철수기한은 통일정부가 수립되고 그 정부가 치안책임을 담당한 연후로 작정되어야 한다"라고 한 점 등등으로 보아, 동인의 근본 의도가 어데 있느냐 함을 가히 짐작할 수 있는 일이며, 또 기(其) 각 조항도 우기 변 씨의 「14개조」와 대동소이한 것임이 분명하다. 또 이 각 조항에 관한 어느 정도의 합의를 본다면, 국내적인 헌법상 절차를 이천(履踐)하여야 할 것을 전제한 것은 물론이다. 전자가 위법이 아니라면 후자도 위법이 될 수는 없다.

더욱 변 씨의 소위 「14개조」나 김기철 피고인의 초안이란 것이 모두 UN의 결의에 기초를 둔 것이며, 제네바 회의 시(1954년 6월 15일)에 대한민국을 포함한 참전 16개국 공동선언이라는 것도 또한 그러하다. 우 공동선언의 소위 2개 원칙이란 것도 "(1) 국제연합은 그 헌장에 의거하여 침략을 격퇴하기 위하여 공동작전을 하고, 평화와 안전을 회복하고 한국에서 평화적인 해결을 추구하는 높은 과업을 확장할 권리를 충분히 가지고 있다. (2) 통일된 민주주의 독립 한국을 건설하기 위하여 국제연합 감시하에 인구비례에 준해서 대표자가 선출되는 국회의원의 진정한 자유선거를 한국에서 시행한다"라고 되어있다. 이 공동선언에 기(基)하여 북경 주재 영국 대리공사는 UN 참전국가를 대신하여 1958년 4월 9일과 동년 7월 2일 양차(兩次)에 긍(亘)하여 중공정권에 대하여 통한(統韓) 문제 조속(早速) 해결에 관한 서한을 전달하여 계속 교섭하고 있다.

여사한 국제관계의 실정으로 본다면, 지금 와서 평화통일이 어떠니 자유선거가 불법이니 할 때가 아니다. 우리 정부의 정식 대표에 의하여 국제회담에 이것을 제안하여 놓았고, 참전국의 일원으로서 천하에 공동선언하였고, 또 그에 기하여 목하(目下) 교섭이 진행되고 있는데, 이제 새삼스럽게 또 돌연히 진보당 관계에 한하여 이것이 불법이니 국시위반이니 한다는 것은 일종의 넌센쓰라고 아니

할 수 없는 일이다. 다시 도리켜 우당(友党) 관계를 본다고 할지라도 민주당에서도 5·2선거 시에 비로소 평화통일문제를 정책으로 내여걸고, 남북 자유총선거를 주장하여 새로 선거된 의원으로 조직되는 국회에서 〈헌법〉을 제정하고 대통령을 선거한다, 운운하다가 문제를 야기시켜 후에 '제정'을 '개정'으로 수정하였다고 하여 드디여 문제화를 면하였는데,

금번 국회에서의 통일논쟁에 있어서는 민주당 측에서 "한국통일문제에 관한 12년간에 걸친 UN 총회에 결의(60여 건)를 정리하여, ① 한국정부 수립시대, ② 북진통일론 시대, ③ 평화통일론 시대로 분(分)하여, 결국 민주당의 통한 방책은 국제공약에 의지해서 UN 감시하의 남북총선거로 국토를 통일하자"는 것임을 재삼 확인하였다. 남북총선거란 것은 본건에서 문제 된 '일 대 일' 또는 '동시실시' 운운과 이것은 그 본질에 있어서 원래부터 불법이나 위법성이 내포되어 있지 않음이 분명하다. 더구나 진보당에서는 그 정책에서 통일문제에 관하여 "… 조국의 평화통일을 파괴한 책임은 6·25의 죄과를 범한 북한 공산집단에게 있다. 그들의 반성과 책임규명은 평화통일의 선행조건이 아닐 수 없다"(전 압호 제2호 61항)고 하여, 통일파괴의 책임소재를 분명히 한 뒤에 다시 "우리는 조국의 평화적 통일 방안이 결코 대한민국을 부인하거나 말살하는 데 있지 아니하고 도리어 그것을 육성하고 혁신하고 진실로 민주화 하는데 있음을 확신하다. 그렇기 때문에 우리는 우리 자신이 대한민국의 정치권력을 획득해야 하며, 그런 연후에 국제정세의 진운에 맞추어 제 우방과의 긴밀한 협조하에 UN을 통한 민주적이고 평화적인 조국통일의 구체적 방안을 책정하려는 것이다. 민주주의 승리에 의한 조국의 평화적 통일, 이것만이 우리의 유일한 일이다"(동 62항)라고 하여, 현재에는 그 구체적 방안을 책정할 시기가 아니며, 다만 "민주주의의 승리에 의한 조국의 평화적 통일"이라는 대원칙을 발표하였음에 불과한 것이다. 현정부가 국내적으로는 북진통일을 강조하면서, 국제적인 관계에 있어서는 평화통일의 선에 발맞추어나가고 있는 것이 사실이다. 이것은 국내 정치의 면과 국제정치의 면을 동시에 고려하는 가장 높은 단계의 정치행동이라고 가위(可謂) 할 것이다. 이것은 위대한 정치가만이 가능한 일이다. 그런데 현행 정부의 여사한 정책에 대하여 이것을 무정견 또는 무방침이라고 비난하는 것은, 지극히 범속(凡俗)한 단견이라 할 것이다. 또

일방 국내에 있어서의 북진통일론만을 들고서, 그것만을 유일한 방책인 줄 오신(誤信)하여 교주고슬(膠柱鼓瑟)[168]적으로 기외(其外)의 방안에 대하여는 실력으로써 이를 제재하여 보겠다고 달여드는 속리배(俗吏輩)의 만용도 가소로운 일이라 아니할 수 없다.

일례를 영국에 들면, 영국은 중공과 국교를 열어 통상까지 하면서 일방 한국전쟁에 군대를 파견하여 UN군의 일원으로서 중공군과 간과(干戈)를 겨누고 있는 영국민의 태도를 이해할 수 있는 식견을 가진 사람이면, 현행 정부의 남북통일에 관한 이율적인 시책을 이해할 수 있을 것이다. 또 그와 같은 이유로서 진보당에서 정강으로서의 '평화통일'의 주장도 충분히 이해할 수 있을 것이다. 또 이해하여야 할 것이다. 이와 같은 일개의 정치적 주장 우(又)는 의견의 일단을 들어가지고, 범죄 운운한다는 것은 어불성설이며 유치천만한 일이다.

이와 같이 명명백백함에 불구하고, 원심은 이 점에 관하여 깊이 유의하고 천착함이 없이 검사의 의견 그대로 공소사실을 인정하여, 진보당의 강령정책에 '국가변란의 목적'이 내포되어 있는 것 같이 판단한 것은 법률문제의 한계를 초월하여 정치인 우(又)는 정당의 정치적 의견을 법률규범의 문제로 오인하고, 또 국제성을 띤 정치문제를 내국적인 법률적 제재의 대상으로 오해하는 근본적 오류에서 출발하였을 뿐 아니라, 또 존재한 사물에 관하여 존재한 그대로 객관적인 입장에서 조리에 따라 결론에 도달한 것이 아니라, 어떤 예정적인 결론을 위하여 고의로 사물을 왜곡 해석하였다고 할 수밖에 없는 것으로, 원판결은 이 점에 있어서 파기를 미면할 것이다.

제4점 원심판결은 판결에 영향을 미칠 중대한 사실의 오인이 있고 또 증거법칙에 위배하여, 증거에 의하지 않고 또는 증거로 할 수 없는 것을 증거로 하여 사실을 판단한 불법이 있는 것으로 결국 파기를 미면할 것이다.

---

168) 규칙만 고수하여 융통성이 없는 꼭 막힌 사람을 가리킨다.

제1점에서 이미 논급한 바와 여(如)히, 4291(1958)년 4월 7일자(접수는 8일) 추가공소장은 그 수리절차가 법령에 위반하여 무효인 것이므로, 결국 동 간첩의 점은 심판의 청구가 없는데 귀(歸) 할 것이며, 따라서 이에 대하여는 당연히 공소를 기각하여야 할 것이라고 사료됨으로 이에 다시 천착할 필요는 없을지나, 백보천보를 양하여 그 추가공소가 적법한 것이라고 가정하더라도 이 점에 대한 원판결에는 중대한 사실이 오인이 있다.

이에 원심의 피고인 조봉암과 동 양이섭에 대한 간첩의 점에 관한 각 판시 사실을 요약하면, 피고인 양이섭은 처음 미군첩보기관 해상공작 루트로 입북하여 박일영, 김난주(金蘭柱) 등을 만났는데, 주로 박일영과 대담하는 사이에 남북교역의 자금을 선대하여 준다는데 관하여 "장차 간첩의 사명이 부과될 것을 예견하면서 이를 승낙하고"(원 판결문 71항 말행), 이렇게 왕래하기 도합 3회, 그 다음에는 공소외 엄숙진의 알선으로 인천시 소재 육군HID 첩보선인 서해안 휴전선 루트로 월북하여, 박일영을 만나 그때 동인으로부터 피고인 조봉암을 만나서 "현재 북에서는 조봉암과 합작할 용의가 있으니, 남한의 현정권을 전복시키기 위하여 평화통일이란 공동 목표로 합작하자는 말을 전하라. 조봉암이가 5·15정부통령선거시 대통령에 입후보하면 재정적으로 원조한다고 전하라"는 지령을 받고(동 73항)

월남하여 조를 만나서, "북에서 박일영을 만나서 동인으로부터 전(前) 동지(同旨)의 지령을 받았다고 한 즉, 동 조봉암은 긴장한 얼굴로 약 30분간 침묵하다가 김(양이섭)이 돈을 벌었다면 개인적으로 원조하여 달라고 하므로써 은연히 이를 수락한 바…"(동 74항), 그 후 다시 입북하여 박일영으로부터 다시 "북에서도 선거자금을 원조한다고 전하라는 지령을 받고"(동 75항), 월남하여 조를 만나 "동인에게 전시(前示) 박일영으로부터 받은 지령의 내용을 전한바 동 조봉암은 웃으면서 김(양이섭)이 돈을 벌었다면 개인적으로 후원해 달라는데 왜 딴소리를 하는가 하므로, 동 양이섭은 동 조봉암이 승낙하는 줄 알고…"(동 75항)

기후(其後) 또 입북하여 박일영으로부터 "적극적으로 평화통일을 선전하도록 하라. 금차 월남하면 우선 선대형식으로 동인에게 선거자금 일부조로 금 5백만 환을 전달하라는 지령을 받고"(동 76항) 월남하여, 조에게 수차에 긍(亘)하여 차금원(金員)을 교부하고, 기후(其後) 또 입북하여 박일영을 만나 동인으로부터 "이제는 선거도 끝났으니 빨리 창당하도록 하라. 정당은 기관지가 필요하니 속히 일간신문지 판권을 획득하여 평화통일 노선을 적극 추진하도록 하라. 그 운영자금은 전적으로 후원할 터이니 전하라는 등의 지령을 받고"(동 77항) 월남하여 조를 만나 동인에게 우 지령을 전하고, 이와 같이 기후(其後) 수차에 긍하여 남북으로 왕래하다가 제8차 입국시 "자금조로 미 본토불[169] 2만 불을 전하라는 지령을 받고"(동 84항), 또 양이 기(既)히 조에게 전시 선대형식으로 지급한 금원(金員) 일부 변제조로 동 불 7천 불을 합한 계 2만 7천 불과 조에게 선사(謄謝)로 주는 녹용 반각을 받아가지고 월남하여 기(其) 일부는 본토불로, 기타는 환화(換貨)[170]하여 조에게 2만 7천 불 상당을 교부하였다는 것이다.

이 판시 취지를 다시 요약하면, 피고인 양이섭은 이북 괴집의 첩자로서 이북의 지령을 받아 피고인 조봉암에게 정치자금을 원조하기로 약속하고 미 본토불 2만 7천 불을 갖다가 교부하였다는 것을 표시하려고 한 듯한데, 그러나 판시 사실 그 자체로 본다고 할지라도 ① 피고인 양이섭은 과연 이북의 간첩인가, ② 또 조와 양 간에 이북 괴집의 자금후원에 관한 합의가 있었는가, ③ 미 본토불 2만 7천 불이 과연 이북 괴집에서 보낸 것이며 그 전액이 조에게 교부되었는가 하는 점에 관하여 의문이 없을 수 없다.

① 피고인 양이섭은 과연 이북의 간첩인가. 이 점에 관하여는 원판결의 판시에는 피고인 양이섭이 박일영의 자금 선대 제의에 대하여, 장차 간첩의 사명이 부과될 것을 예견하면서 이를 승낙하였다고 하였을 뿐으로, 그 이외에 양과 박일영 간에 간첩 사명 부여에 관한 구체적인 합의가 있었다는 판시가 전연 없다. 우기 '승낙' 운운은 자금 선대에 대한 승낙이며, 간첩 사명 부여에 관한 승낙이 아닌 것

169) '본토불(本土弗)'은 미국 정부에서 발행되는 미국의 정화(正貨)를 말한다. 군표(軍票)에 대응하는 말이다.

170) '환화(換貨)'는 '환전'을 뜻한다.

이니, 무엇으로써 양 피고인을 이북의 간첩이라고 할 것인가. 원심은 그 판시에 있어서 피고인 양이섭을 명확하게 이북의 간첩이라고 단정한 일도 없이 만연히 간첩인 듯 표시하여 놓고, 그다음에는 간첩이라는 것을 전제로 하여 모든 것을 추론하였다.

이것은 아마 원심에서도 피고인 양이섭에 대하여 '이북의 간첩이다'라고 명확하게 단정하기에는 너무도 무근거 하였기 때문일 것이다. 1건 기록에 의하여 너무도 명료한 바와 여(如)히, 피고인 양이섭은 처음 김동혁과 함께 미국 첩보기관 해상 공작 루트를 통하여 2, 3차 이북에 왕래하다가, 그다음에는 엄숙진의 알선으로 인천 소재 육군HID의 육군의 첩자로서 9회 왕래하였음은 다시 변동할 수 없는 사실로 되어 있는데, 우리 육군의 첩자인 것이 분명한 양 피고인에 대하여 그것을 이북의 간첩이나 혹은 이중첩자라고 인정하자면, 그가 이북에 가서 어떠한 세뇌 공작을 받았다든지, 어떠한 첩보에 관한 교육 우(又)는 훈련을 받아서 완전히 이북에 가담하게 된 경위에 관하여 확호(確乎)한 증거에 의하여 이를 판단한 연후가 아니면 안될 것이다.

그러나 원심은 이에 관하여 일언반구도 논급한 일이 없이 덮어놓고 만연히 이북 간첩인 듯 전제하였다. 원심이 증거로 채택한 증인 엄숙진의 증언(기록 제4717장 내지 4721장, 동 제3133장 내지 3139장)은 판시 사실, 즉 피고인 양이섭이가 이북 간첩이라는 점에 관한 증거가 되는 것이 아니라 그와 반대로 그는 확실히 우리 육군 대북공작의 첩자라는 증거가 되며, 기 이외에 피고인 양이섭이가 이북 간첩 여부에 관한 확호한 증거가 없다. 다만 양 피고인이 육군 특무대에서 무두무미(無頭無尾) 이북에서 대 조봉암 공작의 누차의 지령을 받은 것 같은 공술을 한 일이 있으나, 이것은 동 피고인이 원심에서 완전히 부인하였을 뿐 아니라(기록 제5458장) 순리상으로 생각한다고 할지라도 자기의 간첩 사실을 그 조서에 나타나 있는 것과 같이 순순히 자백한다는 것은 보통 있을 수 없는 일이며,

더욱 그가 검찰을 경하여 제1심 공판정에서까지 상 피고인 조봉암과 논쟁하여 가면서 열렬히 자기의 간첩행위를 강조한 것을 보면, 그에는 어떠한 포착(捕捉)

할 수도 없고 형언할 수도 없는 암영(暗影)이 강력하게 영향되었음은 추단하기에 넉넉한 바 있다. 이 점에 관하여 피고인 양이섭은 원심공판정에서 육군 특무대에서의 허위자백과 검찰 내지 제1심 공판까지의 유지에 관한 경위를 명백하게 폭로시킨 일이 있는데, 이 폭로 진술의 진부(眞否)에 관하여는 이것을 피고인 양이섭이 육군 특무대에서 문초를 받고 있을 당시 자살을 기도하였다는 명확한 사실과 대조하여 볼 때, 그것이 어떠한 강제 우(又)는 기망(欺罔) 기타 방법에 의하여 임의로 진술한 것이 아니라고 의심할 충분한 이유가 있다고 할 것이다. 또 특무대에서의 허위 진술을 기후(其後)에 유지한 것도 또한 기망 기타 방법에 의한 것이라고 판단한 것이 실정에 부합할 것이다. 과연 그렇다면 피고인 양이섭이 이북의 간첩이라는 것은 전연 무근한 일이며, 또 원심에서 거시한 증거만으로는 이것을 단정할 자료가 하나도 없다. 그러함에 불구하고 원심에서 피고인 양이섭을 이북 간첩인 것 같이(불분명하지마는) 인정한 것은 불법이라고 아니할 수 없다.

② 피고인 조봉암과 동 양이섭 간에 이북 괴집의 자금 후원에 관한 완전한 합의가 있었는가. 이 점에 관한 원판시를 보면 "우리 양인 사이는 피차 과오가 있더라도 고발할 처지가 아니니 말하겠다"고 전제한 다음, 기실은 자기는 남북교역으로 돈을 벌었는데 북에서 전시 박일영을 만나서 동인으로부터 전(前) 동지(同旨)의 지령을 받았고 한 즉, 동 조봉암은 긴장한 얼굴로 약 30분간 침묵하다가 김(양이섭)이 돈을 벌었다면 개인적으로 후원하여 달라고 하므로서 은연히 이를 수락한바"(원 판결문 74항 5행 내지 8행)라고 되어 있고,

또 기후(其後) 다시 "박일영으로부터 받은 지령의 내용을 전한바 동 조봉암은 웃으면서 김(양이섭)이 돈을 벌었다면 개인적으로 원조해 달라는 데 왜 딴소리하는가 하므로, 동 양이섭은 동 조봉암이 승낙하는 줄 알고…"(동 75항 7행 내지 9행)라고 되어있다. 처음에 "개인적으로 후원하여 달라"고 한 것이 "은연히 수락한 것이고", 다음에 "개인적으로 후원해 달라는데 왜 딴소리 하는가"한 것이 "승락"한 것이 된다는 말이다. 참 구구한 표현방법이다.

이에 완전한 의견의 연락 우(又)는 합의가 있었다고 볼 수가 있을까. 남북교역

으로 돈 벌었다는 양에게 대하여 "돈 벌었다면 개인적으로 후원해 달라"고 하였다면 괴집 관계에 대하여는 "은연히 수락"한 것이 아니라 도리혀 "은연히 거절"한 것이라고 보는 것이 합리할 것이며, 더욱 "왜 딴소리하는가" 하였다면 "승낙하는 줄 알" 것이 아니라, 단연 거절하면서 책(責)한 것이라고 이해하는 것이 차라리 타당할 것이다. 그러함에도 불구하고 원심은 이 점에 관하여 하등 고려함이 없이 검사의 공소사실 그대로를 사기(寫記)하여 여사히 판시하면서, 그래도 참아 "완전 승락 합의"하였다고는 단정하지 못하였다. 이것은 특무대 이래의 양이섭의 소위 자백이 이와 같이 구차하게 되어있기 때문이다.

'간첩'이라는 생명을 걸고 하는 어마어마한 모의를 하면서 '은연히 수락'하였거나 '수락하는 줄 알었거니'가 어디 당한 말이랴! 명확한 승낙 합의가 없이 어떻게 믿고 일할 수 있을랴! 그러함에 불구하고 특무대 이래의 소위 자백이 이와 같이 구차하게 되어있는 것은 그에 어떠한 무리(無理)가 삽입되어 있음을 규시(窺視)할 수 있다. 자연은 순순하지만 조작에는 무리가 있는 법이다. 피고인 조봉암이 '승낙'하였다는 단순한 사실을 표시하기 위하여, 이와 같이 단계를 나눠서 그럴듯하게 설명하지 않으면 안되게 되는데 무리가 있다. 그렇게 고심 역작하였건마는 그래도 '완전 승락 합의'하였다는 데까지는 도달치 못하고 말았다.

③ 미 본토불 2만 7천 불이 과연 이북 괴집에서 보낸 것이며, 그 전액이 피고인 조봉암에게 교부되었을까. 이 점에 관한 원판시를 보면 "강 모로부터 우 2만 불과 동 피고인이 기히 조봉암에게 전시 선대형식으로 지급한 금원의 일부 변제조 동 불 7천 불을 합한 계 2만 7천 불과 동 조봉암에 선사로 전하라고 주는 녹용 반각[10여량 중(重)]을 받아가지고 월남하여 전화 연락으로 동 조봉암과 함께 경기도 광주군 남한산성에 가서 동인에게 전시 임호(林虎)의 지령을 전하는 동시에 전시 2만 7천 불을 가져왔다고 말한바, 동 조봉암은 자기로서는 불(弗)을 교환할 수 없으니 한화(韓貨)[171]로 교환하여 주되 지금 돈이 급하니 우선 60만 환만 달라고 하므로, 동 양이섭은 즉시 동불(同弗) 620불을 수교하고 잔(殘) 2만 6천 380불은

171) 한국의 화폐를 말한다.

동년 7월 초순부터 동년 8월 초순까지 사이에 불상인(弗商人)[172] 이정자에 의뢰하여 수차에 걸쳐…, 교부하고"(원판결 84항)라고 되어있다.

즉 피고인 양이섭은 조에게 전하라는 자금조 2만 불과 기히 양이 조에게 선대하였던 것의 변제조 7천 불을 받아서, 기 전부를 조에게 교부하였다는 것이다. 현하(現下)의 세도인심(世道人心)으로 볼 때 이익만을 추구하여 간첩까지 하게 된 피고인 양이섭이, 자기가 받을 7천 불까지 하등 이유 없이 동 조봉암에게 주었다는 것은 수긍할 수 없는 일이라고 아니 할 수 없다. 만약 그것이 양이 평소에 조를 존경한데서 그러한 것이라고 이해할 수 있는 일이라면, 조가 시종일관 주장하는 바와 여히 또 양이 원심에서 공술한 바와 여히, 호협(豪俠)한 양이 평소 존경하는 조의 정치자금으로 사재를 주었다는 점도 이해할 수 있는 일이다.

그런데 양은 원심에서 조에게 1,200만 환을 주었다고 말하고, 조도 역시 "양이섭으로부터 받은 총액이 1,000여만 환에 불과할 것으로 생각합니다"라고 답(기록 제5491장 이면)하였으며, 동 미 본토불의 출처에 대하여 양 피고인은 특무대 이래 이북에서 가지고 왔다고 하던 것을, 원심에서는 중국인 한자방(韓子房)이가 준 것이라고(기록 5491장) 번복 진술한 것은 1건 기록에 의하여 명백한데, 그 어느 말이 진실일까. 하는 점에 관하여 생각건대, 첫째, 이북에서 그 반역도로 규정되어 있는 조봉암에게 여사한 대금(代金)을 일시에 보내겠는가 의문이며, 둘째, 첩자로서 이북에 왕래하자면 엄밀한 감시를 받는데, 갈 때에 이쪽에서 입던 의복까지 전부 탈의시키고 새 의복을 입혀서 보냈다가 돌아올 때 상륙 시에 그 의복을 벗기고 두고 갔던 의복을 갈아입히기까지 하는 물샐틈 없는 감시하에서, 과연 그러한 대금 뭉치를 숨겨가지고 나올 수 있을까가 더욱 의문이라고 아니할 수 없다.

이 점에 관하여 원심에서 증거로 채택한 증인 엄숙진은, 피고인 양이섭에 대하여는 자기가 엄중한 감시를 하였고, 또 자기도 다시 감시를 받았을 것이라고 말하고, 지어(至於)[173] 금전 용처에까지라도 감시하는 것이라고 말(기록 제4733장

172) '달러상'을 말한다.

173) 어떤 상황에 이르는 것을 의미한다.

이면)한 점으로 보아 가히 알 일이다. 그와 반대로 자유중국인 한자방이란 자로부터 받았다는 것은 가능한 일이며, 또 양이 조에게 교부하였다는 돈의 지급 방법을 보면 몇백만 환을 일시에 준 일은 한 번도 없다.

원 판결문에 적시된 바를 볼지라도 기(其) (5)(판결문 76항)에는 피고인 양이섭은 박일영으로부터 선대형식으로 선거자금 일부조로 금 5백만 환을 전달하라는 지령을 받고, 월남하여 처음 진보당 사무실 근처에서 액면 금 130만 환의 보수(保手) 1매를, 기 2, 3일 후에 총액 70만 환의 보수 3매를, 기후에 또 총액면 230만 환의 보수 수매를, 또 기후 1주일 후[4289(1956)년 5월 12, 3일경] 사자(使者) 조규진을 통하여 현금 70만 환을, 이상 도합 500만 환을 각 교부한 것으로 되어있고, 또 동 (7)(동 78항)에는 선대형식으로 판권 획득비조로 금 500만 환을 전하라는 박일영의 지령을 받고 월남하여, 4289(1956)년 9월 중순경 광릉에서 액면 금 100만 환의 보수 1매, 기후 장녀 조호정을 통하여 현금 50만 환과 액면 50만 환의 보수 1매, 동년 7월 초순경 동녀(同女)를 통하여 현금 50만 환과 액면 50만 환의 보수 1매, 조의 운전수를 통하여 현금 80만 환, 그 후 조 자신에게 액면 120만 환의 보수 1매, 이상 도합 500만 환을 각 교부한 것으로 되어있다.

조의 진술에 의하면 이북에서 온 돈이라는 점만 제외한다면 기 금액 중에는 사실에 부합되는 것도 있고, 또 중복되는 것도 있고, 또 전연 부인하는 것도 있다. 그러나 당시의 전후 2, 3년간에 양으로부터 도합 1,000여만 환의 원조를 받은 것은 시인하는 바이므로, 그것을 걷어 모으고 뜯어고치고 서로 맞춰서 이러한 결산서를 작성한 모양인데, 좌우간 그 지급 방법이 극히 분산적인 점으로 보아, 이것은 차라리 개인적으로 그 사재를 그때그때 형편 되는 대로 교부하였다고 보는 것이 근리(近理)할 것이다.

그런데 그다음 동 (8)(동 80항)에는 임호로부터 또 선대형식으로 신문사 판권획득비조로 금 500만 환을 전달하라는 지령을 받고 월남하여, "4290(1957)년 2월 초순까지의 사이에 수회에 긍(亘)하여 보증수표로 동인에게 계 금500만 환을 교부하고"(동 82항 3행 이하)라고 되어있을 뿐으로 상세한 지불내역이 없으며 동 (10)

(동 84항)에는 또 임호로부터 "자금조로 미 본토불 2만 불을 전하라"는 지령을 받고 강 모로부터 우 2만 불과 선대금 변제조로 동불(同弗) 7,000불, 합계 2만 7천 불을 받아가지고 월남하여, 조에게 남한산성에서 동불(同弗) 620불을 수교하고, 잔(殘) 2만 6,380불은 동년 7월 초순부터 동 8월 사이에 아서원(雅叙園), 회룡사(回龍寺), 우이동(牛耳洞), 동구릉(東九陵), 진관사(津寬寺) 등지에서 보수 혹은 마재하(馬在河) 명의의 수표 등으로 계 금 2,400여만 환을 교부하고라고 하였을 뿐으로 이 또한 상세한 지불내역이 없다.

전자에는 잘 되었으나 못되었으나 좌우간 지불항목이 명시되어 있는데, 후자에는 그것조차 전연 없으니, 전자는 약 1,000만 환가량은 사실상 교부된 것을 근거로 하여 적당히 계산서를 작성할 수 있었으나, 후자는 전연 근거할 방도가 없어서 이렇게 도(都) 거리로 합계만 표시한 것이라고 아니할 수 없다. 제1심 공판시 피고인 양이섭은 재판장의 특무대 이래의 조서에 의한 물음에 대하여, 전자에 대하여는 지불 기일까지 명세(明細)히 대답하다가 후자에 이르러는 상세한 것은 기억이 없어서 대답할 수 없다고 하기에, 변호인들은 우 양에게 대하여 벌써 상당히 시간이 경과한 전자의 지불계산은 그렇게 자세히 설명할 수 있는 피고인으로서 어찌하여 그것보다 훨씬 후에 일어난 후자의 지불내용은 그렇게도 전부 망각하여 기억이 전무하단 말이냐고 질문한 일이 있었으나, 양은 머리를 숙이고 다만 '그렇게 되었다'고 할 뿐으로 대답하지 못하였다.

이런 점 등등으로 볼 때 전자, 후자를 통하여 도합 약 1,000여만 환 정도는 교부된 것이 사실이나 기여(其余)의 교부 운운은 전연 무근이며, 우 1,000여만 환의 교부도 수년간에 수 십회에 긍(亘)하여 교부된 것으로, 피고인 조봉암은 동 양이섭이 남북교역에 종사하는 줄도 몰랐으니 더욱 "그 돈이 이북에서 가져온 돈인 줄은 모르고 썼습니다"(기록 제5498장 이면)라는 조의 공술이 진실한 것이라고 아니할 수 없다. 사실 진상은 여사함에 불구하고 원심은 상술한 여러 가지 점에 대하여 하등의 고려함이 없이 덮어놓고, 공소장의 이 점에 관한 부분을 또 그에 부합하는 증거도 없이 그대로 인정하였으니 이것은 확실히 불법이다.

그 지(旨)를 전시 박일영에게 전달할 것을 약속한 후(주 6차 월북 시), 동년 4월 의약품 등 시가 160만 환 상당의 물자를 구입하여 가지고, 전 동 방법으로 월북하여 전시 돌개포에서 전시 박일영을 만나 동인에게 전시 동 조봉암과의 회담 내용을 보고하고,

(5) 동 양이섭은 동 석상에서 동 박일영으로부터, '남한의 현 정세로 보아서 동 조봉암이가 대통령으로 당선되기는 기대하기 어려우나 정치 경험을 쌓기 위하여 강력히 선거운동을 추진하는 동시에 적극적으로 평화통일을 선전하도록 하라. 금차 월남하면 우선 선대 형식으로 동인에게 선거자금 일부조로 금 500만 환을 전달하고 그의 승리를 빈다고 전하라'는 지령을 받고, 기경(其頃) 약 600만 환 상당의 한약재를 받어 가지고 월남하여, 기경 전화 연결으로 동시(同市) 을지로 소재 아서원에서, 동 조봉암을 만나 동인에게 전시 박일영의 지령을 전하는 동시에, 물자가 처분되는 데로 금 500만 환을 주겠다고 한바 동 조봉암은 고맙다. 돈이 급하니 빨리 달라고 함으로, 동 양이섭은 동 조봉암에게 약 1주일 후 동시(同市) 양동 소재 전시 진보당 중앙당 사무실 근처에서 액면 130만 환의 보증수표 1매를, 기 2, 3일 후 동시(同市) 태평로 노상에서 동 조봉암의 찦차 내에서 총액 70만 환의 보증수표 3매를, 동경 전시 아서원에서 총 액면 230만 환의 보증수표 수매를, 기 약 1주일 후(동년 5월 12, 3일경) 동시(同市) 사직공원(社稷公園)에서 동인의 사자 조규진을 통하여 현금 70만 환(이상 도합 500만 환)을 각 교부하고(주 7차 월북 시), 동년 6월 하순경 의약품 등 시가 100여만 환 상당의 물자를 구입하여 가지고 전동 방법으로 월북하여, 전시 돌개포에서 전시 박일영을 만나 동인에게 우 조봉암과의 회담 내용과 동인에게 금 500만 환을 전달한 사실, 5 · 15정부통령 선거 시 신익희(야당인 민주당 공천 대통령입후보자)가 사망한 까닭에 동 조봉암이가 동정표를 많이 얻어서 약 200만 표를 획득하였다는 지(旨), 신당조직추진운동에 있어서 동 조봉암과 공소외 서상일파가 대립하여 알력이 생하였다는 등을 보고하고,

(6) 동 양이섭은 동 석상에서 동 박일영으로부터, '이제는 선거도 끝났으니 빨리 창당하도록 하라. 정당은 기관지가 필요하니 속히 일간신문지 판권을 획득하

여 평화통일 노선을 적극 추진하도록 하라. 그 운영자금은 전적으로 원조할 터이니 전하라' 등의 지령을 받고, 수일 후 인삼, 한약재 등 시가 500만 환 상당의 물자를 받어 가지고 월남하여, 기경(其頃) 전시 아서원에서 동 조봉암을 만나 동인에게 동 박일영의 우 지령을 전한바, 동 조봉암은 그렇지 않어도 신문사가 필요하여서 알어 보았더니 『대동신문』의 판권을 인수할 수 있으나 판권 인수조로 500만 환이 필요하고 기외에 운영비 2,000만 환이 필요하고 진보당은 동년 11월경 창당될 것이라고 답하고, 동 양이섭은(주 8차 월북 시) 기후 동년 8월 말경 시계, 의약품 등 시가 100여만 환 상당의 물자를 구입하여 가지고 전 동 방법으로 월북하여 전시 한광의 안내로 서평양(西平壤) 소재 아지트에 이르러 전시 정보위원회 부부장이며 대남정당 책임자인 최(崔) 모, 동 과장(課長) 조(趙) 모, 동 과내(課內) 진보당 책임자 강(姜) 모 등 입회하에 전시 박일영에게 동 조봉암과의 회담 내용을 보고하고,

(7) 동 양이섭은 동 석상에서 동 박일영으로부터, '금반 월남하면 동 조봉암에게 선대 형식으로 판권획득비 조로 금 500만 환을 전하라. 그 외의 비용도 일체 책임지겠으니 빨리 판권을 획득하도록 전하라' 등의 지령을 받고, 익일 동 박일영은 임춘추를 다리고 와서 동인을 소개하면서 자기는 다른 직장으로 전직될지도 모르니 금후는 동 임춘추와 연락하라고 지시하고, 그 시(時) 동 임춘추는 동석에서 동 조봉암에게 선사한다고 하면서 백삼 3근을 수교하므로, 차(此)를 수(收)한 후 전시 돌개포로 귀환하여 모루히네, 녹용 등 시가 약 700만 환 상당의 물자를 받어가지고 월남하여, 동년 9월 중순경 전화 연락으로 동 조봉암과 함께 소풍을 가장하여 전시 광릉에 가서 동인에게 동 박일영의 지령을 전하는 동시에, 동 임춘추가 백삼 3근을 선사하기에 가져왔다고 말한바, 동 조봉암은 대단히 감사하다, 판권획득은 계속 노력한다고 답하므로, 동 양이섭은 동인에게 동소에서 액면 100만 환의 보증수표 1매를 교부하고, 기후 전화 연락으로 동경(同頃) 동인에게 동시(同市) 성동구 약수동(藥水洞) 로타리에서 동인의 장녀 조호정을 통하여 현금 50만 환과 액면 50만 환의 보증수표 1매를, 동년 10월 초순경 동소에서 동 조봉암의 사자인 찦차 운전수 이재윤(李載允)을 통하여 현금 80만 환을, 동경(頃) 동시(同市) 퇴계로에서 전시 이재윤을 통하여 전시 백삼 3근을 교부하고, 동 조봉

암은 동년 11월 하순경 전시 아서원에서 동 양이섭을 만나 동인에게 판권획득비조로 받은 전시 500만 환은 전시 진보당 결당비에 전부 소비하였으니 판권획득비로 다시 500만 환을 보내달라고 하는 동시에, '백삼을 보내주어서 감사하다. 사업은 잘되고 있는데 앞으로도 잘 될 것이니 후원하여 주기를 바란다'는 지의 편지를 써서 수교(手交)하고, 동 양이섭은(주 9차 월북 시) 동경 의약품 등 시가 100여만 환 상당의 물자를 구입하여 가지고 전 동 방법으로 월북하여, 전시 한광의 안내로 평양 아지트에 이르러 전시 박일영으로부터, 자기는 알바니아 대사로 가게 되었으니 금후는 새로 정보위원회 부위원장으로 취임한 임호[일명 임해(林海) 전 괴집 주소대사(駐蘇大使)]와 연락하라는 지령을 받고, 그 익일 동인은 동 임호를 데리고 와서 소개하므로 동 임호에게, 진보당은 동년 11월 10일 창당되었는데 동 조봉암이가 그 중앙당 위원장에 취임하여 평화통일을 당 구호로 내세웠다는 것과 동 조봉암이가 판권획득비로 금 500만 환을 요구한다는 것을 보고하는 동시에 전시 조봉암의 편지를 수교하고,

(8) 동 양이섭은 동 석상에서 동 임호로부터, '진보당의 결당 사실은 이미 신문을 통하여 알고 있다. 입장 인원은 800명이라 하나 기실 1,000명 이상 될 것이다. 평화통일을 구호로 하여 발당하였으니 대단히 반가운 일이다. 앞으로 진보당의 조직을 강화하여 평화통일을 선전하도록 하라. 진보당의 조직상황을 알고 싶으니 차회 월북 시 그에 관한 문건을 가져오라. 빨리 신문사를 경영하도록 하라. 우리가 무전으로 도취(盜取)한 바에 의하면 김종원 치안국장이 무전으로 전국 경찰국장에게 진보당의 동향을 엄중 감시하라고 지시하였으니 주의하도록 하라. 선대 형식으로 신문사 판권획득비조로 금 500만 환을 전달하라는 지령을 받고 동인에게 앞으로 쌍방이 직접 사람을 교환하라'고 제의한바, 동인은 그러면 동 조봉암에게 '북에서 사람을 보내도 환영하겠는가'를 물어보라고 하면서, 「우리도 잘있다. 우리 사업도 잘되어간다. 사업이 잘되기 바란다. 앞으로 후원하겠다. 임(林)」이란 편지를 수교하므로, 차(此)를 수취하고 3일 후 한약재 등 시가 700만 환 상당의 물자를 받어가지고 전시 돌개포 경유 월남하여, 전화 연락으로 동 조봉암과 함께 소풍을 가장하여 서울시외 우이동에 가서 동인에게 전시 임호의 지령과 편지를 전한바, 동 조봉암은 고맙다 수고하였다 하면서 '북과 사람을 교환하는 것은

무방하다. 나도 김종원 치안국장의 전시 무전건을 알고 있으며 그 문건도 가지고 있으니 후에 보여주겠다. 진보당의 조직사업에 관한 문건도 준비할 터이니 월북할 시 가지고 가라'고 하므로 동 양이섭은 물품이 처분되는 데로 금 500만 환을 주겠다고 약속하고, 그경부터 동 4290(1957)년 2월 초순경까지 사이에 수회에 긍(亘)하여 보증수표로 동인에 계 금 500만 환을 교부하고, 기후(其後) 동 조봉암은 동 4290(1957)년 2월 일자 미상 전시 아서원에서, 동 양이섭에게 전시 진보당 중앙당 위원명단, 동 상임위원 명단, 동당의 선언, 강령, 정책, 당헌이란 책자 등을 익일 아침 전시(前示) 약수동 로타리에서, 전시 이재윤을 통하여 동인에게 김종원 치안국장이 전국 경찰국장에게 진보당의 동향을 감시하라는 무전 지시 사본을 각 교부하고, 동 양이섭은(주 10차 월북 시) 동경(同頃) 의약품 등 시가 100여만 환의 물자를 구입하여 가지고 전 동 방법으로 월북하여 전시 한광의 안내로 평양 소재 아지트에 이르러 전시 대남 정당책임자인 최 모, 조 모 등에게 전시 조봉암과의 회담 내용을 보고하는 동시에 전시 당조직 문건과 무전 사본을 교부하고,

(9) 동 양이섭은 동 석상에서 동 최 모로부터, '조속히 신문사를 경영하도록 하라. 진보당의 조직을 강화하는 동시에 문호를 개방하여 혁신세력을 규합하여 연합전선을 추진하도록 하라. 미군철수를 주장하도록 하라'는 지령을 받고, 동경(同頃) 품명 미상 시가 약 500만 환 상당의 물자를 받어가지고 전 동 방법으로 월남하여, 2, 3일 후 전시 아서원에서 동 조봉암을 만나 동인에게 우 최 모의 지령을 전한바, 동 조봉암은 '아직 진보당의 토대가 공고하지 못하니 미군 철수 주장은 시기상조이고 야당 연합은 잘못하면 민주당에게 넘어갈 염려가 있으니 앞으로 시기를 보아야 하고, 『대동신문』 판권획득은 실패로 돌아갔으나 앞으로 월간 『중앙정치』지의 판권을 획득할 수 있다'고 말하고, 기후 누차 자금이 부족하니 좀 더 가져오라고 하므로 동 양이섭은 항상 말로만 돈을 달라기 곤란하니 직접 편지를 써달라고 하여 오던 중, 동년 5월 하순경 전시 아서원에서 동 조봉암으로부터 '사업이 잘되기는 하나 경제적 곤란으로 지장이 많으니 좀 더 원조해달라'는 자필 서한과 전시 선사의 답례로 주는 파카 만년필 3본, 진보당 지방당부 간부명단 1매, 동당 대구시당 간부 예정자 명단 1매 등을 받고(주 11차 월북 시), 기경 전 동 방법으로 월북하여 전시 한광의 안내로 평양 아지트에 이르러 전시 임호, 강 모, 최

모 등을 만나서 동인 등에게 전동 조봉암과의 회담 내용을 보고하는 동시에 전시 편지 문건, 만년필 2본(1본은 분실) 등을 수교하고, 동 양이섭은 동석에서 동 임호로부터, '진보당의 기관지는 다른 방면으로 알어보라. 전시 『중앙정치』지를 발간하면 보내라. 평화통일을 계속 선전하라. 야당 연합운동과 미군철수 운동을 추진하라. 지방당부 발전상황에 관한 문건을 보내라. 자금조로 미 본토불 2만 불을 전하라'는 지령을 받고 5일 후 전시 강 모로부터 우 2만 불과 동 피고인이 기히 동 조봉암에게 전시 선대 형식으로 지급한 금원(金員)의 일부 변제조 동불 7천 불을 합한 계 2만 7천 불과 동 조봉암에게 선사로 전하라고 주는 녹용 반각(10여 량 중)을 받어가지고, 그경 월남하여 전화 연락으로 동 조봉암과 함께 경기도 광주군 남한산성에 가서 동인에게 전시 임호의 지령을 전하는 동시에 전시 2만 7천 불을 가져왔다고 말한 바, 동 조봉암은 자기로서는 불(弗)을 교환할 수 없으니 한화로 교환하여 주되 지금 돈이 급하니 우선 60만 환만 달라고 하므로, 동 양이섭은 즉시 동불 620불을 수교하고 잔 2만 6,380불은 동년 7월 초순경부터 동년 8월 초순까지 사이에 불(弗) 상인 이정자에 의뢰하여 수차에 걸쳐 평균 900 대 1로 환화하여, 전시 아서원, 회룡사, 우이동, 동구릉, 진관사 등지에서 보증수표 공소외 마재하 명의의 수표 등으로 계 금 2,400여만 환을 교부하고, 동 조봉암은 동년 9월 중순경 전시 『중앙정치』지의 판권을 획득하여 그경 동지(同紙) 10월호를 창간하고, 그경 전시 진관사에서 동 양이섭에게 동 10월호 1권을 전시 아서원에서 동인에게 '녹용을 보내서 감사하다. 탕약대 2만 환(2만 불의 의미)은 받었다'는 영수증 1매와 '사업이 잘되어가니 앞으로도 잘 후원해달라'는 편지 1매를, 동경 서울시 퇴계로에서 동인에게 동 진보당 지방당 조직상황을 기재한 진보당 조직명단 1매를 수교하고(주 12차 월북 시), 동 양이섭은 동경 전 동 방법으로 월북하여 전시 한광의 안내로 평양 아지트에 이르러 전시 조 모, 강 모 등에게 전시 각 문건과 『중앙정치』 10월호를 전달하고,

(10)[182] 동 양이섭은 동 석상에서 동 조 모, 강 모 등으로부터, '북에서는 반미

182) 원문에는 (11)로 표기되어 있으나, 순서상으로는 (10)이 맞다. 가독성을 위해서 수정하여 표기하였다.

민족연합전선(反美民族聯合戰線)을 구호로 하고 있으니 남한에서도 반미민족연합(反美民族聯合)을 내세우도록 하라. 진보당의 조직을 확대하라. 제4차 민의원 의원 총선거에 관하여 진보당의 정책이 수립되면 그 내용을 자세히 알리라. 북에서 적극 후원하겠으니 전하라'는 지령을 받고 동경 월남하여, 서울특별시 소재 북경루(北京樓)에서 동 조봉암을 만나 동인에게 우 조 모, 강 모 등의 지령을 전한 바, 동 조봉암은 '아직 진보당의 지반(地盤)이 확고하지 못하니 반미운동을 주장하기 어렵다. 진보당의 지방조직은 잘되어간다. 자기는 제4차 민의원 의원 총선거시 인천에서 출마할 예정이다. 동년 12월 하순경이면 진보당의 선거대책이 수립될 터이니 그 시(時) 알려주겠다. 자금을 많이 갔다 달라'고 말하고, 또 동 조봉암은 동 4291(1958)년 정월 초순경 전시 조규진을 통하여 동 양이섭에게 동당의 제4대 민의원 의원 입후보자 명단 1매, 자금요청서 1매를 넣은 진보당 선거 대책이란 서한을 교부한 바, 동 양이섭은 동 자금요청서의 기재 내용이 막연히 자금을 보내라는 것이므로 그러한 내용으로서는 자금을 얻어 올 수 없다고 생각하여 그 내용을 구체적으로 기재해달라는 의미에서 즉시 동 조규진에게 반환하고, 2, 3일 후 동 조봉암이가 동시 남산동 소재 양이섭 가(家)를 방문하였음으로, 동 양이섭은 동 자금요청서에 관하여 '좀 더 구체적으로 써야 자금을 많이 얻을 수 있지 않는가. 그런 정도이면 나만 미친놈이 되지 않는가, 그럴 바에는 차라리 그만두겠다'고 한 바, 동 조봉암은 다시 구체적으로 써줄 것을 승락하고, 또 동 양이섭은 전시 출마 예정자 명단에 있어서도 단순히 그 이름만 나열하였으니 좀 더 구체적으로 써야 하지 않는가 하면서 이를 반환한 바, 동 조봉암은 그것도 역시 구체적으로 써줄 것을 승락하여써 각 간첩 행위를 감행하고라 판시하고,

"동 조봉암과 동 양이섭의 각 판시 간첩의 점은,

1. 당심 공정에 있어서의 동 피고인 등과 상(相) 피고인 이동현 및 증인 이정자, 동 김동혁[183] 등의 차(此)에 부합하는 각 공술.

183) 김동혁은 1948년 이래 미군 첩보부대 및 국군 첩보부대를 통해 이북을 왕래하는 공작원으로 대북공작에 종사하였는데, 진보당사건의 양이섭을 월북시킨 바 있다. 진보당사건 1심 제15회 공판시 양이섭은 김동혁 사건이 무엇인가라는 재판장의 심문에 "1955년 가을경 저도 이북에 같이 왔다 갔다 했는데, 김동혁이 아편을 가지고 나왔다는 것인데 저는 걱

1. 원심 각회 공판조서 중 동 피고인 등과 상(相) 피고인 이동현, 원심 상(相) 피고인 임신환, 동 이정자 및 엄숙진의 차(此)에 부합하는 각 공술 기재.
1. 동 피고인 등의 기 성립의 진정을 인정하는 검사의 우 동인 등에 대한 각 피의자 신문조서 중 차(此)에 부합하는 각 공술 기재.
1. 원심 상(相) 피고인 이정자(당심 증인)가 원심 공정에서 기 성립과 내용의 진정을 인정하는 검사의 동인에 대한 피의자 신문조서 중 차(此)에 부합하는 각 공술 기재.
1. 동 피고인 등이 그 성립과 내용의 진정을 인정하는 공소외 조호정, 동 조규진, 동 이재윤 등에 대한 각 피의자 신문조서 중 차에 부합하는 각 공술 기재.
1. 압수한「지편(紙片)」[서울지검 4291(1958)년 압 제1,024호],「처장님이란 유언서」[동편(同片) 동년 압 제146호의 증 제57호],「증거보전기록」(동 압호의 증 제78호) 등 중(中) 차(此)에 부합하는 기재.
1. 압수한「수표」14매(동편 동년 압 제656호의 증 제60 내지 73호),「차변대체표(借辺(對替票)」2통(동 압호의 증 제74와 75호),「예금구좌 원장 사본」2통(동 압호의 증 제76과 77호) 등의 현존 사실 등을 종합하여 차(此)를 인정할 수 있다" 하고, "법률에 비추건데 피고인 등의 판시 소위 중 간첩의 점은 〈형법〉 제98조 제1항에 해당하는바, 간첩죄에 대하여는 각 소정형 중 사형을 선택하고 피고인의 이상 소위는 〈형법〉 제37조 전단 소정의 경합범(競合犯)에 해당함으로, 동 양이섭에 대하여는 동법 제38조 제1항 제1호 제50조를 각 적용하여 각 엄중한 간첩죄의 형에 조차서 피고인을 사형에 처한다"고 판결하였습니다.

제1점 원판결은 판결에 영향을 미칠 중대한 사실을 오인한 위법이 있습니다. 본건을 명확히 거시하기 위하여 1. 진보당 발단 당시의 수사당국의 담화 발표와 양 피고사건 2. 첩자 사용의 원칙, 수사의 맹점, 양 피고의 법정 태도 3. 양 피고의 원심 번복 진술과 판시 사실의 모순성을 순차로 설명하겠습니다.

정만 했지 아무 일 없었던 것"이라고 답하였다. 김윤경,「진보당 사건 관련자 양이섭의 실체에 대한 연구」, 서울시립대학교 대학원 국사학과 석사학위논문, 2011, 32쪽, 71쪽 참조.

제1. 진보당 사건 발단 당시의 수사당국의 담화 발표와 양 피고사건

이 점은 본건 진보당 간부의 검거 후 당국이 "간첩사건과 결부시키려고 얼마나 노력했느냐"의 점에 대하여 약술하겠습니다. 4290(1957)년 10월에 박정호 간첩사건이 발생하였는데, 소위 근민당 및 한독당 잔류인사 수십 인이 검거된바 있습니다만은 당시 그 사건은 매일같이 고위층에 보고되고 진보당도 불원 불법화될 것이나 외국의 반응이 어떨까 해서 아직 망서리고 있다. 그러나 검찰에서는 반대하고 있다는 풍설이 돈 적이 있었습니다. 기후 과연 4291(1958)년 1월 11일 진보당 간부의 검거 선풍이 불었습니다. 그 때의 구속 이유는 ①『중앙정치』 10월호에 게재된 「평화통일에의 길」 조 씨 논문 「증 제1호」의 구절과 ② 진보당 강령정책(증 제2호) 중의 통일문제, 이 두 가지를 증거로 진보당이 괴집과 상통하는 평화통일을 주장하며 국가변란을 기도하였다는 것이였습니다. 당시 국민들은 ① 선거를 목첩(目捷)에 둔 혁신세력 출마방지책으로 정책적 검거가 아니냐, ② 공인된 정당의 국토통일정책이 보안법 위반의 수사대상이 될 수 있느냐고 적지않게 놀랐습니다.

1) 수사당국의 담화발표

이와 같은 국민들의 의혹을 풀고자 금년 1월 15일 도하(都下) 각 신문에는 수사 고위당국자가 〈형법〉 제126조 피의사실공표죄(被疑事實公表罪)를 범하면서 진보당사건의 윤곽을 발표했습니다. 그 요지는 (1) 정순석(鄭順錫) 전 검찰총장 담(談) "『중앙정치』에 게재된 조 씨의 평화통일론은 대한민국과 괴집을 동등한 위치에서 동일한 시간에 실시된다는 것은 불유쾌한 것이지만, 기왕에도 UN 감시하에 몇 번씩이나 선거를 해왔으니 또 한 번 한다고 해서 나쁠 것이 없지 않은냐고 용공정책을 써서 대한민국의 국시에 위배되는 평화통일을 내세웠다"…하고 나서, … "진보당이 평화통일을 내새운 것이 국시위반이 아니라 평화통일 간판하에 괴집과 규합함으로써 수사대상이 된 것이다"…하고, 계속하여… "조 씨는 ① 박정호 간첩과 89(1956)년 5월에 밀회하여 진보당의 평화통일이 괴집과 상통한다는 결론을 얻은 후 진보당 조직을 추진했고, ② 정우갑 간첩과 90(1957)년 8월 신흥사(新興寺)에서 밀회하여 재일본조련(在日本朝聯)[184]과 합세키로 논의 후 동인을 입당시키고, ③ 김동혁, 허봉희(許鳳熙), 이태순(李泰淳) 간첩사건의 괴집 지

령내용이 진보당 확대 공작에 있다"… 운운해서, 조 씨가 여사한 간첩들과 내통하고 있다는 것을 극구 강조한 바 있었습니다. (2) 최치환(崔致煥) 전 시경국장 담(談), 상술 정 검찰총장 담화 이상으로 "조 씨는 ① 박정호로부터 평화통일 주장을 위하여 괴집과 협력할 수 있는 정당을 조직하라는 지령문을 받었다(그 얼마 후 이 지령문은 조 씨가 소각하였다고 발표했음), ② 불법화된 근민당 재건을 위하여 김성숙(金星淑)에게 4만 환을 주었다"고 발표했습니다. (3) 서정학(徐廷學) 전 치안국장 담, 상술한 내용을 말한 후 "진보당 일반당원은 자숙자계(自肅自戒)[185]하라"고 발표했습니다.

2) 당국 발표와 그 후의 공소 및 판시 진보당 검거 당시 조 씨가 간첩과 내통하였다는 당국 발표내용은 기후 어떻게 기소되고 어떻게 판시되었는가

(1) 박정호 간첩사건은 조 씨 공소사실 1의 (1)로 기소되었으나, 1심에서 박정호는 조 씨와 상면이 없고 만난 사실이 전무하다고 진술했고, 증 10호의 1, 접수부에는 4289(1956)년 5월 5일 박정호 내방 기재가 있으나, 조 씨는 당시 해공(海公)[186] 선생 사망으로 인하여 신변위험으로 서상일 씨 댁에 은신하고 있을 때라 내객을 접견한 사실이 전연 없다고 진술해서, 1, 2심 공히 무죄를 언도했습니다[판결문 100정(1), 105정(1)]. 조 씨가 박정호로부터 지령문을 받었다 소각하였다고 당국이 시초(始初) 발표한 것은, 전연 공소사실에 기재도 없을 뿐 아니라 당시 국민의 물의를 피하려는 변명에 지나지 않었던 것입니다.

(2) 정우갑 간첩사건은 조 씨 공소사실 (3)으로 기소되었으나, 기히 정우갑 피검 당시 검찰에서는 조 씨와 윤길중 씨를 소환하여 신문한 바 있고, 또 기히 정우갑은 〈보안법〉으로 기소되고 서울지법 고법을 통하여 각각 〈보안법〉을 적용하여 처벌하였다는 객관적 증거가 있으니 간첩이라 할 수 없고, 또 1심에서 정우갑은 재일본조련과 합세 운운은 말한 사실이 없다고 증언

184) 1945년에 결성된 '재일본조선인연맹'을 말한다.

185) 자신의 행동을 스스로 조심하고 경계하는 것을 의미한다.

186) 신익희(申翼熙)를 말한다. 해공은 신익희의 호다.

한 바 있어 1, 2심 공히 무죄를 언도했습니다(판결문101, 106정).

(3) 김동혁, 허봉희, 이태순 간첩사건의 괴뢰 지령내용이 진보당 확대 공작에 있다고 발표되었으나, 그자들이 진보당 간부나 평당원 한 사람 상면한 사실이 없고, 진보당 확대 공작에 노력한 흔적이 없어 검사는 이에 대한 공소조차 없습니다.

(4) 불법화된 근민당 재건공작은 조 씨 공소사실 (5)로 기소되어있으나, 소위 근민당사건이 서울지방법원 고등법원 대법원을 통하여 "불법화된 근민당 재건을 획책한 사실이 없다"는 이유로 무죄가 된 바 있고 본건 1심에서 무죄 언도 하였으나 원심은 여하한 이유인지 차(此)를 유죄로 판시했습니다(판결문 33정(4)).

(5) 밀사 파견 당국 발표 이외에 조 씨 공소사실 1의 (2)에 "조 씨가 이북 김약수에게 밀사를 파견하였다"고 기소되어있으나, 이것은 대남간첩 조복재(趙福在)란 자가 이북에서 밀봉교육을 받을 때에 지도원으로부터 들었다는 진술조서만을 증거로 제출했는데, 그것이 전문(傳聞) 증거라 배척되는 것은 고사하고 여사한 말 한마디가 죄가 된다면 얼마든지 반대파의 미운 자를 역적으로 몰 수 있을 것입니다. 차(此)는 1, 2심 공히 무죄를 언도했습니다(판결문 100정(2) 105정(2)).

상술한 바와 같은 진보당 검거 당시의 "조 씨가 간첩과 내통하여 괴집과 야합하였다"는 당국의 고장성세(鼓張聲勢)[187]는 지금에 와서 볼 때 그 전부가 증거 없는 것을 억지 춘향으로 결부시켜 국민들이 표면상 납득하겠금 발표한 데 불과하였다는 것을 능히 짐작할 수 있습니다.

3) 양(梁) 피고 사건의 발생

본건 진보당 간부가 모다 구속된 후 당국에서는 상술한 "간첩과 내통하여 괴집과 야합하였다"는 뚜렷하고도 정확한 증거를 하나도 포착하지 못하고 있을 때 발생된 것이 양 피고 사건입니다.

3월 초순경 육군 특무부대는 양명산사건(梁明山事件)의 전모를 발표했고, 기후

187) 허장성세(虛張聲勢)의 오기로 보인다.

군 · 경 · 검 합동수사가 진행되었는데, 당시 매일같이 "조 씨도 시인하였다. 양자(養子)인 조규진을 구속하였다. 장녀 조호정도 구속하였다. 공작(工作) 미불을 교환한 불(弗) 상인도 구속되었다"는 등등 일련의 긴박한 사태가 지상에 보도되었습니다. 국민들은 전에 박정호, 정우갑, 김동혁 등 간첩사건의 당국 발표를 보았을 때는 설마 조 씨가 그런데 관련되었을라구 하면서 일말의 의혹감으로 보는 것이, 양 피고 사건이 발표된 후부터는 결정적으로 조 씨가 괴집과 내통했구나 하는 감을 받었든 것이고, 재판 이전에 기히 여론상으로 조 씨는 역적이란 감을 주었든 것입니다. 돌이켜 진보당 간부 검거 당시 조 씨가 괴집과 내통하였다는 증거를 잡기에 급급했든, 수사당국의 일련의 담화발표 내지 그 태도와 마지막에 등장되어 국민감정을 충동시켰든, 양 피고 사건의 실태를 고찰할 때 그 어떤 관련성이 그 속에 내포되어 있지 않다고 누가 단정하겠습니까. 여사한 수사당국의 일련의 사태를 상기하면 원심에서의 양 피고의 번복진술의 신뢰성이 자연 수긍될 것으로 믿습니다.

제2. 첩자 사용의 원칙 수사의 맹점과 양 피고의 법정 태도

1) 양 피고는 인천첩보대 첩자

괴집의 간첩은 거개(擧皆)가 밀봉교육으로 전문적인 교육을 받고 남파되는 것이나, 본건 양 피고는 처음 3차는 미군 첩보기관의 선원으로, 다음 9차는 육군 인천첩보대의 첩자로서 남북을 왕래한 것입니다. 양 피고가 원심에서 번복 진술한 후부터 검사는 별안간 양 피고를 우리 기관에서 첩자로 사용한 일이 없다고, 특무대 고영섭 증인 역시 동 취지의 증언을 했는데 과연 그런가. 1심 때 조인구 검사는 김춘봉 변호사가 양 피고에 대하여 '이중첩자인 위인(爲人)'이 운운의 보충신문을 했을 때, "앞으로 기관에서 첩자를 사용하는 데 지장이 있으니 발언을 취소하라"고 우기던 것과 또한 원심 고영섭 증인이 양 피고의 수사 단서가 HID 감시자로부터 입수된 조 · 양 피고 관계의 정보를 얻은 데 있다고 증언했을 뿐 아니라, 양 피고의 직접 조종자인 엄숙진은 특무대나 검찰에서는 물론 1심 법정에서 "자기는 88(1955)년 7월 중순경부터 90(1957)년 11월까지 한국 첩보기관인 육군 HID에서 첩보공작에 종사한 사실이 있고(4716정 이면), 당시 육군HID 인천 책임자이던 김일환 대령에게 양 피고를 천거했더니, 동인은 다시 동대(同隊) 대북공작 책임자인 서민에게 말하라 해서 동인에게도 그 지(旨)를 말하였든 바, 첩자로서 성과를 기대할 수 있다는 대서 해보자고 하여, 89(1956)년 1월 하순경 서민이가 양 피고를 직접 심사한 다음 동인을 첩자로 하여 대북공작을 시작한 것입니다"(4720정)고 증언한 바 있음으로 양 피고는 어디까지나 인천첩보대 첩자로서 대북공작차 남북을 왕래한 사실은 움직일 수 없는 것입니다.

2) 첩보기관의 첩자 사용 원칙

첩보기관에서 첩자를 어떻게 사용하고 있는가의 실정에 관하여서 양 피고는 특무대 이래 검찰 1심까지 구체적인 진술이 없다가 변호인들의 보충신문에서 마지못하여 그 일단을 진술한 바 있습니다. 원심에서 김동혁 증인은 미 첩보부대 첩자로서 3차 남북을 왕래할 때의 실정에 관하여, "물품을 구입해 두면 하루 전에 기관 미인(美人)이 상경하여 실어가고, 자기들은 익일 인천 월미도(月尾島) 소재 부대에 가서 그곳에서 주는 이북에서 입을 의복을 갈어입고 드러가며 이북에서 나올 때는 보음도(甫音島) 앞바다에 기관의 배가 3척 대기하고 있는데 그 배를 타면 의복을 가러입는 것은 물론 신발이나 모자까지도 가라쓰고 월미도에서 2, 3일 동안 세밀한 심사를 받고 도라온다"(5861~5863정)고 증언했습니다.

우리 국군의 첩보기관도 미군 정보계통에서 전문적인 교육을 받은지라 첩자 사용의 원칙은 동일합니다. 여기에 엄숙진, 김동혁 증인 및 양 피고의 특무대 검찰 1심에서 증언한 첩보기관의 첩자 사용원칙을 종합해서 그 내용을 검토하여 보겠습니다.

(1) 첩자에는 감금 개방의 두 가지가 있습니다. ① 감금되는 첩자는 순연히 첩보사업만 종사시키고, 남한에서의 자유 활동을 금지하고 있습니다. ② 개방되는 첩자는 소위 남북교역자인대, 돈벌이를 시키는 대신 우리가 알고져 하는 임무를 주워서 정보를 수집하는 첩자입니다. 이 개방되는 첩자에 관해서는 남한 정보 4를 적에게 제공하고 북한 정보 6을 수집하는 원칙하에, 즉 이중첩자라는 것을 공연히 인정하면서 첩자로 사용하고 있는 것입니다. 이 점에 대하여 엄숙진은 1심에서 "입북하면 남한의 기밀을 제공하고, 남하시에는 대남첩보공작에 대한 지령을 받었을지 모르나, 그러나 양 피고의 행동 일체에 대한 감시를 하고 또 부당한 것이 있으면 압수 또는 검거를 한

다"고(4720정 이면) 진술하고, 또 "첩보기관에서는 첩자를 이중첩자라는 관념하에서 다루는 것이니까 더 큰 것을 얻기 위하여 적은 것은 알고 눈감아주는 수도 있습니다"(4734정)고 증언하고 있습니다.

(2) 물품구입은 첩자가 하고 양 피고는 대개 의약품 시계 기타 의류 등속(等屬)을 구입했습니다(4724~4726정).

(3) 입북할 때 조종자인 엄숙진이가 HID에 통지하면 HID는 짚차로 상경하여 물품과 첩자인 양과 조종자인 엄 씨를 실고서 인천첩보대에 가서 지정 숙소에 1박캐 합니다. 차시에 첩자의 소지품 또는 지북물품(持北物品)은 공연 또는 비밀리에 조사를 받습니다. 또 여기서 마치 괴집의 대남공작대원이 남한에서 입을 수 있는 양복, 소위 기술복을 입고 나오듯이, HID 첩자도 북한에서 입을 의복을 갈어 입습니다. 보안상 기밀서류와 물품 등을 못가지고 가개함과[188] 동시에 북한에 가서의 위장을 위해서 그렇습니다(4724~4726정).

(4) 월북할 때는 인천 HID 발동선으로 공작책 서민과 조종자인 엄숙진과 첩자인 양 피고 및 선원 약간 명이, 인천에서는 70리 상거(相距) 휴전 접경에 있는 납도(納島)에 가서 그곳에서 다시 목선에 양 피고와 선원 1명이 분승(分乘)하여 물품을 실고, 야음(夜陰) 들물 조수를 이용하여 연백군 돌개포에 가서 전지(電池)로 신호를 하고 상륙합니다.

(5) 돌개포 삼육공사에서는 양 피고와 선원을 각 분리 수용하고, 도서간행물 등을 숙소에 비치하여 열람케 하고 또 그들은 문답식으로 남한 정보를 알고저도 하며 철저한 감시하에 전연 자유 행동을 허용하지 않습니다. 첩자가 정보를 수집하는 것은 상사 직원과의 담화에서 혹은 숙소비치의 도서간행물에서 얻은 것입니다(850~882정).

(6) 삼육공사에서는 첩자가 지북(持北)한 물품에 대하여 수령물품록과 지남(持南)할 물품목록을 언제나 삼육공사 명의로 발행하며, 이것은 첩자가 월남한 후 HID에 제출하는 것입니다(884, 891정 4727정). 첩자의 월남 일자는 입북할 때 미리 정해 두고, 풍랑, 조수, 월명(月明) 관계 등 사고가 있을 때는 그 몇일 후에 나간다고 약속을 하는 것이며, 돌개포에서 첩자가 야음 쓸물

188) 원문 그대로 표기했으나, '가게함과'가 바른 표기이다.

조수를 이용하여 납도에 돌아오면 인천 HID 서민과 엄숙진이 대기하고 있다가 양 피고를 실고 인천으로 귀대하는 것입니다(850정).

(7) 새벽에 인천에 도착하면 첩자를 지정 숙소에 수용하여 오전 중 재웁니다. 이때 소지품을 조사합니다. 오후에는 임무의 수행내용 체북 시의 괴집 동태 등에 관한 귀환보고서를 작성 제출하고 문답식으로 괴집 세뇌공작에 대한 심사를 합니다. 그 후 남한에서 입고 갔든 의복을 다시 가러 입고 도라옵니다(3074정, 4730정).

(8) 첩자가 지남한 물품 처분은 원칙적으로 HID가 매각하나, 첩자가 처분할 때는 HID에서 서울까지 실어다 주고 그 판매에도 감시를 합니다. 첩자가 남한에 개방된 후에도 HID는 철저한 감시를 하는 것입니다(4733정).

(9) 첩자가 조종자의 동의나 묵인 없이 모르게 물품을 가지고 왕래할 수 없습니다. 그것은 내왕시마다 반드시 지정 숙소에 1박케 하고 다시 의복을 갈어입피고 은밀하게 또는 공연하게 소지품 조사를 하고 또 언제나 첩자의 행동을 감시하기 때문입니다. 이상 첩보기관의 첩자 사용원칙은 김동혁(5860~5864정) 엄숙진(810~902정, 3133~3138정, 4716~4737정) 양 피고의 진술(4526~4538정, 4782~4812정)을 종합한 것입니다.

(10) 상술한 외에 첩자는 항상 상부 지령자의 지령만 듣고 행동하며, 첩보사업의 횡적 관계를 알면 아니되고, 첩자가 임무 수행에 있어 상부 지령자 모르게 적국의 지령을 받고 그것을 실천할 때는 즉결처분을 하고, 또 첩자가 귀환하여 사고를 내면 HID는 항상 첩자의 신분을 보장하는 원칙이 있습니다. 엄숙진은 1심에서 검사 신문에 대하여(4736정 이하) "첩자의 신체 또는 물품 등의 조사를 어떻게 하는가 뚜렷하게 보았느냐"의 문(問)에 대하여, "감시를 해야 한다는 원칙은 제가 알고, 제가 그것을 해왔다고 생각합니다"하고, 다시 검사의 "감시를 철저히 해왔다고 보는가"라는 문(問)에 대하여 "본인 말고도 본건에 대하여 감시를 했든 것입니다. 이번 사건이 일어난 것을 신문에서 듣고 인천 HID 공작 과장을 만났더니 여지껏 감시를 해왔다고 그도 말하였습니다"하고, 다시 검사가 "2만 7천 불은 가지고 온 것을 몰랐지 않느냐. HID에서 감시를 했으면 왜 모르냐"의 문(問)에 대하여 "혹 알고도 두고두고 살펴보는 모양인데 모르겠다"고 증언했습니다.

결론적으로 말씀드리면 첩보기관의 첩자 사용원칙 상 첩자는 조종자 모르게 물품을 가지고 남북을 왕래할 수 없다는 것을 추찰할 수 있습니다(4734정). 여사한 것이 원칙이라면 그 예외가 되는 미불 지남 사실, 진보당 문건 지북 사실 등 양 피고의 행동은 과연 HID 묵인하에 이루어졌든가 하는 입증 책임은 검사에게 있는 것인바, 검사는 이 점에 대하여 하등 입증한 바가 없는 대도 불구하고 원판결은 서상(敍上)과 같이 판시하였습니다.

3) 양 피고의 첩자 사용원칙에 대한 1심까지의 허위 진술

상술한 원칙에 대하여 양 피고는 1심에서 허다한 허위 진술을 했습니다.

(1) 괴집 삼육공사 발행의 수령품목 목록과 물품목록은 받을 때도 있고 아니 받을 때도 있어 약 3차가량 받었다 진술했으나, 엄숙진은 언제나 꼭 받어 온다고 증언했습니다(452정).

(2) 11차 월남 시 2만 7천 불을 가지고 넘어올 때, 몰래 옆구리에 넣어서 왔다(4535정). 또 10차, 11차, 12차 월북할 때 진보당 문건 책자 『중앙정치』 등도 옆구리에 넣어서 가지고 갔다. 6차, 8차, 9차 월남 시 조 씨에게 500만 환씩 선대 형식으로 자금줄 때는 HID 모르게 사향을 가지고 와서 1kg 150만 환에 팔어서 주었다고 진술하는 한편, 항상 가지고 다니는 보스톤빽은 한 번도 조사당한 일이 없다고 진술하였습니다. 변호인의 보충신문에서 드러난 것은 ① 2만 7천 불이 100불, 50불, 20불, 10불 등 종류이고, 그 부피는 환화(圜貨) 100환권 4만 환 묶음 정도라고 말하였는데(4797정), 이것을 여름철인 6월 초순경 옆구리에 넣어서 발견 안 될 수 없습니다. ② 또 진보당 문건책자 『중앙정치』도 옆구리에 숨겨서 다녔다고 했는데 부스럭 소리가 나서도 못 가지고 다닙니다. ③ 또 사향이란 노루 배꼽을 말린 분말인데 500만 환 분이면 3kg이니 소맥분 한 푸대[189]의 약 2/5분량을 HID 모르게 반출할 수는 없는 것입니다. 하물며 남선(南鮮)에서도 감시받고 HID 지정 숙소에서 래왕시[190] 공연 또는 은밀리에 소지품 조사를 받고, 또 심지어 래왕시 HID

189) '포대'를 말한다.

190) 왕래 시를 의미한다.

에서 의복까지 바꾸워 입는대서야 어찌 HID 모르게 부피가 큰 2만 7천 불, 진보당 문건 책자 『중앙정치』, 사향 3kg 정도의 물건을 HID 눈을 속여가지고 래왕할 수 있단 말인가. 이것은 어데까지나 허위 진술입니다. 만약 여사한 물품을 가지고 래왕할 수 있다면, 조종자인 엄숙진의 묵인하에 엄이 상부 모르게 갖다주거나 하면 가능할지 모르지만 도저히 상상할 수 없습니다. 남북교역 첩자가 여사한 물건을 비밀히 가지고 래왕할 수 있다면, 국가 군사기밀의 모든 것을 갖이고 월북할 수 있고, 또 괴집이 애써서 밀봉교육을 해서 간첩을 남파할 필요 없이 합법적으로 래왕하는 남북교역 첩자로서 능히 소기의 목적을 달할 것입니다. 과연 그렇다면 여사한 첩자를 쓰는 첩보부대는 적에게 우리 기밀을 팔고 조장하는 원흉이 아닐 것인가, 그 존재의의가 어데있습니까. 양 피고가 HID 모르게 물품을 가지고 래왕하였다는 것은 상상할 수 없으며 우리 첩보부대가 제일 큰 신조인 보안을 무시해가며 남북교역 첩자를 사용할리 만무한 것입니다.

4) 수사상의 맹점

양이섭 사건에 대한 특무대의 전(全) 조서를 일독할 때 의문점과 모순을 많이 내포하고 있음으로, 원심에서의 고영섭 씨 증언(5836~5851정)을 종합하여 검토해 보겠습니다.

(1) 수사의 단서는 기록 79정 이면 4, 참고사항 (2)에 '본건은 HID에서 대북첩보공작에서 입수된 정보이며 운운'하였고, 고영섭 증인 역시 90(1957)년 10월 경에 HID에서 양 피고와 같이 월북하든 선원으로부터 양이 이북에서 괴집 간부와의 접촉관계 조종인물의 정보를 얻고, 또 서울에서 양을 감시하든 자로부터 양 피고와 조 씨 간의 접촉에 관한 상세한 정보를 얻었으며, 또 양이 입북시킨 정시마의 보고를 받었다고 증언했습니다. 그러나 고영섭 증인이 "양과 같이 내왕한 선원으로부터 양을 이북에서 조종한 인물과 그의 접촉관계에 관한 상세한 보고를 받었다" 하지만, 상술한 바와 같이 첩자가 돌개포 삼육공사에 도착하면 선원과 각각 분리 수용하고 자유행동을 하지 못하는 관계상 아무것도 모르는 것이 원칙이고, 또 기록 163정 내지 166정의 HID 보고서를 보면, 황(黃) 모, 강 모 등 인상, 연령 정도만 알 따름이고

극히 조잡한 사실밖에 모르는 것이 사리일진데 어찌 박일영, 김난주 등 인물이 양 피고를 조종하고 조 씨에게 지령을 주는 등 접촉관계에 관한 자세한 보고가 있을 수 있는가. 이것은 위증입니다. 또 고(高) 씨는 "서울에서 양 피고를 감시하는 자로부터 양 피고와 조 씨의 접촉관계에 대한 자세한 정보를 받었다"고 증언했는데, 연 3년간 조 씨와 자조 만나서 음식점에도 가고 소풍을 가는 정도는 알겠지만, 두 사람간의 대화 내지 금전 접수 관계를 알 리 없으며, 소위 괴집의 지령 운운의 담화가 있었다면 양, 조 두 피고만이 알 것인데, 어찌하여 자세한 보고가 나올 수 있습니까. 다만 감시자로부터 어느 날 몇 시 어디서 조 씨를 만나 어느 방향으로 차를 타고 갔다는 정도의 보고는 있었을 것입니다만 자세한 보고란 있을 수 없으니 이것도 위증입니다.

(2) 혐의 받은 이유는 첫째 정시마 관계입니다. 정시마는 양 피고가 김동혁과 같이 미 첩보 기관선을 타고 남북교역할 때 양 피고가 잠시 정시마 집에 하숙한 사실이 있고, 또 이북에서 가지고 온 물품 특히 마약 등속은 정이 팔아준 사실이 있고, 양명산 명의의 서울시민증을 성북서(城北署)에서 내준 사실이 있는 자인데, 양 피고가 남북교역하여 상당한 자미(滋味)를 보는 것을 알고, 90년 10월경 같이 하자고 간청하여 12차 월북시 돌개포 삼육공사 한광에게 내가 신세진 자인데 올 수 있느냐고 물었든 바, 재정적 신용이 있으면 가하다는 승락을 받고 월남했는데, 동년 10월 말경 남대문로에서 정의 내외(內外)를 만났던바 미 첩보선을 타고 가게 되었다 하며 한광에게 이야기하였다는 말을 전한 바 있고, 동인이 월북한 사실이 있다는 점을 1377정 내지 1388정에서 진술한 바 있습니다. 정시마가 물자와 잡지 등속을 가지고 월북하다가 우리 HID에 체포되어 누가 보내드냐. 양 피고가 보내드라해서 HID는 양 피고를 의심하게 되고, 또한 서울 양 감시자의 양, 조의 접촉 내왕하는 보고와 또 양이 항상 정식 거래 이외에 시계, 사향 등을 약간식 엄숙진 묵인하에 가지고 내왕하는 것을 종합해서, 혹시 무엇이 있지 않느냐하고 엄중 감시하다가 진보당사건이 돌발하자, 양이 의심스럽다고 해서 특무대에 정보를 제공한 것으로 추측됩니다.

(3) 양 수사개시는 1월 11일 기록상으로 보면(79정) 공교롭게도 서울, 강릉 특

무에 양, 장(壯), 자(字) 소재를 조회하고, 수사를 개시한 일자가 진보당 간부가 검거되는 날입니다. 고영섭 증인은 "작년 10월에 양 피고의 정보를 얻었다"고 증언했지만 그간 방치해두다가 1월 11일에야 수사를 개시한 것은 우연의 일치라고는 너무도 기교적(技巧的)입니다.

(4) 양의 특무대 출두 경위. 양 피고는 검찰(3074~3075정)과 1심에서 "동대문서(東大門署)에서 자기를 찾는다 해서 불응했드니, 그 후 알고 보니 특무대였고 장성팔이 내방하여 자기가 꼭 다리고 가겠다고 특무대에 확약했으니 불응하면 자기 입장이 곤란하다 해서, 본인은 모든 것을 깨끚이 고백하려고 장(張)과 같이 특무대에 자수하였다. 특무대에서는 처음 김동혁과 같이 미첩보 기관선으로 3차 월북한 것을 묻고, 해방 후 인천서 조 씨 만났던 사실을 묻고 조에 대한 정보를 묻기에 2일간 고민하다가 모다 자백하였다"고 진술했습니다. 그러나 장성팔 증인은 1심에서 "양을 특무대에서 찾는다 해서 아는 대원을 찾어갔더니 다리고오라 다른 사건의 증인으로 묻겠다 해서, 돌아와 양 피고에게 그 취지를 전하고 무슨 일이 있느냐, 만약 무슨 일이 있으면 나가지 말고 피신하라 했드니, 양 피고는 그 전의 마약사건인게지 아모꺼리낄 것 없다. HID에 아러보고[191] 출두하겠다 하면서 HID에 아러본 후 특무대에 자진 출두하였다"(4665~4676정)고 증언했습니다. 즉 양 피고는 4288(1955)년도 김동혁과 같이 다닐 때의 마약사건 이외에 타 범죄가 없다고, 친우 장성팔이 피신하라는 권고도 듣지 않고 상부기관인 HID에 엄숙진을 통하여 알어본 후 특무대에 가도 좋다는 동의를 얻고, 자진 장과 같이 특무대에 출두했던 것입니다. 특무대에서 작성한 양 피고의 조서와 검찰조서와 1심에서 진술할 때에는 일관해서 자진 자수하고 자진 고백한 양(様)으로, 양이 진술하고 있습니다. 그때는 검사나 수사기관에서 하등 말이 없다가 이번 양 피고의 번복 진술을 알자, 고영섭 증인은 "양은 유도 검거하였다 2, 3일 후 증거를 드러대니 할 수 없이 자백하였다"고 증언하였습니다.

(5) 검거보고서(기록 85 내지 86정) 90년 2월 8일자, 고영섭 증인 필적의 양 피고 검거보고서 (3) 조사내용을 보면 "① 88(1955)년 4월 김동혁을 통하여 삼

191) '알아보고'를 말한다.

육공사 김난주의 초청으로 사진을 찍어 보내고, ② 88(1955)년 5월부터 10월까지 간에 미 첩보기관을 통하여 3회 월북하고 김난주, 한광 등에게 남한 정보를 제공하고, 모르히네 3kg(300만 환)을 밀수입하고, ③89(1956)년 3월부터 90(1957)년 3월까지 전후 4차 인천 HID 공작용 발동선으로 단독 월북하여 남한 정보를 제공하고, 마약 3kg(700만 환)을 밀수입하고, ④ 90년 11월 정시마를 자기 대신 입북시켰다"고 기재되어 있습니다. 이것은 상술한 수사의 단서인 정시마가 90년 11월 HID에 체포되어, 정시마도 아는 김동혁과의 3차 남북교역 및 교역하게 된 경위 마약밀수입 관계는 상세하나, 인천 HID 공작선으로 남북교역한 회수를 4차라고 썼다가, 추후 9차로 정정한 흔적이 있고 또 내왕한 기간이 본건 공소장 기재기간과 현격한 차이가 있었다는 것을 발견할 수 있습니다. 고영섭 증인은 전술한 바와 같이 "HID에서 양 피고와 같이 돌개포에 내왕한 선원과 서울감시자로부터 양 피고에 대한 괴집 조종인물 및 접촉관계와 남한에서의 조 씨와의 접촉관계에 관하여 자세한 보고가 있어 이것을 수사의 단서로 하였다"고 증언했으나, 2월 8일자 검거 후 조사한 결과를 보고한 그 내용에는 조 피고 관계가 전연 없습니다. 또 HID 공작선으로 내왕한 기간과 회수가 전연 틀리는 것을 간취(看取)할 수 있는데, 고영섭 증인이 증언하다싶이 상세한 정보를 입수 후에 조사하였다면 여사한 보고서가 나올 리 만무일 것입니다. 따라서 "HID로부터 북한 및 남한에서의 상세한 행동 경위의 정보를 얻고 수사를 시작하였다"는 점은 위증입니다.

(6) 조 관계를 진술한 경위. 조 피고의 검찰 진술에 "해방 즉후 인천서 조 씨를 만난 일을 물으며, 조에 대한 정보를 묻더라"(305정)는 진술로 보면, 특무대에서는 양이 해방 즉후 인천에서 조 씨를 만난 사실을 사전에 알았고, 또 HID에서 양에 대한 서울감시자로부터 양이 조 씨를 자조 만난다는 정보는 알았을 것입니다. 그러면 판시 사실에 기재된 바와 같은 조 씨 관계가 어떻게 나왔는가, 이 점에 대하여 고영섭 증인은 "2월 8일 검거 후 안심시키기 위하여 이북 내왕 관계와 마약 관계를 2, 3일 동안 부하 조사원에게 조사시킨 다음, 고 씨가 양에 대하여 조 씨를 아느냐고 물으니 신문에 난 것을 본 정도고, 모른다고 부인함으로 정보기록과 도표를 보이며 누구한데 돈을 얼

마 써서 양명산이란 시민증을 낸 것까지 안다. 조에 돈대여 준 것도 안다고 설명하였드니, 그날 저녁 양 피고는 같이 자던 부하 직원에게 조 씨 관계 이야기를 하였다. 익조(翌朝) 상관과 확인한 후, 신병을 여관으로 옮겨서 방안지(方眼紙)에다가 약 10일 동안 면밀하게 기입하여 도표를 만든 후, 일사천리로 조서를 작성하게 되었다"고 증언했습니다. 그러나 양 피고가 ① 특무대에 출두할 때 장성팔이가 무슨 일이 있다면 피신하라고 했을 때 그 전에 마약관계 뿐이지 아무 꺼리낌이 없다고 하며 HID의 동의를 얻어 출두한 자가, ② 또 2월 8일 피검된 후 조사받을 때, HID 공작선으로 89(1956)년 3월부터 90(1957)년 3월까지 4회 내왕하였다고 진술한 자가, ③ 또 HID의 양 감시자라 할지라도 언제 어디서 조와 만나 차를 타고 혹은 음식점에 혹은 소풍 가더라는 정도의 접촉관계만 알뿐이고, 금전 접수 관계나 담화내용은 알지 못할 것이거늘 어찌하여 말했나, ④ 또 정시마 관계나 양명산 명의 시민증 낸 것은 조와 하등의 관계가 없는데, 양, 조 단 두 사람만이 알 수 있는 관계를 또 그 내용이 첩자로서 상식상 알고 있는 어마어마한(화약을 지고 불에 들어가는 격) 간첩 내용을 어떤 동기로 불게 되었나 하는데, 상도(想到)[192]할 때 고영섭 증인의 진술만 가지고는 전연 믿기 어렵습니다. 변호인은 고영섭 증인에게 "양 피고가 조 씨 관계를 진술하게 된 동기의 그 상세한 정보기록과 도표를 보관하고 있느냐. 재판장에게만 이라도 제시할 수 없느냐"고 반문했을 때, 고 증인은 자기가 소지하고 있는 봉통(封筒)을 가리키면서 "지금 여기 가지고 왔으나 기밀상 보일 수 없소"라는 답을 하였습니다. 과연 고 증인이 봉통 속에 가지고 왔다면, 왜 보이지 못하는가, 기밀이라 하지만 여사한 기밀서류를 증인은 왜 법정에 지참하였는가, 또 그 내용은 양 피고가 이북에서 삼육공사 직원과의 접촉 관계 및 남에서 조 씨와의 접촉 관계를 보고한 기록에 불과한 것이며 그것은 이미 법정에 전부가 노출되었는데 그 어느 점이 기밀이란 말인가, 이것은 사리상 납득할 수 없는 위증입니다. 이 점에 대하여 검찰관은 원심에서 신빙력을 확보하기 위하여 왜 제출을 명하지 못하였든가, 의심스럽기 한이 없습니다. 변호인

192) 생각이 어떤 곳에 미침을 의미한다.

측이 원심에서 증언의 신빙력을 분쇄하기 위하여 취기 신청을 하지 않는 이유는, 만약 특무대에 단 3, 4시간만 여유를 준다면 그와 같은 정보기록과 도표 등을 얼마든지 작성할 수 있기 때문에 신청하지 않었든 것입니다.

(7) 양의 진술서와 피의자 신문조서. 고영섭 증인은 "2월 8일 검거 후 2, 3일 있다가 양이 조 관계를 진술하게 되어, 방안지에 도표로 구체적인 것을 약 10일간 기입하여 그 후에 조서를 일사천리로 작성하였다"고 증언했습니다. 그 시일이 경과하였다면 2월 20일 이후에 양에 대한 조서가 작성되었을 것인데, 양 피고의 진술서는 2월 11일자로 피의자 신문조서는 2월 11일 후 매일같이 고 증인 입회하에 작성된 것으로 기록상 남어 있습니다. 이 점에 관해서 고 증인은 "방안지에 진술한 날자를 기준으로 추후 작성했으나, 양 피고가 한 장 한 장 다 읽었다"고 증언했습니다. 2월 11일자 30매에 달하는 양의 진술서를 보면, 한자도 정정 가필한 것 없이 청서(淸書)가 되어있는데, 그 날자에 작성할 수는 도저히 없습니다. 또 왜 2월 20일 이후 피의자 신문조서가 작성되었는데, 일자를 소급해서 기재할 필요가 어듸에 있습니까. 이것은 방안지에 다 작성한 도표를 보고 추후 특무대에서 조서를 일방적으로 작성해 두고 양 피고의 모인(拇印)을 받은 것이 아닌가 하는 의심까지 나는 것입니다. 또 기이한 것은 취조 결과 중간보고(90~129정)의 기재 내용을 보면, 본건 공소내용의 전(全) 사실이 기재되어 있는데, 일자를 3월 11일자로 하였다가 2월 11일자로 정정하고 있습니다. 2월 8일 양 검거, 2, 3일 후부터 약 10일간 조 씨 관계를 청취하면서 방안지에 도표로 그려놓은 후에 조서가 작성되었으니, 적어도 2월 20일 이후라야 전(全) 내용이 판명될 것인데 어찌하여 3월을 2월로 정정해 가며 일자를 소급시킬 이유가 내변(奈辺)[193]에 있습니까. 상술한 제모순을 합리적으로 어떻게 설명할 수 있는지 매우 의아스럽습니다.

(8) 불법감금과 회유. 기록상 명백한 바와 같이 특무대는 양 피고를 검거한 2월 8일부터 3월 8일자로 법관의 구속영장이 발부될 때까지 1개월간 불법감금을 했습니다. 또 3월 8일자 구속영장에는 제10헌병 중대 영창에 구치하였다

193) 일본식 표현으로, '어디'라는 의미이다.

고 기재되어 있는데, 양 피고가 송청(送廳)[194]될 때까지 영창에 들어가 본 사실이 없고, 2월 8일 이후 2, 3일간은 특무대 사무실에서, 그 후는 태평양 여관(太平洋旅館)에 있다가, 3월 17일 송청될 때 형무소에 갔다는 사실에 대해서는 양 피고의 진술이나 고영섭 증인의 증언으로 명백하여 졌습니다. 고영섭 증인은 이 점에 관해서 「유치장에 넣을 것 없이 여관에 있게 해 달라고 하는 양 피고의 요청과 형무소 감방 같은 데는 얼마든지 증거인멸을 할 수 있기 때문에, 정예부하로 하여금 철저한 감시를 부치고 여관에 두었으며, 가족 면회도 시키고 자유 분위기를 보장했고 인권을 옹호하였다」고 변명하지만, 피의자가 여관에 있고 싶다고 해서, 또는 가족도 면회시켰다고 해서 불법감금이 합리화되는 것은 절대 아니고, 영장이 나왔는데도 피의자의 희망만 있으면 여관에 들 수 있는 자유가 있다면 2심까지 형무소에 넣지 말고, 여관에 두고서 재판받게 할 수 있을 것이 아닌가. 여사한 사실은 양 피고를 회유와 유도로서 조 씨 관계를 구성시켰다는 생생한 증명이 될 것입니다.

(9) 조, 양 피고 간 대질(對質) 무(無). 대체로 공범관계에 있어 상호진술이 상치(相馳)될 때는 각 공범자를 서로 대질시켜서 어느 것이 진실인가 밝이는 것이 수사의 원칙입니다. 그런데 조 씨가 특무대 또는 검찰에서 대질을 요구하였는데, 불구하고 응하지 않고 각각 일방적 진술만을 조서에 올리고, 그 중 대한민국에서 장관도 지내고 국회부의장도 지내고 공인된 정당 당수인 조 씨의 말은 전적으로 불신하고, 양 피고의 진술이 진실이라고 단정하여 기소까지 되었습니다만은, 이 점 역(亦) 조, 양 관계를 회유와 유도로서 구성시켰으나 혹 양 피고가 허위 진술한 것이 번복되지 않을까 두려워서, 통상 수사의 원칙을 떠나 대질을 시키지 않었다는 것이 웅변(雄辯)히 설명되고도 남음이 있습니다.

(10) 양의 유서. 양 피고가 3월 16일 목을 매어서 오전 10시경부터 오후 6시경까지 실신 상태에 있다가 깨어났습니다. 1심 언도시까지도 양 피고의 목에는 청자색의 목맨 흔적이 뚜렷했습니다. 양 피고의 자살기도를, 고영섭

194) 수사기관에서 피의자를 검찰청으로 넘기는 것을 의미한다.

증인은 “자기 처분이 어찌될까 극정(極情)한 끝에 자살기도한 것이다”라고 간단히 증언했습니다만은, 여사한 양 피고의 자살기도는 기록상 나타나지 않고 1심 마지막 15회 공판 때 변호인의 신문에서 자살기도와 유서 내용이 비로서 법정에 등장하게 된 것입니다. 유서 내용에는 “조 건은 제가 부재하여도 처리될 단계가 되었으니, 나는 갑니다”의 구절이 있는데 양 피고가 조 씨와는 그 옛날 상해 시대와 신의주형무소 복형(服刑)시대 독립운동할 때의 지기(知己)요, 그간 조 씨에게 경제적 도움을 많이 주었고, 조 씨 피검 약 1주일 후 조규진을 불러서 조 씨 변호료 30만 환까지 보조해 주어 조 씨를 극심히 생각하든 자입니다만은(1130~1135정), 단 두사람 만이 아는 사실관계를 어찌하여 특무대에 출두한 2, 3일 만에 조 씨는 괴뢰지령과 자금을 받어 정치운동을 하고, 자기가 모다 전달하였다고 자진 자백하고, 또 마지막에는 조 씨를 처리할 단계이니 자살한다는 심리가 되었을까, 또 양 피고는 1심에서 “HID로부터 의심받은 일 없다. 조 씨 피검후에도 HID 공작선 타고 월북할 수 있었으나 남한이 그리워 월북하지 않었다”(4507~4508정)고 진술한 바 있는데, 남한이 그리워 남한에서 살고저 하든 양 피고가 특무대에 가서 자살을 기도하였다면, 그에 수반하는 적절한 동기나 이유가 있어야 할 것입니다. 이것은 양 피고가 자신의 처형을 두려워 고뇌한 끝에 자살을 기도하였다고 간단히 볼 문제가 아닙니다.

(11) 귀환보고서 물품목록의 미제출. 특무대에서 엄숙진은 “양 피고가 남북교역차 갔다오면 HID에 반드시 귀환보고서를 작성 제출한다”(3074정)는 지를 증언하고 있는데, 양 피고의 행동경위를 세세히 기재되어 있을 귀환보고서를 증거로 제출하지 아니했고, 역시 특무대에서 엄숙진은 “내왕할 때마다 반입물품 목록을 항상 가지고 와서 HID에 제출한다”(884, 891정)고 증언했는데, 공소장 기재와 여히 6, 8, 9차에 소위 선대 형식으로 물자를 많이 도입하여 5백만 환씩 조 씨에 자금을 전달하였다면, 삼육공사 발행 물품목록에 평상시보다 값진 물품이 배 이상 반입되었다고 기재되어 있어야 할 것이며, 이 점은 소위 2만 7천 불을 지남하였다는 것과 같은 가치를 가진 중요한 증거인데 제출하지 않고 있습니다. 특무대는 육군부대 간의 협조로 첩보부대에서 얼마든지 서류를 취기할 수 있는 권능을 가지고 있

습니다. 특무대의 증거 조사를 보면 남산동 음식점의 장부까지 압수했고(증1호), 멀리 광주(廣州), 김준식 경위(1318정 이하) 또는 시민증을 내준 순경 주방신(周邦新)까지 증인 조사를 했는데(1198정 이하), 죄 성립에 관한 귀환보고서와 물품목록은 고의적으로 법정에 제출하지 않은 것으로 봅니다. 아마 이것이 양 피고에게 결정적으로 유리해서 제출하지 않았을 것입니다. 해서 변호인 측이 귀환보고서 반입물품 목록의 취기 신청까지 했으나 원심은 차(此) 신청마저 각하했습니다.

(12) 첩보기관의 불처벌. 만약 HID의 첩자가 또 첩자가 아닐지라도 HID 공작선에 HID 대북공작책 서민이가 인도하여 남북을 내왕하다가 본건과 같은 중대 사건을 야기시켰다면, 양 피고를 첩자로 쓰게 된 인천 HID 대장 김일환 대령과 직접 양 피고를 심사하고, 매번 같이 양 피고를 남북왕래를 인도한 동대(同隊) 대북공작책 서민이와 조종자인 엄숙진은 적어도 군 불신임초래죄로서 처단되어야 할 것이며, 참모총장 나아가서 국방장관까지 정치적 책임이 추궁되어야 할 것입니다. 그러나 김일환 대령, 서민의 처벌은 고사하고, 2심 언도 후 검찰총장의 표창장을 받었고, 특무대는 엄숙진의 증인 신문만을 했을 뿐, 이 자들을 증인신문조차 한 흔적이 전무하며, 심지어 1심에서 서민은 증인소환에 불응했고 인천 HID는 1, 2심 재판소의 서류제출 명령을 각 묵살해 버렸습니다. 여사한 모순이 또 어디에 있겠습니까.

5) 양 피고의 법정 태도

현행 형사소송법은 심판관이 직접 피고인 또는 증인의 안색 거동 발언 태도 등으로 그 신빙성을 판단하는 직접주의를 채용하고 전문(傳聞) 증거배척의 원칙을 규정했습니다. 따라서 법정에서 심판관이 오관(五管)의 작용으로서 간취하는 피고인 또는 증인의 태도야말로 진술의 진부를 판단하는 중요한 자료가 될 줄 믿씁니다.

(1) 1심 때의 양 피고. 5월 15일 처음으로 법정에 나타난 양 피고의 진술태도를 평(評)하여, 당시 신문에는 "힘없이 전(全) 기소내용을 시인"이란 제목하에 공술내용이 보도된 것을 기억하실 줄 믿습니다. 1심에서의 양 피고의 태도는 극히 힘이 없고, 심판부를 정시(正視) 못하고 피고인석에서는 항상 머리를 숙여 자기 이야기만 나오면 힐것 보다가 눈이 마주치면 얼른 외면하고,

보충신문으로 허위성을 추궁하면 얼굴을 붉키며 그야말로 몸둘 곳을 못찾는 태도였으며, 안색이 매우 초최하여 일편(一便) 가련한 감을 금치 못했던 것입니다.

(2) 2심 때의 양 피고. 그러나 2심에서는 양 피고의 안색이 매우 윤택해지고 얼굴을 바로 들어 심판부를 정시하고 항상 웃음으로 주위를 대하는 태도이고, 힘차게 특무대 이래의 진술의 허위성을 밝히고, 더욱 조사관이였던 고영섭 증인에게 매우 흥분하여 따지고 덤비는 용기까지 발휘했던 것입니다. 양 피고가 1심에서는 재판장의 공소사실 낭독에 힘없이 네네 대답했고, 조 피고와의 진술의 상위 되는 부분에 대하여 약간의 변명을 꾀한 바 있으나, 그 때의 진술이 사실이였다면 양 피고는 조 피고에 대하여 하나하나 그때 이러하지 않었느냐고 반문했어야 될 것인데, 그러한 태도는 전혀 보지 못하였든 것입니다. 이것을 비유하면 양 피고는 1심 때 겁을 먹은 토끼와 같었다가, 2심 때는 호랑이와 같은 용기를 회복했습니다. 이 태도의 돌변은 무엇이냐, 그것은 진실 앞에 두려움이 없다는 심정입니다. 양 피고를 형무소에서 접견했을 때 "1심 때는 얼굴을 들지 못했습니다. 내가 2심에서 진실을 밝혀서 나자신에게는 매우 불리할 줄 알고 검사나 판사의 동정을 못 얻으리라고 생각합니다마는 이제는 머리를 들고 사람을 대할 수 있으니 매우 기쁩니다"고 술회하는 태도야말로 사건을 초월해서 성실하고 참다운 인간성을 찾었구나 하는 감을 금치 못했습니다.

이상은 본건에 관련하여 첩자사용의 원칙과 수사상의 제모순과 양 피고의 1, 2심 법정 태도 등을 논술하여, 양 피고가 수사기관에서 1심에 이르기까지 공소사실 전(全) 내용의 시인 진술을 한 바 있으나 모다 신빙할 수 없다는 자료로서 설명들인 바입니다.

제3. 양 피고의 원심번복 진술과 판시 사실의 검토

1) 양 피고의 원심번복 진술. 본 변호인의 2심 공판기일 수일 전 형무소에 가서 양 피고를 접견했을 때, 양 피고가 백팔십도 번복 진술을 연 3일간 청취한 내용과 양 피고가 당 공정에서 진술한 내용이 꼭 같었습니다. 검찰관은 양 피고의 번복진술한 증명력을 다투기 위하여 유사 이래 볼 수 없는 변호인과 피고인 간의

형무소에서의 접견대장까지 제출한 바 있습니다마는, 그것이 증거능력이 없어 원심은 증거로 채택하지 않았으나 어느 구절에나 진실을 왜곡하여 번복진술을 하라고 교사(教唆)한 사실이 없습니다. 변호인들은 1심에 관여했을 때, 첩자사용의 원칙과 본건 수사상의 모순과 공소사실 개개에 대한 양 피고의 허위 진술을 보충신문으로서 추궁하여 전혀 신빙성이 없다고 단정하였든 것입니다. 그래서 양 피고를 처음 만났을 때, 본 변호인은 "왜 사리에 어긋나는 허위 진술을 하느냐. 요(要)는 진실보다 두려운 것이 없다. 허위 진술을 하면 반드시 허언이 드러난다"고 충고했드니, 양 피고는 "부끄럽게 되었습니다. 이미 결심한 바가 있습니다"고 말했을 때, "아직 말하지 마라"고 막었으며, "내종(乃終)[195] 윤 변호사와 같이 올 터이니 그때 말하라"고 했든 것입니다. 변호인들은 사건의 성질상 형무소에서 양 피고와의 접견 담화내용이 녹음 또는 접견 대장에 기재되어, 당일로 검찰에 보고되는 것을 압니다. 그래서 양 피고와의 접견 시에는 격별(格別)한 조심을 했든 것입니다. 심지어 양 피고의 모든 진술을 들은 후에도 "임의성 없는 고문, 협박, 기망에 인한 자백이 증거능력이 없다"는 법률효과까지도 언급해 본 일이 없었습니다. 그 반면 양 피고가 "부끄럽다. 이미 결심한 바 있다"하면서 번복 진술을 할 징조를 보일 때 겁이 덜컥 날 듯 것입니다. 왜냐하면 변호인과 양 피고의 번복진술 내용이 검찰 또는 외부에 누설되었을 때에, 사건의 성질상 양 피고인의 신변이 매우 위험하다고까지 신경을 써서 형무소 당국에 감방과 법정 내왕시 격별한 경계를 요청한 바 있었고, 또 양 피고의 만약의 경우를 예측하여 녹음을 해달라고까지 요청한 바도 있었으나 현재까지 여사한 사고가 나지 않은 것을 다행으로 생각하는 바입니다.

이제부터 양 피고가 원심에서 진술한 내용과 또 형무소에서 변호인들이 청취한 사실 중에서 본건에 관계있는 부분을 종합해서, 양 피고가 왜 1심까지 허위자백을 하게 되었느냐의 점에 대하여 말씀을 올리겠습니다.

(1) 특무대에서의 허위자백(5458~5471정)

① 양 피고는 장성팔과 같이 2월 8일 특무대에 출두하였더니, 정시마 월북관계

195) '나중, 얼마의 시간이 지난 뒤'를 의미한다.

와 미 첩보기관으로 3회 왕복한 사실, 마약 판매 사실 및 HID 왕복사실의 간략한 신문이 있었습니다.

② 그 후 2, 3일간 양 피고의 경력, 남북교역하게 된 경위, 마약관계, 내왕회수, 교역물자 관계, 교역 중 이북에서 접촉한 인물, 과거 경력상 이북에서 아는 사람, 교역 중 보고들은 이야기 등을 세세히 신문받았습니다.

③ 다음 양 피고의 과거경력에서 조 씨와 간에 상해 또는 신의주에서의 지면관계, 해방 즉후 인천에서의 상봉 사실, 남북교역 중 상봉 관계 등을 신문받고 대충 진술했습니다.

④ 기후 고영섭 조사관은 양 피고의 혈압 높은 것을 근심하여 자기도 혈압이 높은대 주사를 맞자 하여 특무대 의무실에 가서, 고 문관과 같이 주사 두 대를 맞았드니 정신이 몽롱하여 졌는대 꿈속에서와 같이 조 씨에 돈대 준 사실이 있으냐, 약 2,000만 환가량 있다는 등의 기억이 날 뿐이라 합니다. 고영섭 증인은 이 점에 대하여, "나는 평생 주사 맞은 일이 없다. 빨간 혈압 복용약을 양 피고와 같이 먹은 사실이 있다. 주사 맞었다는 것은 거짓말이다"하고 증언했는데, 양 피고가 흥분하여 직접 신문에서 "당신 왼쪽 팔에 한 대 맞지 않었느냐"고 추궁할 때에 고 씨는 난처한 태도로 답을 하지 않었던 것입니다.

⑤ 그 후로는 특무처장과 고 문관과 같이 우래옥(又來屋)에 가서 불고기, 국수 등도 먹고 목욕도 하고 다방도 가고 태평양여관에 연금했습니다.

⑥ 그 간 고 문관은 "조는 역적이다. 간첩과 관련해서 국가변란을 도모하였다. 조가 구속된 후 전국민이 증오하고 있다"하며 조 씨에 대한 적개심을 환기시키는 한편, "너는 역적에게 돈을 대주었으니 같이 죽어야 한다. 어찌 생각하나"고 물었을 때 양 피고 생각으로는 조 씨 구속 후, 당국 발표의 신문을 본대다가 여사한 고 문관의 말을 듣고, 자기는 나라에 도움되라고 돈을 주었는데 조 씨가 역적이라하니 하도 원망스러워서 국가기관에 협조하겠다고 결심하고, "그렇다면 처야한다"하니, 고 문관은 "애국자"라고 찬양하였던 것입니다.

⑦ 그로부터 약 7, 8일 후 고 문관은 여관에 와서, 기히 방안지에다가 일방적으로 세밀한 사실을 이리저리 줄을 그려서 기재된 도표를 가지고 와서 조서를

작성하게 되었는데, 그 제목에 양이섭 간첩사건 일람표란 것을 넘어다보다, 누워서 답하라해서 장판방에 누어서 대답을 하게 되었든 것입니다.

⑧ 조사관이 "그랬지"하면서 시인을 강요할 때, 사실 아닌 것은 그렇지않다고 하였더니, 고 문관은 "조에 대한 잔재가 아직 있다. 영감이 혈압 높으다고 동정을 했는대 지하실에 들어가야 알겠군"하면서 협박하고서는, 1일간 여유를 주었습니다. 양 피고 생각으로는 자기가 혈압이 높은 데 전기고문을 당하면 죽는다, 살면 사실을 규명할 수 있을 것이라 생각하고, 또 그 자리에서 조 씨를 좋다고 할 수 없어, 조 씨를 원망도 하고 의심도 하였던 것입니다.

⑨ 익일부터 양 피고는 "당신들 좋도록 하시오" 체념하니, 조사관은 "최고 악질이 되라"하면서 "요렇게 드러갔지, 이 사람 만났지, 이런 말 했지, 돌아와서 조는 만나 이렇게 했지" 하면 양 피고는 덮어놓고 "네네"하는 문답이 연일 계속되어 고치고 또 고쳐가며 조서가 작성되었든 것입니다.

⑩ 그 후 판사가 와서 신문한 그 전일(前日) 조사관은, "명일(明日) 재판소에서 판검사가 오는데 나가서 증언만 하면 다음에는 증언할 필요가 없다"고 알렸을 때, "기억이 없어 일일히 진술 못하겠다"하니 방안지를 주면서 각회(各回)에 가서 어떻게 하였다는 것을 메모해서 외우라고 해서 하루 동안 외우고, 익일 판사 앞에 가서 메모를 보면서 그대로 답변했으며 그때 강당문(講堂門)에서 특무대원이 엿듣고 또 판사 신문이 끝났을 때(압 제78호) 동 대원들은 어떻게 답하였느냐까지 물은 사실이 있습니다.

⑪ 미군기관이 와서 조사할 때는 역시 메모를 보고 진술했으나, 특무대 요청으로 "이야기 말라"는 구절은 빼고 진술했으며 그 자리에는 특무대원이 출입을 하면서 감시를 했든 것입니다. 고 씨는 이 점에 대하여 증언하기를 "양 피고 자신이 첩보부대의 기밀에 속하는 이야기는 말할 수 없는 데" 할 때 "빼고 말하면 될 것이다"라는 말은 있었다고 합니다. 그러나 양 피고의 특무대 조서를 보면 첩보대의 기밀에 속한 내용을 소상하게 진술 한 바가 전혀 없습니다.

⑫ 그동안 고 문관으로부터 "너는 문제 아니다", "조(曺)를 잡자는 것이다"고 항상 회유하여 왔으며, 양 피고가 특무처장에게 어찌되나 물었드니 동인은 "자기는 한 참모에 불과해서 상관이 어떻게 결정할지 모르나 만약의 경우가

있으면 경무대(景武台)에 가서 이야기 해주마"고까지 하였다는 것입니다.

⑬ 또 신문에는 발표하지 않는다더니 양 피고의 처가 음식을 차입할 때 부정발표된 신문을 싸가지고 와서 양 피고는 대단히 놀랐는데 그 후부터는 가족접견을 금지당하였다는 것입니다.

⑭ 조 씨에 대한 모든 조사가 끝나자 조사관들은 태도를 표변하여, "김산(金山) 씨에게 돈을 얼마 주었느냐, 상해서 아는 임정 요인을 아는대로 대라, 그자들은 모두 대한민국을 반대하는 자이다"하면서 수일에 긍(亘)하여, 과거 독립운동한 혁명가들에 대하여 어떤 조작을 하려 함에 너무나 분개하고 비탄하였던 것입니다.

⑮ 양 피고가 3월 16일 자살을 기도한 것은, 조사관 고 씨는 과거 일(日) 정부 경찰에서 독립운동자들을 탄압하였는데, 지금은 우리 기관의 조사원이 되어 반성함이 없이 다시 혁명가들을 해롭게 하려하니 이 세상에 살어서 무엇하겠나 하는, 극단한 염세증(厭世症)으로 자살을 기도하여 약 5, 6시간 실신상태에 빠졌습니다. 압수된 유서(증 57호)에 특무대원들의 친절을 감사하는 지(旨) 기재한 것은, 양 피고가 일평생 타인과 싸움한 바 없는지라 죽는 마당에 욕을 쓰느니보다 비꼬아서 쓴 것에 불과합니다. 이상과 같이 양 피고가 특무대에서 조 씨 관계를 허위자백한 것은 고문, 협박, 유도, 약속, 기망, 불법감금 등으로 이루어진 임의성이 없는 의제 자백에 불과한 것입니다.

(2) 검찰에서의 허위자백(5690정)

양 피고는 3월 17일 송청되어 형무소에서 조인구 검사의 취조를 받었습니다. 검찰에서도 역시 조 씨와의 대질은 일절 시키지 않었습니다. 양 피고는 당 공정에서 검찰에서 허위자백한 경위에 관하여, "검사가 취조하기 전에 '조봉암 사건을 위하여 국가는 어떤 손해라도 감수한다. 이번에 나가게 되면 이북에 다니지 말고 남한에서 정주하라. 이것은 내 의견이지마는 우리는 거짓말은 않는다'는 이야기를 듣고, 국가방침으로 조 씨를 친다는 점에 대하여 검사는 특무대와 꼭 같은 입장이구나 생각하고, 검사가 특무대 기록을 읽어주는 대로 전부 시인하였다"고 진술하고 있습니다. 그뿐 아니라 양 피고인은 원심 최후진술에서 검사가 자기를 조사 중에 또는 조사가 끝날 무렵, 재판 도중 구형 전, 전일 1심 언도 후에, 수차 형무소에 내방하여 "사건의 성질상 사형을 구형하고 대법원에 가서 오(吳) 검사가 살려준다", "어떻게 삽니까"의 문(問)에 대하여, "병보석을 하면 되지 않으냐, 일본에 가면 된다"고 진술한 바 있습니다. (원심 13회 공판조서… 이 점은 기재가 누락되었음) 따라서 양 피고의 검찰에서의 허위자백은 조 씨를 국가방침으로 처벌한다는 말과 나가거든 남한에서 살라는 말과 취조 전후의 약속 등으로, 자기 형사책임이 감면될 것이란 심리적 영향으로 이루어진 임의성 없는 허위자백이었습니다.

(3) 1심법정에서의 허위자백(5690정)

양 피고는 공판 전일 형무관으로부터, 내일 법정에 나가는데 하루에 끝난다는 검사의 연락이 있었다는 것이고, 5월 15일 제9회 공판정에 처음으로 출두하였더니 법정에 산적해 있는 방대한 기록과 황색 봉통의 증거품을 보고 과연 조 씨가 역적짓을 했구나 하는 생각이 굳어져서, 그날 재판장이 공소사실을 하나하나 읽어가면서 물었을 때 유유시인(唯唯是認) 하였다는 것입니다. 그 후 변호인들의 보충신문으로 매우 곤란한 입장이었다는 것입니다. 여사한 양 피고의 진술은 특무대와 검사를 거처, 인위적으로 가해진 심리적 영향이 연장되고 소위 국가방침에 영합한다는 심리로 허위자백을 한 것이고, 또 공소사실을 읽어주며 신문하는 것을 허위자백을 한 후 부터는, 그 자백을 번복하는 데에 피고인 입장에서 용기를 내지 못하는 것은 우리들이 재판 경험상 허다히 볼 수 있는 것입니다. 그 후 변호인들이 세밀하게 보충신문을 하면 더욱 허위자백을 진실인 것처럼 가장하기 위하여, 상술한 바와 같은 허위 진술을 많이 하였던 것입니다. 그럼으로 1심 법정에서의 양 피고의 허위자백은 진실에 반하는 종래의 자백을 반복한대 불과하며 임의성이 결여된 것입니다.

2) 판시 사실의 검토

수사기관에서 검찰을 거처 그 결론으로 표현된 본건 공소장을 일담(一談)하면 범죄 구성에 급급한 나머지, 마치 저 유명한 애도가와 람보[196]나 새록 홈스의 탐

196) 에도가와 란포는 일본 미스터리 추리 소설계의 거장으로, 본명은 히라이 타로(平井太郎)

정소설 이상의 문장으로 이론 정연하고도 유창하게 표현이 되어있고 1, 2심 공히 여사한 공소사실을 그대로 판시하였으나 허다한 모순을 내포하고 있음으로, 양 피고가 남북을 12차 내왕하는 동안의 제 사실에 대하여 몇 가지의 모순을 지적하여 판시 사실 전체가 신빙성이 없다는 점을 말씀올리겠습니다.

(1) 박일영의 돌개포 내왕 사실

원판결에는 양 피고가 88(1955)년 5월경 제1차로부터 89(1956)년 11월 중순경 제9차 왕래 시까지, 괴집 박일영을 상봉하고 그의 지령을 받고 실천하였다고 기재되어 있습니다(판결문 69~82정). 그러나 "동 박일영은 막부정보학교를 졸업하고, 해방 때 소군(蘇軍) 중위로 김일성과 같이 귀국하고 그 후 평북도인위장(平北道人委長)을 거쳐, 6·25사변 전 내무성 제1부상까지 역임한 자"(판결문 71정 1~4행)라 판시했는데, 남한으로 말하면 평북도지사, 내무부 차관을 역임한 거물이, 일개 상인인 양 피고를 만나기 위하여 7차에 긍하여 우정[197] 평양서 연백군 돌개포까지 내왕하였다는 것은 사리 상 믿을 수가 없는 것입니다.

양 피고의 원심에서의 진술 및 판시 사실의 요지를 종합하면, 해방 후 신의주에서 건국무역사를 경영할 때 자기 부하로 쓰든 한광이가 삼육공사 돌개포 지점장이고, 또 신의주에 있을 당시 같은 업자로 서북기업사를 경영하든 김난주가 삼육공사 사장이며, 동인 등과 양 피고는 과거 친하게 지내든 처지라, 남북 왕래하는 김동혁 첩자를 통하여 양 피고가 남한에서 고생한다는 이야기를 듣고 동정한 나머지, 교역상이나 하라는 권(勸)을 받고 김동혁이 양 피고에게 차(此) 지를 전하여, 그 후 미 첩보기관 또는 인천첩보대의 첩자로써 남북을 왕래하게 되어, 매양 김난주나 한광을 만났을 뿐이고, 박일영은 평북인위장 시대 양 피고가 대남무역을 하는 관계로 많은 경제적 원조를 하여 잘 아는 터이지만은, 8차 즉 89(1956)년 8월 중순 월북했을 때 동인이 자전차를 타고 우연히 와서 상봉한 바 있으나 과거 이야기만 주고 받었다고 진술하고 있습니다(5454~5485정). 박일영이 돌개포에 7차 내왕하였다고 기재된 것은, 결국 특무대에서 김난주나 한광은 일개 상사의 사장

이고 에도가와 란포는 필명이다.

197) '우정'은 '일부러'라는 의미의 강원도 방언이다.

또는 지점장의 위치 밖에 앉되니, 양 피고가 과거 잘 안다는 박일영이 괴집 거물임으로, 동인이 항시 돌개포까지 와서 지령을 하였다고 해야 권위가 서겠기로 그렇게 기재한대 불과한 것입니다.

(2) 괴집이 조, 양 간의 지면관계(知面關係)를 어찌 알 것인가

원판결에는 괴집이 제1차로부터 조봉암을 만났느냐고 양 피고에게 묻고, 그 후 12차 내왕 시까지 연속 조 씨에 대한 지령 및 그의 실천 관계를 기재하고 있습니다. 그러나 괴집 한광이나 김난주나 박일영은 양 피고의 조 씨의 지면관계를 어떻게 알고, 제1차부터 조 씨를 만났느냐고 물을 수 있습니까. 1건 기록상 괴집이 양 피고와 조 씨 간의 지면관계를 어찌 알었느냐의 경위에 대하여는, 하등의 기재가 없이 논리의 비약을 하고 있습니다. 양 피고는 원심에서 "이북에서 조 씨를 어떻게 알고 있는지 전연 모르는데 자기가 조 씨 이야기를 끄낼 수 없으며, 12차 내왕 시 조 씨의 말은 한번도 언급한 바가 없다"(5457정)고 진술하고 있습니다. 또 귀원(貴院)에서 과거에 재판을 한 황익수간첩사건(黃益秀間諜事件)[198] 기록을 보면 그 자가 89(1956)년 9월 1일 남하하기 전에 이북에서 밀봉교육을 받을 때, 실무학습에서 남한의 정당, 사회단체, 군부, 경찰에 대한 해설을 받었는데, 그중 자유당은 어떻다. 민주당은 어떻다 하고 난 후, 진보당 문제에 관해서는 조봉암은 자기들의 반역자이니 타협할 여지가 없다, 하고 일축하고 있는 기재가 있는데, 이 점은 양 피고의 당 공정에서의 진술을 뒷받침 하는 것으로 믿습니다.

(3) 공소장의 기교와 판시 사실의 오인

공소장에는 양 피고가 제3차 월북 시의 조 씨가 민주당 합당운동에서 탈퇴하고 서상일 씨와 합작한 사실, 제4차의 진보당 창당추진위원회 구성 사실, 제5차의 정부통령 선거위원회 구성 사실, 제7차의 진보당 창당에 서상일파와의 알력 사실, 제8차의 11월에 진보당이 창당된다는 사실, 제9차의 결당대회 인원이 800여

198) 황익수는 해방 직후 월북하여 원산 검찰소장 등을 역임한 인물이다. 북한 중앙당부의 지령에 의거 정계, 법조계 등에 침투할 것을 기도하고 남침하여 친구인 조영환을 찾아가 간첩활동을 한 혐의로 1957년 11월 무기징역형을 받았다.

명이란 사실, 제10차의 혁신세력 규합 추진 사실, 제11차의『중앙정치』판권획득과 야당 연합전선 추진 사실 등등이 지령 또는 보고내용으로 기재되어 있고, 원판결은 차(此)를 토대로 그대로 판시하였습니다. 이와 같은 판시는 너무 기교에 지나친 것 같습니다. 왜냐하면 사람의 기억력은 한정이 있는 것인대, 양 피고의 두뇌가 얼마나 조직적이고 명석하기에, 88(1955)년 3월부터 91(1958)년 2월 7일까지 간에 있어 판시 사실에 나열된 것과 같은, 이북에서 한 말, 조 씨가 한 말 등을 소상하게 기억을 회복할 수 있겠습니까. 그것도 매차 월북 기간에 꼭 드러맞게 보고도 하고 지령도 하였다고 기억할 수 있겠습니까. 이것은 수사기관에서 전문적으로 알고 있는 진보당 창당 과정을 방안지에 일방적으로 도표를 작성해서, 시기적으로 맞추어가며 조서를 작성한 탓입니다. 더구나 제10차 월북 시 강 모가 "진보당 선언문을 보고 문틀을 보니 신도성이가 작성한 것 같다"(특무대 조서)라는 구절에 이르러서는 정말 기교의 극치입니다. 괴집 강 모가 신도성 씨와 면식 있는 자라 가정하더라도 해방 후 13년 동안 상봉한 사실이 없을 것이고, 만약 남한에서 발간되는 신(愼) 씨의 논문과 국회 속기록을 모조리 수중에 두고 읽어본 자라 가정할지라도, 신 씨가 창당추진위원회 의안부 책임자로 있으면서 여러 사람의 의견을 종합해서 채택한 것인데, 그 선언문의 문틀을 보고 신 씨가 작성한 것 같다 했으니 그자는 사람이 아니고 귀신인 모양입니다. 이것도 수사기관에서 진보당의 개개 정책문은 신 씨가 기안하였다는 것을 알기 때문에 더욱 기교를 부리느라고 삽입한데 불과합니다.

(4)『박헌영재판기(朴憲永裁判記)』

원판결에는 괴집이 양 피고에게 "박헌영 재판 때 동인이 과거 조 씨를 출당한 것은 자기의 과오이라고 자백한 일도 있어, 현재 북에서는 조 씨와 합작할 용의가 있으니 평화통일 목표로 합작하자는 제안을 하였다"[판결문 73정(3)]고 기재되여 있습니다. 양 피고는 이 점에 관하여 원심에서 진술하기를, "특무대에 피검된 후 북에서 보고 들은 것을 이야기하라 해서 삼육공사 숙소에 비치되어있는, 임호작(作)의『박헌영재판기』라는 책자를 본 일이 있는데, 박헌영이가 공판정에서 과거 조봉암을 출당한 결과 남한에서 지도적 정치 인물로 활동하고 있는 것은 괴집에 대하여 일대 손실을 초래하였다고 고백한 사실이 있었다는 책자 내용의 일부분 이야기를 했더니, 특무대에서 일방적으로 삽입하였다"(5465, 5466정)고 진술했습니다. 이 점은 조 씨가 과거 공산당으로부터 출당 당한 자인데 괴집과 어찌 합작할 수 있느냐의 의문점을 풀기 위하여 나열한 기교에 불과하다고 생각합니다.

(5) 조, 양 피고의 초대면(初対面)

원판결에는 양 피고가 4차 월남시 조 씨에게 김동호(金東浩)인데 좀 만나자고 전화를 해서, 퇴계로 로타리에서 기다리다가 남산동 음식점에서 만나 오래간만에 인사를 하고 괴집의 제의를 전했더니 조 씨는 얼굴이 창백해지며 긴장해서 약 30분간 침묵하였다(판결문 74정)고 기재되어 있습니다. 1, 2심에서 조 피고의 안색을 보면 검은 편이고 창백해지는 얼굴이 아닙니다. 1, 2심에서 사형구형 받을 때나 언도를 받을 때도 희로애락을 안색에 나타내는 사실이 없습니다. 또 김동호인데 하면서 전화를 걸고, 조 씨를 만나서 오래간만에 인사를 교환하였다는 점은, 양 피고는 1심에서 법정신문 시까지 1·4후퇴 후 이때 처음 만났다는 양(樣) 진술했습니다. 그때 조 피고가 "88(1955)년 여름경부터 자조 상봉하여 식사도 하고 2, 30만 환씩 용돈도 얻어쓴 사실이 있지 않느냐"고 반문하니, 양 피고는 답을 고의로 회피했던 것입니다. 특무대나 검찰에서 조 피고의 장녀 조호정은 "88(1955)년 10월경 김 사장이 내가(來家)하여, 부친 소개로 인사해서 양 피고를 알게 되고, 당시 김 사장은 부친과 본인을 미도파백화점에 데리고 가서 본인 결혼 기념으로 시계를 사주고 남편 양복하라고 2만 환을 나에게 준 일도 있다"고 증인으로써 진술을 하고 있습니다. 양 피고는 원심에서 "88(1955)년 가을부터 조 씨를 자조 만나, 청진동 소재 중국요리점에 자조 가서 식사를 했는데, 그 집 뽀이가 언제나 조 씨와의 환담을 엿듣는 것 같아서 다음부터 타처로 옮기자 해서 그 후 마침 전화로 불러 남산동 음식점에 가게 된 것이다"(5260, 5463정)고 진술하는 것이 사실이라고 생각되는 것입니다.

(6) 11월 창당설

원판결에는 "양 피고가 89년 7월 제7차 월남 시 조 씨로부터 11월에 창당한다는 이야기를 듣고 그 후 제8차 월북 시 괴집에 보고한 양 기재되어 있습니다"(판결문 78정). 그러나 진보당 창당 과정을 보면, 정부통령선거 후 비자유당, 비민주당의 재야세력을 총 규합하자는 운동이 전개되어 7월 하순경 신태권(申泰權) 법률사무소에서 11인 회합이 있었고, 9월 하순경 7인위원회에서 혁신세력 대동단결로 당명을 민주혁신당으로 개칭하는 것까지 조 씨가 수락하였으나, 진보당 중앙지방 간부들이 당명 개칭을 반대하게 되어 서상일과 결렬되고, 우선 결당한 후에 혁신세력을 규합하자고 서둘러 11월 10일에 결당하게 되었는데(박정호간첩사건 판결문 참조), 그 경위는 기록상 명백한 바 7월경에는 조 씨가 11월 결당을 생각할 수도 없을 때입니다. 이 점도 결국 수사기관에서 89(1956)년 11월 10일 결당대회를 한 결과에 착안해서, 그 이전에 괴집과 상통한 흔적이 있어야만 진보당 불법화가 되기 때문에 사리에 어긋나는 것을 삽입한 것으로 생각됩니다.

(7) 양 피고의 평양 내왕

원판결에는 "89(1956)년 8월말 즉 제8차 월북 시부터 박일영이 허리를 다쳐서 평양으로 소환되어, 그 후 12차 월북 시까지의 5회는 각각 평양까지 가서 기림리(箕林里) 아지트에 유숙하고서 그들의 안내로 평양시가 또는 안주저수지(安州貯水池)를 구경한 양 기재되어 있습니다(판결문 78~86정). 반문하노니 양 피고가 그와 같이 괴집의 신인(信認)이 두터운 자라면, 양 피고의 처자나 형의 가족이 평북 희천(熙川)에 거주하고 있는데, 어찌 5회나 평양까지 가면서 그리운 가족을 한 번도 상봉한 사실이 없을까요. 또 돌개포 삼육공사에서 양 피고와 선원은 각각 분리 수용되나 방에 감금하는 것이 아니라, 조석으로 운동도 하고 상호 얼굴은 볼 수 있는 것인데, HID의 양 행동 경위서를 보면 2, 3일 동안 행방을 몰랐다는 기재는 전연 없습니다. 양 피고의 원심에서의 진술은, '돌개포 숙소에 선전용으로 비치되어 잇는 북한, 중공, 소련 등의 화보 중에서 평양의 복구상이라든지 안주저수지의 그림을 본 일이 있다고 말한 것을 수사기관에서 그들 안내로 구경까지 한 양(樣), 조서가 작성된 것'이라는 것입니다. '평양 기림리 아지트 운운'은, 괴집이 대남간첩의 밀봉교육을 대개 기림리 아지트에서 실시하고 있다는 수사경험에서 삽입한데 불과하고, "박일영이 허리를 다쳐서 평양 갔다"함은 "동 8차 월북 시에 돌개포에서 우연히 박일영을 만나 사실이 있다"는 것을 앞서 말씀 올린 바와 같이 권위를 세우기 위해서 1차로부터 7차까지는 돌개포, 8차부터 12차까지는 평양에 내왕한 양, 인위적으로 조서가 작성된 것입니다. 양 피고는 원심에서 "이북 한광이가 형님 평양 구경해 보겠소"하는 것을 "사고날 지 모르니 가지 않겠다고 거절한 것을 특무대에서 말했더니 박일영을 한번 만난 8차부터 평양 내왕으로 기록되었을 뿐"이란 것입니다.

(8) 조 씨 편지 전달

원판결에는 양 피고가 9차, 11차, 12차 월북 시에 조 씨의 편지를 각각 전달했는데, 그 내용은 '백삼, 녹용, 한약대 2만 환 고맙다. 앞으로 많은 후원 바란다'는 것이고, 김 사장 앞. 조 또는 조봉암이란 식이라 기재되어 있습니다. 9차 월북 시의 조 씨 편지에 대하여 특무대에서는 '손바닥만한 백지(白紙)'라하고 검찰에서는 봉통 형식에 썼다고 상호 모순되는 진술을 하고 있습니다. 또 12차 월북 시의 녹용과 한약대 2만 환의 영수증과 후원해달라는 편지를 각각 쓸 리 만무할 것입니다. 만약 원판결 기재대로 조 씨가 괴집과 합작하였다면, 괴집 독특의 암호문을 보내서 지령과 보고를 필림에 모아서 상세히 연락할 것이지 이러한 엉터리 편지를 왕래하지는 않을 것입니다. 또 번번히 속초 김 사장 앞이라 되어있다는데, 이것은 양 피고가 원심에서 진술하듯이 "조 씨가 바쁠 때 자기에게 돈 좀 후원해 달라는 쪽지를 한두 번 받은 일이 있는데 조서에는 밀서인 양, 기재되었다"고 진술하는 것이 진실이라고 믿어집니다.

(9) 임호의 편지

원판결에는 양 피고가 제9차 월남 시에, 임호의 '우리도 잘 있고 사업 잘된다. 앞으로 후원하겠다'는 내용의 편지를 가지고 와서, 조 씨에 전달한 양 기재되어 있습니다(판결 680정). 괴집 정보 부위원장(副委員長)쯤 되는 자가, 이런 내용의 서신을 남한에 있는 조 씨에 보낼 것인가 믿기 어렵습니다. 그뿐 아니라 양 피고는 "11차 월남할 때 강 모에 대하여 미불을 주는지라 편지를 써달라고 요청했더니, 괴집 강 모는 '우리들은 원칙적으로 문서 연락을 삼간다, 피차 신인하는 처지이니 말로 하라, 문서 같은 것은 후환이 있다'고 하면서 거절하더라"는 것이 949정에 기재되어 있는 것과 모순을 노정하고 있습니다. 조 씨의 편지를 가지고 갔다면, 양피고가 그렇게 신인이 두터운 처지이니 다음부터 편지는 가지고 오지마라 했을 것입니다. 이런 것은 북에서 자금이 왔다고 구성한 것을 더욱 믿도록 하기 위하여 인위적으로 기재한 데 불과할 것입니다.

(10) 치안국장의 무전

원판결에는 양 피고가 "9차 월북 시 괴집으로부터 치안국장이 전국에 진보당 감시의 무전을 쳤다는 사실을 듣고 돌아온 후 조 씨에 전하였더니, 자기도 이미 알고 있다 하면서 10차 월북 시 동 무전문 사본을 조 씨로부터 받아서 가지고 갔다"(판결문 81, 82정)고 기재되어 있습니다. 양 피고는 원심에서 "삼육공사 한광이가 상인이 들어왔다고 해상에서 본대에 무전치는 것을 연안에서 포착해 가지고 연락이 오는데, '형님은 아무일 없지요 하면서 연안에서 김종원 치안국장이 전국에 진보당을 엄중 감시하라는 것도 듣고 있소' 하며 무전이야기가 나오게 되고, 그때 월남한 후 엄숙진에게 보고하고 자기가 왕복 시는 절대로 본대에 무전을 치지마라고 부탁한 사실이 있었고, 또 그 후 조 씨를 만나서 치안국장이 전국에 진보당 감시의 무전 친 이야기를 하니, 조 씨는 그런 것을 아니 참 기특하다고 하면서, 나도 안다. 무전문 사본을 보여 줄 수도 있다 하였고 그 후에 양 피고가 금호동(金湖洞) 갈 때 약수동에서 동 사본을 주는 것을 보고 찢었다"(5485, 5486정)는 사실을 진술한바 있습니다.

(11) 사람 교환 사실

원판결에는 "9차 월북 시 양 피고가 괴집에게 앞으로 직접 사람을 교환하자는 제의를 한 즉 찬성했고, 또 월남 후 조 씨에게도 이야기 했더니 북에서 사람 와도 무방하다고 찬의를 표한 양, 기재되어 있는데"(판결문 81정), 어찌해서 그 후 10, 11, 12차 월북 시 사람교환 문제를 한번 언급조차 하지 않었던가, 아마 기교적인 수사기관에서도 이 점에 대한 그 후에 논의 관계를 깜짝 잊고서 기재가 없는 듯 합니다.

(12) 백삼 녹용 만년필 전달 사실

원판결에는 양 피고가 8차 월남 시 괴집 임춘추로부터 백삼 3근을, 11차 월남 시 강 모가 녹용을 조 씨에 선사하라고 받어서 각 전달했고, 11차 월북 시는 조 씨가 괴집 선사용으로 만년필 3본을 사주기에 월북 후 전달하였다고 기재되어 있습니다. 양 피고가 반입하는 물자는 주로 인삼과 한약재인데, 매번 여사한 물자를 가지고 오면서 그중 얼마를 친지들에 선사도 하고 가용(家用)에도 사용한 것은 상식일 것입니다. 양 피고는 원심에서 "백삼에 붙은 개성인삼이란 조히띠를 베껴서[199] 엄숙진도 선사하고, 조 씨에게도 선사했으며, 녹용은 강원도에서 샀으나 그 좋치 못하다 하면서 조 씨에 주었다"(5480정)는 진술이 진실인 것입니다. 또 만년필 3본 문제는 조 씨가 소위 형무소에서 양 피고에게 보내고저 한 쪽지에도 언급이 있는데, 양 피고는 "조 씨로부터 만년필 1본을 선사받고 그것을 소지하고 다녔는데 금차 피검 후 기록에 첨부된 진술서도 그 만년필로 썼는데 그 후 특무대에서 잊었다"고 진술하고 있으며 또 "이북에서 만년필이 귀하기 때문에 그간 약 10본을 신신백화점(新新百貨店) 구내 상점에서 사가지고 수차에 긍하여 이북에 선사하였다"(5489정)는 사실도 밝혔습니다.

(13) 『중앙정치』 판권

원판결에는 양 고가 11차 월북시인 4290(1957)년 5월 말 월북했을 때 『중앙정치』 판권을 획득할 수 있다고 보고한 구절이 있습니다(판결문 84정). 이 점은 수사기관에서 9월에 『중앙정치』가 발간되었으니 이것도 괴집의 지령으로 기관지인 양 구성하려고 한 모양입니다만은, 1심 이래 김병휘 피고나 조 피고가 실제로 『중앙정치』 판권 말이 나온 것이 7월이였다는 것이 밝혀졌으니 양피고가 5월 말에 이북에 가서 이런 이야기를 하였다는 것은 수사기관의 창작입니다.

(14) 진보당 문건 『중앙정치』의 지북

원판결에는 양 피고가 10차 월북 시 진보당 중앙위원 및 상임위원 명단과 선언문, 강령정책 책자를, 11차 월북 시 지방당과 대구시당 간부 명단을, 12차 월북 시 『중앙정치』, 지방조직 명단을 각각 가지고 가서 괴집에 제공하였다고 되어있습니다. 첩보부대 모르게 여사한 문건을 가지고 갈 수 없다는 점에 대하여는 상술하였습니다. 여사한 문건이나 잡지는 양 피고가 조 씨에게 2,000여 만 환이나 원조해 준 터라 진보당 발전에 관심이 있음으로 조 씨가 준 것입니다(5497정). 양

---

199) 문맥상 '종이띠를 벗겨서'라는 정도의 의미이다.

피고는 원심에서 조 씨가 금년 1월 초 자기 집에 내방했을 때, 그 시(時) 받은 4대 민의원 출마예상자 3, 40명의 명단을, 마침 자기 집 선반 위 진상잡지(眞相雜誌) 속에 끼워둔 중앙위원명단과 대조하며, 이 속에 있느냐고 조 씨에게 물으니, 조 씨는 안경이 없어 잘 못 보니 다음에 크게 자세한 것을 써서 보내주겠다고 한 일이 있고(이 점은 조 피고가 기억이 자세치 않다고 진술함), 또 양 피고는 조 씨 피검 후, 수상한 자들이 감시하는 것 같어서 부인 김귀녀에게 태우라고 주어서 동인이 소각하였다고 진술하고 있으며, 변호인이 이 점을 입증코저 김귀녀를 증인으로 신청했으나 원심은 각하한 바 있습니다. 만약 여사한 문건이 양 피고 집에 지금까지 보전되어 있었더라면, 이 사건의 중요한 증거가 되었을 것을 아깝게도 태워버렸습니다. 혹자는 조 피고 자신이 양 피고를 평하여 별로 정치에 관심 없는 자라 인정했는데, 어찌해서 여사한 문건을 주었느냐고 의심할지 모르겠습니다. 그러나 양 피고가 아무리 장사꾼이라 하지만, 과거 소년시절에 독립운동한다고 상해로 망명도 하고 형무소에서 복형한 사실에 상도(想到)할 때 정치에 관심이 많든 자입니다. 조 씨에게 원조를 2,000여 만 환 해준 자라면 조 씨의 정치적 활동에 관심을 가질 것은 사실입니다. 그리하여 조 씨는 양 피고에게 진보당 문건도 주고, 탄압받은 이야기에서 치안국장 무전이야기도 했던 것이며, 다만 양 피고 자신이 정계에 투신할 자가 아니라는 의미에서 정치에 별관심 없는 자라 했을 뿐, 전연 정치에 무관심하다고는 볼 수 없을 것입니다.

(15) 괴집 정보위원회

원판결 및 기록에는 양 피고가 8차 월북 시 괴집 정보위원장에 김일성, 부위원장에 박일영, 그 후 임호, 무임소(無任所) 지도원에 임춘추, 그 밑에 국내외관계책 장지민(張志民), 경리책에 최(崔)범두,[200] 대남정당책에 최 모가 있고, 최 모 밑에 대남정당 과장 조 모, 그 밑에 진보당책 강 모가 있다는, 괴집 정보위원회 조직을 기재하고 있으며, 여사한 조직은 기록상 8차 월북 시 진보당책 강 모로부터 문득(聞得)하였다는 것입니다(687~733정, 3038~3048정). 그러나 8차 월북 시 처음 상봉한 강 모가 여사한 조직내용과 구성원을 양 피고에게 알릴 필요가 없을

200) 원문에도 이름에는 한자가 표기되어 있지 않다.

것이고, 또 정당관계자이며 그 후 양 피고가 매번 월북해서 최 모, 조 모, 강 모를 접촉하였다면 어째서 이 자들의 성명은 모르면서, 기록상 한 번도 접촉한 사실이 없는 국내외관계책과 경리책 성명만은 장지민, 최범두라고 밝혀졌을가, 또 박일영이가 직장이 바꿨다고 임춘추를 다리고 와서 소개를 하고, 동인은 조 씨에게 인삼까지 선사하였다는데, 왜 8차에 한 번만 임춘추 이름이 나오고 그 후는 한 번도 상봉한 사실이 없고, 9차 이후는 임호를 접촉한 양, 기재되어 있는가 등등 풀지 못할 의문을 내포하고 있는 것입니다. 여사한 의문점에 대하여 양 피고는 진술하기를, "2월 8일 특무대에 출두하여 2, 3일간 남북교역으로 접촉한 자와 과거 북에서 알든 자와 그 알게 된 경위와 또 보고 듣든 이야기를 죄다 했더니, 그 다음 조 씨와의 관계를 묻고 주사를 놓은 다음 조 씨는 역적이라 하면서 증오감을 복독끈[201] 후, 여관에 옮겨서 방안지에다 일방적으로 도표를 만들어서 공소장 기재와 같이 조사관이 조작하였다"고 진술한 것은 앞서 말씀올린 바 있습니다(5468~5471정).

그러면 이 조직체계에 나오는 인물들은 양 피고가 어떻게 아는 자였던가

① 박일영은 상술했습니다.

② 양 피고가 해방 직후 강계에 있을 때 최현(崔賢) 대장이 강계(江界) 왕(王) 노릇을 했는데(김봉한 증인은 강계총독이라 평함), 그 해에 기근으로 식량이 부족해서 동 최현 대장의 알선으로 양 피고가 만주 통화(通化)에 왕래하면서 포목을 주고 다량의 식량을 도입해 온 일이 있고, 그것이 강계 희천은 물론 그 후에 함경도까지 식량이 가게 되었는데, 장지민은 그때 평북인위 경찰부장으로 강계에 와서 양 피고의 업적을 칭찬하는 일방, 그 후 양곡 도입을 국가경영으로 해서 양 피고는 자연히 양곡무역을 그만두게 되었습니다. 그때 최현, 장지민을 알게 된 것입니다.

③ 그 후는 목재상을 했는데, 적산(敵産)인 입목(立木)은 강계 왕인 최현 대장으로부터 사서 제재(製材) 판매한 후, 입목 대금은 평양에 있던 최현 대장의 부하인 최범두에게 언제나 지불한 사실이 있는 고로, 최범두 이름이 나왔고

④ 그 후 양 고가 신의주에 있을 때 대(対) 남방무역으로 생고무 2,000돈(屯),

201) '북돋운'을 말한다.

원면(原綿) 5,000돈(屯)이 입하 했을 때 대상물자로 대두(大豆)를 요구했으나, 그때 북한에 대두가 없어 평북인위 박(朴)치우와 같이 양 피고가 통역으로 봉천에 가서 대두 도입을 교섭할 당시, 임춘추가 동만주에서 귀국 도중 봉천에 들려서 같이 노력하여 대두를 도입해서 남방무역이 성공한 사실이 있는데, 그래서 임춘추, 박치우를 알게 되었고

⑤ 양 피고는 임호란 자를 전연 상면한 사실이 없으나, 삼육공사 숙소 비치의 조국방위(祖國防衛)란 신문에서 정보위원장 임호 명의로 남북평화통일문제 논문이 게재되어 읽은 일이 있는데, 그 중에도 외국군 철퇴하고, 민족끼리 평화통일해야 하며, 남한 정당사회단체가 거족적인 민족운동을 전개해야 한다는 지의 기사를 보았다고 특무대에서 진술했드니, 이것을 교묘하게 정보위원회 조직과 미군 철퇴 운운의 표현으로 공소장에 기재된 것이라 합니다. 즉 양 피고가 이북 있을 때 자기 경력상 아는 사실과 삼육공사 비치의 잡지 신문 등에서 본 사실을 진술했더니, 특무대에서는 시기를 따라서 조씨와의 연결성을 맺기 위하여 마치 베옷을 짜듯이 이리 얽고 저리 읽어서 조서가 조작되었다는 것입니다(5468~5472정).

(16) 선대 형식의 자금문제

원판결은 양 피고가 6차, 8차, 9차 월남시 괴집으로부터 선대 형식으로 각 500만 환의 물자를 더 받어와서, 혹은 대통령선거비 혹은 판권획득비 혹은 창당비조로 1,500만 환을 조 씨에게 전달한 양으로 기재되어 있습니다(판결문 76~82정). 양 피고는 원심에서 조 씨에게 돈을 준 것은, 진보당 사무실 앞에서 30만 환 수표를 조 씨에 주었고, 태평로 찦차 내에서 70만 환 현찰을 준 일이 있고, 조 씨 장녀에게 100만 환씩 2차 수교했고, 광릉 소풍 시에 100만 환 수표를 조 씨에게 주었고, 또 운전수에게 80만 환 현찰을 준 사실이 있고, 그 후도 3, 400만 환을 조 씨에게 준 것 같은데, 불(弗) 교환 이외에 도합 약 8, 900만 환 준 것 같으나 주먹구구로 대충 그렇게 된다고 생각되며, 그 시기가 남북교역 시 수시로 준 것이지 공소장 기재시기와 맞지 않는다고 진술한 바 있습니다. 찦차 내에서 혹은 사직공원으로 불러내서 돈을 준 것은 어떤 비밀이 내포되어 있지 않나 하는 의심도 할 수 있으나 그때는 고(故) 해공(海公) 서거 후 조 씨가 신변 위험으로 피신하고 있을 때니,

양 피고는 조 씨 댁에 전화해서 여사한 방식으로 돈을 전달한 것이며, 또 전화로 약수동 로타리에 조 씨 장녀나 운전수를 호출해서 돈을 전달한 것도 불과 지척지간(咫尺之間)에 있는 조 씨 댁에 직접 가서 주지 않는 것이 매우 의심스럽다고 할지 모르나, 조 씨 집 주변에는 형사들이 언제나 조 씨 동태를 사찰하고 있는 것을 아는지라 그 눈을 피하여 조 씨의 장녀나 운전수에게 전했을 따름으로 하등 비밀리에 준 것은 아닙니다. 양피고는 1심에서 6차, 8차 월남 시 500만 환식 전달한 장소, 액수, 수표, 현금의 종류 등을 상세히 진술하면서, 9차 월남 시 500만 환 전달은 어디서 얼마를 어떻게 전달했는지 기억이 나지 않는다고 매우 추궁당한 바도 있으나 그때 명확한 답을 하지 못한 사실까지 있습니다.

(17) 미불 문제

(가) 1심까지의 진술

양 피고가 11차 월남 시에 괴집이 조 씨의 자금요청 편지를 보고, 경제적으로 매우 곤란 당하고 있는 모양이니 2만 불을 전달하라. 또 임호가 계산서를 보고 양 피고의 선대 미청산인 7,000불을 한목에[202] 지불한다(3063정), 또 최 모가 만약 조가 돈이 급하거든 7,000불을 조 씨에 입체(立替)해 주면 후에 청산하겠다(3059정)고 해서, 2만 7,000불을 가지고 월남한 후 조 씨와 같이 남한산성에 소풍 갔을 때, 2만 7,000불 전부를 신문지에 싸가지고 가서 조 씨에게 미불을 보이면서 북에서 하는 말을 전하니, 조 씨는 우선 60만 환만 주고 나머지는 우리 돈으로 환화해서 내가 필요할 때 주고 또 7,000불도 자기에게 달라 해서, 양 피고는 남한산성에서 620불을 전하고 그 후 불상(弗商) 이정자에게 우리 돈을 바꾸어서 전부 전달하였다고 진술했습니다(3066~3076정). 그 2만 7,000불은 100불, 50불, 20불, 10불권으로 주었고, 부피가 우리 돈 100환권 네 묶음 되는 것을 옆구리에 숨겨서 가지고 왔다 했으나, 첩보대 모르게 가지고 오지 못하는 것은, 상술했습니다. 또 재판 경험상 알기에는 괴집이 공작금으로 미불을 줄 때는 언제나 부피가 적은 100불권만 주는데, 양 피고만은 50불, 20불, 10불 등 4만 환 부피되는 미불을 공작금으로 받었다니 경험상 수긍하기 어려운 것입니다. 또 양 피고가 제일 먼저 1,200불을 교환한

202) '한꺼번에'를 의미한다.

일자에 관해서, 정옥실(鄭玉実)(245~247정, 254정), 이정자(965정 이하 5858~5860정)는 각각 90(1957)년 4월경이라 증언한 바 있으니, 11차 미불 가지고 오기 전에 미불을 소지하고 있었다는 것을 증명할 수 있고, 또 김준식 경위 증언으로 조, 양 피고가 6월 11일 남한산성에 소풍 갔는데(5832~5836정 1372정), 이정자, 마재하 증언을 보면 남한산성 가기 며칠 전에 8,300불을 우리 돈으로 바꾸었고, 남한산성 소풍 익일인 6월 12일 다시 만 불을 바꾸었는데, 왜 남한산성 갈 때 2만 7,000불을 가지고 갔다고 허위 진술했는지 의도를 모르겠습니다.

또 7,000불은 괴집으로부터 양 피고 자신의 선대 청산조로 받었다고 진술했으나 남북교역은 약 3배가량의 이득이 나는 것이 원칙이라(3035정)고 진술했는데, 공소장에 의하면 양 피고가 1차, 5차까지 북에 가지고 간 물자는 총액 700만 환이고, 남으로 가지고 온 물자는 1,300만 환입니다. 소위 선대 형식으로 받었다는 6차 이후 11차 청산시까지의 계산을 공소장에 의해서 본다면, 그간 양 피고가 북에 가지고 간 물자는 총액 660만 환이고, 남으로 가지고 온 물자는 3,300만 환입니다. 북에 가지고 간 물자 660만 환의 3배는 1,980만 환이니, 결국 계산면으로 따진다면 잔(殘) 1,400만 환은 소위 선대조 물자로 남에 가지고 온 것이 되니, 괴집에서 무슨 미청산이 있다고 7,000불을 줄 것인가 이 점도 허위 진술을 했던 것입니다. 또 비밀리에 괴집의 지령과 자금을 전달하는 자라면 소풍갈 때 조문자를 다리고 갈 이유가 없으며, 더욱이 2만7,000불이란 거대한 돈을 전달코자 남한산성에 간 자라면 왜 조 씨가 김준식 지서(支署)주임에게 자진 인사를 하고, 그의 안내로 구경을 하고 4, 50분 동안 같이 행동했을 것인가(5832~5836정), 특무대 이래의 기록을 보면 조문자는 조, 양 간에 잡담이나 했지 정치담이나 시국담을 별로 들은 사실이 없다 했고(1490~1494정), 김준식 지서주임 역(亦) 조, 양 간 교담(交談)이 잡담이나 고적의 역사담 뿐이지 정치담은 들은 사실이 없다하고 운전수 이재윤은 조, 양 간은 친밀한 사이로 평소 존경했으며 차중(車中)에서 잡담 등을 했을 뿐 정치담이 없었다고 진술하고 있읍니다(1543정).

(나) 원심의 진술

양 피고는 원심에서 1심 이래의 허위 진술을 일척(一擲)하고, 미불 문제에 대하여 자기가 평소 3천 불 정도는 소지하고 다녔으며 2만 5천 불은 중국인 한자방으로부터 얻었다고 진술하고 있습니다(5491~5492정). 양 피고가 평소 3천 불 정도의 미불화를 소지하고 다닌 것은 이정자가 당 공정에서 6백 50불을 사준 일이 있고, 만날 때마다 불(弗)의 시세를 묻드라는 지의 증언과 4290(1957)년 4월 1,200불 교환한 사실(5858~5860정), 양 피고가 교역물자인 시계를 살 때 중간 부로카[203]가 PX에서 직접 살 때는 미불을 요구하는 때도 있고, 또 귀중품이라 3천 불 정도는 평소 소지하였다는 진술은 직실(直實)한 것으로 추인할 수 있습니다. 중국인 한자방은 양 피고가 일정(日政) 시, 화북철도회사 경무처(警務處)에 근무할 시 북지(北支)[204]에서 후방교란 목적의 큰 위폐사건에 연좌되었는데, 그 인상이 너무 관후준수(寬厚俊秀)하여 양 피고가 살려준 사실이 있는데, 동인이 석방된 후 그 은의를 잊지 못하고 그 후 1년간 서주(徐州)에서 고물상을 하다가 이득 본 일화 4백만 엔을 양 피고가 얻고, 해방 2년 전 만주 통화로 돌아와서 개간사업을 했는데, 해방 후 한자방의 소식을 모르다가 재일본(在日本) 친우 한득선(韓得善)이 내한(來韓) 상봉 시, 한자방이 대만에서 일본에 자조 내왕하는 소식을 듣고 양 피고는 자기 집이 초라하여 속초에 거주하는 데 진보당 사무실에 조봉암 씨를 찾으면 연락될 수 있으니 소식을 전해달라고 한 바 있었는데, 그 후 4290(1957)년 4, 5월경 한자방을 아서원에서 우연히 만나서 같이 우이동에 소풍 갔다가 2만 5천 불을 얻었다는 것입니다. 한자방은 기륭(基隆)에 별장도 가진 거상인데, 개성 인삼을 샀으면 좋겠다는 말이 있었다고 합니다. 양 피고의 부인 김귀녀는 양 피고로부터 4290(1957)년 초하(初夏) 미불을 받어 손수건으로 세 묶음을 싸서 실로 꾸매서 약 2개월 동안 문맹인 지라 액수는 모르지만 보관한 사실이 있다 하는데, 증인으로 신청했으나 각하되었습니다. 조 피고는 당 공정에서 4290(1957)년 4, 5월경 그분이 중국인인지 모르나 한국말을 잘하는 분이 당 사무실에 와서 양이섭을 찾기에 모른다고 대답한 사실이 있는데, 그 후 김 사장이 양이란 것을 상기하고, 양 피고에게 전한 사실이 있다고 하는 진술과 김봉한 증인(5851~5858정)이 작년 4, 5월경 자기가 건축업에 실패한 후, 양 피고에게 동남(東南) 지방에 상품수출 할 좋은 줄

203) '브로커'를 말한다.

204) '북지(北支)'는 중국의 북부 지방을 가리키는데, 베이징과 허베이성(河北省), 산시성(山西省), 톈진(天津), 네이멍구 자치구(內蒙古自治區) 등으로 이루어졌다.

이 있다고 하였드니, 양 피고는 자기가 대만만 가면 아는 사람이 있어 많은 물자를 가지고 올 수 있다. 또 양 피고는 해방 2년전 북경에서 통화에 왔을 때 거금을 가지고 왔었다는 등의 증언을 종합하면, 양 피고와 한자방 관계를 추인할 자료가 되는 것입니다. 한자방이 4290(1957)년 4, 5월경 내한 여부 문제에 관하여 화교자치연합총회나 중국대사관 측에서 여권 관계로 공식적 방문이 없었다는 회보(回報)가 왔다고 해서, 그자가 전연 우리나라에 입국한 사실이 없다고 단정할 수는 없습니다. 변호인 측이 중국기관의 소식으로 아는 사실은 4290(1957)년 4, 5월경 흥중호(興中号)라는 선박이 부산에 입항했는데, 67, 8세가량의 중국인이 상륙하여 경기도 모처 중국인촌에서 막대한 돈을 쓰고 간 사실이 있는데, 김(金)인지 한(韓)인지는 몰으나 양 피고의 2심 진술이 보도된 후에 그자가 수상하여 조사 중에 있다는 것이며, 또 여권 없이 입국할 수 있느냐의 문제는 화물선의 매판화주(買辦貨主)가 승선하고 한국에 와서 선원증으로 입국할 수 있다는 것입니다.

(다) 양 피고의 인간성

여하간 변호인 측도 확실한 조사가 미진하여 한자방의 입국과 또 거금을 양 피고에게 주었다는 점에 대하여 약간의 의심이 없는 바도 아닙니다마는, 양 피고의 인간성을 참고로 알면 수긍할 자료가 될 줄 믿습니다. 양 피고의 인간됨을 자로 한치 두치 따지는 법조인으로서는 이해하기 곤란한 인물입니다.

왜냐하면 김봉한(5851~5858정)이 당 공정에서 증언한 바에 의하면, ① 양 피고가 일정 시 만주 통화에서 수비대 통역을 했는데 일군(日軍)이 한국인을 학살할 때 한국인의 생명을 많이 살려준 의인이라는 점, ② 통역은 대개 일제 앞재비로 동포를 못살게 구는 통성(通性)이 있는데, 양 피고가 얼마나 인심을 얻었는지 해방 직후 친일파 숙청의 증오심이 비등할 때, 당시 양 피고는 강계에서 만주 통화에 넘어가 대단한 환영을 받으면서 많은 양곡을 도입하는 공을 세웠다는 점, ③ 해방 2년 전 북지(北支)에서 돈을 많이 가지고 만주 통화에 와서 개간사업을 크게 하여 많은 전답을 이룩한 후 만척[205]과 대립 되어 그 농지를 영세농민에게 분

205) 선만척식주식회사(鮮滿拓殖株式會社)를 말한다. 1936년 9월 동양척식회사가 조선 농민의 만주 이주를 수행하기 위해 설립한 회사다.

배해 준 사실과, ④ 통화, 강계, 희천 등지에 중학교, 국민학교를 설립하는데 대부분의 자금을 양 피고가 원조해준 점, ⑤ 그 반면에 양 피고 자신은 주색(酒色)에 빠지거나, 고향에 집을 짓거나, 땅을 사는 등 축재를 해서 호사한 생활을 한 일이 전연 없다는 점, ⑥ 1·4후퇴로 남한에 와서 고생을 많이 했으나, 돈을 벌자 친지인 김봉한 증인에게 차용서나 이자나 기한 등의 작정 없이 사업을 해서 성공하라고 600만 환을 원조해 준 사실, ⑦ 또 과거 아는 자 중에서 빈곤한 자에게 2, 30만 환씩 도와준 것은 보통이고, 불쌍한 학생 2인을 공부시키고 있다는 사실, ⑧ 또 양 피고를 과거 아는 사람은 그가 타인과 다투거나 모함하는 등등을 본 사실이 없다고 증언한 바 있어, 양 피고의 비범한 인간성의 일부를 규찰할 수 있습니다. 양 피고가 현재 남한에서 130만 환의 전세금과 200만 환의 종암동 대지(垈地)와 400여만 환의 명동 대지와 부인이 다리고 온 아들 두 사람 몫으로 500만 환을 예금하였다가 장성팔에게 맡긴 것을 합하면, 불과 1,200여만 환(기외 패물 유(有)) 정도의 재산을 가진 자가 어찌하여 조 씨에게 2,000여만 환을 원조했겠느냐의 점은, 상술한 양 피고의 인간성과 과거의 행적을 비교해 볼 때, 양 피고와 같이 상해 독립운동을 하던 그 후 신의주형무소에서 같이 복형을 하던 조 씨가 우리나라의 지도적 인물로 대통령도 출마하고, 정당도 영솔(領率)하는 것을 볼 때 조 씨를 존경하고 또 잘되기를 기대하면서, 불우한 정객을 돕는다는 의협심에서 2,000여만 환을 원조해 준 것이라고 추찰할 수 있는 것입니다(4811~4812정).

(라) 미불 교환 후 1,000만 환을 일시에 준 이유

양 피고가 11차 월남 후 1,000여만 환의 돈을 왜 한꺼번에 조 씨에 주었을까 의심할 지도 모릅니다. 양 피고는 이 점에 대하여 남북을 평소 내왕할 때 이익이 박(薄)함으로, 엄숙진 묵인하에 갑진 시계 등을 다소 가지고 가서 삼육공사 한광에게 팔어 달라고 해서 이익을 얻는데, 10차 월북 시 한광이가 "형님 오래 다니면 의심받으니 한 번에 1,000여만 환어치 물품을 가지고 오면 자기가 북경에 가서, 거기는 사치품이 귀해서 비싸게 팔고 또 북경에서는 백금 한 량이 2,000환, 다이야 1카랏트에 20만 환 하니, 그런 것을 사면 1,000만 환의 물자로 8,000만 환 내지 억 환 정도,되니 한번에 벌어서 자기도 이남에 가서 살 수 있게 해주오"하고 부탁해서, 11차, 12차 월북 시 오메가, 로랙스 시계를 각 300개씩 엄숙진 묵인하에 가

지고 가서, 한광에게 처분을 부탁했고, 마지막 갔을 때 한광이 북경 가서 백금이나 다이야를 사오면 억 환대의 자금을 입수할 예산이였고, 그 후는 남한에서 사업이나 할가, 예정하고 있을 때 한자방으로부터 2만 5천 불을 얻은지라, 조 씨에게 1,000여만 환을 원조했고, 또 백금 다이야 물자가 나오면 4대 민의원 출마 비용을 1,000여만 환 원조해주려고 생각하였다는 것입니다(5673~5675정).

(18) 형무소 쪽지 문제

조 씨가 형무소에서 이동현 또는 임신환 간수를 통하여, 양 피고에게 전달하라고 쪽지를 전달하였다는 것은 원심에서 판시 사실에 대한 증거로 인정하였으나, 조 씨가 자기 죄과를 인멸하려는 것으로 곡해를 할지 모르나, 사람이 타인의 모함으로 터무니없는 억울한 지경에 빠졌을 때 그것이 허위고 고문이나 강박으로 부자연한 진술이라 믿고 진실대로 말하라고, 동정하는 간수를 통해서 부탁하는 것은 간혹 있을 수 있는 문제가 아닌가 생각됩니다.

(19) 판시 사실 중 괴집 박일영 지령 및 양 피고의 보고와 진보당 창당과정의 상호모순

"판시 (2) … 4289(1956)년 2월(제4차) 월북… (판결문 73정 4행), 동 (3) …박일영으로부터… 평화통일이란 공동목표로 합작하자는 말을 전하라, 조가 515대통령선거 출마하면 재정 원조한다는 지령을 받고(판결문 73정 4, 5행)… 4289(1956)년 3월 하순경 (제5차)… 월북… 박일영에게… 진보당에서는 정부통령선거위원회를 구성하고 평화통일을 실현한다. 피해대중은 단결하라 등 구호를 내세우고 있다고 보고하고(판결문 74정 9~12행), 동 (4) … 박일영으로부터 평화통일 선전하여 일반대중에게 주입토록하라… 선거자금 원조한다… 지령(동 75정 3행)… 4289(1956)년 4월… (제6차)… 월북… 동 (5) … 박일영이 선거운동에서 평화통일 주장하라… 500만 환 전달하라… 지령받고 남하… (동 76정 4, 5행), 4289(1956)년 6월 하순 (제7차) 월북… 박일영에게 신당 추진운동에 있어 조봉암과 서상일 대립 알력이 생겼다 보고(동 77정 6, 7행), 동 (6) … 박일영으로부터 빨리 창당하라 기관지 판권획득하라는 지령받고(동 77정 8, 9행) 4289(1956)년 8월 말경(제8차) 월북하여… 진보당은 동년 11월경 창당된 것이라 보고(동 78정 2, 3, 6행)"하는 등 판시 사실

은 괴집 박일영의 지령으로 진보당이 평화통일을 주장하고 창당한 것 같이 기재되어 있으나, 그 시일이나 주장한 사실 등은 진보당 창당 과정과 판이한 것입니다.

진보당의 창당 과정에 관하여, 1심에서의 제8회 공판조서 중 윤길중(4303~4315정, 4335~4338정), 동 14회 공판조서 중 증인 신도성(4634~4654정), 동 고정훈(4685~4709정)의 진술기재 부분을 종합하면, 진보당은 4288(1955)년 6월경부터 비자유, 비민주당의 혁신세력 규합, 정치운동이 대두되어, ① 동년 8월경 광릉에서 조봉암, 서상일, 장건상, 윤길중, 신도성, 고정훈 등 20여 명이 회합하여 신당조직에 관한 대체 합의가 있은 후, ② 동년 10월 24일 대관원 회합을 하여 신당 조직에 있어서의 3원칙을 수립함과 동시에 신당 조직을 위한 가칭 진보당발기준비위원 준비위원회 결성하여 동 준비에 대한 취의문 급(及) 강령 초안 작성을 한 후, ③ 동년 12월 22일 조봉암, 서상일, 신숙 외 8명의 대표 명의로 가칭 진보당발기취지를 지상(紙上)에 발표하였고, ④ 4289(1956)년 1월 12일 다시 가칭 진보당추진위원회를 설치하고, ⑤ 4289(1956)년 3월 31일 가칭 진보당추진대표자회의를 거쳐, ⑥ 동경(同頃) 발표된 정부통령 선거공고를 보고 동년 4월 초순경 정부통령 선거대책위원회를 조직했고, ⑦ 동년 9월말경 영도권 문제로 대동단결하라는 서상일파와 조속 결당하자는 조씨파가 분열되고, ⑧ 동년 11월 10일 진보당이 결당되었습니다.

평화통일원칙 자체는 ① 우 대관원 회합 당시[4288(1955)년 10월 24일] 기히 (가) 혁신세력의 규합과 정치의 혁신, (나) 계획성있는 경제정책의 구현과 함께 (다) 민주주의 승리 하의 평화적 남북통일의 구절(句節) 하 신당 조직 3원칙의 하나로 내세우고, ② 그 후 윤길중이 가칭 진보당발기준비위원회 의안부 책임자로서 서상일 씨가 써준 4항목을 푸러서 강령 초안으로 "우리는 안으로 민주세력의 대동단결을 추진하고, 밖으로 민주 우방과 긴밀히 제휴하여, 민주세력의 결정적 승리를 기할 수 있는 방식에 의한 조국통일의 관철을 기한다(진보당 강령4)"라 표현하고, 그 후 동 의안부위원회에서 "평화통일"이란 구절로 수정되었고, ③ 그 후 가칭 진보당추진준비위원회 의안부 책임자 신도성에 의하여 진보당 정책 (1) 통일문제 "원수폭(原水爆)의 발전으로… 조국의 평화적 통일을 파괴한 책임은 6·25의 죄과를 범한 북한 공산집단에게 있다. 그들의 반성과 책임규명은 평화통일의 선행조건이다… 평화통일방안이 결코 대한민국을 부인하거나 말살하는 데 있지 아니하고 돌이켜 그것을 육성하고 혁신하고 진실로 민주화하자는데 있음을 확신한다… 우리 자신이… 정치권력을 획득해야 하며 그런 연후에 국제정세에 발마추어 제우방과 긴밀한 협조하에… UN을 통한 민주적이고 평화적인 조국통일의 구체적 방안을 책정하려는 것이다. 민주주의 승리에 의한 조국의 평화적 통일 이것만이 우리의 유일한 길이다"라 초안되고, 이와 별도로 강령정책의 이론적 근거를 표현하기 위하여 서상일 씨 위촉(委囑)으로 이동화 피고인이 기초한 강령을 강령 전문, 경제정책 전문으로 하고 4289(1956)년 3월 31일 가칭 진보당대표자회의에서 전기 강령 전문, 경제정책 전문이 채택되고, 동년 11월 10일 진보당 결당대회에서 역시 채택되었습니다. 또한 평화통일 원칙은 최초부터 어느 개인의 주장에 의하여 채택된 것이 아니고, 서상일 등 그 당시의 회합위원의 공통된 분위기에서 나온 것이고 조 씨가 주장한바 전무하고, 4289(1956)년 9월 말 서, 조 분열 후에도 조 씨는 합작코저 노력했으나 지방 열성 당원들의 강경한 주장으로 동년 11월 10일 진보당 결당을 본 것이지, 조 개인의 조기 결당을 주장한 사실은 전무했습니다. 따라서 판시 사실 중 소위 괴집의 지령이나 양 피고의 보고 등은 일자상 전기 진보당 창당 과정과 배치되는 것이며, 또 일자상 소위 괴집 지령 전에 평화통일의 원칙을 세웠고, 양 피고가 동년 3월 말 월북하여 정부통령 선거대책위원회 구성(4월 초순임)하였으니 조, 서 분열 전인 동년 8월말 월북하여 동년 11월에 창당한다고 보고하였다는 것은 수사기관의 기교에 불과한 것입니다.

또 조봉암, 윤길중 피고인은 (4774~4779정) "4289(1956)년 3월 31일 진보당추진대표자대회 한두 달 후 결당되었어야 할 것인데, 선거도 있고 서상일 씨와 우여곡절도 있으나 한 번은 국회의원 20명을 들어올 수 있게 한다 하여 그것도 추진했으나, 조가 2선으로 물러난다 해도 교섭이 안되어 몇 달 끌다가, 지방에서 매일같이 올라와 결당하자 하여 결당 일자를 지정하였다가 수차 연기하여, 결국 동년 11월 10일 결당한 것이다"(4774~4779정). 진술하여 그 간의 결당 경위로 보아 괴집의 결당 지령은 허무한 것입니다. 상술한 바는 판시 사실에 나타난 전 범죄사실은 진보당사건을 간첩과 결부시키고 괴집과 야합하였다고 구성하는데 급급한 나머지, 마치 탐정소설 같은 이로정연(理路整然)[206]한 문장이 되어있지만, 그 내

206) 의논이나 언설이 사리에 잘 통하고 정연한 모양을 의미한다.

포하는 허다한 모순을 지적하여 양 피고의 원심번복 진술(5448~5499 · 5667~5693정)이 사실이라는 점을 장광(長曠)하게 논술했습니다.

김달호 피고인이 원심에서 경찰에서 고문당한 이유를 설명한 바 있는데 경찰조사관이 "과거 박헌영사건을 아느냐, 조 씨를 좌익으로 처서 당신이 그 자리에 앉으시요. 그렇게 못하면 정치인의 자격이 없고, 조 씨는 사형이고, 당신은 20년이요"할 때 김 피고는 "타인을 모함하지는 못하겠다"고 거절했더니 그것이 화가 되어 고문을 당한 바 있고, 또한 놀랍게도 검사의 구형이 경찰조사관이 한 말과 일치하였다는 진술을 한 바 있는데, 원판결은 상술한 제 사정은 일고의 참작없이 양 피고인이 미군 첩보기관 또는 육군 인천첩보대의 아측 첩자로서 12차 남북을 왕래한 사실과 조 피고인에게 3년간 2,000여만 환 원조한 사실만으로 판시 사실을 인정함은 판결에 영향을 미칠 중대한 사실의 오인을 한 위법이 있습니다.

제2점 원판결은 채증법칙 위배의 위법이 있습니다.

현행 형사소송법은 증거재판주의와 자유심증주의를 채택하고 있습니다. 죄가 되는 사실을 인정함에는 엄격한 증명 즉 증거능력이 있고, 위법한 증거조사를 한 증거가 있어야만 한다는 것입니다. 또 법정에 나타난 증거를 종합하여 범죄사실의 존부(存否)를 판단하는 것, 환언하면 증거의 가치판단은 재판관의 합리적이고 과학적인 이성에 맡긴다는 것입니다. 그러나 여사한 자유심증주의는 영미법(英美法)의 영향을 받어 많은 제한을 받고 있습니다. 그것은 ① 임의성 없는 진술과 의제 자백은 증거능력이 없다는 것이고, ②자유에는 보강증거가 있어야만 유죄의 증거로 할 수 있고, ③ 전문(傳聞) 증거 배척의 원리를 도입하고 있는 까닭입니다.

1. 임의성 문제

〈형사소송법〉 제317조 1항은 "피고인 또는 피고인 아닌 자의 진술이 임의로 된 것이 아닌 것은 증거로 할 수 없다", 동조(同條) 2항에는 "전 항의 서류는 그 작성 또는 내용인 진술이 임의로 되었다는 증명된 것이 아니면 증거로 할 수 없다"고 규정하고 있으며, 동법 제309조는 "피고인의 자백이 고문, 폭행, 협박, 신체구속의 부당한 장기화 또는 기망, 기타 방법에 의하여 임의로 진술한 것이 아니라고 의심할 만한 이유가 있을 때에는 이를 유죄의 증거로 할 수 없다"고 규정하고 있습니다. 증거법상 진술의 임의성과 의제 자백의 문제는 개개의 증거가치 판단의 문제가 아니라, 증거로 할 수 있느냐 없느냐의 근본적인 증거능력의 문제올시다. 여사한 진술의 임의성 또는 의제 자백의 문제는 인권 옹호의 견지에서 영미법의 원리를 우리 형사소송법에 도입했으나 우리나라에 도입된 역사가 짧아서 여기에 대한 적절한 판례가 없음으로 부득이 외국의 몇 가지 판례를 들겠습니다.

미국 워신톤에 중국 유학생 하숙소가 있는데, 하루는 유학생 세 사람이 권총으로 사살되었습니다. 마침 제3자인 어떤 사람이 사건 당일 딴 곳에 하숙하고 있는 중국인 유학생 진(陳) 씨가 그 현장에 있었다고 고발을 해서, 진 씨는 체포되었습니다. 체포 당시 진 씨는 위장병으로 몸이 몹시 쇠약중에 있었는데, 경찰에서는 경위와 형사 두 사람이 매일 8시간씩 연 7일간 계속 조사를 해서 자백을 받었는데, 1, 2심 공히 사형을 받었습니다. 그러나 미국 대심원은 "임의성이 과연 약속 또는 협박에 의한 공술이 아니라는 이유만 가지고는 불충분하다. 법률상 공술의 임의성이란 것은 진술에 있어 그 공술이 임의로 된 경우에 한하여 인정된다. 구류(拘留) 중 경찰관의 신문에 의하여 공술 되는 경우면 임의로 할 수 있다. 그러나 강제에 의하여 얻은 공술은 합법적인 수사하에 된 것이라는 명문을 전부 배제한다. 진 씨의 공술은 몸이 쇠약한 사람을 연 7일간 계속 신문 끝에 행하여졌다. 피고인의 공술은 사실상 임의로 된 것이라 인정할 가치가 없고 강제로 하였다는 사실은 따질 수 없는 사실인즉 결국 신문조서와 자백서는 사건 증거로서 배제되어야 한다"는 이유로 사건 발생 후 5년 만에 무죄판결을 내렸습니다. 그것은 진 씨의 자백서 또는 신문조서 중의 공술이, 위장병으로 몸이 몹시 쇠약한데 매일 8시간씩 연 7일간 취조하였다는 사실만 가지고 진술의 임의성이 없다는 판례였습니다.

또 한 가지 판례를 들겠습니다. 1927년 미국에 도란 사건이 발생하였습니다. 이것은 뉴욕에 있는 경찰서에서 시간 후 형사들에게 강력범에 대비해서 권투를 가르치고 있는데, 담당 형사가 퇴근시간이 임박해서 바른 손에 권투 크릅[207]을 끼고 왔다갔다 하면서 피의자를 조사해서 자백을 얻었습니다. 이 사건에 대하여

207) '글러브(glove)'를 말한다.

미국재판소는 "모든 고문은 법률상 배제되어야 한다. 권투용 크럽은 용서할 수 없다. 권투 크럽을 끼고 자기 손으로 툭치고 왔다갔다해서 임의성이 없다"고 대법원 네만 판사는 무죄로 언도했습니다.

또 한 가지 판례를 들자면 일본국 대판(大阪)에서 어떤 절도사건이 있었습니다. 경찰관이 취조할 때 피의자가 부인하므로 구타는 하지 않고 머리털을 잡아당기고 또 찌르고 해서 자백을 얻었는데, 피고인이나 변호인이 경찰관의 신문조서를 증거로 함에 동의까지 하였으나 대판 고등재판소는 그것을 가지고, "강제에 의한 것으로서 임의성이 없으며 설사 피고인이나 변호인이 그 조서를 증거로 함에 동의하였다 할지라도 증거능력이 없다"하여 무죄의 언도를 했습니다[소화24(1949년) 12월 19일).

이와 같이 진술의 임의성 여부에 대하여는 엄격한 조건을 부치고 있습니다. 본건에 있어 상술한 바와 같이 양 피고는 당 공정에서 특무대 검찰 1심 법정에서 왜 허위자백을 하였느냐의 점에 대하여 논한바 있습니다. 인간은 자기 방위의 본능이 있는데, 양 피고가 어찌하여 화약을 지고 불 속에 들어가는 자백을 했나, 특무대에 2월 8일 출두할 때에 친우 장성팔이 어떤 사고가 있으면 피신하라는 충고도 물리치고, "아무 일 없다. 그 전의 마약관계인게지" 하면서 HID에 사전 양해를 얻고 자진 출두한 자가(4670~4676정), 어찌 본건과 같은 어머어머한 자백을 하였느냐의 점에 대해서는 앞서 상론(詳論)한 바 있습니다. 즉 특무대에서는 주사를 놓아 정신을 몽롱케하여 자백을 하였다는 고문, 폭행, 또 지하실에 들어가야 알겠느냐의 전기고문의 협박, 1개월 여의 불법감금으로, '너는 증인이다. 조를 치는 것이 목적이다. 너는 아무 일 없다'는 유도, 약속, 기망 등으로 이루어진 임의성 없는 진술이었다는 점입니다. 임의성에 관한 양 피고의 여사한 주장에 대하여, 검찰관은 하등의 증거를 제시치 않고, 도리어 변호인 측이 특무대 조사관(고영섭)을 증인으로 신청하였던 것입니다. 그러나 변호인들은 그 조사관이 법정에 나와서 자기들이 고문, 폭행, 협박, 약속, 유도, 기망 등을 자인하지 않을 것이라는 것은 당초부터 예견한 것입니다. 그리하여 고영섭 증인의 자기모순을 살피자는 것인데, 과연 그것이 드러났습니다. 주사를 맞은 일 없고, 빨간약을 복용한 일이 있다 하면서 주사를 맞은 것과 비슷한 말을 할 뿐 아니라, 양 피고 본인이 조사관을 보고 그때 당신 왼팔에 주사 맞지 않았느냐고 문(問)하니 고 씨는 답을 못하였습니다. 그 외 양 씨 혈압이 160이란 점, 양 피고를 구속영장이 발부될 때까지 1개월간 불법감금 하였다는 점, 법관의 구속영장대로 집행하지 않고 여관에 자의로 감금하였다는 점, 2월 20일경까지 방안지에 도표로 조 씨와 양 피고 관계를 기입하였다는 점, 그 도표를 작성한 후 신문조서가 일사천리로 매일같이 진행되었으나 일자를 2월 11일부터 소급작성한 것으로 기록한 점, 상세한 HID 감시자의 정보기록과 도표를 양 피고에게 보여서 자백하였다하나 그것을 제출치 못한 점, 등등으로 미루어 고영섭 증인의 증언은 자기모순을 허다히 내포하고 있으며 양 피고의 당 공정의 진술을 간접적으로 추인할 수 있습니다(양 5468~5472정, 고 5836~5851정).

다음 검찰에서는 양 피고가 특무대에서의 심리적 영향이 연장된 데다가, 권위 있는 담당검사로부터 "조 건(件)을 위해서 국가방침으로 여하한 희생도 감수한다. 앞으로 나가거든 남한에서 살아라"는 등 암시로, 또 '사건의 성질상 대법원에 가서 오 검사가 살린다. 병보석 해서 일본엘 가면 된다'는 등 기망적인 구속을 하였다고 하며, 조봉암을 처리함이 국가방침이요 양 피고는 이번 남한에 나가서 무사히 안주할 수 있다는 등 유도와 약속과 기망으로써 임의성 없는 진술을 하였다는 지를 원심에서 주장했습니다만은, 검사로부터 하등 반증의 제시가 없었습니다(5470정). 양 피고의 1심 법정에서의 자백은 형식상 어떤 유형적인 강제는 없었습니다. 그러나 양 피고는 특무대 검찰에서 하도 조 씨는 역적이다. 국가방침으로 친다. 너는 아무관계 없다는 등 심리적 영향이 계속되어, 5월 15일(제9회 공판에서) 처음으로 법정에 출두하자마자 진술하게 되었는데, 그때 법정에 산적한 기록과 증거품을 보고 과연 조 씨가 국가에 역적을 하였구나 하는 그릇된 감이 들어서, 재판장이 공소사실을 읽어주는 대로 힘없이 고개를 숙인 채 하나하나 시인을 했고, 번복할 용기가 없어 허위자백을 유지하다가 그간 조 씨의 주장도 들었는지라 1심 언도기일에 손을 들고 모든 사실을 고백하려던 것이, 재판장이 2심에 가서 말하라라는 주의로 뜻을 이루지 못하였다 하니(5470~5472정), 여사한 심리로 있을 법합니다. 보통 사람이 증인으로 신문을 당할 때도 독특한 불안감에 싸이는데, 항차 피고인의 심리적 압박은 매우 클 것으로 짐작됩니다. 이 점을 이해하시는 데 약간의 도움이 될까하여 본 변호인의 경험을 말씀올리겠습니다.

그것은 1심 때 김달호 피고인을 탈당케 한 심리입니다. 지상(紙上)에 조 씨가 간첩과 관련되었다는 검찰 고위층의 담화를 보고 그것을 믿었습니다. 검찰에 송청된 후 담당검사에게 조 씨가 간첩과 관련되었다는 확증이 있느냐고 물으니 있다는 것입니다. 본 변호인은 그것을 확신하고 그러면 김달호 피고인에게 그 증거를 보여주고 탈당케 하여 당국이 진보당의 등록을 취소하기 전에 자체 내에서 해산결의를 시키는 것이 좋지 않겠느냐고 제의하니 좋다고 찬의(贊意)를 표하여, 대검 모(某) 검사를 방문하고 상의한 후 형무소에 김달호 피고인을 접견하고 여사한 절충을 한 바 있습니다. 그때 김 피고는, '조 씨가 그럴 리 없다. 공산당 세계가 되면 조 씨 사형될 자라 믿기 어려우나 검찰에서 간첩관련의 확인을 보여주면 서슴치 않고 탈당하고 당의 뒷 수습을 하겠다'고 말했습니다. 그런데 어찌 된 일인지 검사는 조 씨의 간첩 관련 증거를 제시하지 않았습니다. 그때의 확인이란 지금 보면 1, 2심 공히 무죄가 된 허무한 증거였습니다. 그때까지는 아직 양 피고 사건이 특무대에서 발표하기 전입니다. 그 후 김 피고인은 송달된 공소장에서 김기철 씨 안을 보고 자기 부지중에 여사한 것이 당 기구 내에서 토의된 것이 불쾌함과 동시에 당국이 등록을 취소하면 형식상 불법화되는 것이니 당적을 유지할 필요가 없다고, 이당(離黨)의 의사를 표명한 바 있었습니다. 본 변호인의 여사한 탈당 권유는 오로지 김 피고의 신상을 염려하는 일념에서 한 것입니다만은, 이것은 담당검사의 인격과 그 말의 무게, 즉 조 씨의 간첩관련 확증이 있다는 말을 천금같이 전적으로 믿어서 이루진 것입니다. 직업적인 변호사의 심리가 이와 같이 약(弱)할진대 하물며 당자(當者)인 양 피고가 사회와 격리된 장소에서 특무대와 검찰의 일방적 유도, 약속, 기망을 믿고 법정에 나오자마자 재판장의 공소장 기재사실 신문에 대하여 또 조 씨가 국가의 역적이었다는 것을 그릇 인식하고, 허위자백을 한 심리적 경로가 과연 임의성이 있을 것인지, 또 일단, 허위자백 후 그것을 시정할 용기가 있겠는가에 상도(想到)할 때에 임의성 없는 자백이라고 의심할 만한 충분한 이유가 있습니다. 양 피고에 대하여 수사기관 또는 검찰에서 작성한 자공서, 진술서, 피의자 신문조서와 1심 공판조서에서 자백한 것은 형식 여하를 불문하고, 아무리 자백을 누적한다 해도 그것은 피고인 스스로 범죄사실을 자인한 자백으로밖에 인정할 수 없는 것입니다. 또 그 자백이 상술한 바와 같이 임의성이 결여된 자백이라면, 전혀 증거능력이 없는 것입니다. 또 그것을 토대로 구축된 검찰관의 기여(其餘)의 모든 보강증거는 일고의 가치를 인정할 수 없으므로, 본건은 결국 무죄에 도달해야 마땅할 것입니다. 공술의 임의성 여부는 앞에 약간의 외국판례를 보다시피, 재판관이 임의성 없다는 증거가 확신의 정도에 이르지 않아도 임의성에 대한 의심만 있으면 그것을 증거를 할 수 없음에도 불구하고, 원심이 양 피고인의 검찰에서의 피의자 신문조서와 1심 공판조서를 증거로 하여 유죄로 인정함은 증거법 해석을 착오할 위반이 있습니다.

2. 보강증거의 검토

만약 변호인의 견해와는 달리 양 피고의 자백은 임의성 있는 공술이라고 판단하신다면, 다음 문제는 보강증거가 있느냐의 문제로 돌아갑니다. 〈형사소송법〉 제310조에는 "피고인의 자백이 피고인에게 불이익한 유일한 증거인 때는 이를 유죄의 증거로 할 수 없다"고 규정하고 있습니다. 이 규정의 취지는 피고인의 자백이 왕왕 강제, 고문, 협박, 기타 부당한 간섭으로 인하여 공포와 불안으로 본인의 진의와 자유의사에 반해서 이루어지는 폐(幣)가 있는 관계로, 피고인의 자백만이 유일한 증거일 때는 타(他)에 적당한 보강증거가 필요하다는 원칙을 천명하고, 죄를 진 자가 처벌을 면하는 경우가 있더라도 무고(無辜)한 자를 처벌하는 것보다는 사회복지에 이롭다는 근본사상에 기하여, 자백편중과 자백강요의 폐단을 방지해서 인권옹호를 기(期)하고져 하는 규정입니다.

전술한 바와 같이 특무대에서 작성한 양 피고 자신의 자공서나 진술서 또는 피의자 신문조서, 검사 면전(面前)에서 작성한 양 피고의 피의자 신문조서, 1심 공판에서 양 피고가 진술한 공판조서는 모두 양 피(被) 자신이 자기 범죄사실을 공술한 것이니, 그것들을 아무리 다량으로 누적한다해도 필경은 양 피고의 자백으로 귀착되는 것입니다. 과거 일본 최고재판소는 공판정에서 피고인이 자백했을 경우에는, 타의 보강증거가 없어도 유죄의 증거로 할 수 있다는 판례가 있고 그 후에 또 피고인의 "공판정에서의 자백"이란 것은 당해 사건을 재판하는 재판소 이외에 설사 1심 공판정에서 자백하였다 할지라도 2심에서는 1심 공판조서의 자백을 증거로 할 수 없다는 판례를 한 바 있습니다. 본건에 있어 양 피고가 1심에서 자백하였다고 해서 그것만으로 유죄의 증거는 할 수 없는 것입니다. 하물며 그 후 일본 〈신형사소송법〉(제319조 2항)은 공판정 자백이나 기외(其外)의 자백을 동일하게 취급하였고, 우리 〈형사소송법〉 제310조도 동일한 취지입니다. 대저 공소사실의 입증 책임은 검사에게 있고 또 그 입증할 범위는, ① 주요 사실 즉 범죄구성 요건 해당 사실과 ② 간접사실 즉 주요 사실을 추인할 수 있는 사실. 이 두 가지는 모두 엄격한 증명을 요하는 것입니다. 다음 ③ 보조사실 즉 증거능력 증명력의 유무와 그 정도를 추인하는 사실은 자유로운 증명으로 가하다는 것입니다. 그러니 적어도 주요 사실과 이것을 추인할 수 있는 간접사실에 대한 입증 책임을, 검찰관이 전면으로 지고 있는 것입니다.

그러면 본 건에 있어서 주요 사실은 무엇이냐, 그것은 소위 "양 피고가 괴집 박일영, 임춘추, 임호, 조 모, 최 모, 강 모로 부터 평화통일 목표로 조 씨와 합작할 용의가 있다고 지령을 받고, 또는 보고하고, 양 피고가 조 씨에게 여사한 지령을 전달을 한 바 동인의 승낙을 얻고 내왕하였다"는 것이 주요 사실의 대전제이고, "그 후 양 피고가 이북을 왕래하면서 대통령선거비, 기관지 판권비, 창당비, 당 운영비 등 자금을 괴집으로부터 받아다가 조 씨에게 전달하고, 또 조 씨로부터 진보당 문건, 간부 명단, 『중앙정치』 등을 받아서 괴집에 제공하였다"는 것이 역시 주요 사실을 추인할 수 있는 간접사실에 속할 것입니다. 왜냐하면 괴집과 조 씨가 합작하였다는 대전제가 무너지면, 간접사실은 사상의 누각 격이 되는 까닭입니다. 여사히 본건의 대전제가 되는 합작 운운의 주요 사실은, 이외(以外)까지 우리 행정력이 미치지 못하는 관계로 그 입증이 매우 곤란하다는 것도 추찰할 수 있습니다. 그러나 주요 사실에 가장 가까운 입장은 능히 할 수 있을 것입니다.

(1) 양 피고에 대한 판시 사실 ①, ②에 관해서는 양 피고의 자백 이외에 어떠한 보강증거도 없습니다. 판시 사실 ①에는 "장차 간첩의 사명이 부과될 것을 예견하면서 이를 승낙"(판결문 71정 11~13행)하였다고 기재하였으나, 김동혁은 원심에서, 엄숙진은 1심에서, 이북 상사(商社)가 그와 같은 개연성은 있으나 각 기관에서 정보를 수집차 그것을 알면서도 첩자를 파견한다고 공술하고, 또 첩자는 이중첩자의 성격을 가졌다고 진술했습니다. 그렇다면 이북 상사가 장차 간첩 지령을 내릴지도 모른다는 점은, 우리의 국법으로 우리 첩보기관에서 대북 첩자를 사용하지 못한다는 금지 규정을 해야만 여사한 것이 불법화될 것입니다. 우리 첩보

기관에서 합법적으로 사용하고 있는 첩자가 전부 이북 첩자라면, 첩자를 파송하는 우리 첩보기관은 이북 괴집의 수족이란 결론 밖에 나오지 않습니다. 판시 사실 ①, ② 즉 1차로부터 3차까지 왕복 시, 박일영을 만나 조 씨의 동태에 관한 문답이 있었다는 사실은 원심에서의 김동혁 증인이 부지(不知)라 하므로(5860~5864정), 선원으로 3차 내왕 사실만으로 간첩 사실을 추인하는 보강증거는 되지 못하는 것입니다. 또 삼육공사 김난주, 한광 기타 상사 직원과의 접촉은 본건 주요 사실이 아닙니다.

(2) 양 피고에 대한 판시 사실 ② 내지 (11)의 간첩 사실에 관한 보강증거는 무엇인가, 원판결이 인정 자료로 한 증거를 검토하겠습니다.

① 조봉암은 전(全) 기록을 통하여 (검사의 피의자 신문조서, 1, 2심 공판조서), 3년 내외에 양 피고와 자주 접촉하여 음식점이나 소풍을 다니며 기간 약 2,000만 환 내외의 돈을 얻어 썼다는 것과 양 피고가 진보당에 관심이 있어 진보당 결당문건, 간부 명단, 『중앙정치』, 출마자 명단 등등을 주었다는 것과 일간지 구입과 치안국장 무전문 등의 교담 내용은 시인하나, 괴집과의 교역이나 괴집의 지령문 등은 전연 문득(聞得)한 바가 없다고, 특무대 이래 원심까지 일관해서 진술하고 있습니다. 그러면 여사한 조 피고의 공술이 전력한바 대전제가 되는 주요 사실을 추인할 수 있을 것인가, 물론 선입감(先入感)을 가졌거나 의심하려면 한정이 없을 것입니다.

이와 같은 증거의 가치 판단 자료에 대하여 제1점에서 상론한바 있습다만은[208] 조 피고의 진술이 얼마나 솔직 담백하고 거짓이 없는가의 점을 몇 가지 들겠습니다. ㉠ 자기를 원조해주는 사람 중에서 양 피고보다 더 많이 준 자가 없다는 진술과 ㉡ 금년 1월 초순경 양 피고 가(家)를 방문했을 때, 양 피고의 당 공정 진술은 당시 출마자 명부와 중앙위원 명단과 대조할 때, 조 씨는 안경이 없어서 못보겠으니 더 크게 자세히 써주겠다고 하더라는 것을, 조 피고는 그 대조의 점은 기억이 나지 않는다고 진술한 점 ㉢ 진보당의 평화통일론이 국헌에 위배되느냐의 문제는 진보당사건의 핵심이요, 여타 피고인의 유무죄의 관건이 되는 것을 알면

208) 원문에는 '있읍다만은'으로 기재되어 있지만, 가독성을 위해 수정하였다.

서도, 남북이 평화적으로 통일이 이루어진다면 통일 국회가 성립되면 결과적으로 대한민국의 발전적 해소를 초래한다고 진술하는 등등을 종합해 보면, 조 피고는 어느 진술이 자기에게 얼마나 불리하든 또는 유리하든 간에 진실을 말하고 있다는 것을 짐작할 수 있습니다. 따라서 조 씨가 특무대 이래 당 공정까지 일관해서 양 피고가 괴집의 지령을 받았거나 괴집의 자금이라는 것을 몰랐다는 진술은, 조 씨의 인격에 비추어 신빙할 수 있을 것입니다.

② 다음 엄숙진의 1심 공판조서는 보강증거가 되는가. 양 피고의 조종자인 엄 씨도 양 피고가 괴집으로부터 지령받은 사실은 부지(不知)라고 공술했습니다. 도리어 양 피고는 인천첩보대의 첩자로서 월북할 때나 월남할 때 공연 또는 은밀리에 소지품의 조사를 받으며, 남한 체재 중에도 엄중한 감시를 받고, '만약 미화 2만 7,000불 또는 진보당 문건 잡지 등을 가지고 갔다면 첩보대에서 묵인하고서 양 피고의 행동을 살피느라고 보냈을 것입니다'라고 공술하고 있습니다. 엄숙진은 본건 주요 사실의 가장 가까운 증인입니다. 첩자가 첩보대 모르게 부피 4만 환 묶음의 미화 2만 7,000불 또는 진보당 문건, 잡지 등을 가지고 다니지 못함을 밝혔고, 또 만약 가지고 갔다면 HID 묵인하에 가지고 갔을 것이라 하는 데에는, 모름지기 HID가 예외적으로 묵인해서 가지고 가는 것을 방치했던가의 점에 대하여 입증이 있어야 하겠거늘, 하등의 증거 제시가 없었으니 검찰관의 모든 보강증거를 깨뜨리는 것입니다. 엄숙진은 양 피고가 4, 5차 목침(木枕) 만한 것을 가지고 오는 것을 묵인한 바 있다 하는데, 그것도 무엇인가 조사했을 것이고 지금까지 나타난 것은 사향인데 그것은 1kg정도이고, 150만 환 가치의 물건을 HID와의 정식 거래 이외로 반입해서 장사한데 불과한 것입니다.

③ 기외 이정자에 대한 검사 피의자 신문조서, 1심 공판조서, 원심 증인 진술조서 혹은 압수한 수표 14매, 차변대조표 3매, 예금 구좌 원장 2통 등은 양 피고가 미불 2만 5,000불을 교환하였다는 증거는 되지만, 현재 남대문이나 자유시장에서 하루에 수만 불의 미화가 거래되고 있다는 점과 괴집에서 파송하는 거물급 간첩도 미 본토불 1,000불 내지 1,800불 정도를 소지하고 그것도 모두 부피가 적은 100불권을 가지고 오는데, 양 피고는 괴집으로부터 50불, 20불, 10불 등으로 4만 환 부피의 미화를 이북에서 가지고 왔다 하니, 이것은 재판 경험법칙에 반하는 것입니다. 그러니 미화 2만 6, 7천 불을 교환해서 그 중 1,000여만 환이 조 씨에게 갔다

하더라도 괴집으로부터 받아왔다는 보강증거는 되지 못합니다.

④ 조규진, 조호정, 이재윤 등의 사법경찰 작성의 각 피의자 신문조서는 양 피고로부터 돈을 받았다거나 자주 만난다거나 하는 정도는 알 수 있으나, 그 돈이 괴집에서 오거나 또 만나는 것이 괴집의 지령 전달이라고는 추인할 수 없습니다. 도리어 양 피고와 조 씨간에는 잡담만 있었지 별로 정치담이나 시국담을 들은 사실이 없다고 유리한 공술을 하고 있습니다. 또 판시 사실 (3)에는 양 피고가 4차 월남 후 4289(1956)년 3월 10일경 초 대면한 것 같이 기재(판결문 74정 3행)하였으나, 조호정은 4288(1955)년 하절(夏節)부터 내가(來家)하고 선사(膳事)하였다고 진술하고 있습니다.

⑤ 원심 이동현에 대한 1, 2심 공판조서와 검사의 피의자 신문조서, 임신환의 1심 공판조서와 검사의 피의자 신문조서 및 압수한 지편(소위 쪽지)를 단죄의 자료로 인정하였으나, 조봉암 피고인이 형무소에서 이동현 또는 임신환 간수를 통하여 양 피고에게 전달하라고 쪽지를 전달하려 한 것은 자기 죄과를 인멸코저 한 것이 아니라, 사람이 타인의 모함으로부터 없는 억울한 지경에 빠졌을 때 그것이 허위고 고문이나 강박으로 부자연한 진술이라고 믿고 진실대로 말하라고, 동정하는 간수를 통하여 부탁하는 것은 간혹 있을 수 있는 문제라 이것으로 본건 주요 사실을 추인할 수 없는 것입니다.

⑥ 원심은 양 피고의 「처장님이란 유서」를(증 제57호) 증거로 인정하였으나, 이것이야말로 "조 건(件)은 일단락 되었으니 나는 갑니다"는 언구로써, 수사기관의 고문, 협박, 유도로써 조봉암을 입건하였다는 증명은 될지언정 본건 주요 사실을 추인할 증거는 되지 못합니다.

⑦ 또 원심은 「증거보전기록」(증78호)을 단죄의 자료로 하였으나, 차(此)는 양 피고인이 특무대에서 고문, 협박, 기망 등을 당한 연후, 도표에 의하여 하로밤 암송한 후 특무대원들 감시하에 판사의 증거보전을 한 것으로, 차(此)는 결국 양 피고인의 자백 이외의 보강증거는 될 수 없습니다.

⑧ 기타 남산동 음식점 김영애(金永愛)와 증1호 영업장부, 중국인 한약상 천인평(天仁平) 등의 진술 등은 원심이 증거로 채택하지 않았으나, 남산동 상봉사실 및 녹용 수수 사실은 인정할 수 있지만 주요 사실을 추인할 자료는 못 되는 것입니다.

⑨ 증 2, 4, 5호 『중앙정치』, 선언문 책자, 진보당 간부명단 등은 원심이 증거로 채택하지 않았으나, 조 씨로부터 받은 것이 아니라 수사기관이 수집하여 제시한 데 불과한 것입니다.

이상으로 원판결이 인정한 증거와 검찰관이 제시한 보강증거를 대충 검토했습니다만은 여사한 증거만으로는 조 피고와 양 피고 간에 금전수수 혹은 문건수수 사실은 입증할 수 있으나, 그것이 바로 "괴집으로부터 지령을 받었다. 괴집에 보고를 보냈다"하는 주요 사실을 추인할 자료는 되지 못한다고 생각되는 바입니다. 도리혀 원심은 변호인 측이 신청한 바 있는 육군첩보부대에서 괴집 삼육공사 발행인 물품목록과 귀환보고서의 제출을 촉구한 바, 차(此)를 이유 없이 각하하여 기피 신청까지 하였습니다만은, 양 피고인이 평소 남북을 왕래했을 때는 2, 3백만 환의 물자를 지남하나 6, 8, 9차 월남 시는 소위 선대 형식으로 각 7, 8백만 환의 물자를 지남하여 각 조봉암에게 500만 환식 제공하였다고 판시하였는데, 양 피고가 월남 시마다 지참 제출하는 괴집 삼육공사 발행의 4차 이후 12차까지의 물품목록은, 육군 인천 첩보대가 보관하고 있어 차(此)를 법정에 현출(顯出)한다면 6, 8, 9차 월남 시에 과연 양 피고가 평소보다 2, 3배되는 물자를 지남한 것을 입증할 수 있을 것이며, 특히 검사는 인천첩보대에 출장하여 정시마의 진술조서까지 작성하였는데(원심 기록 참조) 불구하고 차(此)를 고의로 제출치 않었으며, 다음 양 피고가 월남 시마다 매번 첩보대에 제출하는 귀환보고서에는 과연 인천첩보대 묵인하에 예외로 여사한 미불 2만 7,000불, 진보당 문건 명단, 『중앙정치』지 등 물품을 가지고 내왕한 사실이 기재되어 있어야 할 것이며, 차(此)는 본건 주요 사실을 추인하는데 가장 가까운 직접 증거인데 불구하고, 원심이 차(此) 물품목록 및 귀환보고서의 증거신청을 각하함은 심리부진이며 기여(其余)의 보강증거를 합리화시킬 수 없는 것입니다. 공판정에 제시된 여러 증거의 가치판단은 오로지 재판관의 합리적인 이성에 일임되어 있습니다. 그러나 어떤 죄를 인정함에는 의심 둘 여지없는 확신에 도달하는 심증이 필요한 것입니다. 결코 부인증거보다 긍정증거의 증거가치가 우월하다 해서, 다시 말하면 검찰관의 증거가 변호인의 반증보다 우월하다고 해서 유죄판결을 내릴 수는 없는 것입니다. 우리나라의 현 사회실태와 앞서 제1점에서 변론한 진보당사건 발단과 양 피고사건의 연관성, 첩자

사용의 원칙, 수사의 맹점, 양 피고의 법정 태도, 판시 사실 개개의 모순 등등 매거(枚擧)하기 어려울 정도의 제 모순에 대하여, 원심에서 단죄 자료로 인정한 보강증거만으로는 조 씨와 양 피고가 괴집과 야합하였다는 주요 사실을 합리적으로 긍인(肯認)할 수 있는 확신은 절대 들지 못할 것이며, 고래(古來)로 의심스러운 것은 피고인의 이익으로 돌린다는 형사소송의 원칙에 따라 증거불충분으로서 무죄의 언도가 있어야 하겠거늘 원판결은 상술한 채증법칙을 위배한 위법이 있습니다.

제3점 원판결은 피고인에 대하여 간첩죄를 적용하고 사형을 언도하였음은 그 양형이 극히 부당합니다.

판시에 의하면 양이섭은 4260(1927)년 10월부터 상해 임정 산하에서 독립운동에 가담하여 오다가 4264(1931)년 4월 왜경에 피검되어 신의주형무소에서 징역 4년을 복역한 자로, 과거 조국 광복 운동에 종사하였으며 그 후 만주, 통화, 천진 등지에서 농장 곡물상 등을 경영하다가 8 · 15해방 후는 고향인 평북 희천에 귀국하여, 다시 신의주에서 건국무역사를 경영하다가, 4284(1951)년 1 · 4후퇴 시 단신 남하하여 대구, 부산 등지를 전전하고 그 후 강원도 속초에서 해물상을 경영하면서, 그 후 김동혁 소개로 미 첩보기관 또는 인천첩보대 첩자로서 남북교역을 하여 왔으며, 남한에서 취처(娶妻)하고 대한민국에 거주코저 한 자인바 상술 상고이유 제1, 2점이 이유없다 할지라도 본건이 진보당사건과 관련되어 정치적 음모가 아닌가 하는 의혹도 내포하고 있는지라, 오판으로 귀중한 인명을 박탈하는 결과가 될지 모르는데 원판결이 사형을 언도함은 그 양형이 심히 부당합니다.

4291(1958)년 12월 30일

우(右) 국선변호인 변호사 김봉환

대법원 형사부 귀중

[출전 : 21권 312~404쪽]

4291(1958)년 형상(刑上) 제559호

판결

본적 경기도 강화군(江華郡) 강화읍(江華邑) 관청리(官廳里) 번지 미상
주소 서울특별시 성동구 신당동 353번지의 44호
무직 조봉암
일명 조봉암
호(號) 죽산(竹山)
61세

본적 경상남도 부산시 부용동(芙蓉洞) 2가 65번지
주거 경상남도 부산시 초량동 919번지
의사 박기출
51세

본적 경상북도 상주군 상주읍 서문리 80번지
주거 서울특별시 성동구 신당동 340번지의 53호
변호사 김달호
호 단제(端齊)
48세

본적 강원도 원성군 문막면 문막리 251번지
주거 서울특별시 마포구 아현동 495번지의 19호

변호사 윤길중
호(號) 청곡(靑谷)
44세

본적 서울특별시 성북구 돈암동 산11번지의 81호
주거 서울특별시 성북구 돈암동 산11번지의 81호
무직 조규택
37세

본적 함경남도 북청군 속후면 오매리 796번지
주거 서울특별시 종로구 신교동(新橋洞) 66번지
무직 조규희
46세

본적 충청북도 음성군 음성읍(陰城邑) 내리(內里)[209] 486번지
주거 충청남도 대전시 충인동(忠仁洞) 85번지
무직 신창균
52세

본적 함경남도 함흥시 중앙동 2가 14번지
주거 서울특별시 서대문구 대현동(大峴洞) 33번지의 11호
무직 김기철
49세

본적 평안북도 용천군 외상면 정차동 113번지
주거 서울특별시 영등포구 흑석동 95번지의 11호
무직 김병휘

---

209) '읍내리(邑內里)'의 오기이다.

39세

본적 평안남도 강동군 승호면(勝湖面) 화천리(貨泉里) 500번지
주거 서울특별시 종로구 가회동(嘉會洞) 11번지의 107호
성대 교수(휴직중) 이동화
53세

본적 전라북도 익산군(益山郡) 춘포면(春浦面) 신동리(信洞里) 360번지
주거 서울특별시 종로구 와룡동(臥龍洞) 1번지의 4호
동양통신사 기자 정태영
[일명 정동화(鄭同和)]
29세

본적 함경남도 북청군 신창면(新昌面) 신창리(新昌里) 132번지
주거 서울특별시 성동구 충현동(忠峴洞) 산 24번지
무직 이명하
호 해암(海岩)
47세

본적 함경북도 학성군(鶴城郡) 학성면(鶴城面) 업억리(業億里) 1198번지
주거 서울특별시 동대문구 창신동(昌新洞) 649번지
무직 최희규
40세

본적 함경남도 함흥시 황금정(黃金町) 1정목 223번지
주거 서울특별시 서대문구 홍은동(弘恩洞) 산1번지의 8호
약종상 안경득
38세

본적 충청북도 보은군(報恩郡) 내북면(內北面) 산성리(山城里) 220번지
주거 충청남도 대전시 대흥동(大興洞) (이하 판독 불가)
무직 박준길
[일명 박재영(朴在英)]
48세

본적 서울특별시 서대문구 북아현동 산18번지의3호
주거 서울특별시 영등포구 도림동(道林洞) 212번지
무직 권대복
28세

본적 함경북도 명천군(明川郡) 남면(南面) 내포리(內浦里) 2번지
주거 서울특별시 성북구 하월곡동(下月谷洞) 88번지의 5호[210]
무직 전세룡
[일명 전경렬(全炅烈)]
42세

본적 함경북도 명천군 남면 내포리 59번지
주거 서울특별시 성북구 하월곡동 88번지의 5호
무직 김정학
[가명 박일(朴一)]
38세

본적 경상북도 안동군 일직면 송리 258번지의1호
주거 경상북도 대구시 삼덕동 140번지의 1호
경북대학 강사(휴직중) 이상두

210) 전세룡의 주거지는 김정학의 주거지와 주소가 동일하게 기재되어 있는데, 본래 전세룡의 주소는 '서울특별시 성동구 신당동 353번지의 44호'이다.

28세

본적 평안북도 강계군 강계읍(江界邑) 명륜동(明倫洞) 45번지
주거 서울특별시 동대문구 신설동(新設洞) (이하 판독 불가)
무직 양이섭
[일명 양장우(梁壯宇), 양명산, 김동호, 김 사장]
53세

본적 평안북도 용천군 외상면 신용동 249번지
주거 서울특별시 서대문구 현저동(峴底洞) 101번지
무직 이동현[211]

우 피고인 조봉암에 대한 간첩, 간첩방조, 〈국가보안법〉 위반, 법령 제5호 위반, 동 박기출, 동 김달호에 대한 〈국가보안법〉 위반, 동 윤길중에 대한 간첩방조, 〈국가보안법〉 위반, 동 조규택, 동 조규희, 동 신창균, 동 김기철, 동 김병휘, 동 이동화, 동 정태영, 동 이명하, 동 최희규, 동 안경득, 동 박준길, 동 권대복, 동 이상두에 대한 〈국가보안법〉 위반, 동 양이섭에 대한 간첩 및 간첩방조, 동 전세룡, 동 김정학에 대한 〈국가보안법〉 위반 및 증거인멸 등, 동 이동현에 대한 〈국가보안법〉 위반, 수뢰증거인멸 및 법령 제5호 위반, 각 피고사건에 관하여 4291(1958)년 10월 25일 서울고등법원에서 선고한 판결에 대하여 피고인 등 및 검사(박기출, 김달호, 윤길중, 조규택, 조규희, 신창균, 김기철, 김병휘, 이동화, 정태영, 이명하, 최희규, 안경득, 박준길, 권대복, 전세룡, 김정학, 이상두에 대하여)로부터 각각 적법한 상고가 있음으로, 본원(本院)은 검사 오제도(吳制道) 관여로 변론을 경(經)하여 다음과 같이 판결한다.

211) 원문에는 이동현의 나이가 생략되어 있는데, 재판 당시 이동현의 나이는 33세이다.

주문

피고인 김정학, 동 양이섭, 동 이동현을 제외한 이여(爾餘)의 피고인에 대한 원판결을 파기한다.

피고인 조봉암을 사형에 처한다.

피고인 전세룡, 동 이상두를 각 징역 2년에 처한다.

제1심 판결 선고 전 구금 일수 중 각 120일을 우(右) 각 본형에 산입한다.

압수한 미제 45구경 권총 1정 및 실탄 50발(증 제5호, 증 제6호)은 피고인 조봉암으로부터 압수한다.

피고인 박기출, 동 김달호, 동 윤길중, 동 조규택, 동 조규희, 동 신창균, 동 김기철, 동 김병휘, 동 이동화, 동 정태영, 동 이명하, 동 최희규, 동 안경득, 동 박준길, 동 권대복은 각 무죄

피고인 조봉암에 대한 박정호, 김약수, 정우갑 관계의 간첩, 동 방조, 〈국가보안법〉 위반의 점, 동 전세룡에 대한 〈국가보안법〉 위반의 점, 동 이상두에 대한 진보당 관계의 〈국가보안법〉 위반의 점은 각 무죄

피고인 김정학, 동 양이섭, 동 이동현의 각 상고를 기각한다.

당심 판결 선고 전 구속 일수 중 50일을 우(右) 이동현의 본형에 산입한다.

검사의 피고인 김정학에 대한 상고를 기각한다.

이유

서울고등검찰청 검사장 대리 검사 방재기의 피고인 박기출, 동 김달호, 동 윤길중, 동 조규택, 동 조규희, 동 신창균, 동 김기철, 동 김병휘, 동 이동화, 동 정태영, 동 이명하, 동 최희규, 동 안경득, 동 박준길, 동 권대복, 동 전세룡, 동 김정학, 동 이상두에 대한 상고이유는 피고인 등의 연령에 대하여는 제일 연소자인 이상두가 27세이고, 이여(爾餘)의 피고인 등은 그 이상의 연령자로써 소위 형벌 책임 연령인 만14세를 훨씬 능가하여 사회에 대한 경험이 풍부한 자들로써 형을 정함에 있어서 참작할 여지가 없고, 피고인 등의 성행, 지능과 환경을 개술하면

피고인 박기출은 본적지인 경상남도 부산시 부용동 2가 65번지에서 부산공립보통학교를, 21세 시 동래고보를 각각 졸업한 후, 일본국 동경의학전문학교에 입학하여, 26세 시 동교를 졸업하고 귀국하여 부산시립병원 외과의사로 종사하다가, 4272(1939)년 10월경부터 일본국 구주대학 의학부 연구생으로 취학하여, 4276(1943)년 7월경 동 대학에서 의학박사 학위를 받고, 동 4277(1944)년 3월 귀국하여 부산시 초량동 415번지에서 외과의원을 자영 중, 8 · 15해방과 동시에 부산 건준 후생부장에 취임하고, 동년 9월 초순경 미군정청 경상남도 보건후생부장에 취임하였다가, 동 4279(1946)년 5월경 사임하고, 동 4280(1947)년에 한글전용촉진위 경남도 위원장, 민련 경상남도 위원장, 새한학회 이사장 등을 역임하고 전(前) 동소(同所)에서 박 외과의원을 경영하면서 5 · 15정부통령선거 시 부통령 입후보자로 출마하였다가 사퇴한 자이고,

피고인 김달호는 본적지인 경상북도 상주군 상주읍 서문리 80번지에서 상주보통학교를 졸업하고, 서울 제이고보를 졸업한 후 21세 시 일본국 동경도 소재 중앙대학 법학부에 입학하여 22세 시 고등시험 사법과 시험에 합격하고, 23세 시 동교 2학년을 중퇴 귀국하여 대구지방법원 사법관 시보에 피임 이래, 광주지방법원 판사, 청주지방법원 판사 등을 역임하고 29세 시 도일(渡日)하여 전시(前示) 중앙대학 법학부 제15연구실에서 3년간 영어와 독어를 공부하다가 32세기 도만(渡滿)하여 만주국 봉천성 봉천시에서 율사를 등록 개업하고, 8 · 15해방 직후 동 봉천시 한국인 조해위원회 위원장으로 취임하여 한 · 중국인 간의 분쟁조정에 종사 중 국부(國府) 기관에 피검되었다가. 동 4280(1947)년 6월 초순경 천진 경유 선편으로 귀국하여 동년 9월 일자 미상 서울지방검찰청 검사 직무대리로 취임하였다가, 4281(1948)년 서울고등검찰청 차장검사 겸 변호사 고시위원 및 법전편찬위원을 취임하여 동년 9월경 사임한 후, 서울특별시 중구 을지로 1가 54번지에서 변호사법률사무소를 개설하고 동 4287(1954)년 5월 경북 상주 갑구에서 제3대 민의원으로 당선된 자이고,

피고인 윤길중은 일본국 동경부 소재 일본대학 법과 재학 시인 23세 시 조선변호사시험과 고등시험 행정과 및 동 사법과 시험에 합격한 후, 24세 시 전시(前示)

대학을 졸업하고 동년 12월 조선총독부 농림국 속관에 취임한 이래 전남 강진군수와 동 무안군수를 역임하고 동 4278(1945)년 1월 조선총독부 학무국 사무관으로 전임 근무하고, 8·15해방 후 군정청 문교부 교도과장에 취임하였다가 동년 12월경 반탁운동 관계로 사임하고 동 4279(1946)년 6월경 고(故) 신익희와 함께 국민대학을 창립하고 그 재단이사 겸 법학교수로 종사하는 일방, 입법의원 법제국 기초과장과 총무과장을 역임하고 동 4281(1948)년 3월 제헌국회 헌법기초위원회 전문위원과 동 국회 법제 조사국장 등을 역임하고 우(右) 동 선거 시 강원도 원주군에서 국회의원으로 당선되어 국회 법제사법분과위원장으로 선임되고, 제2대 대통령선거 시 그 입후보자인 상(相) 피고인 조봉암의 선거사무장으로 종사하고 서울특별시 중구 북창동에서 변호사업에 종사하면서 5·15정부통령선거 시 대통령 입후보자인 동 조봉암의 선거사무장으로 종사한 자이고,

피고인 조규택은 본적지인 서울특별시 성북구 돈암동 산 11번지의 81호에서 14세 시 적여공립보통학교를 졸업하고, 해주고보 2년을 중퇴한 후 단국대학 정치과를 졸업하고 동 4281(1948)년 12월경 서울 중앙방송국 방송과 서기로 취임 근무 중 동 4284(1951)년 10월경 주사로 승진하였다가 동 4288(1955)년 10월경 동직(同職)을 사임하고 애국동지후원회 및 3·1정신선양회 사업에 종사한 자이고,

피고인 조규희는 본적지인 함경남도 북청군 속후면 오매리 796번지에서 15세 시까지 한문 및 조도전 강의록을 자습하고 23세 시 일본국 동경도 소재 중앙대학 법과 2학년에 입학하였다가, 입학 절차 허위 사건으로 퇴학당하고, 24세 시 함남공업사에, 26세 시 함북 청진 일본 고주파중공업주식회사에, 28세 시 함남공업사에 각 취직 근무하고, 동 4278(1945)년 8월 14일 상경하여 서울특별시 소재 『신조선보』를 위시하여, 『한성일보』 정치부장, 동 편집 부국장 대리 및 전임논설위원과 부산시 소재 항도신문사 편집국장 및 논설위원 등을 역임하고, 동 4286(1953)년 2월경 상경하여 『한성일보』 편집국장 겸 논설위원으로 종사 중, 재차 하부(下釜)하여 동 소재 한국매일신문사 편집국장 및 논설위원으로 있다가, 동년 9월경 상경하여 신문 잡지 시사평론 등의 투고를 하여오다가 자유신문사 편집국장으로 근무한 자이고,

피고인 신창균은 대전 제일공립보통학교 및 충북 영동공립보통학교 고등과 1년을 수료하고 23세 시 충북공립사범학교 제3학년을 졸업한 후 충북 청주 청남학교 교사에 피임된 이래 음성 및 충주군 엄정보통학교 등의 교사를 역임하고 중국 광동성 중산시 전력회사장과 광동시 전력회사 부사장을 경(經)한 후, 동 4278(1945)년 6월 24일 귀국하여 동년 12월경 인천시 금곡동 소재 조선성냥주식회사 관리인으로 취임하고, 동 4279(1946)년 4월경 한독당에 입당하여 중앙상임위원 겸 연락부장으로 취임 활동 중, 동 위원 조소앙, 조완구, 최석봉, 엄항섭, 조일문과 함께 4281(1948)년 4월 19일 평양에서 개최된 소위 남북협상에 참가키 위하여 동년 동월 20일경 육로로 개성 경유 입북하여 동 협상회의와 김구, 김규식, 김일성, 김두봉으로 구성한 소위 4김회의에 참석하였다가 동년 5월 5일 월남하여 5 · 15정부통령선거 시 대통령 입후보자인 상(相) 피고인 조봉암의 재정 조달 및 경리사무를 담당한 자이고,

피고인 김기철은 17세 시 함흥 제일공립보통학교를, 20세 시 경성전기학교를, 23세 시 일본국 동경도 공전상공부 전기공학과를 각각 졸업하고, 홍전사 조선지사에 취직한 후 25세 시 동사(同社) 흥남지점에 전임하였다가, 27세 시 동사(同社)를 사임하고 함흥시에서 박전사를 자영 중 8 · 15해방으로 동사(同社)를 폐업하고 건국후원함남청년회 기획부장 겸 함남협회 조직부장으로 활동하다가 4278(1945)년 12월 초순경 흥남인민비료공장 중앙본부 조사계획부 총무국장으로 취임하고 동 4279(1946)년 3월 5일경 월남하여 원세훈의 소개로 좌우합작위원회에 입회함과 동시에 민족자주연맹 교도 및 조사부장, 민주한독당 중앙상무위원, 동 선전부장 등으로 종사중 동 4281(1948)년 4월 평양 모란봉극장에서 개최된 남북협상에 참가차 민독당 대표로 월북하였다가 월남하고 6 · 25사변 당시 괴뢰 인위(人委)의 산하단체로 등록한 전시(前示) 민족자주연맹을 위하여 활약하는 일방(一方) 동 인위위원장 이승엽의 지령으로 구성된 군사위원회에 괴뢰군을 위한 원호사업을 하고 제2대 대통령 선거 시(時) 입후보자인 상(相) 피고인 조봉암의 선거사무소 사무차장 겸 선전부장으로 활동하고 5 · 15정부통령선거 시(時) 대통령 입후보자인 동 조봉암의 선전 및 재정책으로 활동하던 자이고,

피고인 김병휘는 평안북도 용천군 외상면 정차동 113번지에서 박천공립보통학교를 18세 시 신의주공립보통학교를 각 졸업하고, 22세 시 일본국 동경도 소재 일본대학 법과에 입학하였다가 동교 2년을 중퇴하고, 4279(1946)년 4월경 월남하여 약 6개월간 UP 통신사 기자로 근무하다가, 서울특별시 소재 홍익대학 교수로 약 4년간 근무하고 9·28수복 후 대전시 소재 덕소철도학교 및 중앙철도고등기술학교 부교장과 대전 가정보육기술학교장을 역임한 자이고,

피고인 이동화는 4254(1921)년 3월 평양시 소재 숭덕소학교 4년을, 동 4258(1925)년 3월 동소(同所) 소재 광성고보 4년을 각각 졸업하고, 동년 4월 일본국 웅본현립중학 제제횡 4년에 편입하여 동 4259(1926)년 3월 동교 4년을 졸업하고, 동 4261(1928)년 일본국 산구현 산구고등학교 문과 갑류(2년)를 졸업한 후, 동국(同國) 동경제국대학 법학부 정치학과 3년을 졸업하고 약 1년간 동교 정치학 연구실에서 정치학을 연구하고 동 4271(1938)년 1월부터 동 4274(1941)년 9월까지 서울특별시 소재 혜화전문학교(현 동국대학) 사회과학 담당교수로 근무하고 〈치안유지법〉 위반사건으로 동년 9월부터 동 4275(1942)년 12월까지 서대문형무소에 구금되고, 동년 12월부터 동 4278(1945)년 4월까지 본적지에서 실부가 경영하는 주물공장과 농업에 조력하고, 동년 4월부터 서울특별시 소재 이화전문학교 부속병원 사무장으로 근무 중 8·15해방과 동시에 건국준비위원회 서기국 위원에 취임하고, 고(故) 여운형 및 이만규, 이상도 등과 제휴 활동하다, 동년 9월 월북하여 동년 12월경 평양에서 조선공산당에 가입하여 동월 중순부터 동 4279(1946)년 5월 말경까지 평양보(平壤報)[212]와 민주조선사의 주필을 역임하고, 동년 10월경부터 동 4280(1947)년 2월까지 조소문화협회 부위원장 겸 김일성대학 강사로 종사하고 동년 4월부터 동 4283(1950)년 5월 초순경까지 동 대학 법학부 외교사 전임강사로 근무하다가 국군 진주 시 월남하여 동년 11월 하순경 백인엽 중장 처남 박용래의 소개로 정보국 제5과에 1년간 재직하고 한국내외문제연구소장을 거쳐 동 4287(1954)년 4월부터 성균관대학 정치과 교수로 종사하던 중, 동 4288(1955)년 7월 30일 서울지방법원에서 〈국가보안법〉 위반사건으로 형의 선고유예를 받은 자이고,

212) 『평양민보(平壤民報)』의 오기이다.

피고인 정태영은 20세 시 이리농업학교를 졸업하고 서울문리과대학 이학부 수학과에 재학 중 6·25사변으로 인하여 중단하고, 4284(1951)년 5월경 전북 전시연합대학에 입학하였다가 동년 10월 학자난으로 휴학하고, 동 4286(1953)년 7월부터 약 6개월간 전북 김제군(金提郡) 청하면(青蝦面) 동문산리(東文山里) 소재 일심사(출판사)에 취직하는 동시에, 서울대학교 전 동 학과에 복교하여, 동 4289(1956)년 9월 30일 동교를 졸업하고, 동년 10월 4일부터 약 6개월간 이리여자상업학교 수학강사로 근무하다가 동 4290(1957)년 4월 13일부터 서울특별시 소재 균명중학교 교원으로 근무 중, 동년 5월 10일경 동양통신사 외신부 기자로 전직한 자이고,

피고인 이명하는 함흥성경학교를 졸업한 후 일본국 조도전대학 강의록을 자습하는 일방, 『동아일보』, 『조선일보』, 『기독교신문』 등의 지국장을 역임하고, 4278(1945)년 9월경 본적지에서 조선청소년동맹을 조직하여 그 위원장에 취임 활약하다가, 동월 하순 월남하여 동년 11월 서울에서 기독교청년회 전국연합회의 문화선전부장을 위시하여 민족자주연맹 중앙위원 및 지방조사부장, 통일독립촉진회 중앙상무위원 겸 선전부 차장, 경동기독교회 집사 등에 종사하고, 6·25동란 시 서울에 잔류하여 민족자주연맹의 재건수습 공작을 하는 일방, 인민군 원호사업에 종사할뿐더러, 정치보위부의 지령으로 기독교에 침투, 교인의 동태를 조사 중 1·4후퇴 시 제주도로 피난하였다가 동 4288(1955)년 4월 상경하여 민우사계와 합작하여 온 자이고,

피고인 최희규는 일본국 동경도 소재 일본대학 척식과를 졸업한 후 동국 북해도제국대학 농학부 농장에서 일년간 낙농을 연구하고 귀국하여 목장에서 근무하다가, 6·25사변 후 대한부흥건설단 산업국장, 동 서울특별시 단부 부단장, 동 단장 등을 역임한 자이고,

피고인 안경득은 4278(1945)년 9월 18일 월남하여 연희대학의 문과와 철학과를 졸업하고 6·25사변 시 남하하여 약 3년간 부산시 소재 미군 한국파견대 문관으로 종사한 자이고,

피고인 박준길은 29세 시 도만(渡滿)하여 만주국 통화성 휘남현에서 제승공장을 경영하다가 8 · 15해방 후 귀국하여 전재동포구제회 후생협회 후생부 차장 한국군 유격사령부 의무처 차장, 국민방위군 독립 제1사단 정보처 4과장 육군 제5군단 임시 문관 등을 역임한 자이고,

피고인 권대복은 동 4283(1950)년 12월 하순경 서울특별시 순경에 취임하여 영등포경찰서 경무계 공보반에서 근무하다가 동 4284(1951)년 사직하고, 동 4286년 4월 국학대학 정치과에 입학하여 동 4290(1957)년 동 대학을 졸업한 자이고,

피고인 전세룡은 18세 시 보성고등학교 3년을 수료하고 본적지에서 한문을 자득하면서 농업에 종사하다가, 국군 진주 시 명천고급인문중학교 교원에 취임하고, 국군 후퇴 시 월남하여 강원도 횡성군 주둔 방위군에 입대하였다가 경상북도 소재 공양고등공민학교 교원에 취임하고, 4285(1952)년 10월경 부산에서 동향인인 공소외 김찬, 김안국 등의 소개로 당시 동소 소재 상(相) 피고인 조봉암 가(家)에 거주 중, 동 조봉암의 알선으로 상공일보사 업무국장으로 취직 근무하다가, 동 4289(1956)년 3월 중순경 상경하여 동 조봉암의 주거인 서울특별시 성동구 신당동 353번지의 44호에 거주하던 자이고,

피고인 김정학은 본적지에서 13세 시 보통학교를 졸업하고 농업에 종사하던 중 22세 시) 왜정 당국으로부터 징용되어 일본국 명고옥시 소재 삼릉회사 비행기 공장 잡부로 종사하다가, 동 4279(1946)년 9월 귀환하여 본적지에서 농업에 종사하는 일방, 동 4279(1946)년 월일 미상 민청, 농맹, 조소문화협회 등에, 동 4280(1947)년 3월 노동당에 각 가입하고, 동 4283(1950)년 3월 인민군에 입대하였다가 제대하고, 국군 진주 시 국군 제2사단에 입대하였다가 국군 후퇴 시 미 수송선 편으로 월남하여 강원도 횡성 주둔 방위군에 입대하였다가 동 4284(1951)년 해산되고, 동년 12월 부산시 소재 미군 특무대에 입대하였다가 동 4289(1956)년 7월 제대한 자이고,

피고인 이상두는 동 4289(1956)년 3월 경북대학교 법정대학 정치과를 졸업하고

동년 4월 성균관대학교 대학원에 입학하여 익년 4월 동 대학원 1년을 수료하고 동경(同頃) 경북 계림대학 정치학 강사로 취임하였다가 동년 9월 경북대학교 법정대학 정치학 강사로 취임한 자이고,

이상 상술한 피고인 등의 성행, 지능, 환경을 종합 고찰하여도 피고인 등이 생활난이나 혹은 불우한 환경에 처하여 있지 않음은 명백한 사실이고 범행의 동기와 수단, 결과를 개술하면

피고인 김정학을 제외한 이여(爾餘) 피고인 등은 현 대한민국 정부에 대하여 극도의 불평불만을 포지하여 오던 중, 4288(1955)년 6월경 새로 발족하는 민주당 결성추진운동에서 상(相) 피고인 조봉암이가 제외되자 공소외 서상일과 함께 소위 비 자유당계와 비 민주당계, 즉 비 보수당계의 재야 혁신세력을 규합하여 신정당을 조직할 것을 모색하던 중, 동년 9월 일자 미상 피고인 윤길중, 동 김기철 등의 주동으로, 경기도 양주군 소재 광릉에서 공소외 서상일, 동 장건상 등을 비롯한 20여 명과 회합하여, 자유당계와 민주당계를 제외한 전 야당계를 규합하여 대야당의 조직을 추진할 것을 합의하고, 서울특별시 종로구 관철동 소재 대관원을 비롯하여 수개 처에서 십여 차에 긍(亘)하는 회합을 경(經)한 끝에 동년 11월 일자미상 피고인 윤길중, 동 조규희, 동 신창균, 동 김기철, 동 김병휘, 동 이명하 등과 함께 가칭 진보당결당추진위원회를 조직하고 공소외 서상일, 동 김성숙(金成璹), 동 최익환, 동 조봉암 등과 함께 동 위원회 총무위원으로 취임하여 혁신정치의 실현, 수탈 없는 경제체제의 확립, 남북의 평화통일 실현 등의 3대 구호를 목표로 동 결당을 추진하는 일방,

피고인 조봉암은 5·15정부통령선거 시 동당 공천 대통령 입후보자로 출마하여 전시(前示) 3대 구호를 절규하면서 동 선거운동을 전개하고 동 4289(1956)년 10월경 동당 주도권 문제로 전시(前示) 서상일 일파와 메별한 후, 상(相) 피고인 박기출, 동 김달호, 동 윤길중, 동 조규택, 동 조규희, 동 신창균, 동 김창균(金昌均), 동 김기철, 동 김병휘, 동 이명하, 동 최희규, 동 안경득, 동 박준길, 동 권대복 동 전세룡 등과 동 결당을 추진하여 오던 중 동년 11월 14일 마침내 서울특별

시 중구 소재 시공관에서 우(右) 상(相) 피고인 등을 위시로 800여 명과 함께 국헌을 위배하여 정부를 참칭하는 북한 괴뢰집단에 부수하여 국가를 변란할 목적으로, '우리는 노동자 농민을 중심으로 하는 광범한 근로대중(피해대중)을 대표하는 주체적 선진적 정치적 집결체이며 변혁적 주체적 세력의 적극적 실천에 의하야 자본주의를 지양하고 착취 없는 복지사회를 건설하여야 한다'는 지(旨)의 혁신정치의 실현, '우리는 자유민주주의를 폐기 지양하고 주요 산업과 대기업의 국유 내지 국영을 위시로 급속한 경제건설 사회적 생산력의 제고 및 사회적 생산물의 공정분배를 완수하기 위하여 계획과 통제의 제 원칙을 실천하여야 한다'의 지(旨)의 수탈 없는 경제체제의 확립, '우리는 남북한에서 평화통일을 저해하는 요소를 견제하고 진보당 세력의 주도권 장악하에 피 흘리지 않는 평화적 방식으로 조국의 통일을 실현한다'는 지(旨)의 평화통일의 실현 등을 강령정책으로 하는 진보당을 조직하는 동시에

피고인 박기출, 동 김달호는 동당 부위원장에, 피고인 윤길중은 동당 간사장에, 동 조규희는 동당 중앙당 선전부 간사에, 동당 통일문제연구위원회 위원 피고인 조규택은 동당 중앙당 재정부 부간사에, 동 신창균은 동당 중앙당 재정위원장에, 동 김기철은 동당 중앙당 통제위원회 부위원장, 동당 통일문제연구위원회 위원장, 경기도당 위원장에, 동 김병휘는 동당 중앙당 교양부 간사, 동당 통일문제연구위원회 부위원장, 동당 중앙위원, 동 이동화는 민혁당 정책위원으로서 진보당의 강령을 기초문 작성책에, 동 정태영은 동당 서울특별시당부 상임위원에, 동 이명하는 동당 중앙위원, 동당 부간사장, 동당 조직부 간사, 동당 통일문제연구위원회 위원에, 동 최희규는 동당 당무부장, 동당 중앙위원, 동당 통일문제위원회 위원에, 동 안경득은 동당 서울특별시당 간사장에, 동 박준길은 동당 통일문제연구위원회 위원, 동당 중앙위원 재정간사, 중구 을구당 위원장에, 동 권대복은 동당 통일문제연구위원회 위원, 영등포 을구당 위원장, 중앙위원 서울특별시당부 상임위원 사회간사 등에 동 전세룡은 동당 서울시당 상무위원, 성동구 갑구당 부위원장에 각각 취임한 자들로써,

소위 피고인 등이 규정하는 바와 같이 보수집단, 부패된 관료군, 식민지적 매

판자본가들이 친미적 사대주의 세력과 영합함으로써 지배층을 형성하고, 국민대중은 피해대중으로서 착취당하고 있는 현 대한민국을, 변혁적 주체적 세력인, 환언하면 피해대중의 결합체인 진보당의 적극적 실천으로 옮김으로써, 즉 폭력에 의한 혁명 혹은 의회를 통한 근본적 본질적 변혁을 감행함으로써 전연 이질적인 사회주의 국가를 건설할 것을 지향하고, 북한 괴뢰가 주야를 불문하고 막대한 물자와 인명을 애낌없이 구사하여, 무장 비무장의 막대한 간첩을 밀파하고 평화통일을 무형의 무기로 사용하여 대공(對共) 군사력을 물심양면으로 약화시키고 국민 반공사상을 이완시키기 위하여 선전하고 있는 그것과 UN군 철수 조항만이 조금 다른 동일한 내용의 남북 평화통일 즉 총선거를 주장한 자들이고, 기타 원판결이 인정한 범행을 감행하고, 동 김정학은 국가중대범의 증거를 의식적으로 인멸하고, 동 이상두는 상(相) 피고인 이동화에 대하여 수차에 긍(亘)하여 사회주의 혁명을 감행할 것을 강력히 주장하고, 또 피고인 박기출을 위시하여 전(全) 피고인 등은 추호의 반성도 없음은, 경찰 이래 원심에 지(至)하기까지 1건 기록에 의하여 명백한 바다.

피고인 조봉암에 대하여서는 상(相) 피고인인 간첩 양이섭과의 간첩범죄사실과 〈국가보안법〉 위반 사실을 인정하고, 단순한 간첩 양이섭 피고인과 공히 사형을 언도하였는데, 차(此)는 법정형이 사형 이상의 형이 무(無)함으로 인하여 부득이한 것으로써, 진보당 위원장인 피고인 조봉암은 〈국가보안법〉 제1조 제1항 제1호에 규정한 수괴로써 이 형책(刑責)을 부(負)함에 제(際)하여, 피고인 조봉암과 동 박기출 이하 진보당 관계 피고인 등의 양(量)은 〈국가보안법〉 위반 사실에 대한 객관적인 양형을 가(加)할 것이고, 결코 간첩 사실을 가(加)한 동 조봉암에 대한 형량과 비교하여 상대적으로 양형함은 사리에 부당할 것은 설명을 불요(不要)할 것이다. 여사한 양형의 근본기초를 토대로 하여 양형을 참작하면 〈형법〉 제51조가 규정한 양형의 조건을 일일이 참작하지 아니하면 아니 될 것이다.

동조(同條)에 예거(例擧)한 범인의 연령, 성행, 지능과 환경, 국가 공익에 대한 관계 범행의 동기 수단과 결과, 범행 후의 정황 등에 대하여 구체적으로 전술한 바를 맞추어 볼 때, 피고인 등에 대하여 양형을 경감할 사유가 없음이 명백한 바로써, 차(此)는 양형에 대하여 재판관이 참작하여야 할 조건, 즉 형벌이 사회적 책임 혹은 도의적 책임 그 어느 쪽에 있든 간에 국가사회의 기초를 파괴하는 여사한 범행에 대하여 현 대한민국의 현상을 고려하면 그 형사적 책임이 실로 중대하다고 아니할 수 없을 것이다.

환언하면 원판결은 피고인 조봉암에 대한 형(刑)이 사형 이상의 형을 진보당 관계 피고인 등의 양형에 있어서 상대적으로 참작함으로 인하여 〈형법〉 제51조에 규정한 객관적 양형 조건에 위배되는 양형을 하였음으로, 객관적 타당성을 실(失)함으로써 형의 양정(量定)이 심히 부당한 현저한 사유를 규정한 〈형법〉 제51조의 양형 조건을 위반하였음으로, 파기를 불면(不免)할 것이다 함에 있고,

피고인 박기출의 상고이유는,

혹한에 존체만안 하시압고 공사 간 하시는 일에 발전있아옴을 경하하나이다. 본인 등 소위 국가 민족을 위하야 정치에 관여하는 자가 그 부덕으로 말미암아 행정부의 불신을 초래케 하고 소위 진보당사건을 발생케 하야 국내외를 소란케 하였음을 지극히 부끄럽게 생각하나이다. 그러하오나 본인에 대한 검찰 당국의 공소사실은 악의적 목적의식에서 조작된 것이오며 그것이 사실무근지사임이 명백히 되자 국가에서 허가 등록한 정강정책을 왜곡 비난함으로서 범죄를 구성하고저 한 것이올시다. 그러한 고로 1심 공판에서 무죄판결이 있자 정부 기관지를 제외한 모든 언론기관은 그 판결을 지지하였고 국민 전체도 후련한 분위기에서 환영한 것이올시다. 연이(然而)나 고등법원에서 검찰 당국의 왜곡된 의견에 동조하자 국내 분위기는 침울하였고, 『경향신문』 급(及) 『조선일보』는 허가 등록된 정당의 정강정책이 형사책임의 대상이 될 수 있는가의 여부에 대하야 의의(疑義)를 던지고 있나이다. 본인은 준법이 민주국가에서는 유일한 애국 행동이라는 신념을 가지고 있나이다. 허나 불행히도 아국(我國)에서는 왕왕 권력기관에서 법을 무시하는 경향을 발견하는 것이올시다. 법을 무시하는 권력이 폭력이 된다함은 다시 말할 필요도 없거니와 폭력화한 권력이 국가 기본을 위태롭게 하고 민주주

의를 파괴할 것은 명백한 일이올시다.

본인에 관한 소위 진보당사건도 이러한 불행한 아국의 정치적 현상이라고 생각하며 국가 장래를 위하야 크게 슬퍼하는 바입니다. 다행히 아국에서는 법의 존엄 앞에 국민을 대표하는 사법부가 엄연히 독립하고 있음으로서 법질서를 확고케 하고 이 땅 민주적 발전의 향도(向導)를 하고 있는 것을 행복하게 생각하고 있나이다. 대법관님께서 공정하고 동정(同情)있는 판단으로서 본인의 무죄함을 밝혀주신다면 그것은 본인의 행복에 그칠 것이 아니라 대한민국의 사법부의 존엄을 위하야 광명 있는 역사적 업적이 될 것을 확신하나이다. 다음에 기개조(幾個條)의 우견(愚見)을 기록하여 본인의 억울을 호소하오니 실례됨을 용납하시압고, 그 본의를 너그러히 소람(笑覽)하여 주시면 큰 행복이 되겠나이다.

[기일(其一)] 검찰 당국은 사실무근지사로서 공소를 제기하였나이다. 이 사실은 1심 공판에서 확인되었고 고등법원에서도 인정된 바이올시다.

1. 본인의 담당 검사 조인구 씨는 다음 이유로서 본인을 불기소할 것을 언명하였고, 차(此)에 관한 추측이 당시의 일부 신문에도 보도되었나이다. (1) 조봉암 씨의 평화통일 논문에 관계가 없다. (2) 김기철 씨의 평화통일 사안에 관계가 없다. (3) 평소에 부산에 거주함으로서 진보당 사업에 직접 관여한 일이 없다. (4) 본 사건 발생 전 4290(1957)년 12월에 기히 진보당을 이탈하였다.
2. 검찰 당국은 담당 검사의 의견을 무시하고 사실 무근한 일을 꾸며서 좌(左)와 여(如)히 공소하였나이다. 「전제 사항」 조봉암 씨가 대한민국을 변란할 목적으로서 북한 괴집과 동일한 평화통일안을 정강정책으로 하는 진보당을 결당하였다. (1) 대한민국을 변란할 목적으로 진보당을 조직하고 그 부위원장에 취임하다. (2) 부산시 진보당 동구 을구 당위원장에 취임하고 또 당비를 지출하였다. (3) 최고간부회의에서 김기철 씨의 평화통일 사안을 심의하다.
3. 이상 공소내용이 조작된 것임은 1심 공판에서 판명되었고 또 고등법원에서 기본적 문제에 있어서는 1심 판결을 확인하였나이다.

[기이(其二)] 검찰 당국은 그 공소사실이 허위임이 밝혀지자, 공소사실에 관계

가 없고 더욱 국가에서 합법적이라고 허가 등록한 진보당의 정강정책 중, 그 정강 전문(前文)의 일부 구절을 적출 왜곡하여 진보당을 공산주의라고 비난하였고 고등법원은 차(此)에 동조하여 진보당의 정강정책이 국헌을 문란케 한다는 판단을 내렸으나 이러한 일은 형사소송법상 위법적인 처사로 생각하나이다.

1. (1) 검사는 1심 급(及) 2심 공판의 논고에서 공산당의 역사를 설명하고 억지로 진보당 정강 전문 중의 어구에 연결시킴으로서 진보당을 공산당인 것 같이 주장하였나이다. 이것은 정당 간의 논쟁적 내용이지 법적 추구일 수는 없었나이다. (2) 고등법원은 공소사실과 관계가 없는 검사의 왜곡된 의견을 받아들여서 진보당의 정강정책이 국헌을 문란케 한다는 왜곡된 판단을 내렸나이다.
2. (1) 본인은 진보당의 정강정책에 관하야 그러한 문제로서 검사의 신문을 받은 일도 없고 또 고등법원에서도 심리를 받은 일이 없나이다. (2) 법적으로 수속된 공소사실과 관계가 없을 뿐 아니라 의범자인 본인의 신문도, 심리도 받지 아니한 사건으로서 범죄를 추구함은 위법이올시다.

[기삼(其三)] 아국에서는 국가의 허가 없이는 정당 행동은 불가하는 것이올시다. 진보당 정강정책도 국가에서 합법적이라고 허가 등록한 것이오며, 본인의 부위원장 취임도 국가에 신청 허가된 것이올시다. 고로 당의 정강정책 급(及) 당간부 취임이 범죄일 수는 없나이다.

1. (1) 정강은 4288(1955)년 11월경까지 윤길중 씨, 서상일 씨에 의하야 기초된 것이올시다. (2) 정책은 4289(1956)년 6월경까지에 신도성 씨에게 의하야 기초된 것이올시다. (3) 정강 전문 급(及) 경제정책 전문은 4289(1956)년 3월경까지 이동화 씨에 의하여 기초된 것이올시다. (4) 우(右) 정강정책 급(及) 기(其) 전문은 4289(1956)년 10월 11일 진보당의 창당대회에서 어구 수정을 조건으로 하고 통과. (5) 우(右) 일체의 문건은 4289(1956)년 10월 말경 공보실에 제출하고 약 2개월에 긍(亘)하는 검토를 받고서 허가등록 됨. (6) 본인의 부위원장 취임도 우(右)와 동시에 신청 허가된 것이올시다.
2. 이상과 같이 진보당 급(及) 그 역원의 정치행동은 국가의 허가하에 추진된 것이오니 불법일 수 없습니다.

3. 행위 당시에 합법적인 행위가 후일에 처벌 대상이 될 수 없다함은 헌법이 명시하는 바이올시다.
4. 무리하게 고등법원의 판단이 억지로 강행되는 경우이라도 본인은 본 형사사건 발생 이전에 진보당을 탈당한 것이오니 본인에게는 그 형사책임이 있을 수 없나이다. 본인이 4290(1957)년 12월 당을 이탈한 것은 1심 공판정에서 확인되었고 그 판결문에도 기록되어 있나이다.

[기사(其四)] 진보당은 공산주의를 반대함을 당시(黨是)로 하고, 정치는 민주주의적, 경제는 수정자본주의적으로 하는 아국 헌법 정신에 입각한 정당이올시다.

1. 정당의 기본정신은 기(其) 정강에 요약되어 있나이다. 고로 정당의 제 문건은 정강 정신에서 벗어날 수 없습니다. 진보당 정강는 5개조로 되어있는데 그 요지는 다음과 같나이다.
   (1) 공산주의 반대.
   (2) 정치를 민주적으로 혁신.
   (3) 계획성 있는 경제체제로서 민족자본 육성.
   (4) 민주주의 승리에 의한 평화통일.
   (5) 교육의 기회균등.
2. 정책은 정강을 풀어서 설명한 것으로서 그것이 민주주의적 급(及) 수정자본주의적임은 물론이올시다. 1심 공판에서 신도성 씨는 그 발언에서 진보당 정책은 수정자본주의적으로 기초함을 언명하였나이다.
3. 정강정책에 부속문건으로서 전문이 첨부되어 있습니다(인쇄된 문건의 표지에 부(附) 정강 전문 경제정책 전문으로 되어 있음). 이 부속 문건의 어구해석에 의의(疑義)가 있을 때는 언제나 주(主) 문건인 정강 5개조에 의하야 설명될 것이올시다.
   A. 정강 전문. 정강의 역사적 배경을 설명한 것인데 그 요지는 다음과 같나이다.
   (1) 공산주의는 타도하여야 한다.
   (2) 자본주의도 공로와 과오가 있다.
   (3) 우리는 자본주의를 수정하여 민주적 복지사회를 건설한다.

(4) 자본주의 수정 내지 지양(止揚)은 평화적 민주적 방식 즉 의회를 통하야 달성한다.

B. 경제정책 전문. 수정자본주의의 이론적 배경을 논술한 부속문건이올시다.

4. 진보당의 제 문건은 그것이 혁신정당이고 동시에 야당인 까닭에 그 표현이 비판적이고 자극적이나 그 내용이 국헌 정신에 입각하고 있는 까닭에 국가에서 허가 등록된 것이올시다.

[기오(其五)] 정당은 법률을 제정하고 헌법을 수정하는 입법행위를 목표로 하고 있는 만큼 그 강령정책이 현행 법률과 동일하지 아니한 점이 있을 수 있는 것이올시다. 고로 허가 등록된 정당의 정강 부속 문건의 어구를 따져서 형사책임을 추구할 수 없다고 생각하나이다.

1. 아국(我國) 헌법의 기본은 주권재민의 대원칙하에 그 주권행위가 의회를 통하여 행사된다는 현대적 민주주의 체제라고 생각하나이다.
2. 정당은 이 민주정체에 있어서 불가결의 정치 단위이며 정당은 장래에 추진할 정강정책을 그 주권자인 국민에게 납득시켜서 그 지지하에 의석을 획득하는 것이올시다.
3. 이러한 경우 정당의 정강정책은 그 정당의 이념에 의하야 현행법의 개선을 목표로 하는 것이올시다. 예컨대 현행 대통령책임제를 내각책임제로 개정할 것을 주장할 수 있나이다.
4. 전술한 바와 같이 합법 정당인 진보당의 정강정책을 형사책임의 대상으로는 할 수 없는 것이올시다.

[기육(其六)] 검찰 당국은 관계 문건을 검토 판결함에 있어서 언제나 기(其) 보편적 이론적 결론을 고의로 무시하고 1단어 1구절을 적출하여서 목적 의식적으로 왜곡된 판단을 내리고 있나이다. 고등법원에서 이러한 검찰 당국의 판단에 동조한 것은 참으로 유감된 일이올시다. 예컨대 성서 마태복음을 보건대 그중에 (1) 나는 화평을 주러 온 것이 아니다. (2) 가난한 자는 복이 있도다. (3) 부자가 천당에 가는 것은 낙타가 바늘구멍에 들어가는 것보다 어렵다 라는 구절이 있습니다. 만일에 검찰이나 고등법원 식으로 이것을 해석한다면 성서는 평화를 반대하고

폭력을 지지하며 무산계급을 지지하고 자본가를 반대하는 공산주의 서적이라고 할 것이올시다. 검찰 당국의 왜곡된 의견에 대하여 기개(幾個)의 견해를 기재하겠나이다.

1. 정당과 계급. 현대 정당은 원칙적으로 그 이익을 대표하는 계층 내지 계급에 기반을 두는 것이올시다. 그러나 한국에서는 아직 자본주의가 발전하지 못한 까닭에 자본계급과 무산계급의 구별이 발생하지 아니하고 이씨 왕조 이래의 특권계급과 국민대중으로 구별되는 봉건적 형태에 있습니다. 고로 진보당은 그 정당적 기반을 국민대중에게 둔 것이올시다. 강령 전문에 보면 "우리는 국민대중의 이익을 위한다"라는 구절이 있습니다. 아국의 국민대중은 그 8할이 농민이요, 잔여가 노동자, 중소공업자, 지식계급, 봉급생활자 등이온데, 이것은 선진국의 무산계급하고는 상위한 역사성을 가지고 있나이다. 아국 정당의 자처하는 계급 기반은 다음과 같나이다.
   자유당 — 노동자, 농민(이 대통령께서는 민국당을 특권당이라 하시고 자유당을 상놈당이라 하였음)
   민주당 — 보수적 국민대중
   진보당 — 국민대중
   노농당 — 노동자, 농민.
2. 자본주의 수정 급(及) 지양. 아국 헌법의 경제적 조항을 보건대 만민균등 경제를 지향하고 심지어는 자본이익을 노동자에게도 혜택이 있게 하자는 정신까지 삽입되어 있나이다. 유진오 씨는 한국 헌법의 경제적 정신을 사회적 민주주의라고 설명하고 있습니다. 고로 진보당에서 자본주의를 수정하여 주권자인 국민대중의 경제적 생활권을 보장하고 그들로 하여금 올바른 주권행사를 하도록 하자는 것이올시다. 국민이 빈곤에 의하야 그 주권자로서의 정당한 행사를 못함은 민주주의에의 반역이올시다. 진보당의 경제정책은 아국 헌법 정신에 입각한 것이올시다. 검사는 자유자본주의를 헌법과 동일시하고 있으나 이것은 오해라고 생각하나이다. 아국 각 정당의 경제이념은 다음과 같나이다.
   민주당 — 자유자본주의

자유당 — 수정자본주의
진보당 — 수정자본주의
노농당 — 자본주의 급(及) 사회주의의 지양
통일사회당 — 사회민주적

3. 중요기업의 국영. 현재 아국에 있어서는 중요기업은 국영 내지 반관반민으로 되어 있습니다. 헌법에도 중요기업은 국영으로 한다고 되어있습니다. 검사는 중요기업의 국영은 사유재산의 부인이라는 억척을 감행하고 있습니다. 진보당에서는 민족자본의 육성을 정강으로 하고 있습니다.
4. 사회적 민주주의. 정강 전문에 사회적 민주주의라는 단어가 있는데 이것은 유진오 씨 이동화 씨 등의 창조어로서 수정자본주의와 동일한 의미라고 하나이다. 1심 공판에서 신도성 씨의 증언에 의하면 "4289(1956)년 자기가 정책을 초안(草案)할 때 사회적 민주주의가 무엇인가를 이동화 씨에게 질문하였더니 그것은 수정자본주의이라고 말하더라"하고 있습니다. 또 이 어구가 사용된 문건 자체가 자본주의의 수정이라는 것이올시다. 그럼에도 불구하고 검사는 사회적 민주주의는 사회민주주의, 사회민주주의는 사회주의, 사회주의는 공산주의, 그러니 진보당은 공산주의이다는 식으로 사실을 왜곡하고 있습니다. 2차대전 후 각국 정당을 보건대 다음과 같나이다.

자유자본주의 — 미국 공화당
사회적 민주주의 — 미국 민주당, 영 보수당(수정자본주의), 서독 아대나우 수상
사회민주주의 — 서독 사민당
사회주의 — 영국, 단전(端典) 등의 사회당.

5. 검찰에서는 정강 전문에 산재하는 어구를 악의로 왜곡하고 있으나 동일한 내용을 민혁당에서는 정면으로 정강으로 채택하고 있습니다. 박정호 간첩 사건 때에 민혁당 간부가 관여한 일이 있는데 당시 검찰에서는 민혁당은 좋은 정당이라는 담어(談語)를 발표한 일이 있나이다. 이동화 씨가 기초한 동일한 문건이 진보당의 경우에는 죄가 되고 민혁당의 경우에는 보장을 받게 된다는 것은 법치국가에 있을 수 없는 일이올시다.

[기칠(其七)] 검찰 당국은 진보당의 평화통일에 관한 정강정책이 북한 괴집의 안(案)과 동일하다는 것을 왜곡 조작함으로서 본 사건을 야기케 한 것이올시다. 진보당의 평화통일 정강정책이 멸공적(滅共的) 평화통일 안임은 천하가 아는 바이올시다. 다음에 진보당의 평화통일 정강정책을 요약하겠나이다.

1. 사전 준비로서 민주 우방과 협력하여 국방을 집단안전보장 형태로 강화한다.
2. 전제조건으로서 북한 괴집은 통일선거에서 제외한다.
3. 외교적으로는 UN을 통한다.
4. 국내적으로 제 민주세력이 연합하야 민주적 정치세력의 연맹체를 구성한다.
5. 구체안은 정부 자유당, 민주당 등과 합의하야 거국적으로 작성한다.
6. 선거의 목표는 민주주의의 결정적 승리에 의한 대한민국의 발전강화에 있다.

이상은 진보당의 불변의 정책으로서 당 간부 기개인(幾個人)의 의견으로서 좌우되는 것이 아니올시다. 당의 정강정책은 상무위원회, 총무위원회, 중앙위원회 급(及) 전당대회를 통과함으로서만이 변경되는 것이올시다. 고로 조봉암 씨 논문 급(及) 김기철 씨 사안 등은 어데까지나 그분들의 사안이지 당의 정강정책과는 하등의 관계가 없나이다. 또 조봉암 씨가 다수 간첩과 접촉하였다 하나 설사 가정하야 그러한 사실이 있었다 하더라도 그것이 본인 등에게는 비밀리에 조 씨 개인의 간첩행위에 끝인 한[213] 진보당 급(及) 본인의 알 바가 아니며 또 형사책임이 있을 수 없나이다. 단 정치적 도의적 책임은 없을 수 없나이다.

[기팔(其八)] 본인에게는 담당 검사도 언명한 바 있고 1심 공판에서 명백한 바와 같이 추호도 범법사실이 없습니다. 본인에 대한 공소사실에 관하여 간단히 해명하겠나이다.

1. (1) 검사는 본인과 조봉암 씨가 사상적으로 공명하였다 하나 본인은 부산에 거주하는 관계상 조 씨와 개인적 접촉도 없고 또 특별히 사상적인 공명을 가진 일은 없나이다.
   (2) 검사는 5·15선거 당시 북한 괴집과 동일한 평화통일을 선전하였다 하나 사실은 반공(反共) 반협상적 평화통일안을 주장하였나이다.

---

213) 원문에는 '끝인 한'이라고 되어있으나 문맥상 '그친 한'이 타당하다.

(3) 본인이 대한민국을 변란할 목적에서 진보당을 결성하였다 하나 본인은 진보당 결당 전후를 통하야 수하(誰何)하고도 하시에든지 하처에서라도 대한민국을 변란할 일을 모의한 일도 없고 그러한 일을 들은 일도 없나이다. 이상의 사실에 대하야 검사가 신문한 바도 없고 증거를 제시한 바도 없이 공소장에만 일방적으로 기재하고 고등법원에서도 심의를 받은 일이 없나이다.

(4) 본인이 진보당 부위원장 취임한 것은 공선(公選)에 의하야 국가에 신청 허가된 것이오니 범죄일 수는 없는 것이올시다.

2. (1) 부산시 동구 을구 당위원장에 취임한 것은 합법 정당의 말단 구사업(區事業)을 지도하는 것이니 범죄일 수는 없습니다. 또 구당원 포섭문제는 조직부장 김재봉 씨가 증언한 바와 같이 본인은 관계 없고 조직부에서 하는 일이올시다. 그러나 이것도 범죄일 수는 없나이다.

(2) 합법 정당의 당비용을 당간부가 지불하는 것이 범죄일 수는 없나이다.

3. 검사는 4290(1957)년 11월 하순 진보당 최고간부회의에서 본인이 김기철 씨의 평화통일 사안을 심의하였다 하나 본인은 11월 하순에는 상경한 일이 없고 또 진보당에는 최고간부회의라는 것도 없나이다. 김기철 씨 사안의 유인물은 경찰에서 처음 본 것이올시다. 또 본인은 김기철 씨의 평화통일에 관한 의견과 상충되어서 그것을 반대하고 언쟁 끝에 4290(1957)년 11월 상순 진보당을 이탈한 것이올시다. 이상 공소사실이 사실무근함은 명백하나이다. 또 고등법원에서 당 정강을 말썽 삼는 무리(無理)가 감행된다고 가정하더라도 본사건 발생 이전에 당을 이탈한 본인에게는 기(其) 책임이 있을 수 없나이다.

[기구(其九)] 허가 등록된 정당의 정강정책의 수정 내지 폐기는 행정적 문제이지 형사문제일 수는 없는 것이올시다.

1. 국가가 기히 등록 허가한 정당 그 정책 및 그 간부에 대하야 현재로서 시정할 점이 발견되었을 때에는 그것은 정부와 그 정당 간의 행정조치로 취급될 문제로서 생각하나이다. 이러한 행정적 조치 후에도 부당한 점이 존속할 경우에 비로소 형사문제가 제기될 것으로 생각하나이다.

2. 진보당의 경우에도 필요하다면 정치적 내지 행정적 조치로서 당의 해산, 정강정책의 수정, 간부의 제명을 할 수 있다고 생각하며 이러한 의견은 1심 공판에서도 언급하였나이다.
3. 만일에 등록 허가된 정당의 정강정책을 행정부가 때에 따라서 임의로 왜곡해석하야 형사책임을 과(科)할 수 있다면 아국의 정당정치는 완전히 압사될 것이올시다. 이러한 검찰 당국의 처사야말로 국헌을 어지럽게 하는 결과를 가져올 것이올시다.

끝으로 본인의 우회(愚懷)와 정황을 말씀을 올리고 대법관님의 이해 있는 동정에 호소하고저 하나이다.

1. 본인은 종교인으로서 의사로서 평소에 인도적 생각에서 생각하여 왔고 대한의학협회 이사, 외과학회 간사, 경남의사회장, 경남체육회장, 부산대학교 평의원 등 항상 민국의 발전에 노력하여 왔나이다.
1. 본인은 평소에 부산에 거주하였고 또 진보당 부위원장에는 하등의 직능이 없었고 심지어 당을 이탈한 관계도 있고 하는 등의 사정이 있었다 하나, 자주 정부 당국자와 접촉하여 상호의 이해를 깊이 하지 못하고 이러한 형사사건을 발생케 한데 대하야 정치적 도의적으로 깊이 책임을 느끼며 이 책임을 밝히기 위하야 일체의 정치관계에서 후퇴하겠나이다.
1. 경찰은 불시에 진보당을 수색하였으나 1건의 범죄도 발견치 못하였나이다. 특히 김달호 씨, 윤길중 씨 등은 민국을 위하야 노력한 반공인사(反共人士)이올시다. 이러한 인사들을 억지로 보안법의 죄인으로 만든다 함은 국가적 손해인가 하나이다.
1. 본인은 당년 50세이올시다. 외과의사로서의 생명은 불과 수년이 남길 뿐이올시다. 본인은 개인이오나 외과의로서 기술은 국가와 민족의 것이올시다. 죄 없는 본인에게 외과의로서의 봉사의 길을 내려 주시압기를 복망하나이다.
1. 본인에게는 70세가 넘는 편모와 양 처부모를 모시고 있나이다. 이분들은 내일을 모르나이다. 본인에게 불효의 죄를 면하게 하여 주시압소서

함에 있고

피고인 김기철의 변호인 전봉덕의 상고이유는

제1점 판시를 보면 〈국가보안법〉 제1조에 해당시키기 위하여 진보당을 '국가변란을 목적으로 하는 집단'으로 규정하고, 평화적, 민주적, 전체적일지라도 국가변란 할 수 있는 것 같이 판시하고 있으나, 이는 국가변란의 법률적 의의를 무시한 판시라 할 것임. 변란은 목적 급(及) 행위의 불법을 전제로 하는 용어이며 불법으로 국가의 기본제도를 변경함을 기도하거나 이를 실행할 시만 해당하는 것임.

제2점 판시는 진보당의 정강정책이나 전문을 해석함에 있어 자구를 거두절미하고 지엽말절만 적출하여 견강부회하여 자의적 해석을 가함에 급급한 나머지 그중에 있는 '혁신정치', '사회적 민주주의' 우(又)는 '계획경제' 등의 용어만 뜯어 가지고 곧 이는 사회주의다 그러므로 공산주의다 식으로 비약하고 있으므로, 법논리와 사실의 인정을 무시하고 있으며 사실과 증거에 의하지 아니하고 논리 법칙을 위배하는 판결이라 할 것임.

제3점 판시 사실 가운데는 기소도 되지 아니하고 공판정에서 심리된 바도 없음에도 불구하고 이를 적시, 원용하고, 만연 증거와 부합 운운 혹은 판시 사실과 부합 운운하여, 증거채택이 불법일 뿐만 아니라 불고불리의 원칙에도 위반하는 판결을 하였음.

제4점 판시를 보면 평화통일론은 괴뢰 김일성이의 주장이니 이와 동일한 주장이므로 내통한 것이다, 하고 평화통일론 자체를, 내통의 사실과 증거를 제시함이 없이 불법화하고 있음. 법의 목적이 정의의 실현에 있고 평화의 유지에 있는 이상 평화통일론 자체를 불법화한다 함은 법과 질서에 대한 적대행위라 할 것임. 평화통일론은 국내법적으로도 합법적일 뿐 아니라 초국가적인 법의 기본원리에 합치하는 주장이며 보편인류적인 확인이며 인간 이성의 소산임. 금일의 평화론은 국내법적 평화론에서 초국가적 평화론에, 주권 존중의 평화론에서 주권 배제의 평화론으로 진보하고 있으며, 영국 이던 수상의 세계의회론, 리브스의 세계국가론, 헛친손의 세계헌법론, 웰스의 세계공동사회론 등은 이러한 이상을 표현하고 있는 것이며 구라파연방론은 이론에서 실천으로 들어가는 방향에 있음. 전(全) 한국을 통일하는데 평화적으로 한다. 다시 말하면 합법적으로 한다는 주장이 한국에서는 허용되지 아니한다면 언론과 사상의 자유 나가서는 정책을 수립하고 정당을 조직하는 정치적 자유가 없다는 결론이 나오매 이는 숭고한 우리 〈헌법〉의 기본정신에 위배되는 판결이라 할 것임.

제5점 기타는 피고인의 상고취지서를 원용함

이라 함에 있고,

피고인 김기철의 상고이유는

존경하는 대법관 여러분

국내외의 정치적 정세가 다사다난한 차제(此際)에 조국의 민주발전을 위하여 진력하시고 계신 여러분에게 뜨거운 감사를 올립니다. 본 피고인(이하 본인이라 칭함)은 금반의 진보당사건에 관한 서울고등법원의 판결에 대하여 상고취의서를 제출함에 있어서 우선 몇 가지 말씀을 올리겠습니다.

① 진보당사건의 소위 문제의 중심이라 것이 사회적 민주주의와 평화통일론이라는 2대 요소에 주점(主點)을 두고서 유죄판결을 내렸을 것으로 생각되는 바 이것에 관한 전반적인 법적 해석과 또한 사회적 민주주의 및 당 강령에 관한 사회과학적인 해석에 대하여서는 이를 전혀 본인들의 변호인 및 상(相) 피고인들의 상고취의서를 원용하기로 하고 본인은 본서에서 오직 평화통일에 관한 부분에 한하여 취급하고 주로 이에 대한 정치적 견해를 약술하는 것에 국한하렵니다.

② 상고취의서 작성에 필요불가결한 고등법원의 판결문이나 기타 자료가 전혀 수중에 없는 관계로 지극히 불충분한 내용이 될 것이라는 점을 미리 양해하여 주시기를 바랍니다.

③ 현재 증거품으로 제시되어 있는 본인의 「제네바 정치회담과 조국의 평화통일」이라는 논문과 가능한 중복을 피하면서 약술할려는 바이오니, 본인의 평화통일론에 관하여서는 제반 소송기록과 더불어 전기 논문을 참조하여 주시시를 바랍니다.

존경하는 대법관 여러분! 이제 평화통일문제에 관하여 논술함에 있어서는 다음과 같은 순서에 따라서 요점만을 약술하겠습니다.

(1) 진보당의 평화통일 강령에 대하여

(2) 조봉암 씨의 「평화통일에의 길」이라는 논문에 대하여

(3) 본인의 「제네바회담과 조국의 평화통일」이라는 논문에 대하여

그리고 끝으로 약간의 결론을 말씀드리겠습니다.

(1) 진보당의 평화통일 강령에 대하여

주지하시는 바와 같이 당의 노선은 오로지 당의 강령정책에 의하여서만 좌우되는 것은 물론입니다. 그리고 진보당의 강령정책 등의 책정 또는 수정에 관한 결의권은 전당대회 또는 전당대회 폐회 중에는 중앙위원회만이 이 권한을 대행할 수 있다는 것으로 진보당 당헌에는 명문으로 규정되어 있습니다. 그런데 진보당의 강령정책에는 소위 문제의 평화통일에 대하여 여하(如何)히 규정되어 있는가, 본인으로 하여금 한마디로 요약하라고 하신다면 "민주주의의 압도적 승리하에 UN을 통하여 평화적으로 통일을 이룩할 것을 기한다"라고 기술되어 있을 따름입니다. 즉 민주주의를 신봉하는 정당으로서의 일반적이며 지극히 당연한 의욕이 표시되어 있을 뿐입니다. 환언하자면 평화통일에 대한 대원칙만을 제시하였을 뿐입니다. 그렀습니다. 민주주의의 압도적 승리! 이것만이 우리 진보당의 정치적 염원의 전부입니다. 그 이유는 명백한 것이니 즉 민주주의가 없는 곳에, 소위 사회적 민주주의니, 수정파 자본주의니, 혹은 민주사회주의니, 또는 진보적 민족주의니, 하는 따위가 존재할 수 없다는 것은 너무나 명백한 사실이 아니겠습니까. 다음에 UN을 통하여, 라는 조건에 대하여서는 오늘날의 국제적 정세와 조국의 국토통일이라는 문제 그리고 UN의 권위와 우리 민국정부의 권위라는 것이 불가분의 관계에 놓여 있다는 명백한 사실을 인식한다면, 공산주의자 이외에는 쉽게 수긍될 수 있는 문제일 것입니다. 그렇다고 하여 주권국가인 우리나라의 입장을 우리들은 결코 경시 할려는 것이 아니라 실제적 문제에 있어서 국토통일은 UN과 끝까지 보조를 맞추는 것이 결과적으로는 민국정부에 유리할 것은 명백한 사실일 것입니다. 이상에서 말씀드린 바와 같이 진보당의 강령정책에 표시한 여하(如何)한 구절이든지 간에 그러한 통일문제의 대원칙 자체가 국법에 위반될 하등의 이유가 없는 것으로 본인은 확신하는 바입니다.

(2) 조봉암 씨의 「평화통일에의 길」이라는 논문에 대하여

진보당 위원장인 조 씨가 『중앙정치』지에 기재한 논문을 가지고 여러 가지로 논란한 바 있었습니다. 그러나 우선 그 내용 자체는 차치하고 당 위원장이 기술한 논문이라고 하여 그것이 그대로 당 정책이 될 수 없는 것은 너무나 명백한 사실일 것입니다. 더구나 그 논문의 내용에 있어서도 본인은 그것을 "극히 조심성 있는 태도로서 국제연합 감시 하의 통일 총선거를 지지한 것"이라고 보는 바입니다. 회고하건대 서울지방법원의 1심 당시의 검찰 측 태도로서는, UN 감시하의 총선거를 지지한다는 것 그 자체가 국법에 위반된다는 견해를 가지고 있는 듯이 보였습니다. 그러나 이 점에 관하여 금반 진보당사건 공판에서 증거 문서로 여러 가지 제시되어있는 바와 같이 이미 여사한 UN 감시하의 통일 총선거를 지지한다는 성명서나 혹은 담화 등은 우리 정부의 대통령을 위시하여 여러 고관들이 수차에 걸쳐서 국내외에 표명한 사실이 있습니다. 회고하건대 민국정부의 여사한 통일 원칙의 지지표명—이것은 일관되지 못하였습니다 만은—벌써 서기 1954년도 제네바 정치회담의 종결 전후부터 시작된 것으로 본인은 기억합니다. 이에 대한 일례를 말씀 올리면 주지하시는 바와 같이 제네바 정치회담의 중간 시기에 변(卞) 장관께서 소위 14개조 통한원칙을 동 회담에 제시하였으며 다시금 동 회담의 최종회의 시에는 참전 15개국 대표들과 더불어 공동으로 발표한 소위 16개국 공동선언서를 들 수 있는 것입니다. 즉 동 선언서의 골자로 되어있는 통일문제에 관한 2대 원칙 선언 중에서 명백하게 UN 감시하의 통일선거를 지지한다는 우리 정부의 태도를 선언하였던 것입니다. 이 점에 관하여 특히 그 공동선언문 전문(全文)의 사본과 또한 그것이 발표되기까지의 이면(裏面) 사정에 관하여서는 본인의 이제로부터 본서에서 말씀 올릴 내용과도 유관하오니 본인의 전기 논문 (약 180항) 중의 '16개국 공동선언문' 항을 참조하여 주시기 바랍니다. 이상에서 말씀 올린 바와 같이 본인의 생각으로서는 전기) 조 씨의 논문이 하등 국법에 위배되리라고 믿어지지를 않는 바입니다.

(3) 본인의 「제네바 정치회담과 조국의 평화통일」이라는 논문에 대하여

본인의 논문 중 특히 그 논문의 말미에 첨부되어 있는 통일선거 원칙에 관한 본인의 한 개의 시안에 대하여서는 1심 당시의 소송기록에 상세히 기록되어 있을

것으로 믿습니다. 그렇기에 본서에서는 그것과 중복을 피하면서 몇 가지 말씀을 올리겠습니다.

① 전기 논문은 본인이 위원장 직책을 맡아 보고 있는 당의 정책연구기관인 통일문제연구위원회에 연구논문으로 제출하고 이것을 연구위원들에게 회람시켰던 것입니다. 기후(其後) 그 논문 중에 인용한 각국 대표들의 통한결의서 사본과 함께 본인이 작성한 시안 즉 그 논문 말미에서 지적한 바와 같이, "당에서 앞으로 통일 선거원칙을 정식으로 기초하게 될 시에 참고자료의 일부로서 이를 당에 건의하고 싶다"라는 전제하에 그 논문의 일부분으로 되어 있는 초안(북한당국의 평화공세에 대한 진보당의 선언문 초안)을 함께 프린트하여 그 프린트에 명시한 바와 같이 「통일문제 연구자료」로서 연구위원들에 한하여 1부식 배부하였던 것입니다. 기후(其後) 동 위원회를 2, 3차 소집하여 전기 시안 및 기타 통일문제 전반에 걸쳐서 위원 상호간의 의견들을 교환하여 보았으나, 각인각색의 의견이 속출하고 아무런 결론도 얻지 못하였을 뿐더러 또한 이렇다 할 구체적인 제안이나 수정안도 제출된 것이 없었습니다. 그렇기에 본인의 동 시안도 연구위원회에서 자연히 그만 각하되어 버린 것입니다. 그런 고로 본인의 동 시안은 당과는 하등의 관련이 없다는 사실을 다시금 말씀 올립니다.

② 다음으로 본인의 동 시안에 관련시켜 가면서 검찰의 공소장이나 논고 등에는

(가) 통일정부를 수립하기 위하여 대한민국 정부를 해산한 연후에의 남북통일 총선거를 기도하고 운운

(나) 민국정부의 헌법 절차를 무시하거나 또는 전혀 그러한 합법적인 절차에 따르지 아니하고 모종의 비합법적인 방법으로 정부를 해칠 의도하에 운운

등의 전혀 터무니없는 방식으로 표현되어 있음을 산견할 수 있었습니다. 그러나 본인의 동 초안을 일견하시면 잘 이해되실 것으로 믿사오니 오히려 본인의 동 초안에는 선거의 자유 분위기 보장 문제 외에는 어떠한 기관이든지 민국정부의 권한을 침해하거나 또는 간섭하여서는 아니된다는 점을 명문으로 그리고 반복하여 규정하였던 것입니다. 따라서 통일과업이라는

이 민족적인 대사를 치루는 것은 전적으로 정부의 주도하에서 이루어질 것이며 또한 거부권의 보유, 그리고 통일선거와 관련되는 모든 헌법 기타 법적 조치는 당연히 정부에서 이를 취할 것을 전제로 하고 있는 것입니다.

③ 다음에 본인은 동 초안이 내포하고 있는 정치적 의도와 또는 그것을 기초하게 된 동기 등에 관하여 간략하게 말씀 올리겠습니다.

(가) 본인은 동 시안을 기초할 당시에 북한 집단의 위장 평화공세(그것이 명백한 위장공세라는 이유에 대하여는 본인의 전기 논문을 참조하여 주시기를 바람)가 상당한 정도로 남한 전역을 침식하고 있음에 대하여 우려하고 있었으며 여사한 공세를 정면으로 대항하여 싸우는 정치적 투쟁에 있어서는 보수세력은 전혀 무능하다는 것이 본인이 평소부터 가지고 있는 신념이였던 것입니다. 동시에 여사한 평화공세에 대한 정부 당국의 무관심한 태도와 무대책은, 장차 있을 수 있는 정치적 평화적인 통일 국면에 있어서 대중적인 인기를 잃을 것이며 나아가서는 민족진영에 크나큰 손상을 가져오게 할 것이라는 점을 지극히 또는 솔직히 말씀 올리면서 이 미칠 듯한 분노감에 사로잡혀 이를 우려하였던 것입니다.

(나) 통일문제는 두말할 필요도 없이 국제정세와 밀접한 관련성을 가지고 있는바 6·25사변에 참전한 우방 16개국의 통일정책은, 장차 'UN 감시하의 남북통일 선거안'에서 약간 형식적이나마 양보하는 감이 있는 소위 '적당한 UN 감시하의 남북통일 선거안'으로 지향할 것은 여러가지 동향이 엿보였던 것입니다. 그러한 결과로서는 북한 집단이나 또는 공산진영이 결국은 통일문제에 있어서는 여사한(이 적당한 UN 감시하라는 것을 북한 집단에 권고한 것은 제네바회의 시에 일부 서방측 국가들이 여러 번 발언한—공적 발언—사실이 있습니다) 세계적인 공론 앞에 굴복하여 '적당한 UN 감시안'이라는 것을 (혹자는 이것을 UN 테두리 안에서의 국제기구의 감시안이라고도 칭함) 승인하고 나아가서는 (이것이 무서운 사실입니다만은) 공산분자들이 전술을 돌변하여 (그들이 과거에는 무슨 소리를 짓거렸던 간에) '적당한 UN 감시하의 총선거안'이라는 것이 자기들의 주장인 듯이 재빠르게 그러한 안에 따라서

다시금 평화공세를 전개하게 될 것이라는 것은 명약관화의 사실인 것입니다. 만약 이러한 결과가 될 것 같으면 우리 민족진영은 '평화에 대한 절호의 주도권 쟁탈시기'를 다시금 노치는 결과를 가져오게 되는 것입니다.

(다) 여게서 잠간 참고로, 전항에서 말씀 올린 소위 'UN 감시'와 '적당한 UN 감시'라는 문제에 관하여 그 차이점을 말씀 올리겠습니다. 그것은 실제적 감시국가의 지명 권한이나 그들 감시단이 행사할 유효적절한 감시 권한의 내용을 규정하여 주는 권한은, 전자의 경우나 후자의 경우에 있어서나 간에 이것은 UN에 있다는 점은 동일합니다. 단지 차이점은 전자의 경우에 있어서는 감시국가로서 한국전에 참전하였던 서방국가를 지명할 것을 의미하는 것이며 후자의 경우에 있어서는 전술한 바와 같이 UN의 권위하에서 업무를 시행하되 감시국으로서는 비참전국가(중립국)를 지명한다는 것으로 일반적인 양해가 성립되어 있는 듯합니다.

(라) 여사한 정세와 전망하에서 진보당은 북한 집단의 평화공세에 대항하여 여하히 싸워야 할 것이냐, 또는 국민의 공론을 통하여 여하히 우리 당의 뜻하는 바를 정부 정책에 반영시킬 수 있을 것인가, 등의 이러한 점에 본인의 연구 중심이 있었던 것입니다. 그 결과로서는—본인 개인의 견해로서는—진보당은 그 강령정책에 표시된 통일에 관한 대원칙 제시만으로서는 부족하며, 적어도 북한 집단의 소위 '통한 3원칙'(제네바 회담 시의 제안) 이상으로 구체적이며 또한 완전히 합리적인 통일원칙을 당적(黨的)으로 작성하고 이것을 선포하는 것이 여사한 정치 투쟁의 '첫출발'이 되는 것으로 본인은 생각하였던 것입니다.

이상에 열거한 것이 본인이 동 시안을 사적으로 기초하게 된 의도와 동기의 전부입니다. 연이(然而)나 여사한 본인의 정치적 의도가 어느 정도 그 초안에 잘 표시되었는가, 또한 그 내용에 대한 시비를 가리는 것은, 오로지 본인으로서는 세인의 공론이나 현명하신 여러분의 판단에 일임할 수밖에 없는 입장입니다. 현명하신 대법관 여러분! '민주주의의 승리'라는 것이 일종의 패배의식에 사로잡혀서 현실도피만을 일삼는 자에게 오리라고 기대하는 것은 어리석은 일이 아니겠습니까. 또한 한국통일에 관한 국내외의 정치적 동향이 여하히 변동하든지 간에 오직 북진통일만을 외치는 것이, 애국적이며 효과적인 반공투쟁이 되리라고 본인은 믿을 수가 없는 것입니다. 그것은 실제적 군비강화와 평화공세의 전개는 항시 병존하여야 하는 까닭입니다. 그리고 승리를 가져오게 하는 전술 즉 정책에는 여러 가지 방안이 성립될 수 있는 것이며 정부의 통일정책과 동일하지 아니하다는 것을 가지고 즉시 이것을 일종의 반역시하는 것은 지나친 독단이 아니겠습니까.

결론으로 말하자면 본인의 동 논문은 우리 정부의 일관성 내지 적극성 없는 통일정책으로 인한 일종의 국제적 고립에 대한 일개 국민으로서의 정치적 고뇌의 결정체였습니다. 동시에 그것은 본인이 당내에서 항상 역설한 바와 같이 진보당 위원장 이하의 간부 전원이 총출동하여 북한 집단의 위장평화 공세를 분쇄하는 선봉자적 역할을 담당하는 경우에 있어서의 이론적인 무장을 위한 한 개의 시론이었던 것입니다.

현명하신 대법관 여러분! 주지하시는 바와 같이 거(去) 4월 9일부로 참전 16개국들이 중공에 수교한 공동각서에 의할 것 같으면 미영을 포함한 저들 민주 우방제국(諸國)은 중공(中共)에 제안하기를 한국통일 선거의 실제 감시를 그들 공산분자들이 요구하는 바와 같이 중립국(비참전국)이 하는 것은 좋으나 그것을 UN의 권위하(어떤 신문에는 주관하라고도 되어 있음)에서 시행한다는 원칙을 수락하겠느냐라는 요지의 제안을 하고 있습니다. 기후(其後) 중공 회답각서에서는 이에 대한 명확한 답변을 회피하고 있으나 금추(今秋) UN총회 석상[거(去) 10월 초순경]에서 인도의 UN 대표 메논 씨는 여사한 16개국 제안, 즉 국제기관의 감시안[일종의 전기한 바와 여(如)한 적당한 UN 감시안으로 사료됨]을 공산분자들이 수락할 용의가 있는 것으로 양해하는데 어찌하여 한국 문제가 진전되지 않는냐라는 요지의 연설을 한 것으로 외전은 보도하고 있습니다.

여사히 저들 공산분자들은 대체로 본인이 예견하던 바와 같이 온갖 수단을 다하여 차기 국면에 대비하며 준비를 갖추고 있는 것으로 보입니다. 이러한 국면에 있어서, 해방 후 저들 적색 치하에서 정치범으로서 형무소 생활을 하고 월남 도주하여 줄곳[214] 그들의 전법을 주시하여 온 본인으로서는 참말로 참기 어렵습니다. 우리들 민족진영도 민주주의의 승리를 위하여 또한 (백보를 양보하여) 있을 수도 있는 평화적 통일에 대비하여 각당각파의 적은 이해관계를 떠나서 급속히 해결하여야 할 허다한 난(難) 사업이 있습니다. 최후에 웃는 자가 가장 잘 웃는 자라는 격언과도 같이 아직도 시기는 늦지 않은 것입니다. 이러한 어려운 시기에 여사한 처지에 놓여 있는 본인으로서는 실로 단장지감을 금치 못하는 바이올시다.

존경하는 대법관 여러분! 결론적으로 말씀 올리자면 금반의 소위 진보당사건이라는 것은 본인과 같이 법적으로는 전혀 문외한의 상식으로서는 그것이 합법적인 정당들 간의 정치적 또는 정책논쟁은 될지언정 형사적인 문제가 될 수는 없는 것으로 믿어지는 바입니다. '한국 지성의 씸볼'이신 여러분께서 현명하신 판결이 있으시기를 삼가 앙망하는 바입니다,

함에 있고,

피고인 윤길중의 상고이유는

제1점 원심판결은 〈국가보안법〉 제1조의 법의를 오해하고 그 적용을 착오한 위법이 있다(〈형사소송법〉 제383조 제7호 후단의 사유).

즉 1. 원심판결은 〈국가보안법〉 제1조 중의 "국가변란의 목적"을 해석함에 있어 그 판결 이유에서 아래와 같이 설시하여 왈 "피고인 윤길중, 동 이동화 등과 변호인 신태악, 동 김춘봉, 동 임석무, 동 조헌식 등은 당심 공정에서, 진보당은 폭력적 혁명의 방법에 의하지 않고 평화적 민주적 선거의 방법으로 판시 강령정책을 실천하려는 결사이므로 〈국가보안법〉 제1조 소정의 불법결사에 해당하지 않는다고 주장하나, 동 법조의 규정은 결사의 목적을 달성하려는 방법이 폭력적 혁명의 방법이든 평화적 민주적 선거의 방법이든 가리지 않으므로 동 주장은 차(此)를 인용할 수 없고"라 하는바, 이러한 해석은 동조(同條)의 "국가변란의 목적"이라는 자구의 문리 해석으로도 불가하며 〈형법〉 제91조의 "국헌을 문란할 목적"의 정의에 관한 유권해석의 취지에도 위반하며 나아가서 헌법과 민주주의 기본

214) '줄곧'을 의미한다.

원칙에도 위반하는 망단이라 하지 않을 수 없다.

이제 그 논지를 순(順)을 따라 논증하건데

첫째로 "국가를 변란"한다는 변란의 문의(文義)는 변할 변(変) 자와 어지러울 란(亂) 자가 결합된 숙어로서, 란 자가 표시하고 의미하는 바와 같이 폭력적 내지 비합법적을 현존질서를 변경시키는 것을 말한다는 것은, 조금이라도 문자를 이해하는 자면 능히 할 수 있는 것이다. 무릇 정치, 경제, 사회의 모든 현상은 마치 우주의 진리가 그렇드시 부단히 변하고 움직이고 진화하는 것인바, 변하고 개혁되고 진화하는 자체가 형사법률 문제인 것이 아니라, 변하고 개혁하는 방법에 있어, 기존 질서를 파괴하는 폭력적, 독재적, 비합법적 방법이 여기에 이른바 '란'자로 표시되어 비로소 〈형사법〉의 대상이 되는 것이다. 판시 이유에서 적시하는 바와 같이 이 폭력적, 독재적, 비합법적 방법이 아닌, 평화적, 민주적, 합법적 선거의 방식을 통한 것을 어찌 "국가변란"이란 용어의 범주에 포함시킬 수 있을 것인가. 이것은 민주적, 합법적인 것이 동시에 반국가적인 것이 될 수 있고, 합법적인 것이 동시에 비합법적인 것이 될 수 있다는 논리적 모순에 함입한 것이라 아니할 수 없다. 이것은 아마 원심이 "국가변란의 목적"이라는 법의을 해석함에 있어 "국가변란"이란 기본 용어를 한각하고, 그 밑에 붙은 목적이란 용어에 치중한 나머지 마치 "국가변란"과 "목적"을 각각 분리, 독립한 별개의 개념으로 파악하여, 마침내 "평화적, 민주적, 합법적"인 것이 동시에 "반국가적, 비민주적" 불법이 될 수 있다는 괴상한 논리에 빠진 것으로 사료된다.

둘째로 "국가변란의 목적"과 거의 동일한 용어로 표시된 "국헌문란의 목적"을 정의함에 있어, 〈형법〉 제91조는 분명히 규정하되 "1. 헌법 또는 법률의 정하는 절차에 의하지 아니하고 헌법 또는 법률의 기능을 소멸시키는 것, 2. 헌법에 의하여 설치된 국가기관을 강압에 의하여 전복 또는 그 권한 행사를 불가능하게 하는 것"이라 하여 유권적인 해석으로 그 폭력적, 비합법적인 방법을 지칭, 명시하고 있다. 물론 "국가변란의 목적"과 "국헌문란의 목적"과는 그 문구가 완전히 일치된 것은 아니나, 그 정신, 취지, 문의에 차이를 둘 하등의 이유가 없다. 하물며 내란죄와 〈국가보안법〉 위반죄와는 상당한 면에서 공동분야에 경합되고 있는 관계

상, 신형법 제정 당시 〈국가보안법〉 폐지안이 제안되었으나 아직 이북 괴뢰 집단과 그 배경 조직인 공산당의 부단한 침투에 감(鑑)하여 괴집이나 괴집단체의 지령에서 움직이는 범죄만을 〈국가보안법〉으로 따로히 문의(問擬)하는 것이 적의하다는 견지에서 부결되었을 뿐이었으니, 〈국가보안법〉 위반죄와 내란죄의 차이의 요점은 공산 괴집과의 연관 여부에 있는 것이지, "국가변란"이나 "국헌문란"이란 차이를 빙자하여 그 법의의 동일성을 저해할 수는 없다. 더욱이 본 피고인은 〈국가보안법〉 기초와 〈형법〉 제91조 기초에 직접 관여하였고, 그 입법 취지와 제정 경위에 있어 전자의 문구나 후자의 문구가 모다 동일한 의미의 폭력적, 비합법적인 것만을 지칭하는 것을 확언할 수 있다.

셋째로 서상(敍上)한 바와 같이 "국가변란"의 문의(文義)로나 〈형법〉 제91조의 취지로나 "국가변란"은 폭력적, 비합법적 정치수단을 의미하는 것이나, 만일 원심과 같이 그와 반대로 해석하여야 할 헌법적, 사회적 특별한 요청이 있는가 하는 점을 고찰할 때, 오히려 그와 같은 망단(妄斷)은 반민주적, 위헌적인 것이 되는 것을 지적하지 않을 수 없다. 왜냐하면 위에서도 말한 바와 같이 정치적, 경제적 제 현상은 부단히 변하고, 진(進)하는 것이 진리인 바 민주정체와 독재정체와의 구별의 제일 요점은 정치, 경제 현상의 변모, 진화가 민주적, 평화적, 합법적 방식에 의하여 순리로 되는 것인가. 그렇지 않으면, 폭력적, 비합법적, 독재적 방식에 의하여 역리로 되는 것인가의 차이 여하에 달려 있는 것이며, 만일 평화적, 민주적, 합법적 방식에 의한 정권의 교체, 경제 사회 현상의 개혁을 허용하지 않는다면 그것은 벌서 민주주의가 아니며, 따라서 민주적 헌법 체제는 질식, 파괴되는 것이라 하지 않을 수 없다. 생각이 이에 이르매 원심 판시 이유의 반민주적, 반헌법적인 점에 송연하지 않을 수 없다. 논자는 혹 말하기를 과연 "국가변란의 목적"을 내란죄의 그것과 같이 폭력적, 비합법적인 것에 국한한다면, 만일 이북 괴뢰 집단이 평화적, 민주적 방법으로 하겠다고 들고 나온다면 처벌할 수 없지 않느냐고 강변할지 모른다. 그러나 괴집이나 공산당은 이미 국헌에 위배하여 무산계급의 독재정권을 수립하였고 6·25의 남침은 물론 볼세비키의 본질이 폭력적, 독재적 혁명 전위부대임은 그들 자신이 자인하고, 세계사는 물론 우리나라 역사가 소소히 입증하는바 비록 전술로서 그자들이 평화적 방법을 선전한다 할지라도 그것은 위장된 것이 자명한 것이니, 그 위장한 것을 입증하면 논자가 말하는 것은 억설에 불과할 것이다. 다시 말하면 괴집이나 탈법하기를 위하여 위장 형태를 취하여 온다면, 그 위장을 양결하면 될 것이지, 그것이 두려워서 "국가변란"이란 법의 자체를 평화적, 민주적, 합법적 방식이거나 폭력적, 독재적, 비합법적 방법이거나를 막론한다는 괴상한 논리에 함입할 수 없다. 원심은 이러한 점을 몰각하고 차라리 진보당의 정강정책은 합법을 가장한 것이라고 억설이라도 붙이지 않고, 평화적, 민주적, 합법적 선거의 방식을 통한 정치 경제의 개혁을 주장하는 그것 자체가 "국가변란의 목적"이 된다 하였으니, 이것은 〈국가보안법〉의 법의를 오해하였을 뿐만 아니라 민주제도와 헌법을 몰이해한 위법(근본적)이라 하겠다.

2. 원심은 〈국가보안법〉 제1조에 "국헌을 위배하여 정부를 참칭하거나 그에 부수하여 국가를 변란할 목적 운운"한 규정 중 '그에 부수하여'라는 범죄구성 요건을 무시 몰각하고 그 법의를 단지 수식사적 용어로 오해한 불법이 있다. 즉 동조(同條)의 처벌 대상은 첫째 국헌을 위반하여 정부를 참칭한 괴뢰정권을 그 전단(前段)에서 규정하고, 둘째 이 괴뢰정권에 부수하여 국가를 변란할 목적으로 결사 또는 단체를 조직한 공산당 및 그 산하단체를 그 후단에서 규정하였음은 조문(條文) 문리상 명백하다. 여기에 '그에 부수하여'라는 법문은 괴뢰정권에 부착추수 한다는 것을 입증하려며는 괴뢰정권과 표리일체로 부착한 공산당 그것임을 논증하여야 할 것이며 적어도 괴뢰정권의 지령 또는 협의하에 그 산하 조직으로 결사가 성립되었다는 것을 입증하지 아니하면 안 될 것이다. 그럼에도 불구하고 원심이 이 점에 관하여 하등의 입증이나 논리적 서술조차 없는 것을 보면 차(此)는 필시 동 법문을 국가변란에 대한 형용사적 수식으로 오해한 것이라 사료된다.

원심이 상(相) 피고인 조봉암과 소외(訴外) 간첩 박정호와 상통하여 괴집과 연결하였다는 동 피고인에 대한 기소 사실 (1)과 동 성명 미상의 자와 괴집의 김약수와 상통하였다는 지(旨)의 기소 사실 (2)와 본 피고인 등과 일본에서 귀국한 소위 간첩 정우갑을 방조하였다는 기소 사실 (3)은 모다 증거가 없으므로 무죄라 판시한바, 그 이외에는 비록 개인일지라도 이북 괴뢰정권과 진보당과 관련성을 운위(云謂)하는 기소 사실도 없으며, 따라서 원심은 그 판결 이유에서 하등 진보당과 괴집과 관련이 있다는 점, 즉 '그에 부수하여'라는 법문에 상응하는 점의 입증이나 설시조차 없이, 만연히 판시 사실 모두(冒頭)에 '그에 부수하여'라는 문구만 집어넣은 것은 동 법문을 오해하고 하등의 범죄 증명이 없이 유죄를 단정한 불법이라 아니할 수 없다.

제2점 원심은 1. 심판의 청구가 없는 사실을 판결한 불법이 있고(〈형사소송법〉 제383조 11호 사유), 2. 진보당의 강령정책을 견강부회로 왜곡 변조하여 중대한 사실의 오인이 있을 뿐만 아니라(동법 동조 15호 사유), 3. 그 오인한 사실 자체도 범죄 구성이 될 수 없음에도 불구하고 모순된 이유를 부(附) 하는 동시에 법률을 착오 적용한 불법이 있다(동법 동조 제7호 제12호 사유). 즉,

1. 원심은 본 피고인에게도 인용하는 상(相) 피고인 조봉암에게 대한 판시 사실(1) 중에서 "…동년 11월 10일 마침내 서울특별시 중구 소재 시공관에서 상(相) 피고인 등을 위시로 8백여 명과 함께 국헌에 위배하여 정부를 참칭하는 북한 괴뢰집단에 부수하여 국가를 변란할 목적으로, '우리는 노동자 농민을 중심으로 하는 광범한 근로대중(피해대중)을 대표하는 주체적 선진적 정치적 집결체이며 변혁적 주체세력의 적극적 실천에 의하여 자본주의를 지양하고 착취 없는 복지사회를 건설하여야 한다'는 지(旨)의 혁신정치의 실현, '우리는 자유민주주의를 폐기하고 급속한 경제건설 사회적 생산력의 제고 및 사회적 생산물의 공정분배를 완수하기 위하여, 계획과 통제의 제 원칙을 실천하여야 한다'의 지(旨)의 수탈 없는 경제체제의 확립, '우리는 남북한에서 평화적 통일을 저해하는 요소를 견제하고, 진보당 세력의 주도권 장악하에 피 흘리지 않는 평화적 방식으로 조국의 통일을 실현한다'는 지(旨)의 평화통일의 실현 등을 강령정책으로 하는 진보당을 조직" 운운하였는바, 본시 기소장에는 상(相) 피고인 조봉암이 발표한 『중앙정치』 10월호 「평화통일의 길」이란 논문의 구절이 대한민국을 부인하고 이북 괴뢰가 주장하는 위장평화 공세에 호응하는 것이라는 요지가 기재되고 이 점으로 인하여 진보당을 범죄단체로 소추하였을 뿐이고 혁신정치, 수탈 없는 경제체제, 남북의 평화통일이란 3대 구호는 다만 진보당 결당 과정에 상(相) 피고인 조봉암이 5·15선거 시 대통령 입후보자로서의 선거구호로 주장되었다는 경로적 서술이

있음에 불과하였다.

따라서 기소장에는 그 소추사실 (1)로서 진보당의 평화통일정책만을 문제 삼는 것이 그 문면상 확연하며, 차점(此点)은 검사가 본 피고인 등 구속에 관한 적부심조사에도 그와 같이 언명하였고, 또 제1심 당시 공소사실 진술에서도 역시 상기 평화통일문제만을 제기하였던 것이다. 그럼에도 불구하고 원심이 진보당의 혁신정치에 관한 정책과 경제정책을 평화통일정책과 동렬(同列)의 위치에서 범죄사실로 판시한 것은 확실히 소추되지 않은 사건을 심판한 국법[215]이라 하지 않을 수 없다. 논자는 말하기를 기소장에서 전기(前記) 3대 구호가 진보당 결당 과정에서 선거 구호로 사용되어왔다는 서술이 있었으니 그것이 곧 기소된 사실이 아니냐고 억설을 할지 모르나, 전기 서술은 마치 범죄와 관계없는 피고인 등의 경력을 기소장에 서술한 것과 같이 한 개의 경로적 서술에 불과한 것으로, 차(此)는 범죄 정상(情狀)의 참고자료는 될지언정 독립한 소추 사실이 아님은 그 문리상 당연하다. 따라서 평화통일문제 이외의 혁신정치, 수탈 없는 경제체제에 관하여는 제1심 공히 본 피고인은 물론 진보당 적을 가진 상(相) 피고인 등에 대하여 하등 심의한 사실이 없고, 본 피고인에 대한 검찰 신문조서에도 하등 차점(此点)에 대한 신문 사실이 없다. 다만 강령 전문을 기초한 상(相) 피고인 이동화에게 전문 기초의 경로와 취지 심문이 있었을 뿐이니 진보당적을 가진 관계 피고인에 대한 심문, 변명의 기회도 주지 않고 유죄의 판결을 내린 불법이라 하지 않을 수 없다. 그러므로 원심은 다른 각항의 판시 사실은 항례(恒例)에 따라 기소 사실을 그대로 이기하였음에도 불구하고 전시(前示) (1)의 판시 사실만은 기소장에 전연 없는 새로운 문구를 나열 창작하고 있으니, 원심은 대체 무슨 이유로 여차(如此)하였는가. 안컨대 소추자가 제1심 판결 이후 『한국평론』이란 잡지에 판시 취지를 희구하는 듯한 발표가 있었고, 따라서 원심에서는 소추자의 내심이 기소 당시와 변하였는지 모르지만은, 기소 사실은 소추자의 주관적 의사나 사적 사주(使嗾)에 기초 되는 것이 아니고 기소장에 나타난 객관적 문리로서 판단하여야 함은 다언을 요하지 않는 것이니 후심(厚審)은 이 점을 오해하고 소추되지도 않고 심리도

215) 원문에는 국법(國法)으로 표기되어 있으나 문맥상 위법(違法)이 타당하다.

되지 않은 사실을 판단한 것이라 하겠다.

2. 뿐만 아니라 진보당의 3대 구호와 강령정책을 진보당의 강령이나 정책 본문 자체대로 판정한 것이 아니고, 수천 어에 달하는 방대한 강령정책 전문 중의 문구 중에서 혹은 거두절미하고 혹은 접두부미하여, 문자 그대로 견강부회하여 진보당의 강령정책의 취지를 변조하였다. 무릇 정당의 강령정책을 법체계에 비유하면 강령은 헌법적 위치에 있고, 정책은 법률적 위치에 있으며 강령 전문이나 정책 전문은 헌법이나 법률의 취지 설명 정도의 위치에 있는 것이니, 진보당의 강령정책은 어디까지나 진보당의 강령정책 본문에 의거하여야 할 것이고 전문은 참고자료에 불과한 것이라 하겠다. 이것은 마치 헌법 조문이나 법률 조문에 의거하지 않고 그 전문이나 제안 설명에만 의거하여 헌법이나 법률을 적용할 수 없는 것과 같이, 진보당의 강령정책 그 자체를 떠나서 그 전문 중의 문구를 장비 '가마' 타는 식으로 견강부회하여 변조 판시하였으니, 차(此)는 진보당의 강령정책의 판시가 아니라, 판시 3대 구호를 설명할 수 있는 진보당의 강령 자체를 [서울지검 4291(1958)년 압 제146호의 증 제2호] 여기에서 적시하면, 동 강령 제2항에서 "우리는 공산 독재는 물론 자본가와 부패분자의 독재도 이를 배격하고 진정한 민주주의 체제를 수립하여 책임 있는 혁신정치의 실현을 기한다"(구호, 혁신정치에 대응)라 하고, 제3항에서 "우리는 생산분배의 합리적 계획으로 민족자본을 육성하고 동시에 농민 노동자 문화인 봉급생활자의 생활권을 확보하여 조국의 부흥번영을 기한다"(구호, 계획성 있는 경제체제에 대응)라 하였으며, 제4항에서 "우리는 밖으로는 민주 우방과 긴밀히 제휴하고, 안으로 민주세력의 대동단결을 추진하여 민주세력의 결정적 승리가 보장될 수 있는 남북의 평화적 통일을 기한다"(구호, 평화통일에 대응)라고 명시하였으니, 진보당의 헌장적 위치에 있는 강령 본문을 떠나서 또 진보당의 강령이 어데 있단 말인가. 만일 원심이 전시 강령을 강령대로 진보당의 노선으로 판시하고 그 자체가 국가를 변란하는 것이 된다고 궤변이라도 부쳤으면 형식적 체재는 갖추었을 것이나, 상술한 바와 같이 이 강령 자체를 떠나서 변조된 판시 사실은 본 피고인은 물론 진보당이 책임질 수 있는 형식조차 갖추지 못하였다고 할 수밖에 없다.

3. 이제 가사(假使) 백보를 양보하여 판시 사실이 진보당의 강령정책 그것이라 할지라도 판시 사실의 어떠한 점이 첫째, 괴뢰 정권에 부수하였다는 것이며, 둘째, 국가를 변란하는 목적이 된다는지 하등의 지적이 없다.

판시 사실 혁신정치의 요지는, 근로대중이 주체세력이 되어야 한다는 점과 자본주의를 지양하고 복지적 민주사회를 건설하여야 한다는 것인바, 만일 판시 이유대로 논지하면 자본주의를 신봉하지 않고 복지적 민주사회를 건설하여야 한다는 일체의 세력은 반헌법적이며 반국가적이 된다는 논리인 것이니, 차(此)는 일제 말기에 군국 팟쇼화한 독재적 사고방식의 잔재이거나, 그렇지 않으면 공산 독재의 공포적 여파에 의한 환각이라 하겠다. 영국은 물론 서전(瑞典), 놀웨, 정말(丁抹), 화란(和蘭)을 위시하여 서독, 이태리 지어(至於) 일본에서까지 사회주의 내지 사회민주주의, 또는 민주적 사회주의, 기타의 진보주의가 하등의 구애없이 건존할 뿐만 아니라 여하한 민주국가라도 평화적인 사회적 민주주의를 불법화하였다는 것을 듣지 못하였다. 따라서 자본주의를 신봉하지 않은 혁명세력을 반국가적 내지 반민주적 세력으로 규정하려고 하는 것은 민주주의 자체를 모독하는 것이며 엄연한 우리나라 민주헌법에 위배되는 것이라 하겠다.

둘째로 판시 사실 수탈 없는 경제체제의 요지는, 자유민주주의를 지양하고 주요 산업의 국영을 위시로 급속한 경제건설과 생산분배의 합리화를 위하여 계획과 통제의 제 원칙이 실천되어야 한다는 것인 바, 주요 산업의 국유화를 주장한다 하여 반국가적이 될 수 없으며, 계획과 통제의 원칙을 경제시책에서 적용한다 하여 국가변란이 될 수 없다. 하물며 우리 헌법은 그 제정 당시 〈헌법〉 제84조에서 교통, 체신, 전기, 수도, 가스, 기타 공공성을 띤 주요한 산업의 국유국영화를 규정하고 있었으니, 만일 판시 논지로 한다면 우리 헌법은 이미 그 제정 당시 반국가적이며 반민주적이었다는 해괴한 결론에 도달하여야 할 것이다.

셋째 판시 사실은 남북한에서 평화적 통일을 저해하는 요소를 견제하고 진보당 세력의 주도하에 평화적 통일을 기한다는 것인바, 정부가 주장하는 북한만의 UN 감시하 선거에 의한 통일일지라도 역시 평화적 통일의 하나이니, 이것이 실현되려면 남북한에서 이것을 반대하는 요소는 견제(결코 처벌이나 말살을 의미하는 것이 아님)되어야 할 것은, 문장 서술로 논리적 물리학적 결론이며, 또 진보당이 자기가 주도하여 통일이 되었으면 좋겠다는 주장은 정당으로서 또한 당연한 주장이어늘, 그 어느 점이 반국가적 변란 행위인지 도모지 알 수 없다. 서상(敍上)한 바와 같이 판결 사실은 진보당의 강령 그것이 아니지만, 판시 사실대로 하여도 국가변란과 괴집에 부수하였다는 범죄 구성은 될 수 없는 것이다.

제3점 원심판결은 증거에 의하지 않고 사실은 인정하고 판시 사실과 증거 이유가 동문서답 격으로 저어된 불법이 있다.(〈형사소송법〉 제383조 제12호)

즉 1. 전현 판시 사실 (1)은 〈국가보안법〉 제1조 해당 사유라고 단죄한바, 동조(同條)의 구성요건인 첫째 괴뢰정권에 부수하였다는 점과 둘째 국가변란의 목적이 있었다는 점을 충족하는 사실의 적시는 되어있지 않을 뿐만 아니라, 원심은 그 증거 이유에서 만연히 "1. 당심 공정에서 동 피고인 등과 상(相) 피고인 등의 차(此)에 부합하는 공술 기재, 원심 공정에서 이에 상응하는 각 피고인의 진술" 운운하였으나, 제1심과 원심 공정에서는 물론 경찰 검찰의 조서에 이르기까지 전 기록을 통하여 눈을 씻고 보아도 범죄 구성 요건인 괴뢰정권에 부수하였다는 점, 국가변란의 목적이 있었다는 점에 상부(相符)하는 진술은, 본 피고인은 물론 각 상(相) 피고인 등 아모도 없다.

또 원심은 증거이유에서 계속하여, 1. 원심 제14회 공판조서 중 증인 신도성과 동 고정훈(高貞勳)의 판시 진보당의 발당(發黨) 경위에 부합하는 공술 기재, (일) 동 피고인 등의 기(其) 성립의 진정을 인정하는 검사의 증인 손도심(孫道心)과 서상일에 대한 각 진술조서 중 판시 진보당의 발기 경위에 부합하는 공술 기재라 하였으나, 양 증인은 공판정에 나온 일도 없고 동 증언을 공판정에서 제1심, 원심, 공히 제시한 일도 없을 뿐 아니라, 손도심은 진보당 발기 경위에 관여한 자가 아니었으므로, 발기 경위에 관한 증언을 하였을 이유도 없다. 그것은 잠간 논외로 하고 진보당의 발기 경위를 백번 천번 기재하여도, 그 어느 부분이 괴집과 합작 부수하였다는 것이며, 그 어느 부분이 국가를 변란할 목적이었다는 것을 적시하지 않는 한, 〈국가보안법〉 제1조와는 하등 관계가 없는 동문서답 격의 증언이라 아니할 수 없다. 더구나 동 증인 등의 증언은 아모리 악의로 해석하여도, 진보당이 괴집에 부수하여 국가를 변란할 목적하에 발기되었다는 취지는 도저히 찾아볼 수 없다.

또 원심이 증거 이유에서 채택한 「우리 당의 경제정책」(동 압의 증 8호), 「한국 진보세력의 계급적 기반」(동 압호의 증 제38호) 등은 본 피고인이 관지하는바 아니지만은, 아마도 동 논문 등은 상(相) 피고인 중에서 중앙정치사에 기고하였으나 게재되지 않은 원고로 인정되는바, 여사한 개인의 논문은 그 개인의 범정(犯情)의 자료로 함은 별 문제로 하고, 어찌하여 진보당을 유죄로 하는 논거의 일부로 채택하였는지 알 수 없는 일이며 차(此)는 개인과 단체를 혼동한 채증법칙의 위반이라 하겠다.

2. 본 피고인에 대한 판시 사실 (2)는 상(相) 피고인 조봉암에 대한 판시 사실 (5)에서 본 피고인과 연관 부분을 유죄로 한 바, 차(此)는 상(相) 피고인 조봉암이 『중앙정치』 10월호에 「평화통일의 길」이란 논문을 발표한 것은 사실이지만, 동 논문은 이미 세상에 공포되어있는 민주 우방의 안이나, 대한민국의 안이나, 괴집의 안 등을 열거 비판하고, 그중에 UN의 안인 「UN 감시하의 남북총선거안」이 무방할 것이라는 요지의 논설에 불과하다. 판시 중에서는 동 논문 중 "UN 감시하의 총선거안을 설명하는 과정에서 대한민국과 북한 괴뢰와 동등한 위치에서 선거하는 것이 불유쾌하지만 UN의 결의이니만큼 다시 한 번 하여도 통일을 하기 위하여는 참을 수밖에 없다"는 지(旨)의 설명문 중 '동등한 위치'라는 문구를 특히 끄집어내어, 이것이 대한민국을 해체하는 것이고 괴집을 동등한 정권으로 인정한다는 것으로 억설을 하는 것이나, 여기에 동등이라는 말은 선거함에 있어 동일한 여건 분위기에서 한다는 것뿐이니 판시 논지는 사실과 부합하지 않는 궤변이라 하겠다.

3. 더구나 원심은 〈국가보안법〉 제3조의 협의죄를 근본적으로 오해하고 있다. 즉 동조(同條)의 협의죄는 괴집이나 그에 부수한 공산 산하단체와의 협의를 말하는 것이며, 또 협의라는 용어가 의미하는 바와 같이 공동목표를 달성하기 위한 상호간의 의사의 합의를 말한다. 그럼에도 불구하고 원심은 이 협의라고 하는, 상호간의 의사의 합의라는 의미를 망각하고, 예(例)하면 상(相) 피고인 이상두가 상(相) 피고인 이동화에게 수년 전에 편지를 일방적으로 내고 그것을 받았다는 사실만을 적시하면서 곧 협의죄의 성립을 인정한 것과 같이, 본 피고인과 전기

(前記) 상(相) 피고인 조봉암의 논문 관계도 다만 당(黨) 사무실에서 동 원고가 독시(讀示)된 일이 있다는 점만으로 협의죄로 인정한 듯하니 법문의 오해도 심한 것이라 하겠다.

제4점 원심판결은 〈형법〉 제16조 "자기의 행위가 법령에 의하여 죄가 되지 아니하는 것으로 오인한 행위는, 그 오인에 정당한 이유가 있는 때에 한하여 벌하지 아니한다"라는 규정에 위배한 불법이다. 제1점 내지 제3점에서 지적한 바와 같이 진보당의 강령정책을 국가변란의 목적으로 전제한 원심 판시 각항의 범죄사실은 모다 위법판결이거니와, 가사(假使) 백보천보를 양보하여 판시 사실이 이유 있고 서상(敍上) 상고이유가 모다 이유없다 가정하더라도, 원심판결은 〈형법〉 제16조에 위반하는 판결인 것이다. 왜냐하면 진보당을 결성한 본 피고인은 물론 진보당 관계 각 상(相) 피고인과 전(全) 진보당원이 누구도 진보당이 괴집에 부수하여 국가를 변란하는 〈국가보안법〉 제1조의 불법단체라고는 꿈에도 생각하지 못하였을 뿐 아니라, 오인이라면 그렇게 오인한 것에 정당한 이유가 있는 때문이다. 즉 진보당이 판시 1의 결당 경로를 거쳐 이미 판시 중 3대 구호 혁신정치, 계획성 있는 경제, 평화통일은 진보당추진위원회 당시 피고인 조봉암의 대통령 후보자 선거 구호로 수만 경찰 감시 관찰하에 공명하게 주장되어왔고, 이어 4289(1956)년 11월 10일 서울특별시 중구 소재 시공관에서 만천하 환시리(環視裏)에 진보당의 강령정책 동 전문 등의 채택과 함께 결당된 후, 관계문헌은 일체 첨부하여 정부 공보실에 제출되고, 4290(1957)년 3월 일자미상 공보실은 정부를 대표하여 진보당을 합법적으로 등록하였던 것이다. 여기에 정당등록 행위의 성격은 정당의 합법성을 창설하는 형성 행위라고 할 수 없으나, 정부가 정당의 합법성을 확인하는 확인행위에 속한다고 해설하여야 할 것이다.

이와 같이 진보당의 공명한 결당 과정의 정치 행동을 정부가 시인 내지 묵인하여 왔고 정부기관인 공보실이 수개월의 심사를 거쳐서 그 합법성을 확인하였으니 이것은 곧 〈형법〉 제16조에서 "자기의 행위가 법령에 위반되지 아니한다고 오인한 것이 정당한 이유가 있는 때"라고 한 취지에 정면으로 부합하는 것이라 하겠다. 또한 원심판결은 〈헌법〉 제23조의 "모든 국민은 행위 시의 법률에 의하여 범죄를 구성하지 아니하는 행위에 대하여 소추를 받지 아니한다"는 취지와도 위반하는 것이니, 정부가 정당을 등록하여 합법성을 확인한 것이 〈헌법〉 제23조에서 법률이라 표시된 것에 부합되는 것은 물론 아니지마는, 정부를 위시하여 국가사회 일반이 진보당 결당 당시 이미 합법으로 공인한 것을, 하등 새로운 입법 조치가 있는 것이 아님에도 불구하고 처벌의 대상으로 한다는 것은, 확실히 동조(同條)의 입법 취지에 위배하는 것이다.

제5점 원심판결은 대법원 판례에 위반되고 있다(〈형사소송법〉 제383조 제2호 사유). 즉 원심은 본 피고인에 대한 판시 사실 (4)와의 관련 부분을 유죄로 인정한바, 동 사실의 요지는 진보당이 당세 확장을 목적으로 근민당 재남잔류파인 공소외 김성숙(金星淑) 등과 혁신세력통일준비위원회를 결성하였다는 것이나, 동 사건의 관련자인 공소외 김성숙(金星淑), 양재소, 김일우 등은 별도로 기소되어, 이미 제1심, 제2심은 물론 4291(1958)년 12월 16일 대법원 판결로 무죄가 확립된 바, 그와 표리일체가 된 동일 사건인 서상(敍上) 사실을 유죄로 판결한 것은 이 대법원 판례에 위반되며, 이타(爾他)의 진보당을 유죄로 한 전시 모든 원심판결은 또한 이 판례에 위배됨이 명백하다. 서상(敍上) 요컨대 원심은 민주주의의 기본 입각점의 몰이해와 더불어 〈국가보안법〉의 법의를 오해하여 하등의 증거 없이 본 피고인과 진보당을 유죄로 판결한 것이 명백하니, 1건 기록상 더 심의할 여지 없이 대법원은 의당 원심을 파기, 무죄를 자판(自判)하기 바란다

함에 있고

피고인 이명하의 상고이유는

대법관 제현에게 신의 은혜와 축복이 있기를 기원합니다. 금반 진보당사건의 〈국가보안법〉 위반 피고 본인의 사건에 대하야, 좌기(左記)와 여(如)히 상고취의를 진술케 됨을 관용하시기를 바랍니다. 먼저 본인의 신분부터 간략하게 설명하려고 합니다. 본인은 유시(幼時)로부터 기독교를 신봉하야, 거금(距今) 30여 년 일제 시에는 기독교청년문화운동과 수산업에 종사하였고, 8 · 15해방 후에는 즉시

조선청년동맹을 조직하여야 민족사상 계몽운동을 전개하다가, 공산당의 강제 해산 명령을 받고 또한 신변이 위험하여져 기년(其年) 10월에 월남하야 기독교청년전국연합회를 조직하야 교회 중심의 반공 활동을 하였고, 당시 회장인 김규식 박사(대한임시정부 부주석이며 현직 교회 장로)인 관계로 기후(其後) 그의 영도(領導)하는 민련에 참가한 일이 있을 뿐이며, 6 · 25사변에는 서울에서 구사일생하였고, 1 · 4후퇴 시에는 전 가족과 함께 남하하여 북에서 사대(四代)에 한 분인 형이 피살을 공산당에게 당하고 사경(死境)을 넘어 내려온 70 노부모와 함께 제주도로 피난하야, 4289(1956)년 복귀 시까지 4년간 제주도지사의 요청으로 도 구호위원과 피난민대표의 직에 있으면서, 당시 혼란 속에 있는 6만 반공 피난민을 위하여 심혈을 경주(傾注), 구호지도에 진력하였던 것입니다. 이는 당시 제주도지사, 대한적십자사 총재, 기독교 대표, 피난민 일동이 본인에게 표창 급(及) 감사장을 수여한 사실로도 증명되었음에도, 본인의 공소장 전문에는 전(全)히 사실무근의 조작기재를 한 것은 도의상 심히 유감으로 생각합니다.

1. 진보당 부간사장 겸 조직부장에 취임한 데 대하여, 진보당은 대한민국 헌법에 의하야 합법적으로 결성된 정당이며 그 강령, 정강정책, 당헌 등이 정부 공보실장을 통하야 승인, 등록된 공인된 정당임으로 실질적인 반공 구국운동과 정치적 혁신을 절감하야 조직운동에 참가하여 조곰도 불법한 일이 없었으며, 본인이 부간사장 겸 조직부장이 된 것은 당 간사인 윤길중 씨의 추천으로 중앙당 상무위원회 결의에 의하야 취임한 것입니다.

2. 지방당 조직에 대하여, 본인은 중앙당 조직부장의 직책으로, 당연히 지방당부를 조직하여야 됨으로 지방당부 결성을 진행하되, 각 해당 지방 당국의 합법적인 수속 절차를 밟아 허가를 얻은 연후에 조직 결성한 것이며 조금도 불법적으로 한 사실이 없고, 또한 지방당부 결성시마다 정체불명의 폭도들이 무법적으로 살인강도적인 폭행을 하였을 때, 본인과 동지들은 자중 인내하여 불상사가 생긴 일이 없으며, 또한 지방 당부 결성시마다 수십 명의 사찰경찰과 임석관 참석하에 결성하야 한 번도 위법된 일이 없으며, 진보당에는 공산당원이 없으며 또한 지금까지 경향(京鄕) 각지에서 진보당으로 인한 사건은 있은 일 없습니다.

3. 통일문제연구위원회에 대하여, 진보당의 통일문제연구위원회는 4289(1956)년 11월 10일 중앙당 결성된 것으로, 기후(其後) 4290(1957)년 9월경 위원 개편 시 위원장인 김기철 씨의 요청에 의하여 본인도 그때 위원이 되었고, 2, 3차 당 사무실에서 회합한 회의에서 어떤 통일안을 결의한 일은 없으며, 또한 당의 결의기관은 상집(常執) 중집(中執) 전당대회가 있을 뿐이며, 김기철 씨의 연구논문은 어데까지든지 그 개인의 사안으로 위원들에게 연구자료로 배부하였던 것뿐이며, 본인은 그 사안에 대하야도 아모리 애국적 심정으로의 연구 사안이라 하더라도 타인의 오해와 모략이 될 일은 삼가자고 이의를 한 일이 있을 뿐, 기외(其外) 전연 불법적인 행사를 한 일은 없습니다.

4. 국론통일행동협의체 구성에 대하여, 진보당의 평화통일 정책에 대하여 일부의 모해와 오해가 있음으로 이를 일소하고, 민주진영의 단결과 국론을 통일하야 공산당의 위장평화 공세를 분쇄하고, 반공 통일투쟁에 있어서 대한민국이 승리할 수 있도록 전 여야정당 사회단체가 일치단결하자고 호소한 국론통일행동협의체 구성의 제의를, 자유당, 민주당에 하였던 것인데 이는 진보당 간부회의에서 합의하야 당 위원장 명의로 하는데 본인도 찬동하였던 것입니다. 이는 그 제의(提議) 문면(文面)을 보면 본인 등의 진의와 반공 애국지정을 알 수 있음에도 불구하고, 이를 반대로 범의(犯意)로 생각한다면 이야말로 이적행위가 아닌가 하오며, 성서의 말씀과 같이 제 눈에 들보는 보지 못하고 형제의 눈에 없는 티를 찾아내려고 권력을 악용하야 선한 자의 청명한 눈을 상하려고 드는 것 같이 생각됩니다. 참으로 통탄을 금할 길이 없습니다.

이상과 같은 제 사실이 제1심(서울지법)에서 명백하게 공판에 심문 조사되어 무죄언도가 되었아오며, 본인은 진실로 〈국가보안법〉을 위반한 일도 없고, 위반하려고 생각하여 본 일도 없사옵니다. 현명하신 대법관님 여러분의 공명정대한 법으로 이를 밝혀주셔서, 이 나라를 위하야 애국지성을 다할 수 있도록 길을 열어주시기를 바랍니다. 원심의 부당한 판결에 대하야 자이(玆以) 상고취의서를 제출하오니 하람관용하시와 대법관님들의 명석한 선결(善決)을 빌어마지 않습니다 함에 있고

피고인 조봉암, 동 윤길중의 변호인 김봉춘의 상고이유는

1. 피고인 조봉암 및 윤길중의 〈국가보안법〉 위반의 점에 대하여

제1점 원심은 피고인 조봉암에 대한 판시 제(1)사실에 대하여는 〈국가보안법〉 제1조 1호 동 (2), (4), (5), (6) 사실에 대하여는 동법 제3조를, 피고인 윤길중에 대한 판시 제(1)사실에 대하여는 〈국가보안법〉 제1조 1호, 동 (2), (3)사실에 대하여는 동법 제3조를 각 적용하였으나, 이는 〈국가보안법〉의 법리를 오해하고 법령을 적용하였으며, 심리미진, 이유불비의 위법이 있다. 〈국가보안법〉 제1조에는 분명히 국헌을 위배하여 정부를 참칭하거나, 이에 부수하여 국가를 변란할 목적으로 결사를 함을 처벌하기로 되어있는바, 동법에서 국헌을 위배하여 정부를 참칭한다 함은, 우리 대한민국이 엄연히 국제적 승인을 받고 유일한 합법적인 정부로 존재함에도 불구하고, 북한의 역도들이 소위 조선인민공화국을 참칭하고 있으니 이것을 지칭함이요, 이 괴뢰정부에 부수하여 그 배경 기초를 형성하고 있는 공산도당을, 그 후단(後段)에서 국가를 변란할 목적으로 구성된 집단으로 지목한 것이다. 즉 〈국가보안법〉의 목적은, 정부를 참칭한 북한의 소위 인민공화국과 그리고 이에 부수하여 그 배경 조직이 되는 공산집단을 처벌의 대상으로 한 것이며, 이에 국가를 변란할 목적이라 함은 국가기관을 폭력적 비합법적 방법으로 전복시킴을 의미한다는 것은, 동법의 취조로 보나 〈형법〉 제91조 내란죄의 규정에서 국헌을 문란할 목적이라는 법률적 정의로 미루어보아 명약관화한 것이다. 북한 괴뢰정권이나 그에 부수된 공산집단이 대한민국과 양립할 수 없는 폭력적 비합법적 존재라 함은, 〈국가보안법〉 제정 취지와 더불어 명확한 것으로 이러한 입법 목적과 국가변란의 취지를 이탈하여 합법적으로 등록된 진보당을 공산집단과 동일한 형태로 인정하여 범죄의 대상으로 취급할 수는 없는 것이고, 진보당이 괴뢰정권의 배경 조직으로 그에 부수하였다던가, 진보당이 폭력적 비합법적으로 대한민국 정부를 전복할 목적하에 조직되었다는 점을 심리 판단함이 없이, 막연히 진보당의 강령정책이나 진보당에 속하는 개인의 논문이 정부의 방침에 어긋난다는 사실만으로, 〈국가보안법〉의 범죄 구성 요건의 충족을 다루고 있는 형사 문제를 관련시킬 수는 없는 것이다.

피고인 조봉암 및 윤길중의 판시 제(1)사실은, 피고인 등이 국헌에 위배하여 정부를 참칭하는 북한 괴뢰집단에 부수하여 국가를 변란할 목적으로, (가) '우리는 노동자 농민을 중심으로 하는 광범한 근로대중(피해대중)을 대표하는 주체적 선진적 정치적 집결체이며 변혁적 주체적 세력의 적극적 실천에 의하여 자본주의를 지양하고 착취 없는 복지사회를 건설하여야 한다'는 지(旨)의 혁신정치의 실현, (나) '우리는 자유민주주의를 폐기 지양하고 주요 산업과 대기업의 국유 내지 국영을 위시로 급속한 경제건설 사회적 생산력의 제고 및 사회적 생산물의 공정 분배를 완수하기 위하여 계획과 통제의 제 원칙을 실천하여야 한다'는 지(旨)의 수탈 없는 경제체제의 확립, (다) '우리는 남북한에서 평화통일을 저해하는 요소를 견제하고 진보당 세력의 주도권 장악하에 피를 흘리지 않는 평화적 방식으로 조국의 통일을 실현한다'는 지(旨)의 평화통일의 실현 등을 강령정책으로 하는 진보당을 조직하였다는데 있는바(판결서 제30정 5행 말~동 31정 3행), 그렇다면 진보당의 강령정책이, 〈국가보안법〉 제1조가 요구하는바 괴뢰집단에 부수하였거나 국가변란의 목적에 비추워 무슨 음모를 하였다거나 어떠한 방법으로 국가변란의 실행행위를 하였다는 범죄 구성과 관련되는 구체적인 사실을 지적하여야 함에도 불구하고, 본 건에 있어서는 이러한 범죄 구성 요건과는 하등 관계없는 강령정책 문제만이 심리된 것은 정치적 문제와 형사 문제를 혼동한 것으로, 국민의 정치활동의 자유를 침탈하여 정당의 정책을 국민 자신의 지지 여부에 물어보지도 않고 범죄로 다스린 것이다.

진보당의 강령에는 분명히 혁신정치의 실현으로 "우리는 공산독재는 물론 자본가와 부패분자의 독재도 이를 배격하고 진정한 민주주의 체제를 확립하여 책임 있는 혁신정치의 실현을 기한다"[증 제2호(강령 2호) 15정 3행~동 4행], 수탈 없는 경제체제의 확립으로 "우리는 생산분배의 합리적 계획으로 민족자본의 육성과 농민 노동자 모든 문화인 및 봉급생활자의 생활권을 확보하여 조국의 번영을 기한다"[동 (강령 3호) 15정 5행~동 6행], 평화통일의 실현으로 "우리는 안으로 민주세력의 대동단결을 추진하고 밖으로 민주우방과 긴밀히 제휴하여 민주세력의 결정적 승리를 얻을 수 있는 평화적 방식에 의한 조국통일의 실현을 기한다"[동 (강령 4호) 15정 7행~동 9행]라고 되어 있음에도 불구하고, 원심은 그 판시 사실로서 강령 중 2, 3, 4호를 전기 (가), (나), (다)와 같이 왜곡 판시하는 위법을 자행하고 있으며, 또한 진보당의 강령정책 자체가 괴뢰집단에 부수하여 국가를 변란할 목적이 있는 것으로 판단하였으나, 진보당은 전기 강령 외에 정책에 있어서도 "조국의 평화통일을 파괴한 책임은 6·25의 죄과를 범한 북한 공산집단에게 있다. 그들의 반성과 책임 규명은 평화통일의 선행조건이 아닐 수 없다"[증 제2호(정책) 제61정 8행~동 10행]고 강조되어 있을 뿐만 아니라, 다시금 "우리는 조국의 평화통일방안이 결코 대한민국을 부인하거나 말살하는 데 있지 아니하고 도리혀 그것을 육성하고 혁신하고 진실로 민주화하는 데 있음을 확신한다"[동 (정책) 제62정 2행~동 3행]라고 하였고, "국제정세의 진운에 발맞추어 제 우방과 긴밀한 협조하에 UN을 통한 민주적이고 평화적인 조국통일의 구체적 방안을 책정하려는 것이다. 민주주의적 승리에 의한 조국의 평화적 통일 이것만이 우리의 유일한 길이다"[동 (정책) 제62정 5행~동 7행]라고 하였으며, 또한 동 강령 전문에는 "우리 당이 권력을 장악하게 될 때에는 우리는 우선 대한민국 헌법의 규정과 정신을 소생시켜 광범한 민중에게 민주주의적 제 자유를 보장하여 주려고 한다"[증 제2호(강령 전문) 55정 2행~동 3행]라고 한바, 그 강령정책의 어느 구절이 대한민국을 부인하거나 변란할 목적이 있다는 것을 심리 판단함이 없이, 조봉암 피고의 「평화통일에의 길」이라는 논문을 지적하고 있는 것이다.

조봉암은 그 논문의 서두에서 말하기를 "진보당에서 남북통일의 민족적 과업을 수행하는 방안으로서 정치적 평화통일을 주장하여 온 이래로, 국민의 절대적인 지지를 받았으나, 일부에서는 고의로 이 주장을 곡해 또는 모략함으로써 그 실현을 방해하려고 하는 경향도 없지 않으므로, 이 문제에 대한 일부 인사의 오해를 푸는 동시에 우리들의 주장의 정당성을 해명하여 모든 국민의 지지를 얻음으로써, 조속한 시일 내에 우리들의 숙원인 민주주의 승리에 의한 남북통일의 성업을 이룩하는 데 기여하고자 한다"[증 제1호(『중앙정치』 10월호) 제46정 1단 1행~동 20행]라고 하였다. 이 논문의 주요 목적은 UN 결의와 '제네바 14개 조항'에 입각한 진보당의 정치적인 평화정책을 문헌에 의하여 학술적으로 고찰한 것으로, "진보당도 전쟁을 부인하는 것이 아니고 국가적, 민족적 요청으로 필요하다고 인정하는 때에는, 전쟁의 수단에 의하여야 한다"(동 4정 2단 28행~동 29행)고 하였으며, "예전 성현의 말씀과 같이 나라를 평화롭게 하는 데 있어서 간과를 잡는다는 것은, 만부득이한 경우에 최하책이라고 한 것과 마찬가지로 할 수만 있다면, 피를 흘리는 것을 피하고 평화적인 방법으로 해야 된다는 것은 인정과 도의일 뿐만 아니라 정치적인 상식이다"(동 14정 2단 2행~동 8행), "세계정세를 이해할 줄 알고 판단할 줄 아는 이는, 휴전협정 이후 1954년 제네바회담 때부터 우리나라를 통일함에 있어서는 정치적, 평화적 방법에 의할 수밖에 없다는 것을 알았을 것"이라고(동 14정 2단 19행~동 22행) 하였다. 그 구체적인 통일방안에 있어서는, "우리 대한민국은 대한민국의 입장에서 국가 민족의 백년대계를 위하여 우리가 더 자유롭고 행복스럽게 살기 위한 모든 방안을 연구하고 모색해 왔으며, 이 문제는 너무나도 중대한 문제이기 때문에 누구나 경솔히 말할 수 없으며, 정부 당국과 모든 정당 정파가 협의하고 정부를 지도하고 편달해서 최선의 안을 연구해야 한다"(동 14정 2단 24행~동 29행, 동 14정 3단 30행~동 37행)라 하였으며, 이어 "통일을 꼭 하여야 하나 민주주의가 승리할 수 있는 방법이래야 한다"(동 14정 2단 23행~동 25행)라고 하였다.

조 피고는 그의 논문에서 지적하기를, 우리 민족이 통일되어야 한다는 이유로써, "첫째, 우리 민족은 단일민족이라는 사실과 둘째, 농업중심지인 남한과 공업중심지인 북한은 민족의 생존상 분리될 수 없다는 사실, 셋째, 미소 양대진영의 제1선으로써 한국의 평화는 전 세계 인류의 평화를 가져 온다는 것"을 강조하였으며(동 5정 1단 17행~동 3단 말행), 지금까지 통일이 되지 않고 있는 이유로서는 "8 · 15해방을 우리의 힘으로 쟁취하지 못하였다는 사실 그것이였으며(동 6정 1단 1행~동 30행), 통일을 성취할 수 있는 방법으로서는 우리 자신의 역량을 기름과 동시에, 통일을 위한 노력과 투쟁이 필요하다"고 하였다(동 6정 2단 18행~동 30행). 그리고 무력통일이 불가능하다는 절대적인 이유로서, 첫째, 자신의 군사력을 과신하고 불법 남침한 괴뢰집단의 예로서 반증하였고, 둘째, 한국의 평화적 통일을 위한 UN의 노력과 권위를 들었으며, 셋째, 한미상호방위협정의 법적 효력을 설명하였고, 넷째, 무력적인 방법에 의한 한국의 통일은 곧 세계전쟁을 유발할 가능성이 있음을 지적한 다음(동 6정 3단 22행~동 8정 1단 31행), 지금까지 시도한 바 있는 몇 가지 통일방안을 설명함에 있어서, 첫째, UN 감시하의 북한만의 선거안,

둘째, 협상에 의한 연립정부안, 셋째, 중립화안, 넷째, 중립국 감시안, 다섯째, UN 감시하의 남북통일 총선거안 등이 있는바, 이러한 여러 안 중에서 첫째 안은 우리 국회에서 결의된 안이고, 둘째 안은 이북 괴뢰 측 안이며, 셋째, 넷째 안은 중립국 측 안이고, 다섯째 안이 누누이 말해 온 바와 같이 UN 총회에서 결의된 안이다. 그런즉 우리들 입장에서 볼 때에, 둘째, 넷째 안은 우리 대한민국과 이북 괴뢰를 동일 정부로 인정되는 데서부터 논의된 것이기 때문에, 우리 대한민국으로서는 전혀 상대할 수 없는 안인 것이고, 또 셋째 안도 지금 우리가 통일을 하기는 해야 하되 민주적 승리에 의한 통일을 염원하기 때문에 개념적 유희를 일삼을 수 없으니, 그 역시 문제 할 것이 못 된다.

그럼 첫째 안은 어떠한가. 물론 우리 대한민국으로서는 마땅히 UN에 향해서 싸울 수 있는 안이기도 하나, UN 감시하에서 대한민국이 수립되었고 UN의 승인을 얻어 합법적인 정부가 되었으니 이제는 UN의 권위를 세워 가지고 북한에도 선거를 시켜서 우리 국회에 남은 100석의 의석을 채우게만 하면 되는 것이다. 물론 당연한 논리이다. 그러나 이것은 한 개의 통일안으로서는 국제적으로 편협된 것이라 인정되어, UN 각국에서 적극적으로 추진하는 나라가 없기 때문에 실현성이 희박하지 않을까 생각되며, 또 나 개인의 생각으로는 북한만의 선거가 실시케 되었다고 가정할 때 현재 북한의 실정으로 보아서 완전한 자유 분위기가 조성될 수 없으리라고 볼 때, 선거 결과는 공산주의자 100명이 국회에 진출할 위험성이 있는 것이다. 그런 관점에서 볼 때에 북한만의 선거가 제일 좋은 것이라고 할 수 없는 것이고, 그보다는 차라리 진정한 민주적 환경을 만드러 놓고 선거하는 경우라면, 우리 대한민국 내에서는 물론이러니와 이북에서도 민주주의자의 다수가 민중의 지지를 받아서 당선케 될 것이므로, 그렇게 되는 것이 공산당원 100명을 국회에 갖다 놓는 것보다는 옳은 일일 것이며, 또 우리들이 승리할 수 있는 길이 아닌가고도 생각되는 것이다.

그러니 다섯째 안 즉 UN의 결의와 같이 우리 대한민국이 이북 괴뢰와 동등한 위치에 서서 동일한 시에 선거가 실시한다는 것은 오불유쾌 하기는 하지만, 기왕에도 UN 감시하에서 몇 번씩이나 선거를 해왔으니 또 한 번 한다고 해서 그게 그렇게 나쁠 것도 없을 것 같다. 오히려 그렇게 되는 것이 북한에서만 맡겨서 하는 것보다는 더 좋은 결과를 초래하리라는 것도 고려되는 것이다. 나는 거듭 말하거니와 이것이 중대한 국가적인 외교문제이니만큼 현행 정부의 주장과 정면충돌이 되어서 조끔이라도 나라에 해를 끼칠 염려가 있을까 저어해서, 현행 정부에서 제기하고 있는 문제 이외의 구체적인 안은 공개하기를 사양하기로 하겠다. 이는 국민으로서의 도의요, 정치적인 상식이라고 믿기 때문이다. 그래서 나는 수삼 년 전부터 이 문제에 대하여 이 대통령을 비롯한 국내 모든 정치가들에게 구체적인 호소를 한 바 있었다.[졸저 「우리의 당면과업」을 참조(증 제 호)] 즉 "우리 대한민국 안에 있어서의 모든 민주주의 진영 정치가들이, 이 통일문제에 대한 통일안의 계획을 요구하고, 또 그것이 실시되는 경우에는 강력한 연합전선을 구성해서 대공투쟁에 있어서의 승리를 도모하자는 것을 통절히 호소한 바가 있다. 이번에도 이 기회에 거듭 말하고자 하는 것은, 그야말로 공염불을 집어치우고 우리의 이 통일문제가 정치적으로 해결 되는 경우에 있어서의 민주주의의 승리를 보장하는 길로, 모든 정치인들의 생각이 돌아가기를 나는 다시 한번 간절한 마음으로 호소해 마지않는 바이다"(동 11정 1단 6행~동 12정 1단 27행)라고 한 바, 이 논문에 있어서 조 피고는 다섯 가지 통일안 중 UN의 통일안을 지지 설명함에 있어서, "다섯째 안, 즉 UN의 결의와 같이 우리 대한민국이 이북 괴뢰와 동등한 위치에 서서 동일한 시간에 선거가 실시된다는 것은 오불유쾌하기는 하지만…"(동 11정 2단 31행~동 34행) 운운으로 UN의 결의가 그렇다는 것이며, 조 피고는 단지 현 국제정세하에 통일을 조속히 하자면, 다섯 개 안 중 UN의 결의안이 다소 불유쾌하기는 하지만 가장 적합하지 않을가 하는 자기의 견해를 말하였을 뿐이며, 그것이 조 피고의 창안이 아니라는 것은 문면상 명백할뿐더러 이와 같은 사실은 자유, 민주 양당에 제의한 '국토통일 추진을 위한 행동통일체 구성에 관한 제의'(증 제12호)에 의하여도 의심의 여지 없으며,

조 피고는 이어 진보당의 평화통일방안에 대한 일부의 곡해에 대하여, 첫째, 우리가 평화적 방법에 의한 통일을 해야겠다는 것이 이북 괴뢰들과 때를 같이 하고 있으니 이적행위가 된다는 문제이다. 그러나 이북 괴뢰들은 민족자주독립을 열렬히 주장하고 신탁통치를 반대하다가 모스크바의 지령이 내리니까 하룻밤 사

이에 신탁통치를 지지한 바 있었고, 또 그들은 6·25사변 직전에 남북교역을 주장하고, 주요 인물의 교환을 주장하다가 6월 25일에는 야만적인 동족상쟁의 남침을 감행했던 것이다. 그 남침이 실패되자 또다시 그들은 모스크바의 지령을 받고, 이번에는 평화통일을 들고 나왔다. 그런즉 그들은 민족적인 이해도, 또는 사람으로서의 체면도, 아무것도 없는 것이다. 단순히 그들은 소련의 괴뢰일 뿐이다. 소련의 지시라면, 오늘 평화통일을 말하다가도 내일은 남침을 할 것이다. 그러니 그들이야 뭐라고 말하든지 우리로서는 하나도 개의할 바 못된다.

그러하거늘 평화통일이라는 문구상의 우연한 일치만을 가지고 남을 모함하려는 심리를 우리는 이해하기가 곤란하다. 저자들은 모스크바의 지령에 의해서, 저희들의 필요에 의해서, 평화통일을 떠드는 것이고, 우리는 우리대로 우리 민족의 절박한 요구와 국제적 정치정세에 당연한 귀추로서의 정치적 주장인 평화통일론을, 어째서 꼭 같이 보려고 하며 같지 않는 것을 같다고 고집하고 싶은가 말이다. 공산괴뢰가 먹는 '밥'을 '밥'이라고 한다면, 우리가 먹는 '밥'을 '밥'이라고 아니해야 한단 말인가. 공산괴뢰가 통일하기를 원한다고 떠들면, 우리는 통일을 원치 않는다고 해야겠단 말인가. 우리는 정치인 간에나, 정당 간에나, 정치적인 견해는 달리할 수도 있고, 따라서 정치적 주장이나 정책이 각각 다를 수도 있는 것이다. 그러니만치 평화통일론을 반대할 수도 있고, 무력통일론을 주장할 수도 있는 것이다. 그러나 남의 주장을 일부러 왜곡해서 아닌 것을 그렇다고 해서까지 상대편을 비난과 모략으로써 해치려고 하는 것은 아무리 생각해도 옳은 정치인의 태도는 아니다.

또 일부 논자는 특히 의정 단상에서까지, 평화적 방법에 의한 국토통일의 주장을 무슨 국시(國是)에 반하는 역적 행위라도 되는 것처럼 말하면서, 우리 대한민국에서 주장하는 북한만의 선거가 절대적으로 옳은 것이라고 강조한 사람이 있으니, 도대체 그는 북한만의 선거를 해서 통일한다는 방안이 무력에 의해서 통일하겠다는 방안인지, 평화적으로 통일하겠다는 안인지를 구별조차 못하는 사람 같다. 북한만의 선거를 실시하자는 것도 확실히 평화적 방법에 의한 통일방안이라는 것을 가르쳐 주어야 될 것 같다. 우리는 앞에서도 말한 바와 같이, 북한만을

UN 감시하에 선거해서 우리 대한민국 국회에 남은 의석을 채우게 하고, 그렇게 되는 것으로써 통일이 성취되는 것이라면 결코 반대하는 사람이 아니다. 그러나 그렇게 되는 경우에 있어서 그 선거의 결과가 공산당원 100명을 우리 국회에 들여놓을 수도 있다는 것을 상상조차 하지 못하면서 그러한 문제를 함부로 논의하는 사람들의 태도를 나는 섭섭하게 생각치 않을 수 없다. 일부 보수당에서 주장하는 바와 같이, 의연히 북진통일만이 유일한 길이라고 하는 사람이라면 몰라도, 그렇지 않고 단순히 북한만의 선거라든지 또는 제네바회의에서의 전체 주장 같은 것에 공명하는 이는, 그도 국토통일에 있어서의 평화적 방법론임을 깨달아야 한다는 것을 거듭 강조하고 싶다.

그런즉 그 구체적인 방안을 우리들이 여러 가지로 모안(模案)해서 우리 민족에게 가장 유리할 수 있는 안을 내서 그 실천을 위해 노력하고 투쟁하자는 데야 재론할 여지가 없지 않은가. 또 일부 논자들은 평화통일론자가 국방을 무시하고 군의 사기를 저상(沮喪)시키는 것이니 공산당과 일맥상통하는 것이기 때문에 이적행위가 되는 것이라고 떠드는 사람도 있다. 그러나 그것은 전혀 근거 없는 오해이며 단순한 정치상의 모략에 지나지 않은 말이다. 우리는 결코 국방을 소홀히 해야 한다는 것을 말한 적이 없을 뿐 아니라, 오히려 국방에 충실할 것을 기대하며 노력하고 있다. 모든 국민에게는 국민으로서의 당연한 의무인 병역에 당(当)할 것과 나라를 위하여 봉사하고 희생되기까지라도 주저해서는 안될 것이라는 것을 어느 누구에게도 뒤떨어지지 않게 강조해 왔다. 우리들은 그런 모략을 받을 리가 조금도 없다.

또 일부에서는 "진보당의 평화통일론은, 전면전쟁이 일어나서 전 민주진영이 공동 북진을 하는 경우가 있더라도 그것을 반대하는 것이냐"고 가상적인 질문을 하는 이도 있는 듯하나, 그것은 도대체 말이 안된다. 민주진영이 선수를 써서 전쟁을 일으킬 리도 없거니와 또한 그래서는 안될 것이며, 더욱이 전 인류의 멸망을 예상하는 원자전쟁이 이 땅에서 일어나지 않도록 우리는 노력해야 한다는 것이다. 물론 국가민족에게 유익하고, 전 국민이 원하고, 또 인도와 정의에 입각하여 모든 민주진영 국가들이 침략자의 응징에 나서는 전쟁이라고 하면, 그 누가 반대할 자가 있을 것이냐. 우리는 그러한 경우라면 누구보다도 한걸음 앞서서 행동할 것이다. 또 일부 사람들은 이 평화통일론과는 달리 우리 진보당을 중상하고 모략하기 위해서, 우리 진보당이 주장하고 있는 '피해대중은 단결하라'는 표어를 가리켜 맑스의 계급투쟁론이라 하며, 또 그것은 6·25사변 당시에 부역 행위를 한 가족을 가리켜 하는 말이라는 등의 터무니 없는 방담(放談)으로써 모략하는 자가 있는데, 참말 가소로운 일이라고 아니할 수 없다. 우리 진보당에서는 맑스주의를 생각하는 사람도 없고 또 그런 것을 주장하는 사람도 없다.

따라서 우리 진보당은 어떠한 계급정당이 아니고, 국민대중의 정당인 것을 거듭 밝혀왔던 것이다. 우리 진보당에서 피해대중이라 함은 "공산침략군에 의하여 민족의 다수가 생명 재산의 피해를 입었다는 것과 우리나라의 정치적 현실로 보아 일부 특권적인 특혜적인 몇몇 사람은 잘 살 수도 있고 거부(巨富)도 되어있지마는, 그러한 특권층 때문에 국민대중이 사실상으로 대중적인 수탈을 당하는 엄연한 현실에 입각해서, 그 대중적인 수탈을 당하는 국민대중을 가리켜 이르는 말이다"[증 제1호 『중앙정치』 10월호 12정 2단 30행~13정 3단 13행]라고, 진보당의 평화통일 정책이 UN 노선에 입각하였음을 밝힌 것이다.

또한 「제네바회담과 조국의 평화통일」이란 제목하의 김기철 피고의 논문도(증 제33호),

(1) 서론으로부터 시작하여,

(2) 중요 제안에 대한 검토라고 하고(1~24정), (가) 북한 집단의 3개조 제안(35~62정), (나) UN이 주장하는 1950년 10월 17일 UN총회 결의(63~68정), (다) 영국 대표의 5개조 원칙 제안(68~75정), (라) 한국의 14개조 제안(76~82정), (마) 소련 대표의 5개조 원칙 제안(83~91정), (바) 불국(佛國) 대표의 5개조 원칙 제안(91~95정), (사) 북한집단 대표의 6개조 제안(95~106정), (아) 참전 16개국 공동선언(107~116정),

(3) 회담과 우리의 견해(117~120정), (A) 회담의 전반적 동향에 대한 비판(121~129정), (B) 중요 논쟁점에 대한 우리의 견해(129~131정), (가) 6·25사변 도발 책임의 소재(131~135정), (나) UN의 권위와 집단안보군(集團安保

軍) 그리고 민족자결원칙에 대하여(135~145정), (다) 통한(統韓) 선거 주관은 UN이냐, 전한위(全韓委)냐(145~155정), (라) UN 감시하의 북한만의 선거 주장(156~162정), (마) 선거 자유분위기 문제(162~164정), (바) 평화보장은 UN이냐 강대국이냐(174~167정), (사) 외국군 철병 문제에 대하여(167~170정),

(4) '남북 평화통일 선거원칙에의 건의'라고 하고 '북한당국의 평화공세에 대한 진보당의 선언문 초안'의 순서로 구성되어 있는 것이다(171~184정).

강의의 형식으로 되어있는 동 논문은 그 서두에서 "1953년 7월 27일의 소위 휴전협정은 우리 민족의 치욕이며 세계의 비극"이라고 하였고, 1954년 5월 22일 제네바회담 시까지 국제회의에서 논의된 한국의 통일문제에 대하여 사적으로 고찰하였고(1~32정), 서론에 이어 (2)에서 제네바회담에서 제기된 각국의 제안을 중심으로 찬부 양론을 소개하였으며(33~116정), (3)에서는 동 회의에 관한 공산 측의 무성의함을 공박하고, 그들은 평화통일의 의사도 없이 회담을 선전적 술책으로 이용하고 있다고 단정한 다음, 우리 대표가 여사한 공산 측의 허위발언을 근본적으로 봉쇄하지 못하였음으로 논란하였으며, 북한 집단의 위선적 행위는 민족에 대한 반역과 조국의 분할이라는 2중의 죄악을 범하는 소행이라고 하였고, 또한 김(金) 피고는 동 논문에서 공산 측의 행위는 세계평화의 지주인 UN의 권위에 대한 전면적인 도전이라고 하고, 한국의 평화를 이룩하는 방법으로서는 공산 측의 여사한 도전행위를 철회하는 데 있다고 한 것이다. 따라서 우리의 견해를 확립하는 것은, 4면에서 진보당의 평화정책을 마치 북한 괴뢰와 통하고 있는 듯이 모략중상하는 것을 분쇄하고, 북한 괴뢰의 평화공세에 대항하며 나아가서는 우리의 우위성을 개척하는 것이라고 결론을 지은 것이다(117~170정).

이와 같은 논문의 전 취지를 종합하여 볼 때에, 선언문 초안에 다소 우리의 신경을 자극하는 구절이 있다고 하여 그것이 곧 공산도당에 부수하였거나, 국가변란의 의사에서 행한 것이라고 할 수 없으며, 도리어 이 논문은 우리 민족에게 절실한 통일문제를 취급함에 있어서 많은 자료를 수집하고 심각하게 연구한 것으로, 어디에다 발표하여도 손색이 없을 정도로 학문적인 가치가 있는 것이다. 설혹 당 위원장이나 간부가 쓴 논문이 불법하다고 가정하더라도, 그것은 개인에 국한된 문제로 정치적인 영향이 당에 미침은 모르되 형사책임이 당 전체에 미칠 수 없다는 것은, 형사법학의 초보적인 원리인 것이며, 공개리에 추진되고 법의 엄격한 감시하에 결당이 되어 정부에 합법적으로 등록된 정당의 강령정책은, 그 당시에 이미 합헌적이라는 공인을 받은 것임으로, 불법화되기 이전의 공개된 사실을 〈국가보안법〉 제1조 위반으로 처벌할 수는 없는 것이다. 따라서 진보당은 폭력적인 방법에 의하지 않고 평화적 민주적 선거의 방법으로 강령정책을 실천하려는 결사임으로, 〈국가보안법〉 제1조 소정의 불법 결사가 아니라는 주장에 대하여, 원심은 "동 법조의 규정은 결사의 목적을 달성하려는 방법이 폭력적 혁명의 방법이든 평화적 민주적 선거의 방법이든 가리지 않는다"고 판시하였음은(판결서 99정 11행 100정 2행), 민주주의의 기초이념을 무시하고 〈국가보안법〉의 법리를 오해한 것이며, 당의 강령정책이나 당 간부 개인의 논문만으로 당을 불법 결사로 규정하고, 북한 괴뢰에 부수하여 국가를 변란할 목적이 있었다고 판시하였음은, 심리미진, 이유불비의 위법이 있다.

제2점 원심은 증거에 의하지 아니하고 사실을 인정한 위법이 있다. 피고인 조봉암 및 윤길중에 대한 판시 제(1) 사실은, 피고인 등이 국헌에 위배하여 정부를 참칭하는 북한 괴뢰집단에 부수하여 국가를 변란할 목적으로, (가) 혁신정치의 실현 (나) 수탈 없는 경제체제의 확립 (다) 평화통일의 실현 등을 강령정책으로 진보당을 조직하고, 피고인 조봉암은 수괴인 중앙당 위원장에, 피고인 윤길중은 동 간부에 각 취임하였다는 데 있는바, 제1점에서 이미 지적한 바와 여(如)히(8정 7행~12정 3행), 진보당의 강령 제2호에는 혁신정치의 실현으로 "우리는 공산독재는 물론 자본가와 부패분자의 독재도 이를 배격하고, 진정한 민주주의 체제를 확립하여 책임 있는 혁신정치의 실현을 기한다"(증 제2호 15정 3행~동 4행). 동 3호에는 수탈 없는 경제체제의 확립으로, "우리는 생산분배의 합리적 계획으로 민족자본의 육성과 농민, 노동자, 모든 문화인 및 봉급생활자의 생활권을 확보하여, 조국의 부흥번영을 기한다"(증 제2호 15정 5행~동 6행), 동 4호에는 평화통일의 실현으로, "우리는 안으로 민주세력의 대동단결을 추진하고 밖으로 민주우방과 긴밀히 제휴하여, 민주세력의 결정적 승리를 얻을 수 있는 평화적 방식에 의한 조국통일의 실현을 기한다"(증 제2호 15정 7행~동 9행)는데 있은 즉, 동 강령 자체가 범죄가 될 수 없음은 물론인바 원심은, 동 판시내용에 전기(前記) 진보당의 강령을 왜곡 기재하여 사실을 그릇 판시하였을 뿐 아니라, '평화통일의 실현'을 제외한, '혁신정치의 실현', '수탈 없는 경제체제의 확립' 등은 검사가 심판을 구하지 아니한 사실을 판단한 위법이 있으며, 그중 문제의 통일방안에 있어서는 우리가 생각할 수 있는 것으로, UN 감시하의 북한만의 선거안, 제네바 14개 조항, UN 감시하의 남북 자유선거안 등인 것인바, 그 어느 것을 주장하든 간에 평화통일방안임에는 이론(異論)이 없을 것이나, 단지 그것을 실현하는 방법이 헌법과 법률의 절차에 의할 것이냐의 여부에 따라 국헌에 위배 되는 여부가 결정될 문제라고 할 것이며(형법 제91조 참조), 전기 제1점에서 이미 구체적으로 지적한 바와 여(如)히(12정 8행~34정 4행) 진보당의 평화통일방안이 여러 가지 방안 중 UN의 결의에 의거한 것이라는 것을 누누이 설명한 바 있다.

진보당은 그 통일정책에서, "우리 자신이 대한민국의 정치권력을 획득해야 하며 그런 연후에 국제정세의 진운에 말맞추어 제 우방과의 긴밀한 협조하에 UN을 통한 민주적이고 평화적인 조국통일의 구체적 방안을 책정하려는 것이다"[증 제2호(정책) 제62정 4행~동 6행]라고 한 바와 여(如)히, 진보당이 정치권력을 획득하지 않는 한 평화통일이란 원칙 문제 이외에 그 구체적인 방안이 있을 수 없는 것으로, 이러한 진보당의 추상적인 통일방안이 국가변란을 목적으로 하는 북한 괴뢰집단의 위장 평화공세와 야합하였는가의 여부에 대하여는, 원래 진보당의 창당과정은 4288(1955)년 광릉에서 조봉암, 서상일, 장건상 등 20여 명이 회합하여 신당 조직에 관한 대체적 협의가 있은 후, 동년 10월 24일 대관원 회합에서 신당조직의 3대 원칙을 수립함과 동시에 가칭 진보당발기준비위원회를 결성하여, 동 발기준비에 대한 취지문 및 강령 초안 작성을 한 후 동년 12월 22일 동 조봉암 서상일 외 9명의 대표 명의로 가칭 진보당 발기 취지를 발표하였고,

4289(1956)년 1월 12일 다시 가칭 진보당준비주비추진위원회를 설치하고, 동년 3월 31일 가칭 진보당추진대표자회의를 거처 동년 11월 10일 동 결성에 이르렀던 바, 평화통일원칙 자체는 우(右) 대관원 회합 당시에 이미 (1) 혁신세력의 규합, (2) 계획성 있는 경제정책의 구현과 함께 민주주의 승리 하(下) 평화적 남북통일

이란 신당조직 원칙이 세워졌으며, 우(右) 대관원 회합 후 윤길중 피고가 가칭 진보당발기준비주비위원회 의안부 책임자로서 초안한 4개 항목의 강령 초안의 한 항목으로서, "우리는 안으로 민주세력의 대동단결을 추진하고, 밖으로 민주우방과 긴밀히 제휴하여 민주세력이 결정적 승리를 기할 수 있는 방식에 의한 조국통일의 실천을 기한다"는 방식으로 표현되었으며, 기후(其後)는 의안위원회에 의하여 평화적 통일이란 구절로 수정되었고, 그 후 그것이 기초가 되어서 가칭 진보당추진준비위원회 의안부 책임자 신도성에 의하여, 진보당 결당 시 동당 정책으로 채택된 것인바, 동 평화통일의 원칙은 그 최초부터 어느 개인의 주장에 의하여 채택된 것이 아니고, 서상일 등 그 당시의 회합 인원의 공통된 분위기 속에서 나온 원칙이란 사실을 인정할 수 있을 뿐만 아니라(1심 제8회 공판조서 중 윤길중의 진술 부분) (기록 제4307정6행~4315정 11행) 조서 중

증인 신도성의 증언 기재 부분(기록 제4635정 11행~동 466정 3행), 진보당의 선언, 강령정책(증 제2호)과 국토통일추진에 관한 제의(증 제12호) 및 피고인 김기철의 원고(증 제33호) 등의 전(全) 기재 내용 등에 의하면, 진보당의 통일방안이 북한 괴뢰집단이 주장하는 위장된 평화통일과는 판이하다는 것을 인정할 수 있을 뿐 외(外)라. 정책 중 진보당이 주장하는 평화통일의 구호는 민주세력이 결정적 승리를 얻을 수 있는 평화통일이며, 또한 조국의 평화적 통일을 파괴한 책임은 6·25의 죄과를 범한 북한 공산집단에게 있다고 단정하고, 조국의 평화적 통일방안이 결코 대한민국을 부인하거나 말살하는 데 있지 아니하고, 도리어 그것을 육성하고, 혁신하고, 진실로 민주화하는 데 있다고 하였고, 국제정세의 진운(進運)에 발맞추어 제 우방과의 긴밀한 협조하에 UN을 통한 민주적이고 평화적인 조국통일방안을 책정하고, 민주주의 승리에 의한 조국이 통일을 이룩한다(증 제2호 61정 1행~동 62정 7행)고 기재되어 있고,

또한 진보당이 북한 괴뢰와 야합하여 국가를 변란할 목적으로 평화통일을 정책으로 한 것이 아니라는 것은, 검찰 이래 원심에 이르기까지의 관계, 각 피고인 등의 진술과 증인 등의 진술에 의할지라도 명백하며, 원심 제2회 공판조서 중 피고인 전원의 진술 부분(5513정 4행~동 5514정 말행), 피고인 박기출의 진술 부분

(동 5524정 이면 6행~5525정 7행), 피고인 김달호의 진술 부분(동 5534정 이면 1행~동 말행), 피고인 윤길중의 진술 부분(동 5541정 4행~5542정 6행, 동 5547정 3행~동 이면 8행), 피고인 조규택의 진술 부분(동 5548정 이면 1행~5550정 1행), 피고인 조규희의 진술 부분(동 5551정 이면 2행~5552정 7행), 피고인 신창균의 진술 부분(동 5555정 이면 8행~5557정 2행, 동 5558정 3행~동 10행), 피고인 김기철의 진술 부분(동 5561정 12행~5564정 9행, 동 5564정 이면 7행~5565정 2행), 피고인 김병휘의 진술 부분(동 5566정 12행~동 이면 5행, 동 5567정 이면 8행~동 5568정 5행) 및 상(相) 피고인 이동화의 진술 부분(5570정 이면 4행~동 5572정 8행), 동 이상두의 진술 부분(동 5588정 12행~5594정 5행) 또한 1심과 검찰에서의 피고인 등의 원심 진술과 부합되는 내용의 진술 등으로 충분히 차(此)를 인정할 수 있고,

원심에서 증거로 채택된 1심 제14회 공판조서 중 증인 신도성의 증언으로써, "4288(1955)년 6월경부터 제2의 야당을 만들자고, 윤길중, 김기철 양씨(兩氏) 집에 모인 일이 있고, 서상일 씨 댁에서도 모이고 하다가, 서 선생이 소풍 가자고 해서 광릉에 가서 회합한 일이 있는데, 그것이 광릉회합이라고 하는 것이 아닌가 지금 생각됩니다. 광릉에 참석하였을 적에 그 취지를 들으니 참석한 분들이 앞으로 정당운동을 전개하여 보자는 것이었고, 그리고 그 후 잠차(暫次) 태동하여 모인 것이 서상일 씨 댁에서인데, 그때 잡다 정객이 모인 가운데서 나를 반대하는 분이 있다고 하는 말을 듣고 관여않고 있다가, 그 몇 달이 지난 뒤에 반대하는 분이 물러갔으니 다시 와서 같이 하자고 해서 그때부터 관계하기 시작한 것인데 그것이 추진준비위원회 때입니다. 추진준비위원회가 발족됨에 따라 윤길중 씨가 선전, 의안 책임을 보고, 좀 있다가 제가 의안부 책임자로 취임하였습니다. 그것이 참가의 시초입니다. 그리하여 4288(1955)년 12월 발기취지문을 발표하고 아울러 강령 초안도 발표한 일이 있습니다. 의안부 책임자는 당의 공식적 발표문서를 작성하는 것을 맡고 있는 것인데, 제가 취임하니 그간 정강정책이 될 만한 많은 자료가 되어 있어서 그것을 토대로 하고 간부의 의견을 듣고 해서 제가 정책 면에 관한 것을 작성하고, 이동화 교수가 강령 전문이라는 것을 기초하였으며, 강령 초안으로 나와 있는 것이 4개 항목으로 되어있는데, 그중 평화적 방식에 의한 통일을 해야 한다는 것이 있습니다. 동 내용은 민주주의의 승리를 보장하는 평화적

방식에 의한 통일의 실현을 기한다라고 되어 있는 것을 기억합니다. 그 경위를 말씀드리자면 기존 양개(兩個) 보수당, 특히 민주당 정강에 없는 새로운 것이 있어야 한다는 말이 나와, 즉 혁신정당의 강령으로서 특수성을 나타내기 위해서 넣자고 하였고, 그때는 평화통일에 대하여 별로 이론을 가진 사람은 없으리만치 평화적으로 통일할 수밖에 없다는 의견이 지배적이었습니다. 증인이 의안 책임을 맡아보게 되어 증인 자신이 정책에 관한 초안을 작성하였으며, 조봉암 및 서상일 씨가 특히 평화통일에 대하여 주장한 바는 없습니다. 제가 참가했을 적에는 평화통일은 이미 채택하기로 거의 일치를 보고 있었는데, 의안부 책임자인 본인으로서는, 그 평화통일이란 평화 운운이 괴뢰의 선전적 효과를 줄 염려도 없지 않으니 평화통일은 정치적 통일이라고 하는 것이 이념상으로 정연하지나 않느냐고 제 주장을 말해봤지만, 그것은 학술적 논문식으로서는 통할 수 있을지 모르나 선거 강령에 활용할 때에 있어서는 좀 더 대중에게 효과적이고 알기 쉬운 것은 평화적 통일이라는데서 쓰여지게 되었으며, 좌우간 그것이 공산당에 이롭게 악용될 염려가 있으니 차(此)를 회피하여 신중히 하지 않으면 안되겠다 해서, 민주주의의 승리를 보장하는 것을 첨가했습니다. 진보당의 정책으로서 통일문제를 취급, 초안 작성할 적에 평화통일은 누구의 주장에 의하였거나 또는 다른 공기가 흐른 것은 없었으며, 대체로 전체의 공기가 그러했지 누구의 주장이 특히 나온 일은 없습니다. 초고는 대개 제 머리에서 나온 것을 썼습니다. 증인이 진보당을 나온 것은 선거가 끝난 후 전체 사퇴할 적에 라고 기억되며 그것이 동년 6월 중순경이 아닌가 합니다. 증인이 진보당에서 탈퇴한 이유는, 서상일, 조봉암이 분열될 내용을 가지고 있어서 안될 것으로 보고 나왔으며, 제 사적 견해를 공개된 자리에서 말하기는 곤란하나 좀 말씀드리면, 그 당시 진보당이 장차 잘되어갈지는 몰랐지만 정부통령선거에 있어서 자유 · 민주당에서는 물론 정부통령을 선택 입후보케 할 것이지만, 진보당에서도 혁신세력이 있다는 것을 알리기 위하여서라도 정부통령에 입후보해야 한다고 하였습니다. 당락은 고사하고 계몽과 선전적 효과가 있다는 데서 참가하기로 하여, 공천 전에 대통령에 서상일, 부통령에 조봉암 하자고 해서 그리 될 뻔 했는데, 사정이 확 달라져서 뒤바뀌기게 되니까 서상일 씨는 나는 안한다 하게 되어, 서상일 씨 대신에 박기출 씨를 부통령으로 공천했던 것입니다. 그래서 저는 그때 벌써 분열을 추단했습니다. 그런 것이 선거전에 공개되면 창피하니 끝날 때까지 참고 내려오다가 그만두게 된 것이라고 할 수 있음으로, 저는 영도권 문제로 결렬이 되었다고 봤습니다. 증인은 진보당의 정강정책을 봐서 결론적으로 남북의 평화통일방안으로서는 현 대한민국이 북한 괴뢰와 동등한 위치에서 양측을 일 대 일로 간주하여 각 해소시키고 운운하는 해석이 나올 수 없다고 보며, 인쇄된 책자대로 임의로 딴 해석은 불가능하고 다른 사람도 그렇게 해석하는데 이론이 없을 것입니다. 준비위원회 때에 간부 중에는 사회민주주의 방향을 지향해야 된다고 한 사람도 있었기는 했지만, 증인 자신은 지금 그 시기가 못 된다고 말하고 수정자본주의로써 만족할 수밖에 없다고 주장하여 그 것이 채택된 것으로 기억하고 있으며, 진보당의 정책 가운데 통일문제에 있어서 우리는 조국의 평화통일방안이 결코 대한민국을 부인하거나 말살하는 데 있지 아니하고 도리어 그것을 육성하고 혁신하고 진실로 민주화 하는데 있음을 확신한다라고 하였는데 제가 쓴 그대로입니다"(4635정 11행~4655정 9행)라는 진술 및 동 고정훈의 이와 동일한 내용의 진술과(4686정 2행~4695정 8행) 기타 본건 전(全) 기록 및 증거물을 통하여 보아도

진보당이 북한 괴뢰집단에 부수하여 대한민국을 변란할 목적으로 조직된 결사임을 전제로 한 그 여(余)의 판시 사실 즉 피고인 조봉암에 대한 판시 제(2) 사실은, 4289(1956)년 12월 피고인 자택에서 동당 전북도당 간부인 김창을의 소개로 정태영과 밀회한 후 동인을 동당 비밀당원으로 가입시키는 한편, 당을 위하여 투신 노력하겠다는 약속을 받고 4290(1957)년 5월경 동인으로부터 「실천적 제 문제」라는 강평서라하여 그 내용인즉,

① 당의 이념은 사회주의 실현에 있다.
② 인류의 역사는 계급투쟁의 역사이다. 국가는 피착취계급을 억압하기 위한 수단이다. 무계급사회에서는 국가는 필연적으로 소멸하고 인간은 더욱더욱 자유 천국에 가까워진다. 종국의 세계평화는 세계적화에 있다.
③ 집권한 후 해결해야 할 문제는, 그 하나로서 노조 협조의 조직강화 즉 우리의 정치적 기반은 노동조합과 협동조합에 두어야 한다. 그리고 노동계급이 충분히 성장치 못하고 있는 우리나라로서는 농민, 어민의 푸로레타리아적 성격 및 주목하면서 협동조합 강화에 특히 힘써야 한다.

④ 남북통일에 있어서 가능한 통일방법에 있어서는, 남북 군경해산, 국제감시하(주로 경비 치안 담당) 총선, 남북연립정부 수립, 그에 의한 총선 후 다시 내각 구성, 남북의회의 통합, 그에 의한 정부수립.

⑤ 당조직 강화와 확대책에 관하여는, 당원의 생계에 대한 당국의 압박으로부터 피하기 위하여, 그로 인하여 곧 생활의 직접적 위협을 받게 될 당원의 존재 및 가능한 테로 행위를 피하기 위해 당은 이중조직을 가진다. 표면 활동을 자유롭게 할 수 있는 요소를 지닐 인사들을 많이 포섭한다. 그들의 교화는 점차적으로 행한다. 현재 소극적 투쟁기이나 점차 사회주의라는 말이 민주주의라는 말처럼 현 사회의 하나의 상식의 용어가 되면서부터는 점차 그 논점도 사회주의 이론의 핵심에 들어가야 한다. 진보당이 현재 이상의 대수난기가 있을 것으로 예상하고, 지하조직에 일층 힘써야 한다. 우리는 모든 활동에 있어서 가능한 장해를 고려하여 행동의 제1, 제2, 제3 등등 방안을 미리 세워 신속히 대처해야 한다. 당원명부는 당의 심장이다. 어느 때 어떠한 사태가 발생할지 모른다. 그 명부를 함부로 굴린다는 것이 말이 아니다. 당위원장 집에 양담배가 굴러다니는 것은 이유 여하를 막론하고 좋지 못한 일이다 등 요지의 메모를 받어,

항시 차(此)를 소지 검토하므로써 동당 노선의 재료로 하여, 동당이 목적하는 국가변란이라는 실행 사실을 협의하였다는 점에 관하여, 정태영이 4290(1957)년 1월 중순경 동당 전남도당 조직책임자 김창을의 안내로, 서울특별시 성동구 신당동 소재 우(右) 조봉암 가(家)에 동인을 심방한 사실, 동인이 진보당에 입당하였다는 사실 및 동인으로부터 「실천적 제 문제」라는 서면을 받었다는 사실은 모다 피고인이 인정하는바, 이는 우(右) 정태영이 동당 위원장인 피고인에 대하여 당원으로서 어떠한 일을 하는 것이 좋겠느냐고 묻기에, 동인에 대하여 동인이 생각하는 것을 써오라고 하였던바, 동 「실천적 제 문제」를 써왔기에 한번 읽었으나, 좀 과격하기에 봉투 속에 넣어두었을 뿐 그 이상의 의미는 없다는 진술(수사기관이래 일관된 진술)과 한편 동 정태영은 이에 대하여 4290(1957)년 1월 중순경 우(右) 조봉암을 심방한 사실, 동 「실천적 제 문제」라는 서면을 동 조봉암에게 수교(手交)한 사실은 인정하나 이는 우(右) 최초 심방시(尋訪時)에 양인 간에 진보당

의 이념과 노선 이야기 및 시국에 관한 이야기 끝에, 동 정태영은 동 조봉암에게 당에 대한 의견을 더 개진하려 하였으나 동인이 바빠서 시간이 없었음으로 기(其) 익일 다시 심방케 되었든 바, 동 「실천적 제 문제」는 동 의견 개진의 편의를 위하여 순서 없이 메모한 것에 불과한 바, 재차 방문 시도 동 조봉암이 분주하여 동 의견을 말할 수 없었든 바, 동 조봉암이 "써가지고 온 것이 있으면 두고 가라"고 하기에 차(此)를 두고 왔든 것에 불과하며, 그 내용에 있어서도 당시 생각난 바를 기재하였을 뿐 별다른 주장도 아니였으며, 기중 ④ 통일방안에 관하여서도 평소에 생각하여 오든 바를 메모하였을 뿐이라고 진술하여(수사기관 이래 일관된 진술), 타(他)에 국가변란의 목적 사항을 협의하였다는 하등의 증거가 없음으로 본 범죄사실은 결국 그 증명이 없고

피고인 조봉암에 대한 한 판시 제(4) 사실 및 동 윤길중에 대한 판시(2) 사실 중 (4)부분은, 4290(1957)년 9월 우(右) 진보당을 확대 시킬 목적으로 동당과 노선을 동일히 하는 근민당 재남잔류파인 김성숙(金星淑), 양재소, 김일우 등 10여 명과 합세할 것을 기도하고, 동월 20일 시내 종로2가 진보당 사무실에서 진보당측 대표로 피고인 조봉암, 상(相) 피고인 윤길중, 동 김달호, 동 이명하, 동 김기철, 동 조규희, 동 최희규 등과 근민당 대표로 우(右) 김성숙(金星淑), 양재소, 김일우 외 7명이 회합하여 통일주비위원회를 구성하는 동시에, 미구(未久)에 대회를 개최하여 결정하기로 합의하여서 동당의 목적 사항을 협의하였다는 데 있는바, 이는 진보당이 국가를 변란하는 불법 집단임을 전제로 하는 것이니 그 증명이 없음은 물론, 근민당 관계자인 전기 김성숙(金星淑), 양재소, 김일우 등은 4291(1958)년 12월 16일 귀원에서 무죄판결이 확정되었으므로[4291(1958)년 형상 제496호] 원심 판결은 그 이유 없는 것이고,

피고인 조봉암에 대한 판시 제(5) 사실 및 동 윤길중에 대한 판시(2) 사실 중 (5)부분은 피고인 등이 「평화통일의 길」이라는 논문을 발표함으로써, 동당의 목적 사항의 실행을 협의, 선전하였다는데 있는 바, 이미 제1점에서 상세히 설명한 바와 여(如)히(12정 8행~24정 4행) 동 논문의 문제점은 UN의 통일방안에 대한 피고인 조봉암 개인의 견해를 말하였을 뿐으로, 그것이 당의 정책이나 또는 당위원

장으로서의 통일방안이라고 인정할 수 없음은 물론 그 논문 자체가 북한 괴뢰집단에 부수하여 국가변란의 목적에서 행하여졌다는 증거는 없는 것이며,

피고인 조봉암에 대한 판시(6) 사실 및 동 윤길중에 대한 판시(3) 사실은, 피고인 조봉암은 상(相) 피고인 김기철로부터 전기 제1점에서 지적한 바와 여(如)한(34정 4행~38정 10행) 통일방안을 제시 받어, 차(此)를 진보당 내 통일문제연구위원회에 회부하도록 지시하여 동 김기철로 하여금 동 안의 토의를 위하여 수차 동 위원회를 개최하게 하고, 다시 동년 11월 하순경 전시 당 사무실에서 상(相) 피고인 박기출, 동 김달호, 동 김기철, 동 조규희, 동 윤길중 등과 회합한 석상에서 동 안이 동당의 노선에 입각한 평화통일의 구체적 방안으로서는 가장 적당하지만 이를 발표하면 제3세력이란 오해를 받을 염려가 있으니 그 발표만은 적당한 시간까지 보류하자고 하므로써, 동당의 목적한 사항의 실행을 협의하였다는 데 있는 바, 전문 180매에 달하는 동 논문의 전(全) 취지에는 북한 괴뢰집단에 부수하여 국가를 변란할 목적이 있었다는 하등의 증거를 발견할 수 없는 것이다. 원심은 본건에 대한 증거로서 1심 이래 각 피고인 등의 진술과 상(相) 피고인 이동화, 동 이상두의 진술, 증인 신도성, 동 고정훈 등의 증언 및 피고인 등에 대한 검찰 조서를 들고 있으나, 여상의 모든 진술을 삭삭히 들추어보아도 진보당이 북한 괴뢰집단에 부수하여 국가를 변란할 목적이 있었다는 증명은 물론 기타 모든 증거물을 검토하고 분해하여 보아도 진보당이 국헌에 위배 되는 불법 결사라는 증거는 없는 것인즉, 원심은 증거에 의하지 않고 사실을 인정하고, 채증법칙 위배의 위법이 있는 것이다.

제3점 원심은 공소를 제기치 아니한 사실에 대하여 판단한 위법이 있는 것이다. 〈형사소송법〉 제254조에는 공소 제기의 방식으로서 공소는 반드시 서면으로 제기하여야 하고(1항), 공소장에는 (1) 피고인의 특정, (2) 죄명, (3) 공소사실, (4) 적용법조 등을 기재하여야 하며(2항), 공소가 제기된 사건에 관하여 만약 검사가 공소장 변경의 필요를 느낄 경우에는, 법원의 허가를 얻어 공소장에 기재한 공소사실 또는 적용법조의 추가 철회 또는 변경을 할 수 있음은 물론, 법원은 공소사실의 동일성을 해하지 아니하는 한도에서 이를 허가하도록 되어있는 것이다(형

사소송법 제298조 1, 2항). 그럼으로 법률에 규정한 공소 제기 방식은 요식행위임에도 불구하고 본건에 있어서 검사가 제출한 공소장 중 피고인 조봉암에 대한 공소사실 (4)(공소장 38정 8행~동 12행) 무기 불법소지의 점은 범죄사실만 기재하였을 뿐으로 죄명 및 적용 법조의 기재가 없은 즉(동 1정 참조), 의당 〈형사소송법〉 제327조 2호의 규정에 의하여 공소기각의 판결이 있어야 할 것임에도 불구하고, 원심이 이를 판시(3) 사실로 유죄로 판단하였음은 공소를 제기치 아니한 사실에 대하여 판단한 위법이다.

2. 피고인 조봉암에 대한 간첩의 점에 대하여,

제4점 원심은 법률을 그릇 적용한 위법이 있다. 본시 간첩이라는 개념은 적에게 통지하거나 교부할 목적으로 아국의 군사상의 기밀을 탐지하거나 군사상의 기밀에 관한 물건을 수집하는 행위를 말하고, 군사상의 기밀에 속하는 한, 적에게 알림으로서 아국에 불리한 일절의 사항을 포함할 것이나, 그 사실은 아직 적이 알지 못한 것에 한하는 것이라고 규정이 되어 왔으며, 이와 같이 군사간첩만을 간첩이라고 개념하는 것은 대개 어느 나라고 공통된 것이라고 하겠다. 이는 법률학 사전에 의할지라도 간첩은 "일방의 교전자의 작전지대 내에서 타방의 교전자에 통지할 의사로 비밀히 또는 허위의 구실하에 정보를 수집하는 자"라고 하였고, 간첩죄라 함은 "간첩을 하는 것. 간첩을 방조하는 것, 급(及) 군사상의 기밀을 적국에 누설하는 행위"라고 한 것이다.

그렇다면 본건에 있어서 상(相) 피고인 양이섭이가 북한을 왕래하면서 괴뢰집단으로부터 받은 지령 중 피고인 조봉암에게 전하였다는 말의 요지는

(1) 양이섭이가 조봉암을 접촉한 것이 동인이 북한을 왕래하기 시작하여 4회째(HID선을 이용한 1회 시) 되는, 4289(1956)년 3월 중순경으로 당시 양이섭이가 조봉암을 남산동 모 무허가 주점에서 상봉하여 하였다는 말은, ① 자기는 이북을 왕래하면서 상업을 하여 돈도 좀 벌었는데 북한에서 노동당 중앙위원 겸 동 중앙당 정보위원회 부위원장인 박일영을 만났더니, 조봉암을 나쁘게 생각지 않고 있었으며 박헌영이 조봉암을 출당시킨 것은 박의 과오였다 운운…, ② 북한과 조봉암은 합작하자고 하고 5·15총선에 출마하면

원조하겠다드라 운운…(기록 제3022정 2행~3024정 이면 9행)

(2) 동년 4월 초순경 두 번째 만났을 시에는, 평화통일을 구호로 삼았다는 것은 대단히 좋은 일이고 평화통일이라는 것은 북에서 말하는 것과 동일한 것이니 널리 선전하여 일반대중에게 주입시키도록 하고 운운…, 선거자금은 북에서 원조하겠다, 이번에 출마하여도 당선은 못되나 정치투쟁을 강화하는 것이라고 보아야 할 것이다, 운운…(기록 제3029정 7행~3031정 이면 9행)

(3) 동년 7월 중순경 네 번째 만났을 시에는, 이제는 선거도 끝났으니 창당을 빨리하라, 정당으로서 기관지가 필요하니 일간지 판권을 속히 얻도록 하고 평화통일노선을 적극 선전 추진토록하라, 운영자금은 전적으로 원조하겠다, 운운…(기록 제3036정 10행~3037정 11행)

(4) 동년 9월 중순경 다섯 번째 만났을 시에는, 창당을 빨리하라, 신문사 판권을 획득하라, 운영자금은 북에서 부담한다, 판권비로 500만 환을 전달한다는 말과 임춘추(林春秋)로부터 선물용으로 백삼 3근을 가져 왔다, 운운…(기록 제3046정 11행~3047정 2행)

(5) 동년 11월 말경 여섯 번째 만났을 시에는, ① 진보당 조직을 강화하여 평화통일을 선전하도록 하라, 신문사를 빨리 경영하도록 하라고 하고, 또 진보당 조직 상황을 알고 싶으니 그에 관한 문건을 보내라고 하였고, 또 자기들이 무전으로 도취한 바에 의하면 김종원 치안국장이 진보당의 동향을 엄중감시하라는 취지의 무전문을 전국 경찰에 쳤으니 그 점을 주의하라고 하고, 신문사 판권 획득비 조로 500만 환을 주겠다, 운운… ② "우리도 잘 있다. 우리의 사업도 잘 되어간다. 사업이 잘되기를 바란다. 앞으로 후원하겠다. 임(林)"이라는 편지를 전하였다 운운…(기록 제3050정 이면 4행~3053정 1행)

(6) 4290(1957)년 3월 중순경 일곱 번째 만났을 시에는, 신문사를 속히 운영하라, 문호를 개방하여 혁신세력 연합전선을 추진토록 하는 것이 좋을 것이다, 진보당의 조직을 확대강화하라는 등등… 미군철수의 주장을 하라는 등등…(기록 제3056정 이면 3행~3057정 말행)

(7) 동년 5월 하순경 여덟 번째 만났을 시에는, 경제적으로 많이 곤난(困難)을 당하고 있는 모양이니 2만 불을 전달한다, 평화통일론을 광범하게 선전하라, 야당연합운동을 계속 추진토록하라, 운운…(기록 제3060정 4행~3064정

이면 9행)

(8) 동년 9월 중순경 아홉 번째 만났을 시에는, 북한에서는 반미민족연합전선을 취할 것을 구호로 하고 있는데 남한에서도 하라, 진보당 조직을 확대 강화할 것이며 차기 총선거에 있어서 진보당의 대책이 수립되면 그 내용을 자세히 알려주면 적극적으로 응원해주겠다, 운운…(기록 제3067정 말행~3070정 이면 5행) 등의 내용으로, 그것도 1심까지의 양이섭의 진술과 여(如)히, 괴뢰집단에서 양이섭에게 지령한 것이 아니고 담화 정도였으므로, 양이섭은 그러한 말 중에서 조봉암에게 전한 것도 있고 못 전한 것도 있으며, 자기로서는 전하는 것을 강요받은 바도 없고, 또한 그러한 의무도 없었다는 것(양이섭의 수사기관 이래 1심까지의 일관된 진술).

이와 같은 양이섭의 행동에 대하여 조봉암은 처음에는 고개를 흔들면서 그렇지 않을듯이 태도를 취하였다, 운운…(기록 제3023정 7행~3024정 9행), 두 번째는 선거자금으로 약 2억 환 정도 있으면 충분하다고 하였고, 운운…(기록 제3031정 3행~동 6행), 네 번째는 『대동신문』 판권을 얻을 수 있으나 5백만 환이 필요하며 그 운영비로는 2,000만 환이 소요된다고 운운…(기록 제3038정 1행~동 6행). 다섯 번째는 "백삼을 보내주어 감사하다. 사업이 잘 진행되고 있으며 앞으로 잘되어 나갈 것이니 많은 후원을 바란다"는 편지를 썼으며 운운…(기록 제3050정 1행~동 7행) 등의 말을 하였다고 하며, 조봉암은 양이섭에게 여섯 번째에 ① 진보당 중앙위원 명단, ② 동 상임위원회 명단, ③ 선언, 강령 등이 수록되어 있는 소책자, ④ 김종원 치안국장이 전국 경찰에 보낸 무전문 사본 등을 수교하더라는 것이고(기록 제3056정 3행~동 11행), 일곱 번째에 ① 진보당 지방간부 명단 1매, ② 대구시당 간부명단, ③ 『중앙정치』 10월호, ④ 녹용을 보내주어 감사하다, 탕약대 2만 환(2만 불을 말함)을 잘 받았다는 영수증, ⑤ 사업이 잘되니 앞으로 후원해달라는 편지, ⑥ 진보당의 조직 명단 1매와 파카 만년필 3본을 교부하더라는 것이다(기록 제3060정 4행~3067정 이면 8행).

이와 같은 양이섭의 1심까지의 진술에 대하여, 조봉암은 수사기관 이래 원심에 이르기까지 진술하기를, 양이섭이가 선거자금이 얼마나 드느냐고 묻기에 2억 환

이면 충분할 것이라고 하였고(기록 제3031정 3행~동 6행), 정당을 하자면 신문이 필요하지 않느냐고 묻기에 『대동신문』 판권을 얻을 수 있는데 판권비 5백만 환 정도와 운영자금으로 2,000만 환가량 든다고 말한 사실이 있고(기록 제3038정 1행~동 6행), 진보당에 관한 것을 좀 알고 싶다고 함으로 널리 공표되고 당의 선전상 누구에게나 공개할 수 있는 ① 중앙위원 명단, ② 상임위원 명단, ③ 선언, 강령 등이 수록된 소책자, ④ 지방간부 명단, ⑤ 대구시당 간부 명단, ⑥ 『중앙정치』 10월호 등을 양이섭에게 교부하였다는 것이다(기록 제3056정 3행~동 11행, 3060정 4행~3067정 이면 8행).

여사한 사실은 양이섭의 1심까지의 진술 그대로인 바, 그것을 전부 진실한 것으로 판정할 경우에 있어서도, 본건은 〈국가보안법〉 제3조 위반은 될지언정 간첩죄가 성립될 수는 없으며, 설혹 간첩죄의 개념을 확대하여 그 대상이 군사에만 국한되는 것이 아니고 정치, 경제 등 국가방위상 필요한 것으로 해석한다 할지라도, 양이섭이가 북한을 왕래하면서 조봉암에게 일방적으로 전한 것은 전부가 진보당에 국한된 것이었고, 조봉암이가 양이섭에게 수교하였다는 문건 역시 전부가 진보당에 관한 것일뿐더러, 그것도 전부가 신문 또는 인쇄물을 통하여 공표된 사실임을 알 수 있으며, 가사(假使) 그것이 비밀에 속한다 할지라도 집권당이면 또한 모르되 일개 야당의 조직에 관한 문서가 간첩죄의 대상이 될 수는 없는 것이다. 따라서 원심이 본건에 대하여 간첩죄를 적용하였음은, 심리미진이거나 법률을 그릇 적용한 위법이 있는 것이다.

제5점 원심은 채증법칙 위배의 위법이 있다. 우리 〈형사소송법〉 제310조에는 "피고인의 자백이 피고인에게 불이익한 유일한 증거인 때에는 이를 유죄의 증거로 하지 못한다"라고 규정되어 있는바, 이 규정의 취지는 〈형사소송법〉 제309조와 더불어 일반적으로 자백은 강제, 고문, 협박, 기만, 기타 부당한 간섭에 의한 공포와 불안하에 본인의 진의와 자유의사에 반하여 행하여지는 경우를 고려한 결과이며, 피고인에게 불이익한 증거가 본인의 자백인 경우에는 타(他)에 이를 보강할 증거를 필요로 한다는 것으로써, 만약에 자백이 피고인에게 불이익한 유일한 증거일 경우에는 유죄의 인정을 할 수 없으며, 이와 같은 규정은 죄 있는 자가 처벌을 면하는 일이 있더라도 죄 없는 자가 처벌을 받는 것보다 사회복지상 타당하다는 근본사상과 자백의 편중과 자백 강요의 폐(弊)를 방지하며 기본적 인권을 보장하자는 데 있고, 영미법의 증거 법규 중에도 "자백에는 보강증거가 있어야 하며 공범자의 증언에는 보강증거가 있어야 한다"고 규정되어 있다.

미국 헌법 제3조 제3항에는 "반역죄 같은 것은 자백이 있어도 2인 이상의 증인의 증언이 합치된 보강증거가 있어야 처벌할 수 있다"고 되어있으며, 또한 일본 헌법 제38조 제3항에는 "하인(何人)을 막론하고 자기에게 불이익한 유일의 증거가 본인의 자백인 경우에는 유죄가 되거나 또는 형벌을 가할 수 없다"고 규정하고, 동 형사소송법 제319조 2항에는 "피고인은 공판정에 있어서의 자백 여부를 불문하고 그 자백이 자기에게 불이익한 유일의 증거일 경우에는 유죄로 할 수 없다"라고 하여 자백의 증거 능력에 관하여 우리 〈형사소송법〉 제310조의 규정과 동일하게 규정되고 있는 것이다. 이 자백의 증거 능력에 대하여는 우리나라에는 아직 적절한 판례가 없는 것으로 알고 있으나, 우리 〈형사소송법〉 제310조와 동일한 취지인 일본 헌법 제38조 3항과 동 〈형사소송법〉 제319조에 대한 판례를 본다면, 먼저 〈신형사소송법〉 공포 이전의 〈헌법〉 제38조 3항에 대한 판례로서,

제1심의 공판정에 있어서의 피고인의 자백

'판결 이유' 원판결은 그 사실 적시 제1의 (가)의 범죄사실 인정의 증거로서, 피고인의 제1심 공판정에 있어서의 자백만을 취하고 있음은 바로 그 소론과 여(如)하거니와, 〈헌법〉 제38조 제3항(형소 〈응급조치법〉 10조 3항과 동일)의 자백 가운데는 공판정에 있어서의 피고인의 자백은 이를 포함치 않는다고 해석하는 것은 당(當) 재판소의 판례로 하는 것이다[소화23(1948)년 제168호 동년 7월 29일 대법정 판례]. 그러나 전기 판례는 그 하나의 이유로서, 더욱이 공판정의 자백은 재판소의 직접 심리에 기인하는 것이다. 따라서 재판소의 면전에서 행하는 자백은 피고인의 발언, 거동, 안색, 태도와 이것의 변화 등으로 그 진실 여부 또는 자발적이고 임의적인가 아닌가 하는 것은, 많은 경우에 있어서의 재판소가 다른 증거를 기다릴 것 없이 스스로 판단할 수 있는 것이기 때문이다. 그에 반하여 공판정 외의 자백은 그 자신 벌써 완결되어있는 자백임으로 과연 어떠한 상태와 사정하

에서, 어떠한 동기로서, 어떻게 공술이 형성되었는가 하는 경로는 전혀 불명한 것이다.

공판정의 자백은 재판소의 면전에서 직접 순서적으로 공술이 전개되는 것이므로, 현행법하에 있어서 재판소는 그 심증을 얻을 때까지 여러 가지 관점에서 피고인을 샅샅이 충분히 신문할 수 있는 것이다. 그리고 만일 재판소가 심증을 얻지 못하면 자백은 증거 가치가 없고, 재판소가 심증을 얻을 때에야 비로서 자백은 증거로서 효력이 있는 것이다. 따라서 공판정에 있어서 피고인의 자백이 재판소의 자유 심증에 의해서 진실에 부합된다고 인정되었을 때에는, 공판정 외에 있어서 피고인의 자백과는 달리 따라 타(他)의 보강증거를 요하지 않고 범죄사실의 인정이 될 수 있다고 해석하는 것이 타당하다고 판시하고 있으므로, 우 판례에 보여주는 '공판정에 있어서의 피고인의 자백'이란, 그 자백을 단죄의 증거로 한 그 재판소의 공판정에 있어서의 자백을 지칭하는 것이며, 따라서 우 재판소 이외의 재판소의 공판정에 있어서의 피고인의 자백은, 가령 그것이 제1심 재판소의 것이라 할지라도, 이것을 포함시킬 수 있다는 취지는 아니다. 그럼으로 소론의 제1심에 있어서의 피고인의 자백만으로 단죄의 증거로 한 원판결은, 바로 소론과 같이 〈헌법〉 제38조 제3항[급(及) 형소 〈응급조치법〉 제10조 제3항] 위반의 판결로서, 차(此) 점에 관한 논지는 이유 있다[물가통제령위반피고사건 최고재 소화24(1949)년 4월 6일 대법정 판결(파기차려), 최고재판례집 3권 4호 445엽].

피고인의 자백만으로 유죄로 한 판결의 위법

'판결 이유' 원판결은, 판시 제1의 사실을 인정함에 있어서 '① 제1심 공판조서 중의 피고인의 공술 기재, ② 피고인에 대한 사법경찰관의 신문조서 중의 공술 기재'를 증거로서 취하고 있다. 당해 판결 재판소의 공판정에 있어서의 피고인의 자백은 〈헌법〉 제38조 3항의 소위 '본인의 자백'에 포함하지 않은 것은, 판례의 표시하는 바와 같다[소화23(1948)년 168호 동년 7월 29일 대법정 판례집 2권 9호 1014엽]. 그러나 제1심 공판정에 있어서의 피고인의 공술은 이것과는 달리 전기 본인의 자백에 포함하므로, 독립해서 완전한 증거 능력을 갖지 않으므로 유죄로 인정함에는 타(他)의 보강증거를 필요로 하는 것이다. 그러나 본건에 있어서는 이것과 사법경찰관에 대한 피고인의 공술 기재(이것도 보강증거를 요함)에 의해 유죄를 인정하고 있다. 여사히 서로 보강증거를 요하는 동일 피고인의 공술을 얼마 모아 보았자, 소전(所詮) 유죄를 인정할 수는 없는 것이다. 그럼으로 원판결에는 소론 위반이 있으니 논지는 결국 이유 있어 파기할 것이다[절도피고사건 최고재 소화25(1950)년 7월 12일 대법정판례(파기차려) 최고재판례집 4권 7호 1298엽].

다음 〈신형사소송법〉 제319조에 대한 판례로써 피고인의 자백만을 증거로 한 유죄판결의 위법

'판결 이유' 원판결에 거시(擧示)한 증거 중, 대분현(大分縣) 가격사정위원회 주사의 사정서는 단순히 문제의 수건의 규격이나 가격의 사정에 관한 것에 불과하며, 이것을 제외하고 원판결의 증거로 한 것은 피고인의 공판정에 있어서의 공술과 검찰 사무관에 대한 피고인의 공술을 취록한 서면의 기재 뿐으로서, 결국 원판결은 피고인의 자백만을 유일한 증거로서 범죄사실을 인정한 것이라고 하지 않을 수 없다. 따라서 원판결은 〈형소법〉 제319조 제2항에 위반하고 있다고 하는 소론 제4점은 이유가 있어 원판결은 파훼를 불면한다[물가통제령위반피고사건 복강고재 소화24(1949)년 6월 4일 판결(파훼) 고재특보 1호 18엽]

공범자의 자백은 유일한 증거로 보지 않는다.

'판결 이유' 소론과 같이 〈형사소송법〉 제319조 제2항에 의하면 자백의 증명력이 제한되어서 자백이 공판의 것인지 아닌지를 불문하고, 이것을 유일의 증거로 해서 범죄사실을 인정하는 것은 허용되지 않는 것으로, 그 자백에는 기소된 범죄사실에 따라 유죄라는 것을 자인하는 경우도 포함하는 것은 명문(明文)에 표시하는 것과 같다. 그러나 여기에서 말하는 자백에는 공범자의 자백도 포함하며, 공범자의 1인의 자백을 유일의 증거로 하여 타(他)의 공범자의 범죄사실을 인정함은 허용되지 않지마는, 공범자의 자백은 상호의 보강증거로는 될 수 있는 것이므로, 본인의 공판정에 있어서의 자백과 타(他) 공범자의 자백을 보강증거로 하여 타(他)의 공범자의 범죄사실을 인정함은 허용되지 않지마는, 공범자의 자백은 상호의 보강증거로는 될 수 있는 것이므로 본인의 공판정에 있어서의 자백과 타(他) 공범자의 자백을 보강증거로 하여 유죄의 인정을 하는 것은 무방하다[절도피고사건 복강고재 소화24(1949)년 6월 21일 판결(기각) 고재특보 1호 43엽].

공동 피고인의 공술만으로 유죄를 언도할 수는 없다.

'판결 이유' 원판결은 범죄사실로서, 제1로 원심 상(相) 피고인 강전소웅의 절도 사실을 인정하고, 제2로 피고인 이두천이가 강전소웅로부터 그 도품을 매수한 장물 고매(故買)의 사실을 인정한 후, 그 증거 이유로서 각종의 증거를 드러 이것 등을 종합해서 판시 사실을 인정한다고 하고 있는 것이다. 그러나 우 설명만으로는 여하한 증거에 의해, 여하한 사실을 인정한 것인지는 불명하지만, 기록에 따라 공판 수속의 경우와 증거의 내용을 검토하여 보면, 피고인은 종시 사실을 다투워 원판결은 소론과 같이, 원심 상(相) 피고인 강전소웅의 원심 공판정에 있어서의 공술 하나만으로, 피고인이 관계의 전기 장물 고매의 사실을 인정하고 있는 것을 알 수 있다. 그러나 공동심리를 받은 공동 피고인의 공술은 각각 피고인의 공술인 성질을 가지고 있는 것으로써, 그것만으로는 완전한 독립의 증거 능력을 갖지 않는다. 말하자면 반증거 능력을 갖는 것에 불과한 것으로, 타(他)의 보강증거를 기다려, 비로서 완전한 독립의 증거 능력을 구유(具有)하는 것이다. 이와 동일한 판례로서는 소화23(1948)년 제77호 동 24(1949)년 5월 18일 대법정 판결 급(及) 소화24(1949)년 제167호 동년 7월 19일 대법정 판례 참조. 따라서 원판결의 채증법칙을 잘못하여 그 위법은 판결에 영향을 미치는 것이 분명하므로 파기를 면치 못한다[장물고매피고사건 대판고재 소화25(1950)년 4월 20일 형7부 판결(파기) 고재 10호 55엽].

이와 같은 자백에 관한 판례로 미루어 볼 때에, 결국 본건은 1심까지에 있어서의 상(相) 피고인 양이섭의 자백 하나만으로 양이섭 자신에 대한 유죄의 증거로 하였음은 물론, 더욱이나 피고인 조봉암은 사실을 전부 부인하고 있음에도 불구하고, 공동 피고인인 양이섭의 진술을 유일한 증거로 피고인 조봉암에 대하여 유죄를 인정하였음은 명백한 위법행위인 것이다. 본건에 있어서 가장 중요시되는 소위 상(相) 피고인 양이섭이가 피고인 조봉암에게 전달하였다는 괴뢰집단의 지령 운운이 사실이라는 증거와 피고인 조봉암이 수령한 현금과 미불(美弗)이 괴뢰집단에서 보내온 것이라는 증거는 1심까지의 상(相) 피고인 양이섭의 진술 이외에 따로 없는 본건은, 상(相) 피고인 양이섭으로부터 돈을 받았다는 자체 또는 양이섭이가 미불을 교환한 사실이 있다는 것 자체가 범죄가 될 수 없는 것인즉, 이것이 괴뢰집단의 공작금이라는 증좌(證左)가 따로 없이, 상(相) 피고인의 자백만을 유일한 증거로 피고인 조봉암에 대한 범죄사실을 인정하였음은 〈형사소송법〉 제310조 위반이며, 더욱이나 상(相) 피고인 양이섭은 원심에 와서 사실을 부인하고 있는 바이므로, 〈형소법〉 제310조의 규정은 물론 전기 판례의 입장에서 볼 때에도 본건은 전연 증명이 없음에 귀(歸)할 것이다.

원심은 본건에 대한 증거로, 원심과 1심에 있어서의 피고인 조봉암 및 상(相) 피고인 양이섭의 진술과 상(相) 피고인 이동현, 동 임신환, 동 이정자, 증인 김동혁 및 엄숙진 급(及) 동인 등에 대한 검사의 신문조서를 들고 있으나, 피고인 조봉암 및 상(相) 피고인 양이섭의 진술에 대하여는 이미 지적한 바와 여(如)하거니와, 상(相) 피고인 이동현, 동 임신환은 피고인 조봉암이가 본건으로 인하여 서울형무소에 구금된 이후 소위 외부와의 연락 관계에 관계되었을 뿐으로, 본건 피고인에 대한 간첩죄와는 하등의 관련이 없고, 증인 김동혁은 상(相) 피고인 양이섭이가 피고인 조봉암과 접촉하기 이전 미군 첩보선을 이용하여 북한을 왕래할 시(3회까지) 동행한 자일 뿐 본건과 전연 무관하며, 동 이정자는 양이섭의 요청에 의하여 단지 수차에 긍(亘)하여 미불을 교환하여 주고 수수료를 취득하였을 뿐으로 그 외 본건에 관련된 바 없으며(기록 5857정 이면 10행~동 5859정 이면 8행),

상(相) 피고인 양이섭의 행동에 대하여 가장 잘 알고 있는 HID 문관 엄숙진은 그 증언으로써, "증인은 과거 군 첩보기관에 종사한 사실이 있는데, 4282(1949)년 2월경부터 동 4288(1955)년 4월경까지에는 미대사관 계통의 정보원으로 채용되어 첩보공작에 복무한 사실이 있고, 동 4288(1955)년 7월 중순경부터 동 4290(1957)년 11월경까지는 한국 첩보기관인 육군 HID에서 첩보공작에 종사한 사실이 있습니다. 증인이 양이섭 피고인을 알게 된 동기는, 4284(1951)년 1월 중순경 대구에서 그 당시 본인이 복무하든 미대사관 대북첩보기(동신공사)에 정보원으로 있을 때인데, 동 기관의 한인 책임자인 전준이라는 사람의 지시에 의하여 대구 시내 달성공원 앞에 거주하는 동인을 전준에게 데려다 준 사실이 있어서, 그 당시 처음 인사를 하여 알게 된 것입니다. 그런데 동인은 과거 평양에서 반공투쟁을 하다가 1·4후퇴 시 내려온 사람이라고 하는데, 중국어에 능통한 관계로 대(對)중국 정보공작을 한다고 불렀든 것이나, 미 고문관의 반대로 안된 일이 있는 것입니다. 그 이후 동인과 접촉관계는 동 4286(1953)년 하(夏)경 본인이 우 정보기관의 강원도 속초에 있는 파견대에 출장 나가 복무할 적에 양이섭이가 거기 와서 어물상을 하고 있으므로, 동년 10월경까지 10여차 접촉이 있어서 친밀히 지낸 일이 있는데 한참 못 만나다가, 4288(1955)년 12월경 동인이 본가인 시내 종로구 관훈동 197의 428호로 찾아온 일이 있어서 다시 만나게 되었으며, 증인은 양이섭을 육군 HID선을 이용하여 남북교역을 하게끔 알선하여 준 사실이 있습니다. 그 전말은 4288(1955)년 12월경 본인 가(家)로 찾아와서 동인이 하는 말이, 이제까지 미 첩보기관에 손잡고 북한에 왕래하면서 남북교역을 수차 한 일이 있는데, 미인(美人)의 감시가 심해서 못하겠다고 하며, 자기는 이북에 있는 소련에서 나온 최현 대장을 강계 있을 적에 경제적으로 도와준 일이 있을 뿐 아니라, 연백 돌개포에 있는 지명인사(知名人士)도 잘 알고 있으니 사상을 초월해서 여러 가지 도움을 얻어 큰 성과를 보일 수 있으며, 따라서 돈벌이도 좀 시켜달라고 부탁하기에 본인은 바로 기지(其旨)를 당시 육군 HID 인천 책임자이든 김일환 대령에게 말하였드니, 동인은 다시 동대(同隊) 대북 공작책임자인 서민에게 말하라고 하여, 동인에게 또 기지(其旨)를 말하였든 바 첩자로서 성과를 기대할 수 있다는 데에서 해보자고 하여, 동 4289(1956)년 1월 하순경 동 서민이가 양이섭을 직접 심사한 다음 동인(同人)을 첩자로 하여 대북공작이 시작된 것입니다.

그 당시 인천 HID에 증인도 관계하고 있었던 것인데 증인은 양이섭에게 정보공작에 종사하는 일편(一便), 남북교역을 하도록 한 일은 있으나 얻은 이익 분배를 동업으로 하자고 언약한 사실은 없고, 첩보공작에 대한 연락 관계나 제가 하기로 한 것이지 양이섭이가 가져오는 물건에 탐이 나서 그러한 것은 아닙니다. 그것은 양이섭을 소개한 날로부터 마지막까지 그를 따라다니며 살펴봐야 할 것이기 때문이다. 말하기 곤란한 점도 있습니다마는 제 자신이 그를 소개한 사람이기 때문에 그에 관계하여 따라다니면서 행동에 대하여 감시하여야 하는 것입니다. 그래서 전후 9차에 긍(亘)하여 따라다녔습니다. 그 이유는 첩자조종은 가까운 사람이 해야 되기 때문에 인천 만석동 부두에서 본인 서민, 양이섭, 선원 1명(성명 불상자)이 공작선에 동승하고, 약 2시간 만에 3·8접경 납도에 도착하여 소형목선에다가 양이섭을 승선시켜 선원 1명과 같이 입북시키고, 본인과 서민은 공작선으로 귀환하고, 미리 귀환 일자를 약속하여 놓고 그 일자에 본인과 서민은 납도에서 기다리고 있다가 귀남하는 양이섭을 영접하여 따라다니는 것입니다. 양이섭의 이북 도착지점은 목적지는 연백 돌개포라는 데이며, 양이섭이가 입북할 적에 휴대하고 가는 물품은 일일이 검사하고 보내는데 제가 목격한 것은 빽 같은 데다가 약품 시계 작업복 등을 가지고 가는 것을 봤는데, 그것은 양이섭 자신이 시내에서 구입하며는 제가 인천 HID 서민에게 연락을 취하여 서민이가 찦차로 상경하여 물품을 적재하고 본인과 양이섭 3인이 동승, 인천에 도착하여 동대(同隊) 지정 숙소에서 1박하고 그 익일 오후 8시경 전술한 바와 여(如)한 경로로 월북하는 것인데 물건은 본인이 볼 때 검사를 심히 할 것 같으면 좋아하지 않을 것이니까 본인 모르는 사이에 적당히 검사해보고 합니다.

그리고 이북에서 가져오는 물품도 일일이 검사하는데 이북에서 가져온 물품은 대개 인삼, 해삼, 사향 등인데 양이섭 본인 자신은 모르는 사이에 검사하는 것입니다. 예를 들자면 거기에서 물품을 가지고 오면 곧 뒤져서 검사하는 것이 아니고, 짬짬히 변소에 가는 사이에 뒤져본다든가 또 의심되는 점이 많은 것 같으면 일부러 다른 사람으로 하여금 동인을 데리고 나가서 그 장소를 피하게 하여 하는 수도 있으니까 일정해 있지는 않습니다. 가져온 물품은 서민이가 맡아서 거래 처분하여 그 돈을 나에게 주면 내가 양이섭에게 주는 것이 보통 예입니다. 그래 가지고 이익 나는 돈은 공작선, 기름값 등을 제하고는 양이섭이가 가져가서 쓰는데, 어데다 어떻게 쓰는지는 모릅니다. 그동안 기름값 등이라 해서 제한 것이 6, 7백만 환 될 것이라고 생각되며 증인이 받어 쓴 금액이, 약 백여만 환 가량 된다고 생각됩니다. 다시 말하자면 양에게 주는 돈은 증인의 손을 거쳐서 가게 되는데, 양이섭이가 입북하여 물품을 가지고 나올 적에 물품목록을 작성해 받어가지고 나와서 서민에게 제시하고 하였는데, 몇 번인가 촉지(燭紙) 포장의 목침만 한 것 1개씩은 물품목록에는 기재되어 있지 않고, 서민댁에서 비밀히 해서 상경하여 그가 단독으로 처분하는 일이 있는 것인데, 그런 것은 제가 모르는 것입니다. 양이섭이가 그와 같은 물품을 가지고 다니는 외에 대북 내왕 시 가죽가방을 늘 가지고 다녔는데, 그 가죽가방에는 세면도구 등을 넣어 가지고 다니는 외에 무엇이 들어있는지 확인하지 않아서 다른 것은 모릅니다.

4289(1956)년 2월 하순경 제1차 내왕한 경로로 9차 모다 그런 순서에 의하여 다

녔으며, HID의 사명은 이북에 내왕하면서 교역하는데 있는 것이 아니므로, 상대하여 이상하면 빼칠 수도 있는 것이니까 교역만을 위주로 할 수는 없는 것입니다. 이북에 갔다오면 HID에 귀환보고서를 작성해 내는 것이니까, 자기가 대북첩보를 해 온 의무를 마쳐야 교역이란 것도 될 수 있고 첩보를 얻는 것이 목적이니까, 첩자가 큰 것을 얻어오면 의심의 여지없이 교역에 대한 감시를 안하는 경우도 있습니다. 양이섭이가 북한 괴뢰의 대남공작 기관과 상대하였으니, 대북 내왕 시 괴뢰 측에 남한의 기밀을 제공하고 남하 시에는 대남첩보공작에 대한 지령을 받았을넌지도 모르겠습니다. 그러니까 양에 대하여 행동 일체에 대한 감시를 해 왔습니다. 그래서 부당한 것이 있으면 압수 또는 검사하게 되는 것입니다. 감시는 언제 한다고 되어있는 것이 아닙니다. 혹 안 할 수도 있겠지마는, 예를 들어 말하자면 물품을 살 적에 뒤따라 다녔으면 어떻게 할 것입니까. 확실히 말하자면 모든 것을 그렇게 해야 하는 것입니다. 그런데 그런 것을 안할 경우 하든지 하는 것은 첩자를 다루는 여하에 있다고 생각합니다. 그리고 이북 삼육공사(三六公司)에서 물품을 가져올 적에는 거기에서 물품 및 회서(回書)를 받어오는 것입니다. 물품 판 돈은 그때그때마다 가져왔으며, 많이 가져오면 더 주고 적게 가져왔으면 적게 주는 것입니다. 양이섭에게 준 돈이 어떻게 쓰여지고 있는지를 HID에서 일체 감시가 있었으리라고 생각합니다. 첩자가 내왕 시 책자 또는 잡지 같은 것은 자유로이 가지고 다닐 수 없으나, 첩보기관에서는 첩자를 이중첩자라는 관념하에서 다루는 것이니까, 하나의 더 큰 것을 얻기 위해서 적은 것을 알고도 눈감어 주는 수도 있는 것입니다. 증인은 양이섭이가 이북 공작금을 받어다가 조봉암에게 준 것을 알았다면 물론 잡아야 하겠으나, 자기가 이북 교역으로써 번 돈이라고 하면 별문제 없을 것입니다."라는 진술과(기록 4717정 3행~동 4736정 이면 11행),

그 외 증인 조호정, 동 조규진, 동 이방원은 피고인 조봉암의 지시로, 상(相) 피고인 양이섭으로부터 금전을 수령한 사실이 있을 뿐 본건 범죄사실과는 전연 관계가 없으며, 또한 증거물로 채택된 압수한 지편(紙片) 처장님이란 유언서 증거보전 기록, 수표 14매, 차변대체표 2통, 예금구좌원장 사본 2통 등을 종합 판단하여도, 상(相) 피고인 양이섭이가 괴뢰집단의 지령을 피고인 조봉암에게 전달하였다는 사실과 피고인 조봉암이가 수령한 현금과 미불이 괴뢰집단의 공작금이라는 증거가 없는 본건에 있어서, 원심이 전기한 관계인 등의 진술 및 본건 죄 구성 요건과 전연 관계없는 압수물만으로 사실을 인정하였음은 채증법칙에 위배된 위법이 있는 것이다. 따라서 원심 판결은 파기를 불면할 것이다
함에 있고,

피고인 김정학의 변호인 권재찬의 상고이유는

원심 판결 이유 중 "피고인 김정학은 4291(1958)년 1월 13일 오전 10시경 동향인이며 이성(異性) 6촌인 상(相) 피고인 전세룡이가 피고인 가(家)에 내방하여, 전시 조봉암이가 진보당 관계로 피검되었으니 자기도 동인 가(家)에 있으면 체포될 것 같아서 피신하려 왔으니 당분간 은신시켜달라는 부탁을 받고, 동일부터 동월 16일까지 피고인 가(家)에 은닉하는 일방, 동월 14일 오전 8시경 동 전세룡으로부터 진보당 관계 비밀문건을 행리에 넣어서 전시 김영범 가(家)에 보관시켰으니 찾아다 달라는 부탁과 차(此) 사실을 절대로 비밀히 하여 달라는 부탁을 받고, 즉시 동 김영범 가(家)에 이르러 동인에게 차지(此旨)를 고하여, 동인으로부터 전기 문건 일체를 인수하여 동일 오후 6시경 동 전세룡에게 운반 전달한 후, 동월 15일 오전 8시경 피고인 가(家)에서 동 전세룡의 의뢰에 의하여 전시(前示) 비밀문건을 3개로 개장(改裝)하여 그 1개는 피고인 가전(家前) 공장 보이라, 굴뚝에, 2개는 동가(同家) 천정 속에 각 은닉하여서, 전시 조봉암을 비롯한 진보당 관계 상(相) 피고인 등에 대한 〈국가보안법〉 위반 형사사건에 관한 증거를 은닉하는 동시에 동 형사사건의 피의자인 동 전세룡을 은닉하고"라 하였으나

원래 피고인과 상(相) 피고인 전세룡과는 동향인이며 외사촌이라는 연척관계에 있을 뿐 아니라, 본 피고인은 빈한한 가정에서 출생하여 상(相) 피고인 전세룡 가(家)에서 동 피고인과 함께 성장하였든 것임. 따라서 본 피고인은 전혀 정(情)을 부지(不知)하고 상(相) 피고인 전세룡의 내방을 환영하였으며 행리 운반 등 심부름은 하였으나 전부터 상(相) 피고인 전세룡이 독서가인 줄 잘 아는 본 피고인으로서는 동 행리 내에 진보당 관계 비밀문건이 들어있다는 사실은 알 수 없었

고, 다만 동 상(相) 피고인의 소지책이 다수인지만 알고 있었으며 또한 동 서책의 보관처를 물색하였으나 원래 집이 협소한 판자집인 관계로 장치할 곳이 없어서 보이라, 굴뚝 등에 보관하여 두었든 것임. 피고인은 검찰청 조사 이래 일관하여 범죄사실 및 범의(犯意)를 부인하였고, 원심에서도 가장 유일한 거증(擧證)인 현장검증 신청을 하였으나, 동심에서 차(此)를 각하하고 타(他)에 입증이 없음에도 불구하고 원심에서 사실을 인정하였음은 채증법칙을 위반하여 사실인정에 오류를 범한 위법이 있다 할 것임. 그러므로 원심은 파기를 면치 못할 것임
이라 함에 있고

피고인 권대복의 상고이유는

국사에 다망하신 대법원장님을 비롯하여 여러 대법관님들의 건승을 축원하면서 삼가 상고의 이유를 밝히고자 하나이다. 우선 본인의 공소사실을 말씀드리기 전 본 진보당사건의 핵심문제가 되어 있는 소위 국가변란 운운에 대하여 본인의 소신을 간단히 말씀드리고자 하는 바입니다. 진보당은 어디까지나 대한민국의 육성발전과 민족의 복리를 위하여 반공적인 이념의 전개를 근본 목표로 삼는 정치단체로서, 결사 자유의 법적인 보호 밑에서 조직된 합법적인 정당임은 자타가 공인하는 사실일뿐더러, 아국 헌법에 의하여 의당히 존재할 수 있는 정당이라는 것은 〈헌법〉 전문을 비롯하여 〈헌법〉 제5조 및 제84조가 명확히 그 의의를 제시하는 동시에, 헌법정신의 충실을 기하기 위하여 국민 전체가 이러한 정당의 존재가치를 충분히 인정하는 것입니다.

고로 대한민국 공보실에서는 전술한 취지 밑에 엄격한 심사를 통하여 진보당을 승인함으로써 그의 합법성을 국민 앞에 천명하였으며, 아울러 국민으로 하여금 이에 가입하여 정치운동을 전개할 수 있는 자유를 보장받은 것입니다. 그리하여 본인도 이에 일원으로 공산주의를 전멸하고, 국민 전체의 공공복리의 향상을 위하여 미력이나마 정치운동에 이바지하여 왔던 것입니다. 그런데 의외에도 거(去) 5·2총선거를 앞두고 행정부에서는 진보당을 불법화하는 동시에 당 간부들

을 구속하고, 뚜렷한 별도의 증거도 제시함이 없이 막연히 기왕에 승인받은 정강 정책의 일부를 지적하여 국가변란죄에 적용시킨다는 것은 가소로운 처사일뿐더러, 유죄의 판결을 내린다는 것은 이율배반의 모순임을 지적하는 한편, 본인은 대한민국의 발전과 민족주의의 승리를 위한 헌신적인 행동이었음을 재삼 강조하는 바입니다.

1. 공소 제1사실

4289(1956)년 11월 10일 진보당 중앙당부 사회부 간사로서 취임하였다고 검찰관은 지적하였으나, 본인은 동당 중앙당부 사회부 간사로서 취임한 사실은 전무하며, 다만 동당 기획위원회 위원, 통일문제연구위원회 위원 및 서울특별시 당부 사회부 간사[4290(1957)년 5월 하순경]로서 취임한 사실은 있는 것입니다.

1. 공소 제2사실

동당 기획위원회는 정치, 경제, 문화 및 각 분야에 대한 자료 및 통계를 수집하는 동시에 정책의 심의 연구를 목적으로 하는 독립부서인 것입니다. 일자 미상이오나 동 위원회 위원장 김안국, 동 위원 안우석, 정중, 김병휘, 본인 등이 참석한 가운데 동당 사무실에서 제1차 동 위원회가 개최되었는데, 그 당시 동 위원장 김안국 씨는 동당 경제정책에 대하여 자기의 의사를 진술하고, 케인스 경제학의 원칙을 토대로 하여 당의 경제정책을 약간 수정하자고 구두 제안을 하였으나, 참석한 전(全) 위원의 의사에 의하여 보류된 바 있는 것입니다.

1. 공소 제3사실

역시 일자 미상이오나 동 위원회 위원장 김안국, 동 위원 안우석, 정중, 김병휘, 본인 등이 참석한 가운데 당 사무실에서 제2차 동 위원회가 개최되었는데 기(其) 당시 동 위원장 김안국 씨는 동당 농업정책에 대한 수정안을 구두 제안하였는데, 그 내용은 대개 농촌의 근대화 문제, 개간사업 문제, 가축장려 및 사료개량 문제 등이었으나 역시 참석한 전(全) 위원의 의사에 의하여 보류된 바 있습니다.

1. 공소 제4사실

여명회에 대하여 마치 진보당의 특수조직을 위한 비밀 써클로서 사회주의 연구를 목적으로 하였다고 지적하였으나, 본인은 이러한 사실이 전무하다는 것을 입증하기 위하여 그의 경위를 대략 말씀드리고자 합니다.

4289(1956)년 12월 하순경 기(其) 당시 본인은 대한가톨릭교 학생연합회 의장 및 동 서울교구연합회 회장의 직에 있었기 때문에 명동천주교회에서 동 학생회 좌담회를 끝마치고 동 천주교 신자 학우인 원일상, 박희용, 김용기, 권태창, 박원규, 박종수, 김덕소 등을 대동하고 차를 마시기 위하여, 본인이 자주 들리는 김달호 법률사무소 하층에 있는 화랑다방에 들린 일이 있는데, 그때 친우인 이상두, 김주기, 황철민 등을 우연히 만나 여러 가지의 한담을 교환하다가, 다방에 다객이 많어져 복잡하였기 때문에 일동(一同)히 다방에서 나와 가지고 본인이 평소에 자주 들리는 김달호 사무소에 들린 바, 마침 늦은 오후이었기 때문에 급사 이외에 다른 내객(來客)이 없는 고로 일동이 자리에 앉아 신문을 보자니까, 4면 기사에 "원자력에의 평화적 이용"에 대한 어느 학자(성명 미상)의 논문이 실려 있기에, 우연히 그 자리에서 전기 논문을 위시하는 토론회가 벌어졌는데, 의외에도 기(其) 토론 내용이 진지하였기 때문에 대단한 흥미를 느낌과 동시에 앞으로 주기적으로 이러한 연구토론회를 갖음으로서 상호 간의 지적인 교류를 통한 지성을 넓혀 보자는 순수한 학구적인 의사에 일치로 인하여, 사회과학 전반에 긍(亘)한 연구를 목적으로 하는 일종의 독서회로서의 여명회가 우연에 일치로서 기(其) 직석(直席)에서 조직되었으며, 다만 토론에 질서 있는 진행을 위하여 학생운동에 경험이 있다고 하여 본인이 회장으로 선정되었던 것이며, 기외에는 부서 및 간부의 선정도 없었던 것입니다. 기후(其後) 회원들은 동기(冬期) 방학인 고로 하향(下鄕)한 후로는 한 번도 모임을 갖은 일이 없으며, 사실상 처음인 동시에 끝의 모임이었던 것입니다. 그럼으로 동회는 어디까지나 학생 연구 써클로서 회원 역시 학생에 한하여 인정되었던 것이며, 본인 역시 졸업반에 재학중이었던 것입니다.

진보당 간부인 조규희, 안준표 등이 회원인 것 같이 공소장에 기재되어 있으며, 또한 안준표의 지시에 의하여 동회가 조직된 것 같이 되어있으나 이는 전연 사실무근한 것이며, 다만 전기 양인은 본 토론회가 끝날 무렵 김달호 사무소에 들린 사실 이외에는 아무것도 없는 것입니다. 동회는 학술연구를 목적으로 하는 소(小) 써클로서 하등 정치성을 배제함은 물론, 사실상 진보당과는 무관한 자치 단체인 것입니다. 요즈음 민주교육을 받는 학생들에게는 써클을 통한 각자의 지성을 교환하여 상호간 지적 양식을 얻는 한편, 친목을 도모하자는 것은 하나의 공감적인 욕구인 것입니다. 이러한 공통적인 욕구에 응하여 이룩된 연구 써클인 여명회가 사회주의를 연구코자 하였다는 것은 언어도단이며 몽상에도 그려볼 수 없는 일입니다. 더욱이 참석한 대다수의 회원이 천주교 신자로서, 유물사관에 의한 사회주의를 배격하는 것이 각자에 당연한 신념으로 되어 있는 것인데, 사회주의 연구 운운은 절대 무근한 조작임을 말씀드리는 동시에, 경찰 취조 시에 가혹한 고문 등을 통하여 동회를 사회주의로 만들고자 별수단을 다한 바 있음을 지적하는 바입니다.

여명회가 공보처에 등록치 않았다는 이유로서 비밀 써클시 합니다마는, 학생단체는 학도호국단칙에 의하여 사회단체로서의 등록이 불필요하게 되어 있는 것으로서, 현금(現今)도 각 지방별, 각 연구 분야에 따라서 무슨 학우회니, 연구회니, 혹은 친목회니 등등의 명칭 밑에 무수하게 존재하고 있는 단체 대부분이 공보처에 등록이 필요 없이 존재하고 있는 것은, 역시 결사 및 학문의 자유라는 원칙 밑에 이룩하여 각기 연구 분야에 대한 충실을 기하고자 하는데 그 뜻이 있는 것입니다.

특히나 말씀드리고자 함은, 4290(1957)년 4월 중순경 여명회 주최로서 시내 명동 소재 동방회관에서 "미국의 대외원조정책과 국제적 동향"이라는 연제로서 민의원인 신도성 선생과 고대 교수 고승제 선생 등을 강사로 하여 학술발표회를 개최할 예정으로 집회허가원을 제출하여 당국의 허가를 받었을 뿐 아니라, 각 신문집회란 및 중앙방송국을 통하여 동회 주최 학술발표회 개최 사실을 대대적으로 선전한 사실이 있음은 너무나도 명확하건만, 동회를 일컬어 비밀 써클 운운함은 부당하다고 사료됩니다. 그러나 불행히도 전술한 강사 두 분께서 시급한 사정에 의하여 정한 일시에 출석치 못하게 되었음으로, 학술발표회는 유회됨과 동시에 선전에 끝이고 말었던 것입니다. 그 후 대학을 졸업한 회원 대다수가 군에 입대한 고로, 회원 전체의 의사에 의하여 동회는 해산되고 말었습니다. 더욱이 동회는 우연한 기회에 발족은 되었으나, 취지서 회칙 및 일체의 서식이 작성되지 아니하였고, 다만 전술한 토론회 1회로서 끝을 맺고 말었다는 사실을 밝혀두는 바입니다.

1. 공소 제5사실

공소장에 소위 각 대학별로 여명회 세포책이 있는 것 같이 기재되어 있으나, 이것 역시 경찰에서 조작한 것임을 지적하는 것입니다. 동회는 어디까지나 양보다 질을 중요시하였던 것입니다. 공소장에는 동회 회원이 54인으로 개재되어 있으나, 사실은 15인 정도에 불과하며, 경찰 취조 시 본인의 수첩에 기재되어 있던 친구들의 방명록을, 강제에 의하여 그 직석(直席)에서 본인의 압수품에서 나온 용지에다가 기입케 하여 회원명부를 작성토록 하였기 때문에, 54인의 인수(人数)가 나온 것입니다. 특히나 예로서 말씀드린 것은 소위 서울의과대학 세포책이라고 기재되어 있는 한보상 씨는 10년 전에 의대를 졸업하고 군의(軍醫) 육군 중령으로 복무타가 최근 제대되어 인천 방면에서 의원개업을 하고 있는 분으로서, 본인과 친하기 때문에 역시 수첩에다가 주소, 성명을 기입하여 두었는데, 이것을 소위 회원명부에 강제 기입토록 하였던 것이며, 이 이외에도 세포책이라고 기재되어 있는 사람 중에는 여명회라는 이름조차 모르는 사람이 많음을 말씀드리는 동시에, 세포책이라는 대명사까지도 순전히 경찰에서 지어낸 것임을 지적하는 바입니다. 만약 본인의 진술이 조금이라도 의심스런 점이 있으시다면 공소장에 나타난 사람들을 증인으로 신문하시면 사실이 명백히 드러날 것입니다.

1. 공소 제6사실

본인은 4290(1957)년 9월초에 진보당 통일문제연구위원회 위원으로 선정되었으며, 동년 9월 초에 동위원회 위원 전원 참석리에 당 사무실에서 회의가 개최되었는데, 그때 위원장 김기철 피고의 신임 인사를 비롯하여, 부위원장 김병휘를 호선한 후, 각자 통일문제에 대한 연구자료 및 사견을 제출토록 하자는 내용으로 회의를 끝마쳤으며, 동년 9월 중순경 역시 당 사무실에서 제2차 동 위원회 회의가 개최되었는데, 그때에는 동 위원장 김기철 피고가 장문의 원고로 된 사안을 가져와서 낭독코자 하였으나, 너무도 장문인 고로 차후 요지를 프린트하여 1부식 분배한 후 연구토록 하자는 전(全) 위원의 일치된 의사에 의하여 회의가 끝난 바 있습니다. 그 후 본인은 개인 사업 관계로 근 1개월간 당에 들린 일이 없기 때문에 일체 회의에 출석치 못하였습니다. 기후(其後) 동년 10월 중순경에 당에서 김기철 위원장을 만났기에, 기간(其間)에 진전 결과를 물어본즉 위원들이 출석치 않어서 수차에 걸쳐서 유회된 고로 진전별무하다는 경과 이야기를 들은바 있음은, 특히나 '북한당국에 대한 진보당의 선언문'이라는 김기철 위원장의 사안이 당내 최고간부회의에서 통과되었다고 지적한 공소사실은 절대 허위일뿐더러, 동당내에는 최고간부회라는 기구가 없다는 것을 말씀드리는 동시에 그것은 다만 김기철 피고의 사안에 불과하다는 것을 부언코자 합니다.

끝으로 본인은 6·25사변이 발발된 즉시로 의용 경찰에 입대하여 공비토벌에 헌신하였으며, 또한 서울 수복과 동시에 해군해병대에 입대하여 멸공전에서 일격을 가한바 있을뿐더러, 군에서 제대된 후 학도호국단을 비롯하여 학생운동에 선봉에서 학생들에게 반공사상의 강화를 위하여 전 역량을 기울인 바 있는 것입니다. 더욱이 본인은 전통적인 천주교 신자로서 가톨릭 학생운동의 중진적인 입장에서 종교운동에 이바지하여 왔던 것입니다. 고로 본인은 어디까지나 반공을 생의 임무로 생각하고 있으며, 앞으로도 반공적인 입장에서 전 생애를 바치고자 하는 것입니다. 뿐만 아니라 본인의 친족 중에는 단 일인이라도 공산주의를 신봉하는 사람이 없는 순수한 반공적인 가정인 것입니다. 이러한 정상(情想) 가운데서 생장한 본인에게 공산주의자들이 받어야 할 〈국가보안법〉에 적용을 시켜 징역 2년에 실형을 언도한다는 것은 너무나도 가혹한 처사일뿐더러 부당한 선고라는 것을 서슴치 않고 말씀드리는 것입니다. 본인은 아무리 생각하여도 〈국가보안법〉에 적용될 범법행위를 한 바 없다는 것이 하나의 신념으로 되어있는 것이며, 어디까지나 애국적인 신념에서 우러나온 정치운동이였음을 주장하는 바입니다. 원하옵건대 민주주의에 기본과업인 준법정신에 의한 공정한 판결이 있으시기를 기원하옵고 두서없이 이로서 상고의 이유를 대(代)하나이다
함에 있고

피고인 이동현의 상고이유는

국가안녕질서를 위하여 주야 공무다단하신데도 불구하시고 본 피고사건을 담당하여 주신 재판장님 이하 여러 대법관님에게 무한한 경의를 표시하는 바입니다.

금반 본 피고인에 대한 〈국가보안법〉 위반 제4조 수회죄(受賄罪)[216] 및 〈형법〉 제129조 동 131조 동 155조 및 법령 5호 위반 피고사건에 관하여, 4291(1958)년 10월 25일 서울고등법원에서 판결한 사실에 대하여 불복이 유(有)하와 상고신립 중이든 바, 금반 귀 법원으로부터 4291(1958)년 12월 10일 소송기록 수령 통지서 접수에 의하여 자이(玆以) 자초지종을 양심에 호소 앙고하옵고, 법관님의 공명정대한 판단이 유하옵기를 원하오며 기(其) 이유를 여좌(如左) 제출하나이다.

1. 우(右)와 여(如)히 본 피고사건을 근본적으로 말을 드리면, 원심에서의 검찰관이 제출한 본 피고인의 사건 조서를 보면 4291(1958)년 3월 20일경에 서울형무소 구치감 2사상(舍上), 사방 근무 중 동사(同舍) 15방에 수감 중인 (진보당 당수) 조봉암 피고인으로부터 이(李)부장 이부장하고 불러서 사건에 관한 검찰 조서와 동일한 이야기를 하자, 본 피고인은 이 기회를 이용하여 자기는 140만 환이라는 (부채) 관계로 인하야 근심 중이라는 사유를 상호간에 주고받고 하자, 기후(其後) 얼마 있다가 조봉암 피고인이 이부장하고 불러서 자기(조 피고인을 말함)와 양 피고인 간에 관한 사건 관계를, 양 피고인에 전달하여 주며는 본 피고인에 대한 (부채) 관계는 접견금지가 해결 시로 가족에게 연락하여서 청산하여 주겠다는 조건하에서, 본 피고인은 즉시 승낙한 연후에 동일 오후 6시 30분경에 양이섭 피고인이 수감되어 있는 동소 4사 하3방으로 가서 감방을 드려다보고, "양 영감이 누구요" 라고 불러서, "영감이 조봉암이에게 준 돈이 이북에서 가저다 준 돈이요, 영감 개인 돈 준거요"라고 하니까, 양 피고인이 "내가 그런 거액에 돈이 있나요. 이북에서도 가저다 주고, 나도(자기) 준 것이지요"라는 말을 듣고 난, 동년 3월 23일경에 재차 양 피고인에게 가서 "영감 잘 말하시오, 영감 개인 돈 주었다고 해야지, 이북에서 가져다 준 돈이라고 하면 큰일납니다"라고 말하였다는 사실.

1. 대저로 이러한 사실로써 본 피고인은 범죄행위 아닌 허무한 사실을 경찰관의 강요에 못이겨 조봉암 피고인과에 결부시켜서 허위로 자백을 하였든 것입니

216) 뇌물을 받거나 요구 또는 약속한 때에 성립하는 범죄로, 수뢰죄(受賂罪)와 같은 의미이다.

다. 그러면 자백한 동기에 대하여서 대저로 말씀드리면, 본 피고인이 형무소로부터 검사의 지시에 의해서 경찰에 가서 기(其) 경찰관의 무도한 행동은 오날 민주국가에서 인권옹호를 부르짖고 있는 이 마당에서 예상조차 할 수 없으리만큼 기(其) 무시한 (고문)이였습니다. 시시로 본 피고인을 수도로 끌고 가서 (물고문)을 한다고, 위협으로 (옷)도 전부 벗기고, 또 때로는 전기(고문)을 한다고 직원들더러 전기(고문)기를 가져오라는 등, 또 때로는 미국에서 사온 범행을 조사하는 사진기가 있는데 만일 네가 자백을 안 하면 최후적으로 그것을 사용하겠다고 하면서, 그것을 사용하게 되면 너는 병신으로써 최후에 길을 걷게 된다는 등으로써 (고문)을 하는 것이 주야 계속하여, 잠 한잠 재우지 않코서 고문하는 것을 3, 4일간이나 당하다가, 본 피고인이 무도한 (고문)에 (허리)를 상하자 기후(其後)로는 을지로에 있는 문영회 내과에서 치료를 받아가며 취조를 당했든 것입니다. 기후(其後) 본 피고인은 견디다 못하여 최후로 생각한 후 검찰관의 공소장과 여(如)한 자백을 하였던 것입니다.

1. 그러면 지금부터 본 피고인이 서울형무소에서 간수부장으로 근무할 당시 행한 사실을 근본적으로 진술하고저 합니다. 요컨대 본 피고인이 본 형무소에서 근무할 시 본 피고인과의 관계가 된 진보당사건이 발생하여 수감이 되었습니다. 수감된 후로도 본 피고인과 진보당사건 간에는 아무 사고가 없이 근무를 하여왔음은 사실임이며, 기간(其間)에는 본 피고인은 근무 시 시간이 지루하면 자연적으로 각 피고인들과 이야기하였든 것은 사실이며, 기중에는 조봉암 피고인과도 이야기하였던 것도 사실입니다. 비록 본 피고인분만이 아니라 각 직원들도 동일한 사실이라고 생각하는 바이며, 기(其) 경찰에서나 검찰에서 자백한 사실은 근무 시에 본 피고인이 각 피고인들과 이야기할 시에 들었던 것을 조작하여서 진술하였든 것은 사실입니다.

기(其) 어느 날 본 피고인이 근무 시에, 조봉암 피고인이 특무대를 갔다오기에 본 피고인은 무심코 조봉암 피고인에게 사유 이야기를 물었드니, 조 피고인은 서슴치 않고서 기(其)에 대한 사실을 본 피고인에게 이야기하여 주었습니다. 조 피고인이 하는 말이, 내가 전에부터 잘 아는 사람인데 특무대에 구속되었드라고 하면서, 기(其) 사람이 김(金) 사장(양 피고인을 말함)인데 특무대에서 기(其) 사람을 아느냐고 하기에, 자기가 잘 아는 사람이라고 하였드니, 기(其) 사람에게서 돈 받아 사용한 길이 있느냐고 하기에, 많이 받아 썼다고 하였다고 하면서 하는 말이, 기(其) 사람은 전에 자기에게 만주에서부터 물질적으로 도움을 많이 하여주던 사람인데, 해방 후 기(其) 사람과 자기와 상호간에 소식을 모르든 차, 기(其) 김 사장을 6·25사변 전인가 후인가 서울 시내에서 서로 만나 상호간에 또다시 오고 가고 하는 중, 자기가 어느 때 기(其) 김 사장에게 지금 무슨 사업을 하느냐고 물었드니, 기(其) 김 사장이 토건업을 하고 있다고 하기에 자기는 그런 줄만 알고 김 사장더러 사업이 잘되며는 자기를 물질적으로 좀 도와달라고 하였드니, 기후(其後) 가끔 와서 돈을 주어서 많이 어디 썼다고 하면서, 또 기후(其後) 언젠가 자기 집에 와서 자기가 식사를 하고 있는데, 김 사장이 자기 만년필을 가지고서 책에다 끄적끄적 글을 쓰기에 만년필이 없는 줄 알고서 기후(其後) 시내에 나갔다가 신신(만년필부에) 둘러서 (팍카 만년필)를 1본을 사다 준 일이 있는데, 이번 특무대에서 자기더러 김 사장이 이북 간첩인데, 김 사장이 준 돈이 전부가 이북 김일성이가 보냈다고 하면서, 그리고 자기가 사준 만년필이 이북으로 보낸 것이라고 하며, 내가 1본을 사주었는데 그것이 3본이 되어서 이북에서 돈 보내주어서 감사하다는 뜻으로 사 보낸 것이라고 한다. 이런 허무한 소리가 어데 있느냐는 소리를 들으며, 본 피고인은 지루한 근무시간을 보냈든 것입니다.

1. 그리고 어느 날 본 피고인은 아침에 출근을 하니까 양 피고인이 특무대에서 본 형무소로 이감이 되었다고 하면서, 양 피고인이 특무대에서 자살하려다 뜻을 이루지 못하고 형무소로 이감이 되었다고 하면서, 형무소에서는 양 피고인을 요시찰인물로써 관에서는 아침 조회시마다 상관으로부터 주의가 있는 것은 사실입니다. 기후(其後) 본 피고인은 어느 날 근무 중 순시차 동 4사 하를 들렀드니, 양 피고인 있는 감방에 수용인이 4, 5명이나 있기에 분간을 몰라본 피고인은 "양 영감이 누구요"라고 물었던 사실과 무의식중에 "영감이 가져온 돈이 북에서 가져온 돈이요"라고 물었드니, 양 피고인은 "북에서도 가져오고 내 개인 돈도 있지요"라고 대답한 것은 사실이고, 기후(其後) 본 피고인이 감방 감독 근무차 (3월 30일경) 양 피고인이 수용하고 있는 사방(舍房)을 들렀드니, 양 피고인이 고개를 숙이고 있기에, 본 피고인은 양 피고인더러 기도를 드리느냐고 미소를 띠우면서 말하였

드니, 머리가 좀 아파서 그른다고 하면서 시찰구로 나와서, "부장님 난 이 세상 살고 싶지 않다"고 하기에 본 피고인은 양 피고인에게 무슨 소리하느냐고 하면서, "죽긴 왜 죽느냐 어떻게든지 공판을 잘 받아서 나가야지 그런 생각은 조금도 하지 말라"고 타이른 사실이며, 기후(其後)에 순시차 들렀드니 (4월2일) 양 피고가 묻기를 진보당사건 공판이 언제냐고 하기에 무의식중에 내일이라고 하였든 사실, 이러한 근무 중에 피고인과 이야기한 것을 동 양 피고인과 같이 수용하고 있든 밀정인(경찰관이였든 모양)이, 형무소 들어와보니 형무소 소칙이 엄한지라 밀정으로 형무소에 더 머물러 있기가 싫어진 나머지 전술과 동일한 사실에 내역을 검사에게 밀고하고 출감한 모양인 사실.

기후(其後) 본 피고인은 경찰관에 (고문) 당시에 형무소 근무할 시 피고인과 이야기한 것을 본 사건과 관계도 없는 것을, 경찰관의 무도한 행동으로 인하야 생각한 나머지 기(其) (고문)을 일시적 피하기 위하야 경찰관과 상위하여 가면서 순차적으로 조서를 작성하였든 사실입니다. 예컨대 본 피고인이 그러한 경찰관의 조서와 동일한 사실을 각 피고인 간에 연락을 하라면 피고인을 감방 내에다 세워놓고서 연락하진 않을 것이고, 만일 연락할 목적으로 실행을 할라면 기(其) 당시 본 피고인에 직권으로 얼마든지 감방에서 불러내다가 단둘이 조용히 이야기할 수가 있었든 것입니다. 예컨대 형무관은 수용자에 대하여 교육자라는 입장에서 근무하고 있는 것이며, 형무관리로써 피고인 간에 이야기한 것이, 연락 사실이 아닌 이상 범죄사실에 연결케 할 수는 없을 것입니다. 형무관리는 어데까지나 사회에서 일시적으로 범죄를 하여 영어의 몸이 된 자들을 보호와 교화를 시켜서, 사회에 나가서라도 재차 이러한 범행이 무(無)하도록 매일같이 주의와 아울러 책임을 지고 있는 것입니다. 요컨대 이러한 전술과 여(如)한 책임감에서 근무하고 있는 관리가 기(其) 검찰관의 공소사실과 여(如)한 것이 있었겠나에 대하여서는 상식적으로 판단하여 보아 알고도 남을 사실입니다. 대저로 이러한 사실이고 좌기(左記)와 여(如)한 본 피고인에 대한 입증 사실을 말씀드리기로 하겠습니다.

(1) 우(右) 본 피고인에 대한 채권자라는 입증자 김성도 여사는 본 피고인과에는 하등에 관계가 없고, 본 피고인의 형님에 대한 채권자인 사실이며 경찰관이 허위로 입증을 만들은 사실.

(2) 이덕이가 입증한 사실은 본 피고인이 경찰에서 취조 당시 기(其) 경찰관에 강요로써 형무관리들이 조봉암 피고인에 대하여 연락하여주는 직원을 알 수 있지 안느냐고 (고문)과 동시에 하기에, 본 피고인은 알 수 없다 하고 기(其) 피고인에 바로 (옆)방이 이덕신이가 있으니 기(其) 자에게 문의하여 보라고 하였드니, 경찰관이 이덕신이에게 갔다와서 본인에게 하는 말이, 당신에 관한 사실은 모른다고 하고 임신환(원심에서 출감자)에 관한 것은 1건 얻어왔다고 본 피고인에게 이야기한 사실. 본 피고인에 대한 입증은 경찰에서 조작한 것은 틀림없는 사실.

1. 그리고 요컨대 본 피고인에 대한 법령 5호 위반에 대하여, 4285(1952)년도부터 본 건에 대한 권총을 소지한 사실은 본 피고인이 기(其) 당시부터 형무소장 문치연 씨의 호위신분으로써 소지하였든 사실이며, 기(其) 무기로 말하면 기(其) 당시 용도주임으로 잇든 노갑용 간수장이 동 권총을 소장님에 허가를 얻어가지고서 타인에게서 사서 본 피고인에게 교부할 시, 본 피고인에게 주의를 하기를 이 무기는 형무소에 등록이 안 된 무기고 만일 이 무기로 인해서 사고가 발생하면 자기가 책임지는 것이니 각별히 주의하고, 만일 자네가 소장호위를 퇴직할 시에는 기(其) 무기를 자기에게 통해서 밫이야지[217] 본 피고인 자유로 형무소에 밫이거나 타인에게 주며는 절대로 안된다고 한 사실이고 그리고 본 피고인에 생각에는 이 사건에 무기는 절대로 불법이 안인데 대하여서 몇 가지 예를 드러보겠습니다.

(1) 본 사건에 무기는 정식으로 소속장에 무기소지허가증이 유(有)한 사실

(2) 본 무기는 형무소의 무기인 사실.

(3) 본 무기에 대한 소지허가증을 발행하여 준 자가 전근 이후라도 당 형무소에서 정식으로 전 소속장에 발행한 무기소지허가증을 무효 공고가 있기 전에는 기(其) 증명서가 효력이 있다는 사실.

(4) 본 피고인이 소지하고 다닐 시 2, 3차에 걸처서 한미합동으로 미 MP, 한국헌병, 경찰관, 병기감에서 조사를 할 시에도 기(其) 문 소장이 발행하여 준 소지허가증으로 정식으로 통과한 사실.

217) 바쳐야지.

(5) 대한민국 현 정부에서 발표한 사실을 보면 형무관리로써 무기를 소지할 수 있는 사실.

대저적으로 이러한 예가 있는데도 불구하고 본 피고인이 사용한 무기가 불법이라 하여서 법률에 의하여 처벌을 밧는다면, 오날 현 사법경찰관들 소지허가 없이 소지한 자들은 전부가 법에 의하여 처벌을 받어야 할 것은 물론일 것이고, 기(其) 외 현 고관의 호위 순경들도 당국에의 허가 없이 소지한 자들도 전부가 맛당히 법에 의하여 처벌을 받어야 할 것입니다.

대저로 이러한 사실로써 약하고 다음 좌기(左記)와 여(如)히 종합을 하여서 예를 드러보겠습니다.

1. 전술과 여(如)히 본 피고인은 경찰관에의 (고문)에 못 이겨 공소장과 여(如)한 사실을 진술한 사실.
2. 기후(其後) 검찰에서 부인할 목적이였으나 서기에게서 협박으로 부인 못한 사실.
3. 기후(其後) 박 모모 변호사로부터 본 피고인을 접견 와서 절대적으로 공판정에 나가서 부인하지 말라. 자기가 검찰관에게서 말을 들었는데 부인하면 동정을 못 받는다고 하기에, 본 피고인은 변호사의 말을 전적으로 신임하고 양심을 속여 가며 원심에서 재판장님의 심리 시에 어느 정도 승인하다가, 아무리 생각하여도 본 피고인에 양심으로 그러한 진술을 할 수가 없어서 최후진술 시에 사실이 검찰관의 조서와 다르다는 것을 진술하는 도중 시간관계상 중지되었든 것입니다.
4. 그 후 고법 공판정에서 양 피고인이 진술하기를, 이동현 피고인은 아무 죄가 없는 사람이라고, 자기는 이 피고가 부장으로 근무시 자기에게 와서 영감이라고 하면서 뭇는 말이 전부 자기에게 대하여 비웃는 말로 들려서 감정을 가진 나머지 이 피고인을 관직에서 면직시킬 의사로 자기도 검찰관에게 사실 아닌 사실을 고발하였다고 고법정에서 진술한 사실. 그러한 모든 사실로 보아서 본 피고인은 고법판결이 너무나 어굴한 사실이라고 생각합니다.

요컨대 최후로 말씀을 드리고 싶은 것은 금반 본 피고인의 사고로 의하여, 전

(全) 형무관리에게 근무에 지장을 얼마나 주고 있는 것을 본 피고인은 이 현실을 볼 때 본 피고인 자신이 스스로가 미안한 감을 늦기는 바입니다. 이 모든 사실에 사정을 보시와 금반 이 사건을 공명하고도 정확한 판단이 있기를 바라오면서 이만 필(筆)을 놓습니다
함에 있고

피고인 조규택의 상고이유는

제1점 진보당은 공개리에 추진되고 당국의 엄격한 감시하에 결당되어 대한민국 정부공보실에 합법적 정당으로 등록된 공인 정당인 것입니다. 고로 동 정강정책은 합법적이라고 공인을 받은 것이며, 결당 과정의 모든 주장은 합법적으로 인정을 받은 것입니다. 그러므로 동 정강정책 자체가 불법이 될 수 없는 동시에 여사한 일은 헌법이 보장한 국민의 기본 권리를 침해한 것이며, 민주주의 정치사회에 있어서 정당의 불법화란 민주주의의 초보적 원리를 무시한 처사인 것입니다. 더욱이 문제가 되어있는 통일정책에는, "안으로 민주세력의 대동단결을 추진하고 밖으로 민주우방과 긴밀히 제휴하여 민주세력의 결정적 승리를 얻을 수 있는 평화적 방법에 의한 통일을 기한다" 하였으며, 기(其) 정책에서 북한 괴뢰의 위장평화 공세의 허위모략성을 지적하고, 기(其) 죄악상을 통절이 비난하여, "조국의 평화통일을 파괴한 책임은 6 · 25의 죄과를 범한 북한 괴뢰집단에 있다. 그들의 반성과 책임규명은 평화통일의 선행조건이 아닐 수 없다"고 분명히 강조하였으며, 다시금 "우리의 조국통일방안은 결코 대한민국을 부인하거나 말살하는데 있지 않이하고, 도리어 그것을 보호육성하고 혁신하여 진실로 민주화하는데 있음을 확신한다"라고 하였으며, 더욱이 기(其) 결론에서 "국제정세의 진운에 발맞우워 제우방과 긴밀한 협조하에 UN을 통한 민주적이고 평화적인 조국통일의 구체적 방안을 책정하려는 것이다. 민주주의의 승리에 의한 조국의 평화통일 이것만이 우리의 유일한 길이다"라 하였으니 진보당의 정강정책은 국헌에 위반되지 아니하며 결코 〈국가보안법〉 위반으로 취급될 수 없다고 사료합니다.

제2점 여사한 합법 정당에 재정부 부간사에 피임되어, 정당한 절차에 의하여 경상비를 조달한 것이 범죄가 될 수 없으며, 동 경상비의 조달은 당의 결의기관인 중앙당무위원회의 결의를 득하야 간사회의 결의를 거처 시행한 당사업이 범죄가 될 수 없다고 사료합니다.

제3점 상(相) 피고인 조봉암, 박기출, 김달호, 윤길중 등의 상고이유서를 원용하기로 하겠습니다
함에 있고

피고인 신창균의 상고이유는

제1점 진보당은 4290(1957)년 2월 9일부로 우리 정부 공보실에 등록된 합법 정당이요, 당의 강령정책 등이 대한민국의 기본이념과 합치되고 통일방안이 민주주의의 결정적 승리를 전제조건으로 되어 있는 만치, 동당 발기추진위원회 또는 동위원회가 공천한 정부통령 입후보한 것과 동당의 활동은 대한민국 헌법 테두리 안에서 이루워진 합법운동이라고 확신하므로 하등 범죄가 구성되지 못할 것임.

제2점 5·15정부통령선거 당시에 피고인이 재정을 취급한 것이 하등 범죄가 될 수 없으며, 해방 후 제반 악조건하에서 수차 기업에 실패한 피고인은 재정적 신용이 추락되어서 당시 재정 조달이 전연 불가능하였고, 선거추진위원장 서상일 씨가 공적으로 조달 입금한 800만 환 중 500만 환은 서 씨가 직접 지불하였으며, 피고인은 서 씨로부터 300만 환을 받어서 지출한 것임으로 5·15부통령 선거 당시 피고인 취급한 금액과 수지(收支) 내용을 밝히는 것임.

제3점 피고인이 진보당의 재정위원장에 피임된 것이 범죄사실이라고 할 수 없으며, 상기와 여(如)히 재정적 곤궁에 부닥치여 거류지인 대전 시내에서 기거하였고, 결당 후 약 4차 정도 상경하였으며 제1차 재정위원회에서 당비징수금액을 결정하였으나, 그 결의조차 피고인 장기간 상경치 못하여 실현치 못하였음.

제4점 일간신문을 경영키 위한 정진사 발기인회 참가한 것이 하등 범죄가 되지 못함은 물론이며, 피고인은 해회(該會)의 간부도 아니요. 역시 대전에 장기 기거하였으므로 정진사에 대하여 전연 협력하지 못하였음.

제5점 상(相) 피고인 조봉암, 박기출, 김달호, 윤길중 등의 상고이유서를 원용함이라 함에 있고

피고인 안경득의 상고이유는

1. 본인에 대한 검찰 공소의 소위 범죄사실 (1)에 있어서 서상일 씨의 추천으로 진보당 운동에 가담하여 시당 간부에 종사한 사실에 대하여는 그를 인정하나, 대한민국을 변란할 목적 운운함에 있어서는 전연 사실무근한 것으로 이 항목은 무죄에 속하여야 할 부분이니, 그 이유로서는 창당 당시의 환경 및 입당 동기와 본인의 금일에 이르기까지의 투쟁 경로와 인생관이 그러한 용공, 협공적 행위에 가담한다는 것은 꿈에도 있을 수 없다는 것을 웅변으로 입증하고 있으며, 그 외 많은 동포와 인사들이 공인하는 사실이니, 즉 해방과 더불어 공산분자들에게 추방(학생출옥동맹 대표로 있었으나 기독교인이요 반공사상의 소유자라 하여)당하여, 전 외무부 차관 고창일 씨의 소개로 월남하여 장택상 씨를 방문하여 그의 추천으로 반공과 건국사업에 정열을 바쳐 싸워 왔든 것인데(국민대회준비위원회 함남위원, 반탁전국투쟁위원회 선전위원, 연희대학교 학생위원회 최고위원, 학도호국단 중앙본부 선전부 간사, 이북학생총연맹 부위원장 및 지도위원장, 함남학생위원장, 관북기독학생회 부위원장, 한국학생협회 회장 등의 반공 및 건국운동에 종사), 그 후 일보 전진하여 우리가 세운 대한민국을 공산 침입으로부터 방위하며 남북통일을 이루고 그를 육성 발전시켜 자유, 평등, 평화 속에서 민주주의의 혜택으로 신생의 호흡을 하는 반공민주국가 건설에 정치인으로 이바지할 것을 결심하고 정당 선택에 그 뜻을 갖고 있었는데, 때마침 민주당의 창당과 함께 혁신정당이 출현한다는 소리가 정계에 높이 떠돌고 있었든 것입니다. 정계의 공기에 호응되어 현 민의원 정헌주 씨의 소개로 서상일 씨를 상면하여 오던 중, 그가 조

직하는 혁신운동에 자연이 가담하게 되어 많은 인사들과 함께 대한민국의 참된 민주화와 발전을 위한 혁신정치를 위한 여러 가지 준비를 거듭하던 중, 그것이 발전되어 약 1년 후 진보당으로 결당되어 공보처에 등록하고 합법적 정치운동을 하여 온 것인데, 이것이 어찌 국가를 변란할 목적으로 조직 또는 활동한 사실이라고 볼 수 있는지, 만일 이상의 사실 외에 검찰이 주장하는 바와 같은 어마어마한 범죄사실이 있다면 검찰은 그 점에 대하여 구체적으로 어대서, 언제, 누구누구가, 무엇을, 어떻게, 협의 또는 행동하였다는 입증자료를 제시하여야 함에도 불구하고, 그것이 없음으로 미루어 볼 때, 이는 단연코 정치적 감정 처사이니 독재사회 아닌 민주사법사회에 있어서는 단연코 무죄인 것입니다. 가령 백보를 양보하여 정부당국이나 국민대중이 그동안 진보당이 불법적인데서 출발한 것을 모르고 금일에 발견하였다 하더라도, 본인이 그 정(情)을 알고 가담하였다는 입증자료가 없는 한, 단순히 그 당의 간부였다는 것으로만 유죄 단정코저 함은 헌법정신과 형사소송법에 위반되는 처사라 아니할 수 없는 것이며, 수다한 사찰을 공연히 가지고도 금일에야 그 사실을 발견하였다면, 공사로 사찰 능력 없는 국민 우리가 당 간부라 하여 반듯이 그 정(情)을 알고 있었다고 단정함은 지극히 부당하며 위험한 독선이라고 아니할 수 없는 것인데, 더욱이 본건은 진보당 자체의 불법성과 본인이 그 정(情)을 사전에 아렀다는 데 대한 아무런 입증자료도 전 공판기록을 통 찾어 볼 수 없으니, 이것 또한 무죄인 것은 너무나 당연한 사실이라고 확신합니다.

2. 본인에 대한 검찰공소의 소위 범죄사실 (2)는 전연 사실무근이며 무죄인 것이니 그 이유로는, 4290(1957)년 9월 상순에 김기철 씨로부터 연락받고 처음으로 참석하였으나 부서 개편 후 첫 모임이니 상호 인사교환 정도로 끝마치고, 그 후 약 10여 일 있다 인편으로 김기철 씨의 통일 사안을 받었으나, 일신상 사정[신병, 가사(家事), 교회]으로 12월 성탄행사 맞이까지 당에 자주 나가지 못하여, 그 사안이 연구위원회에서 수차 검토하였느니, 또는 최고간부회의에 회부를 결의하였느니 운운한 사실에 관하여 전연 모를 뿐 아니라 전연 관여하지 않았다는 것이 이미 경찰 검찰에서 긍정(조사기록에 없음) 되고 있으며, 공판에서 상(相) 피고인들의 증언으로 명백하여져 있을 뿐 아니라, 1심, 2심 공판에서 무죄의 언도를 받었

으니 영원히 무죄임은 당연합니다. 이상 본인에 대한 검찰공소의 범죄사실 (1), (2)는 전부 사실과는 상위 되는 또는 무근된 것이메, 고등법원 판결은 실로 이해하기 어려운 부당한 처사라 아니할 수 없어 이에 불복하며 그 상고이유를 밝히는 바입니다. 상(相) 피고인과 변호인들의 상고이유를 함께 전적으로 원용하며, 이어 일반적인 이유 몇을 더 진술코저 하는 바입니다. 근 1년간이나 공개적으로 준비되어 왔고 정부의 집회 허가를 얻어 그 감독하에 시공관에서 자유·민주 양당을 비롯한 국민 다수의 성원을 받어가면서 결성되어 공보처에 합법적 등록으로 공인 받은 정당이, 인제 새삼스러이 구체적 범죄사실에 대한 입증자료 없이 불법정당이니 또는 이에 가담한 간부니 무조건 정(情)을 알고 하는 죄를 강압적으로 적용시키코저 함은 부당한 일입니다. 원래 정당사회단체를 등록하며 공인한다는 것은 정부가 국민에게 그를 추천 또는 소개하는 결과적 행위이니, 국민은 안심하고 정당 선택의 자유의사에 의하여 이에 가담하게 되는 것입니다. 여기에 정당 등록의 의의가 있는 것입니다. 그러니 본건은 국민 앞에 추천하며 소개한 공인정당을 일시에 범죄 입증 자료 없이 일방적, 비약적 독선으로 처벌하게 되면 국민은 어찌 안심하고 정치활동을 할 수 있는 것인지, 심히 유감되는 현상이라 볼 수 있음에 이를 가르켜 약주고 병주는 격이라 할지 상수요지라 하는 것입니다. 구체적 범죄사실의 입증 자료 없이 한 단체의 성격을 판정코저 할려면, 그 단체의 정강정책을 상대로 하여야 함은 극히 상식적인 견해라고 보아 고등법원에서 문제가 된 당의 성격과 통일문제에 대하여 본인이 보는 진보당 정강정책을 통한 견해를 다음과 같이 간략히 말하는 바입니다.

(1) 당 노선에 대하여 경제정책에 있어서, 사회주의를 지향한다는 하등의 증좌도 없으며, 타(他)에 이를 인정할 자료도 없으며, 도리혀 당 강령 전문에 있는 자본주의의 수정과 변개의 항목에 분명히 있기를, 자본주의의 변혁은 폭력적, 독재적인 것이 아니라 평화적, 민주적 방식에 의하여 수행되어 가고 있다고 말하며, 또한 당에서 말하는 사회적 민주주의는 아국 〈헌법〉 전문에서 기도한 바, 경제의 균등성이나 또는 동 헌법 경제조항에서 기도한 바, 전 국민에 대한 기본적 수요의 충족성 등에 비추어보더라도, 그 자체가 필연적으로 강압 수단을 수행한다든가 또는 기타 동 실현이 헌법 절차 또

는 법률이 정한 바 절차를 무시할 것이라고 볼 수 없으며, 이는 또한 하등의 국가변란을 목적으로 만드러짐이 아니임을 말하고 있습니다.

(2) 통일문제에 대하여, 원래 평화통일의 주장이 국헌에 위반된다고 하는 것은, 북한 괴뢰가 대한민국을 변란하기 위하여 책정한 평화통일방안을 토대한 구호를 그 정(情)을 알면서 호응하며 야합하여 주장하는 경우와 그 구체적인 방안이 북한 괴뢰와 동일하여 그들의 목적수행의 대상인 대한민국 변란을 가져올 우려가 있는 경우에 해당하는 것인데, 진보당의 통일정책에는 분명히 이와는 달리 또는 반대하고 있는 것이니, 즉 통일 정책에 기록되기를 "우리는 통일을 원한다. 그러나 조국의 평화적 통일을 파괴한 책임은 6·25 죄과를 범한 북한 괴뢰에게 있음을 지적하고 그들의 반성과 책임규명이 평화통일의 선행조건이 아닐 수 없다." 또는 "조국의 평화적 통일방안이 결코 대한민국을 부인하거나 말살하는 데 있지 아니하고 도리혀 그것을 육성하며 민주화하여 국제정세의 진운에 발맞추어 제 우방과의 긴밀한 협조하에 UN을 통한 민주적이며 평화적 조국통일의 구체적 방안으로 책정하는 것"이라고 되어있으니, 그 어느 점이 북한 괴뢰와 동일한 것이며 국가변란을 목적한 것인지 검찰의 입증은 분명치 않은 것입니다. 더욱이 주의 깊게 상기하여야 할 것은, 4290(1957)년 12월경 자유·민주 양당을 비롯한 각 정당에게 대한민국의 승리를 위한 통일방안에 관한 국론통일 협의를 위한 제안을 하였다 하는 것만으로도 그 사상적 기점을 알 수 있는 것이며, 이상 그 당헌과 사실을 미루어볼 때 진보당의 구체적 방안이 있을 수 없다는 것과 사실상 없었다는 뚜렷한 사실을 발견하게 되는 것이며, 있었다면 그것은 사안이거나 또는 당헌에 위배되는 당과 관계없는 행위입니다.

함에 있고

피고인 이상두의 상고이유는

존경하는 대법관님께 삼가 진실을 말씀 올림으로써 상고취의서에 대(代)하고

저 하는 바이며, 오로지 슬기로움과 관용의 미덕으로 경위를 가려주시고 자유와 희망을 주시옵기를 바라마지 않는 바입니다. 2심 공판에서는 본 피고인이 상(相) 피고인 이동화 교수의 지도하에 좌익적 사상을 포지하게 되었다고 판결하고 있습니다만, 그러나 본 피고인은 결단코 그렇지 않다는 것을 말씀드리고저 하는 바입니다.

먼저 상(相) 피고인 이동화 교수에 관해서 말씀 올리면 이 교수는 본 피고인이 경북대학교 법정대학에 재학 시 정치학과의 주임교수로 재직하였던 것이며 그리하여 1학년 때 1주일에 2시간씩 정치학 개론을 수강하였습니다. 그러나 이 교수는 불온한 내용의 강의를 한 적이 없는 것이며, 더욱이 이 교수는 자유를 찾아 북한 공산세계를 탈주하여 월남하였으며 이를 계기로 사상적인 면에서나 생활의 면에서 완전히 공산주의를 청산 극복하였음이 사실인 것입니다. 그것은 『사상계』를 비롯한 여러 학술잡지에 공산주의의 이론적 제도적 및 실천적인 맹점을 신랄하게 분석 비판한 많은 논문을 발표하고 있는 사실만으로서도 충분히 알 수 있는 것입니다.

다음으로 본 피고인이 결코 좌익적 사상을 포지하고 있지 않았다는 것을 말씀드리고저 하는 바이며, 이를 위해서 먼저 본 피고인의 생활환경과 경력을 간단히 말씀하고저 합니다. 이는 대법관님께서도 잘 알고 계시다시피 한 사람의 사상 경향은 그 사람의 생활과 불가분리의 밀접한 관계가 있는 것이기 때문입니다.

본 피고인의 형은 지금 경찰 간부로 복무중이며, 그러기에 6·25사변 시 미처 피난하지 못한 본 피고인의 가족이 본적지인 경북 안동에서 갖은 핍박을 당하였던 것이며, 이로써 더욱더 공산주의를 의식적으로 혐오 반대하기에 이르렀던 것입니다. 그리고 본 피고인 또한 6·25사변 발발 후 경찰관으로 후방 치안 확보에 노력하였고, 또한 태백산지구, 고령지구, 기타 각지의 잔비 토벌 작전에 참가하여 반공전선에서 미력하나마 이바지해왔던 것입니다. 그 후 대구학생웅변연구회를 조직하여 국민회와 도 학무과의 후원하에 반공사상의 선전과 상이군경 원호사업에 종사하였으며, 다시 유네스코 경북학생위원회의 책임을 맡아서 UN 정신의 함양보급과 반공사상의 앙양선전 등에 노력해왔던 것입니다. 그리고 경북대학 신문에 「반 스타린운동과 김일성의 경우」, 「스타린의 개인숭배를 가능케 한 원인과 조건에 대하여」 등등의 졸고를 발표하여, 공산주의에 대한 비판을 시도하였으며 폭력적이고, 독재적이며, 기계적이고, 획일적이며, 그리하여 편협하고, 인간의 존엄성을 무시 유린하는 공산주의에 반대해 왔던 것입니다. 약술한 바와 같이 본 피고인은 열과 성으로써 반공투쟁에 힘 바쳐왔던 것이 사실인 것이며, 그러기에 좌익적 사상을 포지하였거나 국가를 변란하려는 불순한 생각은 정말 가진 적이 없는 것입니다. 존경하는 대법관님 자기의 뼈를 묻을 사랑하는 조국과 한 핏줄을 타고 한 운명하에 살아나갈 내 민족을 위해 몸과 마음을 바쳐 헌신 노력하지는 못할망정, 어이 조국을 변란하고 민족을 해칠 행동을 감히 할 수 있겠으며 또한 반공을 위해 열성껏 애쓴 자가 어이 좌익적 사상을 가질 수 있겠습니까. 현명하옵신 대법관님께서 깊이 살펴주시옵기 간절히 바라는 바입니다.

본 피고인의 공소사실을 대별하면, 상(相) 피고인 이동화 교수에게 낸 편지와 그리고 학생 써클 여명회에 관한 것이라 하겠습니다. 먼저 편지에 관해서 말씀 올리고저 하옵니다. 여기에 대해서는 검사 신문 시와 1심 및 2심 공판 시에 진술한 바와 같으며, 이 편지는 모다 몇 년 전 본 피고인이 경북대학 재학 시에 낸 것입니다. 이 편지를 내게 된 동기는 훈도를 받은 스승에게 안부를 겸해서 학생으로서 공부하고 사색하는 가운데 모르는 사실과 석연치 못한 사실과 알고저 하는 바에 대하여 교시와 지도를 받기 위해서인 것이며, 교실에서 직접 답변할 것을 편지라는 형식을 통해서 문의한 것입니다. 그러기에 편지에선 독서한 책명과 내용을 소개하기도 하고, 독후감 등을 적기도 하였으며, 때로는 이 교수의 잡지 등에 발표한 논문에 대해서 찬사를 표하기도 하고, 졸렬한 소감과 반박을 하기도 하였으며, 이를 위해서 여러 학자들의 저서 중에서 이론과 학설을 인용하여 표현의 효과를 꾀하였던 것입니다.

이와 같이 하여 이만치 열심히 공부하고 있고, 진지하게 연구하고, 사색하고 있다는 것을 스승에게 알림으로써, 제자로서 스승에게 조금이라도 더 인정받고 사랑을 받고저 하는 마음에서 이 편지들을 쓰게 된 것입니다. 물론 그 표현에 있어서 자극적이고, 과격한 구절 등이 있는 것은 사실입니다만, 그러나 이것도 결단코 타의가 있어서가 아니라, 다만 학생시절에 가지는 까닭 없는 불평불만, 이유 없는 반발심, 정의감, 울분 등의 심리현상이 작용한 것이며 결코 어떤 목적의식하에 불순한 범의를 갖고 한 것이 아닙니다. 그러기에 서신에 대한 검열이 있는 줄 알면서도, 이에 개의함이 없이 무관심하게 편지를 할 수 있었던 것입니다. 만일 본 피고인이 정말로 불온한 사상을 소지하고 있었더라면, 결코 조금이라도 의혹을 살만한 내용의 편지는 애당초 내지를 않았을 것입니다. 불순한 사상을 소유한 자는 자기의 사상이 타인에게 규지(窺知)될까 두려워, 부단히 세심하고도 주도한 주의와 경계를 할 것이며, 자기의 본심과 정체를 위장하기에 급급할 것이라 생각됩니다.

그러나 본 피고인은 전연 불온한 사상을 가지지 않았으며 또한 어떤 범죄의식도 없었기에 아무 거리낌 없이 많은 편지를 낼 수 있었던 것입니다. 그리고 이 편지를 통해서 본 피고인이 스승인 이 교수를 선동하고 선전한 일은 전연 없는 것이니 왜냐하면 본 피고인은 교훈을 받는 제자인 것이며 스승을 선동할 이유도 능력도 이론도 없는 것이며 백보를 양보해서 설사 무슨 선동을 하였다 한들 여기에 좌우될 이 교수가 아닌 것입니다. 그리고 이동화 교수 역시 제자를 선동한 일이 없는 것이며 상호간에 어떤 협의 같은 것은 한 사실이 없는 것입니다. 이와 같은 사실을 대법관님께선 잘 살펴주시와 시비를 가려주시길 앙망하는 바입니다.

다음으로 여명회에 대해서 말씀드리고저 하나이다. 여명회는 순수한 학생 써클이었습니다. 학생 상호간의 토론과 연구발표로써 교양을 높일려는 연구회였으며 사회과학 일반에 걸친 이론을 연마하기 위한 단순한 독서회에 불과하였던 것입니다. 공소장에 기재된 바와 같은 진보당의 산하단체도 아니며 비밀결사도 아닌 것입니다. 경찰에서 여명회를 진보당의 산하단체라고 하는 데는 두 가지 이유에서인 것이니, 그 하나는 진보당원인 권대복 군이 회장이라는 것과 진보당 간부인 김달호 씨의 변호사 사무실에서 토론회를 가졌다는 이것인 것입니다. 그러나 여명회 회원 중 진보당원은 권대복 군뿐인 것이며, 그도 진보당원의 자격으로서가 아니라 국학대 학생의 자격으로써 이에 관여한 것이며 권 군이 회장이 된 것은 회원의 대부분이 카도릭 학생들이었고, 권 군이 한국카토릭학생회의 회장으로 있었기 때문인 것입니다.

그리고 김달호 변호사 사무실에 모이게 된 것은 권 군이 김달호 씨와 잘 아는 사이고, 그 사무실은 늘 비어있기에 적당한 장소를 구할 때까지 임시조치로 그곳에 모이게 되었던 것입니다. 그리고 여명회는 결코 비밀 써클이 아닌 것입니다. 다만 등록되지 않았던 것은 학도호국단 단칙에 의하여, 호국단 이외의 여하한 학생단체도 등록하지 않기로 되어있기 때문인 것입니다. 향우회, 학우회 등의 허다한 학생단체가 등록하지 않은 것은 이 때문인 것입니다. 그리고 여명회는 결코 비밀적인 것이 아니라 공개적이었던 것입니다. 그것은 본 피고인이 대구에 내려가 있을 때, 여명회 주최로 신도성, 고승제 양교수를 초빙하여, 학술강연회를 개최한다는 신문광고를 본 일이 있는 것이니, 이것으로 미루어보아도 여명회가 결코 불순한 비밀결사가 아니라는 것을 짐작하실 줄 믿습니다.

이제 본 피고인이 여명회에 관계한 경위를 간단히 말씀드리겠습니다. 4289(1956)년 동기(冬期) 방학이 되어 하구(下邱) 할려고 하고 있을 때, 연세대학 정외과 4년에 재학 중인 오경세 군이 방문하였길래 함께 시내에서 놀다가 오후 5시경 반도호텔 앞 화랑다방에 들렸드니, 권대복 군을 비롯한 여러 친우들이 차를 마시고 있기에 함께 잡담을 하다가 자리가 복잡하여 귀가코저 하였는데, 권대복 군이 2층이 비어있으니 올라가자고 하기에 함께 올라가 거기서 신문을 보고 하였는데, 거기에 「원자력의 평화적 이용」이란 논문이 게재되고 있었기에 이 문제를 중심으로 상호토론을 하게 되었던 것입니다. 그리하여 앞으로 우리들이 지적 수련을 위해 이런 모임을 정기적으로 가졌으면 좋겠다는 의견의 일치를 보아 순수한 학생연구회로서 여명회가 발족케 된 것입니다. 그러나 이것이 처음인 동시에 마지막 토론회였습니다.

그 후 본 피고는 학교를 수료하고 대구로 내려가서 본건 발생 시까지 그곳에 있었던 것입니다. 그때 학교를 졸업하고 군대에 입대차 하구한 오경세 군으로부터, 여명회는 회원의 개거가 졸업하고 입대하였기에 해산하고 말았다는 소식을 들었던 것입니다. 그리하여 본건 발생 후 경찰에 와서 공소사실과 같은 연구위원장이란 유령감투를 쓰게 된 것이며, 또 조봉암 씨의 평화통일론에 대한 강연을 들은 것으로 되고 여명회의 취지서를 작성한 양(樣)으로 되었습니다. 그러나 본 피고인은 여명회의 연구위원장 노릇한 적이 없고, 또 조봉암 씨의 평화통일론에 대한 강연을 들은 바 없으며 취지서를 쓴 사실이 없는 것입니다. 그것은 경찰에서 본 피고인이 여명회의 지도적 역할을 담당한 것으로 만들기 위하여, 연구위원장으로 꾸미고 진보당사건과 관련을 갖겠금 하고저 평화통일론을 결부시키고, 또 진보당의 강령에 사용된 문구를 삽입하여 취지서를 작성하겠금 하여 된 것이며, 이것은 모다 경찰의 조작임으로 분명히 말씀드리는 바입니다.

상술한 바와 같이 여명회는 진보당의 산하단체도 비밀 써클도 아닌 순수한 학술연구를 위한 독서회인 것이며, 국가를 변란할려는 목적하에 결사된 것이 아니라, 학생 상호간의 학문적 교양을 높이기 위한 목적하에 발족된 연구회이며, 또한 본 피고인이 여기서 지도적 임무에 종사한 사실이 없는 것입니다. 이상 말씀드린 바와 같이 본 피고인은 결코 불온한 사상을 포지하여 국가를 변란하려는 행위를 한 것이 아님을 말씀드리오니, 현명하신 대법관님께서는 깊이 살피시와 이 젊은이로 하여금 희망을 가지고 더욱더 국가 민족을 위해 기여할 수 있도록 기회를 주시옵고 자유의 길을 열어주시길 빌어마지 않습니다
함에 있고

피고인 이동화의 변호인 조헌식, 동 한근조, 동 이태희의 상고이유는

제1점 원판결은 원심에서 인정한 사실관계로서는 〈국가보안법〉 제3조 위반죄를 구성할 필요조건을 구비하지 못하였음에도 불구하고 범죄의 성립을 인정함으로서, 범죄를 구성치 않는 사실을 범죄로 단정한 위법이 있다. 원판결 이유 적시에 의하면, 피고인 이동화에 대한 판시 (1)에서 동 판결 판시, 피고인 조봉암의 범죄사실 (1) 적시 즉 4288(1955)년 6월경 새로 발족하는 민주당결성추진운동에서 제외되자, 공소외 서상일과 함께 소위 비자유당계와 비민주당계의 재야 혁신세력

을 규합하여 신정당을 조직할 것을 모색하던 중, 동년 9월 일자 미상 상(相) 피고인 윤길중, 동 김기철 등의 주동으로 경기도 양주군 소재 광릉에서 공소외 서상일, 장건상 등을 비롯한 20여 명과 회합하여 대야당을 추진할 것을 합의하고, 서울특별시 종로구 관철동(貫鉄洞) 소재 대관원을 비롯하여 수 개 처에서 10여 차에 긍(亘)하여 회합을 거듭한 끝에, 동년 11월 일자 미상 상(相) 피고인 윤길중, 동 조규희, 동 신창균, 동 김기철, 동 김병휘, 동 이명하 등과 함께 가칭 진보당발기추진위원회를 조직하고, 공소외 서상일, 동 김성숙(金成璹), 동 최익환 등과 함께 동 위원회 총무위원으로 취임하여 '혁신정치의 구현', '수탈 없는 경제체제의 확립', '남북의 평화통일 실현' 등의 3대 구호를 목표로 동 결당을 추진하는 일방, 5·15정부통령선거 시 동당 공천 대통령 입후보자로 출마하여, 전시 3대 구호를 절규하면서 동 선거운동을 전개하고, 동 4289(1956)년 10월경 동당 주도권 문제로 전시(前示) 서상일 일파와 결별한 후, 상(相) 피고인 박기출, 동 김달호, 동 윤길중, 동 조규택, 동 신창균, 동 김기철, 동 김병휘, 동 이명하, 동 최희규, 동 안경득, 동 박준길, 동 권대복, 동 전세룡과 동 결당을 추진하여 오든 중,

"동년 11월 10일 마츰내 서울특별시 중구 소재 시공관에서 우 상고인 등을 위시로 8백여 명과 함께 국헌에 위배하여 정부를 참칭하는 북한 괴뢰집단에 부수하여 국가를 변란할 목적으로, '우리는 노동자 농민을 중심으로 하는 광범한 근로대중을 대표하는 주체적 선진적 정치적 결합체이며 변혁적 주체적 세력의 적극적 실천에 의하여 자본주의를 지양하고 착취 없는 복지사회를 건설하여야 한다'는 지(旨)의 혁신정치의 실현, '우리는 자유민주주의를 폐기 지양하고 주요 산업과 대기업의 국유 내지 국영을 위시로 급속한 경제건설 사회생산력의 제고 및 사회적 생산물의 공정분배를 완수하기 위하여 계획과 통제의 제 원칙을 실천하여야 한다'는 지(旨)의 수탈 없는 경제체제의 확립, '우리는 남북한에서 평화통일을 저해하는 요소를 견제하고, 진보세력의 주도권 장악하에 피 흘리지 않은 평화적 방식으로 조국의 통일을 실현한다'는 지(旨)의 평화통일의 실천 등을 정강정책으로 하는 진보당을 조직하는 동시에 운운"을 인용하고

피고인 이동화는 4288(1955)년 11월경 전시 조봉암파와 공소외 서상일파가 합

세하여 가칭 진보당발기추진위원회를 구성할 무렵부터 그에 참가하여 노력하여 오든 중, 동 조봉암, 동 윤길중 등의 의뢰로 동 적시 '혁신정치의 실현', '수탈 없는 경제체제의 확립', '평화통일의 실현' 등을 골자로 하는 강령과 정책을 발기하여, 동 조봉암을 비롯한 진보당 관계 상(相) 피고인 등으로 하여금 차(此)를 동당의 강령 전문과 경제정책 전문으로 하여 동 적시 진보당을 결당케 하여서 동당의 목적한 사항의 실행을 협의하였다고 인정하여 〈국가보안법〉 제3조 위반에 의율하였는바

(1) 피고인 이동화의 강령정책 초안 자체가 국헌에 위배 우(又)는 국가를 변란하는 내용의 것이라고 인정하려면 헌법의 해석 등 그 이유의 명시가 있어야 함에도 불구하고, 막연히 혁신정치의 실현, 수탈 없는 경제체제의 확립, 평화통일의 실현의 주장을 지목하여 〈국가보안법〉 위반에 의율한 것은 이유의 불비라고 아니할 수 없다.

대한민국 〈헌법〉은 그 전문을 위시하여 동법 제5조, 제15조, 제28조 2항, 제84조, 제88조에서 경제문제에 있어서 개인주의적 자본주의 국가체제에 편향함을 회피하고 사회주의적 균등경제의 원리를 아울러 채택함으로서 개인주의적 자본주의의 장점인 각인의 자유, 평등 및 창의의 가치를 존중하는 한편, 모든 국민에게 인간다운 생활을 확보케 하고, 그들의 균등생활을 보장하려는 사회주의적 균등경제의 원리를 또한 존중하여, 말하자면 정치적 민주주의와 경제적, 사회적 민주주의라는 일견 대립되는 두 주의를 한층 높은 단계에서 조화하고 융합하려는 새로운 국가형태를 실현함을 목표로 삼었음이 분명한, 현대적 〈헌법〉이라 할 것인데[유진오 저, 『헌법해의』 서론 제7항, 본론 전문 중 제40항, 동 42항, 제1장 총강 중 제5조 설명에서 편 51항, 제52항, 제6장 경제총설 중에서 제254항, 제84조 설명 전문, 제257항 ; 박일경 저, 『헌법』 제5절 대한민국헌법3 제66항 등 참조], 증 제2호 진보당의 선언, 강령, 정책, 당헌에 의하면 사회적 민주주의 이념에 입각하여 정치를 혁신하고 경제체제를 수립하여 대중적 복지사회를 건설하자는 것이고, 또 사회적 민주주의의 내용은 자본주의의 변혁은 폭력적 독재주의인 볼세비즘의 경우와는 반대로, 민주적 평화적 방식에 의하여 달성하여야 한다는 것인 즉(증 제2호 25항, 진보당 강령 전문 3항, '자본주의의 수정과 변혁'), 〈헌법〉 전문에서 기도하

는바 '경제의 균등성'이나 또는 동 〈헌법〉 경제 조항에서 기도하는바 '국민에 대한 생활의 기본적 수요에 대한 충족성'이나, '균형 있는 국민경제 발전성' 등 헌법정신에 일치하도록 현 정치 내지 경제체제를 혁신하자는 것이다.

더구나 증 제2호 제54항 급(及) 55항 (8) 당의 성격과 임무의 항목에서 진보당은, "노동자 농민을 중심으로 하는 광범한 근로민중의 집결체인 우리 당은, 모든 민중에게 자유와 평등과 사람다운 생활을 보장하여 줄 가장 진보적인 진정한 사회적 복지국가를 이 나라에 건설하는 것을 그의 역사적 임무로 삼고 있으며, 또 그러기 위하여 우리 당은 정치권력을 우리 수중에 장악하고 이를 안정화시키려고 한다. 이러한 정치적 변혁이 없이는 우리의 역사적 임무는 달성될 수가 없다. 우리는 이 변혁을 폭력적 방식에 의해가 아니라, 민주적, 평화적 방식에 의하여 의회에서 절대다수를 점함으로서 수행하려고 한다. 8·15해방은—위에서 언급한 바와 같이 근대적 민주주의 혁명의 성격을 띠는 것이며, 대한민국의 수립과 동시에 제정된 대한민국 〈헌법〉은 근대 민주주의적 제 자유에 관한 규정뿐만 아니라 수정자본주의적 제 규정까지를 포함하고 있다. (중략) 우리 당이 권력을 장악할 때에는 우리는 우선 대한민국 〈헌법〉의 규정과 정신을 소생시켜 광범한 민중에게 민주주의적 제 자유를 보장하여 주려고 한다. 우리는 계획적 민주주의의 실현과정에 있어서나 그 후에 있어서 나를 막론하고 끝까지 민주주의적 제 원칙에서 충실하려고 한다. 우리는 국민의 언론 자유, 반대당의 존재와 그의 자유로운 비판을 즐겁게 용납하려고 한다. 그리고 정권의 교체와 이동은 어데까지나 자유로히 표명된 국민의 총의에 의하여 결정되지 않으면 않될 것을 명언하는 바이다"라고 공언하고 있는 것이다.

증 제2호 진보당의 선언, 강령, 정책, 당헌에 표시된 주장을 종합고찰하건대, 그것이 대한민국 헌법정신과 규정에 위배된다고 인정할 수 없을 뿐만 아니라, 설혹 백보를 양보하여 그 중 대한민국 〈헌법〉의 개정 없이 현실 불가능한 부분이 있다 할지라도, 그 자체가 필연적으로 민주공화체나(〈헌법〉 제1조), 주권재민을(〈헌법〉 제2조) 부인하고, 국가기관에 대한 강압수단을 수반한다든가 기타 동 실현에 〈헌법〉 또는 법률에 정한 절차에 의하여 할 수 없다고 볼 수 없는 한(〈형법〉 제91조, 〈헌법〉 제98조 말항 참조), 국가를 변란한다고 볼 수 없는 것이다. 그럼으로 원심 판결이 인정한 혁신정치의 실현, 수탈 없는 경제체제의 확립을 정강정책으로 한 사실이 〈국가보안법〉 위반죄를 구성할 필요조건을 구비하지 못하였음에도 불구하고, 차(此)를 범죄로 인정한 원판결은 위법임을 면치 못할 것이다.

(2) 원래 추상적인 평화통일의 주장이 국헌에 위배한다는 것은, 북한 괴뢰집단이 대한민국을 변란하기 위하여 책정한 평화통일방안을 토대로 한 평화통일의 구호를, 그 정(情)을 알면서 이에 야합하여 주장하는 경우에 해당될 것이며, 또 구체적 통일방안 자체가 동 방안에 따르는 법률절차를 경유함을 전제로 할 것임으로, 결국 동 방안의 실현이 〈헌법〉 또는 법률 소정의 절차를 취하여 수행할 수 있느냐의 여부(〈형법〉 제91조 참조)에 의하여 결정할 문제인 것이다. 본건에 있어서 피고인 이동화는 진보당의 구체적 통일방안을 결정하였느냐의 여부 내지 그 내용 여하는 하등 관지할 바가 아니고 피고인이 기초한 진보당의 강령정책 초안 중의 추상적인 평화통일방안이 북한 괴뢰집단과 야합하여 대한민국을 변란할 목적으로 작성한 여부가 문제될 것인 바, 피고인 이동화가 기안한 진보당의 통일문제 항목(증 제2호 제61항, 62항)에는 "더우기 우리 민족은 이미 6·25의 참변으로 인하여 수백만의 생령을 희생시켰고, 국토는 폐허로 되었으며 민생은 거의 파멸에 임하게 되었다. 우리는 이 이상 더 동족상쟁의 피를 흘릴 수는 없다. 평화를 갈망하는 마음에 있어 누구에게도 지지 않은 우리는 오직 피흘리지 않은 통일만을 희구한다. (중략) 조국의 평화통일을 파괴한 책임은 6·25의 죄과를 범한 북한 공산집단에게 있다. 그들의 반성과 책임규명은 조국통일을 위한 선행조건이 아닐 수 없다. (중략) 그렇기 때문에 우리는 우리 자신이 대한민국의 정치권력을 획득하여야 하며, 그런 후에 국제정세의 진운과 발맞추고 제 우방과의 긴밀한 협력하에 UN을 통한 민주적이고 평화적인 조국통일의 구체적 방안을 책정하려는 것이다. 민주주의의 승리에 의한 조국의 평화적 통일 이것만이 우리의 유일의 길이다"라고 하여, 통일의 선행조건으로서 북한 괴뢰집단의 책임규명을 절규하였고, 또 피고인 이동화가 정책위원장으로 소속하여 동인(同人)이 기초한 민주혁신당의 통일방안(증 제44호 47항)에는 "국토통일을 성취하는 방법으로서, UN 감시하 자유총선거를 통하여 할 것을 우리는 지지한다. 그러나 이러한 방식의 채택은 국

제적 합의에서만 이루워질 수 있는 것임으로 그에 필요한 국제적 분위기를 조성하기 위하여 우리는 최선을 다할 각오이다. 그리고 북한에서 자유선거가 실시되려면 다음과 같이 제 조건이 전제되어야 함으로 우리는 그것의 관철을 기필한다.

(1) 북한 동포들이 남한에서와 꼭 같이 언론, 출판, 결사, 집회 자유 등 제 권리를 완전 보장받아야 한다.

(2) 남한 제 정당을 포함한 일체의 합법적 정당이 북한에서도 자유로 입후보할 수 있고, 자유로 여행할 수 있고, 자유로 선거운동을 할 수 있으며, 또한 신분의 완전보장을 받어야 한다.

(3) UN이 규정하는 한국전쟁 도발 책임자는 통일정권에 참가할 수 없다.

(4) 자유총선거의 실시를 공포함과 동시에 북한의 치안은 UN군이 담당하여야 한다. 한편 통일을 성취하는 민족적 주체성을 확립하기 위하여 우리는 다음과 같이 행동할 것이다. ① 대한민국의 민주주의적 발전을 정치, 경제, 사회, 문화 등 각 분야에서 안정화하여 대한민국이 통일을 위한 자력적 존재가 되게 한다. ② 북한 괴뢰들이 현재 선전하고 있는 것과 같은 협상론의 허구성, 기만성을 폭로 배격하고 남북한에서의 외세 의존적 사대주의적 정치세력의 준동을 봉쇄제거한다"라고 하여 북한 괴뢰집단의 통일정권 참가를 거부하고, 또 동 협상론의 허구성, 기만성을 폭로배격할 것을 명백히 한 바 있는데, 즉 피고인 이동화가 주장한 민주적 내지 평화적인 국토통일방안이 북한 괴뢰집단이 대한민국을 변란하기 위하여 책정한 평화통일방안을 토대로 한 평화통일의 구호를 그 정(情)을 알면서 이에 야합하여 주장한 것이 아님이 명백하다.

원판결이 유죄의 증거로 인용한

1. 원심 공판조서 중 동 피고인과 상(相) 피고인 조봉암, 동 윤길중, 동 권대복 등의 각 공술 기재
2. 제1심 공판조서 중 동 피고인과 상(相) 피고인 조봉암 동 윤길중 동 권대복 등의 각 공술 기재
3. 동인 등이 성립의 직정(直正)을 인정하는 검사의 동인 등에 대한 피의자 신문조서 중 각 공술 기재를 갖이고,

피고인 이동화가 정(情)을 알면서 북한 괴뢰집단과 야합하여 우(又)는 진보당이 북한 괴뢰집단에 부수하여 국가를 변란할 목적으로 결성되는 집단이라는 정(情)을 지실(知悉)하였다는 증좌가 없은 즉, 원판결은 이 점에 관하여 피고인 이동화의 범의 유무와 또 진보당이 북한 괴뢰집단에 부수하여 국가를 변란할 목적으로 결성되는 집단이라는 사실(설혹 그렇다 할지라도)을 인식한 여부의 사실과 증거에 의한 심리판단 없이, 만연 피고인을 〈국가보안법〉 위반에 문의한 결과가 되어 이유 불비 내지 심리부진의 위법이라고 아니할 수 없다.

제2점 원판결은 피고인이 과거 경북대학교 법정대학 정치과 교수 당시 피고인의 영향으로 좌익사상을 포지하는 대구시 삼덕동 140번지의 1호 거주인 상(相) 피고인 이상두로부터 (가) 4289(1956)년 1월 24일자, (나) 동년 3월 10일자, (다) 동년 8월 22일자, (라) 동년 9월 9일자, (마) 동년 12월 24일자, 각 발신이 대한민국을 변란할 것을 선동하는 우(又)는 반국가사상을 고취하는 내용의 증 제45호의 1 내지 5의 서신을 각 기경(其頃) 받어보고, 자기 책장에 보존하여서 국헌에 위배하여 국가를 변란할 것을 목적으로 하는 사항의 실행을 협의하였다고 판시하였다.

1. 원판결은 '상(相) 피고인 이상두는 피고 이동화가 과거 경북대학교 법정대학 정치과 교수 당시 피고인의 영향으로 좌익사상 포지' 운운 판시하였으나, 원심 판결이 증거로 인용한 제1심 제8회 공판조서(기록 4290정), 상(相) 피고인 이상두의 공술에 의하면 "답. 경북대학에서 사회주의 교육을 이동화 교수로부터 받은 일이 없습니다. 정치학과 1학년 재학 당시 동 교수로부터 정치학 개론만 배웠는데 사회주의를 신봉할 만큼 교양을 받었다는 것은 말이 안됩니다" 운운, "답. 1학년 때 1주일에 한 두 시간 밖에는 배운 일이 없고, 사적으로는 별로 접촉한 일이 없습니다. 연이(然而) 이 교수의 학문 높은 점에 숭배하는 마음이 있었던 것은 사실입니다"라고 하여 피고인 이동화의 영향으로 좌익사상을 포지하게 되었다는 사실을 부인하였는바, 원심이 인용한 기타 제 증거에 의하여도 판시 사실을 증명할 만한 증좌가 없은 즉 원판결은 증거에 의하지 않고 사실을 인정한 위법이 있고,

2. 협의의 언어학적 의의는 2인 이상이 협동 토의함을 의미하는 것이고, 법률적

특히 국가보안법적 개념은 국가를 변란할 목적사항의 실행을 구체적으로 상통모의하는 경우를 의미하는 것인데, 첫째 본건에 있어서의 피고인 이동화에 대한 상(相) 피고인 이상두의 서신내용이 일시적인 흥분 충격으로 인한 감정의 발로로서, 현재 사회제도 혹은 정치실정에 대한 불만 불평을 나열하였을 뿐 구체적으로 대한민국을 변란할 목적의 실행을 모의한 내용이 없으며, 이러한 서신의 왕복은 우리 사회생활에 있어서 특히 사상이 확고하지 못한 청년 계층에 있어서 종종 발견할 수 있는 사례로서, 〈국가보안법〉이 지칭하는 협의의 요건을 구비하였다고 할 수 없으며, 둘째 설혹 그 서신의 내용이 협의의 요건을 구성한다 할지라도, 피고인 이동화가 그 서신을 받고 모의상통한 사실이 없는 본건에 있어서, 피고인 이동화를 협의죄로서 문의할 수 없는 것이다. 그러므로 원판결이 피고인 이동화가 상(相) 피고인 이상두로부터 등등의 서신을 받음으로서 국가를 변란할 목적사항의 실행을 협의하였다고 판시한 것은, 결국 범죄의 구성 요건이 구비되지 않는 사실을 죄로 판정한 위법이 있다
함에 있고

피고인 이상두의 변호인 조헌식의 상고이유는

제1점 원판결은 피고인 이상두는 경북대학교 법정대학 정치학과 재학 시부터 당시 동 대학 정치과 교수이던 상(相) 피고인 이동화의 영향을 받어 좌익사상을 포지하여 오던 중, 사회주의를 실현하려면 우선 현 대한민국이 붕괴되어야 한다는 신념하에, 동 이동화에게 동 이동화 범죄사실 (2)의 (가) 내지 (마) 적시의 각 서신을 발송하여서 그 목적한 사항의 실행을 협의 선동하였다고 판시하였는데,

(1) 상(相) 피고인 이동화의 영향을 받어 좌익사상을 포지하여 오던 중, 사회주의를 실현하려면 우선 현 대한민국이 붕괴되어야 한다는 신념하 운운에 대하여 피고인은, 이를 전연 부인하였고[제1심 제8회 공판조서 중 기록 4290정 (답) 저는 사회주의 실현을 위한 이념을 갖어 본바 전연 없고 운운의 공술, 동 (답) 경북대학에서 사회주의 교육을 이동화 교수로부터 받은 일이 없습니다. 운운의 공술],

원판결이 인용한 전(全) 증거를 가지고도 이를 인정할 자료가 없은 즉 증거에 의하지 아니하고 사실을 인정한 위법이 있다고 아니할 수 없다

(2) 피고인이 발송한 상(相) 피고인 이동화 범죄사실 (2)의 (가)서신에 관하여, 피고인은 당시 이동화가 잡지 『사상계』에 「정치학을 공부하는 학생에게」라는 제목하에, 정치에 관한 평화적, 민주적 방식을 주장하는 내용의 논문을 읽고, 피고인은 배우는 입장에서 오른쪽으로 가라면 왼쪽으로 가보는 것과 같이 반대하여 보느라고, 편지 중 일본국의 이노키 마사미치가 쓴 『정치의 변동론』 중에서 동 구절을 인용하여 본 것이며(기록 264정 표면 9행 지 265정 이면 6행, 검사의 피의자 신문조서 제1번 제8면 공판조서 기록 4290정 이하), 동 (나)서신에 관하여, 이것도 서울지방검찰청에서 당시 구속 중의 동 이동화를 면회한 후 덕수궁 연못에 간 일이 있는바 동소에서 느낀 바를 수필로 쓴 데 불과하며(기록 266정 이면 4행 지 267정 표면 3행, 검사의 피의자 신문조서 제1번 제8면 공판조서 기록 4290정 이하), 동 (다)서신에 관하여 그것은 다른 용건 끝에, 과거 상이군인이 죄인 시 취급을 당하는 것을 목도하고 심각한 충격을 받은 바 있었는데 그 관계로 그러한 구절을 첨가하였을 뿐이며(기록 268정 표면 5행 지 269정 이면 1행, 동 피의자 신문조서 제1번 제8면 공판조서 기록 4290정 이하), 동 (라)서신에 관하여 그것은 피고인이 현 사회의 불평등한데 대하여 옳지 못한 것을 느끼고 평등하여야 한다는 것과 또 당시 경북대학장이던 박관수는 일제 시에는 친일파로 알려져 있었는데, 8·15해방이 되자 누구보다도 일본을 욕하는 것을 보고 교육가로서 그렇게 180도로 돌 수 있을까고 하여 「전향자의 히스테리」라 제(題)하여 글을 써볼까 하였다는 것과 그 후반은 일본국 가가와 도요히코 저의 『사선을 넘어서』라는 책자 중에서 인용한 것이며[기록 26정 이면 7행 지 270정 이면 1행, 동 피의자 신문조서 제1번 제8면 공판조서 4290정 이하], 동 (마)서신에 관하여 그것은 피고인이 4289(1956)년 세모(歲暮)에 동년 1년을 회고하여 느낀 바를 종합적으로 써서 보내는 내용 끝에 독일의 칼 슈밑트의 말과 일본인 야나이하라 타다오의 『기독교와 맑스주의』라는 책자에서 별 의미 없이 전단에 인용하였던 것이며, 후반은 일본인 가와카미 하지메의 대학교수를 지내고 50이 넘어서 일개 평당원으로 가입한 인간으로서의 겸손한 점에 끌려서 쓴 것이다(기록 270정 이면 8행 지 271정 이면 1행,

동 피의자 신문조서 제1번 제8면 공판조서 4290정 이하)라고 변소(辯疎)함과 같이 일시적인 흥분충돌의 발로로서 현 사회제도 혹은 정치실정에 대한 불만불평을 나열하였을 뿐이고, 구체적으로 대한민국을 변란할 목적 사항의 실행을 모의한 내용이 없으며 이러한 서신의 왕복은 우리의 사회생활에 있어서 종종 발견할 수 있는 사례로서 〈국가보안법〉이 지칭하는 협의 선전 선동이라고 인정할 만한 별단의 사유가 없음에도 불구하고, 차(此)를 〈국가보안법〉 위반죄에 문의한 원판결은 결국 범죄의 구성요건이 구비되지 않은 사실을 죄로 단정한 위법이 있다.

제2점 원판결은 피고인 이상두가 4290(1957)년 상순경 상(相) 피고인 권대복 등과 진보당 산하 특수 제2선 조직체인 여명회를 조직하는 동시에, 동회 연구위원회 위원장에 취임하여서 지도적 임무에 종사하고 또 동년 2월 하순경 전시(진보당) 중앙당 사무실에서 권대복 외 11인과 회합하여 전시 조봉암으로부터 국제정세란 제목으로 진보당의 평화통일 노선 등에 관한 교양을 받으므로 동당의 목적한 사항의 실행을 협의하고, 또 동년 3월 중순경 "학생 청년들은 부패한 현 대한민국의 정부 실정을 혁신하고 사회민주주의를 실현할 책임이 있으니 뜻있는 학생은 여명회로 모히라"는 지(旨)의 전시 여명회의 취지서를 기안하여, 전시 권대복에게 제공하여서 동당의 목적한 사항의 실행을 협의하였다고 판시하였으나

원심이 인용한 원심공판에서의 피고인과 상(相) 피고인 이동화, 동 조봉암, 동 윤길중, 동 권대복, 등의 각 공술, 제1심 공판에서의 피고인과 상(相) 피고인 이동화, 동 조봉암, 동 윤길중, 동 권대복 등의 각 공술 기재, 우(右) 동인 등이 기(基) 성립과 내용의 진술을 인정하는 검사의 동인 등에 대한 각 피의자 신문조서의 동인 등의 공술 기재의 전부를 가지고도, 전시 여명회가 진보당 산하 특수 제2선 조직체라거나, 피고인 이상두가 진보당 중앙당 사무실에서 조봉암으로부터 교양을 받었다는 사실이나, 또 피고인 이상두가 여명회 취지서를 작성하여 전시 권대복에게 제시하였다는 사실 등을 증명할 자료를 발견할 수 없다.

도리어 검사의 피의자 이상두 신문조서(기록279정 이면 10행 지 280정 표면 10행) "(문) 동 여명회 위원장인 권대복은 진보당 사회부 부간사로서 동 여명회를 동

당 산하 제2선 조직체로 만들었다는데 여하

(답) 그런 사실은 모르며 권대복은 다만 국학대 학생이라고만 하였습니다

(문) 동 위원장이 전기 권대복인 만큼 어떤 정치적인 색채가 개재되어 있었다고 생각되는데 여하

(답) 그렇게도 볼 수 있지만은 사실상은 그렇지 않었습니다.”의 기재

동 조서(기록 281정 표면 5행 지 282행 표면 2행)

“(문) 피의자는 동년 2월 하순 진보당 중앙당 사무실에서 권대복 외 12명이 회합하여 조봉암으로부터 ‘국내외 정세에 대하여’ 라는 제목으로, 평화통일 노선 평화적 공존 등에 관하여 교양을 받은 사실이 있다는데 여하

(답) 그런 사실이 없습니다

(문) 동년 3월 중순경 피의자 하숙에서 여명회 취지서를 작성하여 권대복에게 제공하였다는데 그런가

(답) 전연 그런 사실이 없습니다.

(문) 현재 민국정부는 부패되어 있다. 이러한 부패된 현실정을 혁신하고 사회민주주의 실현을 위한 책임은 학생청년에게 있으니 뜻있는 학생들은 여명회에 모히라는 내용을 시험지 1매에다 작성하여 권대복에게 제공한 것이 아닌가

(답) 그런 사실은 없습니다.”의 기재

동 피의자 권대복 신문조서(기록 1144 이면 1행 지 동 10행)

“(문) 동 여명회라는 것은 진보당의 제2선인 특수조직이라는데 그런가

(답) 진보당 사회부 간사인 안준표가 어떤 의도로써 그러한 써클을 만들게 하였는지 알 수 없으나 본인은 전기와 여(如)히 사회주의 이론을 연구하는 써클로 밖에 볼 수 없습니다.”

동 조서(기록 1145정 이면 1행 지 1146정 표면 3행)

“(문) 동년 1월 17일 각 대학별로 이와 같은 여명회 세포를 조직한 바 있다는데 여하

(답) 학교별로 여명회를 조직하여 세포책을 둔 사실은 없으며, 다만 본인이 여명회 명단을 주었드니 취조경관이 동 회원 소속 교명을 물어서 책임자라고 한 것이지, 사실에 있어서 각 학교별로 여명회 세포를 조직한 사실이 없습니다."의 기재 등과

제1심 제8회 공판조서 중 피고인 이상두의 공술(기록 4300정 내지 4305정), 각회 공판조서 중 상(相) 피고인 권대복의 공술 기재, 급(及) 원심 제2회 공판조서(기록 5587정 지 5594정), 동 제3회 공판조서(기록 5623 지 5626정) 중 피고인 이상두의 공술과 원심 각회 공판조서 중 상(相) 피고인 권대복의 각 공술에 의하면 여명회는 진보당 산하 특수 제2선 조직체가 아니고 단순한 학술연구단체인 것이 분명하며, 또 피고인 이상두가 진보당 중앙당 사무실에서 조봉암으로부터 교양을 받은 일도 없고, 여명회 취지서를 작성하여 상(相) 피고인 권대복에게 제공한 사실 없음이 분명하다 할 것이니, 원판결은 증거에 의하지 않고 만연히 범죄사실을 인정한 위법이 있다고 아니할 수 없다.
함에 있고

피고인 최희규의 상고이유는

1. 소위 사사오입 개헌 파동 후 국회호헌동지회를 중심한 재야민주세력 대동단결운동이 일어났을 때에, 본 피고는 3·1정신선양회 중앙본부 청년부장과 대한부흥건설단 서울시단 부단장으로 재임하며 청년운동에 종사하여 오던 중, 전기(前記)한 정국의 움직임에 대하여 민주국가로서의 정당정치 발전을 생각하고 저윽히 기대하였던 터입니다. 불행히도 서상일, 장택상, 조봉암 씨 등은 제외되고 민주당 발족으로 낙착이 되매, 여사한 국내 정국에 또한 실망을 하였던 것도 사실입니다. 본 피고는 4288(1955)년 5월경 조봉암 씨를 방문하고 전기한 재야 민주세력 대동단결운동이 결렬된 데 대한 유감의 뜻을 표하여 인사를 드리고 난 후, "조선생께서는 금후 정국에 대하여 어떻게 대처하시겠느냐"는 질문을 하였드니, "당분간 정국을 관망하겠다"는 말씀을 듣고 헤어진 바 있는데, 이것이 본 피고가 조

봉암 씨를 알게 된 시초인 것입니다. 그 후 동년 10월 하순경 조봉암 씨로부터 인편을 통하여 "약수동으로 이사를 하였는데 한번 들려 달라"는 전언을 받고 찾아가 만났드니, 조봉암 씨의 말씀이 "요지음 여러 사람들이 신당을 맨들려는 논의를 하고 있는데, 최(崔) 동지도 같이 하는 것이 어떻겠는지 생각해보시오"라는 권고를 받고, 기후(其後) 동년 12월 하순경 시내 종로구 청진동 소재 대릉원에서 서상일, 조봉암, 윤길중, 신도성 씨 등 20여 명이 참집한 회합에 참석한 연후, 4289(1956)년 3월 하순경까지 진보당 추진위원 포섭 활동을 하였고 동년 3월 31일 시내 종로구 소재 중앙예식장에서 개최된 전국추진위원대표자대회(약 250명 참집)에 참석한 바 있으며, 그 연후 동년 5월 15일까지는 조봉암, 박기출 양씨(兩氏)의 정부통령 입후보 선거운동에 종사하였으며, 동 선거운동이 끝난 바루 직후부터는 민주혁신당 운동 때문에 진보당추진운동은 전연 침체 상태에 빠져버려서 아무런 활동을 하지 못하고 있다가, 동년 11월 10일 시내 시공관에서 전국대의원 약 800여 명이 참집하여 개최된 결당대회에 대의원으로 참석하였던 것입니다.

2. 동년 11월 중순경 당사무실에서 개최된 제1차 상무위원회(30여 명 참석) 석상에서 부차장 선임 발표 시 본인이 당무부장으로 선임되었습니다.

3. 본래 결당 당시부터 당내에 설치되어 있는 통일문제연구위원회가 4290(1957)년 8월경 부서를 개편할 시 본인도 동 연구위원회 위원의 1인으로 임명된 사실이 있는바, 동년 9월경(일시 미상) 제1차로 소집된 동 연구위원회에서는 김기철 씨의 위원장 피임인사로서 별다른 토의를 한 바 없이 산회하였고, 역시 동월경(일시 미상) 제2차로 소집된 동 연구위원회에서 김기철 씨로부터 자기 사안이란 논문형식으로 작성한 통일문제에 관한 초안이 제시되고 간단한 설명 끝에 상호비판 연구하여 보자는 제의가 있었는데, 본인은 김기철 씨의 제안이 당헌과 당 정책에 위배 되는 것이라는 반대 의사를 말하고 퇴장한 사실이 있으며, 그 후는 회합 일자가 몇 번 경과하여도 위원들이 모이지 않아 회의가 성립되지 못하는 형편이었으며, 하루는 김기철 씨가 "에라 나두 모르겠다. 내가 혼자 하는 당인가, 모두 이렇게들 성의가 없으니" 하면서 불만을 토로하는 것을 제가 들은 바도 있는데, 그 후는 김기철 씨 자신도 당에 나오지 않은 날이 많았던 것이며, 김기철 씨의 통일

문제 사안에 관하여서는 전연 이상 논의한 바가 없는 것입니다. 본 사건에 관하여 경찰 조서는 본인의 임의진술이 아니며 이미 프린트로 작성되어 있는 각본 같은 것에 의하여 위협과 강압으로써 취조관이 임의 작성한 것입니다. 소위 자공서라는 것도 상술한 바와 같이 작성하여 논 조서에 의하여 위협과 강압으로서 본인으로 하여금 형식적 필기를 시킨 것입니다.

고로 경찰 조서는 증거가 될 수 없음을 주장하는 바입니다. 진보당은 강령정책에 명시되어 있는 바와 같이 대한민국을 육성 강화하려는데 목적이 있는 것이지, 국가변란 운운은 언어도단인 것입니다. 1개년 이상의 공개된 준비기간을 거처 합법적 절차를 다 밟아서 결당하였고, 행정부의 심사를 거처 등록이 허가된 정당에서 활동한 것이 어찌하여 〈국가보안법〉에 위반된다는 것인지 도저히 이해할 수 없는 바입니다. 삼가 의당히 무죄함을 주장하는 바이오니 영명하신 판결이 있으시기 바라나이다
함에 있고

피고인 김병휘의 상고이유는

(1) 진보당이 조직됨과 동시에 중앙당부 교양간사에 취임, 4290(1957)년 9월에는 동당 통일문제연구위원회 부위원장에 취임함으로써 지도적 임무에 종사하고,

(2) 월간 잡지『중앙정치』판권을 상(相) 피고인 조봉암의 의뢰에 의하여, 소외(訴外) 김석봉으로부터 대금 18만 환을 지불하여 차(此)를 구득(購得)하여 동지(同誌) 편집위원에 취임함으로써 실행을 협의 선전한 것,

이상 2개 사실에 대하여 서울고법 형사 제2부(재판장 김용진)는 유죄로 인정, 〈국가보안법〉 제1조 2항, 제3조을 적용하여 징역 2년 집행유예 3년의 판결을 내렸사오나

① 진보당 조직은 비밀리에 결당된 것이 아니고, 강령정책을 명시하여 이에 대한 합법적 절차를 거쳐 공보실에 정식 등록을 필한 터이오며, 더욱이 발족

당시와 본건 발생 시에 정책 강령에 하등의 변동이 없음에도 불구하고, 진보당에 지정(知情) 가입하여 지도적 임무에 종사하였다 함은 승복키 곤란하오며, 만일 발족 당시에 정부 담당 부서인 공보실에서 불법이라 인정하였다면 입당할 리 만무하였을 것입니다.

② 월간 잡지『중앙정치』관계에 있어 해(該) 판권을 구득, 동 편집위원직에 취임. 이를 담당한 것은 사실이오나 동일 판결에 있어서『중앙정치』관계는 무죄 부분에 속하는데 소생 관계만 유죄로 단정됨은 법리상 동일성과 통일성을 파괴하는 것이니, 차역(此亦) 승복키 곤란하오며,

③ 검찰 조서에 있어 소생은 통일방안 이외의 것은 신문 받은 일이 전무한 바, 전기사실들을 재판소에서 강인 부가하여 유죄라 함은 검사공소사실 이외의 판정임으로 형사소송법에 위배 되는 것으로 사료하옵니다.

④ 이상 상신하온 이외 상(相) 피고인 또는 상(相) 소송대리인들의 상고이유 중 소생에게 관련된 것과 소생에게 유리한 것은 전부 원용하는 바이오며 공명정대하고 관대하신 처분을 앙망하나이다

함에 있고

피고인 조규희의 상고이유는

제1점 진보당 가입 활동에 대하여

공소심 판결 중 본인에 관한 제1항에 의하면, 본인이 "① 가칭 진보당의 발기추진에 가입 활동 하다가 동 적시 진보당이 조직되는 동시에, 동 중앙당 선전간사에 취임하여서 지도적 임무에 종사하고"로 되어있고, 상(相) 피고인 조봉암의 피의사실 (1)에서도 "동년[4288(1955)년] 11월 상(相) 피고인 윤길중, 동 조규희 등과 함께 가칭 진보당발기추진위원회를 조직하고"로 되어있고, 또 상(相) 피고인 윤길중의 피의사실 ①항에서도 "4288(1955)년 6월경부터 상(相) 피고인 김기철, 동 조규희 등과 함께 동 조봉암을 당수로 하여 진보당의 조직을 획책 추진하여 오다가 동 적시 진보당을 조직하는"으로 되어 있다. 이는 진보당이 국헌에 위배하여, 정부를 참칭하는 북한 괴뢰집단에 부수하여 국가를 변란할 목적으로 발기추진 내

지 조직되었다는 단정인 동시에, 본인이 발기추진과정에서부터 가입 활동했고, 결당과 동시에 선전간사라는 지도적 임무에 종사한 것으로 단정하여 본인을 유죄(징역 2년에 집행유예 3년)로 판결한 거점을 삼은 것으로 해석된다.

가사(假使), 공소심 판결이 적시하는 이론과 같이 조직의 발기추진—즉 출발동기부터가 국가변란을 목적하였다는 견지에서 논한다고 할지라도, 본인의 입당시기에 대하여는 완전히 사실과 상위되는 점이 적시되고 있는 것이다. 왜냐하면 본인이 입당한 것은 4288(1955)년 6월이나 동년 11월의 발기추진위원회 결성 당시 그 어느 때도 아니었고, 4289(1956)년 11월 10일 시공관에서 거행된 진보당 결당대회 이후의 일이었다. 본인은 그 시기 전후에 『자유신문』 편집국장으로 재임했었고, 진보당에 입당한 것은 4289(1956)년 11월 13일이었었다. 이는 경찰, 검찰, 원심, 공소심 등 각급의 인정신문에서 시종일관한 본인의 진술이었거니와 발기추진으로부터 결당에 이르기까지의 과정 사실에 대하여 일일이 본인을 관련시킨 것은 분명히 착오인 것으로 추측된다.

제2점 진보당 선전 활동에 대하여

동 제2항에 의하면, 본인이 "② 4290(1957)년 3월 서울특별시 중구 소재 시공관에서, 또 동년 8월 광주시 소재 전남대학에서 각각 '우리 당의 정책을 말한다'는 제목으로 강연을 개최하여 추상적으로 전기 평화통일론을 주장하여서 동당의 목적한 사항의 실행을 협의 선전하고"로 되어있다. 본인은 동 판결이 적시한 바와 같이 시공관 또는 전남대학에서 정치 강연을 한 것만은 사실이며, 이는 선전간사인 본인의 직무수행이었었다. 그러나 시공관에서의 강연은 정치대학 주최의 자유·민주·진보 등 '3당 합동강연회'였었고 전남대학에서의 강연 역시 전남대학 주최의 '3당 합동강연회'였던 것으로 진보당이 주최했거나 단독으로 개최한 행사조차도 아니였다. 다만 본인은 합법 정당의 대변인으로서 그와 같은 합법 집회의 초청에 응했을 뿐이었다.

제3점 통일문제연구위원회에 관하여

동 3항에 의하면 "③ 통일문제 연구위원에 취임한 후 동 적시 사항을 결의하여서 동당의 목적한 사항의 실행을 협의하고"로 되어있다. 차항(此項)에 대하여는

'공소심 판결 무죄부분'에서 "동 3 공소사실에 대하여는, 동 박기출, 동 김달호, 동 윤길중, 동 조규희, 동 김병휘 등이 시종일관하여, 동 회합은 정식 회의가 아니었을 뿐 아니라 자기들은 동 토의에 관여한 바도 없다는 지(旨)로서 각자의 관여 사실을 부인하고, (중략) 타(他)에 동 각 공소사실을 인정함에 족한 증거가 없음으로 결국 동 각 공소사실은 범죄의 증명이 없음에 귀착되며, 따라서 원판결이 동문(同文) 공소사실에 대하여 〈형사소송법〉 제325조를 적용하여 무죄를 선언하였음은 상당하며"하는 판결을 내리었으니만치, 여기에서 다시 논급하지 않는다.

제4점 진보당의 정강정책에 대하여

상기 3항이 본인에 관한 피의 또는 유죄판결 부분인데, 결론적으로 말하면 '진보당은 출발 동기부터가 반 국헌적 불법 정당이고, 이 불법조직의 선전간사에 취임'한 것이 바로 범죄사실이라는 판정인 것으로 해석된다. 그럼으로 본인이 스스로 무죄임을 밝히기 위해서는 본인이 진보당에 가입하기 이전의 시기인 발기추진과정과 진보당 정강정책의 공개하에서 진보당이 정식 결성된 과정과 정부에서 진보당을 합법 정당으로 인정한 과정까지도 소급 논제하지 않을 수 없고, 끝으로 이와 같은 합법 정당에 본인이 가입하여 선전간사로 취임하게 되었던 경위를 진술하고저 한다.

4288(1955)년 6월경 국민적인 기대와 열망을 지니고 출발하였던 전(全) 재야세력 규합체로서의 신당운동은 근 반년동안이나 강력히 추진되어오던 끝에 민주국민당 일부 간부들의 편파 배타적인 행동으로 말미암아 급기야 좌절되고 말았던 것이니, 이때부터 혁신적인 참신한 정치조직의 출현을 요망하는 사회적 여론과 기운이 양성되었었고 이에 따라서 민주국민당의 중심간부였던 서상일, 신도성 등 제 인사와 조봉암, 윤길중 등 자유당이나 민주당이 아닌 인사들의 새로운 혁신정당 운동이 추진되기 시작했던 것이다.

이리하여 신도성 씨 등이 기초한 '1. 혁신정치의 구현, 2. 수탈 없는 경제체제의 확립, 3. 남북의 평화통일실현' 등의 3대 구호 밑에 결당이 추진되었던 것인데, 5·15정부통령선거에 대한 진보당추진위원회의 정부통령 입후보자 공천을 계기로 해서 당의 주도권 문제에 불만을 품었던 서상일 등 일부 소수인사들은, 진보당과 꼭같은 정당 정책을 내어 걸고 가칭 민주혁신당(결당시에도 진보당 정강정책을 그대로 채택하여 현재도 사용하고 있음)을 추진하면서 결국 진보당과 결별하고 말았지만, 그러나 진보당추진운동은 도리혀 급속도로 추진되어 4289(1956)년 11월 10일 시공관에서 850여 명의 지방대표자와 자유·민주 양당 대표와 국회주권옹호투쟁위원회 대표 장택상 의원 등을 비롯한 각계각층의 인사 및 수천 명의 방청객의 참집한 가운데 결당대회를 성대히 거행했었고, 정부에서도 진보당의 결성이 합법적이고, 진보당 강령정책이 합헌법적이라는 판정 밑에 합법 정당으로 정식 공인했던 것이며, 본인도 진보당 중견당원들의 권유에 따라 동년 11월 13일 자로 진보당에 가입하였던 것이다.

상(相) 피고인 조봉암의 피의사실 (1)항 중에서 "국헌에 위배하여 정부를 참칭하는 북한 괴뢰집단에 부수하여 국가를 변란할 목적으로, '우리는 노동자 농민을 중심으로 하는 광범한 근로대중(피해대중)을 대표하는 주체적 선진적 정치적 집합체이며 변혁적 주체적 세력의 적극적 실천에 의하여 자본주의를 지양하고 착취 없는 복지사회를 건설하여야 한다'는 지(旨)의 혁신정치의 실현, '우리는 자유민주주의를 폐기 지양하고 주요 산업과 대기업의 국유 내지 국영을 위시로 급속한 경제건설, 사회적 생산력의 제고 및 사회적 생산물의 공정분배를 완수하기 위하여 계획과 통제의 제 원칙을 실천하여야 한다'는 지(旨)의 수탈 없는 경제체제의 확립, '우리는 남북한에서 평화통일을 저해하는 요소를 견제하고 진보적 세력의 주도권 장악하에 피 흘리지 않는 평화적 방식으로 조국의 통일을 실현한다'는 지(旨)의 평화통일의 실현 등을 강령정책으로 하는 진보당을 조직"하였다고 적시되어있으나, 진보당의 정강정책을 엄밀히 검토해보면 판시와 같은 3개의 연속 표현 구절이 그대로 없는 것이니, 동 판시 3구절은 정강정책의 방대한 책자 중 여기저기에서 한 문자씩 따다가 문장을 엮은 것으로 보여진다.

첫째 항인 당의 성격과 임무에 대하여 ═══ 진보당의 강령 전문 (8)항에 의하면 "우리당은 노동자 농민을 중심으로 진보적 근로인테리, 중소상공업자, 양심적 종교인 등의 광범한 근로대중의 정치적 집합체이며, 국민대중의 이익실현을 위하여 투쟁하는 진보적 대중정당이다"라고 하여 심지어 보수정당에서까지 인용하는 보편적인 문구를 사용했고, 진정한 사회적 복지국가를 건설하기 위해서는 "정치적 변혁이 없이는 우리의 역사적 임무는 달성될 수가 없다. 우리는 이 변혁을 폭력적 방법에 의해서가 아니라 민주적 평화적 방법에 의하여, 의회에서의 절대다수를 점함으로써 수행하려고 한다" 했으며, 동 정책 (3)항에는 "진실로 법이 준수되고 만인의 자유와 권리가 보장되며, 집권자가 국민의 대표기관인 입법부에 대하여 책임지는 의원내각제를 확립할 것을 주장한다"고 선언하고 있는 것이다. 이는 진정한 대중정당으로서, 철저한 민주주의 정치체제를 그 기본 강령으로 삼고 있었다는 것을 의미한다.

둘째 항인 경제체제에 대하여 ═══ 동 강령 전문 (8)항에 의하면 "후진국가 경제건설에 있어서의 기본적 문제는 산업혁명을 시급히 수행하고, 사회생산력을 전반적으로 제고하는데 있다. 이러기 위해서 낡은 자유자본주의적 방식은 무력하고 무효할 뿐 아니라 도리어 유해하다"고 규정하여, 대한민국 〈헌법〉이 규정하고 있고, 또 영미 등 선진국가에서 실행하고 있는 '수정자본주의적 제 원칙'을 적극 찬동하는 동시에, "폭력적 독재적인 볼쉐뷔즘적 방식은 단호히 배격한다"고 거듭 강조하고 있는 것이다. 그리고 동 산업정책에서는 "① 현재 국유화되어있는 대(大)산업시설을 계속 국유화하며, 기간산업의 신설확충을 위한 국가의 재정 투자를 확대한다. ② 개인자본의 소유권을 완전 보장하며, 기간산업을 포함한 모든 기업에의 사적 투자의 증대를 장려한다"고 주장하고 있는 것이다. 이는 어디까지나 합헌법적인 경제정책이었던 것이 사실이다.

셋째 항인 통일정책에 대하여 ═══ 동 강령 4항에는 "우리는 안으로 민주세력의 대동단결을 추진하고 밖으로 민주우방과 긴밀히 제휴하여, 민주세력이 결정적 승리를 얻을 수 있는 평화적 방법에 의한 조국통일의 실현을 기한다"고 선언했고 동 강령 전문 (8)항 중에는 "국내건설을 촉진 제고함으로써 국력을 배양 강화할 것인바 이는 크레므린의 새로운 경제적 공세에 대하여 가장 효과적인 방위책이 될 뿐 아니라 실로 우리 조국의 민주적 통일을 쟁취하기 위한 가장 적확한 방법일 수도 있는 것이다"라고 호소하였고, 동 정책 (1)항에는 "조국의 평화적 통일을 파괴한 책임은 6·25의 죄과를 범한 북한 공산집단에게 있다. 그들의 반성과 책임 규명은 평화통일의 선행조건이 아닐 수 없다. (중략) 우리는 조국의 평화적 통일방안이 결코 대한민국을 부인하거나 말살하려는 데 있지 아니하고, 도리어 그것을 육성하고, 혁신하고, 진실로 민주화하는 데 있음을 확신한다"라고 명시하여, 반공, 민주, 평화통일 정책을 명명백백히 책정하고 있는 것이다. 이는 당시 정부의 대외적 통일정책과 본질적으로 동일한 것이었었다.

결론적으로 진보당의 강령정책에 의한 당의 성격과 그 본질을 간명하게 요약해 본다면, 철학적으로는 이상주의 내지 휴매니즘에, 경제적으로는 수정자본주의적 입장에, 정치적으로는 의회민주주의적 입장에, 명백 철저히 입각하고 있었던 것이다. 상기한 바와 같이 정당으로서의 제반 조건을 구비했던 반공 합법 정당인 진보당에 본인이 가입했던 것이니 결코 이것이 범죄행위가 될 수 없을 것으로 사료한다
함에 있고

피고인 정태영의 변호인 전봉덕의 상고이유는

제1점 판시에 의하면, 〈국가보안법〉 제1조에 해당시키기 위하여 진보당을 '국가변란을 목적으로 하는 집단'으로 규정하고, 평화적 민주적인 방법일지라도 국가를 변란할 수 있는 것 같이 판시하고 있으나, 이는 국가변란의 어의(語意) 내지 법률적 의의를 무시한 판결임. 변란은 목적 급(及) 행위의 불법을 전제로 하는 용어이며, 불법적으로 국가의 기본제도를 변경할 것을 기도하거나 이를 실행하지 아니하는 한 이에 해당할 수 없으며, 더구나 평화적 민주적 방식은 법의 이념과 국가제도에 합치하는 것이므로 진보당을 국가변란을 목적하는 집단으로 규정한 판결은 명백히 위법이라 할 것임.

상고이유 제2점 판시에 의하면, 진보당의 정강정책이나 전문을 해석함에 있어 자구를 거두절미하고 지엽말절을 적출하여 견강부회하여 자의적인 해석을 가함에 급급한 나머지, '혁신정치' '사회적 민주주의' 우(又)는 '계획경제' 등의 용어만

추출하여 곧 이는 '사회주의'다. 그러므로 '공산주의'다 식으로 비약하고, 또는 '평화적 통일' '남북총선거'는 남북한의 동등시다, 그러므로 북한의 주권을 시인하는 것이다의 식으로 비약하여 주장, 취지 전체에 'UN 감시', '괴뢰집단'이라는 기본사상이나 '대한민국 헌법 절차'라는 합법사상이 표현되어 있어도 이것을 고의로 묵살하고 독단적 해석을 가하고 있음은 분명히 판시가 논리의 법칙에 위반하고 있으며, 사실의 인정은 증거에 의한다는 증거채택의 원칙에도 위반하고 있음.

상고이유 제3점 판시 사실 가운데는 기소도 되지 아니하고 심리도 되지 아니한 것이 유(有)한 바, 이러한 사실을 제시, 원용하고, 만연 증거에 부합 운운 우(又)는 판시 사실에 부합 운운하여 증거채택의 불법을 감행하고 있는바, 이는 불고불리의 원칙의 위배와 심리부진의 비난을 불면할 것임.

상고이유 제4점 판시에 의하면, 평화통일론은 북한 괴뢰의 주장이며 진보당도 평화통일을 주장하고 있으므로 이와 동일한 주장이니 북한 괴뢰와 내통한 것이라고 단정하고, 평화통일론 자체를 내통의 사실과 증거를 제시함이 없이 불법화하고 범죄시하고 있음. 법의 목적이 정의의 실현에 있고 평화의 유지에 있는 이상, 평화통일론 자체를 불법화함은 법과 질서에 대한 적대적 주장이라 할 것임. 평화는 인류가 추구하는 최고선이며, 이에 입각한 평화통일론은 국내법적으로 합법적일 뿐만 아니라 초국가적, 초시대적인 법의 이념에 합치하는 주장이며, 보편 인류적인 확신이며 인간 이성의 소산임. 세계 금일의 평화론은, 국내법적 평화론에서 초국가적 평화론에, 주권존중의 평화론에서 주권배제의 평화론으로 진보하고 있으며 영국의 이든 수상의 '세계의회론', 리브스의 '세계국가론', 홋친손의 '세계법이론', 웰스의 '세계공동사회론' 등은 이러한 이상을 표현하고 있으며 '구라파연방론'은 이론에서 실천으로 들어가는 방향에 있음. 전(全) 한국을 통일함에 있어 평화적으로 한다는 것, 다시 말하면 합법적으로 하여야 한다는 사상이나 주장이 한국 내에 허용되지 아니한다면, 언론과 사상의 자유, 나가서는 정책을 수립하고 정당을 조직하는 정치적 자유가 없다는 결론이 나올 것임으로 이는 숭고한 민주주의적이며 평화주의적인 대한민국 〈헌법〉의 기본정신에 위배하는 판결이라 할 것임.

상고이유 제5점 판시된 소위 강평서는, 피고인이 상(相) 피고인 조봉암을 면회할 때 대화 재료로 메모를 적은 것이며, 보통 사전이나 연감 또는 잡지에 있는 재료를 뽑아서 기억을 돕기 위하여 적은 것에 불과한 것이며, 피고인이 포지하고 있는 사상을 표시함이 아님. 공산주의 소련식 자본주의, 미국식 자본주의 등을 참고서에서 적기한 것임으로, 그것만 가지고 피고인의 사상을 단정함은 속단이며, 일반 국민의 연구의 자유를 침범하는 것이라고 사료되는 바입니다. 우와 여(如)한 이유로 인하여 원심판결은 파훼를 불면할 것임으로 갱(更)히 무죄 판결을 구하는 바임

이라 함에 있고,

피고인 윤길중의 변호인 전봉덕의 상고이유는

제1점 판시에 의하면, 〈국가보안법〉 제1조에 해당시키기 위하여, 진보당을 '국가변란을 목적으로 하는 집단'으로 규정하고 평화적 민주적인 방법일지라도 국가를 변란할 수 있는 것 같이 판시하고 있으나, 이는 국가변란의 어의 내지 법률적 의의를 무시한 판결임. 국가변란은 〈형법〉 제91조의 '국헌문란'과 동일 취지의 용어로, 변란은 목적 급(及) 행위의 불법을 전제로 하는 것이며, 불법적으로 국가의 기본제도를 변경할 것을 기도하거나 이를 실행하지 아니하는 한 이에 해당할 수 없으며, 더구나 평화적 민주적 방식은 법의 이념과 국가제도에 합치하는 것임으로 진보당을 국가변란을 목적하는 집단으로 규정한 판결은 명백히 위법이라 할 것임.

제2점 판시는, '북한 괴뢰에 부수하여'라 하고 진보당을 만연 그 부수집단으로 규정하고 있으나, 부수라 함에는 북한 괴뢰집단에 부화추수 하는 의사와 부화추수의 사실이 있어야 할 것이며, 이에 대한 입증이 필요함에 불구하고 기소관도 이에 대한 증거제시가 없었고, 원심공판에서도 이에 대한 심리가 전무하였음으로, 원심이 만연 부수 운운하였음은 사실의 인정은 증거에 의한다는 형사소송의 대원칙을 위반한 것임.

제3점 판시에 의하면, 진보당의 정강정책이나 전문을 해석함에 있어 자구를 거두절미하고 지엽말절을 적출하여 견강부회하여 자의적인 해석을 가함에 급급한 나머지, '혁신정치', '사회적 민주주의' 우(又)는 '계획경제', '수탈 없는 경제체제' 등의 용어만 추출하여 곧 이는 '사회주의'다, 그러므로 '공산주의'다, 식으로 비약하고 또는 '평화적 통일', '남북총선거'는 '남북한의 동등시'다, 그러므로 '북한의 주권을 시인하는 것이다'의 식으로 비약하여 주장 취지 전체에 'UN 감시', '괴뢰집단'이라는 기본사상이나 '대한민국 헌법 절차'라는 합법 사상이 표현되어 있어도, 이것을 고의로 묵살하고 사실에 의한 입증 없이 독단적 해석을 가하고 있음은 분명히 판시가 논리의 법칙에 위반하고 있으며, 사실의 인정은 증거에 의한다는 증거채택의 원칙에도 위반하고 있음.

제4점 판시 사실 가운데는 기소도 되지 아니하고 심리도 되지 아니한 것이 유(有)함. 기소장에는 진보당의 평화통일론만을 북한 괴뢰집단에 부수 혹은 내통한 것으로 되어있는데, 판시는 북한 괴뢰집단에 부수하여 국가를 변란할 목적으로 자본주의를 지양하고 복지사회를 건설한다는 '혁신정치의 실현'과 주요 산업과 대기업의 국유 내지 국영에 의한 경제건설계획과 통제를 실천하는 '수탈 없는 경제체제의 확립' 등을 하려 하였다고 하고 있음은 명백히 불고불리의 원칙에 위배하고 있는 것이며, 그 증거 이유에 있어서도 만연히 각 피고인들의 차(此)에 부합하는 공술 운운하여 증거채택의 불법을 범하고 있으며, 동시에 심리부진의 비난을 불면하고 있음.

제5점 판시에 의하면, 평화통일론은 북한 괴뢰의 주장이며 진보당도 평화통일을 주장하고 있으므로 이와 동일한 주장이니 북한 괴뢰와 내통한 것이라고 단정하고, 평화통일론 자체를 내통의 사실과 증거를 제시함이 없이 불법화하고 범죄시하고 있음. 법의 목적이 정의의 실현에 있고 평화의 유지에 있는 이상 평화통일론 자체를 불법화함은 법과 질서에 대한 적대적 주장이라 할 것임. 평화는 인류가 추구하는 최고선이며 이에 입각한 평화통일론은 국내법적으로 합법적일 뿐만 아니라, 초국가적 초시대적인 법의 이념에 합치하는 주장이며 보편인류적인 확신이며 인간 이성의 소산임. 세계 금일의 평화론은 국내법적 평화론에서 초국가적 평화론에, 주권존중의 평화론에서 주권배제의 평화론으로 진보하고 있으며, 영국의 이든 수상의 '세계의회론', 리브스의 '세계국가론', 홋친손의 '세계법이론', 웰스의 '세계공동사회론' 등은 이러한 이상을 표현한 것이며, '구라파연방론'은 이론에서 실천으로 들어가는 방향에 있음. 전 한국을 통일함에 있어 '평화적으로 한다는 것' 다시 말하면 합법적으로 하여야 한다는 사상이나 주장이 한국 내에 허용되지 아니한다면, 언론과 사상의 자유 나가서는 정책을 수립하고 정당을 조직하는 정치적 자유가 없다는 결론이 나올 것으로, 이는 숭고한 민주주의적이며 평화주의적인 대한민국 〈헌법〉의 기본정신에 위배하는 판결이라 할 것임.

제6점 고학역행하고 근면독실하여 일제시대에 조선변호사시험과 일본고등문관시험 사법과와 행정과에 합격하여 이래 건실한 공무원 생활을 하여 온건독실하며 해방 후는 국회 법률조사국장으로 〈대한민국헌법〉, 〈정부조직법〉, 〈국회법〉, 〈국회의원선거법〉, 〈지방자치법〉, 〈형법〉, 〈국가보안법〉 등 대한민국 조직의 기본법령을 모두 기초한 건국의 공로자이며 법률학에 대한 깊은 조예와 원숙한 인격으로 제2대 국회의 법제사법위원장으로 역임하여 한국법령 기초 및 정비에 허다한 공헌이 유한 점을 보아, 과거의 공로나 사상을 검토함이 없이 상(相) 피고인들과 동일하게 3년 형으로 처벌하였음은 원심의 양형에 있어 부적당함을 불면할 것임.

제7점 기여(其餘)의 이유는 피고인 자신의 상고이유서를 원용함. 이상 상고이유를 개진하오니 원심 판결을 파훼하고 갱히 무죄의 자판을 구하는 바입니다 함에 있고

피고인 박준길의 상고이유는

제1점 4299(1966)년[218] 5·15정부통령선거 당시 대통령 입후보자 조봉암의 선

218) 4289(1956)년의 오기.

거운동 행위 그 자체가 불법이냐 합법이냐는 차치하고, 동 선거운동 행위 일체를 실천하지 못하였음은 1심 공정 진술(기록 제 장),[219] 2심 공정 진술(기록 제 장)에 분명히 진술되었을 뿐 아니라, 사실상 기(其) 당시의 충북지구 선거운동은 불가능하였던 것입니다. 그 이유는 본 피고인이 단독으로 선거운동차 당지(当地)[청주시 남문로 1가]에 도착하는 즉일 밤 12시경, 정체불명의 무기소지 5인조 괴한에게 피습되어 선전물 전부는 탈취당하고, 본 피고인은 두부파열상과 전신타박상으로 인하여 입원하였던 사실은 당시의 중앙 일간신문에도 보도되었을 뿐 아니라, 당지 청주경찰서에서도 입증되는 바이니 선거운동이 실천되지 못하였음은 명약관화한 것입니다.

제2점 합법 정당의 운영책으로서 합법적인 사무절차를 경(經)하야 각급 간부들로부터 염출 되는 경상비 처리 실무 취급을 범죄시하였으나, 기(其) 실무 취급 행위가 불법이 아닐 뿐 아니라 기(其) 실무취급조차 본 피고인이 한 것이 아니고, 상(相) 피고인 재정부 부간사 조규택이가 전임(全任)에 당하였다는 것은 1심 공정 조규택 진술(기록 제 장)에서, 2심 공정에서도 역시 일관된 주장으로 사실대로 진술되었음에도 불구하고, 본 피고인에게 이중으로 죄과의 1항으로 간주하였으니, 이것은 마치 진보당 내에 경상비를 맡은 경리 관계가 두줄거리로 되어있는 것처럼 되었으나 여사한 사실은 전연 있을 수 없는 것이며, 기실 본 피고인은 재정부 간사라는 직책은 가졌으면서도, 주거지가 대전시인 관계상 또는 기타 사업에 분망되었으므로 실질적으로 기(其) 사무에 당(當)하지 못하였음은 1, 2심 공정에서 명료히 되었던 것입니다.

제3점 4290(1957)년 9월경 진보당 내에 설치되어있는 통일문제연구위원회 위원에 피임되어 해(該) 위원회에서 통일문제를 연구 토론하였다는 것이 위법이라고 2심에서는 판시하였으나, 민주국가에 있어서 합법 정당이 정치문제를 연구하였다든가 또는 국토를 양단한 현금에 있어서 우리 국토를 통일하기 위하야 전문적

219) 공정 진술 뒤의 기록 부분이 비워져 있는 것은 원문 그대로 표기한 것이다. 이러한 표기 방식은 뒷부분에도 동일하게 등장한다.

인 연구기구를 설치하고 연구하는 행위를 하였다고 하여 〈형법〉으로써 치죄하려 함은 건전한 민주국가에서는 있을 수 없는 처사라고 사료합니다. 본 연구위원회는 자체 그대로 연구 또는 검토 정도로 끝이는 것이며 결의기관도, 집행기관도 아닌 것입니다.

동 위원회에 제출하여 연구 검토해 보려던 김기철의 통일방안이라는 것은 어디까지나 김기철 개인의 사안인 것이며, 검토의 대상에도 이르지 못하였다는 것은 1건 기록에 의하여 명료한 것입니다. 더욱이나 본 피고인 해(該) 통일방안을 보지도 못하였고 검토도 하지 못하였다는 것은, 1, 2심 공정 진술(기록 제 장)에도 명료히 되어 있습니다. 이상의 3개 점을 들어서 2심판결이 확호한 사실과 증거에 의하지 않고, 다만 어느 목적점에로 결합시키기 위하여 부당히 인정한 판결이라고 지적하면서, 다만 본 피고인이 진보당의 간부이었다는 사실 외에 진보당이 과연 불법 정당이며 이북 괴뢰집단에 부수되는 정당이냐 아니냐 또는 국가를 변란할 목적의식이 있었느냐 없었느냐에 대한 이유는, 상(相) 피고인 조봉암, 박기출, 김달호, 윤길중 각 피고인의 상고이유서를 원용하나이다
함에 있고,

피고인 이동화의 상고이유는

법률과 법적 절차에 밝지 못한 저는 간결하고 요령 있는 취의서를 쓸 수는 없겠습니다마는, 둔필에 채쭉질하면서 사실과 생각 그대로를 아무런 허식도 없이 가장 진실하게 써올려 현명하신 재판관 제위의 공정한 판단에 자(資)하고저 합니다. 본 취의서는 사상문제를 중심으로 하는 것이기 때문에 저는 먼저 저의 사상적 빽그라운드에 관하여 간단히 일언하고저 합니다. 저는 유소시(幼少時)에 기독교적 분위기 속에서 성장하였습니다. 저의 모친이 크리스챤이었고 특히 저의 가정교사인 숙형 박동화 씨는 독실한 기독교도이고 열렬한 애국자이었으며 또 당시에 선각자의 한 분이었습니다. 이러한 관계로 해서 어렸을 시절에 저는 기독교적 인도주의 사상과 아울러 애국적인 민족주의적 감정 내지 사상을 풍부히 고취

받었습니다. 이리하여 저는 청순하고 열렬한 민주주의적 애국소년이었던 것입니다. (제가 배운 숭덕보통과 광성고보는 모두 기독교계의 학교입니다)

일본 산구고등학교에 입한 후도 저는 때때로 기독교회를 찾어 갔었습니다. 어느 수요일 저녁 산구 시내에 있는 기독교회당에 들렸더니, 당시 경성 일본인기독청년회 총무이었던 모(某) 일본인이 설교를 하면서 일제의 조선총독 통치를 예찬하는 것이었습니다. 그때 저는 이 일본인 기독교도의 파렴치한 언동에 크게 분개하여 자리를 차고 물러나왔으며 이를 계기로 하여 저는 기독교와의 관계를 끊어버렸던 것입니다.

그 후 저는 점차로 사회사상과 사회문제에 대하여 관심을 가지게 되는 동시에, 무정부주의 관계의 서적을 비롯하여 맑스주의 계통의 서적 등을 읽기 시작하였었습니다. 동경제국대학 법학부 정치학과에 입학한 후에도 사회·정치사상과 정치·경제문제에 대한 강한 관심을 가지고 연구를 계속하였으며, 이 과정에서 제가 무정부주의를 거쳐 점차로 맑스주의에로 기울어지게 되었다는 것은 사실입니다. 우리 민족의 해방과 독립을 어떻게 해서 달성할 수 있을 것이냐의 문제가 언제나 저의 염두를 떠나지 않는 최고 지상의 문제이었음은 물론입니다. 그런데 일제 통치의 후기에 들어서부터는 우리 민족해방 전투에서 가장 헌신적이고 열성적인 투쟁을 하는 것처럼 나타난 것이 공산주의자들이었습니다. 사상적으로 맑스주의에 접근하고 있던 제가 마침내 공산주의에 대하여 동정적으로 변하지 않을 수 없었던 주요한 이유는 바로 여기에 있었던 것입니다.

대학 재학 중 저는 폐의 질환을 얻어 만 5개년간 병상에서 신음하였습니다. 요병을 하는 동안 저는 철학서적을 중심으로 어느 정도의 독서를 하였습니다. 이 기간 중 저는 다량의 서적을 읽는 대신에, 긴 시간의 여유를 가지고서 인생과 사회와 우주에 대하여 심사숙고 깊은 철학적 사색을 거듭할 수가 있었습니다. 이 때에 저는 단순 소박한 무신론적 유물론을 무비판적으로 받아드릴 수는 없었으며, 결국 이를 단호히 거부하지 않을 수 없었던 것입니다. 건강이 어느 정도 회복되었을 때 저는 동경으로 건너갔었습니다. 그 때에 저는 사회사상적으로는 의연히 맑스주의에로 기울어지고 있었습니다마는 그럼에도 불구하고 피지(彼地)에 남아있는 약 2년 동안 동중야에 거주하는 미인(美人) 선교사 앤더손 씨 댁에서 열리는 '빠이블 · 클래스'(성서연구반)에 매주 참석하였다는 것이 사실입니다. 어느 성탄절에 제가 서투른 영어로 주기도문의 1절을 인용하면서 하느님의 나라가 이 땅 위에 임하시도록 하기 위하여 즉 현실사회에서의 사회적 정의의 실현을 위하여 기독교는 정열적이고 헌신적인 노력을 계속하여야 한다는 점을 강조하는 크리스마스 축하연설을 하고서 앤더손 목사의 찬사를 받았던 일을 기억하고 있습니다.

유학을 끝마친 후 저는 서울로 돌아와서 혜화전문학교에서 교편을 잡게 되었습니다. 그때에 저는 맑스주의자로서의 일면과 민족주의자로서의 일면을 아울러서 한 몸에 지니고 있었다고 말씀할 수가 있습니다. 서울에 자리 잡은 후 저는 민족주의 계통의 여러 선배 및 우인과 접촉하는 한편 좌익 측의 여러 우인과도 또한 접촉을 게을리하지 않았습니다. 일제의 기반(羈絆)으로부터의 해방이라는 우리 민족의 지상과제를 스스로의 최대관심사로 삼고 있던 저는, 민족주의자도 공산주의자도—그 사상적 입장의 여하를 막론하고—모두 다 반일 해방투쟁에 참가 협력해야 한다고 믿고 있었습니다. 이러한 신념하에 저는 일부의 민족주의 청년과 함께 박헌영 일파가 주도하는 반일지하조직에 관여하였으며, 이와 동시에 저는 순민족주의적인 반일지하단체인 건국동맹에도 참가하였었습니다.

그리고 이러는 과정에서 제가 사상적으로 행동적으로 가장 친밀한 관계를 맺고 있던 정치적 계열이 바로 선배 여운형을 중심으로 하는 민주좌파적 정치집단이었던 것입니다. 우리 민족의 위대한 해방의 날 8 · 15를 가장 큰 기쁨과 감격으로서 맞이하자마자 저는 곧 지상에 나타나서 활동을 개시하는 건국동맹에 참가하였습니다. 이때에 저는 이 정치단체의 전도에 크게 촉망하는 한편 이 단체를 훌륭한 민주적인 혁신정당으로서 발전시켜나가는 일에 응분의 조력을 하려고 생각하였던 것입니다. 그 당시 박헌영파 또는 장안파에 가담하고 있던 좌익계의 우인들이 자기네 편으로 오도록 수차 저에게 권유하였음은 사실입니다마는, 저는 이에 응할 생각이 없었고 또 응하지 않았었습니다.

는데 이들 인텔리의 거의 전부는 자본주의적 입장에로 돌아가지 않고 민주적 사회주의에로 옮아서고 있다는 것입니다. 구라파 사정에 정통한 스칼라피노 교수의 말을 신청(信聽)하지 않을 수 없을진대, 양심적 인텔리 대중의 사회적 민주주의 즉 민주적 사회주의에로의 접근 내지 이행은 일부 소수의 특수적 예가 아니라 보편적인 국제적 현상이라는 것이 명백하다고 할 수가 있습니다. 위에서 약술한 바와 같은 성격을 갖는 사회적 민주주의는 온갖 형태의 폭력과 독재를 반대하면서 당연히 민주주의의 편에 서는 것입니다. 왜냐하면 사회적 민주주의는 그 자신 가장 진정한 민주주의이며 따라서 그에게 있어서는 민주주의의 옹호는 자신의 옹호를 의미하는 것이기 때문입니다. 그리고 사상적 전환을 감행한 저의 사회적 민주주의자로서의 정치적 입장 내지 거취는 사회적 민주주의의 상술과 같은 성격에 의하여 규정되지 않을 수 없는 것입니다.

폭악한 독재자 스탈린은 서구와 유고슬라비아에서 실추된 그의 위신을 회복하기 위하여 그의 북한 괴뢰들로 하여금 동족상잔의 처참한 6 · 25사변을 도발시켰었습니다마는 미국을 중심으로 하는 UN 제국의 신속 과감한 조치로 말미암아 그의 팽창주의적 야망은 분쇄되었었습니다. 4283(1950)년 가을 승리에 빛나는 UN군이 평양에 입성하였었는데 그때 저는 큰 기쁨으로써 평화와 민주의 이 우군을 맞이하였었습니다. 우리 국군과 UN군은 대한민국의 수호자인 동시에 한국의 민주주의 따라서 한국적인 사회적 민주주의 수호자가 아니면 아니되기 때문입니다. 파씨즘이나 볼쉐뷔즘의 일당 독재하에는 어떠한 민주주의도 민주세력도 존립할 수가 없습니다. 자각한 사회적 민주주의 주체적 실천적 관점에서 볼 때에는 문제는 아주 명백하다고 할 수 있습니다.

대한민국이 없이는 어떠한 유형의 민주주의도 이 강토에 존립할 수가 없을 것입니다. 이를 환언하면 우리나라가 민주공화국으로서 존속하고 건전한 민주적 발전을 계속할 경우에 있어서만, 우리의 한국적 사회적 민주주의는 존립 발전할 수가 있을 것입니다. 이를 논리적으로 따져본다면 대한민국의 건전한 발전은 그것이 곧 한국적인 사회적 민주주의 성장발전을 의미하여야 할 것이며, 한국적인 사회적 민주주의 성장발전은 그것이 곧 대한민국의 전진 발전을 상징하지 않을 수 없을 것입니다. 왜냐하면 우리의 사회적 민주주의는—민주적 혁신주의로서의 일반적 성격과 아울러—한국적인 특성과 사명을 지닌 가장 진정한 민주주의 이외의 아무것도 아니기 때문입니다. 이상과 같이 보아 올 때에는, 한국적인 사회적 민주주의와 사회적 민주주의자와 따라서 저 자신이 대한민국을 조국으로 삼고 미국을 비롯한 민주 제 우방과 긴밀히 제휴 협력하여 이를 공산세력의 침범으로부터 옹호하면서, 우리의 나라와 민족을 민주적 혁신의 방향으로 이끌어갈 역사적 임무를 지지 않을 수 없다는 것은 한국적 사회적 민주주의의 상술과 같은 성격 내지 입장으로부터 유출하는 당연한 논리적 결론의 일부인 것입니다.

UN군이 평양에 입성한 조금 후인 4283(1950)년 11월 중순경에 저는 비슷한 처지에 있던—『노동신문』 편집국장을 지낸 일이 있는—중학동창 박용래 군과 함께 서울로 올라왔었습니다. 그때에 저는 약 5년간에 걸친 북한에서의 공산 독재정치에 관한 방대한 자료를 수집 정리하여 민주적 비판의 입장에서 하나의 가치 있는 이론적 저술을 하여 볼 계획을 가지고 있었습니다. 그때에 저는 여태까지 비밀 속에 묻혀있는 공산세계의 생생한 자료를 서방세계에 소개하면서 그 스탈린적 폭정의 실태를 폭로 규탄함이 의의 깊으리라고 생각하였을 뿐 아니라, 공산정치에 대한 이러한 비판적인 이론적 저술을 통하여 한국적인 사회적 민주주의의 이론체계를 수립하여 보려고 넌지시 기대하였던 것입니다. 이 계획의 추진을 위하여 관계 요로(要路)의 몇 분과도 절충하여 보았었지마는, 당시의 정세하에서 이러한 계획의 실현은 자못 곤란하다는 것을 곧 알게 되었었습니다.

그러므로 저는 이 계획을 단념하고 당시의 육군정보국장 백인엽 중장의 요청을 따라 중학동창인 전기 박 군과 함께 육군본부에서 명예스러운 군복을 입고 복무하게 되었었습니다. 신설된 전략정보부 내에서 저는 대학교수 신문인 등의 10여 인의 인텔리들 및 수십 인의 우수한 우리 국군장교들과 함께 정치 · 경제 · 군사 등 제 부분에 걸친 광범한 자료를 이용하여 가치 있는 전략정보의 추출 이용에 협조하는 조사연구사업에 종사하였었으며 1년 4개월 동안 저는 여러분과 함께 애국적 열의를 가지고서 성심성의로 노력하였었습니다. 저는 한국의 민주주의를 수호하는 군대인 우리 국군에 대하여 큰 애정과 신뢰감과 존경심을 가지고 있음이 사실입니다. 그리고 군문(軍門)에서 서로 알게 되었고 또 서로 협력하였던 우리 국군의 성실 유능한 장교들은 저의 양심과 성실성과 애국 애군의 진심을 조금도 의심하지 않습니다. 군문을 물러난 이후에 있어서도 저는 기회 있을 때마다 언제나 즐겨서 우리 국군의 사업을 조력하여 왔습니다.

[국방대학 당국의 요청에 응하여 저는 재작년과 작년에 걸쳐 만 1년간 동 대학의 고문교수로서 충실히 복무한 후, 작년 가을 민주혁신당이 창립될 시 제가 동당 최고 간부의 1인으로서 이에 참가하지 않을 수 없게 된 결과로 동 대학을 사임하였었습니다. 재임 기간 중 저는 동 대학 재학중인 우리 고급장교들로 하여금 올바른 민주적 비판에 입각한 투철한 반공의식과 참다운 민주적 애국정신을 함양시키기 위하여 성력을 기울였던 것입니다.]

군에서의 복무를 끝마친 후, 저는 창립된 국립 경북대학교 정치학과 주임교수로 임명되어 만 1년간 사무적인 일까지를 도우면서 열성으로 일하였었습니다. 동 대학에 재임하는 동안 저는 대구 인텔리층에서 많은 지기를 심견할 수 있었는데, 이것은 저로서 행복스러운 일이었습니다. 이 기간 중에 저는 사회적 민주주의의 입장에서 볼쉐뷔즘 정치를 비판하는 첫 논문을 「스포츠와 정치」라는 제목하에—소련의 스포츠 정책과 관련하여—초(草)하였었습니다.(동 논문은 익년 가을 부산에서 잡지 『사상계』에 게재되었음)

그리고 만 1년 후인 그 익년 봄 어느 날, 동 대학 정치학과 졸업생들이 저를 위하여 베풀은 송별회 석상에서 저는 젊은 인텔리들을 향하여, 오늘에 있어서의 정치적 사상적 노선은 두 갈래만이 아니고 세 갈래이라는 것을, 자본주의와 공산주의의 두 갈래 길 이외에 민주적 혁신═══ 사회적 개량의 입장에서는 또 한 갈래의 사회적 민주주의 노선이 있다는 것, 우익보수분자들과 공산주의자들은 다같이 길은 두 갈래 뿐인 것처럼 주장하기를 좋아하지마는, 두 갈래가 아니라 완연히 세 갈래의 길이 우리들 앞에 가로놓여있음을 알아야 하며, 또 그러할 때에는 지성과 양심을 갖는 인텔리들은 노선 선택에 곤혹을 느끼지 않으리라는 것을 역설하였었습니다. 이 석별연 석에는 경북대 정치학과 교수 몇 분과 함께 저의 대학

동창이고 친우인 장철수 군이 참열)하고 있었는데 유일한 한국인 출신 외교관으로서 일제에 봉사한 오점을 갖고는 있었지마는 특출한 두뇌와 순정의 소유자였던 장(張)군은 젊은이들을 위한 저의 계몽적 발언에 대하여 입에 익은 불어로 '쎄싸! 쎄싸!'(옳은 말이요! 옳은 말이요!) 하면서 동감과 동의를 표명하였던 것입니다.

4286(1953)년 5월경에 저는 임시수도 부산으로 옮아갔었습니다. 극작가 오영진, 박용래 등의 몇 우인이 연구소 설립계획을 실현하기 위하여 제가 그곳으로 올 것을 열심으로 요청하였기 때문이었습니다. 부산으로 옮아간 저는 미 공보원의 이해 깊은 지지와 원조하에 전기 제 우인과 함께 정치 경제에 관한 하나의 조사연구기관을 건립하게 되었었습니다.

동년 8·15해방절을 기하여 정식으로 개설을 본 한국내외문제연구소가 바로 그것이었으며 저는 동 연구소장으로 취임하였던 것입니다. 연구소의 개설과 동시에 저는 미 공보원의 요청에 응하여 세계적으로 유명한 한스 켈젠 교수의 저서 『볼쉐뷔즘 정치이론의 비판』을 번역하였었으며, 이에 대한 역자 서문을 초하였었습니다. 이 역자 서문 가운데서 저는 단순히 자본주의를 옹호하는 입장에서 볼쉐뷔즘 즉 소베트공산주의를 비판할 시대는 이미 과거로 사라졌으며, 저자인 켈젠 교수는 참다운 민주주의 즉 민주적 사회주의의 입장에서 볼쉐뷔즘을 예리하게 비판하고 있다는 점, 역자인 저 자신은—'순수과학'을 주장하는 켈젠 교수의 방법론에 대하여는 의견을 달리하면서도—본질적으로 이 저자와 상통하는 사상적 입장 즉 사회적 민주주의에 의거하고 있다는 점 등을 명백히 하였었습니다.

그리고 저는 이 역자 서문 초고를 미 공보원에 보내어, 그 적부와 이를 역서에 삽입할 문제에 대한 미국분들의 의견을 징하였었는데 그들은 주저 없이 찬의를 표하여 주었었습니다. 그때에 저는 미국 우인들의 이해 깊고 아량 있는 민주적 태도로 인하여 큰 감명을 받았었음이 사실입니다. 이와 동시에 저는 유소시부터의 친미적 감정을 더욱 두텁게 하는 한편 한국의 민주주의 따라서 한국적인 사회적 민주주의는 미국을 중심으로 하는 UN 제 우방과의 긴밀한 제휴 협력에 의하여서만 자유발전의 길을 보장받을 수 있으리라는 저의 정치적 신념을 더욱 굳게 할 수가 있었던 것입니다. 확고하게 반공 친미적 입장에선 제가 한국의 참다운 민주적 발전에 조곰이라도 이바지하는바 있고저 하여 보다 큰 용기와 신념을 가지고 분투하게 된 것은 이때부터의 일인 것입니다.

전기 연구소가 개설됨과 동시에 저희들은 미 공보원으로부터 공산 북한에 관한—정치 · 경제 · 문화 · 군사 등 제 분야에 걸친—일반적 기초조사와 아울러 몇 개의 특수제목에 관한 조사연구를 위촉 받았었습니다. 그 후 약 1년에 걸쳐 미국기관은 평양출판의 신문 잡지 등 정기 간행물 및 제종 서적과 공산 세계에 관한 기타 제종의 출판물을 다량으로 계속 공급하여 주었으며, 저희들은 이들 제 자료를 이용하면서 맡겨진 전기 임무를 완수하기 위하여 노력하였으며, 또 훌륭히 이를 완수할 수가 있었던 것입니다. 저희들은 작성된 1만여 매의 원고를 미국기관에 제공하였었으며 그것의 참고 가치를 충분히 인정하는 미국분들로부터 아낌없는 찬사를 받았었음이 사실입니다.

4287(1954)년 봄 한국 문제에 관한 제네바회의가 열리던 무렵에는 저희들은 미국분들의 요청에 응하여, 동 회의와 관련 있는 일부 자료와 함께 동 회의에 대한 전망을 중심 제목으로 하는 저 자신의 논문을 제공하였었으며 당시 일부의 미국 우인들은 이 논문의 논지와 전망이 타당 정확함을 경탄하였었음이 사실인 것입니다[같은 무렵에 저는 우리 정부 공보처의 요청에 응하여 동 회의와 관련된 일부 자료와 함께 동 회의를 전망하는 저 자신의 논문을 제공하였었는데, 이 논문은 동처(同處) 기관지 『정보』에 「소련의 대외정책과 제네바회의」라는 제목으로 게재되었었음]. 그 후에 있어서도 기회가 있을 때마다 저는 언제나 미국기관들에 대하여 협조를 아끼지 않아왔음이 사실인데, 예컨대 미 공보원의 요청에 응하여 저는 전기 켈젠 교수의 저서 이외에 영국 학자 보토모어의 저서 『현대사회의 제 계급』[기간(旣刊)]과 미국 학자 골롭의 저서 『현대의 '제 주의'』 등을 번역하였었습니다. 이들은 모두 공산주의를 이론적으로 비판한 학술적인 또한 계몽적인 가치 큰 저술들입니다. 여기서 한마디 부언할 것을 허용받고 싶은 것은, 제가 그동안 발표하여 온 약 50편의 논문은 그 대부분이 볼쉐뷔즘 즉 소베트 공산주의를 이론적으로 반대하고 비판하는 내용의 것들이라는 사실입니다. 이와 같이 저는

뚜렷이 반공 친미적 입장에 서서 시종일관 우리나라의 참다운 민주적 발전을 기념하면서 성실한 노력을 계속하여 왔음이 사실인 것입니다.

4286(1953)년 여름 저는 임시수도 부산의 서울대학 임시교사 강당에서 「소련외교정책의 비판」이라는 제목하에 강연을 한 일이 있었습니다. 그때에 저는 소베트 외교의 기본적 제 원칙 내지 제 특징을 설명하면서, 부수적으로 양대 진영 간의 새로운 세계전쟁은 불가피할 것으로 보이며 제3차대전이 발발할 경우에는 소베트·블럭은 군사적 패배를 면하지 못할 것이라고 명언하였었습니다. 그 자리에서 한 학생이 저를 향하여 다음과 같은 항의적인 질문을 하였던 것이 지금도 생생하게 저의 기억에 남아있습니다.—즉 그 학생 질문의 요지는 "당신은 제3차대전이 불가피하리라는 논단을 하셨는데 이러한 숙명론적인 태도는 옳지 않으며, 전 인류에게 큰 참화를 가져올 것이 틀림없는 새로운 대전을 회피할 수 있도록 온갖 노력을 기울여야 할 도덕적 의무를, 우리는 역사와 인류에 대해서 지고 있는 것이 아니겠느냐" 하는 것이었습니다. 그 학생은 인도주의적 입장에서 이와 같은 감명적인 질문을 하였던 것입니다.

위에서 일언한 바 있음과 같이, 해방 직후에 있어서는 저는 제2차대전 중에 맺어졌던 양대 진영 간의 협력관계는 전쟁 후도 상당히 장기간 유지될 것으로 보았었으며 그의 전후 부흥 및 재건을 위하여 미국을 중심으로 하는 서방세계의 협력과 원조를 절대 필요로 하는 소련은 이러한 협력과정에서 점차로 서구적 민주주의에로 접근하여 올 수도 있으리라는 막연한 기대를 가졌었습니다. 그러다가 1946~7년에 걸쳐 국제정세가 급격히 악화하고 양대 진영 간의 냉전이 급속히 격화함을 보고서는, 저는 역사과학 내지 외교사학적인 관점에서 새로운 세계대전은 불가피적이라는 일종의 이론적 신념을 가지게 되었던 것입니다. 서울대학에서 상기(上記) 강연이 있은 조금 후인 어느 날 일본의 모 종합잡지를 뒤져보니까 거기에는 제3차 세계대전의 문제를 중심으로 하는 좌담회 속기록이 실려있었습니다. 이 좌담회에는 저의 은사이시고 일본외교사학계의 대 중진이신 가미카와 히코마츠 선생이 참석하셨었는데 가미카와 선생께서도 외교사학적 관점에서 새로운 세계대전의 불가피적임을 명백히 결론하고 계시었던 것입니다.

그러나 그 후—특히 4287(1954)년 여름경부터—선진제국의 국제적 여론은 가장 참담할 새로운 대전을 회피하기 위한 의식적 노력을 뚜렷이 표시하게 되었었습니다. 영불 등의 서구제국은 물론이고 미국의 유력한 언론기관들까지도 '공멸'을 피하기 위하여 '공존'을 하는 수밖에 없다는 것 냉전은 바야흐로 '경쟁적 공존'이라는 새로운 단계로 들어서고 있다는 것을 강조하기 시작하였던 것입니다. 이러한 평화주의적인 국제여론을 자극환기한 주요 요인이 무서운 파괴력을 간직한 원자력 = 원자무기의 놀랄만한 발전이었다는 것은, 용이히 이해될 수 있는 일입니다[그 당시 아이젠하우어 대통령까지도 '경쟁적 공존'을 운위하고 있었음 한마디 부언한다면, 금년 여름경 미국 장로교연합회 총회가 결의 공표한 선언문도 '공존'(코엑지스텐스)가 아니면 '공멸'(코엑스팅숀)이라고 하면서, '공존' 이외에 다른 길이 없음을 역설하고 있었음].

그리고 일개의 정치학도로서 국제정세의 추이에 대하여 언제나 세심한 주의를 게을리하지 않는 제가 국제여론의 이러한 움직임에 냉담 무관심할 수가 없었음은 물론입니다. 이리하여 저는 동년 만추 경에 국제정세에 관한 한 편의 논문을 초하였었으며, 이 논문 가운데서 저는 선진제국의 유력한 평론지 및 학자 등의 견해와 주장을 인용 내지 반영하면서 냉전에서의 새 단계 출현에 대응하는 우리의 새로운 각오와 분투 노력을 호소 촉구하였던 것입니다[이 논문은 그 익년 초두 경 「소위 '공존'의 문제와 냉전의 새 단계」라는 제목으로 잡지 『사상계』에 게재되었었음].

그 익년인 4288(1955)년 여름경 저는 서울대학 강당에서 국제정세에 대한 강연을 하게 되었었습니다. 이 강연 가운데서 냉전 이후의 국제정세 발전에 있어서의 몇 가지 특징과 아울러 스탈린적 팽창주의 정책의 실패를 지적한 후, 국제정세에 대한 향후 전망과 관련하여 원자력 = 핵무기의 경이적 발전이라는 새로운 역사적 요인의 거대한 국제정치적 작용으로 말미암아, 불가피적으로 보였던 새로운 세계대전은 연기 = 회피되면서 있으며, 새로운 원자전쟁의 예상되는 참상 앞에 몸서리치는 양심적 국제여론은 '공존'의 불가피함을 주장하는 방향으로 기우려지고 있다고 말하였던 것입니다. 당시 일부의 당국자가 저의 이러한 발언을 소위

'평화적 공존'의 '주장'이라고 곡해함으로써 이를 문제화하였었음은 세상이 주지하는 사실입니다.

그러나 이러한 강연 논지는 저 개인의 의견이라기보다는 선진제국의 유력한 평론가 및 학자 등의 견해 내지 주장이었던 것입니다. 정치학도의 눈에 냉정하게 간취된 새로운 국제여론의 추향(趨向)과 국제정세 전환의 맹아적 징후를 저는 소박하고 겸손한 어구로써 그대로 표현하여 보려고 하였을 뿐이었던 것입니다. 여하튼 처음에 외교사학적 관점에서 제3차 세계대전의 불가피성을 믿으려 하였던 제가, 뒤에는 역시 역사과학적 = 외교사학적 관점에서 새로운 세계대전 회피의 현실적 가능성을 인정하게 되었음이 사실입니다.

처음에 저는 전쟁 원인으로서의 비합리적 = 비이성적 계기만을 중시하는 입장에 섰던 것입니다마는, 뒤에는 저는 원자력의 발견이라는 새로운 역사적 계기—'핵(核)적 균형'의 성립—와 아울러 인류의 지성 양심 및 도덕적 자각과 신(神)(신은 지고최고의 이성이라고 할 수 있음)의 뜻 등의 이성적 제 계기를 중시하지 않을 수 없게 되었기 때문입니다. 그러나 새로운 세계전쟁 발발 여부의 문제는 단순히 이론적으로 해결될 수 있는 문제는 아니고 결국 인류의 도덕적 정치적 실천과 역사의 전진 과정과 신의 섭리에 의하여 결정될 성질의 문제인 것입니다.

우리 한국은 물론 국제사회의 일원으로서 전 인류 사회와의 유기적 관련하에서 존재하고 있습니다. 한국의 민주적 발전 문제, 따라서 한국적인 사회적 민주주의의 성장발전 문제는 국제정세의 향후 발전 문제 연(延)하여는 새로운 세계전쟁의 발발 여부 문제와 관련되지 않을 수 없음은 물론입니다. 저는 물론 금후의 국제정세는 반드시 한국의 민주주의, 따라서 한국적 사회적 민주주의의 발전을 촉구하는 방향으로 진전하게 될 것을 이론적 신념적으로 전망하고 있었습니다마는, 이와 동시에 저는 제3차대전이 불가피적으로 발발하거나 또는 우선 원자력 = 핵무기의 전쟁 조지적(阻止的) 작용에 의하여 '장기적 공존'이 실현되거나 간에 그 어느 경우에 있어서도, 20세기 민주주의인 사회적 민주주의가 국내적으로도 국제적으로도 궁극적 승리를 보장받게 될 것이 틀림없다는 이론적 확신을 갖고 있는 것입니다.

몇 마디로써 이를 간단히 부연하여 보려고 합니다. 만일 새로운 세계대전이 일어난다면 공산블럭은 군사적 패배를 면할 수 없으리라고 저는 현재도—부산에서 강연을 할 때와 마찬가지로—보고 있습니다. 이 경우에 있어 승리가 서방 진영 편에 있으리라는 것은 확실합니다. 그리고 이 싸움이 서방적 민주주의와 동방적 전제 = 독재주의의 대결을 의미하는 한에 있어서 이 싸움에서의 승리가 서방적 민주주의의 승리를 의미하지 않을 수 없을 것은 명백합니다. 그러나 이 승리가 동시에 세계자본주의의 승리를 의미할 수는 없으리라는 것도 또한 명백하지 않으면 아니됩니다.

왜냐하면 민주주의와 자본주의는—양자가 어떤 의미의 역사적 관련성을 갖고 있음은 사실이지마는 결코 동일물은 아니고 구별되어야 할 이질적 상이물이며, 자유자본주의의 시대는 이미 과거로 살아지고[221] 있음에 반하여, 참다운 민주주의는 인간적 자유 평등의 실현과 보장을 위하여 영원한 생명력을 보지하지 않으면 안될 것이기 때문입니다. 그뿐 아니라 새로운 원자전쟁에 있어서 공산블럭이 가장 큰 치명적 타격을 입게 될 것은 물론입니다마는, 서방제국도 거의 비슷한 재액을 면하기 어려울 것이 틀림없는데 그러할 경우에 가장 곤란한 전후처리, 즉 전후의 복구 재건 사업을 어떠한 사회 정치적 방식에 의하여 수행될 수 있을 것이냐가 큰 문제로 되지 않을 수 없는 것입니다.

황량한 폐허로 화한 양대 세계의 광대한 문화적 산업적 제 중심 지역의 복구, 재건, 굶주리고 추위에 떠는 십 수 억 민중에의 생필품 제공 등—이러한 가장 곤란한 전후적 제 과업은 낡은 자유자본주의적 방식에 의해서는 도저히 해결될 수 없고, 사회적 민주주의 즉 계획적 민주주의의 방식에 의거함으로써만 옳게 해결될 수 있을 것입니다. 이리하여 승리한 서방적 민주주의는 전후적 재건기에 있어 더욱 더욱 그의 사회적 성격을 강화하지 않을 수 없을 것인바, 이는 요컨대 20세

221) 원문에는 '살아지고'로 표기되어 있으나 문맥상 '사라지고'로 보는 것이 타당하다.

기 민주주의, 즉 사회적 민주주의의 궁극적 전반적 승리를 의미하는 것일 수밖에 없는 것입니다. 다음에 '장기적 공존'이 실현될 경우에 대하여 일언하려고 합니다. 이 경우에 있어서도 양대 진영은 서로 군사적 경계를 게을리하지는 않을 것이며, 상당히 장기간에 걸쳐 '무장평화'가 계속될 수밖에 없으리라고 생각됩니다마는 그러나 '장기적 공존'은 '경쟁적 공존'이 아닐 수 없고, '경쟁적 공존'이란 요컨대 정치 · 경제 · 사회 · 문화 등 제 분야에 걸친 평화적 경쟁을 의미할 수밖에 없는 것입니다.

이를 약언하면 이 평화적 경쟁은 양대 진영 외 어느 편이 이들 제 분야에 걸친 건설을 촉진 달성하여 광범한 그 주민 대중에게 자유 평등과 사람다운 생활을 보장하여 줄 수 있느냐의 경쟁, 이를 환언하면 그것은 인간적 자유의 참다운 실현이라는 최고 지상의 사회적 도덕적 이념의 실질적 구현을 에워싼 평화적 민주적 경쟁의 성격을 띠지 않을 수 없을 것입니다. 그리고 이러한 평화적 민주적 경쟁의 과정에서 서방 민주 진영은 그의 자본주의적 제 결점을 점차로 수정, 제거하면서 완성된 민주주의 예로 더욱 더욱 전진할 것이며, 공산 진영은 그의 폭력적 독재주의적 제 결함을 점차로 수정, 지양하면서 참다운 서방적 민주주의에로 접근하여 오지 않을 수 없을 것이 적어도 이론적으로는 넉넉히 예측될 수가 있는 것입니다.

현대 최대의 사학가로 지칭되는 영국의 토인비 교수는 '장기적 공존'의 제 조건하에서는 현대 빙탄적 상극상을 시현하고 있는 양대 세계는 점차로 '서로 닮아'(테이크 애프터 이취 어더)가지 않을 수 없으리라는 점을 명언하고 있는 것입니다. 저는 물론 완고한 자기 고집성을 갖고 있는 볼쉐뷔즘 즉 소베트 공산주의가 간단 용이히 자기 수정을 하게 되리라고는 생각하지 않습니다. 그러나 우주간의 삼라만상은 끊임없는 변화의 과정 속에 있는 것이며 볼쉐뷔즘은 인류 사회에 있어서의 한낱의 역사적 산물에 불과하는 것입니다. 볼쉐뷔즘 즉 소베트 공산주의가 아무리 강한 편집성을 갖고 있다고 할지라도 만일에 국내적 및 국제적인 환경적 제 조건에 의하여 강요된다고 한다면 그는 자기 수정 내지 변질을 부득이하게 될 수도 없지 않을 것입니다.

그리고 이와 같이 '장기적 공존'의 제 조건하에서 이와 같이 양대 세계가 '서로 닮아'가게 되리라고 한다면 이는 양대 세계가 참다운 민주주의인 사회적 민주주의의 노선에로 서로 점점 더 접근하게 되리라 함을 의미하지 않을 수 없는 것입니다. 그뿐만은 아닙니다. 사회적 민주주의가 서방 민주세계에 속하는 것일 뿐 아니라 그것이 서구적 민주주의의 정통을 계승하는 것임은 재언을 요하지 않는 일입니다마는 정치사상적 내지 정치세력적으로 어떤 의미에서 세계는 이미—두 개가 아니라—세 개의 부분으로 나누어져 있다고 보아질 수 있고, 이 제3의 부분을 대표하는 이데올로기가 바로 사회적 민주주의 내지 민주적 사회주의라고 말할 수가 있습니다. 그리고 이 사회적 민주주의의 정치세력은 영국 및 북구 제국(諸國)을 비롯하여 아세아 신흥제국과 일부의 영 제국 자치령 등에서 이미 권력을 장악하고, 그 정치적 사상적 노선을 실천에 옮겨 왔을 뿐 아니라 이 참다운 민주주의 세력은 서구제국을 비롯한 전 세계 여러 나라에서 눈부신 성장을 하고 있으며 양대 세계의 '장기적 공존'이 실현될 경우 이들 사회적 민주주의 세력이 전 세계에 걸쳐 더욱 더욱 장족적 발전을 하게 되리라 함은 명약관화한 일인 것입니다.

이리하여 일언이폐지하면 제3차대전이 불가피적으로 일어나거나, 그렇지 않고 '장기적 공존'이 실현되거나 그 어느 경우임을 막론하고 20세기 민주주의 즉 사회적 민주주의는 궁극에 있어 전 인류의 중층적 통일노선으로서 그 자신을 관철 실현하게 되리라 함이 저의 이론적 확신인 것입니다. 위에서 저는 저의 사상적 '빽그라운드'에 대하여 아무런 가식도 위장도 없이 진실 그대로를 말씀드렸습니다. 거짓 없는 이상의 진술을 통하여, 사회적 민주주의의 기본적 성격과 저 자신의 사상적 정치적 입장이 본질적으로 명확하게 이해될 수 있지 않을까 합니다. 저의 이하의 진술에 있어 중심적 위치를 차지하게 될 제가 기초한 강령 초안은, 상술과 같은 '빽그라운드'와 거기에 잠재하는 정치 사상적 본질이 말하자면 전면에로 투사 결정된 것이라고 할 수가 있습니다.

그러므로 위에서 진술된 바에 의해서만도, 이 강령 초안의 본질적 성격이 올바르게 추단될 수 있으리라고 저는 우고하는 바입니다. 저는 성의의 있는 것을 다하여 이상과 같은 긴 진술을 하였습니다마는 사실인즉 강령 초안의 성격과 내용을 옳게 이해하기 위하여 그 '빽그라운드'에 관한 이렇듯 긴 설명이 필요할 리도 없습니다. 현대적 상식과 건전한 판단력을 갖는 사람으로서 사심 없이 이 강령 초안을 읽는다면 누구든지 그것의 참다운 민주적 성격 및 내용을 용이 명확히 인식할 수 있을 것입니다. '빽그라운드'에 관한 진술이 의외에도 너무 길어졌음으로 이하에 있어 강령 및 기타와 관련된 제 문제에 대하여는 가급적 간략하게 말씀하여 보려고 합니다.

4289(1956)년 2월경 어느 날 서상일 선생으로부터 좀 와달라는 연락을 받고 동 선생댁으로 찾아가니까 거기에는 주인인 서상일 선생 이외에 조봉암, 윤길중, 신도성, 고정훈, 주기형 등의 제씨(諸氏)가 모여있었습니다. 이야기를 들은즉 이것은 새로운 혁신정당의 강령, 발당, 선언문 등 기초의 건을 상의하기 위한 가칭 진보당추진위원회 관계자들의 모임이라는 것이었습니다. 저는 혁신적 신당운동에 참가하고 있지 않았고 이 추진위원회와 아무런 관련이 없었습니다마는, 좀 동석하여 '전문가'적 의견을 이야기해줄 것을 요청받았습니다. 강령 작성과 관련된 주요한 제 문제가 논의되고 또 대체로 의견이 합치되었으며 한국적인 제 조건에 적합하면서 뚜렷이 혁신적이고 철저히 민주적인 논문체의 강령 초안을 작성할 것이 결정되는 동시에, 이 초안 작성을 이 분야의 '전문가'라고 할 저에게 위촉할 것이 전원일치로 합의되었던 것입니다.

위에서 언급한 바와 같이 저는 이 혁신운동에 참가하고 있지 않았음이 사실이지마는 이와 같은 전원일치의 요청을 거부하기 어려웠을 뿐 아니라, 한국 최초의 혁신정당 강령을 기초한다는 것은 정치학도로서 명예스러운 일이라고 느껴졌기 때문에 저는 이를 수락하지 않을 수 없었습니다. 그리고 이와 동시에 강령, 선언문 등의 초안은 저 자신이 직접 이를 집필하기로 하되 이들 문안 작성의 일을 주로 서상일 선생과 당시 가칭 진보당추진위 기안부 책임자였던 신도성 교수(당시 민의원)와 저의 3인이 협력, 진행하기로 되었던 것입니다. 그 후 수차의 독촉을 받은 후, 저는 동년 3월경에 저는 강령, 선언문 등 초안을 서상일 선생께로 보냈었으며 가칭 진보당추진위 관계자들에 의한 약간의 자구 수정(뒤에서 다시 언급될 터이지마는 제가 사용하였던 '민주적 통일'이라는 문구를 '평화적 통일'로 수정하였음은 그 현저한 일례임)이 있은 후 서상일 선생이 이들 초안을 프린트에 붙이셨었습니다.

그 후 가칭 진보당추진위는 조봉암 씨를 중심으로 하는 진보당계와 서상일 선생을 중심으로 하는 민주혁신당계의 양파로 분열됨에 이르렀으며, 이러한 분열이 있은 직후에 프린트 중이던 전기 강령 등 초안이 책자로 되어 나왔습니다. 양파로의 분열이 있은 후 진보당계의 분들은 그들만의 조기적 단독 결당의 방침을 결정하는 동시에, 프린트 된 전기 강령 초안 등을 보내달라고 요구하였습니다. 이들 문안은 전기 추진위원회에서 양파가 공동으로 준비하였던 것임으로 진보당계의 분들이 이 초안들을 그들의 단독 발당을 위하여 이용하려고 하였음은 무리 없는 일이었던 것입니다. 분열이 있은 직후 감정적 마찰이 계속되고 있던 시기이었음으로 다소의 「옥신각신이 있기는 하였지마는 결국 서상일 선생 자신이 프린트된 전기 책자를 단독 창당을 결행하는 진보당 측으로 보내주었었으며 진보당 분들은—아마도 여기에 근소한 자구 수정을 또 한 번 가한 후, 그들 자신의 강령 선언문 등으로서 이를 채택하게 되었던 것입니다.

진보당이 제가 기초하였던 강령 초안 등을 그들 자신의 강령 등으로서 채택함에 이른 경위는 약언하면 대체로 상술과 같습니다. 제가 강령 초안 등의 작성을 위촉받고 이 임무를 수행하였었음은 사실입니다마는, 저는 가칭 진보당 추진 운동에 참가하고 있지 않았으며, 더우기 양파로의 분열이 있은 후 진보당 단독 발당에 관여한 일이 없었다는 것은 진보당 분들 이외의 혁신운동 관계자들이 주지하는 바입니다. 단독 결당을 하게 된 진보당이 전기 강령 초안 등을 그들의 강령 등으로서 채택하였음은 오로지 그들 자신의 자발적 의사에 의한 것이었고, 저는 전연 관지하지 않는 바이었던 것입니다(사실 저는 진보당 결당식이 있은 후, 비로서 입수된 동당 문헌을 통하여 제가 기초하였던 선언문 초안의 자구뿐 아니라 문체까지가 어느 정도 수정되었음을 알고 저의 훌륭한 문체가 파괴되었음을 분개하였던 일까지가 있는 것입니다).

검사 공소장의 저에게 관한 제1항의 고발내용이 아주 사실과 어그러진다는 것은 이상의 간단한 진술에 의하여 이미 명백하여졌으리라고 생각합니다. 특히 동항에서 '전기 평화통일방안을 골자로 하는 강령 초안 등을 작성하여 운운'하고 공소장은 주장하고 있습니다마는, 이미 위에서 일언한 바와 같이 저는 '평화적 통일'이라는 문구조차도 사용한 일이 없고 초안 가운데서 통일문제에 간단히 언급하면서 저는 다만 '민주적 통일'의 조속한 실현을 위하여 노력을 계속하도록 간단히 호소함에 그쳤던 것이며, 진보당 강령 가운데에 '평화적 통일' 운운하고 다소 설명이 붙어있는 부분은 가칭 진보당추진위 관계자들 또는 진보당 분들에 의하여 가필 수정되었던 것입니다. 이와 같은 사실과 경위는 경찰 취조 시와 검사 취조 시에 용이히 밝혀졌었습니다(이 사실은 진보당 관계자가 모두 주지하고 있을 뿐 아니라 경찰이 가져간 강령 초안 원고 가운데에 이러한 수정의 자취가 엄연히 나타나 있음).

그리고 제1심 공판에서 이 사실은 간단히 확인되었었고 제2심 공판에서도 그것은 자명의 사실로서 취급되면서, 재판장은 저를 향하여 "이 피고인은 '민주적 통일'을 운운하였고 '평화적 통일'이라는 문구조차도 사용한 일이 없다고 하는데, 양자의 차이점은 무엇인가" 하고 질문을 한 일까지 있었으며, 이에 대하여 저는 "'민주적 통일'은 폭이 넓은 개념으로서 그것은 '평화적 통일'을 의미할 수도 있지마는, 때와 경우에 따라서는 '무력 통일'을 의미할 수도 있습니다" 하는 요지의 답변을 하였던 것입니다. 그러했음에도 불구하고 제2심 판결문은 제가 강령 초안 가운데서 '평화적 통일'을 주장한 것 같이 말하고 있는데, 이는 상상하기 어려운 사실의 왜곡이며 실로 기괴천만한 일이라고 하지 않을 수 없는 것입니다.

공소장의 저에게 관한 부분 제2항에 대하여 간단히 일언한다면, 동항(同項)에서 문제로 되어 있는 『김일성선집』 중의 책자는 이미 위에서 언급한 바와 같이 미국 분들의 위촉을 받아 북한 관계의 조사연구를 하고 있을 무렵 미국기관에 의하여 제공된 제 자료 중에 들어있었던 것인데, 저는 이를 인목(人目)이 미치지 않는 소장실 캐비레트 속에 넣어두었었습니다. 공소장이 동 2항에서 주장하고 있는 것은 전연 사실무근입니다. 이와 관련하여 저는 종로경찰서 사찰계 형사가 매일같이 저의 연구소를 출입하고 있었다는 사실을 간단히 부언함에 그치려고 합니다.

다음에 공소장 제3항에 관하여 일언하기로 합니다. 제가 4285~6(1952~3)년 경북대학교에 봉직하고 있을 때, 이상두 군은 동 대학교 법정대학 제1학년에 재학 중에 있었습니다. 그때 저는 제1학년의 정치학개론을 담당하고 매주 2시간의 강의를 하였으며, 이 군은 동 법정대학 제1학년 2백여 명 학생 중의 1인으로서 저의 강의에 참석하고 있었습니다. 그때 저는 이 군 등의 1학년 학생과는 개인적 접촉이 없었음이 사실입니다마는(그 후 성균관대학에서도 하급 학생들과는 접촉할 기회가 극히 적었음이 사실임), 이 군은 정치학과 학생 중에서 가장 성적이 우수하였던 관계로 해서 그의 이름과 얼굴을 잘 기억하게는 되었습니다. 약 1년간에 걸쳐 저는 동 대학 1년생들에게 정치학의 초보를 가르치기는 하였습니다마는, 그 기간에 저는 공산주의 문제를 포함하는 사회적 정치적 사상문제에 대하여 이론적 비판적인 이야기를 할 기회가 없었던 것으로 기억하고 있습니다. 또 이러한 이론적인 이야기를 해본다손 치더라도 기초적 지식을 갖고 있지 못하는 1년생들은 제대로 이를 알아듣지도 못한다는 것이 사실인 것입니다. 저는 언제나 확고한 반공적 민주적 신념을 가지고서 학생들을 지도하여 왔습니다마는 동 대학 제1학년 학생들에게 대한한 저는 당시에 좋은 의미로나 나쁜 의미로나 이렇다 할 영향을 미칠 수 없었음이 사실이 아닌가 하고 생각되는 것입니다.

제가 대구를 떠난 후에는 이 군과는 상면할 기회가 없이 지나오다가(서신의 왕래도 없었던 것으로 기억함), 전기한 바 있음과 같이 근 4년 전 서울대학 강당에서 한 저의 연설이 말썽을 일으켜 제가 구금되어 검사 취조를 받고 있던 어느 날, 서울 왔던 이 군이 담당인 황진영 검사방으로 저를 찾아왔던 일이 있는데, 문제로 된 이 군의 몇 통 편지는 이 일이 있은 조금 후 쯤부터 수차에 걸쳐서 써 보낸 것이 아니었던가 하고 기억됩니다(당시 이 군은 경북대학교에 재학 중이었음). 이 군의 편지에는 조리에 맞지 않는 오해를 살 수 있을 과격한 어구가 들어있음은 사실입니다마는, 저는 이를 철없는 학생의 일종의 악의 없는 작희로 밖에는 느끼지 않았던 것입니다. 만일에라도 이 군이 참으로 공산주의 사상을 품은 청년이라고 한다면, 이와 같은 철없고 경솔하다고 할 행동을 절대로 할 리가 없는 것입니다. 그러므로 저는 이 군의 이 편지를 중시하거나 특별시 하지 않았으며, 이들은 다른 제자들의 수백 통 서신과 함께 저의 책상 빼 함(函) 속에 놓고서는 그대로—경찰에서 문제화될 때까지는 그 내용까지도 거의—잊어버리고 있었던 것입니다. 사실 이 편지들의 문제화된 부분들은—이를 일독하면 짐작할 수 있다시피, 그리고 이 군 자신이 공판정에서 명백히 진술한 바와 같이—이 군이 그 자신의 생각을 기술한 것이 아니라 거의 모두가 외국학자들의 저서에서 인용한 것들인 것입니다.

이 군이 무슨 이유로 이러한—악의는 없다 할지라도 오해를 살 수 있는—일종의 작희를 하게 되었을까 하는 것을 생각하여 본다면, 첫째로 그 당시 제가 아무런 죄과 없이 구금 기소되었던 사실에 대하여 무언적인 항의를 하여 보고 싶은 일종의 잠재 의식적 충동, 둘째로 이 군 자신이 이것 저것을 많이 읽고, 또 배우고 있음을 자랑하고 싶은 일종의 자기과시적 의욕, 셋째로 제가 『사상계』 등의 언론기관을 통하여 열심으로 또 집요하게 민주적 평화적 방식에 의한 점진적 사회개혁을 주장하고 있었음으로, 이러한 저의 사상적 입장에 도전하는 듯한 태도를 보임으로써 이에 대한 저의 반응 여하를 알고 싶은 일종의 젊은이다운 호기심 등등의 심리적 제 계기가 종합적으로 작용한 결과가 아니었을까 하고 저는 우고하는 바입니다.

그 후 이 군은 경북대학교 정치학과를 졸업하고 성균관대학교 대학원 정치학과에 입학하게 되었는데, 그 당시 대구에서 친히 이 군을 지도하여 온 두 분의 정치학 교수, 즉 경북대학의 차기벽 선생과 대구대학 정치학과 주임인 양호민 선생은 이 군의 인품과 학력과 사상을 보장하면서 그를 성대 대학원에 추천하는 간곡한 서신을 저에게 보내왔던 것입니다. 철저히 반공적인 민주적 입장에 서 있는 이들 두 분 선생은 현재에 있어서도 이 군을 절대로 신뢰하고 또 사랑하고 있습니다. 이 군이 성대 대학원에 입학한 후에는 약 1년간에 걸쳐 제가 직접 그를 지도하였습니다. 성대 대학원에서 저는 강의내용과 관련하여 때때로 공산주의 이론의 주요 논점을 설명 비판한 후 학생들에게 이에 관한 자유토론을 허하여 왔으며 이 군 자신도 때때로 이러한 토론에 참가하였습니다마는 이 군이 한 번도 민주적 입장을 벗어나는 발언을 하여 좌경적 색채를 나타낸 일은 없었던 것을 저는 기억하고 있습니다.

성대 대학원을 수료한 이 군은 모교인 경북대학교 정치학과 강사로 임명되어 충실히 복무하여 왔으며, 그의 제 은사를 비롯한 동교의 교직원 여러분은 참으로 이 군을 신뢰하고, 사랑하고, 또 그 전도를 크게 촉망하고 있는 것입니다. 그뿐 아니라 이 군은 20대의 약관으로 최대의 지방신문인 『대구매일신문』의 논설위원으로서 성실히 봉공하여 왔는데, 만일에 그가 조금이라도 사상적으로 믿기 어려운 점을 갖고 있다고 한다면, 가장 건실한 이 카톨릭계 신문이 이 젊은이에게 그와 같이 명예스러운 중책을 맡겼을 리가 만무하다고 저는 생각하지 않을 수 없는 것입니다. 저는 이 군의 고결한 인품과 뛰어난 학재와 또 그의 건전한 민주적 사상을 굳게 믿고 의심하지 않는 바입니다.

이제는 다시 강령 초안과 관련된 문제에로 돌아가려고 합니다. 위에서 저는 강령 초안의 기초자인 저 자신이 평화적 통일문제와는 아무런 관련이 없다는 사실을 밝혔습니다마는, 여기서는 우선 이 사실과 관련된 그리고 강령의 성격 판정에도 자(資)할 수 있을 하나의 에피소드를 소개하여 보겠습니다. 금춘(今春) 2월경 어느 날 사건관련자들의 기소가 결정되는 전일 저녁에 담당 검찰관인 조인구 검사는 서울형무소 구치과장실에서 저를 향하여 "이 사건은 평화적 통일문제를 중심으로 하여 처리될 것으로 생각하는데 당신은 이 문제와는 아무런 관련이 없다는 것이 밝혀졌고 또 다른 점은 별로 문제될 것이 없다고 생각되기 때문에 담당 검사인 나 자신은 당신을 기소할 이유는 없다고 봅니다. 물론 이에 대한 결정은 나 혼자서 하는 것은 아니기 때문에 단정적인 말을 하기는 어렵습니다마는, 여하튼 당신이 석방될 경우를 예상하면서 노파심을 가지고 금후 유의하여 주셨으면 하는 두 가지 점을 이야기해두고 싶습니다.

그 두 가지 점이란 요컨대 하나는 우리나라에서는 아직도 사회민주주의와 공산주의의 차이를 제대로 이해하지 못하는 경향이 있음으로, 금후에 있어 당신은 이 양자 간의 차이를 일층 명확히 하여 일반이 오해함이 없도록 노력하실 것, 둘째로 잡지 등에 논문을 발표하실 때이거나 젊은이들을 앞에 두고 이야기를 하실 때이거나를 막론하고 자금(自今)으로는 민족주의를 좀 더 강조하시도록 유념하여 주실 것, 이 두 가지를 부탁하여두고 싶습니다" 하고 말씀하였었으며, 저는

"고마우신 말씀 잘 알아들었습니다. 종래에도 저는 우리 후진 한국의 민족주의는 뚜렷이 진보적 성격을 띠고 있는 것으로 믿으면서 이를 중시하고 강조하여 왔음*이 사실입니다마는, 자금으로는 기대하심에 어그러짐이 없도록 일층 더 노력할 생각입니다"하고 답변을 하였던 것입니다. 그때에 서울형무소 구치과장이 동석 방청하고 있었음을 부언하고 싶습니다.*

간단한 이 에피소드는, 본건발생 당시에 있어 검찰 당국은 제가 기초한 강령 초안의 성격 및 내용을 따라서 '평화적 통일'과 관련된 부분을 논외로 한다면 진보당의 강령도 이를 문제 삼으려하지 않았고 또 문제 삼고 있지 않았음을 증시하는 것입니다. 그때에 조 검사는 저희들이 주장하는 사회적 민주주의와 사회민주주의를 동일시하고 있었음이 명백합니다. 독오적인 사회민주주의와 영국적인 민주적 사회주의와 한국적인 사회적 민주주의 등 3자 간의 상이점과 상동점에 대하여는 본 취의서 일목열에서 대략 설명하였었읍니다마는, 요컨대 한국적인 사회적 민주주의는 낡은 사회민주주의가 다소나마 지니고 있던 맑스주의적인 비민주적 계기를 처음부터 전연 갖고 있지 않는 훨씬 더 완성된 민주주의인 것이며, 그것이 철저히 반공적 친미적이고 또 한국적 민족주의적 계기를 내포하고 있다는 점에서 우리의 사회적 민주주의는 전(前) 2자 비하여 훨씬 더 우파적인 것입니다.

그러나 조 검사가 이를 사회민주주의와 동일시하였음은 큰 오인이라고 할 수는 없을 것입니다. 그런데 제 2심 공판에 제하여는 그는 이와 같은 그의 전언을 완전히 번복하고, 요컨대 사회적 민주주의는 공산주의와 동일하다는 얼토당토않은 주장을 하였던 것입니다. 그리고 이 어불성설적 주장은 요컨대 사회적 민주주의는 사회주의와 동일하고 사회주의는 공산주의와 동일하다고 하는 일종의 기괴한 등[222]식에 입각하고 있었는데, 현실적 사실과 완전히 배치하는 이 허구적 등식은 얼마 전 평론가 강 모의 이름으로 『한국일보』에 게재되었던 글의 요지를 표

222) 이 부분은 국가기록원 소장 진보당 형사사건기록의 판결문(44권) 613~614쪽의 내용이다. 원본 문서에는 해당 쪽이 아예 빠져 있고, 612쪽과 615쪽이 반복해서 수록되어 있다. 다만, 이 부분은 앞서 제시된 이동화의 상고이유서 내용을 그대로 가져온 것이므로, 원본 문서에서 삭제된 부분은 이동화의 상고이유서를 참고로 하여 기재하였다.

시하는 엉터리 등식과 완전히 동일한 것입니다.

서방적인 사회주의는 곧 민주적 사회주의이고 민주적 사회주의는 폭력적 독재적인 소베트 공산주의와 대립 대결하는 진정한 민주주의이라는 점을 저는 위에서 이미 설명한 바 있습니다마는, 공산주의자들은 이러한 서방적인 민주적 사회주의 개념을 거부하면서 볼쉐뷔즘 즉 소베트 공산주의만이 참다운 사회주의 즉 '과학적 사회주의'이라고 주장하고 있는 것인데, 아마도 공산당으로부터 전향한 일지반해적인 전 열성당원이 아닌가 하고, 추찰되는 평론가 강 모는 그의 무학(無學)과 서방세계의 민주적 정치이론에 대한 완전한 무지를 여실히 폭로하면서 사회민주주의와 사회주의를 구별하고 사회주의를 공산주의와 완전 동일시하는 편무지하고 몰양심하게도 사회적 민주주의를 공산주의와 동일한 것이라고 주장하고 있었던 것입니다. 사회주의는 곧 공산주의이라고 하는 이러한 엉터리 주장이 성립될 수 있다고 한다면 서방 민주세계에는 그야말로 큰 변란이 일어나지 않을 수 없을 것입니다. 그러할 때에는 서방 제국의 사회당들(사회당의 완전한 명칭은 사회주의당임) 및 노동당들은 공산당들로 변해야 할 것이며, 기독교 사회주의는 기독교 공산주의로 변하고(이렇게 되면 이로부터는 무신론적 유물론적 기독교라고 하는 일종의 기이한 개념이 파생하지 않을 수 없을 것임), 영국파 사회주의는 영국파 공산주의로 변해야 할 것입니다. 그리고 이번에 11월 선거에 임하면서 아이젠하우어 대통령은 민주당이 승리할 경우에는 미국은 사회주의화 하리라고 해명한 바가 있었는데, 아이크의 이 해명의 의미는 민주당 집권의 경우 미국은 공산주의화 하게 되리라는 의미로 취해지지 않을 수 없을 것입니다. 명암을 불변하고 동서를 혼동하는 이러한 정치적인 어불성설적 억설이야말로 서방 민주세계에 때아닌 파란을 야기할 수도 없지 않은 것입니다.

미국 및 UN과의 긴밀한 협조와 협력이 없이는 한국의 민주적 성장과 한국적 사회적 민주주의의 발전은 가기(可期)[223] 하기 어렵다는 신념을 처음부터 갖고 있는 저는, 제가 기초 강령 초안을 영어로 번역하여 이를 미 제8군 정치부를 비롯한

223) '기대'를 의미한다.

미국계통 제 기관에 전달하였었으며, 이리함으로써 미국분들로 하여금 한국적인 민주적 혁신세력의 입장을 올바르게 인식시키려고 하였었습니다. 영역된 강령 초안을 전달한 후 저는 수인(數人)의 미국 우인을 만나 이에 대한 그들의 의견을 들은 일이 있었는데, 그들은 모두 대체로 좋다, 무방하다 하는 그들의 소견을 말하는 동시에, 거기에 뚜렷이 나타나 있는 반공 친미적 입장에 대하여는 모두 다 절대적인 찬의를 표하였던 것입니다. 이것은 상기 강령 초안의 정당하고 뚜렷한 민주적 성격 및 내용을 방증하는 하나의 구체적 사실이라고 저는 믿습니다.

그 당시 가칭 진보당추진위원회 기안부의 책임자이면서 서상일 선생 등과 함께 강령 초안 등 제 문장 준비의 임무를 지고 있던 신도성 교수는 그 자신의 이름으로 상기 강령 초안을 잡지 및 신문(『사상계』와 『중앙일보』)에 게재 발표한 일이 있었습니다. 이것은 한국에서의 가장 우수한 정치학자의 한 분이며 그의 과거와 현재를 통하여 꾸준히 반공적 민주적 입장을 견지하여 온 신 교수가 상기 강령 초안의 참다운 민주적 성격 및 내용을—그의 학자적인 권위와 양심으로써—확인하고 증명하였음을 의미하지 않으면 아니됩니다. 이리하여 상기 강령 초안의 참다운 민주적 애국적 성격에 대한 또 하나의 유력한 방증을 우리는 여기서 발견할 수가 있는 것입니다.

이상에서 저는 진보당 강령이라고 말하지 않고 강령 초안이란 어구를 집요하게 반복하여 왔습니다. 진보당 강령과 거의 내용을 같이 하는 민주혁신당 강령에 대해서는 저는 당연히 책임을 져야 할 동당 간부의 1인입니다마는 진보당과 아무런 관계도 없는 제가 동당 강령에 대하여 책임을 져야 한다는 것은 저의 천박한 사회적 정치적 상식으로서는 이해하기 어려운 동시에 동당 강령에 대하여 제가 책임 있는 발언을 하려는 것은 일종의 월권행위가 아닌가 하고 느껴지지 않을 수 없는 것입니다. 이 취의서 가운데서 제가 강령 초안이라고 부르는 것은 진보당 강령 전문과 동 경제정책 전문을 합한 것 즉 민혁당 강령에 해당하는 부분을 의미하는 것이고 진보당 강령정책, 규약 등을 수록한 책자 첫머리의 4개조(5개조) 강령은 저와는 아무런 관련이 없다는 사실을 밝혀두는 바입니다.

가장 참다운 민주주의에 입각하고 있는 전기 강령 초안은 사상적으로나 정치 도덕적으로나 비의(非議)될 만한 아무런 점을 갖고 있지 않을 뿐 아니라, 도리어 찬양될 만한 제 장점을 갖고 있다고 저는 확신하고 있습니다. 물론 독자에 따라서는 이 초안 가운데서 약간 자극적인 듯한 강한 표현을 발견할 수도 있을런지 모르겠습니다마는, 원래 정치적 문서란 것은 약한 표현을 기피하고 강한 표현을 택하는 경향을 갖고 있습니다. 왜냐하면 사종(斯種)의 문서는 국민 대중의 이성에 뿐아니라 보다 더 그들의 감정에 호소하지 않으면 안되기 때문입니다. 선진적인 민주 제국(諸國)에서도 정치적 성격을 띤 문서 내지 언론은 과장은 물론이고 때때로 허위까지를 포함하는 일이 거의 일반적 관례로 되어 있습니다. 저는 이 강령 초안 가운데서 혁신적 야당의 입장에서의 약간의 강한 표현을 썼을 수는 있습니다마는, 그러나 저는 거기에 어디까지나 역사적 현실적 사실과 이론적 진리에 끝까지 충실하려고 노력하였다는 것이 사실입니다. 그리고 이 초안의 이론적 내용은 그 전체로서 하나의 통일체를 이루고 있으며 따라서 그것이 전체적인 논리적 관련에서 일관적 통일적으로 이해되지 않으면 안될 것은 물론입니다.

이제부터 강령의 내용에 관해서 다소 구체적 분설적인 말씀을 해야 할 순서로 되었습니다마는 이글이 이미 너무도 길어졌고 또 시간적 여유도 거의 진(盡)하고 있기 때문에 이론적인 긴 논의를 피하면서 가급적 간략한 설명을 첨가함에 그치려고 합니다. 저의 강령 초안이 통일적 개념으로서의 사회적 민주주의에 입각하고 있음은 재언을 요하지 않을 일입니다마는 저는 간명을 기하기 위하여 이 초안을 구성하는 6개 원칙을 열거하면서 이들 각 원칙의 제 요점을 약술하여 보기로 합니다.

정치적 의회적 민주주의의 원칙

— 사회적 민주주의는 정치적 의회적 민주주의를 그의 구성요소로 하고 있을 뿐 아니라, 이를 그의 정치적 기초로 삼고 있습니다. 정치적 의회적 민주주의는 확립된 근대적 민주 정치제도에 입각하는 한편 주권재민의 원칙, 공개성의 원칙, 다수결의 원칙에 의거하여 국민을 대표하는 의회를 중심으로 민의와 여론을 따라서 행해지는 또 행해져야 하는 정치를 의미합니다. 그리고 이러한 의회정치는

정당제도 즉 복수적 정당제도에 의거하지 않을 수 없는데, 이 다수당 제도하에서는 국민 과반수의 지지를 받는 정당 내지 정당연합이 정권을 장악하게 되는 것이며, 이 경우에 국민의 압도적 다수를 점하는 근로 국민대중을 그의 사회적 기반으로 삼는 정당 즉 사회적 민주주의 정당이 결국 가장 유리한 지위를 점하게 되리라는 것은 명백한 일입니다.

기성의 보수정당들이 소수 특권계급을 주로 그의 사회적 기반으로 삼고 있음에 반하여, 사회적 민주주의 정당은 노동자, 농민, 근로인텔리, 중소상공업자 내지는 종교인 등을 그의 사회적 기반으로 삼고 있음은 사실입니다마는, 사회적 민주주의 정당은 소위 '프롤레타리아트'의 전위로 자처하면서 소위 '프로독재'와 '프로혁명'을 주장하고 또 실천하고 있는 공산당과는 전연 상이할 뿐 아니라, 이와는 견결히 대립하여 그의 폭력과 독재를 철저히 거부, 배격하는 것입니다.

민주적 의회적 정치는, 민의 즉 선거를 통하여 표시되는 국민의 총의를 따라서 정권의 교대가 평화적으로 행해짐을 특징으로 하는 것이며, 철저히 평화적 민주적 입장을 견지하는 사회적 민주주의 정당은 국민의 일부인 어느 특수계층에만 치우쳐 의뢰할 수는 없고, 각계각층을 망라하는 절대다수 국민대중의 지지를 확보하도록 성심성의로 노력하지 않을 수 없는 것입니다.

그러므로 사회적 민주주의 정당은 '프롤레타리아트'의 전위로서 자처하는 공산당과 같은 그러한 계급적 정당은 절대로 아니고, 민주적 의미에 있어서의 가장 참다운 국민대중 정당인 것입니다. 그리고 평화적인 정권 교대를 특징으로 하는 의회적 민주주의는 그의 정책적 및 강령적 목표를 달성함에 있어, 어디까지나 민주적 평화적 방식에 의거하려 하며 또 의거하고 있습니다. 의회적 민주주의의 본질로부터 유출하는 민주적 평화적 방식은 실로 사회적 민주주의의 본질적 계기를 이루는 것입니다.

이와 같이 사회적 민주주의가 의회적 민주주의의 절차를 따라 그의 정책적 강령적 목표인 사회계획을 꾀할 경우 그것이 필연 불가피적으로 일종의 점진주의(프로그레씨비즘) 또는—서방적 사회주의에 대한 볼쉐뷔크들의 욕설적 비방적 어구를 그대로 차용한다면—'사회적 개량주의'로 되지 않을 수 없다는 것은 용이히 이해될 수 있는 일입니다(서방세계의 모든 사회당들 및 노동당들의 예가 이를 실증하고도 남음이 있음). 이리하여 사회적 민주주의 따라서 한국적인 사회적 민주주의 정당의 본질적 성격은 그가 민주적 평화적 방식에 의거하는 일종의 '점진주의' = '사회적 개량주의'이라는 점에 있다고 말씀할 수 있는 것입니다.

자본주의 수정의 원칙

— 상술한 바와 같이 사회적 민주주의가 민주적 평화적 방식에 의한 점진적인 사회개혁을 목적하고 또 이를 실천하는 것이라고 한다면, 그에 의한 '자본주의의 수정과 변혁'이란 것은, 요컨대 민주적 평화적 방식에 의한 자본주의의 수정 즉 점진적인 자본주의적 모순 내지 결점의 제거를 의미하는 수밖에 없을 것입니다. 이와 같이 민주적 평화적 방식에 의한 자본주의의 점진적인 수정이 불가피하다고 한다면, 현실적 의미에 있어 그것은 도저히 자본주의의 전체적 폐지를 의미할 수는 없고, 다만 자본주의적 제 주요 모순의 점차적 제거를 의미할 수가 있을 뿐입니다. 이리하여 민주적 평화적 방식을 끝까지 고수하는 사회적 민주주의 및 그 정당은 결국 자본주의의 테두리 안에서 이것의 주요 모순을 점진적으로 제거하면서—그 강령적 최고 목표인 민주적 복지사회 건설을 지향하여 나가지 않을 수 없는 것입니다.

제2차대전 후에 있어서의 서방 제국(諸國)의 노동당들 및 사회당들은 낡은 국유 만능주의적 사고를 수정하면서, 자본주의의 테두리 안에서 민주적 복지사회를 건설하려는 현실적 정책을 채택하고 또 이를 실천하고 있는 것입니다. 이와 같은 입장에 설 경우에 이론적으로 가장 문제로 되는 것은, 과연 민주적 평화적 방식에 의하여 상당 정도의 자본주의 수정이 실현될 수 있을 것이냐의 문제입니다. 이에 대하여 저는 강령 초안 가운데서 그것이 충분히 가능하다고 하는 타당한 이론적 해답을 주었는데, 요컨대 그것은 (1) 자본주의 세력 자체에 의한 자발적인 자본주의 수정의 노력, (2) 사회적 민주주의 세력의 이를 위한 주체적 적극적 노력, (3) 소베트 공산주의 세계가 서방세계에 주는 자극과 충격—이들 3개 요인이 상관적 종합적으로 작용함으로써 능히 민주적 평화적 방식에 의한 자본주의 수정과 민주적 복지사회 건설을 가능하게 할 수 있음을 유력하게 논증한 것입니다.

검사 논고와 제2심 판결문은 사회적 민주세력의 '주체적 적극적 노력 운운'을 문제시하는 것 같이 보였습니다마는, 한편으로는 완고한 극우세력을 견제하고,

다른 편으로는 폭력적, 독재적인 공산세력을 배제하면서 민주적 평화적으로 새로운 복지사회를 건설하여야 할 역사적 임무를 지닌 사회적 민주주의 세력이 주체적, 적극적으로 행동하려고 하는 포부와 자신과 의욕을 갖고 있지 않는다면, 그는 실로 유명무실한 허수아비 세력에 불과할 것이 아니겠습니까. 또 "자유민주주의[이것은 자유자본주의의 오식인 것으로 기억함. 자유민주주의라는 것이 정치적 의회적 민주주의를 의미하는 한에 있어 사회적 민주주의에 충분히 내포되어 있음]의 폐기지양"이라는 어구가 문제화되었던 것 같습니다마는, 고전적 자유자본주의 시대는 이미 과거에 속한다는 것이 사실일 뿐 아니라, 이 어구는 결코 자본주의의 전체적 폐지를 의미하는 것이 아님은 물론입니다. '지양'(아우프헤에벤)이라는 헤겔 철학적 술어(術語)는 본래 "나쁜 것을 버리고 좋은 것 새로운 것을 보존하면서 한 층 더 높은 계단에로 제고됨"을 의미하는 술어인데, '폐기'라는 자구는 이 '지양'을 강조하는 의미에서 어조상 이를 부가하였을 뿐입니다. 강령 초안의 이 부분도 결코 자본주의의 전체적 폐지를 주장하고 있지 않는다는 것은 명백한 일입니다.

반공 친미의 원칙

— 한국적인 사회적 민주주의가 미국 및 UN과의 긴밀한 제휴 협력을 필요로 한다는 것은 제가 위에서 거듭 역설한 바입니다. 저는 우리 민족 전체가 그들의 심각 처참한 사회적, 정치적 체험을 통하여, 반공적, 친미적 사상 내지 신념에 도달한 것으로 믿고 있습니다. 여하튼 제가 한국 혁신세력 즉 한국적인 사회적 민주주의의 지도이론을 이렇듯 뚜렷한 반공 친미의 노선 위에 올려놓았다는 점에 대해서는, 저는 이해 있고 뜻있는 분들의 당연한 감사를 기대할 수 있으리라고 생각합니다. 그럼에도 불구하고 검사 논고와 제2심 판결문이 이에 대하여는 일언의 언급도 없을 뿐 아니라, 이렇듯 뚜렷한 강령적 입장을 정반대로 곡해 왜곡하면서 백을 흑이라고 우겨대고 있는 것은 실로 기괴천만한 '정치적' 태도라고 하지 않을 수 없는 것입니다.

원자력 발전의 원칙

— 이것은 이론적으로도 실제적으로도 대단히 흥미 있는 문제입니다마는 지금

장황한 논의를 할 여유는 없습니다. 선진 제국(諸國)에서는 원자력의 동력화와 생산시설의 「오토메이숀」화를 기축으로 하는 제2차 산업혁명이 이미 진행 중에 있는데, 이 제2차 산업혁명은 20세기 변혁의 다른 양개(兩個) 부분 즉 사회혁명 = 사회개혁 및 민족혁명 = 민족해방과 유기적 관련을 가지면서 가장 큰 이 역사적 변혁의 산업적, 경제적 토대를 이루는 것입니다. 저는 강령 초안 가운데서 이 새로운 산업혁명의 진전이 어느 정도 자연적으로 우리 인류 사회의 민주적 개혁을 촉진되리라는 것을 말하였습니다마는, 여기서 우리의 이론적 주의를 끌지 않을 수 없는 문제의 하나는 이 산업혁명의 진전을 따라서, 사회적 계급 관계가 변화하고 또 이들 제 계급의 성격 특히 맑스주의적 공산주의가 신격화하여 온 소위 '프롤레타리아트'의 사회계급적 성격이 아주 일변하게 되리라는 점입니다.

이렇게 될 경우에는 신격화된 '프롤레타리아트'의 이름으로 폭력적인 혁명과 독재를 주장하여 온 소베트 공산주의는 이론적으로 무너지지 않을 수 없게 될 것입니다. 요컨대 제가 제2차 산업혁명을 중시한 이유의 하나는 이와 같이 그것이 폭력과 독재에 관한 볼쉐뷔즘의 이론을 타파하고 참다운 민주적 이론을 옹호하는 데 크게 도움이 될 수 있으리라고 생각하였다는 점에 있습니다. 그럼에도 불구하고 검사논고가 강령 초안의 이 부분이 맑스주의적이라고 주장하고 있음은 실로 언어도단이라고 하지 않을 수 없습니다.

계획적 경제건설의 원칙

— 전시는 물론이고 평시에 있어서도 서방세계의 선진 제국(諸國)에서는 적어도 부분적으로는-계획경제 원칙이 적용되고 있습니다[그러므로 미국 경제까지를 '혼합경제'(「믹쓰드 에코노미」)라고 경제학자들은 부르고 있음]. 요컨대 사회적 민주주의 경제하에서는 계획경제의 원칙과 자유경제 = 자유경쟁의 원칙이 병립 공존하게 되는 것입니다(이 점 및 기타에 관하여 잡지 『현대』에 실린 졸고 '수정자본주의의 길'을 참고하여주시기 바람). 주요 산업의 국유화를 원칙으로 하고 있음은 물론입니다마는, 이것은 물론 유상의 원칙하에서 행해질 일이며 결코 사유재산을 부인하는 의미를 갖는 것이 아닙니다(영국 및 북구 제국에서 이미 주요 산업이 국유화되었을 뿐 아니라 제2차대전 후 직후 불란서에서는 타인 아닌 드골 수상의 주재하에서 주요 산업이 국유화된 사실을 주의할 필요가 있음). 그뿐 아

니라 사회적 민주주의는 중·소상공업에 대하여는 정책적으로 이를 가급적 보호 육성하려고 하는 것입니다.

민주적 복지사회 실현의 원칙

— 위에서 반복 언급한 바와 같이 민주적 평화적 방식에 의하여 모든 국민대중이 자유와 평등과 사람다운 생활을 누릴 수 있는 참다운 복지사회를 실현하는 것이 최고의 강령적 목표로 되어 있는데, 이 역사적 과업은 자본주의의 테두리 안에서 수행될 수가 있다고 믿어지는 것입니다(북구 제국의 예는 이를 실증하고 있음).

강령 초안에 대한 설명은 불충분하나마 이로써 그치겠습니다마는, 한마디 부언하고 싶은 것은 이 초안은 어디까지나 대한민국에 충성을 다하는 입장에 서 있다는 점입니다. 어느 시대에나 소수의 집권자들은 그들 자신과 국가를 동일시하려는 경향이 있습니다(주지하는 바와 같이 루이 14세는 '국가, 이는 곧 짐이니라' 하고 말하였었음). 그러나 우리는 현재의 집권당국과 민주공화국인 대한민국과를 엄격히 구별하지 않으면 아니됩니다. 강령 초안 가운데서 20세기는 변혁의 세기이라고 말하였습니다. 실로 20세기 변혁은 우리의 안전(眼前)에서 바야흐로 진행하고 있습니다. 우리 한민족이 폭악한 일제의 기반(羈絆)을 벗어나 대한민국을 수립하고 고통스러우면서도 유쾌한 민주적 발전의 새길을 걷고 있다는 것, 아세아의 제 민족이 제국주의적 지배를 벗어나 각각 그들의 새로운 민족국가 건설에 매진하고 있다는 것, '암흑의 대륙' 아불리가에도 이미 민족해방의 여명이 동트고 있다는 것, 이리하여 인류 평등과 사해동포의 이념은 급속히 현실화하고 있다는 것, 선진제국에서는 대규모의 사회보장제도 등의 실시에 의하여 이미 만인공락의 참다운 민주적 복지사회가 출현하면서 있다는 것, 그리고 제2차 산업혁명의 진전에 의하여 인류 전체가 육체적 노동의 고통에서 해방되고 대중적 기반 위에 선 참다운 정신문화가 찬연이 꽃피게 될 새로운 시대가 바야흐로 접근하고 있다는 것, —이는 모두 20세기 변혁의 뚜렷한 상징들인 것입니다. 물은 아래로 흘러가고 역사의 차륜은 앞으로 굴러가는 것입니다. 극우적인 보수주의의 입장에서 진행하고 있는 이 20세기 변혁을 저지할 수 있는 방법은 절대로 없습니다. 문제는 오직 어떻게 하면 가장 무리 없고 순조롭게 이 변혁을 촉진하여, 최소의 희생으로써 전 인류를 위한 최대의 성과를 초래할 수 있을 것이냐에만 있을 것입니다. 그리고 폭력적 독재적인 소베트 공산주의와 철저히 대립 대결하면서, 민주적 평화적 방식에 의하여 참다운 복지사회를 실현하려 하고 또 실현하면서 있는 사회적 민주주의야말로 이 문제의 해결을 위한 유일 최선의 길을 제공하는 것임을 저는 믿고 의심하지 않는 바입니다. 저는 신에게 기도하는 경건한 마음으로써 이 무문(蕪文)을 끝맺으려고 합니다. 아멘
함에 있고

피고인 박기출 동 김달호의 변호인 김봉환의 상고이유는

제1점 원판결이 진보당의 조직 및 간부 취임 사실을 〈국가보안법〉 제1조로 처단함은 현대 정당의 성질, 목적, 기능 등에 대한 초보적 해석을 오단하여, 국민의 기본권인 언론의 자유와 결사 및 정치 활동의 자유에 대한 〈헌법〉 해결을 착오한 것이다. 원판결 이유는 "동년 11월 10일 마침내 서울특별시 중구 소재 시공관에서 우(右) 상(相) 피고인 등을 위시로 800여 명과 함께, '혁신정치의 구현', '수탈 없는 경제체제의 확립', '평화통일의 실현' 등을 강령정책으로 하는 진보당을 조직하는 동시에, [양(兩) 상고인은] 동 중앙당 부위원장에 취임하고"(판결문 30회 4행 내지 31면 3행, 동 38면 6, 7행, 동 39면 5, 6행)라 판시하였다.

정당의 성질, 목적, 기능 등에 관하여 논급컨대 "정당이란 선거 급(及) 의회를 통하여 정권을 획득하기 위해서 일정한 강령정책을 자유로히 결합된 인간의 지속적 단체이며,

(1) 의식적 목적적으로 일정한 강령정책과 조직으로써 정치투쟁의 실행을 위하여 조직되는 단체이고,

(2) 정당은 전체의 공공 이익에 대한 견해를 표명하고, 그 존재는 공연하며, 그 행동은 언론집회 결사 등의 자유를 전제로 하여 선거민의 지지를 획득코저 하는 것으로, 그 조직과 성격은 민주적, 대중적이고 당연히 타(他) 정당의 존재를 예상하는 관용성을 가지는 것이며,

(3) 정당은 사실상 그 조직과 목적과 주장이 부분적 내지 계급적 이익을 대변하는 것이기는 하나, 민주정치에 있어서 국민 다수의 지지를 득하여 정권의 획득을 목적으로 하는 한 반드시 국민 전체의 이익에 합치된다는 제약을 받음으로, 부분적 계급적 이익을 전체적 이익으로 통합하는 것을 본질로 하며, 동시에 국민적 정당이라 할 수 있고,

(4) 사회가 자본주의의 공통한 지반에 안정되었을 시대는 사상적, 인적, 정책적 차이가 정당의 요인이었으나, 역사가 변천한 현대에 있어서는 점차 계급적 성격을 강화하여 자본가, 지주를 기반으로 하는 보수정당과 노동조합과 농민조합을 기반으로 하는 혁신정당의 대립이란 경향으로 흐르고, 그 중간에 중소기업가, 소지주, 소작농민, 일반시민, 기술자, 경영자, 사무원, 지식계급 등 광범한 중간계급의 정당이 존재할 수 있고, 이 중간 정당은 보수혁신 양 세력의 성질과 정책에 따라 각 기일(其一) 지지하는 것이며,

(5) 현대 민주정치는 정당정치의 형태를 취하고, 국민대중을 조직화하고, 여론에 일정한 방향을 주고, 대중을 계발, 지도하고 정부를 비판하고, 정책을 준비하고, 선거에 있어 후보자를 공천하고, 선거운동을 조직하고, 국민 의사의 구체적 현실화의 기능을 가지는 것이며,

(6) 공산당 또는 일국 일당의 독재 정당은 의회정치를 부인하고, 타(他) 정당의 존재를 부인하고, 언론집회 결사의 자유를 부인하고, 독점권력으로써 국민을 지배하고 그 본질상 폭력혁명에 의한 정권 획득을 목적으로 하는 것임으로, 본래의 정당 범주에 속하지 않는다(동경대학교수 야베 데이지 저, 경초전서『정치학 정당론』, 동서(同書) 38면 내지 45면 참조)는 정당의 초보적 견해는 정치학자의 공인하는 바이다.

본건 진보당은 판시와 여(如)히 4291(1958)년 11월 10일, 시공관에서 각 정당 대표, 내외 인사, 언론인, 경관 입회하에, 전국대의원 800여 명이 참집하여, 합법 공연(公然) 평온리에, 당 강령정책 강헌 등을 의결하고, 각 간부를 선거하여 조직되었으며, 결당 문헌은 공개되고 공보실의 엄중한 심사를 필한 후 등록되었으며, 그 간 각급 지방당부를 조직하고 공연 합법적으로 정치활동을 하여 왔음은 공지의 사실이며,

진보당 강령 전문 팔(八), 당(黨)의 성격과 임무에는 "우리 당은 노동자, 농민을 중심으로 진보적 근로인테리, 중소상공업자, 양심적 종교인 등의 광범한 노동대중의 정치적 집결체이며, 국민대중의 이익 실현을 위해서 투쟁하는 것이며, …우리 당은 모든 민중에게 자유와 평등과 사람다운 생활을 보장하여 줄 가장 진보적인 진정한 사회적 복지국가를 이 나라에 건설하는 것을 역사적 임무로 삼고 있으며, 그러기 위하여 우리 당은 정치권력을 우리 수중에 장악하고 이를 안정시키려고 한다. 정치적 변혁… 은 폭력적 방식에 의해서가 아니라 민주적 평화적 방식에 의하여 의회에서의 절대 다수를 점함으로써 수행하려고 한다… 대한민국 〈헌법〉의 성격은 근대민주주의적 제 자유에 관한 규정뿐만 아니라 수정자본주의적 제 규정까지를 포함하고 있는 〈헌법〉이다… 그럼에도 불구하고… 우리나라에서는 민주주의의 이름 밑에 일종의 반(半) 전제적 독재정치가 행해짐에… 우리 당이 권력을 장악하게 되는 날에는… 대한민국 〈헌법〉의 규정과 정신을 소생시켜 광범한 민중에게 제 자유를 보장해 주려고 한다… 우리는 국내의 언론 자유, 반대당의 자유와 그의 자유로운 비판을 용납하려고 한다. 그리고 정권의 교체와 이동은 어디까지나 자유로히 표명된 국민의 총의에 의하여 결정되지 않으면 안될 것을 명언한다. 우리 당이 정권을 획득하고 그 정책을 실현하기 위해서는 우리 당의 정책을 주도하고, 열성적인 계몽 선전 공작을 통하여 광범한 국민대중에게 이해시키고, 그들로 하여금 우리 당과 정책을 적극 지지하도록 하게끔 하지 않으면 안된다"(증 제2호 53면 이하 56면), 진보당 강령 이(二), "우리는 공산독재는 물론 자본가와 부패분자의 독재도 이를 배격하고 진정한 민주주의 체제를 확립하여 책임 있는 혁신정치의 실현을 기한다"(증 제2호 15면), 진보당 정책 삼(三) 정치형태에는 집권자가 국민의 대표기관인 입법부에 대하여 책임지는 의원내각제를 확립할 것을 주장한다(증 제2호 63, 64면)는 등이 명기되어 있음으로 상술한 현대 민주정치하에 있어서의 진보당의 성격은 노동자, 농민뿐 아니라 지식계급, 중소상공업자, 종교인 등 광범한 국민대중의 이익 실현을 위한 중간적 혁신정당(피고인들이 이구동성으로 운위(云謂)하는 사회당 우파)에 속하는 것이다.

따라서 진보당이 평화적 민주적 방법으로 정강정책을 구현하여 국민대중의 지지를 얻어서 국회의석 다수 획득을 기하고, 또는 야당으로서 집권당에 견해를 반영하여 정책을 구현함을 목적으로 하며 그 기능의 본질상 〈헌법〉 또는 법률의 개폐수정을 요구하는 정치 활동의 자유를 가지고, 제헌 권력의 창설, 통치 권력의 형성에 참획하는 것인바, 어떤 정당이든 〈헌법〉 제98조 6항에 규정한 바와 같이 동법 제1조 민주공화체와 동법 제2조 주권재민의 규정만은 헌법제정권력의 변동을 초래함으로, 차(此)의 개정은 주장할 수 없을 것이나 대한민국의 주권의 제약 또는 영토의 변경을 가져올 국가 안위에 관한 중대 사항 열거한다면, "이승만 대통령을 군주로 하되 주권은 국민을 대신하는 국회에 있다" 또는 "함경북도를 국제연합 관리로 하여 김일성 도당 및 공산당원 전부를 차지에 몰아내기로 하고 통일하자"는 정강정책일지라도 정당은 그 본질상 주장할 수 있는 자유를 〈헌법〉 제7조의 이(二)의 해석상 보장받고 있겠거늘, 원심이 여사한 정당의 성질 목적 기능 등에 대한 정치학의 초보적 지식조차 모르고서 진보당의 정강정책의 편언척구(片言隻句)를 결의, 조립하여, 차(此)가 괴집에 부수하여 국가변란을 목적으로 조직된 것이니, 〈국가보안법〉 위반이라고 처단함은 국민의 기본권인 〈헌법〉 제13조 언론의 자유와 결사의 자유 및 〈헌법〉 제5조 정치활동의 자유에 대한 해석을 착오한 헌법위반이라 아니할 수 없다.

제2점 원판결은 심판의 청구가 없는 사건을 판결한 위법이 있다. 공소사실은 범죄의 시일 장소와 방법을 명시하여 사실을 특정할 수 있도록 하여야 함은 〈형사소송법〉 제254조의 요구이며, 차(此) 소인(訴因)의 특정은 심판의 범위를 특정하고 공격 방어의 한계를 형성하는바, 4291(1958)년 2월 17일자 본건 공소장에 의하면 조봉암 외 9명에 대한 인정사항을 기재한 후, "위선 북한 괴뢰집단이 서기 1954년 4월 24일 소련의 지령에 의하여 남북한의 통일방안을 제시한 것을 보면, 조선 국회의 자유총선거를 준비 실시하여 남북조선간의 경제 및 문화 접근에 대한 조치를 취하기 위하여, 조선민주주의인민공화국 최고인민회의와 대한민국 국회에 의하여 각각 선출된 남북조선대표로써 전조선위원회를 조직할 것, 전조선위원회의 당면과업 중 하나는 총선거법 초안을 준비하는 것임을 예견할 것, 전조선위원회는 조선민주주의인민공화국과 대한민국 간의 경제 및 문화 교류 즉 통상, 재정, 회계, 운수, 경계선 관계 주민의 통행 및 서신 자유, 과학문화교류 및 기타 관계를 설정하여 그를 발전시킬 대책들을 즉시 취할 것, 전조선위원회가 전조선

선거법에 따라 외세를 배격하고 자유스러운 조건 밑에서 총선거를 실시함에 도움을 주기 위하여 중립국감시위원단을 조직하고, 이 중립국감시위원단은 총선거를 감독할 것, 등을 골자로 하는 것으로서, 그는 대한민국을 유일한 합법적 정부로 인정한 UN의 권위를 무시하고, 대한민국을 동 괴뢰와 동등한 위치에 두고 취급한 끝에 대한민국 해산의 방법으로 위장적인 동 괴뢰의 퇴거를 내세우면서 일방 총선거를 구실로 남북한의 왕래를 자유로히 하야 공산세력의 남침화를 노리고, 일방 평화란 그의 독점물인 양 선전하여 6 · 25사변의 책임을 전가시키는 현혹적인 효과를 국민에게 주도코저 하는데, 그 목적이 있는 한갓 흉계에 지나지 아니함이 지극히 명백하다 할 것이다(이하 괴집 '수부통일방안'이라 약칭함)"(공소장 18 내지 20면)고 북한 괴뢰집단의 통일방안을 설명한 후,

"제1 피고인 조봉암은, (1) 일찍이 강화군청 운운하여 3 · 1운동 가담 사실, 공산당 가담 사실, 8 · 15해방 후 공산당에서 출당한 사실, 5 · 10선거에 당선되고 초대 농림부 장관, 제2대 국회부의장 등을 거쳐 제3대 국회 불출마로 정치 활동의 재기회 포착을 규시(窺視)하여 오던 중, 4288(1955)년 6월 소위 비자유당, 비민주당의 재야혁신세력을 총 규합하여 새로운 정당을 조직할 것을 모색하고… 소위 광릉회합 … 대관원을 비롯한 10여 차 회합 끝에… 진보당결당추진위원회를 조직하고… 동당을 추진키로 하였는바"(동 공소장 21면 내지 27면 7행), 원래 피고인은 사회주의를 지향하는 일방, 남북의 평화통일방안으로서는 현 대한민국이 북한 괴뢰와 동등한 위치에 서서 양측을 일대일로 간주하여 각 해소시키고 통일정권을 수립하기 위한 남북자유총선거, 환언하면 전기 북한 괴뢰 제안과 동일한 내용의 방안을 남한에서 주장함으로써 그를 반대하는 대한민국을 동 괴뢰와 호응하여 전복시켜야 한다는 철칙하에, 앞으로 결당될 진보당도 동 원칙하에 이루어질 것을 추진하고, 4289(1956)년 5 · 15정부통령선거 당시 대통령으로 입후보하여… 전기 취지의 평화통일을 선전하여 오던 중 ① 4289(1956)년 5월 6일… 대남간첩 박정호와 밀회하고… 동당의 평화통일이 기실 구체적 방안으로서는 북한 괴뢰의 주장과 동일함을 상통하고, ② 동년 6월 북한 괴집 산하 조국통일구국투쟁위원회 김약수에게 밀사를 파송하여… 북로당에 영합이 되어 앞으로 대한민국을 전복시키기 위하여 북한 괴뢰와 동일 내용의 평화통일을 강조하라는 지령을… 받고, ③

…동년 11월 10일… 상(相) 피고인 전원 및 800여 명이… 시공관에 회합하여 전기(前記) 내용의 평화통일을 정강정책으로 하는 진보당의 결당을 봄으로써, 대한민국을 변란할 목적 하의 결사를 조직함과 동시, 중앙당 위원장에 취임 운운…(동 공소장 27면 7행 이하 31면)하고,

제2 피고인 박기출은 (1) …4289(1956)년 3월… 동당 공천 부통령 후보로 출마하여 전국 주요 도시를 순회하면서… 전기 방안을 내포하는 남북평화통일이라는 구호를 강조하여 오다가, 동년 11월 10일 전기 대한민국을 변란할 목적하에 동당을 조직함과 동시 동당 부위원장에 취임(동 공소장 51, 52면)

제3 피고인 김달호는 (1) 4289(1956)년 11월 10일 조봉암과 함께 전기 진보당을 조직하여 동당 부위원장에 취임(동 공소장 53면 말 2행)하였다는 공소사실인바, 사회주의를 지향한다는 것은 조봉암 개인에 국한되고, 박기출, 김달호 양 상고인은 공소사실 중 전혀 무관할 뿐 아니라, 괴집 간첩 박정호 또는 북한에 밀사를 파견하여 괴집과 야합하였다는 점 역시 조봉암 개인에 국한되고, 양 상고인에게는 무관하며, 4289(1956)년 11월 10일 시공관에서 괴집 평화통일안과 동일한 평화통일을 정강정책으로 하는 진보당의 결당을 봄으로써 대한민국을 변란할 목적하의 결사를 조직하였다는 것이니, "진보당의 정강정책 중의 통일방안만이 국가변란을 목적으로 하였다"는 소인(訴因)이며 결코 타(他) 정강정책에 대한 공소사실이 아님은 문언상 자명할 뿐이니라 1건 기록상 본건 공소사실을 추가 보충 또는 병합한 사실이 전무하다.

그럼에도 불구하고 원판결은 "동년 11월 10일 마침내… 시공관에서 우(右) 상고인과 함께 국헌을 위배하여 정부를 참칭하는 북한 괴뢰집단에 부수하여 국가를 변란할 목적으로, '우리는 노동자 농민을 중심으로 하는 광범한 노동대중(피해대중)을 대표하는 주체적 선진적 정치적 집결체이며 변혁적 주체적 세력의 적극적 실천에 의하여 자본주의를 지양하고 착취 없는 복지사회를 건설하여야 한다'는 지(旨)의 혁신정치의 실현, '우리는 자유민주주의를 폐기 지양하고 주요 산업과 대기업의 국유 내지 국영을 위시로 급속한 경제건설 사회적 생산력의 제고 및

사회적 생산물의 공정분배를 완수하기 위하여 계획과 통제의 제 원칙을 실천하여야 한다'는 지(旨)의 수탈 없는 경제체제의 확립… 등을 강령정책으로 하는 진보당을 조직하여… 양(兩) 상고인은 전시 조봉암 범죄사실 (1) 적시와 같이 진보당을 조직하는 동시에 그 간부인 동 중앙당 부위원장에 각 취임하고"(판결문 30면 4행 이하 31면 3행, 동 38면 6, 7행, 동 39면 5, 6행)라고 판시하였는바, 차(此)는 괴집과 동일한 평화통일을 정강정책으로 하는 진보당을 조직하였다는 특정 소인의 동일성을 해하고, 심판의 범위를 유월하여 검사가 청구하지 않는 사실을 판결한 위법을 면치 못할 것이다.

제3점 원판결이 진보당의 강령정책을 국헌에 위배하여 괴집에 부수하여 국가변란 목적이 있다고 판시함은 판단유탈, 이유불비 또는 모순과 중대한 사실오인의 위법이 있다. 이하 동 강령정책에 대하여, 1. 혁신정치와 경제체제, 2. 평화통일문제, 3. 괴집 부수의 국가변란 목적, 4. 박기출 공소사실(2), 5. 김달호 공소사실(2)의 순서로 나누어 이유를 거시하겠다.

1. 혁신정치와 경제체제 원판결은,

"'우리는 노동자 농민을 중심으로 하는 광범한 노동대중(피해대중)을 대표하는 주체적 선진적 정치집결체이며 변혁적 주체적 세력의 적극적 실천에 의하여 자본주의를 지양하고 착취 없는 복지사회를 건설하여야 한다'는 지(旨)의 혁신정치의 실현, '우리는 자유민주주의를 폐기 지양하고 주요 산업과 대기업의 국유 내지 국영을 위시로 급속한 경제건설 사회적 생산력의 제고 및 사회적 생산물의 공정분배를 완수하기 위하여 계획과 통제의 제 원칙을 실천하여야 한다'는 지(旨)의 수탈 없는 경제체제의 확립, … 평화통일의 실현 등을 강령정책으로 하는 진보당을 조직하고, [양(兩) 상고인은] 간부인 중앙당 부위원장에 취임하고"(판결문 30면 5행 이하 31면 3행), "피고인 윤길중… 은 당 공정에서 진보당은 폭력적 혁명의 방법에 의하지 아니하고, 평화적 민주적 선거의 방법으로 판시 강령정책을 실천하려는 결사임으로, 〈국가보안법〉 제1조 소정의 불법결사에 해당하지 않는다고 주장하나, 동 법조의 규정은 결사의 목적을 달성하려는 방법이 폭력적 혁명의 방법이든, 평화적 민주적 선거의 방법이든 가리지 않음으로 동 주장은 이를 인용할 수 없다"(판결문 99면 3행 이하 100면 2행)고, 판시하였다.

원판결은, 진보당이 폭력적 혁명방법에 의하지 아니하고 평화적 민주적인 방법으로 강령정책을 실천하려는 결사란 점은 긍인(肯認)하고, 다만 진보당의 목적이 국헌을 위배하여 괴집에 부수하여 국가변란을 목적으로 결사한 것인가에 있는바, 상기 판시의 혁신정치의 구현 및 수탈 없는 경제체제의 확립 등 이자(二者)의 요소를 분석하면, 첫째 노동자, 농민을 중심으로 하는 광범한 노동대중을 대표하는 변혁적 주체적 선진적 집결체란 것을 계급정당이라고 보고, 둘째 자유민주주의를 폐기 지양하고 주요 산업과 대기업의 국유 내지 국영으로 하고, 계획과 통제를 실천한다는 구절을 사유재산제도의 부인이라 낡은 19세기적 자유자본주의 시대사상으로 사회변천의 역사를 무시하고 판결한 감이 있다.

(첫째) 진보당 강령 전문에는, 현 인류 사회를 자본주의의 자기 수정적 경향 즉 자본주의 세력 자신의 자발적 의사에 기인한 것이 아니고, 사회적 정치적 및 경제적 제 원인으로 근로계급의 치열한 요구에 조금씩 양보하는 자본주의 자기수정 세력과 근로대중의 변혁적 주체적 정치적 집결체인 사회적 민주주의 세력과 폭력적 독재적 소련 공산세력으로 3분하고(증 제2호 24면 말 1행 이하 25면 말 1행)

① 소련 공산세력 반대에 관하여, "소비에트 공산주의 즉 볼쉐뷔즘은 후진적 전제주의적 로시아의 특수한 역사적 사회적 조건하에서 발생, 발전한 특이한 정치적 일현상이며… 세계적인 보편타당성을 가질 수 없고… 폭력적 독재적이고 팽창주의적인 볼쉐뷔즘을 명확히 거부, 배격한다"(증2호 20면 1행 이하 9행)하고, "제2차대전에서 파시스트 동맹의 독 · 이 · 일(獨 · 伊 · 日) 3국은 완전히 패퇴하고… 소련은… 동구 제국(諸國)을 무력으로 점령 지배하여… 소비에트 세력은 급격히 확대되고… 적극적 팽창정책으로 전환하여… 동서 양진영간에 가열한 냉전이 초래되었다… 소비에트 공산주의자들은 중앙집권적 조직 원칙하에… 각국의 공산당과 그 지배하의 노동조합 등은 콤민포름의 엄격한 지시 명령에 유유복종한다… 소련과 그의 위성 제국(諸國)은… 공산당 간부 소수의 독재가 실시되고… 국가권력은 절대화되는 반면 인간의 개성과 자유는 전적으로 무시되고 있다. 일

시적 과도적인 것으로 주장되었든 엄혹, 무비(無比)한 이 독재기간이 장기화하고 있는 사실을 볼 때, 민주주의를 배반하고 인간의 자유와 존엄성을 무시, 유린하는 소비에트 공산주의는, 진정한 사회적 민주주의와 상용할 수 없는 성질의 것이다"[동호(同號) 23면 5행 이하 24면 8행]하여 사회적 민주주의를 모방하는 진보당이 공산독재를 반대함과 동시에

② 자본주의 수정세력에 관하여, "20세기 초두(初頭) 이후 세계자본주의는 독점자본주의로 이행되어… 어느 정도의 조직성은 1930년대 초의 대경제공황을 거처 현저화하고, 특히 제2차대전 이후에 있어… 보편적 성격을 띠게 되었다… 영국은 남아전쟁 후의 대중적 실업문제를 해결하기 위하여, 1906년 대규모적인 사회정책을 실시하고… 1920년 1차대전 후와… 1930년대 대공황에… 수정자본주의 경향은 더욱 강화되고… 제2차대전 후 단독으로 정권을 장악한 노동당은… 대규모적인 사회주의 정책의 실시에 착수하여… 사회적 민주주의에 의한 자유자본주의의 지양과 자유자본주의적 야경국가에서 사회주의적 복지국가에로의 민주적 평화적 전화(轉化)가 결정적으로 수행되었다. 다음 미국은 1933년 대경제공황의 대불황에서 미국의 산업을 구출하고 국민생활을 유지 향상시키기 위하여 뉴딜 정책을 실시하였다… 제2차대전 후 트루만 대통령은… 이를 민주당 정부의 정책원리로 하였다. 아이젠하워대통령은 수리개발 주택 및 학교, 의학후생 시설의 개선, 000 보장적 제조치를 요구하여… 기본적인 국내정책은 연방간섭에 의한 새로운 복지국가의 건설에로 횡진(遇進)하고… 자본주의의 수정적 변혁이 수행되었다"(동호 24면 10행 이하 24면 3행, 36면 말행 이하 30면 5행)하여, 영미 양국의 자본주의 수정경향을 논한 다음 영국 노동당 집권하의 대규모적인 사회정책 실시과정을 사회적 민주주의에 의한 자유자본주의의 지양, 사회복지국가로의 평화적 전화로 규정하였으며,

③ 사회적 민주주의에 관하여 '서전, 화란, 정말 및 분란사 북구 제국에서는 제2차대전 이후 사회민주당[낙성(諾成)은 노동당]이 단독으로 또는 농민당과 병립으로 정권을 장악하고서, 대체로 동일한 사회주의적 복지국가의 건설을 하고… 사회보장제도가 크게 발전하고… 국민생활이 안정화되어… 견실히 향상하고 있다"

(동호 30면 7행 이하 11행)하고,

“제2차대전을 계기로 제국주의적 식민지로부터 해방된… 아 · 아(亞 · 阿) 독립국 등은… 완전한 민족적 자주독립과 식민주의의 철저한 극복을 위해서 투쟁하는 한편 정치 · 경제 · 문화 등 제 부문에 걸친 자신의 국내건설 촉진을 위하여… 대내적으로 경제건설에 주력하면서 비독재적인 민주주의적 방식에 의거하여, 새로운 복지국가의 건설을 지향하고… 사회적 민주주의의 노선을 걷고 있는 것이 역사의 현단계이다”(동호 30면 말 1행 이하 32면 11행)라 하여,

이상의 구별로 보아서 진보당이 소위 “노동자, 농민을 중심으로 진보적 노동지식인, 중소상공업자, 양심적 종교인 등의 광범한 노동대중의 정치적 집결체”(동호 53면 말 2행) (판결문 중 피해대중이란 어구는 5 · 15대통령선거 시의 구호에 불과하고, ‘못 살겠다 갈아보자’는 민주당 구호와 같음)는 영국의 노동당 또는 북구의 사회민주당과 성격이 동일함을 규지(窺知)할 수 있으며, 여사한 정치적 집결체가 주동이 되어 정권을 획득하고, 그 실천에 의해서 민주적 평화적 방식으로 국민대중의 이익을 위하여, 실질적 자유와 평등을 위하여 자유 · 자본주의의 지양(자본주의의 제 모순과 제 결함을 제거 지양 - 동호 19면 5행), 민주적 복지사회를 건설한다는 것에 불과한 것이며, 아국 현 자유당 역(亦) 강령 이(二)에서 “우리는 독점 경제 패자들의 억압과 착취를 물리치고, 노동자, 농민, 소시민, 양심적 기업가, 급(及) 기술 있는 자의 권익을 도모하여, 빈부등차의 원인과 그 습성을 거부하고 호상호제의 주의로써 국민생활의 향상과 안정감을 기한다”고 하였으니, 이 점 자유당 역(亦) 계급당이라 할 수 있다.

(둘째) 자유민주주의를 폐기, 지양하고, 주요 산업과 대기업의 국유 내지 국영을 하여 계획과 통제를 하는 것이 사유재산제도의 부인 즉 국헌 위배라 판단한 모양이나, 우리 〈헌법〉에 본래의 자본주의 즉 경제적 활동의 방임적 자유와 소유권의 절대성을 묵수하고, 국가의 주요 산업 및 대기업의 국유화를 반대하는 조문은 전무할 뿐 아니라, 우리 〈헌법〉의 기본정신이 정치적 민주주의와 경제적 사회적 민주주의의 성문상 조화, 조정을 기도하고 있음은, 헌법학자가 공인하는 바이며,

〈헌법〉 전문에서 "국민생활의 균등한 향상을 기하고", 동법 제5조 "공공복리의 향상을 위하여 이를 보호 조정한다", 동법 제15조 2항은 "재산권의 행사는 공공복리에 적합하도록", 국민의 수익권에 관하여 〈헌법〉 16조의 교육을 받을 권리, 동 17조의 근로권, 동 18조의 근로자의 단결 단체교섭 및 이익분배 균점권, 동 19조의 노령 폐질자 등의 보호를 받을 권리, 동 20조의 혼인의 순결과 가족의 건강을 보호받을 권리 등을 규정하고

특히 제6장에 경제조항을 신설하여, "대한민국의 경제 질서는 모든 국민에게 생활의 기본적 요소를 충족할 수 있게 하는 사회정의의 실현과 균형있는 국민경제의 발전을 기함을 기본으로 삼는다. 각인의 경제상 자유는 이 한도 내에서 보장한다"고 규정하여 자유방임 자본주의 즉 소유권의 신성불가침 및 경제생활의 방임적 자유를 폐기지양하고, 사회정의의 실현과 균형 있는 국민경제의 발전을 위해서는 국가가 적극적으로 간섭하는 사회국가, 경제국가, 복지국가의 원칙을 천명하였다.

현행 〈헌법〉은 4287(1954)년 11월 제6장 경제조항 제85조 이하에서 자유기업경제로 후퇴하는 개정을 하였으니, 개정 전의 조문을 열거한다면, 제85조 "광물 기타 중요한 지하자원 수산자원 수력과 경제상 이용할 수 있는 자연은 국유로 한다", 제87조 "중요한 운수 통신 금융 보험 전기 수리 수도 까스 및 공공성을 가진 기업은 국영 또는 공영으로 한다", "대외무역은 국가의 통제하에 둔다", 제88조 "국방상 또는 국민생활상 긴절한 필요에 의하여 사영 기업을 국유 또는 공유로 이전하거나 또는 경영을 통제 관리함은 법률의 정하는 바에 의하여 행한다"고 주요 산업과 공공성이 있는 대기업의 국유 내지 국영을 위시로 통제와 계획의 제 원칙을 규정하고 있었든 바,

진보당은 강령 전문에서, "대한민국 수립과 동시에 제정된 대한민국 〈헌법〉은 근대 민주주의적 제 자유에 관한 규정뿐 아니라, 수정자본주의적 제 규정까지를 포함하고 있는 〈헌법〉이다… 우리 당이 권력을 장악하게 될 때에는 우선 대한민국 〈헌법〉의 규정과 정신을 소생시켜 광범한 민중에게 민주주의적 제 자유를 보

장하여 준다… 현 정권의 국유 대기업체 불하정책을 반대한다… 사(私) 자본을 적정히 보호하고 적절히 활용함으로써 사회적 생산력 증진에 이바지하게 한다… 후진국 경제건설에 있어 기본적 문제는 산업혁명을 시급히 수행하고 사회생산력을 전반적으로 제고하는데 있다. 그러기 위해서는 ① 낡은 자유자본주의적 방식은 무력하고 무효하고 유해하다. ② 폭력적 독재적인 볼세뷔즘적 방식을 단호히 배격한다. ③ 우리는 새로운 건설에 있어 대중적이고 과학적인 계획적 민주주의 방식에 의거할 것이다"(증 제2호 54면 9행 이하 56면 말 3행) 하고

경제정책 전문에서 "폭악무자비한 볼쉐뷔즘적식 방식을 단호 배제함과 동시, 방만, 무계획하고, 문란, 무질서한 낡은 자유방임적 방식도 거부한다… 제종(諸種)의 자본주의적 폐해(궁핍, 실업, 극단적 빈부의 차, 자원의 불공평하고 불합리한 사용 등)를… 국가의 적극적 기능에 의하여 방지 제거하여야 한다… 우리는 낡은 자유민주주의(자유방임주의를 지칭함) 또는 개인적 민주주의를 폐기 지양하고… 사회적 민주주의로 옮아야 한다… 사회적 민주주의는… 모든 사람의 자유와 평등의 실질적 구현을 위한 평등적 민주주의고… 자본주의 경제의 모순과 무정부성을 극복 지양하고, 경제건설을 촉진 달성하기 위한 계획적 민주주의이다… 계획은 인간적 자유의 부정이 아니라… 자유의 실질적 구현을 촉진 달성하는 수단 방법이다"(증 2호 73면 이하 74면), "우리는 교통 체신 운수 은행 등의 주요한 제 산업부문과 거대한 제 기업체의 국유화를 주장한다… 그러나 중소산업에 대하여는 적절한 국가적 지도와 원조를 부여하여 이를 보호 육성한다"(증 제2호 29면 7행 이하 11행)

다시 강령 전문에는, 원자력 산업혁명이 초래할 장래를 투시하고, "원자 에네루기의 동력화는 원자력 산업의 위험성, 기술성, 복잡성, 시설의 대규모성, 비밀보지(保持)의 필요성 등등으로, 국유화 내지 사회화될 필요가 있게 되고, 노동의 기계화와 오트매이슌 화(化)는 노동력 수요의 감퇴, 대중적 실업의 문제를 야기하여, 대규모적 사회보장제가 실시될 것이고… 또 사회적 생산력을 공전(空前)적으로 제고하여, 광범한 물자적 생활 조건의 근본적 개선과 참다운 복지사회 건설이 초래되어, 제2의 산업혁명이 완수되고… 원자력의 무서운 파괴력과 위험성

은… 새로운 대전을 방지하고, 국제적 분쟁은 절충과 타협에 의한 민주적 합리적 방식에 의하여 해결되며, 항구적 인류평화를 보장케 되고… 새로운 산업혁명은 자본주의의 변혁 지양뿐 아니라, 볼세뷔즘의 변혁 지양 즉 폭력적 독재주의와 팽창주의를 포기하고 자기 변혁을 부득이 하게 될 것이다"(증 제2호 37면 이하 39면)고, 20세기 변혁을 예견하고 "광범한 노동대중을 사회적 기반으로 하는 진보적 지도적 세력이 20세기 변혁의 실천적 주체라"(증 제2호 40면)하고, "강령1, 우리는 원자력 혁명에 제래(齊來)할 새로운 시대의 출현에 대응하여 사상과 제도의 선험적 창도로서 세계평화와 인류복지의 달성을 기한다"(증 제2호 19면)라 하고 있는 바, 차(此) 강령정책이 현행 〈헌법〉의 민주공화체나 주권재민을 부인하거나 국가기관에 대한 강압적 수단으로 또는 〈헌법〉과 법률절차를 떠나서, 동 강령정책을 실현한다고 할 수 없을진데, 원판결은 경험칙에 반하여 진보당의 전시(前示) 강령정책의 여하한 부분이 어떠한 원유(原由)로 괴집에 부수되고, 국가를 변란할 목적으로 조직되었다는 합리적 과학적 추리 경위를 명시하지 아니함은 판단을 유탈하여, 이유에 모순이 있거나 판결에 영향을 미칠 중대한 사실을 오인한 위법이 있다고 아니할 수 없다.

2. 평화통일문제 원판결은,

"4289(1956)년 11월 10일… 시공관에서 우 상(相) 피고인 등을 위시로… 국헌을 위배하여… 국가를 변란할 목적으로… 혁신정치의 실현… 수탈 없는 경제체제의 확립, '우리는 남북한에서 평화통일을 저해하는 요소를 견제하고 진보당 세력의 주도권 장악하에 피흘리지 않는 평화적 방식으로 조국의 통일을 실현한다'는 지(旨)의 평화통일의 실현 등을 강령정책으로 하는 진보당을 조직하는 동시, 양 상고인은 각 간부인 중앙당 부위원장에 취임하였다"(판결문 30면 4행 이하 31면 3행, 동38면 6, 7행, 동39면 5, 6행)고 판시하였다.

원판결 이유를 몇 가지 분석하면 다음과 같다. (1) 진보당을 결사한 4289(1956)년 11월 10일을 기수(旣遂) 시기로 보았다. (2) 공소장 기재는 "진보당 결당 전에 조봉암 피고인이 괴집과 야합하여 북한 괴집의 '수부통일방안'과 동일한 내용을 강령정책으로 하였다"(공소장 18면 말 4행 이하 20면, 27면 말 5행 이하 31면 말

2행, 52면 1행 이하 5행, 53면 말 4행 이하 54면 1행)는 요지인바, 원판결은 동 판결문 100면 이하 108면 1행까지에서 차(此) 점에 대하여

본건 공소사실 중 1. 피고인 조봉암은,

(1) "4289(1956)년 5월 6일… 간첩 박정호와 밀회하여… 동당의 평화통일의 구체적 방안이 동 괴집의 주장과 동일함을 상통한 점은 동 조봉암이 시종일관하여 자기는 당시 신변위험으로 은신하여 동 사무실에 나간 일이 없다… 증인 박정호는… 조봉암을 만난 바 없고 동인(同人)을 알지 못한다고 진술하였음으로 동 공소사실을 인정할 수 없고"라 판시하고

(2) "동년 6월 초순… 괴집의 동태와 동 괴집과의 야합방법을 검토키 위하여 성명불상 밀사를… 김약수에게 파견… 북로당에 영합되어 앞으로 대한민국을 전복하기 위하여 동 괴집과 진보당이 결합한 후… 월남… 조 피고인에게 전달한 점에 대하여, 조봉암이가 종시일관하여 차(此)를 부인할 뿐만이 아니라… 조복재의 진술기재는 전문(傳聞) 증언의 기재만으로써 동 공소사실을 인정하기 난(難)하고"라고 판시하여, 결당 전에 평화통일방안이 괴집과 야합하였다는 공소사실은 결국 무에 귀(歸)하고, 4291(1958)년 2월 7일 일자 양(兩) 상고인에 대한 검사의 공소장은 일건 기록을 통하여 추가변경 된 사실이 전무함으로 양 상고인에 대한 공소사실 중 조봉암 피고인의 괴집과의 야합 운운, 공소사실은 무죄에 귀착한 것이다.

(3) 다음 원판결이 증거로 인용한 진보당의 발기 경위에 관한 신도성, 고정훈의 1심 제14회 공판조서 중 증언 기재부분과 제8회 공판조서 중 윤길중의 진술 기재부분을 종합하여 보면, 평화통일 원칙은 4288(1955)년 10월 24일 대관원 회합 당시에 혁신세력의 규합과 정치의 혁신, 계획성 있는 경제정책의 구현과 함께 민주주의 승리 하의 평화적 남북통일의 3대 원칙의 하나로 내세웠으며, 우(右) 대관원 회합 후 윤길중이 가칭 진보당발기준비위원회 의안부 책임자로서 초안한 4개 항목의 강령 초안에서, 그 항목으로 "우리는 안으로 민주세력의 대동단결을 추진하고 밖으로 민주 우방과 긴밀히 제휴하여 민주세력의 결정적 승리를 기할 수 있는 방식에 의한 조국통일의 관철을 기(期)한다"고 표현되었으며, 그 후 의안부 위원

회에서 평화통일이란 구절로 수정되었고, 그 후 그것이 기초가 되어, 가칭 진보당추진준비위원회 의안부 책임자인 신도성에 의하여 진보당 정책 통일문제가 초안되고, 여사한 강령 초안과 취지문을 동년 12월 22일 조봉암 서상일 외 9명의 대표 명의로 가칭 진보당 발기 취지를 발표했고, 4289(1956)년 3월 31일 가칭 진보당추진대표자회의를 거쳐 동년 11월 10일 본건 진보당 결당시 당 강령정책으로 채택된 것인바, 평화통일 원칙은 최초부터 어느 개인의 주장에 의하여 채택된 것이 아니고, 서상일 등 그 당시의 회합 인원의 공통된 분위기에서 나온 원칙이라는 것을 찰지(察知)할 수 있으며, 조봉암 개인의 주장이나 고집이 한 번도 없었다는 것은 증명하고도 남음이 있는바, 결국 진보당 발기 경위에 있어 괴집과 야합하여 괴집과 동일한 평화통일안을 주장하였다 함은 결국 그 증명이 없다.

(4) 그럼으로 원판결은 진보당이 결당 시에 있어 괴집과 야합하고, 괴집 방안과 동일한 평화통일을 주장하였다는 공소사실을 무죄로 한 바, 과연 진보당의 강령정책 중에 표현된 평화통일 언구(言句)가 판시내용과 같이 괴집에 부수하고 국가변란 목적으로 주장되었느냐의 문제에 귀착할 것이다.

진보당의 정책 (1) 통일문제 중 제2호 61, 62면에 의하면, "조국의 평화적 통일을 파괴한 책임은 6 · 25의 죄과를 범한 북한 공산집단에 있다. 그들의 반성과 책임규명은 평화통일의 선행조건이다" 하고, 평화통일의 선행조건으로서 괴집의 책임규명이 있어야 함을 규정하고, 다음 동 정책은 이어, "오늘날 무력통일론은 불가능하고 불필요하다. 평화통일에의 길은 오직 남북한에서 평화통일을 저해하고 있는 요소를 견제하고, 민주주의적 진보세력이 주도권을 장악하는 것뿐이다… 우리 자신이… 정치권력을 장악한… 연후에 국제 정세의 진운에 발맞추어 제 우방과 긴밀한 협조하에 UN을 통한 민주적이고 평화적인 조국통일의 구체적 방안을 책정하려는 것이다"라 하여,

① 여기에 남북한에서 평화통일을 견제하는 요소라는 것은, 조봉암 피고인이 『중앙정치』 논문에서, "진실로 통일을 원치 않는 세력의 일부를 설명하여 그것은 이북에 있는 김일성 부류나 또 남한에 있는 탐관오리 일부 특권층 등을 말합니다. 그들은 현재의 독재정권의 연장책과 현재의 위치 등만 생각

하느라고 통일은 원치 않고 있습니다"(기록 3893정)라 진술했고,

② 진보세력의 주도권 장악과 정치권력 획득이란 광범한 근로대중을 기반으로 하는 정치적 집결체인 진보당이 집권한다는 뜻이며,

③ 당 정책상 평화통일의 구체적 방안은 진보당이 정권을 획득한 연후에 책정한다고 규정하고 있다,

④ 또 동 정책에는 "우리는 조국의 평화적 통일방안이 결코 대한민국을 부인하거나 말살하는 데 있지 아니하고 도리어 그것을 육성하고 혁신하고 진실로 민주화하는 데 있다… 민주주의 승리에 의한 조국의 평화적 통일 이것만이 유일의 길이다" 하여, 진보당의 평화통일안이 대한민국의 육성, 혁신, 민주화에 목적이 있고 결코 그를 부인, 말살함이 아니라는 것을 명문으로 규정하였다.

강령4, "우리는 안으로 민주세력의 대동단결을 추진하고 밖으로는 민주우방과 긴밀히 제휴하여 민주세력이 결정적 승리를 얻을 수 있는 평화적 방식에 의한 조국통일을 기한다"(증2호 15면)라 하여

① 밖으로 민주 우방과의 제휴에 관하여, 외교 국방정책에서 "한국의 방위는 결코 한국의 과제일 수 없다. 이것은 자유세계 전체의 책임이며 대한민국은 국제적 집단안전보장 테두리 안에서만 능히 존립할 수 있다"(증제2호 62면) 하여, 한국이 자유 진영의 집단안전보장이 있어야 된다고 주장하고,

② 안으로 민주세력의 대동단결을 추진하기 위하여, 진보당 4290(1957)년 11월 20일 국내 자유당 민주당 대표에 대하여, 증 제12호 "국토통일 추진을 위한 행동통일체 구성에 관한 제안"을 하고, 그 내용에서 "종전과 달리 자유당이 북한만의 선거를, 민주당은 남북총선거를 각 UN 감시하에 자유선거를 한다는 원칙이 동일한 이상, 민족 지상 과업인 통일문제에 관해서는 초당파적으로 행동통일체를 구성하고, 구체적 방안을 책정하여 국론을 통일하고, 우리가 평화통일의 주도권을 장악하고 대공투쟁을 활발히 전개하자고 제창하고, 종래 진보당의 평화통일이란 구호까지 고쳐도 가(可)하며, 여사한 평화통일은 자유당, 민주당이 선도적 역할을 한다면 더욱 효과적이라"고 국내 민주세력의 대동단결을 호소한 바 있고,

③ 끝으로 강령은 민주세력이 결정적 승리를 얻을 수 있을 때 평화적 통일을 한다고 규정하고 있다. 강령 전문 (8), 당의 성격과 임무 말미에는 "우리는 UN 및 미국을 비롯한 민주 우방과 긴밀한 협조하에 우리 민족의 숙원인 남북 통일을 민주적이고 평화적으로 실현할 수 있도록 노력하겠다"(증2호 57면) 고 규정하고, 동 전문에는 (6) 6 · 25사변의 교훈이란 일장(一章)을 특설하여 (증 제2호 41이하 48면), 북한 공산당의 괴집성과 민족반역성을 통박(痛駁) 하고, 그 교훈으로 한민족은 폭력적 독재적 팽창주의적인 소베트 공산주의를 반대 거부하고, UN 및 미국과의 긴밀한 제휴협력을 강조하고 있다.

상기(上記)한 진보당 정책 통일문제 란에는, 진보당이 집권 연후에 평화통일의 구체적 방안을 책립하며, 집권 전에는 구체안을 책립할 수 없음을 규정하고(증 2호 62면 4, 5, 6행), 동당 당헌 제10조 3호에는 선언, 강령, 정책, 당헌의 결정 및 개정은 전국대의원회의 직능에 속하고, 동 제11조에는 전국대의원대회 개회 중에는 중앙위원회가 그 직능을 대행한다(증2호 101, 102면)는 규정이 있는바, 1건 기록상 결당 당시의 통일방안을 개정한 바 전무하며, 진보당 결당 후 본건으로 인하여 노출된(증 및 증 제1호) 『중앙정치』 10월호 「평화통일에의 길」 조봉암 논문 및 증 제11호 「북한당국의 평화공세에 대한 진보당의 선언문」 소위 김기철 방안에 관해서는, 원판결이 이자(二者) 공히 관여한 자만을 유죄로 한 형적으로 보아 차등(此等)이 진보당의 평화통일의 구체적 방안이 아님을 판시한 것임은 명확한 바, 양 상고인의 관련 사실이 되지 못함으로 그 내용의 합법성에 관한 논급은 생략한다.

상술한 진보당의 당헌과 강령정책, 강령 전문 중 통일문제에 관해서는 대한민국을 육성 발전시키고 민주세력의 결정적 승리를 얻을 수 있는 통일방안이며, 또 구체적 방안은 진보당 집권 후 책정한다 함은, 증 제2호의 기재 내용에 의하여 명백한바 차(此) 주장이 괴집에 부수한다 함은, 북한 괴뢰집단이 대한민국을 변란하기 위하여 책정한 평화통일방안을 그 정(情)을 알면서 이에 야합하여 주장할 때에 해당함은 자명한데 불구하고, 원판결이 괴뢰에 부수하여 민국을 변란할 목적으로 결사했느냐의 점에 대해서는 하등의 설시 없이 편견 곡단으로 만연, '괴집 부수 국가변란'이라 판시하였음은 판단을 유탈하거나 이유 불비 모순 및 판결에 영향을 미칠 중대한 사실의 오인을 한 위법이 있다.

3. 국헌위배 및 국가변란의 목적

〈국가보안법〉 제1조는 "국헌을 위배하여 정부를 잠칭하거나 그에 부수하여 국가를 변란할 목적으로 결사 또는 집단을 구성한 자"라 규정하였다. 형사법학상 목적범에 관하여는 단순한 범죄사실의 인식뿐 아니라, 나아가 그 범죄사실의 구현을 적극적으로 기도, 의욕함을 요하고 소위 미필의 고의 또는 인식 있는 과실은 목적범에서 배척되는 것이다.

피고인 등은 "4289(1956)년 11월 10일 진보당을 결성하고 피고인이 동 부서 지위에 취임한 것은 사실이고, 김달호는 피선하고 미취임 또한 이동화가 동당 강령 및 경제정책 전문을 초안한 사실 등은 유(有)하나, 피고인 등이 국가를 변란할 목적으로 대한민국을 부인하고 북한 괴뢰집단과 동등한 위치에서 통일정권을 수립할 것을 강령정책으로 진보당을 결성한 것이 아니라 동당은 어디까지나 대한민국을 육성 발전시키고 현실에 적합한 평화적 통일을 성취시키는 것을 정강정책으로 결성한 정당인 것입니다.", "진보당은 통일을 평화적으로 하여야 한다는 원칙은 내세웠으나 그것은 괴뢰집단의 의장적인 것과 같은 것이 아니며 또한 구체적인 통일방안은 당으로서 결의한 바가 없습니다. 동 구체적인 통일방안은 일 개인이나 정당에서 주장할 것이 아니라, 거족적인 민의에 의하여 결정하여야 할 것이라고 생각합니다.", 진보당의 결당 동기는 "폭력적인 공산독재를 배격하는 동시에 대한민국 수립 이후 오랫동안 실정을 계속하여온 특권 관료적 매판자본주의적 부패한 정치세력과 극우적인 보수정당을 제외한 국내의 혁신적 진보적인 민주주의 즉 사회적 민주주의 세력을 총집결하여 결성한 것입니다." 괴집 '수부통일 방안'은 "위장적인 것이며 진보당이 주장하는 원칙(평화통일)과는 판이합니다"(기록 5513정 이하 5517정).

박기출 피고인은 "진보당은 혁신정치를 이념으로 하는 반공적인 정당인데도 불구하고 국가변란을 목적으로 조직하였다는 누명을 씌운 것은 민족적 차별이라 아니할 수 없습니다"(증거5525 정), 김달호 피고인은 "대한민국은 민주공화국이다 라고 우리 〈헌법〉 제1조에 규정한바 이것은 국회 내에 대립되는 2대 정당이 성립되어야 그 성과를 발휘할 수 있다고 보는데 현 국회는 자유 민주 양당 정치세력의 포진이 있으나 그것은 모다 보수세력이므로 기형적이라 아니할 수 없으며, 전형적인 민주정치를 표현 시킬려면 보수당 대 혁신당이 상호대립하여 조화하여야만 〈헌법〉에 순응할 것이라 생각되는바, 3대 국회 시에 사사오입으로 〈헌법〉을 개정한 이래 더욱 여론이 혁신적인 정당의 구성을 요망하였든 것은 부인못할 사실이었습니다. 그리하여 조봉암, 서상일, 장택상 제 선생이 회합하여 금일의 진보당 결성을 추진시키게 된 것인데, 동당 결성 시 피고인은 부위원장에 당선된 것이며 합법적인 반공 혁신정당으로 진보당이 발족을 보게 된 것이며, 동당이 국가를 변란할 목적하에 조직되었다는 것은 낭설이며 근거 없는 사실입니다. 동당 결성식에 자유 민주 양당 대표와 장택상 씨 등이 축사를 하여 우리 대한민국을 위하여 경사스러운 일이라고 한 것입니다." 또 "진보당의 통일정책은 대한민국 〈헌법〉 조문에 기초를 두고 공산당에 대항할 시에는 보수 혁신세력이 총 단결하여, 국회를 통하여 평화적으로 통일을 성취시키려 하는 것이 그 내용이며, 결코 한국을 부인한다거나 괴뢰와 동등한 위치 등은 일고한 사실이 없습니다"(기록 5532~5535정).

윤길중 피고인은 진보당 등록에 관하여, "진보당의 등록을 하게 된 경위를 말씀드리면, 4289(1956)년 11월 10일 진보당 결당대회가 관헌의 입회와 전국 정치인이 모인 자리에서 공개적으로 개회된 것이며, 공보실에 등록 신청을 하였더니, 공보실에서는 얼핏 등록승인을 하지 않고 차일피일하며 2개월이나 끌어 왔음으로, 본 피고인이 진보당을 대표하여 공보실장에게 그 이유를 문(問)한 즉, 동 실장은 말하기를 진보당의 정강정책에 대하여 합법성 유무를 각 방면에서 검토 중에 있으므로 동 검토가 종료되여야 승인이 된다고 하는 등의, 엄격한 심사를 경(經)하여 등록이 된 것인데, 본건이 발생되자 동 정강이 위법이라 하여 취소한 것은 납득할 수 없습니다"(기록 5686~5687정)하고

결당 후 4291(1958)년 1월 12일 본건 발생 시까지, 진보당이 각급(各級) 당부를

조직하고 각종 정치적 활동을 하고 왔음은 공지의 사실이며, 전 피고인 등은 경찰 이래 원심에 이르기까지 일관하여 진보당은 국가 변란 목적으로 조직된 것이 아니며, 강령정책의 혁신정치의 구현, 수탈 없는 경제체제의 확립, 평화통일 등은 대한민국의 육성발전과 국민대중의 실질적 자유평화 등을 도모하였다고 각기 주장하고 있음은 기록상 소연한바, 원판결이 거시한 전 피고인의 원심 공판조서와 1심 공판조서 및 검사의 피의자 신문조서 중의 공술을 종합하거나 증 제2호, 동 36호, 동 38호, 동 32호 등 기재 내용을 아무리 정사(精査)하여도, 진보당의 결당이 국헌에 위배하여 괴집에 부수하여 국가변란 목적을 의욕 기도하고 결성하였다는 증거가 없는바, 결국 판결은 허무의 증거를 단죄의 자료로 공(供)하여 증거 불충분 내지 판단 유탈이 있어 이유불비의 위법이 있다 할 것이다.

4. 박기출 피고인의 판시 사실

원판결은 "제2 동 박기출은 (1) …진보당을 조직하는 동시 그 간부에 취임하고"라 판시하고, 증거로서 5·15부통령선거 당시 피고인 자필의 「정견 초안」을 증 제36호로 동 피고인의 미발표원고 「한국 진보세력의 계급적 기반」을 증 제38호로 하여, 국가변란 목적의 인정 자료로 한바, 동 36호 정견 초안 9정 5에는, 진보당은 무엇을 할 것인가. 평화통일 과업 촉진에 있다. 비공산 비협상이란 항목을 명기하고 있으며, 증 제38호 원고의 내용은 "우리 한국에서는 선진국가와 같이 계급구별을 하는 것이 아니고 국민대중으로 한다는 것이며 계급이란 말은 봉건시대에는 있으나 현대에는 특권층과 비특권층이 있을 뿐"(기록 5697정 이면)이라 하여 그 내용이 국가변란을 목적한 것이 아니다.

동 피고인에 대한 판시(2)는, 부산시 동구 을구당 위원장에 취임하여… 동 구당원을 동원하여 김재봉 외 100명의 당원과 정경학 외 68명의 비밀당원(익명) 요구자를 포섭한 사실에 대하여, 피고인의 검사정 이래 원심까지의 공술 기재를 증거로 하였는바, "동 구 당간부들이 당원을 입당시킨 것은 사실이나 동 조직사무는 피고인이 직접 한 것이 아니며, 68명의 비밀당원 운운하는 것은 동 명부를 일반에게 공개함을 금하기 위하여 표지에 밀인(密印)을 비인(秘印)을 압날(押捺)한 것으로 추측한다"(기록 5525정) 하고, 원심 김재봉 증인이 역시 동지(同旨)의 공술을 하고 있으나(기록 5854~5855정), 증 제2호 진보당헌에는 비밀당원제가 없고, 증 제37호 당원명부 내용을 보아도 직업란에 형사 김종철 1명뿐이고, 그 외는 직공, 학생 등이라 익명할 필요도 없는 자이며 비밀당원 68명을 입당시켰다는 사실은 오인이며

동 (3) "당비와 중앙당 사무실 설비비… 를 제공한 것은 사실이나 이상 박기출 피고인에 대한 (2), (3) 판시 사실은 진보당이 괴집에 부수하여 국가변란 목적으로 조직되었다는 것을 전제로 하는 것인바, 상술 상고이유 제1, 2점 및 제3점 및 1, 2, 3과 여(如)히 진보당은 합법적 정당임이 명확할 뿐 아니라, 4291(1958)년 2월 공보실이 진보당 등록 취소 전의 합법적 정당 활동에 속하는 것으로 국가변란의 목적 내지 인식이 없음으로, 판시 (2), (3)사실은 결국 판결에 영향을 미칠 중대한 사실을 오인한 것이다.

5. 김달호 피고인의 판시 사실 원판결은

제3 동 김달호는 (2) 4290(1957)년 하절… 중앙당 사무실에서… 당원 약 60명이 회합한 석상에서 ① 대한민국에서는 6 · 25사변 당시 괴뢰가 먼저 침략해 온 것이라 하는 데 모를 일이다. ② 평화적 방법으로 상대방의 동의를 얻어 합법적 형식으로 통일하여야 한다. 등 지(旨)의 교양강의를 함으로써" 운운, 판시(판결문 39면) 하고, 증거로서 "한국통일에는 평화적 방법이 있을 뿐이다"라는 속기 원고를 증 32호로 하여 우 사실을 인정하였다. 증 제32호의 표지에는 "누락오기가 많음으로 발표금지"한다는 지(旨) 피고인 자필 기입이 있고 동 증 44, 45면에는

① "과거 6 · 25를 돌이켜 생각할 때, 당시 괴뢰들은 대한민국이 먼저 침략할랴 했기 때문에 남침을 개시하였다고 하고, 대한민국에서는 괴뢰들이 먼저 침략해온 것이라고 합니다. 거기에 대해서는 상세한 것은 모르겠습니다마는 '제 소견에는 공산괴뢰가 먼저 아닌가 생각합니다'"라 기재되어 피고인 생각으로는 공산괴뢰가 먼저 남침한 것이라 생각한다는 점이 명기되어 있고, 동 증은 다음에

② "당시 괴집은 중국 장개석 정권과 같이 한국 정부를 부산까지 축출하고 그 기정사실을 이용해서 국제문제를 처리하려 했으나, UN군의 참가를 오산했

을 뿐 아니라 괴집이 부산까지 점령하였다면 필시 우리 머리 위에 원자탄 세례를 받었을 것이다. 그러니 우리가 지금 신의주까지 점령하여 그 기정사실을 국제문제에 이용하려 해도 반드시 승리가 온다고 누가 보장하겠는가. 소·중공(蘇·中共) 등이 원자 세례 않으리라고 누가 단정하겠는가. 미소 양대 진들의 냉전열전 시도장인 한국의 현실은, 옛날 제국들이 전쟁 수단으로 국내를 통일하는 그러한 방식과 현저하게 달라졌으니 반드시 상대방의 동의를 얻어 즉 평화적으로 통일해야 한다" 하고,

상대방의 동의에 관하여 동 증48~54정, 73~75정을 보면 영국 역사학자 토인비 교수가 "현대 원자시대에서 서독, 월남, 한국 등에는 반드시 상대방의 동의로서 통일해야한다"는 설을 인용하고, 김 피고인 의견으로서는 "그 동의 얻는 과정에 있어서 어느 과정을 밟든지 국제 국내문제를 관련해서 적용해야 하고, 1. (동 증 52면) 과학적이고 현실적 문제인 상대방의 동의는 항상 UN과 결부시켜 생각하고 있는 것이다", (동 증 54면)라 하고, 결론으로 "원자력 시대에 있어서는 전쟁을 할 수 없기 때문에 평화적인 방법으로 상대방의 동의를 합법 형식으로 구하며 통일해야 할 것이며"(동 증 80면)하고, 상대방의 동의는 국제 국내문제와 관련해서 항상 UN과 결부시켜 생각해야 하며, 또 합법 형식으로 동의를 얻어야 한다고 강조하고, 상대방의 합법적 동의는 경찰, 검찰 1심을 통하여 일관해서, "전쟁 통일은 반(反) 동의에 입각한 것이고 평화통일은 전부 동의를 말하는 것인데, 그것은 어디까지나 합법 형식을 취해야 하며 공산당 정권은 불법한 짓을 하고 있기 때문에 북한 괴뢰의 동의는 있을 수 없다고 생각하니, 그러면 평화통일에 대한 상대방의 동의는 괴뢰나 어떤 개인하고는 이루어질 수 없고 합법적 상대방은 UN에서 승인을 받은 우리 대한민국이 있고 UN에서 볼 때 승인이 되어있는 소련을… 말합니다."

"제가 강의하기를 2시간 동안 했는데, 속기록은 30분 동안 한 것 밖에 되지 않을 정도로 누락도 많고 틀리는 점도 있는데 그때도 그 말을 했을 것입니다. 여하간 통일문제는 합법적으로 해라한 것입니다"(기록 4000~4001정)하여, 상대방이 괴집이 아니라는 점을 명백히 하고 동 증에는 기외(其外) 협상반대 전쟁반대 괴집의 위장 평화공세에 대한 주도권을 한국이 찾자는 등이 논급되어 있다. 증 제80호

『국회속기록』 중 김달호 발언 부분(16~18면)에는 "평화통일이 김일성의 독점물 같이 생각하나… 괴집… 대한민국을 불법적으로 침략… 역사적 침범사실로 인해서 국내외에 대하여 평화를 주장할 권리가 없고… 평화적 주도권이 없다… 우리는… 공산당을 싫어하는 애국적 인민과 이북 괴집하에서 신음하는 피해대중에… 신의주까지를 민주화하자는 목적으로 평화통일을 주창하고… 김일성은 민족끼리 해결하자고 남북협상 방식을 주장하나… 우리는 훌륭한 〈헌법〉이 있고… 우리나라 건립의 지주인 UN하고 모든 것을 협의해서 결정해 나가야 한다는 것을 현실적 의무로 생각한다" 하고,

증 제79호 『잡지 현대』(42~44, 49~51)(55~59면)에는 한국이 평화통일의 주도권을 가져야 하며 대한민국 헌법정신에 따라서 반공민주 평화통일을 하여야 한다고 강조하고, 증 제82호 『영남일보』, 동 83호 『대구일보』에는, 피고인이 각 괴집의 불법 남침과 산업 재건을 역설하고 있는바, 판시 (2) 사실은 서상(敍上)의 증거에 의하지 아니하고 또 보지도 아니하고 독단으로 증거 없이 사실을 인정한 위법이 있다.

제4점 상술 제이유가 없다고 가정할지라도 원판결은 양형이 심히 부당하다.
① 박기출 피고인은 일본국 구주대학 의학부에서 의학박사의 학위를 받고 부산에서 외과의에 종사하고, 해방 후 미군정청 경상남도 보건위생부장 기타 공사단체에 관여하여, 5·15선거 당시 부통령으로 출마한 자이고, 김달호 피고인은 중앙대학 재학 중 고등고시 사법과에 합격하여, 해방 전 광주 청주 판사를 역임하고, 도만(渡滿)하여서 봉천에서 율사로 등록 개업하다가, 해방 후 귀국하여 서울고등검찰청 차장검사, 변호사고시위원, 법전편찬위원을 역임한 후, 서울에서 변호사 개업을 하고, 제3대 민의원으로 당선된 자인 바, 양(兩) 피고인의 연령, 지능, 경력, 환경 등에서 과거 국법에 위반한 사실이 전무하고, 또한 정치에 관여한 것은 과거 3, 4년 내외에 불과하며, 그 행상에 추호도 좌익중간 노선을 지향한바 전무한 자일뿐 아니라

② 아국에 있어 보수당에 대립되는 혁신당의 출현을, 아국 〈헌법〉에 규정한 사

회적 경제적 민주주의를 실현하여, 국민 대중의 실질적 자유평등을 누리게 하자는 애국애족의 정성에서 박기출은 4289(1956)년 3월 31일 가칭 진보당추진대표회의에 참가하였다가 부통령 후보지명을 받고 선거운동을 하다가 사퇴하고, 그 후 거주가 부산이라 별로 창당 과정에 관여한 바 없었고, 김달호는 혁신당의 필요를 느껴 조봉암, 서상일, 신흥우, 윤치영, 장택상 등에게 같이 참가할 것을 권유했으나, 직접 창당 과정에 참가한바 없다(3852정). 우 양(兩) 피고인은 4289(1956)년 11월 10일 결당대회에서 각 부위원장에 취임했을 뿐 그 후도 당무(黨務) 중추에 종사한 사실이 없고

③ 진보당이 공보실의 등록 취소이유는 간부 중 부정행위 운운으로 불법화된다는 것을 전용(傳用)하고 비법적인 불법화일지라도 당적을 유지할 수 없다는 견지에서, 4291(1958)년 2월 초순경 탈당을 하였으며(기록에 첨부되어있음)

④ 도시(都是) 4289(1956)년 1월 공개리에 결당을 하고, 공보실 등록으로 합법 혁신당으로 아국에 등장되어 기후 2년간 합법적 정치활동을 전개한 것은 공지(公知)의 사실인바, 원판결은 피고인 등이 민국의 육성발전을 위한 애국애족의 정성과는 정반대로 당 강령정책 구절 중의 언구가 위법, 운운하여 과거에 소급하여 괴집 부수의 국가변란단체로 인정함은 국민의 법적 안정성을 전적으로 파괴하는 것이니 피고인 등에게 3년이란 실형을 언도함은 그 양형이 심히 가혹 부당하다 함에 있고

피고인 이동현의 변호인 강순원의 상고이유는

1. 피고인에 대한 제1심 판결 중

유죄 판결부분의 제1 사실 피고인 이동현은 4283(1950)년 3월 20일 서울형무소 간수로 임명되었고, 4285(1952)년 1월경 동 간수부장으로 승진하였으며, 4291(1958)년 1월경부터 동 형무소 구치과 계호계에 근무하여 오던 자인 바, 4291(1958)년 3월 23일 오후 6시 30분경 우 형무소 구치과 2사 간수 근무 중 동 2사 상 함방에 구금

중인 간첩 및 〈국가보안법〉 위반 피고인 조봉암으로부터 양명산(양이섭을 지칭함)에게 가서, 자기가 나에게 준 돈이 북에서 가져온 공작금이 아니고 사재를 준 것이라고 말하여 달라고 전언의 청탁을 받었든바, 당시 동 조봉암은 피고인이 부채 관계로 고민 중임을 알고, 동 전언을 하여주면 접견금지 해제가 되는 대로 동 부채를 변제하여 줄 것을 제의하자 피고인은 이에 응낙함으로서 그 직무에 관하여 뇌물을 약속한 후, 동년 오후 6시 40분경 동 형무소 4사 하 3방에 가서 동소(同所)에 수감 중인 양명산에 대하여 동지(同旨) 전달함으로서 직무상 부정한 행위를 하고 운운의 점에 대하여 우 사실을 인정한

제1심 판결의 증거로는

첫째, 제1심 공판조서 중 피고인의 판시 사실에 부합되는 진술 기재, 둘째, 사법 경찰관 작성의 증인 이덕신, 동 조봉암, 동 김성도에 대한 진술조서 중 판시 사실에 부합되는 진술 기재, 셋째로 검사 작성의 피의자 신문조서 중 판시 사실에 부합되는 진술 기재인 등인바 서상 제 증거의 증거능력을 예의 심안하건데,

피고인은 제2심의 사실 심리에서 전시(前示) 공소사실을 전부 부인하고 있으며, 증인 이덕신은 상(相) 피고인 조봉암이가 수감 되어 있는 서울형무소 2사 상 감방 옆 감방에 수감 중에 있으며 사형판결이 확정되어 그 집행을 기다리고 있는 신분의 자로서 정상적인 심리상태에서 진술한 것으로 볼 수 있으며, 더욱이 사법 경찰관 작성의 진술조서는 공판정에서 그 성립의 진정성과 임의성이 인정되어야 비로서 증거능력이 발생하는 것으로, 제1심은 이 점을 도외시하고 사실인정의 증거로 공(供)한 것으로서 채증법칙에 위배가 있다할 것이다. 또한 동 조봉암 동 김성도의 진술조서 역시 그 진정성과 임의성이 인정되지 못하였고,

제2심에서 동 조봉암은 그의 진술조서의 성립을 부인하고 있으며 동 김성도는 피고인 이동현의 가형(家兄)인 공소외 이동희의 채권자로서, 그가 수감 중인 상(相) 피고인 조봉암과 피고인 간의 전시(前示) 공소사실과 여(如)한 뇌물약속을 하고 전언(傳言)의 청탁을 하는 것을 들을 수 있었으리라고는 신빙할 수 없는 것으로, 본건 피해사건에 대하여 하등의 증거방법으로 공여될 수 없는 것으로 이상

증인의 진술로서 제1일 사실을 인정한 것은 명백히 채증법칙의 위배가 있는 것으로 위법인 판결인 것이다.

2. 제1심에서 유죄 판결을 한 제2 사실

피고인은 4286(1953)년 5월경부터 당국의 허가 없이 미제 45구경 권총 1정 및 동 실탄 46발을 소지하다 운운의 점에 대하여, 차(此) 사실을 심안하건데 4289(1956)년 5월경 서울형무소가 수복되어 피고인은 당시 동 형무소 소장이었던 문(文) 모(현 대전형무소장)의 호위로 근무하게 되어, 당시 동 형무소 용도계장이었던 공소외 노갑용이가 동 형무소 공금으로 구입하여 소장 호위용으로 피고인에게 휴대하게 하였던 것으로, 당시 소정 절차에 의하여 동 형무소장 명의로 발행된 무기 휴대증을 소지하고 동 권총을 휴대하였던 것으로, 기후(其後) 2, 3차 내무부 치안국에서 전국적으로 실시한 일제 무기검시에서도 적법 휴대로 인정되어,

4290(1957)년 11월경 전기(前記) 문 소장이 대전형무소로 전출될 때까지 휴대하였던 것으로 하등 위법성을 인정할만한 근거가 없는 것이다. 다만 문 소장 전출 후 피고인이 본건 피고사건 발생 시까지 자가에 보관한 것은 피고인이 호위근무에서 떠나서 곳 동 형무소 무기 담관에게 반납하였든 바, 전시(前示) 용도계장이였던 노갑용과 해(該) 무기의 처리방안을 문의한 후 수납하겠다고 일시 보관하여 달라고 하여 보관하고 있었을 뿐이다. 그렇다면 이 제2 사실은 법령 제5호에 규정된 무기불법소지의 범위에는 포함되지 않는 것으로, 하등 위법성을 인정할 아무런 근거가 없는 것임에도 불구하고 제1심은 차(此) 점을 간과한 판결로서 이는 분명히 법률 적용을 잘못하였거나 불연(不然)이면 심리 미진에서 온 위법인 판결로서 원판은 파기를 면치 못할 것
이라함에 있고

피고인 김달호의 변호인 임석무, 동 유춘산의 상신(上申) 이유는

원심은 4291(1958)년 10월 25일 상고인에 대하여 김달호는 1·4후퇴 시 부산에서

상(相) 피고인 조봉암을 알게 된 이래 동인(同人)과 친교하여 오던 중,

(1) 가칭 진보당 발기추진 운동에 가담하여 오다가 4289(1956)년 11월 10일 서울특별시 중구 소재 시공관에서 상(相) 피고인 등을 위시로 8백여 명과 함께 국헌 위배하여 정부를 참칭하는 북한 괴뢰집단에 부수하여 국가를 변란할 목적으로, '우리는 노동자 농민을 중심으로 하는 광범한 근로대중(피해대중)을 대표하는 주체적 선진적 정치적 집결체이며 변혁적 주체적 세력의 적극적 실천에 의하여 자본주의를 지양하고 착취 없는 복지사회를 건설하여야 한다'는 혁신정치의 실현, '우리는 자유민주주의를 폐기 지양하고 주요 산업과 대기업의 국유 내지 국영을 위시로 급속한 경제건설 사회적 생산력의 제고 및 사회생산물의 공정분배를 완수하기 위하여 계획과 통제의 제 원칙을 실천하여야 한다'는 지(旨)의 수탈 없는 경제체제의 확립, '우리는 남북한에서 평화통일을 저해하는 요소를 견제하고 진보당 세력의 주도권 장악하에 피흘리지 않는 평화적 방식으로 조국의 통일을 실현하다'는 지(旨)의 평화통일의 실현 등을 강령정책으로 하자는 진보당을 조직하는 동시에 그 간부인 동 중앙당 부위원장에 취임하고,

(2) 동 4290(1957)년 하절 전시(前示) 중앙당 사무실에서 상(相) 피고인 조봉암 동 윤길중 외 당원 약 60명이 회합한 석상에서 대한민국에서는 6·25사변 당시 북한 괴뢰가 먼저 침략해온 것이라고 하는데 모를 일이다. 평화적 방법으로 상대방의 동의를 얻어 합법 형식으로 통일을 하여야 한다는 등 지(旨)의 교양강의를 행하여서 동당의 목적한 사항의 실행을 협의 선동하다라고 사실을 판시하고

1. 원심 공정에 있어서의 상고인의 차(此)에 부합하는 진술
1. 제1심 공판조서 중 상고인의 차(此)에 부합하는 공술 기재
1. 제1심 제14 공판조서 중 증인 신도성과 동 고정훈의 판시 진보당의 발기 경위에 부합하는 공술 기재
1. 검사의 상고인에 대한 신문조서 중 차(此)에 부합하는 공술 기재
1. 검사의 증인 손도심과 동 서상일에 대한 진술조서 중 판시 진보당의 발기 경위에 부합하는 각 공술 기재
1. 압수한 선언, 강령정책, 당헌, 강령 전문, 경제정책 전문, 당 기구표(서울지검 4291(1958)년 압 제146호의 증 제2호) 결당대회 문헌(동 압호의 증 제3호)

및 진보당 문헌(동 압호의 증 제48호) 중 판시 진보당에 강령정책에 부합하는 기재

1. 「한국 통일에는 평화적 방법만이 있을 뿐이다」(동 압호의 증 제32호)중에 부합하는 기재 등을 종합하여 차(此)를 인정할 수 있다고 증거 이유의 요지를 판시하고 법률 적용에 가서 〈국가보안법〉 제1조, 제3조 등을 적용하여 피고인 상고인에 대하여 징역 3년에 처한다고 언도하다.

상고인은 이에 앞서 4291(1958)년 1월 11일 야(夜) 서울특별시 성동구 신당동 340의 53호 자택에서 서울특별시 경찰국 경찰관리들로부터 영장의 제시없이 체포되어 동월 14일 야(夜) 까지 동 시경사찰과 분실이라 칭하는 남일사에서 구금되었다가, 동 야(夜) 이후 서울 서대문경찰서 유치장에 유치되고 동월 24일 밤 이강(以降) 서울 서대문형무소에 구속되었다가 동년 7월 2일 서울지방법원에서 무죄의 언도와 아울러 애국적 행동을 하였다는 칭사(稱辭)를 듣고 동월 4일 보석되었든 바 검사 공소에 의하여 서울고등법원 김용진 부장의 심리를 받아오다가 동년 10월 22일 돌연 법정에서 도주의 우려가 있다는 이유로 보석 취소함으로 인하여 다시 동일 이후, 서울 서대문형무소에 구속되었음.

제1 원심 판결은 공소의 수리가 법령에 위반할 경우에 해당함(〈형소〉 384조 6호) 공소장에 기재된 상고인에 대한 기소 사실은 피고인 조봉암이 4289(1956)년 5월 6일 서울특별시 양동 소재 진보당추진위원회 사무실에서 북한 괴집 김일성이가 남파한 간첩 박정호 등과 밀회하고, 진보당 평화통일의 구체적 방안이 동 괴집의 주장과 동일함을 상통하고 그 후 진보당을 구성하였다는 전제하에 상고인의

(1) 전시 진보당 구성에 참가하여 그 간부에 취임

(2) 교육강좌 내용 중 2개 구절이 불법 운운

(3) 김기철 사안을 상의하는 때 참가하였다 운운으로 시현(示顕)되어 있는바, 안컨대 조봉암 피고인은 진보당 구성원 중에 1인에 불과함으로 동인(同人)의 전시 박정호 등과의 상통한 사실 유무가 상고인의 진보당 참가에 대하여 어떠한 형사법적 효과를 가져온다는 것인가.

그것은 상고인에 대하여는 무의미한 부풍운에 불과하고, 또 공소장 제1항 기재에 즉하여 검토하건대 그것은 북한 괴집에 부수하여 국가를 변란할 목적으로 이루어졌다는 구체적 기재로 평가할 수 없음으로, 따라서 그 2항과 3항은 〈국가보안법〉 제3조 위반으로 평가될 수 없고 결국 본건 공소는 상고인에 대한 공소장 기재 사실이 진실이다 하더라도 범죄가 될 만한 사실이 포함되지 아니 하는 때에 해당하는 것으로, 〈형소법〉 제328조 4호 동 363조 1호에 의하여 원심은 상고인에 대한 본건 공소를 결정으로 기각하였음이 합법적이였는데도 불구하고, 우(右) 법령에 위반하여 공소의 수리를 하였음으로, 원심 판결은 이미 이 점이 있어 파훼를 면치 못함. 본건 공소의 수리를 합법적이라 하더라도 제2 원심 판결은 심판의 청구가 있는 사건을 판결하지 아니 하거나 심판의 청구가 없는 사건을 판결할 때에 해당함(〈형소〉 제383조 11호).

상고인에 대한 본건 공소는 조봉암 피고인이 전게(前揭)와 같이 4289(1956)년 5월 6일 전시(前示) 추진위원회 사무실에서 전시(前示) 박정호와 밀회하여, 진보당의 평화통일의 구체적 방안이 동 괴집의 주장과 동일함을 상통하여 간첩행위를 감행하는 동시에, 동 괴집의 지령하는 사실을 협의 내지 실로(実路)하는 소행으로 진보당을 결성하는데 참가했고 상고인도 동 진보당 구성에 참가하였음으로 그 행위가 〈국가보안법〉 제1조에 해당한다는 것인바 차(此)에 관하여 원심 판결장 101엽 4행, 107엽 최종행, 108엽 123행 기재에 의하면 우 괴집의 지령하는 사항을 협의 내지 실천하는 의미를 가진 진보당 구성에 대하여 형사소송법 제325조를 적용하여 무죄를 선언한 제1심 판결은 상당함으로, 원심도 동 법조를 적용하여 무죄를 선언한다는 이유를 명시하여 놓았음에도 불구하고,

그 판결주문에는 (1) 피고인 조봉암에 대한 박정호에 관련되었다고 운위(云謂)한 각 간첩행위의 점은 무죄로 하되, 전시(前示) 협의 실천이 된다는 〈국가보안법〉 제1조 위반이라고 본 상고인의 진보당 구성에 관한 공소가 무죄라는 주문이 없음으로, 차(此)는 원심이 상고인에 대하여 심판의 청구가 있는 사건을 판결하지 아니한 때 해당하는 것으로 사료하며, 또 진보당의 강령정책에 대하여는 본건 공소에서 배려된 바 없고, 그 강령정책 자체의 실현행위에 대하여는 심판의 청구

가 없는대도 불구하고 이것을 〈국가보안법〉 제1조 위반으로 심판한 것은 역시 비법(非法)이라 아니할 수 없다.

상고인의 소견에 의하면 진보당의 정견(政見)은 우리나라의 진보적인 〈헌법〉에 의거하여 헌법 정치를 발전시켜 보자는 대에 귀착되는 것으로 인식하고 있는 바, 진보당의 강령정책은 우리 〈헌법〉의 사회적 경제적인 민주주의에 기초를 두고, 이것과 일견 대립되는 정치적 민주주의를 한층 높은 단계에서 조화하여 —자유자본주의의 수정 지양— 소위 문화국가라고 할까, 민주적 사회적 복지국가라고 할까, 진보당헌 제2조 당의 목적에 기재되어 있는 균형 있는 복지사회의 구현을 목적으로 하는 것으로

4290(1957)년 봄, 대통령 지휘하에 있는 정부인 공보실에서, 우 강령정책 기타에 대하여 상세히 엄중히 검토한 끝에 그것을 기초로 한 진보당의 결당이 적법행위라는 것을 확인하고, 마침내 등록을 필하고 용래(甭來) 공인된 혁신정당으로 국내외에서 상응한 처우를 받어왔음(예- 국가의 손으로 아편주사를 놓고 나서 그 주사 맞은 행위를 불법이라 할 수 없는 것임). 만약에 강령정책 표현 중에 잘못된 점이 있드라손 치더라도 이것은 개정(당헌 제10조 3항) 할 수 있을 뿐 아니라, 사면권을 가진 정부로서 일단 등록을 마처주었으면 이로 인하여 하자 치료의 효과조차 긍정하여야 될 경편(境便)이고, 또 그 후 행정부나 입법부나 일체의 보수정당들도 진보당을 공인된 국내 유일의 합법적 혁신정당으로 인정하여 의심치 않았고,

제1심 판결 언도 시에 재판장은 상고인 등에 대하여 우리의 행동을 애국적이였다고 선언하고 국가를 위하여 계속하여 노력하여 달라고 요청까지 하는 것을 들은 바 있거늘, 엇지하여 또 무슨 까닭인지 유독 원심은 보석 중인 피고인들에 대하여, 여사한 국민의 상식이 놀내는 처사를 자행하고, 한거름[224] 더 나아가서 천만 이외에도 진보당 결당 행위 자체인 합법적이고 심판 청구 외적 행위에 대하

224) 원문 그대로 표기했으나 한걸음이 바른 표기이다.

여, 전제적으로 심리조차 생략한 끝에 유죄를 언도함으로써 국가의 중대한 법률적 안전을 파괴하고, 사법부의 위신을 여지없이 땅에 떨어드리고 말았음. 사건에 의하면 검사가 장차 진보당의 강령정책에 의한 결당 행위를 처벌하기 위하여 공소를 제기할 수 있는 전제조건으로 다음과 같은 몇 개의 사항이 고려되어야 할 것임.

(1) 그 강령에 "우리는 공산독재는 물론 자본가와 부패분자의 독재로, 이를 배격하고 진정한 민주주의 체제를 확립하여 책임 있는 혁신정치의 실리를 기한다"(책임 있는 혁신정치의 실현). 강령3에 "우리는 생산 분배의 합리적 계획으로 민족자본의 육성과 농민 노동자 모든 문화인 및 봉급생활자의 생활권을 확보하여 조국의 부흥 번영을 기한다"(수탈 없는 경제체제의 확립). 강령4에 "우리는 안으로 민주세력의 대동단결을 추진하고 밖으로 민주 우방과 긴밀히 제휴하여 민주세력이 결정적 승리를 거들 수 있는 평화적 방식에 의한 조국통일의 실현을 기한다"(반공 민주적 평화통일의 완수)라고 당 공약이 명시되어 있고,

그 정책에 가서 ① 통일문제, ② 외교국방 정책, ③ 정치형태, ④ 행정정책, ⑤ 경제정책—그중에 소위 귀속재산과 국영기업의 문제, 민족자본의 육성과 소위 자유기업의 문제, 외원(外援)과 외자도입 문제, 자본의 축적 및 동원의 문제, 농업의 문제, 협동조합 조직화의 문제, 관료주의의 문제, 대외무역의 문제, 우리 경제 발전의 파행성의 문제, 국가적 계획기관의 문제, 경제형태의 문제 등이 검토된 후에 (가) 농업정책 (나) 산업정책에 관한 구체적 공약이 성립되고, ⑥ 농업에 대하여, ⑦ 재정정책, ⑧ 사회정책, ⑨ 문교정책에 관하여 공개 명시하였고, 이것과 기타 당헌 선언문, 강령 전문 등의 일체가 판시 중 제2호에 기재되어 있는바,

이상을 엄중히 법적으로 분석하여 본다면 결국 〈헌법〉에 가서 대통령 중심제를 의원내각제로 개혁하자는 주장 외에는, 위선(爲先) 헌법상의 채택된 경제적 사회적 문화적 후생적 민주주의[약(畧)하여 사회적 민주주의]에 기초하여 명시된 제 근본정책에 조응하는 구체적 입법을 책립(策立) 완비하여, 우 진보적 민주주의의 실현을 경제적 사회적으로 보장하자는데 그 목표가 있고, 통일문제에 가서는 〈헌법〉 제4조, 제6조, 제7조, 국제연합 헌장 제2조 제3항, 제4항, 〈헌법〉 전문 "항구적인 국제평화 유지에 노력하며"라는 평화주의의 선언과 한미공동방어조약

과 UN의 통위원칙 등에 의거하여, 대한민국을 육성 강화하고 국토인 신의주까지를 제공하고 민주화하자는데 이념을 두고 있는바

(2) 우와 여(如)한 주장자를 처벌하기 위하여는, 위선(爲先) 헌법상의 전문 3항부터 기타 경제적사회적 민주주의를 선언한 〈헌법〉 조문 전부와 또 그 조문의 근본 원칙에 따라 기왕 성립된 법령도 일체 폐지하고, 또 우 〈헌법〉 조문의 폐지는 개폐할 수 없다는 헌법상의 특별규정을 만들고, 따로 이상 진보당 강령정책은 이후 금지 불법화한다는 형사법의 입법을 완료하고 그 공포 실시 후에,

(3) 비로서 우 형사법의 위배하여 또 그러한 결사를 만들 경우에 국가의 공소권은 발동하는 것으로 사료되며, 또 그것은 우 형사법의 시행 후인 장래에 향하여 논의될 것이지 적법행위 때까지 소급할 수 없음은 더 말할 나위도 없는바, 여사한 경우를 상정하게 되면은 우리 〈헌법〉 제1조(정치적 및 경제적 사회민주주의)는 파괴되고, 따라서 〈헌법〉 제97조 제6항과 모순이 생기며 전제정치로 복귀되고야 말 현상이 나타날 것이다… 실상 우리나라 농민만 하여도 인구의 7할 이상을 점하고 있는지라, 자유당 강령정책에는 그는 노동자 농민을 위하는 정당이고 착취를 반대한다고 명기되어있음.

오늘날 원심이 본건 공소의 구체적 기초 사실을 무시하고, 또 공소사실에 대하여 범죄의 일부와 전부의 관계에 결단코 설 수 없는 진보당의 합헌적 5개 행동강령 찬성행위를 비법적으로 범죄시하는 태도는, 바로 우리 〈헌법〉 제정자 내지 헌법정치를 찬성 주장하는 국민들을 자기 취미에 맞지 아니하다고 또는 자기 반대파라고 하여 국가보안 위반자로 단죄하는 해석과 동일하며, 심히 전단적(專斷的)이고 압제적인 것이라 규정 아니 할 수 없으며, 상고인도 덕이 적으나 오늘날까지 우리 국법에 저촉하는 정치행동은 안할 줄 알고 적극적으로 애국애족하는 공작으로 공산당을 이기고 후진성을 탈피하고 빨리 훌륭한 국가를 만들어 보자는 염원에 불타고 있음.

제3 원심 판결은 소송절차가 법령에 위반되어 판결에 영향을 미칠 때에 해당함(〈형소법〉 제383조 13호). 원심은 상고인에 대하여 진보당 강령정책 그 각 전문

기타에 관하여 일언 신문한 바 없고, 증 제32호 속기록 내용, 제출된 상고인의 국회속기록 중 헌법정신을 강조한 발언 부분과 제출된 책자 『현대지』 중 통일문제 기타에 대한 유관 부분 제1심 때에 제출된 진정서 등에 관하여 그 내용의 요지를 상고인에게 고지한 바 없고, 따라서 피고인의 이익 되는 사실의 진술 기회를 주지 않고(〈형소〉 286조, 287조, 292조 위반),

합법적 소송절차를 무시하여 가면서 진실 발견의 의욕조차 포기하고, "전자(前者)의 현 서울지방법원장 임한경 씨와 같이 괴집 동조자들에게 납치되어 가다가 생명을 도(賭)하고 탈출해 나온" 상고인에 대하여, 국보) 위반이라는 판결은 국가와 민족과 민주주의와 정의를 위하여 통곡할 사(事) 아니고 무엇이랴, 상고인의 일체 정치행동이 우리 〈헌법〉과 그 정신절차에 따라서 행하여져야 한다는 행동원리가 상고인에 유관한 일체 증거 서류와 신문조서와 일심 공판조서와 원심 공판에서 소소히 구현되고 있지 않는가. 대한민국에서 상고인을 좌경(左傾)하였다느니 또는 괴뢰에 부수하는 행동을 하였다고 규정하는 소위 반공 애국자를 모함하야 결과적으로 괴뢰를 이롭게 하는 행위인 것이다.

제4 원심 판결은 중대한 사실의 오인이 있어 판결에 영향으로 미칠 때에 해당함(〈형소〉 383조 15호). 1건 기록과 상고인의 1심과 원심에서의 진술에서 명백히 된 것과 같이 상고인은 진보당의 결당 조직 구성에 참가한 바 없고 4289(1956)년 하추(夏秋)에 긍하여 국민을 도탄에서 건지고 보국안민 하기 위하여는 우리 헌법정치의 강력한 실현을 촉구하는 수밖에 없고, 그렇기 위해서는 동질이형의 자유방임주의적 자유 자본주의를 신봉하는 양 보수정당에 대하여 혁신정당의 조속한 구성과 그 발전이 필요 불가결하다는 양심적 관점에서 독자적으로 당시 친교 있는 장택상 의원, 서상일, 신흥우, 조봉암 제씨(諸氏)를 졸댁(拙宅)에 모으고 수차에 긍하여 혁신정당의 결성을 종용 촉진시킨 바 있었으나 혹은 주도권 문제로 혹은 결당 시기에 관한 의견차 등으로 인하여 그 구성이 여의치 못하든 중 4289(1956) 11월 10일 책임 있는 혁신정치의 실현을 위시로 전시(前示) 행동강령 5개 원칙하에 판시 장소에서 수많은 경찰관, 언론인, 일반참관인 등 초만원을 이루고 질서정연히 공개 평온리에 그 결당대회가 개시 진행되고, 단상에는 책임 있는

혁신정치의 실현, 수탈 없는 경제체제의 확립, 민주적 평화통일의 완수의 3대 스로강이 벽에 걸렸고,

먼저 장택상 의원이 진보당의 강령정책에 대하여 특히 그 수탈 없는 경제체제의 확립에 대하여 열렬한 축사를 토로하고, 자유당 이활 씨, 민주당 홍익표 씨로부터 축사서를 받고, 이러한 상황하에서 대회 대의원 800여 명이(전국각지에서 모였음) 위원장에 조봉암 피고인을 절대 다수표로 당선시키고, 조봉암의 당선 인사가 있었고, 부위원장 선출에 들어가서 박기출 피고인과 상고인이 피선되었던 바, 상고인은 뜻하지 않은 돌연 700여 표로 피선되었으나 단 석상(席上)의 이유로 직각(直覺) 사퇴의 의사를 표시할라고 하였으나 우 진행되는 회의 중 그 기회를 얻지 못하였고, 그 후 우 취임 거절권 행사를 보류하여 오던 중,

4291(1958)년 1월 11일 전기(前記)와 같이 피검되고 동년 2월 중순경 공보실에서 진보당원들의 민의원 입후보를 방해하기 위하여 그 등록을 비법(非法), 취소할 것이라는 풍문을 듣자 날이 갈수록 헌법정치가 유린당하여감을 통탄하면서 그 취소 전인 동년 2월 중순경 이미 이당(離黨)의 뜻을 소속 국회에 대하여 표명하여 두었음. 법의 주장 권리행사를 보류하는 동시에 이당에 표시를 했던 바임.

전시(前示) 강령정책 소책자는 동 대회일에 처음 배부된 것으로 기억되며, 그 전문 등이 대회에서 어떠한 취급을 좇아 의결된 것인가 그 여부에 관하여 상고인은 상지(詳知)치 못하나, 그 각 전문이 본 강령정책에 필연 수반적 문서는 될 수 없고, 그 해설자의 일응의 이론적 해명에 불과하다고 사료하며, 물론 상고인의 강령정책의 해석권을 구속할 수 없음은 더 말할 나위도 없는 것으로 보는 것임. 타(他)에 우(右) 인정을 좌우할 하등의 증거 없음. 원심 판결은 차(此) 점에 관하여 판시와 여(如)히 중대한 사실을 오인하였다.

다음에 판시 제2항 강좌 내용에 대하여 일별(一瞥)하면, 우 증 제32호 '표지에 누락된 점이 많아 공개하기 어렵다'는 속기록이라고 부기되어있고, 2시간에 긍(亘)한 이약이인데[225] 1시간치도 속기가 못되었음. 기재내용에 의하면 한국 통일

문제에 대하여 차(此) 괴뢰는 6·25남침이라는 죄과로 인하여 평화통일을 주장할 자격 내지 권한이 없다. UN 내에서 〈헌법〉 제4조에 의거하여 우리가 먼저 북진했는지[당시는 한미공동방위조약 체결 전임으로 우리에게 북진의 권리가 합법적으로 형유(亨有)되어 있다고 해석됨], 이차(以此) 괴뢰가 먼저 남침했는지 논의가 있어서 여기에 대하여 상세한 것은 모를 일이다.

그러나 상고인 생각으로는 이차(以此) 괴뢰가 먼저 남침해온 것으로 인정한다[이상을 가지고 원심은… 북한 괴뢰가 먼저 침략해온 것이라고 하는데 모를 일이다 라고 오작(誤作) 판시하였음]. 우리는 한미공동방위조약의 존재와 UN 내의 통한결의 원칙과 우리 〈헌법〉 제4조에 신의주까지를 우리 국토로 인정한 바에 좇아, 우리 헌법정신과 그 절차에 따라 국토를 평화적으로 민주화하자는데 목적이 있고 그 주체권과 주도권은 우리에게 있다. 괴뢰의 위장평화 공세는 우리 질서를 혼란하게 하는 것임으로 여기에 속아서는 아니 되고 남북협상도 단호히 배격해야 한다.

토인비 교수는 독일이나 월남, 한국 등 제2차대전 이후 양단된 국토는 평화적으로 상대방의 동의로 통일되어야 한다고 하였는데, 우리는 합법적으로 반공 민주적 평화통일을 완수하여야 한다고 주장하고, 먼저 UN 내에서 미소 측이 여기에 관하여 동의되어야 할 것이라고 언급된 것이 인정되며, 또 경찰 진술 이래 제1심 원심 신문에서 합법 형식이라 함은 어떤 개인이나 사회단체나 괴뢰집단 같은 것을 상대하는 것이 아니라 UN에서 승인된 국가 상대를 상정하는바, 그것은 UN 내에서 미소가 상대방이 되고, UN에 대하여 대한민국의 상대방이 된다. 이것이 상대방의 동의를 합법적으로 성립시키는 과정이라는 점이 명백히 기재되어있는데도 불구하고(원심은 판시 제2항에서 '상대방의 동의'의 상대방을 모호한 것으로 판시하였음)

원심은 본항에 관하여 우 속기록과 유관 진문(陳問) 조서와 원심에서 되풀이

225) 원문대로 표기했으나, 문맥상 '이야기인데'가 적절한 표현이다.

하여 상세히 진술한 바와 상고인이 제1심 때에 재판장에게 제출한 진정서 내용과 제출 『현대지』 중 유관 부분을 읽었는지, 읽고 듣고도 고의적으로 무시했는지, 판시를 예지(例之)하면 상고인이 생리학상 사람이 밥을 아니 먹는다면은 살지 못 한다고 주장한 것을, 그 명제 중에서 상고인이 사람은 밥을 아니 먹는다라고 주장하였다고, 그 판시를 어떻게 명경지수의 심경으로 한 법적인 정당한 인정이라고 할 수 있으리요. 중대한 사실 오인인 것이다.

상고인의 해(該) 강좌 목적은, 이북 괴뢰들의 위장평화 공세에 혹이나 국민이 속힐까 염려하여 경고하고, 또 김구, 김규식 씨 등의 협상 방식은 정치적으로 과오라고 비판하고, 우리는 대한민국 헌법정신과 절차와 UN 결의의 정신에 좇아서, 통일문제의 필연성과 가능성과 합법성을 같이 고려해야 한다는 점을 강조하는데 있었던바[그 당시 낭하(廊下)에서 누청(漏聽)하고 있던 경관들이 치안국에 그 내용을 보고하자 관계 관리들이 대단히 찬성한 사실이 있음], 이 합법적이고 애국적 행위라고 자위(自慰)되는 상고인의 주장이 오늘날 원심으로부터 왜곡되어 범죄로써 당하니, 상고인은 과문이고 덕이 부족하나, 일정한 시간과 장소의 환경 밑에서 합법적 생활을 영위함이 정의에 합(合)함이라고 자각 의식하는 관점이 서 있는 것이다. 비법성과 혁명의 논리는 상고인의 채용하지 않는 바이요. 상고인의 짧은 경력으로서 이 점은 증명되고 남는 것이다. 상고인의 애국적의 정치활동을 괴뢰에 부수하여 국가를 변란하는 것이라고 원심이 인정함을 도리어 민주공화국을 위한 소위라고 말할 수 없다.

다음에 우 증 제2호 진보당의 선언, 강령정책, 당헌부, 강령 전문, 경제 전문에 관하여 원심이 중대한 오해를 밝혀봅시다. 판시 제1 사실에서 지적된 강령정책의 내용은 원심이 우 책자의 어떤 구석에서 구절구절을 픽앒하여 조립하였는지 우 소책(小冊)을 통람하여도 부합되지 않는 구절도 있고 심히 분명하지 않은바, 위선(爲先) 우 각 전문 등이 우 결당대회에서 심의 통과되었는지 그릇타면은 또 그 제3 담회(談會) 절차는 어떻게 처리되었는지 상지(詳知)할 수 없으나, 그 집필자의 사고방식 등에 관하여 검토하건데, 그는 이원론의 입장이고 종합법, 변증법의 관점에서 있으며, 사회개량가이고 이상론자인 동시에 괴집과 공산주의에 대하여는 철저한 반공·부공·배공·제공·축공주의(反共·否共·排共·制共·逐共主義)의 입장에 서 있는 것이 명백하며, 어디까지나 헌법 정치를 소생시켜 보자는 열의로써 안민보국 하되 세계 자본주의의 수정 및 변혁되어가는 전망하에서 우리들도 민주적 평화적 합법적으로 노력하여 민주적 사회적 복지국가를 건설하는데 적극적으로 나서자.

여기에 있어서는 근로대중의 실천력을 지도하여 나가야만 된다는 논증인바 그 표현 방법 등에 있어서 수정되어야 할 것도 있고, 예지(例之)하면 그 69엽, 70엽, 77엽, 78엽, 79엽 등에 우익적 보수세력 운운하여 집필자 자신은 자기를 우익이라고 규정하는 전제하에서 입론(立論)한 것이 아닌가 의심이 드나, 그러나 필자의 동 논조에서 볼 때에 필자는 보수적 진보론자 혹은 진보적 보수론자로 보이고, 또 25엽에 세계자본주의의 자기수정적 경향과 노력을 과대 또는 과소평가함을 경고하고, 정당(正當)이 평가해야 된다는 방식에다가, 그 51엽에서 악랄한 공산도당에게 이용되는바, 있었든 호인적(好人的)인 중간파 제 세력도 우리 국민이 도탄에 빠지게 된 데에 대한 책임의 일부를 분담하지 않으면 안된다고 본 견해에다가, 필자가 심각한 이론적 실천적 반공주의자라는 점을 종합해 본다면은 우기(右記) 우익적이라는 말은 일부 극우적이라는 표현으로 수정되어야 그 문의(文意)가 성립되는 것으로 고찰되며, 그 외에 당헌에 가서 그 개정 절차에 관하여도 언급이 없는 것을 보더라도 또는 우 책자 중 누락, 오식도 있고 함으로 요컨대 우 책자는 그중 표현방식에 있어서 곳에 따라서는 수정하여서 읽어야 합리적이라는 것을 언급하여 두는 것임.

다음에 본건 전문 기타 강령정책 등 중에서 그 자체에서 과연 괴뢰에 부수하여 국가를 변란할 목적으로 내포하고 있는가의 여부에 관하여 안컨대 그 선언문 중(8엽 5행부터 동 11행까지)의 해방 후 아름다운 이 강토에 이러듯 추악불미하며 부정불의한 정치적 사회적 상태를 출현시키고, 사랑하는 국민 대중을 이러듯 비참한 생활 형편에 빠트리고 통일을 열원하는 모든 동포로 하여금 이러듯 절망과 비애 속에 허덕이게 한 것은 도대체 그 무슨 까닭이겠습니까.

첫째로는 온갖 파괴적 수단으로써 통일 자주 독립의 민주한국 건설을 극력 방해하여 오다가, 급기야 그들의 상전인 스타린의 명령을 따라 동족상잔적인 6·25의 참변을 일으킨 저 공산역도들의 침략 때문임은 물론입니다라고 선언되어 있고, 소위 공약된 5개 조목의 강령(15엽)에 대하여는 그 일부인 2, 3, 4엽에 관하여 기술한 바와 같고 강령 전문에 들어가면

(1) 자본주의의 공죄 중(20엽 7행부터 동 9행까지) 우리는 후진 로시아의 불미한 역사적 전통을 지니고 나타난 폭력적 독재적이고 또 팽창주의적 보루세비즘을 단호 명확히 거부하고 배격하지 않을 수 없는 바이다라고 주장되었고, (2) 자본주의의 위기, (3) 자본주의의 수정과 변혁, (4) 후진 국가의 새로운 방향, (5) 제2의 산업혁명과 20세기적 사회변혁에서 세계 자본주의의 진로와 제2의 산업혁명에 관하여 일반 경제학자의 통설이 소개되었고, (6) 6·25사변의 교훈 중에 그 41엽 좌(左)로부터 2행서부터 43엽 2행까지, 또 44엽 5행서부터 동 6행까지, 또 47엽 1행부터 동 6행까지에서, 이북 괴뢰집단의 죄악상과 민족반역성을 통렬히 규탄한 다음, 우 사변의 교훈 중의 기본적인 것으로—국제평화의 기구 UN 및 우리의 위대한 맹방인 미국과의 긴밀한 제휴 협력하에 국제 공산주의의 무력적 협위를 배제하면서 우리는 아름다운 이 강토에다 민주적 평화적으로 사회적 복지국가를 건설하지 않으면 안된다라고 그 강고한 확신을 피력하였고, (7) 현 한국 정부의 본질 다음에, (8) 당의 성격과 그 임무에 들어가서는 그 53엽 좌로부터 2행서부터 그 57엽 종(終)까지에서, 우리 당은 노동자 농민을 중심으로 진보적 근로인테리 중소상공업자 양심적 종교인 등의 광범한 근로대중의 정치적 집결체이며, 국민대중의 이익실현을 위해서 투쟁하며 모든 민중에게 자유와 평등과 사람다운 생활을 보장하여 줄 가장 진보적인 진정한 사회적 복지국가를 이 나라에 건설하는 것을 그의 역사적 임무로 삼고, 그러기 위하여 우리 당은 의회에서 절대다수를 점하는 민주적 방식에 의하여 정치권력을 수중에 장악하려고 한다. 권력을 장악하게 될 때에는 우리는 우선 대한민국 헌법의 규정과 정신을 소생시켜 광범한 민중에게 민주주의적 자유를 보장하여 주려고 한다.

우리는 계획적 민주주의의 실현 과정에 있어서나 그 후에 있어서나를 막론하

고, 민주주의 제 원칙에 충실할 것이며, 국내의 언론 자유, 반대당의 존재와 그 자유로운 비판을 즐겁게 용납하려고 한다. 우리는 현 정권의 국유 대기업체 불하 정책을 견결히 반대한다. 우리는 국가투자에 의한 기간산업의 신속한 건설, 농업, 어업 중소상공업의 협동조합 조직화 등의 제 원칙을 실현하기 위하여 노력하려고 한다. 그리고 사(私) 자본을 공정히 보호하고 적절히 활용함으로써 사회생산력 증진에 이바지할 수 있는 가능성을 인정하려고 한다. 우리는 미국으로부터의 경제원조를, 우리의 건설사업에 옳케 활용함으로써 민중의 생활을 급속히 개선시킴과 동시에 우리의 경제건설을 빠른 템포로써 촉진 달성할 수 있을 것이다. 양단된 우리 국토의 합일과 양분된 우리 민족의 통일은 우리 민족 전체의 가장 열렬한 염원이고 숙망이다.

우리는 UN 및 미국을 비롯한 민주우방과의 긴밀한 원조하에 우리 민족의 열원 남북통일을 민주적이고 평화적으로 실현할 수 있도록 노력할 것이며, 이 목적을 달성하기 위하여 우리 외교의 진용과 방법을 쇄신 개편하는 한편, 국내건설을 촉진 제고함으로써 국력을 배양 강화할 것이며, 이는 크레무린의 새로운 경제적 공세에 대하여 가장 효과적인 방위책이 될 뿐 아니라, 실로 우리 조국의 민주적 통일을 쟁취하기 위한 가장 적확한 방법일 수 있는 것이다라고 국내외에 명백히 서언(誓言)함으로써 당이 계급당이 아니고, 국민대중당이라는 점 그 사회적 복지국가 건설을 역사적 임무로 한다는 점, 정권교체는 합법적이라야만 된다는 점, 우리 당을 대한민국 〈헌법〉이 규정한 정신을 제84조 이하의 경제질서에 찬성하면서 자유 우방과 제휴하여 경제건설 급(及) 남북통일을 완수하도록 협력할 것이며, 또한 이것은 크레므린의 새로운 경제적 공세에 대하여 가장 효과적 방위책이 될 것이라고 단언해 있음. 여사한 정견과 그 실천 행동을 괴뢰에 부수하여 국가를 변란할 목적을 내포한 것이라 오단한 원심이, 다시 반성하여 대한민국 〈헌법〉에 좇아 괴뢰를 해소시킬 강력부대가 바로 상고인 등이라는 점을 이해해 줄 날이 조속히 도달하기를 희망하는 바임.

그 다음 진보당의 정책에 들어가서 (1) 통일문제에서(61엽, 62엽) 조국의 평화적 통일을 파괴한 책임은 6·25의 죄과를 범한 북한 공산집단에게 있다. 그들의 반성과 책임 규명은 평화통일의 전행(前行) 조건이 아닐 수 없다. 우리는 민주주의 승리에 의한 조국의 평화통일 이것만이 우리의 유일한 길이다. 그러므로 우리는 대한민국을 육성하고 혁신하고 민주화하자는데 목표를 두어야 한다라고 명시되었고, 그 다음 (2) 외교 국방정책, (3) 정치형태(63엽의 의원내각제 주장) 등, 그 (9) 문교정책(93엽)에 이르기까지, 구구절절이 애국적이고 또 당헌 제2조(99엽)에는 본당은 당의 정강정책 및 결의의 실천으로 조국의 통일과 균형 있는 복지국가의 구현을 목적으로 한다.

그 제10조(101엽) 전국대의원 대회의 직능 중에도 선언 강령정책 당헌의 결정 및 개정의 권한을 소속시키고 있는바, 돌이켜 그 경제정책(전문) '우리나라 경제건설의 추진력을 위하여'를 일별하여 보건대, 그 65엽 이하에서 우리나라가 36년간이나 폭악한 일제의 강점하에 있음으로써, 우리의 산업발전은 균형적일 수는 없고 필연적으로 기형적 파행적이 아닐 수 없었던 점과 8·15해방 전 일제의 우리나라에 있어서의 국가자본과 개인 자본은 전체의 90% 이상으로 지배하고 한국의 자원과 노동력을 독점 수탈하였다는 점과 8·15해방 이후 우리 사회의 자유와 진보 대신에 억압과 혼란이, 건설과 번영 대신에 침체와 빈곤이 지배하게 된 이유를 해명하고, 새로운 20세기 민주주의의 근본적 문제에 언급한 다음 우리 민족의 역사적 위업을 성공적으로 완수하기 위한 필요조건으로, 우리의 애국적 자각적 내핍생활과 우방의 경제원조를 옳케 살려 우리 건설을 힘있게 추진하여야 하되 자립경제를 지향하여야 하고

72엽 (3)에 가서 우리 후진 한국에서는 건설사업의 노정(路程)을 극히 압축된 단기간 내에 주파하기 위하여 우리가 가진 특수조건과 특질에 적용하여야 하며, 방만 무계획하고, 문란 무질서한, 낡은 자유방임주의 방식을 거부할 것을 주장하면서, 영국의 저명한 정치학자 E.H.카 교수의 학설을 인용하면서, 낡은 자유민주주의 또는 개인적 민주주의를 폐기 지양하고, 사회적 평등적 계획적 민주주의를 실천하여야 하며, 그것은 다수인의 자유 평등의 실질적 구현을 위하는 것이며 계획과 통제의 원칙에 입각하는 것인바, 계획과 통제를 자유에의 대립물로써 속단 오인하여서는 아니된다. 계획과 통제에 의하여서만, 자본주의에 있어서의 무정부

상태를 극복할 수 있고, 건설적 노력과 자원의 배합은 합리화할 수 있으며, 물질적 결핍상태의 조정을 공정화할 수 있는 것이다. 분배에 평등을 기하고 사회 생산적 필요를 우선적으로 충족하기 위한 통제와 경제건설을 합리적 효과적으로 수행하기 위한 계획은 인간적 자유의 부정이 않일 뿐 않이라, 그 경제적 조건을 마련했음으로써 자유의 실질적 구현을 촉진 달성하는 데 필요불가결의 수단이며 방법인 것이다.

우리 한국을 비롯한 후진 제국(諸國)의 경제건설에 있어서의 기본적 문제는 산업혁명을 시급히 수행하고 사회생산력을 전반적으로 급속히 제고하는데 있다. 이렇게 하기 위하여는 낡은 자유민주주의 = 자유자본주의적 방식은 무력하고 무효할 뿐 아니라 도리어 유해하다. 그러므로 우리는 폭력적 독재적인 볼셰비즘적 방식과 아울러 행위 자유민주주의적 방식을 단호히 거부 배격하여야 하는 동시에, 우리의 새로운 건설에 있어서는 대중적이고 과학적인 사회적 민주주의 = 계획적 민주주의의 방식과 원칙에 의거하지 않으면 아니되는 것이다.

우리 당은 이상과 같은 사상적 입장을 견지하고, 광범한 근로대중과 긴밀히 협력하면서, 우리 민족에게 부과된 역사적 대과업을 완수하려고 하며, 아름다운 이 강토에 진정한 사회적 복지국가를 건설하기 위하여 과감한 투쟁과 줄기찬 노력을 끊임없이 계속하려고 한다. 그러면 역사의 단계에 있어서의 우리의 민족적 대과업이란 — 좀 더 구체적으로는 — 무엇을 의미하는 것이겠는가. 하나는 양단된 우리의 국토를 통일하는 일이며, 또 하나는 우리 경제의 부흥과 건설을 대대적으로 촉진 달성하면서 후진적인 이 나라를 선진적인 사회적 민주국가에로 전환시키는 일이다.

그리고 이들 양자는 상호 관련적이여서, 국토의 통일 없이는 우리의 경제건설 추진이 상당히 곤란할 것은 사실이지만, 대한민국의 경제건설이 신속히 촉진 달성되고, 이와 병행하여 정치 · 문화 · 군사 등 제 부분의 건설이 빨리 추진되어, 이를 제 부분에 걸친 우리의 종합적 역량이 크게 배양 강화됨이 없이는 우리 국토의 민주적 통일이 좀처럼 실현되기 어려울 것도 또한 사실이 아닐 수 없다. 이리하여 우리는, 우리 한국의 경제적 건설을 대대적으로 추진 달성하는 일이야말로 오늘에 있어서의 우리 민족적 과업의 핵심이며, 우리 국토의 민주적 통일을 위한 기본적 요건임을 알 수 있는 것이다라고 명백히 기재(이상 76엽 9행까지) 되어 있다.

이상은 합법 애국적이고 애족적이며 수준 높은 과학적 반공(멸공, 타공, 압공)의 이론 전개로 사료하며, 이 책자를 많이 인쇄하여 정부로 하여금 이북 땅에다가 살포했으면 기간(其間) 괴뢰집단에 동조하든 자들까지도 많이 우리 대한에 귀순할 자가 생길 것은 물론, 괴집 내부를 변란시키고 와해시키는 데 큰 효과가 있으리라고 믿는 바임. 원심이 이 주장을 탄압할 책임은 중대한 것으로 취급해야 할 것이다. 제출되어있는 대구일보지 등재의 그 정당의 경제정책의 강연회 내용 소개 보도 중 상고인이 거년(去年) 추(秋) 대구대학에서 케인즈 경제학파의 이론을 크게 발전시킨 영국의 어사루이스 교수 또 미국의 와그나넉 씨 교수 등이 다 같이 자유세계에 있어서의 20세기 후반기의 최고 최대의 정치철학적 과제는, 정치적 자유를 보장하면서 경제의 계획화, 통제화로 국민들의 생활을 향상시키는 데 있는 것인바, 이는 선진자본주의 국가에나 후진개발 국가에나 간에 공통된 과업이라는 견해 발표를 소개하여 둔 바 있었는데, 이 점에 있어서 상고인과 동견이고 반대하기 어려운 탁견이라 아니할 수 없음.

제5 원심 판결은 그 이유에 모순이 있는 때에 해당함(〈형소〉 383조 12호). 원심 판결문 30엽 4행 이강(以降)에 "등(等)과 동 결당을 추진하여 오던 중 동년 11월 10일 마침내 서울특별시 중구 소재 시공관에서, 우 상(相) 피고인 등을 위시로 800여 명과 함께, 국헌에 위배하여 정부를 참칭하는 북한 괴집에 부수하여 국가를 변란할 목적으로 혁신정치의 실현, 수탈 없는 경제체제의 확립, 평화통일의 실현 등을 강령정책으로 하는 진보당을 조직하는 동시에, 동 39엽 6행에 그 간부인 동 중앙당 부위원장에 취임하고"라고 기재되어있는바,

(1) 동 29엽 8행부터 "동년 11월 일자미상 상(相) 피고 조봉암 등이 가칭 진보당 발기추진위원회를 조직하고, 공소외 서상일, 동 김성숙(金成璹), 동 최익환

등과 함께 동 위원회 총무위원으로 취임하여, 혁신정당의 구현, 수탈 없는 경제체제의 확립, 남북의 평화통일 실현 등 3대 구호를 목표로, 동 결당을 추진하는 일방, 5·15정부통령선거 때 동당 공천 대통령 입후보자로 출마하여, 전시(前示) 3대 구호를 절규하면서, 동 선거운동을 전개하고(— 그 후 국회에서 이 박사 표와 조 씨 표가 계산되어 당선발표가 있었음 —)"라고 판시된 것을 보면, 이 행위는 모다 적법행위로 판단되고 있는데, 우 추진위원회 조직인 적법행위가 동년 11월 10일 마침내 돌연히 범죄행위로 화(化)하는 과정에 관하여 판시 이유는 모순일 뿐 아니라 우 각 조직행위 간의 법적 평가에 대하여 불명, 모순이 있다.

(2) 동년 11월 10일 마침내 800여 명이 동시에 돌연히 국가변란 목적을 각 개인이 구체적으로 결의하였다는 뜻인바 차(此)는 사회 경험상 불능에 속하는 것으로 또한 모순이다.

(3) 판결문 46엽 제10 이동화에 대한 판시 (1)을 읽으면, 진보당 강령정책 자체가 〈국가보안법〉 제1조 소정의 목적을 가진 것으로 평가되어 있는바, 그렇다면은 우(右) 각 구성 행위를 전기(前記) 국가변란 목적을 가진 조직 운운으로 규정 판시되어야 옳지 아니한가

(4) 판결문 99엽 10행부터 100엽 2행까지를 읽어보면, 진보당의 목적 달성 방법은 평화적 민주적 방식이나, 그러나 그 구성의 목적이 폭력적이라고 본 것 같은데, 그러면 사회적 경제적 민주주의의 실현을 기도한 우리 〈헌법〉 제정자들을 우 〈국가보안법〉 제1조 위반으로 규정하는 모순에 빠지지 않은가

(5) 괴집의 평화공세가 위장이 아니라는 관찰의 모순에 빠져있고

(6) 교양 강의에서는 괴집을 민족 반역적 침략자로 규정했는데, 이것이 진보당의 목적 사항의 실행을 협의 선동한 것이라고 판시된 이상 어찌하여 진보당을 괴집 부수의 변란 결사라고 규정할 수 있는가. 소위 이중모순에 빠진 판시라 아니할 수 없음

(7) 증거설명에 가서 판시 사실은 "피고인의 차(此)에 부합하는 공술이나, 이에 부합하는 공술 기재니 부합하는 기재니를 종합하여 차(此)를 인정할 수 있고"라고 되어 있는바, 부합이라는 어의는 반대라는 경우에도 사용하는 것인지, 원심 판결의 표현은 이해하기 어렵고, 피선(被選)과 취임을 혼동하고

있고, 반공단체와 부공(附共)단체 내지 용공단체를 법적으로 혼동하는 모순에 빠져 있고, 뿐만 아니라 근본적으로 우리 민주공화국 〈헌법〉을 전제군주제의 〈헌법〉과 혼동하는 모순에 빠져있지 않는가 의심되는 바임.

제6 원심판결은 〈헌법〉에 위반하거나 〈헌법〉의 해석에 착오가 있는 때에 해당함(〈형소〉 383조 1항). 원심 판결은 책임 있는 혁신정치의 실현, 수탈 없는 경제체제의 확립, 평화통일의 실현의 각 판시내용 요지 조립에 있어서, 상당한 그 합목적적 노력이 경주되었던 것으로 보이나 판시 제시에 의해서도 범죄구성은 할 수 없고 실패한 것이며, 그와 같은 평가 판단은 완전히 〈헌법〉 위반 또는 〈헌법〉의 해석 착오로 귀착될 것이다.

(1) 우리 〈헌법〉은 유사 이래 처음 우리가 가지게 된 것이며 주권재민의 진보적인 민주공화국 〈헌법〉으로, 정치적 민주주의와 경제적 사회적 민주주의를 겸하여 채택하고 있으며, 〈헌법〉 전문 3단, 〈헌법〉 제5조, 제15조 2항, 제84조 후단 등은 차(此)를 명시하고 있음

(2) 우리 〈헌법〉은 평화주의를 선언하고 있으며, 〈헌법〉 전문과 제6조는 차(此)를 명시하는 것으로 이는 곳 국제연합의 정신과 부합한다.

(3) 근로자의 단결권이라 함은 노동조합, 농민조합, 계급정당인 무산정당 등의 결성의 자유를 포함하는 것으로, 〈헌법〉 제18조가 차(此)를 명시하였으며 〈헌법〉 제13조 결사 등 자유가 규정되어 있음에도 불구하고, 특히 우 18조에 근로자의 여러 권리를 명백히 하여 그 진보적 경향을 명시하고 있는 것임

(4) 〈헌법〉 제84조 이하 경제질서에 관한 규정은 진보당의 경제정책과 합치한다

(5) 〈헌법〉 제98조 6항에 〈헌법〉 제1조 민주공화국, 제2조 국민주권의 원리, 제7조의 2, 국민투표의 규정은 개폐할 수 없다

(6) 〈헌법〉 제39조 1항에 가서 국회의원과 정부는 법률안을 제출할 수 있다

(7) 공무원은 주권을 가진 국민의 수임자이며 언제든지 국민에 대하여 책임을 진다라는 〈헌법〉 제27조의 정신에 의거하여, 정치형태가 내각책임제로 진보 변변(変變)되어 나가야 옳을 것이다.

이상과 같은 헌법정신하에 서서, 진보당의 본질을 전기(前記) 강령정책 등 기

재의 책자(증 제2호) 내용과 그 정신에 의하여 요약하여 보면 그것은 광범한 근로대중과 제휴해 가지고, 경제적 사회적 민주주의를 실현하기 위하여 공명선거를 통하여 정권을 장악한 다음 정치형식을 의원내각제로 개정하고, 한국의 경제적인 건설을 대대적으로 추진 달성하여 경제적 사회적 민주주의를 실현하고 우리의 정치·문화·군사 등 종합적 역량이 크게 배양 강화된 후 우리 국토의 민주적 통일을 완수하기 위하여 자유 우방과 합력(合力)해서 UN을 통하여 평화통일의 방안을 책정하고 신의주까지 민주화하자.

그리고 우리는 나아가서 20세기 후반기에 변혁기에 처하여, 원자력의 동력화와 산업의 오토메이숀화를 기초로 하는 제2의 산업혁명이 촉진되면서, 자유세계의 경제적 민주화 실천에 공헌하는 이념을 가지자. 폭력적 독재주의인 공산주의는 따라서 본질적인 자기 변혁을 하여 망할 것이고, 인류는 자유평등의 민주적 복지사회건설을 수행할 것이다라는 전망을 가지는 것인바, 원심 판결은 책임 있는 경제적 사회적 민주주의 실현에 반대하고 민주복지사회 건설이란 사회 개량의 이상에도 반대하고, 국토의 반공민주적 평화통일의 실현에도 반대하고 따라서 근로대중을 지도하는 사회적 경제적 민주주의 실현의 국민적 국민운동의 실천에도 반대한다는 견해가 우리 사회적인 민주공화국 주권재민의 평화헌법에 위반되거나 〈헌법〉의 해석에 착오가 있는 것에 해당함은 명백한 사실이고, 동시에 그 재판이 전기한 바와 같이 〈헌법〉 제22조 제77조에 위반하여 그 형식이 꾸며졌다는 점도 또한 명백하여 졌다고 사료함.

원심 판결이 〈헌법〉 위반이 되거나 그 해석에 착오가 있다는 것을, 학자의 저서를 통하여 객관적으로 명시하기 위하여 참고될 부분을 좌(左)에 전기(轉記)하여 보기로 함. 신고(新稿) 『헌법해의』 유진오 저 42엽에 〈헌법〉 전문 제3단은 우리들의 건설하려는 민주주의 제 제도의 내용을 설명한 것이니, 첫째, (정치 경제 사회 문화의 모든 영역에 있어서)라고 하면 우리들이 건설한 민주주의가 미치는 범위를 말한 것이고, 둘째, 각인의 기회를 균등히 하고 능력을 최고도로 발휘케 하며 각인의 책임과 의무를 완수케 하며라 함은, 우리나라 민주주의의 내용을 말한 것이다. 민주주의, 즉 각인의 자유를 정치적으로 확보하는 것만을 의미하는 것으로 생각하는 것이 보통이었지만, 대한민국에 있어서는 경제 · 사회 · 문화의 제 영역에 있어서도 또한 각인의 자유를 확보하려는 것이다.

그러나 각 개인의 자유를 확보하려는 것은 과거에 있어서와 같이 자유방임주의를 취한다는 의미가 아님을 물론이다. 자유방임주의 체제하에서는 우승열패로 경제적 사회적 문화적 약자는 도리어 자유를 확보치 못하는 것이 상례이며, 그것이 또 정치적 민주주의의 치명적 결함에 있음으로 자유방임주의를 취하지 않고, 각인의 기회를 균등히 하는 제도를 취하는 것이다. 이것은 〈헌법〉 제5조에서, 대한민국은 각인의 자유 평등과 창의를 존중하고 보장하지만, 공공복리의 향상을 위하여 필요한 때에는 이를 보호하고 조정하는 의무를 가진다한 규정 및 제84조에서 우리나라 경제질서는 모든 국민에게 생활의 기본적 수요를 충족시킴을 기본으로 삼는다고 한 규정과 조응하여, 우리나라가 정치적 민주주의와 함께 경제적 사회민주주의를 입국의 기본으로 채택하였음을 명시한 것이다.

그러나 우리나라 각인의 기회를 균등히 하여도 각인의 능력을 최고도로 발휘시키지 못한다면 그 사회는 도리어 정체되고 말 것임으로 우리는 각인에게 기계적 평등을 강요하는 우(遇)를 취하지 않고 타인의 자유를 침해하는 정도에 이르지 않는 한 각인의 능력을 최고도로 발휘시키는 합리적 제도를 취하려 하는 것이다. '각인의 책임과 의무를 완수케'한다는 말은 운운 — 동저 51엽에 〈헌법〉 제5조 대한민국은 정치 · 경제 · 사회 · 문화의 모든 영역에 있어서 각인의 자유 평등과 창의를 존중하고 보장하여 공공복리의 향상을 위하여 이를 보호하고 조정하는 의무를 진다.

본 조(條)는 우리나라 기본성격을 정한 중요한 규정인데, 본 조는 정치적 민주주의와 경제적 민주주의의 조화를 기도한 것으로써 외국 〈헌법〉에 유례가 없는 규정이라 할 것이다. 그 52엽에 둘째 본 조 후단은 전단이 정치적 민주주의를 채택할 것을 선명한데 대하여, 경제적 사회적 민주주의를 우리나라에서 함께 채택한 것을 선언한 것인데 운운 — 자본주의의 폐혜가 노골적으로 발현된 현대에 있어서는, 국민에게 형식적 또는 법률적으로 자유와 평등을 부여하고 그의 창의를 존중함으로써만 국민 전체의 건전한 발달과 행복은 바랄 수 없음으로, 본 조 후단은 공공복리의 향상을 위하여 필요할 때에는 — 적극적으로 국가권력을 가지고 그를 보호하고 조정할 의무가 있는 것을 규정한 것이다. 이 규정에 의하여, 우리나라는 경제적 약자를 될 수 있는 대로 보호하고, 경제적 강자의 지나친 자유가 국민의 경제생활에 악영향을 줄 때에는 그를 제한, 간섭 또는 금지함으로써, 균등의 원칙을 유지할 의무가 있는 것이다. 본 조 후단의 대원칙은 〈헌법〉의 각처에 구체적으로 규정되어 있음으로(제15조 제28조 2항, 제84조에서 제88조), 상세는 각각 그 조문을 설명한 곳을 참조하기를 바란다.

동저 52엽 〈헌법〉 6조에 대한 평화주의의 설명 참조, 동저 60엽 10행에 20세기에 들어와서는 국가는 행정국가 경제국가 사회국가 복리국가 문화국가가 되었다고, 학자들은 말하고 있는 것이다(제28조의 설명 참조). 동저 84엽 11행에 〈헌법〉 제18조 제2항은 근로자의 이익분배 균점권을 규정하였는데, 본항은 헌법기초위원회에서 작성한 안에는 없었던 것을 국가 본회의에서 신설한 것으로써, 다른 나라 〈헌법〉에서 유례를 볼 수 없는 독특한 규정이다. 자본주의 경제는 근로자는 노임을 받고 기업가는 이윤(이익)을 받는 것을 기본구조로 삼고 있는 것인데, 본항은 근로자가 기업이윤에 일부를 취득할 수 있는 것을 규정하였음으로, 이 규정에 의하여 우리나라 경제체제는 성격상의 수정을 받았다고 할 수 있는 것이다. 이러한 규정을 〈헌법〉 속에 두게 된 것은 우리나라 〈헌법〉이 경제적 민주주의를 지향하고 있기 때문이면 말할 것도 없다.

동저 112엽 이하 우리나라의 정치형태 설명란에서 정부형태가 의원내각제로 변혁되어야 한다는 이유가 명백히 되어 있고, 그 116엽 4행, 5행에 가서 개헌 후의 정부 형태의 골자는 대통령 민선제와 국회의 국무원 결의라 할 수 있는데, 이것은 개정 전의 제도에 비하여 대변혁임에는 틀림없으나 운운[우 개헌은 4285(1952)년 7월의 헌법개정을 지칭하는 것임].

동저 253엽 제6장 경제총설 참조. 그 254엽 7행부터 동 13행까지의 즉 우리나라 경제문제에 있어서 개인주의적 자본주의 국가체제에 편향함을 회피하고, 사회주의적 균등경제의 원리를 아울러 채택함으로써, 개인주의적 자본주의의 장점인 각인의 자유와 평등 및 창의의 가치를 존중하는 한편, 모든 국민에게 인간다운 생활을 확보케 하고 그들의 균등생활을 보장하려는 사회주의적 균등경제 원리를 또한 존중하여 말하자면, 정치적 민주주의와 경제적 사회적 민주주의라는 일견 대립되는 두 주의를 한층 높은 단계에서 조화하고 융합하려는 새로운 국가형태를 실현함을 목표로 삼고있는 것이다. 이것은 〈헌법〉 전문과 제5조를 설명할 때에 이미 언급한 바인대, 본 장에서는 그것을 구체화하여, 우리나라가 채용하고 있는 경제적 사회적 민주주의의 제 제도를 선명(宣明)한 것이다.

동저 256엽 第84조, 우리나라의 경제질서의 대원칙을 선명하였는대(독일 〈와이마르 헌법〉 제151조, 유고스라비아 구(旧) 〈헌법〉 제26조, 에스토이아 〈헌법〉 제25조, 일본 신헌법 25조 ═ 모든 국민은 건강하고 문명적인 최저한도의 생활을 영위하는 권리가 있다. 국가는 모든 생활부면에 있어서 사회복지, 사회보장 및 공중위생의 향상과 증진에 노력하지 않으면 아니된다. 동 제29조 2항 재산권의 내용은 공공복리에 적합하도록 법률로써 정한다. 동 3항 사유재산은 정당한 보상을 지급하여서, 공공을 위하여 이를 사용할 수 있다 등과 비교 운운. 동저 258엽 第85조의 국유, 동저 264엽 第87조의 공공성을 가진 중요 기업체에 대한 국영 또는 공영 원칙의 설명 참조. 동저 267엽 第88조. 동 268엽 第89조 설명 참조. 『신고헌법』 박일경 저 59엽, (4) 입헌주의의 발달과 변모 중 동 62엽 (C) 법치주의의 변모. 동 63엽 (D) 국민의 평등의 변모 참조.

동저 75엽, 76엽, 헌법개정의 한계와 동저 83엽 (5) 개정의 한계성 참조. 동 107엽 2행부터 이에 반하여 자본주의의 모순과 폐해를 극복하고 운운. 이리하여 '야경국가에서 문화국가'라는 일반적 경향에 따라, 기본권 중에서의 중점도 자유권(자유권적 기본권)에서 수익권(생존권적 기본권에)으로 이동하고 있는 것이다. 운운. 동저 130엽 ② 양심의 자유 중 사회개량 인류애 등에 관한 양심의 자유 참조. 동저 134엽 ② 재산권의 제한 및 의무성에 관한 참조. 동저 135엽 (8) 근로자의 여러 자유권 설명에서 동 136엽 ① 연혁 동 137엽 ② 단결권 단체교섭권 단체행동의 자유 참조. 그 중 단결권이라 함은 노동조합, 농민조합, 무산정당 등의 결성의 자유를 말하며, 단결 행동의 자유는 집회 시위 등의 자유 외에 파업의 자유도 포함한다. 운운 참조. 동저 329엽 (2) 정당한 법에 의한 그리고 독립적 입장에선 재판에 관한 설명 참조.

동저 347엽 제9장 경제 (1) 자본주의의 융성 동 348엽, (2) 자본주의의 결함 제1로 사회적으로는 근로계급과 자본가계급, 무산계와 유산계급의 심각, 예민한 계급대립을 초래하게 되었다. 생산수단을 독점하고 부익부를 지향하는 유산자본계급과 자기 노동을 상품으로 제공하는 이외에는 생존의 방도가 없는 근로무산계급의 대립은 우심(尤甚)하여 가고, 자본가에 의한 근로자의 착취와 이에 대항하는 근로무산계급의 투쟁은 사회를 분열의 위기에 처하게 하였다. 그리고 이르는바 국민의 자유와 평등은 적어도 경제에 관한 한 명목상 법상의 그것에 그치게 되고, 그는 실지에 있어서는 자본가의 착취의 자유 및 빈부의 불평등을 의미하게끔 되었다. 제2로 경제적으로 자본주의는 그 불가피한 결과로, 실업 독점 공황의 악 현상을 나타내게 되었다 운운. 동 350엽 (3) 자본주의의 수정 보강 총론 동 351엽 이하 우리나라 〈헌법〉의 제 규정, 동 354엽까지 참조. 동저 354엽 11행 이하에 그리고 구(旧) 〈헌법〉이 이와 같이 천연자원의 사유 금지, 천연자원 이용 사업 및 중요 공기업의 원칙적 국공영화(國公營化)를 규정한 것은 이들 천연자원 또는 중요기업이 국민 기 개인의 독점소유 독점기업화하면, 그들 소수의 사적 이익을 위하여 국가 전체 내지 국민대중의 경제이익이 훼손된다는 우려에서 유래한 것이다, 운운. 이상 제시한 이유에서 원심판결은 파훼를 면치 못할 것이 명백하다고 사료함

이라 함에 있고

피고인 전세룡의 변호인 권재찬의 상고이유는

원심판결 이유 중

제1. (1), (2), (3)에 관하여 상(相) 피고인 이명하의 상고취의서 제1을 전부 원용하고, (4)에 관하여서는 상(相) 피고인 정태영의 범죄사실 중 (3)과 동 조봉암 범죄

사실 중 (2)에 나타난 바와 여(如)히 공소외 김창을의 소개로 상(相) 피고인 등이 알게 되었고 소위 「강평서」란 것도 직접 수교(手交)된 것임이 1건 기록에서 명백한 것임. 차(此)를 본 피고인의 범죄사실로 인정하였음은 사실인정의 오류이고

제2. (5) 내지 (12)에 관해서는 원심에서 인정한 바와 같이 비밀 써클을 조직 동 조직원을 포섭 선전 협의 등등을 행한 것이 아니고, 진보당의 당헌 당규에 의하여 합법적으로 당세 확장을 위하여 세포를 조직하고 동당의 당헌 당규를 설명하고 일반교양 문제를 설명하다가 출석성적이 불량하므로 중지한 것임은 1건 기록에 비추어 분명하고, 본 피고인 급 상(相) 피고인 정태영의 진술 역시 검찰청 이래 원심에서 인정한 범죄사실 급 범의(犯意)를 일관해서 부인하고 또 기외 확정이 없음에도 불구하고 이를 인정하였음은 명백히 사실인정에 착오가 있고 채증법칙에 위배가 있다할 것임.

제3. (13)에 대하여서는 동당 당규에 당의 중요문건은 조직부가 책임 보관키로 되어있는바, 그 당시 조직간사인 상(相) 피고인 이명하는 부산 방면으로 출타하였으므로, 동당 조직부 부간사인 본 피고인이 책임지고 보관하였음에 불과한 것임. 이를 원심에서 증거 은닉이라 하였음은 사실인정의 착오라 않을 수 없음.

제4. (14)에 관해서는 원심은 증거 은닉 인멸을 인정하였으나 동심(同審)에서 상(相) 피고인 김정학 가(家)의 현장검증을 신청하였음을 각하한 것은, 유일한 거증(擧証)의 길을 막은 채증법칙 위반이며 심리의 미진이라 아니할 수 없음
이라 함에 있고

피고인 이명하의 변호인 권재찬의 상고이유는

원심 판결 이유 중
제1. (1) 급 (2)에 관하여서 결당 당시에 공보실에 합법적으로 등록까지 필 하였으며, 또 당국에 합법적으로 집회 허가를 내어 지부당을 조직하여서 합법적인

정당이 합법적인 활동을 한 것에 불과함에도 불구하고, 차(此) 정당의 합법성 취소하기도 전의 합법적 활동이 법에 저촉된다 함은 법해석의 오류와 적용을 심히 그르쳤음.

제2. (3)의 점에 관하여서는 1건 기록을 통람하여도, 본 피고인은 각 시도당 조직관계로 지방을 다니므로 통일문제연구위원으로 취임은 하였으나 동 문제에 관하여 토의한 적이 전무함에도 불구하고 협의하였다 함은 사실오인이며 법 적용에 조루(粗漏)가 있다.

제3. (4)의 점에 관하여 제1에서 논한 바와 여(如)히 합법적인 정당이 정당으로서 당책(黨策)을 논의하고, 타(他) 정당에 제의하였음에 불과한 행동이 법에 저촉된다함은 사실오인과 법 적용이 잘못되었음.

제4. 이상 제1, 제2, 제3에 관하여 상(相) 피고인 조봉암, 동 김달호, 동 박기출, 동 윤길중, 동 김기철 등의 변호인이 제출한 상고취의서 중 본 피고인과 관련되는 점은 각각 원용함
이라 함에 있고

피고인 조봉암, 동 김기철, 동 조규희의 변호인 신태악의 상고이유는

제1점. 본건 피고사건은 공소의 수리 또는 소송절차가 법령에 위반된 것으로서, 이를 간과한 원심 판결은 물론 제1심 판결까지 파기하여야 할 것이다.

1건 기록에 의하면 피고인 조봉암을 위시한 대부분의 피고인 등에 대한 공소는 4291(1958)년 2월 8일자, 동년 2월 17일자, 동년 4월 7일자[접수는 4월 8일 기록 3958장(張)] 및 동년 6월 13일자(기록 819장)로, 각각 4차에 긍하여 공소장을 제출한 것이 분명한 바, 따라서 우 2월 8일자의 제1차 공소장 이외의 공소장은 그 성질상 이를 추가 고소장이라고 할 것은 물론이다. 우 2월 17일자 제2차 공소장의

기재를 볼지라도, 검사는 "우자(右者)에 대한 좌기(左記) 범죄사실을 추가공소함"이라고 하였으니 기(其) 이후의 각 공소장도 역시 동일할 것은 재론할 필요도 없는 일이다. 과연 그렇다면 여사한 추가공소장은, 검사가 법원의 허가를 수하여 제출하여야 함은 〈형사소송법〉 제298조에 규정되어있는 바와 같다.

그런데 1건 기록에 편철 되어 있는 각 공소장을 보면, 우 6월 13일자 최종공소장(기록 제4819장) 상란(上欄)에는 "재판장 허가 ㊞(印)"이라는 기재가 있는 점으로 보아 이것은 합법적 절차를 이천한 것이라고 할 수 있으나, 그 외의 각 추가공소장에는 여사한 법원의 허가 절차를 취하였다는 흔적조차 찾아볼 수 없다. 그리하여 본 변호인은 원심 변론 시에 이 점을 지적하여 재판소의 판단을 촉구한 일이 있는 것은 원심 제10회 공판조서(기록 제6101장)의 기재에 의하여 분명한데, 원심을 이를 무시 간과하여 하등 언급조차 한 일이 없다. 원래 〈형사소송법〉 제298조의 규정은 난소(乱訴)를 방지하자는데 있는 것이니, 자신 없는 공소를 제기하여 놓고 그것을 유지하기 위하여, 공소사실 또는 적용법조를 몇 번이고 추가 수회 또는 변경하는 것을 제한하기 위하여 설한 조문이다. 그러므로 검사의 추가공소에 대하여는 법원은 공소사실의 동일성을 해하지 아니하는 한도에서 허가하여야 하며(동조 제2항), 또 그것에 피고인의 불이익을 증가할 염려가 있다고 인정할 때에는 피고인으로 하여금 필요한 방어의 준비를 하게 하는 기회를 줄 수 있도록 하였다(동조 제3항).

이와 같이 〈형사소송법〉상 공소 제기의 절차에 있어서 엄격히 제한한 추가공소 제기의 절차가 법률의 규정에 위반되었을 경우에는 이것은 무효라고 아니할 수 없으니, 다시 말하면 법원의 허가가 없이 제출된 우 2월 17일자, 우(又)는 4월 7일자의 각 추가공소장은 무효인 것이라고 인정하지 아니할 수 없다. 더욱 우 4월 7일자 추가공소장은 제1심 공판 진행 중(제1회 공판기일이 3월 13일 이었음)에 돌연 여사한 추가공소장이 제출되었고, 그에 대하여 법원에서는 허가 여부에 관한 절차를 이천함이 없이, 제9회 공소 시(5월 15일)에 비로소 상(相) 피고인 양이섭에 대한 간첩피고사건과 병합 심리할 것을 결정하였을 뿐이다.(기록 4339장 내지 4349장)

피고인 조봉암에 대한 우 2월 8일자 및 2월 17일자의 각 공소장에도 간첩에 관한 공소사실이 없는 바는 아니나, 동 공소장에 의하여 기소된 간첩행위라는 것은 ① 4289(1956)년 5월 9일 북한 괴집의 김일성으로부터 남파된 간첩 박정호와 밀회하여, 평화통일의 구체적 방안이 동 괴집의 주장과 동일함을 상통하였다는 것이요, ② 밀사를 이북 김약수에게 파견하여 동 괴집의 지령하는 사항을 협의 내지 실천하였다는 것이며, ③ 일본에서 온 간첩 정우갑과 밀회하여 동인(同人)의 간첩행위의 수행을 방조하였다는 것이었다. 그런데 우 ①의 박정호는 조봉암과 일면식도 없는 사이라는 것이 심리를 통하여 밝혀졌고, 또 ②는 전문(傳聞)에 불과한 것이며, ③의 정우갑은 별건(別件) 심리에 의하여 간첩 아님이 판명되었다. 일이 이렇게 되자 새로 상(相) 피고인 양이섭 사건이 발생하였는데, 양이섭과 조봉암은 수십 년 전 상해 시대부터 간친한 사이며 조는 양으로부터 상당한 금전상의 원조를 수하였고, 양은 이북 왕래한 일이 있는 것이 사실이니, 이 점으로 보아 양은 간첩으로 가장 근리(近理)한 피의적격자로 등장하게 된 셈이다.

그러나 형사소송법상으로 이를 보면 우기(右記) ① 내지 ③의 간첩사건과 이에 새로 제기된 양이섭 피고사건과는 하등의 관련도 없는 전혀 별개의 사건이다. 관계자도 다를 뿐 아니라 내용도 전연 다르다. 이 양개 사건 사이에는 전연 동일성이 없다. 〈형사소송법〉 제298조 제2항의 소위 "공소사실의 동일성"이라는 것은 죄명의 동일만을 의미하는 것이 아니다. 그러므로 전기 4월 7일자 추가공소 사실은, 기(其) 이전의 공소사실의 추가로써 이를 제기할 성질의 것이 아니다. 따라서 검사로부터 여사한 추가공소가 있을 경우일지라도, 그에 동일성이 결여되면 법원은 이를 허가하여서는 안된다. 법원이 만약 이를 허가한다면 그 허가 자체가 불법이기 때문이다.

서상(叙上)한 바와 여(如)히 우 2월 17일자의 각 추가공소장에 대하여는 법원의 허가가 없을 뿐 아니라, 더욱 4월 7일자 추가공소 사실은 별소(別訴)로 공소를 제기하여 차(此)를 법원에서 병합심리한다면 몰라도 추가공소로서는 이를 제기할 수 없고, 또 법원에서도 이를 허가할 수도 없는 성질의 것이다. 그러므로 시등(是等) 공소사실에 대하여는 〈형사소송법〉 제327조에 의하여 공소 기각의 판결을 선고하여야 할 것이다. 그러함에도 불구하고 제1심 또는 원심은 이 점에 관하여 하등 언급조차 함이 없이, 만연히 상(相) 피고 양이섭 피고사건과 병합심리를 선(宣)하고 사실 심리를 계속하였으니, 이것은 법률을 오해하여 공소의 수리 또는 소송절차가 법령에 위반된 것을 간과한 것으로, 원심 판결은 물론 제1심 판결까지 피기하여야 할 것이다.

이에 다시 계속하여 일언할 것은, 피고인 김기철과 동 신창균에 대한 4291(1958)년 4월 7일자 추가공소장(기록 제3956호)에 의한 공소도, 공소기각의 판결을 선고하여야 하였을 것이다. 이 또한 전 동양(同樣) 동년 4월 17일자 제5회 공판 시에(기록 제4063장) 차(此)를 병합심리할 것을 결정한 일이 있으나, 재판장의 허가 절차를 취한 일이 없다. 그러함에도 불구하고 원심은 이를 간과하여 하등의 판단도 하지 않았으니, 이 점만으로도 원판결은 파기를 미면할 것이다.

제2점 원심 판결은 증거에 의하지 않고 사실을 인정한 불법이 있는 것으로 결국 파기를 미면할 것이다.

원심은 피고인 조봉암의 범죄사실로서, 첫째, 전략(前略) "4289(1956)년 10월경 동당 주도권 문제로 전시 서상일 파와 몌별(袂別)한 후, 상(相) 피고인 박기출, 동 김달호, 동 윤길중, 동 조규택, 동 조규희, 동 신창균, 동 김기철, 동 김병휘, 동 이명하, 동 최희규, 동 안경득, 동 박준길, 동 권대복, 동 전세룡 등과 동 결당을 추진하여 오던 중, 동년 11월 10일 마침내 서울특별시 중구 소재 시공관에서 우 상(相) 피고인 등을 위시로 800여 명과 함께 국헌에 위배하여 정부를 참칭하는 북한 괴뢰집단에 부수하여, 국가를 변란 하는 목적으로(중략 정강정책에 관하여는 별도 일점을 설하여 논급하였음) 등을 정강정책으로 하는 진보당을 조직하는 동시에, 그 수괴인 중앙당 위원장에 취임하고"라고 판시하였다.

이 판시 사실은 우기(右記) 각 피고인 등에게 대개 공통되는 범죄사실로 되어 있다. 이것을 요약하면 진보당 조직에 있어서, 첫째, '북한 괴뢰집단에 부수할 의사의 유무', 둘째 '국가를 변란할 목적'의 유무가 문제인 것이다. 그러한 의사와 그러한 목적이 있었다고 하면, 그것은 〈국가보안법〉 위반으로 문죄하여야 할 것은 재론할 필요도 없는 일일 것이나, 각 피고인들은 우 판시와 동일한 취지의 검사의 공소사실에 대하여 자초지종, 철두철미 이를 부인하여 온 것은 1건 기록에 의하여 명료하다. 그런데 원심은 우 각 피고인 등에 대한 각 판시 〈국가보안법〉 위반의 점에 관한 증거로서

(1) 원심 공정(公廷)에 있어서의 동 피고인 등과 상(相) 피고인 이동화와 동 이상두 등의 차(此)에 부합하는 각 진술

(2) 제1심 각회 공판조서 중 동 피고인 등과 상(相) 피고인 이동화와 동 이상두의 차(此)에 부합하는 각 공술 기재

(3) 제1심 14회 공판조서 중 증인 신도성과 동 고정훈의 판시 진보당의 발기 경위에 부합하는 각 공술 기재

(4) 동 피고인 등과 상(相) 피고인 이동화 동 이상두 등이 성립의 진정을 인정하는 검사의 동인(同人) 등에 대한 각 피의자 신문조서 중 차(此)에 부합하는 각 공술 기재

(5) 동 피고인 등이 기(其) 성립 진정을 인정하는 검사 증인 손도심과 서상일에 대한 각 진술조서 중 판시 진보당의 발기 경위에 부합하는 각 공술 기재

(6) ① 압수한 선언, 강령정책, 당헌, 강령 전문, 경제정책 전문, 당 기구표 (서울지검 4291(1958)년 압 제146호의 증 제2호), ② 결당대회 문헌(동 압호의 증 제3호) 및 ③ 진보당 문헌(동 압호의 증 제48호) 중 판시 진보당의 강령정책에 부합하는 기재

(7) ① 압수한 월간 『중앙정치』지 10월호(동 압호의 증 제1호), ② 우리당의 경제정책(동 압호의 증 제8호), ③ 통일문제 연구자료(북한 당국의 평화공세에 대한 진보당의 선언문)(동 압호의 증 제11호), ④ 국토통일 추진을 위한 행동통일체 구성에 관한 제의(동 압호의 증 제12호), ⑤ 메모(특수별당부 조직준칙)(동 압호의 증 제24호), ⑥ 참고 원고(실천적 제 문제) (동 압호의 증 25호), ⑦ 정견 초안(동압호의 증 제36호), ⑧ 한국 진보세력의 계급적 기반(동 압호의 증 제38호), ⑨ 한국통일에는 평화적 수법만이 있을 뿐이다(동 압호의 증 제32호), ⑩ 혁신정치론(동 압호의 증 제32호), ⑪ 정치문제(동 압호의 증43호), ⑫ 여명회 명부 3매(동청(同廳) 동년 압 제258호의 증

第8호) 등 중 차(此)에 부합하는 기재 등등을 거시하였다.

그러나 우(右) 거시의 각 증거 등에 대하여 어떠한 악의적인 면목으로 이것을 검토한다고 할지라도, 진보당 조직자들에게 북한 괴뢰집단에 부수할 의사가 있었다거나 국가를 변란할 목적이 있었다는 판시 사실에 부합되는 구절은 추호도 발견할 수 없다. 우기(右記) (1), (2), (4)의 각 공술 기재는 모다 피고인 자신들의 공술을 기재한 것으로서, 본건 피고인 중에는 한 사람이라도 자(自) 검찰 이래 그러한 공술을 한 일은 없다. 또 (6)과 (7)에 열거한 문서에도 그에 부합하는 문구는 전연 없다. 다만 (5)의 증인 손도심과 서상일의 증언 중에 다소 불투명한 어구가 있으나 그렇다고 하여, 그 증언 중에도 피고인들이 북한 괴뢰집단에 부수할 의사가 있었다든지 국가를 변란할 목적이 있었다든지 하는 점에 대하여는 추호도 언급한 일이 없다.

증인 손도심은 자유당의 간부로서 자초지종 악의에 찬 증언을 하였으나 차마 판시 사실에 부합하는 의미의 증언까지는 하지 못하였고, 증인 서상일의 증언 중에 분열의 동기에 관하여 '이념의 차' 운운한 것이 있으나, 이것도 당시의 선전 책임자이었던 원심이 채택한 증인 고정훈의 증언에 의하면, "그 당시 서상일 씨는 민혁당 간사장의 입장에서 민혁당의 공기를 반영해서 말했을 뿐이라고 생각합니다"(기록 제4707장)라고 하여, 반대당의 입장에서의 공격에 불과한 것임을 밝혔다. 그리고 우기(右記) (3)의 증인 신도성, 동 고정훈의 공술은 원심 판시 사실에 부합하는 부분은 추호도 없을 뿐 아니라, 도리어 피고인 등에게 유리한 증언이라 할 것이다. 과연 그렇다면 원심은 "국헌에 위배하여 정부를 참칭하는 북한 괴뢰집단에 부수하여 국가를 변란할 목적으로" 운운한 판시 사실에 관하여는, 결국 증거에 의하지 않고 사실을 인정한 불법이 있는 것으로 이 점만으로도 원판결은 파기를 미면할 것이다.

제3점 원심 판결은 법률문제의 한계를 초월하여 정치인 우(又)는 정당의 정치적 의견을 법률규범의 문제로 오인하고, 또 국제성을 띤 정치문제를 내국적인 법률제재의 대상으로 오해하는 근본적 오류에서 출발하였을 뿐 아니라, 어떤 예정적인 결론을 위하여 고의로 사물을 왜곡 해석한 불법을 범한 것으로 결국 파기를 미면할 것이다.

정당의 성격은 공표된 강령정책에 규정지을 수밖에 없는 것이다. 그런데 원심에서 진보당의 강령정책(즉 3대 구호)이라고 적시한 것은

(가) 우리는 노동자 농민을 중심으로 하는 광범한 근로대중(피해대중)을 대표하는 주체적 선진적 정치적 집결체이며 변혁적 주체적 세력의 적극적 실천에 의하여 자본주의를 지양하고 착취없는 복지사회를 건설하여야 한다는 지(旨)의 '혁신정치의 실현'

(나) 우리는 자유민주주의를 폐기지양하고 주요 산업과 대기업의 국유 내지 국영을 위시로 급속한 경제건설 사회적 생산력의 제고 및 사회적 생산물의 공정분배를 완수하기 위하여 계획과 통제의 제 원칙을 실천하여야 한다는 지(旨)의 '수탈 없는 경제체제의 확립'

(다) 우리는 남북한에서 평화통일을 저해하는 요소를 견제하고 진보세력의 주도권 장악하에 피흘리지 않는 평화적 방식으로 조국의 통일을 실현한다는 지(旨)의 '평화통일의 실현'

이라는 것인데, 여사한 강령정책이 과연 현행법상 불법적인 것이며, 또 국가변란의 목적으로 내포한 것이라고 인정할 수 있을까 하는 것이 문제일 것이다.

원래 정당의 정강이란 것은 그 정당이 목표로 하는 일종의 이상으로, 추상적으로 표현하는 것이다. 이상이기 때문에 구체적이 될 수 없다. 그리고 그것이 정치문제이기 때문에 시행 법률로써 가부 논단할 수는 없는 것이다. 정치와 법률은 그 범위와 한계가 서로 다르다. 정치를 동적이라고 한다면 법률은 정적(靜的)이다. 그러므로 정치는 항상 새로운 상태의 창조를 향하여 동(動)하고 있지마는 법률은 그럴 수가 없다.

따라서 정당의 정치적 의견에는 한계가 있을 수 없지마는 법률적 견해에는 항상 일정한 한계가 있다. 다만 각이(各異)한 정치인, 우(又)는 정당의 정치적 의견을 실현시키는 데 있어서 그 수단 방법이 당시의 법률질서에 위배될 때에는, 그

것은 허용할 수 없는 일이다. 그러므로 민주주의 국가에서 있어서는 발언 표결의 자유가 보장되는 국회에서의 의결, 우(又)는 법률 제정에 의하여 현안의 제 문제를 해결하여나가는 것이다. 정치인이나 정당에서 자기가 정치 의견만을 고집하고 그 실현을 위하여 국회의 의결을 경(經)하지 않고, 폭력 우(又)는 기타의 방법을 택한다고 할 것 같으면, 그것은 혁명이요, 폭도요, 반역이다. 그에 반하여 어떠한 정치적 의견일지라도 국회의 결의를 경(經)하여 그 실현을 도모한다면, 그것은 합법적이요, 반국가행위는 되지 않는 것이다.

불란서 제4공화국 국회가 스스로 국회로의 직능을 정지하고, 전권을 드골 장군에게 일임하는 결의를 행하고, 그에 기(基)하여 드골이 국민투표를 경(經)하여 〈헌법〉과 또 〈선거법〉을 제정하고 총선거를 단행하여 신(新) 국회를 조직하는 등등의 정치적 행사에 대하여, 세계의 누구나 그것을 혁명이라고 규정하는 사람이 없는 유일한 이유는, 그것이 국회의 의결을 경(經)하였다는 사실에 기인하는 것이다. 그러므로 어떠한 정치적 의견의 합법, 우(又)는 비합법성 문제는 그 당시의 정치상태 우(又)는 법률질서에 부합하느냐, 않느냐의 문제인 것이 아니라 그 정치 의견의 그 실현 방법에 관하여 어떠한 태도를 가지고 있느냐의 문제이다.

민주국가에 있어서는 어떠한 경우일지라도, 그것이 의회주의에 입각한 것인 이상 그것은 합법적이라고 하여야 할 것이다. 어떤 정치적 의견의 발표가 그 당시의 정치상태 우(又)는 법률질서에 부합하지 않는 경우에는, 그것은 언론 자유의 한계의 문제는 될지언정 그 본질상의 합법 우(又)는 비합법성 문제로 논단할 수는 없는 것이다. 왜 그러냐 하면, 일례로 개헌문제만 보더라도 현행 〈헌법〉의 조항을 무시하고 그것을 개정하겠다고 주장하는 것은 그 당시의 헌법규정을 침범하는 것으로 도저히 용허(容許)할 수 없는 일이나, 개헌을 주장하였다고 하여 그것이 〈국가보안법〉 위반의 대상이 되지 않는 것은 모든 것이 '국회의 의결'을 전제하였기 때문인 것이다.

다시 나아가 어떤 정치적 의견에 있어서, 국제관계 우(又)는 국제성을 띤 문제에 관한 발표가 당시의 국제기구 우(又)는 국제관계의 현상에 부합되지 않는 경우일지라도, 그것이 직접 국내법에 저촉되지 않는 한 그에 국내법을 적용하여 논죄할 수는 없는 것이다. 여사한 국제성을 띤 제 문제는 국내법의 범주에 속하는 것이 아니기 때문이다. 그런데 본건에 있어서 각 피고인 등의 각 판시 〈국가보안법〉 위반의 점에 관한 부분을 보면 진보당 조직 관계 이외에 통일안 작성, 기타 여러 가지 사실을 열거하였지마는 그것이 모다 동당의 목적한 사항의 실행을 협의한 것으로 되어있어서, 결국 진보당 조직이 불법이란 것이며, 따라서 진보당이 불법단체란 말이요, 또 그것은 진보당의 강령정책이 불법적이라는데 귀착되고 마는 것이다.

과연 그렇다면 전술한 진보당의 강령이라고 적시된 (가) 혁신정치의 실현, (나) 수탈 없는 경제체제의 확립, (다) 평화통일의 실현이라는 것이 그 본질에 있어서 불법적인 것으로 그에 국가변란의 목적이 내포되어 있다고 인정할 수 있을까의 여부에 관하여 연구 검토하여 보아야 할 일이다. 우 (가)와 (나)는 정치와 경제에 관한 것으로서 순연한 국내문제이지마는, (다)는 그 본질상 국내문제이면서도 목하(目下) 실정에 있어서는 일종의 국제성을 띈 문제로서, 순연한 국내문제와는 그 형편을 달리하는 문제이다.

이하 우기(右記) 강령에 관하여 약간의 검토를 시(試)하여 보면

일(一) 진보당의 성격문제

원심 판결에서 판시한 우기 강령 (가) 급(及) (나)의 취지로 설시한, 우리는 노동자 농민을 중심으로 하는—운운이나, 우리는 자유민주주의를 폐기 지양하고 —운운은, 진정한 진보당의 강령[서울지검 4291(1958)년 압 제146호의 증 제2호 참조]과는 그 문구가 판이한 것으로서 원심에서 창작한 것이다. '혁신정치의 실현', '수탈 없는 경제체제의 확립' 또는 '평화통일의 실현'이라는 것은 선거 시의 선거 표어로 사용한 것에 불과하며, 그 강령(우 증 제2호 책자의 15엽)에서는

기(其) 2에 "우리는 공산독재는 물론 자본가와 부패분자의 독재도 이를 배격하고 진정한 민주주의 체제를 확립하여 책임 있는 혁신정치의 실현을 기한다"라고

하였고, 기(其) 3에 "우리는 생산분배의 합리적 계획으로 민족자본의 육성과 농민 노동자 모든 문화인 및 봉급생활자의 생활권을 확보하여 조국의 부흥 번영을 기한다"라고 표현되어 있다. 이에서 어떠한 불법성을 발견할 수 있을까. 여사한 정치 우(又)는 경제관계의 강령에 관하여, 이것을 불법 우(又)는 불합당하다고 논단하는데 있어서는, 검사의 논고문에도 나타나 있는 바와 여(如)히 대한민국을 헌법상 자유주의적 민주주의, 개인주의적 자본주의에 입각한 국가라고 전제하여놓고, 그런데 진보당은 이것을 부인하고 사회적 민주주의를 주장하고 대중적인 복지사회의 건설을 기도하는 것이니 그것이 불법이란 것이다. 실로 논평할 가치조차 없는 논법이다.

그러나 원심 판결도 여사한 논거를 전제로 한 판결인 것이 분명하며 또 그 판단이 권력이 부수하는 유권적인 것이니, 이것을 일소(一笑)에 부(附)하여 간과할 수도 없는 일이다. 여사한 견해는 민주주의, 자본주의 또는 수정자본주의 또는 사회주의, 공산주의, 사회민주주의 내지 사회적 민주주의를 혼동하고, 우리 〈헌법〉을 순연한 자유주의적인 민주주의 또는 순수한 개인주의적 자본주의에 입각한 것으로 오해하는데 기인한 것이다. 우리 〈헌법〉은 결코 그런 것이 아니다.

이 점에 관하여 우리 〈헌법〉의 초안 작성자인 유진오 교수도, 기(其) 저 『헌법해의』에서 "즉 우리나라는 경제문제에 있어서 개인주의적 자본주의국가의 체제를 폐기하고, 사회주의적 균등의 원리를 채택하기는 하였으나, 일면 개인주의적 자본주의의 장점인 각인의 자유와 평등 및 창의의 가치를 존중하여, 정치적 민주주의와 경제적 사회적 민주주의라는 일견 대립되는 두 주의가 한층 높은 단계에서 조화되고 융합되는 새로운 국가형태를 실현함을 목표로 삼고 있는 것이다. 이것은 〈헌법〉 전문과 제5조를 설명할 때에 이미 언급한 바인데, 본 장에서는 그것을 구체화하여 우리나라가 채용하고 있는 경제적 사회적 민주주의의 제 원리를 선명한 것이다"[동저 4285(1952)년 4월 20일 간행 제177엽]라고 하였고

또 〈헌법〉 전문을 설명하는 가운데, 우리나라 〈헌법〉의 특색에 관하여 "전술한 것과 같이 전문은 먼저 국민의 자유평등을 될 수 있는 대로 보장하고 존중하는

정치적 민주주의 제도를 우리나라에 수립할 것을 선명하였으나, 형식적인 정치적 민주주의만으로는 국민에게 인간다운 생활을 보장할 수 없으므로, 전문은 다시 국민생활의 균등한 향상을 기(期)하고 국민의 실질적 자유평등을 확보하기 위하여 우리나라에서 경제적 사회적 민주주의를 정치적 민주주의와 함께 채택할 것을 선명하였다"(동 저서 17엽)라고 논증하였다.

이와 같이 사유가 명명백백함에 불구하고 본건 공소의 이론적 근거를 구책(構策)하기 위하여 우리의 〈헌법〉 조항까지 왜곡 해석하는 검찰적 견해에 대하여, 법원까지 이에 추종한다는 것은 실로 일대 유감사라 아니할 수 없다. 더욱 진보당 강령을 보면 스사로 '사회적 민주주의적 정당'이라고 자처(전기 증 제2호의 10엽에)하여, 외국의 사회민주주의 정당이나 공산당과 상이함을 밝혔고, 또 제1차 대전이후 서방제국에 있어서의 자본주의의 수정뿐 아니라 실로 자본주의의 변혁을 촉진 수행하였으며 또 하고 있다.

그리고 이러한 자본주의 변혁은—폭력적 독재주의인 볼세비즘의 경우와는 반대로—민주적 평화적 방식에 의하여 수행되고 있다. 참다운 사회적 민주주의에 끝까지 충실하면서, 인류 사회의 위대한 20세기 변혁을 민주적 평화적으로 달성하려고 하는 우리는, 특히 이 점을 중시하고 강조하지 않을 수 없는 바이다"(동호 증 26엽) 또 "우리는 후진 로시아의 불미한 역사적 전통을 지니고 나타난, 폭력적 독재적이고 또 팽창주의적인 볼세뷔즘을 단호 명확히 거부하고 배격하지 않을 수 없는 바이다"(동 20엽). 또 "우리는 이 변혁을 폭력적 방식에 의해서가 아니라 민주적 평화적 방식에 의하여—의회에서의 절대다수를 점함으로써—수행하려고 한다"(동 54엽)라고 하여 진보당은 수정자본주의를 지향하고 의회주의에 충실할 것을 선명하였다.

그리고 또 6·25사변의 교훈을 논하여, "국제평화의 기구 UN 및 우리의 위대한 맹방(盟邦)인 미국과의 긴밀한 제휴 협력하에, 국제 공산주의의 무력적 협위를 배재하면서 우리는 아름다운 이 강토에다 민주적 평화적으로 사회적 복지국가를 건설하지 않으면 안된다"(동 47엽)고 하였고, 또 공산당에 대하여 크레믈린의 명령에 유유맹종하는 한국의 공산도당은 미군정의 자유주의적 관용성과 천진난만성을 이용하여 신생 한국의 내부적 혼란을 크게 격화하려 하였다. "로시아 한국인들을 중심으로 하는 이들 공산 역도(逆徒)는 음모, 테로, 공갈, 기만 등의 온갖 파괴적 수단으로써 자주독립통일의 민주한국 건설을 적극 방해하여 오다가, 드디어는 그들의 상전인 크레믈린의 명령에 따라 죄악적인 동족상잔적 침략전쟁을 일으키어 우리 민족 전체를 처참무비한 비경(悲境)에 빠트리고 말았다. 이리하여 8·15해방 이후 우리의 기대와는 반대로, 우리 사회에는 자유와 질서와 안전 대신에 억압과 혼란과 폭력이, 건설과 진보와 번영 대신에 무능과 침체와 빈곤이 지배하게 되었다"(동 50엽)라고 갈파(喝破)하였다.

이에 대하여 검사는, 이것은 반공을 위장함에 불과하며 기(其) 실은 진보당이 공산당과 같이 혁명이론에 입각한 것으로 북한 괴집의 선전을 담당한 것이라고 논고하더니, 원심이 또한 여사한 견해를 답습하여 모든 것을 판단한 것이 분명하다. 왜 그러냐 하면, 그렇지 않으면 판시와 여(如)한 결론이 나올 수가 없기 때문이다. 이야말로 언어도단이요 어불성설이다. 판단에 증거의 유무가 문제인 것이 아니라 근본적으로 논거를 망실한 엉터리 논법이다. 상술한 바에 의하여 분명한 것 같이, 원심 판결에서 적시한 전기 강령의 (1) 급(及) (2)에 국가를 변란할 목적이 내재한 것이라고 할 수 없을 뿐 아니라, 진보당의 성격은 서구의 사회민주주의나 내지 공산주의를 배격하고 순쇄한 의미의 사회주의도 아닌 수정자본주의를 지향하는 소위 '사회적 민주주의적'인 정당인 것은 재론할 필요도 없는 일이다.

이 점에 관하여 원심이 증거로 채택한 증인 신도성의 공술을 보면, "증인은 진보당의 정치노선이 정강정책 면으로 보아 어디에 속한다고 보는가"라는 문(問)에 대하여, "준비위원회 때에 간부 내에는 사회민주주의 방향을 지향하여야 된다고 한 사람도 있기는 했지만, 제 자신은 지금 그 시기가 못 된다고 말하고, 수정자본주의로써 만족할 수밖에는 없다고 주장하여 그것이 채택된 것으로 기억하고 있습니다"라고 답(기록 제4652장 이면)하였고, 또 원심이 증거로 채택한 증인 고정훈의 공술을 보면, "특히 절실히 느낀 점은 여하(如何)"라는 문(問)에 대하여 "일반 국민이 진보당 정강정책을 읽었을 때 약간 동적이라고 느꼈을 일면이 없지 않다고 봅니다. 그러나 외국의 사회당이나 사회민주당의 정강정책과 비교하면 동당 정강정책을 오히려 은건하고 한국 현실을 잘 참작한 것으로 보이는 것입니다" 또 "그렇다면 정강정책에 국한해서 특히 미비하다고 생각해본 점은 없는가"라는 문(問)에 대하여 "정강정책 만을 따로 떼서 학술적으로 본다면 미비한 점이 있다고 생각해 본 일이 없습니다"라고 답(기록 제4692장 이면~4694장)한 점으로 보아, 원심 판시 사실은 증거에 부합치 않으며 따라서 진보당은 판시와 여(如)한 성격의 정당이 아님을 단정할 수 있을 것이다.

이(二) 평화통일론의 문제

다음 원심 판결 판시의 전기 강령 (다)의 취지라고 설시한 "우리는 남북한에서 평화통일을 저해하는 요소를 견제하고 진보당 세력의 주도권 장악하에 피를 흘리지 않는 평화적 방식으로 조국의 통일을 실현한다"라는 점에 관하여 강령(우증 제2호 책자의 15엽)에서는 기(其) 사(四)에 "우리는 안으로 민주세력의 대동단결을 추진하고, 밖으로 민주우방과 긴밀히 제휴하여, 민주세력이 결정적 승리를 얻을 수 있는 평화적 방식에 의한 조국통일의 실현을 기한다"라고 표시되어있다. 이것은 "평화적 방식에 의한 조국통일의 실현을 기(期)"하되 무모 우(又)는 무계획적인 평화통일만을 주장하고 추진하여, 공산도배에게 승극(乘隙)할 기회를 줌이 없이 "민주세력이 결정적 승리를 얻을 수 있"도록 "안으로 민주세력의 대동단결을 추진식혀켜야 하겠다"는 취지이다.

원심은 이에 전기(前記) 강령 (가), (나)와 공히 국가를 변란할 목적이 내재하다고 판시하였다. 그뿐 아니라 원심은 다시 나아가, 판결문 제1의 (5)와 (6)에서 월간잡지 『중앙정치』에 게재한 「평화통일에의 길」이라는 피고인 조봉암의 논문과 진보당 통일문제연구위원회 위원장 김기철이 작성한 「남북통일의 구체적 방안」이란 것을 들어서, '동당의 목적한 사실의 실행을 협의 우(又)는 선전'하였다고 판시하였다. 우 (5)는 "대한민국을 북한 괴뢰와 동등한 위치에서 해체할 것을 전제로 하는 남북총선거에 의한 통일정권수립안을 역설한 다음, 그 구체적 방안의 발표는 현행 정부와의 정면충돌을 피하기 위하여 사양한다"고 하였으니 그것이 위법이란 것이며, (6)은 여사한 통일안을 작성하여 간부들이 회합 토의한 그 자체가 위법이란 것이다.

그러나 피고인 등은 대한민국을 북한 괴뢰와 동등한 위치에서 해체할 것을 주장한 일이 없음은 1건 기록에 의하여 명료하다. 생각컨대 원래 '평화적 해결방안'이란 것은 그 상대방의 존재와 그와의 합의를 전제로 하는 것이니, 상대방의 존재를 인정하는 점에서 상대방을 동등한 위치에서 일대일로 대우한다고 추론할 수도 있는 일이나, 북한 괴집의 존재는 우리의 승인에 의하여 존재하는 것이 아니라, 우리의 승인 여부에 불구하고 사실상 존재하니 실로 딱한 일이며, 그것이 실존한 것이 사실인 이상 우리가 그들을 혼자서 마음속으로만 무시하여 버린다고 해서 그들의 존재가 없어지는 것이 아닌 이상, 우리는 실력으로써 이를 말살하여 버리는 것이 상지상책일 것은 물론이지마는, 이것이 국내적 우(又)는 국제적인 여러 가지 이유에 의하여 불가능한 금일(今日)에 있어서, 우리가 진정으로 남북통일을 기도하랴고 할 것 같으면 어떠한 통일에 관한 합의를 모색하여야 되지 않겠는가, 하는 것이 진보당 관계자들의 애국적 충성심에서 울어나오는 사고이다.

그런데 진보당으로서는 어데서나 북한 괴뢰와 대한민국을 동등시하는 것 같은 용어조차 사용한 일이 없었고, 다시 우기(右記) 피고인 조봉암의 논문 가운데 "그러니 다섯째 안 즉 UN의 결의와 같이 대한민국이 이북 괴뢰와 동등한 위치에 서서 동일한 시간에 선거가 실시된다는 것은 좀 불유쾌하기는 하지마는, 기왕에도 UN 감시하에서 몇 번씩이나 선거를 해왔으니 또 한 번 한다고 해서 그게 그렇게 나쁠 것도 없을 것 같다"(압 제146호의 증 제1호 『중앙정치』 10월호 11엽 말미 4행)고 한 구절을 들어서 문제 삼고 있으나, 이에 소위 '동등한 위치'라는 것은 조 피고인의 독창적인 의견을 주장한 것이 아니라 UN 결의의 취지가 그러하니, 그 결의대로 또 한번 하는 것도 무방하지 않을까 하는 의견을 서술한 데 불과한 것이다.

더욱 그 문의(文意)로 보아, 동등한 위치에 서서 동일한 시간에 선거하는 것은 원칙적으로는 부당함을 전제로 한 취지이며, 또 그렇게 하여야 한다고 고집한 것도 아닌데 검사는 조 피고가 이북 괴집의 지령에 의하여 진보당 조직 당시부터 이것을 선창(先唱)하여 고집하였다고 주장하여, 제1심에서 증인 신도성을 환문한 일이 있는데, 선서한 동 증인은 “진보당의 정책으로서 통일문제를 취급 초안 작성할 적에 평화통일은 누구의 주장에 의하였거나 또는 다른 공기가 흐른 것은 없었는가”라는 재판장의 문(問)에 대하여 “대체로 전체의 공기가 그러했지 누구의 주장이 특히 나온 일은 없습니다. 초고는 대개 제 머리에서 나온 것을 썼습니다”(기록 제4664장 이면으로부터 4665장 전면)라고 답하여, 이것이 조 피고인의 주장이 아님을 입증하였다.

그뿐 아니라 동 증인은 다시 “증인은 진보당의 정강정책을 보아서, 결론으로 남북의 평화통일방안으로서는 현 대한민국이 북한 괴뢰와 동등한 위치에서 양측을 일대일로 간주하여 각 해소시키고 운운하는 해석이 나올 수 있다고 보는가”라는 문(問)에 대하여 “제가 사퇴 후 정강정책 면에 변경이 있었으면 모르나 인쇄된 책자대로이니까 불가능하다고 압니다”라고 답하고, 다시 “다른 사람도 그렇게 해석할 수 있는가”라는 문(問)에 대하여 “이론이 없을 것입니다”라고 답(기록 제4651장)하였다.

그런데 원심은 그 판결에 동 증인의 공술 부분을 증거로 채용하였으니 괴상한 일이다. 동 증언은 판시 사실을 입증하는 자료인 것이 아니라, 그와 반대로 진보당의 정강정책에 나타나는 남북평화통일안이란 것이, 이북 괴집을 대한민국과 동등시한다거나 일대일로 각 해소하겠다는 주장이 아님을 입증하기에 가장 적호(適好)의 자료인 것이다. 또 피고인 조봉암은 우기 논문에서 “나는 이 UN의 결의만을 유일한 것이라고 믿기 때문에, 우리 정부에서 내놓고 있는 안을 반대하려는 의사는 없다. 그러나 통일은 꼭 해야 되겠으니 통일을 하되 민주주의 승리 — 민주진영의 승리를 토대로 해서 생각할 때에 현재 있는 안만을 유일한 것이라고 해서 고집하고 논의할 것이 아니라, 모든 안을 다 연구해본다면 더 진보된 더 구체적인 좋은 안을 발견할 수도 있지 않겠는가 하는 것을 생각하는 사람입니다”(우증 제1호의 14항 말미)라고 한 말로 본다든지,

동지(同誌)에 게재된 3대 정당 합동좌담회에서의 상(相) 피고인 윤길중의 말 가운데 "평화통일안은 괴집 안과 다르다"고 분명히 규정지은 뒤에, "요는 어디에 중점을 두느냐 하는데 있을 겁니다. 진보당이 평화통일을 주장한다고 해서 무력을 전적으로 부인하는 것은 아니니까요"(동 제24엽 하단 중부)한 점으로 보아 피고인 등의 진의를 촌도(忖度)하기 넉넉할 것이며, 더욱 진보당에서 우당인 자유당, 민주당에 대하여 「국토통일추진을 위한 행동통일체 구성에 관한 제의」(전 압호의 증 제12호)를 보면, 피고인 등이 남북통일문제는 전 민족적인 가장 중차대한 문제이니 일당 일파의 의견만을 고집할 것이 아니라, 각당 각파가 대동하여 국론을 통일할 절실한 필요를 통감하여 행동통일체 구성을 제의한 것이니, 진보당에서도 자기들의 의견만을 고집할 의사가 없었고, 또 구체적 방안에 관하여는 자당(自党)만으로써 결정하여 이것을 정쟁 도구화하여서는 안되겠다는 취지였던 것이 분명하다.

진보당의 통일문제연구위원회에서 「통일문제 연구자료」(전 압호의 증 제11호)로 작성하였다는 「북한 당국의 평화공세에 대한 진보당의 선언문」이란 것도, 그것이 당의(党議)로서 결정된 것이 아니라, 위원장인 피고인 김기철 개인이 작성하여 회의에 부하려고 하다가 몇몇 사람의 반대에 봉착하여 정식으로 회의에 상정도 못한 시안이였음은 1건 기록에 의하여 분명한 바어니와 그 문안 그대로를 자료로 하여 이것을 검토한다고 할지라도, 그에서 어떠한 불법성을 발견할 수 있는지 의문이다. 원래 남북통일문제는 우리 대한민국적 입장에서, 또 그 입장만으로 고집하는 견지에서 본다면 '북진토벌'만이 있을 뿐이다. 극단으로 말한다면 '통일' 운운하는 용어부터 불온한 것이라고 할 수 있다. 왜 그러냐 하면 통일이란 용어 가운데는 양분 즉 분열되었음을 전제한 것이요. 양분하였다는 말 가운데는 일대일이라는 의미가 내포되었기 때문이다.

여사한 논법으로 이를 본다면, 우리 정부의 대표 변(卞) 외무장관이 제네바 회의에 제출한 소위 「14개조」라는 것도 불법이요, 민국에 대한 반역이라고 아니할 수 없다. 기(其) 1에는 "통일되고 독립된 민주적 한국을 건설하기 위하여, 이에 관한 종전의 UN 결의에 따라서 UN의 관리하에 자유 선거를 시행한다"라고 하였고,

기(其) 9에는 "전(全) 한국의회는 선거 직후 서울에서 개회한다", 또 기(其) 10에는 "다음의 제 문제는 특히 전한국의회가 결정할 과제로 한다. (a) 통일한국의 대통령을 새로 선거하는 여부, (b) 대한민국의 현행 헌법의 수정, (c) 군대의 해", 기(其) 11에는 "대한민국의 현행헌법은 전한국의회에 의해서 수정되지 않는 한 효력을 보유한다"라고 하여 자유선거를 시인하고, 우리 국회 이외에 전한국의회의 존재를 인정하고, 그 전한국의회에서는 우리 민국의 종래의 대통령 이외에 통일한국의 대통령을 새로 선거하는 등등의 사(事)를 시인하였으니 이것이 민국에 대한 반역이 아니고 무엇이랴.

그러나 이것이 정부 대표에 의하여 국제적 회의에 제출한 것이니, 내국적인 불법 운운으로 이를 논단할 수 없을 것은 물론이거니와, 원래 여사한 국제성을 띤 정치문제에 관한 시안이란 것은 제재 법규의 대상이 되는 것이 아니다. 왜 그러냐 하면, 그것은 일종의 시안으로서 그것이 국제회의에서의 합의를 보았다고 할지라도 내국에서는 다시 헌법상의 일정한 절차를 경(經)하여 인준되어 합법화하여야 하기 때문이다. 이제 피고인 김기철이 작성한 「북한당국의 평화공세에 대한 진보당의 선언문 초안」이란 것을 보면, "오늘날 한민족의 최대과업은 자유 선거 실시에 의한 조국의 평화통일 회복에 있으며, 우리 당은 8·15해방 이후 지금까지의 북한 당국의 통일문제에 관한 행동과 역정을 검토하고, 한국 문제에 관한 종전의 국제연합 결의와 1954년도 제네바 정치회담 성과를 명심하면서, 평화적 남북통일을 호소하고 있는 북한당국이 그 기본적 출발점에 있어서 국제연합의 기본적 권위에 도전하고, 6·25사변의 책임소재를 운위함은 평화통일에 유해하며 분열 상태의 장구화를 초래할 우려가 있다는 사실에 유의하면서" 운운[검사의 4291(1958)년 2월 17일자 추가공소장 43항]한 것이라던지

기(其) 1에는 "통일되고 독립된 민주적 한국의 국회 형성을 위하여 자유 선거를 시행한다" 또 기(其) 13에 "모든 외국군의 철수는 통일 선거가 합의되면 비례원칙에 따라 선거 실시 이전부터 개시하되, UN군의 완전 철수기한은 통일정부가 수립되고 그 정부가 치안책임을 담당한 연후로 작정되어야 한다"라고 한 점 등등으로 보아, 동인의 근본 의도가 어데 있느냐 함을 가히 짐작할 수 있는 일이며,

또 기(其) 각 조항도 우기 변 씨의 「14개조」와 대동소이한 것임이 분명하다. 또 이 각 조항에 관한 어느 정도의 합의를 본다면, 국내적인 헌법상 절차를 이천하여야 할 것을 전제한 것은 물론이다. 전자가 위법이 아니라면 후자도 위법이 될 수는 없다.

더욱 변 씨의 소위 「14개조」나 김기철 피고인의 초안이란 것이 모두 UN의 결의에 기초를 둔 것이며, 제네바 회의 시(1954년 6월 15일)에 대한민국을 포함한 참전 16개국 공동선언이라는 것도 또한 그러하다. 우 공동선언의 소위 2개 원칙이란 것도 "(1) 국제연합은 그 헌장에 의거하여 침략을 격퇴하기 위하여 공동작전을 하고, 평화와 안전을 회복하고 한국에서 평화적인 해결을 추구하는 높은 과업을 확장할 권리를 충분히 가지고 있다. (2) 통일된 민주주의 독립 한국을 건설하기 위하여 국제연합 감시하에 인구비례에 준해서 대표자가 선출되는 국회의원의 진정한 자유선거를 한국에서 시행한다"라고 되어있다. 이 공동선언에 기(基)하여 북경 주재 영국 대리공사는 UN 참전국가를 대신하여 1958년 4월 9일과 동년 7월 2일 양차에 긍(亘)하여 중공정권에 대하여 통한 문제 조속 해결에 관한 서한을 전달하여 계속 교섭하고 있다.

여사한 국제관계의 실정으로 본다면, 지금 와서 평화통일이 어떠니 자유선거가 불법이니 할 때가 아니다. 우리 정부의 정식 대표에 의하여 국제회담에 이것을 제안하여 놓았고, 참전국의 일원으로서 천하에 공동선언하였고, 또 그에 기하여 목하 교섭이 진행되고 있는데, 이제 새삼스럽게 또 돌연히 진보당 관계에 한하여 이것이 불법이니 국시위반이니 한다는 것은 일종의 넌센쓰라고 아니할 수 없는 일이다. 다시 도리켜 우당(友党) 관계를 본다고 할지라도 민주당에서도 5·2 선거 시에 비로소 평화통일문제를 정책으로 내여걸고, 남북 자유총선거를 주장하여 새로 선거된 의원으로 조직되는 국회에서 〈헌법〉을 제정하고 대통령을 선거한다, 운운하다가 문제를 야기시켜 후에 '제정'을 '개정'으로 수정하였다고 하여 드디여 문제화를 면하였는데,

금번 국회에서의 통일논쟁에 있어서는 민주당 측에서 "한국통일문제에 관한

12년간에 걸친 UN 총회에 결의(60여 건)를 정리하여, ① 한국정부 수립시대, ② 북진통일론 시대, ③ 평화통일론 시대로 분(分)하여, 결국 민주당의 통한 방책은 국제공약에 의지해서 UN 감시하의 남북총선거로 국토를 통일하자"는 것임을 재삼 확인하였다. 남북총선거란 것은 본건에서 문제 된 '일 대 일' 또는 '동시실시' 운운과 이것은 그 본질에 있어서 원래부터 불법이나 위법성이 내포되어 있지 않음이 분명하다. 더구나 진보당에서는 그 정책에서 통일문제에 관하여 "—조국의 평화통일을 파괴한 책임은 6·25의 죄과를 범한 북한 공산집단에게 있다. 그들의 반성과 책임규명은 평화통일의 선행조건이 아닐 수 없다"(전 압호 제2호 61항)고 하여, 통일파괴의 책임소재를 분명히 한 뒤에 다시 "우리는 조국의 평화적 통일방안이 결코 대한민국을 부인하거나 말살하는 데 있지 아니하고 도리어 그것을 육성하고 혁신하고 진실로 민주화 하는데 있음을 확신하다. 그렇기 때문에 우리는 우리 자신이 대한민국의 정치권력을 획득해야 하며, 그런 연후에 국제정세의 진운에 맞추어 제 우방과의 긴밀한 협조하에 UN을 통한 민주적이고 평화적인 조국통일의 구체적 방안을 책정하려는 것이다. 민주주의 승리에 의한 조국의 평화적 통일, 이것만이 우리의 유일한 일이다"(동 62항)라고 하여, 현재에는 그 구체적 방안을 책정할 시기가 아니며, 다만 "민주주의의 승리에 의한 조국의 평화적 통일" 이라는 대원칙을 발표하였음에 불과한 것이다. 현정부가 국내적으로는 북진통일을 강조하면서, 국제적인 관계에 있어서는 평화통일의 선에 발맞추어나가고 있는 것이 사실이다. 이것은 국내 정치의 면과 국제정치의 면을 동시에 고려하는 가장 높은 단계의 정치행동이라고 가위(可謂) 할 것이다. 이것은 위대한 정치가만이 가능한 일이다. 그런데 현행 정부의 여사한 정책에 대하여 이것을 무정견 또는 무방침이라고 비난하는 것은, 지극히 범속(凡俗)한 단견이라 할 것이다. 또 일방 국내에 있어서의 북진통일론만을 들고서, 그것만을 유일한 방책인 줄 오신(誤信)하여 교주고슬적으로 기외(其外)의 방안에 대하여는 실력으로써 이를 제재하여 보겠다고 달여드는 속리배(俗吏輩)의 만용도 가소로운 일이라 아니할 수 없다.

일례를 영국에 들면, 영국은 중공과 국교를 열어 통상까지 하면서 일방 한국전쟁에 군대를 파견하여 UN군의 일원으로서 중공군과 간과(干戈)를 겨누고 있는 영국민의 태도를 이해할 수 있는 식견을 가진 사람이면, 현행 정부의 남북통일에 관한 이율적인 시책을 이해할 수 있을 것이다. 또 그와 같은 이유로서 진보당에서 정강으로서의 '평화통일'의 주장도 충분히 이해할 수 있을 것이다. 또 이해하여야 할 것이다. 이와 같은 일개의 정치적 주장 우(又)는 의견의 일단을 들어가지고, 범죄 운운한다는 것은 어불성설이며 유치천만한 일이다.

이와 같이 명명백백함에 불구하고, 원심은 이 점에 관하여 깊이 유의하고 천착함이 없이 검사의 의견 그대로 공소사실을 인정하여, 진보당의 강령정책에 '국가변란의 목적'이 내포되어 있는 것 같이 판단한 것은 법률문제의 한계를 초월하여 정치인 우(又)는 정당의 정치적 의견을 법률규범의 문제로 오인하고, 또 국제성을 띤 정치문제를 내국적인 법률적 제재의 대상으로 오해하는 근본적 오류에서 출발하였을 뿐 아니라, 또 존재한 사물에 관하여 존재한 그대로 객관적인 입장에서 조리에 따라 결론에 도달한 것이 아니라, 어떤 예정적인 결론을 위하여 고의로 사물을 왜곡 해석하였다고 할 수밖에 없는 것으로, 원판결은 이 점에 있어서 파기를 미면할 것이다.

제4점 원심판결은 판결에 영향을 미칠 중대한 사실의 오인이 있고 또 증거법칙에 위배하여, 증거에 의하지 않고 또는 증거로 할 수 없는 것을 증거로 하여 사실을 판단한 불법이 있는 것으로 결국 파기를 미면할 것이다.

제1점에서 이미 논급한 바와 여(如)히, 4291(1958)년 4월 7일자(접수는 8일) 추가공소장은 그 수리절차가 법령에 위반하여 무효인 것이므로, 결국 동 간첩의 점은 심판의 청구가 없는데 귀(歸) 할 것이며, 따라서 이에 대하여는 당연히 공소를 기각하여야 할 것이라고 사료됨으로 이에 다시 천착할 필요는 없을지나, 백보천보를 양하여 그 추가공소가 적법한 것이라고 가정하더라도 이 점에 대한 원판결에는 중대한 사실이 오인이 있다.

이에 원심의 피고인 조봉암과 동 양이섭에 대한 간첩의 점에 관한 각 판시 사실을 요약하면, 피고인 양이섭은 처음 미군첩보기관 해상공작 루트로 입북하여 박일영, 김난주 등을 만났는데, 주로 박일영과 대담하는 사이에 남북교역의 자금을 선대하여 준다는데 관하여 "장차 간첩의 사명이 부과될 것을 예견하면서 이를 승낙하고"(원 판결문 71항 말행), 이렇게 왕래하기 도합 3회, 그 다음에는 공소외 엄숙진의 알선으로 인천시 소재 육군HID 첩보선인 서해안 휴전선 루트로 월북하여, 박일영을 만나 그때 동인으로부터 피고인 조봉암을 만나서 "현재 북에서는 조봉암과 합작할 용의가 있으니, 남한의 현정권을 전복시키기 위하여 평화통일이란 공동 목표로 합작하자는 말을 전하라. 조봉암이가 5·15정부통령선거 시 대통령에 입후보하면 재정적으로 원조한다고 전하라"는 지령을 받고(동 73항)

월남하여 조를 만나서, "북에서 박일영을 만나서 동인으로부터 전(前) 동지(同旨)의 지령을 받았다고 한 즉, 동 조봉암은 긴장한 얼굴로 약 30분간 침묵하다가 김(양이섭)이 돈을 벌었다면 개인적으로 원조하여 달라고 하므로써 은연히 이를 수락한 바—"(동 74항), 그 후 다시 입북하여 박일영으로부터 다시 "북에서도 선거자금을 원조한다고 전하라는 지령을 받고"(동 75항), 월남하여 조를 만나 "동인에게 전시(前示) 박일영으로부터 받은 지령의 내용을 전한바 동 조봉암은 웃으면서 김(양이섭)이 돈을 벌었다면 개인적으로 후원해 달라는데 왜 딴소리를 하는가 하므로, 동 양이섭은 동 조봉암이 승낙하는 줄 알고—"(동 75항)

기후(其後) 또 입북하여 박일영으로부터 "적극적으로 평화통일을 선전하도록 하라. 금차 월남하면 우선 선대형식으로 동인에게 선거자금 일부조로 금 5백만 환을 전달하라는 지령을 받고"(동 76항) 월남하여, 조에게 수차에 긍(亘)하여 차금원(金員)을 교부하고, 기후(其後) 또 입북하여 박일영을 만나 동인으로부터 "이제는 선거도 끝났으니 빨리 창당하도록 하라. 정당은 기관지가 필요하니 속히 일간신문지 판권을 획득하여 평화통일 노선을 적극 추진하도록 하라. 그 운영자금은 전적으로 후원할 터이니 전하라는 등의 지령을 받고"(동 77항) 월남하여 조를 만나 동인에게 우 지령을 전하고, 이와 같이 기후(其後) 수차에 긍하여 남북으로 왕래하다가 제8차 입국 시 "자금조로 미본토불 2만 불을 전하라는 지령을 받고"(동 84항), 또 양이 기(旣)히 조에게 전시 선대형식으로 지급한 금원(金員) 일부 변제조로 동 불 7천 불을 합한 계 2만 7천 불과 조에게 선사(膳謝)로 주는 녹용 반각을 받아가지고 월남하여 기(其) 일부는 본토불로, 기타는 환화(換貨)하여 조에게

2만 7천 불 상당을 교부하였다는 것이다.

이 판시 취지를 다시 요약하면, 피고인 양이섭은 이북 괴집의 첩자로서 이북의 지령을 받아 피고인 조봉암에게 정치자금을 원조하기로 약속하고 미 본토불 2만 7천 불을 갖다가 교부하였다는 것을 표시하려고 한 듯한데, 그러나 판시 사실 그 자체로 본다고 할지라도 ① 피고인 양이섭은 과연 이북의 간첩인가, ② 또 조와 양 간에 이북 괴집의 자금후원에 관한 합의가 있었는가, ③ 미 본토불 2만 7천 불이 과연 이북 괴집에서 보낸 것이며 그 전액이 조에게 교부되었는가 하는 점에 관하여 의문이 없을 수 없다.

① 피고인 양이섭은 과연 이북의 간첩인가. 이 점에 관하여는 원판결의 판시에는 피고인 양이섭이 박일영의 자금 선대 제의에 대하여, 장차 간첩의 사명이 부과될 것을 예견하면서 이를 승낙하였다고 하였을 뿐으로, 그 이외에 양과 박일영 간에 간첩 사명 부여에 관한 구체적인 합의가 있었다는 판시가 전연 없다. 우기 '승낙' 운운은 자금 선대에 대한 승낙이며, 간첩 사명 부여에 관한 승낙이 아닌 것이니, 무엇으로써 양 피고인을 이북의 간첩이라고 할 것인가. 원심은 그 판시에 있어서 피고인 양이섭을 명확하게 이북의 간첩이라고 단정한 일도 없이 만연히 간첩인 듯 표시하여 놓고, 그다음에는 간첩이라는 것을 전제로 하여 모든 것을 추론하였다.

이것은 아마 원심에서도 피고인 양이섭에 대하여 '이북의 간첩이다'라고 명확하게 단정하기에는 너무도 무근거 하였기 때문일 것이다. 1건 기록에 의하여 너무도 명료한 바와 여(如)히, 피고인 양이섭은 처음 김동혁과 함께 미국 첩보기관 해상 공작 루트를 통하여 2, 3차 이북에 왕래하다가, 그다음에는 엄숙진의 알선으로 인천 소재 육군HID의 육군의 첩자로서 9회 왕래 하였음은 다시 변동할 수 없는 사실로 되어 있는데, 우리 육군의 첩자인 것이 분명한 양 피고인에 대하여 그것을 이북의 간첩이나 혹은 이중첩자라고 인정하자면, 그가 이북에 가서 어떠한 세뇌 공작을 받았다든지, 어떠한 첩보에 관한 교육 우(又)는 훈련을 받아서 완전히 이북에 가담하게 된 경위에 관하여 확호(確乎)한 증거에 의하여 이를 판단한 연후가 아니면 안될 것이다.

그러나 원심은 이에 관하여 일언반구도 논급한 일이 없이 덮어놓고 만연히 이북 간첩인 듯 전제하였다. 원심이 증거로 채택한 증인 엄숙진의 증언(기록 제4717장 내지 4721장, 동 제3133장 내지 3139장)은 판시 사실, 즉 피고인 양이섭이가 이북 간첩이라는 점에 관한 증거가 되는 것이 아니라 그와 반대로 그는 확실히 우리 육군 대북공작의 첩자라는 증거가 되며, 기 이외에 피고인 양이섭이가 이북 간첩 여부에 관한 확호한 증거가 없다. 다만 양 피고인이 육군 특무대에서 무두무미 이북에서 대 조봉암 공작의 누차의 지령을 받은 것 같은 공술을 한 일이 있으나, 이것은 동 피고인이 원심에서 완전히 부인하였을 뿐 아니라(기록 제5458장) 순리상으로 생각한다고 할지라도 자기의 간첩 사실을 그 조서에 나타나 있는 것과 같이 순순히 자백한다는 것은 보통 있을 수 없는 일이며,

더욱 그가 검찰을 경하여 제1심 공판정에서까지 상 피고인 조봉암과 논쟁하여 가면서 열렬히 자기의 간첩행위를 강조한 것을 보면, 그에는 어떠한 포착할 수도 없고 형언할 수도 없는 암영(暗影)이 강력하게 영향되었음은 추단하기에 넉넉한 바 있다. 이 점에 관하여 피고인 양이섭은 원심공판정에서 육군 특무대에서의 허위자백과 검찰 내지 제1심 공판까지의 유지에 관한 경위를 명백하게 폭로시킨 일이 있는데, 이 폭로 진술의 진부(眞否)에 관하여는 이것을 피고인 양이섭이 육군 특무대에서 문초를 받고 있을 당시 자살을 기도하였다는 명확한 사실과 대조하여 볼 때, 그것이 어떠한 강제 우(又)는 기망, 기타 방법에 의하여 임의로 진술한 것이 아니라고 의심할 충분한 이유가 있다고 할 것이다. 또 특무대에서의 허위진술을 기후(其後)에 유지한 것도 또한 기망 기타 방법에 의한 것이라고 판단한 것이 실정에 부합할 것이다. 과연 그렇다면 피고인 양이섭이 이북의 간첩이라는 것은 전연 무근한 일이며, 또 원심에서 거시한 증거만으로는 이것을 단정할 자료가 하나도 없다. 그러함에 불구하고 원심에서 피고인 양이섭을 이북 간첩인 것 같이(불분명하지마는) 인정한 것은 불법이라고 아니할 수 없다.

② 피고인 조봉암과 동 양이섭 간에 이북 괴집의 자금 후원에 관한 완전한 합

의가 있었는가. 이 점에 관한 원판시를 보면 "우리 양인 사이는 피차 과오가 있더라도 고발할 처지가 아니니 말하겠다"고 전제한 다음, 기실은 자기는 남북교역으로 돈을 벌었는데 북에서 전시 박일영을 만나서 동인으로부터 전(前) 동지(同旨)의 지령을 받았고 한 즉, 동 조봉암은 긴장한 얼굴로 약 30분간 침묵하다가 김(양이섭)이 돈을 벌었다면 개인적으로 후원하여 달라고 하므로서 은연히 이를 수락한바"(원 판결문 74항 5행 내지 8행)라고 되어 있고,

또 기후(其後) 다시 "박일영으로부터 받은 지령의 내용을 전한바 동 조봉암은 웃으면서 김(양이섭)이 돈을 벌었다면 개인적으로 원조해 달라는 데 왜 딴소리하는가 하므로, 동 양이섭은 동 조봉암이 승낙하는 줄 알고…"(동 75항 7행 내지 9행)라고 되어있다. 처음에 "개인적으로 후원하여 달라"고 한 것이 "은연히 수락한 것이고", 다음에 "개인적으로 후원해 달라는데 왜 딴소리 하는가"한 것이 "승락"한 것이 된다는 말이다. 참 구구한 표현방법이다.

이에 완전한 의견의 연락 우(又)는 합의가 있었다고 볼 수가 있을까. 남북교역으로 돈 벌었다는 양에게 대하여 "돈 벌었다면 개인적으로 후원해 달라"고 하였다면 괴집 관계에 대하여는 "은연히 수락"한 것이 아니라 도리혀 "은연히 거절"한 것이라고 보는 것이 합리할 것이며, 더욱 "왜 딴소리하는가" 하였다면 "승낙하는 줄 알" 것이 아니라, 단연 거절하면서 책(責)한 것이라고 이해하는 것이 차라리 타당할 것이다. 그러함에도 불구하고 원심은 이 점에 관하여 하등 고려함이 없이 검사의 공소사실 그대로를 사기(寫記)하여 여사히 판시하면서, 그래도 참아 "완전 승락 합의"하였다고는 단정하지 못하였다. 이것은 특무대 이래의 양이섭의 소위 자백이 이와 같이 구차하게 되어있기 때문이다.

'간첩'이라는 생명을 걸고 하는 어마어마한 모의를 하면서 '은연히 수락'하였거나 '수락하는 줄 알었거니'가 어디 당한 말이랴! 명확한 승낙 합의가 없이 어떻게 믿고 일할 수 있을랴! 그러함에 불구하고 특무대 이래의 소위 자백이 이와 같이 구차하게 되어있는 것은 그에 어떠한 무리(無理)가 삽입되어 있음을 규시(窺視)할 수 있다. 자연은 순순하지만 조작에는 무리가 있는 법이다. 피고인 조봉암이

'승낙'하였다는 단순한 사실을 표시하기 위하여, 이와 같이 단계를 나눠서 그럴듯하게 설명하지 않으면 안되게 되는데 무리가 있다. 그렇게 고심 역작하였건마는 그래도 '완전 승락 합의'하였다는 데까지는 도달치 못하고 말았다.

③ 미 본토불 2만 7천 불이 과연 이북 괴집에서 보낸 것이며, 그 전액이 피고인 조봉암에게 교부되었을까. 이 점에 관한 원판시를 보면 "강 모로부터 우 2만 불과 동 피고인이 기히 조봉암에게 전시 선대형식으로 지급한 금원의 일부 변제조 동 불 7천 불을 합한 계 2만 7천 불과 동 조봉암에 선사로 전하라고 주는 녹용 반각[10여량 중(重)]을 받아가지고 월남하여 전화 연락으로 동 조봉암과 함께 경기도 광주군 남한산성에 가서 동인에게 전시 임호의 지령을 전하는 동시에 전시 2만 7천 불을 가져왔다고 말한바, 동 조봉암은 자기로서는 불(弗)을 교환할 수 없으니 한화(韓貨)로 교환하여 주되 지금 돈이 급하니 우선 60만 환만 달라고 하므로, 동 양이섭은 즉시 동불(同弗) 620불을 수교하고 잔(殘) 2만 6천380불은 동년 7월 초순부터 동년 8월 초순까지 사이에 불상인(弗商人) 이정자에 의뢰하여 수차에 걸쳐…, 교부하고"(원판결 84항)라고 되어있다.

즉 피고인 양이섭은 조에게 전하라는 자금조 2만 불과 기히 양이 조에게 선대하였던 것의 변제조 7천 불을 받아서, 기 전부를 조에게 교부하였다는 것이다. 현하(現下)의 세도인심으로 볼 때 이익만을 추구하여 간첩까지 하게 된 피고인 양이섭이, 자기가 받을 7천 불까지 하등 이유 없이 동 조봉암에게 주었다는 것은 수긍할 수 없는 일이라고 아니 할 수 없다. 만약 그것이 양이 평소에 조를 존경한데서 그러한 것이라고 이해할 수 있는 일이라면, 조가 시종일관 주장하는 바와 여히 또 양이 원심에서 공술한 바와 여히, 호협한 양이 평소 존경하는 조의 정치자금으로 사재를 주었다는 점도 이해할 수 있는 일이다.

그런데 양은 원심에서 조에게 1,200만 환을 주었다고 말하고, 조도 역시 "양이섭으로부터 받은 총액이 1,000여만 환에 불과할 것으로 생각합니다"라고 답(기록 제5491장 이면)하였으며, 동 미 본토불의 출처에 대하여 양 피고인은 특무대 이래 이북에서 가지고 왔다고 하던 것을, 원심에서는 중국인 한자방이가 준 것이라고(기록 5491장) 번복 진술한 것은 1건 기록에 의하여 명백한데, 그 어느 말이 진실일까 하는 점에 관하여 생각건대, 첫째, 이북에서 그 반역도로 규정되어 있는 조봉암에게 여사한 대금을 일시에 보내겠는가 의문이며, 둘째, 첩자로서 이북에 왕래하자면 엄밀한 감시를 받는데, 갈 때에 이쪽에서 입던 의복까지 전부 탈의시키고 새 의복을 입혀서 보냈다가 돌아올 때 상륙 시에 그 의복을 벳기고 두고 갔던 의복을 갈아입히기까지 하는 물샐틈 없는 감시하에서, 과연 그러한 대금 뭉치를 숨겨가지고 나올 수 있을까가 더욱 의문이라고 아니할 수 없다.

이 점에 관하여 원심에서 증거로 채택한 증인 엄숙진은, 피고인 양이섭에 대하여는 자기가 엄중한 감시를 하였고, 또 자기도 다시 감시를 받았을 것이라고 말하고, 지어(至於) 금전 용처에까지라도 감시하는 것이라고 말(기록 제4733장 이면)한 점으로 보아 가히 알 일이다. 그와 반대로 자유중국인 한자방이란 자로부터 받았다는 것은 가능한 일이며, 또 양이 조에게 교부하였다는 돈의 지급 방법을 보면 몇백만 환을 일시에 준 일은 한 번도 없다.

원 판결문에 적시된 바를 볼지라도 기(其) (5)(판결문 76항)에는 피고인 양이섭은 박일영으로부터 선대형식으로 선거자금 일부조로 금 5백만 환을 전달하라는 지령을 받고, 월남하여 처음 진보당 사무실 근처에서 액면 금 130만 환의 보수(保手) 1매를, 기 2, 3일 후에 총액 70만 환의 보수 3매를, 기후에 또 총액면 230만 환의 보수 수매를, 또 기후 1주일 후[4289(1956)년 5월 12, 3일경] 사자 조규진을 통하여 현금 70만 환을, 이상 도합 500만 환을 각 교부한 것으로 되어있고, 또 동 (7)(동 78항)에는 선대형식으로 판권 획득비조로 금 500만 환을 전하라는 박일영의 지령을 받고 월남하여, 4289(1956)년 9월 중순경 광릉에서 액면 금 100만 환의 보수 1매, 기후 장녀 조호정을 통하여 현금 50만 환과 액면 50만 환의 보수 1매, 동년 7월 초순경 동녀(同女)를 통하여 현금 50만 환과 액면 50만 환의 보수 1매, 조의 운전수를 통하여 현금 80만 환, 그 후 조 자신에게 액면 120만 환의 보수 1매, 이상 도합 500만 환을 각 교부한 것으로 되어있다.

조의 진술에 의하면 이북에서 온 돈이라는 점만 제외한다면 기 금액 중에는 사실에 부합되는 것도 있고, 또 중복되는 것도 있고, 또 전연 부인하는 것도 있다. 그러나 당시의 전후 2, 3년간에 양으로부터 도합 1,000여만 환의 원조를 받은 것은 시인하는 바이므로, 그것을 걷어 모으고 뜯어고치고 서로 맞춰서 이러한 결산서를 작성한 모양인데, 좌우간 그 지급 방법이 극히 분산적인 점으로 보아, 이것은 차라리 개인적으로 그 사재를 그때그때 형편 되는 대로 교부하였다고 보는 것이 근리할 것이다.

그런데 그다음 동 (8)(동 80항)에는 임호로부터 또 선대형식으로 신문사 판권획득비조로 금 500만 환을 전달하라는 지령을 받고 월남하여, "4290(1957)년 2월 초순까지의 사이에 수회에 긍(亘)하여 보증수표로 동인에게 계 금500만 환을 교부하고"(동 82항 3행 이하)라고 되어있을 뿐으로 상세한 지불내역이 없으며 동 (10)(동 84항)에는 또 임호로부터 "자금조로 미 본토불 2만 불을 전하라"는 지령을 받고 강 모로부터 우 2만 불과 선대금 변제조로 동불(同弗) 7,000불, 합계 2만 7천불을 받아가지고 월남하여, 조에게 남한산성에서 동불(同弗) 620불을 수교하고, 잔(殘) 2만 6,380불은 동년 7월 초순부터 동 8월 사이에 아서원, 회룡사, 우이동, 동구릉, 진관사 등지에서 보수 혹은 마재하 명의의 수표 등으로 계 금 2,400여만 환을 교부하고라고 하였을 뿐으로 이 또한 상세한 지불내역이 없다.

전자에는 잘 되었으나 못되었으나 좌우간 지불항목이 명시되어 있는데, 후자에는 그것조차 전연 없으니, 전자는 약 1,000만 환가량은 사실상 교부된 것을 근거로 하여 적당히 계산서를 작성할 수 있었으나, 후자는 전연 근거할 방도가 없어서 이렇게 도(都) 거리로 합계만 표시한 것이라고 아니할 수 없다. 제1심 공판시 피고인 양이섭은 재판장의 특무대 이래의 조서에 의한 물음에 대하여, 전자에 대하여는 지불 기일까지 명세히 대답하다가 후자에 이르러는 상세한 것은 기억이 없어서 대답할 수 없다고 하기에, 변호인들은 우 양에게 대하여 벌써 상당히 시간이 경과한 전자의 지불계산은 그렇게 자세히 설명할 수 있는 피고인으로서 어찌하여 그것보다 훨씬 후에 일어난 후자의 지불내용은 그렇게도 전부 망각하여 기억이 전무하단 말이냐고 질문한 일이 있었으나, 양은 머리를 숙이고 다만 '그렇게 되었다'고 할 뿐으로 대답하지 못하였다.

이런 점 등등으로 볼 때 전자, 후자를 통하여 도합 약 1,000여만 환 정도는 교부된 것이 사실이나 기여(其余)의 교부 운운은 전연 무근이며, 우 1,000여만 환의 교부도 수년간에 수십 회에 긍(亘)하여 교부된 것으로, 피고인 조봉암은 동 양이섭이 남북교역에 종사하는 줄도 몰랐으니 더욱 "그 돈이 이북에서 가져온 돈인 줄은 모르고 썼습니다"(기록 제5498장 이면)라는 조의 공술이 진실한 것이라고 아니할 수 없다. 사실 진상은 여사함에 불구하고 원심은 상술한 여러 가지 점에 대하여 하등의 고려함이 없이 덮어놓고, 공소장의 이 점에 관한 부분을 또 그에 부합하는 증거도 없이 그대로 인정하였으니 이것은 확실히 불법이다.

또 피고인 조봉암과 동 양이섭에 대한 각 판시 간첩의 점에 관한 원심의 거증을 보면, 하나도 그 판시 사실에 직접 부합되는 것이 없을 뿐 아니라, 기(其) 중 "동 피고인 등이 그 성립과 내용의 진정을 인정하는, 사법경찰관 작성의 공소외 조호정, 동 조규진, 동 이재윤 등에 대한 각 피의자 신문조서 중 차(此)에 부합하는 각 공술 기재"라고 한 것은, 증거로 할 수 없는 것을 증거로 한 것이다. 사법경찰관 작성의 피의자 신문조서는 피고인 또는 변호인이 공판정에서 그 내용을 인정할 때에 한하여 증거로 할 수 있(〈형소법〉 제312조 단서)는데 이 점에 관하여 피고인 등은 "각기 성립은 인정하나 내용은 당 공정에서 각 진술한 바와 저촉되는 부분은 부인"한다고 진술한 것(기록 제5710장 이면)은, 원심 제5회 공판조서에 의하여 분명하다. 그러함에 불구하고 원심은 피고인 등이 그 성립과 내용의 진정을 인정한 것 같이 하여 증거 중에 삽입, 열거하였다.

서상(叙上)한 바에 의하여 명백히 된 바와 여히 원심은 우리 국군 HID의 첩자인 피고인 양이섭을 이북의 간첩이라고 독단하여, 동 양이섭과 동 조봉암과의 사적 관계를 간첩의 공작관계인 양 오해하고, 기간(其間)에 이북 자금후원에 관한 합의가 있는 것 같이 암시하여서, 미 본토불 2만 7천 불이 이북 괴집에서 보낸 것이라고 인정한 것으로, 이것은 판결에 영향을 미칠 중대한 사실의 오인이 있는 것이며, 또 증거에 의하지 않고 사실을 판단한 불법을 범한 것으로 원판결은 이 점에 있어서 파기를 미면할 것이다.

제5점 원심판결은 심리 미진 즉 반드시 심리하여야 할 증거를 조사하지 않고, 불충분한 증거 또는 증거답지 않은 증거에 의하여 만연히 사실을 판단한 위법이 있다.

본건 피고사건의 변호인 등은 피고인 등을 위하여

일(一). 육군 참모총장에게 대하여

4289(1956)년 2월 하순경부터 동 4290(1957)년 9월 하순경까지의 간에 육군첩보부대 첩보자로서 9차에 긍(亘)하여 북한 연백군 석포리 소재 삼육공사에 내왕한 당시 피고인 양이섭이가 제출한 ① 귀환보고서, ② 삼육공사 발행의 수령물품 목록 전부,

이(二). 주한 중화민국 대사에게 대하여

4290(1957)년 3, 4, 5, 6월간에 대만 거주 중국인 한자방이란 자가 입국한 사실이 있는가의 여부,

삼(三). 현장검증

① 육군 특무대 본부감방 의무실 및 동 근방 소재 태평양 여관, ② 인천HID 본부 및 동 지정 숙소, ③ 서울형무소 감방 및 의무실,

사(四). 취기

① 육군 특무대 본부에 보관 중인 피고인 양이섭의 진술녹음 테프, ② 4290(1957)년 11월 25일자 국토통일추진을 위한 행동통일체 구성에 관한 제의문을 자유, 민주 양당에 보낸 것,

오(五). 증인으로 장성팔, 엄숙진, 김동혁, 김봉한, 이정자, 조문자, 김준식, 조규진, 김귀녀, 정시마, 김재봉, 변영태, 오재경, 오영진, 여운홍, 조봉행, 박도영, 박철규, 고영섭 등의 각 신문 등의 증거 조사를 신청한 것은 1건 기록(원심 제5회 공판조서 기록 제5711장 내지 5714장)에 의하여 명료한바 이에 대하여

원심은 우 일(一)의 ①, ② 급(及) 증인 엄숙진, 김동혁, 김봉한, 이정자, 김준식, 김재봉, 고영섭, 박도영을 환문할 것을 각 채택 결정하고, 기 이여(爾余)의 각 신청에 대하여는 보류하기로 결정하고, 제6회 공판 기일[4291(1958)년 9월 25일]에 증인 김동혁, 김봉한, 이정자, 김준식, 박도영, 고영섭, 김재봉 등만을 신문하였을 뿐으로, 전기 보류 중인 각 증거 신청은 차(此)를 각하하고 기히 결정하였든 증인 엄숙진의 환문은 차를 철회한다고 선(宣)하고, 그 다음 7회 공판 시에는 재판장은 "종전에 채탁하였든 증거, 조사 중 외무부 장관을 통하여, 관계 외국공관에 중국인 한자방이가 한국에 체류하였든 여부를 조사 제출시키기로 하였던 건은, 사정에 의하여 차(此)를 철회 각하할지를 결정한 후 사실심리 및 증거 조사를 종료할지를 선(宣)(기록 제5875장)하므로, 관계 각 변호인 등은 "한자방에 대한 조사와 양이섭이가 인천 HID에 제출 보고한 귀환보고서 및 삼육공사 발행의 수령물품 목록의 조사는 진상을 규명함에 있어서 필요불가결의 것이라고 인정되는바 다시 동 조사를 하여 줄 것을 신청"하였는데,

이에 대하여 재판장은 합의 후 차를 각하하므로 피고인 전원 급(及) 변호인 일동은 부득이 재판부 전원에 대하여 기피를 신청하기에 지(至)한 것은 1건 기록에 의하여 명백하다. 원래 각 변호인 등이 우기 증거 신청을 하는데 있어서는, 신중에 신중을 기하여 사건의 진상을 파악하는데 불가결한 것만을 엄선 신청하였던 것이다. 더욱 피고인 양이섭의 원심에서의 공술이 종래의 것을 완전히 번복하기에 지하자, 당시의 상태로서는 재판소가 채증하는데 있어서 제1심 이전의 공술과 원심에서의 공술 중 그 어느 하나를 채택하자면, 그에 가장 합리적이며 타당성 있는 보강증거가 없이는 불가능할 것을 고려하여, 변호인 등은 분외(分外)의 성의를 다하여 입회 검사에게 진정으로 정확한 진상을 파악하기 위하여, 특무대에서 피고인 양이섭을 담당 문초한 고영섭을 증인으로 신청할 것을 종용한 일까지 있었는데, 검사는 차(此)에 불응하므로 변호인 측은 진실규명을 위하여 확실히 피고인 등에게 불리한 공술이 있을 것을 예기(豫期)하면서도 증인 고영섭의 환문을 신청하는 동시에, 또 그와 입장을 달리하는 엄숙진, 정시마 등(피고인 양이섭의 남북왕래 시의 사실을 누구보다도 잘 알고 있는 자) 신문을 요청하였더니,

증인 고영섭은 환문하였으나, 동시에 결정하였든 증인 엄숙진은 제6회 공판일에 공판정에 출두까지 하였든 것을 신문하지 않고 기(其) 환문(還問) 결정을 취소

하였을 뿐 아니라, 우 일(一)의 ①, ②와 중국인 한자방에 관한 조회는 피고인 조봉암, 양이섭의 간첩에 관한 판시 사실에 대한 판단에 있어서는 결정적인 영향을 미칠 절대 필요 사(事)임에 불구하고 이를 무조건 취소하여 버렸다. 피고인으로서 제1심까지의 진술을 제2심에서 완전히 번복하여 반대의 진술을 하였을 경우에, 다른 방증이 없는 한 그 어느 것도 신빙할 수 없게 될 것이므로 이러한 경우는 재판소는 그 진실을 발견하기 위하여 넓게 방증을 조사하여 확호한 심증을 얻기에 노력하여야 할 것이다.

전기 증거신청은 여사한 사태에 도달한 본건 피고사건의 심리에 있어서 절대 필요불가결한 증거자료들이다. 그러함에 불구하고 원심은 시등(是等) 필요불가결한 증거의 조사를 하지 않고 이미 결정하였던 증거까지 철회, 우(又)는 취소한 후 만연히 또 덮어놓고 공소장 기재 그대로의 사실을 인정한 원심판결에는 확실히 심리미진, 즉 반드시 심리하여야 할 증거를 조사하지 않고 불충분한 증거 또는 증거답지 않은 증거에 의하여 만연히 사실을 판단한 위법이 있다고 아니할 수 없다.

제6점 원판결은 자유의 증거능력에 관한 법리를 오해하여 증거법칙을 위배한 것으로 그 위법은 판결에 영향을 미칠 것이 분명하므로 결국 파기를 미면할 것이다.

원심은 기(其) 판결에 있어서 피고인 조봉암과 동 양이섭의 각 판시 간첩의 점에 관한 증거로서 여러 가지 항목을 열기(列記)하여 있지만, 제1심 공판조서 중 피고인 양이섭의 공술 부분 이외에는 아무것도 기(其) 판시에 직접 부합되는 공술 기재는 하나도 없다. 그러므로 원심은 그 제1심 각회 공판조서 중 피고인 양이섭의 차(此)에 대한 공술 기재를 유일한 증거로 하여 판결한 셈이다. 판시 사실에 부합치 않는 1,100개의 공술 기재를 나열한다고 할지라도 그것은 증거가 될 수 없기 때문이다.

즉 원심판결은 제1심 각 공판조서 중에 나타나 있는 동 양이섭의 자백을 유일한 증거로 하였다. 동 양이섭은 제1심 공판 시까지의 자백에 대하여 원심에서 완전히 차(此)를 번복하여 정반대의 진술을 한 것은 1건 기록에 의하여 명백한바, 원심에서는 원심에서의 동인의 공술내용은 조신(措信)하지 않고 제1심에서의 자백을 증거로 한 것이다. 원래 범죄사실이라는 것은 범죄자 본인 즉 피고인이 가장 그 진상을 잘 알고 있는 것이다. 그러므로 피고인 자백이란 단죄자료에 있어서 가장 중요한 위치를 차지하여야 할 것은 물론이다.

그러나 우리 인류의 역사상 경험에 의하여 피고인의 자백이 반드시 진실에 부합되지 않는 경우도 있음을 알게 된 현대에 있어서는, 세계 각국에서 형사증거법에 있어서 자백의 증거능력에 대하여 여러 가지 제도를 가하게 되었다. 이러한 세계적인 사조에 처하여 아국 〈형사소송법〉 제310조에도 "피고인의 자백이 피고인에 불이익한 유일의 증거인 때에는 이를 유죄의 증거로 하지 못한다"라고 규정하였다. 이것은 공판정의 자백을 포함하는 기 이전의 일체의 자백을 지칭하는 것이다. 그러므로 제1심 공판정에 있어서의 피고인의 공술(자백)은 독립해서 완전한 증거능력을 갖지 못함으로 유죄로 인정함에는 다른 보강증거를 필요로 하는 것이다.

유시관지 본건에 있어서 하등 보강증거가 없는 피고인 양이섭의 자백 더욱 제1심 공판정에서 자백을 유일의 증거로 한 원심판결은 채증법칙에 위반한 것이라고 아니할 수 없다. 그러나 공범자의 자백은 상호의 보강증거가 될 수 있는 것임으로 본인의 공판정에서의 자백과 타 공범자의 자백을 보강증거로 하여 유죄의 인정을 하는 것은 무방할 것이다. 그러나 본인의 자백이 없이 타 공범자의 자백만을 유일한 증거로 하여 유죄를 인정함은 허용할 수 없는 일이다. 그러므로 본건에 있어서의 피고인 양이섭의 제1심에서의 자백만을 유일한 증거로 하여 동 조봉암의 범죄사실을 유죄로 인정할 수는 없는 것이다.

더구나 피고인 양이섭의 제1심 공판 시까지의 자백이란 것은 전에 기술한 바와 여히 폭행 협박 또는 기망, 기타의 방법에 의하여 임의로 진술한 것이 아니라고 의심할 이유가 있는 본건에 있어서는, 이를 유죄의 증거로 하지 못할 것은 〈형사소송법〉 제309조에 명시되어 있는 바와 같다. 법령의 규정이 이와 같이 소연(昭然)함에 불구하고, 원심 피고인 양이섭이 이북의 간첩이라는 점, 양이 조에게 이북의 지령을 전달하고 이북에서 공작자금을 갖다가 조에게 교부하였다는 점 등에 관한 증거는, 양이섭의 제1심 공판 시까지의 공술 이외에 다른 것이 전무한 본건에 있어서, 양이 우리 HID의 첩자라는 점을 제외하고도 그가 남북교역차 이북에 왕래한 사실, 조가 양으로부터 금전상의 원조를 받았다는 사실, 양이 미 본토불을 소지하고, 또는 교환한 일이 있었다는 사실은 범죄를 구성할 수 없을 뿐 아니라, 또 보강증거가 될 수도 없는 성질의 것이니 무엇으로서 본건을 유죄로 판단할 수 있으랴.

그러함에 불구하고 원심은 이에 관하여 깊이 고려함이 없이 공범자인 양이섭의 제1심 공판정에서의 자백을 유일한 증거로 하여 피고인 조봉암을 유죄로 판단하였으니, 이것은 원심의 자백의 증거능력에 관한 법리를 오해하여 증거법칙을 위배한 것으로, 그 위법은 판결에 영향을 미치는 것이 분명하므로 원판결은 파기를 미면할 것이다
함에 있고

피고인 전세룡의 변호인 신태악의 상고이유는

제1점 원심판결은 기록에 의하지 않고 판결한 불법을 범한 것으로 이 점에서 파기를 미면할 것이다. 피고인의 범죄사실이라고 하여 원심에서 적시한 (1)은 결국 진보당의 조직이 〈국가보안법〉 위반의 대상이 되느냐 안되느냐에 따라서 유죄냐 무죄냐가 결정될 문제이다. 진보당은 결코 원심 판시와 여히 국헌에 위배하여 정부를 참칭하는 북한 괴뢰집단에 부수하여 국가를 변란할 목적으로 조직된 집단은 아니다. 이 점에 관한 원판결의 부당성에 대하여는 상(相) 피고인 조봉암의 상고이유서 제1, 2, 3점의 기재 내용을 원용하는 바이며, 기(其) 이하 (2) 내지 (12)의 판시 사실은, 우 진보당의 성격에 관한 오해가 풀리는 날 동시에 그 불법성이 빙해되고 말 것이나, 피고인으로서는 추호도 반국가적 행위에 대한 범의가 없은 것은 동 피고인의 원심공판정에서의 진술 즉 피고인은 원심에서 대개 공소장 기재사실에 대하여 그러한 사실이 있는 것은 인정하면서도, 시종일관 "진보당은 반공적이며 사회적 민주주의를 지향하는 정당이 틀림없으며 국가를 변란할

목적으로 결성한 정당이 않입니다"라고 답(기록 제595장)하였고, 또 "그것이 법에 저촉되는 것으로는 생각하지 않습니다"라고 답한 점 등으로 볼지라도 가히 알 일이다.

그러함에 불구하고 원심은 피고인에 대하여 최중(最重)한 판시 중앙당에서의 지도적 임무 종사죄의 형에 경합 가중한 형기범위 내에서 징역 2년에 처한다고 판결하였다. 그러나 원심은 피고인의 범의에 관하여 명확한 증거를 제시한 것이 없다. 원판결에서 〈국가보안법〉 위반의 점에 관하여 상(相) 피고인 조봉암 이하 각 피고인 등의 각 판시 사실에 대하여 도거리로 거시한 증거 중에는 하나도 피고인에 대한 판시 사실을 직접 입증할 자료는 없다. 결국 피고인에 대한 〈국가보안법〉 위반의 점에 관한 판결은, 증거에 의하지 않고 판시한 불법을 범한 것이 분명하므로 원판결은 이 점에 있어서 파기를 미면할 것이다.

제2점 원판결에는 증거로 할 수 없는 것을 증거로 하여 사실을 판단한 불법이 있어서 판결에 영향 됨이 크다고 할 것으로 결국 파기하여야 할 것이다. 피고인에 대한 판시 (13)과 (14)의 사실을 입증하기 위하여 거시한 증거 중에는, "동 피고인 등이 기 성립과 내용의 진정을 인정하는 사법경찰관 작성의 동인 등에 대한 각 피의자 신문조서에 차(此)에 부합하는 공술 기재"라는 것이 있는데, 우 사법경찰관 작성의 조서에 관하여 원심에서 각 피고인 등이 일치하여 기 내용을 부인(기록 5710장 이면)한 것은 1건 기록에 의하여 명백한데, 원심은 덮어놓고 피고인 등이 기 성립과 내용의 진정을 인정한 것 같이 판시하고, 그리하여 이것을 증거로 하였으니 이것은 〈형사소송법〉 제312조 단서의 위반이므로, 따라서 원판결에는 증거로 할 수 없는 것을 증거로 하여 사실을 판단한 불법이 있다고 할 것이다 함에 있고

피고인 양이섭의 변호인 김봉환의 상고이유는

원판결은 판결문 69정(丁) 이하에서, 제20 동 조봉암과 동 양이섭은 전현(前顕)

상해 거주 시부터 친하던 중, 특히 전현 신의주형무소에서 약 1년간 같이 복역한 이래 더욱 친하게 되었는바,

(1) 동 양이섭은 전현 강원도 속초 거주시인 동 4288(1955)년 3월 일자미상 과거 평양에서 알던 공소외 김동혁으로부터 '이북에서 피고인의 처가 왔으니 빨리 상경하라'는 서신을 받고, 즉시 상경하여 동 시내 국도극장 부근 옥호 미상 다방에서 동인을 만나, 동인으로부터 '기실 피고인의 처가 온 것이 아니라 자기는 미군 첩보선을 타고 남북교역을 하는데 북한 괴뢰의 대남교역사인 선일사(일명 삼육공사) 책인 김난주가 피고인을 만나고 싶다고 하면서 차회(次回) 월북시 동행하라고 한다'는 말을 듣고,

동 김난주는 피고인이 과거 신의주 거주 시 친하였음으로 동 김난주의 후원을 받어 남북교역을 하여 볼 생각으로 차(此)를 승낙하고, 동일은 우선 양인(兩人)이 만났다는 사실을 동 김난주에게 알리기 위하여 동 시내 빠고다 공원에서 사진을 찍은 다음, 동 김동혁이가 이북에 갔다가 와서 다시 월북할 시 동행하기로 약속하고, 일단 전시 속초로 귀환하였다가 20일 후 다시 상경하여 동인을 만나서(주 1차 월북 시), 동년 5월 중순경 동인과 함께 미군 첩보기관 해상공작 루트로 목선으로 인천 출발, 보음포 경유 약 9시간 후 황해도 연백군 돌개포에 도착하여 즉시 동소 소재 전시 선일사 직원의 안내로 약 3월간 동사(同社) 숙사에 체류하고, 다시 동사 직원 황 모의 안내로 약 50미상(米相) 거(距)되는 숙소에 가서 전시 김난주를 만나, 그간의 소식을 교환하면서 약 1시간 20분간 한담하고, 다시 동인의 안내로 동소 별실에 가서 박일영을 만났는바, 동인은 괴집 수상 김일성의 직속으로서 막부공산정보학교를 마치고, 해방 후 소련군 중위로써 동 김일성과 함께 귀국하여 노동당 평북도당 위원장과 괴집 내무성 제1부상을 거처 노동당 중앙당 정보위원회 부위원장의 직에 있으며, 동 피고인이 과거 신의주에서 건국무역사를 경영할 시 친하였는데, 동 피고인은 동인의 질문에 대하여, 자기는 1·4후퇴 시 신병으로 인하여 월남하게 되었다. 남한도 많이 복구되었다. 근간 전시 조봉암을 만나 본 바 없으나 지상(紙上)을 통하여 본 즉 동인은 서울에서 정당운동을 하는 것 같다고 답하고,

동 박일영은 북한의 복구상을 말하는 동시에, 앞으로 전시 김난주와 함께 남북 교역 사업을 하라. 상사(商社)는 전시 삼육공사로 하고 남한에서 가저 올 물자는 신문 잡지 등 위험한 물건을 피하여 시계, 의약품, 라디오, 가방, 우의 등으로 하고, 북한에서 가져갈 물자는 모루히네 등 마약과 한약재로 하라. 자금은 북한에서 선대한다고 하므로 장차 간첩의 사명이 부과될 것을 예견하면서 이를 승낙하고, 동경(同頃) 교역자금 조로 모루히네 2천, 시가 약 250만 환 상당을 받어가지고 전시 김동혁과 함께 전시 루트로 월남하였다가(주 2차 월북 시), 동년 6월 중순경 의약품 등 시가 약 200만 환 상당의 물자를 구입하여 가지고, 전 동 방법으로 월북하여 전시 돌개포 숙소에서 전시 김난주와 박일영을 만나서, 동 박일영으로부터 금차 월남하면 전시 조봉암이가 하는 신당운동의 내용과 그의 사생활을 상세히 조사하여 오라는 지령을 받고, 수일 후 한약재 등 시가 300만 환 상당의 물자를 받어가지고 월남하여(주 3차 월북 시), 동년 7월경 의약품 등 시가 약 300만 환 상당의 물자를 구입하여 가지고 전 동 방법으로 월북하여 전 동소에서 전시 박일영을 만나 동인에게 전시 조봉암의 주소와 전화번호를 비롯하여, 동인이 민주당 창당운동에서 제외되어 신당의 조직을 추진하고 있다는 보고를 하고

(2) 동 양이섭은 동 석상에서 박일영으로부터 금차 월남하면 동 조봉암을 직접 만나서 좀 더 자세히 알아보라, 동인이 서상일과 합작한다고 하니 그 경위와 내용을 자세히 알어오라는 지령을 받고, 수일 후 품명 미상, 시가 약 300만 환 상당의 물자를 받어가지고 전 동 방법으로 월남하였는바, 전시 김동혁이가 마약 불법소지 관계로 경찰에 피검되어 전시 루트를 이용하지 못하게 되었음으로, 과거 미군 첩보기관에 종사한 바 있는 공소외 엄숙진의 알선으로(주 4차 월북 시), 동 4289(1956)년 3월 페니시링, 시계 등 시가 약 100만 환의 물자를 구입하여 가지고, 인천시 소재 육군 HID 첩보선인 서해안 휴전선 루트로 월북하여 전시 돌개포에 이르러 전시 삼육공사 직원의 알선으로 전시 박일영을 만나, 동인에게 기간(其間) 김동혁의 사고로 인하여 오지 못한 경위와 동 조봉암이 진보당창당추진위원회를 조직하여 활약하고 있다는 지를 보고하고,

(3) 동 양이섭은 동 석상에서 동 박일영으로부터, 금차 월남하면 동 조봉암을

만나서 박일영이란 인물을 소개하고, 북에서 전에는 동 조봉암을 나쁘게 생각하였으나 박헌영이 숙청당할 시 자기가 조봉암을 출당시킨 것은 잘못이였음을 고백하였을 뿐 아니라, 현재 북에서는 조봉암과 합작할 용의가 있으니 남한과 현정권을 전복시키기 위하여 평화통일이란 공동 목표로 합작하자는 말을 전하라. 조봉암이가 5·15정부통령선거 시 대통령에 입후보하면 재정적으로 후원한다고 전하라는 지령을 받고, 동경(同頃) 전시 삼육공사 돌개포책 한광으로부터 모루히네 2천, 인삼 등 시가 300여만 환의 물자를 받어가지고 남하하여, 동년 3월 10일경 오후 6시경 전화 연락으로 서울특별시 중구 퇴계로 소재 로타리에서 동 조봉암을 만나, 동구(同區) 남산동 소재 무허가 음식점으로 가서 동인에게 우리 양인 사이는 피차 과오가 있더라도 고발할 처지가 아니니 말하겠다고 전제한 다음, 기실 자기는 남북교역으로 돈을 벌었는데 북에서 전시 박일영을 만나서 동인으로부터 전 동지(同旨)의 지령을 받었다고 한 즉, 동 조봉암은 긴장한 얼굴로 약 30분간 침묵하다가 김(양이섭)이 돈을 벌었다면 개인적으로 원조하여 달라고 함으로써, 은연히 차(此)를 수락한 바(주 5차 월북 시), 동 양이섭을 동년 3월 하순경 의약품 등 시가 100여만 환의 물자를 구입하여 가지고 전 동 방법으로 월북하여 전 동소(同所)에서 전 동 박일영을 만나, 동인에게 전시 조봉암과의 회담 내용과 진보당에서는 정부통령 선거위원회를 구성하고, '평화통일을 실현한다. 피해대중은 단결하라' 등을 구호로 내세우고 있다는 지를 보고하고,

(4) 동 양이섭은 동 석상에서 동 박일영으로부터, '양과 조가 오래간만에 만났으니 조가 경계할 것이다. 진보당에서 평화통일을 내세웠으니 대단히 반갑다. 평화통일은 북에서도 내세웠으니 앞으로 널리 평화통일을 선전하여 일반 대중에게 주입하도록 전하라. 남한의 현정세로 보아서 조봉암이가 대통령으로 당선될 것 갔지 않으나 그 정치투쟁을 강화하는데 가치가 있으니 북에서도 선거자금을 원조한다고 전하라'는 지령을 받고, 수일 후 한약재 등 시가 350만 환의 물자를 받어가지고 월남하여, 동년 4월 전시 남산동 소재 무허가 음식점에서 동 조봉암을 만나, 동인에게 전시 박일영으로부터 받은 지령의 내용을 전한바, 동 조봉암은 웃으면서 김(양이섭)이 돈을 벌었다면 개인적으로 원조해 달라는 데 왜 딴소리를 하는가 함으로, 동 양이섭은 동 조봉암이 승낙하는 줄 알고 선거자금은 얼마나

드는가고 무른바, 동 조봉암이 약 2억 환 있으면 족하다고 답하므로, 동 양이섭은 그 지(旨)를 전시 박일영에게 전달할 것을 약속한 후(주 6차 월북 시), 동년 4월 의약품 등 시가 160만 환 상당의 물자를 구입하여 가지고, 전 동 방법으로 월북하여 전시 돌개포에서 전시 박일영을 만나 동인에게 전시 동 조봉암과의 회담 내용을 보고하고,

(5) 동 양이섭은 동 석상에서 동 박일영으로부터, '남한의 현 정세로 보아서 동 조봉암이가 대통령으로 당선되기는 기대하기 어려우나 정치 경험을 쌓기 위하여 강력히 선거운동을 추진하는 동시에 적극적으로 평화통일을 선전하도록 하라. 금차 월남하면 우선 선대 형식으로 동인에게 선거자금 일부조로 금 500만 환을 전달하고 그의 승리를 빈다고 전하라'는 지령을 받고, 기경(其頃) 약 600만 환 상당의 한약재를 받어 가지고 월남하여, 기경 전화 연결으로 동시(同市) 을지로 소재 아서원에서, 동 조봉암을 만나 동인에게 전시 박일영의 지령을 전하는 동시에, 물자가 처분되는 데로 금 500만 환을 주겠다고 한바 동 조봉암은 고맙다. 돈이 급하니 빨리 달라고 함으로, 동 양이섭은 동 조봉암에게 약 1주일 후 동시(同市) 양동 소재 전시 진보당 중앙당 사무실 근처에서 액면 130만 환의 보증수표 1매를, 기 2, 3일 후 동시(同市) 태평로 노상에서 동 조봉암의 찦차 내에서 총액 70만 환의 보증수표 3매를, 동경 전시 아서원에서 총 액면 230만 환의 보증수표 수매를, 기 약 1주일 후(동년 5월 12, 3일경) 동시(同市) 사직공원에서 동인의 사자 조규진을 통하여 현금 70만 환(이상 도합 500만 환)을 각 교부하고(주 7차 월북 시), 동년 6월 하순경 의약품 등 시가 100여만 환 상당의 물자를 구입하여 가지고 전동 방법으로 월북하여, 전시 돌개포에서 전시 박일영을 만나 동인에게 우 조봉암과의 회담 내용과 동인에게 금 500만 환을 전달한 사실, 5 · 15정부통령선거 시 신익희(야당인 민주당 공천 대통령입후보자)가 사망한 까닭에 동 조봉암이가 동정표를 많이 얻어서 약 200만 표를 획득하였다는 지(旨), 신당조직추진운동에 있어서 동 조봉암과 공소외 서상일파가 대립하여 알력이 생하였다는 등을 보고하고,

(6) 동 양이섭은 동 석상에서 동 박일영으로부터, '이제는 선거도 끝났으니 빨리 창당하도록 하라. 정당은 기관지가 필요하니 속히 일간신문지 판권을 획득하여

평화통일 노선을 적극 추진하도록 하라. 그 운영자금은 전적으로 원조할 터이니 전하라' 등의 지령을 받고, 수일 후 인삼, 한약재 등 시가 500만 환 상당의 물자를 받어 가지고 월남하여, 기경(其頃) 전시 아서원에서 동 조봉암을 만나 동인에게 동 박일영의 우 지령을 전한바, 동 조봉암은 그렇지 않어도 신문사가 필요하여서 알어 보았더니 『대동신문』의 판권을 인수할 수 있으나 판권 인수조로 500만 환이 필요하고 기외에 운영비 2,000만 환이 필요하고 진보당은 동년 11월경 창당될 것이라고 답하고, 동 양이섭은(주 8차 월북 시) 기후 동년 8월 말경 시계, 의약품 등 시가 100여만 환 상당의 물자를 구입하여 가지고 전 동 방법으로 월북하여 전시 한광의 안내로 서평양 소재 아지트에 이르러 전시 정보위원회 부부장이며 대남정당 책임자인 최(崔) 모, 동 과장 조 모, 동 과내 진보당 책임자 강 모 등 입회하에 전시 박일영에게 동 조봉암과의 회담 내용을 보고하고,

(7) 동 양이섭은 동 석상에서 동 박일영으로부터, '금반 월남하면 동 조봉암에게 선대 형식으로 판권획득비 조로 금 500만 환을 전하라. 그 외의 비용도 일체 책임지겠으니 빨리 판권을 획득하도록 전하라' 등의 지령을 받고, 익일 동 박일영은 임춘추를 다리고 와서 동인을 소개하면서 자기는 다른 직장으로 전직될지도 모르니 금후는 동 임춘추와 연락하라고 지시하고, 그 시(時) 동 임춘추는 동석에서 동 조봉암에게 선사한다고 하면서 백삼 3근을 수교하므로, 차(此)를 수(收)한 후 전시 돌개포로 귀환하여 모루히네, 녹용 등 시가 약 700만 환 상당의 물자를 받어가지고 월남하여, 동년 9월 중순경 전화 연락으로 동 조봉암과 함께 소풍을 가장하여 전시 광릉에 가서 동인에게 동 박일영의 지령을 전하는 동시에, 동 임춘추가 백삼 3근을 선사하기에 가져왔다고 말한바, 동 조봉암은 대단히 감사하다, 판권획득은 계속 노력한다고 답하므로, 동 양이섭은 동인에게 동소에서 액면 100만 환의 보증수표 1매를 교부하고, 기후 전화 연락으로 동경(同頃) 동인에게 동시(同市) 성동구 약수동 로타리에서 동인의 장녀 조호정을 통하여 현금 50만 환과 액면 50만 환의 보증수표 1매를, 동년 10월 초순경 동소에서 동 조봉암의 사자인 찦차 운전수 이재윤을 통하여 현금 80만 환을, 동경(頃) 동시(同市) 퇴계로에서 전시 이재윤을 통하여 전시 백삼 3근을 교부하고, 동 조봉암은 동년 11월 하순경 전시 아서원에서 동 양이섭을 만나 동인에게 판권획득비 조로 받은 전시

500만 환은 전시 진보당 결당비에 전부 소비하였으니 판권획득비로 다시 500만 환을 보내달라고 하는 동시에, '백삼을 보내주어서 감사하다. 사업은 잘되고 있는데 앞으로도 잘 될 것이니 후원하여 주기를 바란다'는 지의 편지를 써서 수교(手交)하고, 동 양이섭은(주 9차 월북 시) 동경 의약품 등 시가 100여만 환 상당의 물자를 구입하여 가지고 전 동 방법으로 월북하여, 전시 한광의 안내로 평양 아지트에 이르러 전시 박일영으로부터, 자기는 알바니아 대사로 가게 되었으니 금후는 새로 정보위원회 부위원장으로 취임한 임호(일명 임해 전 괴집 주소대사)와 연락하라는 지령을 받고, 그 익일 동인은 동 임호를 데리고 와서 소개하므로 동 임호에게, 진보당은 동년 11월 10일 창당되었는데 동 조봉암이가 그 중앙당 위원장에 취임하여 평화통일을 당 구호로 내세웠다는 것과 동 조봉암이가 판권획득비로 금 500만 환을 요구한다는 것을 보고하는 동시에 전시 조봉암의 편지를 수교하고,

(8) 동 양이섭은 동 석상에서 동 임호로부터, '진보당의 결당 사실은 이미 신문을 통하여 알고 있다. 입장 인원은 800명이라 하나 기실 1,000명 이상 될 것이다. 평화통일을 구호로 하여 발당하였으니 대단히 반가운 일이다. 앞으로 진보당의 조직을 강화하여 평화통일을 선전하도록 하라. 진보당의 조직상황을 알고 싶으니 차회 월북 시 그에 관한 문건을 가져오라. 빨리 신문사를 경영하도록 하라. 우리가 무전으로 도취한 바에 의하면 김종원 치안국장이 무전으로 전국 경찰국장에게 진보당의 동향을 엄중 감시하라고 지시하였으니 주의하도록 하라. 선대 형식으로 신문사 판권획득비조로 금 500만 환을 전달하라는 지령을 받고 동인에게 앞으로 쌍방이 직접 사람을 교환하라'고 제의한바, 동인은 그러면 동 조봉암에게 '북에서 사람을 보내도 환영하겠는가'를 물어보라고 하면서, 「우리도 잘있다. 우리 사업도 잘되어간다. 사업이 잘되기 바란다. 앞으로 후원하겠다. 임」이란 편지를 수교하므로, 차(此)를 수취하고 3일 후 한약재 등 시가 700만 환 상당의 물자를 받어가지고 전시 돌개포 경유 월남하여, 전화 연락으로 동 조봉암과 함께 소풍을 가장하여 서울시외 우이동에 가서 동인에게 전시 임호의 지령과 편지를 전한바, 동 조봉암은 고맙다 수고하였다 하면서 '북과 사람을 교환하는 것은 무방하다. 나도 김종원 치안국장의 전시 무전건을 알고 있으며 그 문건도 가지고 있으

니 후에 보여주겠다. 진보당의 조직사업에 관한 문건도 준비할 터이니 월북할 시 가지고 가라'고 하므로 동 양이섭은 물품이 처분되는 데로 금 500만 환을 주겠다고 약속하고, 그경부터 동 4290(1957)년 2월 초순경까지 사이에 수회에 긍(亘)하여 보증수표로 동인에 계 금 500만 환을 교부하고, 기후(其後) 동 조봉암은 동 4290(1957)년 2월 일자 미상 전시 아서원에서, 동 양이섭에게 전시 진보당 중앙당 위원명단, 동 상임위원 명단, 동당의 선언, 강령, 정책, 당헌이란 책자 등을 익일 아침 전시(前示) 약수동 로타리에서, 전시 이재윤을 통하여 동인에게 김종원 치안국장이 전국 경찰국장에게 진보당의 동향을 감시하라는 무전 지시 사본을 각 교부하고, 동 양이섭은(주 10차 월북 시) 동경(同頃) 의약품 등 시가 100여만 환의 물자를 구입하여 가지고 전 동 방법으로 월북하여 전시 한광의 안내로 평양 소재 아지트에 이르러 전시 대남 정당책임자인 최 모, 조 모 등에게 전시 조봉암과의 회담 내용을 보고하는 동시에 전시 당조직 문건과 무전 사본을 교부하고,

(9) 동 양이섭은 동 석상에서 동 최 모로부터, '조속히 신문사를 경영하도록 하라. 진보당의 조직을 강화하는 동시에 문호를 개방하여 혁신세력을 규합하여 연합전선을 추진하도록 하라. 미군철수를 주장하도록 하라'는 지령을 받고, 동경(同頃) 품명 미상 시가 약 500만 환 상당의 물자를 받어가지고 전 동 방법으로 월남하여, 2, 3일 후 전시 아서원에서 동 조봉암을 만나 동인에게 우 최 모의 지령을 전한바, 동 조봉암은 '아직 진보당의 토대가 공고하지 못하니 미군 철수 주장은 시기상조이고 야당 연합은 잘못하면 민주당에게 넘어갈 염려가 있으니 앞으로 시기를 보아야 하고, 『대동신문』 판권획득은 실패로 돌아갔으나 앞으로 월간 『중앙정치』지의 판권을 획득할 수 있다'고 말하고, 기후 누차 자금이 부족하니 좀 더 가져오라고 하므로 동 양이섭은 항상 말로만 돈을 달라기 곤란하니 직접 편지를 써달라고 하여 오던 중, 동년 5월 하순경 전시 아서원에서 동 조봉암으로부터 '사업이 잘되기는 하나 경제적 곤란으로 지장이 많으니 좀 더 원조해달라'는 자필 서한과 전시 선사의 답례로 주는 파카 만년필 3본, 진보당 지방당부 간부명단 1매, 동당 대구시당 간부 예정자 명단 1매 등을 받고(주 11차 월북 시), 기경 전 동 방법으로 월북하여 전시 한광의 안내로 평양 아지트에 이르러 전시 임호, 강 모, 최 모 등을 만나서 동인 등에게 전동 조봉암과의 회담 내용을 보고하는 동시에 전시

편지 문건, 만년필 2본(1본은 분실) 등을 수교하고, 동 양이섭은 동석에서 동 임호로부터, '진보당의 기관지는 다른 방면으로 알어보라. 전시 『중앙정치』지를 발간하면 보내라. 평화통일을 계속 선전하라. 야당 연합운동과 미군철수 운동을 추진하라. 지방당부 발전상황에 관한 문건을 보내라. 자금조로 미 본토불 2만 불을 전하라'는 지령을 받고 5일 후 전시 강 모로부터 우 2만 불과 동 피고인이 기히 동 조봉암에게 전시 선대 형식으로 지급한 금원(金員)의 일부 변제조 동불 7천 불을 합한 계 2만 7천 불과 동 조봉암에게 선사로 전하라고 주는 녹용 반각(10여 량 중)을 받어가지고, 그경 월남하여 전화 연락으로 동 조봉암과 함께 경기도 광주군 남한산성에 가서 동인에게 전시 임호의 지령을 전하는 동시에 전시 2만 7천 불을 가져왔다고 말한 바, 동 조봉암은 자기로서는 불(弗)을 교환할 수 없으니 한화로 교환하여 주되 지금 돈이 급하니 우선 60만 환만 달라고 하므로, 동 양이섭은 즉시 동불 620불을 수교하고 잔 2만 6,380불은 동년 7월 초순경부터 동년 8월 초순까지 사이에 불(弗) 상인 이정자에 의뢰하여 수차에 걸처 평균 900 대 1로 환화하여, 전시 아서원, 회룡사, 우이동, 동구릉, 진관사 등지에서 보증수표 공소외 마재하 명의의 수표 등으로 계 금 2,400여만 환을 교부하고, 동 조봉암은 동년 9월 중순경 전시 『중앙정치』지의 판권을 획득하여 그경 동지(同紙) 10월호를 창간하고, 그경 전시 진관사에서 동 양이섭에게 동 10월호 1권을 전시 아서원에서 동인에게 '녹용을 보내서 감사하다. 탕약대 2만 환(2만 불의 의미)은 받었다'는 영수증 1매와 '사업이 잘되어가니 앞으로도 잘 후원해달라'는 편지 1매를, 동경 서울시 퇴계로에서 동인에게 동 진보당 지방당 조직상황을 기재한 진보당 조직명단 1매를 수교하고(주 12차 월북 시), 동 양이섭은 동경 전 동 방법으로 월북하여 전시 한광의 안내로 평양 아지트에 이르러 전시 조 모, 강 모 등에게 전시 각 문건과 『중앙정치』 10월호를 전달하고,

(10) 동 양이섭은 동 석상에서 동 조 모, 강 모 등으로부터, '북에서는 반미민족연합전선을 구호로 하고 있으니 남한에서도 반미민족연합을 내새우도록 하라. 진보당의 조직을 확대하라. 제4차 민의원 의원 총선거에 관하여 진보당의 정책이 수립되면 그 내용을 자세히 알리라. 북에서 적극 후원하겠으니 전하라'는 지령을 받고 동경 월남하여, 서울특별시 소재 북경루에서 동 조봉암을 만나 동인에게 우

조 모, 강 모 등의 지령을 전한바, 동 조봉암은 '아직 진보당의 지반이 확고하지 못하니 반미운동을 주장하기 어렵다. 진보당의 지방조직은 잘되어간다. 자기는 제4차 민의원 의원 총선거시 인천에서 출마할 예정이다. 동년 12월 하순경이면 진보당의 선거대책이 수립될 터이니 그 시 알려주겠다. 자금을 많이 갔다 달라'고 말하고, 또 동 조봉암은 동 4291(1958)년 정월 초순경 전시 조규진을 통하여 동 양이섭에게 동당의 제4대 민의원 의원 입후보자 명단 1매, 자금요청서 1매를 넣은 진보당 선거 대책이란 서한을 교부한 바, 동 양이섭은 동 자금요청서의 기재 내용이 막연히 자금을 보내라는 것이므로 그러한 내용으로서는 자금을 얻어 올 수 없다고 생각하여 그 내용을 구체적으로 기재해달라는 의미에서 즉시 동 조규진에게 반환하고, 2, 3일 후 동 조봉암이가 동시 남산동 소재 양이섭 가(家)를 방문하였음으로, 동 양이섭은 동 자금요청서에 관하여 '좀 더 구체적으로 써야 자금을 많이 얻을 수 있지 않는가. 그런 정도이면 나만 미친놈이 되지 않는가, 그럴 바에는 차라리 그만두겠다'고 한 바, 동 조봉암은 다시 구체적으로 써줄 것을 승락하고, 또 동 양이섭은 전시 출마 예정자 명단에 있어서도 단순히 그 이름만 나열하였으니 좀 더 구체적으로 써야 하지 않는가 하면서 이를 반환한 바, 동 조봉암은 그것도 역시 구체적으로 써줄 것을 승락하여써 각 간첩 행위를 감행하고라 판시하고,

"동 조봉암과 동 양이섭의 각 판시 간첩의 점은,

1. 당심 공정에 있어서의 동 피고인 등과 상(相) 피고인 이동현 및 증인 이정자, 동 김동혁 등의 차(此)에 부합하는 각 공술.
1. 원심 각회 공판조서 중 동 피고인 등과 상(相) 피고인 이동현, 원심 상(相) 피고인 임신환, 동 이정자 및 엄숙진의 차(此)에 부합하는 각 공술 기재.
1. 동 피고인 등의 기 성립의 진정을 인정하는 검사의 우 동인 등에 대한 각 피의자 신문조서 중 차(此)에 부합하는 각 공술 기재.
1. 원심 상(相) 피고인 이정자(당심 증인)가 원심 공정에서 기 성립과 내용의 진정을 인정하는 검사의 동인에 대한 피의자 신문조서 중 차(此)에 부합하는 각 공술 기재.
1. 동 피고인 등이 그 성립과 내용의 진정을 인정하는 공소외 조호정, 동 조규진,

동 이재원 등에 대한 각 피의자 신문조서 중 차에 부합하는 각 공술 기재.

1. 압수한 「지편(紙片)」[서울지검 4291(1958)년 압 제1,024호], 「처장님이란 유언서」[동편(同片) 동년 압 제146호의 증 제57호], 「증거보전기록」(동 압호의 증 제78호) 등 중(中) 차(此)에 부합하는 기재.
1. 압수한 「수표」 14매(동편 동년 압 제656호의 증 제60 내지 73호), 「차변대체표」 2통(동 압호의 증 제74와 75호), 「예금구좌 원장 사본」 2통(동 압호의 증 제76과 77호) 등의 현존 사실 등을 종합하여 차(此)를 인정할 수 있다" 하고, "법률에 비추건데 피고인 등의 판시 소위 중 간첩의 점은 〈형법〉 제98조 제1항에 해당하는바, 간첩죄에 대하여는 각 소정형 중 사형을 선택하고 피고인의 이상 소위는 〈형법〉 제37조 전단 소정의 경합범(競合犯)에 해당함으로, 동 양이섭에 대하여는 동법 제38조 제1항 제1호 제50조를 각 적용하여 각 엄중한 간첩죄의 형에 조차서 피고인을 사형에 처한다"고 판결하였습니다.

제1점 원판결은 판결에 영향을 미칠 중대한 사실을 오인한 위법이 있습니다. 본건을 명확히 거시하기 위하여 1. 진보당 발단 당시의 수사당국의 담화 발표와 양 피고사건 2. 첩자 사용의 원칙, 수사의 맹점, 양 피고의 법정 태도 3. 양 피고의 원심 번복 진술과 판시 사실의 모순성을 순차로 설명하겠습니다.

제1. 진보당 사건 발단 당시의 수사당국의 담화 발표와 양 피고사건

이 점은 본건 진보당 간부의 검거 후 당국이 "간첩사건과 결부시키려고 얼마나 노력했느냐"의 점에 대하여 약술하겠습니다. 4290(1957)년 10월에 박정호 간첩사건이 발생하였는데, 소위 근민당 및 한독당 잔류인사 수십 인이 검거된바 있습니다만은 당시 그 사건은 매일같이 고위층에 보고되고 진보당도 불원 불법화될 것이나 외국의 반응이 어떨까 해서 아직 망서리고 있다. 그러나 검찰에서는 반대하고 있다는 풍설이 돈 적이 있었습니다. 기후 과연 4291(1958)년 1월 11일 진보당 간부의 검거 선풍이 불었습니다. 그때의 구속 이유는 ① 『중앙정치』 10월호에 게재된 「평화통일에의 길」 조 씨 논문 「증 제1호」의 구절과 ② 진보당 강령정책(증 제2호) 중의 통일문제, 이 두 가지를 증거로 진보당이 괴집과 상통하는 평화통일을 주장하며 국가변란을 기도하였다는 것이였습니다. 당시 국민들은 ① 선거를 목첩에 둔 혁신세력 출마방지책으로 정책적 검거가 아니냐, ② 공인된 정당의 국토통일정책이 보안법 위반의 수사대상이 될 수 있느냐고 적지않게 놀랐습니다.

1) 수사당국의 담화발표.

이와 같은 국민들의 의혹을 풀고자 금년 1월 15일 도하(都下) 각 신문에는 수사 고위당국자가 〈형법〉 제126조 피의사실공표죄를 범하면서 진보당사건의 윤곽을 발표했습니다. 그 요지는 (1) 정순석 전 검찰총장 담 "『중앙정치』에 게재된 조 씨의 평화통일론은 대한민국과 괴집을 동등한 위치에서 동일한 시간에 실시된다는 것은 불유쾌한 것이지만, 기왕에도 UN 감시하에 몇 번씩이나 선거를 해왔으니 또 한 번 한다고 해서 나쁠 것이 없지 않은냐고 용공정책을 써서 대한민국의 국시에 위배되는 평화통일을 내세웠다"…하고 나서, … "진보당이 평화통일을 내새운 것이 국시위반이 아니라 평화통일 간판하에 괴집과 규합함으로써 수사대상이 된 것이다"…하고, 계속하여… "조 씨는 ① 박정호 간첩과 89(1956)년 5월에 밀회하여 진보당의 평화통일이 괴집과 상통한다는 결론을 얻은 후 진보당 조직을 추진했고, ② 정우갑 간첩과 90(1957)년 8월 신흥사에서 밀회하여 재일본조련과 합세키로 논의 후 동인을 입당시키고, ③ 김동혁, 허봉희, 이태순 간첩사건의 괴집 지령내용이 진보당 확대 공작에 있다"…운운해서, 조 씨가 여사한 간첩들과 내통하고 있다는 것을 극구 강조한 바 있었습니다. (2) 최치환 전 시경국장 담, 상술 정 검찰총장 담화 이상으로 "조 씨는 ① 박정호로부터 평화통일 주장을 위하여 괴집과 협력할 수 있는 정당을 조직하라는 지령문을 받었다(그 얼마 후 이 지령문은 조 씨가 소각하였다고 발표했음), ② 불법화된 근민당 재건을 위하여 김성숙(金星淑)에게 4만 환을 주었다"고 발표했습니다. (3) 서정학 전 치안국장 담, 상술한 내용을 말한 후 "진보당 일반당원은 자숙자계하라"고 발표했습니다.

2) 당국 발표와 그 후의 공소 및 판시 진보당 검거 당시 조 씨가 간첩과 내통하였다는 당국 발표내용은 기후 어떻게 기소되고 어떻게 판시되었는가.

(1) 박정호 간첩사건은 조 씨 공소사실 1의 (1)로 기소되었으나, 1심에서 박정호는 조 씨와 상면이 없고 만난 사실이 전무하다고 진술했고, 증 10호의 1, 접수부에는 4289(1956)년 5월 5일 박정호 내방 기재가 있으나, 조 씨는 당시

해공 선생 사망으로 인하여 신변위험으로 서상일 씨 댁에 은신하고 있을 때라 내객을 접견한 사실이 전연 없다고 진술해서, 1, 2심 공히 무죄를 언도했습니다[판결문 100정(1), 105정(1)]. 조 씨가 박정호로부터 지령문을 받었다 소각하였다고 당국이 시초(始初) 발표한 것은, 전연 공소사실에 기재도 없을 뿐 아니라 당시 국민의 물의를 피하려는 변명에 지나지 않었던 것입니다.

(2) 정우갑 간첩사건은 조 씨 공소사실 (3)으로 기소되었으나, 기히 정우갑 피검 당시 검찰에서는 조 씨와 윤길중 씨를 소환하여 신문한 바 있고, 또 기히 정우갑은 〈보안법〉으로 기소되고 서울지법 고법을 통하여 각각 〈보안법〉을 적용하여 처벌하였다는 객관적 증거가 있으니 간첩이라 할 수 없고, 또 1심에서 정우갑은 재일본조련과 합세 운운은 말한 사실이 없다고 증언한 바 있어 1, 2심 공히 무죄를 언도했습니다(판결문 101, 106정).

(3) 김동혁, 허봉희, 이태순 간첩사건의 괴뢰 지령내용이 진보당 확대 공작에 있다고 발표되었으나, 그자들이 진보당 간부나 평당원 한 사람 상면한 사실이 없고, 진보당 확대 공작에 노력한 흔적이 없어 검사는 이에 대한 공소조차 없습니다.

(4) 불법화된 근민당 재건공작은 조 씨 공소사실 (5)로 기소되어있으나, 소위 근민당사건이 서울지방법원 고등법원 대법원을 통하여 "불법화된 근민당 재건을 획책한 사실이 없다"는 이유로 무죄가 된 바 있고 본건 1심에서 무죄 언도 하였으나 원심은 여하한 이유인지 차(此)를 유죄로 판시했습니다(판결문 33정(4)).

(5) 밀사 파견 당국 발표 이외에 조 씨 공소사실 1의 (2)에 "조 씨가 이북 김약수에게 밀사를 파견하였다"고 기소되어있으나, 이것은 대남간첩 조복재란 자가 이북에서 밀봉교육을 받을 때에 지도원으로부터 들었다는 진술조서만을 증거로 제출했는데, 그것이 전문(傳聞) 증거라 배척되는 것은 고사하고 여사한 말 한마디가 죄가 된다면 얼마든지 반대파의 미운 자를 역적으로 몰 수 있을 것입니다. 차(此)는 1, 2심 공히 무죄를 언도했습니다[판결문 100정(2) 105정(2)].

상술한 바와 같은 진보당 검거 당시의 "조 씨가 간첩과 내통하여 괴집과 야합

다시 검사의 "감시를 철저히 해왔다고 보는가"라는 문(問)에 대하여 "본인 말고도 본건에 대하여 감시를 했든 것입니다. 이번 사건이 일어난 것을 신문에서 듣고 인천 HID 공작 과장을 만났더니 여지껏 감시를 해왔다고 그도 말하였습니다" 하고, 다시 검사가 "2만 7천 불은 가지고 온 것을 몰랐지 않느냐. HID에서 감시를 했으면 왜 모르냐"의 문(問)에 대하여 "혹 알고도 두고두고 살펴보는 모양인데 모르겠다"고 증언했습니다.

결론적으로 말씀드리면 첩보기관의 첩자 사용원칙 상 첩자는 조종자 모르게 물품을 가지고 남북을 왕래할 수 없다는 것을 추찰할 수 있습니다(4734정). 여사한 것이 원칙이라면 그 예외가 되는 미불 지남 사실, 진보당 문건 지북 사실 등 양 피고의 행동은 과연 HID 묵인하에 이루어졌든가 하는 입증 책임은 검사에게 있는 것인바, 검사는 이 점에 대하여 하등 입증한 바가 없는 대도 불구하고 원판결은 서상(敍上)과 같이 판시하였습니다.

3) 양 피고의 첩자 사용원칙에 대한 1심까지의 허위 진술.

상술한 원칙에 대하여 양 피고는 1심에서 허다한 허위 진술을 했습니다.

(1) 괴집 삼육공사 발행의 수령품목 목록과 물품목록은 받을 때도 있고 아니 받을 때도 있어 약 3차가량 받었다 진술했으나, 엄숙진은 언제나 꼭 받어 온다고 증언했습니다(452정).

(2) 11차 월남시 2만 7천 불을 가지고 넘어올 때, 몰래 옆구리에 넣어서 왔다(4535정). 또 10차, 11차, 12차 월북할 때 진보당 문건 책자 『중앙정치』 등도 옆구리에 넣어서 가지고 갔다. 6차, 8차, 9차 월남 시 조 씨에게 500만 환씩 선대 형식으로 자금줄 때는 HID 모르게 사향을 가지고 와서 1kg 150만 환에 팔어서 주었다고 진술하는 한편, 항상 가지고 다니는 보스톤빽은 한 번도 조사당한 일이 없다고 진술하였습니다. 변호인의 보충신문에서 드러난 것은 ① 2만 7천 불이 100불, 50불, 20불, 10불 등 종류이고, 그 부피는 환화(圜貨) 100환권 4만 환 묶음 정도라고 말하였는데(4797정), 이것을 여름철인 6월 초순경 옆구리에 넣어서 발견 안 될 수 없습니다. ② 또 진보당 문건책자 『중앙정치』도 옆구리에 숨겨서 다녔다고 했는데 부스럭 소리가 나서도 못 가지고 다닙니다. ③ 또 사향이란 노루 배꼽을 말린 분말인데 500만 환

분이면 3kg이니 소맥분 한 푸대의 약 2/5분량을 HID 모르게 반출할 수는 없는 것입니다. 하물며 남선에서도 감시받고 HID 지정 숙소에서 래왕시 공연 또는 은밀리에 소지품 조사를 받고, 또 심지어 래왕시 HID에서 의복까지 바꾸워 입는대서야 어찌 HID 모르게 부피가 큰 2만 7천 불, 진보당 문건 책자 『중앙정치』, 사향 3kg 정도의 물건을 HID 눈을 속여가지고 래왕할 수 있단 말인가. 이것은 어데까지나 허위 진술입니다. 만약 여사한 물품을 가지고 래왕할 수 있다면, 조종자인 엄숙진의 묵인하에 엄이 상부 모르게 갖다주거나 하면 가능할지 모르지만 도저히 상상할 수 없습니다. 남북교역 첩자가 여사한 물건을 비밀히 가지고 래왕할 수 있다면, 국가 군사기밀의 모든 것을 갖이고 월북할 수 있고, 또 괴집이 애써서 밀봉교육을 해서 간첩을 남파할 필요 없이 합법적으로 래왕하는 남북교역 첩자로서 능히 소기의 목적을 달할 것입니다. 과연 그렇다면 여사한 첩자를 쓰는 첩보부대는 적에게 우리 기밀을 팔고 조장하는 원흉이 아닐 것인가, 그 존재 의의가 어데 있습니까. 양 피고가 HID 모르게 물품을 가지고 래왕하였다는 것은 상상할 수 없으며 우리 첩보부대가 제일 큰 신조인 보안을 무시해가며 남북교역 첩자를 사용할리 만무한 것입니다.

4) 수사상의 맹점

양이섭 사건에 대한 특무대의 전(全) 조서를 일독할 때 의문점과 모순을 많이 내포하고 있음으로, 원심에서의 고영섭 씨 증언(5836~5851정)을 종합하여 검토해 보겠습니다.

(1) 수사의 단서는 기록 79정 이면 4, 참고사항 (2)에 '본건은 HID에서 대북첩보 공작에서 입수된 정보이며 운운'하였고, 고영섭 증인 역시 90(1957)년 10월 경에 HID에서 양 피고와 같이 월북하든 선원으로부터 양이 이북에서 괴집 간부와의 접촉관계 조종인물의 정보를 얻고, 또 서울에서 양을 감시하든 자로부터 양 피고와 조 씨 간의 접촉에 관한 상세한 정보를 얻었으며, 또 양이 입북시킨 정시마의 보고를 받었다고 증언했습니다. 그러나 고영섭 증인이 "양과 같이 내왕한 선원으로부터 양을 이북에서 조종한 인물과 그의 접촉관계에 관한 상세한 보고를 받었다" 하지만, 상술한 바와 같이 첩자가

돌개포 삼육공사에 도착하면 선원과 각각 분리 수용하고 자유행동을 하지 못하는 관계상 아무것도 모르는 것이 원칙이고, 또 기록 163정 내지 166정의 HID 보고서를 보면, 황 모, 강 모 등 인상, 연령 정도만 알 따름이고 극히 조잡한 사실밖에 모르는 것이 사리일진데 어찌 박일영, 김난주 등 인물이 양 피고를 조종하고 조 씨에게 지령을 주는 등 접촉관계에 관한 자세한 보고가 있을 수 있는가. 이것은 위증입니다. 또 고 씨는 "서울에서 양 피고를 감시하는 자로부터 양 피고와 조 씨의 접촉관계에 대한 자세한 정보를 받었다"고 증언했는데, 연 3년간 조 씨와 자조 만나서 음식점에도 가고 소풍을 가는 정도는 알겠지만, 두 사람간의 대화 내지 금전 접수 관계를 알리 없으며, 소위 괴집의 지령 운운의 담화가 있었다면 양, 조 두 피고만이 알 것인데, 어찌하여 자세한 보고가 나올 수 있습니까. 다만 감시자로부터 어느 날 몇 시 어디서 조 씨를 만나 어느 방향으로 차를 타고 갔다는 정도의 보고는 있었을 것입니다만 자세한 보고란 있을 수 없으니 이것도 위증입니다.

(2) 혐의 받은 이유는 첫째 정시마 관계입니다. 정시마는 양 피고가 김동혁과 같이 미 첩보 기관선을 타고 남북교역할 때 양 피고가 잠시 정시마 집에 하숙한 사실이 있고, 또 이북에서 가지고 온 물품 특히 마약 등속은 정이 팔아준 사실이 있고, 양명산 명의의 서울시민증을 성북서에서 내준 사실이 있는 자인데, 양 피고가 남북교역하여 상당한 자미(滋味)를 보는 것을 알고, 90년 10월경 같이 하자고 간청하여 12차 월북 시 돌개포 삼육공사 한광에게 내가 신세진 자인데 올 수 있느냐고 물었든 바, 재정적 신용이 있으면 가하다는 승락을 받고 월남했는데, 동년 10월 말경 남대문로에서 정의 내외를 만났던바 미 첩보선을 타고 가게 되었다 하며 한광에게 이야기하였다는 말을 전한 바 있고, 동인이 월북한 사실이 있다는 점을 1377정 내지 1388정에서 진술한 바 있습니다. 정시마가 물자와 잡지 등속을 가지고 월북하다가 우리 HID에 체포되어 누가 보내드냐. 양 피고가 보내드라해서 HID는 양 피고를 의심하게 되고, 또한 서울 양 감시자의 양, 조의 접촉 내왕하는 보고와 또 양이 항상 정식 거래 이외에 시계, 사향 등을 약간식 엄숙진 묵인하에 가지고 내왕하는 것을 종합해서, 혹시 무엇이 있지 않느냐

하고 엄중 감시하다가 진보당사건이 돌발하자, 양이 의심스럽다고 해서 특무대에 정보를 제공한 것으로 추측됩니다.

(3) 양 수사개시는 1월 11일 기록상으로 보면(79정) 공교롭게도 서울, 강릉 특무에 양, 장(壯), 자(字) 소재를 조회하고, 수사를 개시한 일자가 진보당 간부가 검거되는 날입니다. 고영섭 증인은 "작년 10월에 양 피고의 정보를 얻었다"고 증언했지만 그간 방치해두다가 1월 11일에야 수사를 개시한 것은 우연의 일치라고는 너무도 기교적(技巧的)입니다.

(4) 양의 특무대 출두 경위. 양 피고는 검찰(3074~3075정)과 1심에서 "동대문서에서 자기를 찾는다 해서 불응했드니, 그 후 알고 보니 특무대였고 장성팔이 내방하여 자기가 꼭 다리고 가겠다고 특무대에 확약했으니 불응하면 자기 입장이 곤란하다 해서, 본인은 모든 것을 깨끗이 고백하려고 장과 같이 특무대에 자수하였다. 특무대에서는 처음 김동혁과 같이 미 첩보 기관선으로 3차 월북한 것을 묻고, 해방 후 인천서 조 씨 만났던 사실을 묻고 조에 대한 정보를 묻기에 2일간 고민하다가 모다 자백하였다"고 진술했습니다. 그러나 장성팔 증인은 1심에서 "양을 특무대에서 찾는다 해서 아는 대원을 찾어갔더니 다리고오라 다른 사건의 증인으로 묻겠다해서, 돌아와 양 피고에게 그 취지를 전하고 무슨 일이 있느냐, 만약 무슨 일이 있으면 나가지 말고 피신하라 했드니, 양 피고는 그 전의 마약사건인게지 아모꺼리낄 것 없다. HID에 아러보고 출두하겠다 하면서 HID에 아러본 후 특무대에 자진 출두하였다"(4665~4676정)고 증언했습니다. 즉 양 피고는 4288(1955)년도 김동혁과 같이 다닐 때의 마약사건 이외에 타 범죄가 없다고, 친우 장성팔이 피신하라는 권고도 듣지 않고 상부기관인 HID에 엄숙진을 통하여 알어본 후 특무대에 가도 좋다는 동의를 얻고, 자진 장과 같이 특무대에 출두했던 것입니다. 특무대에서 작성한 양 피고의 조서와 검찰조서와 1심에서 진술할 때에는 일관해서 자진 자수하고 자진 고백한 양(樣)으로, 양이 진술하고 있습니다. 그때는 검사나 수사기관에서 하등 말이 없다가 이번 양 피고의 번복 진술을 알자, 고영섭 증인은 "양은 유도 검거하였다 2, 3일 후 증거를 드러대니 할 수 없이 자백하였다"고 증언하였습니다.

(5) 검거보고서(기록 85 내지 86정) 90년 2월 8일자, 고영섭 증인 필적의 양 피

고 검거보고서 (3) 조사내용을 보면 "① 88(1955)년 4월 김동혁을 통하여 삼육공사 김난주의 초청으로 사진을 찍어 보내고, ② 88(1955)년 5월부터 10월까지 간에 미 첩보기관을 통하여 3회 월북하고 김난주, 한광 등에게 남한 정보를 제공하고, 모르히네 3kg(300만 환)을 밀수입하고, ③89(1956)년 3월부터 90(1957)년 3월까지 전후 4차 인천 HID 공작용 발동선으로 단독 월북하여 남한 정보를 제공하고, 마약 3kg(700만 환)을 밀수입하고, ④ 90년 11월 정시마를 자기 대신 입북시켰다"고 기재되어 있습니다. 이것은 상술한 수사의 단서인 정시마가 90년 11월 HID에 체포되어, 정시마도 아는 김동혁과의 3차 남북교역 및 교역하게 된 경위 마약밀수입 관계는 상세하나, 인천 HID 공작선으로 남북교역한 회수를 4차라고 썼다가, 추후 9차로 정정한 흔적이 있고 또 내왕한 기간이 본건 공소장 기재기간과 현격한 차이가 있었다는 것을 발견할 수 있습니다. 고영섭 증인은 전술한 바와 같이 "HID에서 양 피고와 같이 돌개포에 내왕한 선원과 서울감시자로부터 양 피고에 대한 괴집 조종인물 및 접촉관계와 남한에서의 조 씨와의 접촉관계에 관하여 자세한 보고가 있어 이것을 수사의 단서로 하였다"고 증언했으나, 2월 8일자 검거 후 조사한 결과를 보고한 그 내용에는 조 피고 관계가 전연 없습니다. 또 HID 공작선으로 내왕한 기간과 회수가 전연 틀리는 것을 간취할 수 있는데, 고영섭 증인이 증언하다싶이 상세한 정보를 입수 후에 조사하였다면 여사한 보고서가 나올 리 만무일 것입니다. 따라서 "HID로부터 북한 및 남한에서의 상세한 행동 경위의 정보를 얻고 수사를 시작하였다"는 점은 위증입니다.

(6) 조 관계를 진술한 경위. 조 피고의 검찰 진술에 "해방 즉후 인천서 조 씨를 만난 일을 물으며, 조에 대한 정보를 묻더라"(305정)는 진술로 보면, 특무대에서는 양이 해방 즉후 인천에서 조 씨를 만난 사실을 사전에 알았고, 또 HID에서 양에 대한 서울감시자로부터 양이 조 씨를 자조 만난다는 정보는 알았을 것입니다. 그러면 판시 사실에 기재된 바와 같은 조 씨 관계가 어떻게 나왔는가, 이 점에 대하여 고영섭 증인은 "2월 8일 검거 후 안심시키기 위하여 이북 내왕 관계와 마약 관계를 2, 3일 동안 부하 조사원에게 조사시킨 다음, 고 씨가 양에 대하여 조 씨를 아느냐고 물으니 신문에 난 것을 본

정도고, 모른다고 부인함으로 정보기록과 도표를 보이며 누구한데 돈을 얼마 써서 양명산이란 시민증을 낸 것까지 안다. 조에 돈대여 준 것도 안다고 설명하였드니, 그날 저녁 양 피고는 같이 자던 부하 직원에게 조 씨 관계 이야기를 하였다. 익조(翌朝) 상관과 확인한 후, 신병을 여관으로 옮겨서 방안지(方眼紙)에다가 약 10일 동안 면밀하게 기입하여 도표를 만든 후, 일사천리로 조서를 작성하게 되었다"고 증언했습니다. 그러나 양 피고가 ① 특무대에 출두할 때 장성팔이가 무슨 일이 있다면 피신하라고 했을 때 그 전에 마약관계 뿐이지 아무 꺼리낌이 없다고 하며 HID의 동의를 얻어 출두한 자가, ② 또 2월 8일 피검된 후 조사받을 때, HID 공작선으로 89(1956)년 3월부터 90(1957)년 3월까지 4회 내왕하였다고 진술한 자가, ③ 또 HID의 양 감시자라 할지라도 언제 어디서 조와 만나 차를 타고 혹은 음식점에 혹은 소풍 가더라는 정도의 접촉관계만 알뿐이고, 금전 접수 관계나 담화내용은 알지 못할 것이거늘 어찌하여 말했나, ④ 또 정시마 관계나 양명산 명의 시민증 낸 것은 조와 하등의 관계가 없는데, 양, 조 단 두 사람만이 알 수 있는 관계를 또 그 내용이 첩자로서 상식상 알고 있는 어마어마한(화약을 지고 불에 들어가는 격) 간첩 내용을 어떤 동기로 불게 되었나 하는데, 상도(想到)할 때 고영섭 증인의 진술만 가지고는 전연 믿기 어렵습니다. 변호인은 고영섭 증인에게 "양 피고가 조 씨 관계를 진술하게 된 동기의 그 상세한 정보기록과 도표를 보관하고 있느냐. 재판장에게만이라도 제시할 수 없느냐"고 반문했을 때, 고 증인은 자기가 소지하고 있는 봉통을 가리키면서 "지금 여기 가지고 왔으나 기밀상 보일 수 없소"라는 답을 하였습니다. 과연 고 증인이 봉통 속에 가지고 왔다면, 왜 보이지 못하는가, 기밀이라 하지만 여사한 기밀서류를 증인은 왜 법정에 지참하였는가, 또 그 내용은 양 피고가 이북에서 삼육공사 직원과의 접촉 관계 및 남에서 조 씨와의 접촉 관계를 보고한 기록에 불과한 것이며 그것은 이미 법정에 전부가 노출되었는데 그 어느 점이 기밀이란 말인가, 이것은 사리상 납득할 수 없는 위증입니다. 이 점에 대하여 검찰관은 원심에서 신빙력을 확보하기 위하여 왜 제출을 명하지 못하였든가, 의심스럽기 한이 없습니다. 변호인 측이 원심에서 증언의 신빙력을 분쇄하기 위하여 취기 신청을 하지 않는 이유는,

만약 특무대에 단 3, 4시간만 여유를 준다면 그와 같은 정보기록과 도표 등을 얼마든지 작성할 수 있기 때문에 신청하지 않었든 것입니다.

(7) 양의 진술서와 피의자 신문조서. 고영섭 증인은 "2월 8일 검거 후 2, 3일 있다가 양이 조 관계를 진술하게 되어, 방안지에 도표로 구체적인 것을 약 10일간 기입하여 그 후에 조서를 일사천리로 작성하였다"고 증언했습니다. 그 시일이 경과하였다면 2월 20일 이후에 양에 대한 조서가 작성되었을 것인데, 양 피고의 진술서는 2월 11일자로 피의자 신문조서는 2월 11일 후 매일같이 고 증인 입회하에 작성된 것으로 기록상 남어 있습니다. 이 점에 관해서 고 증인은 "방안지에 진술한 날자를 기준으로 추후 작성했으나, 양 피고가 한 장 한 장 다 읽었다"고 증언했습니다. 2월 11일자 30매에 달하는 양의 진술서를 보면, 한자도 정정 가필한 것 없이 청서(淸書)가 되어있는데, 그 날자에 작성할 수는 도저히 없습니다. 또 왜 2월 20일 이후 피의자 신문조서가 작성되었는데, 일자를 소급해서 기재할 필요가 어듸에 있습니까. 이것은 방안지에 다 작성한 도표를 보고 추후 특무대에서 조서를 일방적으로 작성해 두고 양 피고의 모인(栂印)을 받은 것이 아닌가 하는 의심까지 나는 것입니다. 또 기이한 것은 취조 결과 중간보고(90~129정)의 기재 내용을 보면, 본건 공소내용의 전(全) 사실이 기재되어 있는데, 일자를 3월 11일자로 하였다가 2월 11일자로 정정하고 있습니다. 2월 8일 양 검거, 2, 3일 후부터 약 10일간 조 씨 관계를 청취하면서 방안지에 도표로 그려놓은 후에 조서가 작성되었으니, 적어도 2월 20일 이후라야 전(全) 내용이 판명될 것인데 어찌하여 3월을 2월로 정정해 가며 일자를 소급시킬 이유가 내변(奈辺)에 있습니까. 상술한 제모순을 합리적으로 어떻게 설명할 수 있는지 매우 의아스럽습니다.

(8) 불법감금과 회유. 기록상 명백한 바와 같이 특무대는 양 피고를 검거한 2월 8일부터 3월 8일자로 법관의 구속영장이 발부될 때까지 1개월간 불법감금을 했습니다. 또 3월 8일자 구속영장에는 제10헌병 중대 영창에 구치하였다고 기재되어 있는데, 양 피고가 송청될 때까지 영창에 들어가 본 사실이 없고, 2월 8일 이후 2, 3일간은 특무대 사무실에서, 그 후는 태평양여관에 있다가, 3월 17일 송청될 때 형무소에 갓다는 사실에 대해서는 양 피고의 진

술이나 고영섭 증인의 증언으로 명백하여 졌습니다. 고영섭 증인은 이 점에 관해서 「유치장에 넣을 것 없이 여관에 있게 해 달라고 하는 양 피고의 요청과 형무소 감방 같은 데는 얼마든지 증거인멸을 할 수 있기 때문에, 정예부하로 하여금 철저한 감시를 부치고 여관에 두었으며, 가족 면회도 시키고 자유 분위기를 보장했고 인권을 옹호하였다」고 변명하지만, 피의자가 여관에 있고 싶다고 해서, 또는 가족도 면회시켰다고 해서 불법감금이 합리화되는 것은 절대 아니고, 영장이 나왔는데도 피의자의 희망만 있으면 여관에 들 수 있는 자유가 있다면 2심까지 형무소에 넣지 말고, 여관에 두고서 재판받게 할 수 있을 것이 아닌가. 여사한 사실은 양 피고를 회유와 유도로서 조 씨 관계를 구성시켰다는 생생한 증명이 될 것입니다.

(9) 조, 양 피고 간 대질 무(無). 대체로 공범관계에 있어 상호진술이 상치될 때는 각 공범자를 서로 대질시켜서 어느 것이 진실인가 밝이는 것이 수사의 원칙입니다. 그런데 조 씨가 특무대 또는 검찰에서 대질을 요구하였는데, 불구하고 응하지 않고 각각 일방적 진술만을 조서에 올리고, 그 중 대한민국에서 장관도 지내고 국회부의장도 지내고 공인된 정당 당수인 조 씨의 말은 전적으로 불신하고, 양 피고의 진술이 진실이라고 단정하여 기소까지 되었습니다만은, 이 점 역(亦) 조, 양 관계를 회유와 유도로서 구성시켰으나 혹 양 피고가 허위 진술한 것이 번복되지 않을까 두려워서, 통상 수사의 원칙을 떠나 대질을 시키지 않었다는 것이 웅변히 설명되고도 남음이 있습니다.

(10) 양의 유서. 양 피고가 3월 16일 목을 매어서 오전 10시경부터 오후 6시경까지 실신 상태에 있다가 깨어났습니다. 1심 언도 시까지도 양 피고의 목에는 청자색의 목맨 흔적이 뚜렸했습니다. 양 피고의 자살기도를, 고영섭 증인은 "자기 처분이 어찌될까 극정(極情)한 끝에 자살기도한 것이다"라고 간단히 증언했습니다만은, 여사한 양 피고의 자살기도는 기록상 나타나지 않고 1심 마지막 15회 공판 때 변호인의 신문에서 자살기도와 유서 내용이 비로서 법정에 등장하게 된 것입니다. 유서 내용에는 "조 건은 제가 부재하여도 처리될 단계가 되었으니, 나는 갑니다"의 구절이 있는데 양 피고가 조 씨와는 그 옛날 상해 시대와 신의주형무소 복형시대 독립운동할 때의 지기

(知己)요, 그간 조 씨에게 경제적 도움을 많이 주었고, 조 씨 피검 약 1주일 후 조규진을 불러서 조 씨 변호료 30만 환까지 보조해 주어 조 씨를 극심히 생각하든 자입니다만은(1130~1135정), 단 두 사람만이 아는 사실관계를 어찌하여 특무대에 출두한 2, 3일 만에 조 씨는 괴뢰지령과 자금을 받어 정치운동을 하고, 자기가 모다 전달하였다고 자진 자백하고, 또 마지막에는 조 씨를 처리할 단계이니 자살한다는 심리가 되었을까, 또 양 피고는 1심에서 "HID로부터 의심받은 일 없다. 조 씨 피검 후에도 HID 공작선 타고 월북할 수 있었으나 남한이 그리워 월북하지 않었다"(4507~4508)고 진술한 바 있는데, 남한이 그리워 남한에서 살고저 하든 양 피고가 특무대에 가서 자살을 기도하였다면, 그에 수반하는 적절한 동기나 이유가 있어야 할 것입니다. 이것은 양 피고가 자신의 처형을 두려워 고뇌한 끝에 자살을 기도하였다고 간단히 볼 문제가 아닙니다.

(11) 귀환보고서 물품목록의 미제출. 특무대에서 엄숙진은 "양 피고가 남북교역차 갔다오면 HID에 반드시 귀환보고서를 작성 제출한다"(3074정)는 지를 증언하고 있는데, 양 피고의 행동경위를 세세히 기재되어 있을 귀환보고서를 증거로 제출하지 아니했고, 역시 특무대에서 엄숙진은 "내왕할 때마다 반입물품 목록을 항상 가지고 와서 HID에 제출한다"(884, 891정)고 증언했는데, 공소장 기재와 여히 6, 8, 9차에 소위 선대 형식으로 물자를 많이 도입하여 5백만 환씩 조 씨에 자금을 전달하였다면, 삼육공사 발행 물품목록에 평상시보다 값진 물품이 배 이상 반입되었다고 기재되어 있어야 할 것이며, 이 점은 소위 2만 7천 불을 지남하였다는 것과 같은 가치를 가진 중요한 증거인데 제출하지 않고 있습니다. 특무대는 육군부대 간의 협조로 첩보부대에서 얼마든지 서류를 취기할 수 있는 권능을 가지고 있습니다. 특무대의 증거 조사를 보면 남산동 음식점의 장부까지 압수했고(증1호), 멀리 광주, 김준식 경위(1318정 이하) 또는 시민증을 내준 순경 주방신까지 증인 조사를 했는데(1198정 이하), 죄 성립에 관한 귀환보고서와 물품목록은 고의적으로 법정에 제출하지 않은 것으로 봅니다. 아마 이것이 양 피고에게 결정적으로 유리해서 제출하지 않었을 것입니다. 해서 변호인 측이 귀환보고서 반입물품 목록의 취기 신청까지 했으나 원심은 차(此) 신청마

저 각하했습니다.

(12) 첩보기관의 불처벌. 만약 HID의 첩자가 또 첩자가 아닐지라도 HID 공작선에 HID 대북공작책 서민이가 인도하여 남북을 내왕하다가 본건과 같은 중대 사건을 야기시켰다면, 양 피고를 첩자로 쓰게 된 인천 HID 대장 김일환 대령과 직접 양 피고를 심사하고, 매번 같이 양 피고를 남북왕래를 인도한 동대(同隊) 대북공작책 서민이와 조종자인 엄숙진은 적어도 군 불신임초래죄로서 처단되어야 할 것이며, 참모총장 나아가서 국방장관까지 정치적 책임이 추궁되어야 할 것입니다. 그러나 김일환 대령, 서민의 처벌은 고사하고, 2심 언도 후 검찰총장의 표창장을 받었고, 특무대는 엄숙진의 증인신문만을 했을 뿐, 이 자들을 증인신문조차 한 흔적이 전무하며, 심지어 1심에서 서민은 증인소환에 불응했고 인천 HID는 1, 2심 재판소의 서류제출 명령을 각 묵살해 버렸습니다. 여사한 모순이 또 어디에 있겠습니까.

5) 양 피고의 법정 태도.

현행 형사소송법은 심판관이 직접 피고인 또는 증인의 안색 거동 발언 태도 등으로 그 신빙성을 판단하는 직접주의를 채용하고 전문(傳聞) 증거배척의 원칙을 규정했습니다. 따라서 법정에서 심판관이 오관(五管)의 작용으로서 간취하는 피고인 또는 증인의 태도야말로 진술의 진부를 판단하는 중요한 자료가 될 줄 믿씁니다.

(1) 1심 때의 양 피고. 5월 15일 처음으로 법정에 나타난 양 피고의 진술태도를 평(評)하여, 당시 신문에는 "힘없이 전(全) 기소내용을 시인"이란 제목하에 공술내용이 보도된 것을 기억하실 줄 믿습니다. 1심에서의 양 피고의 태도는 극히 힘이 없고, 심판부를 정시(正視) 못하고 피고인석에서는 항상 머리를 숙여 자기 이야기만 나오면 힐것 보다가 눈이 마주치면 얼른 외면하고, 보충신문으로 허위성을 추궁하면 얼굴을 붉키며 그야말로 몸둘 곳을 못찾는 태도였으며, 안색이 매우 초최하여 일편 가련한 감을 금치 못했던 것입니다.

(2) 2심 때의 양 피고. 그러나 2심에서는 양 피고의 안색이 매우 윤택해지고 얼굴을 바로 들어 심판부를 정시하고 항상 웃음으로 주위를 대하는 태도이고,

힘차게 특무대 이래의 진술의 허위성을 밝히고, 더욱 조사관이였던 고영섭 증인에게 매우 흥분하여 따지고 덤비는 용기까지 발휘했던 것입니다. 양 피고가 1심에서는 재판장의 공소사실 낭독에 힘없이 네네 대답했고, 조 피고와의 진술의 상위 되는 부분에 대하여 약간의 변명을 꾀한 바 있으나, 그 때의 진술이 사실이였다면 양 피고는 조 피고에 대하여 하나하나 그때 이러하지 않었느냐고 반문했어야 될 것인데, 그러한 태도는 전혀 보지 못하였든 것입니다. 이것을 비유하면 양 피고는 1심 때 겁을 먹은 토끼와 같었다가, 2심 때는 호랑이와 같은 용기를 회복했습니다. 이 태도의 돌변은 무엇이냐, 그것은 진실 앞에 두려움이 없다는 심정입니다. 양 피고를 형무소에서 접견했을 때 "1심 때는 얼굴을 들지 못했습니다. 내가 2심에서 진실을 밝혀서 나 자신에게는 매우 불리할 줄 알고 검사나 판사의 동정을 못 얻으리라고 생각합니다마는 이제는 머리를 들고 사람을 대할 수 있으니 매우 기쁩니다"고 술회하는 태도야말로 사건을 초월해서 성실하고 참다운 인간성을 찾었구나 하는 감을 금치 못했습니다.

이상은 본건에 관련하여 첩자사용의 원칙과 수사상의 제모순과 양 피고의 1, 2심 법정 태도 등을 논술하여, 양 피고가 수사기관에서 1심에 이르기까지 공소사실 전(全) 내용의 시인 진술을 한 바 있으나 모다 신빙할 수 없다는 자료로서 설명들인 바입니다.

제3. 양 피고의 원심번복 진술과 판시 사실의 검토.

1) 양 피고의 원심번복 진술. 본 변호인의 2심 공판기일 수일 전 형무소에 가서 양 피고를 접견했을 때, 양 피고가 백팔십도 번복 진술을 연 3일간 청취한 내용과 양 피고가 당 공정에서 진술한 내용이 꼭 같었습니다. 검찰관은 양 피고의 번복진술한 증명력을 다투기 위하여 유사 이래 볼 수 없는 변호인과 피고인 간의 형무소에서의 접견대장까지 제출한 바 있습니다마는, 그것이 증거능력이 없어 원심은 증거로 채택하지 않었으나 어느 구절에나 진실을 왜곡하여 번복진술을 하라고 교사한 사실이 없습니다. 변호인들은 1심에 관여했을 때, 첩자사용의 원칙과 본건 수사상의 모순과 공소사실 개개에 대한 양 피고의 허위 진술을 보충신문으로서 추궁하여 전혀 신빙성이 없다고 단정하였든 것입니다. 그래서 양 피고를

처음 만났을 때, 본 변호인은 "왜 사리에 어긋나는 허위 진술을 하느냐. 요는 진실보다 두려운 것이 없다. 허위 진술을 하면 반드시 허언이 드러난다"고 충고했드니, 양 피고는 "부끄럽게 되었습니다. 이미 결심한 바가 있습니다"고 말했을 때, "아직 말하지 마라"고 막었으며, "내종 윤 변호사와 같이 올 터이니 그때 말하라"고 했든 것입니다. 변호인들은 사건의 성질상 형무소에서 양 피고와의 접견 담화 내용이 녹음 또는 접견 대장에 기재되어, 당일로 검찰에 보고되는 것을 압니다. 그래서 양 피고와의 접견 시에는 격별한 조심을 했든 것입니다. 심지어 양 피고의 모든 진술을 들은 후에도 "임의성 없는 고문, 협박, 기망에 인한 자백이 증거능력이 없다"는 법률효과까지도 언급해 본 일이 없었습니다. 그 반면 양 피고가 "부끄럽다. 이미 결심한 바 있다"하면서 번복 진술을 할 징조를 보일 때 겁이 덜컥 날 듯 것입니다. 왜냐하면 변호인과 양 피고의 번복진술 내용이 검찰 또는 외부에 누설되었을 때에, 사건의 성질상 양 피고인의 신변이 매우 위험하다고까지 신경을 써서 형무소 당국에 감방과 법정 내왕시 격별한 경계를 요청한 바 있었고, 또 양 피고의 만약의 경우를 예측하여 녹음을 해달라고까지 요청한 바도 있었으나 현재까지 여사한 사고가 나지 않은 것을 다행으로 생각하는 바입니다.

이제부터 양 피고가 원심에서 진술한 내용과 또 형무소에서 변호인들이 청취한 사실 중에서 본건에 관계있는 부분을 종합해서, 양 피고가 왜 1심까지 허위자백을 하게 되었느냐의 점에 대하여 말씀을 올리겠습니다.

(1) 특무대에서의 허위자백(5458~5471정)

① 양 피고는 장성팔과 같이 2월 8일 특무대에 출두하였더니, 정시마 월북관계와 미 첩보기관으로 3회 왕복한 사실, 마약 판매 사실 및 HID 왕복사실의 간략한 신문이 있었습니다.

② 그 후 2, 3일간 양 피고의 경력, 남북교역하게 된 경위, 마약관계, 내왕회수, 교역물자 관계, 교역 중 이북에서 접촉한 인물, 과거 경력상 이북에서 아는 사람, 교역 중 보고들은 이야기 등을 세세히 신문받었습니다.

③ 다음 양 피고의 과거경력에서 조 씨와 간에 상해 또는 신의주에서의 지면관계, 해방 즉후 인천에서의 상봉 사실, 남북교역 중 상봉 관계 등을 신문받고 대충 진술했습니다.

④ 기후 고영섭 조사관은 양 피고의 혈압 높은 것을 근심하여 자기도 혈압이 높은대 주사를 맞자 하여 특무대 의무실에 가서, 고 문관과 같이 주사 두 대를 맞았드니 정신이 몽롱하여 졌는대 꿈속에서와 같이 조 씨에 돈대 준 사실이 있으냐, 약 2,000만 환 가량 있다는 등의 기억이 날 뿐이라 합니다. 고영섭 증인은 이 점에 대하여, "나는 평생 주사 맞은 일이 없다. 빨간 혈압 복용약을 양 피고와 같이 먹은 사실이 있다. 주사 맞었다는 것은 거짓말이다"하고 증언했는데, 양 피고가 흥분하여 직접 신문에서 "당신 왼쪽 팔에 한 대 맞지 않었느냐"고 추궁할 때에 고 씨는 난처한 태도로 답을 하지 않었던 것입니다.

⑤ 그 후로는 특무처장과 고 문관과 같이 우래옥에 가서 불고기, 국수 등도 먹고 목욕도 하고 다방도 가고 태평양여관에 연금했습니다.

⑥ 그간 고 문관은 "조는 역적이다. 간첩과 관련해서 국가변란을 도모하였다. 조가 구속된 후 전 국민이 증오하고 있다" 하며 조 씨에 대한 적개심을 환기시키는 한편, "너는 역적에게 돈을 대주었으니 같이 죽어야 한다. 어찌 생각하나"고 물었을 때 양 피고 생각으로는 조 씨 구속 후, 당국 발표의 신문을 본대다가 여사한 고 문관의 말을 듣고, 자기는 나라에 도움되라고 돈을 주었는데 조 씨가 역적이라하니 하도 원망스러워서 국가기관에 협조하겠다고 결심하고, "그렇다면 처야한다" 하니, 고 문관은 "애국자"라고 찬양하였던 것입니다.

⑦ 그로부터 약 7, 8일 후 고 문관은 여관에 와서, 기히 방안지에다가 일방적으로 세밀한 사실을 이리저리 줄을 그려서 기재된 도표를 가지고 와서 조서를 작성하게 되었는데, 그 제목에 양이섭 간첩사건 일람표란 것을 넘어다보다, 누워서 답하라 해서 장판방에 누어서 대답을 하게 되었든 것입니다.

⑧ 조사관이 "그랬지" 하면서 시인을 강요할 때, 사실 아닌 것은 그렇지않다고 하였더니, 고 문관은 "조에 대한 잔재가 아직 있다. 영감이 혈압 높으다고 동정을 했는대 지하실에 들어가야 알겠군" 하면서 협박하고서는, 1일간 여유를 주었습니다. 양 피고 생각으로는 자기가 혈압이 높은 데 전기고문을 당하면 죽는다, 살면 사실을 규명할 수 있을 것이라 생각하고, 또 그 자리에서 조 씨를 좋다고 할 수 없어, 조 씨를 원망도 하고 의심도 하였던 것입니다.

⑨ 익일부터 양 피고는 "당신들 좋도록 하시오" 체념하니, 조사관은 "최고 악질이 되라" 하면서 "요렇게 드러갔지, 이 사람 만났지, 이런 말 했지, 돌아와서 조는 만나 이렇게 했지" 하면 양 피고는 덮어놓고 "네네" 하는 문답이 연일 계속되어 고치고 또 고쳐가며 조서가 작성되었든 것입니다.

⑩ 그 후 판사가 와서 신문한 그 전일(前日) 조사관은, "명일(明日) 재판소에서 판검사가 오는데 나가서 증언만 하면 다음에는 증언할 필요가 없다"고 알렸을 때, "기억이 없어 일일히 진술 못하겠다" 하니 방안지를 주면서 각회(各回)에 가서 어떻게 하였다는 것을 메모해서 외우라고 해서 하루 동안 외우고, 익일 판사 앞에 가서 메모를 보면서 그대로 답변했으며 그때 강당문에서 특무대원이 엿듣고 또 판사 신문이 끝났을 때(압 제78호) 동 대원들은 어떻게 답하였느냐까지 물은 사실이 있습니다.

⑪ 미군기관이 와서 조사할 때는 역시 메모를 보고 진술했으나, 특무대 요청으로 "이야기 말라"는 구절은 빼고 진술했으며 그 자리에는 특무대원이 출입을 하면서 감시를 했든 것입니다. 고 씨는 이 점에 대하여 증언하기를 "양 피고 자신이 첩보부대의 기밀에 속하는 이야기는 말할 수 없는 데" 할 때 "빼고 말하면 될 것이다"라는 말은 있었다고 합니다. 그러나 양 피고의 특무대 조서를 보면 첩보대의 기밀에 속한 내용을 소상하게 진술 한 바가 전혀 없습니다.

⑫ 그동안 고 문관으로부터 "너는 문제 아니다", "조를 잡자는 것이다"고 항상 회유하여 왔으며, 양 피고가 특무처장에게 어찌되나 물었드니 동인은 "자기는 한 참모에 불과해서 상관이 어떻게 결정할지 모르나 만약의 경우가 있으면 경무대에 가서 이야기 해주마"고까지 하였다는 것입니다.

⑬ 또 신문에는 발표하지 않는다더니 양 피고의 처가 음식을 차입할 때 부정발표된 신문을 싸가지고 와서 양 피고는 대단히 놀랐는데 그 후부터는 가족접견을 금지당하였다는 것입니다.

⑭ 조 씨에 대한 모든 조사가 끝나자 조사관들은 태도를 표변하여, "김산 씨에게 돈을 얼마 주었느냐, 상해서 아는 임정 요인을 아는대로 대라, 그자들은 모두 대한민국을 반대하는 자이다"하면서 수일에 긍(亘)하여, 과거 독립운동한 혁명가들에 대하여 어떤 조작을 하려 함에 너무나 분개하고 비탄하였던

것입니다.

⑮ 양 피고가 3월 16일 자살을 기도한 것은, 조사관 고 씨는 과거 일(日) 정부 경찰에서 독립운동자들을 탄압하였는데, 지금은 우리 기관의 조사원이 되어 반성함이 없이 다시 혁명가들을 해롭게 하려하니 이 세상에 살어서 무엇하겠나 하는, 극단한 염세증으로 자살을 기도하여 약 5, 6시간 실신 상태에 빠졌습니다. 압수된 유서(증 57호)에 특무대원들의 친절을 감사하는 지(旨) 기재한 것은, 양 피고가 일평생 타인과 싸움한 바 없는지라 죽는 마당에 욕을 쓰느니보다 비꼬아서 쓴 것에 불과합니다. 이상과 같이 양 피고가 특무대에서 조 씨 관계를 허위자백한 것은 고문, 협박, 유도, 약속, 기망, 불법감금 등으로 이루어진 임의성이 없는 의제 자백에 불과한 것입니다.

(2) 검찰에서의 허위자백(5690정)

양 피고는 3월 17일 송청되어 형무소에서 조인구 검사의 취조를 받었습니다. 검찰에서도 역시 조 씨와의 대질은 일절 시키지 않었습니다. 양 피고는 당 공정에서 검찰에서 허위자백한 경위에 관하여, "검사가 취조하기 전에 '조봉암 사건을 위하여 국가는 어떤 손해라도 감수한다. 이번에 나가게 되면 이북에 다니지 말고 남한에서 정주하라. 이것은 내 의견이지마는 우리는 거짓말은 않는다'는 이야기를 듣고, 국가방침으로 조 씨를 친다는 점에 대하여 검사는 특무대와 꼭 같은 입장이구나 생각하고, 검사가 특무대 기록을 읽어주는 대로 전부 시인하였다"고 진술하고 있습니다. 그뿐 아니라 양 피고인은 원심 최후진술에서 검사가 자기를 조사 중에 또는 조사가 끝날 무렵, 재판 도중 구형 전, 전일 1심 언도 후에, 수차 형무소에 내방하여 "사건의 성질상 사형을 구형하고 대법원에 가서 오(吳) 검사가 살려준다", "어떻게 삽니까"의 문(問)에 대하여, "병보석을 하면 되지 않으냐, 일본에 가면 된다"고 진술한 바 있습니다. (원심 13회 공판조서… 이 점은 기재가 누락되었음) 따라서 양 피고의 검찰에서의 허위자백은 조 씨를 국가방침으로 처벌한다는 말과 나가거든 남한에서 살라는 말과 취조 전후의 약속 등으로, 자기 형사책임이 감면될 것이란 심리적 영향으로 이루어진 임의성 없는 허위자백이었습니다.

(3) 1심법정에서의 허위자백(5690정)

양 피고는 공판 전일 형무관으로부터, 내일 법정에 나가는데 하루에 끝난다는 검사의 연락이 있었다는 것이고, 5월 15일 제9회 공판정에 처음으로 출두하였더니 법정에 산적해 있는 방대한 기록과 황색 봉통의 증거품을 보고 과연 조 씨가 역적짓을 했구나 하는 생각이 굳어져서, 그날 재판장이 공소사실을 하나하나 읽어가면서 물었을 때 유유시인 하였다는 것입니다. 그 후 변호인들의 보충신문으로 매우 곤란한 입장이었다는 것입니다. 여사한 양 피고의 진술은 특무대와 검사를 거처, 인위적으로 가해진 심리적 영향이 연장되고 소위 국가방침에 영합한다는 심리로 허위자백을 한 것이고, 또 공소사실을 읽어주며 신문하는 것을 허위자백을 한 후 부터는, 그 자백을 번복하는 데에 피고인 입장에서 용기를 내지 못하는 것은 우리들이 재판 경험상 허다히 볼 수 있는 것입니다. 그 후 변호인들이 세밀하게 보충신문을 하면 더욱 허위자백을 진실인 것처럼 가장하기 위하여, 상술한 바와 같은 허위 진술을 많이 하였던 것입니다. 그럼으로 1심 법정에서의 양 피고의 허위자백은 진실에 반하는 종래의 자백을 반복한대 불과하며 임의성이 결여된 것입니다.

2) 판시 사실의 검토.

수사기관에서 검찰을 거처 그 결론으로 표현된 본건 공소장을 일담(一談)하면 범죄 구성에 급급한 나머지, 마치 저 유명한 애도가와 람보나 새록 홈스의 탐정소설 이상의 문장으로 이론 정연하고도 유창하게 표현이 되어있고 1, 2심 공히 여사한 공소사실을 그대로 판시하였으나 허다한 모순을 내포하고 있음으로, 양 피고가 남북을 12차 내왕하는 동안의 제 사실에 대하여 몇 가지의 모순을 지적하여 판시 사실 전체가 신빙성이 없다는 점을 말씀올리겠습니다.

(1) 박일영의 돌개포 내왕 사실

원판결에는 양 피고가 88(1955)년 5월경 제1차로부터 89(1956)년 11월 중순경 제9차 왕래 시까지, 괴집 박일영을 상봉하고 그의 지령을 받고 실천하였다고 기재되어 있습니다(판결문 69~82정). 그러나 "동 박일영은 막부정보학교를 졸업하고, 해방 때 소군(蘇軍) 중위로 김일성과 같이 귀국하고 그 후 평북도인위장을 거쳐,

6·25사변 전 내무성 제1부상까지 역임한 자"(판결문 71정 1행~4행)라 판시했는데, 남한으로 말하면 평북도지사, 내무부 차관을 역임한 거물이, 일개 상인인 양 피고를 만나기 위하여 7차에 긍하여 우정 평양서 연백군 돌개포까지 내왕하였다는 것은 사리 상 믿을 수가 없는 것입니다.

양 피고의 원심에서의 진술 및 판시 사실의 요지를 종합하면, 해방 후 신의주에서 건국무역사를 경영할 때 자기 부하로 쓰든 한광이가 삼육공사 돌개포 지점장이고, 또 신의주에 있을 당시 같은 업자로 서북기업사를 경영하든 김난주가 삼육공사 사장이며, 동인 등과 양 피고는 과거 친하게 지내든 처지라, 남북 왕래하는 김동혁 첩자를 통하여 양 피고가 남한에서 고생한다는 이야기를 듣고 동정한 나머지, 교역상이나 하라는 권을 받고 김동혁이 양 피고에게 차(此) 지를 전하여, 그 후 미 첩보기관 또는 인천첩보대의 첩자로써 남북을 왕래하게 되어, 매양 김난주나 한광을 만났을 뿐이고, 박일영은 평북인위장 시대 양 피고가 대남무역을 하는 관계로 많은 경제적 원조를 하여 잘 아는 터이지만은, 8차 즉 89(1956)년 8월 중순 월북했을 때 동인이 자전차를 타고 우연히 와서 상봉한 바 있으나 과거 이야기만 주고 받었다고 진술하고 있습니다(5454~5485정). 박일영이 돌개포에 7차 내왕하였다고 기재된 것은, 결국 특무대에서 김난주나 한광은 일개 상사의 사장 또는 지점장의 위치 밖에 않되니, 양 피고가 과거 잘 안다는 박일영이 괴집 거물임으로, 동인이 항시 돌개포까지 와서 지령을 하였다고 해야 권위가 서겠기로 그렇게 기재한대 불과한 것입니다.

(2) 괴집이 조, 양 간의 지면관계를 어찌 알 것인가

원판결에는 괴집이 제1차로부터 조봉암을 만났느냐고 양 피고에게 묻고, 그 후 12차 내왕 시까지 연속 조 씨에 대한 지령 및 그의 실천 관계를 기재하고 있습니다. 그러나 괴집 한광이나 김난주나 박일영은 양 피고의 조 씨의 지면관계를 어떻게 알고, 제1차부터 조 씨를 만났느냐고 물을 수 있습니까. 1건 기록상 괴집이 양 피고와 조 씨 간의 지면관계를 어찌 알었느냐의 경위에 대하여는, 하등의 기재가 없이 논리의 비약을 하고 있습니다. 양 피고는 원심에서 "이북에서 조 씨를 어떻게 알고 있는지 전연 모르는데 자기가 조 씨 이야기를 끄낼 수 없으며, 12차 내왕 시 조 씨의 말은 한번도 언급한 바가 없다"(5457정)고 진술하고 있습니다.

또 귀원(貴院)에서 과거에 재판을 한 황익수간첩사건 기록을 보면 그 자가 89(1956)년 9월 1일 남하하기 전에 이북에서 밀봉교육을 받을 때, 실무학습에서 남한의 정당, 사회단체, 군부, 경찰에 대한 해설을 받었는데, 그중 자유당은 어떻다. 민주당은 어떻다 하고 난 후, 진보당 문제에 관해서는 조봉암은 자기들의 반역자이니 타협할 여지가 없다, 하고 일축하고 있는 기재가 있는데, 이 점은 양 피고의 당 공정에서의 진술을 뒷받침 하는 것으로 믿습니다.

(3) 공소장의 기교와 판시 사실의 오인

공소장에는 양 피고가 제3차 월북 시의 조 씨가 민주당 합당운동에서 탈퇴하고 서상일 씨와 합작한 사실, 제4차의 진보당 창당추진위원회 구성 사실, 제5차의 정부통령 선거위원회 구성 사실, 제7차의 진보당 창당에 서상일파와의 알력 사실, 제8차의 11월에 진보당이 창당된다는 사실, 제9차의 결당대회 인원이 800여 명이란 사실, 제10차의 혁신세력 규합 추진 사실, 제11차의『중앙정치』판권획득과 야당 연합전선 추진 사실 등등이 지령 또는 보고내용으로 기재되어 있고, 원판결은 차(此)를 토대로 그대로 판시하였습니다. 이와 같은 판시는 너무 기교에 지나친 것 같습니다. 왜냐하면 사람의 기억력은 한정이 있는 것인대, 양 피고의 두뇌가 얼마나 조직적이고 명석하기에, 88(1955)년 3월부터 91(1958)년 2월 7일까지 간에 있어 판시 사실에 나열된 것과 같은, 이북에서 한 말, 조 씨가 한 말 등을 소상하게 기억을 회복할 수 있겠습니까. 그것도 매차 월북 기간에 꼭 드러맞게 보고도 하고 지령도 하였다고 기억할 수 있겠습니까. 이것은 수사기관에서 전문적으로 알고 있는 진보당 창당 과정을 방안지에 일방적으로 도표를 작성해서, 시기적으로 맞추어가며 조서를 작성한 탓입니다. 더구나 제10차 월북 시 강 모가 "진보당 선언문을 보고 문틀을 보니 신도성이가 작성한 것 같다"(특무대 조서)라는 구절에 이르러서는 정말 기교의 극치입니다. 괴집 강 모가 신도성 씨와 면식 있는 자라 가정하더라도 해방 후 13년 동안 상봉한 사실이 없을 것이고, 만약 남한에서 발간되는 신 씨의 논문과 국회 속기록을 모조리 수중에 두고 읽어본 자라 가정할지라도, 신 씨가 창당추진위원회 의안부 책임자로 있으면서 여러 사람의 의견을 종합해서 채택한 것인데, 그 선언문의 문틀을 보고 신 씨가 작성한 것 같다 했으니 그자는 사람이 아니고 귀신인 모양입니다. 이것도 수사기관에서 진보당의 개개 정책문은 신 씨가 기안하였다는 것을 알기 때문에 더욱 기교를 부리느라고 삽입한데 불과합니다.

(4)『박헌영재판기』

원판결에는 괴집이 양 피고에게 "박헌영 재판 때 동인이 과거 조 씨를 출당한 것은 자기의 과오이라고 자백한 일도 있어, 현재 북에서는 조 씨와 합작할 용의가 있으니 평화통일 목표로 합작하자는 제안을 하였다"[판결문 73정(3)]고 기재되여 있습니다. 양 피고는 이 점에 관하여 원심에서 진술하기를, "특무대에 피검된 후 북에서 보고 들은 것을 이야기하라 해서 삼육공사 숙소에 비치되어있는, 임호작의『박헌영재판기』라는 책자를 본 일이 있는데, 박헌영이가 공판정에서 과거 조봉암을 출당한 결과 남한에서 지도적 정치 인물로 활동하고 있는 것은 괴집에 대하여 일대 손실을 초래하였다고 고백한 사실이 있었다는 책자 내용의 일부분 이야기를 했더니, 특무대에서 일방적으로 삽입하였다"(5465, 5466정)고 진술했습니다. 이 점은 조 씨가 과거 공산당으로부터 출당 당한 자인데 괴집과 어찌 합작할 수 있느냐의 의문점을 풀기 위하여 나열한 기교에 불과하다고 생각합니다.

(5) 조, 양 피고의 초대면

원판결에는 양 피고가 4차 월남 시 조 씨에게 김동호인데 좀 만나자고 전화를 해서, 퇴계로 로타리에서 기다리다가 남산동 음식점에서 만나 오래간만에 인사를 하고 괴집의 제의를 전했더니 조 씨는 얼굴이 창백해지며 긴장해서 약 30분간 침묵하였다(판결문 74정)고 기재되어 있습니다. 1, 2심에서 조 피고의 안색을 보면 검은 편이고 창백해지는 얼굴이 아닙니다. 1, 2심에서 사형구형 받을 때나 언도를 받을 때도 희로애락을 안색에 나타내는 사실이 없습니다. 또 김동호인데 하면서 전화를 걸고, 조 씨를 만나서 오래간만에 인사를 교환하였다는 점은, 양 피고는 1심에서 법정신문 시까지 1·4후퇴 후 이때 처음 만났다는 양(樣) 진술했습니다. 그때 조 피고가 "88(1955)년 여름경부터 자조 상봉하여 식사도 하고 2, 30만 환씩 용돈도 얻어쓴 사실이 있지 않느냐"고 반문하니, 양 피고는 답을 고의로 회피했던 것입니다. 특무대나 검찰에서 조 피고의 장녀 조호정은 "88(1955)년 10월경 김 사장이 내가(來家)하여, 부친 소개로 인사해서 양 피고를 알게 되고, 당시 김 사장은 부친과 본인을 미도파백화점에 데리고 가서 본인 결혼 기념으로 시계를 사주고 남편 양복하라고 2만 환을 나에게 준 일도 있다"고 증인으로써 진술을 하고 있습니다. 양 피고는 원심에서 "88(1955)년 가을부터 조 씨를 자조 만나, 청진동 소재 중국요리점에 자조 가서 식사를 했는데, 그 집 뽀이가 언제나 조 씨와의 환담을 엿듣는 것 같아서 다음부터 타처로 옮기자 해서 그 후 마침 전화로 불러 남산동 음식점에 가게 된 것이다"(5260, 5463정)고 진술하는 것이 사실이라고 생각되는 것입니다.

(6) 11월 창당설

원판결에는 "양 피고가 89년 7월 제7차 월남 시 조 씨로부터 11월에 창당한다는 이야기를 듣고 그 후 제8차 월북 시 괴집에 보고한 양 기재되어 있습니다"(판결문 78정). 그러나 진보당 창당 과정을 보면, 정부통령선거 후 비자유당, 비민주당의 재야세력을 총 규합하자는 운동이 전개되어 7월 하순경 신태권 법률사무소에서 11인 회합이 있었고, 9월 하순경 7인위원회에서 혁신세력 대동단결로 당명을 민주혁신당으로 개칭하는 것까지 조 씨가 수락하였으나, 진보당 중앙지방 간부들이 당명 개칭을 반대하게 되어 서상일과 결렬되고, 우선 결당한 후에 혁신세력을 규합하자고 서둘러 11월 10일에 결당하게 되었는데(박정호간첩사건 판결문 참조), 그 경위는 기록상 명백한 바 7월경에는 조 씨가 11월 결당을 생각할 수도 없을 때입니다. 이 점도 결국 수사기관에서 89(1956)년 11월 10일 결당대회를 한 결과에 착안해서, 그 이전에 괴집과 상통한 흔적이 있어야만 진보당 불법화가 되기 때문에 사리에 어긋나는 것을 삽입한 것으로 생각됩니다.

(7) 양 피고의 평양 내왕

원판결에는 "89(1956)년 8월말 즉 제8차 월북 시부터 박일영이 허리를 다쳐서 평양으로 소환되어, 그 후 12차 월북 시까지의 5회는 각각 평양까지 가서 기림리 아지트에 유숙하고서 그들의 안내로 평양시가 또는 안주저수지를 구경한 양 기재되어 있습니다(판결문 78~86정). 반문하노니 양 피고가 그와 같이 괴집의 신인(信認)이 두터운 자라면, 양 피고의 처자나 형의 가족이 평북 희천에 거주하고 있는데, 어찌 5회나 평양까지 가면서 그리운 가족을 한 번도 상봉한 사실이 없을까요.

또 돌개포 삼육공사에서 양 피고와 선원은 각각 분리 수용되나 방에 감금하는 것이 아니라, 조석으로 운동도 하고 상호 얼굴은 볼 수 있는 것인데, HID의 양 행동 경위서를 보면 2, 3일 동안 행방을 몰랐다는 기재는 전연 없습니다. 양 피고의 원심에서의 진술은, '돌개포 숙소에 선전용으로 비치되어 잇는 북한, 중공, 소련 등의 화보 중에서 평양의 복구상이라든지 안주저수지의 그림을 본 일이 있다고 말한 것을 수사기관에서 그들 안내로 구경까지 한 양(樣), 조서가 작성된 것'이라는 것입니다. '평양 기림리 아지트 운운'은, 괴집이 대남간첩의 밀봉교육을 대개 기림리 아지트에서 실시하고 있다는 수사경험에서 삽입한데 불과하고, "박일영이 허리를 다쳐서 평양 갔다"함은 "동 8차 월북 시에 돌개포에서 우연히 박일영을 만나 사실이 있다"는 것을 앞서 말씀 올린 바와 같이 권위를 세우기 위해서 1차로부터 7차까지는 돌개포, 8차부터 12차까지는 평양에 내왕한 양, 인위적으로 조서가 작성된 것입니다. 양 피고는 원심에서 "이북 한광이가 형님 평양 구경해 보겠소" 하는 것을 "사고날 지 모르니 가지 않겠다고 거절한 것을 특무대에서 말했더니 박일영을 한번 만난 8차부터 평양 내왕으로 기록되었을 뿐"이란 것입니다.

(8) 조 씨 편지 전달

원판결에는 양 피고가 9차, 11차, 12차 월북 시에 조 씨의 편지를 각각 전달했는데, 그 내용은 '백삼, 녹용, 한약대 2만 환 고맙다. 앞으로 많은 후원 바란다'는 것이고, 김 사장 앞. 조 또는 조봉암이란 식이라 기재되어 있습니다. 9차 월북 시의 조 씨 편지에 대하여 특무대에서는 '손바닥만한 백지'라 하고 검찰에서는 봉통형식에 썼다고 상호 모순되는 진술을 하고 있습니다. 또 12차 월북 시의 녹용과 한약대 2만 환의 영수증과 후원해달라는 편지를 각각 쓸 리 만무할 것입니다. 만약 원판결 기재대로 조 씨가 괴집과 합작하였다면, 괴집 독특의 암호문을 보내서 지령과 보고를 필림에 모아서 상세히 연락할 것이지 이러한 엉터리 편지를 왕래하지는 않을 것입니다. 또 번번히 속초 김 사장 앞이라 되어있다는데, 이것은 양 피고가 원심에서 진술하듯이 "조 씨가 바쁠 때 자기에게 돈 좀 후원해 달라는 쪽지를 한두 번 받은 일이 있는데 조서에는 밀서인 양, 기재되었다"고 진술하는 것이 진실이라고 믿어집니다.

(9) 임호의 편지

원판결에는 양 피고가 제9차 월남 시에, 임호의 '우리도 잘 있고 사업 잘된다. 앞으로 후원하겠다'는 내용의 편지를 가지고 와서, 조 씨에 전달한 양 기재되어 있습니다(판결 680정). 괴집 정보 부위원장(副委員長)쯤 되는 자가, 이런 내용의 서신을 남한에 있는 조 씨에 보낼 것인가 믿기 어렵습니다. 그뿐 아니라 양 피고는 "11차 월남할 때 강 모에 대하여 미불을 주는지라 편지를 써달라고 요청했더니, 괴집 강 모는 '우리들은 원칙적으로 문서 연락을 삼간다, 피차 신인하는 처지이니 말로 하라, 문서 같은 것은 후환이 있다'고 하면서 거절하더라"는 것이 949정에 기재되어 있는 것과 모순을 노정하고 있습니다. 조 씨의 편지를 가지고 갔다면, 양피고가 그렇게 신인이 두터운 처지이니 다음부터 편지는 가지고 오지마라 했을 것입니다. 이런 것은 북에서 자금이 왔다고 구성한 것을 더욱 믿도록 하기 위하여 인위적으로 기재한 데 불과할 것입니다.

(10) 치안국장의 무전

원판결에는 양 피고가 "9차 월북 시 괴집으로부터 치안국장이 전국에 진보당 감시의 무전을 쳤다는 사실을 듣고 돌아온 후 조 씨에 전하였더니, 자기도 이미 알고 있다 하면서 10차 월북 시 동 무전문 사본을 조 씨로부터 받아서 가지고 갔다"(판결문 81, 82정)고 기재되어 있습니다. 양 피고는 원심에서 "삼육공사 한광이가 상인이 들어왔다고 해상에서 본대에 무전치는 것을 연안에서 포착해 가지고 연락이 오는데, '형님은 아무일 없지요 하면서 연안에서 김종원 치안국장이 전국에 진보당을 엄중 감시하라는 것도 듣고 있소' 하며 무전이야기가 나오게 되고, 그때 월남한 후 엄숙진에게 보고하고 자기가 왕복 시는 절대로 본대에 무전을 치지마라고 부탁한 사실이 있었고, 또 그 후 조 씨를 만나서 치안국장이 전국에 진보당 감시의 무전 친 이야기를 하니, 조 씨는 그런 것을 아니 참 기특하다고 하면서, 나도 안다. 무전문 사본을 보여 줄 수도 있다 하였고 그 후에 양 피고가 금호동(金湖洞) 갈 때 약수동에서 동 사본을 주는 것을 보고 찢었다"(5485, 5486정)는 사실을 진술한바 있습니다.

준 것 같은데, 불(弗) 교환 이외에 도합 약 8, 900만 환 준 것 같으나 주먹구구로 대충 그렇게 된다고 생각되며, 그 시기가 남북교역 시 수시로 준 것이지 공소장 기재시기와 맞지 않는다고 진술한 바 있습니다. 찦차 내에서 혹은 사직공원으로 불러내서 돈을 준 것은 어떤 비밀이 내포되어 있지 않나 하는 의심도 할 수 있으나 그때는 고(故) 해공(海公) 서거 후 조 씨가 신변 위험으로 피신하고 있을 때니, 양 피고는 조 씨 댁에 전화해서 여사한 방식으로 돈을 전달한 것이며, 또 전화로 약수동 로타리에 조 씨 장녀나 운전수를 호출해서 돈을 전달한 것도 불과 지척지간에 있는 조 씨 댁에 직접 가서 주지 않는 것이 매우 의심스럽다고 할지 모르나, 조 씨 집 주변에는 형사들이 언제나 조 씨 동태를 사찰하고 있는 것을 아는지라 그 눈을 피하여 조 씨의 장녀나 운전수에게 전했을 따름으로 하등 비밀리에 준 것은 아닙니다. 양피고는 1심에서 6차, 8차 월남 시 500만 환식 전달한 장소, 액수, 수표, 현금의 종류 등을 상세히 진술하면서, 9차 월남 시 500만 환 전달은 어디서 얼마를 어떻게 전달했는지 기억이 나지 않는다고 매우 추궁당한 바도 있으나 그때 명확한 답을 하지 못한 사실까지 있습니다.

(17) 미불 문제

(가) 1심까지의 진술

양 피고가 11차 월남 시에 괴집이 조 씨의 자금요청 편지를 보고, 경제적으로 매우 곤란 당하고 있는 모양이니 2만 불을 전달하라. 또 임호가 계산서를 보고 양 피고의 선대 미청산인 7,000불을 한목에 지불한다(3063정), 또 최 모가 만약 조가 돈이 급하거든 7,000불을 조 씨에 입체(立替)해 주면 후에 청산하겠다(3059정)고 해서, 2만 7,000불을 가지고 월남한 후 조 씨와 같이 남한산성에 소풍 갔을 때, 2만 7,000불 전부를 신문지에 싸가지고 가서 조 씨에게 미불을 보이면서 북에서 하는 말을 전하니, 조 씨는 우선 60만 환만 주고 나머지는 우리 돈으로 환화해서 내가 필요할 때 주고 또 7,000불도 자기에게 달라 해서, 양 피고는 남한산성에서 620불을 전하고 그 후 불상(弗商) 이정자에게 우리 돈을 바꾸어서 전부 전달하였다고 진술했습니다(3066~3076정). 그 2만 7,000불은 100불, 50불, 20불, 10불권으로 주었고, 부피가 우리 돈 100환권 네 묶음 되는 것을 옆구리에 숨겨서 가지고 왔다 했으나, 첩보대 모르게 가지고 오지 못하는 것은, 상술했습니다. 또 재판 경험상 알기에는 괴집이 공작금으로 미불을 줄 때는 언제나 부피가 적은 100불권만 주는데, 양 피고만은 50불, 20불, 10불 등 4만 환 부피되는 미불을 공작금으로 받았다니 경험상 수긍하기 어려운 것입니다. 또 양 피고가 제일 먼저 1,200불을 교환한 일자에 관해서, 정옥실(245~247정, 254정), 이정자(965정 이하 5858~5860정)는 각각 90(1957)년 4월경이라 증언한 바 있으니, 11차 미불 가지고 오기 전에 미불을 소지하고 있었다는 것을 증명할 수 있고, 또 김준식 경위 증언으로 조, 양 피고가 6월 11일 남한산성에 소풍 갔는데(5832~5836정 1372정), 이정자, 마재하 증언을 보면 남한산성 가기 며칠 전에 8,300불을 우리 돈으로 바꾸었고, 남한산성 소풍 익일인 6월 12일 다시 만 불을 바꾸었는데, 왜 남한산성 갈 때 2만 7,000불을 가지고 갔다고 허위 진술했는지 의도를 모르겠습니다.

또 7,000불은 괴집으로부터 양 피고 자신의 선대 청산조로 받았다고 진술했으나 남북교역은 약 3배가량의 이득이 나는 것이 원칙이라(3035정)고 진술했는데, 공소장에 의하면 양 피고가 1차, 5차까지 북에 가지고 간 물자는 총액 700만 환이고, 남으로 가지고 온 물자는 1,300만 환입니다. 소위 선대 형식으로 받았다는 6차 이후 11차 청산 시까지의 계산을 공소장에 의해서 본다면, 그간 양 피고가 북에 가지고 간 물자는 총액 660만 환이고, 남으로 가지고 온 물자는 3,300만 환입니다. 북에 가지고 간 물자 660만 환의 3배는 1,980만 환이니, 결국 계산면으로 따진다면 잔 1,400만 환은 소위 선대조 물자로 남에 가지고 온 것이 되니, 괴집에서 무슨 미청산이 있다고 7,000불을 줄 것인가 이 점도 허위 진술을 했던 것입니다. 또 비밀리에 괴집의 지령과 자금을 전달하는 자라면 소풍갈 때 조문자를 다리고 갈 이유가 없으며, 더욱이 2만 7,000불이란 거대한 돈을 전달코자 남한산성에 간 자라면 왜 조 씨가 김준식 지서주임에게 자진 인사를 하고, 그의 안내로 구경을 하고 4, 50분 동안 같이 행동했을 것인가(5832~5836정), 특무대 이래의 기록을 보면 조문자는 조, 양 간에 잡담이나 했지 정치담이나 시국담을 별로 들은 사실이 없다 했고(1490~1494정), 김준식 지서주임 역(亦) 조, 양 간 교담(交談)이 잡담이나 고적의 역사담뿐이지 정치담은 들은 사실이 없다하고 운전수 이재윤은 조, 양 간은 친밀한 사이로 평소 존경했으며 차중(車中)에서 잡담 등을 했을 뿐 정치담이 없었다고 진술하고 있읍니다(1543정).

(나) 원심의 진술

양 피고는 원심에서 1심 이래의 허위 진술을 일척(一擲)하고, 미불 문제에 대하여 자기가 평소 3천 불 정도는 소지하고 다녔으며 2만 5천 불은 중국인 한자방으로부터 얻었다고 진술하고 있습니다(5491~5492정). 양 피고가 평소 3천 불 정도의 미불화를 소지하고 다닌 것은 이정자가 당 공정에서 6백50불을 사준 일이 있고, 만날 때마다 불(弗)의 시세를 묻드라는 지의 증언과 4290(1957)년 4월 1,200불 교환한 사실(5858~5860정), 양 피고가 교역물자인 시계를 살 때 중간 부로카가 PX에서 직접 살 때는 미불을 요구하는 때도 있고, 또 귀중품이라 3천 불 정도는 평소 소지하였다는 진술은 직실(直實)한 것으로 추인할 수 있습니다. 중국인 한자방은 양 피고가 일정(日政) 시, 화북철도회사 경무처에 근무할 시 북지(北支)에서 후방교란 목적의 큰 위폐사건에 연좌되었는데, 그 인상이 너무 관후준수하여 양 피고가 살려준 사실이 있는데, 동인이 석방된 후 그 은의를 잊지 못하고 그 후 1년간 서주에서 고물상을 하다가 이득 본 일화 4백만 엔을 양 피고가 얻고, 해방 2년 전 만주 통화로 돌아와서 개간사업을 했는데, 해방 후 한자방의 소식을 모르다가 재일본 친우 한득선이 내한 상봉 시, 한자방이 대만에서 일본에 자조 내왕하는 소식을 듣고 양 피고는 자기 집이 초라하여 속초에 거주하는 데 진보당 사무실에 조봉암 씨를 찾으면 연락될 수 있으니 소식을 전해달라고 한 바 있었는데, 그 후 4290(1957)년 4, 5월경 한자방을 아서원에서 우연히 만나서 같이 우이동에 소풍 갔다가 2만 5천 불을 얻었다는 것입니다. 한자방은 기륭에 별장도 가진 거상인데, 개성 인삼을 샀으면 좋겠다는 말이 있었다고 합니다. 양 피고의 부인 김귀녀는 양 피고로부터 4290(1957)년 초하(初夏) 미불을 받어 손수건으로 세 묶음을 싸서 실로 꾸매서 약 2개월 동안 문맹인 지라 액수는 모르지만 보관한 사실이 있다 하는데, 증인으로 신청했으나 각하되었습니다. 조 피고는 당 공정에서 4290(1957)년 4, 5월경 그분이 중국인인지 모르나 한국말을 잘하는 분이 당 사무실에 와서 양이섭을 찾기에 모른다고 대답한 사실이 있는데, 그 후 김 사장이 양이란 것을 상기하고, 양 피고에게 전한 사실이 있다고 하는 진술과 김봉한 증인(5851~5858정)이 작년 4, 5월경 자기가 건축업에 실패한 후, 양 피고에게 동남 지방에 상품수출할 좋은 줄이 있다고 하였드니, 양 피고는 자기가 대만만 가면 아는 사람이 있어 많은 물자를 가지고 올 수 있다. 또 양 피고는 해방 2년 전 북경에서 통화에 왔을 때 거금을 가지고 왔었다는 등의 증언을 종합하면, 양 피고와 한자방 관계를 추인할 자료가 되는 것입니다. 한자방이 4290(1957)년 4, 5월경 내한 여부 문제에 관하여 화교자치연합총회나 중국대사관 측에서 여권 관계로 공식적 방문이 없었다는 회보(回報)가 왔다고 해서, 그자가 전연 우리나라에 입국한 사실이 없다고 단정할 수는 없습니다. 변호인 측이 중국기관의 소식으로 아는 사실은 4290(1957)년 4, 5월경 흥중호라는 선박이 부산에 입항했는데, 67, 8세가량의 중국인이 상륙하여 경기도 모처 중국인촌에서 막대한 돈을 쓰고 간 사실이 있는데, 김인지 한인지는 몰으나 양 피고의 2심 진술이 보도된 후에 그자가 수상하여 조사 중에 있다는 것이며, 또 여권 없이 입국할 수 있느냐의 문제는 화물선의 매판화주(買辦貨主)가 승선하고 한국에 와서 선원증으로 입국할 수 있다는 것입니다.

(다) 양 피고의 인간성

여하간 변호인 측도 확실한 조사가 미진하여 한자방의 입국과 또 거금을 양 피고에게 주었다는 점에 대하여 약간의 의심이 없는 바도 아닙니다마는, 양 피고의 인간성을 참고로 알면 수긍할 자료가 될 줄 믿습니다. 양 피고의 인간됨을 자로 한치 두치 따지는 법조인으로서는 이해하기 곤란한 인물입니다.

왜냐하면 김봉한(5851~5858정)이 당 공정에서 증언한 바에 의하면, ① 양 피고가 일정 시 만주 통화에서 수비대 통역을 했는데 일군(日軍)이 한국인을 학살할 때 한국인의 생명을 많이 살려준 의인이라는 점, ② 통역은 대개 일제 앞재비로 동포를 못살게 구는 통성이 있는데, 양 피고가 얼마나 인심을 얻었는지 해방 직후 친일파 숙청의 증오심이 비등할 때, 당시 양 피고는 강계에서 만주 통화에 넘어가 대단한 환영을 받으면서 많은 양곡을 도입하는 공을 세웠다는 점, ③ 해방 2년 전 북지에서 돈을 많이 가지고 만주 통화에 와서 개간사업을 크게 하여 많은 전답을 이룩한 후 만척과 대립 되어 그 농지를 영세농민에게 분배해 준 사실과, ④ 통화, 강계, 희천 등지에 중학교, 국민학교를 설립하는데 대부분의 자금을 양 피고가 원조해준 점, ⑤ 그 반면에 양 피고 자신은 주색에 빠지거나, 고향에 집을 짓거나, 땅을 사는 등 축재를 해서 호사한 생활을 한 일이 전연 없다는 점, ⑥ 1·4후퇴로 남한에 와서 고생을 많이 했으나, 돈을 벌자 친지인 김봉한 증인에게 차용서나 이자나 기한 등의 작정 없이 사업을 해서 성공하라고 600만 환을 원조해 준 사실, ⑦ 또 과거 아는 자 중에서 빈곤한 자에게 2, 30만 환씩 도와준 것은 보통이고, 불쌍한 학생 2인을 공부시키고 있다는 사실, ⑧ 또 양 피고를 과거 아는 사람은 그가 타인과 다투거나 모함하는 등등을 본 사실이 없다고 증언한 바 있어, 양 피고의 비범한 인간성의 일부를 규찰할 수 있습니다. 양 피고가 현재 남한에서 130만 환의 전세금과 200만 환의 종암동 대지와 400여만 환의 명동 대지와 부인이 다리고 온 아들 두 사람 몫으로 500만 환을 예금하였다가 장성팔에게 맡긴 것을 합하면, 불과 1,200여만 환[기외 패물 유(有)] 정도의 재산을 가진 자가 어찌하여 조 씨에게 2,000여만 환을 원조했겠느냐의 점은, 상술한 양 피고의 인간성과 과거의 행적을 비교해 볼 때, 양 피고와 같이 상해 독립운동을 하던 그 후 신의주형무소에서 같이 복형을 하던 조 씨가 우리나라의 지도적 인물로 대통령도 출마하고, 정당도 영솔하는 것을 볼 때 조 씨를 존경하고 또 잘되기를 기대하면서, 불우한 정객을 돕는다는 의협심에서 2,000여만 환을 원조해 준 것이라고 추찰할 수 있는 것입니다(4811~4812정).

(라) 미불 교환 후 1,000만 환을 일시에 준 이유

양 피고가 11차 월남 후 1,000여만 환의 돈을 왜 한꺼번에 조 씨에 주었을까 의심할 지도 모릅니다. 양 피고는 이 점에 대하여 남북을 평소 내왕할 때 이익이 박(薄)함으로, 엄숙진 묵인하에 값진 시계 등을 다소 가지고 가서 삼육공사 한광에게 팔어 달라고 해서 이익을 얻는데, 10차 월북 시 한광이가 "형님 오래 다니면 의심받으니 한 번에 1,000여만 환어치 물품을 가지고 오면 자기가 북경에 가서, 거기는 사치품이 귀해서 비싸게 팔고 또 북경에서는 백금 한 량이 2,000환, 다이야 1카랏트에 20만 환 하니, 그런 것을 사면 1,000만 환의 물자로 8,000만 환 내지 억 환 정도되니, 한번에 벌어서 자기도 이남에 가서 살 수 있게 해주오" 하고 부탁해서, 11차, 12차 월북 시 오메가, 로랙스 시계를 각 300개씩 엄숙진 묵인하에 가지고 가서, 한광에게 처분을 부탁했고, 마지막 갔을 때 한광이 북경 가서 백금이나 다이야를 사오면 억 환대의 자금을 입수할 예산이였고, 그 후는 남한에서 사업이나 할가, 예정하고 있을 때 한자방으로부터 2만 5천 불을 얻은지라, 조 씨에게 1,000여만 환을 원조했고, 또 백금 다이야 물자가 나오면 4대 민의원 출마 비용을 1,000여만 환 원조해주려고 생각하였다는 것입니다(5673~5675정).

(18) 형무소 쪽지 문제

조 씨가 형무소에서 이동현 또는 임신환 간수를 통하여, 양 피고에게 전달하라고 쪽지를 전달하였다는 것은 원심에서 판시 사실에 대한 증거로 인정하였으나, 조 씨가 자기 죄과를 인멸하려는 것으로 곡해를 할지 모르나, 사람이 타인의 모함으로 터무니없는 억울한 지경에 빠졌을 때 그것이 허위고 고문이나 강박으로 부자연한 진술이라 믿고 진실대로 말하라고, 동정하는 간수를 통해서 부탁하는 것은 간혹 있을 수 있는 문제가 아닌가 생각됩니다.

(19) 판시 사실 중 괴집 박일영 지령 및 양 피고의 보고와 진보당 창당과정의 상호모순.

"판시 (2) …4289(1956)년 2월(제4차) 월북… (판결문 73정 4행), 동 (3) …박일영으로부터… 평화통일이란 공동목표로 합작하자는 말을 전하라, 조가 515대통령 선거 출마하면 재정 원조한다는 지령을 받고(판결문 73정 4, 5행)… 4289(1956)년 3월 하순경 (제5차)… 월북… 박일영에게… 진보당에서는 정부통령선거위원회를 구성하고 평화통일을 실현한다. 피해대중은 단결하라 등 구호를 내세우고 있다고 보고하고(판결문 74정 9~12행), 동 (4) …박일영으로부터 평화통일 선전하여 일반 대중에게 주입토록하라… 선거자금 원조한다… 지령(동 75정 3행) … 4289(1956)년 4월… (제6차)… 월북… 동 (5) …박일영이 선거운동에서 평화통일 주장하라… 500만 환 전달하라… 지령받고 남하… (동 76정 4, 5행), 4289(1956)년 6월 하순 (제7차) 월 … 박일영에게 신당 추진운동에 있어 조봉암과 서상일 대립 알력이 생겼다 보고(동 77정 6, 7행), 동 (6) …박일영으로부터 빨리 창당하라 기관지 판권획득하라는 지령받고(동 77정 8, 9행) 4289(1956)년 8월 말경(제8차) 월북하여… 진보당은 동년 11월경 창당된 것이라 보고(동 78정 2, 3, 6행)"하는 등 판시 사실은 괴집 박일영의 지령으로 진보당이 평화통일을 주장하고 창당한 것 같이 기재되어 있으나, 그 시일이나 주장한 사실 등은 진보당 창당 과정과 판이한 것입니다.

진보당의 창당 과정에 관하여, 1심에서의 제8회 공판조서 중 윤길중(4303~4315정, 4335~4338정), 동 14회 공판조서 중 증인 신도성(4634~4654정), 동 고정훈(4685~4709정)의 진술기재 부분을 종합하면, 진보당은 4288(1955)년 6월경부터 비자유,

비민주당의 혁신세력 규합, 정치운동이 대두되어, ① 동년 8월경 광릉에서 조봉암, 서상일, 장건상, [윤길중, 신도성, 고정훈] 등 20여 명이 회합하여 신당조직에 관한 대체 합의가 있은 후, ② 동년 10월 24일 대관원 회합을 하여 신당 조직에 있어서의 3원칙을 수립함과 동시에 신당 조직을 위한 가칭 진보당발기준비위원 준비위원회 결성하여 동 준비에 대한 취의문 급(及) 강령 초안 작성을 한 후, ③ 동년 12월 22일 조봉암, 서상일, 신숙 외 8명의 대표 명의로 가칭 진보당발기취지를 지상(紙上)에 발표하였고, ④ 4289(1956)년 1월 12일 다시 가칭 진보당추진위원회를 설치하고, ⑤ 4289(1956)년 3월 31일 가칭 진보당추진대표자회의를 거처, ⑥ 동경(同頃) 발표된 정부통령 선거공고를 보고 동년 4월 초순경 정부통령 선거대책위원회를 조직했고, ⑦ 동년 9월 말경 영도권 문제로 대동단결하라는 서상일파와 조속 결당하자는 조씨파가 분열되고, ⑧ 동년 11월 10일 진보당이 결당되었습니다.

평화통일원칙 자체는 ① 우 대관원 회합 당시[4288(1955)년 10월 24일] 기히 (가) 혁신세력의 규합과 정치의 혁신, (나) 계획성있는 경제정책의 구현과 함께 (다) 민주주의 승리 하의 평화적 남북통일의 구절(句節) 하 신당 조직 3원칙의 하나로 내세우고, ② 그 후 윤길중이 가칭 진보당발기준비위원회 의안부 책임자로서 서상일 씨가 써준 4항목을 푸러서 강령 초안으로 “우리는 안으로 민주세력의 대동단결을 추진하고, 밖으로 민주 우방과 긴밀히 제휴하여, 민주세력의 결정적 승리를 기할 수 있는 방식에 의한 조국통일의 관철을 기한다(진보당 강령4)”라 표현하고, 그 후 동 의안부위원회에서 “평화통일”이란 구절로 수정되었고, ③ 그 후 가칭 진보당추진준비위원회 의안부 책임자 신도성에 의하여 진보당 정책 (1) 통일문제 “원수폭(原水爆)의 발전으로… 조국의 평화적 통일을 파괴한 책임은 6·25의 죄과를 범한 북한 공산집단에게 있다. 그들의 반성과 책임규명은 평화통일의 선행조건이다… 평화통일방안이 결코 대한민국을 부인하거나 말살하는 데 있지 아니하고 돌이켜 그것을 육성하고 혁신하고 진실로 민주화하자는데 있음을 확신한다… 우리 자신이… 정치권력을 획득해야 하며 그런 연후에 국제정세에 발마추어 제우방과 긴밀한 협조하에… UN을 통한 민주적이고 평화적인 조국통일의 구체적 방안을 책정하려는 것이다. 민주주의 승리에 의한 조국의 평화적 통일 이것만이 우리의 유일한 길이다”라 초안되고, 이와 별도로 강령정책의 이론적 근거를 표현하기 위하여 서상일 씨 위촉(委囑)으로 이동화 피고인이 기초한 강령을 강령 전문, 경제정책 전문으로 하고 4289(1956)년 3월 31일 가칭 진보당대표자회의에서 전기 강령 전문, 경제정책 전문이 채택되고, 동년 11월 10일 진보당 결당대회에서 역시 채택되었습니다. 또한 평화통일 원칙은 최초부터 어느 개인의 주장에 의하여 채택된 것이 아니고, 서상일 등 그 당시의 회합위원의 공통된 분위기에서 나온 것이고 조 씨가 주장한바 전무하고, 4289(1956)년 9월 말 서, 조 분열 후에도 조 씨는 합작코저 노력했으나 지방 열성 당원들의 강경한 주장으로 동년 11월 10일 진보당 결당을 본 것이지, 조 개인의 조기 결당을 주장한 사실은 전무했습니다. 따라서 판시 사실 중 소위 괴집의 지령이나 양 피고의 보고 등은 일자상 전기 진보당 창당 과정과 배치되는 것이며, 또 일자상 소위 괴집 지령 전에 평화통일의 원칙을 세웠고, 양 피고가 동년 3월 말 월북하여 정부통령 선거대책위원회 구성(4월 초순임)하였으니 조, 서 분열 전인 동년 8월 말 월북하여 동년 11월에 창당한다고 보고하였다는 것은 수사기관의 기교에 불과한 것입니다.

또 조봉암, 윤길중 피고인은 (4774~4779정) "4289(1956)년 3월 31일 진보당추진대표자대회 한두 달 후 결당되었어야 할 것인데, 선거도 있고 서상일 씨와 우여곡절도 있으나 한 번은 국회의원 20명을 들어올 수 있게 한다 하여 그것도 추진했으나, 조가 2선으로 물러난다 해도 교섭이 안되어 몇 달 끌다가, 지방에서 매일같이 올라와 결당하자 하여 결당 일자를 지정하였다가 수차 연기하여, 결국 동년 11월 10일 결당한 것이다"(4774~4779정). 진술하여 그 간의 결당 경위로 보아 괴집의 결당 지령은 허무한 것입니다. 상술한 바는 판시 사실에 나타난 전 범죄사실은 진보당사건을 간첩과 결부시키고 괴집과 야합하였다고 구성하는데 급급한 나머지, 마치 탐정소설 같은 이로정연한 문장이 되어있지만, 그 내포하는 허다한 모순을 지적하여 양 피고의 원심번복 진술(5448~5499 · 5667~5693정)이 사실이라는 점을 장광하게 논술했습니다.

김달호 피고인이 원심에서 경찰에서 고문당한 이유를 설명한 바 있는데 경찰조사관이 "과거 박헌영사건을 아느냐, 조 씨를 좌익으로 처서 당신이 그 자리에 앉으시요. 그렇게 못하면 정치인의 자격이 없고, 조 씨는 사형이고, 당신은 20년이요"할 때 김 피고는 "타인을 모함하지는 못하겠다"고 거절했더니 그것이 화가 되어 고문을 당한 바 있고, 또한 놀랍게도 검사의 구형이 경찰조사관이 한 말과 일치하였다는 진술을 한 바 있는데, 원판결은 상술한 제 사정은 일고의 참작없이 양 피고인이 미군 첩보기관 또는 육군 인천첩보대의 아측 첩자로서 12차 남북을 왕래한 사실과 조 피고인에게 3년간 2,000여만 환 원조한 사실만으로 판시 사실을 인정함은 판결에 영향을 미칠 중대한 사실의 오인을 한 위법이 있습니다.

제2점 원판결은 채증법칙 위배의 위법이 있습니다.

현행 형사소송법은 증거재판주의와 자유심증주의를 채택하고 있습니다. 죄가 되는 사실을 인정함에는 엄격한 증명 즉 증거능력이 있고, 위법한 증거조사를 한 증거가 있어야만 한다는 것입니다. 또 법정에 나타난 증거를 종합하여 범죄사실의 존부를 판단하는 것, 환언하면 증거의 가치판단은 재판관의 합리적이고 과학적인 이성에 맡긴다는 것입니다. 그러나 여사한 자유심증주의는 영미법의 영향을 받어 많은 제한을 받고 있습니다. 그것은 ① 임의성 없는 진술과 의제 자백은 증거능력이 없다는 것이고, ②자유에는 보강증거가 있어야만 유죄의 증거로 할 수 있,고 ③ 전문(傳聞) 증거 배척의 원리를 도입하고 있는 까닭입니다.

1. 임의성 문제

〈형사소송법〉 제317조 1항은 "피고인 또는 피고인 아닌 자의 진술이 임의로 된 것이 아닌 것은 증거로 할 수 없다", 동조(同條) 2항에는 "전 항의 서류는 그 작성 또는 내용인 진술이 임의로 되었다는 증명된 것이 아니면 증거로 할 수 없다"고 규정하고 있으며, 동법 제309조는 "피고인의 자백이 고문, 폭행, 협박, 신체구속의 부당한 장기화 또는 기망, 기타 방법에 의하여 임의로 진술한 것이 아니라고 의심할 만한 이유가 있을 때에는 이를 유죄의 증거로 할 수 없다"고 규정하고 있습니다. 증거법상 진술의 임의성과 의제 자백의 문제는 개개의 증거가치 판단의 문제가 아니라, 증거로 할 수 있느냐 없느냐의 근본적인 증거능력의 문제올시다. 여사한 진술의 임의성 또는 의제 자백의 문제는 인권 옹호의 견지에서 영미법의 원리를 우리 형사소송법에 도입했으나 우리나라에 도입된 역사가 짧어서 여기에 대한 적절한 판례가 없음으로 부득이 외국의 몇 가지 판례를 들겠습니다.

미국 워신톤에 중국 유학생 하숙소가 있는데, 하루는 유학생 세 사람이 권총으로 사살되었습니다. 마침 제3자인 어떤 사람이 사건 당일 딴 곳에 하숙하고 있는 중국인 유학생 진(陳) 씨가 그 현장에 있었다고 고발을 해서, 진 씨는 체포되었습니다. 체포 당시 진 씨는 위장병으로 몸이 몹시 쇠약중에 있었는데, 경찰에서는 경위와 형사 두 사람이 매일 8시간씩 연 7일간 계속 조사를 해서 자백을 받었는데, 1, 2심 공히 사형을 받었습니다. 그러나 미국 대심원은 "임의성이 과연 약속 또는 협박에 의한 공술이 아니라는 이유만 가지고는 불충분하다. 법률상 공술의 임의성이란 것은 진술에 있어 그 공술이 임의로 된 경우에 한하여 인정된다. 구류(拘留) 중 경찰관의 신문에 의하여 공술 되는 경우면 임의로 할 수 있다. 그러나 강제에 의하여 얻은 공술은 합법적인 수사하에 된 것이라는 명문을 전부 배제한다. 진 씨의 공술은 몸이 쇠약한 사람을 연 7일간 계속 신문 끝에 행하여졌다. 피고인의 공술은 사실상 임의로 된 것이라 인정할 가치가 없고 강제로 하였다는 사실은 따질 수 없는 사실인즉 결국 신문조서와 자백서는 사건 증거로서 배제되어야 한다"는 이유로 사건 발생 후 5년 만에 무죄판결을 내렸습니다. 그것은 진 씨의 자백서 또는 신문조서 중의 공술이, 위장병으로 몸이 몹시 쇠약한데 매일 8시간씩 연 7일간 취조하였다는 사실만 가지고 진술의 임의성이 없다는 판례였습니다.

또 한 가지 판례를 들겠습니다. 1927년 미국에 도란 사건이 발생하였습니다. 이것은 뉴욕에 있는 경찰서에서 시간 후 형사들에게 강력범에 대비해서 권투를 가르치고 있는데, 담당 형사가 퇴근시간이 임박해서 바른 손에 권투 크롭을 끼고 왔다갔다 하면서 피의자를 조사해서 자백을 얻었습니다. 이 사건에 대하여 미국 재판소는 "모든 고문은 법률상 배제되어야 한다. 권투용 크롭은 용서할 수 없다. 권투 크롭을 끼고 자기 손으로 툭 치고 왔다갔다 해서 임의성이 없다"고 대법원 네만 판사는 무죄로 언도했습니다.

또 한 가지 판례를 들자면 일본국 대판에서 어떤 절도사건이 있었습니다. 경찰관이 취조할 때 피의자가 부인하므로 구타는 하지 않고 머리털을 잡아당기고 또 찌르고 해서 자백을 얻었는데, 피고인이나 변호인이 경찰관의 신문조서를 증거로 함에 동의까지 하였으나 대판 고등재판소는 그것을 가지고, "강제에 의한 것으로서 임의성이 없으며 설사 피고인이나 변호인이 그 조서를 증거로 함에 동의하였다 할지라도 증거능력이 없다" 하여 무죄의 언도를 했습니다[소화24(1949년) 12월 19일).

이와 같이 진술의 임의성 여부에 대하여는 엄격한 조건을 부치고 있습니다. 본건에 있어 상술한 바와 같이 양 피고는 당 공정에서 특무대 검찰 1심 법정에서 왜 허위자백을 하였느냐의 점에 대하여 논한바 있습니다. 인간은 자기 방위의 본능이 있는데, 양 피고가 어찌하여 화약을 지고 불 속에 들어가는 자백을 했나, 특무대에 2월 8일 출두할 때에 친우 장성팔이 어떤 사고가 있으면 피신하라는 충고도 물리치고, “아무 일 없다. 그 전의 마약관계인 게지” 하면서 HID에 사전 양해를 얻고 자진 출두한 자가(4670~4676정), 어찌 본건과 같은 어머어머한 자백을 하였느냐의 점에 대해서는 앞서 상론한 바 있습니다. 즉 특무대에서는 주사를 놓아 정신을 몽롱케 하여 자백을 하였다는 고문, 폭행, 또 지하실에 들어가야 알겠느냐의 전기고문의 협박, 1개월여의 불법감금으로, ‘너는 증인이다. 조를 치는 것이 목적이다. 너는 아무 일 없다’는 유도, 약속, 기망 등으로 이루어진 임의성 없는 진술이었다는 점입니다. 임의성에 관한 양 피고의 여사한 주장에 대하여, 검찰관은 하등의 증거를 제시치 않고, 도리어 변호인 측이 특무대 조사관(고영섭)을 증인으로 신청하였던 것입니다. 그러나 변호인들은 그 조사관이 법정에 나와서 자기들이 고문, 폭행, 협박, 약속, 유도, 기망 등을 자인하지 않을 것이라는 것은 당초부터 예견한 것입니다. 그리하여 고영섭 증인의 자기모순을 살피자는 것인데, 과연 그것이 드러났습니다. 주사를 맞은 일 없고, 빨간약을 복용한 일이 있다 하면서 주사를 맞은 것과 비슷한 말을 할 뿐 아니라, 양 피고 본인이 조사관을 보고 그때 당신 왼팔에 주사 맞지 않았느냐고 문(問)하니 고 씨는 답을 못하였습니다. 그 외 양 씨 혈압이 160이란 점, 양 피고를 구속영장이 발부될 때까지 1개월간 불법감금 하였다는 점, 법관의 구속영장대로 집행하지 않고 여관에 자의로 감금하였다는 점, 2월 20일경까지 방안지에 도표로 조 씨와 양 피고 관계를 기입하였다는 점, 그 도표를 작성한 후 신문조서가 일사천리로 매일같이 진행되었으나 일자를 2월 11일부터 소급작성한 것으로 기록한 점, 상세한 HID 감시자의 정보기록과 도표를 양 피고에게 보여서 자백하였다하나 그것을 제출치 못한 점, 등등으로 미루어 고영섭 증인의 증언은 자기모순을 허다히 내포하고 있으며 양 피고의 당 공정의 진술을 간접적으로 추인할 수 있습니다(양 5468~5472정, 고 5836~5851정).

다음 검찰에서는 양 피고가 특무대에서의 심리적 영향이 연장된 데다가, 권위

있는 담당검사로부터 "조 건(件)을 위해서 국가방침으로 여하한 희생도 감수한다. 앞으로 나가거든 남한에서 살아라"는 등 암시로, 또 '사건의 성질상 대법원에 가서 오 검사가 살린다. 병보석 해서 일본엘 가면 된다'는 등 기망적인 구속을 하였다고 하며, 조봉암을 처리함이 국가방침이요 양 피고는 이번 남한에 나가서 무사히 안주할 수 있다는 등 유도와 약속과 기망으로써 임의성 없는 진술을 하였다는 지를 원심에서 주장했습니다만은, 검사로부터 하등 반증의 제시가 없었습니다(5470정). 양 피고의 1심 법정에서의 자백은 형식상 어떤 유형적인 강제는 없었습니다. 그러나 양 피고는 특무대 검찰에서 하도 조 씨는 역적이다. 국가방침으로 친다. 너는 아무관계 없다는 등 심리적 영향이 계속되어, 5월 15일(제9회 공판에서) 처음으로 법정에 출두하자마자 진술하게 되었는데, 그때 법정에 산적한 기록과 증거품을 보고 과연 조 씨가 국가에 역적을 하였구나 하는 그릇된 감이 들어서, 재판장이 공소사실을 읽어주는 대로 힘없이 고개를 숙인 채 하나하나 시인을 했고, 번복할 용기가 없어 허위자백을 유지하다가 그간 조 씨의 주장도 들었는지라 1심 언도기일에 손을 들고 모든 사실을 고백하려던 것이, 재판장이 2심에 가서 말하라라는 주의로 뜻을 이루지 못하였다 하니(5470~5472정), 여사한 심리로 있을 법합니다. 보통 사람이 증인으로 신문을 당할 때도 독특한 불안감에 싸이는데, 항차 피고인의 심리적 압박은 매우 클 것으로 짐작됩니다. 이 점을 이해하시는 데 약간의 도움이 될까하여 본 변호인의 경험을 말씀올리겠습니다.

그것은 1심 때 김달호 피고인을 탈당케 한 심리입니다. 지상(紙上)에 조 씨가 간첩과 관련되었다는 검찰 고위층의 담화를 보고 그것을 믿었습니다. 검찰에 송청된 후 담당검사에게 조 씨가 간첩과 관련되었다는 확증이 있느냐고 물으니 있다는 것입니다. 본 변호인은 그것을 확신하고 그러면 김달호 피고인에게 그 증거를 보여주고 탈당케 하여 당국이 진보당의 등록을 취소하기 전에 자체 내에서 해산결의를 시키는 것이 좋지 않겠느냐고 제의하니 좋다고 찬의를 표하여, 대검 모 검사를 방문하고 상의한 후 형무소에 김달호 피고인을 접견하고 여사한 절충을 한 바 있습니다. 그때 김 피고는, '조 씨가 그럴 리 없다. 공산당 세계가 되면 조 씨 사형될 자라 믿기 어려우나 검찰에서 간첩관련의 확인을 보여주면 서슴치 않고 탈당하고 당의 뒷 수습을 하겠다'고 말했습니다. 그런데 어찌 된 일인지 검사는 조 씨의 간첩 관련 증거를 제시하지 않았습니다. 그때의 확인이란 지금 보면

1, 2심 공히 무죄가 된 허무한 증거였습니다. 그때까지는 아직 양 피고 사건이 특무대에서 발표하기 전입니다. 그 후 김 피고인은 송달된 공소장에서 김기철 씨 안을 보고 자기 부지중에 여사한 것이 당 기구 내에서 토의된 것이 불쾌함과 동시에 당국이 등록을 취소하면 형식상 불법화되는 것이니 당적을 유지할 필요가 없다고, 이당(離黨)의 의사를 표명한 바 있었습니다. 본 변호인의 여사한 탈당 권유는 오로지 김 피고의 신상을 염려하는 일념에서 한 것입니다만은, 이것은 담당 검사의 인격과 그 말의 무게, 즉 조 씨의 간첩관련 확증이 있다는 말을 천금같이 전적으로 믿어서 이루진 것입니다. 직업적인 변호사의 심리가 이와 같이 약(弱)할진대 하물며 당자(當者)인 양 피고가 사회와 격리된 장소에서 특무대와 검찰의 일방적 유도, 약속, 기망을 믿고 법정에 나오자마자 재판장의 공소장 기재사실 신문에 대하여 또 조 씨가 국가의 역적이었다는 것을 그릇 인식하고, 허위자백을 한 심리적 경로가 과연 임의성이 있을 것인지, 또 일단, 허위자백 후 그것을 시정할 용기가 있겠는가에 상도할 때에 임의성 없는 자백이라고 의심할 만한 충분한 이유가 있습니다. 양 피고에 대하여 수사기관 또는 검찰에서 작성한 자공서, 진술서, 피의자 신문조서와 1심 공판조서에서 자백한 것은 형식 여하를 불문하고, 아무리 자백을 누적한다 해도 그것은 피고인 스스로 범죄사실을 자인한 자백으로밖에 인정할 수 없는 것입니다. 또 그 자백이 상술한 바와 같이 임의성이 결여된 자백이라면, 전혀 증거능력이 없는 것입니다. 또 그것을 토대로 구축된 검찰관의 기여(其餘)의 모든 보강증거는 일고의 가치를 인정할 수 없으므로, 본건은 결국 무죄에 도달해야 마땅할 것입니다. 공술의 임의성 여부는 앞에 약간의 외국 판례를 보다시피, 재판관이 임의성 없다는 증거가 확신의 정도에 이르지 않아도 임의성에 대한 의심만 있으면 그것을 증거를 할 수 없음에도 불구하고, 원심이 양 피고인의 검찰에서의 피의자 신문조서와 1심 공판조서를 증거로 하여 유죄로 인정함은 증거법 해석을 착오할 위반이 있습니다.

2. 보강증거의 검토

만약 변호인의 견해와는 달리 양 피고의 자백은 임의성 있는 공술이라고 판단하신다면, 다음 문제는 보강증거가 있느냐의 문제로 돌아갑니다. 〈형사소송법〉 제310조에는 “피고인의 자백이 피고인에게 불이익한 유일한 증거인 때는 이를 유죄의 증거로 할 수 없다"고 규정하고 있습니다. 이 규정의 취지는 피고인의 자백이 왕왕 강제, 고문, 협박, 기타 부당한 간섭으로 인하여 공포와 불안으로 본인의 진의와 자유의사에 반해서 이루어지는 폐가 있는 관계로, 피고인의 자백만이 유일한 증거일 때는 타(他)에 적당한 보강증거가 필요하다는 원칙을 천명하고, 죄를 진 자가 처벌을 면하는 경우가 있더라도 무고한 자를 처벌하는 것보다는 사회복지에 이롭다는 근본사상에 기하여, 자백편중과 자백강요의 폐단을 방지해서 인권옹호를 기(期)하고져 하는 규정입니다.

전술한 바와 같이 특무대에서 작성한 양 피고 자신의 자공서나 진술서 또는 피의자 신문조서, 검사 면전에서 작성한 양 피고의 피의자 신문조서, 1심 공판에서 양 피고가 진술한 공판조서는 모두 양 피(被) 자신이 자기 범죄사실을 공술한 것이니, 그것들을 아무리 다량으로 누적한다 해도 필경은 양 피고의 자백으로 귀착되는 것입니다. 과거 일본 최고재판소는 공판정에서 피고인이 자백했을 경우에는, 타의 보강증거가 없어도 유죄의 증거로 할 수 있다는 판례가 있고 그 후에 또 피고인의 "공판정에서의 자백"이란 것은 당해 사건을 재판하는 재판소 이외에 설사 1심 공판정에서 자백하였다 할지라도 2심에서는 1심 공판조서의 자백을 증거로 할 수 없다는 판례를 한 바 있습니다. 본건에 있어 양 피고가 1심에서 자백하였다고 해서 그것만으로 유죄의 증거는 할 수 없는 것입니다. 하물며 그 후 일본 〈신형사소송법〉(제319조 2항)은 공판정 자백이나 기외(其外)의 자백을 동일하게 취급하였고, 우리 〈형사소송법〉 제310조도 동일한 취지입니다. 대저 공소사실의 입증 책임은 검사에게 있고 또 그 입증할 범위는, ① 주요 사실 즉 범죄구성 요건 해당 사실과 ② 간접사실 즉 주요 사실을 추인할 수 있는 사실. 이 두 가지는 모두 엄격한 증명을 요하는 것입니다. 다음 ③ 보조사실 즉 증거능력 증명력의 유무와 그 정도를 추인하는 사실은 자유로운 증명으로 가하다는 것입니다. 그러니 적어도 주요 사실과 이것을 추인할 수 있는 간접사실에 대한 입증 책임을, 검찰관이 전면으로 지고 있는 것입니다.

그러면 본 건에 있어서 주요 사실은 무엇이냐, 그것은 소위 "양 피고가 괴집 박일영, 임춘추 임호, 조 모, 최 모, 강 모로 부터 평화통일 목표로 조 씨와 합작할 용의가 있다고 지령을 받고, 또는 보고하고, 양 피고가 조 씨에게 여사한 지령을 전달을 한 바 동인의 승낙을 얻고 내왕하였다"는 것이 주요 사실의 대전제이고, "그 후 양 피고가 이북을 왕래하면서 대통령선거비, 기관지 판권비, 창당비, 당 운영비 등 자금을 괴집으로부터 받아다가 조 씨에게 전달하고, 또 조 씨로부터 진보당 문건, 간부 명단, 『중앙정치』 등을 받아서 괴집에 제공하였다"는 것이 역시 주요 사실을 추인할 수 있는 간접사실에 속할 것입니다. 왜냐하면 괴집과 조 씨가 합작하였다는 대전제가 무너지면, 간접사실은 사상의 누각 격이 되는 까닭입니다. 여사히 본건의 대전제가 되는 합작 운운의 주요 사실은, 이외(以外)까지 우리 행정력이 미치지 못하는 관계로 그 입증이 매우 곤란하다는 것도 추찰할 수 있습니다. 그러나 주요 사실에 가장 가까운 입장은 능히 할 수 있을 것입니다.

(1) 양 피고에 대한 판시 사실 ①, ②에 관해서는 양 피고의 자백 이외에 어떠한 보강증거도 없습니다. 판시 사실 ①에는 "장차 간첩의 사명이 부과될 것을 예견하면서 이를 승낙"(판결문 71정 11행~13행)하였다고 기재하였으나, 김동혁은 원심에서, 엄숙진은 1심에서, 이북 상사(商社)가 그와 같은 개연성은 있으나 각 기관에서 정보를 수집차 그것을 알면서도 첩자를 파견한다고 공술하고, 또 첩자는 이중첩자의 성격을 가졌다고 진술했습니다. 그렇다면 이북 상사가 장차 간첩 지령을 내릴지도 모른다는 점은, 우리의 국법으로 우리 첩보기관에서 대북 첩자를 사용하지 못한다는 금지 규정을 해야만 여사한 것이 불법화될 것입니다. 우리 첩보기관에서 합법적으로 사용하고 있는 첩자가 전부 이북 첩자라면, 첩자를 파송하는 우리 첩보기관은 이북 괴집의 수족이란 결론 밖에 나오지 않습니다. 판시 사실 ①, ② 즉 1차로부터 3차까지 왕복 시, 박일영을 만나 조 씨의 동태에 관한 문답이 있었다는 사실은 원심에서의 김동혁 증인이 부지라 하므로(5860~5864정), 선원으로 3차 내왕 사실만으로 간첩 사실을 추인하는 보강증거는 되지 못하는 것입니다. 또 삼육공사 김난주, 한광 기타 상사 직원과의 접촉은 본건 주요 사실이 아닙니다.

(2) 양 피고에 대한 판시 사실 ② 내지 (11)의 간첩 사실에 관한 보강증거는 무엇인가, 원판결이 인정 자료로 한 증거를 검토하겠습니다.

① 조봉암은 전(全) 기록을 통하여 (검사의 피의자 신문조서, 1, 2심 공판조서),

3년 내외에 양 피고와 자주 접촉하여 음식점이나 소풍을 다니며 기간 약 2,000만 환 내외의 돈을 얻어 썼다는 것과 양 피고가 진보당에 관심이 있어 진보당 결당 문건, 간부 명단, 『중앙정치』, 출마자 명단 등등을 주었다는 것과 일간지 구입과 치안국장 무전문 등의 교담 내용은 시인하나, 괴집과의 교역이나 괴집의 지령문 등은 전연 문득(聞得)한 바가 없다고, 특무대 이래 원심까지 일관해서 진술하고 있습니다. 그러면 여사한 조 피고의 공술이 전력한바 대전제가 되는 주요 사실을 추인할 수 있을 것인가, 물론 선입감을 가졌거나 의심하려면 한정이 없을 것입니다.

이와 같은 증거의 가치 판단 자료에 대하여 제1점에서 상론한바 있습다만 은 조 피고의 진술이 얼마나 솔직 담백하고 거짓이 없는가의 점을 몇 가지 들겠습니다. ㉠ 자기를 원조해주는 사람 중에서 양 피고보다 더 많이 준 자가 없다는 진술과 ㉡ 금년 1월 초순경 양 피고 가(家)를 방문했을 때, 양 피고의 당 공정 진술은 당시 출마자 명부와 중앙위원 명단과 대조할 때, 조 씨는 안경이 없어서 못보겠으니 더 크게 자세히 써주겠다고 하더라는 것을, 조 피고는 그 대조의 점은 기억이 나지 않는다고 진술한 점 ㉢ 진보당의 평화통일론이 국헌에 위배되느냐의 문제는 진보당사건의 핵심이요, 여타 피고인의 유무죄의 관건이 되는 것을 알면서도, 남북이 평화적으로 통일이 이루어진다면 통일 국회가 성립되면 결과적으로 대한민국의 발전적 해소를 초래한다고 진술하는 등등을 종합해 보면, 조 피고는 어느 진술이 자기에게 얼마나 불리하든 또는 유리하든 간에 진실을 말하고 있다는 것을 짐작할 수 있습니다. 따라서 조 씨가 특무대 이래 당 공정까지 일관해서 양 피고가 괴집의 지령을 받았거나 괴집의 자금이라는 것을 몰랐다는 진술은, 조 씨의 인격에 비추어 신빙할 수 있을 것입니다.

② 다음 엄숙진의 1심 공판조서는 보강증거가 되는가. 양 피고의 조종자인 엄 씨도 양 피고가 괴집으로부터 지령받은 사실은 부지(不知)라고 공술했습니다. 도리어 양 피고는 인천첩보대의 첩자로서 월북할 때나 월남할 때 공연 또는 은밀리에 소지품의 조사를 받으며, 남한 체재 중에도 엄중한 감시를 받고, '만약 미화 2만 7,000불 또는 진보당 문건 잡지 등을 가지고 갔다면 첩보대에서 묵인하고서 양 피고의 행동을 살피느라고 보냈을 것입니다'라고

공술하고 있습니다. 엄숙진은 본건 주요 사실의 가장 가까운 증인입니다. 첩자가 첩보대 모르게 부피 4만 환 묶음의 미화 2만 7,000불 또는 진보당 문건, 잡지 등을 가지고 다니지 못함을 밝혔고, 또 만약 가지고 갔다면 HID 묵인하에 가지고 갔을 것이라 하는 데에는, 모름지기 HID가 예외적으로 묵인해서 가지고 가는 것을 방치했던가의 점에 대하여 입증이 있어야 하겠거늘, 하등의 증거 제시가 없었으니 검찰관의 모든 보강증거를 깨뜨리는 것입니다. 엄숙진은 양 피고가 4, 5차 목침 만한 것을 가지고 오는 것을 묵인한 바 있다 하는데, 그것도 무엇인가 조사했을 것이고 지금까지 나타난 것은 사향인데 그것은 1kg 정도이고, 150만 환 가치의 물건을 HID와의 정식 거래 이외로 반입해서 장사한데 불과한 것입니다.

③ 기외 이정자에 대한 검사 피의자 신문조서, 1심 공판조서, 원심 증인 진술조서 혹은 압수한 수표 14매, 차변대조표 3매, 예금 구좌 원장 2통 등은 양 피고가 미불 2만 5,000불을 교환하였다는 증거는 되지만, 현재 남대문이나 자유시장에서 하루에 수만 불의 미화가 거래되고 있다는 점과 괴집에서 파송하는 거물급 간첩도 미 본토불 1,000불 내지 1,800불 정도를 소지하고 그것도 모두 부피가 적은 100불권을 가지고 오는데, 양 피고는 괴집으로부터 50불, 20불, 10불 등으로 4만 환 부피의 미화를 이북에서 가지고 왔다 하니, 이것은 재판 경험법칙에 반하는 것입니다. 그러니 미화 2만 6, 7천 불을 교환해서 그 중 1,000여만 환이 조 씨에게 갔다 하더라도 괴집으로부터 받아왔다는 보강증거는 되지 못합니다.

④ 조규진, 조호정, 이재윤 등의 사법경찰 작성의 각 피의자 신문조서는 양 피고로부터 돈을 받았다거나 자주 만난다거나 하는 정도는 알 수 있으나, 그 돈이 괴집에서 오거나 또 만나는 것이 괴집의 지령 전달이라고는 추인할 수 없습니다. 도리어 양 피고와 조 씨 간에는 잡담만 있었지 별로 정치담이나 시국담을 들은 사실이 없다고 유리한 공술을 하고 있습니다. 또 판시 사실 (3)에는 양 피고가 4차 월남 후 4289(1956)년 3월 10일경 초 대면한 것 같이 기재(판결문 74정 3행)하였으나, 조호정은 4288(1955)년 하절(夏節)부터 내가(來家)하고 선사(膳事)하였다고 진술하고 있습니다.

⑤ 원심 이동현에 대한 1, 2심 공판조서와 검사의 피의자 신문조서, 임신환의

1심 공판조서와 검사의 피의자 신문조서 및 압수한 지편(소위 쪽지)을 단죄의 자료로 인정하였으나, 조봉암 피고인이 형무소에서 이동현 또는 임신환 간수를 통하여 양 피고에게 전달하라고 쪽지를 전달하려 한 것은 자기 죄과를 인멸코저 한 것이 아니라, 사람이 타인의 모함으로부터 없는 억울한 지경에 빠졌을 때 그것이 허위고 고문이나 강박으로 부자연한 진술이라고 믿고 진실대로 말하라고, 동정하는 간수를 통하여 부탁하는 것은 간혹 있을 수 있는 문제라 이것으로 본건 주요 사실을 추인할 수 없는 것입니다.

⑥ 원심은 양 피고의 「처장님이란 유서」를(증 제57호) 증거로 인정하였으나, 이것이야말로 "조 건(件)은 일단락 되었으니 나는 갑니다"는 언구로써, 수사기관의 고문, 협박, 유도로써 조봉암을 입건하였다는 증명은 될지언정 본건 주요 사실을 추인할 증거는 되지 못합니다.

⑦ 또 원심은 「증거보전기록」(증78호)을 단죄의 자료로 하였으나, 차(此)는 양 피고인이 특무대에서 고문, 협박, 기망 등을 당한 연후, 도표에 의하여 하로밤 암송한 후 특무대원들 감시하에 판사의 증거보전을 한 것으로, 차(此)는 결국 양 피고인의 자백 이외의 보강증거는 될 수 없습니다.

⑧ 기타 남산동 음식점 김영애와 증1호 영업장부, 중국인 한약상 천인평 등의 진술 등은 원심이 증거로 채택하지 않았으나, 남산동 상봉사실 및 녹용 수수 사실은 인정할 수 있지만 주요 사실을 추인할 자료는 못 되는 것입니다.

⑨ 증 2, 4, 5호 『중앙정치』, 선언문 책자, 진보당 간부명단 등은 원심이 증거로 채택하지 않았으나, 조 씨로부터 받은 것이 아니라 수사기관이 수집하여 제시한 데 불과한 것입니다.

이상으로 원판결이 인정한 증거와 검찰관이 제시한 보강증거를 대충 검토했습니다만은 여사한 증거만으로는 조 피고와 양 피고 간에 금전수수 혹은 문건수수 사실은 입증할 수 있으나, 그것이 바로 "괴집으로부터 지령을 받었다. 괴집에 보고를 보냈다" 하는 주요 사실을 추인할 자료는 되지 못한다고 생각되는 바입니다. 도리혀 원심은 변호인 측이 신청한 바 있는 육군첩보부대에서 괴집 삼육공사 발행인 물품목록과 귀환보고서의 제출을 촉구한 바, 차(此)를 이유 없이 각하하여 기피 신청까지 하였습니다만은, 양 피고인이 평소 남북을 왕래했을 때는 2, 3백만 환의 물자를 지남하나 6, 8, 9차 월남 시는 소위 선대 형식으로 각 7, 8백만 환의 물자를 지남하여 각 조봉암에게 500만 환식 제공하였다고 판시하였는데, 양 피고가 월남 시마다 지참 제출하는 괴집 삼육공사 발행의 4차 이후 12차까지의 물품목록은, 육군 인천 첩보대가 보관하고 있어 차(此)를 법정에 현출한다면 6, 8, 9차 월남 시에 과연 양 피고가 평소보다 2, 3배되는 물자를 지남한 것을 입증할 수 있을 것이며, 특히 검사는 인천첩보대에 출장하여 정시마의 진술조서까지 작성하였는데(원심 기록 참조) 불구하고 차(此)를 고의로 제출치 않았으며, 다음 양 피고가 월남 시마다 매번 첩보대에 제출하는 귀환보고서에는 과연 인천첩보대 묵인하에 예외로 여사한 미불 2만 7,000불, 진보당 문건 명단, 『중앙정치』지 등 물품을 가지고 내왕한 사실이 기재되어 있어야 할 것이며, 차(此)는 본건 주요 사실을 추인하는데 가장 가까운 직접 증거인데 불구하고, 원심이 차(此) 물품목록 및 귀환보고서의 증거신청을 각하함은 심리부진이며 기여(其余)의 보강증거를 합리화시킬 수 없는 것입니다. 공판정에 제시된 여러 증거의 가치판단은 오로지 재판관의 합리적인 이성에 일임되어 있습니다. 그러나 어떤 죄를 인정함에는 의심 둘 여지없는 확신에 도달하는 심증이 필요한 것입니다. 결코 부인증거보다 긍정증거의 증거가치가 우월하다 해서, 다시 말하면 검찰관의 증거가 변호인의 반증보다 우월하다고 해서 유죄판결을 내릴 수는 없는 것입니다. 우리나라의 현 사회실태와 앞서 제1점에서 변론한 진보당사건 발단과 양 피고사건의 연관성, 첩자 사용의 원칙, 수사의 맹점, 양 피고의 법정 태도, 판시 사실 개개의 모순 등등 매거하기 어려울 정도의 제 모순에 대하여, 원심에서 단죄 자료로 인정한 보강증거만으로는 조 씨와 양 피고가 괴집과 야합하였다는 주요 사실을 합리적으로 긍인(肯認)할 수 있는 확신은 절대 들지 못할 것이며, 고래(古來)로 의심스러운 것은 피고인의 이익으로 돌린다는 형사소송의 원칙에 따라 증거불충분으로서 무죄의 언도가 있어야 하겠거늘 원판결은 상술한 채증법칙을 위배한 위법이 있습니다.

제3점 원판결은 피고인에 대하여 간첩죄를 적용하고 사형을 언도하였음은 그 양형이 극히 부당합니다.

판시에 의하면 양이섭은 4260(1927)년 10월부터 상해 임정 산하에서 독립운동에 가담하여 오다가 4264(1931)년 4월 왜경에 피검되어 신의주형무소에서 징역

4년을 복역한 자로, 과거 조국 광복 운동에 종사하였으며 그 후 만주, 통화, 천진 등지에서 농장 곡물상 등을 경영하다가 8·15해방 후는 고향인 평북 희천에 귀국하여, 다시 신의주에서 건국무역사를 경영하다가, 4284(1951)년 1·4후퇴 시 단신 남하하여 대구, 부산 등지를 전전하고 그 후 강원도 속초에서 해물상을 경영하면서, 그 후 김동혁 소개로 미 첩보기관 또는 인천첩보대 첩자로서 남북교역을 하여 왔으며, 남한에서 취처(娶妻)하고 대한민국에 거주코저 한 자인바 상술 상고 이유 제1, 2점이 이유없다 할지라도 본건이 진보당사건과 관련되어 정치적 음모가 아닌가 하는 의혹도 내포하고 있는지라, 오판으로 귀중한 인명을 박탈하는 결과가 될지 모르는데 원판결이 사형을 언도함은 그 양형이 심히 부당합니다
함에 있다.

심안하니

본건 진보당의 강령정책은, '우리는 근로자 농민을 중심으로 하는 광범한 근로대중(피해대중)을 대표하는 주체적 선진적 정치적 집결체이며 변혁적 주체적 세력의 적극적 실천에 의하여 자본주의를 지양하고 착취 없는 복지사회를 건설하여야 한다'는 지의 혁신정치의 실현, '우리는 자유민주주의를 폐기 지양하고 주요산업과 대기업의 국유 내지 국영을 위시로 급속한 경제건설 사회적 생산력의 제고 및 사회적 생산물의 공정분배를 완수하기 위하여 계획과 통제의 제 원칙을 실천하여야 한다'는 지의 수탈 없는 경제체제의 확립, '우리는 남북한에서 평화통일을 저해하는 요소를 견제하고 진보당 세력의 주권 장악하에 피 흘리지 않는 평화적 방식으로 조국의 통일을 실현한다'는 지의 평화통일의 실현에 있는 것임으로, 먼저 전기 강령정책의 헌법 위반 여부를 검토하니,

우리 헌법의 정신은 그 전문에 의하여 명백한 바와 같이 정치 경제 사회 문화의 모든 영역에 있어서 각인의 기회를 균등히 하고 능력을 최고도로 발휘케 하며 각인의 책임과 의무를 완수케 하여 국민생활의 균등한 향상을 기하려 함에 있고, 〈헌법〉 제5조, 제8조, 제18조, 제84조에 의하면 대한민국은 정치 경제 사회 문화의 모든 영역에 있어서 각인의 자유 평등과 창의를 존중하고 보장하며 공공복리

의 향상을 위하여 이를 보호하고 조정하는 의무를 지고, 모든 국민은 법률 앞에 평등이며 성별 신앙 또는 사회적 신분에 의하여 정치적 경제적 사회적 생활의 모든 영역에 있어서 차별을 받지 아니하며, 근로자의 단결, 단체교섭과 단체행동의 자유는 보장되며, 대한민국의 경제 질서는 모든 국민에게 생활의 기본적 수요를 충족할 수 있게 하는 사회 정의의 실현과 균형 있는 국민경제의 발전을 기본으로 삼고, 각인의 경제상 자유는 이 한계 내에서 보장하기로 되어있음을 규지(窺知)할 수 있는바, 서상(敍上) 헌법의 전문이나 헌법 규정에 비추어 볼 때 전시 진보당의 강령정책은 헌법에 위배된다 할 수 없고, 평화통일에 관한 주장 역시 〈헌법〉 제13조의 언론 자유의 한계를 일탈하지 아니하는 한 차를 위법이라 할 수 없는 것임으로, 평화통일론이 논죄의 대상이 되는 경우는 북한 괴뢰집단이나 이에 부수하는 결사 또는 집단을 위하거나 또는 이와 상통하여 차를 주장하는 경우에 한정될 것이다. 왜냐하면 〈국가보안법〉 제1조에 의하면 국헌을 위배하여 정부를 참칭할 목적으로 결사 또는 집단을 구성한 자, 해(該) 결사나 집단에 부수하여 국가를 변란할 목적으로 결사나 집단을 구성한 자가 처벌 대상이 되고, 동법 제3조에 의하면 국헌을 위배하여 정부를 참칭할 목적이나 정부를 참칭하는 단체에 부수하여 국가를 변란할 목적으로 그 목적한 사항의 실행을 협의 선동 선전한 자, 정부를 참칭할 목적으로 구성된 결사나 집단 또는 이에 부수하여 국가를 변란할 목적으로 구성된 결사나 집단의 지령에 의하여 그 목적한 사항의 실행을 협의 선동 선전한 자가 처벌 대상이 되는 것임으로, 서상(敍上) 구성요건에 해당되지 아니하는 행위는 설사 국가변란의 목적을 인정할 수 있는 경우에도 다른 처벌법규에 의하여 처벌됨은 논외이나, 구(舊) 〈국가보안법〉에 의하여 차를 율(律)할 수 없는 것이며, 따라서 단순한 평화통일에 관한 주장 논의는 북한 괴뢰집단과의 관련이 인정되지 아니하는 한에 있어서는 차를 처벌할 수 없는 것으로, 서상의 이론은 비단 평화통일론에 국한되는 것이 아니고 진보당의 이여(爾餘)의 강령정책 기타에도 타당한다 할 것임으로 도리켜 심구(審究)하건대, 진보당의 강령정책이 전시와 여히 헌법에 위배하는 것이 아니고 평화통일에 관한 주장 역시 언론 자유의 한계를 일탈하였다고 볼 수 없음이 자명할 뿐 외(外)라(언론의 자유는 성질상의 자유는 있을 수 없고 법에 의한 제한만이 있을 뿐이다)

피고인 조봉암을 제외한 이여의 진보당 관계 피고인이 국헌을 위배하여 정부를 참칭할 목적으로 동당을 구성하거나 정부를 참칭하는 결사 또는 집단(예(例)하면 북한 괴뢰집단)에 부수하여 국가를 변란할 목적으로 동당을 구성한 것임은, 1건 기록상 차를 인정할 증거가 없고, 동 조봉암이 진보당의 조직을 주동 발의하여 차를 추진 결당케 한 목적이 판시와 여히 북한 괴뢰집단과 상통하여 평화통일의 구호아래 대한민국을 전복케 하려 함에 있음을 인식하고 동당 조직에 부동(附同) 참가하여 간부 기타 요직에 취임하고 정치활동을 한 것인 점 역시 1건 기록상 차를 인정할 만한 증거를 발견할 수 없음으로, 피고인 박기출(朴己出), 동 김달호, 동 윤길중, 동 조규택, 동 조규희, 동 신창균, 동 김기철, 동 김병휘, 동 이동화, 동 정태영, 동 이명하, 동 최희규, 동 안경득, 동 박준길, 동 권대복, 동 전세룡, 동 이상두에 대한 각 〈국가보안법〉 위반의 공소사실은 죄가 되지 아니하는 것임에 불구하고, 원판결이 괴뢰집단과의 관련 여하를 심구함이 없이 조봉암을 위시한 진보당 관계 전(全) 피고인에 대하여 동법을 적용 처단하였음은 법률의 해석을 그릇한 위법이 있다 할 것임으로 이 점에 관한 피고인 및 변호인의 상고 논지는 전부 이유 있다.

피고인 김정학의 변호인 권재찬의 상고이유에 관하여 심안하니,

원판결 인용의 증거를 종합하면 피고인에 대한 원판시 사실을 인정함에 족하고, 당사자의 신청한 증거 및 검증의 채용 여부는 원심의 직권에 속한 사항이므로 원판결에는 소론과 여한 위법이 있다 할 수 없고 상고 논지는 이유 없다.

피고인 양이섭의 변호인 김봉환의 상고이유에 대하여 심안하니,

사실인정과 증거의 취사는 원심의 직권에 속한 사항인바 원판결 인용의 증거를 종합하면, 동 피고인에 대한 원판시 간첩사실을 인정함에 족하고, 1건 기록을 정사(精査)하여도 원판결에 소론과 여한 사실오인이 있음을 발견할 수 없다. 동 변호인은 피고인 양이섭이 제2심 공판정에서 행한, 검사가 취조하기 전에 '조봉암사건을 위하여는 국가는 어떠한 손해라도 감수한다. 이번에 나가게 되면 이북에 다니지 말고 남한에서 정주하라. 이것은 내 의견이지마는 우리는 거짓말을 않는다는 이야기를 듣고, 국가방침으로 조봉암을 치는 것이구나'라고 생각하고, 검사가 읽어주는 특무대 기록을 읽어주는 대로 전부 시인한 것이며, 또 검사의 조사가 끝날 무렵, 제1심 재판 도중, 구형 전 전일, 제1심 판결 언도 후에 걸쳐 수차에 긍(亘)하여 검사가 동 피고인을 심방하여 '본건의 성질상 사형을 구형하고 대법원에 가서 오 검사가 살려 준다.', '어떻게 삽니까' 하고 반문하니 '병보석을 하면 되지 않느냐. 일본에 가면 된다'고 하였을 뿐 아니라, 공판 전일 형무관으로부터 내일 법정에 나가는데 하루에 끝난다는 검사의 연락이 있었다는 것이고, 5월 15일 제9회 공판정에 처음으로 출두하여 법정에 산적해 있는 방대한 기록과 황색봉투의 증거품을 보고, 과연 조 씨가 역적질을 했구나 하는 생각이 굳어져서 그날 재판장이 공소사실을 하나하나 읽어 가면서 물었을 때 유유시인한 것이라는 진술을 인용하여, 동 피고인이 특무대에서의 자백을 번복치 못하고, 검찰이나 제1심 공판정에서 원판시 간첩사실을 허위자백하게 된 동기가 이에 있다고 주장하고 있으나, 설사 동 피고인의 소론 진술이 진실이라 하더라도 허위자백의 동기로서는 극히 유치, 미약하고, 합리성이 없을 뿐 아니라, 동 피고인의 원판시 경력에 비추어 차를 수긍키 난(難)하고 그 여(餘)의 소론은 동 피고인의 진술을 독자적 견지에서 허위자백이라고 단정함에 불과한 것이며, 동 양이섭의 검찰 또 제1심 공판정에서의 진술이 임의로 된 것임은 1건 기록상 명백할 뿐 아니라 논지 자체에 의하여도 명백하고, 소론 특무대에서의 자백은 원판결이 증거로 채용한 것이 아니며 사실인정에 피고인의 자백 이외에 보강증거가 필요함은 소론과 여하나 보강증거는 범죄사실 전부에 대한 증거가 필요한 것이 아니고 그 일부에 대하여 차를 보강할 증거가 있으면 족하다고 해석할 것이며, 1건 기록을 정사(精査)하여도 원판결의 양형이 심히 부당하다고 인정할 현저한 사유를 발견할 수 없으므로 상고 논지는 이유 없다.

피고인 이동현 및 동 변호인 강순원의 상고이유에 관하여 심안하니

원판결 인용의 증거를 종합하면 피고인에 대한 원판시 각 범죄사실을 인정할 수 있고, 검찰에서의 피고인의 자백이 강요에 의한 것임은 기록상 차를 인정할 수 없고, 피고인 및 변호인이 증거력을 다투는 소론 각 증거는 원심이 차를 증거로 채용한 것이 아닐 뿐 아니라, 소론 권총에 관한 입수경위 및 휴대관계는 원심이 인정치 아니한 바로서, 소론을 전제로 하여 그 위법 여부를 판단할 수 없는 것이므로 상고 논지는 이유 없다.

피고인 김정학에 대한 검사의 상고이유는 동 피고인에 대한 양형이 과경(過輕)하다 함에 있으나, 1건 기록을 정사하여도 동 피고인에 대한 원판결의 양형이 심히 부당하다고 인정할 현저한 사유를 발견할 수 없으므로 상고 논지는 이유 없다.

서상과 여히 피고인 김정학의 변호인 권재찬, 동 양이섭의 변호인 김봉환, 동 이동현 및 동 변호인 강순원의 각 상고이유 및 검사의 동 김정학에 대한 상고이유는 이유 없으나, 이여(爾餘) 피고인의 상고이유는 각각 이유 있음으로 피고인 및 검사의 이여 상고이유에 대한 판단을 생략하고, 〈형사소송법〉 제391조 제396조에 의하여 이여 피고인에 대한 원판결을 파기하고 본원에서 직접 판결하기로 하고 피고인 이동현에 대하여는 〈형법〉 제57조에 의하여 당심 판결 선고전 구금일수 중 50일을 기본형에 산입하기로 한다.

피고인 조봉암은 출생지인 경기도 강화군 강화읍 관청리에서 보통학교와 농업보습학교를 졸업하고, 동 군청의 사환과 고원을 경(經)하여 서울특별시 소재 YMCA 중학부 1년을 수료하고, 3·1운동에 가담한 관계로 서대문형무소에서 징역 1년을 복역하고, 4255(1922)년에 일본국 동경도 소재 중앙대학 정경과 1년을 수료하였는바, 그간 동소에서 공산주의 사상을 포지하고 흑도회(黑濤會)[226]란 비밀결사를 조직하여 사회주의 체제로서의 한국독립을 목표로 반일투쟁을 하다가 귀국하여 공소외 김약수, 김찬, 이영(李英) 등과 함께 무산자동맹(無産者同盟) 서울청년회 등을 조직활동 중, 소련 코민테룬의 지령으로 소련 벨그네우진스크[227]에서 개최된 해내외(海內外)의 조선공산주의자연합회에 참가하였다가, 조공조직총국(朝共組織總局) 대표로 모스크바에 가서 코민테룬의 간부들로부터 과거의 각종 크럽[228]을 발전적으로 해산하는 동시에 꼴부료[229](조선공산조직총국 확대 강화)

---

226) 1921년 일본 동경에서 조선인 유학생을 중심으로 조직된 단체로 무정부주의자들과 사회·공산주의자들이 참여한 단체이다.

227) '베르흐네우진스크'를 말한다. 현재의 울란우데이다.

를 조직하라는 지령을 받고, 동 모스크바 소재 동방노력자공산대학(東方努力者共産大學)[230]에서 2년간 공산주의의 실천에 관한 교육을 받고 귀국하여, 고려청년회(高麗靑年會)를 조직하여 차를 국제공산청년회(國際共産靑年會) 지부로 편입시킨 후 동대표로 활동하다가, 노농총연맹(勞農總联盟), 조선총동맹(朝鮮總同盟) 등을 조직하여 그 문화부책으로 활동하던 중, 동 4258(1925)년 5월경 조선공산당을 조직하여 그 간부에 취임하는 동시에 동년 모스크바공산대학 출신인 망(亡) 김조이(金祚伊)와 결혼하고 공소외 조동우(趙東祐)와 같이 조공 대표로 전시 모스크바에 가서 코민테른으로부터 동 조선공산당을 코민테른의 조선지부로 인준받고, 또 동 코민테른의 지령에 의하여 조공만주총국(朝共滿洲總局)을 조직한 후 상해에 가서 코민테른 원동부(遠東部) 조선대표로 취임하여 동 일본대표 사노 마나부(佐野學), 중국대표 진독수(陳獨秀) 등과 함께 활동하면서, 국내적으로 공소외 안광천(安光泉)과 접선하여 M · L당을 조직하여 연락하던 중, 동 상해에서 왜경에게 피검되어 신의주형무소에서 징역 7년을 복역하고 인천에서 인곡연료조합(籾穀燃料組合)을 경영 중, 동 4277(1944)년 월일 미상 왜 헌병대에 피검되었다가 8 · 15해방으로 인하여 방면되어, 인천에서 치안유지회(治安維持會) · 건준 · 노동조합 · 실업자대책위원회 등을 조직하여 활동하는 한편 조선공산당 중앙간부 동당 인천지구책 민전(民战)의장 등으로 활동하던 중, 동 4279(1946)년 5월경 동당 대표 박헌영에게 동당 인위(人委) 및 민전의 지도방법이 기술적으로 졸렬하여 당 인위 및 민전을 혼동시키어 동당을 군중으로부터 고립시키고, 소위 모스크바 3상회의 결정을 지지하는 투쟁이 기술적으로 졸렬하다는 것을 지적 충고하는 서한을 보내는 동시에, 차(此)를 신문지상에 발표한 관계로 동 박헌영에 의하여 출당되고, 동 4280(1947)년 9월경 공소외 이극로(李兢魯), 김찬 등과 함께 민독전선(民独战線)을 조직하여 활동하다가 동 4281(1948)년 5월 10일 초대 국회의원 선거 시 인천에서 당선되고, 동 4281(1948)년 9월 초대 농림부장관에 취임하여 7개월간 근무하고

---

228) '클럽'을 말한다.

229) '꼬르뷰로(Корбюро)'를 말한다. 코민테른 민족부 극동총국 산하의 조선 공산주의운동 지도기관이다.

230) 코민테른이 공산주의 혁명가를 양성하기 위해 1921년 모스크바에 설립한 교육기관이다.

제2대 국회의원 선거 시에 동소에서 당선되어 동 국회에서 부의장에 선임되고 제2대와 제3대의 대통령 선거 시 그 후보자로 출마하였던 자이고,

동 전세룡은 18세 시 보성고등보통학교 3년을 수료하고 본적지에서 한문을 자습하면서 농업에 종사하다가 국군 진주 시 명천고급인문중학교 교원에 취임하고 국군 후퇴 시 월남하여 횡성군 주둔 방위군이 입대하였다가 경상북도 소재 공양고등공민학교 교원에 취임하고 4285(1952)년 10월경 부산에서 동향인인 공소외 김찬, 김안국 등의 소개로 당시 동소 소재, 상 피고인 조봉암 가(家)에 거주 중, 동 조봉암의 알선으로 상공일보사(商工日報社) 업무국장으로 취직 근무하다가, 동 4289(1956)년 3월 중순경 상경하여 동 조봉암의 표기(表記) 주거에 거주하던 자이고,

동 이상두는 동 4289(1956)년 3월 경북대학교 법정대학 정치학과를 졸업하고 동년 4월 성균관대학교 대학원에 입학하여 익년 4월 동 대학원 1년을 수료하고 동경(同頃) 경북 계림대학 정치학 강사로 취임하였다가 동년 9월 경북대학교 법정대학 정치학 강사로 취임한 자인바,

제1 피고인 조봉암은,

(1) 해방 전 상해 거주 당시 이래 친교가 있는 피고인 양이섭이 미국 첩보원 또는 육군 HID 첩보원으로서 북한지역인 황해도 연백군 돌개포를 왕래하며, 괴집의 대남무역사인 선일사(일명 삼육공사)책인 김난주 노동당 중앙당 정보위원회 부위원장(전 노동당 평안북도당위원장, 괴집 내무성 제1부상) 박일영과 접촉하여, 동인 등의 후원으로 의약품 기타의 물자를 밀반출입하는 일방, 동인 등에 대하여 수시로 피고인 조봉암을 중심으로 한 남한의 정치정세 기타에 관한 정보를 제공하여 오던 중, 4289(1956)년 2월 전시 돌개포에서 동 박일영으로부터, '금차(今次) 월남하면 동 조봉암을 만나서 박일영이란 인물을 소개하고, 북에서 전에는 동 조봉암을 나쁘게 생각하였으나, 박헌영이 숙청당할 시 자기가 조봉암을 출당시킨 것은 잘못이었음을 고백하였을 뿐 아니라 현재 북에서는 조봉암과 합작할 용의가 있으니 남한의 현 정권을 전복시키기 위하여 평화통일이란 공동목표를 합작

하자는 말을 전하라. 조봉암이가 5·15정부통령선거 시 대통령에 입후보하면 재정적으로 후원한다고 전하라'는 지령을 받고, 동년 3월 10일경 서울특별시 중구 남산동 소재 무허가 음식점에서, 피고인 조봉암에 대하여 "우리 양인 사이는 피차 과오가 있더라도 고발할 처지가 아니니 말하겠다"고 전제한 다음, 기실 자기는 남북교역으로 돈을 벌었는데 북에서 전시 박일영을 만나서 동인으로부터 전동지(同旨)의 지령을 받았다고 하자, 동 조봉암은 긴장한 얼굴로 약 30분간 침묵하다가 '김(양이섭)이 돈을 버렀다면 개인적으로 원조하여 달라'고 하므로써 은연히 차를 수락하고, 동 양이섭은 동년 3월 하순경 다시 월북하여 전 동소(同所)에서 전시 박일영을 만나, 동인에게 전시 조봉암과의 회담내용과 진보당에서는 정부통령 선거위원회를 구성하고 평화통일을 실현한다, 피해대중은 단결하라 등을 구호로 내세우고 있다는 지를 보고한 후, 동 석상에서 동 박일영으로부터 다시, '양과 조가 오래간만에 만났으니 조가 경계할 것이라, 진보당에서 평화통일을 내세웠으니 대단히 반갑다. 평화통일은 북에서도 내세웠으니 앞으로 널리 평화통일을 선전하여 일반 대중에게 주입하도록 전하라, 남한의 현 정세로 보아서 조봉암이가 대통령으로 당선될 것 같지 않으나, 그 정치투쟁을 강화하는 데 가치가 있으니 북에서도 선거자금을 원조한다고 전하라'는 지령을 받고, 수일 후 월남하여 동년 4월 전시 남산동 소재 무허가 음식점에서 동 조봉암을 만나 동인에게 전시 박일영으로부터 받은 지령의 내용을 전하자, 동 조봉암은 웃으면서 '김(양이섭)이 돈을 벌었다면 개인적으로 원조해 달라는데 왜 딴소리를 하는가' 하므로 동 양이섭은 동 조봉암이 승낙한 것인 줄 알고, '선거자금은 얼마나 드는가'고 물은바, 동 조봉암이 '약 2억 환 있으면 족하다'고 답하므로, 동 양이섭은 그 지를 전시 박일영에게 전달할 것을 약속한 후, 동년 4월 전동(前同) 방법으로 월북하여 전시 돌개포에서 전시 박일영을 만나 동인에게 전시 동 조봉암과의 회담 내용을 보고하고, 동 양이섭은 동석 상에서 동 박일영으로부터, '남한의 현 정세로 보아서 동 조봉암이가 대통령으로 당선되기는 기대하기 어려우나 정치경험을 쌋기 위하여 강력히 선거운동을 추진하는 동시에 적극적으로 평화통일을 선전하도록 하라. 금반 월남하면 우선 선대형식으로 동인에게 선거자금 일부조(一部條)로 금 500만 환을 전달하고 그의 승리를 빈다고 전하라'는 지령을 받고, 기경(其頃) 월남하여 동시(同市) 을지로 소재 아서원에서 동 조봉암을 만나 동인에게 전시 박일영의 지령을 전하는 동시에, 물자가 처분되는 대로 금 500만 환을 주겠다고 한바, 동 조봉암은 '고맙다. 돈이 급하니 빨리 달라'고 하므로, 동 양이섭은 동 조봉암에게 약 1주일 후 동시(同市) 양동 소재 전시 진보당 중앙당사무실 근처에서 액면 130만 환의 보증수표 1매를, 기 2, 3일 후 동시 태평로 노상 동 조봉암의 찝차 내에서 총액 70만 환의 보증수표 3매를, 동경 전시 아서원에서 총 액면 230만 환의 보증수표 수매를, 기 약 1주일 후(동년 5월 12, 3일경) 동시 사직공원에서 동인의 사자 조규진을 통하여 현금 70만 환(이상 도합 500만 환)을 각 교부하고,

동년 6월 하순경 전동(前同) 방법으로 월북하여 전시 돌개포에서 전시 박일영을 만나 동인에게 우 조봉암과의 회담내용과 동 조봉암에게 금 500만 환을 전달한 사실, 5·15정부통령선거 시 신익희(야당인 민주당 공천 대통령입후보자)가 사망한 까닭에, 동 조봉암이가 동정표를 많이 얻어서 약 200만 표를 획득하였다는 지(旨), 신당조직 추진운동에 있어서 동 조봉암과 공소외 서상일파가 대립하여 알력이 생하였다는 등을 보고하고, 동 양이섭은 동 석상에서 동 박일영으로부터, '이제는 선거도 끝났으니 빨리 창당하도록 하라. 정당은 기관지가 필요하니 속히 일간 신문지 판권을 획득하여 평화통일노선을 적극 추진하도록 하라. 그 운영자금은 전적으로 원조할 터이니 전하라' 등의 지령을 받고 수일 후 월남하여 그 경(頃) 전시 아서원에서 동 조봉암을 만나 동인에게 동 박일영의 우 지령을 전한바, 동 조봉암은 '그렇지 않어도 신문사가 필요하여서 알어 보았더니 『대동신문』의 판권을 인수할 수는 있으나 판권인수조로 500만 환이 필요하고 기외에 운영비 2,000만 환이 필요, 진보당은 동년 11월경 창당될 것'이라고 답하고, 동 양이섭은 기후 동년 8월 말경 전동(前同) 방법으로 월북하여 전시 한광의 안내로 서평양 소재 아지트에 이르러 전시 정보위원회 부부장이며 대남 정당책임자인 최 모, 동 과장 조 모, 동 과내 진보당 책임자 강 모 등 입회하에, 전시 박일영에게 동 조봉암과의 회담내용을 보고하고, 동 양이섭은 동 석상에서 동 박일영으로부터, '금반 월남하면 동 조봉암에게 선대형식으로 판권획득비조로 금 500만 환을 전하라. 그 외의 비용도 일체 책임지겠으니 빨리 판권을 획득하도록 전하라' 등의 지령을 받고, 익일 동 박일영은 임춘추를 다리고 와서 동인을 소개하면서, 자기는 다른 직장으로 전직될지도 모르니 금후는 동 임춘추와 연락하라고 지시하

고, 그 시 동 임춘추는 동석에서 동 조봉암에게 선사한다고 하면서 백삼 3근을 수교하므로, 차를 수한 후 월남하여 동년 9월 중순경 전화연락으로 동 조봉암과 함께 소풍을 가장하여 전시 광릉에 가서 동인에게 동 박일영의 지령을 전하는 동시에 동 임춘추가 백삼 3근을 선사하기에 가저왔다고 말한바, 동 조봉암은 '대단히 감사하다. 판권획득은 계속 노력한다' 답하므로, 동 양이섭은 동인에게 동소에서 액면 100만 환의 보증수표 1매를 교부하고, 기후 전화연락으로 동경 동인에게 동시(同市) 성동구 약수동 로타리에서 동인의 장녀 조호정을 통하여 현금 50만 환과 액면 50만 환의 보증수표 1매를, 동년 10월 초순 동소에서 동녀(同女)를 통하여 현금 50만 환과 액면 50만 환의 보증수표 1매를, 동경 동소에서 동 조봉암의 사자인 찦차 운전사 이재윤을 통하여 현금 80만 환을, 동경 전시 아서원에서 동인 자신에게 액면 120만 환의 보증수표 1매를, 동경 동시 퇴계로에서 전시 이재윤을 통하여 전시 백삼 3근을 각 교부하고, 동 조봉암은 동년 11월 하순경 전시 아서원에서 동 양이섭을 만나 동인에게 판권획득비조로 받은 전시 500만 환은 전시 진보당 결당비에 전부 소비하였으니, 판권획득비로 다시 500만 환을 보내달라고 하는 동시에, '백삼을 보내주어서 감사하다. 사업은 잘되고 있는데 앞으로도 잘 될 것이니 많이 후원하여 주기를 바란다'는 지의 편지를 써서 수교하고, 동 양이섭은 동경(同頃) 의약품 등 시가 100여만 환 상당의 물자를 구입하여 가지고 전동(前同) 방법으로 월북하여 전시 한광의 안내로 평양 아지트에 이르러 전시 박일영으로부터, 자기는 알바니아 대사로 가게 되었으니 금후는 새로 정보위원장 부위원장으로 취임한 임호(일명 임해, 전 괴집 주소대사)와 연락하라는 지령을 받고, 그 익일 동인은 동 임호를 데리고 와서 소개함으로 동 임호에게 진보당은 동년 11월 10일 창당되었는데, 동 조봉암이가 그 중앙당 위원장에 취임하여 평화통일을 당 구호로 내세웠다는 것과 동 조봉암이가 판권획득비로 금 500만 환을 요구한다는 것을 보고하고, 동시에 전시 조봉암의 편지를 수교하고 동 양이섭은 동 석상에서 동 임호로부터, '진보당의 결당 사실은 이미 신문을 통하여 알고 있다. 입장 인원은 800명이라 하나 기실 1,000명 이상일 것이다, 평화통일을 구호로 하여 발당하였으니 대단히 반가운 일이다, 앞으로 진보당의 조직을 강화하여 평화통일을 선전하도록 하라. 진보당의 조직상황을 알고 싶으니 차회 월북시 그에 관한 문건을 가저오라. 빨리 신문사를 경영하도록 하라, 우리가 무전으로 도취한 바에 의하면 김종원 치안국장이 무전으로 전국(全局) 경찰국장에게 진보당의 동향을 엄중 감시하라고 지시하였으니 주의하도록 하라, 선대형식으로 신문사 판권 획득비조로 금 500만 환을 전달하라'는 지령을 받고 동인에게 앞으로 쌍방이 직접 사람을 교환하라고 제의한바, 동인은 그러면 동 조봉암에게 북에서 사람을 보내도 환영하겠는가 물어보라고 하면서, '우리도 잘있다. 우리 사업도 잘되어 간다. 사업이 잘되기를 바란다. 앞으로 후원하겠다. 임'이란 편지를 수교하므로 차를 수취하고, 3일 후 전시 돌개포 경유 월남하여 전화연락으로 동 조봉암과 함께 소풍을 가장하여 서울 시외 우이동에 가서 동인에게 전시 임호의 지령과 편지를 전한바, 동 조봉암은 '고맙다. 수고하였다 하면서 북과 사람을 교환하는 것은 무방하다. 나도 김종원 치안국장의 전시 무전건을 알고 있으며 그 문건도 가지고 있으니 후에 보여주겠다. 진보당의 조직사업에 관한 문건도 준비할 터이니 월북할 시 가지고 가라'고 하므로, 동 양이섭은 물품이 처분되는 대로 금 500만 환을 주겠다고 약속하고 그경부터 동 4290(1957)년 2월 초순경 까지 사이에 수회에 긍하여 보증수표로 동인에 계(計) 금 5백만 환을 교부하고,

기후 동 조봉암은 동 4290(1957)년 2월 일자 미상 전시 아서원에서 동 양이섭에게 전시 진보당 중앙위원 명단, 동 상임위원 명단, 동당의 선언 강령정책 당헌이란 책자 등을, 익일 아침 전시 약수동 로타리에서 전시 이재윤을 통하여 동인에게 김종원 치안국장이 전국 경찰국장에게 진보당의 동향을 감시하라는 무전지시 사본을 각 교부하고, 동 양이섭은 동경 전동 방법으로 월북하여 전시 한광의 안내로 평양 소재 아지트에 이르러 전시 대남정당 책임자인 최 모, 조 모 등에게 전시 조봉암과의 회담내용을 보고하는 동시에, 전시 당조직 문건과 무전사본을 교부하고 동 양이섭은 동석 상에서 동 최 모로부터 '속히 신문사를 경영하도록 하라. 진보당의 조직을 강화하는 동시에 문호를 개방하여 혁신세력을 규합하여 연합전선을 추진하도록 하라. 미군 철수를 주장하도록 하라'는 지령을 받고, 동경 품명 미상 시가 약 5백만 환 상당의 물자를 받아가지고, 전동 방법으로 월남하여 2, 3일 후 전시 아서원에서 동 조봉암을 만나 동인에게 우 최 모의 지령을 전한바, 동 조봉암은 '아직 진보당의 토대가 공고하지 못하니 미군철수 주장은 시기상조이고, 야당연합은 잘못하면 민주당에게 넘어갈 염려가 있으니 앞으로 시기를

보아야 하고, 『대동신문』 판권획득은 실패로 돌아갔으니 앞으로 월간 『중앙정치』 지의 판권을 획득할 수 있다'고 말하고 그 후 누차 자금이 부족하니 좀 더 가져오라고 하므로, 동 양이섭은 항상 말로만 돈을 달라기 곤란하니 직접 편지를 써 달라고 하여 오던 중, 동년 5월하순경 전시 아서원에서 동 조봉암으로부터 '사업이 잘되기는 하나 경제적 곤란으로 지장이 많으니 좀 더 원조해 달라'는 자필 서한과 전시 선사의 답례로 주는 파카 만년필 3본, 진보당 지방당부 간부명단 1매, 동당 대구시당 간부예정자 명단 1매 등을 받고, 기경 전동 방법으로 월북하여 전시 한광의 안내로 평양 아지트에 이르러 전시 임호, 강 모, 최 모 등을 만나서, 동인 등에게 전동 조봉암과의 회담내용을 보고하는 동시에 전시 편지 문건, 만년필 2본(1본은 분실) 등을 수교하고, 동 양이섭은 동석에서 동 임호로부터 '진보당의 기관지는 다른 방면으로 알어보라. 전시 『중앙정치』지를 발간하면 보내라. 평화통일을 계속 선전하라. 야당 연합운동과 미군 철수운동을 추진하라. 지방당부 발전상황에 관한 문건을 보내라. 자금조로 미 본토불 2만 불을 전하라'는 지령을 받고, 5일 후 전시 강 모로부터 우 2만 불과 동 피고인이 기히 동 조봉암에게 전시 선대형식으로 지급한 금원(金員)의 일부 변제조 동불 7,000불을 합한 계 2만 7,000불과 동 조봉암에게 선사로 전하라고 주는 녹용 반각(10여양 중)을 받아가지고, 그경 월남하여 전화연락으로 동 조봉암과 함께 경기도 광주군 남한산성에 가서, 동인에게 전시 임호의 지령을 전하는 동시에 전시 2만 7,000불을 가저 왔다고 말한 바, 동 조봉암은 자기로서는 불(弗)을 교환할 수 없으니 한화로 교환하여 주되, 지금 돈이 급하니 우선 60만 환만 달라고 하므로, 동 양이섭은 즉시 동불 620불을 수교하고, 잔 2만 6,380불은 동년 7월 초순부터 동년 8월 초순까지 사이에 불상(弗商)인 이정자에 의뢰하여 수차에 걸쳐 평균 900대 1로 환화하여, 전시 아서원, 회룡사, 우이동, 동구릉, 진관사 등지에서 보증수표, 공소외 마재하 명의의 수표 등으로 계 금 2,400여만 환을 교부하였는데,

동 조봉암은 동년 9월 중순경 전시 『중앙정치』지의 판권을 획득하여 그경 동지 10월호를 창간하고, 그경 전시 진관사에서 동 양이섭에게 동 10월호 1권을, 전시 아서원에서 동인에게 '녹용을 보내서 감사하다. 탕약대 2만 환(2만 불의 의미)은 받았다'는 영수증 1매와 '사업이 잘되어 가니 앞으로도 잘 후원해 달라'는 편지

1매를 동경 서울시 퇴계로에서 동인에게 동 진보당 지방당 조직상황을 기재한 진보당 조직명단 1매를 수교하고, 동 양이섭은 동경 전동 방법으로 월북하여 전시 한광의 안내로 평양 아지트에 이르러 전시 조 모, 강 모 등에게 전시 각 문건과 『중앙정치』 10월호를 전달하고, 동 양이섭은 동 석상에서 동 조 모, 강 모 등으로부터, '북에서는 반미민족연합전선을 구호로 하고 있으니 남한에서도 반미민족연합전선을 내세우도록 하라. 진보당의 조직을 확대하라. 제4차 민의원 의원총선거에 관하여 진보당의 정책이 수립되면 그 내용을 자세히 알리라. 북에서 적극 후원하겠으니 전하라'는 지령을 받고, 동경 월남하여 서울특별시 소재 북경루에서 동 조봉암을 만나 동인에게 우 조 모, 강 모 등의 지령을 전한바, 동 조봉암은 '아직 진보당의 지반이 확고하지 못하니 반미운동을 주장하기 어렵다, 진보당의 지방조직은 잘 돼 간다, 자기는 제4차 민의원 의원총선거 시 인천에서 출마할 예정이다. 동년 12월 하순경이면 진보당의 선거대책이 수립될 터이니 그 시 알려 주겠다. 자금을 많이 갖다 달라'고 말하고, 또 동 조봉암은 동 4291(1958)년 정월 초순경 전시 조규진을 통하여 동 양이섭에게 동당의 제4대 민의원 의원 입후보자 명단 1매, 자금요청서 1매를 넣은 진보당 선거대책이란 서한을 교부한바, 동 양이섭은 동 자금요청서의 기재내용이 막연히 자금을 보내라는 것임으로 그러한 내용으로서는 자금을 얻어 올 수 없다고 생각하여, 그 내용을 구체적으로 기재해 달라는 의미에서 즉시 동 조규진에게 반환하고 2, 3일 후 동 조봉암이가 동시 남산동 소재 양이섭 가(家)를 방문하였으므로, 동 양이섭은 동 자금요청서에 관하여 '좀 더 구체적으로 써야 자금을 많이 얻을 수 있지 않는가. 그런 정도이면 나만 미친놈이 되지 않는가. 그럴 바에는 차라리 그만 두겠다'고 한바, 동 조봉암은 다시 구체적으로 써줄 것을 승낙하고 또 동 양이섭은 전시 출마예정자 명단에 있어서도 단순히 그 이름만 나열하였으니 좀 더 구체적으로 써야 하지 않는가 하면서 이를 반환한바, 동 조봉암은 그것도 역시 구체적으로 써줄 것을 승낙하는 등 각 간첩행위를 감행하고,

(2) 4288(1955)년 6월경 새로 발족하는 민주당결성추진운동에서 제외되자 공소외 서상일과 함께 소위 비 자유당계와 비 민주당계의 재야혁신세력을 규합하여 신 정당을 조직할 것을 모색하던 중 동년 9월 일자미상 상(相) 피고인 윤길중, 동

김기철의 주동으로 경기도 양주군 소재 광릉에서 공소외 서상일, 동 장건상 등을 비롯한 20여 명과 회합하여(이를 광릉회합이라 함), 자유당계와 민주당계를 제외한 전 야당계를 규합하여 대야당의 조직을 추진할 것을 합의하고, 서울특별시 종로구 관철동 소재 대관원을 비롯하여 수개 처에서 10여 차에 긍하는 회합을 경(經)한 끝에 동년 11월(일자미상), 상(相) 피고인 윤길중, 동 조규희, 동동 신창균, 동 김기철, 동 김병휘, 동 이명하 등과 함께 가칭 진보당발기추진위원회를 조직하고 공소외 서상일, 동 김성주(金成疇),[231] 동 최익환 등과 함께 동 위원회 총무위원으로 취임하여 혁신정치의 구현, 수탈 없는 경제체제의 확립, 남북의 평화통일 실현 등 3대 구호를 목표로 동 결당을 추진하여 오던 중, 전기 (1)적시와 여히 동 4289(1956)년 3월 10일경 피고인 양이섭을 통하여, '현재 북에서는 조봉암과 합작할 용의가 있다. 남한의 현정권을 전복시키기 위하여 평화통일이란 공동목표로 합작하자. 자금이 필요하면 원조하겠다'는 지의 괴집의 지령을 받자 차에 호응하고, 괴집에 대하여 정치자금 2억 환을 청구하고 동인을 통하여 전후 수십 회에 긍하여 계 금 3,400만 환 및 미불 620불을 받은 자로, 출마하여 전시 3대 구호를 절규하면서 동 선거운동을 전개하고 동 4289(1956)년 10월경 동당 주도권문제로 전시 서상일 일파와 결별한 후, 정(情)을 모르는 상(相) 피고인 박기출, 동 김달호, 동 윤길중, 동 조규택, 동 조규희, 동 신창균, 동 김기철, 동 김병휘, 동 이명하, 동 최희규, 동 안경득, 동 박준길, 동 권대복, 동 전세룡 등과 동 결당을 추진하여 오든 중, 동년 11월 10일 마침내 서울특별시 중구 소재 시공관에서 우 상(相) 피고인 등을 위시로, 역시 정(情) 부지인 800여 명과 함께 국헌에 위배하여 정부를 참칭하는 북한 괴뢰집단에 부수하여 국가를 변란할 목적으로 표면상 합법을 가장하여, '우리는 노동자 농민을 중심으로 하는 광범한 근로대중(피해대중)을 대표하는 주체적 선진적 정치적 집결체이며 변혁적 주체적 세력의 적극적 실천에 의하여 자본주의를 지양하고 착취 없는 복지사회를 건설하여야 한다'는 지(旨)의 혁신정치의 실현, '우리는 자유민주주의를 폐기 지양하고 주요 산업과 대기업의 국유 내지 국영을 위시로 급속한 경제건설 사회적 생산력의 제고 및 사회적 생산물의 공정분배를 완수하기 위하여 계획과 통제의 제 원칙을 실천하여야

231) 김성숙(金成璹)의 오자로 보인다.

한다'는 지(旨)의 수탈 없는 경제체제의 확립, '우리는 남북한에서 평화통일을 저해하는 요소를 견제하고 진보당 세력의 주도권 장악하에 피흘리지 않는 평화적 방식으로 조국의 통일을 실현한다'는 지(旨)의 평화통일의 실현 등을 강령정책으로 하는 진보당을 조직하는 동시에 그 수괴인 중앙당 위원장에 취임하고,

(3) 동 4290(1957)년 1월 중순경 표기 신당동 소재 자택에서 동당 전북도당 간부인 공소외 김창을의 소개로 상 피고인 정태영과 회합하여 동인을 동당원으로 가입시키는 동시에 동인으로부터 동당을 위하여 투신 노력하겠다는 약속을 받고 다시 동경 동인으로부터 「실천적 제 문제」라는 강평서 즉,

① 당의 이념은 사회주의 실현에 있다.
② 인류의 역사는 계급투쟁의 역사이며 국가는 피착취계급을 억압하기 위한 수단이다. 무산계급사회에서는 국가가 필연적으로 소멸하고 인간은 더욱더욱 자유천국에 가까워가며 종국의 세계평화는 세계적화에 있다.
③ 집권 후 해결하여야 할 문제의 하나로 노조·협조의 조직을 강화하여야 하며 노동계급이 충분히 성장치 못한 우리나라로서는 특히 농민과 어민의 푸로레타리아적 성격에 주의하면서 협조 강화에 힘써야 한다.
④ 남북통일에 있어서 가능한 통일방안은 남북군 해산, 국제감시하의 총선거, 남북연립정부 수립, 그에 의한 총선 후 다시 내각조직, 남북의회의 통합, 그에 의한 정부 수립 등이다.
⑤ 당원의 생계에 대한 당국의 압박을 피하기 위하여 생활의 직접적 위협을 받게 될 당원의 존재 및 가능한 테로 행위를 피하기 위하여 당은 이중조직을 가지고 표면활동을 자유롭게 할 수 있는 요소를 지닌 인사들을 많이 포섭하여 점차 그들의 교화를 행한다. 현재는 소극적 투쟁기이나 점차 사회주의라는 말이 민주주의라는 말처럼 현 사회의 하나의 상식적 용어가 됨에서부터는 점차 그 논점도 사회주의 이론의 핵심에 들어가야 하며 진보당이 현재 이상의 대 수난기가 있을 것을 예상하고 지하조직에 일층 힘써야 한다. 우리는 모든 활동에 있어서 가능할 장해를 고려하여 행동의 제1, 제2, 제3 등등 방안을 미리 세워 신속히 대처하여야 한다. 당원 명부는 당의 심장이다. 어느 때 어떠한 사태가 발생할지 모르니 그 명부를 함부로 굴린다는 것은

말이 아니다"는 요지의 문서를 받어 차를 동당 노선의 자료로 검토하여써 동당의 목적한 사항의 실행을 협의하고,

(4) 동 4290(1957)년 8월경 당국의 허가 없이 그의 운전수 이재윤을 통하여 서울특별시 성동구 신당동 노상에서 성명 미상자로부터 미제 45구경 일정과 실탄 50발을 대금 3만 환에 매수하여 그 시부터 동 4291(1958)년 1월 일자미상 본 건으로 인하여 압수될 때까지 차를 불법 소지하고,

(5) 동 4290(1957)년 9월 동 당세를 확장할 목적으로 동당과 노선을 같이하는 근민당의 재남잔류자인 공소외 김성숙(金星淑), 양재소, 김일우 등 10여 명과 합세할 의도로, 동월 20일 서울특별시 종로2가 소재 진보당 중앙당사무실에서 진보당측 대표로 피고인 조봉암, 상(相) 피고인 윤길중, 동 김달호, 동 이명하, 동 김기철, 동 조규희, 동 최희규 등과 근민당측 대표로 우 김성숙(金星淑), 양재소, 김일우 외 7명이 회합하여 통일준비위원회를 구성하는 동시에 미구(未久)에 대회를 개최하여 결정하기로 합의하여써 동당의 목적한 사항의 실행을 협의하고,

(6) 동년 9월 초순경 동당 중앙당위원장의 자격으로 월간잡지 『중앙정치』 동년 10월호에 「평화통일에의 길. 진보당의 주장을 만천하에 천명한다」는 제목으로, 동당의 강령 정당[232] 중의 하나인 평화통일 실현의 구체적 방안의 일각(一角)을 발표하기 위하여, 동지(同誌) 편집위원회 위원인 상(相) 피고인 윤길중, 동 조규희, 동 김병휘, 공소외 안준표 등의 동의를 얻고, 동월 하순경 동 중앙당사무실에서 동 당원인 우 조규희 외 10여 명에게 동 원고를 독시(讀示)하여 그 지지를 받은 후, 동지 동월 호에 전시 제목으로, 평화통일의 구체적 방안이 몇 가지 있는데 예를 들자면 첫째는 UN 감시하의 북한만의 총선거, 둘째는 협상에 의한 연립정부안 즉 남북양국회의 대표에 의한 전국위원회안, 셋째는 중립화에 의한 방안, 넷째는 국가연합에 의한 방안, 다섯째는 UN 감시하의 남북총선거에 의한 방안이며, 첫째안은 대한민국안이며 이것은 북한 괴뢰나 소련 측에서 반대하고 있으므로

232) 정책의 오기로 보인다.

국제적으로 편협하며 북한 괴뢰나 소련의 동의를 얻을 수 있는 것이어야 한다는 전제하에 대한민국을 북한 괴뢰와 동등한 위치에서 해체할 것을 전제로 하는 남북총선거에 의한 통일정권 수립안을 역설한 다음, 그 구체적 방안의 발표는 현 행정부와의 정면충돌을 피하기 위하여 사양한다는 지의 논문을 게재하여써 동당의 목적한 사항의 실행을 협의 선전하고,

(7) 동년 9월 동 중앙당 통일문제연구위원회 위원장인 상(相) 피고인 김기철에게 동 당의 노선에 입각한 남북통일의 구체적 방안의 작성을 지시하여, 동경 동인으로부터 「북한 당국의 평화공세에 대한 진보당의 선언문」이란 제목으로 기안한 "우리 당은 조국의 조속한 평화통일을 진정코 갈망하는 피해대중을 대표하여 북한 당국이 아래와 같은 통일선거 원칙을 수락할 것을 권고한다.

① 통일되고 독립된 민주적 한국의 국회 형성을 위하여 자유선거를 실시한다.

② 이 선거의 준비와 실시를 감독 감시하기 위하여 국제연합의 동의하에 선출될 실제적이며 유효 적절한 감시권 있는 국제감시위원회를 설립한다. 이 위원회는 인도(印度) · 서서(瑞西) · 서전(瑞典) · 파란(波瀾) · 첵코스로바키아 대표로 구성되어야 하며 인도대표는 의장이 될 것이다.

③ 이 선거를 준비함에 있어서는 국제감시위원회와 협동하면서 자유스러운 총선거와 직접 관련되는 범위 내에서 남북한 간의 정치적 접근조치를 취하기 위하여 대한민국 국회와 북한 당국에서 각각 선출된 대표로서 전한국위원회를 설치한다.

④ 전한국위원회는 남북 쌍방의 합의 제 원칙에 따라서 운영하되 장차 설치될 통일국회에서 취급될 문제나 선거 실시 전후에 있어서 자유선거 문제와 직접 관련되지 않는 문제는 개입치 말 것이며 그 당면과업은 자유선거가 진정한 민주주의를 보장할 수 있는 선거법 작성 및 선거 자유 분위기 조성에 있어야 한다.

⑤ 전한국위원회는 그 의제로 된 소관사항 중 토의 후 합의를 보지 못하는 사항은 국제감시위원회 의장에게 중재를 요청하여 그 권고대로 처결되어야 한다.

⑥ 전한국위원회에서 합의나 성립된 문제는 대한민국 정부와 북한 당국이 책

임지고 집행하여야 하며 전한국위원회는 여사한 사항을 국제감시위원회에 통고할 의무만 진다.

⑦ 선거는 관계 당국의 합의 성립 후 6개월 내에 시행한다.

⑧ 선거의 실시중과 그 전후에 있어서 선거에 관계있는 국제감시요원은 상태의 감시를 위하여 행동 · 언론 등의 자유를 가지며 현지 당국자는 이 위원에게 가능한 모든 편의를 제공한다.

⑨ 선거 실시중과 그 전후에 있어서 입후보자 선거운동원 및 그 가족은 행동 · 언론 기타 민주국가에서 인정되고 보호되는 인권을 향유한다.

⑩ 선거는 비례제원칙과 비밀투표 및 성인의 보통선거의 기초에서 시행한다.

⑪ 전한국의회는 선거 직후 서울에서 개회하며 특히 통일 한국의 헌법 작성에 관한 문제와 군대의 해산과 관련된 문제는 전한국의회가 결정할 의제로 한다.

⑫ 통일선거가 합의되면 비례원칙에 따라 모든 외국군의 철수를 개시하되 UN군의 완전철수 기한은 통일정부가 수립되어 치안 책임을 담당한 후로 작정하여야 한다"는 지의 통일방안을 제시 받어, 차를 전시 통일문제연구위원회에 회부하도록 지시하여 동 김기철로 하여금 동안(同案)의 토의를 위하여 수차 동 위원회를 개최하게 하고 다시 동년 11월 하순경 전시 당사무실에서 상(相) 피고인 박기출, 동 김달호, 동 김기철, 동 조규희, 동 윤길중 등과 회합한 석상에서 동안(同案)이 동당의 노선에 입각한 평화통일의 구체적 방안으로서는 가장 적합하지만 이를 발표하면 제3세력이란 오해를 받을 염려가 있으니 그 발표만은 적당한 시기까지 보류하자고 하므로써 동당의 목적한 사항의 실행을 협의하고,

제2. 동 전세룡은

(1) 동 4291(1958)년 1월 8일 전시 조봉암 가(家)에서 동인으로부터 모종 사태가 예기되니 동당의 비밀문건 일체를 타처에 소개 은닉하라는 지령을 받고, 동월 9일 오전 9시경 동 당의 일련번호, 당원 명부, 입당원서, 성별 당원 명부, 도별 당원 명부, 비밀 당원 명부, 지방당의 보고 서류철, 정진사 모주(慕株) 관계서류 등을 동향인인 서울특별시 중구 충무로 3가 38번지 소재 공소외 김영범 가(家)에

운반 은닉하여써 동 조봉암 등에 대한 진보당 관계 형사사건의 증거를 은닉하고,

(2) 동월 12일 전시 조봉암을 비롯하여 진보당 관계 상(相) 피고인 등이 당국에 피검되자 그 증거가 되는 동당의 비밀문건을 은닉 인멸하는 동시에 자신의 피검을 면할 목적으로 동월 13일 오전 10시경 동시(同市) 성북구 하월곡동 88번지의 5호 소재 상(相) 피고안 김정학 가(家)에 이르러 동인에게 그지를 고하고 동가(同家)에 은신하는 한편 익일 동인에게 의뢰하여 전시 김영범 가에 은닉한 문건을 동 김정학 가(家)로 운반하여 온 후 동가 분구(焚口)에서 동당 자금조달 관계문건과 정진사 모주 관계문건 일체를 소각하고 기타 문건은 동 김정학으로 하여금 동가의 천정과 굴둑에 은낙케 하여써 동 조봉암 등에 대한 진보당 관계 형사사건의 증거를 은닉 인멸하고,

제3. 동 이상두는 경북대학 법정대학 정치학과 재학 시부터 당시 동 대학 정치과 교수이던 상 피고인 이동화의 지도를 받어 동 피고인을 흠모하여 오던 중

(1) 동 4289(1956)년 1월 24일자 발신의 "진보와 혁신이 없는 굳어진 이 사회는 억압자의 해골 위에서만이 인민의 자유가 구축되고 억압자의 피만이 인민의 자유를 위한 토지를 비옥케 하고 민주적 평화적 방식은 의미를 상실케 하고 있다"는 지의 유혈적 혁명으로 대한민국을 변란할 것을 선동하는 서신을

(2) 동년 3월 10일자 발신의 "선생님은 모르시겠지만 저는 작년 6월에 선생님을 '나의 님'이라고 불렀습니다. 기점(其點)은 성명 삼자(三字) 대신 '12XX' 딱지를 달고 계실 때었습니다. 「고궁의 연못가에서」란 제목으로 수필을 써서 『경대신문』에 실었던 것입니다"는 지 즉 자기가 「고궁의 연못가에서」란 제목으로 상 피고인이 과거 〈국가보안법〉 위반 피의사건으로 서울지방검찰청에 구속되었을 당시 면회하고 덕수궁 연못가에서 느낀 현정부를 저주하는 감정을 수필로 써서 우 동 신문에 게재하여 동교 학생들에게 반국가적 사상을 고취하였다는 지의 서신을

(3) 동년 8월 22일자 발신의 "현 사회에 대한 증오가 앞서는 것입니다. 망할 놈의

세상 반드시 때려 눞이어야 하겠습니다"는 지의 서신을

(4) 동년 9월 9일자 발신의 "가을은 결실과 수확의 계절이다. 이제부터라도 거둠의 희열을 느낄 수 있도록 씨를 뿌리고 북도두어야 하겠다. 래래(來來) 올 사회를 믿는 젊은이의 서로 굳은 다짐을 하고 전향 '히수테리'를 집필하고저 합니다." "가난한 사람의 집웅에도 골고루 빠짐없이 비가 나리고 있습니다. 자연은 평등한데 그 속에 사는 인간은 사회의 복지도 골고루 누려야 하겠지요"란 지의 서신을

(5) 동년 12월 24일자 발신의 "적과 동지의 구별이 가장 필요하고 시급하다." "인간은 언제나 해결할 수 있는 문제만을 문제로 하는 것이며 답답한 명제가 아닐 수 없습니다." "푸로 혁명기엔 이론을 캐는 것보다 실천운동에 참가하는 것이 더 뜻있고 즐거운 것이다. 답답한 가슴을 털어놓고 이야기 할 곳이 없습니다. 그래서 선생께 이렇게 가슴의 울분을 호소한 것입니다." "가와카미 하지메의 자서전을 읽었습니다. 다시 노농당을 결성하였다가 해체하고 55세나 되어서 공산당원이 되었다. 이것을 나쁘게 말하는 자는 절조가 없다고 하겠으나 이것이야말로 변증법적인 자기 발전이 아니겠습니까. 자기주의에 순(殉)할 생각입니다"는 등 지의 서신을 각각 기시경(其時頃) 피고인 이동화에게 발송 도달케 하여 내란의 죄를 범할 것을 선동한 자이다.

증거를 살피건대

피고인 조봉암의 판시 경력 사실은 제1, 2심 공판조서 중 동 피고인의 각 판시 동지(同旨)의 진술 기재부분에 의하여 차를 인정할 수 있고, 동 피고인이 원판시와 여한 구호 아래 원판시와 여한 강령정책을 내걸고 원판시와 여히 진보당을 조직하여 동당 중앙당 위원장에 취임한 사실은, 동 피고인의 제1, 2심 공판조서 중 각 판시 동지의 공술 기재부분, 동 김정학, 동 이상현, 동 양이섭을 제외한 이여의 피고인의 제1, 2심 공판조서 중 각 판시 동지의 진술 기재부분 및 압수된 선언, 강령정책, 당헌, 강령 전문, 경제정책 전문, 당 기구표(증제2호), 결당대회 문헌(증 제3호)의 각 존재 및 기각(其各) 기재를 종합하여 차를 인정할 수 있는바, 피고인 조봉암이 4288(1955)년 6월 이래 신정당의 조직을 기도하여 전기 진보당

의 결당을 추진하여 오던 중, 4289(1956)년 3월 10일경 북한 괴뢰집단으로부터 상(相) 피고인 양이섭을 통하여, 남북통일을 구호로 남한의 현 정권을 전복하게 하기 위한 괴뢰와의 합작을 종용받고 재정적 원조로서 유인하자 은연 차를 승낙하고, 동인을 통하여 괴뢰집단과의 접촉을 거듭하든 중, 진보당의 결당을 적극적으로 추진하라는 동 집단의 지령에 접하여 차에 호응하는 일방, 정치자금 2억 환을 청구하여 전후 십수 회에 걸쳐 계 금 3,400만 환, 미불 620불의 제공을 받은 후, 차를 진보당 결당비 기타에 충당하고, 이와 전후하여 진보당의 결당을 추진하여, 드디어 원판시와 여히 진보당의 결당을 보게 된 사실은 제2심 공판조서 중 피고인 조봉암, 동 양이섭, 동 이동현 및 증인 이정자, 동 김동혁의 각 관계진술 기재부분, 제1심 공판조서 중 피고인 조봉암, 동 양이섭, 동 이동현, 동 임신환, 동 이정자 및 증인 엄숙진의 각 관계진술 기재부분, 검사의 피의자 조봉암, 동 양이섭, 동 이정자, 동 이동환(李東煥), 동 임신환에 대한 각 피의자 신문조서 중 각 관계진술 기재부분, 압수된 지편(紙片) 1매(증 제4호), 유서 1통(증 제57호), 수표 14매(증 제60호 내지 제73호), 차변대체표 2통(증 제74호, 제75호), 예금구좌 원장 사본 2통(증 제76호, 제77호)의 각 존재를 종합하여 차를 인정할 수 있다.

피고인 양이섭은 제2심 공판정에서 검찰 및 제1심 공판정에서의 종전의 진술을 번복하고 전기 괴뢰집단과 조봉암과의 관계 및 전기 자금의 출처 관계를 부인하고 종전의 자백이 협박, 회유, 유도, 기망에 인한 허위자백이라고 변소(弁疎)하고 있으나, 피고인이 주장하는 협박, 회유, 기타는 1건 기록에 의하면 극히 경미한 것으로서, 동 피고인의 판시경력에 비추어 동 피고인이 그만한 정도의 협박, 회유 등에 이기지 못하고 본건과 여한 중대한 범죄에 대하여 허위자백을 하였다고는 인정키 난할 뿐 아니라, 피고인 조봉암이 본건으로 인하여 서울형무소 미결감에 재감할 시 계호간수(戒護看守)인 제1심 상 피고인 임신환을 개(介)하여 인방(隣房)에 재감중인 상 피고인 양이섭에게 전하려 하던 비밀쪽지(증 제4호)를 보면 "김 사장(양이섭을 말함) 보시요. 나와 관계는 단순히 개인적으로 능력 있는 대로 도와주었을 뿐이고 김이 이북 왕래한 사실은 모른다. 무슨 거래 쪽지 운운한 것은 모두 거짓이다. 만년필도 한 개다. 특무대에서 고문에 못 이겨서 한 말은 깨끗이 부인하시요. 당신의 말 한마듸 나와 우리 진보당 만여 명 동지들의 정치적 생명에 관계가 되오. 결사적으로 부인하시오. 그것이 당신의 의무이기도 합니다. 변소에서 처치하시오"라고 되어있는바 이 비밀 쪽지에 의하더라도, 피고인 조봉암, 동 양이섭의 관계는 무론(無論)이요, 동 조봉암과 괴뢰집단과의 원판시 밀통(密通) 야합 관계를 충분히 추측할 수 있는바, 서상(敍上) 각 사실을 종합하면 피고인 조봉암이 당초 진보당의 결당을 착상한 당시는 여하간 해(該) 결당의 추진 도중에 있어서 북한 괴뢰집단의 지령을 받고 괴뢰와 합작하여 평화통일의 구호 아래 대한민국을 변란할 목적으로 진보당을 구성하여 수괴인 동당 중앙당 위원장에 취임한 사실은 충분히 인정할 수 있다. 물론 정당이나 단체는 인적 결합임으로, 피고인 조봉암 일명만으로 정당이 조직될 수 있는 것이 아니오. 조봉암 개인의 내심의 의도가 바로 조직된 정당의 성격을 결정하는 것은 아니라 할 것이나, 본건 진보당은 피고인 조봉암이 주동 발의하여 추진 결당된 것이며, 해(該) 결당 목적이 괴뢰집단과 밀통 야합하여 그 지령하에 대한민국을 변란하려 함에 있음이 명백한 이상, 정(情)을 몰으고 해(該) 결당에 참가한 자는 논외이나, 피고인 조봉암은 국헌을 위배하여 정부를 참칭하는 괴뢰집단에 부수하여 국가를 변란할 목적으로 결사를 구성한 죄책을 면할 수 없고 동 피고인에 의하여 조직된 진보당 역시 자체 성격의 위법여부에 불구하고 불법단체임을 면할 수 없다고 할 것임으로, 피고인 조봉암에 대한 판시 제1의 (2) 사실은 그 증명이 충분하고 동 제1의 (3), (5), (6), (7)의 사실 및 동 제1의 (1)의 간첩사실은 서상 판시 제1의 (2)의 사실에 대한 증거로서 적시한 각 증거의 관계부분을 종합하므로써 충분히 차를 인정할 수 있고, 판시 제1의 (4)의 사실은 제1, 2심 공판조서 중 피고인 조봉암의 각 판시에 부합하는 진술 기재부분, 검사의 피의자 조봉암 신문조서 중 판시에 부합하는 진술 기재부분 및 압수한 권총 1정(증 제5호), 실탄 50발(증 제6호)을 종합하여 차를 인정할 수 있음으로 판시 각 사실은 모다 그 증명이 충분하고,

피고인 전세룡에 대한 판시 사실은

1. 제1, 2심 공판조서 중 동 피고인의 각 판시에 부합하는 진술 기재부분
1. 검사의 피의자 전세룡 신문조서 중 판시에 부합하는 진술 기재부분
1. 사법 경찰관의 증인 이복만(李福滿), 동 한순자(韓順子) 각 신문조서 중 각 판시에 부합하는 진술 기재부분 을 종합하여 차를 인정할 수 있고

피고인 이상두에 대한 판시 사실은

1. 제1, 2심 공판조서 중 피고인 이상두, 동 이동화의 각 판시에 부합하는 진술 기재부분

1. 검사의 피의자 이상두, 동 이동화 각 신문조서 중 각 판시에 부합하는 진술 기재부분

1. 압수한 서신 5통(증 제4, 5호의 1 내지 5)의 존재를 종합하여 차를 인정할 수 있으므로 피고인 전세룡, 동 이상두에 대한 각 판시 사실 역시 그 증명이 충분하다 할 것이다.

법률에 비취건대 피고인 조봉암의 판시 소위 중

(1) 간첩의 점은 각 〈형법〉 제98조 제1항에

(2) 무기불법소지의 점은 군정법령 제5호 제2조에

(3) 수괴 취임의 점은 〈국가보안법〉 제1조 제1호에

(4) 각 협의 선전의 점은 동법 제3조에 각 해당하므로

각 소정 형 중 (1)의 죄에 대하여 사형을 (2)의 죄에 대하여 유기징역형을 (3)의 죄에 대하여 무기징역형을 각각 선택 처단할 것인바 이상은 〈형법〉 제37조 전단(前段)의 경합범이므로 〈형법〉 제38조 제1항 제1호 제50조에 의하여 가장 중한 간첩죄의 정한 형으로 처벌하기로 하여 동 피고인을 사형에 처하고 전세룡의 판시 소위는 각 〈형법〉 제155조 제1항에 해당하고 동 이상두의 각 판시 소위는 각 〈형법〉 제90조 제2항 제1항 제87조에 해당함으로 각 소정형 중 각각 유기징역을 선발(選拔) 처단할 것인바 이상은 〈형법〉 제37조 전단의 경합법이므로 〈형법〉 제38조 제1항 제2호 제50조에 의하여 동 전세룡에 대하여는 판시 제2의 (2)의 죄의 형에, 동 이상두에 대하여는 판시 제3의 (1)의 죄의 형에 각각 경합가중을 하고, 동 이상두에 대하여는 정상 참작할 바 있다고 인정하여 〈형법〉 제53조 · 제55조 제1항 제3호에 의하여 작량감경을 하고 그 각 형기범위 내에서 동 피고인 양명(兩名)을 각 징역 2년에 처하고 〈형법〉 제57조에 의하여 제1심 판결선고 전에 구금일수 중 각 120일을 우 각 본형에 산입하기로 하고 압수한 주문게기의 권총 및 실탄 50발(증 제5호 · 제6호)는 피고인 조봉암의 판시 무기불법소지에 제공한 물건으로서 피고인 이외의 자의 소유에 속하지 아니하므로 동법 제48조 제1항 제1

호에 의하여 동 피고인으로부터 차를 몰수하기로 한다.

피고인 박기출, 동 김달호, 동 윤길중, 동 조규택, 동 조규희, 동 신창균, 동 김기철, 동 김병휘, 동 이동화에 대한 4291(1958)년 2월 17일자 공소사실은

피고인 박기출은 본적지에서는 부 박주성(朴周成)의 장남으로 출생하여 16세 시 부산공립보통학교를 졸업, 21세 시 동래고보 5학년을 졸업한 후 도일(渡日) 일본국 동경의학전문학교 입학, 26세 3월에 4학년을 졸업하고 본국에 돌아와 부산시립병원 외과의사로 취임 종사타가, 4272년 10월경 재도일(再渡日) 구주대학 의학부 연구생으로 취학 중, 4276(1943)년 7월경 동 대학에서 의학박사 학위를 수하고, 4277(1944)년 3월 귀국하여 부산시 초량동 415에서 박 외과 병원을 자영 중, 8·15해방과 동시에 부산 건준 후생부장, 동년 9월 초순경 미군정청 경상남도 보건후생부장으로 취임 근무타가, 4279(1946)년 5월경 사임하여 4280(1947)년에 한글 전용촉진위 경남도위원장, 민련 경남도위원장, 새한학회 이사장 등을 역임하고 전현(前顕) 부산시 초량동 415에서 박 외과의원을 계속 경영하면서, 4289(1956)년 11월 10일경 진보당 창당 시 부위원장에 취임 현재에 지(至)한 자.

피고인 김달호는 본적지에서 망부(亡父) 김익주(金翼周)의 4남으로 출생하여 상주보통학교를 거쳐 서울 제이고등보통학교를 졸업 21세 시 일본국 동경 중앙대학 법학부 1년에 입학, 22세 시 일본 고등문관 사법과 시험에 합격하고 23세 시 동교 2학년을 중퇴 귀국하여, 대구지방법원 사법관 시보에 피임하여, 광주지방법원 판사, 청주지방법원 판사로 전임 근무타가 사임하고, 29세 시에 도일(渡日)하여 일본 중앙대학 법학부 제15연구실에서 영독어학(英獨語學)을 3년간 복습, 32세 시 귀국하여 도만(渡滿)하고 만주국 봉천성 봉천시내에서 율사로 등록하고 개업 중, 8·15해방으로 봉천 한국인조해위원회 위원장으로 피선되어 한·중국인 간의 분쟁 조정의 역할에 종사 중, 국부기관에 피검되었다가 4280(1947)년 6월 초순경 천진을 경유, 선편으로 귀국하여 동년 9월 일자미상 서울지방검찰청 검사 직무대리로 취임하였다가, 4281(1948)년 3월에 서울고등검찰청 차장검사 겸 변호사고시위원 및 법전편찬위원으로 약 6개월간 근무타가 동년 9월경 사임하고, 서울특별시 중구 을지로 1가 54에서 변호사업을 개업하고 6·25동란 중 계속 개업타가,

1·4당시 남하하여 부산시 동대신동에 거주하면서 변호사업을 개업중 수복하여 계속 개업타가, 4287(1954)년 5월에 경북 상주 갑구에서 제3대 민의원에 당선되고 진보당 창당과 더불어 부위원장에 취임 현재에 지(至) 중인 자.

피고인 윤길중은 4249(1956)년 8월 본적지에서 농업 윤병후(尹炳厚)의 장남으로 출생하여 24세 시 일본대학 법과를 졸업한바, 23세 시 동대학 재학 시 조선총독부 시행 변호사 시험 및 일본 고등문관 행정과 동 사법과 시험에 각각 합격한 후, 24세 시에 12월에 조선총독부 농림국 속관에 피임 근무타가 전남 강진 및 무안군수를 역임하고, 4278(1945)년 1월에 조선총독부 학무국 사무관으로 전임 근무중, 8·15해방으로 군정청 문교부 교도과장에 취임 근무타가 동년 12월경 반탁운동 관계로 사임, 4279(1946)년 6월경 고(故) 신익희와 공히 국민대학을 창건하고, 동교 재단이사 겸 법학교수로 종사, 4279(1946)년 12월경 입법의원 법제국 기초과장과 총무과장을 역임하고 4281(1948)년 3월에 제헌국회 중앙선거위원회 선전부장에 피임 근무타가, 동년 5월부터 4283(1950)년 5·30선거 시까지 제헌국회 헌법기초위원회 전문위원과 동 국회 법제 조사국장 등을 거쳐 제2대민의원 의원 선거 시, 원주군에서 무소속으로 입후보 당선, 국회 법제사법 분과위원장으로 4285(1952)년 정치파동 시에 교섭단체 공화구락부 소속으로서 내각책임제 개헌파로 활약하고, 8·15정부통령선거 시 대통령 입후보자인 상(相) 피고인 조봉암의 선거사무장에 종사하고, 서울특별시 중구 북창동에서 변호사업을 개업하면서 5·15정부통령선거 시 대통령 입후보자인 조봉암의 선거사무장에 종사함은 물론, 4289(1956)년 11월 10일 진보당 창당과 동시 동당 중앙당부 간사장 및 통일문제연구위원회 위원에 취임 현 지중(至中)인자.

피고인 조규택은 황해도 신계군(新溪郡) 적여면(赤余面) 대평리(大坪里) 639 조성환(曺成煥)의 차남으로 출생하여 14세 시 적여공립보통학교를 졸업 후 해주고보 2년을 중퇴한 후 단국대학 정치학 2년에 편입하여 3년을 졸업하고, 4281(1948)년 12월 상순경 서울 중앙방송국 방송과 서기로 임명되어 근무 중, 6·25사변 시 남하치 않고 경기도 용인(龍仁) 및 양평(楊平) 등지를 전전하다가 수복하여 동 방송국에 계속 근무중 4284(1951)년 10월경 주사로 승진 4288(1955)년 10월경 동직을 사임하고 애국동지 후원회 및 3·1정신선양회 사업에 종사타가 진보당 창당시 동당 중앙당 재정부 부간사 및 중앙상임위원회 부위원장에 피임, 현재에 지한 자.

피고인 조규희는 15세까지 한문 및 조도전강의록을 자습하고 23세 시 도일(渡日)하여 동경도 중앙대학 법과 2학년에 입학 재학중 입학 수속절차 허위로 퇴학을 당하고 귀국하여, 24세 시 함남공업사에 취직, 26세 시 함북 청진 일본 고주파중공업주식회사에 입사하여 28세 시에 함남공업사에 전직 근무 중, 4278(1945)년 8월 14일 상경하여 서울특별시내 『신조선보』를 위시하여 『한성일보』 정치부장, 동 편집부장, 동 편집부국장, 동 국장대리, 및 전임 논설위원과 부산 항도신문사 편집국장 및 논설위원 등을 역임하고, 4286(1953)년 2월경에 상경하여 『한성일보』 편집국장 겸 논설위원으로 종사 중, 재차 하부(下釜)하여 부산, 한국매일신문사 편집국장 및 논설위원으로 있다가 동년 9월경 상경하여 신문 잡지 시사평론 등의 투고를 하여 오다가 자유신문사 편집국장 피임 종사 중, 4289(1956)년 11월 10일 진보당 창당과 동시 동당 선전간사에 피임 현재에 지한 자.

피고인 신창균은 20세 시 대전 제일공립보통학교 및 충북 영동공립보통학교 고등과 1년을 수료하고 23세 시 충북공립사범학교 제3학년을 졸업한 후 충북 청주 청남학교 교사에 피임하여 기후 음성 및 충주군 엄정보통학교 교사 등을 역임타가 33세 시 중국 광동성 중산시 전력회사장 및 광동시 전력회사 부사장 등으로 종사 중, 소위 대동아전쟁(大東亞戰爭)으로 동사를 폐사(廢社)한 후, 4278(1945)년 3월 24일에 귀국하여 무위도식(無爲徒食) 중 8·15해방으로 동년 12월경 인천시 금곡동 소재 조선성냥주식회사 관리인으로 종사, 4279(1946)년 4월경 한독당에 가입, 중앙상임위원 겸 연락부장으로 취임 활동 중, 6·25사변을 당하여 남하치 않고 시내 중구 회현동(會賢洞)에서 은거하고 1·4시 제주도 및 부산에 남하하였다가, 수복 후 대전시 소재 한미방직회사(韓美紡織會社) 건설에 종사하다가, 4289(1956)년 3월경 진보당추진위원회 연락부장에, 4289(1956)년 11월 10일 진보당 창당 시 중앙당 재정위원장에 취임 현재에 지한 자.

피고인 김기철은 17세 시 함흥제일공립보통학교를 거쳐 20세 시 경성전기학교

3년을 23세 시 일본국 동경도 공전 상공부 전기공학과 3년을 각각 졸업하고 귀향하여, 홍전사 조선지사 사장으로 피임 근무 중, 25세 시 동사 흥남지점에 전임, 27세 시 동사를 사임하고 함흥시내에서 박전사를 자영 중, 8·15해방으로 동사를 폐업하고 건국후원함남청년회 기획부장 겸 함남협회 조직부장으로 활동하고, 4278(1945)년 12월 초순경 흥남인민비료공장 중앙본부 조사계획부 총무국장에 피임 종사중 사임하고 4279(1946)년 3월 5일경 월남하여 원세훈의 소개로 좌우합작위원회에 입회함과 동시 민족자유연맹 교도 및 조사부장 민주한독당 중앙상집위원 동 선전부장 등으로 종사타가 4281(1948)년 4월경 평양 모란봉극장에서 개최된 남북협상에 민독당 대표로 월북하였다가 월남, 계속 민련 조사부장으로 활약중 6·25사변이 발발하자 괴뢰 인위(人委)에 등록한 민련에 괴집을 위한 집단으로 활약타가, 1·4후퇴 시 제주도, 부산 등지에서 전전하다가, 제2대 정부통령 선거 시 상(相) 피고인 조봉암의 선거사무소 사무차장 겸 선전부장으로 활동하고, 4286(1953)년 5월경 상경하여 신당조직에 상(相) 피고인 조봉암 및 서상일 등과 합작운동 중 5·15제3대정부통령선거에 대통령으로 입후보한 조봉암의 선거 시부터 선전 및 재정책으로 피임 활동하고, 4289(1956)년 11월 10일 진보당 창당시 동당 통제부(副)위원장 및 통일문제연구위원회 위원장 겸 동당 경기도당 위원장에 피임 현재에 지한 자.

피고인 김병휘는 13세 시 박천공립보통학교를 졸업, 18세 시 신의주공립고등보통학교를 거쳐 22세 시 도일하여 일본대학 법과에 입학, 동교 2년을 중퇴코 귀국하여 폐결핵을 치료타가 4279(1946)년 4월경 월남하여 UP통신 기자로 약 6개월간 종사하고, 홍익대학 교수로 약 4년간 근무 중 6·25사변으로 부산, 대구에 피난, 대전 덕소철도학교 및 중앙철도고등기술학교 부교장으로 약 2년간 근무타가 동교를 사임하고, 대전 가정보육기술학교 교장으로 6개월, 4289(1956)년 11월 10일 진보당 창당시 동당 중앙당 교양간사 및 중앙위원 중앙상무위원 및 동당 통일문제연구위원회 부위원장 등에 피임 현재에 지한 자.

피고인 이동화는 4254(1921)년 3월에 평양 숭덕소학교 4년, 4258(1925)년 3월에 평양 광성고보 4년을 각각 졸업하고, 동년 4월 도일(渡日)하여 일본 웅본현립중학제제횡 4학년에 편입하여 4259(1926)년 3월에 동교 4년을 졸업하고, 4261(1928)년 일본 산구현 산구고등학교 문과 갑류(3년)를 졸업한 후, 계속하여 동경제국대학 법학부 정치학과 3년을 졸업하고 약 1년간 동교 정치학 연구실에서 정치학을 연구한 후 귀국하여, 4271(1938)년 1월부터 4274(1941)년 9월까지 서울혜화전문(현 동국대학) 사회과학 교수로 근무타가, 치안유지법 위반으로 동년 9월부터 4275년 12월까지 서대문형무소에서 복역하고, 동년 12월부터 4278(1945)년 4월까지 본적지에서 실부 경영중인 주물공장과 농업에 조력하고 동년 4월부터 8월까지 서울 이화전문학교 부속병원 사무장에 종사타가 8 · 15해방과 동시 건국동맹 간부 및 건국준비위원회 서기국 위원에 취임하고, 고(故) 여운형 및 이만규, 이상도 등과 제휴 활동하다가, 4278(1945)년 9월에 월북 귀향하여 동년 12월경 평양에서 조선공산당에 가입하여 동월 중순부터 4279(1946)년 5월 말경까지 간에 평양민보 및 민주조선사의 주필을 역임하고 동년 10월경부터 4280(1947)년 2월까지 조소문화협회 부위원장 겸 김일성대학 강사로 종사하고, 동년 4월부터 4283(1950)년 5월 초순경까지 동 대학 법학부 외교사 전임강사로 근무 중, 1 · 4후퇴 직전 월남하여 동년 11월 하순경 백인엽 중장 처남 박용래의 소개로 1년간 정보국 제5과에 재직 의병제대하고, 4285(1952)년 5월부터 4286(1953)년 4월경까지 경북대학교 정치과 교수로, 그 후 한국내외문제연구소장을 거쳐 4287(1954)년 4월에 성균관대학 정치학과 교수로 종사하면서 진보당 정강정책 및 선언문 등을 창안하고 민주혁신당 정치위원으로 취임 현재에 지한 자 등인바

위선(爲先) 북한 괴뢰집단이 서기 1954년 4월 24일 소련의 지령에 의하여 남북한의 통일방안을 제시한 것을 보면, 조선국회의 자유총선거를 준비 실시하며 남북조선 간에 경제 및 문화접근에 대한 조치를 취하기 위하여 조선민주주의인민공화국 최고인민회의와 대한민국 국회에 의하여 각각 선출된 남북 조선대표로써 전조선위원회를 조직할 것, 전조선위원회의 당면과업 중 하나는 총선거법 초안을 준비하는 것임을 예견할 것, 전조선위원회는 조선민주주의인민공화국과 대한민국 간의 경제 및 문화교류 즉 통상, 재정, 회계, 운수 경계선 관계, 주민의 통행 및 서신 자유, 과학 문화교류 및 기타 관계를 설정하며 그를 발전시킬 대상들을 즉시 취할 것 전조선위원회가 전조선총선거법에 따라 외세를 배제하고 자유스러운 조건 밑에서 총선거를 실시함에 도움을 주기 위하여 중립국 감시위원단을 조

직하고, 이 중립국 감시위원단은 총선거를 감독할 것 등을 골자로 하는 것으로서, 그는 대한민국을 유일한 합법정부로 인정한 UN의 권위를 무시하고 대한민국을 동 괴뢰와 동등한 위치에 두고 취급한 끝에 대한민국 해산의 방법으로 위장적인 동 괴뢰의 퇴거를 내세우면서 일방 총선거를 구실로 남북한의 왕래를 자유로히 하여 공산세력의 남침화를 노리고 일방 평화란 그의 독점물인 양 선전하여 6·25 사변의 책임을 전가시키는 현혹적인 효과를 국민에게 주도코저하는데 그 목적이 있는 한갖 흉계에 지나지 아니함이 지극히 명백하다 할 것이다.

제1 피고인 박기출은

① 1·4후퇴 당시 부산에서 상 피고인 조봉암과 상봉하여 정치노선의 일치로서 친교를 계속하여 오던 중 4288(1955)년 10월 조봉암으로부터 진보당 조직운동을 전개하고 있으니 협조하라는 내용의 서신 또(又)는 인편(人便)의 연락을 수하고 차를 응낙 4289(1956)년 3월 시내 종로구 공평동(公平洞) 소재 종로예식장(鍾路禮式場)에서 개최된 진보당창당준비위원회에 참가하여 중앙위원으로 선출되고 다시 동년 3월 정부통령선거 당시 동당 공천 부통령 후보로 출마하여 전국 각 주요 도시를 순회하면서 대통령 입후보자인 조봉암과 동조하여 전기 방안을 내포하는 남북평화통일이라는 구호를 강조하여 오다가 동년 11월 10일 전기 대한민국을 변란할 목적하에 동당을 조직함과 동시 동당 중앙당 부위원장에 취임하여 간부로서 위치하고,

② 4290(1957)년 9월 동당 부산시 동구 을구 당위원장에 피선 차를 겸임함과 동시에 동당 간부를 동원하여 김재봉 외 약 100명을 표면화한 당원으로 정경학 외 68명을 비밀당원으로 각각 포섭 입당케 하는 일방, 4289(1956)년 3월경 동당 사무실 설비조로 일금 30만 환을 위시하여 5·15정부통령선거 비용으로 일금 800만 환, 4289(1956)년 2월 결당비조 100만 환 4290(1957)년 2월 당비조로 30만 환, 4290(1957)년 10월 『중앙정치』 발간자금으로 70만 환 등 도합 1,030만 환을 당에 제공함으로써 동당의 목적하는 실행사항을 협의 내지 선동하고,

③ 기외 판시 조봉암 범죄사실 중 (7)을 감행함으로써 협의하고,

제2 피고인 김달호는 1·4후퇴 당시 부산에서 동 조봉암과 상봉하여 상호 친교를 맺고 오든 중

① 4289(1956)년 11월 10일 조봉암과 함께 전기 진보당을 조직하여 동당 부위원장에 취임함으로써 간부에 위치하고

② 4290(1957)년도 하절(夏節) 진보당 중앙당 사무실에서 조봉암, 윤길중 외 약 60명의 당원이 회합한 석상에서 대한민국에서는 북한 괴뢰가 먼저 침략해 온 것이라고 하는데 여기에 대하여서는 상세한 것은 모를 일이다. 평화적 방법으로 상대방의 동의로 합법 형식으로 성립시켜 통일을 하여야 한다는 등등의 교육 강의를 함으로써 동당의 목적하는 실행사항을 협의 내지 실천하고,

③ 판시 조봉암 범죄사실 (7)을 감행함으로써 협의하고,

제3 피고인 윤길중은

① 4288(1955)년 6월경부터 상 피고인 김기철, 동 조규희 등과 함께 조봉암의 심복으로서 북한 괴뢰에서 주장하는 평화통일론에 호응하는 평화통일을 주창할 정당을 조봉암을 당수로 하여 조직할 것을 획책코 판시 동 조봉암 범죄사실 (2)의 모두(冒頭) 설시와 같이 활동하여오다가 4289(1956)년 11월 10일 대한민국을 변란할 목적하에 진보당을 조직하고 동 간사장에 취임함으로써 동 결사 간부에 위치하고,

② 후시(後示) 조봉암의 무죄가 선고된 공소사실 (2)를 감행함으로써 동 정우갑의 간첩 행동을 방조하고 또한 동 조봉암의 판시 (5), (6)의 사실을 감행함으로써 동당의 목적 사항을 협의 내지 선동 선전하고,

③ 4290(1957)년 9월 초 피고인은 동 김기철을 위원장으로 하고 동 김병휘를 부위원장으로 하고 동 조규희 외 7명과 구성하고 있는 동당 통일문제연구위원회 위원으로 임명되어 동월 10일까지 통일방안을 연구 제출키로 한 후 동월 10일 동 김기철이가 전기 동 조봉암 판시 범죄사실 (7)지시와 여한 북한 당국의 평화공세에 대한 진보당의 선언문(초안)을 동안으로 동 위원회에 제출하자, 동일은 차회의시(次會議時)까지 그 안을 프린트하여 각각 배부키로 하여 깊이 검토키로 하자는 정도로 끝이고 동월 17일 동당 사무실에 동 연

구위원 전원이 회합하여 수정론자도 있었으나 대안을 제시하지 않는 한 이 안으로 결정하자는 위원장 김기철의 제안에 의거, 결국 동안을 동 위원회안으로 가결하되 다시 최고간부회의에 회부하여 최후 결정을 내리자고 결의하고,

④ 기후 전기 조봉암의 판시 범죄사실 (7)과 여히 감행함으로써 동당의 목적사항을 협의함

제4 동 조규택은

① 4288(1955)년 12월 조봉암을 지지하고 동년 12월 23일 가칭 진보당발기추진위원회에 가입하여 기획상임위원으로 종사하든 중 전기 진보당 결당과 동시 대한민국을 변란할 목적하에 조직된 결사인 정(情)을 알면서 동당 재정부 간사로 취임하여 지도적 임무에 종사하고,

② 동 부(副)간사로서 당 운영경비조로 매월 1회식 정기적으로 정 · 부위원장은 10만 환 각급 위원장은 10,000환, 부위원장 5,000환 각 간사는 2,000환 각 상임위원은 1,000환 이상의 규정에 의거 수납되는 약 60만 환을 당 운영비에 충당함으로써 실행사항을 실천하고,

제5 동 조규희는

① 동 조봉암의 판시 범죄사실 (2)의 모두 설시와 여히 활동하여오다가 대한민국을 변란할 목적으로 진보당을 결당하고 동당 선전간사에 취임함으로써 지도적 임무에 종사하고,

② 4290(1957)년 3월 시내 시공관에서 및 동년 8월 전남대학 강당에서 연설을 개최하여 "우리 당의 정책을 말한다"라는 제목하에 전기 평화통일 추상적으로 주장하여 동당의 목적하는 실행사항을 선전하고

③ 전기 조봉암 판시 범죄사실 (5), (6), (7), 동 윤길중 범죄사실 (3)을 각각 감행함으로써 실행사항을 협의하고

제6 동 신창균은

4281(1948)년 4월 19일 한독당 연락부장으로 재임 시 동당원 조소앙, 조완구,

최석봉, 엄항섭, 조일문 등과 함께 평양에서 개최된 소위 남북협상에 참가코저 동월 20일경 서울을 출발 여현(礪峴)을 경유 입북하여 동 협상회의 및 동 김구, 김규식, 김일성, 김두봉으로 구성한 소위 4김회의에 참가하였다가 동년 5월 5일 남하하였는바 그 후 조봉암과 친교하여 오다가 4289(1956)년 5월 정부통령선거 당시 조봉암을 대통령으로 당선시킬 목적하에 서상일로부터 300만 환, 당 수입금 500만 환으로 조봉암의 재정조달 및 경리의 임무에 종사하고 전기 조봉암의 판시 범죄사실 (2)의 모두 설시와 여히 활동하다가 동년 11월 10일 진보당이 결당되자 동당이 대한민국을 변란할 목적으로 조직된 결사인 정(情)을 알면서 동당 재정위원장에 취임하여 지도적 임무에 종사하고

제7 동 김기철은

① 4279(1946)년 서울에서 원세훈의 주선으로 소위 좌우합작위원회에 가입함과 동시 민련 교도 및 조사부장 민독 선전부장 등에 취임 활동하고 오던 중, 4281(1948)년 4월 민독대표로 소위 남북협상회의에 참가한 사실이 있은 후, 6·25사변이 발생하자 괴뢰 치하 서울인민위원회에 민련을 공인단체로 등록하고, 동 연맹 조사부장으로 활약하는 일편 동 인민위원회 위원장 이승엽의 지령에 의하여 구성된 군사위원회에 가입하여, 동 조사부장으로서 괴뢰군에 대한 원호사업을 하든 중 1·4후퇴 시 남하하여 부산서 조봉암과 재봉(再逢), 제1차 대통령선거 시 조봉암의 선거위원으로 종사, 그 후 동인의 심복으로서 전기 조봉암의 판시 범죄사실 (2)의 모두 설시와 여히 활약하는 일방, 5·15정부통령선거 당시 조봉암을 위하여 사재 550만 환을 투입하는 등 열렬히 지지하다가 4289(1956)년 11월 10일 전기 상 피고인과 함께 대한민국을 변란할 목적으로 진보당을 결당함과 동시 동당 중앙통제위원회 부위원장에 취임하고 그 후 동당 경기도당 위원장 4290(1957)년 9월 통일문제연구위원회 위원장으로 각 취임하여 간부의 위치에 임하고

② 그 외 윤길중 범죄사실

③ 조봉암 범죄사실 (5), (6), (7)의 사실을 각 감행함으로써 동당의 목적하는 실행사항을 협의 선동 선전하고

제8 동 김병휘는

① 조봉암의 판시 범죄사실 (2)의 모두설시와 여히 활동하여 오다가 전기 동당이 결당되자 대한민국을 변란할 목적으로 조직된 결사인 정(情)을 알면서 결당과 동시 동당 교양간사에 취임 4290(1957)년 9월 통일문제연구위원회 위원, 『중앙정치』 편집위원회 위원 등을 겸임하여 지도적 임무에 종사하고

② 4290(1957)년 9월 조봉암으로부터 잡지사 판권 구입의 의뢰를 받고 동경 김석봉으로부터 『중앙정치』 판권을 금 18만 환에 이양받은 후 조봉암에게 인계하고, 동인의 지시에 따라 명목상 동 편집사무 담당하고 오다가 동 조봉암의 판시 범죄사실 (6)과 여히 활동하므로써 동당의 목적 사항을 실천하고

③ 그외 조봉암의 판시 범죄사실 (7)을 감행하고

제9 피고인 이동화는

① 4288(1955)년 11월 서상일이가 조봉암과 함께 진보당창당준비위원회를 발족하게 되자 그에 참가하여 동당 추진에 노력하여 오든 중 동 4289(1956)년 3월경 동당 강령 초안작성의 의촉(依囑)을 조봉암, 윤길중으로부터 수(受)하자 전기(前記) 방안을 골자로 하는 평화통일을 토대로 하는 강령 전문을 작성한 후 전기 동당 결당과 동시 채택케 함으로써 전기 피고인 등과 공모한여 대한민국을 변란할 목적하에 진보당을 결당케 하고

② 4289(1956)년 7월 10일자로 피고인이 소장으로 있는 국내외문제연구소(國內外問題研究所)[233]가 등록법 제55호 위반으로 취소되었는데도 불구하고 계속 동 단체를 유지하면서, 정치 경제방면의 연구를 한다는 구실하에 학생 기타 수십 명이 출입하게 되자 피고인은 북한 괴집이 그 선전과업으로서 발행한 『김일성선집』 1권 · 2권 · 3원 · 보권, 김일성 저 『조국의 통일 독립과 민주화를 위하여』라는 책자를 동소(同所) 서붕(書棚)에 나열 독서케 함으로써 동 괴집의 목적하는 실행사실을 의식적으로 선전하고

③ 4285(1952)년 5월경부터 4289(1956)년 12월 초까지의 간 전후 8회에 긍하여 그의 경북대학 교수 시의 제자인 대구시 삼덕동 140번지 거주 이상두로부터

233) '한국내외문제연구소(韓國內外問題研究所)'의 오기이다.

온 서신을 수하고, 그 내용에 있어 '현 사회제도를 변혁하고 사회민주주의를 수립하자 억압자의 해골 위에서만이 인민의 자유는 구축되고 억압자의 피만이 인민의 자치를 위한 토지를 비옥케 한다. 푸로혁명기[234]에는 이론을 캐는 것보다는 실천운동을 참가해야한다' 등으로서 동 이상두를 선동하여 대한민국 변란을 목적으로 하는 북한 괴집의 목적사항을 협의 선동하였음이라 함에 있고,

피고인 신창균, 동 김기철에 대한 4291(1958)년 4월 7일자 추가공소 사실은,

제1 피고인 신창균은 4289(1956)년 12월 말경 시내 중구 무교동 소재 모 음식점에 재정 부(副)위원장 홍순범(洪淳範) 및 위원 이수근(李守根), 선우기준(鮮于基俊), 성낙준(成樂俊) 등과 회합하고 당비 갹출(醵出) 문제를 토론한 결과 당 위원장 및 부위원장은 매월 3만 환, 통제위원장 및 부위원장은 2만 환, 간사장 및 각급 위원장은 1만 환, 간사는 5,000환, 중앙상무위원은 2,000환, 중앙위원 1,000환, 일반당원은 200환식 갹출키로 협의하고, 4290(1957)년 2월 조봉암가에 조봉암, 박기출, 이광진, 윤길중, 조규희, 이명하, 김기철, 조감하(趙柑賀) 장지필(張志弼), 원대식(元大植), 이영옥(李榮玉) 등 22명이 회합하여 진보당 기관지 발행처인 정진사 창립발기인회를 개최하고, 동 발기인 위원장 박기출 부위원장, 이광진(李光鎭) 등을 선출, 동사의 자본총액을 1억 환으로 결정한 후 제1회 주금(株金)으로 금 5,000만 환을 모금하는데 합의하는 등 동당의 목적사항 실행을 협의하고

제2 동 김기철은 4290(1957)년 9월 15일 동당 위원장실에서 동 처제(妻弟) 오성덕(吳聖德)을 시켜 북한 당국의 평화공세에 대한 진보당의 선언문 15부를 등사케 하며 각 봉투에 넣어서 연구위원 전원에게 배부함으로서 동 목적사항을 협의한 자임이라 함에 있고

피고인 정태영에 대한 4291(1958)년 2월 12일자 공소사실은,

피고인은 국가를 변란할 목적으로 대한민국을 부인하고 북한 괴뢰집단과 동등한 위치에서 통일정권을 수립할 것을 정강정책으로 하는 진보당의 기정(其情)을

234) '프롤레타리아 혁명기'를 말한다.

알면서 4290(1957)년 1월 중순경 가입하는 동시 동당 서울특별시당 상임위원에 취임하여 동당의 발전과 육성에 지도적 임무에 종사한 자임이라 함에 있고,

피고인 정태영에 대한 4291(1958)년 3월 6일자 추가공소 사실은,

피고인은 20세 시에 전북 이리농림학교를 졸업하고 서울대학교 문리과대학 이학부 수학과에 입학 후 6·25사변으로 중단하고 4284(1951)년 5월경 전북 전시연합대학에 입학하였다가 동년 10월 학비난으로 휴학하고, 4286년 7월 전북 김제군 청하면 동상리 소재 청하국민학교(靑蝦國民學校) 교원으로 약 6개월간 근무, 4287(1954)년 3월 서울문리과대학 이학부 수학과에 복교하는 일편 서울특별시 종로 관철동 소재 일심사(출판소)에 취직, 고학으로서 4289(1956)년 9월 30일 동교 4년을 졸업하고, 동년 10월 4일 이리여자상업학교 수학과 강사로서 약 6개월간 근무하고, 4290(1957)년 3월경 상경하여 동년 4월 15일 균명중학교 수학 교원으로 근무 중, 동년 5월 10일경 동양통신사 외신부 기자 모집 시험에 응시 합격하여 동 기자로서 현재에 지한 자인 바, 피고인은 이리농림학교 재학 시부터 좌익서적을 탐독하면서 사회주의 사회건설에 대한 관심을 포지하고 오던 중, 4283(1950)년 6·25사변이 발생하자 일시 괴뢰 의용군으로 편입되었다가 동년 8월 중순경부터 9·28까지 이리시 화선동(和善洞) 인민위원회 서기로서 부역을 감행하다가, 그 후는 주로 사회주의 유물론 등에 대한 서적을 탐독함으로써 이론무장을 공고히 함과 동시 사회주의를 표방하는 진보당에 대하여 절대적인 공명을 하고 있던 바,

1. 동 사회주의 이념을 실천키 위하여 진보당에 가입 동당 확대 공작을 추진키로 결의하고, 4289(1956)년 12월 하순경 이리시 마동(馬洞) 진보당 전북도당 부위원장인 김대희(金大熙)를 자진 방문하고, 동당의 성격과 정치노선에 대한 질의를 한 연후 동당 정강정책을 인쇄한 책자 1권을 입수 귀가 후 검토하여 동 입당 결의를 공고히 하고, 다시 동경(同頃) 이리시 화선동 60번지 소재 피고인 자택에 내방한 전기 김대희, 동당 조직책 김창을과 재회합하고, 동당 가입을 내락(內諾)함과 동시 조봉암과 직접 상면한 후 결정짓기로 하고 4290(1957)년 1월 중순경 동 김창을의 안내로 상경하여 서울특별시 성동구 신당동 소재 조봉암 가(家)로 동인을 심방(尋訪)하여 상면한 후, 동당 조직부 부간사 전세룡 및 김창을 입회하에 진보당이 국가를 변란할 목적으로

결사된 것이라는 정(情)을 알면서 차(此)에 정식 가입하는 동시, 동당 서울특별시당 상임위원으로 취임하여 매월 1회식 동 상임위원회에 출석하여 동당의 발전과 육성을 목적으로 하는 당 사업계획 안건 등의 결정 통과에 있어 지도적 임무에 종사하였고,

2. 동년 4월 일자미상 경 오후 2시경 동당 중앙당사무실에서 전시 전세룡으로부터 균명중고등학교 교원직에 있으면서 당에 자주 출입하면 신분이 노출될 우려가 유(有)하니 비밀당원의 신분을 견지하라는 지령을 수하고 차를 수락함으로써 목적한 사항의 실행을 협의하고,
3. 동년 5월 일자미상 경 진보당 위원장 조봉암 가에서 동인과 회합하고 「실천적 제 문제」라는 강평서를 동인에게 수교한 바, 그 내용으로서는
   1) 당의 이념은 사회주의 실현에 있다.
   2) 인류의 역사는 계급투쟁의 역사이다. 피착취계급을 억압하기 위한 수단이다. 무산계급사회에서는 국가는 필연적으로 소멸하고 인간은 더욱더욱 자유천국에 가까워간다.
   3) 집권한 후 해결해야 할 문제로서 노조, 협조의 조직 강화, 우리의 정치적 기반은 협동조합과 노동조합에 두어야 한다. 그리고 노동자 계급이 충분히 성장치 못하고 있는 우리나라로서는 농민 서민의 푸로레타리아적 성격에 주목하면서 협동조합 강화에 특히 힘써야 한다.
   4) 남북통일의 가능한 방법으로서는 남북 군경 해방 후 국제감시하의 총선거, 남북연립정부 수립, 그에 의한 총선거 후 다시 내각 구성, 남북의회의 통합, 그에 의한 정부수립 등 기외 당의 조직강화

   등에 관한 요지의 내용이 기재되어 있는 동 강평서를 상호토의하여 당세확대의 재료로 함으로써 목적한 사항의 실행을 협의하고,
4. 동년 8월경 진보당의 경제정책이라는 제목으로 사회주의 경제이론과 유물사관적 이론을 발췌한 논문을 작성하여, 조봉암에게 수교하는 동시 동 논문을 검토케하여 당 기관지인 『중앙정치』에 게재 선전토록 의뢰를 함으로써 그 목적한 사항의 실행을 협의하고,
5. 동년 9월 일자 불상 경 오후 2시경 진보당 중앙당 사무실에서 전기 전세룡으로부터 동당의 제1선 조직은 거개(擧皆)가 노출되어 활동에 지장이 많으

니 제2 조직을 강화하는 방법으로서 당 정강정책과 국내외 정세 및 기타 사회주의 이론을 연구 검토한다는 미명하에 비밀써클을 조직하였으니 매주 토요일 오후 2시 전시 조봉암 가에서 밀회하자는 지령을 수하고 동년 11월 초순경까지 간(間)에 전후 4차에 긍하여 조봉암 가에서 전세룡 지도하에 손석규(孫錫圭), 김태문(金泰文), 박희영(朴喜永), 황명수(黃命水), 주영숙(朱榮淑) 및 기외 박 모 등 8명의 써클원 등이 밀회하여 자본주의는 필연적으로 사회주의 제도로 이행한다. 소련의 인공위성 발사 성공에 관한 국제정세 보고 그 외(外) 진보당의 정강정책을 토의 연구함으로써 목적한 사항의 실행을 협의하고,

6. 동년 10월 중순경 오후 2시경 서울특별시 동대문구 소재 고려대학 앞에 거주하는 전기 써클원인 김태문을 심방(尋訪)하여 동인을 완전히 자기 지배하에 포섭코저 공작을 하여 동 목적사항의 실행을 협의하고,
7. 동경 오후 6시경 피고인가에 내방한 전기 써클원인 황명수와 접선하고 동인을 전시와 여히 포섭코저 설득함으로써 동 목적사항의 실행을 협의하고,
8. 동년 11월 초순경 오후 1시경 진보당 중앙당 사무실에서 전기 전세룡과 접선하고 동인으로부터 동 전시 제2선 조직인 비밀 써클을 당 방침에 의하여 해산키로 되었음으로 향후는 자기가 개별적으로 지도하겠다는 지령을 받어 차를 수락함으로써 목적사항의 실행을 협의하고,
9. 동년 12월 중순경 오후 3시경 피고인가에 내방한 공산주의자인 6촌 처남 김세길(金世吉)과 접선하여 동인으로부터 소련 공산당사 1책을 입수하여 동 월말까지 열람함으로써 공산주의 의식을 공고히 하는 동시 동 목적사항의 실행을 협의하고,
10. 동월 말경 오후 2시경 진보당 중앙당사무실에서 전기 전세룡과 회합하여 공무원, 일반 사무원, 중소기업자, 공장노동자, 자유노동자, 중농 · 소농 · 농업 노동자 등이 처해 있는 생활상을 기고 게재할 수 있게금 당 기관지인 『중앙정치』에 피해대중란을 설치하여 기고자에게는 『중앙정치』를 일일히 배본한 다음 차를 인연으로 하여 당세를 확장할 수 있도록 동지(誌)의 기자훈련을 역설하는 동시 동 조직방안을 조봉암에게 건의 실천토록 하자고 밀약함으로써 그 목적한 사항의 실행을 협의한 것이다 함에 있고,

피고인 이명하, 동 최희규, 동 안경득, 동 박준길, 동 권대복에 대한 4291(1958)년 2월 24일자 공소사실은,

피고인 이명하는 4278(1945)년 9월 본적지인 함남 북청군 신창면 신창리에서 조선청소년동맹을 조직하고 위원장에 취임 활약타가 동월 하순 월남하여 동년 11월 서울에서 기독교청년회 전국연합회의 문화선전부장을 위시하여 민족자주연맹 중앙위원 및 지방 조사부장, 통일독립촉진회 중앙상무위원 겸 선전부 차장, 경동기독교회 집사로 종사 중, 6·25동란 시 서울에 잔류하여 민련의 재건수습공작을 하는 일방, 인민군 원호사업에 종사할 뿐더러 정치보위부의 지령으로 기독교에 침투 교인의 동태를 조사 중, 1·4후퇴 시 제주도에 피난하여 생활하여 오다가, 4288(1955)년 4월 상경하여 민우사계와 합작하고 오던 중, 동년 6월 조봉암과 합작하여 진보당을 조직하고 부간사장 및 조직간사로 취임하여 현재에 지하고 있는 자.

동 최희규는 일즉이 일본국 동경도 소재 일본대학 척식과를 거쳐 북해도제국대학 농학부 농장에서 낙농을 1년간 연구타가 귀국 후 목장 등에 근무타가 6·25사변 후 대한부흥건설단 경기도단 산업국장, 동 서울특별시단부 부단장 등을 역임하고 오던 중, 4288(1955)년 5월경 조봉암과 협력하여 소위 혁신정당을 구성하기로 결의하고, 시내 사직동으로 조봉암을 심방하여 소신을 피력하여 협력키로 말한 후, 동 추진에 활약하고 오던 중 4288(1955)년 12월 진보당추진위원회 위원에 피선되고 창당과 동시 동당 중앙당 당무부장 및 통일문제연구위원회 위원에 피선되어 현재에 지하고 있는 자.

동 안경득은 4278(1945)년 9월 18일 본적지인 함남 함흥시로부터 월남하여, 연희대학 문과 및 철학과를 졸업하고, 4282(1949)년 9월 일본 조대[235]에 입학할 목적으로 밀항 발각되어, 동년 12월 강제 송환된 이래 무위도식 중 6·25사변으로 남하하여 부산 소재 미 육군성 한국파견대 문관으로 약 3년 종사타가, 진보당발기추진위원회에 가담하여 동당 창당준비위원회 조직위원 동 조직부 차장을 걸쳐 창당 후 중앙위원, 동 상무위원, 동 통일문제연구위원회 위원, 서울시당 간사장, 서울시당 선거대책위원회 부위원장, 동당 서대문을구당 위원장 등에 피선 현재에 지한 자.

235) 와세다 대학을 가리킨다.

동 박준길은 29세시 도만(渡滿)하여 만주국 통화성 휘남현에서 제승공장을 자영타가 8·15해방 후 귀국하여, 전재동포구제회 후생협회 후생부 차장, 한국군유격사령부(韓國軍遊擊司令部) 의무부 차장, 국민방위군 독립 제1사단 정보처 4과장, 육군 제5군단 임시문관 등을 거처, 4289(1956)년 4월 진보당 조직에 가담하여 5·15정부통령선거 시 동당 충북지구 정부통령 선거사무장에 취임 활약타가, 동당 창당 후 중앙상무위원 재정간사, 통일문제연구위원회 위원, 서울시 중구을구당 위원장 등에 취임하여 현재에 지한 자.

동 권대복은 4283(1950)년 12월 하순경 서울특별시 순경에 피임, 영등포경찰서 경무계 공보반에 근무타가 4284(1951)년 사직하고, 4286(1953)년 4월 국학대학 정치학과에 입학, 4290(1957)년 동 대학을 졸업한바 동 대학 재학중인 4289(1956)년 7월 진보당에 입당하여 동당 창당과 동시 중앙위원, 기획위원회 위원, 통일문제연구위원회 위원, 서울특별시당 상임위원, 동당 사회부 간사, 동당 특수조직체인 여명회 회장 등에 취임, 현재에 지한 자인바

제1 피고인 이명하는 4279(1946)년 9월경 남북협상을 주장하는 김규식 영도하의 민족자주연맹에 가입하여, 동 중앙위원 및 지방조사부장으로 활약타가 4281(1948)년 4월 역시 남북협상 주장파인 통일독립촉진회에 가담하여 동회 중앙상무위원 및 선전국 차장으로 취임하여 4283(1950)년 6월까지 활약하고 오다가, 6·25사변이 발생하자 동년 7월 초순경 시내 중구 태평로 소재 민련 사무실에서 원세훈 외 10여 명과 함께 민련을 괴집 지지단체로 소위 서울시 인민위원회에 등록하고, 김규식과 협력하여 민련의 재건 수습에 노력하는 일방 인민군 원호사업으로서 비누, 치솔 등의 위문품 100여 점을 괴집 발송하고, 또한 동년 8월 초순경 괴집 서울시 정치보위부에서 6일간의 심사교양을 수한 후 기독교내에 침투하여 괴집을 지지하는 선전을 할 것, 기독교인의 동태를 내사 보고할 것 등의 지령을 받고 동 지령사항 실행에 투신하고 오던 중, 국군의 수복과 동시 동 사실을 은폐하고 재활동의 기회를 규시(窺視)하고 오던 중,

① 4288(1955)년 8월경부터 조봉암, 장건상, 서상일 외 30여 명과 수시 회합하여 소위 혁신정당을 조직할 것을 논의하여 오다가, 동년 12월 20일 동인 등과 함께 혁신정당 조직에 대한 성명서를 발표함과 동시 동 조직 추진위원회

사무위원에 취임하여 동 추진운동을 전개하다가 4289(1956)년 1월 중순경 진보당으로 발족할 것을 결의하고, 동년 6월 중순경 시내 종로구 소재 종로예식장에서 가칭 진보당추진위원 전국대표자회의를 개최하고, 당명은 진보당으로, 당헌 선언문 강령정책 및 결당대회를 조속한 시일 내에 결정할 것, 진보당추진준비위원회의 추천으로 대통령 입후보 조봉암, 부통령 입후보 박기출로 할 것, 당책(黨策)으로 평화통일을 주장할 것을 결의하였는바, 동 평화통일이란 기실 내용에 있어 북한 괴뢰집단의 술책인 평화공세에 호응하는 것으로써, 구체적 방안은 대한민국을 북한 괴뢰집단과 동등시하고 양측을 모두 해산한 연후 중립국 감시하에 남북총선거를 실시하여 제헌국회를 이룩하자는 것으로서, 대한민국을 부인하는 것일뿐더러 공산주의자들의 남침방안으로서 부르짖고 있는 북한 측에 자진 호응하여 대한민국에 무혈적인 혁명을 기도하는 것인즉 동 피고인은 동당에서 주장하는 평화통일론이 위와 같은 내용의 것이라는 정(情)을 충분히 알면서, 동 선전에 몰두하고 오다가 동년 11월 10일 동 내용의 평화통일을 당책으로 하는 진보당이 결당되자 동당이 대한민국을 변란할 목적으로 이루어진 결사라는 정(情)을 알면서 자진 동당 중앙당 부간사장 및 조직 간사에 취임함으로서 지도적 임무에 종사하고,

② 동년 12월 중순경 부산시 소재 새한중학교 교정에서 동 당원으로 성낙준 외 200여 명을 포섭하여 동당 중앙위원장 조봉암, 부위원장 김달호, 간사장 윤길중, 조규희, 박준길 등과 같이 경남도당으로 결성케함을 비롯하여 4290(1957)년 4월 시내 중구 명동 소재 시공관에서 당원 이광진(李光鎭) 외 약 500여 명을 집합시켜 동당 서울시당을 결성 동년 5월 동당 사무실에서 당원 최진우(崔鎭宇) 외 30여 명을 집합시켜 경기도당을 결성, 동경 대구시 중앙동 소재 경북도당 사무실 내에서 당원 이영국(李榮國) 외 20여 명을 집합시켜 경북도당을 결성 동년 7월 전주시 고사동(高士洞) 소재 동당 전북도당 사무실에서 당원 조병갑(趙秉甲) 외 30여 명을 집합시켜 전북도당을 결성 동년 10월 광주시 충장로(忠壯路) 소재 동당 전남당 사무실에서 당원 조중환(曺重煥) 외 20여 명을 집합시켜 전남도당을 결성하고 동경 당원 전세룡, 성낙준 등을 인솔하고 충청남북도당 각 결성코저 추진함으로서 동당의 목적하는 실천

사항을 협의 선동하고,

③ 4290(1957)년 9월 전기 남북 평화통일방안을 실현키 위하여 창당 시 조직된 소위 통일문제연구위원회 부서를 개편할 시 피고인은 김기철, 김병휘, 안경득, 최희규, 정중, 권대복, 김안국, 박준길, 윤길중, 조규희 등과 함께 동 연구위원 전원이 회합하여 김기철로부터 「북한당국의 평화공세에 대한 진보당의 선언문」이라는 통일방안을 설명받자 초안 1부 만으로서는 충분한 검토가 불가능하니 차기회의 시까지 프린트로 하여 각 1부식 배부한 연후 재검토하자는 결의를 하고 동월 17일 재차 위원 전원이 동 사무실에 회합하여 김기철로부터 전기 초안 푸린트한 것을 1부식 배부 토의한 결과 일부 수정론자도 있었으나 당의 통일방안으로 채택하자는 의사에 귀결을 보고 다시 최종적인 결정을 최고 간부회에 회부하여 결정하도록 결의함으로써 동당이 목적하는 실천사항을 협의하고,

④ 동년 11월 25일 시내 성동구 신당동 353의 44호 조봉암 가(家)에서 동인 및 윤길중, 조규희 등과 회합하여 평화적으로 국토통일을 위한 행동통일체 구성에 관한 제의를 각 보수정당에 발송할 것을 토의 결정하고 진보당 명의로 자유당 및 민주당 등에 각각 1통식을 송달하여 전기 불법성을 내포한 평화통일에 대하여 국론통일을 구실로 기 목적사항의 귀일(歸一)[236] 을 선전 선동하고

제2 피고인 최희규는

① 4288(1955)년 12월 하순경 시내 종로구 청진동 소재 대륙원에서 서상일, 조봉암, 윤길중 외 10명과 회합하여 진보당 추진위원을 포섭할 것 등을 토의한 후 기 결과를 서상일에게 보고키로 하고, 동경부터 4289(1956)년 3월 하순경까지의 동 추진위원으로 한영조(韓榮助) 외 10여 명을 포섭하여 기결과를 서상일에게 보고하고, 동년 3월 31일 시내 종로구 소재 희망예식장에서 전국 추진위원인 대표자 약 50여 명이 회합하여 추진위원회를 개최하고, 김두한(金斗漢)의 입당문제, 대통령 입후보자로 조봉암을, 부통령 입후보로

236) 여러 갈래로 나눠진 것이 한가지로 합쳐진 것을 의미한다.

박기출을 각 추천할 것을 토의한 연후, 동년 4월 15일경부터 동년 5월 5일경까지의 간 조봉암, 박기출, 신도성 등의 수행원으로 각지로 순회하면서 선거강연을 실시하고, 또한 동년 6월 시내 중구 양동 소재 진보당추진위원회 사무실에서 동당 조직위원회를 개최하여 피고인은 청년과 학생 관계 특수조직책을 담당하여 활약하고 오던 중, 동년 11월 10일 시내 시공관에서 대한민국을 변혁할 목적으로 전기 평화통일을 당책으로 하는 진보당이 결당됨과 동시 피고인은 동 중앙당 당무부장 중앙상무위원으로 취임하여 지도적 임무에 종사하고

② 동년 11월 16일 전 동당 사무실에서 조봉암, 윤길중, 박기출, 김달호 외 8명과 회합하여 상무위원회를 개최하고 부차장 선임에 관한 발표, 당무부장 피고인 최희규의 선임을 인준함으로써 동당의 목적하는 실행사항을 협의하고

③ 상 피고인 이명하 범죄사실 (3)과 여히 감행함으로서 동 목적사항을 협의하고

제3 피고인 안경득은

① 4288(1955)년 11월 상순경 서상일을 심방하고 동인으로부터 혁신정당의 조직운동을 전개 중이라는 정치 이념을 청취하고, 차(此)에 공명하여 조봉암, 윤길중 외 10여 명과 함께 서상일 가(家)에서 회합하여 진보당발기추진위원회를 구성키로하고 활약 중 4289(1956)년 11월 10일 전기 대한민국을 변란할 목적으로 조직된 진보당이 결당됨과 동시 동 중앙상무위원 통일문제연구위원회 위원 동당 서대문을구 당위원장 서울특별시당 간사장에 취임하여 지도적 임무에 종사하고,

② 동 이명하 범죄사실 (3)과 여히 감행함으로서 동당의 목적하는 실행사항을 협의하고

제4 동 박준길은

① 4289(1956)년 4월 진보당의 창당 취지에 찬동하여 동당의 추진위원회에 가담하고, 5·15정부통령선거 당시 대통령 입후보자인 조봉암의 충북지구 선거사무장으로 취임하여 동당의 구호인 평화통일을 선전하고 오던 중 동년 11월 10일 전기 취지의 진보당이 창당되자 중앙당 재정간사로 취임하여 지

도적 임무에 종사하고

② 4289(1956)년 11월 10일부터 4290(1957)년 6월경까지의 간 중앙당 유지비조로 중앙당위원장 금 10만 환, 부위원장 각 금 10만 환, 통제위원장 1만 환, 재정위원장 1만 환, 기획위원장 1만 환, 각급 간사 7만 환을 각 책정하고 조봉암으로부터 7개월분 70만 환, 부위원장 박기출로부터 2개월분 20만 환 계 90만 환을 징수하여 재정유지에 활동하고 4290(1957)년 9월경부터 동 경상비 계정(計定)을 개정하여 위원장 조봉암 3만 환, 부위원장 박기출 3만 환, 동 김달호 5,000환, 간사장 5,000환 각 간사를 포함한 예산 액면을 10만 환으로 책정하여 동당 재정유지에 적극 활동함으로서 동당의 목적하는 실행사항을 협의하고

③ 동 이명하 범죄사실 (3)과 여히 감행함으로서 동 실행사실을 협의하고

제5 동 권대복은

① 4289(1956)년 11월 10일 전기 진보당 결당과 동시 동 중앙당 사회간사로 취임하여 지도적 임무에 종사하고,

② 4289(1956)년 12월 동당 사무실에서 동 중앙기획위원회 주최로 김안국, 안우석, 정중, 김병휘 등과 회합하여 동 위원회의 운영방법 및 경제정책 등을 토의하고,

③ 4290(1957)년 7월 동 사무실에서 동 중앙기획위원회 위원장인 김안국 외 동회 위원 전원이 회합한바, 동 석상에서 김안국으로부터 동당 발전을 위하여 농업정책을 연구 수정하자는 의견이 제의되었으나 앞으로 동 정책은 연구, 성안된 후 검토키로 하고,

④ 4290(1957)년 1월 상순경 동당 부위원장인 김달호 법률사무실 내에서, 동 중앙당 직속으로 시내 각 대학교 내에 비밀 써클을 구성케하고 사회주의 이론을 연구시킬 목적하에 동당 특수부를 조직키 위하여 안준표, 김용기, 권태창, 김덕휘(金德彙), 조호진(趙鎬晉), 황둔민(黃鈍敏), 원일상, 박종오(朴鍾午), 조규희 등과 회합하여, 안준표로부터 전기 특수부를 조직하려는 목적 및 취지를 설명 듣자, 전원 찬동하고 즉석에서 여명회를 조직하는 동시 피고인은 동 회장에 선임되고,

⑤ 동년 1월 17일 이후 시내 각 대학교 내에 여명회를 조직키 위하여 서울대학교 문리과대학 세포책에 김주태(金周太), 국학대학 세포책에 김용기, 신흥대학교(新興大學校) 세포책에 원일상, 홍익대학 세포책에 신은섭(申殷燮), 성균관대학교 세포책에 이상두, 고려대학교 세포책에 김덕휘, 중앙대학교(中央大學校) 세포책에 황둔민, 동국대학 세포책에 김환문(金煥文), 국민대학 세포책에 김칠영(金七永), 연세대학교 세포책에 김석영(金錫英), 외국어대학(外國語大學) 세포책에 박원규(朴元圭), 동양한의대(東洋漢医大) 세포책에 정용주(鄭用鑄), 서울대학교 의과대학 세포책에 한보상(韓輔相) 등 14개 대학 내에 세포책을 포섭하고, 동책으로 하여금 회원을 포섭케하여 도합 54명을 포섭하여 계속 동 포섭에 노력하고

⑥ 전기 이명하 범죄사실 (3)사실을 감행함으로서 각 동당의 지령으로서 목적하는 실행사항을 협의 선전 선동한 자임이라 함에 있고

피고인 이상두에 대한 4291(1958)년 3월 7일자 공소사실은,

피고인은 4289(1956)년 3월 경북대학교 법정대학 정치과 4년을 졸업한 후 동년 4월 성균관대학교 대학원에 입학하여 4290(1957)년 4월 동 대학원 1년을 수료하고 동경 경북 계림대학숙(鷄林大學塾) 정치학 강사로 취임하여 동년 7월경까지 종사, 4290(1957)년 9월 경북대학교 법정대학 정치학 강사로 취임하여 현재에 지하고 있는 자인바, 피고인은 경북대학교 법정대학 정치학과 재학 시부터 이동화에게 사회주의 대한 교양을 수함으로서 사회주의를 신봉하게 됨과 동시 이동화를 정신적으로 신봉하고 오던 중

1. 사회주의 실현을 위하여서는 위선(爲先) 현 대한민국의 붕괴를 전제로 하여야 한다는 신념하에 그 실현에 노력하여 오다가 4289(1956)년 1월 24일 대구시 삼덕동 140의 1호 피고인 자택에서 서울특별시 종로구 재동 112의 1호 한국내외문제연구소 내 전기 이동화에게 서신으로 "진보와 혁신이 없는 굳어진 이 사회는 억압자의 해골 위에서만이 인민의 자유는 구축되고 억압자의 피만이 인민의 자치를 위한 토지를 비옥케 한다. 민주적 평화적 방식은 의미를 상실케 하고 있다"라는 요지의 편지를 하여 유혈적인 혁명을 감행하여 대한민국을 변란시킬 것을 도모하여 북한 괴뢰와 동조하고 동 목적사항을 협의하고

2. 동년 3월 10일 이동화에게 동일한 방법으로 "선생님은 모르시겠지만 저는 작년 6월에 선생님을 '나의 님'이라고 불렀습니다. 기점은 성명 3자 대신 '12xx'란 딱지를 달고 게실 때였습니다. '고궁의 연못가에서'란 제목으로 수필을 써서 『경대신문』에 실었던 것입니다"라고, 당시 이동화가 〈국가보안법〉 위반피의사건으로 서울지방검찰청에 구속되어 있을 때 면회한 광경을 동인이 석방된 후, 「고궁의 연못가에서」라고 제목을 단 수필의 내용 즉 이동화를 구속한 정부에 저주한 내용을 경북대학 신문에 게재하므로서 대한민국을 변란시킬 반국가적 사상을 학생들에게 고취하므로서 전기 목적사항을 선전 선동하고

3. 동년 8월 22일 이동화에게 동일한 방법으로 "현재 사회에 대한 증오가 앞서는 것입니다. 망할 놈의 세상 반드시 때려 엎어야 하겠습니다"라는 요지의 편지를 하여 선동 협의하고,

4. 동년 9월 9일 동 이동화에게 동일방법으로 "가을은 결실과 수확의 계절이라 이제부터라도 건움의 희열을 느낄 수 있도록 씨를 뿌리고 북돋우어야 하겠다. 내일을, 사회를 믿는 젊은이의 서로 굳은 다짐을 하고 "전향 히스테리"를 집필하려 합니다.", "가난한 사람의 지붕에도 골고루 빠짐없이 비가 내리고 있습니다. 자연은 평등한데 그 속에 사는 인간은 사회의 복지도 골고루 누려야 할 것이겠지요" 등 내용의 편지를 하므로서 동 목적 사항을 협의 선동하고,

5. 동년 12월 24일 동 이동화에 동일방법으로 "적과 동지의 구별이 가장 필요하고 시급하다.", "인간은 언제나 해결할 수 있는 문제만을 문제로 하는 것입니다. 답답한 명제가 아닐 수 없습니다.", "푸로 혁명기엔 이론을 캐는 것보다 실천운동에 참가하는 것이 더 뜻있고 즐거운 것이다. 답답한 가슴을 털어놓고 이야기할 곳이 없습니다. 그래서 선생님께 이렇게 가슴의 울분을 호소한 것입니다.", "가와카미 하지메의 자서전을 읽었습니다. 다시 노동당을 결성하였다가 해체하고 55세나 되어서 공산당원이 되었다. 이것을 나쁘게 말하는 자는 절조가 없다고 운운하겠으나 이것이야말로 변증법적인 자기 발전이 아니겠습니까. 자기주의에 순(殉)할 생각입니다" 등 요지에 내용으로 편지를 함으로서, 정부를 적이라고 규정함과 동시 맑스의 혁명적 문구를 사용

하고 또한 이론보다도 푸로레타리아[237] 혁명을 위한 계급투쟁에 직접 참가하여야 할 것을 역설하고 다시 가와카미 하지메가 노령임에도 불구하고 공산당에 입당한 것을 찬양하고 피고인 역시 공산주의를 위하여 헌신할 것을 말함으로서 전기 목적사항을 선동하고,

6. 4290(1957)년 2월 상순경 시내 중구 을지로 1가 미상 김달호 변호사 사무실에서 진보당원인 권대복, 동 안준표, 오경세, 성명 미상자 9명 도합 13인이 회합하여, 대한민국을 변란할 목적으로 조직된 결사인 진보당 산하 특수 제2선 조직체인 여명회를 구성하고 동회 연구위원회 위원장에 취임하므로서 지도적 임무에 종사하고,
7. 동년 2월 하순경 시내 중구 양동 소재 진보당 중앙당부 사무실에서 전기 권대복 외 12인이 회합하여 동당 위원장 조봉암으로부터 국가정세라는 제목하에 진보당의 평화통일 노선 평화적 공존 등에 대한 교양을 수하므로서 동당의 지령으로서 목적하는 실행사항을 협의하고,
8. 동년 3월 중순경 피고인 하숙처인 시내 종로구 신문로 2가 115번지 이성우가(家)에서 여명회 취지서를 작성하고 기 내용으로서, "현재 민국정치는 부패되었다. 이러한 부패된 현 실정을 혁신하고 사회민주주의의 실현을 위한 책임은 학생 청년들에게 있으니 여기에 뜻있는 학생은 여명회에 모여라"라는 요지로 하여, 동회 회장인 권대복에게 제공하므로서 동 목적하는 실행사항을 협의한 자임이라 함에 있고,

피고인 전세룡에 대한 공소사실은

피고인 전세룡(일명 전경렬)은 보성고등학교를 졸업 후, 본적지인 함북 명천군 남면 내포리에서 농업에 종사 중, 6·25사변 후 국군이 진주하자 명천고급인문중학교 교원으로 취임, 4283(1950)년 12월 4일 흥남 경유 남하하여 횡성군 주둔 방위군에 입대 복무타가 제대하여, 화양고등공민학교 교원에 취임, 4285(1952)년 10월경 하부(下釜)하여 동향인인 김찬, 김안국 등의 소개로 조봉암 가(家)에 동거하면서 동인의 알선으로 상공일보사 업무국장에 취임, 4289(1956)년 3월 중순경

237) '프롤레타리아'를 말한다.

상경(上京) 계속 조봉암 가(家)에 동거하면서 진보당 태동 시부터 차에 가담 동 추진위원으로 활동하고, 창당 시는 전국대표자대회 서울대표, 5·15정부통령선거 시는 동당 선거 대책위원, 4289(1956)년 11월 10일 결당과 동시 동당 중앙상무위원 조직부 부간사 겸 서무책, 동당 서울시당 상무위원 및 성동갑구 당부위원장 등에 취임하여 현재에 지하고 있는 자인바,

(1) 4289(1956)년 3월 전기 진보당이 발당대회를 개최할 당시 서울시 대표로 참가하여 동 추진위원으로 취임하여 활약하고 오던 중, 동년 11월 10일 동당이 결당됨과 동시 동당이 대한민국을 변란할 목적으로 조직된 결사라는 정을 지실(知悉)하면서 동당 중앙상무위원 및 조직부간사로 취임하여 지도적 임무에 종사하고,

(2) 4289(1956)년 3월 31일경부터 피검 시까지 전기 위치에서 진보당추진위원 명부, 위원 명부, 창립위원 명부, 평당원 명부, 비밀당원 명부 등을 관장하면서 일반당원으로서 서울시당 747명을 비롯하여 계 2641명과 비밀당원으로서 서울시당 128명을 비롯하여 계 328명을 각각 포섭, 접수, 정리 등 하므로서 동당의 목적하는 실행사항을 협의 선동하고,

(3) 4289(1956)년 3월 서울특별시 중구 양동 소재 진보당 사무실에서 당원 안경득으로부터 창당 추진 공작의 활동원 수첩이라는 인쇄물을 접수하고,

(4) 동년 4월 5·15정부통령선거에 진보당 선거대책위원회 조직부 위원에 취임 동당 사무실 내에서 선거에 관한 벽보 선전문 등 발송 임무를 담당하고

(5) 동년 6월 동당 사무실내에서 조직부 특수책인 최희규로부터 당 조직부 특수조직사업 계획을 접수하고

(6) 동년 12월 2일경 진보당 창당 이후 조직 확대책으로 당 조직계획서를 기안 작성하여 이를 조직간사 이명하에게 당 사무실에서 보고하고

(7) 4290(1957)년 4월 당 지시에 의하여 조봉암 가에서 지방당 조직에 관한 준칙(準則)을 당헌에 의거, 기안, 작성, 조직간사 이명하에게 보고, 상무위원회에 회부 통과케 하고

(8) 동년 6월 동 조봉암 가(家)에서 특수당원 포섭에 관한 조직 준칙으로서, 특수별당부(特殊別党部) 조직준칙을 작성, 이를 조직간사 이명하에게 보고하고,

(9) 동년 7월 동가에서 입당자에 대한 성분(性分) 등을 사전 파악키 위한 기초 심사 자료로서 찰인요도(察人要圖)와 당원 신상조사서 등을 기안하여, 동년 10월 주영숙으로 하여금 이를 정서, 보관케 하고,

(10) 동년 5월경 정태영(일명 동화)과 접선, 동인으로 사회주의 경제 이념과 유물사관적 이론에 입각한 「실천적 제 문제」라는 원고를 수취, 차를 조봉암에게 수교하고 갱(更)히 동인을 비밀당원으로 추재(推載)함과 동시에 서울시당 상무위원으로 취임케 하고,

(11) 4290(1957)년 9월 28일 오후 2시경 시내 중구 장충단공원에서 정태영 및 비밀당원 황명수, 동 손석규, 동 박윤수 등과 회합하여 동당의 목적사항을 실천키 위하여 비밀결사조직을 기도하고,

㉮ 지하비밀당을 전국적으로 조직할 것

㉯ 유사시에 수단 방법을 불허하는 실천적 행동대 발동을 할 것

㉰ 정치의식의 배양을 위하여 매주 토요일 오후 2시 조봉암가에서 밀회토론회(密會討論會)를 정기적으로 개최할 것

㉱ 지하비밀당의 영도를 위하여 비밀 중앙 7인 써클을 구성할 것

㉲ 진보당에 대한 외부의 탄압을 비밀 조직에서 대비하는 동시 비합적으로 미연 방지할 것

㉳ 동 비밀조직은 당의 핵심적 지주역할을 담당할 것 등을 토의 결정하고

(12) 동년 10월경 조봉암 가에서 정태영, 황명수, 손석규, 박윤수, 김태문, 박희영, 주영숙과 교양법칙 등을 작성 연구할 것을 토의하고,

(13) 동년 10월 9일 오후 2시경 역시 조봉암 가(家)에서 전기 8명이 밀회하고, 피고인은 진보당 선전문과 당 취지문을 낭독하여 당이 계급적 혁명 정당임을 인식시키는 동시 정태영은 국제정세보고에서 소련의 인공위성 발사 성공은 소련 사회체제의 우위성에 기인한 것이며, 동 인공위원 발사 성공으로 인하여 전쟁은 불가능하며 필연적으로 소련의 사회제도에 의한 평화적인 한국통일을 하여야 한다고 강조하여 선동 선전을 하는 동시에, 동석에서 전기 써클의 부서를 세포책 전세룡, 부책 정태영 등을 선출 결의하고, 또한 동 써클 전국적인 조직체로서 7인 써클 전국위원장 전세룡, 부위원장 정태영, 서울지구책 전세룡, 충북지구책 박희영, 충남지구책 박윤수, 전북

지구책 정태영, 경북지구책 손석규, 경남지구책 주영숙, 전남지구책 박광원(朴廣遠), 함북지구책 박대실(朴大實), 함남지구책 김용성(金龍星), 특수지구책 황명수 동 김태문 등을 각 선출 결의하고,

(14) 동년 10월 하순경 전기 조봉암 가(家)에서 7인 써클을 조직 추진에 있어 진보당 핵심체로서 명심하여야 할 교양자료로서 30항목에 긍한 수신요강(修身要綱)을 작성 초안하여, 이를 전기 7인 써클 당원 각자에 침투시키기 위하여 전기 주영숙으로 하여금 정서하여 이를 보존케 하고,

(15) 동년 11월경 전기 조봉암 가(家)에서 전기 8명이 밀회하고, 정태영으로부터 자본주의는 필연적으로 사회주의 제도로 이행하고 공산주의는 폭력혁명에 의하여 달성된다는 등 교양을 수함으로서 진보당은 폭력혁명을 부정하고 의회를 통한 평화적 방식의 혁명을 기하려 한다고 강조하고,

(16) 동년 11월 진보당 사무실에서 정태영과 회합하고 근로대중들이 처해 있는 생활상을 기고 게재할 수 있게끔 『중앙정치』에 피해대중란을 설치하고, 기고자에게 『중앙정치』를 일일이 배본하여서 당세 확장을 기하자는 내용을 조봉암에게 건의 실천토록 하자는 등을 밀약하고,

(17) 동년 9월경부터 과거 동향 친분관계가 있는 김명국(金明國), 방관득(方官得), 김덕환(金德煥), 박장동(朴長東), 문재각(文在玨), 김용성, 박대실, 조남기(曺南基), 박광원 등을 전기 비밀 써클의 포섭대상으로 선출 기도하다 함에 있다.

그러나 서상(敍上) 설시와 여히 피고인 등의 소위는 죄가 된다할 수 없는 것임으로 〈형사소송법〉 제325조에 의하여 피고인 등에 대하여 무죄를 선고하기로 한다.

본건 공소사실 중

1. 피고인 조봉암은

(1) 4289(1956)년 5월 6일 서울특별시 중구 양동 소재 가칭 진보당추진위원회 사무실에서 북한 괴집의 김일성으로부터 남파된 간첩 박정호와 밀회하여, 피고인이 영도하는 동당의 평화통일의 구체적 방안이 동 괴집의 주장과 동일함을 상통하고

(2) 동년 6월 초순 동당에 대한 동 괴집의 동태와 동 괴집과의 야합방법을 검토

하기 위하여, 성명 미상자(당 37세가량)를 밀사로 동 괴집 산하 조국통일투쟁위원회 김약수에게 파견하여, 동 밀사로 하여금 북로당 연락부 박 모 지도원에게 남한의 제반 정치정세와 진보당의 평화통일방안을 설명하여써 북로당에 영합되어 앞으로 대한민국을 전복하기 위하여 동 괴집과 진보당이 결합한 후, 동 박 모로부터 동일한 내용의 평화통일을 강조하라는 지령과 약 1개월 반 동안 평양 소재 아지트에서의 밀봉교육을 받고 동년 7월 20일경 동 박 모의 안내로 서부지대 휴전선 첩보선 루트로 월남하여, 즉시 피고인에게 그 지를 전달하게 하여써 간첩행위를 감행하는 동시에 동 괴집의 지령하는 사항을 협의 내지 실천하고

2. 동 조봉암, 동 윤길중 등은, 동 4290(1957)년 8월 12일 서울특별시 성북구 돈암동 소재 신흥사 승려 송백선 가(家)에서 상(相) 피고인 조규택과 함께 조총(朝總)[238] 병고현(兵庫縣) 조직부장 겸 공산주의 집단체인 소위 민주크럽[239] 병고본부(兵庫本部) 지도책 전쾌수(田快秀)로부터, 진보당에 가입하여 평화통일의 선전을 촉진하라는 지령을 받고 잠입한 조총 병고현 이단시(伊丹市) 지부장인 간첩 정우갑과 밀회하여, 그 정(情)을 알면서 동인으로부터 재일교포는 약 60만 명이며 그중 2할은 우익진영이고 잔여 8할은 공산좌익계인 조총 회원인데, 재일교포의 대다수는 북한 괴집이 선전하는 평화통일을 염원하고 있으며 자기는 재일(在日) 시 동 조봉암의 위대한 존재를 인식하였고, 재일조총에서 공적으로 파견되었으며 30년간 볼세비크 노선에서 살어왔고, 진보당에 대하여 중대한 관심을 가지고 있으며 진보당에서 조국의 평화통일을 정강으로 한 것은 위대하며, 앞으로 진보당의 노선을 지지하여 입당하겠으니 잘 지도해달라는 요청을 받고, 차(此)를 응낙한 후 동년 8월 22일 동시 종로구 소재 동당 중앙당사무실에서 동인을 만나 동인에게 동당의 입당을 종용하는 동시에, 동 윤길중이 동당의 선언, 강령정책, 규약 등 인쇄물 1책을 교부하여 동인의 간첩행위의 수행을 도움으로써 차를 방조하다는 각

238) 1955년 설립된 재일본조선인총연합회(在日本朝鮮人總聯合會)를 가리키며 약칭 조선총련, 조총련, 총련 등으로 불리는 재일조선인 단체이다.

239) '민주클럽'을 말한다.

공소사실은 안(按)컨대

동 일(一) (1) 공소사실에 대하여 차에 일부 부합하는 듯하는 접수부(서울지검 4291(1958)년 압 제146호의 증제10호의 1)의 기재가 있고

동 일(一)의 (2) 공소사실에 대하여는 검사의 증인 조복재에 대한 진술조서 중 차에 부합하는 듯하는 진술기재가 있고,

동 이(二) 공소사실에 대하여는 조봉암, 동 윤길중 등이 동 정우갑이가 조총에서 파견한 간첩이라는 점, 동인에 대한 지도를 승낙하였다는 점 및 간첩행위 방조에 대한 범의의 점을 제외한 이여(爾餘)의 사실을 시인하는 바이나

동 일(一) (1) 공소사실에 대하여는 동 조봉암이가 종시일관하여 자기는 당시 신변이 위험하여 은신하였음으로, 동 사무실에 있은 바도 없다는 지로써 차를 부인하고, 증인 박정호는 원심 공판정에서 자기는 일정(日政) 시 마포형무소에서 복역할 시부터 아는 최익환이가 진보당의 간부로 있는 줄 알고 그날 동인을 만나려 동 사무실에 간 바 있으나 동 조봉암을 만난 바 없고, 또 동인을 알지도 못한다고 진술하였음으로 전시 접수부의 기재만으로써 동 공소사실을 인정할 수 없고

동 일(一) (2)공소사실에 대하여는, 동 조봉암이가 종시일관하여 차를 부인할 뿐 아니라 전시 증인 조복재의 진술기재는 동인이 4289(1956)년 6월경 평양 소재 아지트에서 대남공작에 관한 밀봉교육을 받을 시 동 박 모 지도원으로부터 동 공소사실의 취지를 들었다는 지이며 여차(如此)한 전문(傳聞) 증언의 기재만으로써 동 공소사실을 인정하기 난(難)하고,

동 이(二) 공소사실에 대하여는 동 조봉암, 동 윤길중 등이 동 정우갑이가 조총에서 파견한 첩자라는 점. 동 정우갑의 지도를 승낙하였다는 점 및 간첩 방조의 범의를 부인할 뿐 아니라, 동 정우갑은 원심 공판정에서 조총의 간첩임을 부인하고, 또 동 증언과 원심법원이 압수한 판결문 사본(증 제59호)의 기재에 의하면, 동인은 재일조총 병고현 이단시지부 위원장으로 있다가 4290(1957)년 7월 귀국하여, 동 이(二) 공소사실 적시 본건 피고인과 회담하였다는 지, 〈국가보안법〉 위반 사건으로 인하여 유죄의 판결을 받었을 뿐이며 타에 동 각 공소사실을 인정함에 족(足)한 증거가 없음으로 결국 동 각 공소사실은 범죄의 증명이 없음에 귀착함으로 〈형사소송법〉 제325조를 적용하여 무죄를 선고하기로 한다.

자(玆)에 주문과 같이 판결한다.

4292(1959)년 2월 27일

대법원 형사부

재판장 대법관 김세완(金咁玩)

대법관 김갑수(金甲洙)

대법관 허 진(許 瑨)

대법관 백한성(白漢成)

대법관 변옥주(卞沃柱)

우(右) 등본(謄本) 야(也)

동일 어(於) 동원(同院)

대법원 형사부

서기 한탁수(韓鐸洙)

집행계(執行係)

조봉암 3010

박기출 3011

김달호 3012

윤길중 3013

조규택 3014

조규희 3015

신창균 3016

김기철 3017

김병휘 3018

이동화 3019

정태영 3026

이명하 3020

최희규 3021

안경득 3022

박준길 3023

권대복 3024

전세룡 3025

김정학 3008

이상두 3027

양이섭 3028

이병현(李秉賢) 3029

[출전 : 44권 211~1158쪽]

33 재심청구서 1959년 5월 5일

재심청구서

서울형무소 수감 중
재심청구인 조봉암
우(右) 대리인 변호사
동 신태악
동 윤길중
동 김달호

우자(右者)에 대한 귀원(貴院) 4291(1958)년 형상 제559호 간첩 등 피고사건에 관하여 4292(1959)년 2월 27일 귀원에서 언도한 확정 판결에 대하여 여좌(如左)히 재심을 청구하나이다.

재심청구의 취지

〈형사소송법〉 제435조의 규정에 의하여 재심 개시 결정을 하고 다시 심판하여 주시기 바라나이다.

재심청구의 사유

제1점

1. 원판결은 청구인에 대한 공소의 기초가 된 수사에 관여한 사법경찰관이 그

직무에 관한 죄를 범한 토대 위에서 유죄의 판결을 내렸음으로, 〈형사소송법〉 제420조 제7호의 해당 사유가 있고 동법(同法) 제422조의 취지에 적응하는 입증이 있다. 즉, 청구인에 대한 간첩 및 〈국가보안법〉 제1조와 제3조에 해당하는 원심 판시(判示) 사실은 주로 원심 상(相) 피고인 양이섭이가 특무대 수사관 고영섭에게 자백한 것이 기초가 되고, 이 자백이 검찰관 신문조서와 제1심 공판정에서 유지되어온 것인 바, 본 건을 조사하고 수사한 고영섭은 제2심 공판정에서 증인신문을 받을 때에 상(相) 피고인 양이섭을 1개월이나(4291(1958)년 2월 8일부터 3월 8일까지) 하등 법적 절차를 밟지 않고 불법 감금하였다는 사실과 동 피고인의 조서는 방안지의 진술한 날짜를 기준으로 추후 작성함으로써 동 피고인의 자진 진술과는 변조되었다는 사실. 또 동년 3월 8일자 구속영장에는 동 피고인을 제10 헌병중대 영창에 구치하였다고 기재되어 있으나, 동 피고인이 송청될 때까지 영창에 들어간 사실이 없으므로 일건(一件) 조서가 동 수사관의 임의로 부실 기재되었다는 사실이 판명되었다(기록 5836~5851정 고영섭 증언). 이와 같이 본건 공소의 기초된 수사에 관여한 사법경찰관(특무대 고영섭은 그 직무를 수행하였음)이 자기 스스로의 증언으로서 본건 수사에 있어 법관의 적법한 구속영장 없이 상(相) 피고인 양이섭을 1개월간 불법 감금한 것은 분명히 〈형법〉 제124조에 규정하는 "재판, 검찰, 경찰, 기타 인신 구속에 관한 직무를 행하는 자 또는 이를 보조하는 자가 직권을 남용하여 사람을 체포 또는 감금한 죄"에 해당하며 공문서의 부실 기재 즉, 영창에 구치한 사실이 없이 구치하였다고 허위조서를 작성하고 조서 작성의 일자 등이 전후 저어(齟齬)가 된 것은 모두 직무에 관한 죄를 구성할 것이다.

위와 같은 사실은 제2심 공판정에서 상(相) 피고인 양이섭이가 특무대에서 고문, 회유, 기망, 협박을 당한 사실과 동인(同人)의 소위 자백과 조서가 전혀 특무대에서 일방적으로 작성되었다는 주장을 논외로 하고라도 본 건을 담당하여 경찰관의 직무를 대리 수행한 고영섭 조사관 자신의 증언 내용에 의하여 명백한 것이니 이것이 이른바 〈형사소송법〉 제420조 재심 사유 제7호의 공소의 기초된 수사에 관여한 경찰관이 그 직무에 관한 죄를 범한 것에 해당하는 것이라고 아니할 수 없다.

2. 논자는 말하기를 동조(同條) 제7호의 재심 사유는 그 직무에 관한 죄를 범한 것이 확정 판결에 의하여 증명될 때라고 하였으니, 청구인의 주장대로 전기 고영섭 조사관이 직무에 관한 죄를 범한 것은 사실일지라도 독직죄가 확정 판결에 의하여 증명되지 아니한 현 단계임으로 재심 사유가 될 수 없다 할지 모르나, 동법 제422조에는 본건과 같은 경우를 상정하여 규정하기를 "전(前) 2조의 규정에 의하여 확정 판결로서 범죄가 증명됨을 재심청구의 이유로 할 경우에 그 확정 판결을 받을 수 없는 때에는 그 사실을 증명하여 재심의 청구를 할 수 있다"라고 하여, 그 구제(救濟)의 길을 열어 놓은 바, 본건 입건 경위에서 보는 바와 같이 수사기능과 전(全) 행정력을 동원하여 전연 증거가 없는 억지 사실을 이것저것 기소하여, 당초의 기소된 사실은 이미 원판결에서 모두 무죄가 된 것을 고려하고, 기소 전 공표 금지의 형법 규정을 무시하고, 된 일 안된 일을 억지춘향으로 공표하는 등의 당국의 처사를 아울러 추찰하면, 공판정에서 공공연히 불법 감금의 사실과 부실 기재의 사실을 자인하였음에도 불구하고 동 조사관을 표창할지언정 입건 처단하지 않은 실정을 알 수 있다. 따라서 불고불리의 원칙상 지금의 당국의 방침으로는 공무원의 직무에 관한 전기 범죄에 대하여 확정 판결에 의한 증명을 구할 수 없게 되었으므로, 이것은 전기 조문의 확정 판결을 얻을 수 없는 경우에 해당한다. 따라서 청구인은 확정 판결에 의한 증명에 대(代)할 수 있는 제2심 공판정에서 증언한 고영섭 조사관의 증언을 그 직무에 관한 죄의 자인서로서 제출하는 바이다(기록 5836~5851정).

3. 혹은 말하기를 경찰관이 직무에 관한 죄를 범하였다 할지라도 원심 판결에서 유죄의 증거로 채택한 것이 그 경찰관의 조서에 있지 아니하고 검사의 신문조서와 제1심 공판정에서의 상(相) 피고인 양이섭의 자백과 기타 원판결 증거 이유에서 채택한 증거에 의한 것임으로 수사관의 직무에 관한 죄만으로 재심청구를 할 실질적 이유가 없다고 항변할지 모르나, 이 점이야말로 원판결이 중대한 사실의 오인을 하게 된 연유 그것이며 〈형사소송법〉에 경찰관의 직무에 관한 유죄의 확정 판결이 있으면 무조건 독립한 재심 사유로 인정한 입법 취지를 몰이해함도 심한 것이라 하겠다. 무릇 현대의 민주적 형사제도에 있어서는 개인에 대한 인권 보장과 사회 안정에 관한 국가 보장 기능을 조화하기 위하여 범죄의 수사, 공소,

재판의 과정에 있어서 규문주의를 지양하였을 뿐만 아니라 그 어느 과정에서나 고문, 협박, 회유, 기망, 기타 부당한 장기 구류(拘留)에 의한 자백 또는 진술은 그 증거력을 부인하고 있는 것이다. 우리 〈형사소송법〉 제420조 제7호에서 심판에 관여한 법관의 독직죄뿐만 아니라 공소의 제기 또는 그 공소의 기초된 수사에 관여한 검사나 경찰관이 그 직무에 관한 죄를 범하여 확정 판결에 의하여 증명이 될 때에는, 그 수사 또는 공소에 필요한 조서 기타가 유죄의 근거가 되었느냐 않았느냐를 불문하고, 단지 불법한 수사 또는 공소에 관여한 공무원의 범죄만으로 그 사건 자체의 신빙성이 희박함으로 무조건 재심 사유로 인정한 것이며, 이것은 상술한 규문주의를 배격하는 민주형사제도의 기본 이념에서 유래되는 것이라 하겠다. 〈형사소송법〉 제312조 단항에서 "단, 검사 이외의 수사기관에서 작성한 피의자의 신문조서는 그 피의자였던 피고인 또는 변호인이 공판정에서 그 내용을 인정할 때에 한하여 증거로 할 수 있다"라고 하여 경찰관의 신문조서에 대한 증거력을 제한하였음에도 불구하고, 수사에 관여한 경찰관의 직무에 관한 범죄의 확정 증명만 있으면 무조건 재심 사유로 한 이유는 과연 무엇인가. 즉, 경찰관의 신문조서가 하등 유죄 판결의 증거 재료가 되지 않았을 경우에도 수사에 관여한 자의 직권남용죄로 인하여 그 사건 자체를 의당 재심판하여야 한다는 것은 무슨 이유일까. 이것은 수사 과정에 있어서의 피의자에 대한 불법 감금, 고문, 협박, 기망, 기타 부당한 장기간의 구속 등의 공무원의 범법행위는 비록 피고인이 공판정에서 임의로운 자백이나 공술이 있었다 할지라도 수사 과정에 있어서의 이러한 불법행위로 인하여 피고인이 공판정에 나갔을 때에도 그 심리적 영향이 미치는 것을 전제로 하고 재판의 공정을 실 할 공산이 큰 것을 우려하기 때문이다. 다시 말하면 불법 감금, 고문 등 공무원의 직무에 관한 범죄자의 토대 위에서 수사, 조사된 사건은 그 공소 사실의 진부에 관계없이 재심 사유까지 되고 있는 것을 고려한다면 원판결은 이 점에 대한 법리를 몰이해하고 제1심에서의 상(相) 피고인 양이섭의 자백을 신빙하려고 급급하는 나머지 그 증거 이유에 있어서도 허다한 부조리와 모순을 범하고 있다. 즉,

4. 원판결은 그 판시 이유에서[판결 등본 867~870정], "피고인 양이섭은 제2심 공판정에서 검찰 및 제1심 공판정에서의 종전의 진술을 번복하고, 전기 괴뢰집단

과 조봉암과의 관계 및 전기 자금의 출처 관계를 부인하고 종전의 자백이 협박, 회유, 유도, 기망에 인한 허위자백이라고 변소하고 있으나, 피고인이 주장하는 협박, 회유, 기타는 1건 기록에 의하면 극히 경미한 것으로서, 동 피고인의 판시경력에 비추어 동 피고인이 그만한 정도의 협박, 회유 등에 이기지 못하고 본건과 여한 중대한 범죄에 대하여 허위자백하였다고는 인정키 난(難)할 뿐 아니라, 피고인 조봉암이 본건으로 인하여 서울형무소 미결감에 재감할 시 계호간수인 제1심 상(相) 피고인 임신환을 개(介)하여 인방에 재감 중인 상 피고인 양이섭에게 전하려 하던 비밀쪽지(증 제4호)를 보면, '김 사장(양이섭을 말함)보시요. 나와 관계는 단순히 개인적으로 능력있는 대로 도와주었을 뿐이고 김이 이북 왕래한 사실은 모른다. 무슨 거래 쪽지 운운한 것은 모두 거짓이다. 만년필도 한 개다, 특무대에서 고문에 못이기어서 한 말을 깨끗이 부인하시요. 당신의 말 한마디 나와 우리 진보당 만여 명 동지들의 정치적 생명에 관계가 되오. 결사적으로 부인하시오. 그것이 당신의 의무이기도 합니다. 변소에서 처치하시오'라고 되어있는바, 이 비밀쪽지에 의하더라도 피고인 조봉암, 동 양이섭의 관계는 무론이요. 동 조봉암과 괴뢰집단과의 판시, 밀통, 야합 관계를 충분히 추측할 수 있는바, 서상(叙上) 각 사실을 종합하면, 피고인 조봉암이 당초 진보당의 결당을 착상한 당시는 여하간 해(該) 결당의 추진 도중에 있어서, 북한 괴뢰집단의 지령을 받고 괴뢰와 합작하여 평화통일의 구호아래 대한민국을 변란할 목적으로 진보당을 구성하여 수괴인 동당 중앙당 위원장에 취임한 사실을 충분히 인정할 수 있다. 물론 정당이나 단체는 인적 결합임으로 피고인 조봉암 1명만으로 정당이 조직될 수 있는 것이 아니요. 조봉암 개인의 내심의 의도가 바로 조직된 정당의 성격을 결정하는 것은 아니라 할 것이나, 본건 진보당은 피고인 조봉암이 주동 발의하여 추진 결당된 것이며 해(該) 결당 목적이 괴뢰집단과 밀통 야합하여 그 지령하에 대한민국을 변란하려 함에 있음이 명백한 이상, 정(情)을 모르고 해(該) 결당에 참가한 자는 논외이나, 피고인 조봉암은 국헌을 위배하여 정부를 참칭하는 괴뢰집단에 부수하여 국가를 변란할 목적으로 결사를 구성한 죄책을 면할 수 없고, 동 피고인에 의하여 조직된 진보당 역시 자체의 성격의 위법여부에 불구하고 불법단체임을 면할 수 없다할 것임으로 운운"하고 논시(論示)하였으나,

첫째 상(相) 피고인 양이섭이가 제2심 공판정에서 종전의 진술을 번복하고, 종전의 자백이 협박, 회유, 유도, 기망에 의한 점이란 변소를, 동 피고인의 경력 등에 비추어 그만한 정도의 협박, 회유 등에 이기지 못하였다고 인정하기 어렵다고, 간단히 처리하여 버린 것은 〈형사소송법〉 제309조 의제 자백의 증거력 및 전기 재심사유 등의 규정이 유래한 민주적 형사법리를 몰이해한 것이라 아니 할 수 없다. 도대체 특무대에서 법관의 영장도 없이 1개월을 불법감금을 한 후에 이루어진 자백이였다는 사실, 또 특무대에서 유서를 쓰고 자살을 기도하였다는 사실, 그리고 본건 기소까지의 단계에서 수사 검찰의 살기등등한 분위기 조성 사실 등을 전연 고려조차 함이 없이, 그저 양이섭의 경력과 본건과 같은 중대한 사실에 그만한 정도에서 허위자백을 할 수 있겠느냐고 하는 것은 본말을 전도함이 심(甚)한 것이다. 위에서도 지적한 바와 같이 다른 고문 사실을 논외로 하고라도, 불법감금의 토대 위에서 구축된 조사는 재심사유까지 된다는 점을 상도하면, 어찌하여 특무대에서의 자백이나 그 공포적 심리의 연장인 제1심에서의 상(相) 피고인 양이섭의 자백을 신빙할 수 있을 것인가, 더구나 자백에 대한 증거력은 전기 각 법조에서 제한하였을 뿐 아니라, 자백에 대한 신빙성은 당해 재판을 수행하는 재판관의 면전에서 행할 때에 피고인의 언어, 동작, 표정, 기타 그 분위기를 목격하고 심판하는 법관만이 그에 대한 자유심증을 얻을 수 있다는 것은, 이론상으로나 일본 대심원 등의 판례에 비추어 당연하다. 더구나 제1심에서의 본건 상(相) 피고인 양이섭의 자백은 자진 공술된 것이 아니고, 법관이 특무대 및 검찰조서를 낭독할 때에 그저 묵인하는 형태로 수행되었으며, 따라서 제1심 판결에서 법조 적용과 양형 등이 이러한 점에 대한 신빙력에 많이 참작되었을 것임에도 불구하고, 오히려 자백을 받지 않이한 제2심과 상고심인 원심에서 만연히 자백의 신빙성을 과대히 단정한 것은, 자백 판정의 자유심증주의 원리 자체에 위배되는 것이라 하겠다.

둘째로 이 자백의 신빙성을 과시하는 나머지 원판결은 제1심의 상(相) 피고인 임신환이가 청구인의 쪽지를 상(相) 피고인 양이섭에게 전달하였다는 문구내용을 그 문구내용과 상위(相違)되는 해석을 부가하여 전기 자백의 보강증거로 한 것은, 자백에 대한 신빙력의 기본 출발점의 착오를, 일단 더 비약하여 견강부회한 것이라 아니 할 수 없다. 판시 쪽지내용은 적어도 이성을 잃지 않고 본다면 그 어느 구절이 이북괴뢰의 지령을 받었다고 규정할 자료가 되며, 그와 야합 부수하였다는 입증이 될 수 있는 것인가. 그것은 오히려 고문에 못 이기여 억울한 범죄사실을 날조했으니 진실대로 말하라는 의미 이상의 것이 아님은 그 문리(文理)상 자명한 것이며 청구인의 결백과 무고함을 입증할 수 있는 자료로 될 수는 있을 것이다.

제2점

원판결은 상(相) 피고인 양이섭에 대한 상고를 기각함으로써 제2심에서 인정한 공소사실을 시인하였으나 동인에 대한 판시 사실 (1) 내지 (11)은 모다 동인의 특무대에서의 허위자백(〈형사소송법〉 제309조에 소위 의제자백)에 연유된 것인바, 동 판시 사실에는 동인이 전후 12차에 걸쳐 제3차에는 미군 첩보기관원으로 후 9차에는 우리 국군 HID 첩자로서 남북교역을 하고 동 교역 시에 이북으로부터 물자의 기증 또는 교역상품이 수원(受援)되었다는 사실이 판시되고 그것이 청구인에게 간첩공작금으로 교부된 자금의 원천인 것 같이 판시하였으나 과연 그렇다면 판시 사실에 부합하는 교역물품이 있어야 할 것인바, 변호인 등 조사 확인한 바에 의하면,

(가) 상(相) 피고인 양이섭의 귀환보고서 중에는 중공군 이동상황에 관한 정보를 위시하여 각종 군사상 중요정보를 다수 수집 제출한 기록이 수록되어 있음에 반하여 적에게 유리한 정보를 제공한 사실은 전연 없다.

(나) 또한 상(相) 피고인 양이섭이가 남북교역 시에 반출한 물품목록과(육군 HID 작성) 반입한 물품목록(괴집 삼육공사 작성) 및 반입물품 처분명세서와 동 처분대금에 대한 명세(明細)한 증빙서류가 인천 육군 HID에 현존하여 있는바 그 내용에 의하면 원판결에서 인정한 사실과 전연 상치된다. 이것은 〈형사소송법〉 제420조 제5호에 해당하는 재심사유로서 즉 동조(同條)에서 규정하는 “유죄의 선고를 받은 자에 대하여 무죄 또는 면소를, 형의 선고를 받은 자에 대하여 형의 면제 또는 원판결이 인정하는 죄보다 경(輕)한 죄를 인정할 명백한 증거가 발견된 때”에 해당한다. 그러므로 청구인은 상(相) 피고인 양이섭이가 인천에 소재하는 우리 국군의 첩보기

관인 HID에 제출한 귀환보고서와 괴집의 삼육공사 물품목록과 육군 HID 물품목록 및 반입물품 처분명세서와 처분대금에 대한 상세한 증빙서류를 새로운 명백한 반증자료로서 제출한 바이나 전기 각종 문서는 개인의 입장으로서는 제출하기 난(難)함으로 귀원(貴院)의 재심결정과 더부러 그 제출을 요구하는 바이다.

제3점

원판결은 청구인을 대리하는 상고심의 변호인 신태악의 상고이유 제1점 즉 공소의 수리절차가 법령에 위배하였다는 주장에 대하여, 그 판시에서 하등의 언급조차 없을 뿐 아니라 확실히 동 주장은 이유 있음에도 불구하고 이 점을 간과 내지 묵살하였음은 위법이라 아니 할 수 없다. 즉 청구인 등에 대한 본건 공소는 4291(1958)년 2월 8일자 동년 2월 17일자 동년 4월 7일자(접수는 4월 8일 기록 3958장) 및 동년 6월 13일자(기록 819장)을 각각 4차에 긍(亘)하여 공소장이 제출되었고, 우 2월 8일자의 제1차 공소장 이외는 추가공소의 형식으로 공소된 것이나 여사한 추가공소는 〈형사소송법〉 제298조의 규정에 의하여 공소사실의 동일성을 해하지 아니하는 한도에서 법원의 허가를 얻어야 함에도 불구하고, 전기 추가공소 중 6월 13일자 공소장(기록 4819장)이외에는 법원의 허가를 얻은 사실상 및 기록상에 합법적 절차가 결여되었을 뿐 아니라 원판결에서 유죄로 한 4월 7일자 공소는 (간첩 양이섭사건) 청구인에 대한 2월 17일자 공소사실 1, 2, 3 간첩 및 간첩방조의 혐의사실과는 전연 별건임으로 피의죄명이 동일할 뿐 양개(兩個)사건은 하등 동일성이 없음으로 추가공소에서 허가될 성질의 것이 아님에도 불구하고, 하등의 허가절차와 동일성에 대한 합리적 근거도 없이 공전된 공소를 적법한 공소가 법원에 계속된 것 같이 암암리에 인정하여 덮어놓고 유죄와 판결을 한 것은 불고불리의 대원칙에 위배하는 것으로, 이것은 형식적인 판결이 있었다고 할지라도 실질적 의미의 판결은 있었다고 할 수 없는 것이다. 이러한 입장에서 이를 보면 원판결은 당연 무효인 판결이라고 아니 할 수 없다. 〈형사소송법〉 제420조 각 항에 열거한 지엽적인 사유도 재심사유가 되거니와, 황차(況且) 당연 무효인 사실이 유죄판결로 인정되었다면 이 점이 바로 재심사유가 될 것이다.

제4점 원판결은 서상(敍上) 제1점 내지 제3점의 재심사유가 되는 근원적 불합리한 토대 위에서 이루어졌음으로, 아래에 지적하는 바와 같은 위법과 모순당착 및 심리미진의 불비가 있다.

1. 원판결은 〈형법〉 제98조의 법리를 오해하고 간첩의 개념을 기상천외로 광대한 위법이 있다. 〈형법〉 제98조에 의하면 적국을 위하여 간첩하거나 적국의 간첩을 방조한 자를 처벌하게 되어있다. 그러면 간첩이란 무엇인가 그것은 군사상의 기밀을 탐지 수집하는 자를 말하는 것임은 동조 제2항의 관계로 보아 정당한 해석이라 하겠다. 특히 동법 제99조가 전(前) 7조에 기재한 이외에 군사상의 이익을 해하거나 적국에 군사상 이익을 공여한 자의 처벌을 규정하고, 동조 소정의 전동조 중에는 전기(前記) 98조가 포함되어 있음으로 소위 간첩죄가 군사상의 기밀에 관한 것임은 명백한 바가 있다. 변호인 등은 대법원 판례가 종전의 판례에서도 상술한 바와 같은 법리에서 간첩죄를 규정하고 있는 점을 양지하고 있을 뿐 아니라, 오늘과 같은 총력전 시대에 있어서 군사상이란 용어도 직접군사관계가 아닐지라도 경제 문화 정치에 대한 기밀수집의 상당 인과관계의 관점에서 군사상 기밀로 추단될 수 있는 데까지 확대해석 하여온 종전의 대법원의 입장을 이해한다. 또 기밀이란 개념이 반드시 극비에 속하는 국가기밀 만에 한정될 수 없다는 견해에도 수긍할 수 있다. 그러나 그렇다고 하여 상당인과관계의 범주와 사회적 양식을 떠나서 우주삼라만상의 연관성을 말하는 듯이, 일체의 정치 경제 문화 현상 내지 공지(公知) 또는 비밀성 보지의 필요성 여부에 관계없이 간첩개념을 확대해석하는 것은, 상기 대법원이 종전의 입장에도 위배되는 것이며 물론 〈형법〉 제98조에도 배치되는 것이다. 과연 그렇다면 본건 판시 사실은 그 판시 사실대로 인정한다하더라도 청구인이 소위 간첩행위를 하였다는 사실은 진보당의 공개된 정강정책 기타 간부 등의 유인(油印) 명단을 상 피고인 양이섭에게 교부하였다는 것뿐인 바, 진보당의 정강정책 책자나 명단이 어찌하여 대한민국의 군사상의 기밀로까지 확대될 수 있을 것인가. 혹자가 주장하는 바와 같이 직접 군사관계가 아닐지라도 인구의 조사 등이 간접적으로 군사상 기밀과 연관될 수 있다는 예 등은, 사회양식에 의한 상당 인과관계론의 입장에서 이해할 수 있으나, 우주현상의 관련성을 주장하는 철학을 논하지 않은 이상, 어찌 진보당의 당헌 정책 등 공개된 소책자 등을 일반적으로 교부한 것이 대한민국의 군사적 기밀을 제공

한 것으로까지 비약 판단될 수 있을 것인가. 더욱이 전기 책자에는 공산독재를 배격하고 괴뢰집단의 책임을 규탄하는 구구절절이 실려있음에도 불구하고, 이러한 취지의 서책이 어찌하여 이적간첩의 재료가 될 것인가. 인간의 양식으로 이해할 수 없는 일이라 아니할 수 없다.

2. 원판결은 청구인이 공소사실을 시종일관 부인한 사실을 인정하면서 상(相) 피고인 양이섭의 특무대 및 검찰 제1심 공판정에서의 자백 또는 묵인만을 인정하고, 또 이 자백에 대한 보강증거로 청구인의 소위 쪽지사건과 제1심 공판에서 이정자, 엄숙진 등의 증언을 열거하여 공소사실을 인정함에 충분하다고 하였으나 상기한 바와 같이 청구인의 쪽지사건의 문구내용은 오히려 청구인의 결백을 입증할 자료는 될지언정 유죄의 방증으로 될 수 없으며, 더욱이 HID 기관원인 엄숙진의 증언은 상(相) 피고인 양이섭이가 HID의 엄격한 감시하에서 우리나라 첩자로서 남북교역을 하였고, 또 교역시의 물품 기타 금전의 수수관계는 HID에서 모를 수 없는 일이라 하였으며, 따라서 양 피고인도 엄중한 규율하에서 우리 민국의 첩자였다는 것을 입증하는 취지였다(기록 5857정 이면 10행~5859정 이면 9정 이면 8행). 그러므로 엄숙진의 증언은 상(相) 피고인 양이섭이가 대한민국의 첩자라는 증언이 될지언정, 괴뢰의 간첩이였다는 방증이 될 수 없음은 그 증언 취지상 명백할 뿐 아니라 만일 원판결의 논지대로 여사한 방증을 채택할려면 양이섭이가 제출한 귀환보고서 및 물품목록이 기소장과 부합된다는 것이였어야 할 것이다. 그런데 엄숙진의 증언가운데에는 분명히 양이섭이가 이북 교역시마다 귀환보고서와 물품목록을 제출하여왔으며, 그것은 엄중한 감시하에서 행동되기 때문에 허위된 것이 있을 수 없다는 것을 입증한 것이니, 정말 방증으로 하여야 할 물품목록 등의 제출요구 등은 채택되지 아니하고 청구인에게 유리하여야 할 증언 취지를 도리혀 반대로 청구인에 대한 유죄의 방증으로 삼은 것은 논리의 모순도 심한 것이라 하겠다. 또 이정자 등의 증언은 딸라를 교환하여 주었다는 시중 보로커의 역할을 한 것에 불과한 것임에도 불구하고, 그것이 어찌하여 딸라가 괴집에서 나왔다거나 간첩자금이 된다는 방증이 될 수 있을 것인가. 원판결은 논리의 비약이 심한 것이다.

3. 원판결은 판시 사실대로 보더라도 청구인과 상(相) 피고인 양이섭 간에 이북 괴집의 자금후원에 관한 합의가 없음에도 불구하고, 사실과 논리적 판단을 떠나서 견강부회하여 그 합의가 있는 것 같이 망단하였다. 이 점에 관한 판시를 보면 "우리 양인(兩人) 사이는 피차 과오가 있더라도 고발할 처지가 아니니 말하겠다고 전제한 다음, 기실(其實)은 자기는 남북교역으로 돈을 벌었는데 북에서 전시 박일영을 만나서 동인으로부터 전(前) 동지(同旨)의 지령을 받았다고 한 즉 동 조봉암은 긴장한 얼굴로 약 30분간 침묵하다가 김(양이섭)이 돈을 버렀다면 개인적으로 후원하여 달라고 하므로써 은연히 차(此)를 수락하고"(원판결문 828~829정)라고 되어있고, 기후(其後) 다시 "박일영으로부터 받은 지령의 내용을 전한 바, 동 조봉암은 웃으면서 김(양이섭)이 돈을 벌었다면 개인적으로 원조해 달나는데 왜 딴소리하는가 하므로, 동 양이섭은 동 조봉암이 승낙한 줄 알고"(원 판결문 830정)라고 되어있다. 처음에 '개인적으로 후원하여 달라'고 한 것이 '은연히 수락한 것이고', 다음에 '개인적으로 후원해달라는 데 왜 딴소리 하는가'한 것이 '승낙'한 것이 된다는 말이니, 무슨 논리인지 알 수 없다. 남북교역으로 돈을 버렀다는 양에게 대하여 '돈을 벌었다면 개인적으로 후원해달라'고 하였다면 괴집관계에 대하여는 은연히 수락한 것이 아니라 도리혀 '확연히 거절'한 것이라고 보는 것이 합리할 것이며, '왜 딴소리하는가' 하였다면 '승낙하는 줄 알 것'이 아니라 단연 거절하면서 질책한 것이라고 이해할 것이 당연함에도 불구하고, 원판결은 그릇된 자백을 시인한 위에 그 자백내용까지도 왜곡하여 사실무근의 유죄를 단정하였다.

4. 상(相) 피고인 양이섭은 대한민국 육군 HID 첩자로서 대북 활동한 사실은 1건 기록상 명백함에도 불구하고 원심에서는 하등 근거없이 괴집의 첩자로 판시하였으나, 육군 HID 소속 동 피고인의 담당 책임자 엄숙진의 증언의 취지로 보든지 제1심 공판정에서 변호인 김춘봉의 동 피고인에 대한 보충신문 중 동 피고인을 지칭하며 '이중첩자를 하는 자(者)아' 운운한데 대하여, 입회검사는 동 발언을 반박하며 "군의 대북공작에 있어서의 첩자는 모다 이중첩자인데 대한민국의 첩자로서 훌륭한 업적을 올린 애국자 양 피고인에 대하여 모욕적인 용어를 사용한다면 금후 첩보활동에 지장을 초래할 우려가 있으므로 그 발언을 취소하고 그 발언의 의도를 해명하라"고 재판부에 강경히 요구한 일이 있는 점으로 보든지, 전

기 육군 HID에 보관된 전기 각종 문서의 내용으로 보더라도 양 피고인은 어디까지나 대한민국을 위한 충실한 첩자일지언정 결코 괴집의 첩자로 인정할 근거가 없다. 상(相) 피고인 양이섭을 육군 HID 첩자로 채용하여 대북공작을 함에 있어서 대한민국의 정보를 3 내지 4를 괴뢰에 제공하고, 괴뢰로부터 6 내지 7의 정보를 수집하여 오는 이중간첩으로 사용한 이상, 양의 행동을 우리 법원에서 적의 간첩으로 문책할려며는 위에 반대되는 즉 괴뢰로부터 3 내지 4의 정보를 수집 보고한데 반하여 대한민국의 정보 6 내지 7을 적에게 제공하였다는 사실을 입증하여야만 할 것이다.

5. 원판결은 구 〈국가보안법〉 제1조의 법리를 오해하였을 뿐 아니라 전후가 모순당착 되는 이유불비의 저어(齟齬)가 있다. 즉 〈국가보안법〉 제1조의 구성요건은, 첫째 정부를 참칭한 괴집에 부수하였다는 점. 둘째 국가변란의 목적으로 결사를 하였다는 점의 요건이 규정된 바, 원판결 판시이유에서 명시한 바와 같이 본건 진보당의 정강정책은 제2심의 왜곡된 판시 사실대로 할지라도 헌법에 위배되지 아니할 뿐 아니라, 진보당이 주장하는 평화통일 정책도 언론자유의 한계를 이탈하지 않은 합헌적인 것이라고 하였음에도 불구하고, 동 정강정책을 신봉 주장한 상(相) 피고인 등에 대하여는 전원 무죄를 하면서, 유독 청구인만을 국가변란의 목적행위로 인정하여 유죄를 단정하였을 뿐 아니라, 형사재판의 한계를 이탈하고 논리적 모순을 감행하여 진보당 자체의 불법을 천명하였다. 원판결이 개인과 단체 형사책임과 정치책임의 구별을 시인하는 듯하면서도, 청구인 개인의 범죄가 곧 정당 자체의 불법으로까지 승화할 수 있는 것 같이 논단한 것은 무슨 착각에서일까. 판시이유에서는 이 점에 관한 충분한 해명이 없으나, 혹자는 논하기를 개인의 행동이 단체에 미치는 예로서 살인단체를 음모하고 획책 구성한 것을 열거하였는바 살인단체를 배후에서 조종하고 지휘명령한 자가 비록 살인실천행위에 가담하지 않었드라도 공동정범으로 율하여야 한다는 것은 학자 간에 이론이 없으니 형법 총칙 공범이론에서 도출되는 결론임에는 틀림없다. 그러나 이 경우에 있어서도 살인단체라고 규정지을랴면, 살인행동을 한 것이 나타나야 할 것이며 만일 그 단체가 합법적인 목적만을 수행하는데 배후에 어떤 개인이 살인단체로 활용할 음모기도를 하였다고 하면 그것이 미연에 발각되었을 때 그 음모

자는 살인죄로 되는 것이 아니고, 살인음모 또는 예비죄에 걸릴 것이며 그 사실을 모르고 또 실질적으로 합법적 일을 수행한 그 단체 구성원도 형사상 죄책이 없을 뿐 아니라 그 단체를 불법단체로 규정지을 수는 없는 것이다. 그런데 이 경우에 있어서 살인행위는 음성적이거나 양성적이거나 간에 불법행위임으로 문제의 이해에는 비교적 간단하다. 그러나 본건 진보당의 정강정책과 상 피고인 등의 행동이 하등 국가를 변란할 목적이 없을 뿐 아니라 그 정강정책의 실현이 국가변란 행위가 될 수 없다는 것은 이미 원판결의 이유에서 해명된 바와 같다. 국가변란의 목적은 〈형법〉 제91조와 관련하여 폭력적 비합법적 절차에 의한 국가기관의 전복만을 지칭함은, 판시이유의 배경이론과 같거니와 평화적 민주적 합헌적 절차에 의한 정책의 실현 목적은 그것이 아모리 누적하여도 국가변란의 목적이 될 수 없고, 또 국가변란의 행동이 될 수 없다. 원심판결이 청구인에 대하여 괴집과 야합하였다는 것을 강인하게 판시하였더라도 이것은 구 〈국가보안법〉 위반 구성요건의 전단(前段)의 요건은 될지언정 그 후단(後段)의 국가변란의 행위와 연결되는 국가변란의 목적과 당연히 결부시킬 수는 없다. 가령 괴집이 모든 국민은 밥을 먹고 살어라하는 것을 지령하였다고 또는 대한민국은 선정을 하여라 하고 지령하였다고 가정하고, 이에 부수하는 자가 있다 할지라도 이 부수행위가 곧 국가변란의 목적 내지 국가변란 행위가 될 수 없음은 명약관화한 것인바, 진보당의 정강정책이 합헌적인 것이라면 그 정강정책 이외에 다른 사실을 주장함이 없는 모든 피고인에게 동일한 판단이 내려야 할 것이다. 원판결은 괴집에 부수하여라는 동조(同條) 전단의 주관적 요건에 치중한 나머지, 국가변란의 행위라는 후단의 구성요건을 간과하고 동일한 정강정책의 주장이 혹자에게 국가변란이 않된다는 모순에 함입하였다. 혹자는 말하기를 "동조(同條)에서 국가변란의 목적이라 표시하였으니 폭력적 비합법적 행위를 전제하지 않드라도 음성적으로 그 목적이 있을 수 있다"할지 모르나 정당의 정강정책은 그 표현된 주장에 의할 것이므로 국가변란의 목적 여부는 그 주장과 실천된 사실에 의하여야 하겠거늘, 청구인에 대하여 국가변란의 목적을 인정한 것도 상(相) 피고인 양이섭의 의제자백을 과대히 신빙하는 나머지 논리적 조리(條理)와 법리 판단을 견강부회한 것이라 하겠다.

이상과 같은 취지와 사유로써 재심을 청구하나이다.

첨부 서류

一. 판결문

二. 제2심 공판정에 있어서의 증인 고영섭의 신문조서 (추후 제출)

三. 제1심 공판정에 있어서의 증인 엄숙진의 신문조서 (추후 제출)

부속 서류

一. 변호인 선임계(選任届) 3통

4292(1959)년 5월 5일

우(右) 재심청구인 대리인

변호사 신태악

동 윤길중

동 김달호

대법원 형사부 귀중

[출전 : 22권 5~51쪽]

34 공판조서 중 증인 엄숙진의 증언부분 기록 사본 1958년 6월 5일

서울지방법원 4291(1958)년 형공 제524, 752, 772, 907, 980, 1440, 2168, 2235호 피고인 조봉암 외 20명에 대한 간첩 등 피고사건 제 회 공판조서 중 증인 엄숙진의 증언 부분 기록 사본

재판장은 합의한 후,

증인 엄숙진에 대한 신문은 군 첩보 기관에 관계되는 기밀 사항에 속하는 사항이 있을 것이므로 안녕, 질서를 해할 염려가 있다고 인정하고 직권으로서 일반 공개를 금지한다고 선(宣)하고 일반인의 퇴정을 명한 후, 증인 엄숙진을 입정(入廷)시키고 여좌(如左)히 신문하다.

문: 증인은 현재 무엇을 하고 있는가

답: 농업에 종사하고 있습니다.

문: 증인은 과거 군 첩보 기관에 종사한 사실이 있는가

답: 네. 그런 사실이 있습니다.

문: 기(其) 종사한 기관에 대하여 진술함이 여하(如何)

답: 4282(1949)년 2월경부터 동 4288(1955)년 4월경까지의 간, 미 대사관 계통의 정보 기관 또는 미 육군 주한 정보기관의 정보원으로 채용되어 첩보공작에 복무한 사실이 있고 동 4288(1955)년 7월 중순경부터 동 4290(1957)년 11월경까지는 한국 첩보 기관인 육군 HID에서 첩보공작에 종사한 사실이 있습니다.

문: 증인은 양이섭 피고인을 아는가

답: 네. 알고 있습니다.

문: 연이면 그렇게 된 동기는 여하(如何)

답: 양이섭을 알게 된 것은 4284(1951)년 1월 중순경 대구에서 그 당시 본인이 복무하던 미 대사관 대북 첩보 기관(동신공사)에 정보원으로 있을 때인데, 동 기관의 한인(韓人) 책임자인 전준이라는 사람의 지시에 의하여 대구 시내 달성공원 앞에 거주하는 동인(同人)을 전준에게 데려다준 사실이 있어서 그 당시 처음 인사를 하여 알게 된 것입니다. 그런데 동인(同人)은 과거 평양에서 반공 투쟁을 하다가 1.4 후퇴 시 데리고 내려온 사람이라고 하는데 중국어에 능통한 관계로 대중국 정보 공작을 한다고 불렀던 것이나 미 고문관의 반대로 안 된 일이 있던 것입니다.

문: 그 이후 증인은 동인(同人)과 접촉이 있었는가

답: 그리고 있다가 동 4286(1953)년 하(夏)경 본인이 우(右) 첩보 기관의 강원도 속초에 있는 파견대에 출장 나가 복무할 적에 양이섭이가 거기 와서 어물상을 하고 있었으므로 동년 10월경까지의 간, 10여차 접촉이 있어서 친밀히 지낸 일이 있는데 한참 못 만나다가 4289(1956)년 12월경 동인(同人)이 본인 가옥(家屋) 시내 종로구 관훈동 197의 28호로 찾아 온 일이 있어서 다시 만나게 되었습니다.

문: 그런데 증인은 피고인 양이섭을 육군 HID선(線)을 이용하여 남북교역을 하겠금 알선하여 준 사실이 있다는데 여하(如何)

답: 네. 그런 사실이 있습니다.

문: 그 전말은 여하(如何)

답: 4289(1956)년 12월경 본인 가(家)로 찾아와서 동인(同人)이 하는 말이 이제까지 미인(美人) 첩보 기관과 손잡고 북한에 내왕하면서 남북교역을 수차 한 일이 있는데 미인(美人)의 감시가 심해서 못하였는데 자기는 이북에 있는 소련에서 나온 최현 대장을 강계 있을 적에 경제적으로 도와준 일이 있을 뿐 아

니라, 연안 돌개포에 있는 지명인사도 잘 알고 있으니 사상을 초월해서 여러 가지 도움을 얻어 큰 성과를 보일 수 있으며, 따라서 돈벌이도 좀 시켜 달라고 부탁하기에 본인은 바로 기(其) 지를 당시 육군 HID 인천책임자이던 김일환 대령에게 말하였더니, 동인(同人)은 다시 동대(同隊) 대북공작책임자인 서민에게 말하라고 하여 동인(同人)에게 또 그 지를 말하였던 바, 첩보로서 성과를 기대할 수 있다는 데에서 해보자고 하여 동 4289(1956)년 1월 하순경, 동 서민이가 양이섭을 직접 심사한 다음 동인(同人)을 첩자로 하여 대북 공작이 시작된 것입니다.

문: 그러니까 처음 양이섭이가 증인을 찾아온 것이 동 4288(1955)년 12월경이 아닌가
답: 첫 번째 간 것이 재작년 2월부터이니까 그것이 맞습니다.

문: 그 관계에 대하여 종전에 특무대에서 증인은 여사(如斯) 진술한 것이 있는데 여하(如何)

차시(此時) 재판장은 기록 제838정 표면 7행부터 동 제882정 표면 6행까지 읽어주다.

답: 대략 그대로입니다. 그런데 본인이 출자(出資)한다는 것은 그런 것이 아니고 제가 연락하기로 한다는 것입니다.

문: 그 당시 인천 HID에 증인은 관계하고 있었던 것이 아닌가
답: 다소 관계하고 있었습니다.

문: 다소 관계하고 있었다는 말은 무슨 말인가
답: 대공첩보에 종사하는 사람은 거기와 관계나 있을 때도 있고 또 다른 첩보를 위한 일도 할 수 있는 때가 있으니까 말입니다.

문: 증인은 양이섭에게 첩보공작에 종사하는 일편, 남북교역을 해서 얻은 이익 분배를

동업(同業)으로 하자고 언약한 사실이 있는가

답: 그런 언약을 한 사실은 없고 첩보공작에 대한 연락 관계나 제가 하기로 한 것이지 양이섭이가 가져 오는 물건에 탐이 나서 그리 한 것은 아닙니다. 양이섭을 소개한 나로서 마지막까지 그를 따라 다니며 살펴봐야 할 것이기 때문입니다.

문: 그것은 출자 문제 때문에 그런 것이 아닌가

답: 말하기 곤란한 점도 있습니다마는 제 자신이 그를 소개한 사람이기 때문에 그에 관계하여 따라 다니면서 행동에 대하여 감시하여야 하는 것입니다.

문: 그래서 전후 9차에 긍(亘)하여 따라 다녔는가

답: 그렇습니다.

문: 다른 사람도 할 수 있는 것이 아닌가

답: 첩자 추종은 가까운 사람이 해야겠기 때문에 인천 만석동 부두에서 본인, 서민, 양이섭, 선원 1명 (성명 불상자)이 공작선(工作船)에 동승하고, 약 2시간 만에 38접경 납도에 도착하여 D형 목선에다가 양이섭을 승선시켜 선원 1명과 같이 입북시키고, 본인과 서민은 공작선으로 귀환하고 미리 귀환 일자를 약속하여 놓고 그 일자에 본인과 서민은 납도에서 기다리고 있다가 귀남(歸南)하는 양이섭을 영접하여 따라 다니는 것입니다.

문: 양이섭의 이북 도착 지점은 여하(如何)

답: 목적지는 연백 돌개포라는 데입니다.

문: 양이섭이가 입북할 적에 휴대하고 가는 물품은 일일이 검사하고 보내는가

답: 제가 목격한 것은 빽같은 데다가 약품, 시계, 작업복 등을 가지고 가는 것을 봤는데 그것은 양이섭 자신이 시내에서 구입하여 놓으면 제가 인천 HID 서민에게 연락을 취하여 서민이가 찦차로 상경하여 물품을 적재하고 본인과 양이섭 3인이 동승, 인천에 도착하여 동대(同隊) 지정 숙소에서 1박하고 기(其) 익

일 오후 8시경 전술한 바와 여(如)한 경로로 월북하는 것인데 본인이 알 때 심(甚)히 할 것 같으면 좋아하지 않을 것이니까, 본인 모르는 사이에 적당히 검사 해보고 할 것입니다.

문: 그리고 이북에서 가져오는 물품은 일일이 검사한 것이 아닌가

답: 이북에서 가져온 물품은 대개 인삼, 해삼, 사향 등인데 양이섭 본인 자신은 모르는 사이에 검사하는 것입니다. 예를 들자면 거기에서 물품을 가지고 오면 곧 뒤져서 검사하는 것이 아니고 짬짬이 변소에 가는 사이에 뒤져본다던가 또 의심되는 점이 많은 것 같으면 일부러 다른 사람으로 하여금 동인(同人)을 데리고 나가서 그 장소를 피하게 하여 하는 수도 있으니까 일정해 있지는 않습니다.

문: 그래서 가져온 물품은 여하(如何)히 처분되는가

답: 서민이가 맡아서 매각 처분하여 그 돈으로 나에게 주면 양이섭에게 주는 것 보통 예입니다.

문: 그래가지고 이익나는 돈은 여하(如何)히 하였는가

답: 공작선 기름값 등을 제하고는 양이섭이가 가져가서 쓰는데 어디다 어떻게 쓰는지는 모릅니다.

문: 그동안 기름값 등이라고 해서 제한 것이 얼마만한 돈이 되는가

답: 6~7백만 환 될 것이라고 생각됩니다.

문: 증인이 받아 쓴 금액이 약 백여만 환가량 된다고 하였는데 그것은 여하(如何)

답: 나누어 줘서 받은 것입니다.

문: 피고인 양이섭의 진술은 약 천오백만 환 가량의 비용이 나갔다고 하는데 여하(如何)

답: 그렇게 되지 않을 것이라고 생각됩니다.

문: 양에게 주는 돈을 증인의 손을 거쳐서 가게 된다고 진술하였는데 여하(如何)

답: 대개 그렇게 되는데 양이섭이가 입북하여 물품을 가지고 나올 적에 받아서 물품 목록을 작성해 받아 가지고 나와서 서민에게 제시하고 하였는데 몇 번인가 촉지(低) 포장의 목침 만한 것 1개씩은 물품 목록에는 기재되어 있지 않고 서민에게 비밀히 해서 휴대 상경하여 그가 단독으로 처분하는 일이 있는 것인데 그는 왔다 갔다 하는데 수고하는 터에 좀 더 가지고 오는 것은 다치지 말라고도 하였습니다. 그런 것은 제가 모르는 것입니다.

문: 지금 기름값을 6~7백만 환 량된다는 것은 어떻게 해서 아는가

답: 인삼 등 그런 것을 가져온 것을 아니까 추상적으로 생각해서 그렇게 될 것 이라는 것입니다.

문: 증인은 양이섭을 월경하는 그 과정만 감시하여 왔는가

답: 네. 그 범위만입니다.

문: 양이섭이가 그와 같은 물품을 가지고 다니는 외에 다른 휴대품은 없는가

답: 양은 대북 내왕 시 가죽 가방을 늘 가지고 다녔는데 기(其) 가죽 가방에는 세면도구 등을 넣어 가지고 다니는 외에 무엇이 들어있는지 확인하지 않아서 다른 것은 모릅니다.

변호인 김춘봉은 재판장에게 고하고 증인 엄숙진에 대하여

문: 4289(1956)년 2월 하순경 제2차 내왕한 경로로 9차 모두 그런 순서에 의한 것인가.

답: 네. 그렇습니다.

문: HID의 사명은 이북에 내왕하면서 교역하는데 있는 것이 아닌 것 아는가

답: 물론 그렇습니다. 상대해서 이상하면 빼칠 수도 있는 것이니까 교역만을 위주로 할 수는 없을 것입니다.

문: 이북에 갔다오면 HID에 귀환 보고서를 작성하는 것이 아닌가

답: 네. 물론 써 냅니다.

문: 그러니까 자기가 대북 첩보를 해온 의무를 마쳐야 교역이라는 것도 될 수 있는 것 아 아닌가

답: 첩보를 얻는 것이 목적이니까 첩자가 큰 것을 얻어오면 의심의 여지없이 교역에 대한 감시를 안 하는 경우도 있을 것입니다.

문: 양이섭이가 북한 괴뢰의 대남 공작 기관과 상대하였다고 하니 대북 내왕 시 괴뢰 측의 대남 첩보공작에 협력하여 대한민국의 기밀을 제공하였을 것이 아닌가

답: 입북하면 남한의 기밀을 제공하고 남하 시에는 대남 첩보공작에 대한 지령을 받았을 런지도 모르겠습니다.

문: 그 말은 양이섭이가 그랬으리라는 것인가

답: 네. 그러했을 것이라고 봅니다.

문: 양에 대하여 그런 것도 감시하는 것이 아닌가

답: 행동 일체에 대한 감시를 해야 합니다.

문: 그래서 부당한 것이 있으면 압수 또는 검거하게 되는 것이 아닌가

답: 물론입니다.

문: 증인은 감시당하지 않는가

답: 했을 것이라고 믿습니다.

문: 해상(海上)을 통하여 내왕한 후 인천에서 내리면은 그것으로서 감시의 대상에서 끝나는가

답: 첩보하는 사람의 의무상 다른 사람이 또한 감시했을 것이라고 생각합니다.

문: 이곳에서 물품 구입한 것을 양이섭 자신이 전부 하였는가

답: 네. 나와 같이 한 것은 키타 하나 산 것 밖에는 없고 모두 양이 했습니다.

문: 그래가지고 지정한 장소에 갔다 놓게 하여 인천에 연락한 후 찦차로 실어가게 되는가
답: 그렇습니다.

문: 연이면 일일이 감시하지 않는다고 하였는데 부정품(不正品)으로 가지고 갈 수도 있지 않는가
답: 감시는 언제 언제 한다고 되어 있는 것이 아닙니다. 혹 안 할 수도 있겠지마는 예를 들어 말하자면 물품을 살적에 뒤따라서 알았으면 어떻게 할 것입니까. 확실히 말하자면 모든 것을 그렇게 해야 하는 것입니다. 그런데 그런 것을 안 할 경우라던지 하는 것은 첩자를 다루는 여하(如何)에 있다고 생각합니다.

문: 그리고 이북 삼육공사에서 물품을 가져 올 적에는 거기에서 물품 명세서를 받아 온다는데 그런가
답: 그렇습니다.

문: 물품 판 돈은 일단 양에게 전부 주나 미리 기름값을 공제하고서 주는가
답: 그때 많이 가져 왔으면 더 주고 적게 가져 왔으면 적게 주는 것입니다.

문: 양이섭에게 준 돈이 어떻게 쓰여지고 있는지를 HID에서는 모르는가
답: 본인은 모든 일체 감시가 있었으리라고 생각합니다.

문: 첩자나 내왕 시 책자 또는 잡지 같은 것은 자유로히 가지고 다닐 수 없는 것은 사실이 아닌가
답: 물론 그렇습니다. 그러나 첩보 기관에서는 첩자를 이중첩자라는 관념하에서 다루는 것이니까 하나의 더 큰 것을 얻기 위해서 적은 것은 알고도 눈 감아 주는 수도 있는 것입니다.

변호인 김봉환은 재판장에게 고하고 증인 엄숙진에 대하여

문: 여름에 옷 속에 백환 권(券)을 만 환 뭉치 서넛되는 2만 7천 불을 남모르게 가져올 수 있다고 생각하는가

답: 여름이라도 해상은 추우니까 옷을 두텁한 것을 입으니까 혹 알 수 없습니다.

변호인 윤용진은 재판장에게 고(告)하고 증인 엄숙진에 대하여

문: 첩자에게 첩보 사명을 그때그때 주는가

답: 그렇습니다. 군사, 기타 인물 지정도 그때 하게 됩니다.

문: 양이섭이 그 사명을 충실히 이행한 일 있는가

답: 한 번인가 중공군 관계로 큰 것이 있었습니다.

문: 여기서 그런 것을 가져가는 것을 본 일은 없는가

답: 물론 못 봤습니다.

변호인 김춘봉은 재판장에게 고하고 증인 엄숙진에 대하여

문: 증인은 양이섭이가 이북 공작금 받아다가 조봉암에게 준 것을 알았다면 여하(如何)히 하여야 하는가

답: 물론 잡아야지요.

문: 자기가 이북 교역으로서 번 돈이라고 하면 어떻게 하는가

답: 별 문제 없겠지요.

검사는 재판장에게 고하고 증인 엄숙진에 대하여

문: 증인은 첩보 기관에서 신체, 화물 검사를 어떻게 하는 것인지 뚜렷하게 안다고 생각하는가.

답: 감시를 한다는 원칙은 제가 알고 또 제가 그것을 해왔다고 생각합니다.

문: 연이면 증인은 피고인 양이섭이가 조봉암에게 백삼 등을 준 사실을 알았는가

답: 나는 몰랐습니다.

문: 그런데 피고인 양이섭에 대한 감시를 철저히 하였다고 보는가
답: 본인말고도 본건에 대하여 감시를 했을 것입니다. 이번 사건이 일어난 것을 신문에서 듣고 인천 HID 공작과장을 만났더니 여짓것 감시를 해왔다고 그도 말하였습니다.

문: 연이나 2만 7천 불을 가져 온 것도 모르지 않았는가
답: 그것은 사실입니다.

재판장은 증인 엄숙진에 대하여
문: HID에서 감시를 했으면 왜 그런 것을 모를 것인가
답: 혹 알고도 두구 살펴볼 모양이었는지 모르겠습니다.

재판장은 피고인 등에 대하여 증인 신문 수료의 지(旨)를 고하고 우(右) 증언들에 대한 의견 변해(辯解)의 유무를 문(問)하니
피고인 등은 순차(順次)로 당 공정에서 진술한 것과 상치되는 부분은 부인한다고 진술하다.

재판장 금일 공판은 차(此) 정도로 마치고 속행할 것을 고하고 차회 기일은 내(來) 6월 12일 오전 10시로 지정, 고지(告知)하고 각 소송 관계인의 출석을 명한 후 폐정하다.

4291(1958)년 6월 5일
서울지방법원 형사 제3부
재판장 판사 유병진, 서기 홍사필
우(右) 정사(正寫)함.
변호사 신태악 변호사 김달호 변호사 윤길중

[출전 : 22권 72~116쪽]

35 공판조서 중 증인 고영섭의 증언부분 기록 사본

서울고등법원 4291(1958)년 9월 25일 형공(刑控) 제958호 피고인 조봉암 외 20명에 대한 간첩 등 피고사건 제6회 공판조서 중 증인 고영섭의 증언 부분 기록 사본

재판장은 증인 고영섭을 입정시키고,

문: 증인은 특무대에서 피고인 양이섭의 본건범죄사실을 상당 조사한 사실이 있는가
답: 네. 그런 사실이 있습니다.

문: 양이섭에 대한 수사를 하게 된 단서는 여하(如何)
답: 동 단서는 4290(1957)년 12월 중순경인데 모 수사기관 정보원으로부터 양이섭이와 조봉암 간의 범죄 사항을 세밀히 보고받았는바, 그 내용인 즉, 양이섭이가 남북한을 10수차 내왕하면서 그 시 마다 조봉암이와 접선하였다기에 상사(上司)에 보고한 바, 그 사실 여부를 조사하여 보라는 지시를 받고, 즉시 부하를 양이섭 가(家)에 주변에 파견하여 동정을 살피게 하였던 바, 양이섭이는 좀처럼 나타나지 않고 장성팔이란 자만이 동가(同家)를 출입함으로 동인(同人)을 특무대로 연행하여 문초하니 자기는 양이섭이와 극친한 사이이므로 양을 특무대까지 동행하여 올 자신이 있다고 함으로 동인(同人)을 석방하면서 동시에 특무대원을 미행시켰던 것입니다.

문: 장성팔이는 그 후 양이섭을 특무대까지 동행하였는가
답: 동행을 하지 않고 그 후 장성팔은 그의 언약과 달리 파견하였던 특무대원을 매수하여 무사하게 하려고 기도한다는 보고를 접하고, 증인은 이를 좋은 기회라고 생각하고 매수를 가장하고 연행하라고 지시하였더니 부하는 장, 양과 합동하여 양으로부터 금품을 받고 가장 매수를 당하여 줄 것을 언약하고 특

무대까지 양을 연행하는 데 성공하였던 것입니다.

문: 그래서 양을 여하(如何)히 조사하였는가

답: 전술한 범죄 보고서와 동서(同書) 의하여 작성된 도표를 기준으로 남북 내왕 사실 및 아편(阿片) 취급 사실 유무를 문(問)하니 그 점에 대하여는 순순히 자백하였는데, 동 자백 내용은 전술 정보 내용과 대동소이함으로 동 정보 내용이 허위가 아님을 확신하게 되어, 그다음에 조봉암과의 접선을 물으니 의외에도 조봉암이란 사람이 누구인지 알지도 못한다고 딱 잡아떼므로 동인(同人)이 조봉암과 접선한 일시, 장소 및 피고인 양의 일거일동을 일일이 거시 일례를 들면 양이 신설동에서 양명산이란 가명으로 시민증을 교부받은 상황 즉, 일시 교제비, 상대방 성명, 액수까지를 지적하면서 증거가 이렇듯 확연함에도 부인하느냐 하였더니, 양은 당황하고 심히 곤란하는 태도로 변함으로 부하에게 감시시키고 증인은 취조를 중단하였더니 동일 밤에 양은 부하에게 조봉암과 접선하였다는 관계의 일체를 자백하였던 것입니다.

문: 동 자백을 증인도 확인하여 보았는가

답: 네. 익일 증인이 양에게 자백한 사실을 문(問)하였더니 양은 허심탄회한 태도로 작야(昨夜) 자기가 증인의 부하에게 자백한 사실과 틀림없다고 하였던 것입니다. 그래서 일부러 세밀한 기본 조사 단계로 들어갔는데 수사 형식은 양을 음식점에 데리고 가서 합석하면서 좌담회를 하는 방식으로 혹은 시가나 공원을 산책 중 세간 잡담하는 형식을 취하는 등 추호도 양의 자백을 강요하지 않고 자진하여 나오는 말을 머리에 메모하여 두었다가 일일이 도표를 작성하여 조사를 완료하였던 것입니다.

문: 조서는 언제 작성하였는가

답: 이와 같이 하여 기본 조사를 일단락한 후 이를 종합적으로 정리한 도표에 의하여 조서를 작성한 것인 바, 작성 시마다 매방(每放) 양으로 하여금 낭독케 하여 확인시킨 바 양은 각 매(枚)마다 별(瞥)하고는 들어놓고는 다 틀림없는 사실을 가지고 무엇 이렇게까지 할 필요가 없지 않느냐 하기에 증인은 양에

게 이렇게 함이 소송법 절차에 부합하는 것이라고 하였던 것입니다.

문: 양이섭의 진술에 의하면 증인의 진술하는 것과 같이 조사당한 것이 아니라 양이 고혈압으로 고민하니까 증인이 양을 특무대 의무실로 데리고 가서 약명(藥名)은 모르나 빨간색의 액체로 된 주사를 증인이 먼저 한 대 맞고 난 후 양에게도 동양(同樣)의 약을 주사한 것인데 동 주사 후 급작히 양은 맥을 못추고 혼미상태에 함입하여 부득이 침대에 눕게 되었던 바, 이때에 조서를 작성하여 양은 문(問)에 대하여 무의식하게 네, 네 대답만을 하면서 작성된 조서에 불과한 것이라는 데 여하(如何)

답: 그것은 전연 무근한 허위 진술이며 한낱 양의 구명책에서에서 나온 것임을 사과반(思過半)하고도 남음이 있습니다. 증인은 당시에 주사를 맞은 일이 없을 뿐 아니라 평생 주사란 것은 맞아본 역사가 없고, 단지 로테이싱 빨간 액약(液藥)(고혈압약)을 음복한 사실은 있는데 양이 그 약을 먹었는지 또는 주사를 맞았는지는 증인이 먼저 의무실을 나와서 모르겠습니다.

문: 양을 조사 시 하처(何處)에 구금하여 두었는가

답: 양은 여초(如初) 범죄사실을 자백한 후부터 자기 범죄사실의 결과에 대하여 심히 우려하는 기색을 보였으며 항상 신병으로 고민한다고 제의하면서 여관이나 어떤 편안한 장소에서 조사하여 줄 것을 호소하였던 것인데, 정보 사실 중에 동인(同人)은 과거 평남도민 위원회 후생부에 있을 시에 선편(船便)으로 인천에 월남하였다가 체포되자 다량의 염수(鹽水)를 음복하여 설사와 신열을 자초케 하여 입원을 꾀하였다가, 감시 경관을 매수하여 탈출, 월북한 사실이 있다는 내용이 있었음으로 특무대에서는 매수 안 당할만한 정예수사원들로 하여금 은밀히 감시케 하여 특무대 근처 태평양여관에 양을 유숙케 하고 가급적 광범위한 자유를 허락하여 기거(起居) 일동을 독자적으로 하겠금 하여 단지 도주만을 감시케 하였던 것입니다.

문: 연즉(然則), 양을 하시(何時)에 서울형무소로 구금하였는가

답: 〈형사소송법〉 절차에 의하여 구속영장의 교부를 받았으나 형무소에 구금하면 형무관 등을 매수하여 기밀을 연락하는 등 사실이 있는 전례(前例)에 감

(鑑)하여 이를 기피하였다가, 송청 시에 즉, 금년 3월 중순경에야 서울형무소에 이감시켰던 바, 아니나 다를까 조봉암과 쪽지 연락을 하다가 발각된 것입니다.

문: 미 본토불 관계를 수사한 경위는 여하(如何)

답: 그 점은 양이 자진 협조하여 줄 것을 제의하면서 증인을 따라 시장으로 인도하여 과거 불화(弗貨)를 거래하던 이정자를 유인하여 증인을 동업자인 양 가장시켜 과거 불화 거래 관계에 대한 담화를 함으로서 증거를 제시하여 줌으로, 증인은 이정자의 말로부터 이에 대한 확증을 얻어 비로소 증인은 특무대원임을 고하고 이정자를 특무대에 연행하여 신문한 바, 양의 진술과 부합한 진술을 함으로 조서를 작성한 후 귀가시켰던 것입니다.

문: 특무대에 양을 조사 시 동인(同人)은 자살을 기도한 사실이 있었다는데 여하(如何)

답: 조사가 일단락된 후에 양은 태평양여관에서 자살을 기도한 것을 방지시켰다는 보고가 감시 부하로부터 유(有)하기에 증인이 익조(翌朝) 가보니 양은 누워있었던 것입니다.

문: 자살 기도 시 유서를 써 놓은 것이 있었는가

답: 자살 기도 시 썼는지 여부는 모르나 후일 부하대원에 발견되어 압수하였던 것입니다.

문: 동 유서의 내용은 여하(如何)

답: 증인의 생각에는 자기의 죄과에 대하여 항상 고민하던 끝에 모든 것을 단념하려고 하던 것으로 생각되며 첨가하여 말하여 둘 것은 양은 자백한 후부터 자기의 구명책에 대하여 초조하고 급급하였으며 증인에게 자기를 석방하여 주면 자기가 월북하여 자유당, 민주당에 대한 대남루트를 색출하여 낼 수 있으며 이후 대한민국을 위하여 속죄책으로 신명(身命)을 도(賭)하겠다고 무한히 애를 쓴 바 있습니다.

문: 증인은 양이섭 이외에 진보당 사건에 대하여 조사한 사실이 있는가.
답: 진보당사건에 대하여는 조사한 사실이 없습니다.

문: 증인이 양이섭을 조사 시 조봉암은 역적(逆賊)이니 동인(同人)을 말살시키기 위하여 양은 최고 악질이 되어 달라고 부탁한 사실이 있는가
답: 조봉암이가 〈국가보안법〉으로 구속되었다는 사실은 말한 적이 있으나 기외(其外)에는 말한 것이 없습니다.

문: 증인은 법원에서 증거 보전 차, 양에 대한 신문을 하게 되자 양이 특무대에서 진술한 사항을 쪽지에 적어 주면서 이를 암송케 하여 특무대에서 진술한 사실과 꼭같이 진술하라고 강요한 사실이 있는가
답: 전연 그런 사실이 없으며 가령 그렇게 강요하였다고 하여도 이에 응할 양이섭이가 아니며 한갓 우스운 넌센스가 아닐 수 없습니다.

문: 특무대에서 양이섭의 재산을 강제로 증정케 한 사실이 있는가
답: 상사(上司)는 양이섭의 재산을 전부 이북에서 공작금으로 가져온 것이며, 그렇다고 증거가 없으니 몰수는 법적으로 불능하니 그렇다고 방임할 수는 없으므로 증정을 권유하여 보라고 함으로 권유하였더니, 동인은 자기 재산으로서는 신설동에 가옥 1동, 전세금으로 백수십만 또 종암동에 수백 평 대지(垈地)가 있다고 하면서, 전부 증정할 것을 쾌히 승낙하는바, 이를 전부 수락함은 가혹하다고 생각되어서 전세금 중 130만 환 증정케 하고 이외에는 상사에게 묵살하였던 것인데, 이 130만 환은 현재 특무대에서 보관하고 있는데 양의 처는 변호료, 생활고 등을 구실로 반환을 요구하나 이에 응치 않고 있습니다.

문: 기타 참고로 할 말은 없는가
답: 없습니다.

변호인 신태악은 재판장에게 고하고, 증인에 대하여
문: 증인의 말에 특무대에서는 양을 여관에 투숙시켜 도주를 감시하는 정도 이외에는

인권 옹호를 위하여 최대한의 취급을 하였다고 하나 우리가 법적으로 보는 견해에는 구속영장 없이 월여(月余)나 여관에 투숙을 강요한 것은 불법 감금이라고 보는데 여하(如何)

답: 그것은 정식 구속영장에 의하여 유치장 감금하려고 하였으나, 양이 자기의 신병의 고통을 호소하면서 그러한 조치를 요구함으로 수사 기관으로서 차(此)에 응하였던 것입니다.

문: 증인은 양에게, 김산에게도 조봉암이와 같은 연락 접선을 하였다고 진술하라고 한 사실이 있는가

답: 언어도단(言語道斷)의 말입니다.

문: 증인이 양을 조사할 시에 양은 미군 첩보원인 동시에 양은 한국 HID 첩보원이라는 사실을 알고 있었는가

답: 네. 조사가 시작되자 양은 자기가 HID 첩보원이라고 하기에 동 사실을 HID에 문의하여 보니 엄숙진이가 좋은 미군 첩보원으로 있는 양을 소개하여 주겠다고 함으로 HID에서는 선박을 빌려주고 정보를 이용한 것에 불과하다고 말하였습니다.

문: 첩보원이라는 것은 대개 이중첩자인 바, 양은 하측(何則)에 더 충실한 첩자로 생각되는가

답: 물론 이북에서 충실한 첩자이며 도대체 HID는 양에 대하여 등한히 하였던 것은 사실이며 이중첩자라고 칭하는 자 중 대부분은 이북의 일방적인 첩자이고, 성적이 좋아야 이중첩자입니다.

문: 하점(何點)으로 보아서 양은 이북의 첩자인가

답: 이북의 지령에 의하여 조봉암이와 연락한 것으로 보아도 명백한 것이 아닙니까

변호인 김봉환은 재판장에게 고하고, 증인에 대하여

문: HID에서 첩자가 이북에 갔다 오면 보고서를 받는 것이 아닌가

답: 증인은 HID 대원이 아니므로 그런 사실은 모릅니다.

문: 양을 미행하여 특무대에 제공한 자는 누구인가
답: 양과 같이 이북을 내왕한 모 선원인데 성명은 국가기밀상 말할 수 없습니다.

문: 특무대의 정보 서류 및 도표를 내놓을 수 있는가
답: 국가기밀상 내놓을 수 없습니다.

문: 조봉암과 양을 대질신문한 사실이 있는가
답: 조서를 보시면 알 것이 아닙니까.

문: 인간의 기억력은 한계가 있는데 양은 과거에 한 행동에 대한 일자와 장소를 세(細)히 기억하였다가 특무대에 진술하였는가. 말하자면, 진보당의 결당 일자가 어느 날이라는 것까지 기억하던가
답: 그것은 양이 진보당 일자에 무엇을 하였다고 진술하면 그 날짜는 특무대에서 조사할 수 있으므로 그것을 기록하는 식을 취한 것입니다.

문: 특무대에서 이북의 정보기관에 대하여 세밀히 알고 있는 것이 아닌가
답: 정보원을 통하여 알려고 노력을 하나 시시각각으로 변하여 알 수 없습니다.

문: 특무대에서 양을 조사할 시 중국인 한지방으로부터 미화(美貨)를 받았다는 말을 들은 사실이 없는가
답: 그런 말은 모릅니다. 그렇게 진술하였다면 어떻게 이북에서 가져 온 것처럼 날조할 수 있습니까.

문: 양이 이북으로부터 물품을 가지고 월남한 데 대하여 HID에 보고된 물품 목록과 대조해 본 사실이 있는가
답: 그런 사실은 없습니다.

변호인 김춘봉은 재판장에게 고하고, 증인에 대하여

문: 양이 특무대에서 작성한 자공서는 양의 자필인가

답: 증인이 동 자공서를 받지 않았기 때문에 자세히 모르나 본인의 자필일 것입니다.

문: 양이섭을 조사하여 특무대 조서를 작성한 것이 아니고 정보 내용에 의하여 조서를 작성한 것이 아닌가

답: 그런 것이 아닙니다.

피고인 양이섭은 재판장에게 고하고, 증인에 대하여

문: 분명히 증인도 피고인과 같이 주사를 맞았는데 기억이 없는가

답: 절대로 그런 사실이 없습니다.

재판장은 우(右) 증인에 대한 신문을 종료할지 고하고 피고인 조봉암, 동 양이섭에 대하여 우(右) 증인의 진술에 대한 의견의 유무를 문(問)하니

피고인 조봉암은

답: 별로 없습니다.

피고인 양이섭은

답: 동 증인의 진술은 전부가 허위이며, 동 증인은 우래옥에 가서 냉면 한 그릇 얻어먹기 위하여 자기 상사에게 전화를 걸어 본(本) 피고인이 요청하므로 냉면집에 와 있다는 등의 허언을 잘하는 인간입니다.

우(右) 정사(正寫)함.

변호사 신태악 / 변호사 김달호 / 변호사 윤길중

[출전 : 22권 117~147쪽]

36 구의견서 1959년 5월 9일

4292년 형재 제1호

구의견서(求意見書)

피고인 조봉암

우자(右者)에 대한 〈국가보안법〉 위반 등 청구사건에 관하여 피고인의 변호인 변호사 등은 4292(1959)년 5월 5일자로 재심청구를 제기하였으므로 이에 대하여 4292(1959)년 5월 20일까지 의견서를 제출하시압.

4292(1959)년 5월 9일
대법원 형사부 재판장 대법관 김세완

변호사 신태악 / 윤길중 / 김달호 귀하
우(右) 사본 내(內)
서기 장만복(張万福)

[출전 : 22권 56쪽]

37 구의견서 1959년 5월 9일

구의견서

죄명 - 〈국가보안법〉 위반 등
구의견 사항 - 재심청구에 대한 기각의 여부
피고인 - 조봉암

우(右) 송소(訟訴) 기록을 첨부하여 의견을 구함.

4292(1959)년 5월 9일
대법원 형사부 재판장 대법관 김세완

대검찰청 검사 귀하

38 의견서 1959년 5월 18일

의견서

4292(1959)년 형재 제1호

재심청구인 조봉암
우(右) 대리인 변호사 신태악
동 김달호
동 윤길중

우(右) 청구인에 대한 〈국가보안법〉 위반 등 확정 판결에 대하여 4292(1959)년 5월 5일자로 재심청구를 제기하였던 바, 귀원(貴院)으로부터 5월 20일까지 의견서를 제출하라고 통지를 받았으므로 좌(左)와 같이 의견을 개진하나이다.

기

1. 재심 의견은 청구인의 변호인 등이 4292(1959)년 5월 5일자로 제출한 재심청구서의 취지 및 이유와 동일함.

2. 원판결은 〈형사소송법〉 제396조의 규정에 의하여 청구인에 대한 제2심 판결을 파기하고 자판(自判)한 것이나 구 〈형사소송법〉 시행 시대에는 대법원에서 원심을 파기하고 자판할 때에는 원심 판결이 법령 또는 판례에 위반된 것이 명백하고 따라서 피고인에게 유리한 결과를 초래할 것이 분명한 때에 한하여 서류 심사만으로 자판하였고 그렇지 아니하고 피고인에게 불이익을 초래할 우려가 있을

경우에는 의례히 다시 사실 심리 개시 결정을 하고 그 심리를 경(經)한 연후에야 자판할 수 있었을 것이다. 대체, 원판결을 파기함은 원판결이 법령 또는 판례에 위반되거나 중대한 사실 또는 양형(量刑)의 착오가 있는 경우일 것인 바, 〈형사소송법〉 제368조(불이익 변경의 금지)의 취지와 '의심스러운 것은 피고인의 이익에 의하도록 한다'는 현대 형사법 이념의 근본정신에 비추어 피고인에게 유리한 경우에 한하여 서면 심리만으로 자판할 수 있고 그렇지 않은 경우에는 원심 차려(差戾), 이송(移送), 또는 사실 심리 개시 결정을 하고 그 심리를 거친 연후에 심판하여야 함은 법리상으로나 조리상으로 당연한 귀결이다. 구 〈형사소송법〉 시대에 대법원이 법률심(法律審)뿐만 아니라 예외적으로 사실심(事實審)이 될 수 있음에 감(鑑)하여 적어도 원심을 파기하고 피고인에게 불리한 판결을 할 때에는 반드시 사실 심리 개시 결정을 하고 그 심사를 경(經)한 연후에 하여 왔음은 위에 말한 취지에 적응코자 하는 것이겠다. 따라서 현 〈형사소송법〉 제396조에는 비록 피고인에게 이익하거나 불이익하거나를 지적함이 없이 파기 자판할 수 있는 것 같이 표현되어 있다 할지라도 원래 원판결을 파기한 이상, 원심 차려(差戾), 또는 이송하는 것이 원칙이고[차(此)는 사실 심리를 다시 함을 의미함], 대법원이 자판한다는 것은 예외일 뿐 아니라 그 예외를 인정함도 서류 심사만으로도 사실 심리와 관계없이 피고인에게 유리한 법률적 판단에 한(限)한다고 해석함이 당연할 것이다. 그럼에도 불구하고 원판결은 〈형사소송법〉 제396조의 취지를 오해, 확장 적용하여 청구인에 대한 제2심 판결을 파기하여 놓고, 서류상 심사만으로 사실 판단을 다시 한 위에 제2심 판결과 하등 법률 적용과 양형의 차이도 없이 극형을 언도한 것은, 첫째, 무슨 이유로 청구인에 대한 제2심 판결을 파기하고 또 동일한 판결을 내렸는지 알 수 없으며, 둘째, 제2심이 잘못되었다고 파기한 이상 어찌하여 원칙적인 원심 차려(差戾), 또는 이송으로 다시 심판할 기회를 주지 않았는지 알 수 없다.

요컨대, 상고를 기각하지 않고 원심을 파기한 이상, 더욱이 피고인에게 불이익한 사실 판단과 법률 적용을 하려고 하는 한, 〈형사소송법〉 제396조를 적용하여 자판함은 동조(同條)의 취지와 정신을 일탈, 초월한 것이라 아니 할 수 없다. 따라서 원판결이 원심 차려나 이송을 하지 않고 사실 심리도 하지 않은 상고심이 사실의 심증을 얻은 것 같이 독단한 것은 〈형사소송법〉에 흐르는 정신을 곤각(困

却)한 것이며, 비록 백 보를 양보하여 그 사실 판단이 그르지 않다 하더라도 원심을 파기하고 다시 극형에 처할만한 사실을 판정하는 이상, 그것을 다시 사실 심리를 할 기회를 부여하여야 형사제도의 운영상 당연할 것이다.

이러한 취지에 감(鑑)하여 이미 제출한 재심 이유를 심사하고 청구인에 대한 재심 개시 결정이 있기를 바라나이다.

4292(1959)년 5월 18일
재심청구인 조봉암
우(右) 대리인 변호사 신태악
우(右) 대리인 변호사 김달호
동 윤길중

대법원 형사부 귀중

[출전 : 22권 62~66쪽]

39 의견서 1959년 5월 26일

의견서

우(右) 별지와 여(如)함.

4292(1959)년 5월 26일
대검찰청 검사 오제도

대법원 형사부 재판장 대법관 귀하

[출전 : 22권 57쪽]

【별지】 재심청구 기각 의견서

본건 재심청구의 취지는 기(其) 이유 없다고 인정되므로 〈형사소송법〉 제434조에 의하여 동 청구를 기각 결정함이 가하다고 사료함.

이유

제1점(재심청구의 사유)에 대하여

원심 판결에 있어서 유죄의 증거로 채택한 것은 사법경찰관이 작성한 조서보다도 검사가 작성한 관계인에 대한 각 신문조서 제1심 공판정에서의 상(相) 피고인 양이섭의 자백 이외에 그에 부합되는 피고인 조봉암의 진술 부분 및 형무소 내에서 발각된 비밀 쪽지 내용 등 허다한 인적, 물적 증거를 종합하여 원판결의 증거 이유로 삼았음이 명백할 뿐 아니라 본건 청 여(如)한 〈형사소송법〉 제420조

7호 (   ) 증거조차 없으므로 (   )[240] 의하여 결국 기(其) 이유가 없고,

제2점에 대하여

상(相) 피고인 양이섭이 이북 공산 지역에 왕래하면서 이중 첩보 행위를 잠행하는 동안 일시, 북한 괴집에서 얻은 정보를 아측(我側)에 임의 제보한 바 있다 하더라도 비밀리에 북한 괴집으로부터 적화(赤化) 공작 지령을 받고 또 그 공작 자금으로서 미 본토불 2만 7천 불 및 한화 3천여만 환을 반입하였음에도 불구하고, 해(該) 지령 내용과 자금 관계를 은폐하고 지령을 받은 대로 피고인 조봉암과 밀회 모의하는 일방, 자금 전액을 그에게 전달 수수하여 양(兩) 피고인 간에 감행된 괴집을 위한 간첩 행위가 원판결 이유에 상세히 판시되고, 하등의 이유 저어가 없으므로 논지를 인정할 사유가 없고,

제3점에 대하여

본건4개 공소 사실에 대하여 법원에서 해(該) 각 공소 사실이 상호 동일성을 해하지 않는 것으로 인정하고 병합심리한 것은 정당한 견해이므로 차(此)에 상반하는 논지는 그 이유가 없고,

제4점에 대하여

원판결은 서상(敍上)과 같이 재심청구서 제1점 내지 제3점에서 논거한 재심 사유가 없다는 합법, 차(且) 합리적인 근거 위에 입각한 것이므로 하등의 위법 모순 또는 심리미진의 불비가 없다고 사료함.

(1)의 점에 대하여

원래 간첩의 정의는 고정된 관념이 아니므로 소(   )야됨은 다언(多言)을 불요할 것으로 사료하는바, 안컨대 국가 총력전인 현대와 같은 시기에 있어서는 군사상이란 용어 역시, 가사(假使) 직접적인 군사상의 기밀에 속할 사항이 아니라 할

240) 원문에도 해당 부분에 밑줄이 있고, 내용이 일부 비워져 있다. 이유는 명확히 알 수 없으나 원문대로 표기하였고, 이하 동일한 표기는 모두 원문을 그대로 따른 것이다.

지라도 현재 공산 진영이 취하고 있는 적화 방법으로서 폭동 또는 평화 수단을 병행하여 침략 행위를 전개하고, 아국의 통일과 안녕, 질서를 위협, 파괴하는 일방, 휴전 후 조직적으로 훈련된 무장, 비무장 간첩을 연간 수백 명씩 동서해안 또는 화선(火線)을 통하여 남파 침투시켜, 대한민국을 전복하려고 간첩을 통한 간접적인 재침의 흉계를 시도하고 있는 동시에, 대남 공작 대원으로 하여금 각계각층의 조직과 동태 등을 탐지 수집하여 재차 6·25남침과 여(如)한 재침략의 준비 재료로 삼고 있는 실정에 조감(照鑑)할 때, 〈형법〉 제98조 제1항의 간첩은 그 범위가 광범하여 전시(戰時)의 군사상 기밀에 국한한 바 없고, 특히 공산 진영은 항시 모략, 허위 선전 등을 간단없이 제압하고 적화를 기도하고 있어 이 계획을 수행하기 위하여 절대 필요사항을 탐지 수집함은 본조에 해당한다고 선언한 대법원의 판례[4290(1957)년 9월 20일]는 시의적합한 간첩의 정의를 설시한 것으로 인정되므로 이에 반하는 논지는 부당하다 아니할 수 없음.

(2)의 점에 대하여

비밀 쪽지에 기재된 문구 내용을 가리켜 '청구인의 결백을 입증할 재료는 될지언정 유죄의' (______)여 상(相) 피고인 양이섭의 자백을 긍정함에 족(足)한 유죄의 명료한 증거가 될 것임.

(3)의 점에 대하여

피고인 조봉암이 8·15 전에 벌써 조선공산당 창당 시의 간부이었다는 사실, 그 후로도 재건된 동당 간부로서 계속 재임하였다는 사실에 상(相) 피고인 양이섭 역시 동당 간부이었고, 8·15 이전 같은 형무소에서 복역할 당시의 경과 등을 조회해볼 때, 양(兩) 피고인 간에 이북 괴집에 관하여 논시와 같은 담화를 교환하면서 전달 수수된 막대한 정치 자금을 아무 의미도 없는 단순한 개인 간의 사적 원조로 보아야 한다는 것은 우리의 경험 법칙과 사리에 벗어나는 일개(一個)의 피상적인 변해(辯解)라 아니할 수 없음.

(4)의 점에 대하여

상(相) 피고인 양이섭이 대한민국 육군 첩자로서 종사한 것만은 사실이나, 동

(同 피고인은 대한민국을 위해서보다 북한 괴집을 위하여 더 많은 간첩 행위를 감행한 죄증이 명백하였기 때문에 그 범죄사실을 들어서 공소를 제기한 것이고,

(5)의 점에 대하여

원판결 이유에 설시한 바와 같이 피고인 조봉암이 북한 괴집과 야합한 행위에 대하여 소론 법률 적용을 하지 않는다면 여하(如何)한 경우에 차(此) 조문을 적용할 것인지 알 수 없을뿐더러 타 피고인들에게 무죄를 언도하면서 동일한 처리를 하지 않음은 부당하□□□ 하나 (__) 과한 나머지 주관적인 심리 □□을 등한히 한 결과라고 보지 않을 수 없음.

이상과 같은 이유로써 본건 재심청구는 기각하는 것이 타당하다고 사료함.

[출전 : 22권 58~61쪽]

40 재심청구서 1959년 5월 30일

재심청구서

서울형무소 수감 중

재심청구인 양이섭

우(右) 대리인 변호인 변호사 이상규

우자(右者)에 대한 귀원(貴院) 4291(1958)년 형상 제559호 간첩 등 피고사건에 관하여 4292(1959)년 2월 27일 귀원(貴院)에서 언도한 확정판결에 대하여 여좌(如左)히 재심을 청구하나이다.

재심청구의 취지

〈형사소송법〉 제435조의 규정에 의하여 재심 개시 결정을 하고 다시 심판하여 주시기 바라나이다.

재심청구의 사유

제1점

① 원판결은 청구인에 대한 공소의 기초가 된 수사에 관여한 사법경찰관이 그 직무에 관한 죄를 범한 토대 위에서 유죄의 판결을 내렸음으로, 〈형사소송법〉 제420조 제7호의 해당 사유가 있고 동법(同法) 제422조의 취지에 적응하는 입증이 있다. 즉, 청구인에 대한 간첩 및 〈국가보안법〉 제1조와 제3조에 해당하는 원심

판시 사실은 청구인이 특무대 수사관 고영섭에게 자백한 것이 기초가 되고, 이 자백이 검찰관 신문조서와 제1심 공판정에서 유지되어온 것인 바, 본 건을 조사하고 수사한 고영섭은 제2심 공판정에서 증인신문을 받을 때에 청구인을 1개월간이나[4291(1958)년 2월 8일부터 3월 8일까지] 하등 법적 절차를 밟지 않고 불법 감금하였다는 사실과 동 조서는 방안지의 진술한 날짜를 기준으로 추후 작성함으로써 청구인의 자진 진술과는 변조되었다는 사실. 또 동년 3월 8일자 구속영장에는 청구인을 제10 헌병중대 영창에 구치하였다고 기재되어 있으나, 청구인은 송청될 때까지 영창에 들어간 사실이 없으므로 일건(一件) 조서가 동 수사관의 임의로 부실 기재되었다는 사실이 판명되었다(기록 5836~5851정) 고영섭 증언).

이와 같은 본건 공소의 기초된 수사에 관여한 사법경찰관(특무대 고영섭은 그 직무를 수행하였음)이 자기 스스로의 증언으로서 본건 수사에 있어 법관의 적법한 구속영장 없이 청구인을 1개월간 불법 감금한 것은 분명히 〈형법〉 제124조에 규정하는 "재판, 검찰, 경찰, 기타 인 신 구속에 관한 직무를 행하는 자 또는 이를 보조하는 자가 직권을 남용하여 사람을 체포 또는 감금한 죄"에 해당하며 공문서의 부실 기재 즉, 영창에 구치한 사실이 없이 구치하였다는 허위조서를 작성하고 조서작성의 일자 등이 전후 저어(齟齬)가 된 것은 모두 직무에 관한 죄를 구성할 것이다. 이와 같은 사실은 제2심 공판정에서 청구인이 특무대에서 고문, 회유, 기망, 협박을 당한 사실과 소위 자백과 조서가 전혀 특무대에서 일방적으로 작성되었다는 주장을 논외로 하고라도 본 건을 담당하여 경찰관의 직무를 대리 수행한 고영섭 조사관 자신의 증언 내용에 의하여 명백한 것이니 이것이 이른바 〈형사소송법〉 제420조 재심 사유 제7호의 공소의 기초된 수사에 관여한 경찰관이 그 직무에 관한 죄를 범한 것에 해당하는 것이라고 아니할 수 없다.

② 논자는 말하기를 동조(同條) 제7호의 재심 사유는 그 직무에 관한 죄를 범한 것이 확정 판결에 의하여 증명될 때라고 하였으니 청구인의 주장대로 우(右) 고영섭 조사관이 직무에 관한 죄를 범한 것이 사실일지라도 독직죄가 확정 판결에 의하여 증명되지 아니한 현 단계임으로 재심 사유가 될 수 없다 할지 모르나, 동법 제422조에는 본건과 같은 경우를 상정)하여 규정하기를 "전(前) 2조의 규정에 의하여 확정 판결로서 범죄가 증명됨을 재심청구의 이유로 할 경우에 그 확정

판결을 받을 수 없을 때에는 그 사실을 증명하여 재심의 청구를 할 수 있다"라고 하여, 그 구제의 길을 열어 놓은 바, 본건 입건 경위에서 보는 바와 같이 수사 기능과 전(全) 행정력을 동원하여 전연 증거가 없는 억지 사실을 이것 저것 기소하여 당초의 기소된 사실은 이미 원판결에서 모두 무죄가 된 것을 고려하고, 기소전 공표 금지의 형법 규정을 무시하고, 억지춘향으로 공표하는 등의 당국의 처사를 아울러 추찰하면, 공판정에서 공공연히 불법 감금의 사실과 부실 기재의 사실을 자인하였음에도 불구하고, 동 조사관을 표창할지언정 입건 처단하지 않은 실정을 알 수 있다. 따라서 불고불리의 원칙상 지금의 당국의 방침으로는 공무원의 직무에 관한 전기 범죄에 대하여 확정 판결에 의한 증명을 구할 도리가 없음으로, 이것은 전기 조문(條文)의 확정 판결을 얻을 수 없는 경우에 해당된다. 따라서 청구인은 확정 판결에 의한 증명에 대(代)할 수 있는 제2심 공판정에서 증언한 고영섭 조사관의 증언을 그 직무에 관한 죄의 자인서로서 제출하는 바이다. (기록 5836~5851정)

③ 혹은 말하기를 경찰관이 직무에 관한 죄를 범하였다 할지라도 원심 판결에서 유죄의 증거로 채택한 것이 그 경찰관의 조서에 있지 아니하고 검사의 신문조서와 제1심 공판정에서의 청구인의 자백과 기타 원판결 증거 이유에서 채택한 증거에 의한 것임으로 수사관의 직무에 관한 죄만으로 재심청구를 할 실질적 이유가 없다고 항변할지 모르나, 이 점이야말로 원판결이 중대한 사실의 오인을 하게 된 연유 그것이며 〈형사소송법〉 상의 경찰관의 직무에 관한 유죄의 확정 판결이 있으면 무조건 독립한 재심 사유로 인정한 입법 취지를 몰이해함도 심한 것이라 하겠다. 무릇 현대의 민주적 형사제도에 있어서는 개인에 대한 인권보장과 사회안정에 관한 국가 보장 기능을 조화하기 위하여 범죄의 수사, 공소. 재판의 과정에 있어서 규문주의를 지양하였을 뿐만 아니라 그 어느 과정에서나 고문, 협박, 회유, 기망, 기타 부당한 장기 구류에 의한 자백 또는 진술은 그 증거력을 부인하고 있는 것이다. 우리 〈형사소송법〉 제420조 제7호에서 심판에 관여한 법관의 독직죄뿐만 아니라 공소의 제기 또는 그 공소의 기초된 수사에 관여한 검사나 경찰관이 그 직무에 관한 죄를 범하여 확정 판결에 의하여 증명이 될 때에는, 그 수사 또는 공소에 필요한 조서 기타가 유죄의 근거가 되었느냐 않았느냐를 불문하고,

단지 불법한 수사 또는 공소에 관여한 공무원의 범죄만으로 그 사건 자체의 신빙성이 희박함으로 무조건 재심 사유로 인정한 것이며, 이것은 상술한 규문주의를 배격하는 민주형사제도의 기본 이념에서 유래된 것이라 하겠다. 〈형사소송법〉 제312조 단항에서 "단, 검사 이외의 수사기관에서 작성한 피의자의 신문조서는, 그 피의자였던 피고인 또는 변호인이 공판정에서 그 내용을 인정할 때에 한하여 증거로 할 수 있다"라고 하여 경찰관의 신문조서에 대한 증거력을 제한하였음에도 불구하고 수사에 관여한 경찰관의 직무에 관한 범죄의 확정 증명만 있으면 무조건 재심 사유로 한 이유는 과연 무엇인가. 즉, 경찰관의 신문조서가 하등 유죄 판결의 증거 재료가 되지 않았을 경우에도 수사에 관여한 자의 직권남용죄로 인하여 그 사건 자체를 재심판하여야 한다는 것은 무슨 이유일까. 이것은 수사 과정에 있어서의 피의자에 대한 불법 감금, 고문, 협박, 기타 부당한 장기간의 구속 등의 공무원의 범법행위는 비록 피고인이 공판정에서 임의로운 자백이나 공술이 있었다 할지라도 수사 과정에 있어서의 이러한 불법행위로 인하여 피고인이 공판정에 나갔을 때에도 그 심리적 영향이 미치는 것을 전제로 하고 재판의 공정을 실할 우려가 있기 때문이다. 원판결은 이 점에 대한 법리를 몰이해하고 제1심에서의 청구인의 소위 자백을 신빙하려고 급급한 나머지 그 증거 이유에 있어서도 허다한 부조리와 모순을 범하고 있다. 즉,

④ 원판결은 그 판시 이유에서[판결 등본 867~870정], "피고인 양이섭은 제2심 공판정에서 검찰 및 제1심 공판정에서의 종전의 진술을 번복하고, 전기 괴뢰집단과 조봉암과의 관계 및 전기 자금의 출처 관계를 부인하고 종전의 자백이 협박, 회유, 유도, 기망에 인한 허위자백이라고 변소하고 있으나, 피고인이 주장하는 협박, 회유, 기타는 1건 기록에 의하면 극히 경미한 것으로서, 동 피고인의 판시경력에 비추어 동 피고인이 그만한 정도의 협박, 회유 등에 이기지 못하고 본건과 여한 중대한 범죄에 대하여 허위자백하였다고는 인정키 난(難)할 뿐 아니라, 피고인 조봉암이 본건으로 인하여 서울형무소 미결감에 재감할 시 계호간수인 제1심 상(相) 피고인 임신환을 개(介)하여 인방에 재감 중인 상 피고인 양이섭에게 전하려 하던 비밀쪽지(증 제4호)를 보면, '김 사장(양이섭을 말함)보시요. 나와 관계는 단순히 개인적으로 능력있는 대로 도와주었을 뿐이고 김이 이북 왕래한 사

실은 모른다. 무슨 거래 쪽지 운운한 것은 모두 거짓이다. 만년필도 한 개다, 특무대에서 고문에 못이기어서 한 말을 깨끗이 부인하시요. 당신의 말 한마디 나와 우리 진보당 만여 명 동지들의 정치적 생명에 관계가 되오. 결사적으로 부인하시오. 그것이 당신의 의무이기도 합니다. 변소에서 처치하시오'라고 되어있는바, 이 비밀쪽지에 의하더라도 피고인 조봉암, 동 양이섭의 관계는 무론이요…운운"하고 논시(論示)하였으나

첫째, 청구인이 제2심 공판정에서 종전의 진술을 번복하고 종전의 자백이 협박, 회유, 유도 등에 의한 것이라고 변소한 데 대하여 원심은 청구인의 경력 등에 비추어 그만한 정도의 협박, 회유 등에 이기지 못하였다고 인정키 난(難)하다고 간단히 처리하여 버린 것은 〈형사소송법〉 제309조 의제 자백의 증거력에 관한 규정, 동 제310조 불이익한 자백의 증거 능력 및 전기 재심 사유 등의 규정이 유래한 민주적 형사 법리를 몰이해한 것이라 아니 할 수 없다. 도대체 특무대에서 법관의 영장도 없이 1개월간 불법 감금을 한 후에 이루어진 자백이었다는 사실, 또 특무대에서 유서를 쓰고 자살을 기도하였다는 사실, 그리고 본건 기소까지의 단계에서 수사 검찰의 살기등등한 분위기 조성 사실 등을 전연 고려조차 함이 없이, 그저 청구인의 경력과 본건과 같은 중대한 사실에 그만한 정도에서 허위 자백을 할 수 있겠느냐고 하는 것은 본말을 전도함이 심한 것이다. 더구나 자백에 대한 증거력은 전기 각 법조에서 제한하였을 뿐만 아니라 자백에 대한 신빙성은 당해 재판을 수행하는 재판관만이 피고인의 언어, 동작, 표정, 기타 분위기 등을 고려하여 자유심증을 얻을 수 있는 것은 이론상으로나 종전 판례에 비추어 당연하다. 청구인의 자백은 제1심에서 행하였음에도 불구하고 자백을 받지 아니한 제2심과 상고심(上告審)인 원심에서 만연히 자백의 신빙성을 과대히 단정한 것은 자백 판정에 관한 자유심증주의 원리 자체에 위배되는 것이라 하겠다.

둘째로 이 자백의 신빙성을 과시하는 나머지 원판결은 상피고인 조봉암이가 청구인에게 전한 쪽지의 문구 내용을 그 내용과 상위되는 해석을 부가하여 전기 자백의 보강 증거로 하고 있으나, 쪽지 내용을 냉철히 검토하여 보면 청구인이 특무대에서의 고문 등으로 제1심에서 재판관 신문하는 대로 허위 사실을 그저 묵인하는 형태로 동 자백이라는 것이 이루어졌다는 것을 알 수 있을 것이다.

제2점

원판결은 청구인에 대한 상고를 기각함으로서 제2심에서 인정한 공소사실을 시인하였으나, 이에 관한 판시 사실 (1) 내지 (11)은 모두 특무대에서의 허위 자백에 연유된 것인 바, 동 판시 사실에는 청구인이 전후 12차에 걸쳐 제3차에는 미군 첩보기관원으로, 제9차에는 우리 국군 HID 첩자로서 남북교역을 하고 동 교역 시에 이북으로부터 물자의 기증 또는 교역 상품이 수수되었다는 사실이 판시되고 그것이 상피고인 조봉암에게 간첩 공작금으로 교부된 자금의 원천같이 판시하였으나 과연 그렇다면 판시 사실에 부합하는 교역 물품이 있어야 할 것인 바, 변호인 등이 조사, 확인한 바에 의하면

(가) 청구인의 귀환 보고서 중에는 중공군 이동 상황에 관한 정보를 위시하여 각종 군사상 중요 정보를 다수 수집하여 제출한 기록이 수록되어있음에 반(反)하여 적에게 유리한 정보를 제공한 사실은 전혀 없다.

(나) 또한 청구인이 남북교역 시에 반출한 물품 목록과(육군 HID 작성) 반입한 물품 목록(괴집 삼육공사 작성) 및 반입 물품 처분 명세서와 동 대금에 대한 상세한 증빙서류가 인천 육군 HID에 현존하여 있는바, 그 내용에 의하면 원판결에서 인정한 사실과 전연 상치된다. 이것은 〈형사소송법〉 제420조 제5호에 해당하는 재심사유로서 즉 동조(同條)에서 규정하는 "유죄의 선고를 받은 자에 대하여 무죄 또는 면소를, 형의 선고를 받은 자에 대하여 형의 면제 또는 원판결이 인정하는 죄보다 경(輕)한 죄를 인정할 명백한 증거가 발견된 때"에 해당한다. 그러므로 청구인은 인천에 소재하는 우리 국군의 첩보기관인 HID에 제출한 귀환보고서, 괴집의 삼육공사 물품목록, 육군 HID 물품목록 및 반입물품 처분명세서와 처분대금에 대한 상세한 증빙서류를 새로운 명백한 반증자료로서 제출한 바이나 전기 각종 문서는 개인의 입장으로서는 제출하기 난(難)함으로 귀원(貴院)의 재심결정과 더불어 그 제출을 요구하는 바이다.

이상과 같은 취지와 사유로써 재심을 청구하나이다.

첨부 서류

一. 제1, 2심 판결문 (추후 제출)

二. 제2심 공판정에 있어서의 증인 고영섭의 신문조서 (추후 제출)[241]

三. 제1심 공판정에 있어서의 증인 엄숙진의 신문조서 (추후 제출)[242]

四. 변호인 선임계(選任届) 1통

4292(1959)년 5월 30일

우(右) 재심청구인 대리인 변호사 이상규

서울고등법원 형사부 귀하

변호인 선임 신고서

피고인 양이섭

一. 번호 - 428□ 형(刑) 제 호

二. 사건 명 - 간첩

우(右) 피고사건에 관하여 서울 변호사회 소속 변호사 이상규 씨를 변호인으로 선임하고 자이(玆以) 연서(連署) 신고함.

4292(1959)년 5월 11일

우(右) 선임인 양이섭

본인의 무인(拇印)임을 증명함. 간수 □□□

241) 고영섭의 신문조서는 조봉암의 재심청구서 첨부서류로 제출되었으므로, 중복을 피하기 위해서 조봉암의 재심청구서 뒤에 해당 자료를 수록하고 여기에서는 제외하였다.

242) 엄숙진의 신문조서 역시 고영섭의 신문조서와 마찬가지이다.

서울특별시 중구 태평로 2가 365
변호인 변호사 이상규
서울고등법원 귀하

[출전 : 42권 169~181쪽]

41 구의견서 1959년 6월 24일

구의견서

죄명 - 간첩

의견을 구하는 사유 - 재심청구서 □□□□□□□□□

피고인 - 양이섭

우(右) 의견을 구함.

4292(1959)년 6월 22일

서울고등법원 형사 제2부

재판장 판사 김재옥

담당 오주영(吳周泳) 검사

서울고등검찰청 차장 검사 귀하

의견서

본 재심청구는 이유 없으므로 기각하심이 타당한 것으로 사료함.

4292(1959)년 6월 24일

서울고등검찰청 검사 오주영

서울고등법원

재판장 판사 김재옥 귀하

[출전 : 42권 182쪽]

42 변호인 소환장 1959년 6월 24일

송달증서(送達證書)

송달물(送達物)의 표시

피고인 - 양이섭

우(右) 당사자 간, 서울고등법원 4292(1959)년 형재 제6호 사건의 6월 27일 오전 10시

변호인 소환장 1통 첨부

수송달자의 표시 - 변(辯) 이상규

수취인의 서명 날인 우(又)는 송달 불능할 시 기타 사유 - 대(代) 박일웅(朴一雄)

송달의 연월일시 - 4292(1959)년 6월 24일 오후 5시 30분

사무원 고인(雇人) 우(又)는 동거자에게 송달하였을 시는 기(其) 사유 - 수송달자 부재임으로 사리(事理)를 변식(辨識)하는 동거의 사무원에게 송달하다.

우(右)와 여(如)히 취급함.

4292(1959)년 6월 24일

서울지방법원 집달리(執達吏) 홍승완(洪承完)

송달증서

송달물의 표시

피고인 - 양이섭

우(右) 당사자 간, 서울고등법원 4292(1959)년 형재 제6호 사건의 6월 27일 오전 10시 / 피고인 소환장 1통 첨부

수송달자의 표시 - 서울형무소
송달의 연월일시 - 4292(1959)년 6월 26일 오전 9시 □분
우(右)와 여(如)히 취급함.

4292(1959)년 6월 26일
서울지방법원 집달리 홍승완

[출전 : 42권 183~184쪽]

43 신문조서 1959년 6월 27일

신문조서

피고인 양이섭에 대한 간첩 피고사건에 관하여 동 피고인의 변호인 이상규로부터 재심청구가 유(有)하므로 4292(1959)년 서울고등법원 형사 제2부 재판장 판사 김재옥, 판사 편영완(片永完), 판사 장순용(張淳龍), 서기 김응교(金應教) 열석

검 사 오주영 출석
피고인 양이섭, 변호인 이상규 각 출석

재판장은 피고인에 대하여 여좌(如左) 신문하다.
문: 성명, 연령, 직업 및 주거는 여하(如何)
답: 성명은 양이섭, 연령은 당 53세, 직업은 무업(無業), 주거는 형(刑) 서울형무소 수감 중

재판장은 재심 취지를 명확히 하기 위하여 여좌(如左)히 신문하다.
문: 피고인은 간첩 등 피고사건에 관하여 재심청구를 한 사실이 있는가
답: 네. 4292(1959)년 6월 1일 동 청구서를 귀원(貴院)에 제출하였습니다.

문: 동 간첩 피고사건은 하시(何時)에 확정되었는가
답: 4291(1958)년 10월 25일 서울고등법원에서 사형의 판결 선고를 받고 불법 상고하였다가 동 4292(1959)년 2월 27일 대법원에서 상고 기각의 판결을 받아 동 일자로 확정되었습니다.

문: 재심청구의 이유는 동 청구서 기재 내용과 동일한가

차시(此時) 재판장은 청구서를 제시하고 기(其) 요지를 고하니
답: 네. 그런 이유가 있음으로 재심을 청구한 것인 바, 실제 피고인이 죄가 없다는 것은 하나님이 내려다보고 있을 것입니다.

문: 수사기관에서 불법 구속당한 기간은 여하(如何)
답: 4291(1958)년 2월 8일부터 약 40일간 불법 구속당하였습니다.

문: 특무대에서 피고인에 대한 조서를 허위 날조하였는가
답: 네. 피고인이 북한에 가서 보고 듣고 와서 한 말을 교묘히 범행으로 날조하여 방안지에 기재하였다가 동 방안지의 허위 사실을 기초로 하여 조서를 작성한 것이었습니다.

문: 기타 참고로 진술할 것은 없는가
답: 별로 없습니다.

재판장은 피고인 및 변호인에 대하여 본건소명 자료를 내(來) 7월 10일까지 제출할 것을 명하니 피고인 및 변호인은 지시 일자까지 무위(無違) 제출할 지□하다.

우(右) 조서는 진술자에게 읽어준 즉, 무위한 지(旨)를 진술하고 서명 무인(拇印)하다.

진술자 양이섭
4292(1959)년 6월 27일
서울고등법원 형사 제2부
재판장 판사 김재옥 / 서기 김응교

[출전 : 42권 185~188쪽]

44 결정 1959년 7월 15일

4292(1959)년 형재(刑再) 제6호

결정[243)]

본적 평안북도 강계군 강계읍 명륜동 45번지
주거 서울특별시 동대문구 신설동 12통 1반 번지미상
(현재 서울형무소 재감기결수(在監旣決囚))

재심청구인 양이섭
우(右) 변호인 변호사 이●●[244)]

피고인 양이섭(별명 양장우, 양명산, 김동호, 김 사장)에 대한 서울고등법원 4291(1958)년 형공 제958호 간첩 및 간첩방조 피고사건에 관하여, 동원이 4291(1958)년 10월 25일에 언도한 유죄판결(사형)에 대하여 동 피고인으로부터 상고신립이 있어 동건을 4291(1958)년 형상 제559호로서 대법원에서 4292(1959)년 2월 27일 동 피고인의 상고를 기각하는 판결을 언도하므로서 확정되었는바, 우(右) 동인으로부터 재심청구가 있었으므로 당원은 재심청구인 및 검사의 의견을 듣고 좌(左)와 여히 결정한다.

---

243) 양이섭의 재심청구에 대한 법원의 결정문으로, 진보당 형사사건기록 44권 3심 판결문 다음에 수록되어 있으나, 양이섭의 재심청구서 다음에 배치되는 것이 타당하므로 문서의 순서를 바꾼다. 뒤에 들어가 있지만, 3심 판결문 뒤에 들어가 있으나 조봉암의 재심청구서 뒤에 들어가는 것이 타당하므로 순서를 조정하여 수록하였다.

244) 원본 문서에는 변호인의 이름이 지워져 있는데, 이상규 변호사이다.

주문

본건재심청구를 기각한다.

이유

본건재심청구 이유 제1점은

원판결은 청구인에 대하여 공소의 기초된 수사에 관여한 사법경찰관이 그 직무에 관한 죄를 범하여 이루워진 수사의 토대 위에서 심리하여 유죄를 선고하였으니, 이는 〈형사소송법〉 제420조 제7호와 동법 제422조의 사유가 있는 경우에 해당하며 그 입증이 있어 재심청구에 이르렀다. 즉 청구인에 대한 간첩에 해당하는 원심 판시 사실은 청구인이 특무대 수사관 고영섭에게 자백한 것이 기초가 되고 이 자백이 검사의 신문조서와 제1심 공정에 이르기까지 그대로 유지되어 온 것인 바, 우 고영섭은 제2심 즉 원심에서 증인신문을 받을 때에 청구인을 1개월 간이나[4291(1958)년 2월8일부터 3월8일까지] 법적 절차를 밟지 않고 불법감금하였다는 사실과 그의 조서는 방안지의 진술한 일자를 기준으로 추후 작성하므로써 변조하였다는 사실 및 4291(1958)년 3월 8일자 구속영장에는 청구인을 제10 헌병대 영창에 구치하였다고 기재되었으나 청구인은 검찰청에 송청될 때까지 영창에 들어간 사실이 없음으로, 1건 조서는 동 수사관의 임의로 부실기재된 사실 등이 판명되므로써, 본건 공소의 기초된 수사에 관여한 사법경찰관이 〈형법〉 제124조 소정의 "재판 검찰 경찰 기타 인신구속에 관한 직무를 행하는 자 또는 이를 보조하는 자가 직권을 남용하여 사람을 체포 또는 감금한 죄"를 범한 경우에 해당할 뿐 아니라, 공문서의 부실기재 등 직무에 관한 죄를 범한 경우에 해당함은 그의 증언 자체에 의하여 명백하다. 다만 우(右) 각 죄를 범한 것이 확정판결로서 증명되지는 않었으므로 혹자는 〈형사소송법〉 제420조 제7호의 재심사유가 될 수 없다고 할른지 모르나 동법 422조에는 본건과 같은 경우를 상정하여, "전(前) 2조(条)의 상정에 의하여 확정판결로서 범죄가 증명됨을 재심청구의 이유로 할 경우에 그 확정판결을 받을 수 없을 때에는 그 사실을 증명하여 재심의 청구를 할 수 있다"고 규정하여, 그 구제의 길을 열은 것이며 본건의 입건 경위는 억지로 사실을 조작하여 기소도 되기 전에 차(此)를 공표하는 등 무리를 한 것이니, 전시 고영섭의 직무에 관한 죄를 기소치 않는 실정이며, 그 확정판결을 얻을 수 없음은 자연지사라. 이에 확정판결에 의하여 제2심 공정에서 증언한 고영섭 조사관의 증언을 증명자료로 삼는다. 혹은 말하기를 사법경찰관이 직무에 관한 죄를 범하였다 할지라도, 원심판결에서 유죄의 증거로 채택한 것이 우(右) 경관 작성의 조서에 있지 아니하고 검사의 신문조서와 제1심 공정에 있어서의 청구인의 자백과 기타의 증거에 의한 것이므로 수사관의 직무에 관한 죄만으로 재심청구를 할 실질적 이유가 없다고 할지도 모르나, 이 점이야말로 원판결이 중대한 사실의 오인을 하게 된 연유 그것이며 〈형사소송법〉 상의 경관이 직무에 관한 유죄의 확정판결이 있으면 무조건 독립한 재심사유로 인정한 입법취지를 몰각(沒却)함도 심한 것이라 할 것이다. 무릇 현대의 민주적 형사제도에 있어서는 개인에 대한 인권보장과 사회안정에 관한 국가보장 기능을 조화하기 위하여 범죄의 수사 공소 재판의 과정에 있어서 규문주의를 지양하였을 뿐만 아니라, 그 어느 과정에서나 고문, 협박, 회유, 기망, 기타 부당한 장기 억류에 의한 자백 또는 진술은 그 증거력을 부인하고 있는 것인바, 우리 〈형소법〉 제420조 제7호에서 심판에 관여한 법관 외에 공소의 제기 또는 그 공소의 기초된 수사에 관여한 검사나 경찰관이 그 직무에 관한 죄를 범하여 확정판결에 의하여 증명이 될 때에는 그 수사 또는 공소에 필요한 조서 기타가 유죄의 근거가 되었느냐 않되었느냐를 불문하고, 전시 범죄만으로서 그 사건 자체의 신빙성이 희박하므로 무조건 재심사유로 인정한 것이며, 이것은 상술한 규문주의를 배격하는 민주형사제도의 기본이념에서 유래된 것이라 하겠다. 또한 〈형소법〉 제312조 단서에서 "단 검사이외의 수사기관에서 작성한 피의자의 신문조서는 그 피의자였던 피고인 또는 변호인이 공판정에서 그 내용을 인정할 때에 한하여 증거로 할 수 있다"라고 하여, 경찰관의 신문조서에 대한 증거력을 제한하였음에도 불구하고 수사에 관여한 경찰관의 직무에 관한 범죄의 확정 증명만 있으면 무조건 재심사유로 한 이유는 과연 무엇인가. 즉 경찰관의 신문조서가 하등 유죄판결의 증거자료가 되지 않었을 경우에는 수사의 관여한 자의 직권남용죄로 인하여 그 사건 자체를 재심판하여야 한다는 것은 무슨 이유일가. 이것은 수사과정에 있어서의 피의자에 대한 불법감금, 고문, 협박,

기타 부당한 장기간의 구속 등 공무원의 범법행위는 비록 피고인이 공판정에서 임의로운 자백이나 공술이 있었다 할지라도 수사과정에 있어서의 어떠한 불법행위로 인하여 피고인이 공판정에 나갔을 때에는 그 심리적 영향이 미치는 것을 전제로 하고, 재판의 공정을 실할 경우가 있기 때문이다. 원판결은 이 점에 대한 법리를 몰이해하고 제1심에서의 청구인의 소위 자백을 신빙할려고 급급한 나머지 그 증거이유에 있어서도 허다한 부조리와 모순을 범하고 있다. 즉 원판결은 그 판시이유에서, "피고인 양이섭은 제2심 공판정에서 검찰 및 제1심 공판정에서의 종전의 진술을 번복하고, 전기 괴뢰집단과 조봉암과의 관계 및 전기 자금출처 관계를 부인하고, 종전의 자백이 협박, 회유, 유도, 기망에 의한 허위자백이라고 변소하고 있으나, 피고인이 주장하는 협박, 회유 기타는 1건 기록에 의하면 극히 경미한 것으로서 동 피고인의 판시 경력에 비추어 동 피고인이 그만한 정도의 협박, 회유 등에 이기지 못하고 본건과 여한 중대한 범죄에 대하여 허위자백을 하겠다고는 인정키 난(難)할 뿐 아니라, 피고인 조봉암이 본건으로 인하여 서울형무소 미결감 시 계호간수인 제1심 상 피고인 임신환을 개(介)하여 인방에 재감중인 상(相) 피고인 양이섭에게 전하려 하던 비밀쪽지(증 제4호)를 보면, '김 사장(양이섭을 말함) 보시요. 나와 관계는 단순히 개인적으로 능력있는 대로 도와주었을 뿐이고 김이 이북 왕래한 사실은 모른다. 무슨 거래 쪽지 운운한 것은 모두 거짓이다. 만년필도 한 개다. 특무대에서 고문에 못 이겨서 한 말을 깨끗이 부인하시요. 당신의 말 한마디 나와 우리 진보당 만여 명 동지들의 정치적 생명이 관계가 되오. 결사적으로 부인하시요. 그것이 당신의 의무이기도 합니다. 변소에서 처치하시오'라고 되어있는바, 이 비밀쪽지에 의하더라도 피고인 조봉암 동 양이섭의 관계는 물론이요…운운"하고 논시하였으나,

첫째, 청구인이 제2심 공판정에서 종전의 진술을 번복하고 종전의 자백이 협박, 회유, 유도 등에 의한 것이라고 변소한데 대하여, 원심은 청구인의 경력 등에 비추어 그만한 정도의 협박, 회유 등에 이기지 못하였다고 인정키 난하다고 간단히 처리하여 버린 것은 〈형사소송법〉 제309조 의제자백(擬制自白)[245]의 증거력에

245) 〈민사소송법〉에서, 당사자가 상대편이 주장한 사실에 대하여 반박하지 않거나 당사자 중 한쪽이 정해진 날에 출석하지 않은 경우에, 그 사실을 자백한 것으로 인정하는 것을

관한 규정 동법 제310조 불이익한 자백의 증거능력 및 전기 재심사유 등의 규정이 유래한 민주적 형사법리를 몰이해한 것이라 아니할 수 없다. 도대체 특무대에서 법관의 영장도 없이 1개월간 불법감금을 한 후에 이루어진 자백이었다는 사실, 또 특무대에서 유서를 쓰고 자살을 기도하였다는 사실, 그리고 본건 기소까지의 단계에서 수사검찰의 살기등등한 분위기 조성 사실 등을 전연 고려조차 함이 없이 그저 청구인의 경력과 본건과 같은 중대한 사실에 그만한 정도에서 허위자백을 할 수 있겠느냐고 하는 것은 본말을 전도함이 심한 것이다. 더구나 자백에 대한 증거력은 전기 각 법조에서 제한하였을 뿐만 아니라 자백에 대한 신빙성은 당해 재판을 수행하는 재판관만이 피고인의 언어, 동작, 표정, 기타 분위기 등을 고려하여 자유심증을 얻을 수 있는 것은 이론상으로나 종전판례에 비추어 당연하다. 청구인의 자백은 제1심에서 행하였음에도 불구하고, 자백을 받지 아니한 제2심과 상고심인 원심에서 만연히 자백의 신빙성을 과대히 단정한 것은 자백 판정에 관한 자유심증주의 원리 자체에 위배되는 것이라 하겠고, 둘째로 이 자백의 신빙성을 과시하는 나머지 원판결은 상(相) 피고인 조봉암이가 청구인에게 전한 쪽지의 문구내용을 그 내용과 상위되는 해석을 부가하여 전기 자백의 보강증거로 하고 있으나, 쪽지내용을 냉철히 검토하여 보면 청구인이 특무대에서의 고문 등을 제1심에서 재판관 신문하는 대로 허위사실을 그저 묵인하는 형태로 동 자백이 이루워졌다는 것을 알 수 있을 것이다.

본건재심청구이유 제2점은

원심판결 적시 제20의 (1) 내지 (11) 사실(피고인 양이섭, 동 조봉암에 대한 범죄)은 모두 전시 특무대에 있어서의 허위자백에 연유된 것인바, 이에 의하면 "청구인이 전후 12차에 걸처 남북을 왕래하며 그중 제3차에는 미군 간첩기관원으로, 제9차에는 우리 국군 HID 첩자로서 남북교역을 하고, 동 교역 시에 이북으로부터 물자의 기증 또는 교역상품이 접수되었다는 사실이 판시되고 그것이 상(相) 피고인 조봉암에게 간첩공작금으로 교부된 자금의 원천같이 되어있으나, 과연 이것이 진실이라면 판시 사실에 부합하는 교역상품이 있어야 할 것인바 변호인 등이 조

말한다.

사 확인한 바에 의하면, (가) 청구인의 귀환보고서 중에는 중공군 이동상황에 관한 정보를 위시하여 각종 군사상 중요정보를 다수 수집하여 제출한 기록이 수록되어 있음에 반하여 적에게 유리한 정보를 제공한 사실은 전혀 없고, (나) 또한 청구인이 남북교역 시에 반출한 물품 목록과(육군 HID 작성) 반입한 물품 목록(괴뢰 삼육공사 작성) 및 반입물품 처분명세서와 동 대금에 대한 상세한 증빙서류가 인천 육군 HID에 현존하여 있는바, 이 내용과 원심판결에서 인정한 사실과는 전연 상치된다. 이는 〈형사소송법〉 제420조 제5호에 해당하는 재심사유로서 '유죄의 선고를 받은 자에 대하여 무죄 또는 면소를 형의 선고를 받은 자에 대하여 형의 면제 또는 원판결이 인정하는 죄보다 경한 죄를 인정할 명백한 증거가 발견될 때'에 해당한다. 그러므로 인천 소재 HID 귀환보고서 괴뢰 삼육공사 물품목록 및 반입물물품 처분대금에 관한 상세한 증빙서류를 새로운 명백한 반증자료로서 귀원(貴院)의 재심결정과 더부러 제출을 요구한다"라고 운위(云謂)하는데 있다. 안컨대 〈형사소송법〉 제420조, 제421조 제1항, 제422조의 규정에 의하면 본건과 여(如)한 상고 기각판결에 대하여 재심을 청구함에 있어, 원판결의 증거 된 서류 또는 증거물이 확정판결에 의하여 위조 또는 변조인 것이 증명된 때(동법 제420조 제1호), 원판결의 증거된 증언 감정, 통역 또는 번역이 확정판결에 의하여 허위인 것이 증명된 때(동조 제2호), 원판결 전심(前審) 판결, 또 그 판결의 기초된 조사에 관여한 법관, 공소의 제기 또는 공소의 기초된 수사에 관여한 검사나 사법경찰관이 그 직무에 관한 죄를 범한 것이 확정판결에 의하여 증명된 때(동조 제7호)에 한하며, 다만 확정판결에 의하여 증명할 수 없을 때에는 〈형소법〉에 의하여 사실을 증명하여 재심을 청구할 수 있는 것인바, 본건 재심청구이유 제1점은 본건 공소의 기초된 수사에 관여한 사법경찰관(특무대 수사관)이 〈형법〉 제124조 '불법체포, 감금죄'를 범하였고 또 그의 청구인에 대한 피의자 신문조서는 변조 또는 부실기재된 것이라고 운위(云謂)하나, 이상 사실을 확정판결에 의하여 증명하지 못함은 청구인이 자인하는 바이고, 물론 여사한 증명을 할 수 없는 경우에는 기(其) 사실을 증명하여 재심청구를 할 수 있으나 청구인에 있어 이에 대한 하등의 증거를 제출치 않었으므로 그 증명도 없고, 직권으로 원판결[서울고등법원 4291(1958)년 형공 제958호]을 검토하여도 원판결이 소론과 여(如)한 조서를 증거로 한 하등이 흔적조차 발견할 수 없으며 그 여(余)의 소론은 독자적 견해로서 채택할 바 못 됨으로 그 이유가 없고, 다음 재심청구 이유 제2점은 〈형사소송법〉 제420조 제5호의 "유죄의 선고를 받은 자에 대하여 무죄 또는 면소(免訴)를 형(刑)의 선고를 받은 자에 대하여 형의 면제 또는 원판결의 인정한 죄보다 경(輕)한 죄를 인정할 명백한 증거가 새로 발견된 때"에 해당하는 사유가 있다는 것이 요지이나, 전시와 여히 본건과 여한 상고 기각판결에 대하여는 〈형사소송법〉 제420조 제1호 제2호 제7호의 사유가 있는 경우에 한하여 재심청구를 할 수 있는 것이므로, 소론과 여한 사유로서는 재심청구의 이유로 삼을 수가 없다.

이상 설시 이유에 의하여 본건 재심청구는 이유가 없다고 인정되므로 〈형사소송법〉 제434조 제1항에 의하여 차를 기각한다.

자(玆)에 주문과 같이 결정한다.

4292(1959)년 7월 15일

서울고등법원 형사 제2부

재판장 판사 김재옥(金在沃)

판사 □□□

판사 장순룡(張淳龍)

[출전 : 44권 1159~1184쪽]

45 결정 1959년 7월 30일

4292(1959)년 재(再) 제1호

결정[246]

본적 경기도 강화군 강화읍 관청리 번지미상
주거 서울특별시 성동구 신당동 ●●[247]
현재 서울형무소 재감
무직 조봉암 61세

우(右) 자에 대한 〈국가보안법〉 위반 간첩 간첩방조 법령 제5호 위반
각 피고사건에 관하여 4292(1959)년 2월 27일 본원이 선고한 확정판결에 대하여 변호인 등으로부터 재심의 청구가 있음으로 본원은 당사자의 의견을 듣고 다음과 같이 결정한다.

주문

본건 재심청구를 기각한다.

246) 조봉암의 재심청구에 대한 법원의 결정문으로, 진보당 형사사건기록 44권 3심 판결문 다음에 수록되어 있으나, 양이섭의 재심청구서 다음에 배치되는 것이 타당하므로 문서의 순서를 바꾼다. 뒤에 들어가 있지만, 3심 판결문 뒤에 들어가 있으나 조봉암의 재심청구서 뒤에 들어가는 것이 타당하므로 순서를 조정하여 수록하였다.

247) 원본 문서에는 번지가 지워져 있다.

이유

본건재심사유 제1점은

1. 원판결은 청구인에 대한 공소의 기초가 된 수사에 관여한 사법경찰관이 그 직무에 관한 죄를 범한 토대 위에서 유죄의 판결을 나렸음으로, 〈형사소송법〉 제420조 제7호의 해당사유가 있고, 동법 제422조의 취지에 적응하는 입증이 있다. 즉 청구인에 대한 간첩[248] 및 〈국가보안법〉 제1조와 제3조에 해당하는 원심 판시 사실은 주로 원심 상(相) 피고인 양이섭이가 특무대 수사관 고영섭에게 자백한 것이 기초가 되고, 이 자백이 검찰관 심문조서와 제1심 공판정에서 유지되어온 것인 바, 본건을 조사하고 수사한 고영섭은 제2심 공판정에서 증인신문을 받을 때에 상(相) 피고인 양이섭을 1개월이나[4281(1948)년 2월 8일부터 3월 8일까지] 하등 법정 절차를 밟지 않고 불법감금하였다는 사실과 동 피고인의 조서는 방안지의 진술한 날자를 기준으로 추후 작성함으로써 동 피고인의 자진 진술과는 변조되었다는 사실, 또 동년 3월 8일자 구속영장에는 동 피고인을 제10 헌병 중대 영창에 구치하였다고 기재되어 있으나, 동 피고인이 송청될 때까지 영창에 들어간 사실이 없으므로 1건 조서가 동 수사관의 임의로 부실기재되었다는 사실이 판명되었다(기록 5836~5851정 고영섭 증언). 이와 같이 본건 공소의 기초된 수사에 관여한 사법경찰관(특무대 고영섭은 그 직무를 수행하였음)이 자기 스스로의 증언으로서 본건 수사에 있어 법관의 적법한 구속 영장 없이 상(相) 피고인 양이섭을 1개월간 불법감금한 것은 분명히 〈형법〉 제124조에 규정하는 “재판, 검경, 경찰, 기타 인신구속에 관한 직무를 행하는 자 또는 이를 보조하는 자가 직권을 남용하여 사람을 체포 또는 감금한 죄에 해당하며, 공문서의 부실 기재 즉 영창에 구치한 사실이 없이 구치하였다고 허위조서를 작성하고 조서 작성의 일자 등이 전후 저어(齟齬)가 된 것은, 모다 직무에 관한 죄를 구성할 것이다. 위와 같은 사실은 제2심 공판정에서 상(相) 피고인 양이섭이가 특무대에서 고문, 회유, 기망, 협박을 당한 사실과 동인의 소위 자백과 조서가 전혀 특무대에서 일방적으로 작

248) 원문에서는 문서배치가 잘못 되어 있으나(원문 1160쪽과 1161쪽의 순서가 뒤바뀜), 내용상의 흐름을 위해 잘못된 문서배치를 수정하였다.

성되었다는 주장을 논외로 하고라도, 본 건을 담당하여 경찰관의 직무를 대리 수행한 고영섭 조사관 자신의 증언내용에 의하여 명백한 것이니, 이것이 이른바 〈형사소송법〉 제420조 재심사유 제7호의 공소의 기초된 수사에 관여한 경찰관이 그 직무에 관한 죄를 범한 것에 해당하는 것이라고 아니할 수 없다.

2. 논자(論者)는 말하기를 동조 제7호의 재심사유는 그 직무에 관한 죄를 범한 것이 확정판결에 의하여 증명될 때라고 하였으니, 청구인의 주장대로 전기 고영섭 조사관이 직무에 관한 죄를 범한 것은 사실일지라도 독직죄(瀆職罪)가 확정판결에 의하여 증명되지 아니한 현 단계임으로 재심사유가 될 수 없다 할지 모르나, 동법 제422조에는 본건과 같은 경우를 상정하여 규정하기를 '전(前) 2조의 규정에 의하여 확정판결로서 범죄가 증명됨을 재심청구의 이유로 할 경우에 그 확정판결을 받을 수 없는 때에는 그 사실을 증명하여 재심의 청구를 할 수 있다'라고 하여 그 구제(救濟)의 길을 열어놓은바, 본건 입건 경위에서 보는 바와 같이 수사기능과 전(全) 행정력을 동원하여 전연 증거가 없는 억지 사실을 이것저것 기소하여, 당초의 기소된 사실은 이미 원판결에서 모다 무죄가 된 것을 고려하고 기소 전 공표금지의 형법 규정을 무시하고 된 일, 안된 일을 억지춘향으로 공표하는 등의 당국의 처사를 아울러 추찰하면, 공판정에서 공공연히 불법감금의 사실과 부실기재의 사실을 자인하였음에도 불구하고 동 조사관을 표창할지언정 입건 처단하지 않은 실정을 알 수 있다. 따라서 불고불리의 원칙상 지금의 당국의 방침으로는 공무원의 직무에 관한 전기 범죄에 대하여 확정판결에 의한 증명을 구할 수 없게 되었으므로, 이것은 전기 조문의 확정판결을 얻을 수 없는 경우에 해당한다. 따라서 청구인은 확정판결에 의한 증명에 대할 수 있는 제2심 공판정에서 증언한 고영섭 조사관의 증언을 그 직무에 관한 죄의 자인서(自認書)로서 제출하는 바이다(기록 5836~5851정).

3. 혹은 말하기를 경찰관이 직무에 관한 죄를 범하였다 할지라도 원심판결에서 유죄의 증거로 채택한 것이 그 경찰관의 조서에 있지 아니하고, 검사의 신문조서와 제1심 공판정에서의 상(相) 피고인 양이섭의 자백과 기타 원판결 증거이유에서 채택한 증거에 의한 것임으로, 수사관의 직무에 관한 죄만으로 재심청구를 할

실질적 이유가 없다고 항변할 지 몰으나, 이 점이야말로 원판결이 중대한 사실의 오인을 하게 된 연유 그것이며, 〈형사소송법〉에 경찰관의 직무에 관한 유죄의 확정판결이 있으면 무조건 독립한 재심사유로 인정한 입법취지를 몰이해함도 심(甚)한 것이라 하겠다. 무릇 현대의 민주적 형사제도에 있어서는 개인에 대한 인권보장과 사회안정에 관한 국가보장기능을 조화하기 위하여 범죄의 수사, 공소, 재판의 과정에 있어서 규문주의(糺問主義)[249]를 지양하였을 뿐만 아니라, 그 어느 과정에서나 고문, 협박, 회유, 기망, 기타 부당한 장기구류(長期拘留)에 의한 자백 또는 진술은 그 증거력을 부인하고 있는 것이다. 우리 〈형사소송법〉 제420조 제7호에서 심판에 관여한 법관의 독직죄뿐만 아니라 공소의 제출 또는 그 공소의 기초된 수사에 관여한 검사나 경찰관이 그 직무에 관한 죄를 범하여 확정 판결에 의하여 증명이 될 때에는 그 수사 또는 공소에 필요한 조서 기타가 유죄의 근거가 되었느냐 않었느냐를 불문하고, 단지 불법한 수사 또는 공소에 관여한 공무원의 범죄만으로 그 사건 자체의 신빙성이 희박함으로 무조건 재심 사유로 인정한 것이며, 이것은 상술한 규문주의를 배격하는 민주형사제도의 기본이념에서 유래되는 것이라 하겠다. 〈형사소송법〉 제312조 단항(但項)에서, '단(但) 검사 이외의 수사기관에서 작성한 피의자의 신문조서는 그 피의자였던 피고인 또는 변호인이 공판정에서 그 내용을 인정할 때에 한하여 증거로 할 수 있다'라고 하여 경찰관의 신문조서에 대한 증거력을 제한하였음에도 불구하고, 수사에 관여한 경찰관의 직무에 관한 범죄의 확정 증명만 있으면 무조건 재심사유로 한 이유는 과연 무엇인가. 즉 경찰관의 신문조서가 하등 유죄판결의 증거재료가 되지 않었을 경우에도, 수사에 관여한 자의 직권남용죄로 인하여 그 사건 자체를 의당 재심판하여야 한다는 것은 무슨 이유일까, 이것은 수사과정에 있어서의 피의자에 대한 불법감금, 고문, 협박, 기망, 기타 부당한 장기간의 구속 등의 공무원의 범법행위는, 비록 피고인이 공판정에서 임의로운 자백이나 공술이 있었다 할지라도, 수사과정에 있어서의 이러한 불법행위로 인하여 피고인이 공판정에 나갔을 때에도 그 심리적 영향이 미치는 것을 전제로 하고, 재판의 공정을 실(失) 할 공산이 큰 것을 우

249) 형사소송절차의 개시와 심리가 일정한 소추권자의 소추에 의하지 않고 법원의 직권에 의하여 행해지는 주의.

려하기 때문이다. 다시 말하면 불법감금, 고문 등 공무원의 직무에 관한 범죄자의 토대 위에서 수사 조사된 사건은 그 공소사실의 진부(眞否)에 관계없이 재심사유까지 되고 있는 것을 고려한다면, 원판결은 이 점에 대한 법리를 몰이해하고 제1심에서의 상 피고인 양이섭의 자백을 신빙할려고 급급하는 나머지 그 증거 이유에 있어서도 허다한 부조리와 모순을 범하고 있다. 즉

4. 원판결은 그 판시이유에서[판결 등본(謄本) 867정~870정], “피고인 양이섭은 제2심 공판정에서 검찰 및 제1심 공판정에서의 종전의 진술을 번복하고, 전기 괴뢰집단과 조봉암과의 관계 및 전기 자금의 출처 관계를 부인하고 종전의 자백이 협박, 회유, 유도, 기망에 인한 허위자백이라고 변소하고 있으나, 피고인이 주장하는 협박, 회유, 기타는 1건 기록에 의하면 극히 경미한 것으로서, 동 피고인의 판시경력에 비추어 동 피고인이 그만한 정도의 협박, 회유 등에 이기지 못하고 본건과 여한 중대한 범죄에 대하여 허위자백하였다고는 인정키 난(難)할 뿐 아니라, 피고인 조봉암이 본건으로 인하여 서울형무소 미결감에 재감할 시 계호간수인 제1심 상(相) 피고인 임신환을 개(介)하여 인방(隣房)에 재감 중인 상 피고인 양이섭에게 전하려 하던 비밀쪽지(증 제4호)를 보면, ‘김 사장(양이섭을 말함)보시요. 나와 관계는 단순히 개인적으로 능력있는 대로 도와주었을 뿐이고 김이 이북 왕래한 사실은 모른다. 무슨 거래 쪽지 운운한 것은 모두 거짓이다. 만년필도 한 개다, 특무대에서 고문에 못이기어서 한 말을 깨끗이 부인하시요. 당신의 말 한마디 나와 우리 진보당 만여 명 동지들의 정치적 생명에 관계가 되오. 결사적으로 부인하시오. 그것이 당신의 의무이기도 합니다. 변소에서 처치하시오’라고 되어있는바, 이 비밀쪽지에 의하더라도 피고인 조봉암, 동 양이섭의 관계는 무론(無論)이요. 동 조봉암과 괴뢰집단과의 판시, 밀통(密通), 야합 관계를 충분히 추측할 수 있는바, 서상(叙上) 각 사실을 종합하면, 피고인 조봉암이 당초 진보당의 결당을 착상한 당시는 여하간 해(該) 결당의 추진 도중에 있어서, 북한 괴뢰집단의 지령을 받고 괴뢰와 합작하여 평화통일의 구호아래 대한민국을 변란할 목적으로 진보당을 구성하여 수괴(首魁)인 동당 중앙당 위원장에 취임한 사실을 충분히 인정할 수 있다. 물론 정당이나 단체는 인적 결합임으로 피고인 조봉암 1명만으로 정당이 조직될 수 있는 것이 아니요. 조봉암 개인의 내심의 의도가 바로 조

직된 정당의 성격을 결정하는 것은 아니라 할 것이나, 본건 진보당은 피고인 조봉암이 주동 발의하여 추진 결당된 것이며 해(該) 결당 목적이 괴뢰집단과 밀통야합하여 그 지령하에 대한민국을 변란하려 함에 있음이 명백한 이상, 정(情)을 모르고 해(該) 결당에 참가한 자는 논외이나, 피고인 조봉암은 국헌을 위배하여 정부를 참칭하는 괴뢰집단에 부수하여 국가를 변란할 목적으로 결사를 구성한 죄책을 면할 수 없고, 동 피고인에 의하여 조직된 진보당 역시 자체의 성격의 위법여부에 불구하고 불법단체임을 면할 수 없다할 것임으로 운운"하고 논시(論示)하였으나,

첫째 상(相) 피고인 양이섭이가 제2심 공판정에서 종전의 진술을 번복하고, 종전의 자백이 협박, 회유, 유도, 기망에 의한 점이란 변소를, 동 피고인의 경력 등에 비추어 그만한 정도의 협박, 회유 등에 이기지 못하였다고 인정하기 어렵다고, 간단히 처리하여 버린 것은 〈형사소송법〉 제309조 의제자백(擬制自白)의 증거력 및 전기 재심사유 등의 규정이 유래한 민주적 형사법리를 몰이해한 것이라 아니할 수 없다. 도대체 특무대에서 법관의 영장도 없이 1개월을 불법감금을 한 후에 이루어진 자백이였다는 사실, 또 특무대에서 유서를 쓰고 자살을 기도하였다는 사실, 그리고 본건 기소까지의 단계에서 수사 검찰의 살기등등한 분위기 조성 사실 등을 전연 고려조차 함이 없이, 그저 양이섭의 경력과 본건과 같은 중대한 사실에 그만한 정도에서 허위자백을 할 수 있겠느냐고 하는 것은 본말을 전도함이 심(甚)한 것이다. 위에서도 지적한 바와 같이 다른 고문 사실을 논외로 하고라도, 불법감금의 토대 위에서 구축된 조사는 재심사유까지 된다는 점을 상도하면, 어찌하여 특무대에서의 자백이나 그 공포적 심리의 연장인 제1심에서의 상(相) 피고인 양이섭의 자백을 신빙할 수 있을 것인가, 더구나 자백에 대한 증거력은 전기 각 법조에서 제한하였을 뿐 아니라, 자백에 대한 신빙성은 당해 재판을 수행하는 재판관의 면전에서 행할 때에 피고인의 언어, 동작, 표정, 기타 그 분위기를 목격하고 심판하는 법관만이 그에 대한 자유심증을 얻을 수 있다는 것은, 이론상으로나 일본 대심원 등의 판례에 비추어 당연하다. 더구나 제1심에서의 본건 상(相) 피고인 양이섭의 자백은 자진 공술된 것이 아니고, 법관이 특무대 및 검찰조서를 낭독할 때에 그저 묵인하는 형태로 수행되었으며, 따라서 제1심 판결에서 법조 적용과 양형 등이 이러한 점에 대한 신빙력에 많이 참작되었을 것임에도 불

구하고, 오히려 자백을 받지 않이한 제2심과 상고심인 원심에서 만연히 자백의 신빙성을 과대히 단정한 것은, 자백 판정의 자유심증주의 원리 자체에 위배되는 것이라 하겠다.

둘째로 이 자백의 신빙성을 과시하는 나머지 원판결은 제1심의 상 피고인 임신환이가 청구인의 쪽지를 상(相) 피고인 양이섭에게 전달하였다는 문구내용을 그 문구내용과 상위(相違)되는 해석을 부가하여 전기 자백의 보강증거로 한 것은, 자백에 대한 신빙력의 기본 출발점의 착오를, 일단 더 비약하여 견강부회한 것이라 아니 할 수 없다. 판시 쪽지내용은 적어도 이성을 잃지 않고 본다면 그 어느 구절이 이북괴뢰의 지령을 받었다고 규정할 자료가 되며, 그와 야합 부수하였다는 입증이 될 수 있는 것인가. 그것은 오히려 고문에 못 이기여 억울한 범죄사실을 날조(捏造)했으니 진실대로 말하라는 의미 이상의 것이 아님은 그 문리(文理)도 자명한 것이며 청구인의 결백과 무고함을 입증할 수 있는 자료로 될 수 있을 것이다 함에 있다.

심안하니 공소의 기초된 수사에 관여한 사법경찰관이 그 직무에 관한 죄를 범한 것이 확정판결에 의하여 증명된 때에, 차(此)를 재심사유로 할 수 있음은 〈형사소송법〉 제420조 제7호의 규정하는 바이며, 해(該) 확정판결을 얻을 수 없는 때에 그 사실을 증명하여 재심청구를 할 수 있음은 동법 제422조 본문의 규정하는 바이나, 동조(同條) 소정의 확정판결을 얻을 수 없는 때라 함은 공소시효의 완성 등으로 검사의 공소 제기를 기대할 수 없어 확정판결을 얻을 수 없는 때를 말하는 것이며, 검사의 공소권의 불행사(不行使) 또는 기소유에 처분 등으로 인하여 확정판결을 얻을 수 없는 때는 차를 포함하지 않는다고 해석할 것인 바, 본건 공소의 기초된 수사에 관여한 소론(所論) 고영섭이 본건에 관하여 직무에 관한 죄를 범한 것이 확정판결에 의하여 증명된 바 없고, 또 해(該) 확정판결을 얻을 수 없는 이유가 검사의 공소권의 불행사에 있음은 논지 자체에 의하여 명백한 바 있음으로 이 점에 관한 주장은 이유 없다.

동 제2점은

원판결은 상 피고인 양이섭에 대한 상고를 기각함으로써 제2심에서 인정한 공소사실을 시인하였으나 동인에 대한 판시 사실 (1)내지 (11)은 모다 동인의 특무대에서의 허위자백(〈형사소송법〉 제309조에 소위 의제자백)에 연유된 것인바, 동 판시 사실에는 동인이 전후 12차에 걸처 제3차에는 미군 첩보기관원으로 후 9차에는 우리 국군 HID 첩자로서 남북교역을 하고 동 교역 시에 이북으로부터 물자의 기증 또는 교역상품이 수원(受援)되었다는 사실이 판시되고 그것이 청구인에게 간첩공작금으로 교부된 자금의 원천인 것 같이 판시하였으나 과연 그렇다면 판시 사실에 부합하는 교역물품이 있어야 할 것인바, 변호인 등 조사 확인한 바에 의하면

(가) 상(相) 피고인 양이섭의 귀환보고서 중에는 중공군(中共軍) 이동상황에 관한 정보를 위시하여 각종 군사상 중요정보를 다수 수집 제출한 기록이 수록되어 있음에 반하여 적에게 유리한 정보를 제공한 사실은 전연 없다.

(나) 또한 상(相) 피고인 양이섭이가 남북교역 시에 반출한 물품목록과(육군 HID 작성) 반입한 물품목록(괴집 삼육공사 작성) 및 반입물품 처분명세서와 동 처분대금에 대한 명세(明細)한 증빙서류가 인천 육군 HID에 현존하여 있는바 그 내용에 의하면 원판결에서 인정한 사실과 전연 상치된다. 이것은 〈형사소송법〉 제420조 제5호에 해당하는 재심사유로서 즉 동조(同條)에서 규정하는 "유죄의 선고를 받은 자에 대하여 무죄 또는 면소를, 형의 선고를 받은 자에 대하여 형의 면제 또는 원판결이 인정하는 죄보다 경(輕)한 죄를 인정할 명백한 증거가 발견된 때"에 해당한다. 그러므로 청구인은 상(相) 피고인 양이섭이가 인천에 소재하는 우리 국군의 첩보기관인 HID에 제출한 귀환보고서와 괴집의 삼육공사 물품목록과 육군 HID 물품목록 및 반입물품 처분명세서와 처분대금에 대한 상세한 증빙서류를 새로운 명백한 반증자료로서 제출한 바이나 전기 각종 문서는 개인의 입장으로서는 제출하기 난(難)함으로 귀원(貴院)의 재심결정과 더부러 그 제출을 요구하는 바이다 함에 있다.

그러나 소론 각 증거는 유죄의 선고를 받은 자에 대하여 무죄 또는 면소를 형의 선고를 받은 자에 대하여 형의 면제 또는 원판결이 인정하는 죄보다 경한 죄를 인정할 명백한 증거로 인정키 난(難)할 뿐 아니라 1건 기록에 의하면 명백한 증거가 새로 발견된 경우라고도 인정키 난함으로 이 점에 관한 주장은 이유없다.

동 제3점 및 제4점은

1. 원판결은 청구인을 대리하는 상고심의 변호인 신태악의 상고이유 제1점 즉 공소의 수리절차가 법령에 위배하였다는 주장에 대하여, 그 판시에서 하등의 언급조차 없을 뿐 아니라 확실히 동 주장은 이유 있음에도 불구하고 이 점을 간과 내지 묵살하였음은 위법이라 아니 할 수 없다. 즉 청구인 등에 대한 본건 공소는 4291(1958)년 2월 8일자 동년 2월 17일자 동년 4월 7일자(접수는 4월 8일 기록 3958장) 및 동년 6월 13일자(기록819장)을 각각 4차에 긍(亘)하여 공소장이 제출되었고, 우 2월 8일자의 제1차 공소장 이외는 추가공소의 형식으로 공소된 것이나 여사한 추가공소는 〈형사소송법〉 제298조의 규정에 의하여 공소사실의 동일성을 해하지 아니하는 한도에서 법원의 허가를 얻어야 함에도 불구하고, 전기 추가공소 중 6월 13일자 공소장(기록 4819장) 이외에는 법원의 허가를 얻은 사실상 및 기록상에 합법적 절차가 결여되었을 뿐 아니라 원판결에서 유죄로 한 4월 7일자 공소는 (간첩 양이섭사건) 청구인에 대한 2월 17일자 공소사실 1, 2, 3 간첩 및 간첩방조의 혐의사실과는 전연 별건임으로 피의죄명이 동일할 뿐 양개(兩個)사건은 하등 동일성이 없음으로 추가공소에서 허가될 성질의 것이 아님에도 불구하고, 하등의 허가절차와 동일성에 대한 합리적 근거도 없이 공전된 공소를 적법한 공소가 법원에 계속된 것 같이 암암리에 인정하여 덮어놓고 유죄와 판결을 한 것은 불고불리의 대원칙에 위배하는 것으로, 이것은 형식적인 판결이 있었다고 할지라도 실질적 의미의 판결은 있었다고 할 수 없는 것이다. 이러한 입장에서 이를 보면 원판결은 당연 무효인 판결이라고 아니 할 수 없다. 〈형사소송법〉 제420조 각 항에 열거한 지엽적인 사유도 재심사유가 되거니와, 황차(況且) 당연 무효인 사실이 유죄판결로 인정되었다면 이 점이 바로 재심사유가 될 것이다. 제4점 원판결은 서상(敍上) 제1점 내지 제3점의 재심사유가 되는 근원적 불합리한 토대 위에서 이루어졌음으로, 아래에 지적하는 바와 같은 위법과 모순당착 및 심리미진의 불비가 있다. 원판결은 〈형법〉 제98조의 법리를 오해하고 간첩의 개념을 기상천외로 광대한 위법이 있다. 〈형법〉 제98조에 의하면 적국을 위하여 간첩하거나 적국의 간첩을 방조한 자를 처벌하게 되어있다. 그러면 간첩이란 무엇인가 그것은 군사상의 기밀을 탐지 수집하는 자를 말하는 것임은 동조 제2항의 관계로 보아 정당한 해석이라 하겠다. 특히 동법 제99조가 전(前) 7조에 기재한 이

외에 군사상의 이익을 해하거나 적국에 군사상 이익을 공여한 자의 처벌을 규정하고, 동조 소정의 전 동조 중에는 전기(前記) 98조가 포함되어 있음으로 소위 간첩죄가 군사상의 기밀에 관한 것임은 명백한 바가 있다. 변호인 등은 대법원 판례가 종전의 판례에서도 상술한 바와 같은 법리에서 간첩죄를 규정하고 있는 점을 양지하고 있을 뿐 아니라, 오늘과 같은 총력전 시대에 있어서 군사상이란 용어도 직접군사관계가 아닐지라도 경제 문화 정치에 대한 기밀수집의 상당 인과관계의 관점에서 군사상 기밀로 추단될 수 있는 데까지 확대해석 하여온 종전의 대법원의 입장을 이해한다. 또 기밀이란 개념이 반드시 극비에 속하는 국가기밀만에 한정될 수 없다는 견해에도 수긍할 수 있다. 그러나 그렇다고 하여 상당인과관계의 범주와 사회적 양식을 떠나서 우주삼라만상(宇宙森羅萬象)의 연관성을 말하는 듯이, 일체의 정치 경제 문화 현상 내지 공지(公知) 또는 비밀성 보지의 필요성 여부에 관계없이 간첩개념을 확대해석하는 것은, 상기 대법원이 종전의 입장에도 위배되는 것이며 물론 〈형법〉 제98조에도 배치되는 것이다. 과연 그렇다면 본건 판시 사실은 그 판시 사실대로 인정한다하더라도 청구인이 소위 간첩행위를 하였다는 사실은 진보당의 공개된 정강정책 기타 간부 등의 유인(油印) 명단을 상 피고인 양이섭에게 교부하였다는 것뿐인 바, 진보당의 정강정책 책자나 명단이 어찌하여 대한민국의 군사상의 기밀로까지 확대될 수 있을 것인가. 혹자가 주장하는 바와 같이 직접 군사관계가 아닐지라도 인구의 조사 등이 간접적으로 군사상 기밀과 연관될 수 있다는 예 등은, 사회양식에 의한 상당 인과관계론의 입장에서 이해할 수 있으나, 우주현상의 관련성을 주장하는 철학을 논하지 않은 이상, 어찌 진보당의 당헌 정책 등 공개된 소책자 등을 일반적으로 교부한 것이 대한민국의 군사적 기밀을 제공한 것으로까지 비약 판단될 수 있을 것인가. 더욱이 전기 책자에는 공산독재를 배격하고 괴뢰집단의 책임을 규탄하는 구구절절이 실려있음에도 불구하고, 이러한 취지의 서책이 어찌하여 이적간첩의 재료가 될 것인가. 인간의 양식으로 이해할 수 없는 일이라 아니할 수 없다.

2. 원판결은 청구인이 공소사실을 시종일관 부인한 사실을 인정하면서 상(相) 피고인 양이섭의 특무대 및 검찰 제1심 공판정에서의 자백 또는 묵인만을 인정하고, 또 이 자백에 대한 보강증거로 청구인의 소위 쪽지사건과 제1심 공판에서

이정자, 엄숙진 등의 증언을 열거하여 공소사실을 인정함에 충분하다고 하였으나 상기한 바와 같이 청구인의 쪽지사건의 문구내용은 오히려 청구인의 결백을 입증할 자료는 될지언정 유죄의 방증으로 될 수 없으며, 더욱이 HID 기관원인 엄숙진의 증언은 상(相) 피고인 양이섭이가 HID의 엄격한 감시하에서 우리나라 첩자로서 남북교역을 하였고, 또 교역시의 물품 기타 금전의 수수관계는 HID에서 모를 수 없는 일이라 하였으며, 따라서 양 피고인도 엄중한 규율하에서 우리 민국의 첩자였다는 것을 입증하는 취지였다(기록5857정 이면 10행~5859정 이면 9정 이면 8행). 그러므로 엄숙진의 증언은 상(相) 피고인 양이섭이가 대한민국의 첩자라는 증언이 될지언정, 괴뢰의 간첩이였다는 방증이 될 수 없음은 그 증언 취지상 명백할 뿐 아니라 만일 원판결의 논지대로 여사한 방증을 채택할려면 양이섭이가 제출한 귀환보고서 및 물품목록이 기소장과 부합된다는 것이였어야 할 것이다. 그런데 엄숙진의 증언가운데에는 분명히 양이섭이가 이북 교역시마다 귀환보고서와 물품목록을 제출하여왔으며, 그것은 엄중한 감시하에서 행동되기 때문에 허위된 것이 있을 수 없다는 것을 입증한 것이니, 정말 방증으로 하여야 할 물품목록 등의 제출요구 등은 채택되지 아니하고 청구인에게 유리하여야 할 증언 취지를 도리혀 반대로 청구인에 대한 유죄의 방증으로 삼은 것은 논리의 모순도 심한 것이라 하겠다. 또 이정자 등의 증언은 딸라를 교환하여 주었다는 시중 브로카의 역할을 한 것에 불과한 것임에도 불구하고, 그것이 어찌하여 딸라가 괴집에서 나왔다거나 간첩자금이 된다는 방증이 될 수 있을 것인가. 원판결은 논리의 비약이 심한 것이다.

3. 원판결은 판시 사실대로 보더라도 청구인과 상(相) 피고인 양이섭 간에 이북 괴집의 자금후원에 관한 합의가 없음에도 불구하고, 사실과 논리적 판단을 떠나서 견강부회하여 그 합의가 있는 것 같이 망단하였다. 이 점에 관한 판시를 보면 "우리 양인(兩人) 사이는 피차 과오가 있더라도 고발할 처지가 아니니 말하겠다고 전제한 다음, 기실(其實)은 자기는 남북교역으로 돈을 벌었는데 북에서 전시 박일영을 만나서 동인으로부터 전(前) 동지(同旨)의 지령을 받았다고 한 즉 동 조봉암은 긴장한 얼굴로 약 30분간 침묵하다가 김(양이섭)이 돈을 버렸다면 개인적으로 후원하여 달라고 하므로써 은연히 차(此)를 수락하고"(원판결문 828~829정)

라고 되어있고, 기후(其後) 다시 "박일영으로부터 받은 지령의 내용을 전한 바, 동 조봉암은 웃으면서 김(양이섭)이 돈을 벌었다면 개인적으로 원조해 달나는데 왜 딴소리하는가 하므로, 동 양이섭은 동 조봉암이 승낙한 줄 알고"(원 판결문 830정)라고 되어있다. 처음에 '개인적으로 후원하여 달라'고 한 것이 '은연히 수락한 것이고', 다음에 '개인적으로 후원해달라는 데 왜 딴소리 하는가'한 것이 '승낙'한 것이 된다는 말이니, 무슨 논리인지 알 수 없다. 남북교역으로 돈을 버렀다는 양에게 대하여 '돈을 벌었다면 개인적으로 후원해달라'고 하였다면 괴집관계에 대하여는 은연히 수락한 것이 아니라 도리혀 '확연히 거절'한 것이라고 보는 것이 합리할 것이며, '왜 딴소리하는가' 하였다면 '승낙하는 줄 알 것'이 아니라 단연 거절하면서 질책한 것이라고 이해할 것이 당연함에도 불구하고, 원판결은 그릇된 자백을 시인한 위에 그 자백내용까지도 왜곡하여 사실무근의 유죄를 단정하였다.

4. 상(相) 피고인 양이섭은 대한민국 육군 HID 첩자로서 대북 활동한 사실은 1건 기록상 명백함에도 불구하고 원심에서는 하등 근거없이 괴집의 첩자로 판시하였으나, 육군 HID 소속 동 피고인의 담당 책임자 엄숙진의 증언의 취지로 보든지 제1심 공판정에서 변호인 김춘봉의 동 피고인에 대한 보충신문 중 동 피고인을 지칭하며 '이중첩자를 하는 자(者)아' 운운한데 대하여, 입회검사는 동 발언을 반박하며 "군의 대북공작에 있어서의 첩자는 모다 이중첩자인데 대한민국의 첩자로서 훌륭한 업적을 올린 애국자 양 피고인에 대하여 모욕적인 용어를 사용한다면 금후 첩보활동에 지장을 초래할 우려가 있으므로 그 발언을 취소하고 그 발언의 의도를 해명하라"고 재판부에 강경히 요구한 일이 있는 점으로 보든지, 전기 육군 HID에 보관된 전기 각종 문서의 내용으로 보더라도 양 피고인은 어디까지나 대한민국을 위한 충실한 첩자일지언정 결코 괴집의 첩자로 인정할 근거가 없다. 상(相) 피고인 양이섭을 육군 HID 첩자로 채용하여 대북공작을 함에 있어서 대한민국의 정보를 3 내지 4를 괴뢰에 제공하고, 괴뢰로부터 6 내지 7의 정보를 수집하여 오는 이중간첩으로 사용한 이상, 양의 행동을 우리 법원에서 적의 간첩으로 문책할려며는 위에 반대되는 즉 괴뢰로부터 3 내지 4의 정보를 수집 보고한 데 반하여 대한민국의 정보 6 내지 7을 적에게 제공하였다는 사실을 입증하여야만 할 것이다.

5. 원판결은 구(舊) 〈국가보안법〉 제1조의 법리를 오해하였을 뿐 아니라 전후가 모순당착 되는 이유불비의 저어(齟齬)가 있다. 즉 〈국가보안법〉 제1조의 구성요건은, 첫째 정부를 참칭한 괴집에 부수하였다는 점. 둘째 국가변란의 목적으로 결사를 하였다는 점의 요건이 규정된 바, 원판결 판시이유에서 명시한 바와 같이 본건 진보당의 정강정책은 제2심의 왜곡된 판시 사실대로 할지라도 헌법에 위배되지 아니할 뿐 아니라, 진보당이 주장하는 평화통일 정책도 언론자유의 한계를 이탈하지 않은 합헌적인 것이라고 하였음에도 불구하고, 동 정강정책을 신봉 주장한 상(相) 피고인 등에 대하여는 전원 무죄를 하면서, 유독 청구인만을 국가변란의 목적행위로 인정하여 유죄를 단정하였을 뿐 아니라, 형사재판의 한계를 이탈하고 논리적 모순을 감행하여 진보당 자체의 불법을 천명하였다. 원판결이 개인과 단체 형사책임과 정치책임의 구별을 시인하는 듯하면서도, 청구인 개인의 범죄가 곧 정당 자체의 불법으로까지 승화할 수 있는 것 같이 논단한 것은 무슨 착각에서일까. 판시이유에서는 이 점에 관한 충분한 해명이 없으나, 혹자는 논하기를 개인의 행동이 단체에 미치는 예로서 살인단체를 음모하고 획책 구성한 것을 열거하였는바 살인단체를 배후에서 조종하고 지휘명령한 자가 비록 살인실천행위에 가담하지 않었드라도 공동정범으로 율(律)하여야 한다는 것은 학자 간에 이론이 없으니 형법 총칙 공범이론에서 도출되는 결론임에는 틀림없다. 그러나 이 경우에 있어서도 살인단체라고 규정지을랴면, 살인행동을 한 것이 나타나야 할 것이며 만일 그 단체가 합법적인 목적만을 수행하는데 배후에 어떤 개인이 살인단체로 활용할 음모기도를 하였다고 하면 그것이 미연에 발각되었을 때 그 음모자는 살인죄로 되는 것이 아니고, 살인음모 또는 예비죄에 걸릴 것이며 그 사실을 모르고 또 실질적으로 합법적 일을 수행한 그 단체 구성원도 형사상 죄책이 없을 뿐 아니라 그 단체를 불법단체로 규정지을 수는 없는 것이다. 그런데 이 경우에 있어서 살인행위는 음성적이거나 양성적이거나 간에 불법행위임으로 문제의 이해에는 비교적 간단하다. 그러나 본건 진보당의 정강정책과 상 피고인 등의 행동이 하등 국가를 변란할 목적이 없을 뿐 아니라 그 정강정책의 실현이 국가변란 행위가 될 수 없다는 것은 이미 원판결의 이유에서 해명된 바와 같다. 국가변란의 목적은 〈형법〉 제91조와 관련하여 폭력적 비합법적 절차에 의한 국가기관의 전복만을 지칭함은, 판시이유의 배경이론과 같거니와 평화적 민주적 합헌적

절차에 의한 정책의 실현 목적은 그것이 아무리 누적하여도 국가변란의 목적이 될 수 없고, 또 국가변란의 행동이 될 수 없다. 원심판결이 청구인에 대하여 괴집과 야합하였다는 것을 강인(强靭)하게 판시하였더라도 이것은 구 〈국가보안법〉 위반 구성요건의 전단(前段)의 요건은 될지언정 그 후단(後段)의 국가변란의 행위와 연결되는 국가변란의 목적과 당연히 결부시킬 수는 없다. 가령 괴집이 모든 국민은 밥을 먹고 살어라하는 것을 지령하였다고 또는 대한민국은 선정(善政)을 하여라 하고 지령하였다고 가정하고, 이에 부수(附隨)하는 자가 있다 할지라도 이 부수행위가 곧 국가변란의 목적 내지 국가변란 행위가 될 수 없음은 명약관화한 것인바, 진보당의 정강정책이 합헌적인 것이라면 그 정강정책 이외에 다른 사실을 주장함이 없는 모든 피고인에게 동일한 판단이 내려야 할 것이다. 원판결은 괴집에 부수하여라는 동조(同條) 전단의 주관적 요건에 치중한 나머지, 국가변란의 행위라는 후단의 구성요건을 간과하고 동일한 정강정책의 주장이 혹자에게 국가변란이 않된다는 모순에 함입하였다. 혹자는 말하기를 "동조(同條)에서 국가변란의 목적이라 표시하였으니 폭력적 비합법적 행위를 전제하지 않드라도 음성적으로 그 목적이 있을 수 있다"할지 모르나 정당의 정강정책은 그 표현된 주장에 의할 것이므로 국가변란의 목적 여부는 그 주장과 실천된 사실에 의하여야 하겠거늘, 청구인에 대하여 국가변란의 목적을 인정한 것도 상(相) 피고인 양이섭의 의제자백을 과대히 신빙하는 나머지 논리적 조리(條理)와 법리 판단을 견강부회한 것이라 하겠다 함에 있다.

그러나 〈형사소송법〉 제420조에 열거된 재심사유에 의하여서만 청구할 수 있는 것임으로 동조에 포함되지 아니한 소론(所論) 각 사유를 이유로 하는 본 청구는 이유없을 뿐 아니라 공소장의 변경에 동법 제290조의 규정에 의한 법원의 허가가 필요함은 소론(所論)과 여(如)하나, 법원이 변경된 공소장에 의한 공소사실의 진술을 듣고 이에 대한 심리를 진행함은 차(此)를 허가한 취지를 규지(窺知)할 수 있는 것이며, 소론 4월 7일자 공소 및 2월 17일자 공소는 어느 것이나 괴뢰를 위한 간첩 내지 간첩방조인 점에 있어서 공소사실의 동일성을 인정할 수 있다 할 것임으로 이 점에 관한 주장 역시 이유 없다. 서상(敍上) 설시에 의하여 본건 재심청구는 이유 없음이 명백함으로 〈형사소송법〉 제434조 제1항에 의하여 주문과 같이 결정한다.

4292(1959)년 7월 30일

대법원 형사부

재판장 대법관 백한성은 부재(不在)로 서명(署名) 날인(捺印) 불능(不能) 대법관 김갑수

대법관 김갑수
대법관 배정현(裵廷鉉)
대법관 고재호(高在鎬)
대법관 변옥주

우(右) 등본야
동일 어(於) 동원(同院)
서기 한탁수(韓鐸洙)[250]

[출전 : 44권 1185~1195쪽]

250) 필사 흘림체로 되어 있어 판독이 다소 부정확한 면이 있다.

❙ 진보당사건 관계자 인명사전 ❙

강명현(康明賢, 생몰연대 미상) 1958년 당시 육군 특무부대 특무처장에 있으면서 2~3월 국방경비법 위반 혐의로 양이섭을 조사한 후, 조봉암의 간첩 혐의에 연루시켰다.

고시현(高時賢, 1921~미상) 진보당 추진위원회 조직부 간부로 제주지구 위원을 지냈다. 1957년 서상일이 주도하는 민주혁신당 제주도당의 총책을 맡았고, 1960년 제5대 총선에서는 제주지역 민의원선거에 무소속으로 입후보하였다.

고영섭(高永燮, 생몰연대 미상) 함경북도 청진 출생으로, 일제강점기 고등계 형사로 활동하였다. 진보당사건 당시 육군 특무부대 문관으로 양이섭과 장성팔을 조사하여, 조봉암과 양이섭의 간첩죄 혐의와 연루시켰다.

고재호(高在鎬, 1913~1991) 전라남도 담양 출생으로 1937년 경성제국대학 법문학부 법학과를 졸업하고 판사로 활동하였으며, 1954년 41세에 최연소 대법관에 임명되었다. 1951년 조봉암의 대법원 판결 재심 청구에 대해 기각결정을 내렸다. 제2공화국 시기에는 중앙선거관리위원회 위원장과 중앙노동위원회 위원장을 지냈다.

고정훈(高貞勳, 1920~1988) 평안남도 출생으로, 미소공동위원회 미국 대표단에서 러시아어 통역관으로 활동하였다. 1948년 육군사관학교 제7기 특별반을 졸업하고 육군본부 정보국 등에서 근무하다 1950년 육군중령으로 전역하였다. 이후 신문사 기자로 활동하며, 1960년 구국청년당을 창당하고, 1961년 통일사회당 선전국장을 지냈다. 5·16군사정변 후에는 '특수범죄처벌에 관한 특별법' 위반혐의로 복역하였다. 1981년 민주사회당을 창당하고, 제11대 국회의원에 당선되었다.

곽현산(郭玄山, 1923~미상) 혁신정당운동이 대두되어 민주혁신당 촉진협의회가 개최되고 김성숙, 김경태 등과 함께 회합에 참여하였다.

권대복(權大福, 1932~2000) 서울 출생으로, 진보당 학생조직인 여명회(黎明會)

회장과 진보당 영등포을구당(永登浦乙區黨) 위원장, 서울시당 상임위원, 사회부 간사 등을 지냈다. 진보당사건에 연루되어 복역하였다. 4·19혁명 후 사회대중당 청년국장을 지냈으며 사회대중당이 흩어진 후에는 장건상의 혁신당에서 정책위원장을 지냈다. 이후 신민당에 참여하였다가 양일동이 통일당을 만들자 통일당 정치국원 겸 조직국장을 지냈다. 1980년대에는 고정훈이 만든 신정사회당 대표를 지내기도 하였다.

권재찬(權載瓚, 생몰연대 미상) 이명하의 변호인이며 1960년 제5대 국회의원 선거를 앞두고 김병로, 신태악, 이인, 한격만 등과 함께 자유법조단에 참여하였다.

김갑수(金甲洙, 1912~1995) 경기도 안성 출생으로, 일제강점기에 경성제국대학 법문학부 법과를 졸업하고 판사로 활동하였다. 해방 후에는 경성대학 법문학부 교수, 미군정청 사법부 조사국장, 법무부 차관, 내무부 차관 등을 역임하였다. 1959년 진보당사건 대법원 재판에서 주심판사로 조봉암과 양이섭에게 사형을 언도하였다.

김경태(金景泰, 생몰연대 미상) 해방 후 신한민족당에서 활동하고, 1955년 9월 혁신정당 건설을 위한 논의가 이루어진 광릉회합(光陵會合)과 진보당 창당준비위원회에도 참여하였다.

김기철(金基喆, 1910~1984) 함경남도 함흥 출생으로, 진보당 통일문제연구위원회 통일방안연구위원장, 중앙당부 통제위원회 부위원장, 경기도당위원장 등을 역임하였다. 이후에도 민주한독당 당무위원, 민족자주연맹 조사부장으로 활동하였다. 1958년 진보당사건 당시 검찰이 진보당의 이적성을 주장하며 증거로 제시하였던 이른바 '진보당 통일방안'(「북한당국의 평화공세에 대한 진보당의 선언문」)의 작성자이기도 하였다. 4·19혁명 혁신계의 활동 공간과 기회가 확보되자 사회대중당, 통일사회당 등에 참여하였다. 5·16군사정변 후 군사정부가 실시한 혁명재판에서 중앙통일사회당사건으로 복역하였으며 1971년 신민당에 입당하고 당내에서 통일문제를 담당하였다.

김난주(金蘭柱, 생몰연대 미상) 해방 직후 평안북도 신의주에 있는 무역업에 종사하면서 양이섭과 친분을 쌓았다. 이후 황해도 연백군 돌개포에 있는 선일상사(鮮一商社, 일명 삼육공사)의 책임자로 있으면서 대남무역에 종사하였다. 육군 특무부대에서는 양이섭을 조사하면서 김난주가 양이섭을 재정적으로 지원하고 그를 통해서 첩보활동을 벌인 것으로 판단하였다.

김달호(金達鎬, 1912~1979) 경상북도 상주 출생으로, 일제강점기 일본 주오(中央)대학 법학부를 중퇴하고 고등문관시험 사법과에 합격하여 판사로 근무하였다. 해방 후 서울고등검찰청 차장검사를 지냈으며, 검사를 그만둔 후에는 변호사로 활동하였다. 1954년 제3대 총선에서 경북 상주 선거구에 무소속으로 출마하여 당선되었다. 1956년 조봉암과 함께 진보당 창당을 추진하고, 1958년 진보당사건에 연루되었으나 대법원 판결에서 무죄로 석방되었다. 제2공화국 시기에는 사회대중당에 참여하며 제5대 민의원 선거에 당선하였다. 그러나 5·16군사정변 이후 사회대중당의 통일방안이 평양정권에 호응·동조한 혐의로 기소돼 복역하였다. 1970년대 '김달호 법률상담소'라는 간판을 내걸고 인혁당사건 관계자 및 국가보안법 위반자 등에 대해 법률자문을 하였다. 2018년 5·16군사정변 직후 혁명재판소로부터 받은 실형선고에 대해 무죄판결을 받았다.

김대희(金大熙, 1900~미상) 1901년 전라북도 익산 출생으로, 1923년 일본 와세다(早稲田)대학을 중퇴하였다. 1946년 독립촉성중앙협의회 간부로 활동하며 1948년 5·10총선에 출마하였으나 낙선하였다. 1957년 진보당 이리시 당위원장과 전북도당 부위원장을 지냈으며, 4·19혁명 이후에는 사회대중당과 민족자주통일중앙협의회의에 참여하였다가, 5·16군사정변 후 일명 사회대중당 지방당부사건으로 징역형을 선고받았다.

김덕휘(金德彙, 생몰연대 미상) 진보당 여명회의 고려대 세포책으로 활동하였다. 1957년 1월 진보당 서울특별시당부 학생부장이던 권대복을 중심으로 안준표, 김용기, 권태창, 김덕휘, 조용진, 황현민, 원일상, 박종오, 최의규 등이 회합하여 여명회를 조직하였다.

김동혁(金東爀, 생몰연대 미상) 1948년 6월 대북공작을 시작한 이래 군에서 선무공작 및 첩보활동을 하였다. 1958년 9월 25일 진보당사건 2심 제6회 공판 당시 증인심문에서 "1948년 국방부 정보국 제3과에 있을 때 평양의 친구 집에서 양이섭과 처음 인사하고, 1951년 속초에서 고철상을 할 때 양이섭을 우연히 만났다"고 진술하였다.

김병휘(金炳輝, 1921~1994) 평안북도 용천군 출생으로, 일제강점기에 일본에서 공부하였다. 해방 직후 38선 이북에서 백의청년동맹을 조직하여 활동하다 1946년 4월 월남하였다. 독립신문 사회부장, 홍익대학 국제법 교수, 대전여자고등기술학교장 등을 지냈다. 진보당에서 교양부 간사, 통일문제연구위원회 부위원장, 국방외무분과위원 등을 역임하였으며, 주로 진보당 당원 및 학생들에 대한 정치교육을 담당하였다. 4·19혁명 이후 1960년 한국사회당 국제부장, 사회대중당 정책위원장을 지냈다.

김봉환(金鳳煥, 1921~2020) 경상북도 선산 출생으로, 일제강점기 보통문관시험에 합격하여 관료로 근무하였다. 해방 후 서울대학교 법과대학을 졸업하고 변호사 시험에 합격하여 법조인으로 활동하였다. 진보당사건 당시 조봉암과 양이섭을 변호하였고, 이후 민주공화당과 유신정우회에서 4선 국회의원을 지냈다.

김성도(金成道, 생몰연대 미상) 서울형무소 간수부장, 이동현(李東賢)의 집안 형님으로 이동희(李東熙)에게 돈을 빌려주었다. 이동현은 당시 서울형무소에 수감 중이던 조봉암이 양이섭에게 메모를 전달할 수 있도록 형무소의 통방을 도왔던 인물이다.

김성숙(金成璹, 1896~1979) 제주 출생으로, 일본 와세다대학 정경학부 경제과를 졸업하였다. 1955년 조봉암, 서상일 등과 함께 진보당창당추진위원회에 이름을 올렸으나 1960년 전진한과 함께 한국사회당을 창당하고 7·29총선에서 제5대 민의원에 당선하였다. 당선 이후 민정구락부를 거쳐서 통일사회당에 참여하였으나, 5·16군사정변 직후 일명 통일사회당사건으로 기소되었다. 이후 통일사회당 재건과 민주사회당 창당 추진, 대중당에 참여하는 등 혁신계 정치활동을 이어 나갔다.

김성숙(金星淑, 1898~1969) 평안북도 철산 출생으로, 1919년 3·1운동에 참여, 1922년 불교 승려로 출가하였으며 조선무산자동맹과 조선노동공제회에서 활동하기도 하였다. 1923년 중국으로 망명한 후에 민국대학과 중산대학에서 수학하고, 조선의열단, 조선민족해방동맹, 조선의용대, 대한민국임시정부에서 활동하였다. 해방 후에는 민주주의민족전선과 근로인민당에 참여하였다. 1955년 진보당추진준비위원회에 가담하였으나 진보당에 참여하지는 않았으며, 이후 근로인민당재건사건과 진보당사건에 연루되었다. 1960년 4·19혁명 이후 사회대중당과 통일사회당에 참여하였으며 1961년 5·16군사정변 직후 통일사회당사건에 연루되어 복역하였으며 1966년에는 신민당에서 활동하였다.

김수선(金壽善, 1911~1972) 경상남도 울산 출생으로, 일제강점기 언양보통학교와 진주공립사범학교를 졸업하고 교사로 근무하였다. 1948년 5·10총선에서 무소속 후보로 경남 울산 선거구에 출마하여 당선하였으며, 1954년 제3대 총선에서 재선하였다. 1955년 9월에 광릉회합에 참여하였으나, 같은 해 11월 자유당에 입당하였다. 자유당 입당 후에는 의원내각제를 주장하다가 제명되었으며, 평화통일, 남북 간 교역과 통신교류, 주민교류 등을 주장하였다. 1960년 4·19혁명 이후 사회대중당에 참여하고, 1971년 7대 대선에서는 박정희를 지지하였다.

김안국(金安國, 생몰연대 미상) 함경북도 명천 출생으로, 진보당에 참여하여 진보당 기획위원장과 통일문제연구위원을 지냈다.

김용기(金用基, 1935~2016) 전라북도 익산 출생으로, 국학대학과 성균관대 대학원에서 정치학을 공부하였다. 국학대학 재학 중이던 1957년 여명회 조직부장을 지냈으며 국학대학 조직 세포책을 맡았다. 이후 고려대 정치외교학과 교수를 지냈으며, 한국중동학회장과 조봉암기념사업회장을 역임하였다.

김용민(金龍旼, 생몰연대 미상) 1956년 3월 진보당추진위원회 조직부 간부 경북지구 위원에 이름을 올렸다.

김용보(金容普, 생몰연대 미상) 진보당사건 2심 재판장으로, 1심에서 무죄선고로 풀려났던 윤길중 등 18명의 진보당 관련자들에 대한 재구속을 집행하였다. 조봉암과 양이섭에 대한 원심을 파기하고 간첩 및 국가보안법 위반죄를 적용하여 사형을 언도하였으며, 진보당 간부들에게도 유죄를 선고하였다.

김용성(金龍星, 생몰연대 미상) 진보당의 7인 서클 서클원으로 함남지구책으로 활동하였다.

김용진(金容晋, 생몰연대 미상) 진보당사건 2심 재판을 주재한 서울고등법원 재판장이다. 1960년대 전주지방법원장과 단국대 대학원장을 지냈다.

김위제(金偉濟, 생몰연대 미상) 가명은 김위하(金偉荷)이며, 진보당의 통제위원회 위원장을 지냈다.

김이옥(金以玉, 1905~1932) 강화 출생으로, 경성여자고등보학교와 이화여자전문학교를 졸업하였다. 어린시절부터 조봉암과 친분이 있었다. 중국 상하이에서 활동 중이던 조봉암을 찾아가는데, 이때 딸 호정(滬晶)이 태어났다. 조봉암이 1932년 상하이에서 체포되어 신의주형무소에 수감 중 일 때 결핵으로 사망하였다.

김재봉(金在奉, 생몰연대 미상) 김재봉(金在鳳)으로 기록되어 있기도 하다. 진보당 부산시 동구을구당 당무조직간사로 조직책임자이다. 진보당과 사회대중당, 사회당 등에서 활동하였다.

김재화(金在和, 생몰연대 미상) 여명회 국학대학 세포원으로 활동하였다.

김정학(金正鶴, 생몰연대 미상) 가명은 박일(朴一)이다. 1946년 북조선로동당에 가입하였으며 농민동맹, 조소문화협회, 조선신민당 등에서 활동하였다. 6·25전쟁 중 간첩활동을 위해 월남하였으며 미군 첩보기관에서 군사첩보 및 통신교육을 받았다. 진보당 경기도당 당무부장을 지냈다.

김조이(金祚伊, 1904~미상) 경상남도 창원 출생으로, 조봉암이 김금옥과 사별한 뒤에 재혼한 부인이자 공산주의 운동가였다. 일제강점기 모스크바 동방노력자공산대학에서 공부하였다. 1931년 코민테른의 지시로 귀국한 뒤에는 김복만(金福萬)과 재혼하였다. 같은 해 8월 태평양노동조합 계열의 운동가들과 함께 활동하던 중 일본경찰에 검거되어 징역 3년형을 선고받았다. 해방 후 1945년 11월에 열린 전국인민위원회 대표자대회에 인천대표로 참석하였으며 같은 해 12월 조선부녀총동맹에 가입하였다. 1946년 2월 민주주의민족전선 결성대회에 조선부녀총동맹 대의원으로 참석해 중앙위원으로 선출되었다. 6·25전쟁 시기 남동생 김송학과 함께 납북되었다.

김주태(金主太, 생몰연대 미상) 서울대학교 문리과대학 정치과 4년, 여명회 부회장, 서울대 문리대 조직 세포책이었다.

김창을(金昌乙, 생몰연대 미상) 진보당 전북도당 간부로 정태영을 조봉암에게 소개하였다.

김춘봉(金春鳳, 생몰연대 미상) 1956년 이승만 대통령 저격음모사건 공범자로 구속기소된 강문봉과 김창룡 암살사건의 배후로 지목된 육군중장 강문봉의 변호를 맡은 바 있다. 진보당사건에서는 조봉암과 윤길중을 변호하였다.

김춘휘(金春輝, 생몰연대 미상) 진보당 기관지 『중앙정치』를 발간하는 중앙정치사의 사장으로, 진보당 교양간사 김병휘의 여동생이다.

김치열(金致烈, 1921~2009) 경상북도 달성 출생으로, 일제강점기 일본 주오대학 법학과를 졸업하고 고등문관시험 사법과에 합격하였으며 일본변호사 시험에 합격하였다. 해방 이후 검사로 활동하였으며 진보당사건 당시 서울지방검찰청장이었다. 1970년대 중앙정보부 차장에, 검찰총장, 내무부 장관, 법무부 장관을 지냈다.

김칠영(金七永, 생몰연대 미상) 여명회 국민대학 세포원 세포책으로 활동하였다.

김태문(金泰文, 생몰연대 미상) 진보당 비밀조직원이다. 1957년 10월, 조봉암의 집에서 정태영, 황명수, 손석규, 박윤수, 박희영, 주영숙 등과 함께 교양법칙 등에 대해서 논의하였다. 10월 9일 전기 써클의 부서로 세포책 전세룡, 부책 정태영 등을 선출하였다. 전국적인 조직체로 7인 써클을 조직하였는데 여기서 황명수와 함께 특수지구책으로 각각 선출되었다.

김태희(金太熙, 생몰연대 미상) 서울특별시 경찰국 사찰과에서 파악한바에 따르면 김태희는 진보당 전북도당 부당책이자 6·25전쟁 중 부역자이며, 50명 정도를 전쟁 중 진보당 전북도당에 가입시키고, 전 공산주의자인 신당원을 입당시켰다고 한다.

김하돈(金河敦, 생몰연대 미상) 진보당 추진위원회 조직부 간부 전북지구 위원에 이름을 올렸다.

김학룡(金鶴龍, 생몰연대 미상) 여명회 국학대학 세포원으로 활동하였다.

김홍식(金洪植, 1912~1991) 경상북도 고령 출생으로, 대구사범학교를 졸업하고 교사로 있다가 이후 사업가로 전업하였다. 1954년 제3대 국회의원 선거에서 자유당 소속으로 고령군에 출마하여 당선하고, 이후 자유당을 탈당하였다. 서상일 등과 함께 민주혁신당 추진준비위원회에 참여하였다.

김환문(金煥文, 생몰연대 미상) 여명회 동국대학 세포책으로 활동하였다.

류림(柳林, 1898~1961) 경상북도 안동 출생으로, 일제강점기 대표적인 아나키스트 항일운동가로 부흥회, 자강회, 서로군정서, 조선무정부주의자연맹, 한중항일연합군, 대한민국임시정부 등에 참여하였다. 해방 후에는 비상국민회의 부의장, 대한국민의회 의장을 역임하였으며, 아나키즘 이념정당인 독립노농당의 당수를 지냈다. 1955년 8월 혁신계 정당 조직을 논의하기 위해서 소집된 경기도 광릉회합에 참여하였으나 진보당에 가입하지는 않았다.

류한렬(柳漢烈, 생몰연대 미상) 1957년 서울대학교 문리과대학 정치학과 4학년이던 당시 신진회(新進會)라는 학생단체의 간사로 활동하였다. 신진회에서 활동하던 류근일이 교내 동인지에 게재한 글이 국가보안법 위반 혐의로 기소되어 필화를 겪게 된다. 1957년 12월 수사기관으로부터 신진회가 북한과 연결되어 있는 비밀결사단체로 지목되었으며 신진회 간사 류한열과 류근일이 구속되었으나 류한열은 무혐의로 불기소 처분되었고 류근일은 기소되었다.

문희중(文熙中, 1906~미상) 해방정국에서 부산지역 건국준비위원회와 근로인민당에 참여한 인물이다. 1957~1958년 박정호의 지령을 받아서 근로인민당을 재건하여 혁신세력을 규합하려고 하였다는 혐의로 구속되었으나 무죄 선고를 받았다. 4·19혁명 이후에는 통일민주청년회 당무위원장을 맡았다.

민복기(閔復基, 1913~2007) 서울 출생으로, 대한제국 궁내부 대신과 중추원 부의장을 지낸 민병석(閔丙奭)의 아들이다. 일제강점기 경성제국대학 법문학부를 졸업하고 일본 고등문관시험 사법과에 합격하여 판사로 활동하였다. 미군정기 사법부 법률기초국장 및 법률심의국장으로 근무하였으며 1947년 8월 검찰로 자리를 옮겨 법무부 검찰국장 겸 대검찰청 검사로 활동하였다. 1950년대 대통령비서관, 법무부 차관, 서울지방검찰청장, 외자구매처 차장, 해무청장, 검찰총장 등을 지냈다. 박정희 정부에서 대법관, 법무부 장관을 지냈으며, 1968년부터 1978년까지 대법원장으로 재직하였다.

박기출(朴己出, 1909~1977) 경상남도 부산 출생으로, 일제강점기 일본에서 의학을 공부하였으며 1942년 규슈(九州)제국대학에서 의학박사 학위를 받았다. 해방 후에는 민족자주연맹 경남위원장과 민주독립당 경남도당위원장, 건민회 경남지부장 민주중보 사장을 역임하였다. 1956년 진보당 창당에 참여하여 진보당 중앙당 부위원장을 지냈으며, 제3대 대통령선거에서 진보당 부통령 후보로 출마하였다가 야당 후보 단일화를 촉구하며 사퇴하였다. 진보당사건에 연루되었으나 1심에서 무죄선고를 받았다. 5·16군사정변 이후 민정당, 국민당, 신민당에 참여하였으며, 제7대 국회의원 총선거에서 신민당의 공천으로 부산갑구에 출마하여 국회의원에 당선하였다. 1971년 국민당 대통령후보로 출마하였으나 낙선하였다. 이후 대한의학협회 회장, 경남의사회 회장, 경남체육회 회장, 한글동학회 회장, 새한학회 이사장, 민족통일문제연구원 이사장 등을 지냈다.

박노봉(朴魯奉, 생몰연대 미상) 여명회 고려대학 세포원으로 활동하였다.

박노수(朴魯洙, 생몰연대 미상) 진보당발기추진위원회 조직담당 등에 이름을 올렸으나 이후 서상일과 함께 민주혁신당에 참여하였다.

박대실(朴大實, 생몰연대 미상) 진보당 7인 서클 써클원으로, 함북지구책으로 활동하였다.

박영관(朴永觀, 생몰연대 미상) 여명회 국학대학 세포원으로 활동하였다.

박용철(朴容喆, 생몰연대 미상) 진보당 추진위원회 조직부 간부 강원지구 본부 상임위원을 역임하였다.

박원규(朴元圭, 생몰연대 미상) 여명회를 구성할 때 주동적 역할을 하였으며 외국어대학 세포책이었다.

박윤수(朴潤秀, 생몰연대 미상) 진보당의 비밀당원으로 충남지구책이었다.

박일영(朴日英, 생몰연대 미상) 함경남도 출생으로, 일제강점기 김일성과 함께 활동하였으며 해방 후 평양정권 수립에 참여하였다. 조선로동당 중앙위원과 평북도당 위원장을 거쳐서 내무성 제1부상, 조선로동당 중앙당정보위원회 부위원장, 주알바니아대사, 주동독대사 등을 지냈다.

박정호(朴正鎬, 미상~1959) 북한에서 밀파한 위장간첩으로 알려져 있다. 서울지방검찰청에서는 박정호가 공작금을 살포하여 혁신세력을 규합하는 공작을 벌였다고 파악하였다. 검찰에서는 박정호의 공작활동이 진보당이 주장하는 평화통일론과 장건상, 김성숙(金星淑) 등 혁신계 정치인들과 연관되어 있다고 보았다. 이른바 박정호간첩사건은 조봉암을 비롯한 진보당 간부들에 대한 수사로 이어졌고 그 과정에서 평화통일론 문제가 불거졌다. 박정호는 국가보안법 위반혐의로 체포되어 재판을 거쳐 1959년 5월 6일 서울교도소에서 사형되었다.

박종수(朴鍾守, 생몰연대 미상) 여명회 국학대학 세포원으로 활동하였다.

박준길(朴俊吉, 1912~미상) 충청북도 보은 출생으로, 박재영(朴在英)으로 불리기도 하였다. 일제강점기 만주에서 독립운동을 하였으며, 해방 후 전재동포구제회 간부, 한중협회 중앙위원, 후행협회 상임이사 등을 지냈다. 진보당에서 재정간사, 중앙위원을 지내고, 사회대중당과 통일사회당에서도 활동하였다.

박지수(朴智帥, 1924~1973) 경상북도 대구 출생으로, 일제강점기 일본에서 공부하였으며 해방 후에는 현실참여적 경향의 시를 발표하는 문인으로 활동하였다. 진보당 교양부 부간사와 중앙정치 편집위원을 지냈다. 4·19혁명 후에는 혁신당에서 활동하였으며 사회대중당 통합위원회 간사장을 지냈다. 1961년 대구에서 2대악법 반대 투쟁을 하다가 투옥되기도 하였다. 이후 신민당에 입당하였다.

박진목(朴進穆, 1918~2010) 경상북도 의성 출생으로, 일제강점기 형 박시목과 함께 독립운동을 하다가 치안유지법 위반으로 수감되었다. 해방 후 건국준비위원회, 인민위원회에서 활동하였으며 6·25전쟁 시기에는 종전운동을 벌여 육군 특무부대의 조사를 받기도 하였다. 조봉암과 교류하며 혁신계 연합을 실현하고자 하였다. 4·19혁명 이후에는 민족일보 창간에 참여하였으며, 영남일보 상무이사를 지내기도 하였다. 민족자주통일중앙협의회, 민족건양회 등의 통일단체를 만드는데도 힘을 보탰다.

박희영(朴喜永, 생몰연대 미상) 부산철도운수사무소 기관사, 진보당 비밀당원, 충북지구책으로 활동하였다.

박희용(朴熙容, 생몰연대 미상) 여명회 국학대학 세포원으로 활동하였다.

방재기(方在璣, 1918~미상) 서울고등검찰청 검사로 진보당사건을 담당하였다. 1960년 9월 대구고등검찰청 차장검사로 있으면서 사표를 제출하였다.

백영규(白永逵, 생몰연대 미상) 진보당 추진위원회 조직부 간부 서울지구 위원으로 활동하였다.

백한성(白漢成, 1899~1971) 충청남도 논산 출생으로, 일제강점기 판사로 활동하였으며 해방 후에는 대전지방검찰청장, 법무부 차관, 서울고등법원장, 대법관, 내무부 장관 등을 역임하였다. 1955년 4월 다시 대법관에 임명되었고, 5·16군사정변이 일어나자 1961년 6월 사임하였다.

서동욱(徐東旭, 생몰연대 미상) 여명회 외국어대학 세포원으로 활동하였다.

서상일(徐相日, 1887~1962) 경상북도 대구 출생으로, 보성전문학교를 졸업하였다. 일제강점기 대동청년당, 광복단 등과 같은 비밀결사를 조직하여 항일운동을 하였으며, 조선국권회복단 중앙총부에서 활동하였다. 1920년 3월 만주에서 무기를 반입해 일제 관서를 습격할 계획을 세우다가 일본 경찰에 붙잡혀 투옥되었고, 다음해 1921년 워싱턴회의에 독립청원서를 보내기도 하였다. 해방 후 한국민주당 창당에 참여하였으며 비상국민회의 의원, 남조선과도입법의원 민선의원 등을 지냈다. 1948년 5·10총선에서 국회의원에 당선하여 헌법기초위원으로 활동하였다. 1950년대에는 조봉암과 함께 진보당 창당을 추진하였으나 이탈하여 민주혁신당을 만들었다. 4·19혁명 이후에는 사회대중당 창당을 주도하고 7·29총선에 출마하여 당선되었다. 이후 통일사회당을 조직하였으나 5·16군사정변으로 해산되었다.

서인환(徐仁煥, 생몰연대 미상) 여명회 세포원으로 활동한 인물로, 신흥대학을 중퇴하였다.

서정학(徐廷學, 1917~2005) 경기도 연천 출생으로, 일본 간사이(關西)대학 법학과를 졸업하고, 제1공화국 시기에는 국회특별경비대장, 경무대 경찰서장, 치안국 경무과장, 서울시청 경찰국장, 내무부 치안국장, 강원지사 등을 역임하였다. 진보당사건 당시 내무부 치안국장이었다. 유년시절부터 검도를 가까이 하였으며 오랫동안 대한검도회 회장을 역임하였다.

서진걸(徐進杰, 생몰연대 미상) 진보당 전남도당 준비위원, 총제부위원장을 지냈다. 1963년 민정당 소장파 정치인 및 구 민주당계 인사들이 만든 보수당 후보로 전남 함평 선거구에 입후보 하였다.

선우기준(鮮于基俊, 생몰연대 미상) 진보당 재정위원회 위원에 이름을 올렸다.

선우봉(鮮于鳳, 생몰연대 미상) 진보당 중앙상무위원과 기획위원회 내무분과위원에 이름을 올렸다.

성낙준(成樂俊, 생몰연대 미상) 진보당 조직부 부간사, 중앙당부위원, 진주시당위원장 등을 역임하였다. 전세룡과 함께 강원도당, 충남도당, 충북도당 결당을 추진하였다.

성창환(成昌煥, 생몰연대 미상) 여명회 총무부장, 여명회 홍익대학 세포원으로 활동하였다.

손석규(孫錫奎, 생몰연대 미상) 손석규(孫錫圭)로 표기된 경우도 있다. 진보당 비밀당원으로 7인서클 중 한 사람이며 경북지구책이었다.

송건(宋建, 1928~미상) 전라북도 익산 출생으로, 송재규, 송건일(宋建一) 등으로 불리기도 하였다. 성균관대 동양철학연구원에서 공부하였으며 전북연합대 강사를 지냈다. 진보당에서는 사회부장, 사회부 간사, 중앙상무위원, 기획위원회 상공분과위원 등을 역임하였다.

송남헌(宋南憲, 1914~2001) 경상북도 문경 출생으로, 일제강점기 대구사범학교를 졸업하고 교사로 근무하였다. 1943년 경성방송국 라디오 단파방송사건으로 치안유지법 위반이라는 혐의를 받아 복역하였다. 해방 후에는 한국민주당에 참여하였으며, 남조선과도입법의원 의장을 지낸 김규식의 비서로 활동하며 1948년 김규식과 함께 남북협상에서 민족자주연맹 대표단으로 참가하였다. 4·19혁명 이후 사회대중당 총무위원 겸 당무위원장, 통일사회당 당무위원장, 1961년 중립화조국통일총연맹 발기준비위원 등을 지냈다. 1970년대에는 민족통일촉진회 운영위원장, 독립동지회 이사를 지냈고, 1989년 국토통일원 고문을 지냈다. 한편, 현대사 연구자로 활동하며 『해방 3년사』, 『한국 현대정치사 1』 등과 같은 저작을 남겼다. 김규식의 생애와 사상을 연구하는 우사연구회 회장도 역임하였다.

송두환(宋斗煥, 생몰연대 미상) 진보당 전 통일문제연구위원회 위원장, 중앙상무위원회 위원장을 지냈으며 이후 탈당하였다.

신도성(愼道晟, 1918~1999) 경상남도 거창 출생으로, 도쿄(東京)제국대학 정치학과를 졸업하고 연희전문학교 조교수, 서울대학교 정치학과 교수, 이화여자대학교 정치외교학과장을 지냈으며, 1954년 대한민국학술원 회원이 되었다. 동아일보 논설위원과 국방부 전사편찬위원, 제3대 민의원, 제7대 경남 도지사, 제4대 국토통일원 장관 등을 역임하였다. 1955~1956년 진보당 창당과정에서 발기취지문 · 강령 · 정책 등의 작성에서 중요한 역할을 담당한 것으로 알려져 있다. 진보당사건 당시 검찰의 기소에 반대하였다. 4 · 19혁명 이후에는 경남지사 시절 3 · 15부정선거에 연루되었다 하여 구속되었다. 이후 김대중의 대북정책 자문역으로 활동하며, 평화민주당 고문을 지냈다.

신동렬(申東烈, 생몰연대 미상) 여명회 국학대학 세포원이었다.

신동진(申東振, 생몰연대 미상) 여명회 성균관대학 세포원이었다.

신동헌(申東憲, 생몰연대 미상) 여명회 동국대학 세포원이었다.

신언한(申彦瀚, 1910~1998) 평안북도 의주 출생으로, 일본에서 유학하여 교토(京都)제국대학 법학과를 졸업하고 검사로 활동하였다. 해방 후에도 서울지방검찰청 부장검사, 서울고등검찰청 차장검사 등을 역임하고 귀속재산소청심사위원장, 법무부 검찰국장, 형정국장을 지냈다. 1958~1960년 법무부 차관을 지냈다.

신은섭(申殷燮, 생몰연대 미상) 여명회 선전부장, 여명회 홍익대학 세포책으로 활동하였다.

신일양(申一陽, 생몰연대 미상) 진보당 창당 자금 70여만 환을 지원하였다.

신창균(申昌均, 1908~2005) 충청북도 영동 출생으로, 1919년 3 · 1운동에 참가하였다가 일본 경찰에 체포되었다. 충주사범학교를 졸업하고, 1940년 중국으로 망명하여 충칭임시정부 마카오 연락책으로 활동하였다. 1945년 해방 직전 입국하였다가 일본 당국에 체포되었다. 1946년 한국독립당 재정부장 및 중앙집행위원을 지냈고, 1948년 4월 남북협상 한국독립당 대표단 일원으로 방북하였다. 1949년 김구의 국민장 장례 실무 총책임을 맡기도 하였다. 진보당 재정부장을 지냈으며, 진보당사건으로 복역하였다. 1961년 통일사회당 총무 및 정책심리의장, 1988년 민족자주통일협의회 고문, 1990년 전국민주민족운동연합 공동의장, 범민련 공동의장을 지냈다. 2001년 6 · 15남북공동선언 1주년 기념 민족통일대축전 주석단 공동대표를 지냈다.

신태악(辛泰嶽, 1902~1980) 함경북도 부령 출생으로, 1919년 경성공업학교 재학 중 3 · 1운동에 참여하였다가 복역하였으며 1921년 신의주설화사건으로 처벌되기도 하였다. 일본에서 유학한 후, 1931년 일본 고등문관시험 사법과에 합격하여 변호사로 활동하였다. 1940년대 임전대책협의회 상무위원, 조선임전보국단 이사 등을 지내는데, 이 때문에 해방 후 반민특위에 체포되어 조사대상이 되지만 1949년 8월 특별검찰부에서 기소유예처분을 받았다. 1954년 총선에서 무소속으로 서울 중구 갑 선거구에 출마하였으나 낙선하고, 이후 자유당에 참여하여 감찰위원장을 지냈다. 진보당사건 당시 조봉암을 비롯한 진보당 관계자들의 변호인이었다. 대한변호사협회 제9대 회장을 맡았으며, 민정당 전당대회의장, 신민당 운영위원장, 국민당 정무위원 등을 역임하였다.

안경득(安慶得, 생몰연대 미상) 함경남도 함흥 출생으로, 약종상(藥種商)으로 활동하다가 해방 이후 월남하였다. 해방 정국에서는 반탁운동에 참여하였으며, 진보당 상무위원, 통일문제연구위원회 위원, 서대문을구당 위원장, 서울시당 간사장, 기획위원장, 총무위원 등을 지냈다. 1960년 7 · 28총선에서 사회대중당 후보로 경기도 김포 선거구에 출마하였으나 낙선하였다.

안도명(安道明, 생몰연대 미상) 진보당 정식 창당 이전, 1956년 8월 지방선거에서 진보당 지방선거대책위원회 대변인, 연락담당을 맡았다. 진보당 결당 추진에 참여하였으나 서상일 등과 함께 민주혁신당 창당으로 방향을 바꾸었다. 이에 진보당에서는 제명되었다. 이후 민주혁신당에 참여하였으나 1959년 8월 제명처분을 받았다.

안동수(安東壽, 생몰연대 미상) 여명회 국학대학 세포원으로 활동하였다.

안우석(安禹錫, 생몰연대 미상) 진보당 중앙기획위원회 부위원장을 역임하였다.

안정용(安晸鏞, 1915~1970) 안재홍의 장남으로, 보성전문학교를 졸업하였다. 1955년 혁신정당 결성을 논의하기 위한 광릉회합에 참여하였다. 민주혁신당 당무국장 등을 지냈으며, 이후 한국사회당과 민족통일당에서 간사장을 지냈다. 대중당에 참여하였으며 대중당 후보로 1967년 총선에 경기도 평택 선거구에 출마하기도 하였다. 윤봉길의사기념사업 활동 등을 통해 정치외 사회활동도 하였다.

안준표(安浚杓, 1927~1999) 함경남도 북청 출생으로, 1944년 만주에 있는 심양법정대학을 졸업하였으며 해방 후 월남하였다. 진보당 사회부 차장, 중앙정치 편집위원 등을 지냈으며, 이후 사회대중당에 참여하였다. 박정희정부 시기에는 혁신계 인사들과 함께 한일협정 반대투쟁을 하였다. 1970년 정화암, 윤길중, 권대복, 정태영 등과 함께 신민당에 입당하였으며 1971년 신민당 정책연구실장을 지냈다. 1980년에는 민주정의당 창당에도 참여하였다.

양우조(楊宇朝, 1897~1964) 평안남도 평양 출생으로, 1915년 상하이로 망명하였다가 1916년 미국 샌프란시스코로 건너가 수학하였다. 1921년 흥사단에 가입하고 1929년 다시 상하이로 건너가 대한민국임시정부에서 일하였다. 한국독립당과 한국국민당에서도 활동하였으며, 한국광복군 총사령부 참사 겸 정훈처장, 대한민국임시정부 임시의정원 예산결상위원장 등을 지냈다. 1946년 5월 귀국하여 1948년 조소앙이 만든 사회당에 참여하였다가 이후 민주혁신당과 한국사회당과 연결되기도 하였다.

양이섭(梁利涉 또는 梁履涉, 1906 혹은 1907~1959) 평안북도 희천 혹은 강계 출생으로, 일제강점기에는 김동호라는 이름을 사용하였다. 육군 첩보부대(HID) 측 교역상인으로 북한을 왕래할 때에는 양명산(梁明山)으로, 때로는 양장우(梁壯宇)로 활동하였다. 일제강점기 상하이에서 사업할 때 조봉암을 만났으며, 치안유지법 위반 혐의로 신의주형무소에 복역할 때에는 조봉암과 1년여간 같은 교도소에 재소한 적이 있었다. 1955년부터 미군첩보기관과 북한의 대남교역 및 첩보기관인 선일상사에 소속되어 대북교역을 담당하면서 이중간첩 역할을 수행하였다. 1956년 정부통령 선거에서 조봉암에게 선거자금을 제공하였는데, 수사기관으로부터 양이섭이 제공한 자금이 북한정권의 자금이라는 혐의가 적용되었다. 이로 인해 조봉암과 양이섭 모두 간첩죄로 사형에 처해졌다.

양호민(梁好民, 1919~2010) 평안남도 평양 출생, 1949년 서울대학교 정치학과를 졸업, 대구대학에서 교수로 재직하였으며 사상계 주간을 역임하였다. 4·19혁명 이후 사회대중당에 참여하여 1960년 7·29총선에서 경북 대구 선거구에 출마하였으나 낙선하였다. 1961년에 통일사회당 정책심의회 부의장을 지냈으며, 서울대 법과대학 교수로 봉직하기도 하였다. 1965년부터 1984년까지 조선일보 논설위원을 지냈으며, 1972~1976년에는 중앙대 교수를 지냈다. 1972~1982년 조선일보사 통한문제연구소 초대소장을 지냈으며, 1988년 방송공사 이사장을 역임하였다. 북한과 남북관계, 공산권 국가, 한국현대사에 대한 연구에 매진하였다. 『공산주의 이론과 역사』, 『북한의 이데올로기와 정치』, 『한반도 분단의 재인식』, 『현대공산주의의 궤적』, 『38선에서 휴전선으로』, 『남과 북 어떻게 하나가 되나』, 『한반도의 격동 1세기 반 (上)·(下)』 등과 같은 저서를 남겼다.

엄숙진(嚴淑鎭, 생몰연대 미상) 육군첩보부대(HID) 소속 공작원으로, 1956년 2월부터 1957년 9월까지 총 9회 양이섭을 입북시켰다. 육군 특무부대 기록과 엄숙진의 양이섭재판 증인심문 기록에 의하면 주한 미국대사관 계통의 정보기관 또는 미 육군 주한첩보기관의 정보원으로 채용되어 첩보공작에 복무한 적이 있었다. 양이섭의 입북과 귀환 과정을 감시하고 그를 통해서 첩보수집 임무를 수행하였다. 해방 이전에는 일본군에서 복무하였으며, 해방 후에는 서북청년회, 주한연락처(KLO)에서 활동하였다. 간첩혐의로 기소된 양이섭의 공판 증인심문에서 양이섭의 간첩행위를 부정하는 취지의 진술을 하였다. 이후 2006년 진실화해위원회에서 행한 진보당사건 진실규명 조사에서 양이섭과 인연에 대해 회고하고 양이섭은 북한공작원 출신이 아닐 뿐더러 절대로 공산당이 될 수 없는 사람이라고 말하였다.

여운홍(呂運弘, 1891~1973) 경기도 양평 출신으로, 여운형의 동생이다. 1919년 신한청년당 대표로 파리강화회의에 파견된 김규식을 도와 '한국독립항고서'를 제출하였다. 대한민국임시정부 임시의정원 의원과 상하이 인성학교 교장 등을 지냈다. 해방정국에서 건국준비위원회, 조선인민당, 근로인민당, 민족자주연맹 등에 참여하였으며 사회민주당을 창당하기도 하였다. 1948년 남북협상에 참석하기 하였다. 1950년 제2대 국회의원 선거에 무소속으로 경기도 양평군 선거구에 출마하여 당선하였으며 자유당에 입당하였다. 1960년 제5대 국회의원 선거에서 경기도 참의원 선거에 출마하여 당선하였다. 이후 자유민주당, 민주공화당에 입당하였다.

오양(吳養, 생몰연대 미상) 진보당 사무실에서 윤길중, 김달호, 이명하, 김기철 등과 회합하고 혁신세력 대동통일 준비위원회 조직에 참여하였다.

오승근(吳承根, 1908~2002) 서울 출생으로, 일제강점기 일본 주오대학 법과를 졸업하고 고등문관시험 사법과에 합격하여 판사로 재직하였다. 미군정기에도 판사로 근무하다가 변호사 개업을 하였으며, 정판사위조지폐사건 피고인들의 담당 변호인을 맡기도 하였다. 진보당사건 당시에는 윤길중의 변호를 맡았다.

오제도(吳制道, 1917~2001) 평안남도 안주 출생으로, 일본 와세다대학을 졸업하고 1940년부터 신의주지방법원 검사국에서 판임관 견습을 시작하여 해방 이전까지 서기 겸 통역으로 일하였다. 해방 후 월남하였으며 1946년 판검사 특별임용시험을 통해 검사생활을 시작하였다. 좌익전력자들을 전향하도록 한 보도연맹 결성을 선우종원과 함께 주도하였으며, 남조선로동당의 김삼룡과 이주하를 체포하였다. 국회프락치 사건, 여간첩 김수임 사건, 진보당사건 등 당시 대표적인 공안 사건을 담당하였다. 1960년 이후 변호사로 활동하였다. 1977년 서울 종로구 · 중구 보궐선거에 무소속으로 출마하여 당선하고, 1981년에는 민주정의당 소속으로 전국구 국회의원을 지냈다.

온삼엽(溫三燁, 생몰연대 미상) 진보당 조직부 부간사이며 전북도당 부위원장을 지냈다. 4 · 19혁명 이후 혁신총연맹 조직담당을 맡았다.

원대식(元大植, 생몰연대 미상) 진보당 강원도당 추진위원회 위원장을 지냈다.

원우관(元友觀, 생몰연대 미상) 진보당 간부로 활동하며 통일문제연구위원회 위원을 지냈다.

원일상(元一常, 생몰연대 미상) 1957년 1월, 김달호의원 사무실에서 진보당 특수조직 여명회를 조직하기 위하여 이상두, 김주태, 김용기, 권태창 등과 함께 12인 회합을 진행하였다. 진보당 여명회 신흥대학 세포책으로 활동하였다.

유도여(儒道余, 생몰연대 미상) 5 · 15 정부통령선거 이후, 진보당에 참여하여 근민당계, 민우신계과 함께 범야혁신세력 규합을 위한 회합을 이끌었다.

유병진(柳秉震, 1914~1966) 함경남도 함주 출생으로, 1933년 일본 메이지대학 법과를 졸업 후, 1946년 사법요원양성소 입소시험 합격하여 서울지방법원, 고등법원 판사를 역임하였다. 1958년 7월 진보당사건 1심에서 피고인 조봉암과 양이섭에게 국가보안법 위반만을 적용하여 징역 5년을 선고하고, 나머지 피고인 17명에게는 무죄를 선고하였다. 진보당이 사민주의를 지향, 국헌을 위배하였다는 공소사실은 미인정하여 '용공판사'로 낙인 찍혔다. 1958년 법관에서 연이어 탈락한 후 변호사 활동을 시작하였다.

이영옥(李榮玉, 1901~미상) 대구고등보통학교 4년에 중퇴하였다. 3·1만세운동으로 3년 복역하고, 일본대학 상학부를 졸업하였다. 해방 이후 미군정청 신한공사 총무이사, 농림부 귀속농지관리국장, 국방부 영관급으로 근무하였다. 1957년 진보당 경북도당 결성 참여하였고, 혁신당에서도 활동하였다. 민자통 중앙협의회 총무위원장을 역임하였다. 5·16군사정변 이후 징역 5년을 선고 받았다.

이은종(李殷鍾, 생몰연대 미상) 진보당 여명회 서라벌대학 세포책으로 활동하였다.

이인식(李仁植, 생몰연대 미상) 1957년 진보당 경북도당 결성에 참여하였다.

이인식(李寅植, 생몰연대 미상) 진보당 대구시 병구 위원장을 지냈다.

이재윤(李載允, 1931~미상) 이재원(李載元)으로 불리며 조봉암의 운전수로 활동하였다.

이정자(李貞子, 생몰연대 미상) 이정신(李貞信), 이정자(李貞子)라는 본명을 해방 후에는 정신(貞信)으로 개명하였다. 자유시장에서 달러암상을 하며 대구 아주머니로 불렸다. 정옥실의 소개로 11,000달러를 매수하여 양이섭에게 전달하였다.

이종률(李鍾律, 1905~1989) 경상북도 영일 출생으로, 와세다대학 재학 중 1928년 우리말연구회 사건으로 퇴학당하였다. 1929년 성진회 사건으로 구속, 형평사 운동으로 2년 6개월 복역하였다. 조선학술원과 민족건양회를 창립하였으며 1950년 부산대학 정치학과 교수가 되었다. 민자통 통일방안 심의위원회 정치분과 위원, 민족일보 편집국장으로 활동하던 중 민족일보사건으로 구속되었으나 무죄로 풀려났다. 이후 민족자주통일 방안 심의위원회 사건으로 구속되기도 하였다.

이주식(李柱植, 생몰연대 미상) 서울지방검찰청 검사를 역임하였다. 최희규, 김창수, 정구엽 등 국가보안법 위반 피의사건에 대해 구속영장을 신청하였다.

이창호(李昌鎬, 생몰연대 미상) 윤길중, 조규희, 최희규, 이창호 등 평화통일 안을 집합 정례 간사회의에서 진행하였다.

이창호(李昌浩, 생몰연대 미상) 진보당 노동부 부간사, 노동차장, 기획위원회 노농분과에서 활동하였다.

이충영(李忠榮, 생몰연대 미상) 6·25전쟁 중 납북되었다. 법조프락치사건 때 김영재 검사를 변호하였다.

이태순(李泰淳, 1907~미상) 1956년 수도여자중학 교감 재직 당시 김동혁의 안내로 월북하여 남파간첩 교육과 진보당 접선 및 지지 활동을 하였다. 1958년 용산중학 교감을 역임하였다.

이태희(李太熙, 생몰연대 미상) 검사로, 김달호에게 찾아와 지방검찰청장 관련 담소를 나눈 인물이다.

이택수(李澤秀, 생몰연대 미상) 진보당 여명회 동국대학 세포원으로 활동하였다.

이흥렬(李興烈, 생몰연대 미상) 진보당 중앙상무위원, 기획위원회 노농분과에서 활동하였다.

이희재(李希宰, 생몰연대 미상) 집합 간부회의에 참여하였으며 통일문제연구위원회 위원, 총무위원회 위원을 역임하였다.

임갑수(林甲守, 1920~1981) 부산 출생으로, 1939년 선린상업학교를 졸업하였다. 한성고 학생회 사건으로 검거되기도 하였다. 1943년 건국동맹 인천시 조직책으로 활동하였다. 해방 이후 조선일보 인천지사장, 건국준비위원회 인천지부 총무부장, 인천노동조합 원호회 재정부장, 민족자주연맹 중앙집행위원 겸 인천연맹 재정위원장으로 활동하였다. 진보당 중앙당 농림부 간사 및 경남도당 준비위 부위원장, 사회대중당 경남도당 결성 준비위원회 상임의장, 통일사회당 경남도당 결성준비위원회 총무위원을 역임하였다. 경상남도통일사회당사건으로 기소, 군사법정에서 5년형을 언도 받았다. 출옥 후, 신민당과 공화당에서 활동하며 기업가로 변모하였다.

임건영(林建榮, 생몰연대 미상) 진보당 전북도당 간사장을 지냈다.

임광원(林廣遠, 생몰연대 미상) 임기봉의 아들이다. 7인 서클 전남지구책이었다.

임기봉(林基奉, 1903~1982) 전라남도 목포 출생으로, 일본 동지사 대학을 중퇴하고, 평양 신학교를 졸업하였다. 신사참배를 거부하기도 하였다. 대한노총 철도연맹 위원장, 대한노총 부위원장, 전남 목포에서 제2대 국회의원, 진보당 전남도당 부위원장, 노동부 간사로 활동하였다. 1960년 사회대중당 창당 준비위원을 역임하였다.

임기택(任基澤, 생몰연대 미상) 진보당 노무부 간사로 활동하였다.

임석무(林碩茂, 생몰연대 미상) 서울변호사회 소속 변호사로, 김달호의 변호를 맡았다.

임신환(任信煥, 1913~미상) 일명 임일(林一)은 만주 화교중을 졸업하고, 일본군 헌병대 통역을 맡았다. 해방 이후 서북청년회 회원으로 활동하였다. 서울형무소 간수부장을 지내던 시기, 서울형무소 내에서 조봉암과 양명산의 통방 사건의 주요 인물로 거론되었다.

임춘호(林春虎, 생몰연대 미상) 진보당 전남도당 준비위원회 위원, 전남도당 간사장을 지냈다.

임한경(林漢璟, 생몰연대 미상) 1958년 당시 서울지방법원장을 역임하고 있었다.

임호(林虎, 생몰연대 미상) 함경북도 출생으로, 임해라는 이명을 사용하였다. 소련대사 출신으로, 북한 노동당 검열위원회 위원장, 중앙위원회 상무위원, 북한 최고인민회의 제2기 대의원, 조국통일민주주의전선 중앙위원을 역임하였다. 1961년 종파사건으로 소련으로 망명하였다.

장건상(張建相, 1883~1974) 경상북도 칠곡 출신으로, 호는 소해(宵海)다. 미국 인디애나주립대학 법학과를 졸업하고, 대한민국임시정부 외무차장을 역임하였다. 1920년대 이르쿠츠크 고려공산당대회 정치부위원으로 선출되어 코민테른과 이르쿠츠크 고려공산당 사이의 연락업무를 담당하였다. 1922년 극동인민대표대회의 한국대표단으로 참석하고, 1941년 임시정부의정원의원, 1942년 학무부장을 지냈다. 의열단에서도 활동하였다. 해방 후 조선인민당, 근로인민당 부위원장, 1950년 부산에서 제2대 국회의원에 당선되었다. 박정호간첩사건에 연루되어 구속되었고, 5·16군사정변 이후 혁신당사건으로 검거되어 징역 5년을 선고받았다. 노령이라는 이유로 곧 석방되었다.

장경근(張暻根, 1911~1978) 평안북도 용천 출생으로, 1936년 도쿄제국대학 법학부를 졸업하였다. 재학중이던 1935년 일본 고등문관시험 사법과에 합격하여 경성지방법원 판사, 경성복심법원 판사로 근무하였다. 해방 후 미군정 경성지방재판소 수석판사를 거쳐 서울지방법원장, 내무부차관, 국방부차관, 한일회담 대표로 활동하였다. 자유당소속으로 경기도 부천에서 제3, 4대 민의원에 당선되었다. 1957년 내무부장관, 1959년 자유당 정책위원회 위원장을 지냈다. 4·19혁명 이후, 3·15부정선거 사건으로 체포되었으나 이후 일본으로 밀항하였고, 1974년 브라질로 이민을 갔다가 1977년 귀국하였다.

장동호(張東湖, 생몰연대 미상) 진보당 추진위원회 조직부 강원지구 본부 상임위원을 지냈다.

장영목(張永穆, 생몰연대 미상) 변호사로, 6·25전쟁 중 인민군 치하에서 법조인행진단으로 활동하였다.

장지필(張志弼, 1882~미상) 경상남도 의령 출생으로, 일본 메이지대학 법학과 3년에 중퇴하였다. 일제강점기 진주에서 형평사를 창립하고 백정해방운동을 전개하였다. 진보당 추진 준비 대표, 진보당 총무위원회 의장을 지냈다.

장택상(張澤相, 1893~1969) 경상북도 구미 출신으로, 호는 창랑(滄浪)이다. 영국 에든버러대학을 중퇴하고, 일제강점기 경일은행 상무 및 청구회(靑丘會) 회장을 역임하였다. 해방 이후 수도경찰청장, 제1관구 경찰청장 및 초대 외무부장관, 칠곡군 제2대 민의원, 국회부의장 및 국무총리를 역임하였다. 제3~5대 민의원, 원내국민주권옹호투쟁위원장, 한일협정반대투쟁위원회로 활동하였으며, 신민당 고문을 지냈다. 장택상은 조봉암과 제2대 국회에서 함께 활동하였으며 1954년 호헌동지회 결성에 조봉암이 참여하는 것을 찬성하였다. 이와 같은 인연으로 진보당사건 당시에는 조봉암을 위한 구명운동을 펼치기도 하였다.

장후영(張厚永, 생몰연대 미상) 일제강점기 김달호와 함께 광주지방법원 판사를 지냈다. 1958년 당시에는 변호사로 활동하고 있었다.

전동화(田同和, 생몰연대 미상) 일명 전동흥(田同興)으로, 진보당원이었다. 조봉암이 소지하고 있던 참고원고의 출처인이기도 하다.

전명복(田命福, 생몰연대 미상) 진보당 여명회 연희(세)대학 세포책이었다.

전봉덕(田鳳德, 1910~1998) 평안남도 강서군 출생으로, 경성제국대학 법문학과 법과를 졸업하였다. 평북 경찰부 보안과장, 경기도 경찰부 수송보안과장을 역임하였다. 해방 이후 미군정 경무부 공안과장, 경찰전문학교 부교장, 국회프락치사건 수사본부장, 국무총리 비서실장을 거쳐 대한변호사협회 회장을 역임하였다. 서울변호사회 소속 변호사로 활동하던 시기 진보당사건에서 김기철, 김달호, 윤길중, 신창균, 정태영을 변호하였다.

전세룡(全世龍, 1918~미상) 함경북도 명천 출생으로, 보성고등보통학교를 졸업하였다. 명천 고급 인문중학 교원으로 근무하였다. 1·4후퇴 때 월남하여 방위군으로 입대하고, 1952년 상공일보 업무국장 업무를 시작하였다. 조봉암의 개인비서, 진보당 중앙상무위원, 진보당 특수지하조직 전국위원장, 진보당 조직부 부간사로도 활동하였다.

전의용(全義容, 생몰연대 미상) 민혁당 내에서 제명 당한 근민계 인사이다. 혁신세력 통일 준비위원회에 참여하였고, 박정호간첩사건에 연루되어 구속되었다.

전진한(錢鎭漢, 1901~1972) 경상북도 문경 출생으로, 호는 우촌(牛村)이다. 1928년 와세다대학 정경학부 경제과를 졸업하고, 독립촉성회 전국청년연맹 위원장 및 민족통일본부 노동부장을 역임하였다. 제1, 2, 3, 5, 6대 국회의원 및 초대 사회부장관, 농림위원장, 혁신연맹 준비위원, 한국사회당 발기인, 민정당 최고위원 및 부총재를 거쳐 1966년 한독당 대통령 후보로 추대되었다.

전흥문(全興文, 생몰연대 미상) 진보당 여명회 중앙대학 세포원으로 활동하였다.

정갑(鄭甲, 생몰연대 미상) 진보당 김제군당 위원장을 역임하였다.

정경학(鄭京學, 생몰연대 미상) 부산지구 헌병대 문관으로, 진보당 비밀당원이었다.

정구삼(鄭求參, 1893~1979) 충청북도 옥천 출생으로, 한성외국어학교를 졸업하였다. 충북 옥천에서 대한촉성국민회 소속 제헌의원이 되었고, 중국 텐진 신중신문사 기자 및 한국교민회 사무국장을 역임하였다. 진보당 추진준비대표로도 활동하였다.

정구희(鄭九喜, 생몰연대 미상) 진보당 여명회 국학대학 세포원으로 활동하였다.

정규엽(丁奎葉, 1916~미상) 일본 제국고등학원 2년을 졸업하고, 삼화빌딩운영조합 이사를 지냈다. 진보당 자금으로 50여만 원 지원하였고, 5 · 15 정부통령 선거 시, 본인의 자가용을 조봉암에게 대여하기도 하였다.

정동억(鄭東億, 생몰연대 미상) 진보당 추진위원회 조직부 경북지구 본부 상임위원을 지냈다.

정명환(鄭明煥, 생몰연대 미상) 진보당 전북도당 부위원장, 정읍군당 위원장을 역임하였다.

정성업(鄭成業, 생몰연대 미상) 근민당원으로, 진보당 통제위원회 위원으로 활동하였다. 통합 논의과정에서 근민당의 요구 쪽지를 조봉암에게 전달하였다.

정순석(鄭順錫, 1900~1979) 1956~1958년 대한민국 제6대 검찰총장을 지냈다.

정시마(鄭時磨, 생몰연대 미상) 본명은 정봉강으로, 양이섭과 함께 월북하였다. 조봉암이 강릉에 있었을 때, 김동혁의 소개로 정시마의 집에 20여 일 유숙하였다. 정시마는 양이섭에게 양명산이라는 이름으로 서울시민증을 만들어주기도 하였다.

정영삼(鄭永三, 생몰연대 미상) 진보당 추진위원회 조직부 충북지구 본부 상임위원을 역임하였다.

정예근(鄭禮根, 1915~미상) 중국 하얼빈 YMCA 전문학교 졸업하고, 하얼빈 제5중학에서 영어강사로 활동하였다. 해방 이후 신성무역회사 대표, 진보당 통제위원 및 진보당 시도당 추진위원회 용산 갑구 위원장을 역임하였다. 1960년 사회대중당 통제위원을 시작으로 혁신당 중앙위원, 통일문제연구위원회 부위원장을 지냈다.

정용주(鄭用鑄, 생몰연대 미상) 진보당 여명회 동양한의대 세포책이었다. 1958년 당시 군입대 중이었다.

정우갑(鄭禹甲, 생몰연대 미상) 위장 공작대원, 일명 대한정치공작대원으로 활동하였다. 조련계로 1957년 정우갑 간첩사건의 장본인이다.

정우습(鄭우습, 생몰연대 미상) 김의, 홍민표, 이영근 등과 함께 간첩피고사건으로 기소되었을 당시 김달호의 변호를 받았다.

정중(鄭重, 1906~미상) 서울 경신학교 졸업하고, 조선일보 해주지국장을 역임하였다. 일제강점기 치안유지법 위반으로 5년여 복역을 하기도 하였다. 해방 이후 조선민주당, 민국당 황해도당 조직부장, 총무부장으로 활동하였으며, 한국전쟁 이후 민국당 서울시당 재건사업에도 참여하였다. 진보당 총무위원, 통일문제연구위원회 위원, 동대문 갑구 위원장을 지냈다.

정태영(鄭太榮, 1931~2008) 전라북도 익산 출생으로, 정동화(鄭同和)라는 이명을 사용하였다. 전북 이리농림학교 졸업하고, 서울대학교 문리과대학 이학부 수학과에 입학 후, 6·25전쟁으로 중퇴하였다. 1954년 복교하여 1956년 졸업하였다. 이후 이리여자고등학교 수학과로 약 6개월 간 근무하지만, 이듬해 상경하여 균명중학교 수학교원으로 근무하였다. 진보당 서울특별시당 상임위원, 동양통신사 외신부 기자, 사회대중당 조직차장, 통일사회당 통일촉진위원회 부위원장, 신민당 노농국장을 역임하였다.

정화암(鄭華岩, 1896~1981) 전라북도 김제 출신으로, 본명은 정현섭(鄭賢燮), 호는 화암(華岩)이다. 1919년 고향에서 3·1운동에 참가하고, 1920년 중국으로 망명하였다. 1928년 이회영, 신채호, 리스쳉[李石曾], 우중후이[吳鍾暉] 등과 제휴하며 동방자유혁명자연맹(東方自由革命者聯盟)을 조직하였다. 1930년 4월 남화한인청년연맹(南華韓人青年聯盟)과 11월 흑색공포단(黑色恐怖團)을 조직하였으며, 1933년 이강훈, 원심창 등과 규합하여 상하이해방연맹(上海解放聯盟)을 결성하고 별동대 맹혈단(猛血團)도 편성하였다. 중국과 연합해 중한청년연합회(中韓靑年聯合會)를 조직하고, 항쟁시보(抗爭時報)를 발간하였다. 1940년 푸젠성[福建省]에서 광복 때까지 광복군 활동의 현지 책임자로 역할을 하였고, 해방과 6·25전쟁 때까지 상하이, 홍콩, 타이완에서 교민단과 교육활동을 계속 이어나갔다. 4·19혁명 후 통일사회당 정치위원으로 활동하였다.

조규대(曺圭大, 1924~2019) 진보당사건 관련 서울고등법원 2심 배석판사이다.

조규진(曺圭鎭, 생몰연대 미상) 인천상업보수학교를 졸업 후, 숙부인 조봉암의 주선으로 국회특별경비대 경사로 근무하였다. 조봉암의 호위경관 역할을 하였다. 진보당 기관지 중앙정치사의 사원, 사회대중당 결성준비 중앙상무위원, 민족일보사 기획부 사원으로도 활동하였다.

조규택(曺圭澤, 1923~미상) 황해도 신계 출신으로, 단국대학 정치과를 졸업하였다. 애국동지수호회, 3·1정신선양회, 진보당 발기추진위 기획상임위원, 진보당 재정부 부간사 및 중앙상임위원회 부위원장을 염임하였다. 1960년 혁신동지 총연맹 간부 활동을 비롯하여 1961년 중립화 조국통일 총연맹 발기 준비위원, 1966년 민주사회당 간부로 활동하였다.

조규희(曺圭熙, 1914~미상) 함경남도 북청 출생으로, 일본 주오대학 법과를 중퇴하였다. 건국준비위원회 선전위원, 신조선보 기자, 한성일보와 한국매일신문 편집국장, 진보당 선전부 간사 및 선전부장, 통일문제연구위원회 위원, 중앙정치사 편집위원을 역임하였다. 진보당 대변인으로도 활동하였으며, 사회대중당 창당위원 및 인천시당 추진대표총무위원을 맡았다.

조기원(趙基元, 생몰연대 미상) 진보당 여명회 신흥대학 세포원이었다.

조기하(趙棋賀, 1896~미상) 서울중동학교 2년에 중퇴하였다. 조선일보 김제, 중앙일보 이리지국장을 역임하였다. 해방 이후 민주주의민족전선 전북 의장단, 진보당 중앙당 총무위원 및 통일문제연구위원회 위원, 전북도당 위원장, 사회대중당 전북도당 준비위원회 대표총무위원, 선거대책위원장, 민족자주통일중앙협의회 의장단 및 반민주악법반대 공동투쟁위 총무부장을 지냈다.

조문태(趙文台, 생몰연대 미상) 민혁당의 제명 당원이다. 근민블럭 대표 김성숙과 등과 함께 진보당과 합당을 위해 혁신세력 통일 준비위원회 구성을 논의하고, 진보당과 노농당과 합당을 추진하였다.

조병갑(趙秉甲, 생몰연대 미상) 진보당 전북도당 결성 참여하였다.

조병용(趙秉用, 생몰연대 미상) 진보당 전북도당 결성 참여하였다.

조봉암(曺奉岩, 1899~1959) 강화 출생으로, 호는 죽산(竹山)이다. 3·1운동 참여하여 투옥되었다. 일본 주오대학 정경학부에 중퇴 후, 흑도회, 조선노동총동맹 문화부장, 조선공산당, 코민테른 원동부 대표로 활동하였다. 해방 이후 건국준비위원회 인천지부로 활동하면서 조선공산당을 탈퇴하였다. 제헌국회의원, 제1공화국 초대 농림부 장관, 제2대 국회의원 및 국회부의장을 역임한 후, 1952년 정부통령선거에 입후보, 1956년 정부통령선거 무소속으로 입후보하였다. 1956년 진보당 창당준비위원회를 발족시키고, 1957년 진보당을 창당한 후, 당 위원장과 서울시당 위원장을 겸임하였다. 1958년 1월 간첩죄 및 국가보안법 위반으로 검거되어 대법원에서 사형을 확정하고, 1959년 7월 사형이 집행되었다. 2007년 진실화해를위한과거사정리위원회에서 진보당사건에 대해 유가족에 대한 사과, 국가의 사과와 독립유공자 인정, 판결에 대한 재심 등을 권고하였다. 2011년 1월 대법원 전원합의체에서 국가변란 및 간첩 혐의에 대한 전원 일치 무죄 선고로 복권되었다.

조영환(曺泳煥, 생몰연대 미상) 최진우, 황민암과 함께 진보당 경기도당을 조직하였다.

조용진(趙鏞晋, 생몰연대 미상) 진보당 여명회 발기 회합에 참여하였으며, 중앙대학 세포원으로 활동하였다.

조익호(曺益鎬, 생몰연대 미상) 진보당 여명회 중앙대학 세포원으로 활동하였다.

조인구(趙寅九, 생몰연대 미상) 서울지방검찰청 부장검사를 지냈다. 조봉암이 발표한 '평화통일에의 길'을 빌미로 조봉암과 진보당을 국가보안법 위반으로 기소하였다.

조중찬(趙中燦, 1909~미상) 서울 출생으로, 서울보성고등보통학교 졸업 후 상업과 저술업에 종사하였다. 진보당 재정부 부간사, 중앙상무위원, 서울특별시당 상임위원, 사회대중당 창당준비위원 겸 조직위원장으로 활동하였다.

조중환(曺重煥, 생몰연대 미상) 진보당 전남도당 부위원장을 지냈다.

조진만(趙鎭滿, 1903~1979) 인천 출생으로, 경성법학전문학교를 졸업하였다. 조선인 최초로 일본고등문관시험 사법과 합격한 후, 해주지방법원 판사, 평양복심법원 판사, 대구복심법원 판사, 대구지방법원 부장판사를 역임하였다. 해방 이후 제5대 법무부장관, 제3, 4대 대법원장을 지냈다. 김달호와 함께 조선변호사회 추진위원회를 결성하고 회장에 취임하였다.

조헌구(趙憲九, 생몰연대 미상) 전세룡, 김정학 관련 주임 검사로 활동하였다.

조헌식(趙憲植, 생몰연대 미상) 경성법학 전문학교를 졸업하고, 조선변호사시험에 합격하였다. 신간회 서울지부장, 국민당 기획부 차장, 한국독립당 중앙상무위원, 민주독립당, 민주혁신당 중앙상무위원을 비롯하여 사회대중당 총무위원 겸 선거대책 위원장, 통일사회당 통제위원회 위원장을 지냈다.

조호정(曺滬晶, 1928~2022) 조봉암의 장녀로 중국 상하이에서 태어났다. 이화여대 영문과를 졸업하고, 조봉암의 비서로 활동하였다.

조홍모(曺弘模, 생몰연대 미상) 혁신정당운동이 대두되어 민주혁신당 촉진협의회가 개최되고 김성숙, 김경태 등과 함께 회합에 참여하였다.

주기영(朱基鶯, 생몰연대 미상) 朱基瑩, 朱基亨, 朱基瀅, 朱基英이라는 이명을 사용하였다. 민주혁신당의 조직국장을 역임했으며 민주통일당 추진준비위원회 준비위원으로 활동하였다.

주돈하(朱敦夏, 생몰연대 미상) 당비 350만 환을 제공하였다.

주영숙(朱榮淑, 생몰연대 미상) 진주 해인대학 법정학부 정경학과를 졸업하고, 진보당 창당 추진위원회 위원과 서울시당 조직부 간사로 활동하였다. 진보당 중앙특수세포회에도 참여하였다.

차재원(車載員, 생몰연대 미상) 조봉암은 진보당 조직 참여에 가담한 사실이 없다고 진술하였다.

최근우(崔謹愚, 미상~1961) 경기도 개성(현재 황해도 개성) 출생으로, 도쿄(東京) 상과대학을 졸업하였다. 조선청년독립단에서 활동하였으며 동경 2·8독립선언서 대표 11인에 참여하였다. 임시정부 의정원 의원을 역임하기도 하였다. 해방 이후 건국준비위원회 총무부 업무 담당, 조선인민공화국 중앙인민위원회 후보위원 및 외무부장 대리 선임, 사회대중당 창당에 참여하였다.

최기영(崔基永, 생몰연대 미상) 정우갑과 함께 성북구 돈암동 소재 신흥사(新興寺)에서 조봉암, 윤길중, 조규택과 신일양 등과 함께 회합하였다.

최대교(崔大敎, 1901~1992) 전라북도 익산 출생으로, 경성제1고등보통학교, 일본 법정대학 예과, 법문학과 법률학과를 졸업하였다. 일본 고등문관시험 사법과에 합격한 후, 조선총독부 사법관시보로 평양지방법원 검사국에서 근무하였다. 부산, 함흥, 광주, 정읍지청에서도 검사로 근무하였으며, 해방 이후 전주와 서울지방검찰청 검사장을 역임하였다.

최병찬(崔柄讚, 생몰연대 미상) 진보당 대전시당 당원이었다.

최보현(崔普鉉, 생몰연대 미상) 진보당사건 관련 서울고등법원 형사 제2부 배석판사로, 이동화와 양이섭에게 질의하였다.

최봉래(崔鳳來, 1921~미상) 1957년 당시 37세로 진보당에 대한 공작 지령을 받고 남파된 간첩이었다.

최순문(崔淳文, 생몰연대 미상) 서울변호사회 소속 변호사로 진보당사건을 변호하였다.

최양기(崔良基, 생몰연대 미상) 진보당 경남도당 부위원장 및 부산 영도 갑구 위원장을 역임하였다.

최운기(崔雲基, 생몰연대 미상) 진보당 중앙상무위원을 지냈다.

최익환(崔益煥, 1889~1959) 충남 홍성 출생으로, 동학 및 일진회에서 활동하였다. 서울 광무일어학교 2년을 수학하고, 충남 서천군 재무주사로 근무하였다. 대동단을 조직하고, 조선민흥회, 신간회, 광복단에서도 활동하였다. 해방 이후 한국독립당 중앙상무위원, 신한민족당 창당 및 대표, 1957년 민주혁신당 통제위원장을 역임하였다.

최진우(崔鎭宇, 생몰연대 미상) 서울중동중학 4년에 중퇴하고, 해방 이후 민족청년단 인천시당 총무부장 및 선전부장, 진보당 경기도당 간사장, 사회대중당 인천시당 총무위원 겸 간사장으로 활약하였다.

최희규(崔熙圭, 1920~미상) 함경북도 학성 출생으로, 경성농업학교 재학 중 치안유지법 위반으로 투옥되었다. 니혼(日本)대학 척식과를 졸업하였고, 북해도제국대학 농학부에서 수학하였다. 서울특별시 부흥 건설단 단장, 3·1정신선양회 청년부장, 진보당 간사장, 중앙당 공무부장, 중앙상무위원, 통일문제연구위원회 위원, 진보당 당무국장, 진보당 선전위원장을 역임하였다.

한격만(韓格晩, 1899~1985) 함경남도 정평 출생으로, 호는 동암(東岩)이다. 경성법학전문학교를 졸업하고, 고등문관시험 사법과 합격하였다. 대법원 대법관 및 검찰총장을 역임하였다. 조봉암의 농림부 장관 시절 배임 혐의 건에 대해 재판정에 무죄선고한 판사이다. 서울변호사회 소속 변호사로, 진보당사건 당시 김달호를 변호하였다.

한명수(韓明洙, 생몰연대 미상) 진보당 정읍군당 부위원장을 역임하였다.

한명희(韓明熙, 생몰연대 미상) 여명회 국학대학 세포원으로 활동하였다.

한병도(韓秉道, 생몰연대 미상) 진보당 대전시당 당원이었다.

한병욱(韓秉郁, 생몰연대 미상) 진보당 중앙상무위원, 진보당 추진위원회 조직위원 및 특수조직을 담당하였다.

한보상(韓輔相, 생몰연대 미상) 진보당 특수조직 여명회 서울대학교 의과대학 세포책으로 활동하였다.

한영조(韓榮助, 생몰연대 미상) 진보당 추진위원을 지냈다.

한탁수(韓鐸洙, 생몰연대 미상) 대법원 판사부 서기로 활동하였다.

허명(許銘, 생몰연대 미상) 진보당 농민차장 및 농민부 부간사를 역임하였다.

허철(許哲, 생몰연대 미상) 진보당 서울시당 조직부장 겸 성북구위원회 위원장을 지냈다.

홍민표(洪民杓, 1921~1992) 본명은 양한모(梁韓模)이다. 황해도 봉산 출생으로 조선공산당과 남조선로동당에서 활동하던 시기에는 홍민표라는 이름을 사용하였다. 일제강점기 경성제2고등보통학교를 졸업하고 해방정국에서 남로당 간부로 활동하였다. 남로당 활동을 그만두고 서울시경 경찰관으로 근무하였다. 이후 천주교 세례를 받고, 신앙 활동 및 신학 공부에 매진하였다.

홍사필(洪思必, 생몰연대 미상) 이동현, 임신환의 국가보안법 위반 사건 서울지방법원 1심 배석 판사이다.

홍순일(洪淳一, 생몰연대 미상) 진보당 서울시당 마포구위원회 위원장을 역임하였다.

홍승만(洪承滿, 생몰연대 미상) 김달호가 피의자 신문조서에서 6·25전쟁 시기 자신의 법률사무소에서 교류하였던 변호사이다.

홍원일(생몰연대 미상) 홍원일을 1953년 혁신지도위원회 사건으로 구속되었으나 구제되어 치안국 자문의원으로 근무하였다.

황명수(黃命守, 생몰연대 미상) 黃命水, 黃明洙라는 이명을 사용하며, 진보당 7인 서클 특수지구책이었다.

황민암(黃民岩, 생몰연대 미상) 진보당 선전차장을 지냈다.

황석하(黃碩夏, 1926~미상) 김달호의 처조카로, 조선법학과동맹의 맹원으로 활동하다 납북되었다.

황철민(黃鐵敏, 생몰연대 미상) 여명회 연구위원회 부위원장 및 중앙대학 세포책으로 활동하였다.

▌찾아보기 ▌

【ㄹ】

【ㅁ】

【ㅂ】

【ㅅ】

【ㅇ】

【ㅈ】

【ㅊ】

【ㅎ】

【기타】

▶러시아 인물

▶중국 인물

▶일본 인물

▶미국－영국 인물

▶기타 인물

▶회합, 단체

편저자 | 전현수(田鉉秀)

역사학박사
경북대학교 인문대학 사학과 교수(2001 현재)
성균관대학교 사학과 문학사(1983)
서울대학교 국사학과 문학석사(1991)
러시아과학원 동방학연구소 박사과정 수료(1996)
모스크바국립대학교 아시아아프리카대학 역사학박사(1998)
정부기록보존소 학예연구관(1998-2001)
Visiting Scholar at University of Pennsylvania(2008)
경북대학교 평화문제연구소장(2012-2017)
민주평화통일자문회의 상임위원(2015-2017)
대통령직속북방경제협력위원회 전문위원(2017-2018)

■ 논저

『한국근현대 민족문제와 신국가건설』(공저, 지식산업사, 1997)
『소련군정 시기 북한의 사회경제개혁』(모스크바국립대학출판부, 1997)
『한국전쟁사의 새로운 연구』(공저, 국방부 군사편찬연구소, 2001)
『북한현대사 문헌연구』(공저, 백산서당, 2001)
『북한현대사』(공저, 한울아카데미, 2004)
『쉬띄꼬프일기』(편저, 국사편찬위원회, 2004)
『한국전쟁, 문서와 자료, 1950-1953』(번역, 국사편찬위원회, 2006)
『KOREA: HISTORY AND PRESENT』(편저, 나모커뮤니케이션, 2008)
『동아시아의 농지개혁과 토지혁명』(공저, 서울대학교출판문화원, 2014)
『소련공산당과 북한 문제: 소련공산당 정치국 결정서』(경북대학교출판부, 2014)
『경북대학교 의과대학 내과학교실사』(진성C&S, 2018)

- "The Soviet Blueprint for the Postwar Korean Provisional Government: A Case Study of the Politburo's Decisions," *ASIAN PERSPECTIVE*, Oct.-Dec.2015
- 「解放直後の北韓研究とロシア資料」, 現代韓國朝鮮研究, 2008.11
- "The Shitykov Diaries," *Cold War International History Project Bulletin*, Winter 1996